# 緒方惟準伝

## 緒方家の人々とその周辺

中山　沃　著

思文閣出版

口絵２　緒方惟準
（陸軍一等軍医正のころか）

口絵３　緒方惟準
（陸軍軍医監時代）

口絵４　緒方惟準と吉重夫人（明治41年夏）

口絵5　緒方一族(明治21年)
後列左より緒方銈次郎、緒方春香、緒方平吉、堀内謙吉、緒方正清、緒方惟孝、緒方光枝、緒方収二郎、緒方拙斎、吉雄十重、緒方惟準、乳母その、緒方章、緒方藤枝
前列左より緒方つね、緒方よしや、緒方千重、緒方玉江、堀内九重、緒方吉重、緒方知三郎、緒方八千代、緒方潤三、緒方初枝

口絵6　緒方一族(明治42年)
後列左端が惟準、その他の氏名は巻末の図版一覧参照

**口絵8**　長崎精得館の学生たち
と惟準（扇持つ人物）
（大徳寺境内／慶応３年ころか）

**口絵7**　ポンペ、松本順（前列左より２人目）、惟準（後列
右より３人目）と学生たち（長崎遊学時代）

**口絵9**　大阪舎密局開講式当日（明治２年５月１日）の職員ら
後列左よりエバース（北ドイツ副領事）、緒方惟準、宇都宮靭負（外国御用掛）、
平田助左衛門（舎密局御用掛）、田中芳男（舎密局御用）
前列左よりロビネット（合衆国副領事）、土居某（外国御用掛）、西本清介、ピ
ストリウス（オランダ副領事）、ボードイン、西園寺雪江、ハラタマ、三崎嘯輔

**口絵10**　大阪府および舎密局職員
後列左より田中芳男、三崎嘯輔、ハラタマ、松本銈太郎、平田助左衛門
前列左より権判府事西園寺雪江（公成）、西本清介、大阪府知事西四辻公業、
判府事木場伝内、深瀬仲麿

口絵11　大福寺の浪華(大坂)仮病院の職員および生徒たち
2列目中央がボードイン、その前が惟準、ボードイン左が三瀬諸渕(周三)

口絵12　大阪軍事病院職員
後列右より4人目が惟準、6人目がボードイン、前列右より4人目が堀内利国(？)、
5人目が石井信義、6人目が明石博高

**口絵13**　東京の適塾同窓生（第２回懐旧会）の記念写真（明治９年６月10日／東京猿楽町）
最後列（立位）左より、嶋村鼎、長与専斎、岩谷龍一、広岡行徳、箕作秋坪
３列目（椅子）左より、西川泰、渋谷良次、足立寛、洪庵画像、田代基徳、緒方道平、高松凌雲、大鳥圭介、坪井信良
２列目（椅子）左より永田宗郁、緒方銈次郎、吉雄敦、伊藤貫斎、佐沢太郎、緒方八重、波多潜哉、佐野常良
前列（座位）左より武谷祐之、奥村春斎、緒方惟準、本山漸、鈴木儀六、手塚良仙、伊藤慎蔵、山口良蔵、河野通敏、鰯屋主人

# 刊行に寄せて

日本の近代化と発展に寄与した医学界の名門、大阪の緒方家は、幕末・明治・大正・昭和の四代にわたり、優秀な人材を生み、育てた。大阪の適塾を創始した、緒方洪庵とその門下生については、梅溪昇博士の『緒方洪庵と適塾生』、『続洪庵・適塾の研究』（思文閣出版）をはじめとし、洪庵の曾孫、緒方富雄博士の『緒方洪庵伝』（岩波書店）など、枚挙に遑がないほど、著作、研究論文、資料紹介がある。緒方家の直系については、洪庵の玄孫、緒方惟之博士の『医の系譜―緒方家五代―洪庵・惟準・銈次郎・準一・惟之』（燃焼社）という、自伝随筆風な家系紹介もある。しかし、惟準の生涯と業績については、自らを詳しく語り、また記することが少なかった、とされていた。継嗣の銈次郎が記した『七十年の生涯を顧みて』のなかで、惟準に関する記事が可成り克明であったこともあって、それが、全体像であるかに理解されてきた。著者は、基礎医学の生理学研究者として、緻密かつ合理的に資料を蒐集し、分析した実体験を踏まえて、惟準に関する未知の資料の発掘とその生涯の行実について独自の切り口で研究を行ってきた。このたび、その成果の大要をようやくまとめることができたのは、医学史研究の同志として大変嬉しい。

岡山大学医学部在任中から手がけはじめ、二十数年の歳月をかけた重みが、その一章・一節からひしひしと伝わってくる。

既知の史実と資料の再調査、分析・確認・未知の資料の探索と惟準門下生の子孫の追跡調査を自らの足と知友、知己の篤い好意ある協力により、致密・正確に行っている。このことは、医学者として培われてきた、未知のものを解明しようとする好奇心と情熱。そして、著者の努力によるものではあるが、生来の誠心・誠意・表裏なく人に尽すという為人とその行実が、自ずから人を動かした、ともいえる。

執筆のなかば頃から、体調の不良を感じ、入退院を繰り返しながら完稿にこぎつけたという。強靭な忍耐力と、惟準伝にかけた、頑にまで見える執念が、本書の各章・節に、埋め込められている思いがしてならない。その中でも、陸軍軍医時代に惟準の脚気防止の正論がつぶされ栄光の座を去るという、医界名門の御曹司と軍の権力者に阿諛迎合して誤った自説を森林太郎（鷗外）の語学力を使って補強し、自分の昇進を企図した旧代官手代の倅という低い出自の苦労人石黒忠悳との虚々実々についての実証的な記述からは、著者の惟準への思い入れが強く伝わってくる。実に魅力的で迫力がある。もし、惟準が陸軍軍医陣の中枢にあれば、日清・日露両戦役での膨大な脚気病死兵の発生はなくて済んだはずである、という。この論旨には著者の生来の正義感がよく垣間見える。惟準の晩年のキリスト教入信問題、東京の適塾での門下生たちの動向、その他、惟準をめぐる医師たちをはじめ、緒方一族の人々についての微に入り細にわたる調査結果は、その資料と共に、後進の研究者にとっては大変貴重なものとなる。

著者には生理学の専門著作の他に『岡山大学医学部百年史』（共著）、『岡山の医学』（日本文教出版）、『備前の名医　難波抱節』（山陽新聞社）という医史学の名著もあるが、さらに一書を加えることとなった。日本の近代医学発展史研究者にとって座右の書となり、緒方家ご一族にとっても必携の書となるにちがいない。後世への重要な遺産となる畢世の大著の上梓を心からお祝い申し上げる次第である。

平成二十三年十月吉日

第九代日本医史学会理事長
日本歯科大学医の博物館顧問
医学博士　蒲原　宏

# 序

緒方惟準は洪庵の次男である。長男整之輔は生後約七か月で死亡、その約一年九か月後に惟準が誕生した。したがって嗣子として育てられるのである。

惟準は自筆の短い不完全な自伝（陸軍を辞める明治二十年ころまで）を残している。また子孫の手には、惟準の次男銈次郎が書写した小伝および自筆かどうか判別できない小伝が残されている。後者は惟準の三男知三郎の長男緒方秀雄氏によって、『緒方惟準直筆の自叙伝原稿について――その紹介と読後覚書』と題して、昭和四十七年（一九七二）七月孔版で発行された。おそらく、配布先は親族縁者の範囲であったと思われる。筆者は、脚気の歴史の研究家として著名な山下政三先生から平成十七年二月に、脚気の歴史の資料とともに、この冊子のコピーを贈与され、初めてその存在を知った。

一方、筆者は昭和四十七年（一九七二）岡山大学図書館鹿田分館（通称医歯学図書館）所蔵の雑誌『医事会報』（緒方病院医事研究会発行）の四七・四八・四九・五二・五三・五四号（明治二十五年八月十五日～同年十月十五日刊）に「緒方惟準先生一夕話」と題して、連載記事の載っていることを知った。読んで見ると、これはまさに、明治二十六年までの惟準の自叙伝である。そこで、筆者は洪庵の曾孫である緒方富雄先生に報じたところ、「この記事の存在を知らなかった」との返事とともに、「将来自分（富雄先生）が惟準伝を執筆するつもりである」との書簡をいただいた。しかし先生は宿願を果たされず他界された（一九八九年）。そのほか緒方家一族の方々にも「惟準伝」を執筆される様子もない。そこで筆者は洪庵夫人八重（億川氏）、すなわち惟準の母の出生地摂津国有馬郡名塩村（現・兵庫県西宮市名塩）に住み、億川家と拙家（浄土真宗寺院）とは親密な関係にあったので、「惟準伝」を執筆しても許されるのではと考え、『緒方惟準先生一夕話』をもとに筆をとった次第である。

しかし、この『一夕話』の編者が、

会長［惟準］ヲ訪ヒ談此事ニ及ブ、会長徐《おもむ》ロニ自己ノ経歴ニ係ル大概ヲ話サル、固《もと》ヨリ一夕ノ談話ニ過ギザルヲ以テ、其闕略ヲ免レズ、敢テ全貌ヲ写シ出ダスヲ得ズト雖ドモ、今ヤ本報改良ノ最初ニ当リ、曾テ抱負スル所ヲ公ニセンガ為メ、姑《しばら》ク之ヲ此ニ塡メ、併テ他日更ニ全貌ヲ写シ出ダスノ前引ト為スノミ、諸君請ウ、幸ニ編者ガ意ノアル所ヲ諒セヨ。

編者　幹澄識

と記しているように、惟準の経歴の大概であり、闕略は免かれないのはいたしかたのないことである（全文は資料編八〇五～六ページ）。

筆をとりはじめて、惟準の談話を裏付け、あるいは敷衍する資料を探索するうちに、木村吟城編纂『近畿名士偉功伝第一編』（一八九三年）の最初に、「大阪名医緒方惟準之伝」と題して掲載されていることを知った。内容は『一夕話』とほとんどかわらないが、第三者の立場で書かれている。明らかに惟準から提供されたもので書かれている。この筆者は例言の中で「本書は其人より送附せられたる書類又は其人に接し、其経歴の談話を乞ひ、之を筆記したるもの、若しくは信拠すべき人に就き聞知せるものを材料とし、以て之を編纂せるものなれば、事実の正確なるは編者が深く保証する所なり」と述べている。

偉大な蘭学者の父緒方洪庵の衣鉢を継いだ惟準の江戸時代における活動は、西洋医学の修業であり、彼の修得した西欧の近代的医学知識は明治期に入り花を開く。主な業績を時代順に列挙すると次のように考えられる。

(1)宮廷医療への西洋医学の導入、(2)大阪府医学校病院（大阪大学医学部の前身）の創設、関西地方における近代医療および医学教育の基礎の確立、(3)徴兵（撰兵）のさいの医学的検査制度の整備、(4)陸軍兵士の脚気罹患防止の麦飯給与の施行、⑸軍医養成の軍医学舎（軍医学校の前身）の創設と教育の創始、⑹軍務の傍ら東京適塾を開設、医術開業試験受験者の教育、⑺大阪における医学結社「医事会同社」の設立とその機関誌『刀圭雑誌』の発刊、⑻関西地方における最初の近代的・模範的私立総合病院の創設および同院内での産婆（のちに緒方正清が助産婦と改称）・看護婦の近代的養成所の設立、⑼緒方医事研究会の発足と機関誌『緒方病院医事研究会申報』（のち『医事会報』と改称）の定期刊行（大阪の私立病院としては最初）、⑽貧窮民のための慈善病院である大阪慈恵病院の創設（関西地方における最初の組織的福祉医療活動）と医術開業試験受験者のために医学校を併設。

本書では、これらの活動の実態を明らかにするとともに、惟準の修業、惟準と行動をともにした夫人吉重をはじめ緒方家一統、また諸活動に関わった人物を紹介した。なお、著書、校閲本、未刊の著述や講義本、修業時代の翻訳写本類は便宜上、第38章で一括して記述した。

惟準の全貌を把握するには、筆者の力だけではなお不十分であり、本書が惟準および緒方家御一統の今後の研究の入門書となれば幸いである。

執筆にあたり、資料の提供、解読、閲覧などでご協力くださった左記の諸先生・諸氏および図書館・資料館などに対し厚く御礼申し上げる次第である。

赤祖父一知・浅井允晶・梅溪昇（大阪大学名誉教授）・故江川義雄・故緒方裁吉・故緒方富雄・緒方惟之・緒方洪之・緒方洪章・緒方美年・緒方尚紘・岡田弘・奥澤康正・小田晧二・小田康徳・故萱野輝子・川上潤（洪庵記念会）・蒲原宏（元日本医史学会理事長）・古西義麿・酒井シヅ（日本医史学会理事長）・相良隆弘・佐藤允男・故芝哲夫（大阪大学名誉教授）・下山純正（津山洋学資料館長）・城本多鶴子（与謝野晶子倶楽部）・杉田美喜・故杉立義一・高木都（奈良県立医大教授）・田中祐尾・寺畑喜朔（金沢医大名誉教授）・土屋勝彦（長崎大学名誉教授）・故長瀬又男・中田雅博・宮下俊一・森鼻英征・森本信一（つやま自然のふしぎ館館長）・故望月洋

子・守屋乾次・山下愛子・山下政三・横川弘蔵
大阪市史編纂所（中野操文庫所蔵）大阪大学生命科学図書館・大阪府立中之島図書館・岡山大学図書館鹿田分館・加賀市歴史民俗資料館・京都府立医科大学附属図書館・国際日本文化研究センター・武田科学振興財団杏雨書屋・多久市郷土資料館・内藤くすり博物館各位

（五十音順）

末筆ながら、筆者の拙文に対し終始助言をいただき、出版の労をとられた思文閣出版の長田岳士専務取締役と実務担当の田中峰人氏はじめスタッフ一同に深謝申し上げたい。

# 目　次

第12章　惟準の西南戦争従軍……一七九

## 資料編

# 凡例

一、本文引用資料について（　）付きのルビと傍注および［　］付きの補注は筆者が新たに付したもの。

一、緒方秀雄氏が孔版で発行した『緒方惟準直筆の自叙伝原稿について』と『緒方惟準先生一夕話』を比較検討してみると、後者は前者の記述をほとんど網羅し、より詳しい内容である。そこで『緒方惟準先生一夕話』（以下『一夕話』と略記）を中心として記述を進め、引用部分は点ケイで囲み本文と区別した。

一、『一夕話』の文章は、できるだけ原文を改変しないようにしたが、理解しにくい単語や熟語にはルビ（丸カッコ付き）、解釈（［　］付き）を付した。原文二行割り書き部分は一行とし〈　〉でくくった。

一、『一夕話』には西暦は記入されていないが適宜記入、句読点も全くないので、筆者が付した。

一、地名「大坂」「大阪」の使い分けについて。

　本書では、原則として江戸時代の記述については大坂を用い、明治元年（慶応元年九月八日、明治と改元）以降は大阪とした。しかし固有名詞化している名称については大坂としたところもあるので諒承されたい。

　公的には慶応元年（一八六八）八月に太政官から「大阪府印」という官印が下附されて以来、大阪府の名称が用いられることになった（伊吹順隆『大坂と大阪の研究——官印と公文書を中心に——』、私家版、一九七九年）。しかし上意下達の中央政府の一方的押しつけは浪華の庶民に馴染《なじ》まず、心ある人たちは明治初期以降も大坂の名称を長く使用し続けたのである。ちなみに、大阪で最初に発行された医学専門雑誌『刀圭雑誌』（第一巻の刊行は明治十一年十一月二十五日）の出版社（刀圭雑誌社）は一号〜一四号（明治十二年四月二十五日刊）までは住所を大坂伏見町四丁目四番地とあるが、一五号（同年五月十五日刊）からは大阪を用いている。

# 緒方惟準伝

## ——緒方家の人々とその周辺——

# 第1章　惟準の生誕と幼少期

長崎での約二年間の蘭学修業を終えた緒方洪庵（一八一〇～六三）は、天保九年（一八三八）一月八日長崎を出立、同月十一日郷里の備中足守《あしもり》（現・岡山市北区足守）に着き約二か月滞在、三月二十三日足守を出立、大坂に出て、瓦町に蘭学塾「適々斎塾（略して適塾）」を開いた。

この前年の天保八年（一八三七）二月十九日、元大坂町奉行所与力で著名な陽明学者であった大塩平八郎（一七九三～一八三七）は、前年の大飢饉による餓死者続出の惨状の救済策を当局に求める目的で、「救民」の旗印をかかげて反乱を引き起こした。大塩一党と東西町奉行所の軍勢との間の砲火の応酬によって発生した火災は翌日の夜まで続き、焼失家屋は三千数百戸、罹災世帯数は一万二千数百、その範囲は市街地の五分の一におよんだという。烏合の衆にすぎなかった大塩勢は、その日の夕刻前には奉行所勢によって完全に制圧され、大塩父子は逃亡した。しかし約四十日後の三月二十七日、市中の町屋に潜伏していることを探知され、幕吏の包囲の中、大塩父子は隠れ家に火を放ち自刃し、焼けただれた死体となって発見された（『国史大辞典2』「大塩平八郎の乱」、岡本良一執筆）。

適塾の開設はこれから約一年後である。大坂は状勢が不安定であったと思われるが、開塾して四か月後の七月二十五日、洪庵は摂津有馬郡名塩村の医師億川百記《おくがわひゃつき》（一七九五～一八六四）の長女八重と大坂で結婚した。仲人は中環《なかたまき》（中天游――洪庵の蘭学の師）であった。億川百記は中天游塾で洪庵の先輩であった。

結婚二年後の天保十一年（一八四〇）一月十五日、八重夫人は長女（第一子）お多賀を生んだが間もなく死亡した。

翌天保十二年十一月八日、長男（第二子）整之輔が生まれたが、約七か月後の天保十三年六月十日に亡くなった。八重は紙漉村の田舎育ちの娘であり、大坂という大都会での新婚生活はストレスの連続で、健康な子供を産む環境になかったのであろう。

このように最初の二人の子供は、順調に育たなかったが、次の第三子である惟準は、天保十四年八月一日大坂で生まれた。

余即ち緒方惟準は、幼名平三、通称洪哉〈実名、通の併呼を禁ぜられしより専ら実名を以て行はる〉、名は準、字は子縄、蘭洲と号す、天保十四年癸卯八月朔日摂津国大坂船場過書町〈即今大阪市東区北浜三丁目百番屋敷と称す、井池東へ入、南側なり〉に生る、父を緒方洪庵といひ、母を億川氏といふ。長夭折し、余はその二男なり、年甫て七歳、嘉永二年己酉、後藤松陰に就きて漢学を修む。

緒方富雄著『緒方洪庵伝』によれば、適塾が瓦町から過書町へ移転したのは、惟準が生まれてから三か月半後の十二月十五日である。両者の記述が正しいとすれば、惟準生誕のころ、過書町の家は緒方家私宅で、瓦町の家が塾として使用されており、のちになって塾の機構も過書町へ移ったことになる。

瓦町から過書町に移ることになったのも、入塾する門人たちが次第に増加し、手狭になったためであった。結婚後四年経ち、八重は町の生活、塾の裏方の役にも慣れ、また経済的にも安定し、健康な子供が育つ環境になり、惟準は順調な生育の道を歩むことができたのであろう。以後、生まれる子には、数字の順序で名がつけられていった。

第三子‥平三、第四子‥四郎、第七子‥七重、第八子‥八千代、第十子‥十郎、第十一子‥十重、第十二子‥収二郎（十を収に置き換え）、第十三子‥重三郎（十を重に置き換え）。

▽**後藤松陰**（寛政九～元治元＝一七九七～一八六四）

儒学者、美濃国（岐阜県）大垣の生まれ、頼山陽の高弟、文政三年（一八二〇）大坂で塾を開く。名は機、字は世張、通称春蔵（一作俊蔵）、初め鎌山と号し、のちに松陰と改め、春草と号した。壮時大垣の人菱垣清次に就いて教えを受け、文化十年（一八一三）、頼山陽が美濃に遊歴した折りに入門した。学成り、文政三年、大坂

図１－１　戦前（昭和16年当時）の適塾

図１－２　戦後（昭和28年当時）の適塾

に移り梶木町で塾を開く。儒学者篠崎小竹の娘を妻とする。詩文に長じ書が巧みであった。人となりは恬淡、寡欲、人に接して春の如きものありという。著書に『好文字』『三体詩』『松陰亭集』『春草詩鈔』『竹深荷浄屋集』『評註山陽詩鈔』がある。没年は元治元年十月十九日、行年六十九歳、墓所は大阪市北区与力町の天徳寺。碑文「松陰後藤先生墓　元治紀元甲子十月十九日歿、松陰後藤先生配篠崎氏墓、法諡幽閑貞淑大姉、安政己未（六年）七月十八日歿、俗称麻池」（石田誠太郎『大阪人物誌』）。

緒方洪庵と後藤松陰が親しい間柄であったことは、緒方洪庵の安政六年（一八五九）の画像（大坂の絵師藪長水筆）に松陰が賛を書いていることからも明らかである。この賛（原漢文）はつぎのごとくである（梅溪昇『洪庵・適塾の研究』）。

沈にして勇、群動を鎮むるに足る。雄且つ望、
亦是れ医の王たらん。強年の像彼の如く、艾
齢の相此の如し。行と面顔とは
虎変炳焉たり。隠徳にして
旌倪を活かし、陽報期頤に躋らん。
安政己未（六年）六月梅雨快晴処
緒方洪庵国手五十齢の小照に題す
六十三翁　後藤機　□□（落款）

この大意は、

おちついて勇気があり、多くの人々の感情を落ち着かせることができる。また雄々しい望みを持ち、必ず医学界の王となるであろう。四十歳の像はかくの如く、五十歳の姿はこのようである。その業績とその面顔は

ともに、虎皮の文《あや》の変化するように美しく煥然として明らかに変わっている。人知れず徳を施して老人や子供を活かし、目に見えるむくいとして百歳に至るであろうというものである（前掲『洪庵・適塾の研究』）。

また松陰の門人であった摂津国川辺郡米谷村（現・宝塚市）の医師山崎僊司に宛てた松陰の書簡の内容から、洪庵と松陰との親交のほどがうかがえる。梅溪昇氏は、五通の書簡から親交のあった証拠となる部分を示し（他の文章は略す）、次のように指摘している（梅溪昇「『洪庵・適塾の研究』――補遺四題」、『適塾』二六号、一九九三年、のち『続洪庵・適塾の研究』所収）。

①弘化三年（一八四六）九月朔の書状

小生去八月十六日ニ転宅無滞相済申候、今度之所ハ梶木町御霊筋西へ入（北浜五丁目――梅溪注）にて御座候、緒方之筋ナリ、

②嘉永三年（一八五〇）正月廿日の書状

種痘之七言絶句一首あり、先日緒方之注文にて認遣し候、

③嘉永三年正月晦日の書状

緒方洪庵氏今一首長篇を被頼申候、今日午前草稿を起し申候、緒方が足守より帰坂有之候ハヽ、浄書可致遣と存候、此作ハ七言二十九句ニ而御座候、

④文久元年（一八六一）十一月六日の書簡

緒方国手も長々疫症にて大分むつかしく候得共、此節ハ本復ニ御座候、

⑤文久二年（一八六二）七月廿八日

緒方洪庵老も江戸より御召抱ニ相成、近日発途と承り申候、可賀事ニ御座候、元来今廿八日上舟之積り候所、

長崎遊学之子息［惟準は当時、洪哉と名乗る］今帰坂不致、ソレヲ待居候由ニ御座候、千万随時自愛加餐、草々不尽、

これらの書状の内容から洪庵と後藤との親密さがよくわかり、また洪哉が長崎から大坂に帰ってくるのを心待ちにしていた様子が察せられる。

# 第2章　加賀大聖寺および越前大野での修業

年十二歳〈安政元年甲寅〉［一八五四］大坂を去りて加賀国大聖寺［現・加賀市大聖寺］に赴き、藩医渡辺卯三郎〈先考の門人〉に従ひ漢籍及び和蘭文典を学ぶ。大坂を去るに際し、先考余に訓戒して曰く、汝二十歳に至るまでは漢学を修めよと、居ること二年余、倩《つらつ》ら以為《おもえ》らく、世人深く旧習に深み、専ら漢学を修め、或は国学歌道の練習のみに強むるも、今や徐《おもむ》ろに眼を世界の大勢に注ぐときは、独り漢学に凝り、国学に耽るを措き、是非洋学に志さゞる可からずとし、これを果たすは越前国大野に赴くに若くはなしと。一日窃かに大聖寺を去り、深雪を侵して大野に赴き、洋学館の伊藤慎蔵〈長州人にして先考の門人なり当時大野藩に聘せられ洋学教頭を為す〉に就て蘭書を学び、旁ら洋式操練を習ふ、洋式操練を為すは蓋し大野藩を濫觴とす。時に年十四歳〈安政三年丙辰〉。既にして事先考の耳に達し、訓戒を守らざる故を以て勘気を受け、学資を支給せられざること三年、其間蘭書の写字を為して僅に糊口を凌ぎ、辛く二級学生となる、於是乎勘気初めて免され帰坂の恩命を蒙る、時に年十六歳［正しくは十七歳］〈安政五年戊午〉なりき。今にして之を思へば、余が説の先考に及ばざること遠し、子を見る父に若かざるの言は実に余を欺かず、嗚呼後悔は先に立たざるなり。

図2－1　渡辺卯三郎
（大聖寺時代）

平三（惟準）につづいて三男（第五子）の四郎（城次郎、のち惟孝）も渡辺卯三郎の塾に入門し（安政三年か）、兄弟二人が机をならべて漢学を修業した。

洪庵は自著『病学通論』の自序に、「自分は幼年時代、父に従い大坂の邸宅で文を学び、武術も習ったが、多病のため勉強をすることができなかった。たまたま中天游先生が西洋医学を唱え、その論は人の意表にでていた。そこで武士の道をあきらめ、西洋医方を学び医師を志し、天游の門をくぐった。時に十七歳であった」と述べている。そのため漢学の素養に乏しく、年をとっても、漢文に関して読解釈、漢文による作文については得意でなく苦労したと思われる。自分の子供らにこのような苦労をさせたくなかったため、二十歳までに漢学を修めよと、訓戒したのであろう。しかし二人の子供はそれには満足できず、早くオランダ語や蘭方を学びたかったのである。

▽**渡辺卯三郎**（天保二～明治一四＝一八三一～八一）

卯三郎の父八百助は京都の蘭方医小石元瑞に入門、また江戸で津山藩医で蘭方医であった宇田川玄真に学んだ。卯三郎はその長男で武術・馬術をよくし、また漢詩を好んだ。はじめ大聖寺藩の経世家であり教育者であった東《ひがし》方《かた》芝山《しざん》（一八一三～七九）に師事、芝山により洋学への目を開かれた卯三郎は、初め蘭学を加賀藩医の蘭方医黒川良安《まさやす》（一八一七～九〇）に学ぶ。黒川はのちに（嘉永三年二月）、加賀藩で最初の種痘を行った医師である。嘉永元年（一八四八）八月（十八歳）、適塾に入門、在塾三年、ついで長崎に遊学しボードイン、ハラタマに学ぶこと一年、いったん帰国したのち再び適塾にもどり、嘉永六年（二十四歳）塾頭となった。翌安政元年（一八五四）父の病気のために帰国するが、このとき洪庵は子息平三を託し同伴させた（梅溪昇『洪庵・適塾の研究』

／藤野恒三郎・梅溪昇編『適塾門下生調査資料・第二集』）。

帰国した直後に、洪庵が卯三郎に宛てたと考えられる次のような書簡の断片がある（緒方富雄・適塾記念会編『緒方洪庵のてがみ・その二』）。

（前文欠）先入主となるものに候故、其始メ大事に御座候。豚児事大兄を唱ルには先生とか又は兄様とか唱へサセ申度、是等は御大人様と御相談之上、可然様御極メ可被下候。又大兄の豚児ニ待スルモ始メより其格に被成度奉存申候

（現代文）先入主となるものですから、はじめが大事です。豚児（洪庵の子息）があなたをよぶには「先生」とか、または「兄様」とかよばせたく、これらは御父上様に御相談のうえ、よろしいようにおきめください。またあなたが、豚児に対せられるのも、最初からそのつもりになられたくおもいます。

**▽伊藤慎蔵**（文政九～明治一三＝一八二六～八〇）

幕末の蘭学者。長州萩浜崎の町医者伊藤宗寿の子、初め精一、のち慎蔵と改める。嘉永二年（一八四九）二月八日適塾に入門、三月に入塾、同五年塾頭となる（二十七歳）。酒を好み斗酒を辞さずの風あり、酒による出来事であろうか、不埒のことあり、翌六年七月、洪庵に破門された。親友の村田蔵六（のち大村益次郎と改め）のとりなしで嘉永七年四月、再入門を許された。安政二年（一八五五）越前大野藩に招かれ、翌年五月開館した大野藩洋学館の蘭学教授となる。しかし大野藩でも攘夷論が台頭したため、身の危険を感じ、文久元年（一八六一）大野藩を辞し、大坂に帰った。まもなく妻の実家のある摂津国有馬郡名塩村（現・西宮市名塩）に移り、蘭学塾を開いた。明治二年（一八六九）四月兵庫県洋学館教授、三年三月大坂開成所大助教となる。その後、

図2－2　伊藤慎蔵
（東京時代／明9・6・10写）

東京に移り、文部大助教をへて、東京工部寮、工部省に勤務、明治七年二月辞職、十三年六月十七日病没、享年五十五歳。

大野藩に在任中に翻訳したものに、『颶風《ぐふう》新話』二冊（安政四年）『築城全書』二〇巻二五冊（安政六年）があり、また英語研究を命ぜられ、『英吉利文典』（オランダ語による英語文法書を復刻）を出版した。名塩村に滞在中、『筆算提要』（慶応二年）と『改正磁石霊震気療説』（同三年、霊震気は電気のこと）を翻訳出版した。

さて漢学や国学の勉学に明け暮れた渡辺卯三郎の塾に嫌気を覚えた平三と四郎は、深雪を侵して無断大聖寺を脱出し、大野の伊藤慎蔵家（洋学館に隣接していた）に飛びこんだ。それは安政三年二月ころであろうと推察されている。そして五月に開設された大野藩洋学館に六月末に入校し、伊藤慎蔵らの教官からオランダ語の学習をはじめ、洋式の軍事訓練などを受けることになる。

この大聖寺脱出について、卯三郎と慎蔵は洪庵へは秘して、知らせなかったようである。慎蔵は安政三年十月、『颶風新話』の翻訳草稿を校閲してもらうために大坂の適塾へ出張している。このとき、この脱走のことを洪庵に話さなかったのであろうか。洪庵が二児の大野への脱出について知ったのは、洪庵宛の同年十月二十四日付の伊藤慎蔵の書状によるようである。脱出して約八か月後のことである。洪庵の同年十一月二日付の内山宛の返書で、次のように認めている（岩治勇一「洪庵の二子と大野藩」、『医譚』復刊二七号、一九九四年／前掲『緒方洪庵のてがみ・その二』）。

（前略）然は慎蔵先月廿四日出之書状差越、今二日相違し候処、豚児平三事、四郎と申合せ、謀計ヲ以て御地へ罷越候趣、若輩之身を以て大胆不敵之至、不届至極奉存候付、即刻慎蔵へ委細之返書差遣し、両人共勘当申付候、巨細之義は慎蔵へ申遣候間、御聞取可被遣、同人より御相談申上候義も御座候ハバ重々恐入候へ共、可然御示揮被成遣度御願申上候、右時候御伺ヒ旁任幸便萬々如此御座候、万々奉期後鳴候、恐惶謹言

十一月二日　　　　　　　　　　　　　緒方洪庵

内山七郎右衛門様

洪庵の訓戒を守らず、無断で渡辺塾を飛びだし大野の伊藤のもとに走った平三と四郎の二人の息子に対して、洪庵は怒り心頭に発し、勘当し、一切の学資の送金をやめ、慎蔵に別の書状を送りその後の処置を委託した。そして慎蔵から相談があったら、よろしく頼みますとの要請の内容である。内山と慎蔵は十月ころに大野に来たようにとりつくろったのであろうか。疑問の残るところである。

この書状の約五十日後の十二月二十五日付の内山宛の洪庵書状がある。

（前略）扨此頃は又々老人事平三召連レ罷出、種々御厄害ニ相成候趣、右同人旅行之事私共更に存不申、帰宅之上始而承り、驚入候事ニ御座候、七旬ニ余ル身を以て雪中百里外独行仕候義、幾重ニも大胆不敵、実ニあきれ果申候、幸ニ無事帰阪仕候条、乍憚御安襟可被成下候、平三義ニ付而は不一方深ク御厚配被成下候趣、逐々承り、千万難有仕合奉存候、何分此上万端宜ク御願申上候、四郎事も以御蔭逐々上達仕候趣、大悦仕候、甚乍恐入候義、万事御添心被成下度、偏ニ御願申上候、老人よりも万端御礼宜ク申上候様申聞候、右御挨拶旁草草如此御座候　恐惶謹言

十二月念五日　　　　　　　　　　　　緒方洪庵

内山七郎右衛門様

この文中の老人とは洪庵夫人八重の実父億川百記（翁助）のことである。百記は摂津国有馬郡名塩村の医師であるが、当時七十歳を越えており、医業は息子の信哉（八重の弟、慎蔵より一歳下）にまかせていたのであろう。百記は娘八重から孫二人が大野に脱出したこと、そして洪庵が勘当したことを知らされ、二人がどのような生活を送っているか心配で、居ても立ってもおられず、洪庵夫妻に無断で、冬にもかかわらず大野行きを決行したの

であった。この十二月二十五日付の書状は、百記が大坂へ帰着し、洪庵夫妻に大野での孫の状況を報告するため洪庵宅に立ち寄った日か、あるいはその翌日に書かれたものであろう。

旧暦の十二月二十五日は新暦では翌年の一八五七年一月二十一日である。洪庵の内山への返状にあるように北陸は厳冬の時期である。大野は福井から、現在の鉄道でも三四キロの距離にある山間部の町で、豪雪の地である（現在近くに著名なスキー場がある）。大雪が積もり、寒風が吹きすさぶ北陸路、現在の鉄道で、名塩から大阪まで約三〇キロ、大阪から福井まで約一九〇キロ、福井から越前大野まで三四キロ、計二五四キロの距離である。当時の道のりではこれより三割くらい長く、三〇〇キロを越えていたのではなかろうか。少なくとも一人の使用人は同伴したことであろうが、七十歳を越えた老人にとっては厳しい旅であったろう。一日三〇キロの行程として、少なくとも片道十日間の旅であった。二児の寄留していた慎蔵宅にたどりついた百記は二児の孫と手を取りあって、うれし涙があふれたことであろう。やがて慎蔵の仲介で百記は平三を伴って、山内家老宅へ挨拶に赴いたのであった。そして今後の両孫の洋学館における教育や生活に関し、祖父として、洪庵夫妻になりかわり、懇請したことであろう。大坂に帰ってきた百記と会い洪庵夫妻はびっくり仰天、無謀な行動にあいた口もふさがらないという状態であった。

大野藩は、この脱走事件の前年の安政二年（一八五五）五月、大坂北久太郎町農人橋に家老内山の主唱で藩経営の大野屋という店舗を設けた。たばこをはじめ、藩内産の生糸・織物・茶・漆・麻などを商い、また藩用に異国の品なども購入、そのほか質屋なども経営し、評判の店であった。内山は商用のため、しばしば大坂に出張していたので、蘭学好きの藩主土井利忠の意を受けて、洪庵にも近づきとなり、伊藤慎蔵の大野藩の蘭学教授への招請を頼んだのであろう。このように内山は洪庵と面識の間柄であった。洪庵の二児の事件以来一層親密になり、洪庵はたびたび内山に書状を送っている。

安政三年（一八五六）五月に開設された大野藩洋学館の蘭学教育の名声は近隣をはじめ遠隔の他藩にもひびき、続々と入門者が集まった。同年五月六日入門の大聖寺藩士梅田八百吉（砲術、剣術修行）を筆頭として、安政五年七月までに他藩からの入門者は三八名に達している。この中には安政三年六月三十日に入門した洪庵の息子二人も名を連ねている（岩治勇一『大野藩の洋学』）。

大野へ来た平三と四郎の二人は初め慎蔵宅に同居させてもらったのであろうが、間もなく平三は洋学館の寄宿舎に入ったのであろうか、適塾同門の藤野昇八郎（現・福井県坂井郡本荘村在住）宛の慎蔵の書状（安政三年十月八日付）から四郎一人が同居していることがわかる（岩治勇一「大野洋学館教授伊藤慎蔵の書翰」、『奥越史料』第七号、一九七八年）。

（前略）当四月両親呼寄、尚師家二男四郎も預、旁以大家内ニ相成候（後略）

二人の子供に対して慎蔵はもちろん物質的な援助をしたが、藤野昇八郎もたびたび二人にものを送っていたことが、慎蔵から昇八郎への書簡でもわかる。「緒方小供へ乍毎度難有奉存候」（安政四年）。このような藤野の好意に対して、平三と四郎は連名で礼状を送っている（安政三年）。

拝顔而来、愈御壮栄奉珍賀候、然は今朝預御遠贈千万奉多謝候、扨先日御子息様草々御修行ニ御出し被成候様之御談話御座候、如何相成候哉、日々相待候、乍憚宜敷申上被下候、右草々御礼旁申上候、如斯御座候、猶期後便之時候、頓首百拝

三月八日　　　　　　　　　　　　　緒方平三　　　同四郎

　　　　　　　　　　　　　　　　　　準縄　　　縄直

藤野昇八郎様　机下

このように、父洪庵からは見放されたが、近くに住む適塾門人からは温かい援助の手がさしのべられていた。

## （1）大野藩の洋学教育

大野藩の組織的な洋学教育の具体的内容を知る資料は極めてとぼしい。安政三年五月五日付で、「方今文武必需の時機たれば、愈々之を勉励すべし。故に文学の如き、亦武術と同く、一旦入門せしもの、漢蘭とも妄りに廃学すべからず。若し無余義事故の生ずるあらば、其情由を悉《つく》し、教授・世話役を経、該官へ出願すべし。僉義《せんぎ》の後、之を拒否するあるべし」の諭達が出されている。

安政五年（一八五八）二月二十一日付の諭達に、

文と曰ひ武と曰ふ、其実文事の素なきものは、日常事に疎きのみならず、武芸其他の技術に長ずるも、大に功を成し難し。故に幼稚の子弟、八歳より漢学、十一歳より蘭学、各々業に就き、十七八歳に至るまで専ら該学に従事し、日夜懈なく、勉励せしむべし。但、子弟にして病気等にて無余義入学し難きものは其情由を悉し、該官へ稟伺し、其他は子弟の才不才、能不能より、一旦業に就きし後、兼修する能はざるの実あるものは、亦其情由を詳かにし、教授を経て之を開申し、共に指令に任すべし

とある。

大野藩士の子弟にとっては、漢学と同様に、蘭学（オランダ語）の学習が必修科目であったことがうかがえる。わが国においては、中学校以上（これからは小学校高学年から）英語が必修科目であるが、これと比べて大野藩の教育がいかに進歩的であったかが知れる。

具体的な蘭学教育法は未詳であるが、慎蔵が適塾出身者であるので、その一方法として、適塾におけると類似の方法が採られていたと推察される。

すなわち適塾では、学級はおよそ八級に分かれ、文法を習う初級から始まって、それより上のクラスになるとオランダ語の原書を勉強し、その程度がだんだん高くなって一級になる。当時はどこの蘭学塾でも、オランダ語

の「ガランマチカ（文法論）」と「セインタキス（文章論）」を使っていた。津山藩医の箕作阮甫《みつくりげんぽ》はこれを木版で復刻し、前者は『和蘭文典　前編』（天保十三年）、後者は『和蘭文典　後編　成句編』（嘉永元年）と名づけて出版した。塾生はこれを用いた。

オランダ語の文法や文章の解釈などの初歩的段階が終わると、「会読」ということをする。各級は一〇人から一五人くらいからなり、各級に「会頭」がいる。この会頭は、級の高低によって、塾頭・塾監・一級生という人が受け持つ。会読の様子は次のようであった。

あらかじめオランダ語の教材のどこを会読するということを決めておき、会読の当日その場でくじをひいて席順をきめ、その順序に数行ずつオランダ文を解釈する。すると次の席の者が質問するというようにして、順々に進める。会頭はだまって聞いていて、わきから質問させる。いよいよわからぬとなると、討論になる。この会読の結果、会頭がこのクラスの書生の成績を採点する。採点の詳しい方法は略すが、成績が優良であれば一つ上のクラスへ進むことになる（緒方富雄『緒方洪庵伝』）。

大野藩士堀寛の門生手控え一覧（安政六年正月）によれば、大野藩洋学館では、適塾より一クラス多く、九級まであったようである。他藩の書生三〇名のうち一九名が四級から九級に属し、一一名は無級である。この一覧で緒方平三は七級であるが、四郎は無級である（前掲『大野藩の洋学』）。しかし「自伝」にあるように、平三は二級にまで進んだ。著しい進歩である。

このような会読に使用されるオランダ本はたいてい一冊しかないので、会読のために各自写本しなければならず、蘭日辞書も部数は少ないので（適塾では一冊）生徒たちの間で取り合いになることは必定であった。

洪庵の二人の息子はこのようなオランダ語の学習をしながら、親からの学資を絶たれているので、裕福な書生のオランダ語本の写本をひき受け、いわゆるアルバイトをしたのであった。

## （2）西洋操練の学習

『一夕話』に書かれているように、平三らは蘭書の学習のほか、西洋操練も習った。当時大野藩では、旧来の砲術を改めるべく、藩士を江戸の下曾根金三郎（西洋砲術家高島秋帆門人）の塾で高島流砲術を学ばせたり、松代藩の佐久間象山（在江戸）に砲術を学ばせた。一方、西洋砲や銃の鋳造のため泉州堺から銃工島谷与吉を招き、鉄砲を作らせ（嘉永二年）、翌嘉永三年（一八五〇）には大砲数門を鋳造した。平三はこのような近代武器を用いての軍事教練にも参加したのである（安政三年／平三十四歳・四郎十三歳）。

平三は弟四郎とともに、蘭書の写本などでえた乏しい金で厳しい生活を強いられたが、蘭書の学習はめきめき上達し、二年間で二級生に昇級、この上達ぶりは、師伊藤慎蔵や内山家老らを通じて父洪庵へも伝えられたことであろう。そして洪庵の怒りも次第にうすらぎ、勘気がとけ、大坂に帰ってよろしいというありがたい仰せに接し、平三一人、二年ぶりに両親のもとにもどった（『一夕話』では十六歳、正しくは十七歳）。四郎はまだ学業半ばなので大野に残った。

大野藩洋学館の跡地（大野市明倫町）に記念碑が建立されている（図2-3）。記されている碑文は次の通りである。

大野藩主土井利忠公は安政三年（一八五六）五月五日、この地に蘭学所を開設し、教授伊藤慎蔵に蘭学指導を委嘱された。これを助けたのは西川貫蔵や山崎譲らであった。伊藤慎蔵は長州萩の人で、緒方洪庵の高弟であったが、土井利忠公が礼を厚くして大野に招き、俸禄百石をもって待遇された。蘭学所はのちに洋学館となり、原書や辞典も充実した。

我が国最初の気象学の翻訳書「颶風新話」と翻訳書「英吉利文典」も洋学館より出版され、「築城全書」や「三兵訣精論」等の兵学書数部もまた同館で翻訳された。大野藩の蘭学は、その砲術訓練や蝦夷開拓ととも

図2−3　大野藩洋学館跡の碑

図2−4　伊藤慎蔵顕彰碑

に全国に知られ、二十数藩から当城下に留学した者は数十名に及んだ。ここに往時の盛況を極めた大野藩洋学館の事績を明らかにする。

この碑の向かって左に「伊藤慎蔵先生顕彰碑」が建立されている（図2−4）。この碑は大野市出身の東京大学医学部教授伊藤幸治氏により、平成十一年（一九九九）に建立されたものである。碑面に慎蔵の肖像を掲げ、その下に慎蔵の略歴を記し、そのあとに、

> 先生は大野の地に新学問の気風をおこし、全国からの館生を教育して新時代の指導者を育成させた。よって先生の御業績を讃え、ここに顕彰する。
> 緒方洪庵氏の曾孫、緒方富雄氏（大野藩洋学館生緒方平三の孫、東京大学医学部教授）に学んだ伊藤幸治（大野市出身、東京大学医学部教授）平成十一年（一九九九）建立

と刻まれている。

# 第3章　第一次長崎遊学時代と父洪庵の死

是秋〈十六歳即ち安政五年の秋を云ふ〉［正しくは十七歳、安政六年秋］先考の命を受けて、肥前国長崎に赴き、教師和蘭国海軍一等軍医朋百《（ポンペ）》氏、次で教師同国陸軍一等軍医抱独英《（ボードイン）》氏〈明治十八年六月七日没〉及同国海軍二等軍医満斯歇爾篤《（マンスフエルト）》氏に従ひ医学を修め、旁ら同国ハラタマ氏に就て理化学を学ぶ。而して抱《（ボードイン）》氏以下二氏の訳官を為し、長崎病院及び教場〈変遷して今は第五高等中学校医学部となれり〉の取締をなせり。

この最初の長崎遊学時代の惟準の行動を詳細に知りたいと思うが、この『一夕話』の記述はきわめて短く、その勉学状況は全くわからない。そこでポンペの『日本滞在見聞記』（沼田次郎・荒瀬進訳）、松本順の『蘭疇《らんちゅう》』と『蘭疇自伝』、長与専斎《ながよせんさい》の自伝『松香私志《しょうこうしし》』から当時の医学伝習生の勉学状況をみてみたい。

### （1）長崎の医学伝習所（のち養生所、ついで精得館と改称）における伝習

安政四年（一八五七）二月、幕府医師松本良順（順）は幕命により長崎留学を命ぜられ、江戸を出立した。そして同年八月五日（陽暦九月二十二日）、ポンペが長崎に着任したので彼に就学する。松本はせっかくの機会だからと、自分だけでなく他藩からの就学者も募った。しかし他藩の者が外人教師に直接学ぶことは禁じられてい

たので、一応松本良順の門人ということで、ポンペの講義を受ける形式をとっていた。この良順の門人録「登籍人名小記」に惟準の名が次のように載せられている（鈴木要吾『蘭学全盛時代と蘭疇の生涯』）。

名準、字子縄、号秀蘭また錦城、浪華人、安政己未《（六年）》秋脩贄、木下備中守臣今為幕府之臣　緒方平三

▽**ポンペ・ファン・メールデルフォールト**（Pompe van Meerdervoort, 1829–1908）

オランダの海軍軍医。一八二九年五月五日ブルッへ（現在ベルギーのブルージェ）に生まれる。ユトレヒトの陸軍軍医学校に学び一八四九年三等軍医に任官し、海軍に勤務。オランダ海軍による幕府の海軍伝習第二次教育派遣隊の一員として、隊長カッテンディケに従って安政四年（一八五七）八月五日（陽暦九月二十二日）長崎に渡来、幕医松本良順や諸藩の医学生を教育した。

開講は、はじめ長崎奉行所西役所内で行い、同年内に大村町高島秋帆本宅内に移った。診療のかたわら講義し、人体解剖実習、コレラの防疫、検梅制度の創始のほか、幕府に建議して文久元年（一八六一）日本最初の西洋式近代病院である長崎養生所（のち精得館と改称）を設立させた。翌二年九月に帰国、のちハーグで開業、一八七五年から二年間、駐ロシア公使榎本武揚の顧問になってペテルブルグに随行、その功により日本政府から勲四等が贈られた。一九〇八年十月七日死去、享年八十歳。

図3-1　ポンペ

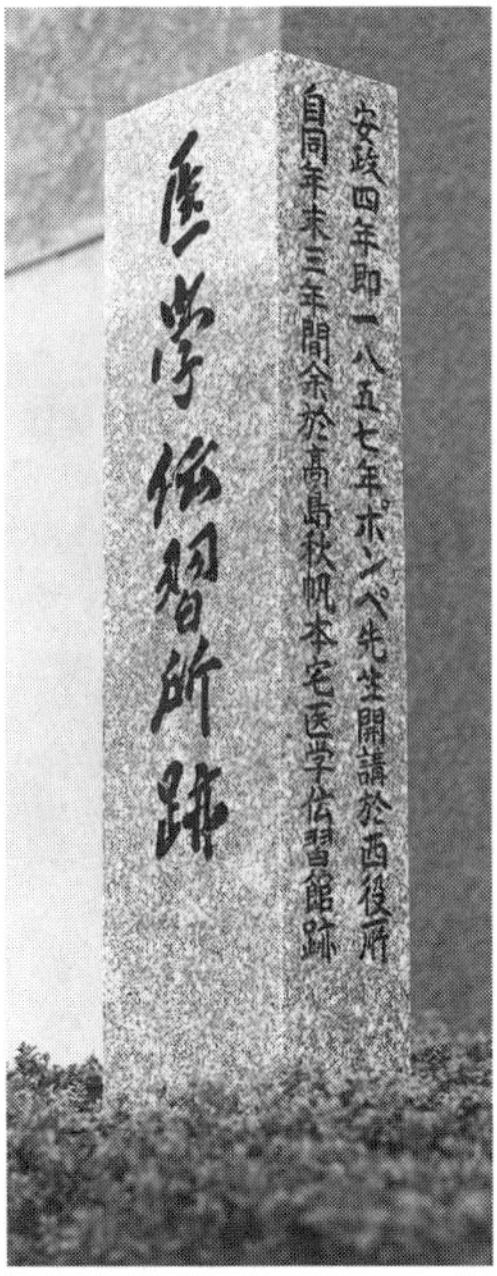


図3-2　医学伝習所跡碑（万才町・長崎グランドホテル）

▽**松本順**（天保三～明治四〇＝一八三二～一九〇七）

佐倉藩医佐藤泰然の次男、天保三年六月十六日江戸に生まれる。名は順之助、幼くして幕府医師松本良甫の養子となり、名を良順、のち順に改め、蘭疇《らんちゅう》と号した。安政二年（一八五五）幕府に出仕、同四年幕命により長崎に行き、ポンペについて近代医学を学ぶ。同六年死刑囚の遺体で、ポンペとともに長崎での最初の解剖を行う。万延元年（一八六〇）ロシア兵の長崎寄港にさいし、売春婦の梅毒検査を実施する。文久元年（一八六一）長崎養生所を開設、教頭はポンペ、良順は頭取を務め、患者を診療するかたわら門下の医学生とともにポンペの講義を受け、また通訳をつとめた。文久三年六月十日幕府の医学所頭取緒方洪庵が急死したので、そのあとをうけて第二代目頭取に就任した。戊辰戦争の折り会津若松に赴き戦時病院を開設し、負傷兵の治療にあたった。しかし会津軍の敗北により明治政府軍に捕われる。のち釈放、明治四年（一八七一）兵部省に出仕、軍医頭となり陸軍軍医部を編制する。六年初代陸軍軍医総監に就任、十二年隠居、軍医本部御用掛となるが、十五年（一八八二）八月三十一日、彼の後任の軍医総監林紀《つな》がパリで病死、そのあとをうけて九月再び軍医総監となる。十八年五月本職を免ぜられ、軍医本部御用掛となる。二十一年休職、二十三年（五十九歳）貴族院議員となり、予備役に編入される。三十八年（一九〇五）男爵を授けられる。軍陣医学のみならず通俗衛生にも意を用い、著書に『養生

図3－3　松本順(長崎時代)

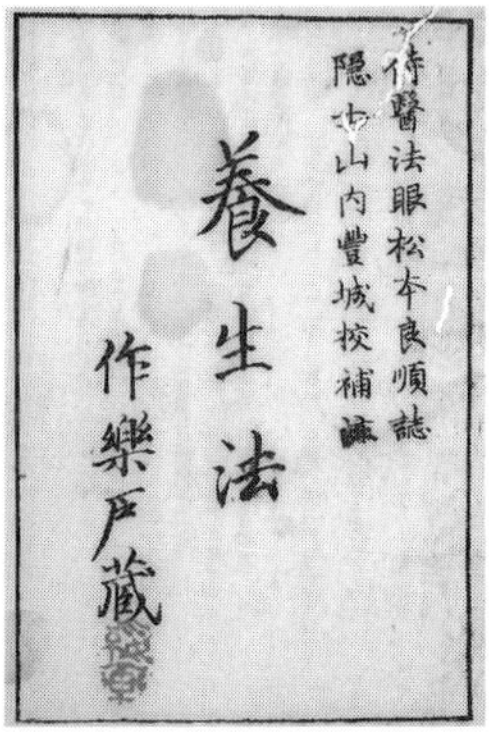

図3－4　『養生法』

図3－5　『民間治療法』

法』（図3-4）、『海水浴法概説』（一八八六年）、『民間治療法』（一八八八年／図3-5）、『通俗医療便方』、『通俗衛生小言』（一八九四年）などがある。牛乳の飲用をすすめ、また海水浴の効用も説き、神奈川県大磯に海水浴場の開設を推奨した（第21章参照）。

## (2) ポンペの講義

ポンペの講義は安政四年（一八五七）、最初は長崎奉行所西役所内（現・長崎市江戸町二番　長崎県庁）で行われたが、同年大村町（現・長崎市万才町九番　長崎地方裁判所）の町年寄高島家内に移された（長崎市立博物館編『長崎の史跡　北部編』）。

はじめは松本良順ら一四人であったが、のち一三〇人ほどに増加した。松本良順や諸藩から集まった医学生に接したポンペは、彼らにどのような印象を持ったであろうか。少し長いが、彼の『日本滞在見聞記』から引用してみよう。

二、三の学生が江戸から出島に派遣された。その中には将軍の侍医の子息松本良順が含まれていた。私はこの人に、医学校内における学生の秩序と規律に関するかぎり医学教育の監督を依頼した。私は彼にはじめて会ったとき、彼が怜悧な理解力に富む人物であることを見抜いた。（中略）私はそのときすでに、学生たちの理論的知識はゼロに等しいことに気がついたし、またオランダの医学書からただ単にきわめて簡単な概念を得ているにすぎないことも気がついた。（中略）一八五七年十一月十二日［安政四年九月二十六日］にいよいよこの医学校を開校した。最初十二人の学生が着席していた。すでにその際、最初にぶつかったもっとも大きな困難は、おたがいの言葉がわからぬことであった。彼らは私と話すこともできなければ、私の言うことを理解することもできなかった。なぜならば、通詞が私の話すことを一語一語訳してやらなければならなかった。しかもそれは、なかなかうまく理解できなかった。私が取り扱う話題は、学生にとっても通詞にとっても、全く耳新しい未知のことばかりだったからである。

そこでポンペはまずオランダ語の勉強が優先すると考え、オランダ海軍派遣隊に加わっていた商船学校の先生からオランダ語の教授を受けさせた。

そんなことで、私が思ったよりも早く、おたがいの言うことがわかるようになったことを、ここに申し上げておかねばならない。なぜなら、二、三カ月すると、学生たちは私がゆっくり明瞭に話をすれば、私の話すことがわかるようになってきたし、また私も長崎の方言ではあるが、日本語で多少話すことができるようになったからである。

平三は大野藩洋学館でオランダ語の基礎的な知識は身につけていたが、オランダ人に接し、その口から発せられるオランダ語は他の医学生同様、まったく理解不能であったろう。だが日月を経るにしたがって、ポンペの講義も理解できるようになり、彼との会話も行われたと思われる。はじめは医学知識の乏しいオランダ通詞による通訳で、ポンペの講義内容は学生らに正しく伝わらなかったが、良順の語学力が急速に上達してからは、もっぱら通詞にかわって良順がポンペの講義内容を通訳し、それを学生が筆記するというパターンに変わった。このようにして記された写本が多く残されている。

その一例である『外科則條』(津山の医師芳村杏斎旧蔵本)の冒頭に次のように記されている(図3−6)。

和蘭海軍医官於日本格物考理兼医学教頭
俄刺期帝賜璽褒章惣海外究理学結儀
依屈依。助。嗯。朋謨貝漢。迷爾埵児高児徳《(ポンペ・ファン・メールデルホールト)》

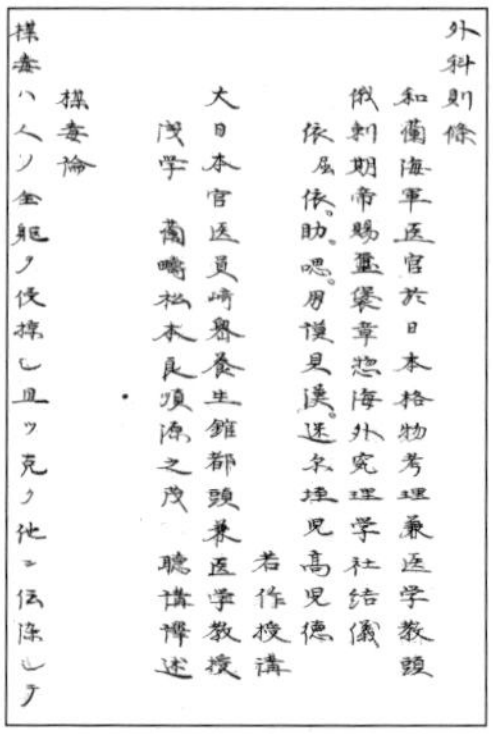
外科則條
和蘭海軍医官於日本格物考理兼医学教頭
俄刺期帝賜璽褒章惣海外究理学社結儀
依屈依。助。嗯。朋謨貝漢。迷尒埵児高児徳
若作授講
大日本官医員崎縣養生館都頭兼医学教授
浅学 蘭嶋松本良順源之茂 聴講博述
梅毒論
梅毒ハ人ノ全軀ヲ侵掠シ且ツ克ク他ニ伝染シテ

図3−6 『外科則條』

若作授講
大日本官医員崎褰養生館都頭兼医学教授
浅学　蘭疇松本良順源之茂　聴講訳述

良順は『蘭疇自伝』の中で次のように記している。

ポンペの教授法は、自家諸書を校し、その中より肝要にして有益なる部分を抜萃筆記してこれを講じ、傍ら治療上に切実なる談話を交え、古人の実験を論説して後、その筆記を与え、復習の便とせる者なりし。予はまた毎宵子弟を会して、昼間受け得しことを復講すること三時間ばかり、生徒の来聴するもの常に七、八十名を下ることなし。

また適塾の塾頭を務め、のちポンペに師事した大村藩医の長与専斎（一八三八～一九〇二）は自伝『松香私志』（一九〇二）の中で次のように記している。

万延元年（一八六〇）一月、松本先生の許に詣りて伝習傍聴のことを願い出で許可を得たり。伝習所は大村町にありて、二階建の長屋なりき。その頃は諸藩の伝習生増加して三十人余の寄宿者あり（緒方平三氏もすでに寄宿しありき）、松本先生もその中央の一室に住まわれたり。伝習生は諸藩の命を受けたる御用書生多く、八畳六畳くらいの一間に二人三人ずつ机を構え、その上に幾冊となく原書を積み坐蒲団を敷き袂《たもと》時計［懐中時計］を帯びたる有様は、適塾自費の寒書生たりし者の目にはただ驚くばかりにて、曩時《のうじ》［いつぞや］塾中の戯言をさえ思い出だしぬ。余はしばらく入塾を見合わせ通学することとなしつ。翌日は講義の席に列し、松本先生の紹介にてポンペ氏に引合わされしが、生来始めて外国の人に接せしこととて、一

図3-7　長与専斎（長崎時代）

言の挨拶も出でず、ただ無言にて握手せしのみ。やがて講義始まりけるが（その日は病理総論にて、通詞は西慶太郎と云える人なり）、通詞の一語一語に口訳して伝うることさえ、しっかとは耳にとまらず、茫然として酔えるが如く、人々のさまは如何んならんと見廻しけるに、松本先生と、ほかに一人は始終筆を執りて筆記するさまなりしが、その他は手を拱きて聴き居るもあり、時に鉛筆を取り出して記するもあり、後に聞けば始終筆記し居たるは司馬凌海なりしとぞ（司馬凌海、名は盈之、文才ある人にて数箇国の語学に通じ、大学の教授となれり。のちに名古屋にありけるが、今は泉下の人になりぬ）。かくて日を経るに従い、ポンペの口演もほぼその意味を会得し、時には自己の喉舌を以て質疑問答することもでき得るようになり、やや事情も解するに付き、つらつら学問の仕方を観察するに、従前とは大なる相違にて、きわめて平易なる言語即文章を以て直ちに事実の正味を説明し、文字章句の穿鑿の如きは毫も歯牙《しが》にかくることなく、病症・薬物・器具その他種々の名物記号等の類、かつて冥捜暗索の中に幾多の日月を費したる疑義難題も、物に就き図に示し一目瞭然、掌に指すが如くなれば、字書の如きは机上のかざり物に過ぎず、日々の講義をよく理解し、よく記憶すれば、日々新たなる事を知り新たなる理を解し、また一字一章の阻礙《そぎ》することなく、坦々として大道を履むが如くなりき。ただし利のあるところは害の伏するところにして、学問の平易なるにつけ刻苦錬磨の必要少なく、したがって怠慢放逸の弊を生じ、学生中には往々その業を遂げざるもの出で来たりぬ。されどこの伝習の事より蘭学の大勢一変して、摘句尋章の旧習を脱し、直ちに文章の大要を領して、もっぱら事物の実理を研究するの目的に進み、日就月将《ひになりつきにすすむ》［日に日に進歩すること］の勢を以て、ついに今日文明の世運を開くの端とはなれり。前年緒方先生の蘭学一変の時節到来と宣いしぞ、まことに達人の知言［道理に明らかなることば］なりしと、私かに深く感嘆したりき。

専斎がポンペに入門した万延元年（一八六〇）一月には二十三歳、平三は十八歳であった。

この万延元年に平三は父洪庵から帰国するよう命ぜられ、大坂に帰った。何月かは不明である。いったん大坂に帰った平三は、しかしなお長崎での医学伝習を続けたかったのであろう、父洪庵に無断で出奔、翌文久元年（一八六一）十月六日、あるいは七日ころ大坂から乗船、長崎に向かった。このことを洪庵は十月十日付の手紙で長崎にいる城次郎に、次のように知らせている（緒方富雄・梅溪昇・適塾記念会編『緒方洪庵のてがみ・その三』）。

時下寒冷逐日被相加候処、愈々無事勉強被致候旨伝聞、歓入申候、爰許一同無異御安心可給候。扨平三事昨年已来再遊差留メ置候処、此頃憤発ぬけて竊ニ乗船其地へ下り申候。定而面会ニ相成候と存候。全体父の命を背クハ不埒之至ナレトモ、外ナラサル事故、一応ハ差許可申候間、兄弟互ニ相励ミ、此上出精所祈候。右申遣度如此候。　草々不備

十月十日　　　　　　　　　　洪　庵

城次郎殿

尚々平三乗船当月四日ニ候へ共、天気悪ク、定て六日七日比ニ天保山を出テ可申と被考候。其後兎角天気不宜、風強ク如何と案事候。為念遣し候。以上

平三の無断出奔にたいして洪庵は一時は激怒したが、勉学をつづけたいという趣旨であったので、このたびの無断出奔は許し、学資も送ることとしたのであった。

その後、城次郎は洪庵に、平三が無事長崎に到着したことを報じ、かつ執行金（学資金）が底をついてきたので、送金をたのむ手紙をおくった。折り返し洪庵は、同年十一月二十一日付で、次のような書状を城次郎に送った（前掲『緒方洪庵のてがみ・その三』）。

毎々被差越候書状夫々今披見候。先以無事勤学之旨芽出度存候。平三も海陸無事着之よし、致安心候。両人

申合せ執行専一所祈候。爰許一同無異拙者も逐々快復、当月朔日より出勤、可也病用相勤居候。安心可給候。執行金当春来既に弐拾両斗差出候処、最早不足ニ相成候旨、驚入候。委細之事ハ平三へも申遣候間、同人より聞取、心得違無之様可被致候。右数度之答まで如此、草々不備

十一月二十一日夜　　洪　庵

城次郎殿

洪庵はまた大坂から同年十二月二十二日付で、平三に次のような書状を送っている（同前）。

去月《（十一月）》十六日、同二六日両度之書状今披見候。時下厳寒御無事研学之旨芽出度存候。爰許一同無異安心可給候。当時伝習館不都合ニ付、長与《（専斎）》墅《（しよ）》［はなれやしき］へ被居候よし。尤ニ存候。折角勉強所祈候。扨其許事此度之下向、本筋之事ニも無之、万事其意を以て不心得無之様ニ、急度相慎只執行専一と存候。内々長与へ申遣候事も有之、同氏より承り可被申候。此節吉野より書状参り、城次郎執行金算用書被差越、一見いたし候。病気故とハ乍申、同人失費も余程其分ニ過候様被存候。先日も申遣候通り之次第、十分之下し金も出来かね候間、篤と相心得節倹専一ニ学事出精而已祈り申候。

一真島より頼ニは、新奇之珍敷眼科書有之候ハバ、一部相求申度との事ニ候。見当り被申候ハバ早々可被申越候。

一オイトヒンヂング三冊慥ニ入手いたし候。安心可給候。右返事まで。草々已上

十二月廿二日　　洪　庵

平三殿

尚々城次郎へ別紙不遣、宜申達し可給候。以上

前回の長崎遊学時には、平三は伝習所の塾に寄宿していたが、今回はそれができず、長与専斎の家に寄宿する

ことになった。そこで洪庵は専斎に別に手紙を出し、平三・城次郎の指導、監督を依頼したと思われる。「吉野」なる人物について緒方富雄氏は何も解説していないが、城次郎の寄宿先の主か、または洪庵から依頼された保証人であろうか。

## （3）長崎養生所の開設

松本良順の尽力により長崎西小島町に養生所が新築され、文久元年（一八六一）八月十六日（陽暦九月二十日）開院式が行われた。これはわが国最初の洋式病院で、教頭はポンペ、松本良順は頭取として、外来・入院患者の診療にあたった。伝習生はここで臨床研修を行った。平三はこの洋式近代病院が設立されるという情報を入手、是非この病院で研修したいという衝動にかられ、先述の長崎再遊を企てたのであろう。

なおこの翌年、洪庵は次のような手紙を二人の息子に送っている。

①平三・城次郎宛（正月七日付／前掲『緒方洪庵のてがみ・その三』）

ペン子メス見当り被申候ハヽ、一挺御求メ越可給候、新禧芽出度候。愈々無事越年被致候事と賀入候。爰許一同無異加年いたし候。安心可給候。昨冬一書差出候。定而相達し候事と存候。折角勉強所祈候。拙者も兎角不快勝チ困り入候。併各別之事ニは無之、決而懸念披致間敷候。尚永日万々申入候。草々不備

正月七日　　洪庵

平三殿

城次郎殿

尚々長与、中村、八木《（称平）》、内山、村瀬等始メ世話ニ相成候人ニ夫々よろしく伝言頼入候。いつれへも兎角無沙汰之事断り頼入候。〇清朝軍之事旧冬御申越之後、御聞之事も候ハヽ、又々承り度候。中外新報庚申八月後、

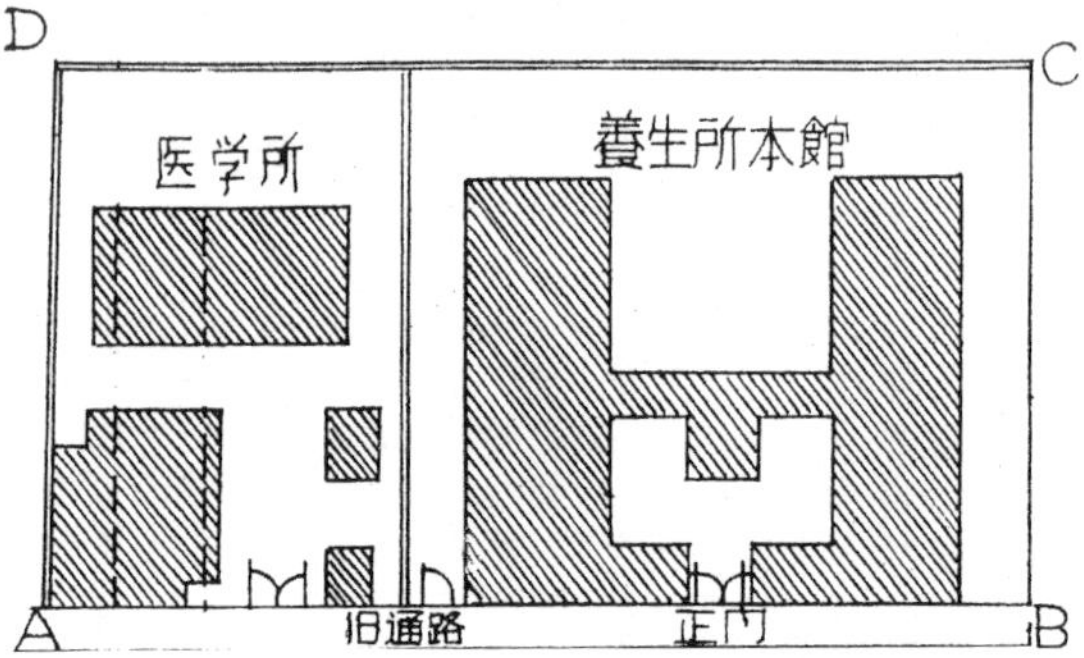


図３－８　長崎養生所（上）と養生所・医学所の見取図（下）

図３－９　養生所跡碑

頓と見受ケ不申、もし手ニ入候事ナレハ、御調へ越し可給候。○伊東玄伯殿へも呉々も宜ク御申伝頼入候。同人ハ深く親ミ置候が将来之為メよろしく候。御心得まで内々申入候。　以上

［緒方富雄注解］

ペンネメス（pennemes）はナイフのことで、鵞ペンをけずるのに用いる。

「清朝軍」のこととは、当時中国（清国）で起こっていた太平天国の乱（洪秀全の太平天国軍が挙兵して、清朝軍に反抗した。やがて英・米・仏などの諸国が清朝を積極的に援助し、一八六二年一月、米人ワードの

外人部隊が太平天国軍を撃破した）のことで、洪庵がこの事件に興味を抱いていたことがわかる。

『中外新報』は咸豊四年（一八五四＝安政元）、米人医師マクゴワンがキリスト教普及のため、中国の寧波《ニンポー》で発行した中国語の新聞。徳川幕府は、中国情勢を知る必要から、洋書調所をして咸豊八年十一月十五日から同十一年（文久元）一月一日までの版本から、宗教記事を削除したうえで、句読訓点をつけて翻刻し、『官板　中外新報』と題して、万屋兵四郎方から発売した。一〇丁内外のものである。発売年次は不詳であるが、文久二年ころと考えられている。しかし洪庵は庚申八月（万延元年＝一八六〇）号まで入手しているので、洪庵が入手していたものは、日本版のものでなく、中国版のものと考えられる。いずれにしても洪庵が海外情勢に深い関心をもっていたことがわかる。

▽**伊東玄伯**（方成／天保三～明治三一＝一八三二～一八九八）

相州（現・神奈川県）高座郡の医師鈴木方策の長男、伊東玄朴の塾象先堂に入門、玄朴の次女と結婚、養嗣子となる。文久元年（一八六一）四月、幕府奥医師見習となり、同年九月、幕命によりポンペのもとで医学伝習、翌二年六月、同門の林研海とオランダ留学の命を受け、九月、帰国するポンペにともなわれオランダに留学した。維新後、宮中の侍医兼宮中顧問官となる。

②平三・城次郎宛（六月十七日付／同前）

極内々申入候。拙者事公辺御召出之風評近年専ラニ在之、且ツ江戸表御役人方之内よりも推挙いたし度旨、内々先年より申来り候へ共、老後多病之身、迚而《とて》も御奉公抔《など》勤マリかね候事故、種々と相断り罷在候処、此頃江戸伊東長春院《伊東玄朴》殿、林洞海殿両名ニて、極内々愈々可被召出旨ニ御評定相決し候ニ付、内存聞糺し可申旨被仰付候よしの手紙来り、此節御辞退申上候てハ、身の為め不宜との事ニ付、不得已台命ニ奉随旨御請いたし申候。実ハ先祖へ之孝と相成り、子孫之栄とも相成、身ニ取てハ冥加至極難有事ニハ候へとも、病弱之体質、老後之勤メ中々苦労之至、殊ニ久々住馴タル土地を放レ候事、経済ニ於ても甚タ不勝手、実ニ世ニ謂フ難有迷惑ナルものニ在之候。乍併《しかしながら》道之為メ、子孫之為メ、討死之覚悟ニ罷在候。右ニ付テは面会の上、可申談事も有之候間、折角之執行中迷惑之事ニハ候へとも、両人とも一応帰省被致度候。此手紙着次第早々用意いたし、上途《出立》帰坂可被致候。尤モ前段之事は未タ表向キニは無之、極内々の御沙汰故、他言ハ無用ニ候。唯無余義急用申来り帰坂致ス事ニ披露可被致候。尤モ伊東玄伯殿へハ打明ケ相談被致候ても不苦候。為念申入候。先日母より大村、長与道全へ金拾両相托し候よし故、定而請取被申候事と存候へ共、右ニてハ出立仕舞ニは足り申間敷と存、今便拾五両為用意中村へ向ケ差下し申候。同家より請取可被申候。

一探眼鏡差下し候積りニ認候へ共、前文之次第。急便ニ遣度候ニ付、右は先ツ帰坂之上返し候約束ニいたし置可被申候。以上

六月十七日　　洪　庵

平　三殿

城次郎殿

この手紙によれば、洪庵は自分の意志に反して、幕府へ召し出されること、討死覚悟で江戸に赴く決意を内密に伝え、後事を息子に託するため大坂に帰るよう勧めている。大坂から長崎への書状は、洪庵と息子の書状の往復から推定して二週間かかっている。したがってこの六月十七日付の手紙は、七月一日ころ息子の手に渡っている計算になる。同年六月二十九日、洪庵は幕府の奥医師就任を正式に受諾した。

父から手紙と旅費十五両を受け取った息子二人は、さっそく長崎を出立、無事大坂に着いた。平三（洪哉）は江戸へ旅立つ父から後事を託され、見送ったあと再び長崎にもどる了解を得たのであろう（次頁の九月三十日付の書状③参照）。

洪庵は城次郎をともない、そして家族や門人に見送られ、同年八月五日、大坂を出発、十九日江戸に着いた。平三は父を見送ったあと、ふたたび長崎にもどった。そして江戸の父に、長崎に安着の旨を伝える手紙（九月十一日付）を書き、それに対する洪庵の返書が次の手紙である。長崎から江戸へ十九日かかっている。

③平三宛（九月三十日付／同前）

九月十一日之御状今晦日相達し、今披見候。先以御無事其地着之よし、安心いたし候。爰許拙者始一同無異安意可給候。其地着の処、此方より之頼状無之、不都合ニ在之候旨、嘸々《（さぞさぞ）》心配披致候事と察入申候。委細被申越候条は承知候。今便中農へも八木へも書状遣し申候。いづれもよろしく伝言頼入候。此節は御奉行へも松本《（良順）》より委細頼込有之よしニ同人より承り申候。扨其許其地執行、戸塚《（静伯）》、大槻《（玄俊）》、佐藤《（道碩）》抔同様に被仰付候様、先頃より願出有之候へ共、今ニ何とも御沙汰無之、如何と心配いたし居候事也。乍併是ハ多分近々相叶ヒ可申との噂ニ候間、心配ハ被致間敷、併し御宛行之処ハ如何可相成歟難斗候。身分高ク相成、已前の書生と違ヒ、何乎と困りのよし、是亦察入申候。いづれニも侍壱人ハ無之而は不相済、是等之処戸塚抔へ問合セ、身分相応ニハ不致ては相成不申と存候。可然学僕被召遣可然と存候。右ニ付ては嘸々物入も只今まてとハ大ニ違ヒ可申ナレトモ、成ル丈ケ倹約可被致。相考候ニ、一ケ月先ツ三両にて万事賄ヒ候様、可然と存候。拙者も被召出ニ付てハ莫大之物入。第一家来十人も召抱、勤向キ諸道具、衣服、大小まで今まで所持之品一切間ニ合ヒ不申、総て新規ニ相調へ候事故、最早只今までニ四百金余も費し候得共、未タ何が出来タとも見へ不申位之事。未タ屋敷も定り不申、いづれ家作ニも極倹約之麁末《（そまつ）》ナル普請にても五百金ハ懸り可申との事、大坂より之引越も不容易物入、迚而も蓄への金子ニてハ引足り不申、身分コソ高ク相成、難有事ニハ候へとも、是より大貧乏人と相成、年老て苦労致サネはナラヌ仕合、如何ニも情ケナキ次第、推察可給候。其上銘々の身分ハ病用も丁《（町）》家ハ向フより恐レ候故、唯大名頼ミニ有之処、定メて被聞及も可被致、此度御政事大変革ニて、諸大名奥方不残国勝手ニ相成、参勤ハ三年ニ一度、百日滞府位之事故、迚而も諸屋敷ニ病人ハ有之間敷、公辺医師ハ大飢饉ニ逢ヒ候様のもの。右様之時節ニ向ヒ候事故、此上の暮し方如何可相成歟と、案事候次第なり。就而は貴様執行料相応ニ被下候迚十分ニ遣し候事ハ六ケ敷と被相考候。世間へは難申事ナカラ其覚悟頼入候。

一良順老も先月初メ奥詰ニ被召出、医学所頭取助ケニ被仰付、此節ニ七五十出勤ニて、朋百氏《ホンペ》のレスブック［教科書］講釈致し被居、ゲネース［治療］も大ニ被相行、門人も相応ニ在之、大ニ勢ヒを被得申候。先々可歓次第。乍併拙生の次席ニ被立候事、如何ニも気のどく千万之至なり。

一公辺ニは専ラ近来西洋御用ヒニて漢家ニも蘭科執行いたし候様、毎々被仰渡有之、難有事ニ候。就テは西洋医学所も追々御世話出来、此節専ラ御普請最中ニ有之候へども、何分ニも有志之医学者無之、困り入候事也。貴様方抔早ク上達アツパレ御用立候様出精頼ム事ニ候。尚申入度事も多々候へども、多事不得寸暇、草々如此候。其地知己家いづれも無沙汰而已、夫々よろしく伝言頼入候。不備。

九月晦日夜半認

洪　庵

洪哉殿

尚々金子ハ只今如何程持下り候歟不相分候へども、見斗ヒ可然程差下し候様、大坂へ申遣し候。以上

［緒方富雄注解］

安政四年（一八五七）から長崎に勤務していた松本良順は、文久元年（一八六一）病気を理由に、江戸に帰ることを願いでて、同年十月許可され江戸にもどった。良順にかわって伊東玄伯と林研海が医学伝習の命を受けて、翌文久二年早々長崎に到着、あわせて養生所の御用を勤めた。同年六月、良順の進言にもとづいて、幕府は玄伯・研海にオランダ留学を命じた（良順は辞退、二人は帰国の途につくポンペに同伴、九月十

日長崎を出立、オランダに向かった）。このため養生所に管理者がいなくなるので、幕府は文久二年六月十一日、奥医師戸塚静海の息子静伯（文海）、佐藤道安の息子道碩、西洋医学所頭取見習大槻玄俊の三人に長崎派遣を命じた。幕府はこの三人にたいして、米一五〇俵、手当金一か年三〇両、そのほか人足や馬などを下付した。

洪庵はこれら三人と同様の、いわゆる官費内地留学生の待遇を、洪哉（このころ平三を洪哉と改名）にも下されるよう出願していた。洪哉へ正式に長崎伝習の沙汰がおりたのは、同年十二月十四日であった。このことは、文久二年十二月十六日付の江戸の洪庵から妻八重に宛てた次の手紙で知ることができる（前掲『緒方洪庵のてがみ・その三』）。

（前略）

一洪哉伝習も、此頃十四日に左之通被仰渡候

洪庵倅　洪哉

長崎表医学伝習として其儘罷在候ニ付、人足弐人馬弐疋之御朱印被下、御暇金四十両御合力米百五十俵四ツ物成月割を以被下候事

右之通りに竹内倅、玄庵、奥詰御医師川島宗瑞両人も同様被仰付候。松本良順事ハ眼科質問之願にて、右両人同道、立帰りに長崎へ罷下り候様被仰付候。右三人共近日横浜より之異国船便に罷越候積り也。右被仰付候節、左之書付相被渡候。

（書付文略）

右之通に被仰付候故、是迄之伝習とは御宛行半減に相成候へども、百五十俵四ツ物成なれば、此節の相場にして百弐拾両にも可相成、結構之執行金、難有事に存候。已来長崎にて御渡之事故、最早金子は差下すには

不及、成る丈ケ倹やくして残す様可致と、今便も洪哉に申遣し置候。後日江戸へ帰り召出之節の入用中々容易ならざること故、右等の用意にも不致ては不相成、心得違ひ致す間敷旨、そもじよりも申遣し候がよろしく候。此頃奥山省三之帰国に頼ミ、御紋付、拝領のさや［さあや、紗綾］一着差遣候。早々仕立、長崎へ遣し可被申候。

一拙者事今十六日御用召にて、法眼に被叙申候。難有事に候。是にて四品に当り候官位のよし也。乍併右任官は大造に金の入候事にて、大に難有迷惑也。何かに先ツ大凡そ百両は入り可申と被考申候。

右三度之御用召、居宅も出来、洪哉の執行も叶ひ、其上官位昇進、いづれも身に取て此上もなき難有事に候間、吉左右申遣度、あら〳〵申入候。めて度かしく

十二月十六日　　洪　庵

お八重どの

（後略）

洪哉の官費による長崎留学の沙汰書もでて、学資金の心配もなくなり、後顧の憂いなく、洪哉は勉学に励むことができるようになり、洪庵としても安堵の胸をなでおろしたことであろう。しかしのちのち金が必要になることであろうから倹約するように、八重夫人からも洪哉に諭すよう伝えている。

### （4）ポンペの後任ボードインの来任

ポンペの後任として養生所に迎えられたのはユトレヒト陸軍軍医学校教官アントニウス・フランシスクス・ボードイン（一八二二〜八五）であった。彼は文久二年（一八六二）閏八月二十二日（陽暦十月十五日）までには長崎に着き、ポンペから事務引き継ぎを行った（中西啓『長崎のオランダ医たち』によれば、出島上陸の正確

な月日は不詳）。

ボードインが講義を始めたのは、九月三日（陽暦十月二十五日）ころからであり、伝習生は五〇人であった。この中には、もちろん洪哉もいた。ボードインは伝習生に講義をするとともに、おとずれる日本人の患者にたいし、得意の眼科治療、すなわちトラコーマ治療、斜視手術、眼瞼成形術などを行い、またアトロピン（散瞳薬）や硝酸銀なども使って巧みな手術も施行した。洪哉らの伝習生は、これらの手技を目のあたりにして、感嘆したことであろう。

## (5) 父洪庵の急死

文久三年六月〈余廿一歳の時〉実父洪庵死去に付き、江戸表に帰る。同年西洋医学所教授職仰せ附けられ、俸二十口の手当を蒙れり。次で家督仰せ附けられ、禄高二百俵御番医師並に仰せ附けらる。なほ西洋医学所教授職を兼ぬ。其家督仰せつけらるるの式たるや、城内西丸の広間に於て、老中、若年寄列坐の上、其令状を下し賜はる。其式の厳重なる実に驚くに堪へたり。此際若し一歩を誤るときは、禄を削り、家を滅せらるるを例とすといふ。

洪庵は大坂から江戸にきてから、わずか十か月しかたたない文久三年六月十日（一八六三）、下谷御徒町《おかちまち》の医学所頭取屋敷で、昼寝から目覚めたとき、突然の多量の喀血で窒息のため数分で亡くなった。ときに五十四歳であった。この年の三月に大坂から江戸にきていた八重夫人は、このことを日記（この日から記述）に書いている（緒方富雄『緒方洪庵伝』）。

亥　晴天　六月十日

御殿様早朝よりはのいたみ有、病用ひる後出勤の心へにて、飯もつねの通りにて、少々ひるね被遊、九ツ半時［午後一時］御目さめ、坪井よりの書状御覧の処、俄にせき続出、それより口中へもはなへも血沢山出、早刻御薬も用取候も、御養生不相叶、早々死被遊、残念筆紙に尽さず。（後略）

師洪庵の急死の知らせをうけて、門人の福沢諭吉、村田蔵六（のちの大村益次郎）ら数十人が集まった。そして同僚の奥医師伊東玄朴や門人らの手厚い世話で、六月十二日夕、駒込の高林寺に葬られた。戒名は「華陰院殿前法眼公裁文粛居士」。

八重夫人の日記に、次のようにある。

十二日　明早朝よりほとけ様をかめにおさめ、夕五ツ時［午後八時］高林寺に出そふ。大坂、長崎、備中えのしらせ状、正六日切にて大坂宅に出す

洪庵が死去したとき、洪哉（惟準）は長崎から江戸へ向かっている途中で、死後十日くらいで江戸に着き、はじめて父の死を知ったのであった。

## （6）松本良順の動向

洪庵の亡きあとの西洋医学所頭取には松本良順が任命された。洪庵が死亡したとき、良順はどこにいたのであろうか。

前述の文久二年十二月十六日付の洪庵から八重夫人に宛てた書状には、「良順は眼科質問のため、竹内玄庵と川島宗瑞を同道して、近日中に横浜から異国船に乗って長崎へ向かう」と記されている（三五ページ）。しかし、これは表向きの理由であって、実は京都在勤の大監察岡部駿河守（旧長崎奉行）から書状がきていた。至急の用

があるので、将軍の上洛に先立ち石川玄貞とともに上京すべしとの命令で、在京の一橋家慶喜公の病気（神経過敏症状）治療のためであった。良順の阿片などの投与により、二日間で慶喜の神経症状は解消した。それから文久三年二月、将軍家茂公が上洛するまで良順は一か月あまり無為消光に苦しんだという。

二月、良順の同僚二十余名が将軍に供奉して上洛した（将軍家茂が二条城に入ったのは三月四日）。良順も朝夕奉仕したが、数日後長崎奉行大久保豊後守から上申があり、良順は長崎行きを命ぜられた。それは長崎養生所頭取戸塚文海（静伯）が生徒の輿望を失い、学校が日々衰微の傾向にあり、教師ボードインはその原因がわからず、生徒の出席が日々減ってゆくのを憂いて、これを奉行に告げた。奉行はこれらの事実を探りえて、改革を行うことを決意、良順にその改革をゆだねようとしたのである。そこで良順は直ちに長崎に向かった。奉行、その部下の役人、ボードイン、生徒から実情を聴取し改革をしようとした。ところが、戸塚は、良順が長崎にきたことを知ると、生徒に不評判の掲示をすべて撤去し、過重な負担金の取り立てをやめてしまったので生徒の不満は解消、ことは平穏のうちにおさまった。生徒の座臥するところが、あまりに不潔であったので、良順は障子・畳などを新調し、清新な宿舎に一新させ、無事役目をはたし、長崎を去ることになった。ちょうどその時、役を解かれ上洛を命ぜられた大久保前奉行とともに汽船に乗り大坂に上陸、京都に入った（前掲『蘭学全盛時代と蘭疇の生涯』）。

先述のように、将軍家茂は総勢三千人を引き連れ、文久三年二月十三日、江戸城を発して上洛の途につき、東海道を経て三月四日、二条城に入った。三月七日に参内、孝明天皇に拝謁、十一日賀茂社への行幸に供奉、四月十八日に再び参内した。そして四月二十日、慶喜は将軍の名をもって攘夷期限を五月十日と奉答した。その結果、将軍の江戸への帰府が許され、二十一日、将軍（慶喜は翌日）は京都を出発して大坂に向かい、海路で五月八日江戸に帰着した（文部省維新史料編纂事務局編『概観維新史』）。

良順は将軍に供奉せず、中山道を経て江戸に帰った。したがって、陸路で京都から江戸まで約二十日かかったとすれば、良順は、将軍より二、三日遅れて、おそくとも五月半ばには江戸へ帰着したことになる。それから約一か月後に洪庵が死去したことになる。

中野操『増補日本医事大年表』には、「文久三年夏、緒方洪庵ノ歿後、松本良順ヲ長崎ヨリ呼ビ迎ヘテ頭取トナス」とあるが、これは訂正されなければならないであろう。

### (7) 洪哉(惟準)の長崎から江戸への帰還

多くの著述は、洪哉は母からの父急死の知らせを受け取ってから長崎を出立、江戸へむかったと記しているが、これは誤りで、前述のように、洪哉が江戸についたのは死後十日ほど経ってからであった。その後、家督相続が認められ、西洋医学所教授職に二十口の扶持で任ぜられ、重ねて御番医師として二百俵が給され、兼任となった。

[注] 幕府直参の医師には、奥には奥御医師、表には表御番医師・寄合御医師・小普請御医師・御目見医師が任用されていた。奥医師は将軍やその家族を診療し、法眼あるいは法印に叙せられている。御番医師は当直し、営内の不時の治療にあたる。寄合医師は登城日のみに出仕する。小普請医師は武士・町人を診察し、その技を習練するものである。小石川養生所での診療はこの小普請医師が担当した。御目見医師は藩医や町医師から優秀なものを選び、医学館や小石川養生所で習練させてから、将軍が引見する医師のことで、将来は奥御医師や表御番医師になることができた(富士川游『日本医学史』/山田重正『典医の歴史』)。

# 第4章　洪哉（惟準）の長崎への再遊

年廿二歳〈元治元年［一八六四］甲子〉再び医学伝習御用として、長崎表に差遣はさる。於是乎時の将軍より朱印の通路証書を下附す。之を御朱印といふ。御朱印を失ふときは矢張り禄を削り、家を滅せらるゝの例なりとぞ。其代りに道中の景況の如き、今より之を見れば実に抱腹に堪へざることなり。即ち御朱印を所持する者は、途中駕籠を地上に置くこと能はず、行列は静止の声を以て払ひ、各駅は固より城下に至るときは、旅館に幕を打ち、門前砂を盛り、食膳方丈侍婦雲集、其鄭重なる実に今日の公侯将相に対するより已甚《はなはだ》し、〈宮の駅には御朱印拝見として名古屋藩より家老並の藩吏を寄来せり〉一介の書生にして豈奚《いずくん》ぞ斯の如き優遇を受くるの理あらんや。幕府の権勢ある推して知る可きなり。而して長崎に居ること前後八年。

このときの長崎行きは、民間の一個人の遊学ではなく、堂々とした幕府の御典医の御朱印所持の公式旅行であり、彼はその威力をまざまざと経験した。

この長崎での医学伝習は池田謙斎以下七名の同行者がいた。同行者の一人池田謙斎の『回顧録』の中に、このときの状況が次のように記されている（現代仮名遣いとし、難読の漢字は常用漢字あるいは平仮名に改めた、［　］内は筆者の注記）。

私が長崎へ立ったのは、子歳［元治元年甲子］だったと思う。丁度あの武田耕雲斎の騒動［元治元年三月二七日挙兵］があった時、彼が筑波山から越前辺まで走り、慶喜様が西江州へ出張された時分じゃった。何しろこんな物騒な時分じゃで、自分等の旅行にも幕府の御朱印を持って行かねばならぬのだが、それを瀆《けが》すと大変なので、随分窮屈な話じゃで、御朱印を持った体で出かけること〻成った。この時の同行者は、戸塚文海、竹内正信、佐藤道碩、大槻肇、松本銈太郎［良順の息子］、土生元豊、緒方惟準という顔ぶれであった。これらの人の江戸出発の服装というのが、立つ付け割羽織に大小をたばさみ、頭は坊主頭、最も一度剃って直ちに髪をはやしたが、随分今から考えると異様の風俗、これが僕一人、侍一人をつれて出立したのじゃ。先ず東海道を通して伏見迄ゆき、こ〻から河船で大坂へ下った。何でも年の暮［文久三年］で、将軍二度目の上洛［文久四年一月十五日入京］の前じゃった［文久四年二月二十日、元治と改元］。

［この記述から洪哉、謙斎一行八名の江戸出発は文久三年十二月末で、長崎到着は翌年の一月半ば頃であったろう］

それから当時長州がまだ降参せぬ時代だったから、陸路はむずかしい。船がい〻だろうというので、大坂では中津［藩］の屋敷で船を一艘仕立て〻もらった。船はそうじゃ六七百石位積める和船じゃった。こんなことで大坂を船出して、丁度五日ばかりを海上に費やし、漸く豊前の中津へついた。中津をたって途中小倉を通った時、丁度長州から使節が来て居て、自分共も途中でその武士を見たが、いずれも五分さかゆき［男の冠の下に当たる額ぎわの頭髪を半月形に切ったもの、それが五分、約一・五センチほどのびたさま］であった。

私共の長崎へ往った時、伝習所にはすでにポンペが帰国して、その代りにボードインが来て居た。何しろその時分には、まだ西洋の事情が一向わからなかったので、ポンペは陸軍［海軍］二等軍医正、ボードイン

図４－１　A・F・ボードイン

は同一等軍医正だから、新来のボードインの方が一等エライもので、学術も随ってこの人の方が上だろうなどと思うていた。その実古参順序でボードインが一級上だったに過ぎなかった。

元来、下関の攘夷騒動［文久三年五月、長州藩が米・仏・蘭の軍艦を次々と下関で砲撃した事件］以前、ポンペが来て医学生を仕込んで居たのを、攘夷騒ぎで右の伝習生は呼びもどされたのじゃったが、右の事件がやや落着すると共に、折角研究の端緒にありついて居るものを、中途によさすというのは惜しいというので、私共以上八人が再び伝習生に選抜されたのじゃった。松本、土生及び自分以外の連中は、この前既に長崎に遊学している人達じゃった（中略）。

長崎の留学はまる三年位の月日であった。私共のいたころは、既にポンペが帰って、ボードインが代わって来ていた時なんで、別に校長というものがなかったが、戸塚が一番年長者だったから、主な校務を取っていた。学校は精得館と名づけて、病院も設けられていたが、当時諸藩から集まっていた書生は、かれこれ百二三十人、内五六十人は校内の寄宿舎に、その他は市中に下宿していた。（中略）

私共の長崎へいって、一番初めに授かったのが、生理学と眼科学で、この二つをボードインにやってもらった。ボードインは、かつてドンデルス［ユトレヒト陸軍軍医学校のボードインの先輩で眼科学者・生理学者］という人と共に生理学を著述したこともあって、生理学は得意の方であり、また眼科学も大いに自得して居たので、私共は当初これを毎日の正課として、順々に講義してもらい、夜になると、その筆記を書き直して勉強したものじゃ。

当時生理学をやるにも、参考書が無いので、ボードインに頼んでコステルの生理書、その他内科、外科、眼科などの新版もの、蘭書を注文したが、やがて五ケ月ばかりか、って、それが到着した時は、実に嬉しくてたまらなかった。もっとも精得館には、既に多少の医書が備わって居たから、ストロマイエルの外科書だの、ニーマイルの内科書などは、ここのを借りて読んでいた。しかしこれらの書物は大抵独逸の原著について蘭人の自国語に翻訳したのじゃった。それから解剖は緒方の門人［謙斎は洪庵のすすめで西洋医学所に入り、洪庵の教えを受ける］になってから、松本の解剖書をやり、フレスという和蘭の解剖書なども大分読んで居たので、解剖だけは長崎時代以前から心得て居た。

当時学校通いの有様はというと、朝八時から十時まで講釈をきく。十時から十二時迄が入院患者の廻診、午後一時から外来患者の診察という定めじゃったが、なかなか患者が多いので、いつも予定通りに済んだ事がなかった。それで西洋人は大抵二時頃に食事をする習慣だから、正午過ぎになっても平気で執務しているけれども、我々はいつも昼飯が遅くなるので閉口した。私は当時寄宿舎には居らないで、大村町の官宅に入って居て、それから毎日通学していたのだから、いつも午時になると空腹でたまらぬので、始終弁当を持って通っていた。その時分私共に通弁をしてくれたのは、高橋正純というあの大阪で病院長をしていた人で、当時この人は病院の薬局長をしていた。生理と眼科の講釈が済んだ時分、ボードインは帰国することになったのじゃが、ボードインはいつも人に向かってこんなことを言っていた。一人くらいの教師では、とても医学全科を教ゆるさえ困難である。いわんや医学を修めるには、その基礎として理化学はもちろん、動植物から鉱物も心得ねばならぬのに、これら普通教育を施す中学校さえ、まだ日本にないのだから、いよいよ困難である。だから少なくとも今一人くらいの教師は是非とも傭聘せねばならぬとの意見を漏らしていたので、当時の奉行で有名な服部という開けた人が居たのを幸い、ボードインが右の意見を建白書にして差し出し、戸塚などがそれを説明した結果、終にこれが容れられて、ボードインの帰国と共に、その代わりとしてマンスフェルトとそれから理化学以下の教師として、さらにガラトマン［ハラタマ］という都合二人の傭教師が来ることとなった。

　このハラタマは、やはり医者であったが、物理学と化学には最も得意の学者だった。それからこの人々のまだ来着しない以前に、やはりボードインの考案で、化学と物理学の教場が新たに建てられたという風、随分本気にやるつもりじゃったのだ。私共もマンスフェルトが来てから本当に医者に成れるかと思った。


謙斎の『回顧録』の右の記述のように、慶応元年（一八六五）四月、養生所は精得館と改称された。

## （1）ハラタマの着任

ボードインは医学教育から分離して理化学の教育をする必要を感じ、別に理化学教師の雇用を幕府に建議した。これが受け入れられ、その教師としてオランダからハラタマ（Koenraad Wolter Gratama, 1831-88）が派遣され、慶応二年四月長崎に到着した。そして精得館構内の西側に分析究理所（化学物理研究所）が設けられた。ハラタマは長崎に到着して九日目の三月十一日から早くもここで化学の講義を開始した（芝哲夫「長崎におけるK・W・ハラタマの舎密学講義録」、『化学史研究』第二五巻第一号、一九九八年）。

図４－２　ハラタマ（右）とボードイン

　この講義に松本銈太郎・三崎嘯輔（この二人は明治二年大坂舎密局に勤務）・池田謙斎・戸塚文海らが出席しており、洪哉もまたこの席に連なっていたはずである。

　このオランダ語の講義を三崎が通訳し、長崎の御用時計師御幡栄蔵が記した講義録「慶応二年寅三月　舎密学見聞控」について、芝氏が詳細に紹介しているので、参照されたい。幕府は江戸の開成所内に理化学の新学校開設にあたってハラタマを招聘したので、慶応三年（一八六七）一月、彼は江戸へ移ったが、維新の動乱で新学校の開設が実現しないうちに幕府は倒壊した。明治二年五月一日、大阪で舎密局の開局式が行われ、ハラタマはこの教師に任用された。

### （2）マンスフェルトの着任

慶応二年秋、ボードインが精得館教師を辞任し、その後任としてオランダ海軍二等軍医正マンスフェルト(Constant George van Mansvelt, 1832–1912) が上海から着任し教頭になった。

マンスフェルトはアムステルダム（オランダ）の郊外デイメルメールで生まれ、ユトレヒトの陸軍軍医学校に学び、ついでユトレヒト大学で研究した。慶応二年、ボードインの後任として精得館の教師として着任する。維新後、同館は長崎府医学校と改称されるが、ひきつづき勤務、明治三年（一八七〇）十二月、熊本治療所兼医学校に転任、翌四年から三年間勤務し、北里柴三郎・緒方正規・浜田玄達（この二人はのち東大教授）らは当時の教え子である。明治九年から二年間、京都癲狂《てんきょう》院（京都府立医科大学の前身）に勤務、十年八月同院を辞し、エルメレンスの後任として大阪府病院に転じた。十二年三月任期満了し帰国した。一九一二年十月十七日、ハーグで死去、享年八十一歳。

図4－3　マンスフェルト

養生所・精得館でのこれまでの解剖学の講義では肉眼的観察によるものだけであったが（たとえばポンペの死体解剖など）、マンスフェルトは顕微鏡を用いた組織学の講義に重点をおいたようである。組織学の講義録（写本／岡山県高梁市・仲田医院蔵）巻之一と巻之三の二冊を紹介する。

巻之一の表紙には「組織学　一」と墨書、本文四五丁、第一丁に次のようにある（図4−4）。

組織学巻之一

和蘭海軍第二等医官満斯歇児《マンスフエルト》先生　口授

大日本

西肥佐賀藩医員　吉武桂仙　弁訳

日陽延陵受業生　佐藤松齢　筆記

○顕微鏡

組織学トハ組織及ビ器械［器官］ヨリ成立シタル種々ノ体部ノ形体及ビ其ノ発育ヲ知ルノ学ナリ。此ノ組織・器械ヲ成造スルノ分子ハ甚ダ微細ニシテ、肉眼ノ達スル処ニ非ズ。故ニ他ノ器械ヲ仮リ我視力ヲ強ムルヲ要ス。其ノ器械ノ要ハ視ル処ノ物体ヲシテ増大セシメ、我眼ニ達セシムルニアリ。是レ硝子《ガラス》ヨリ成ルモノニシテ、之レヲ「フルホロートハラース」ト名ヅク。此ノ「フルホロートハラース」数箇ナル法ニ由テ互ニ連繋セラレタルトキハ、之レヲ顕微鏡ト名ク。即「ミコロスコープ」之ナリ。此語ハ希臘《ギリシア》国ノ詞ニシテ、「ミコロ」トハ小体ヲ徴シ、「スコープ」トハ視ルヲ徴ス。故ニ唯々至細ノ物ヲ視ルノ義ナリ。之レニ由テ組織学ヲ習知スルニハ、先ヅ顕微鏡ノ装置及ビ其ノ用法ヲ究極セズンバ非ズ。（後略）

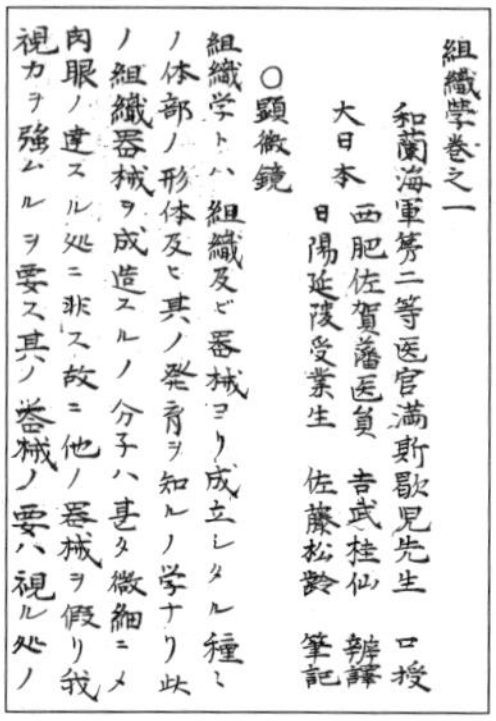
組織学巻之一
和蘭海軍第二等医官満斯歇児先生　口授
大日本　西肥佐賀藩医員　吉武桂仙　辦譯
日陽延陵受業生　佐藤松齢　筆記
○顕微鏡
組織学トハ組織及ビ器械ヨリ成立シタル種々ノ体部ノ形体及ビ其ノ発育ヲ知ルノ学ナリ此ノ組織器械ヲ成造スルノ分子ハ甚ダ微細ニシテ肉眼ノ達スル処ニ非ズ故ニ他ノ器械ヲ假リ我視力ヲ強ムルヲ要ス其ノ器械ノ要ハ視ル処ノ

図4−4　『組織学』巻之1と顕微鏡図

このように組織学に顕微鏡が必要であることを説き、つづいてガラスレンズにおける光線の屈折、顕微鏡の構造・原理・使用法などを図示しながら第二丁から第二五丁にわたって、詳しく講述している。またこの講義録には顕微鏡の図が描かれている（図4-4）。

ついで、検鏡する組織片の処理方法、それに用いる諸種の薬品、そして組織を見やすくするためのヘリチネ油、テレビンテイナ油、カナダバルサムの使用を述べている。

以上が巻之一であるが、第二二丁の欄外に次のような記載があり、当時精得館で用いられていた顕微鏡の最大倍率は八〇倍から八五五倍まであったことがわかる。

△崎陽医学校ノ検微鏡ハ八十倍ヨリ漸々上リ八百五十五に至ルマデアリ、但シ物体ヲ増減セシムルハ皆ナ上方ニ位スル眼ニ近接スル所ノ鏡［接眼レンズ］ヲ交換スルニ由テ増大稍々異ナリ。

巻之二を欠いているが、察するに組織学の総論を講述していると思われる。

次に巻之三について述べる。表紙に「組織新説　三」と墨書され、本文は六一丁、第一丁の冒頭に「組織新説巻之三」とあり、次に吉武にかわって「南越福井藩医員山脇玄寿弁訳」となっている。ついで本文がつづく。

各論篇

○第一　皮膚統系

皮膚ハ著キ分界ヲ有シタル二層即チ表皮、革皮ノ他、更ニ腺状器、角状器ヨリナルモノナリ。（後略）

つづいて皮膚の顕微鏡的組織像が多く図示され、詳細に説明され、さらに爪、毛髪（毛嚢・毛根鞘・毛根発生）、汗腺、耳垢腺、手掌や足蹠（足のうら）の垢腺について講述している。

○第二　筋系

横紋筋繊維とその附属の腱の組織像を講述。

○第三　骨統系

骨、軟骨、靭帯、関節の組織像を講述。

○第四　神経統系《(ママ)》

神経繊維の総論、脊髄、脊髄結締織、延髄、大脳半円［半球］、四丘体、視神経床、線状体、脳膜、脊髄神経、交感神経の組織像、神経の発生。

○第五　消食器［消化器］

腸管の三層の構造と舌の乳頭の記述の途中で終わっている。

この組織学の講義録は正確にいえば、明治三年ころの長崎医学校におけるマンスフェルトの講義録のようである。

（1）先に「崎陽医学校」の顕微鏡の倍率について前述したが、精得館の名前を用いていない。精得館は明治元年、長崎医学校と改称された。崎陽医学校は長崎医学校のことであろう。

（2）講義録「組織新説　巻之三」の第二三丁の欄外に「庚午十月念二日組織検査ノ時ニ当テ満斯氏偶然「トリピラーレス」ナル細小虫ヲ見出セリ云々」と書かれている。庚午は明治三年である。

（3）明治二年春ころから大阪府病院（初めは浪華《なにわ》仮病院）でボードインに師事した津山藩医芳村杏斎の「備忘録」の中に、精得館におけるものと考えられる講義科目と日本人教師名が書きとどめられているが、弁訳（通訳）をつとめた吉武桂仙と同人と考えられる桂山と山脇玄寿の名がある。

教師講義　　長与専斎　通弁

人身究理書　　吉武桂山　通弁

コステル同　　山脇玄寿　輪講　会頭

舎密書　　　同人　　輪講　会頭
究理書　　　吉武桂山　輪講　会頭
究理書　　　大石真乙　輪講　会頭
文典後篇　　大石真乙　右同　会頭
算　学　　　大石真乙　講釈

教師講義の通弁長与専斎（適塾門人）は、万延元年（一八六〇）春、養生所にはいり、元治元年（一八六四）春、藩命により大村に帰り、慶応二年（一八六六）四月、藩命によりボードインに師事、つづいてマンスフェルトに師事、明治元年正月、精得館医師頭取に任命された。同年十月（陰暦）精得館は長崎府医学校と改称され、校長に長与が、教頭にマンスフェルトが任命された。長与はマンスフェルトと図り学制を改め、新たな授業計画をたて実行した。長与は明治三年半ばまで長崎に在任し、同年七月、命により出京した。

いずれにしても、マンスフェルトが来日したころ（慶応二年）と明治三年（一八七〇）における講義の内容はそれほど変わってはいなかったであろう。

マンスフェルト口述の『外科新説』と題する講義録（巻之一と巻之二の合冊／高梁市・仲田医院蔵／図4－5）も長崎時代のものである。

表紙には「外科通論　乾」と墨書されている。目録（目次）三丁、ついで序文にあたるもの一丁、巻之一の本文は四六丁、巻之二の本文は三〇丁である。

外科新説　巻之一目録

　外科総論

〇局処血行妨碍ノ諸病

△血液鬱積　△焮衝　△硬結　△膿潰　△死痺　△腫瘍
○局処血行支障
△焮衝諸病経過総論　△血行支障諸病一般之治法　△刺絡法　△刺経法　△局処法　△寒罨法　△圧定法
△局処瀉血　以上属第一章
△硬結　△膿腫治法（温性瘍腫［腫瘍］、寒性腫瘍）△瘻瘡　△転帰腫瘍　△嚢状腫瘍　△寒性腫瘍
○諸炎症続発病治法
△脱疽　△寒凍脱疽　△火傷疽　△褥瘡脱疽　△脾炎脱疽　△石瘡脱疽　△老人脱疽　△仮性病体解剖
△真性老人脱疽　△水癌　△病院死痺　△麦奴毒脱疽
○潰瘍症治法
△曲瘍后　△円瘍前　△瘻瘡　△海綿状瘍　△水腫状瘍　△静脈瘍　△胼胝瘍　△月経瘍及痔瘻
○悪液諸病総論
△敗膿熱　△腺病　△梅毒　△淋病　△下疳　△便毒
外科新説　巻之二目次
○痛風　○矢芎児培苦　以上悪液病
○組織諸病
△粘液膜病　△沕乙膜病
○筋腱諸病
△筋炎　△筋破裂　△筋腱弛転　△筋萎縮　△筋炎及腱膜炎　△腱結核　△筋粘液嚢炎　以上尚属組織諸病
○脈管病

△動脈管　△動脈瘤　△小動脈支瘤　△真性動脈瘤　△仮性動脈瘤
○静脈炎
△繊維発炎　△自発炎
○静脈病
○水脈管諸病
△水脈組織解剖略論　△水脈炎　△水脈腺炎
○神経諸病
△神経組織解剖体略論

[序文]

夫レ外科術ト称スルモノハ、其疾病ノ部ニ直達スル術ナリ。此区別ニ於テ内科ト外科トノ界限ヲナス事克ハス。如何トナレハ内科ノ原因ヨリ来ル外科術アリ、又タ内科ニ於テモ外科ノ由ニ由ル事アリ。故ニ曰ク、内科合一ナリト。仮令ハ内科所属ノ胸膜炎ニ於テ、膿アルトキハ探膿針ヲ以テ之レ洩スルハ外科術ナリ。又下疳ハ外科ニ属スルモ之ヲ根治スルハ内科ノ関係スルモノナリ。外科ハ腫瘍ヲ治スルノミナラス、又繃帯及ヒ諸器械、諸手術皆ナ之ニ関ス。故ニ之レヲ総論ト各論トニ区別ス○総論中ニ一般ニ体中ノ病症ヲ論シ、各論ニ於テハ、局処ノ各病ニ於テ其各治法ヲ論スルナリ。

ついで本文第一丁の冒頭は次の通りである（図4-5）。

外科総論

和蘭舟軍第二等医官　萬私歇児《マンスフェルト》先生口授

日本　東肥　高橋文貞口訳

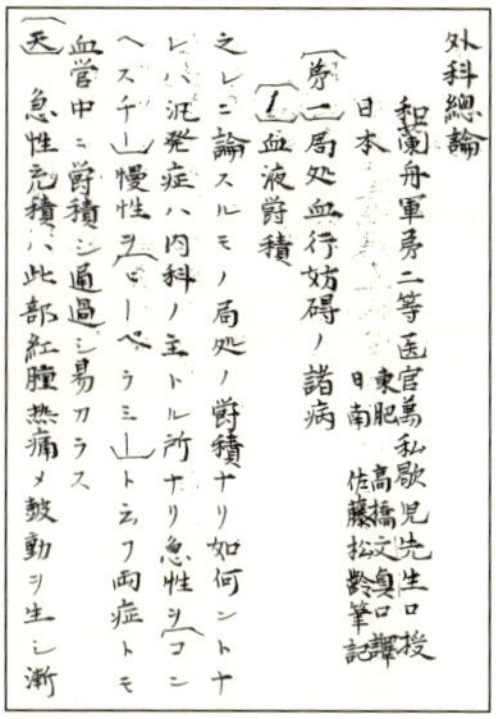
外科總論
和蘭舟軍第二等医官萬私歇児先生口授
日本　東肥　高橋文貞口譯
日南　佐藤松齢筆記
〔第二〕局処血行妨碍ノ諸病
〔1〕血液鬱積
之レニ論スルモノ局処ノ鬱積ナリ如何ントナ
レハ汎発症ハ内科ノ主トル所ナリ急性ヲ〔コン
ヘスチー〕慢性ヲ〔ヒーペラミー〕ト云フ両症トモ
血管中ニ鬱積シ通過シ易カラス
〔天〕急性充積ハ此部紅腫熱痛メ鼓動ヲ生シ漸

図4－5　『外科新説』

日南　佐藤松齢筆記

〔第二〕局処血行妨碍ノ諸病

〔1〕血液鬱積

之レニ論スル局処ノ鬱積ナリ。如何ントナレバ汎発症ハ内科ノ主ドル所ナリ。急性ヲ〔コンヘスチー〕、慢性ヲ〔ヒーペラミー〕ト云フ。両症トモ血管中ニ鬱積シ通過易カラズ。（後略）

このマンスフェルトの講義の口訳者（通訳者）高橋文貞は、池田謙斎の前掲『回顧録』にでてくる病院薬局長高橋正純と同一人物である。正純は若いころ通称を文貞と言い、維新後は大阪府病院の院長となった。佐藤松齢は、前述の『組織新説』の筆記者の受業生である。したがってこの講義録も精得館でのものである。

### （3）緒方洪哉の弁訳したマンスフェルトの講義録『内科察病三法』

マンスフェルトは慶応二年（一八六六）七月、ボードインの後任として長崎に着任したが、洪哉はオランダに留学する前、約十か月師事したことになる。このころに洪哉が通訳した講義録『内科察病三法』（高梁市・仲田医院蔵／図4-6）を紹介する。

一冊・三二丁、表紙には「内科察病三法　完」と墨書されている。第一丁から次のように記されている。

内科察病三法

和蘭海軍第二等医官　満和歇児篤《（マンスフェルト）》先生　口授

大日本東都幕府医官　緒方浩裁《（洪哉）》先生　弁訳

凡ソ病ヲ療スルニハ先ツ其病性ヲ審ニセザレハ、薬石ヲ処スル事克《（あた）》ハス。審病ノ法数種アリ。患者自ラ症

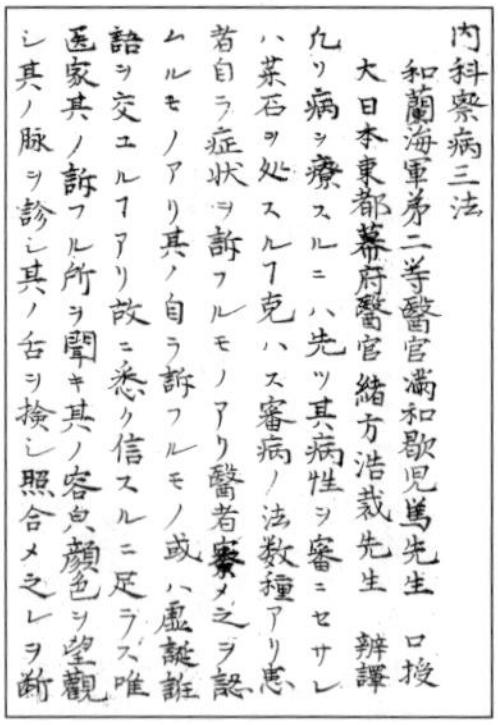
内科察病三法
和蘭海軍第二等醫官満和歇児篤先生　口授
大日本東都幕府醫官緒方浩哉先生　辨譯
凡ソ病ヲ療スルニハ先ツ其病性ヲ審ニセサレ
ハ薬石ヲ処スルヿ克ハス審病ノ法数種アリ患
者自ラ症状ヲ訴フルモノアリ醫者察メ之ヲ認
ムルモノアリ其ノ自ラ訴フルモノ或ハ虚誕誑
語ヲ交ユルヿアリ故ニ悉ク信スルニ足ラス唯
医家其ノ訴フル所ヲ聞キ其ノ容皃顔色ヲ望観
シ其ノ脉ヲ診シ其ノ舌ヲ撿シ照合メ之レヲ断

図4－6　『内科察病三法』

状ヲ訴フルモノアリ、医者察シテ之ヲ認ムルモノアリ。其ノ自ラ訴フルモノ或ハ虚誕誑語ヲ交ユル事アリ。故ニ悉ク信スルニ足ラス。唯医家其ノ訴フル所ヲ聞キ、其ノ容皃《ようぼう》顔色ヲ望観シ其ノ脉ヲ診シ、其ノ舌ヲ撿シ照合シテ之レヲ断スルトキハ、病状逃ル、事克ハス。近世敲検《こうけん》、模察、聞診ノ三術ヲ発明セシヨリ、病症ヲ診察スルノ法方、愈々精微確実ヲ極メ、療法モ亦其ノ規定ヲ一変スルニ至レリ。故ニ今先ツ察病三法ヲ巻首ニ論シ、次テ各病療法ヲ説述セントス。

つづいて「第一　敲検術　perkussi[打診法]、第二　模擦法パルパテー[触診法]、第三　聞診法アウスキュルタチー[聴診法]」の三つの診察法について詳しく説明している。

第一の敲検術の項は一五丁半にわたって、直達法（指をまとめて直接体部をたたく）と介達法（体部にあてた指をたたく）、肺臓・心臓についての胸部打診法・腹部打診法を述べている。筆者が医学生時代に教えられたよりも、極めて懇切で詳しい。

第二の模擦法について、「或ハ案シ、或ハ敲《たた》キ、或ハ擦リ或ハ手ヲ置テ内部景況ヲ察スルノ謂ナリ」と具体的な方法を示し、体腔に諸液が溜まった時には、その波動を察知しなければならぬ。そこで「此ノ術モ鍛錬ヲ要ス」ので「大小種々ノ嚢ヲ取リ、水ヲ盛リ其ノ量ヲ加減シ敲テ、波動ノ景況ヲ熟知スベシ」と述べ、具体的な訓練方法を教えている。筆者の時代には、このような実技の練習も教えられなかった。現代のX線装置・心電計・超音波診断装置・MRIなどの出現でますます医師自身の技術的熟練度は退化してゆくのであろう。

第三の聞診法には二つの方法があり、直達法（体部に直接耳を当てて聴く方法）と介達法（聴く部位と耳との間に管をはさみ、管中より聞く方法）である。後者の管が「聞診管《ステトスコープ》」、すなわち聴診器である。

（4）聴診器の輸入

嘉永元年（一八四八）晩夏、モーニッケ（Otto Mohnike, 1814-87）が出島蘭館医員として来日した。この時、聴診器（当時、聴胸器と名づけた）を持ってきた。これは聴診器を発明したラエンネックの初期のかたちのものであった。彼はこれを吉雄種通に寄贈した（長崎大学医学部蔵）。ついでこれをオランダ通詞品川藤兵衛が模造した。この模造品を江戸の蘭方医杉田成卿（玄白の孫）が手にいれ、『聴胸器用法略説』を嘉永三年（一八五〇）に出版した。それから次第に用いられるようになった。

『内科察病三法』では、この聴診器で胸腔内の肺・気管などから聴取される各種の異なった音について詳述しているが、音の種類のみ次に列挙するにとどめ、また現代使われている用語との比較も略す。

余音ブロンメン、応音メーデキリンケンデヘロイド、気管音ブロンコホニー（強気管音と弱気管音）、ヱイゴフオニー、ケロイス、ゲロイド、気管息、喘鳴レウテルゲロイドなど

次に、「血行器聞診法」では、心臓運動にともなって発生する音、すなわち心音の聴診の方法、各種の心音の性状、発生原因について述べている。

# 第5章　惟準のオランダ留学

前述のように、ポンペ、ボードイン、マンスフェルトに師事し、医学はもちろん、オランダ語にも精通してきた惟準（洪哉）は幕府から選ばれて、松本銈太郎《けいたろう》（順の息子）とともに、オランダに留学することになる。

> 年廿三歳〈慶応元年乙丑〉［後述するが、正しくは二十五歳、慶応三年丁卯五月、長崎を出発、八月オランダ着］幕府より医学伝習として和蘭国に差遣はされ、手当旅費并に滞在費の外に、一ケ月金三十両下賜の命を蒙り、抱［ボードイン］氏と共に、長崎表より直ちに和蘭国に渡航するの途に就くに、時未だ開化に趨かずして、汽船等の便なきが為め、やむを得ず英国の帆船に搭じて清国上海に到る。其間、日子《（にっし）》［日かず］を費すこと実に旬余［十日あまり］。ここにおいてか、仏国商船の便に依り香港《（ホンコン）》に到りしに、香港には既に定期の仏国郵船あるを以て、之に移り、漸次諸港を経て、仏国馬耳塞《（マルセイユ）》港に達す。上海よりこの港に達するに、日子を費すことをほとんど五旬余、此港より汽車に駕して巴里《（パリ）》に赴く。あたかも好し、当時〈一千八百六十六年〉［正しくは一八六七年］万国博覧会の際にして、巴里に滞在すること一週余日、更に汽車に駕して和蘭国ユトレフト府に着し、抱氏の紹介に依て、該府の大学《アカデミー》に入り、医学諸科を修む。

ボードインは帰国にさいし、惟準のほか松本銈太郎を同伴し、慶応三年（一八六七）五月中旬（陽暦の六月中旬）長崎を出立、一八六七年八月九日オランダに到着した（宗田一ほか『医学近代化と来日外国人』）。この年月日が最も正確のようである。古西義麿氏も諸資料から、慶応三年五月中旬ころ長崎を出航したのではないか、と推量している（「幕末における第二回オランダ留学生」、『日本洋学史の研究Ⅷ』）。

この三人の日本出発の年月については、従来の研究では正確に書かれていないものが多い。ボードインは慶応二年（一八六六）九月、精得館での任期を終えたので帰国することになったが、日本よりオランダへの医学留学生を伴うなどの事情で出発がおくれた。たとえば石橋長英・小川鼎三『お雇い外国人9医学』はこのとき緒方惟準と松本銈太郎が幕命により同行し、ヨーロッパへ留学したとし、武内博編『来日西洋人名事典』は「ボードインは一八六六年九月長崎精得館での任期を終えて帰国したが、そのさい日本から緒方惟準、松本銈太郎の二人の留学生を伴った」と記している。また日蘭学会編『洋学史事典』では、「ボードインは慶応二年十二月任を終えて帰国したが、そのおり松本銈太郎と緒方惟準を同行し云々」とあり、芝哲夫『日本の化学の開拓者たち』では、この慶応二年十二月説を採用している。

また『近畿名士偉行伝第一編』（一八九二年）では、惟準の『一夕話』とまったく同じ記述をしている。どうやら『一夕話』の「年廿三歳、慶応元年乙丑」は印刷ミスではなく、惟準の記憶ちがいである。

この一八六七年にパリで開かれる万国博覧会に、幕府は将軍徳川慶喜の弟昭武《あきたけ》（民部大輔、十五歳）を派遣することになった。この随行の一員に渋沢篤太夫（のち栄一）が財務担当として加わっていた。慶応三年一月十一日（陽暦二月十五日）、フランス船で日本を出発、約二か月後の二月二十九日フランスのマルセイユ港に入港、三月七日パリに着いた。随行員の渋沢の『航西日記』の慶応三年七月十日の項に「荷蘭学生本邦人并荷蘭人ボードヱン到着ス」と記されている。このことからも、惟準らは五月中旬ころに日本を出発したことになる。

惟準の『一夕話』の記述によると、長崎から上海間は旬余（十日あまり）、上海からフランスのマルセイユまで五旬余（五十日あまり）、パリで七日くらい滞在、それで長崎からオランダまで最短で計六、七十日かかっていることになり、長崎からオランダまでに要した日数（パリでの七日間を除き）は二か月である。古西義麿氏も日本からオランダまで二か月弱と推定している（前掲「幕末における第二回オランダ留学生」）。

また惟準の母八重が郷里の名塩村在住の弟億川信哉にあてた書状（後述）も慶応三年説を裏づけている。

ボードインは惟準と銈太郎の二人をユトレヒトの陸軍軍医学校に入学させたのち、ロンドンを経て日本へ再び帰り、江戸での医学校開設などを目指すはずであった。しかし幕府は崩壊、慶応四年九月八日、年号は明治と改元された。そして同元年十月、明治天皇は東京着、江戸城を皇居と定めた。そのためボードインの再入国の状況は不透明になった。いつ再入国したか不詳である。その後、再入国した彼は明治二年（一八六九）一月十三日（陽暦二月二十四日）大阪に来て浪華仮病院を視察し、惟準と再会するのである。

惟準のオランダ着を知った母八重は郷里摂津国有郡名塩に在住の弟億川信哉夫婦に宛てた手紙（慶応三年十月四日付）に次のように記している（亥野彊・古西義麿「洪庵夫人八重の書状」、『日本洋学史の研究』Ⅲ／緒方富雄・梅溪昇・適塾記念会編『緒方洪庵のてがみ・その五』）。

（前略）一郎［信哉の長男］事も無事ニ□（抹消）学致、書状・写真抔参り候ま﹅、さし上候。誠よくふとり、人物もあかり、ひんかくもよく、ま事ニ嬉敷存候。洪哉（惟準）事も舟中無滞彼本国へ安着仕候由申越、大安心仕候、十郎（惟直）事も舟中も今しはらくニ相成申し候、はやく安着のたより承り度、毎日待入候、扨四郎（惟孝）よりも七月廿八日出相達申候、季敷様子申越安心仕候（後略）。

ユトレヒトに安着した洪哉は、さっそく江戸の母八重に、船中で病気もせず、無事オランダに到着した旨を手紙でしらせ、八重未亡人は約二か月後の十月初旬にその手紙を入手、その喜びを郷里名塩の弟夫婦に送ったのである。

手紙の中の億川一郎は、億川信哉の長男で、幕府派遣の英国留学生一二名（そのほか、生徒取締として川路太郎と中村敬宇の二名）の一人として、慶応二年十月二十日江戸を出立、横浜発は二十五日、そして十二月二十八日ロンドンに着いたのである。洪庵の五男の十郎（のち惟直）はフランスへ留学、三男の四郎（のち惟孝）はロシアへ留学した。

さて、惟準や松本はユトレヒトの陸軍軍医学校で、基礎および臨床医学を学んだであろうが、これに関する資料は見あたらず、惟準らも記録を残していないので、残念ながら不明である。

これより先、幕府はオランダに軍艦（のちの開陽丸）製造を委嘱していたので、幕府は榎本釜次郎（武揚《たけあき》／二十七歳）・赤松大三郎（則良／二十二歳）・内田恒次郎（正雄）・沢太郎左衛門・肥田浜五郎・田口俊平らをオランダに派遣し、航海術を学ばせることとした。そのほか医学伝習生として林研海（紀《つな》／十九歳）・伊東玄伯（方成／三十一歳）、また洋書調所から教授方西周助（周《あまね》／三十四歳）と津田真一郎（真道／三十四歳）が国法・国政の諸学を学ぶため同行、さらに時計研究のため大野規周ら五名も加わった。一行一五名は文久二年（一八六二）六月十八日、咸臨丸で品川沖を出発、長崎でオランダ商船カリプス号に乗り換え、二一五日かかって文久三年四月十八日にオランダのロッテルダムに到着した（宮永孝『幕府オランダ留学生』）。

図５−１　第１回幕府オランダ留学生
前列右から：西周助　赤松大三郎　肥田浜五郎　沢太郎左衛門
後列右から：津田真一郎　布施鉱吉郎　榎本釜次郎　林研海　伊東玄伯　（元治元年／オランダにて）

このときの二人の医師、林と伊東のオランダにおける医学修業の内容についても明らかではないが、緒方と松本は林・伊東らがすでにオランダにいたので、苦労することは少なかったと思われる。

○惟準（在オランダ）からの池田謙斎（在長崎）宛書状、陽暦一八六八年三月八日付（池田文書研究会編『東大医学部初代綜理池田謙斎・池田文書の研究（上）』）

（端裏書）「緒方惟準殿和蘭留学先より」

慶応三丁卯十二月朔日［陽暦一八六七年十二月二十六日］御認之尊書、西千八百六十八年第三月七日相達難有拝誦仕候、先以諸兄益御多祥被為成御勤学、恐悦不斜奉万賀候、次ニ此地徒生一同無異碌々消光罷在候、乍憚御放伸（ママ）可被下候、扨昨夏来御答不被下、御動静も聢《しか》と相知不申候得共、満氏［マンスフェルト］より抱氏［ボードイン］方え之書状ニて御一統御清適ニ御勉業之事と奉遠察候、然ル処今般御細書被下、実ニ御拝顔致候様被存数回披見、御厚情之段心胆ニ透シ難有奉万謝候、加之高印ニ付種々御厄介実ニ無申訳腋汗之至、御高評之程偏ニ奉願上候、○小嶌乳母不幸ニして相果候は愁然之至御座候、其節も早速御診察被下御治法迄御加へ被下候趣、高印よりも申来、厚く御礼申述被呉候様当人よりも申越候、実ニ何から何ニ迄之御厚情御礼之程難尽筆紙、隔天ニて垂頭奉万謝候、加之過頃ハ御不自由中え御無理申上金子御拝借、高印え御渡被下

青年時
（慶応２年／25歳／長崎にて）

晩年時

図５-２　池田謙斎

候段有難奉存候、乍此上御滞崎中ハ恐入候得共、私児何卒御着眼奉願上候、尊君其後御愛閨之御離別なく御座右之由、実ニ御尤之事ニ御座候、可恐ハ愛情、小生之如く遠隔ニても常ニ右婦人を想像致し慕はしく御座候、今般江府え一封差出候ニ付、又々老母迄他事ニ事ヨセ御地え金子送り可申候、夫ニて暫時ニても御困窮御遁可被成候、乍併御地之景勢実ニ御羨敷、昔日之厚情思出し諸君御慕しく御座候、小生事ハ昨冬中ハキリマート［Klimaat：気候］ニ馴不申、不絶シンキング［zinking：カタル・感冒］を脳《（悩）》ミ困居候処、於節稍々春陽相催候ニ付、健壮ニ相成候次第故、御地之事而已不絶思出し、寸閑ニも帰朝を忘却不仕候、加之面白敷もなきホールベニーテンゲ［voorbereiding：予習］ニ昼夜苦労之外何一として楽ミ無之、空然ニ送光罷在候、間々徒生中ニて奇事を起し候を楽として一笑候程之事ニ御座候、此段御憐察可被下候、奇事馬鹿一条ハ松本《（鉒太郎）》より申上候間相略申候

一　方今欧羅巴之形勢静謐ニして「プロイセン」「オーステンレーキ」戦争評も全く絶へ申候、昨秋「イタリア」国［ローマ］府ニバリバリス蜂起、仏軍兵と小戦争有之候得共急ナ平治致し、御節ハ諸洲静謐ニて益学術共ニ開申候、亜目利加《（アメリカ）》蒸気車鉄道之大業も過半出来、当年中ニは全く出来致候よし、左様候得は本朝え之往来自由ニ可相成候、夫ニ反して本朝之風評不宜、殊更方今之形勢恐入候次第、遠隔之地故虚実難計御座候得共、実ニ仰天長嘆之至御座候、御擾乱之原は薩印より相起り候事と奉遠察候、実ニ可悪国賊ニ御座候

一　抱氏去月此地出立仕候得共、右本朝之擾乱ニ付、巴里ニ足を止《（ママ）》ミ後便を待居候

一　御地出立之節諸君え御約束申上候書籍「ブリル」［bril：眼鏡］抔求置候得共、何分御地え之良便無之、加之大物故当惑仕居候、今般御申送之「フレス」アナトミー［フレス著の解剖書］ハ全備ニ相成居候間、早速幸便を探索致し慥ニ御送り可申上候、外之諸君へも左様御伝声可被下候

一　御地満水、英水夫殺害、新鎮台散兵「キリステンドム」［Christendom：キリスト教］一条抔ハ新聞紙ニ

て承知罷居候得共、御紙面ニて尚以後明白ニ相成有難奉存候

一　新たくわんハ実ニ羨敷、食事毎ニは思出し口内酸生仕候

一　月沢未タ出崎不仕候よし、当人御地え罷出候得はよろしく御伝声可被下候、御愛闔え何か珍物を呈度御座候得共、不得幸便不得其意候間、呉々も宜敷御伝声可被下候

一　竹内《(正信)》君、土生君へ宜敷御鳳辨奉願上候、竹内君ハヤハリ両闔ニ御座候哉、此節ハ其地又々京師之擾乱ニ付、御盛之事と奉遠察候

一　御地ニ遊学仕居候馬嶋会津人、当節「フロイセン」オルテンビユルク［Oldenburg］ニ勤学罷在、毎度書状差送り申候、当人も不幸ニして此度は帰朝仕候、夫も無金ニ付て之事に御座候

一　仏英魯之舎弟共無異勤學罷在候、乍憚此又御放伸奉願上候、ペーテルヒユルクへ昨冬は十年來之寒気ニて、人三人凍死空鳥落死致候よしニ御座候

一　当節ハ当国ニも本朝之徒生多く相成、大威得折々集会、大ニプリシール［plezier：楽しみ］を得候、御存じ之通り林［研海、紀］、伊東［方成］之外、赤松大三郎［則良］御軍艦付、佐賀人佐野［常民、適塾門人］、石見人太田、我々とも都合十人御座候

一　野生は昨冬転宅仕候て学校近傍ニ借家を求メ住居罷在候故、「アドレス」差上申候、何卒尊君御閑暇次第短書ニてよろしく御座候間、折々御書状被下度偏ニ奉願上候、此地よりも一ケ月一度つゝハ呈上可仕候、実ニ遠国ニては親友之書状ハ面会致候様被思、数回繰り返り《(ママ)》拝誦仕、精神を楽しまし申候、御地よりハ三ケ月ニ足すして御書状相違候間、偏ニ右条ハ願上候、小生此地ニ罷越候後、江府よりハ只た二度書状参り候而已ニ御座候故、当節ハ大ニ便を待居候、外ニ申上度事海山御座候得共、学校出勤遅刻ニ相成候ニ付、乍残念止筆仕候、余は奉期後便之時候

西洋閏千八百六十八年第三月八日朝七字認

和蘭ユトクレクト　緒方洪哉（惟準）百拝

池田謙斎様

二白、時下折角御厭専一可被遊候様奉願上候、御序之節松岡、吉雄其外塾中一統えよろしく御伝へ可被下候、満［マンスフェルト］先生え松小生ニて写真呈上仕度御座候間、同人え御呈し被下度、且またよろしく御伝声可被下候、其外丸山諸店へよろしく、今般高印之書状御届ケ被下有難奉存候、乍御面倒別封又々高印へ御投可被下候、当国之芝居、楽レ音、馬芝居抔一覧仕候得共、面白敷無之、此等之事ハ本朝ニ限り申候、みなさんかうらやましかばい、竹谷［武谷椋山］、赤星［研造］より呉々も宜敷申上被呉候申出候

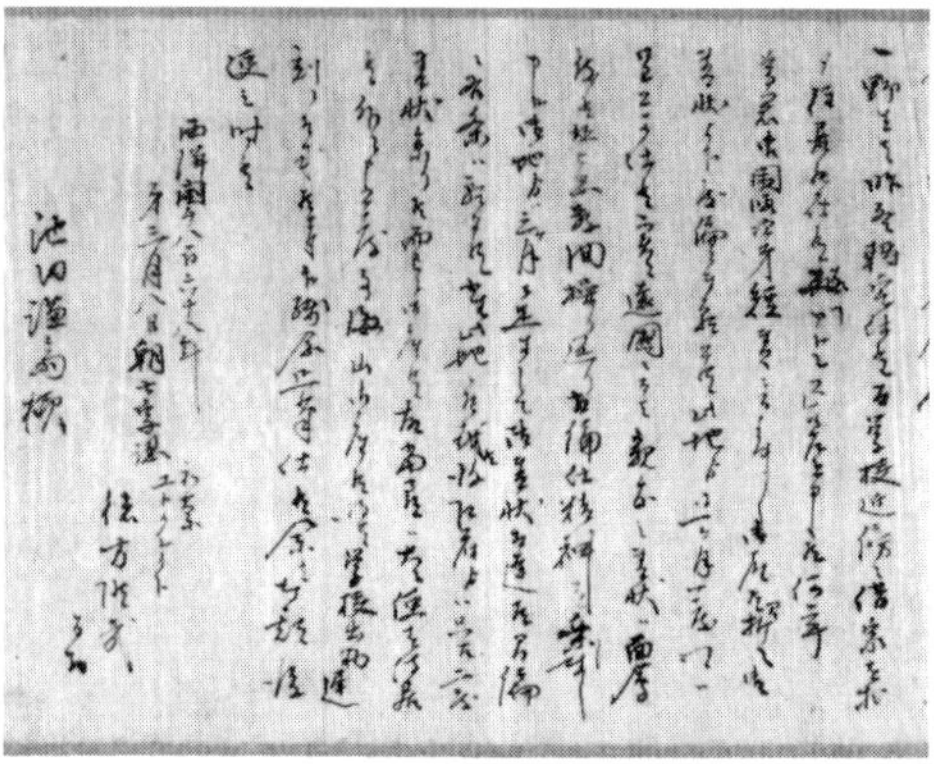

図5－3　惟準の池田謙斎宛書簡（末尾部分）

▽竹谷…武谷椋山《りょうざん》（俊三）のこと。福岡藩医原田種彦の次男で、同藩医武谷椋亭《りょうてい》（適塾門人）の養子となる。長崎に遊学し、ボードインに師事し、惟準らとともにオランダに留学、明治三年帰国し実家に復帰し俊三と改める。陸軍省に出仕、軍医学校附となり、のち大阪府病院、金沢病院に勤務した。

▽赤星…赤星研造のこと。筑前藩より長崎遊学を命ぜられ、ボードインに師事、惟準らと同時期にオランダに留学、明治三年ドイツのハイデルベルグ大学に転じ、七年に帰国。外科に長じ、宮内省侍医を経て大学東校の教官となり、のち仙台病院長兼附属医学校長となる。

池田謙斎がオランダの緒方惟準に送った書状は、慶応三年十二月朔日付で、この日は陽暦一八六七年十二月二十六日であり、惟準が受け

取ったのは、惟準の書状によれば陽暦一八六七年三月七日である。したがって謙斎の長崎からの書状は、約六十日でユトレヒトに届いていることになる。惟準の手紙には望郷の心情が吐露されており、漬け物のたくあんを懐かしむのは古今変わらないようで、筆者がドイツに留学していたころを思い出して苦笑を禁じえない。

気になる文面は、惟準の記している「高印」「私児」「小嶌乳母」という言葉である。惟準は池田から借金をして、その金子を「高印」に渡してもらっており、「私児」のことを眼につけて欲しいと依頼していることから考えて、「高印」は惟準の愛人（長崎妻）で、「私児」は二人の間にできた子供、この子の乳母が小嶌女であると筆者は想像する。池田謙斎の「愛閨」とか、竹内正信の「両閨」とか謎めいた言葉がつづられており、いろいろのことが推察されるが、臆測は読者にまかせることとする。ちなみに謙斎は慶応三年当時は、数え年二十七歳でまだ独身で、翌年江戸に帰り、池田玄仲の長女天留子《てるこ》と結婚している。したがって「愛閨」は長崎妻であろう。しかしこのようなことは、当時の封建時代は天皇以下上流階級ではあたりまえのこととして、認められていたのであった。

▽**松本銈太郎**（嘉永三～明治一二＝一八五〇～七九）

図5－4　松本銈太郎

松本順（良順・蘭疇《らんちゅう》）の長男、嘉永三年三月十九日生まれ、母はトキ。漢学・普通学を学んだのち、文久元年（一八六一／十二歳）母に伴われ、数年前から長崎に在留していた父のもとにいたり、オランダ語と数学の教育を受けた。文久三年両親とともに江戸に帰るが、元治元年（一八六四）幕府の命を受けて再度長崎に遊学、オランダ人教師ハラタマに学び化学を専攻した。慶応三年（一八六七／十八歳）、緒方惟準（二十四歳）とともにボードインに伴われてオランダに留学、幕府倒壊により慶応四年六月二十日、惟準らとともに帰国した。帰国後しばらく在京のハラタマのもとで化学の実験などに従事していたが、明治元年の末、旧師ハラタマ、旧友三崎嘯輔、田中芳男らとともに大阪の舎密《せいみ》局に入り、化学の講義を担当した。明治三年三月（二十一歳）太政官より大助教に任命、従七位に叙せられる。同年十二月ハラタマは帰国、四年ドイツに留学、ベルリン大学のホフマン（Augusut Wilhelm Hofmann）教授の研究室に入った。ホフマンは当時ドイツ化学界の指導的学者であった。そのころ同研究室には柴田承桂・長井長義もいてともに精進した。彼の業績「フェニルオキシクロチン酸」など四編の研究論文はドイツ化学会の機関紙『ベリヒテ（*Berichte*）』誌（一八七五～七九）に掲載された。これは長井長義の論文とともに、わが国の研究者の論文がヨーロッパの権威ある専門学術雑誌に発表された最初の論文である。明治十一年（二十九歳）下肢の脱疽にかかり、手術をうけること再度におよんだが全治せず、同年帰国、翌十二年四月十六日没、享年三十歳。墓は東京都台東区谷中霊園内の順天堂佐藤泰然一統の墓域内にある（村上一郎『蘭医佐藤泰然――その生涯とその一族門流――』／日蘭学会『洋学史事典』／芝哲夫『日本の化学の開拓者たち』）。

# 第6章　幕府崩壊による惟準の帰国

然るに本邦偶ま太(大)政維新に際し各国留学の学生に対する学費給与法を廃せられしを以て、為めに已甚《はなはだ》しき困難に陥らざるに先ち、他の留学諸氏と共に匆々帰朝せり。時に明治元年戊辰七月にして余は廿五歳なりき。

惟準（洪哉）はユトレヒト、弟の城次郎（惟孝）はロシア、十郎（惟直）はパリ、従弟の億川一郎はロンドンでそれぞれ医学や語学などの学業にはげんだ。しかし幕府はすでに力を失い崩壊寸前の状態となり、留学生たちへの送金も途絶えており、しかも残留か引き上げかの連絡も指示もなく、留学生たち（オランダ・英国・フランス・ロシアなど）はその去就に迷っていた。ちょうどそのころ、新政府は慶応四年（一八六八）正月、外国事務総督伊達宗城《むねなり》（議定）・東久世《ひがしくぜ》通禧《みちとみ》（参与）の名によって、幕府の駐仏公使栗本鋤雲《じょうん》に対し、在欧の留学生たちの一括引き上げを命じた。そこで在英国の川路太郎と中村敬輔（正直・敬宇）は、在仏の渋沢栄一、栗本貞次郎らに帰国資金を相談し、彼らの尽力によって帰国旅費の都合をつけてもらい、フランス・オランダの留学生たち（惟準ら）とともに、慶応四年閏四月二十八日、パリに集結、出発し、横浜へ帰着した（渋沢栄一『青淵回顧録』／石附実『近代日本の海外留学史』／古西義麿「幕末における第二回オランダ留学生」、『日本洋学史の研究Ⅷ』）。

留学生の帰国の月日について、当時横浜にいた東久世通禧の日記（霞会館華族資料調査委員会編『東久世通禧

図６－１　幕府英国留学生一行
後列右から：外山捨八（正一）　林桃三郎（薫）　福沢英之助　杉徳三郎　億川一郎　安井真八郎　岩佐源二
前列右から：市川盛三郎　箕作奎吾　成瀬正五郎　中村敬輔（正直）　L・W・ロイド　川路太郎　伊東昌之助（岡保義）
最前列：箕作大六（菊池大麓）
（人名は村上一郎『蘭医佐藤泰然』より。『東久世通禧日記』と若干の異同がある）

日記　上巻』）には、次のように記されている（［　］内は筆者注）。

　慶応四年六月廿三日
一、仏蘭西より帰朝
保科俊太郎［仏］　川路太郎［英］　中村敬輔［英］　林研海［蘭］　緒方洪哉《(惟準)》［蘭］　成瀬弥《(錠)》五郎　［英］　神原錦之丞［仏］　外山捨八［英］　箕作金吉《(奎吾)》［英］　松本鉄《(鉒)》太郎［蘭］　緒方十郎［仏］　億川一郎［英］　伊東貫凌《(貫造か)》［仏］　伊藤《(東)》昌之助　和田収蔵［仏］　大嶋貞之助《(貞次郎)》［仏］　福沢英之助［英］　安井真八郎［英］　市川森三郎《(盛三郎)》［英］　箕作大六《(菊池大麓)》［英］　林桃三郎［英］　岩佐源二［英］　杉徳次郎《(ママ)》［英］
今廿日帰朝、弁天語学処ニ止宿

この記述から、帰国は六月二十日（陽暦八月八日）で、在横浜の東久世の耳に入ったのが六月二十三日であった。
『一夕話』では、帰国が七月とあるが、これは惟準の記憶ちがいである。

なお昭和四十四年（一九六九）九月、緒方富雄先生を団長として蘭学資料研究会会員が、ライデン大学で開催された「日蘭交渉史に関するシンポジュウム」に出席後、オランダの各地を訪問し、ユトレヒト大学をたずねたとき、緒方先生が同大学教授に惟準の留学記録について質問されたが、資料はないとのことであった（五九三ページ）。

# 第7章　朝廷への出仕、典薬寮医師に任命

帰朝の際は世上騒擾、恰《あたか》も乱麻の如く人心洶々［水の流れるさま］たり。既に家族は挙げて大坂に逃がれ居るより、自ら幕府に退仕の願書を呈し、同年八月、大坂に帰る。朝廷此際、初めて西洋医流を採用せらるゝに由り、しばしば内命を蒙ると雖も、いささか思ふ所ありて固辞し、終に摂津国有馬郡湯山［現・神戸市北区の有馬温泉］に潜居す。朝廷尚ほしばしば辟《(め)》さるるも、同く応ぜざりしに、あにはからんや、先考《(洪庵)》の門を継で業を大坂に開ける義弟緒方拙斎［惟準の妹八千代の夫、本姓吉雄氏］に対し、洪哉《(惟準)》を朝廷に奉仕せしめざるに於ては、乃ち自今汝の業を禁ぜんとの命あり。拙斎ここにおいてか、倉皇《(そうこう)》［あわてるさま］馳せて余の潜居［有馬］に来り、事のやむ可からざるを告げ、且つ奉仕を勧む。余も亦之に応ぜざるを得ざるに至りしと。先考の門を思ふの切なるに由り、自ら京都に上り、太政官弁事に対し再三辞するに、不才且つ学術の浅劣なるを以てせしも、到底聞届けられずして、召し出ださる。

　同年〈明治元年〉九月二日徴士仰せ付けられ、典薬寮医師に補し、従六位上に叙せられ、玄蕃少允《(げんばしょういん)》に任じ、月手当金二百両下賜の命を蒙り、同月四日、天脈拝診仰せ附けらる。

▽**徴士**：明治政府初期の官吏。慶応四年正月十七日、職制を定めて太政官中に七科が置かれた時、初めて貢士と

ともに徴士の称がみえ、諸藩の藩士および都鄙有才の者で、公議によって選抜された。

▽**玄蕃少允**：玄蕃寮（僧・尼僧、外国人の送迎を司る役所）の官位の一つ。この寮の長官が玄蕃頭、次官が玄蕃助、その下に大允・中允・少允がある（『国史大辞典』5）。惟準（洪哉）の典薬寮医師任命に先立ち、八月二十八日、行政官より長州藩主毛利敬親《たかちか》および同藩医青木研蔵にたいして左のような沙汰があった。

長門宰相

其方家来青木研蔵儀、御東行中御雇被仰付候間、出仕可申付候

青木研蔵

御東行中、被輔典薬寮候条被仰出候事

また惟準に遅れて十一月三日に帰国した伊東方成は十二月五日図書少允、従六位上、典薬寮医師に補せられている。これで三人の洋方医が朝廷に初めて採用されたわけである。

## (1) 西洋医学所の状況と松本良順の動向

惟準が帰国する約二か月前の四月十一日、有栖川宮熾仁《たるひと》親王を東征大総督とする朝廷軍は江戸城に入城、徳川慶喜は謹慎していた上野寛永寺から水戸へ退去した。八月十八日、榎本武揚は八隻の艦船をひきいて北海道に向かって脱走したが銚子沖の暴風雨で艦船を損傷、また兵員の多くを陸に避難させねばならなかった。そして八月二十四日からぞくぞく宮城県松島湾に入り、九月五日にはすべての集結を終えた。九月四日には米沢藩降伏、同月十一日ついに仙台藩も降伏した。榎本らはもはや仙台にとどまることはできず、松島湾を出港する。十月十九日、北海道の鷲ノ木に上陸、箱館に進軍するのである。

当時、松本良順（順）は奥御医師、海陸軍医師総取締、西洋医学所頭取の地位にあり、洪庵の後任となってか

ら、適塾式のオランダ語学習や医学教授の方式を改め、長崎の養成所医学校におけるポンペ式の教育に改めた。この教育方法は、洪庵の旧門人田代基徳らの抵抗があったが、福沢諭吉の説得により、解決し実績をあげていた。

これより先の慶応四年一月、将軍慶喜が京都より江戸に帰還し、残された幕府軍は鳥羽・伏見の戦いで朝廷軍に敗れ、その負傷者が海路、江戸に輸送されてきた。西洋医学所および漢方系の医学館はこれら負傷者を収容し、治療にあった。しかし東征軍が江戸に入らんとするの報をうけ、暴挙をおそれ、良順らの医師は約三十名の患者をひき連れ、医学所を放棄し、一時浅草に避難した。その後、良順は門人の渡辺洪基《こうき》・名倉知文《ともぶみ》ら数名を引き連れ江戸を脱走した。その途中、長崎で良順が教えた会津藩医南部精一に邂逅、彼からぜひ会津に来て戦時の治療の指揮をとって欲しいと懇願され、ともに会津に入った。戦いは始まり、良順らは多くの負傷者の治療にあたった。明治元年九月二十二日（慶応四年九月八日明治と改元）に会津は落城したが、この直前に、藩主松平容保の勧めで、良順は会津を退去、米沢・鶴岡（山形県）へと逃れた。

当時、江戸を脱走、艦隊を率いて一時仙台にきていた榎本武揚から、仙台に来て欲しい旨の書状をうけとった。そこで仙台に行き武揚と面談、北海道行きを熱心にすすめられたが固辞した。ちょうどそのとき、松島湾にオランダ人スネルの船が来ていたので、それに乗せてもらい、横浜に着いた。しかし警戒が厳重でなかなか上陸できないので、しばらくアメリカ船にとどまっていたが、その後スネルの家に潜伏していた。

良順が榎本に面談した月日について良順は書き残していないが、九月十一日、仙台藩が降伏を決定、十七日、総督府から降伏謝罪の願いが聞き届けられたことを考えると、このころ良順と榎本は面談したのであろう。そして良順が横浜に着いたのは、これより数日後の九月末ごろと推察される。

スネルの家にしばらく潜伏し、時には密かに東京へ出たりしていたが、察知されるところとなり、明治元年十二月逮捕され江戸に護送・監禁された。明治二年三月、飯田町の松平筑前守（旗本）の屋敷から本郷の加賀藩邸に移されたのち、同年十二月、特別の寛大な処置により、死罪を免れ解放、引きつづき徳川邸に謹慎、同三年五月釈放された。

一方、朝廷からの強圧的命令で、惟準は伝統ある適塾（義弟拙斎は適塾医院と称した）の消滅を惜しみ、心ならずも朝廷への出仕を決意した。この京都行きには母八重が同行し、妻吉重は同行しなかった。母とも充分話し合っての結果であった。父洪庵が江戸幕府の奥医師、西洋医学所頭取として徳川家に出仕、惟準もまた亡父の跡を継ぎ同家に仕え、その費用でオランダに留学した身である。幕府が崩壊した直後、その敵方の新政府の医師として天皇の脈を診よとは無理難題である。「士は二君に仕えず」のモラルの時代であったので、当然の拒否であった。

図７－１　明治天皇

運命は皮肉なものである。幕府支配下で医師の最高位にあり、惟準の上司であり、長崎修行の恩師であった松本良順は今や逃亡の身であり、下僚・弟子の惟準は天皇の脈を診る地位に登ったのである。

かくて惟準は明治元年九月三日、典薬寮医師、従六位下、玄蕃少允に任ぜられ、月給二百両を下賜された。同年九月十三日、天皇の御東幸の供奉を仰せつけられた。

慶応四年七月十七日江戸は東京と改称され、九月八日明治と改元し一世一元制が制定され、いよいよ天皇の東京入りである。九月二十日、天皇一行は京都を出発、東京に向かい、十月十三日東京に到着した。洪哉は天皇に供奉し、随時診察した。良順はそのとき、横浜に潜居していたか、すでに捕われの身になっていたわけである。

## 青木研蔵

同僚の典薬寮の医師青木研蔵（一八一五～七〇）は病気のため随行できず、洋方医は惟準一人であった。九月十九日付で左のような沙汰が青木にあった。

先般被補典薬寮医師候処、病気ニ付、段々申立候次第、無余儀筋ニ候間、暫時御猶予被聞届、一応帰国加療、快気候ハヽ上京可致御沙汰候事

青木研蔵は帰郷し治療により回復したのであろう、明治二年三月二十五日京都を出立、東京についてのち、四月十七日に主計大允に任ぜられ、従六位上に叙せられ、天脈拝診を命ぜられた（青木周弼先生顕彰会編『青木周弼』）。

## （2）天皇の脈（天脈）を診る

其式や頗る厳正なり。今其式を云はんに、紫宸殿御座の間に於て、左右殿上、侍従、諸卿列座し、上段の間なる翠簾［緑色のすだれ］三分の一を捲き揚げありて、陛下御膝辺の赤袴のみを遙かに窺ふのみ。余、官位相当の衣冠を著け、殿上縁側の板間より低首膝行し、殿内の正面なる中央の畳に沿ひ、尚ほ膝行して上段の簾下に至り、天脈を拝診す。之を拝診する、必ずや左膊を先にし、次で右に移る。陛下亦左膊を先に出ださる。其余は視診、按診［体をなでて診察する、触診］等を為さざるを礼とせり。而して再び後方に膝行し、殿上縁側に復座するを以て、其式を終ふ。之を表拝診と称す。内拝診は尋常一般の診法に異ならざるも、当直を除くの他は御匙《おさじ》〈目下の侍医局長〉の典薬寮医師に限る。

爾来、宮内に奉仕すと雖も、洋法医は余一人にして、他は漢法医のみ、故に洋法医の権力は甚だ弱し。加之《しかのみならず》女官の権勢は頗る強くして衛生法を述ぶるも更に容れられず、却て野蛮視せらるゝ等、殆ど余が意見容れらるべき余地なきを思ひ、憂苦交も感ずるにも拘はらず、道の為め耐忍し難きを耐忍して一考を運《めぐ》らし、宜く西洋の医術器械と薬品とを以て、其衛生法等を着々暁《さと》らしむるに若かざるべしと為し、此旨を弁事［事務官］

に上申したるに、幸にして之を許可せられ、同月［九月］八日、器械、薬品購求の為め、摂津国神戸表に差遣はさる丶の命を蒙り、直ちに同地に赴きて和蘭国物産舗に就き摩擦電機等の器械数種と斯篤里幾涅《ストリキニーネ》等の薬品とを購求して京都に帰り、数人手を聯《つら》ねしめて摩擦電機を導達し、斯篤里幾涅を大賊《チン》子に与へて即死せしむる等、器械薬品の実効を示し、西洋医術の漢法医術に優るの遠き所以を眼前に現はせしより、稍や女官等の感を惹き起したるが如しと雖ども、尚ほ外教的魔術《キリシタンノワザ》の所為に帰せらる丶傾向あり、其間千辛万苦何につけ彼につけ、宮内の人々をして西洋医術に優ること遠き所以を暁らしむるの手段を運らすに怠らず、辛うじて同僚の漢法医三角、高階両氏をして西洋医術の利益ある感に傾かしめたることこそ、爾後今の宮内に衛生法と西洋医術を施すの便なるに関りて力ありたりき。其困難なる実に筆紙に能く尽くす所にあらず。
時に大久保利通の建言に基き、遷都仰せ出されしに付、九月十三日に至り、江戸行幸供奉の命を拝し、行幸途上、水質検査御用申附けらる。蓋し女官の従来、陛下に奉つるは鴨江［鴨川］の水に限るを以て、同水を携ふることを主唱するより、余、陛下の健康上に害あらんを慮ばかり、途上新汲の水を検査して奉つるの可なるを説くに由れり。聞く、当時の行幸は一日大抵四、五里［一六～二〇キロ］を進むに過ぎずして、江戸に達するには殆ど五週日［三十五日］を要す。然るに京都より鴨江の水を送ること毎日とはいひ、既に宮の駅に来たれば、水既に腐敗に傾く、これぞ五週日程の行幸に之を奉つりて、陛下の健康無疆《むきょう》［限りないこと］を望むを得んや。余、諄々其水質検査の任に当るを辞せず。陛下に奉つるの三時間前に自ら飲み、而して後ちに之を奉つらんと説き、辛く余の説を容れられたるこそ、宮内当時既に活眼の人あるを知るに足る。

宮の駅とは旧東海道（尾張国愛知郡）の宿駅「宮の宿」のことで、熱田神宮の門前町（現・名古屋市熱田区の神戸町と伝馬町付近）の旧称である。現在の東海道線で、京都から熱田まで一五三キロで、行幸の旅程では八～

十日かかる。京都から飛脚の早い脚でも一日四〇キロが限度であろう。水が届くには熱田でも四日かかる。今のように滅菌した水ではなく、鴨川の水であれば腐敗してくるのは当然である。天皇は江戸までというこんなに長い旅行は初めてである。宮中の女官らも惟準の理詰め、科学的な説明に納得せざるを得なかったのであろう。

> 同年〔明治元年〕十月二十四日、大病院〈大病院は前月、横浜の海陸軍病院を東京下谷藤堂藩邸に移して、斯改称し、英国ウリウ《（ママ）》ス氏教師たり。医学所を之に属す。後変遷して、目下の医科大学となれり〉取締仰せ附られ、負傷者療養行届くべき様、指揮すべしとの沙汰を蒙る。蓋し薩藩士前田信輔に代れるなり。且つ此にいわゆる負傷者とは、即奥羽戦争に係る官軍の負傷者にして、同病院に入り療養を受くるの数は、日々千数百名に及ぶ。

慶応四年（一八六八）四月十七日、東征軍は英医ウイリス（William Willis, 1837-94）の指導のもとに、横浜野毛町修文館に軍陣病院を開設、負傷兵を収容、治療にあたった。閏四月二十日、備前藩医柴岡宗伯（のち孝徳、適塾門人）と岩田元昌が同藩の負傷兵をともなって病院にきた。柴岡はひきつづき横浜病院医師として頭取差添（病院長副官）という肩書きで病院にとどまりウイリスの治療を手伝った。越後戦線で長岡藩の抵抗が強く、多数の負傷者が続出すると、ウイリスは助力を求められ、越後に赴くことになり、柴岡が随行する。八月下旬江戸を出発、一行は九月一日には高田に到着している。九月二十日柏崎、十月五日新発田城で越後口総督仁和寺宮嘉彰親王に拝謁、ついで会津若松で治療、十一月十六日（新暦十二月

図7-2　前田信輔

二十九日）東京に帰着した。柴岡はひきつづき下谷の病院に勤務、明治二年三月の職員名簿に「御手当金拾両病院医師試補」と記されている。病院で惟準と顔をあわせることは短かった。

明治政府は、同年六月二十六日には医学所を復興、前田信輔（杏斎）に医学館・医学所・御薬園・病院御用取締役を命じ、医学校の復興および経営の任にあたらせた（従七位前田元温・史談会編『国事鞅掌報効志士人名録』）。

また、七月二十日に横浜の軍陣病院を東京下谷の藤堂藩邸に移した。後述のように惟準は明治天皇に供奉し、十月十三日江戸城に入城、二十四日には前田にかわってこの病院の責任者（病院長）となった。

当時この病院は東京府大病院と称していた（関寛斎の日記によれば、十一月中旬ころの大病院頭取は薩摩の石神良策）。慶応四年六月、徳島藩医関寛斎は大総督府より奥羽出張病院頭取を命ぜられ、富士山艦に乗り、常州平潟、磐城平などに病院を仮設、諸藩の負傷兵を治療、十一月八日江戸に帰還した（大久保武二「関寛斎外伝・家日記抄(一六)」、『日本医事週報』二〇九〇号、一九三七年）。その後、たびたび大村益次郎（村田蔵六）に面会、同行の医師の今後の身の振り方を相談、また負傷者の大病院への委託を大病院頭取石神良策に掛け合うなど連日多忙であった。

十二月一日には「在勤中、諸藩より到来の品、左の通分配進上」と記し、分配進上した物と人名が次のように記されている。

精好袴地一（石神良策）、白七子真綿（古川高三）、御召縮緬真綿一（緒方《惟準》）、御召縮緬真綿一（石井謙道）、御召縮緬真綿一（池田謙斎）、煙草（馬島春道）、真綿（肥前水町）、結城縞一、真綿（大沢高隆）

これは奥羽から連れかえった負傷兵を大病院へ委託したので、当時病院の医師等に挨拶にいったときに進上した品と考えられる。

また十二月十二日の項には左のように記されており、大病院の最高責任者が惟準であることがわかる。

一、東京大病院在勤の人名

(取締)緒方玄蕃少允、(観察兼常態医師)薩　石神良策、(医師)池田謙斎、馬庭春庭、肥前水町、佐藤進

(器械方領取)古川高三、(薬品方領取)大沢宗隆、(会計方頭)佐藤嘉七郎

また同日の記述に、「十二月八日、松本良順被召捕候に付、段々心配、緒方氏とも相談にて刑法局中島五位に懸合置」とある。

関は佐倉の佐藤泰然の塾に入り医術を学んだので、泰然の次男松本良順が官軍に捕らえられことを憂慮し、長崎において良順の門人であった緒方惟準に善処を依頼したのであろう。先述の通り、良順は横浜で潜伏しているところを発見され、捕らわれ江戸に送られた。明治二年三月加賀藩邸に幽閉されたが、十二月許されて徳川邸に謹慎、翌三年五月、自由の身となった。

明治二年正月、玄蕃少允緒方惟準は取締を退任、同月十七日、この後任に石神良策が任命された（『東京帝国大学五十年史』上冊）。惟準はその後、大阪に赴き新病院を創設するのである。

▽ウイリス（William Willis, 1837–94）

幕末、明治初期に日本で活躍したイギリスの医師。北アイルランドのエニスキレンの郊外、ファーマーナー州フローレンス・コートの生まれ。グラスゴー大学医学部を経て、一八五九年エジンバラ大学医学部を卒業、ロンドンの病院で研修医として勤務するが、一八九一年十一月、外務省の資格試験を受け、江戸駐在イギリス公使館付医官に任命される。

一八六二年（文久二）ロンドンを出発、長崎を経て六月十一日に江戸に

図7－3　ウイリス

着任する。同年の第二次東禅寺事件や生麦事件で負傷者の治療を行い、翌年（文久三年七月）の薩英戦争では軍艦に乗り込み従軍する。慶応四年（一八六八）一月、鳥羽・伏見の戦い（薩摩・長州軍と幕府軍との戦争）が始まると、薩摩藩から依頼され、京都相国寺内の臨時病院で戦傷者の治療にあたった。このときの外科手術の手腕が評価され、ひきつづき新政府軍に従軍し、多くの戦傷者を治療するとともに、日本人医師は彼から優れた外科手術法を学んだ。前述のように北陸道や会津戦に従軍したのち東京に帰還した。新政府はウイリスの卓越した技量を評価し、一年契約で、明治二年二月、大病院（同年同月、東京医学校兼病院と改称）での治療と医学生教育を依託した。このときの講義録が『英医偉利士氏口授　官版日講紀聞』と題して『外科編』二冊が東京医学校から刊行された（明治二年の序）。しかし医学校取調御用掛の岩佐純・相良知安らはプロシア（ドイツ）から医学教師を招くことを政府に建議（同年六月）、採用され、ウイリスは在職九か月で免職となる。

薩摩藩はウイリスを鹿児島に招聘、明治三年一月、新たに開設した鹿児島医学校と病院の校長兼院長に就任する。彼の教え子の中でも最も傑出した医師がのち海軍軍医総監になり、東京慈恵会医科大学を創設者した高木兼寛《かねひろ》である。

ウイリスは明治四年、鹿児島藩士江夏十郎の娘八重と結婚、一子アルバート（Albert）をもうける（明治六年）。明治七年一月契約満期となり、八年三月帰国、九年再来日し、五月一日から三か月の再契約をする。しかし十年、西南戦争勃発、外人引き揚げの達示により妻子を同伴し、横浜に去り、一時東京に居住するが、単身帰国する。再就職を望んで十四年（一八八一）に再び来日するが、希望は達せられず、アルバートだけを連れて日本を去り、再び来日することはなかった。

在日中に親交のあったアーネスト・サトウ（Ernest Mason Satow）がシャム国公使になっている関係で、明治十八年公使館付医師として赴任するが、二十五年十二月健康を害し帰国、北アイルランドのファマーナー州モーニン（Moneen）の三兄ジェームスの家に仮寓、二十七年二月十五日病没、享年五十八歳。遺児アルバートは、その後日本に帰化し宇利有平と改姓、その子孫は関西地方に現存する。

筆者の実兄蒲原宏は一九七七年、ウイリスの生誕地や終焉の地モーニンを訪問、モーニンの教会墓地にあるウイリス家の合葬碑の碑文の拓本を作成した。この碑文の上から五〜六行目に"Also their son William Willis M.D. Edin, F.R.C.S. died 15th Febr 1894 aged 57 years"と刻まれている（蒲原宏「ウイリスとシドール——明治戊辰戦争の戦傷者治療に動員されたイギリス人医師たち」、宗田一ほか『日本近代化と来日外国人』／鮫島近二『明治維新と英医ウイリス』）。

## （3）明治天皇の東京への行幸

十月二十七日、武蔵国一之宮行幸供奉仰せ付けらる。此際医師にして供奉せしは唯々漢法医高階氏と余のみ。偶《たまた》ま余の当直に際し、高階氏余に注意を促して曰く、陛下に奉つるの薬石は必ず金水或は銀水〈金水或は銀水とは金塊或は銀塊を投じ煮沸せる水を以て薬石を煎出することを云ふ〉を以て煎出するを例とすと。余曰く、金水銀水医療上果して何の益かあらん、遙かに清浄なるの水の勝れるに如かずと。高階氏又曰く、夫れ或は然らん、然れども古来之を以て例とす。況や煮沸後の金銀塊は其当直医師の役徳[得]となるの益あるに於てをやと、互に一笑に附したりしが、後遂に自然之を廃するに至れり。

前述のように明治元年七月十七日、大詔が発せられ、江戸は東京と改められ、新しい日本の首都と定められた。同年九月二十日、天皇は京都御所を出発、東京に向かわれた。供奉した一行は、輔相岩倉具視、議定中山忠能、外国官知事伊達宗城（宇和島藩主）、刑法官知事池田章政（備前藩主）、参与木戸孝允、大木喬任ら顕官のほか長州・土州・備前・大洲の四藩兵が前後を警衛し、その総人数は三三〇〇人におよんだ。この中に緒方惟準（洪哉）も侍医の一人として供奉した。天皇一行は十月十三日、江戸城西の丸に着御された。二十三日間の行程であった。直ちに江戸城は東京城と改称、西の丸を皇居と定めた。

同月十七日、祭政一致の大典にもとづき、大宮（埼玉県北足立郡大宮町高鼻）の氷川神社を武蔵国鎮守の勅祭社と定め、同月二十八日（惟準は二十七日と記す）、天皇は同社に行幸した（維新史料編纂会編『概観維新史』／岡田米夫『全国著名神社案内記』）。

同年十二月八日、天皇一行は東京を出発、同月二十二日、京都に帰り、孝明天皇の御三周年祭を行い、立后（皇后をたてること）の礼をあげた。翌二年三月七日、輔相三条実美らを従え、京都を出発、伊勢神宮を拝したのち、同月二十八日東京着、東京城を皇城と改め、皇居と定められた。この日が東京遷都の日である。この京都還御に惟準は随行しなかった。

> 同年［明治元年］十二月四日、東京在勤仰せ附けらる。蓋し此際、陛下京都行幸に付、供奉の内定なりしも、大病院負傷者施療指揮の措く能はざるが為め、改めて東京在勤仰せ附けられ、留守詰となりしなり。すなわち此際は伊東方成氏初めて典薬寮医師に補せられ、供奉仰せ附けらる。

惟準は典薬寮医師と大病院の取締（病院長）を兼任することとなったが、病人治療のため病院は洋式医療の豊かな技術を持った惟準を必要とし、手放すことができなかったので、京都への随行はとりやめとなった。

# 第8章　浪華（大坂）仮病院の設立とボードイン

先妣《せんぴ》［亡き母、洪庵夫人八重］大阪に在り病を患ふ。余許可を得て帰省し、日夜薬石を酧《のまし》め看護を尽くすの時に当たり、明治二年〈余二十七才〉二月十七日、大阪表仮病院伝習御用相始む可きの命を蒙る。本院は是れより先き、同年正月二十五日、蘭医ドクトル抱独英《ボードイン》氏を長崎より聘して、西成郡寺町大福寺に仮設〈変遷して目下大阪医学校となる〉抱氏既に来りて其任に在り。余は旧知のあるを以て、共同戮力《りくりよく》［力をあわせる］創業の衝に当り、諸事を企画すと雖も、本院は元来仮設にして不便尠《すくな》からず、遂に同年七月、東大組鈴木町〈今東区内久宝寺町と称せる所なり〉旧代官邸に徙《うつ》し、同時に医学校を建営せり。

明治二年（一八六九）二月、惟準は、「当分大坂罷り在りボードインえ申し談じ、病院並びに［医学］伝習などの御用向き早速手はじめ申すべき旨、御沙汰候事」との辞令を政府の行政官から受け（図8-1）、一方、蘭医ボードインも同月、「当分仮病院在勤治療伝習等仰せ付け候、尤当府にて管轄いたし候事」との辞令を大阪府より受けとり（図8-2）、両人は協力して月末、上本町四丁目の寺院大福寺内に浪華《なにわ》（大坂）仮病院を開設した。病院での治療のかたわら、医師や生徒に医学の講義も行った。

病院長は惟準、教師はボードイン、通訳官は三瀬諸淵（周三）、医員は中欽也・小野元珉・緒方拙斎・小野田

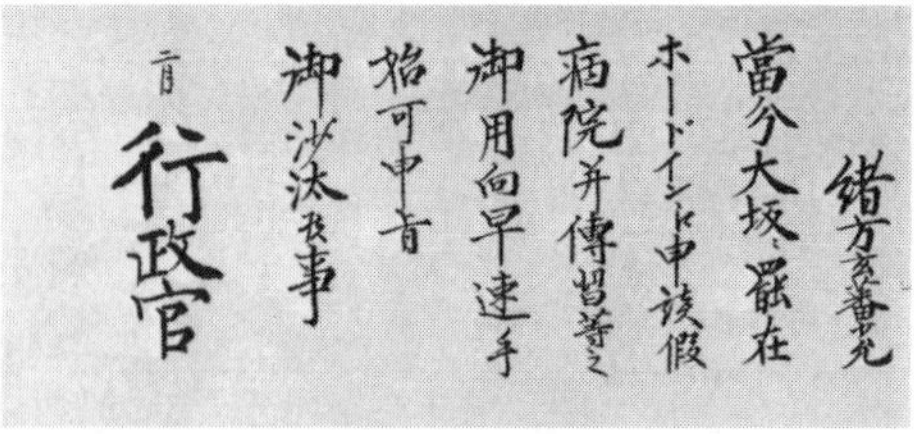


図8－1　緒方惟準の辞令(明治2年)

図8－2　ボードインの辞令(明治2年)

図8－3　大福寺山門

図8－4　浪華(大坂)仮病院跡碑

篠庵・大井卜新・高安道純、薬局員は堀内利国・島田貞哉、外来患者取扱掛・器械掛は有沢基次であった（『大阪大学医学伝習百年史年表』）。

現在、大福寺には仮病院の記念碑とボードイン・緒方惟準の肖像が建立されている（図8‐4）。

大福寺に開設された仮病院および医学校は寺の既存の建物を使用した仮の施設であったので、同年新たに東区（現・中央区）の代官所跡に移転した。この移転の正確な月日はこれまで不明であったが、筆者の調査で明治二年七月十六日であることが明らかになった。

この仮病院の開院直後からこの病院で学んだ芳村杏斎（津山藩医）が筆写した講義ノート『抱氏眼療手術講義』（上・中・下巻三冊）の下巻に、

七月朔　　日曜
(中略)
十五日　日曜日
十六日　休日　鈴木町転院
十七日　開講式

と記され、開講式に引きつづき、「后部スタヒロマ［ぶどう］症」の講義が行われた（一〇四ページ／図8-12）。

図8-5　右よりボードイン・惟準・エルメレンス
（明治3年5月ころ）

### (1) ボードインと惟準の診療と講義

大阪府医学校病院の創設後まもなく、ここを訪れた徳島藩医官関寛斎は手記の中で、当時の教師らの日課を次のように記している（中野操『大坂蘭学史話』）。

午前六時―八時　　緒方従六位講釈
　八時―十時　　ボードイン講釈
午前十時―十二時　入院患者診察
　十二時より　　外来患者診察
夜　六時―八時　　緒方従六位講釈
日曜日　休業

この午前の緒方惟準の講釈というのは、どのような内容のものかはわかっていない。夜の午後六時から八時までの講釈についても不明だが、長崎の精得館における蘭医ポンペの講義方式ではなかったかと思われる。

ポンペが教師、［松本］良順が頭取として午前は一般患者の診察、治療、午後からは教室においてポンペの講義を聴くという課目制であって、ポンペは洋書から日々の課程を抜粋してきて学生に筆記させ、丹念に講義し、次ぎに医話というような医家としての必要な智識を通俗的に話し、次ぎの時間は先人の実験を講述して抜粋を与えて帰って行く。夜間は良順、［佐藤］尚中が教師となって塾生にこのポンペの復講を約三時間ばかり教えるという風な制度であった（鈴木要吾『蘭学全盛時代と蘭疇の生涯』）。

浪華仮病院の専任の通訳は三瀬周三であったようであるが、ボードインの講義の内容をすべて理解できなかったため、典薬寮の医師であった惟準が通訳・筆録をしたのではなかろうか。前述の芳村杏斎は多くのボードインの講義録を筆録し残しているが、訳者に三瀬の名は見あたらない。

## （2）病院での治療

『大阪大学医学伝習百年史年表』によれば、明治二年二月二十日、緒方惟準は大福寺借り受けの願書を監軍判事衆へ差し出し、同二十五日許可される。そして翌二十六日に仮病院世話役より惟準への病院引き渡し事務が完了する。

そして翌日の二十六日から患者の診察が始められた。これを証する「診療記録」がある。この記録は緒方八重の実家（摂津国有馬郡名塩村）である億川家に残されているもので、八重の甥億川三郎が筆録したものであろう。

この「診療記録」（縦一八・五×横一二・五センチ）は薄様紙八行罫紙六〇丁で、表紙はなく、まったくバラバラの状態で発見された。各紙の順序を調えることは難しいが、もっとも早いと考えられるページ（第一丁）の上段に「毒物」として二一種を記し、各毒物の下段に「消毒」として一～三種の解毒薬の名前が記されている。

たとえば第二丁に次のようにあり、

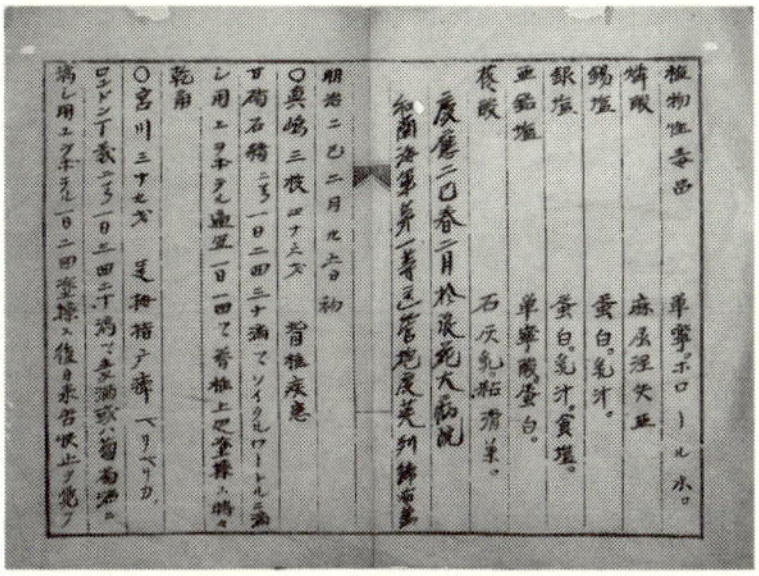

図8－6　「診療記録」

毒物　　　　　　　　　　　消毒

腐蝕亜児加里《アルカリ》　酒石酸・錯・枸櫞酸（後略）

この記述の最後に、

慶応二巳春二月於浪花大病院

和蘭海軍第一等医管〔官〕　抱度英《ボードイン》列締布篤《レセプト》

と記されている。前記の薬物名を記した筆跡と同様であるが、墨の色はまったく異なっていて濃く、明らかにのちに加筆されたものである（図8-6）。「慶応二巳」は誤りで「明治二巳」であろう。慶応二年は丙寅である。また、ボードインは正しくは陸軍医官である。

「診療記録」は次のように始まる。

明治二巳二月廿六日初

○真嶋三枝　四十六才　脊椎疾患

甘硝石精二ℨ《オンス》一日二回三十滴ツヽ　ソイクルワートルニ滴シ用ユ　ヲボテル適宜一日一回ツヽ脊椎上辺塗擦

ス　時々乾角

以下このような記述で二百余名の患者の病名、処方が記されている。各患者の診察年月日は三患者以外は記されていない。例外は、九月二十八日に女性の外来患者と男性患者の入院、男子の「十一月八日ニ全治ス」（欄外に記す）の三症例である。次の症例を紹介する。

○兵庫県令神田孝平　三年来頑癬蔓発

トノウヱン氏沃実砒汞水五セ《ママ》　蒸水合八ℨ常例

右食后直ニ用ユ　然ラサレハ胃焮衝ノ恐レアリ

これは兵庫県令神田孝平《たかひら》（一八三〇〜九八）の受診治療記録である。神田が兵庫県令に就任したのは明治四年（一八七一）四月である。したがってこの受診はこれ以降ということになるので、ボードインの後任エルメレンスの診察ということになる。これは前記のような毛筆による筆記でなく、ペンで細い字で記されている。このペンによる記述は六〇丁のうち一一丁ある。この診療記録はボードインからエルメレンス（明治三年六月交替）時代の記録である。

### （3）芳村杏斎筆録の「抱氏外来患者配剤記」「抱氏方剤書」および「抱氏入院患者方剤録」

美作国出身の医師芳村杏斎（一八三六〜一九〇五）は郷里での開業を止め、明治二年春、大阪に出てこの病院でボードインや惟準らに師事、同年七月下旬ころ帰国、同年末津山藩医に召しだされ、翌三年正月津山藩から改めて同病院に派遣され、西洋医法の研修を命ぜられた。大阪府医学校病院は明治五年（一八七二）九月二十九日廃止されるが、翌六年二月大阪の西本願寺の津村別院内に大阪府病院が設立され、再出発したときに、エルメレンスに師事、芳村は当直医として名を列ねている（『津山藩日記』・『大阪大学医学伝習百年史年表』）。それ故、ボードイン時代・エルメレンス時代の彼らの診療録・講義録を多数筆録しており、そのかなりの部分が残されている（つやま自然のふしぎ館・国際日本文化研究センター蔵）。

①「抱氏外来患者配剤記」

明治二年三月十五日から四月一日までの外来患者の診療記録である。日曜日の休診日を除くと診療日数は十五日間、患者数は九五人で、平均一日六〜七人である。

②「抱氏方剤書　第一」（図8-7・8）

明治二年四月二十日から五月二十日までの外来診療記録である。休診日を除くと診療日数は二十四日で、受診患者は二六一人、一日平均一一人で、次第に増加していることがわかる。

五月四日は月曜日で休診日であるが、五月五日も休診で、五月六日に「緒方先生診察」と記され、六人の患者を診察している。七日には「抱氏診」とあり、一八人が受診している。ボードインは何らかの理由で、五月五・六日の二日間休診、一日は緒方惟準が代診したのである。

③「抱氏方剤書　第二」

五月二十一日から二十九日までの外来患者の記録で、診察日は八日間で、患者は七四人、一日平均九人で横ばいの状態である。現代と比べて比較にならない少数の受診者である。

④「抱氏方剤書　第三」

七月一日（日曜、休診）から同月二十八日までの外来記録である。

「七月十七日開院」と記され、患者の診察もない。その前の十四・十五（日曜）・十六日の三日間も休診である。これは大福寺の仮病院から東区鈴木町の代官所跡に大阪府医学校病院が移転し、十七日に開院、翌日から診療を開始したのである。その前の休診は移転準備のためであった。七月二日から二十八日までの診察日は二十一日、この移転騒ぎのせいか、患者は一一二人で一日平均六人を割っている。

⑤「抱氏入院患者方剤録」

この入院患者記録には五月九日に受診、入院した男性患者（三十五歳）から始まり、八月十日に入院した医師江馬春齢（四十四歳）までの一五人の患者の症状、治療法が記されている。

次の第一症例の入院時の記述から、これが明治二年五月のボードインの診察であることが明らかである。

江州愛知郡清水邨百姓徳次郎齢三十五才曽患梅毒爾後右睾丸肥大厚、己巳（明治二年）夏五月九日来請診於坂府病院、抱先生試之以漏斗管、唯出血而已、十一日創口発焮衝発熱煩悶大便秘閉、因投答麻林度、而夜難就眠、兼用莫児菲涅散一包、臨臥頓服、十二日投剤、答麻林度十二℥《オンス》、旃那半ʒ《ダラクマ》浸出服用大盞字杯

十三日十一字截断

未焮衝発熱諸証雖不退而創口已欲陥脱疸状腐蝕、故断然施手術、爾後云々（後略）

以下の入院患者も同様の記述がなされている。

第四症例の大坂桜宮神主山本出羽守（五十歳）は八年来の頬部癌腫であるが、七月二十日入院、翌二十一日に「切断」と記されている。退院の日は記されていないが、二十八日に「退院日ニ撤糸交換ス可シ」と記されている。

第十五症例の江馬春齢は大垣江馬家の五代春齢（元義・信成・箏荘／一八二六〜七四）のことである。明治二年弟春琢（一八三八年生まれ）が大阪府医学校病院でボードインに師事していたので、大垣から大阪に来たと考えられる。

江馬春齢四十四才、四年前来右目視力乏弱、方今左眼又此症ヲ患、且当三月ヨリ全身攣急、殊ニ腰部脚麻痺、時在テハ寒熱往来アリ

八月十日入院此症脊椎炎ナラン

脊椎両側ニ乾角法三箇宛且脊椎ヲ検査ス

キニー子十瓦《グレイン》　稀硫酸少許　水半瓶

右二日ノ量

十一日　脊椎血角左右ニ六箇（後略）

以下九月一日まで記述はつづくが、退院の日は書いていない。

[補記]

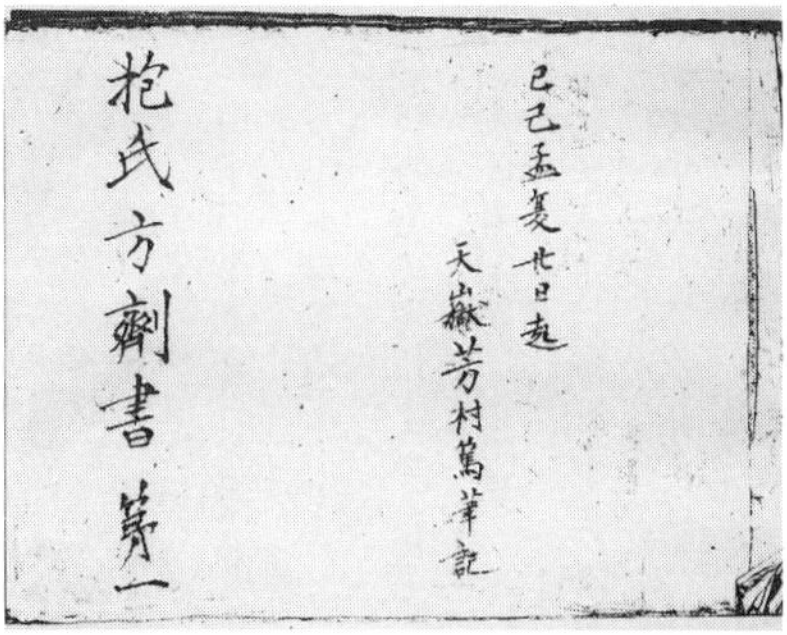


図８－７　「抱氏方剤書　第一」（表紙）

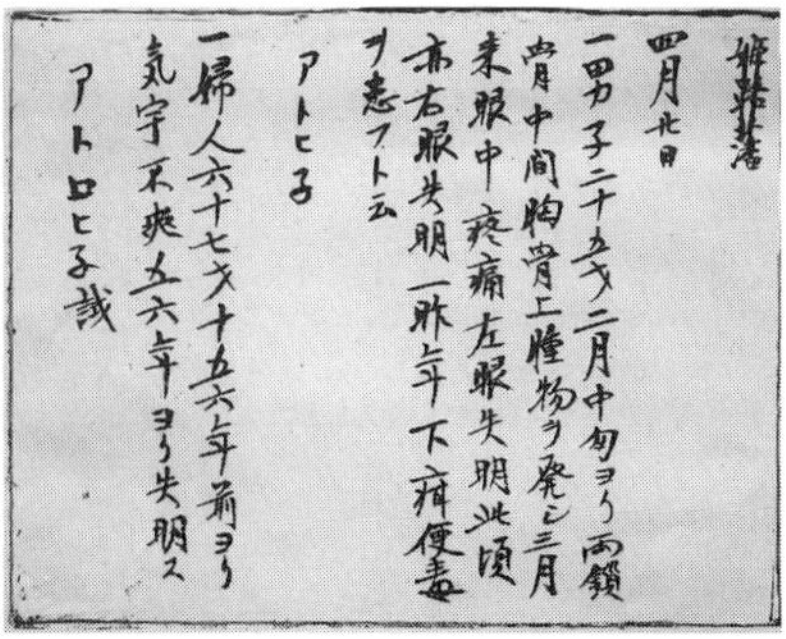

図８－８　同右（第１丁）

①「抱氏外来患者配剤記」

縦二三・七×横一六・七センチ、表紙（一丁）に表題が墨書されている。本文一五丁、第一丁冒頭に「三月十五日診察　男子四十六歳、八、九歳ヨリ十二歳迄癲癇症アリ」とあり、ついで症状・処方が記されている。この日は患者七人である。このような記述が四月一日まで記載されている。日々の患者数を次に列挙する。

三月十　五日　七人　十　六日　一〇人　十　七日　七人
十　八日　三人　十　九日　一〇人　二　十日　一人
二十二日　一一人　二十三日　五人　二十四日　七人
二十五日　七人　二十六日～二十九日　一八人
三　十日　一人
四月　一日　八人

このように三月十五日から四月一日までの十五日間（日曜日は休診）で九五人（一日平均六人）の患者があり、極めて少ない。したがってこれは開院まもない明治二年三月の大福寺時代の外来記録で、芳村は三月中旬ころに大阪にやってきて、初めてボードインの外来診療を経験したと思われる。

②「抱氏方剤書　第一」（図8-7・8）

この筆録書は第一・第二（合本）と第三の全二冊。第一冊（縦一二・二×横一七・〇センチ）の表紙に「己巳猛夏廿日起　天嶽芳村篤筆記　抱氏方剤

書　第一」と三行で記されている。記録は四月二十日に始まり五月二十日に終わっている（注：猛夏は陰暦四月）。芳村は三月でなく四月に病院にやってきたのかもしれない。
本文は六〇丁、本文第一丁には、

四月廿日

一男子二十五才二月中旬ヨリ両鎖骨中間胸骨上腫物ヲ発シ三月来眼中疼痛左眼失明此頃亦右眼失明一昨年下疳便毒ヲ患フト云

アトロヒ子

とあり、以下各患者につき類似の記載がつづくが、性別・年齢は記されているが、姓名・住所の記載はない。

③「抱氏方剤書　第二」

第一と合冊され、表紙に「己巳五月廿一日起　抱氏方剤書第二」と記され、本文は二一丁。最初の患者については、

廿一日　朝晴　午前雨

一男子三十九才五年来漸々失明僅ニ昼夜ヲ弁スルノミ

アトロヒネ

と簡単なもので以下、各患者についても同様の記述がなされている。

④「抱氏方剤書　第三」

紙の大きさは第一冊と同様、本文三八丁である。表紙には右に「七月二日起」、左に「抱氏方剤書第三」と記されている。本文第一丁に、

七月朔　日曜日　雨

二日　晴

一男子廿四才　三ケ月来曹囃咳嗽
声嗄曽テ胸痛アリ、今治シ飲食
甚シク欲ス、前年梅毒ニ患シト云
鹵砂二銭　水十二℥《オンス》　甘草羔一℥
日三回一小盞
滋養食餌　肉食

とあり、以下の患者も同様の記述である。

七月二　日　五人　　三　日　七人　　四　日　三人　　五日　朝細雨　終日大雨　一人
六　日　七人　　七　日　一人　　八　日　休　　九日～十日　一四人
十一日　六人　　十二日　四人　　十三日　朝大雨　一人
（十四・十五・十六日の三日間は患者記載なし、病院移転のため休診）
十七日開院（患者の記載なし）　十　八日　九人　　十　九日　四人　　二　十日　四人
二十一日　三人　　二十二日　日曜日　　二十三日～二十四日　一九人
二十五日　五人　　二十六日　四人　　二十七日　七人　　二十八日　一一人

⑤「抱氏入院患者方剤録」

紙の大きさは、方剤書とほぼ同じである。表紙には、右側に「酔雲郁篤」、左に「入院患者方剤書」と記されている。篤は芳村杏斎（通称）の名であり、酔雲は号である。本文は一四丁である。この方剤録の入院患者第一号についてはすでに述べた（八七～八ページ）。

| 患者番号 | 性別 | 年齢 | 入院月日 | 最後の記載日 |
|---|---|---|---|---|
| 一 | 男 | 三十五 | 五月　九　日 | 五月十　四日 |
| 二 | 男 | 四十四 | 六月　三　日 | 八月十　一日 |
| 三 | 男 | 三十二 | 七月二十二日 | 八月十　二日 |
| 四 | 男 | 五　十 | 七月二　十日 | 八月二十八日 |
| 五 | 男 | 二十八 | 七月二十八日 | 八月　六　日 |

⑥「備忘録」三冊

第一冊は単なる備忘録ではなく、大阪府病院の外来診療記録（本文三三丁）である。明治三年四月から五月までの患者七七名の簡単な住所または所属の藩名・氏名・年齢・症状・処方薬が記載されている。第二冊は諸事や諸文書の写しなどの記載のある、いわゆる備忘録である。第三冊は大阪府病院の入院患者診察記録である。すなわち明治三年三月から六月までの入院患者四〇名の住所あるいは所属藩名・氏名・年齢・症状・投与薬剤・入金および退院月日が記載されている。

▽**芳村杏斎**（天保七～明治四一＝一八三六～一九〇八）

図8－9　芳村杏斎

美作国大庭郡上福田村（現・岡山県真庭郡川上村上福田）の医師芳村泰治の長男、永田氏・宮地氏・松川氏に漢学・医術などを学んだのち、安政二年（一八五五）、江戸に出て塩谷氏・箕作阮甫・藤森弘庵・石井潭香・昌谷《さかや》精渓《せいけい》の各塾に入門、同年十月二日の江戸大地震に遭遇する。ついで安政四年四月二十五日、大坂の華岡南洋の塾合水堂に入門する（『華岡塾門人帳』）。また内科を美濃大垣の江馬春齢・同天江に、産科を京都の船曳紋吉に学ぶ。ついで長崎に赴きポンペに学んだという（墓碑銘）。業成り帰郷し開業した。明治二年春、浪華（大坂）仮病院に赴き、ボードインに師事したのち、一時帰国する。同年十二月津山藩医に召し出され、再び大阪府医学校病院に学んだのち、病院の当直医となる。病弱のため病院の激務にたえられず、帰郷し開業する。患者の評価は高く、門前市をなしたという。明治三十八年六月十日没、享年七十歳、墓碑は津山市小田中にある。墓碑銘は弟の芳村正秉《まさもち》が記している。

酔雲芳村先生墓銘（原漢文）

医は方なりと雖も、職は司命に係り、古は良相と並び称す。学あり才あるに非ずんば、決して海内の医士となること能わず、啻《ただ》に斗量帚掃にして能く肉骨を起死せしむる者は寥々として指を屈するのみならず、蓋し学問ある者は治術を善くせず、治術を善くする者は学問に乏しく、是れ其の通弊なり。吾が酔雲先生の如きは、之れを兼ねたりと謂うべし。先生名は篤、字は子業、姓は芳村氏、通称は杏斎、号は酔雲、美作国上福田の人なり。其の先は生魂神より出で、中興の祖は美作掾恩智、神主広人美作の国司となる、考の諱は泰治、妣は木山氏、家は世々医を業とす。先生少くして学を好み、弱冠にして江戸に遊び、昌谷清(精)渓、藤森弘庵に従い、又城摂尾濃の間に周遊し、内科を江馬天江、江馬春齢に、瘍科を花岡南陽［華岡南洋］に、産科を船曳紋吉に学び、遂に長崎に抵りて、西洋医方を蘭人朋百《ポンペ》に受け、業成りて帰る。治を請う者常に戸に満つ。会歳凶にして、飢民蜂起し、富民を掠め、豪商を劫かす、有司制すること能わず、先生の誉望あるを聞きて、命ずるに鎮撫を以てす。先生父老を懇諭し、暴徒一朝にして迹を斂む。明治一(二)年、官大阪病院を創設し、盛んに西洋医方を構ず、先生即ち大阪に抵り、蘭人抱独英等に従い、研覈愈精しく、実に二年二か月なり。此の年［明治二年］冬十二月、津山藩主三河守松平公召し藩医に列す、先生復大阪に之き、遂に職を病院に奉ず、而して天資の多病は激務に堪えず、未だ幾ばくならずして辞して帰る。声誉益々隆んにして、門前市を成す。皆曰く、先生の一診を得ば、死すとも憾み無しと。三十八年六月十日没す、享年七十、諡して玉照道守彦命と曰う、神式を用《も》って津山市北の牛塚山先塋の次に葬る、先生、性清廉寛宏にして、人を愛し、親に孝、弟に友、年卅三にして父の喪に居り、六十にして母の憂に丁り、哀毀して礼に過ぐ、晩節に意を名利に絶ち、山水を逍遥して以て病を養う、前に中村氏を娶り、後に牧氏を娶りしも、并びに子なし、姪丸山種吉の子晋を養いて嗣となす、牧氏貞淑にして先生の痼疾を看護すること十有五年、一日の如く、宗族之を称す、先生の同胞四人、姉妹弟皆夭す、一は即ち正秉《まさもち》なり、正秉東京に在り、其の病の革まるを聞くや倉皇として程に上り、含斂［死者を納棺する］に臨み紼《ふつ》を執り［葬列に柩につけた綱をひく］、謹みて遺命に従う、其の平生の概略を叙述し、係くるに銘を以てして曰く、

牛塚の山以て寝《ようや》く訛《かわ》る兮、其の地の菁に資《と》らざる耶、錦川［吉井川］の水以て釣遊《ちょうゆう》す兮、其の流れ清きに繇《よ》らざる耶、御詠千歳兮皿の嶺高く、雲外巍たり兮鶴山城、猗嗟《ああ》其れ白雲の郷に遊ぶ、先生に非ずして孰《たれ》か能く成さん

明治卅九年二月　　神習教管長　芳村正秉撰並びに書

（『津山洋学者の墓誌・顕彰碑文』、『津山洋学資料・第九集』）

**▽芳村杏斎の養嗣子芳村晋**（安政六～大正元＝一八五九～一九一二）

美作国大庭郡上福田村の丸山家に生まれる。幼名は種吉。吉村杏斎の養子となる。明治七年（一八七四）大学東校に入学、医学を学び、十五年東大医学部を卒業、秋田病院副院長、秋田県医学校一等教諭を経て、十八年、海軍に出仕、大軍医、海軍軍医学校教授、軍艦「高千穂」の軍医長心得を務める。明治二十一年（一八八八）軍医少監となり、佐世保鎮守府海兵団軍医長などを経て、軍医中監、軍医大監へ昇進、呉海軍病院長兼鎮守府軍医長となり、三十八年十一月、海軍軍医総監に昇進、佐世保海軍病院長兼鎮守府軍医長となり、四十年予備役とな

る。呉市で開業、広島県医師会会頭に推された。大正元年十一月十四日死去、享年六十四歳（『岡山県歴史人物事典』）。

### （4）ボードインの講義

ボードインは明治二年二月大阪府に雇用され、浪華（大坂）仮病院に着任、翌年六月に任期満了し退任、エルメレンスと交替するまで、病人の治療と、併設された医学校での生徒への医学教授および明治三年二月、旧大坂城内に創設された軍事病院での軍医に対する講義を行った。

明治二年三月から男性生殖器の性病に関する講義を皮切りに、眼科・内科を講義した。

ボードインははじめ長崎にやってきた時、日本人には性病が多く、ほとんど予防措置がとられていないことに気がついた。長崎での経験から、浪華仮病院での最初の講義は性病、すなわち生殖器の解剖・生理・病理・疾病・治療法、および特に梅毒について行われた。

この病院が設立されて間もなく、この病院で学んだ美作の医師芳村杏斎はこれらの講義を筆写し、講義録『抱氏講義記聞』三巻三冊（男女泌尿器病・生殖器病篇）・『抱氏眼科書』三巻三冊・『抱氏眼療手術講義』三巻三冊・『抱氏日講記聞』八巻八冊（内科講義録）を残した。

①『抱氏講義記聞』

第一巻には講義の月日は記されていないが、第二巻は三月十五日から四月二日まで、第三巻は四月四日から四月二十七日までの月日が記されている。日曜日は休日である。男性泌尿生殖器の講義は、後述のように、明治二年十二月の緒方郁蔵の題言が添えられて刊行されているので、こ

図8−10『官版　日講記聞』

の芳村の筆録した講義録は、明治二年のものである。三巻（三冊）とも本文の冒頭にはボードインの名、訳者名、筆記者名も記載されておらず、芳村杏斎の所蔵朱印が二個おされているだけであるが、筆跡は明らかに芳村のものである。

この第一・第二巻の泌尿器および男性生殖器の解剖・生理・病理・疾病・治法および梅毒編が蘭医抱独英氏口授『官版　日講記聞』（図8-10）と題し、明治二年十二月緒方郁蔵少博士の題言を付して一一巻一一冊で刊行された。しかし芳村本の第三巻の『婦人生殖器論』は刊行されなかった。

刊本の表紙裏に、

蘭医抱独英氏口授　官版日講記聞　毎月必出一編　大坂医学校　朱印

とあり、つづいて緒方郁蔵の次の題言がある。

題言

凡ソ西洋医術ハ日新ヲ貴ビ人々競テ其力ヲ尽ス、輓今ニ至テ其学益々闡ケ顕微鏡、舎密検査、反照窺器、病屍解剖等ヲ以テ其実地ヲ精覈ス。随テ病理、治法モ古今大ニ相径庭［両者にかけはなれのあること］スル所アリ。近頃和蘭陸軍一等医官抱独英氏朝命ヲ奉ジテ大阪医学校ニ来リ病ヲ療シ生徒ヲ教導ス。其説ニ云ク、従来男女生殖器、泌尿器ノ内景、官能、病理、治法未ダ尽サヽル所アリシニ、方今特ニ未曾有ノ発明アリ、故ニ先ヅ此新発明ヲ講ジ而後、他事ニ及バント、実ニ其講義翫味スベキニ堪タリ、因テ其筆記ヲ陸続刊行シ以テ講席ニ列スル事能ハザルノ徒ニ其味ヲ嘗シメントス、雖然是唯席上ノ随筆固ヨリ遺漏多カルベシ、且ツ講説ノ起ル所以如斯ナルガ故ニ編輯次序ヲ踏ム事ヲ得ズ、閲者其レ恕之

明治己巳十二月　　緒方少博士誌

各巻の冒頭に目次がついている。これを次に列記する。

巻之一目次
陰具編
男子泌尿器
腎臓内景
腎臓官能
腎臓病
○腎臓充血　○腎臓出血　○急性貌麗都腎病　○慢性貌麗都病　○真腎攸衝　○脂肪腎　○腎癌
○腎虫　○畸腎　○副腎病
腎盂及輸尿管病
○水腎　○腎盂焮衝　○腎盂結石所謂腎疝　○腎盂、輸尿管ノ癌腫・結核腫

巻之二目次
陰具編
泌尿器
膀胱尿道内景
尿之排洩機
男子生殖器
○睾丸内景　○睾丸衣膜内景　○精嚢、射精管内景　○摂護腺、格烏布児腺内景　○陰茎内景　○精液
膀胱病
○膀胱加荅流斯　○格魯布性及ビ地弗的里性膀胱焮衝　○膀胱結組織焮衝　○膀胱ノ結核腫及ビ癌腫

梅毒編
○総論
布里麻乙列症
○下疳—硬性下疳・軟性下疳・焮衝性下疳・壊疽性下疳・蝕削性下疳・頑癬様下疳・地弗的里性下疳
○治法—各性治法・出血治法・病性勃挙治法・包茎腫閉治法・翻皮箝窄治法・尿道下疳治法・婦人下疳法
巻之九目次
梅毒編
布里麻乙列症
○鼠蹊腺腫、便毒
設裙韃乙列症
○総論　○皮病　○禿髪　○膿腫　○頸腺焮衝　○粘膜症
巻之十目次
梅毒編
的尓質遏乙列症
○総論　○口内・咽頭・粘膜症　○鼻症　○喉頭症　○眼症　○耳症　○皮症　○骨症　○睾丸腫
○昆地魯麻　○治法
巻之十一目次
梅毒編
的児質遏乙列各症治法

○初生児梅瘡　○内外撰方　○梅瘡預防法

浪華（大坂）仮病院ではボードインによって、泌尿器・男女生殖器・眼科・内科の講義が行われたが、講義録が刊行されたのはこの一冊だけであった。なお、芳村本の第一巻（二八丁）と第二巻（五六丁）の巻頭には目次はないが、本文の内容は刊本とほぼ同様である。

この男性泌尿器・生殖器（陰具）の講義にひきつづいて、四月四日から同月二十八日まで婦人生殖器・乳腺などの生理・疾患・治療法の講義が行われた。この内容を前述の芳村杏斎の筆録した『抱氏講義記聞』の第三巻（五七丁）の第四丁からの記述によって知ることができる。なお、第一丁から第四丁の半までは「梅毒院ノ規則ヲ論ズ」となっている。

◎芳村杏斎筆録『抱氏講義記聞　第三』（題簽／図8-11／津山洋学資料館所蔵）

講義の月日（四月四日から二十七日）は記載されているが、目次はない。内容は次のようである。

婦人生殖器論

　卵巣・喇叭管[卵管]・子宮・膣・外陰・会陰・乳腺の解剖と生理・乳汁の検査

婦人陰具疾病

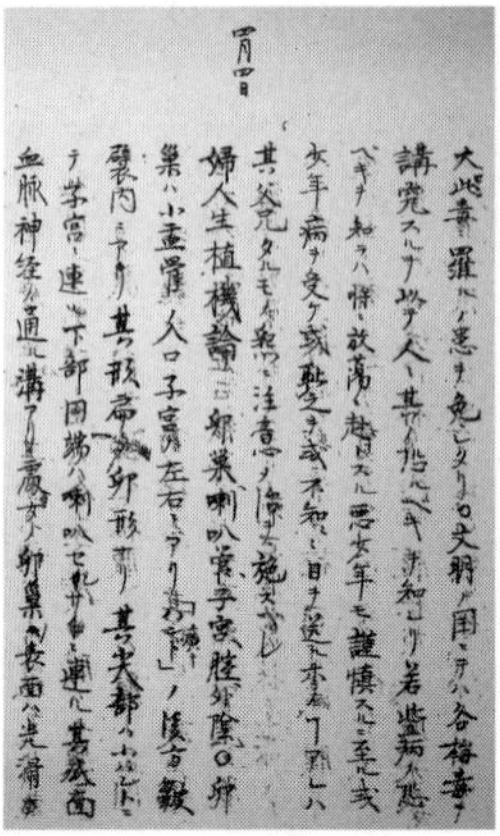

図8-11『抱氏講義記聞　第三』

○卵巣病─卵巣水腫・卵巣硬結癌腫

○子宮病─子宮聖吉屈・子宮炎・子宮口の狭窄及び閉塞

○盂骨［骨盤］内の他の腫物─繊維様痔・膠様痔・粗状痔・子宮繊維腫・子宮癌腫（硬性癌・海綿状様癌・髄様癌）・子宮エヒテリム癌

○ケイセルスネーデ（Keizer-Snede：子宮帝王切開）

○膣病論—膣炎・膿腫・腺腫
○陰唇病
○尿道病
○会陰—会陰破裂（難産の際）
○子宮検査　器械検査—子宮鏡（磁器製・鉄製）
○余論　月経不順・月経過多・月経難症
○乳疾病論—乳炎・乳頭炎・神経痛・乳房腺瘻
○乳房善悪二性の腫物を論ず
　善性腫—膿腫・乳房腺に嚢虫・髄様腫・乳房繊維様腫
　悪性腫—乳癌（硬性癌腫・髄様癌腫一名髄様海綿癌）
　乳癌の手術法

②『抱氏眼療手術講義』（題簽／津山洋学資料館蔵／図8-12）

これは芳村杏斎筆録のボードインの眼科学講義録で三巻三冊である。前記の泌尿器および生殖器の講義が終了したのち、ひきつづきこの講義が行われた。

第一巻は目次三丁、本文三三丁、第二巻は本文五六丁、第三巻は本文五九丁。

第一巻の目次の冒頭に、「大阪医学校教師　和蘭陸軍第一等抱道英氏口授」と記され、つづいて第一・第二・第三巻の目次が記されている（カッコ内は丁数）。

巻之一目次

○水晶体系統論（一）

巻之二目次



巻之三目次

化膿眼炎（一）　ヂフテリセ炎、即化膿性劇炎ナリ（二）　ハラミユラシー炎（三）　タラコマ症（六）
結膜疹（一〇）　結膜乾燥及縮小（一一）　結膜痊着（一二）
結膜下血積（同前）　結膜瘍腫（一三）　涙阜疾病（同前）
以上眼球前面症　以下眼球后面論
○強膜論（一四）
スタヒロマ（一五）　眼球内部疾病検査（一六）
○硝子躰論（一九）
硝子液曇暗症（二〇）　硝子液軟化（二二）　硝子液胞虫（同前）
○網膜論（二三）
網膜疾病（三一）　網膜溢血（三二）　網膜炎（三四）
ブリチセ腎病ヨリ発スル一種ノ網膜症（三四）　梅毒性網膜炎（三五）　網膜剝離（同前）
網膜腫瘍（三七）　網膜萎縮（同前）　網膜無血症（同前）　網膜癲癇（同前）
網膜生皺（同前）　雀目症（四二）　視神経疾病（四二）　上行症（四三）
○脈絡膜論（四四）
脈絡膜疾病（四五）　脈絡膜溢血（四六）　脈絡膜炎（四七）　虹彩脈絡膜一時ニ罹ル炎論（四七）
毛様帯炎（四九）　后部スタヒロマ、即脈絡膜硬白膜弛緩膨張スル炎ナリ（五二）
ホロコマ症（五三）　全眼球炎症（五九）

以上三巻のうち、第一巻には筆録（講義）月日の記載はないが、第二巻・第三巻には月日が記されている。すなわち、第二巻は五月十九日から始まり六月十八日まで、第三巻は六月十九日から始まり七月十九日で終わって

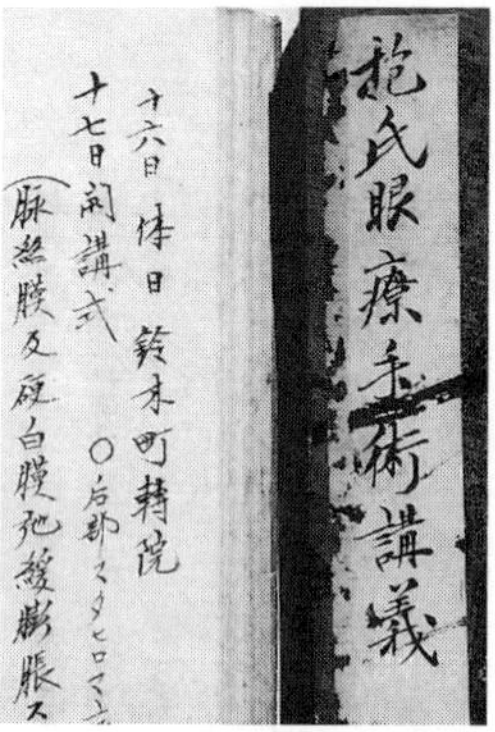


図8−12　『抱氏眼療手術講義』

いる。これから推量して、第一巻の講義は五月一日から始まり五月十八日に終わったようである。日曜日は病院の診察同様に休日で講義もない。

第三巻には注目すべき記述がある。それは、「［七月］十五日　日曜日、十六日　鈴木町転院、十七日開講式」と記され、十七日は休講ではなく、「后部スタヒロマ症」の講義が行われていることである（図8−12）。

前述の「抱氏方剤書　第三」で記したように、病院では七月十四・十五・十六日の三日間は外来患者の記載はなく、十七日開院と記され、この日もやはり外来患者の記載はなく、十八日に九人の患者の診察が行われている。

『大阪大学医学伝習百年史年表』には、大福寺の仮病院が鈴木町の代官所跡の新病院に移転した月日が記載されていない。「抱氏方剤書」やこの芳村の筆録した講義録によって移転月日を決定できたことは喜ばしいことである。

③その他のボードインの眼科講義録

◎ボードイン口授『眼科新論』

この写本は巻之一・巻之二・巻之三からなるが、一冊の合本である。筆録者の名前も筆録月日の記載もない。縦一八・七×横一三・五センチ、薄様紙（雁皮紙で葆光書屋と印刷）で、目次六丁につづいて巻之一の本文冒頭に「眼科新論巻之一　大坂医学校教頭和蘭医官　抱独英　口授」と記されている。

巻之一の本文は六七丁、巻之二は八四丁、巻之三は五八丁である。目次の概略は次の通り。

巻之一

眼内部疾病検査法・画像倒像理論・結膜論・水晶体后部緒膜論・鞏膜（白膜）・角膜

巻之二

角膜(続)・前室・虹彩・水晶体

巻之三

硝子体・網膜・視神経・脈絡膜・毛様体・全眼球

眼の諸器官の機能・疾患およびその治療法ついて述べている。前記の芳村本と講義項目の順序が若干異なっているが、内容はほぼ一致している。医学校生徒の筆録本が次々と転写されるうちに排列が変わっていったのであろう。

なお、このほかボードインの講義録の写本が各地の大学・図書館・研究所・個人などに所蔵されている。しかし、筆録場所が長崎か大阪か東京か明らかでなく、また筆記者・筆記年月日が記されていないものが多い。そのうち長崎で筆記され、筆記者も明らかである二種の写本を紹介する。

◎『眼科新論』(三巻三冊／三〇五丁／研医会蔵)

巻之一の本文の冒頭に次のように記されている。

眼科新論　慶応元千八百六十五年正月丑十一月廿九日始講

和蘭　軍陣医学校第一等医官於日本養生公館

教頭　勃兊印先生　口授

東肥　高橋純　春江　口訳

弟　春翠　筆記

この講義録の口訳者高橋純春江は養生所の塾頭を勤め、のち肥後藩医、ついで明治四年大阪府医学校病院の院長となった高橋正純（一八三五～九一）で、筆記の弟春翠は高橋正直（一八四三～一九二一／適塾門人録に記載はないが適塾門人）である。正直は明治三年岡山藩医学館の教師ロイトル（ボードインの甥）の通訳をつとめ、のち高知病院長を務め、さらに大阪で日新病院を開設した（第37章七一二ページ）。ちなみに養生所（この講義録では養生公館）が精得館と改称されたのは慶応二年四月である。

◎『鵬氏眼科大全』（三巻三冊／二一〇丁）

巻之一の本文（目次なし）の冒頭に、

眼科大全巻之一

和蘭　第一等越度列布度《ユトレヒト》大学校教頭

兼応招大日本崎陽精得館教頭　鵬度印《ボードイン》　口授

授業　北越　竹山義種筆記

と記されている。

この竹山義種（竹山屯《たむろ》、義種は字／一八四〇～一六）は越後国西蒲原郡島上村熊の森の生まれ、慶応元年八月長崎に遊学、精得館でボードインに学んだ。江戸から蒸気船で長崎に向かう折、大坂に一時立ち寄り、緒方拙斎宅に一泊するが、ふたりの関係は不明である。のち新潟医学校長、同病院長を経て新潟市で日新堂と称して開業、ついで竹山病院を創立した。荻野説で有名な産婦人科医荻野久作（一八八二～一九七五）はこの病院の産婦人科医長を経て病院長となった。

その他約二〇種余のボードインの眼科講義録が知られているが、多くは筆者未見である。

④『抱氏日講記聞』（図8-13／津山洋学資料館蔵）

芳村本には前述とちがう別種の内科系の『抱氏日講記聞』八巻八冊がある。各巻の冒頭に目次があり、本文の丁数は次の通りである。

○各巻の丁数

巻之一（五八丁）、巻之二（九一丁）、巻之三（七九丁）、巻之四（一〇二丁）、巻之五（九六丁）、巻之六（一四〇丁）、巻之七（八七丁）、巻之八（一〇〇丁）、合計七五三丁

○各巻の目次(抜粋)

巻之一　鼻・喉頭疾病、喉頭、喉部創、斜頸症、甲状腺癌・頸部諸般腫瘍

巻之二　呼吸器ノ解剖及ビ生理ノ舎密（化学）性論、喉頭・気管・肺・胸膜ノ諸疾患

巻之三　血液運行解剖並窮理論、心臓疾患、先天性心疾患、心嚢疾患、血管疾患

この講義録は「抱氏日講記聞巻之三目次」の次に「日本　緒方《（惟準）》中助教　筆記」と記されている（図8-13）。またノートの欄外に四月六日から二十八日までの日付のうち八・十二・十三・十四・十五（日曜）の各日と二十九（日曜）・三十日の記入はない（四月二十二日は日曜日と記され、講義の記載はない）。ノートのページ数から推定して四月三十日以後は三日間くらい講義があったことになる。

巻之四　消食器（消化器）編第一：総論、口内疾患、食道・胃ノ疾患

巻之五　消化器編第二：腸解剖、究理、胆汁分泌、門脈系統、肝臓、膵臓、水脈管（リンパ管）系統、腸・肝・膵・腹膜・脾臓各疾患、腸虫・肝胞虫、黒血症

巻之六　神経系統論：解剖組織学、神経舎密性成分論、神経系及ビ筋系ノ官能、脳脊髄神経、延髄、脊髄、交感神経節、脳脊髄ノ諸疾患、ヒステレイ・ヒポコンデル・子癇等

巻之七　全身病第一：麻疹、猩紅斑・薔薇斑、痘瘡、善性痘、牛痘、水痘、発斑（疹）チフス、下腹チフス、間歇熱、コレラ、コレラチフス、赤痢、悪性馬病、狂犬咬傷毒

巻之八　全身病編第二：無伝染病即チ血液変性ニ罹ル疾病黄胖病、矢苟児陪苦［壊血病］、血斑病、出血病、腺病、密尿病［糖尿病］、運動ノ器官［筋・関節、骨］ニ関スル諸疾患

巻之八の本文の冒頭に、次のように記されている。

大坂医学校教師和蘭医官抱独英氏　口授
日本　緒方《（惟準）》中助教　筆記

巻之三以外の巻では、「大坂府医学校」あるいは「大坂医学校教師抱独英［または抱道英］氏　口授」とだけ記されている。そして前述のように、巻之三と巻之八に「緒方中助教　筆記」とある（図8-13）。巻之三・巻之八を除くすべての巻に筆記者の名前がないが、惟準によって筆記された可能性が高い。

惟準は自分の履歴書（「第一種陸軍省兵籍」と印刷された用紙に記載／緒方富雄氏蔵）には明治二年九月十六日、中典医に任ぜられたと記している。ちなみに、政府は明治二年七月八日大学校を設立、大学校の官制として教育職には大・中・少博士および大・中・少助教をおいた。また朝廷では明治二年九月、旧来の典薬寮の制度が廃され、代わって新制の大・中・小典医がおかれた。

ボードインが大阪府医学校病院を退任したのは明治三年六月である。したがって前述の『抱氏日講記聞』巻之三（循環器の講義、緒方中助教筆記）の四月の日付は明治三年と考えられる。

この内科を主とした講義の全体はいつからいつまで行われたのであろうか。筆者は眼科の講義のあとすぐに始まり、ボードインが退任する明治三年六月まで行われたのであろうと推測している。それは次のような計算によるものである。

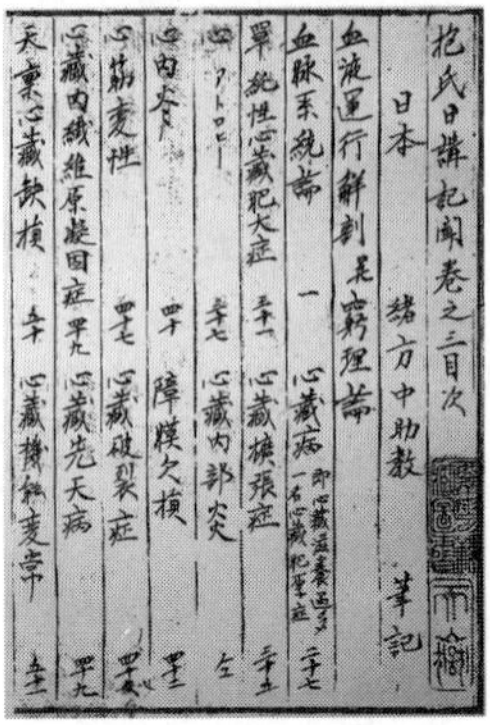
抱氏日講記聞巻之三目次
日本　緒方中助教　筆記

図8-13『抱氏日講記聞』巻之三目次

この内科の講義録は総計七五三丁、眼科講義録は一七三丁なので、内科の講義は眼科の約五倍である。眼科の講義は五月一日ころから七月十九日で約二か月半である、この五倍は十二・五か月である。明治二年七月中旬から翌年六月末までは十一・五か月で、ほぼ近い数値となる。講義も半年を越えると、生徒の理解度も進みスピードアップしたことであろう。

以上のことから、ボードインの講義の内容は、男女泌尿器・生殖器・眼科・内科・神経系・伝染病・皮膚科・神経科などであったことがわかる。

**[補記１]** 緒方中助教筆記の巻之三と巻之八の目次

巻之三の目次（図8-13）

血液運行解剖并窮理論

血脈系統論　心臓病即心臓滋養過多 一名心臓肥厚症　単純性心臓肥大症　心臓拡張症　心アトロヒー　心臓内部炎　心内炎障膜欠損　心筋変性　心臓破裂症　心臓内繊維原凝固症　心臓先天病　天稟心臓欠損　心臓機能変常

巻之八の目次

全身病編巻之二

黄胖病　矢苟児陪苦［壊血病］　血斑病　出血病　腺病　蜜尿病［糖尿病］　僂麻質［リウマチ］　慢性間接僂麻質　伊屈篤性関節炎　筋僂麻質　伊屈篤　狗僂病　骨軟化症　筋萎縮兼筋麻痺脂肪変性　皮膚肥厚症　皮膚解剖人身究理　鱗屑皮病　皮膚萎縮証《ママ》　皮膚充血症　皮膚貧血症　ヱレデマ　羅斯　血腫　ヘルペス頑癬ノ類　帯状羅斯　蕁麻羅斯　単性ヱキセマ　インペチホ　ヱキセマ　プソリアス　リフヘン　プリユリホ　アク子俗ニキビ　メンタハラ　銀色羅斯　皮膚組織中血液滲漏症　狼瘡一名水癌リユペス　植物性皮膚黴　毛髪断折脱落症　肝斑　疥癬　皮膚分泌変常瓦斯水蒸気変常

この第八巻二六丁に「抱氏嘗テ崎陽ニ於テ、劇症ノ僂麻質ニ云々」の記載があることを追記する。

[補記2] その他のボードインの内科講義録

◎『菩氏内科各論』(題簽／一〇巻一〇冊／内藤記念くすり博物館蔵)

各巻に目次があり、各巻の本文の冒頭に「内科各論　和蘭　抱道英　口授」と記されているが、筆録者の名前・年月日などの記載はない。講義内容の大綱は芳村本と一致するが、細かく比較すると異なるところがある。一例をあげると、巻九の「皮膚病」の冒頭に、芳村本にない「天刑病［レプラ、らい病］」が一九行だけ記載されている。

巻一〇は「婦人生殖器論」(乳疾病論を含む)で、最後に「梅毒院規則ヲ論ス」の記載がある。この文章は芳村本『抱氏講義記聞』(三巻三冊、男女泌尿器病・生殖器病篇)第三の冒頭の「梅毒院ノ規則ヲ論ズ」の文章とまったく同一である(一〇〇ページ)。

# 第9章　大村益次郎の遭難とボードイン・惟準らの治療

同年（明治二年）九月、偶《たまた》ま賊神代《こうじろ》直人、岡崎強之助等、京都の木屋町に於て、兵部大輔大村永敏〈通称益次郎、前名村田良庵〉卿を刃傷す。此兇報の一たび東京に達するや、更に急使を大坂に馳せて余に同卿診療の為め京都に赴くべき旨を命ぜらる。此際尚ほ抱《ボードイン》氏を伴はしむるの議あり。即ち抱氏同伴、京都に赴く〈事の詳細は明治二十二年十二月十五日発行緒方病院研究会申報第二十三号に掲げし「大隈外務大臣ノ負傷ニ於ケル手術ニ就テ」と題する一篇中に在り、参照すべし〉

前述のように大阪府医学校病院において緒方惟準の協力のもとにボードインは、診療・講義を行っていたが、大事件が勃発した。すなわち明治二年（一八六九）九月四日、兵部大輔大村益次郎（一八二四〜六九）が京都木屋町で暴漢に襲われ重傷、大阪府医学校病院に運ばれボードイン・惟準らにより右大腿切断手術が行われたが、経過が悪く、十一月五日死去したのである。

## （1）事件の経過

適塾の門人であった大村益次郎（村田蔵六）は医師から転身し、明治新政府の兵部省の兵部大輔（国防省次官に相当）となった。明治二年七月、次のような命令書と故郷長州への帰省許可書（十五日間に短縮）を受けとった（村田峰次郎『大村益次郎先生事蹟』）。

兵学校取建並器械製造御用為取調、上京被仰付候事

大村益次郎

七月　太政官

今般上京被仰付、御用済ノ上、兼テ願之通帰省在邑三十日御暇被下置候処、至急御用有之ニ付、京都御用向精々速ニ取捌《とりさばき》、帰省在邑十五日ニ相辨シ、草々東京罷出候様、更ニ御沙汰候事

大村益次郎

七月　太政官

このように兵部大輔大村益次郎は京阪地方へ御用出張のついでに長州の老父見舞いのため帰省を願い出て、許可をえて七月二十七日東京を出発、木曾路を経て八月十三日に京都に着いた。当時、兵制改革反対論者らが大村を暗殺するという不穏な動きが察知されていたので、外部には東海道を行くと伝えながら、秘かに木曾路をとったのであった。

京都木屋町二条下ル二番路次にある長州藩の控え屋敷に投宿した。随行者は兵部省作事取締の吉富音之助、元奇兵隊の篠田武造と若党山田善次郎であった。翌日から伏見の練兵場や諸所の兵営、火薬庫建設地の視察などをし、また大阪では鎮台の建設地、兵学校の敷地、海軍の根拠地の踏査や関係者との協議などを行った。この間に暴徒が大村をつけ狙っ

図９－１　大村益次郎

ているという密告があり、それとなく身辺の危険を感じていた。

九月四日、軍務局へ出頭し帰宿後、長州藩大隊司令静間彦太郎、伏見兵学校の英学教授安達幸之助（江戸での大村の門人、塾頭を務めた）の訪問を受け、二階の四畳半の部屋で酒食をともにしていた。このとき（薄暮）、団伸二郎（山口藩児玉若狭の元家来／二十二歳）、太田光太郎（同藩毛利筑前の元家来／二十二歳）、五十嵐伊織（越後府兵居之隊／二十九歳）、金輪五郎（久保田藩渋内膳家来／二十九歳）、伊藤源助（二十八歳）、神代直人（御楯《みたて》隊脱走者）、宮和田進らの襲撃をうけた。大村ははじめ前額と右指を斬られ、ついで右膝蓋部を大きく（長さ四寸、深さ一寸五分）斬られた。大村は階下の浴室に逃れ、浴槽の中に潜んだ。安達は自ら大村と名乗り、静間とともに三条河原に出て奮戦し、討死した。賊は大村を討ち取ったと思い逃走した。襲撃後、大村は自力で浴室から出てきた。その後、呼ばれた兵部省医師前田松閣や蘭方医の新宮凉民・大村達吉らの治療をうけることになる（絲屋寿雄『大村益次郎』／京都大学附属図書館蔵「大村兵部大輔遭難当時之書類」）。最初に診察したのは前田であるが、その後は次に述べるように、大村達吉が主要な治療にたずさわっている。
▽**兵部省**：維新当時、新政府は各藩の兵力を解散して、中央政府直属の軍隊（御親兵）を編成する必要があった。そこで明治元年（一八六八）各藩より交代で御親兵を出す方針がとられ、中央に軍防事務官を置き、ついでこれを軍務官とした。しかし統一国軍を設置するため、同二年軍務官を廃し兵部省をおき、兵部卿（大臣相当）に嘉彰（彰仁）親王、兵部大輔（次官相当）に大村益次郎を任命した。

## (2) 初期の治療

宿所は不便なので大村は河原町の長州藩邸に移され、治療が継続された。蘭方医大村達吉が書いた診断書や政府への報告書などが、京都の霊山歴史館の木村幸比古氏の調査によって、京都大学附属図書館にあることがわかった。そこで筆者もこの文書を閲覧することができた。木村氏の論文「大村益次郎遭難時の診断書」（『霊山歴史館紀要』三号、一九九〇年）を中心に、木村氏の未記載の文書をふくめて、これらの史料を紹介する。

**文書①**

この文書には大村達吉の名前はないが、彼が書いた診断書の草稿と考えられ、随所に訂正・追加の字句が加えられている。訂正・加筆したものを次に示す（句読点を適宜つけた。木村氏の翻刻には若干の誤読がある）。

大村兵部大輔殿御容体書

大村兵部大輔殿昨夜酉下刻、刃傷診察仕候、創口右額髪際縦創四寸深五歩、左額頭顱上削創三寸、削肉至骨、骨面露呈、凡一寸、但上辺動脈截断有之、右腕上横創三寸余、深四分余、右手指末浅創、但シ食指、中指、無名指、小指共、右膝上斜ニ外ニ及ビ、四寸余深五歩、但膝頭蠻度些少許截断有之、以上創口即刻夫々縫合、繃紮之処置仕候、以来今日ニ至リ尋常之経過、昨夜刃傷之当刻、左額創口動脈血ノ迸出頗多量ニ有之候哉、夜来時々昏暈状頻発ニ付、安質思扒斯散老利児血爾斯水等調進、以後其症鎮定、今朝来、発熱・微渇・体痛、大便不通ニ付、処方清涼下剤、飲料酒石酸里設拿的頻服、午後診察仕候処、諸症静穏、神気爽朗、創口無痛楚《つうそ》［はげしい痛み］諸現症先以御無難之容体ニ奉存候　已上

この容体書の冒頭に昨夜とあるので、九月五日に書かれたものである。

傷は、(一)右の額の髪の生え際で縦四寸（約一二センチ）、(二)左額から頭にかけて三寸（九センチ）で皮膚・筋肉がそがれ骨に達し、骨面が露出し動脈が切断されている、(三)右腕の上部に約九センチほどの横傷、深さ一・二センチ余、(四)右手の指先は親指を除き浅い傷、(五)右膝の上部に斜め外方への長さ一二センチ余、深さ一・五センチ余の傷、ただし膝頭の靭帯が少々切断されている。以上、五か所の刀傷であった。

傷口を縫い合わせ、包帯をするという処置をした。その夜は出血のためか時々意識がもうろうとしたので薬を

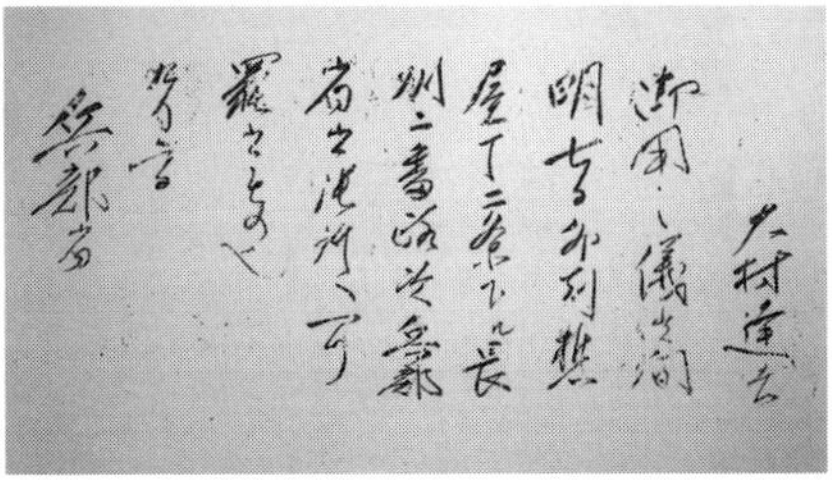
大村達吉
御用之儀出間
明七日卯刻樵
屋丁二条下ル長
州二番路次兵部
省出張所へ
罷出もの也
九月六日
兵部省

図９−２　兵部省から大村達吉への呼び出し状

処方、今朝は発熱、のどの乾き、体の痛みがあり、大便が不通なので薬を処方したところ、午後の診察では諸症状はおさまり、意識も明瞭で、傷口のはげしい痛みもなく、無難の容体であるという内容である。

**文書②**（木村氏未紹介／図9−2）

大村達吉

御用の儀出間、明七日卯刻樵屋丁二条下ル長州二番路次兵部省出張所へ罷出もの也

九月六日　兵部省

**文書③**（木村氏未紹介）

山科従六位

右御尋之筋有之候間、省中江御止メ置罷成候間、其方門人之内、可然人体壱人兵部大輔江可付置候様、相達候事□□

但即刻可得同意事

九月八日　兵部省

大村達吉江

追而長州藩邸御通行□鑑□□□□□

山科従六位とは山科元行のことで、当時京都にあった兵部省病院の「病院方取締」すなわち病院長にあたる。兵部省の方で病院方取締の山科元行に尋ねたいことがあり、兵部省内にとどめおくので、そのかわり山科の門人一人を益次郎に付き添わせよ、という命令書で、追って門人に長州藩邸へ通行する鑑札を授けるという意味であ

ろう。この文書から、山科も大村に付き添っていたことがわかる。

**文書④**

前田松閣去ル四日夜ヨリ治療致居、出席為致度内願モ有之、初発ヨリ手続モ有之候間、已後出席致候様、其方ヨリ当人エ可申通、此段相達候事

九月十日

兵部省

大村達吉

新宮凉民

前田松閣は兵部省病院の医員で、兵部大輔が襲撃された直後に治療に当たった医師である。その後の大村の病状が知りたいので、大村の治療に出席したいという願書を前田が兵部省に出していたのであろう。それが許可になり、大村と新宮から前田に伝えよという通達である。

**文書⑤**

兵部大輔容体如何候哉、一々書付至急ニ可指出候事

九月十三日　　兵部省　応接方

大村達吉殿

これは益次郎の病状について詳しい報告書を提出せよとの医師大村への命令書である。これに応じて大村医師が提出した病状書の写しが、次の文書⑥である。

**文書⑥**(傍注および［　］内は筆者)

大村兵部大輔殿創処、右額上、左額下、右腕表、右脚膝頭、右手指節、内肘等、深浅共ニ、(九)本月五日来、尋

常之経過ヲ以テ漸次癒合之処、就中左額下削瘡縦三寸、横二寸余、筋肉割去、骨面露出之処、上際兼而動脈截断有之、出血仕候由、本月四日夜初頭治療仕候医師《前田松閣》消《硝》酸銀相用、止血後創面綿撒糸固着、感動鋭敏御触手候茂、痛楚難忍御様子ニ付、取去候儀松閣仕居候内、両三日後漸脱除、其後一両日更ニ出血無之候処、十一日夕刻ニ至リ、管口解綻《かいたん》［ほころび］仕候哉、少々出血、十二日再出血ニ及候、此節創口肉牙《芽》萌生方盛之折柄ニ付、管口距離三兌母［ダイム：duim　一ダイムは約二・五センチ］之場処ニ而圧定枕紮定法相用、創上ハ力所及繊維素ヲ呼起仕候而、管口之部分瘡口速ニ皮膚組織造成之運及相立候様仕置候、動脈紲紮之義稍見込之景況モ有之、先以右之処置仕候得共、猶止血行届兼候節ハ不得止紲紮可仕奉存候、此創口顳顬筋ニ連リ危険之分界、先日来神経症発動ニ注意仕居候処、今日迄御総体之御容体御異状無之、食慾未盛候得共、格段之御衰弱も無之、神経性諸症発動ノ御様子モ無御坐候、当二日［十二日の誤り］迄之御容体謹而奉申上候、

［月日・人名の記載なし］

この文章とまったく同一の文書が、日本医史学会関西支部の前身「杏林温故会」の機関紙『医譚』一〇号（一九四一年）に「史料　大村益次郎容態《ママ》書」と題し、筆者名なしで掲載されており、末尾に「九月廿二日　大村達吉」とある（一二二～三ページ）。

**文書⑦**（木村氏未紹介）

大村達吉
新宮凉民

御用之義候間、申合壱人唯今早々登
省可有之候也

九月十五日　第十二字一分前

**文書⑧**（木村氏未紹介、誰の筆跡か不明、月日なし）

大村兵部大輔殿御容体之義ニ付、神速当府病院懸合候処、ボードイン出院ニ相成右容体書之裏ニ書而候間、大村達吉御打合可□成候不日緒方上京可及診察之処、ボードイン差止□□御懸念之症ニ而者無之候、猶口述いたし候御□□有之度、今日も大輔殿御下坂可有之旨申述候間、御都合次第早々御下坂［以下欠］

大村達吉の記した益次郎の容体書が大阪府医学校病院に送られ、これをボードインが見て、「容体書の裏にボードインが意見を記したので大村達吉と打ち合わせをしてください。そのうちに緒方惟準が上京し診察するべきであるが、ボードインが差し止めた。病状はそれほど心配することはない、今日も益次郎は大坂へ行きたいと申しているようなので、都合しだいで早々に下坂してください」という文書であろう。

右の文中に「当府病院」と記されているので、大阪府医学校病院の事務方の者が、京都の兵部省の事務方に宛てて書いた文書ではなかろうか。

緒方惟準はこの大村襲撃事件を九月九日には承知しており、在東京の親友池田謙斎に宛てた同日付の書簡に、「大村益次郎暗殺に出遇ひ、大深手を受け申候、先ず生（命）には係り不申と風評仕候」と記している。惟準は風評で知り、九日の段階では京都からの正式な文書を受け取ってはいないことがわかる（池田文書研究会編『東大医学部初代綜理池田謙斎・池田家文書（上）』）。

**文書⑨**

大村兵部大輔殿（九）本月廿一日以来、創口続而癒着之趣ニ相成熱気発作増減有之候得共、体力不耗、諸症総而平穏ニ御座候、但廿二日夕刻右膝下外側周囲三寸許、微腫呈紅色候処、廿三日益隆起、今廿四日腫処有波動、醸膿之模様覈著是全膝頭創之流注ニ相違無之、日後破潰可仕、併深可慮症ニ無之、上件之外諸症候従前申上

候外、異状無之候、右御容体奉申上候、已上

大村達吉

文中に「今廿四日」とあるので、九月二十四日の病状報告書である。

**文書⑩**（文書⑨と同じ用紙に認められている。文書⑨の返答書と考えられる）

創口続而癒着之趣、至極宜敷、熱気、発作増減ハ全ク神経患害ニシテ創熱無之、体力衰弱ハ更ニ危篤ノ症無之、膝下ノ膿腫ハ恐クハ膝肉創ノ膿液下垂ニ起因スルモノナラン、由テ注射法ヲ止メ琶布ヲ貼シ醸膿ニ至レバ、刀ヲモッテ刺シ膿液ヲ洩スベシ。脚部ノ浮腫ハ膿腫ノ為ス処ナルベシ、御薬ハ清涼強壮剤ヲ宜シトス、

処方

赤幾那皮煎　十二℥(オンス)

稀硫酸　一ʒ(ダラクマ)

右毎字(時)　一小盞

御食品ハ強壮滋養ノ品ヲ宜シトス。即チスープ、牛肉、鶏卵、牛乳、赤葡萄酒等ナリ

ボードイン識ス

この文書は文書⑨と同紙に書かれているように、京都兵部省を経由して大阪府医学校病院のボードイン宛てに送られた達吉の文書⑨の裏に書かれたボードインの文章の写しではなかろうか。

**文書⑪**

大村達吉

大村兵部大輔治療申付置候処、此度於大坂ホードイン治療相受候ニ付、此段心得迄達候事

九月　兵部省

益次郎の希望通り、大阪でボードインの治療を受けることになった、兵部省から達吉への通知である。

**文書⑫**

兵部大輔容躰書今夕大坂江差立候間、至急可被差出者也、

九月廿四日

兵部省

大村達吉へ

九月二十四日の夕方に益次郎の容体書を大阪へ差し出すので至急提出せよ、との命令書と考えられる。

**文書⑬**

昨廿七日附御書状相達披閲候、御申越候御容躰之趣委細ボードイン江申聞之処御運ひ方［以下欠］

大村達吉殿

これは大村達吉が大阪府医学校病院のボードインに送った益次郎の容体書と彼を大阪へ移送する方法についての質問書に対する返答書の断片で、九月二十八日付の書状である。益次郎の症状を翻訳してボードインに伝えたのは緒方惟準であろう。

なお、この書状に付随して送られたのが次の文書⑭（処方書）であろう。文書⑫の筆跡と同一にみえる。

**文書⑭**

処方書

起熱発之節

規尼涅《キニーネ》　十瓦《グレイン》　五貼ニ分

右二日之量

清涼剤清涼灌腸法

膏薬
　タンニー子　十瓦
　単蠟膏　半℥《オンス》
飲剤
　答麻林度煎　一℥
　　水　十二℥《ダラクマ》
　氷糖　適宜
洗薬
　テンヲフート　一℥
　水　六℥
　又方
　　ホールカルキ　半℥
不眠之節ハ
　莫爾比涅　六十瓦ノ一
精神発悶之節
　甘硝石精

以上の諸文書から次のように総括できるであろう。

○京都から大阪府医学校病院へのボードインの意見聴取

大村益次郎が負傷した直後、兵部省病院医師前田松閣が呼ばれ応急の手当てがなされた。その後、二人の医師大村達吉と新宮凉民が治療にあたっていたが、前田がこの治療の席に同席したいという願いが聞き届けられ、出席するようになった（文書④）。しかし、その後の治療の主な責任者は大村達吉であったことがわかる。

負傷直後、左の額の下の部分が、縦三寸（約九センチ）、横二寸（約六センチ）の大きさの皮膚と筋がそぎとられ、骨面が露出していた。この部分の動脈が切断され、血が吹き出ていた。硝酸銀を綿撒糸《めんさんし》（木綿をほぐしたもの）に浸し創面にあて止血を試みた。そのあとこれが固着して、ふれると痛み、耐えがたかったので、取り除いた。しかし十二日から再出血したので、種々処置をしたがうまくゆかないので、動脈をしばることを試みようとした。これが十二日までの段階であったようだ。これが文書⑥の内容の一部で、日付はないが、九月十二日のものと考えられる。この段階では、神経症状もなく、食欲はないが、たいした全身の衰弱もなかった。

しかし大村達吉らは自分たちの力量に限界を感じたのか、あるいは京都の兵部省の役人らが達吉らと謀り、大阪府医学校病院のボードインに協力を求め、益次郎の病状を伝え、助言を要請した。この大村の遭難、負傷事件を伝え聞いていた緒方惟準は、かつて父洪庵の適塾で学び今や同じ明治政府の高官となっている大村を、大阪から上京し、見舞い診察しようと思っていた矢先であった。しかし、京都から送られてきた大村の容体書を見たボードインは、それほど重体とは判断せず、惟準の京都行きを差し止めた（文書⑧）。

しかし大村はボードインらの治療を強く希望したのであろう。

益次郎の大阪への移送の前に、ボードインと惟準は京都にやってきて、九月二十日ボードインが診察した。大村達吉はそのときのことを次のように記している（前掲『医譚』一〇号、しかし執筆者名と文書の出所記載はない）。

大村兵部大輔、十二日以来、左額創口出血無之、肉芽萌生、皮膚組織造生之景況相見候。膝頭創漏口狭隘ニ付、一剪截開後、敗膿流瀉、容易ニ相成候得共、関節ノ深創今猶運動困難、七八日来、時々発熱来去、体力稍衰弱全精神刺衝感動之過激之起因ト診察、十八日、規尼涅《キニーネ》三瓦分三箇服用之処、廿日鵬鐸《ボードイン》氏診察、左額上一段収斂可致旨ニテ、単寧涅膏、膝頭漏口加密列浸之処、結麗阿曹多《クレオソート》水ヲ換用シ、内用答麻林度煎、熱気発作、体力疲労等者精神刺衝過甚之続発也。規尼涅六瓦為六箇、熱気旺盛ノ時限ヲ避、可服用旨ニ付、即以上之件々通調進仕候、以上

九月廿二日　　大村達吉

これは兵部省への報告書の控えであろう。この前後のことを『大村益次郎』（大村益次郎先生伝記刊行会編）の記述を要約すれば次のようになる。

この間に朝廷から御使として、長岡少弁（維忠）が西下し、九月十六日には先生の病床に就いて、病状を聴取し、金五百両を下賜された。さらに兵部卿嘉彰親王は、曾我祐準を慰問使として派遣させられ、曾我は同月十九日に先生を見舞って親王の思召を伝へた。

先生の病状は、そののちも悪化に向ふ一方であった。政府の指揮を仰ぐべく、その旨早速東京へ報告されたが、結局当時大阪病院に在勤していた蘭医ボードインの治療を受けることになった。先づ下準備として中典（医）緒方洪哉は堀内北溟（利国）・岡島恭安等を伴ひ京都に赴いて診察の結果、先生を大阪に移送することに決した。

これにはボードインが京都に行ったとは書かれておらず、月日も記されていない。しかし大村の記述および後述の緒方惟準の講演内容から主役のボードインが同行し、診察したことは明らかである。このボードインの診察の結果、大阪府医学校病院での手術が決まり、移送することになった。

後述の惟準の演説にあるように、ボードインは即刻の大腿切断の必要ありと診断したが、当時の制度として、政府高官のこのような大手術（片足切断）は天皇の許しを必要としていた。東京へこの旨を伝え、とりあえず大

阪府医学校病院で返事を待つことにし、十月一日、益次郎は、京都青年兵学寮生徒の児玉源太郎・長谷川好道・寺内正毅（以上の三人はのち陸軍大将）ほか一名が担う担架に乗せられ、長州藩邸裏より乗船、高瀬川を下って、伏見に着き一泊、二日乗船、午後大阪八軒屋に着き、五時大阪鈴木町の病院に入院した。京都からは前田松閣と弟子一名が付き添い、十月五日朝まで大阪にとどまった。

兵部省では病院の長屋二軒を借り、林権少丞（謙蔵）指揮の下に、郡山藩一小隊が警衛し、三名の兵士が昼夜たえず院内を巡邏した（前掲『大村益次郎』）。

一方、大腿切断手術の許可が到着するまで、姑息的な治療が行われていた。

### (3) 緒方惟準の後年の述懐

明治二十二年（一八八九）十月十八日、閣議を終えた外務大臣大隈重信（五十二歳）が馬車に乗り官邸に帰ろうと外務省門前にさしかかったとき、突然もの陰から走りでた福岡の玄洋社の社員来島恒喜に爆弾を投げつけられて重傷を負い、右脚を切断しなければならなかった。この玄洋社は国家主義団体で、大隈が主唱・推進していた諸外国との間の条約改正（和親通商条約の締結）に反対し、この行動にでたものであった。

この大隈の遭難事件について、当時、惟準は二十年前の大村益次郎の遭難事件を回顧し、緒方病院の集会で演説を行っている。この演説内容が『緒方病院医事研究会申報』二三号（一八八九年）に「大隈外務大臣ノ負傷ニ於ケル手術ニ就テ」と題して収められている。

「編者曰ク、左ノ一篇ハ第七十九通常会［明治二十二年十月二十六日開催の緒方病院医事研究会の例会、事件発生後八日目］ノ席上ニ於テ、会長緒方惟準氏ノ演説セル所ヲ略記セシ者ナリ」の文章につづいて、惟準の文章が始まる。

まず大隈の遭難事件、つづいて右大腿の切断したことを報ずる新聞記事内容を述べたのち、次のように演説している。

諸君よ、諸君は此兇報に接し哀悼の他に何らの感を発せざるや、予は此兇報を聞き帝国臣民の情として只《ひた》管《すら》哀悼の念を発し、殆ど堪へなんとすると同時に、術者医学博士佐藤進氏の同卿［大隈重信］に対して作りたると云へる診断書（編者曰く、此診断書は雑報欄内に出だせり、宜く参照すべし）其他官報及び新聞の

外務大臣容体　大隈外務大臣は疵所施術後、差して発熱もなく至て平穏なり（去る二十二日官報）

大隈大臣の容体　大隈大臣は予て電報せし如く、佐藤［進］、橋本［綱常］、高木［兼寛］、ベルツ［ドイツ人］等諸医、今二十五日午後二時局所の脱糸術を施行せん為め、先づ繃帯を解き石炭酸を注射して縫合せ目を検するに、少しも膿化し居らず、式の如く第一糸より第七糸まで脱したるが、結果は予期の如く善良を極め、施術後も決して体温脈搏に異変を呈せず、大臣も満足して安臥に就き、術全く畢りしは午後三時二十分なりしといふ（本日、即ち二十六日大阪朝日新聞欄外）

以上は、カタカナを平仮名に、その他は原文のままとし句読点をいれた。（　）内は編者や惟準の注記、［　］内と（　）付きのルビは筆者の注記。

以上に掲ぐるが如く報道する所を読み、旁ら二十年前の事跡を回想して、我が医術は勿論、世事万般転《うた》た進歩したるの著しきを感ずる事甚だ切なり。即ち距今二十一年、予職を宮内中典医に奉じ、当地東大組内久宝町（旧称鈴木町）旧代官邸に設置せる文部省所轄の病院に在る際、明治二年九月、偶ま賊神代直人、岡崎強之助等、京都木屋町に於て兵部大輔大村永敏（通称益次郎、前名村田良庵）卿を刃傷す。此兇報一たび東京に達するや、更に急使を当地、即ち大阪に馳せて予に同卿診療の為めに京都に趣《（ママ）》くべき旨命ぜらる。此際尚ほ御傭《（ママ）》外国人蘭医抱独英《（ボードイン）》氏を伴はしむるの議あり、然れども唯だ奈何せん、当時悪奸処々に浮浪し、特に同

卿の遭難に由り騒擾中なるを以て、外国人を京都の地に入れざるの制なるを、於是乎種々評議を詮して終に鴇《のがん》［野雁］丸駕籠［注1］を用ふるの手段に決し、此手段を行ふて以て辛く抱独英氏を伴ひ得たりぬ。依て同伴京都に到着し（同卿遭難後殆ど二週なり）。先づ負傷以来の主治医を聞くに、新宮涼亭《涼民》・大村達吉の両氏なりと云ふ。次で卿を診するに、奇なる哉、小児の歇爾尼亜《ヘルニア》帯を卿の顳顬《こめかみ》部に箝入したり。而して卿は頻に其歇爾尼亜帯箝入の為めに頭部の不快を感ずるに苦むの太甚しきを予に訴へらるゝにぞ。予は答ふるに、卿往時医学を修め特に解剖学の精を以て鳴るの人にあらずや、斯る圧迫を加ふるときは必定頭部の不快を感ずるの勿論なるを知らざるの理なし、何為ぞ、速に之を拒まざるとの数言を以てせしに、卿は更に云ふ、余往時医学の端倪《たんげい》［ことの初めと終わり］を窺ひ、就中貴説の如く解剖学は聊か其得意とする所なりしより、僅に斯る解し易きの理由を知らざるにはあらずと雖ども、躬一旦医職を廃したるのみならず、苟も施治を其職に居る所の医師に附托せし以上は、治否生死挙て其附托せし医師の胸間方寸に一任せんのみと、顧ふに飽くまで職権の自他を弁別し、此危急極まれる場合に臨むも亦凛乎として之を紊さざる卿のごときは、実に仍ほ多く得難き豪傑と謂つ可し。予は今此問答を了るや、又更に主治医に向つて、其歇爾尼亜帯を箝入せし所以を質すに、初め出血太甚しかりし為め、仮に之を用ひて圧迫し兢々《きょうきょう》［いましめつつしむさま］今日に及べりとの答を得たりしにぞ。予は諄々其事の杞憂に属せん事を説き、強て之を除去せしに、果して出血せず、其創は弁状にして顳顬部に渉り縦径大約六仙迷［センチメートル］を測るべし。降りて膝関節部を検するに、其右外側に於て一大創傷あり、特に抜実里膏［注2］を貼布せし為め、太甚しく膿を醸し臭気殆ど鼻を衝くに至れるを以て、予は膿毒症《ピエミー》を継発するの必定なるを恐れ、断然患部即ち右大腿の截断術を施さんとせしに、当時の制として卿の如き重臣に於ける一肢を截断する等の大手術に至ては一応奏問して勅許を経るを要す。

［注1］鴇丸駕籠《かご》：江戸時代、罪人を移送するのに用いた竹製の唐丸籠に類似したものであろう。

〔注2〕　抜実里膏：バジリ軟膏、黄蠟、コロホニュウム（松脂肪の精製したもの）、テレビンチーナ、脂肪油を混熔した軟膏で、吸出膏として用いる。蘭方時代に使用。

夫れ然り、京都と東京の間は一百十有余里の距離にして、此間を往復するには早くも殆ど一旬に近き日子を費やすを例とせり。今日の如き汽船あり汽車あり郵便あり電信あり、一躍一瞬未だ日ならずして両京間の往復を為すに難からざるの時節より考ふるときは、実に癡《ち》［おろか］の極たるが如き話柄《わへい》［話のたね］と云ふべし。医の意を以て只管《ひらすら》卿が生命の安危を測るときは截断術を施すに争でか一旬の日子を猶予す可けんや、一時一刻忽諸《こつしょ》［急速］に附すべからざるの秋《とき》なりと雖も、定制之を奈何《いかん》ともする能はずして、終に奏問を為せしに、奏問中果して膿毒症を発し、卿が生命は今や風前の燈火に似たる際、例の如く殆ど一旬日にして勅許を蒙りしも、尚ほ之を京都に於て施す能はず、更に当大坂なる夫の文部省所轄［正しくは大坂府、文部省の設置は明治四年］の病院に移し、此に初めて大腿の中部より截断術を施せしに、術後三日間は卿大に軽快を自覚せられたるも、截断時期の既に後れたるが為めに、術後十日許にして溘焉《こうえん》［たちまち］薨去（負傷以来大約三週日許）せらるるの不幸に至りたり。若し当時の通運をして今日の如く便利ならしめ、当時の医術をして今日の如く鋭敏ならしめば、卿も亦仍ほ生命を今日に保続して、万々国家の福利を図らるゝや、疑ふべからず。予は今［大隈］重信卿の遭難と施術を聞き、［大村］永敏卿の遭難と施術を回想し、唯だ天を仰ゐで時運の然らしむる所たるを嘆ずるのみ。

総て截断術を施すには、其期を測る事、実に緊要なり。即ち可及的第一期に施すを可とす。今回重信卿に対しては啻《ただ》に第一期のみならず、大腿の下部に於て環状切法を施したるが為め、施術以来の経過を以て予後の良否を推すときは、必ずや自今其良善なるを期すに足る。截断術は宜く其施すべき期を失はん事に注意すべし。諸君よ試みに思へ、永敏卿と重信卿とに於て、斯く不幸の等差を生じ、重信卿をして茲に不幸中の幸を得せしめしは、是れ専ら我が医術の進歩せし功徳の関つて力あるが為めにあらずして何ぞや。予等の如き医職を国家に執る者は、互に戒めて深く脳裏に銘記し、寤寐《ごび》［ねてもさめても］に学術の進歩を企図して忘れざらん事を自ら誓ひ、且つ他に望む。

ボードインと緒方惟準らが京都に来て、益次郎を診察したとき、膝の傷は化膿が進み、腐敗臭があり、膿血症（敗血症）になる危険性があり、一刻も早く大腿を切断しなければ生命に危険を生ずる恐れがあった。しかし当時の制度では、政府高官（大輔は省の次官に相当）の大手術の場合、勅許をえなければならなかった。当時京都から東京まで、通信の往復は少なくとも十日を要した。そのため結果的には大腿切断術は手遅れとなり、益次郎は帰らぬ人となったのである。

東京の天皇への奏問のため、手術が遅延して、大村の命を救えなかった無念さがひしひしと胸にせまってくる。また二十年前の医術から格段の進歩をとげたわが国の医術を賞讃している。

## (4) 大阪への移送、右大腿切断、その後の経過

十月二日担架に乗せられ、長州藩士児玉源太郎らに付き添われ、高瀬川を下り、大阪府医学校病院に入院、十月二十七日、ボードイン・緒方惟準らにより右の大腿の切断手術が行われた。

手術後の病状経過を次に記す（「大村益太郎病歴写」、前掲『医譚』一〇号、筆者名と出所は不記載）。

十月二十七日　朝八字［時、以下すべて時とした］右脚膝頭四五兌母《ダイム》［オランダ語で duim：一ダイムは約二・五センチ］上截除ス、九時　術終ル、脈度百二十至、暮六時　暫時安眠、十二時　小便一行、牛乳一杯、五時　牛乳二杯　飯二小椀　其他無異状

十月二十八日　朝七時　脈度百次、九時　山慈姑煎一杯、四時　握飯三ケ、五時　少ク睡眠、小便一行、夜十

一時　握飯二ケ、十二時　睡眠、五時［翌朝］　みかん梨子少許、其他諸症安静

十月二十九日　朝七時　脈百十二稍生力、牛乳一杯　菓子一ケ、九時　牛乳二杯　雑炊飯二椀、十時　創口ヲ検スルニ肉食良善ニシテ臭気ナク善徴ヲ見ル、但シ少ク咳嗽《がいそう》ス、十二時　酢飯一腕　小便一行、三時　咳嗽漸ク増進ス、仍テ散剤ヲ毎時一包ヅツ与フ、五時　初テ創熱ヲ発シ頭及胸部稍発汗ス、小便一行アリ、六時

前症稍増進シ、苦楚煩悶漸ク甚シク譫語吃逆撮空ノ状アリ、兼ヌルニ褥瘡疼痛ス、但シ咳嗽ハ稍減少ス、脈百三十搏ニ至ル。七、八、九時　諸症如前、十時　諸症少ク緩解、十二時　脈百二十六　一時［翌日］モヒ散一包ヲ投ズ、諸症益々緩解、初テ睡ニ就ク、四時　眠初テ醒覚、諸症穏静、言語如常

十一月朔　朝七時　脈八十六、牛乳少許、軟飯少許ヲ喫ス、十二時　脈百〇六、雑炊飯半椀、再ビ発咳、三時　一時間睡眠、醒覚後肉羹汁一杯、牛乳一杯ヲ喫ス、小便一行、五時　ソツプ二杯、茶漬二口ヲ喫ス、七時　時々睡眠、少シク発汗ス、肉羹汁二杯、十一時　肉羹汁一杯、爾後咳嗽止ム、但シ少ク渇ヲ生ズ、二時

切断後、肌熱甚シク脈百二十、小便一行、五時　肌熱稍減ジ、患者自ラ軽快ヲ覚フト云フ、脈度百二十至、渇モ又止ム、みかん少許、ソツプ二杯

十一月二日　朝七時　脈百至、みかん少許、九時　ソツプ少許、少ク咳ヲ発ス、小便一行、十一時　創処ヲ清浄シ、撒糸ヲ換フ

十一月三日　（記載なし）

十一月四日　大輔、容態忽然危篤ノ症相発候ニ付、報告スル旨ヲ、林権少丞ヨリ自筆ニテ、午後二時京都兵部省へ報告、同五時十七分変化ナキ旨ノ報告ヲ送ル

十一月五日　午後七時永眠

▽**大村益次郎**（文政七～明治二＝一八二四～六九）

周防国吉敷郡鋳銭司村字大村（現・山口市）の医師村田孝益の長子、幼名は惣太郎、のち良庵あるいは亮庵と改め、ついで蔵六と変名し、ついに慶応元年（一八六五）十二月、大村益次郎と改めた。諱は永敏《ながとし》である。天保十四年（一八四三）豊後国日田（大分県日田市）の広瀬淡窓の咸宜園で漢学を学んだのち、弘化三年（一八四六）二十三歳で適塾に入門、蘭学を学び、ついで長崎に遊学、そしてまた適塾に入塾、嘉永二年（一八四九／二十六歳）塾頭となる。翌年郷里に帰り、開業し、ついで妻琴女を迎える。しかし、村民は西洋風の医術になじまず、また生来無口のため医業は振わなかった。嘉永六年、宇和島藩主伊達宗城の招請を受け出仕、蘭学教授、軍制改革に参画した。安政三年（一八五六）藩主に随行し江戸に赴く。公務のかたわら私塾鳩居堂を開く。ついで蕃書取調所方手伝となり、また講武所に出仕した。万延元年（一八六〇）長州藩に出仕、雇士となり、ひきつづき江戸に在住していたが、文久元年（一八六一／三十八歳）藩命により帰国、博習堂（洋学所の後身）御用掛となる。ついで長州藩の軍務に関する枢要な諸役職を歴任、慶応元年（一八六五）には士格大組に列し、一〇〇石を給与され、兵制改革を命ぜられる。

慶応四年（一八六八）一月、鳥羽・伏見の戦を皮切りに幕府追討の戊辰戦争が始まる。二月、大村は軍防事務局判事加勢を命ぜられ、はじめて朝臣となる。長州藩は朝廷の東征軍に加わり、大村も従軍する。四月、軍防事務局判事となり、大総督有栖川宮を補佐する。五月、上野に立てこもった彰義隊討伐の指揮をとり制圧する。十月、軍務官副知事を拝命する。

明治二年六月、戊辰戦争の功により、永世禄一五〇〇石を賜る。

同月二十一日より五日間、兵制会議が開かれ、大村は四民徴兵制を主張し、大久保利通らと激論をかわす。大久保利通を先頭とする薩摩派は、大村の農兵論に反対で、薩摩・長州・土佐の精兵をもって構成することを主張した。

同年七月八日、兵部大輔（国防省次官相当）に任ぜられた。兵部卿は嘉彰親王（のち小松宮彰仁親王）であったが、事実上の軍務の実権をにぎる地位にのぼった。そして兵制改革の中心的人物として「農兵を募り親兵とする」国民徴兵制による中央政府直属の常備軍の建設を進めることになった。この大村の農兵論が武士階級の恨みをかい、遭難事件を引き起こすことになるのである。

兵制改革の第一歩は、軍隊の諸施設を大阪を中心に設置することを企図した。すなわち、軍事病院、兵器製造所、火薬製造所、兵学校（士官を養成する学校）、鎮台、海軍の根拠地の選定および既存の軍の諸施設の視察などが西下の目的で、そのため京都・大阪の各地を巡回し京都へもどったのであった。

しかし兵部大輔就任後約六か月にして、師緒方洪庵の子息惟準に看取られ、享年四十六歳の若さであの世へ旅立った。遺骸は国元からかけつけた夫人にともなわれ、十一月十五日、郷里周防国吉敷郡鋳銭司村に着き、同村円山に葬られた。なお大村が遭難した京都木屋町には「大村益次郎卿遭難之碑」（図9-4）が、佐久間象山の記念碑とともに建てられ、また大村が亡くなった病院の跡地（大阪市中央区法円坂町　国立病院機構大阪医療センターの東南角）にも「兵部大輔大村益次郎卿殉難報国之碑」がある（第35章五〇七ページ）。

図9-3　佐久間象山・大村益次郎の遭難碑道しるべ

図9-4　大村益次郎の遭難碑（木屋町御池上ル高瀬川西側）

手術で切断された右大腿は、大村の希望により、師緒方洪庵の墓碑（大阪市北区同心町一丁目　龍海禅寺墓地）の傍らに埋葬された。しかしこのことは緒方家、龍海寺のどちらにも迷惑をおよぼすのを恐れたためか、秘密にされ誰も知る者はいなかった。ところが昭和十二年（一九三七）陸軍軍医中将飯島茂が、この事実を毛利家所蔵文書から明らかにした。すなわち、「従三位大村君事蹟（写本）」三巻のうち中巻に次のようにある。

（前略）是に於て郷里に居住せる夫人も看護の為め、十月十三日国を発して大阪に赴かれたり。君は足部の疵処其害甚しきを以て遂に之を切断せられ、之を同所緒方氏の墓側に埋められたり。蓋し君の希望に依るものなり云々

この記述にもとづいて、昭和十四年（一九三九）十一月五日に大阪大学医学部学友会有志と大阪杏林温古会員有志によって「大村兵部大輔埋腿骨之碑」（御影石の高さ約一・二メートル）が、洪庵の墓碑の傍らに建立された（図9-5）。

（裏面の碑文／原漢文）

大村兵部大輔公事を以て京都に在り、明治二年九月凶徒の襲う所と為り前額右膝等数所を創せらる、十月二日大阪病院に入り加療す、廿七日右大腿截断術を行う、肢を旧師緒方洪庵先生の旁に瘞《うず》む、大輔の希望に従うなり、惜しいかな経過不良、十一月五日溘然逝く、星霜已に七十、方今国家多事、天下皆偉人を思う、大阪医界有志の者胥《みな》碑を建て遺蹟を明らかにせんと欲す、以て追慕の至情を表すなり。

昭和十四年十一月五日陸軍軍医中将　飯島茂撰並書

図9-5　大村兵部大輔埋腿骨之碑

某古書店の目録に村田亮庵時代の書が載っていたので紹

図9-6　飯島茂軍医中将

図9-7　村田亮庵の書幅

介する（図9-7）。

　桃李不言下自成蹊

　　桃李は華・実ある故に、招かなくとも人が争い赴いて、其の下に小道［蹊］が出来る。徳ある人は弁説なしに自然に人が帰服する喩（『史記』李将軍伝賛、諸橋轍次『大漢和辞典』）

○大阪府医学校病院入院中の大村益次郎から三条実美への書状

大腿切断が行われる前の十月十六日に、大村は東京の右大臣三条実美宛に書状を送っている（一三四～五ページおよび図9-9）。これに対して三条公は十月二十六日付で返事を書いているが（一三五～六ページ）、十一月五日に死去した大村が生前この返書を読んだかどうかは不明である。

　この両書簡は現在、靖国神社に納められているとのことである。なおこの二通の書状と明治二年七月二十七日付の大村が三条公に宛てた書状一通および故郷の父に宛てた明治元年十月二日付と同二年八月二十五日付の二通の書簡が、昭和十六年（一九四一）大村卿遺徳顕彰会（大阪）によって復製された（二巻の巻物）。また前述の大村と三条との二通の書簡は前掲『大村益次郎』（刊行会編）の附録として原寸大よりやや小さい復製品として添付されている。痛みに耐えながら必死の力をひきしぼり書き上げたと思われる絶筆で、この十日後に死去する

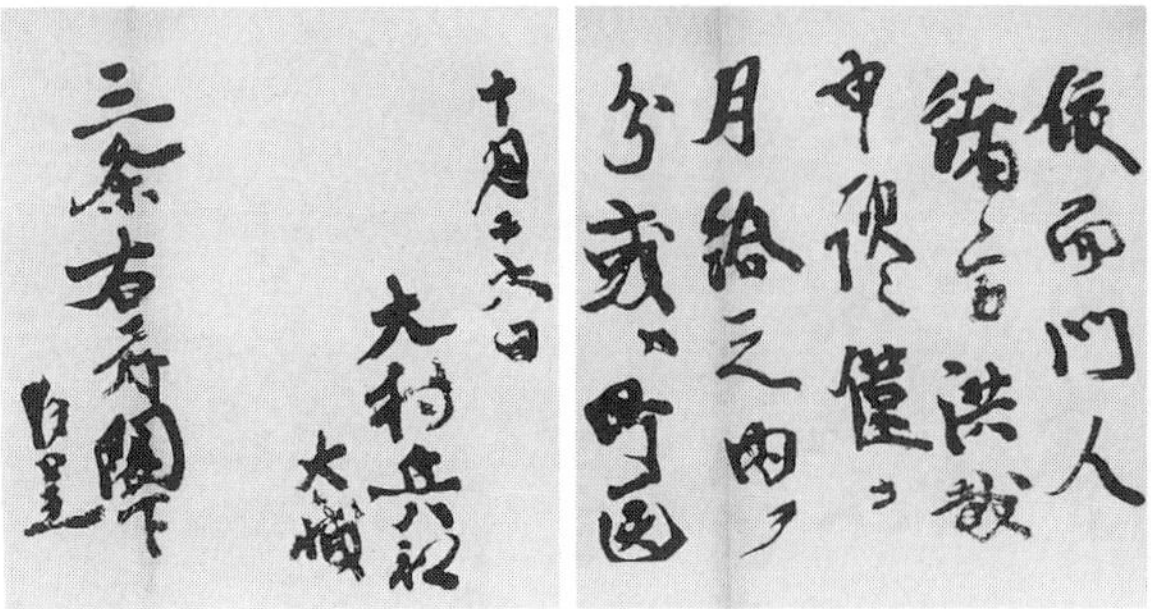

図9－9　三条実美宛大村の書簡(部分)

図9－8　三条実美

のである。

天恩溢身、常ニ万分ノ一茂不能奉報、死無埋骨之地、煩念此事ニ奉存候、然処九月四日不測危難ヲ請、十月二日下坂蘭医ボードウエンの療治を請候処、至今日足部強直に而、正座は六ケ舗候得共、一命者可保との事ニ候、然ハ是より全快之上者余生を以而、身分相応之御奉公を奉遂度存候、就てハ是迄軍務の大略前途の荒目途ハ奉伺置候得共、病院の事件ニ於てハ毫茂不奉伺、然る処今般下坂之後病院の模様傍観候処、一時可致瓦解模様有之、其故ハ教頭ボードヱン儀ハ昨年中小松《(帯刀)》後藤《(象次郎)》之招ニテ再ヒ皇国渡来着坂候処、先般旧幕府之節約置候模様与事実更ニ相変リ有、唯壱人茂相手ト相成候者無之暗夜之無燈ト一般也、依而門人緒方洪哉《(惟準)》申談ジ僅ノ月給之内ヲ分、或ハ町医ト談ジ、兎や角致シ今日迄聊カ病院の形を存シ、実ニ前後共ニ憫然之至也、近日伝聞致候処、御用有之緒方洪哉儀ハ、不日東京江被為召候由、依之ボードヱンハ愕然致、最早皇国病院の念を絶ち、速帰国之外他事無之抔の恨言ヲ承リ候、然ニボードヱン儀者齢四十八才ニして和蘭之名医なるのミならず、仏郎斯プロヰセンの間ニ於ても有名之者にして、実ニ再ヒ得難きの人物ト聞く、然ルニ微臣不測の刀瘡を蒙り、兵士同様之苦痛ヲ請、一日モ軍事病院之不可欠ヲ知ル、然ニ未ダ軍事之病院無之、依而至急軍事病院之基礎ヲ相開キ度、依之兵部省より伺出之通急度被仰付度奉願候、誠恐誠惶

十月十六日　大村兵部大輔

三条右府閣下

拝呈

この書状は当時、公爵三条家に秘蔵され門外不出であった由。現在は靖国神社の遊就館に納められているという。

大村は痛みに耐え、病床であえぎながら渾身の力をふりしぼり筆をとり、三条右大臣に訴えている。

慶応三年（一八六七）五月、ボードインは緒方惟準と松本銈太郎を伴い帰国、二人をユトレヒト陸軍軍医学校に入学させたのち、再び日本にもどってきた（正確な年月は不明、おそらく慶応三年末あるいは四年初頭）。しかし幕府は倒れ新政府が樹立したため、彼と幕府との間で契約していた江戸に医学校を設立するという計画は消滅する羽目になった。新政府が誕生して、参与・外国事務判事として大坂に在勤していた小松帯刀（薩摩藩士、のち外国官副知事）と後藤象次郎（土佐藩士）の招きで大坂にきたが、相手とする責任者がいないので、長崎で彼に師事した緒方惟準が自分の月給をさいて彼に与え、また町医者らに相談し、やっと病院開設にこぎつけた。その実情を緒方から聞き、惟準にかわり三条に伝え善処を依頼したのが右の書状であり、当時の行政混乱期の模様を伝えている。また自分の負傷から軍人のための専用の軍事病院の必要性を建言している。この軍事病院は翌年二月に実現し、ボードインが兼務し、軍医に対する軍陣医学の講義も開始される（第10章一四三ページ）。

右の手紙を受け取った三条右大臣は早速左の返書を書いた。

十月十六日之書相達致披見候、足下不慮之厄難ニ遇候事誠以、言語ニ絶し、実ニ憫然之至、我輩枢要之職ニ在て如此事ある誠ニ慚愧ニ不堪候、瘡痍苦痛不可忍万憫察致候、猶篤加療可有之候、書中縷々申越候趣、逐一領承致候、足下盖憤励以身奉公可仕之趣、忠誠之情紙表に溢れ、深不堪感候、尚前途尽力之段、実所望ニ

有之候、病院之儀ニ付、建言之趣尤之次第ニ存候、尚又ホウトイン之儀も甚以不都合之次第、愕然之事ニ御座候、即山口大蔵少輔近日上坂可致候付、委細同人え申付置候間、此段承知可有候、仍回答迄荒々申陳候、不磬

十月廿六日　　実美

大村兵部大輔殿

右の書状の日付は十月二十六日、大村の死は翌月五日忽然とおとずれるが、果たしてこの返書を読んだのであろうか。三条公は遭難をいたみ、病院のこと、ボードインの処遇について、大村の意見に賛成し善処する旨を返答している。

### （5）後日譚

大村の十三年慰霊祭典にさいし、大村の忠誠と功業を回想し、追悼してやまなかった三条公は大村の絶筆の書簡を表装してみずから次のような跋文（原漢文）を書き、その巻を開くたびに、大村の倦まず兵を談ずる状を想起し、覚えず厳かに襟を正し、さめざめと涙が下ると告白している（村田峰次郎『大村益次郎先生事蹟』）。

是レ大村兵部大輔、簀《さく》ヲ易ウルノ前旬余ノ書為リ。辞気懇々、忠慨ノ情、紙表ニ溢ル。顧ミルニ、明治ノ初、大輔、力ヲ兵制ニ竭クス。其ノ余ト東京ニ在ルヤ、首メテ東叡山ニ賊ヲ剿《ほろぼ》スノ策ヲ進メ、余之ニ従ウ。大輔、諸軍ヲ部署シテ一挙ニ其ノ巣窟ヲ覆ス。是ニ於テ兵勢始メテ振ウ。嗣後、東北ノ戡定ニモ亦タ其ノ賛画《さんかく》「計画をたすけること」ニ資ス。大輔、恒ニ言ウ。三百諸侯、各々兵制ヲ異ニス。故ニ力分カレテ勢イ弱シ。宜シク各人ノ佩刀ヲ廃シ、而ウシテ全国ヲ以テ一大刀ト為スベキナリ、ト。当時、聞ク者皆驚異ス。既ニシテ陸海ニ軍ノ制ヨリ鎮台・鎮守等ノ設ニ至ルマデ、駸々トシテ日ニ備ワルコト、大率《おおむね》其ノ予図スル所ノ如シ。

吁嗟《ああ》［嘆くさま］、亦タ偉ナルカナ。独《た》ダ一朝害ニ遭イテ、遂ニ悲命ニ死シ、今日ノ盛ヲ覩《み》ルニ及バザリシヲ悲シムノミ。何ゾ其レ不幸ナルヤ。余、此ノ巻ニ対スル毎ニ、其ノ亹々《びび》トシテ兵ヲ談ズルノ状ヲ想見シ、覚エズ粛然トシテ襟ヲ斂《おさ》メ潸然トシテ涙下ルナリ。

明治壬《十五》年十一月　　梨堂主人識

○大村益次郎の治療に関わった京都の医師たち（京都府医師会編『京都の医学史』）

京都で益次郎の治療に従事したのは、前田松閣・大村達吉・新宮凉民の三人である。

▽**前田松閣**（生没年不明）

福井藩藩医で、京都御親兵病院・兵部省治療所の医員を経て兵部省病院の医員となる。それゆえ前田が真っ先に往診を依頼されたのであろう。のち京都の種痘官医員総長、京都療病院医員などを歴任した（『京都府立医科大学八十年史』）。

図9-10　前田松閣（利匡）

▽**大村達吉**（文政元～明治八＝一八一八～七五）

紀伊国名草郡の生まれ、諱は重恭、字は謙卿、通称は達吉。長崎に遊学、蘭方を学び、のち京都の大村重行の養子となる。漢蘭折衷医に属し、新宮凉閣・新宮凉民と『コレラ病論』二巻を出版（安政五年）。この書はモストの著書の翻訳を中心にし、諸家のコレラ論をまじえて著述している。享年五十七歳。

▽**新宮凉民**（文政二～明治八＝一八一九～七五）

備中国浅口郡黒崎の柚木直助の子、文政二年生まれ、初め舜民、のち凉民と改名、名は義慎、号は薇。蘭方医新宮凉庭の学塾順正書院に入門、凉庭にみこまれ養子となり娘松代を配し、本家新宮家を継ぎ、学塾を継承する。明治八年三月二十四日没、享年五十七歳、法名は春月院対翠微山居士、墓碑は南禅寺塔頭天授庵にある。

〔補記1〕兵部省病院(京都)

維新の動乱中、官軍兵士らを治療するために、京都中立売の旧施薬院邸に明治政府の軍務官が慶応四年(一八六八)三月御親兵病院を開設した。その後、この病院は名称・所在を転々と変え、ついに廃止されたが、その経緯の詳細はまったく不明で、諸説紛々としている。筆者は、中野操文庫の中に、兵部省病院の世話役を勤めた青木左源太旧蔵の文書があることを知り調査し、この病院の推移の概要を知ることができた。

すなわち御親兵病院は明治元年五月京都府管轄となったが、同年六月再び中央政府の管轄となり軍務官病院と改称、中長者町の旧仙台藩邸に移転、同年十二月十五日軍務官治療所と改称、二年八月九日治療所廃止、諸役総員、免職(同年七月八日軍務官を廃し、兵部省設置)。同日兵部省病院となる。三年正月十一日、京都兵部省は大坂に統一、病院は元十津川邸に移転、兵部省出張兵隊治療所と改称、同年十月二十八日廃止、同年閏十月四日入院患者一九名を京都川東練兵場に引き渡して幕を閉じた。

初期の病院頭取は前田杏斎(信輔)と高階安芸守(経由)の二人で、医師は広瀬元恭・江馬権(之)介・新宮涼介の名が書類に記されているが、任免の時期は不明(明治二年二月では頭取は山科下総守である)。

明治二年十二月当時の病院職員は左のようである。

病院方取締:山科元行、治療方は次の一四名:愛甲謙益・広瀬恭斎・大橋道郁・小林五堂・前田松閣・広瀬元周・西村強哉・塚本真斎・西村鼎三・内海敬爾・小幡弥・野村三折・高松菊郎・一丸恕一郎、馬医:村井隼之助、附属:青木左源太の計一七名の陣容であった。青木左源太は二条城警護の幕臣で、砲術に巧みであった。幕府倒壊により失職中、慶応四年三月十二日旧施薬院邸に呼び出され、御親兵病院世話役附属に任ぜられ、治療器械、薬の購入、患者の賄い、会計などの事務を担当した。前記の医師前田松閣は大村益次郎の遭難のとき刃傷の治療をしている。

〔補記2〕前述の大村卿遺徳顕彰会が大村益次郎・三条実美の書簡を巻物に復製するにあたって、陸軍軍医中将飯島茂は「大村卿、三条公書簡の略解」と題して一文を草し小冊子として添付した。左に記す。

乾　巻

第一翰は、兵部卿大輔明治元年二月軍務官判事を拝してより国事に忙《せ》はしく、郷里に音信を欠くこと半歳以上に及び居しが、同年十月二日上野彰義隊の討伐竝東北戡定《かんてい》［大乱を勝ち定めること］の偉勲を賞せられ、特に御太刀料として金参百両を下賜、剰《あまつさ》へ天盃を賜はりしより、聖恩の忝なさを、頽齢の父君藤村孝益に頒たんとし、即日専使を防州秋穂へ遣はされし時の書簡にして、短文の中、大輔忠孝の至情能く見はる。

書中の吉富音之助は兵部省の作事取締にして、明治二年九月四日京都木屋町の旅亭に於て、大輔遭難の夕、又同じく数創を負へり。

第二翰は、大輔朝命を奉じて京都へ発足するに莅《のぞ》み、三条右府実美へ呈せるものにして、僅に数行の短簡に過ぎずと雖も、大輔が如何に右府に信任せられ居しか、又如何に恪謹忠誠の人たりしかを徴するに足るものとす。

第三翰は、京都到着後或は宇治に或は大阪に弾薬兵器の製造所、学校及屯営の敷地、軍艦碇泊場等の位置選定、建設準備等の忙裡閑を偸み、父君に帰省の時期を予報せしものにして、是れ亦大輔の孝心篤きを徴するに足る書簡の一に属す、而して大輔が父君に送れる自筆の消息として最後のものたりしが如し。

坤　巻

茲に収むる大輔の書簡は創傷の経過良ならず、明治二年十月二日大阪病院へ入院、蘭医ボードイン及緒方洪哉等の治療を受け小康を得し、同月中旬の執筆に係るものにして、苦痛を忍びつつ仰臥の儘日を累ねて書かれしものと見え、漢字は草行混じ、仮名は平片交り、筆勢強きあり弱きあり、震へるあり踊るあり、直筆あり側筆あり、字句の重出人名の誤称等あり、墨色も亦濃きあり淡あり浸あり滲あり字々疲困、句々痛楚の迹を留む、而も言ふところ、天恩の優渥奉公の決意、外人の対遇、病院の現場、軍事病院の急設等公事にあらざるはなし、今大輔が絶筆の此の書簡に対し当時を推想し、眼潤ひて展読に堪へず。

本書中のボードイン A. F. Bauduin は和蘭の陸軍一等軍医同国ユトレヒト府 Utrecht 陸軍々医学校の教官にして、文久二年十二月同国軍医ポムペ J. L. C. Pommpe van Meerdervoort に代りて長崎に来り、稲荷岳病院に於て診療と教授とに従事し、慶応二年一たび帰国せしも、明治元年冬再び長崎に来り、同二年一月大阪病院御雇として来阪、三年六月岡山に赴き駐まること二ケ月［この事実なし］、転じて東京大学東校の教師となり生理学を講じたり。氏は我邦に在ること十年教導治病の功頗る大なるものあり、外科と眼科とは其の長とするところ、明治初年に於ける我蘭医の大家と称する人にして、氏の教を受けざる者は少なかりき。氏の任期満ちて国に帰らんとするや、畏くも明治天皇は次の勅語を下し賜ひたり。

汝久しく我国に在て善く生徒を教授し医学をして進歩せしむ朕深く之を嘉みす。

明治三年十月十五日

是れ実に我邦御雇の外人教師に勅語を下し賜へる嚆矢にして、氏は此の無上の光栄を荷ふて翌四年故国に帰り明治十八年六月八日病没せり、享年六十四。

緒方洪哉は洪庵の第二子、幼名平三、中年洪哉と称し後年惟準と改む、字は子縄、蘭洲と号す、年十六長崎に遊び蘭医ポムペ及ボードインに就き蘭学を学ぶこと五年、二十四歳徳川幕府の命に依り医学伝習の為め和蘭に赴き留学すること三年［正しくはあしかけ二年］、明治元年七月帰朝、九月二日玄蕃少允に任じ典薬寮医師に補せられ、同年二月十七日大阪仮病院伝習御用併てボードイン相談役として大阪滞在を命ぜられ更に同三年二月軍事病院兼勤仰付、同五年二月陸軍二等軍医正に任官累進陸軍々医監に至る、其の間大阪、東京衛戍病院長近衛師団軍医長軍医学舎長等の要職に歴任、明治二十年二月依病退職、大阪に帰り私立緒方病院長たる十二年にして隠退、明治四十二年七月二十日依病卒去せり享年六十七。

三条公の跋文は兵部大輔逝いてより十四年の後に成れるものなり、古人は去者日以疎と謳へるに反し、公は大輔の忠誠と功業とを回想して追悼已まず、大輔絶筆の書簡を装潢《そうこう》［表具］して自ら此の跋文を巻尾に記し、余毎の此巻に対し其の亹々《びび》［勉めて倦まないさま］兵を談ずるの状を想見し、覚えず粛然襟を斂めて潸然涙下ると結べり、又後年靖国社頭に大輔の銅像建設せらるるや、公は之が銘を撰みて余君を知る深しと言へり、条公の大輔に対する信頼如何に篤かりしか、哀惜如何に切なりしか想像に余りありとす、而して公の跋文は大輔が絶筆の書後に記して愛蔵せられしもの、銘記は大輔の像柱に刻して不朽に伝へ公の絶筆となれるもの、今大輔の絶筆に対して悲める公の遺文を見、其のもの亦公の絶筆となれるを見る、嗟乎《ああ》、誰か又人を悲しむの人又人に悲しまるることを悲しまざらんや。

三条公署名、兵部大輔宛の書簡は、十月十六日付大輔絶筆に対する返簡にして、深く大輔の遭難を傷み、我輩枢要の職に在て如此事ある誠に慚愧に不堪と、自責痛惜、大輔を信愛するの情紙上に溢るるを見る、此の書は十月廿六日付なり、大輔の薨去は十一月五日なり、大輔生前に果して能く此の書を見ることを得たりしや否、此の書簡今靖国神社に珍蔵せらる。

書中の山口大蔵少輔は尚芳なり、尚芳は佐賀の人、大蔵外務両省の少輔に任し、後ち元老院、参事院議官、会計検査院長、貴族院勅選議員等を歴、明治二十七年六月歿、年五十三。

昭和十五年十一月

陸軍軍医中将　飯島茂　記

第10章　大阪軍事病院の創設と大阪府医学校病院のその後

同月［明治二年九月］鈴木町仮病院並びに医学校在勤中に於て、中典医に任ぜらる。

朝廷における典薬寮設置の最初の時期は不明であるが、養老律令発布が養老二年（七一八）であるから、この時から典薬寮が発足したとすれば、明治元年まで一一五〇年の歴史をもっていた。しかし近代化、西洋化を目指す明治政府の政策は、宮中の医療制度にもおよび、典薬寮制度は明治二年（一八六九）九月に廃止され、新制度の大・中・小典医ができた。これまでは、すべて旧来の漢方医が典薬寮医師として朝廷に仕えたが、惟準を最初の洋方医に採用して以来、続々と洋方医が採用され、その名称は侍医または御用掛と変わっていった。

最後の典薬寮の階級の医師は次のようであった（山田重正『典医の歴史』）。

頭・助・権助・大允・少允・大属・少属が各一名、医師が三五名、その他医博士・権医博士・女医博士各一名および医生七名がいた。これまで惟準はこの第五番目の少允の階級にいて、従六位以上の位階を与えられていた［芳村杏斎の大坂府病院の診療記録によれば、緒方従六位と記されている］。文久二年［一八六二］当時で、頭以下五十数名はすべて従四位から従六位までの位階をもっていた［最低は従八位］。

なぜ、惟準が玄蕃少允で典薬少允ではなかったかが疑問に残る。ちなみに明治天皇の東京行幸に、惟準とともにに供奉した漢方医高階経徳（天保五＝一八三四年生）は、慶応四年（一八六八）二月現在で、典薬少允・従六位上で、惟準と同じであった。

> 明治三年［一八七〇］〈余二十八歳〉二月十八日軍事病院兼勤仰せ附けらる。時に軍事病院を大阪城内に建築し、抱氏《ボードイン》を雇ひ入れて、軍医職務章程［おきて、法度・規定の個条書］を取調べ、且つ軍陣外科及び徴兵身体検査の方法を講究せしめ、堀内利国氏、長瀬時衡氏をして、撰兵論を訳述せしむ。然るに抱氏偶《たまた》ま期満ちて東京に赴き、東校に聘せられしより、更に蘭医ドクトル・テー・ヴエー・ブオーケマ氏〈氏は明治十二年某月［十月か］勲五等に叙せらる〉を聘す
> 同年十二月十日、東京府士族仰せ附られ、家禄二十二石下賜はる《(ママ)》。

兵部省は兵部少輔久我通久を大阪に派遣し、明治三年二月十九日、陸軍所および軍事病院を大阪城内に創建した（『大阪大学医学伝習百年史年表』）。惟準は中典医、大阪府医学校病院の院長、医学校の校長、ついで軍事病院の病院長に当たる三つ職務の責任者となったわけである（図10–1）。そして大阪府病院教師のボードインにも軍事病院を兼任してもらい、軍医の職務規程の研究、作成を依頼した。またボードインの設計により新病院が建築された（図10–2）。さらに軍医への軍陣外科の講義、やがて実施される徴兵検査の具体的実施方法（ヨーロッパ諸国の軍隊の制度を参考にして）を研究させ、また軍医らに徴兵検査について講義を行った（明治六年、徴兵令発布）。このボードインの口授を緒方惟準が翻訳したものから、軍医堀内利国（惟準の義弟、惟準の妹九重の夫、号は北溟）が要点を抜きだし（纂述）、またその他の資料を加えて、『撰兵論』（一冊）と題して、明治四年春に出版した（図10–3）。

序文は堀内（明治四年三月、撰並書）、後序は軍事医官長瀬古輔（時衡。適塾門人、岡山藩医。幕末に『聖書』を長崎から持ち帰り入牢、維新後、釈放され軍医となる）の撰である。

本文冒頭には次のようにある。

撰兵論巻之一

荷蘭　坊篤英氏《ボードイン》　口授
日本　緒方惟準　訳言
堀内北溟　纂述

本文は二九丁で、巻末に「南海　川井玄淡校写」とあるが、この人物については不詳。
目次はなく、総論、撰兵四則、撰兵戒、撰兵場装置、体格検査（身体の各部の検査法）を詳細に記し、最後に、
特に眼の諸種の疾患について詳述している。

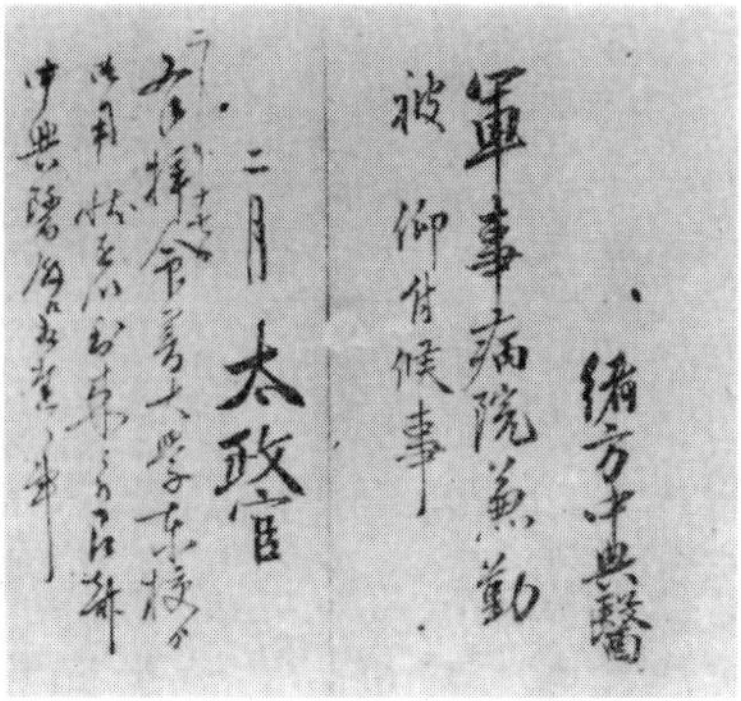


図10－1　惟準の軍事病院兼勤辞令
（明治２年２月）

図10－2　ボードインの設計による軍事病院

図10－3　『撰兵論』

撰兵とは、徴兵と同義語で、軍医が健康な兵隊を採用するための身体検査の方法などである。その内容の詳細については、第38章で述べる（七四九ページ）。巻末に「撰兵論附録　追刻」と広告が載せられているので、附録が出版予定であったと考えられる。

## （1）大阪府医学校病院のその後の推移と人事

明治三年（一八七〇）二月二十八日、大阪府病院および医学校は大学の管轄となった。同年十月、大学権大丞岩佐純中博士、大学中博士林洞海が来阪、大阪府医学校を引き継ぎ、林洞海が医学校長に就任した。これにより惟準は軍事病院専務となったわけである。岩佐・林に同伴、下坂した教官あるいは医員の相良元貞（知安の弟）・永松東海・横井信之・松村矩明は、みな両人と同じ佐倉順天堂塾出身者であった。その他の職員は塾幹中泉・正訓導岡玄卿・菊池篤忠・神戸文哉・副島仲謙・小島正憲・安藤正胤・森鼻宗次らであった（『大阪大学医学伝習百年史年表』、岩佐・林・横井・松村については第37章参照）。

洞海は同年十一月、権大典医に任ぜられ皇太后附となり、翌四年一月上京し、その職についた。洞海の後任として大学少博士石井信義（謙道／適塾門人）が、三代目医学校長に就任した。石井の着任の月日は明確ではない

図10－4　岩佐純

図10－5　林洞海

図10－6　石井信義
（明治4年33歳／大阪にて）

が、「医学校職務進退留」（旧第三高等学校蔵）によれば、明治三年四月より七月中旬までの三か月間は「岩佐権大丞申渡」となり、また同年七月下旬より十月初旬までの三か月間は「林中博士申渡」とあり、そして「石井少博士申渡」の記入のあるのは明治三年十月六日が最初で、以後引きつづき翌四年九月八日（「進退留」記入の最終日）まで一切の辞令は石井少博士（少教授）の手から申し渡されている。特に注目すべきことは、「九月八日覚、職員への辞令写」の末尾に、

官長　石井少教授

御用召之事

と記し、当時は学校長の名は用いず、官長という名称を用いていたようである（緒方銈次郎「石井信義先生と大阪」、『医譚』一四号、一九四二年）。

惟準と石井は親密な間柄であったようである。石井の明治七年（惟準の在東京時代）一年間の日記が石井家に残されている。これを読むと、日曜日になると、惟準は近くに住む石井宅を訪問していることがわかる。後述のように、惟準は再び上京することになるが、大阪府医学校病院については安心して石井にまかせ、心おきなく大阪を離れることができたことであろう。

### (2) 軍事病院へのブッケマの着任

明治三年（一八七〇）六月、ボードインは任期が満了し、大阪府医学校病院の後任のオランダ人教師エルメレンスの着任を待ち辞任、オランダに帰国することになった。

軍事病院ではボードインの後任として蘭医ブッケマ（Beukema Tjarko Wiebenga, 1838-1925）を教師に迎えた。彼はオランダのフロニンゲンの郊外ニーゼイルに生まれ、一八五五〜五九年の間、ユトレヒト陸軍軍医学校で学

図10－7　ブッケマ

んだ。そのときの教師の一人がボードインであった。一八五九年に陸軍三等軍医、六五年二等軍医となりフランス、プロシア（ベルリン）で研究、明治四年（一八七一）日本政府の招きで来日、軍事病院で軍医教育を行った。同五年、東京に軍医寮および軍医寮学舎が置かれることになり、大阪の教場は閉鎖された。

軍医寮学舎の外人教師は、はじめ文部省御雇ドイツ人医師ホフマンで、東京在勤の軍医に理学的診断法を教授したが、間もなく辞職した。明治六年三月、校舎を旧東京衛戍《えいじゅ》総督部地内にもうけ、軍医学校と改称し、軍医志願者二〇余名を募集、ブッケマはこの教師として招かれ指導にあたった。同校は軍医官の講習所ではなく、軍医を養成する学校であった。

ブッケマの講義の一部が『野営医典』および『軍陣衛生論』と題して刊行された。

①『野営医典』（図10－8）

ブッケマの講義を緒方惟準が口訳し、長瀬時衡が筆記したもので、明治六年八月、陸軍本病院官版として出版された。

『野営医典』の表紙の裏に「陸軍軍医　彪傑瑪《ブッケマ》講授」、緒言の末尾には「明治六年八月、軍医学校教官某識」とあり、個人の姓名が記されていない。本文冒頭には、

和蘭　陸軍医官　彪傑瑪　講授
日本　一等軍医正　緒方惟準　口訳
　　　軍医副　長瀬時衡　筆記

とある。本文は三八丁、本文末尾には「明治六年七月、長瀬時衡纂訂」と記され、続いて二五点の図版が併載さ

図10－8　『野営医典』

れ、末尾に「二等軍医副　長瀬時衡纂訂」とある。

緒言によれば、この原本はドイツの軍医総裁依瑞瑪児屈《エスマルク》の著述で、一八六〇年刊である。ブッケマがかつて普仏戦争（一八七〇～七一年のプロシアとフランスとの戦争）を通じて得た知見を加えて、エスマルク氏の説を取捨した内容である。詳しい紹介は第38章にゆずるが（七五五ページ）、「第一篇　野営繃帯所における処置」「第二篇　野営病院における処置および医務」の構成となっている。

図版は繃帯所・野営病院の設置、位置図、西欧の繃帯所の建物風景、ギプス包帯法、副木法、手足の浴器、体温表、輸送用蒸気機関車、米国フィラデルフィアの預備病院の図などである。

陸軍軍医部では、西欧の軍医組織を取り入れ、いつかは来るであろう戦闘時の死傷者の治療、輸送の近代化、西欧化を推し進めようとした。戦闘時の負傷者の治療は漢方流ではまったく役に立たぬことは、数年前の戊辰戦争で立証・経験ずみで、ブッケマの講義から、西欧流はいかに近代的・合理的・進歩的であるかを学んだことであろう。この近代化推進の先頭に立っていたのがオランダに留学した緒方惟準であった。

ブッケマは明治六年（一八七三）オランダ陸軍を依願退官し、前述のように、同年八月、東京に招かれ、大阪から東京に移された軍医学校の教師となり、軍陣医学の諸科の講義を行った。明治十年東京府病院に移り、十三年（一八八〇）横浜の十全病院に勤務、十六年（一八八三）長崎県立長崎病院兼医学校教師となり、二十年退職。その後帰国、ハーグ市立病院に勤務、一九二五年六月二十五日ハーグで没、享年八十七歳（日蘭学会編『洋学史事典』／宗田一ほか『医学近代化と来日外国人』）。

②『軍陣衛生論』（某氏蔵／図10－9）

二冊本で陸軍軍医三浦煥の訳で、明治六年の刊行。初編は陸軍医療官版で、第二編は陸軍本病院官版と印刷されている。内容については筆者未見である。

訳者の三浦煥は熊本県士族で、明治四年石黒忠悳、安井清儀らと一等軍医に任じ正七位、六年従六位、同年ころ二等軍医正（『袖珍官員録』明治六年版）、八年ころ熊本鎮台病院長、十年二月、征討第一旅団病院長となり、征討軍団軍医部副長を兼ね一等軍医正に進み、勲四等旭日小綬章を賜う。十三年ころ陸軍本病院附正六位、十四年八月ころ死去、同月三十一日祭祀料三〇〇円を賜う（大植四郎『明治過去帳―物故人名辞典』）。

三浦にはこのほか訳書として『肉餌辨要』（明治七年三月官許）一冊がある（図10-10）。本文は四五丁、目次はない。序文は陸軍一等軍医正石川良信が記している。原本については言及していないが、石川の序文によれば、わが国では近年肉食が行われるようになったので、肉餌（獣・鳥・魚・は虫類・両生類などの肉や卵、乳汁）についても講義が必要となり、そこで同僚三浦は公務の余暇に『肉餌辨要』一冊を訳述したという。

栄養の面だけでなく、牛馬などの病気などについても衛生の面から記している。軍兵が戦場にのぞんだ時、通常食料が入手できず、野生の下等動物も食べねばならぬことを想定しての著述であろう。

③ブッケマ口授『撰兵論』（図10-11）

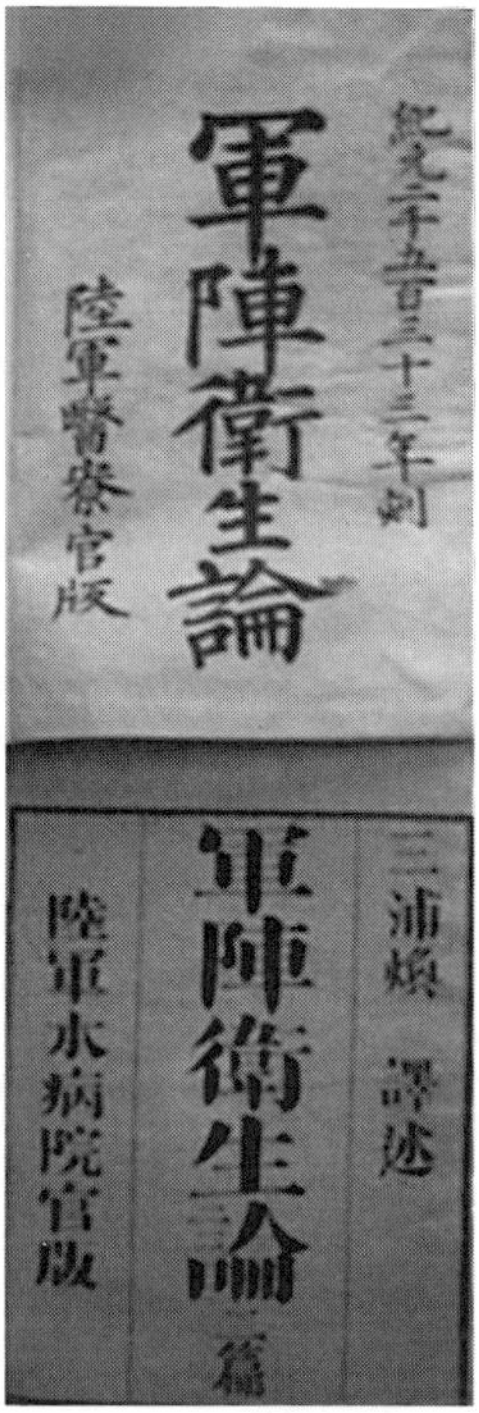

図10-9　『軍陣衛生論』（全2冊）

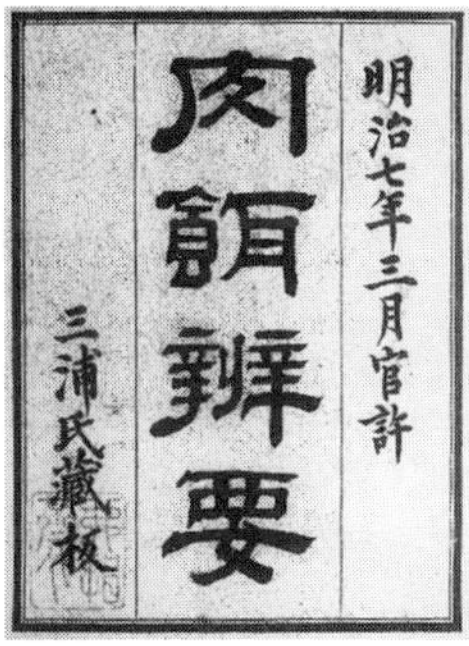

図10-10　『肉餌辨要』

和装、小型本（金属活字使用）、上・中・下三巻合本一冊、縦一八・五×横一二・八センチ、表表紙の裏には「明治十年二月　撰兵論　版権所有　陸軍文庫」とあり、目次および序文はなく本文のみ。本文の冒頭に、

撰兵論
和蘭陸軍軍医　彪傑瑪　口授
日本陸軍二等軍医正　阪井直常　訳補

とある。

上巻三五丁、中巻五二丁、下巻二四丁の合計一一〇丁。

なお各巻の本文末尾に、四人の陸軍軍医——長瀬時衡・津田陳衛・山上兼善・設楽一——が校訂者として名を連ねている。この校訂者の当時の階級は、長瀬が二等軍医正、津田と山上が軍医、設楽が軍医試補である。

▽**訳補者阪井直常**

図10-11 『撰兵論』

山口県士族、生没年不明。明治四年（一八七一）十一月十四日、長崎県医学校を文部省の所管とし、「長崎医学校」と改称した。同校長長与専斎が洋行中（同年十月、文部大丞田中不二麿に随行し欧米への視察旅行）の後任として阪井が同校校長に任ぜられる。七年九月、長谷川泰が文部省六等出仕として長崎医学校長に任命され、阪井は同省七等出仕として教条専務を命ぜられている。そして長谷川への事務引き継ぎがおわり、間もなく医学校を退任し、陸軍軍医となったと考えられる。

明治七年九月改正の『掌中官員録』には阪井の名はないが、翌八年の『官員録』に「ヤマグチ　二等軍医正従六位阪井直常」とあり、二等軍医正一三人の一二番目に名がある。教導団医官兼軍医学校教官となる。

明治十年（一八七七）西南の役に従軍、別動第二旅団軍医部長を仰せつけられ、宮崎県方面の戦闘で救護活動を行った。この功により石坂惟寛とともに勲四等に叙せられ、旭日小授章を賜う。十二年四月願いにより免官、ドイツに留学を命ぜられる。同年七月パリに赴き、大警視川路利良（海外の警察、監獄制度視察旅行中）を診察した（川路は病のため急遽帰国したが、十月十三日死去、四十六歳）。しかし肺疾のため十六年五月帰国、再び陸軍軍医本部に六等出仕として勤務、十九年三月病いのため非職を命ぜられ、郷里山口県豊浦町円山に病臥、六年におよぶ。二十二年三月十二月正六位、二十六年ころ死去。死亡時は陸軍軍医監であった。

これ以外の訳書に須准歇児原撰『眼科必携』三冊（一八七九年）がある。この原著者の須准歇児はシュバイゲル（オランダ読みでシュワイヘル）（Schweiger Karl Ernst Theodor, 1830-1905）と考えられる。そして彼のドイツ語版（*Handbuch der Augenheilkunde*）からのオランダ語版 *Handboek der Oogheelkunde*（特別眼科治療学教科書／一八七二年）を翻訳したと考えられる。

○阪井直常に関する後日譚——陸軍軍医総監石黒忠悳《ただのり》の追想

かつて緒方惟準の同僚であり、阪井の上官であった陸軍軍医総監石黒忠悳は日清戦争（明治二十七〜八年）のとき、野戦衛生長官として広島の大本営におり、朝鮮・満洲派遣陸軍部隊附属の軍医らの最高指揮官として衛生活動の総指揮をとっていた。そして前線の衛生活動視察のため、明治二十七年十月二十六日、広島の宇品港を出航、朝鮮に向かった。このとき彼は日記を記している。それが「石黒衛生長官の旅の記」として当時の戦記雑誌『日清戦争実記』（毎月三回刊行、博文館）に連載されている。同誌第一四編（一八九五年）に阪井を追想する記載があるので紹介する（『東京医事新誌』八七二号にも同じ文章が載せられている）。

（前略）十月二十七日　天明け、船窓微に明かなり、甲板上に出で、眺望すれば、千珠、満珠の二島を舟前に、右舷に豊浦を見る。因て思ふ、陸軍々医正阪井直常篤学忠順の士なり、陸軍省之を欧洲に留学せしむ。

阪井独逸に留ること数年、肺疾に罹り、帰朝して郷里豊浦に帰り、病床に在ること六年、終に不帰の客となる。若し斯人にして今日尚ほ在らしめば、其学術才能、余を輔け衛生の事業を益すること鮮少ならざるべし。遙に豊浦円山の松林、氏の旧居せし辺を望みて惆悵《ちゅうちょう》［いたみなげくこと］し、眼瞼為に湿ふ。船進み、門司港に入り投錨す。（後略）

この文章から阪井が陸軍軍医部でいかに期待されていたかがわかる。

## （3）『撰兵論』の内容

①上巻

第一章から第二十四章まであるが題目はない。第一章が緒言ともいえるもので、これの全文を掲げる（［　］内は筆者注、句読点を適宜いれる）。

第一章

驍勇ノ陸海二軍ヲ整備センニハ、軍医ニ任シテ第一陸海二軍ノ職務ニ適切ナル者ヲ撰ヒ、第二軍人ノ復タ兵役ニ堪ヘザル者ヲ除クヲ緊要トス、此二件ノ検査ニ当テ医官タルモノ諸般ノ欺誣《きふ》［あざむく］ニ遇フ者ナリ、或ハ兵籍ニ入ラン事ヲ希フ為ニスルアリ、或除役ヲ望ム為ニスルアリ、便《すなわ》チ精密ト勉強トヲ尽シテ、撰兵検査ニ従事スルヲ以テ軍医ノ重任トスル処ナリ、医術検査ノ精良ナルハ特《ひと》リ官ノ為ノミナラズ、且ツ人民ノ一大事件ナリ。

兵役に適か不適かを診査し、また兵役のがれ、あるいは兵役に適さないのに兵役を希望するために身体の欠陥、病気などを隠そうとするものを診査分別する軍医の重要任務を総論として述べている。

以下の章では、欧米主要国の実例、特に自国（オランダ）の兵士の選抜方法（抽選・志願など）、体格の基準

（身長）、病気等について項目をあげている。

第七章では、兵卒検査の定則について、参考として一八七一年のオランダ海陸二軍の撰兵検査条例を述べている。これは第一条から第十一条まであり、この第十一条には全身病および身体に欠損のある例が三一七種類列挙されている（第七～二四丁）。

第二十一章では、（1）詐病（ホールゲウエンデ）――病状を虚飾する、（2）作為病（ホールゲブラッテ）――現に実病はあるが、自分で増悪する方法をとるとか、故意に抜糸、指を切断するなど、（3）隠匿病（フルヘールデ）――実際に病気はあるが外見健康にみえる、これらの各病について述べている。

以下最後の二十五章まで、これらの偽りの病について、見破る方法を具体的に述べている。その他の章については省略する。

②中巻

本文冒頭に「撰兵各論」と記され、第二十六章から第五十二章（第一～五一丁）まである。第二十六章はこの巻の緒言、総論というべきものなので全文を示す。

各論ニ於テハ各部ノ検査法ト其欺詐病トヲ論ズ、体部ノ順序ヲ正シ、疑ヲ追ヒ、何等ノ法ヲ以テ、其ノ部ヲ検査スベキヤ、何等ノ件ニ注意スベキヤ、何等ノ部ニハ何等ノ欺詐病アルヤヲ考察スルヲ以テ最モ緊要トス

ついで、第二十七章以下最終章の第五十二章まで頭部・頸部・胸部・背部・腹部・骨盤部の各部外面、内部の諸器官および四肢の順序での検査方法を詳細に述べている。

③下巻

第五十三章と第五十四章の二章（第一～二四丁）のみである。この二章では、偽病（にせ病気・仮病）を見分ける方法を述べている。

第五十三章の冒頭で、

上肢及下肢ノ偽病ニシテ最モ多ク且ツ注意スベキ者ハ、跛足《はそく》、麻痺［足萎え］、短縮強直、関節炎、脱臼、潰瘍、水腫、扁足［扁平足］、悪臭、汗足之ナリ

と述べ、各偽病について鑑別する方法・手段を詳述している。

第五十四章の冒頭では、

皮膚、結締織、筋、骨、血管系、神経系ノ病及病機、体肢ノ一定部ニ限ザル者若クハ其病源ノ所在、病証発現ノ部ニアラザル者ヲ論ズ、其外部ニ属スル者ハ皮膚病、気腫、動脈瘤、挫傷、骨貌列屈［脱臼］、創傷、畸形、瘢痕ニシテ、内部ニ属スル者ハ、神経病、精神病、思郷病、熱病、伝染病、失気、眩暈《げんうん》［めまい］、夢中行歩、中風、恐水病、及仮死等是ナリ

と述べている。以上の諸症状の偽りを識別する方法について詳述し、終わっている。

ブッケマはオランダにおける徴兵逃れの偽病について経験のあるところを講述したのであろう。

# 第11章　東京在勤時代

## （1）明治天皇拝診

明治四年〈余二十九歳〉五月二十五日、御用有之出京すべしとの令に接し、不日［日ならず］出発着京するや、直に参内して天機を伺ひ奉りしに、即時拝診仰せ附けらる。すなわち謹みて拝診し奉るに、曩《さ》きに明治元年拝診の際とは拝診法全く革《あらた》まり、今やあたかも一般の民庶を診察するが如く、椅子を以て対向し奉り、近く天顔に咫尺《しせき》［近い距離］し、視診、按診［手で診察］及び理学的診査等随意に行ひ得奉るのみならず、畏くも玉体の壮栄となり、肥満せられて、肌膚《きふ》［はだ］の美麗なる、更に前年拝診し奉りし際の跡を留むることなし。是れ曩きに道の為め耐忍し難きを耐忍し、偏に御運動、御衣食等衛生法の採用を勧め奉り、漸く之を聞し召されたる余光にやあらんと恐察す。何はしかれ普天《ふてん》［天下］の下に二なき玉体の斯く壮栄肥満に渉らせらるゝは、宗廟、社稷《しゃしょく》［国家・朝廷］の為め、天下国家の為め、余は率土の浜に［注］王臣たる余等公衆の慶賀せざるべからざることを思ひ、知らず識らず転《うた》た感涙に咽《むせ》ぶこと少焉《しょうえん》［しばらく］時許。

［注］「率土の浜」とは、陸地の連続する限り、天下中の意味。『詩経』に「普天之下莫非王土、率土之浜莫非王臣」とある。

爾後大阪に帰り居ること三閲月《えつげつ》［三か月を過ごす］、同年八月十七日に及び、偶《たま》ま官制の釐革《りかく》［改革］ありしに依り、中典医を免ぜられ、此に専ら軍事病院に従事することとなる〈同年兵部省に創めて軍医寮を置き、松本順氏を軍医監に任じ、林紀氏を軍医助に任ず。是れ軍務医事着手の権輿《けんよ》［発端］なり〉。是れ余が身を全く兵部即ち今の陸軍に委ねたるの濫觴《らんしょう》［もののはじめ］なり。

惟準が明治初年に初めて十七歳の明治天皇（一八五二～一九一二）を診察したおりには、ひよわで不健康な体質であった。軍医寮創設のころ、新しい合理的な環境で、健康で立派になった天子に二年有余ぶりに拝謁した喜びに満ちた惟準の姿が眼に浮かぶようである。

▽**官制の改革**：明治二年七月八日兵部省が設けられ、兵部少輔二人がおかれ、海・陸軍務を分掌することになり、ついで三年二月九日に陸軍掛と海軍掛がおかれ、さらに四年七月二十八日に陸軍部と海軍部となった。そして陸軍部は、兵部省の廃止にともなって五年二月二十八日に設置された陸軍省となった。

### (2) 軍医寮創設のころ

松本順（良順）は『蘭疇《らんちゅう》』（自伝）の中で、

後ち廃藩置県の令［明治四年七月十四日］ありて、余も快心［心持ちのよいこと］せり、又陸軍省の軍医は規律略《ほ》ぼ定りたれば、兵部卿の宮［有栖川宮熾仁《たるひと》親王］より軍医頭を命ぜられ、勅任の末席に出仕す、仍て法例に従ひ、軍医を撰出せんと欲し、先づ林紀と石川桜所を召して次官となし、緒方惟準を以て一等軍医正とす、石黒忠悳・田代基徳・足立寛・永松東海・土岐頼徳等を始め、局長となすべき者多く、大学の人より撰用し、麹町半蔵門外の地を以て、本病院並びに事務所とし、新たに病室其の他を新築せり、

と記し、つづいて軍医の採用について次のように述べている。

始め、諸侯の官軍に応じ出兵する者、皆其の藩医を従ふ、其の数各々同じからず、従軍の医者甚だ多きに過ぎたり、加之《しかのみならず》其の学術技倆、人となりを知ることなし、依て各医長に令して従軍医の姓名を記さしめ、其の学術、人物の甲乙を定め、順次記名すべきを命じ、之を閲《け》みするに、甚だ多数にして採用に苦しみたれば、先づ半以下を断ちて帰国し去らしめ、残る所の者は、先づ医学試験を以て、等級を定むべきことを達し、緒方、林、両氏をして、問題を撰せしむ、両氏は、先に和蘭に留学したるが為めに、当時の医者を試むるに、甚だ答へ難からんと考へたれば、両氏の問題を止め、自ら尤も容易なることを撰み、日を期して答弁を出さしむるに、尚ほ明弁する者甚だ稀なり。

軍医寮発足のころの『袖珍官員録』（明治四年十一月）によれば、その職員は次の通りである。

| | |
|---|---|
| 頭 | 松本　順 |
| 大　属 | 広岡持数 |
| 八等出仕 | 石黒忠悳 |
| 権　中　属 | 岡本孝承 |
| 少　　属 | 溝口保寿・石川峯風 |
| 一等軍医正 | 林　紀 |
| 一　等　軍　医 | 安井清儀・橋本綱維・名倉知文 |

明治五年（一八七二）一月二十日改の『袖珍官員録』の軍医寮の項に、緒方惟準の名はまだみられず、明治六年一月の『掌中官員録』に「二等軍医正　従六位　緒方惟準」と記されている。

明治五年〈余二十九歳〉二月二十日、御用有之出京すべしとの令に接し、直ちに出京せしに、同月二十四日、陸軍二等軍医正に任ぜられ、同三月九日、大阪鎮台出張を命ぜらる。明治六年、余三十歳、五月二十日、陸軍一等軍医正に任じ、同年六月二十五日、正六位に叙せらる。同年八月三日［履歴書にはこの日に、「軍医学校係兼勤仰せ付けらる」とある］、陸軍省は蘭医ブオーケマ［ブッケマ］氏を大阪より聘して軍医学校を置き、軍医学諸科を教授することとなるや、同校専務を仰せ附けられたり。之を陸軍々医学校の権輿《けんよ》とす。

『陸軍軍医学校五十年史』によれば、

明治五年東京に軍医寮および軍医寮学舎を置かるるに方り、大阪軍医学校を閉鎖す。軍医寮は始め大阪に設置する計画なりしも、明治四年七月五日太政官の達に依りて兵部省内に置かるることとなりしを以てなり。明治五年七月二日軍医寮職員令と共に軍医寮学舎規則を制定し、文部省御雇独国医ホフマンに教師を依嘱し、同氏は東京在勤の軍医に理学的診断法を教授せしが、幾何もなく事に由りて役を解かる。

と記されている。

鎮台とは明治初期の陸軍の管区名。明治四年（一八七一）、地方衛戍《えいじゅ》（軍隊が長く一地方に駐屯すること）のため鎮台を設けた。管区を分けて管理役所を設け、これを鎮台と称し、鎮台司令官を置き、諸藩から徴士を集めて鎮台兵とした。最初、東京・東北・大阪・西海の四鎮台であったが、明治六年に六鎮台（東京・仙台・名古屋・大阪・広島・熊本）に増設された。

軍医寮学舎規則（明治五年七月二日制定）

一、職員の部

教　師　　　一名（当分西洋医師）

医　正　　一名
教　官　　三名
助　教　　十五名（得業生の優等なるものを以て之に任ず）
上等幹事　二名（軍医の老実なるものを以て之に任ず）
下等幹事　三名（下士官の老実なるものを以て之に任ず）

二、生徒の部

(一)生徒入学志願者の年齢は十七歳以上二十五歳迄とす

(二)学科対策（入学試験）の課目を規定すること左の如し

一、作字　二、尺牘《せきとく》［書状］　三、算術　四、漢学　五、本朝歴史及万国歴史　六、羅甸《ラテン》学　七、英語学　八、仏語学　九、独逸学　十、希臘《ギリシア》学

但し以上の学科に悉く通達する者を選むと謂ふに非ず、羅甸学以下に於ては、其一学を得るものは選に入るべく、本朝歴史以上の五科に於ても亦其学ぶ所に深浅なきことを得ず、故に之を選ぶに斟酌あるべし

(三)学術の精粗に随ふて生徒を分ちて五等となす即ち五等生徒、四等生徒、三等生徒、二等生徒、一等生徒是なり。

(四)試業は三月と八月とに行ひ八月の試業を以て合格の者は登級せしむ即ち五等生徒は四等生徒に、四等生徒は三等生徒に、三等生徒は二等生徒に、二等生徒は一等生徒に、一等生徒は試補に昇進することを得

三、教授課目

五等生徒　解剖学、本草学、軍律、算術、読書、馬術、練兵、水練
四等生徒　窮理学、舎密学、解剖学、薬品鑑定、算術、読書、馬術、練兵、水練
三等生徒　生理論、病理論、薬性論、繃帯術、有機舎密学
二等生徒　薬性論、生理論、病理論、軍営医則、外科、病屍解剖学
一等生徒　病屍解剖学、内科、外科、中毒論、断訟医学［法医学］

明治六年三月一日校舎を旧東京衛戍総督部地内に設け、軍医学校と改称し、軍医志願者三十余名を募集し、さきに大阪に於て教育に従事せるブッケマを聘して之が教授に当らしむ。同年十月十八日軍医学校規則を制定し、入学対策及学科共に大に改正せり。

入学対策（入学試験）の科目左の如し

一、作字　二、尺牘　三、算術　四、漢学　五、本朝歴史及万国歴史　六、窮理学　七、舎密学　八、解剖学　九、生理学　十、病理学　十一、薬性学　十二、内科　十三、外科　十四、羅甸学　十五、仏蘭西学　十六、英吉利学　十七、独逸学　十八、希臘学

但し外国語は其一箇国学に通ずる者は選に入るべく、内外科以上の諸科に於ても亦其学ぶ所浅深なきことを得ず、故に之を選むに斟酌あるべし

生徒の教授科目左の如し

五等生徒　病理学、生理学、解剖学、動物学、舎密学、窮理学、算術、軍律、馬術、練兵、水練
四等生徒　薬性学、病屍解剖、組織学、繃帯術
三等生徒　内科、外科、眼科、中毒論、断訟医学

二等生徒　　軍陣衛生学、陸軍病院並屯営医務、撰兵学
一等生徒　　軍陣外科、軍陣繃帯術並野営医則、陸軍病院内実験
試業（試験）は三月及九月に行ふ

前記軍医学校は軍医の養成所にして、軍医官の講習所にあらず。而して蘭医ブッケマの外、幕末及明治初期に於て泰西医学を修めたる緒方惟準は明治六年八月軍医寮学舎専属となり、足立寛は同八年七月、軍医学校教官として消毒法を論じ、石黒忠悳亦外科及薬学科を講じ、凍傷論等の著あり（『陸軍軍医学校五十年史』）。

惟準は軍医学校専務（学校長に相当）になり、軍医養成に力をつくした。外国人教師として、前章で述べたようにブッケマが軍医にたいし撰兵論・軍陣衛生論などの講義を行い、そのほか足立寛は消毒法、石黒忠悳は外科・薬学の講義を担当した。惟準も諸学科の講義を受け持ったと思われるが、詳細は不明である。

### （3）台湾の役

明治七年［一八七四］台湾の役あり、専ら内部の勤務に服す。

当時は「征台の役」と言い、明治七年日本が台湾に出兵した事件である。明治四年十一月、八重山群島民ら六六名が台湾に漂着し、このうち五四名が土着人に殺害される事件が起こった。日本は清国に対して談判したが、清国は「化外の民」のしたこととして、責任回避の態度をとった。そこで明治七年二月、日本政府は「台湾蕃地処分要略」を決定し、四月、陸軍中将西郷従道《つぐみち》（隆盛の弟）を台湾蕃地事務都督に任じ、出兵を決意した。しかし参議兼文部卿木戸孝允が出兵に反対し、四月十八日、辞表を提出したため、政府は出兵の中止を決定し、すで

に長崎に赴いていた西郷に進発延期を命じた（四月十九日）。しかし西郷はこれに従わなかったので、大久保利通・大隈重信は長崎に赴き、西郷を説得しようとしたが（五月四日）、彼の強硬論に押し切られ、出兵に同意、軍隊を乗せた三隻の汽船が長崎港から出航した。二等軍医正桑田衡平を病院医長兼予備医長に任じ、各船に軍医や看病人が配属され、総数は九四名であった。この中には、軍医副長瀬時衡（適塾門人）や好本忠璋（旧岡山藩医学館教授）がいた。全艦船は一旦長崎に集合し、五月初めから次々と出航した。先発隊は五月九日、台湾の最南端の西海岸の社寮港から上陸を開始、つづいて到着する部隊も次々と上陸、土着部族と戦闘をまじえた。はじめての土地での戦闘、次第に増す暑熱、知られざる疫病に感染する兵士、医官らの罹患、兵士らの衛生思想の欠如による宿営環境の悪化（糞尿たれ流しなどによる不潔）、敵の襲来による死傷者の続出等々により、悲惨な光景がくりひろげられた。

図11－1　西郷従道

　この戦役に軍医として従軍し、みずからも罹患した落合泰蔵はこれらの医事状況を激務の傍ら記録・編纂し、軍医本部長に報告したが、その報告書は長らく文庫に死蔵されていた。十三年後、陸軍医務局第二課長足立寛の調査により日の目をみて、明治二十年（一八八七）、落合泰蔵編纂『明治七年　征蠻医誌』と題して出版された。この本によって、当時の診療状況の詳細を知ることができる。

▽**『明治七年　征蠻医誌』**（図11-3）…一冊（縦一八・八×横一二・五センチ）、序文は足立寛（一丁／明治二十年五月十日）、例言（落合／一丁／明治十八年六月）、本文（五八丁／患者総表・長崎蕃地事務支局病院患者表などの統計表を含む）、台湾全島の地図（カラー）一枚と戦闘地域の地図（白黒）一枚、広島鎮台軍医長・長瀬時衡撰の跋（一丁／明治十八年六月）である。

図11－2　桑田衡平

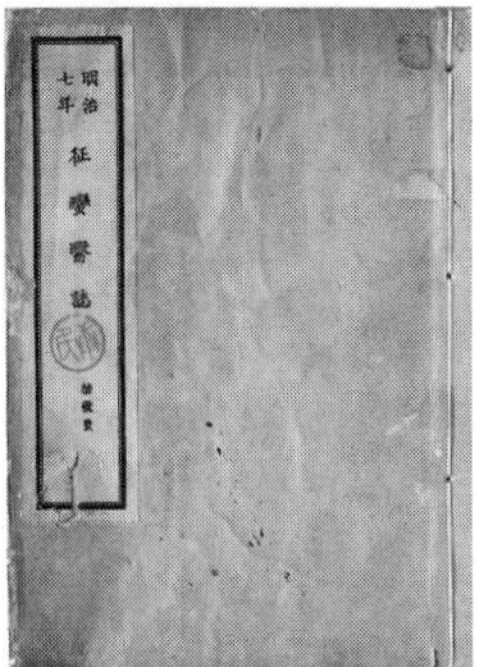


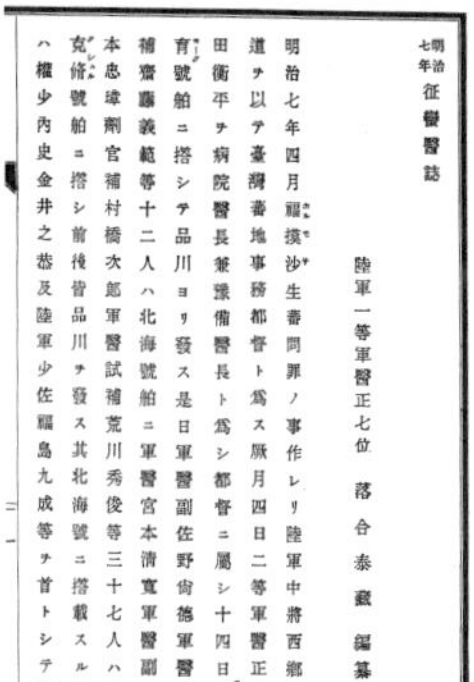

明治七年征蠻醫誌

陸軍一等軍醫正七位　落合泰藏　編纂

明治七年四月瑯璚沙生番問罪ノ事作レリ陸軍中將西郷從道ヲ以テ臺灣蕃地事務都督ト爲ス厥月四日二等軍醫正桑田衡平ヲ病院醫長兼豫備醫長ト爲シ都督ニ屬シ十四日紐育號舶ニ搭シテ品川ヨリ發ス是日軍醫副佐野尙德軍醫試補齋藤義範等十二人ハ北海號舶ニ軍醫宮本清寛軍醫副好本忠瑋劑官補村橋次郎軍醫試補荒川秀俊等三十七人ハ歐竟脩號舶ニ搭シ前後皆品川ヲ發ス其北海號ニ搭載スル者ハ權少內史金井之恭及陸軍少佐福島九成等ヲ首トシテ軍

図11－3　『明治七年　征蠻医誌』

明治七年五月七日から続いた戦闘は、七月一日社寮周辺の土着部族を完全に制圧、戦闘は終結した。しかしこの派兵に対し清国は抗議、よって日本政府は大久保利通を弁理大使として北京に派遣、外交交渉が行われ、日本は清国の台湾領有を承認し、清国は日本に五〇万両（テール）を支払うことで決着した。その結果、日本軍は十二月二日、全員台湾から撤退した。

この五月七日から十二月二日までの傷病死者の状況を概観すると、次のようである。

患者　　一六、四四九名（うち外傷によるもの四六〇名）
治癒　　一五、二三七名
死亡　　三九三名（うち伝染病によるもの三六〇名）
長崎へ転送　　八一九名

この戦役に従軍した軍人、軍属の総数は五九九〇余人、従軍した者より、患者数が多いのは、一名で発病が二、三回であったとき、これを数に入れたため。

長崎蕃地事務支局病院患者一覧（明治七年六月十四日から同八年二月九日まで）

患者　　一三七六名

治癒退院　　　　　　　　　一〇〇五名
熊本・博多等へ転送　　　　一八八名
死亡　　　　　　　　　　　一五四名
閉院時長崎県病院へ委託　　二九名

○東京における動静

七月五日、勅使北条氏恭が長崎から到着、翌日全軍慰労の勅諭の伝達があり、また特旨をもってドイツ人医師セエンベルゲルを雇い入れ、台湾に差遣することも伝達された。同月十五日、同医師が台湾に到着、病院の運営を委託することになる。

十月七日、医官の全員交代要員として、陸軍二等軍医正橋本綱維《つなこれ》（次期病院長）以下一二名、その他事務官・看病卒・雇看病夫など五一名到着

同月十日、前任医官の全員帰国

十一月四日、東京鎮台歩兵第一大隊が到着、陸軍卿山県有朋の松本順軍医総監への諭文をもたらす

十一月五日、勅使侍従片岡利和、権大侍医伊東盛貞、病院視察、勅諭伝達（十五日）

十一月二十五日、勅使東久世通禧、来台、勅諭（十一月十三日付）伝達

このように、勅使や特別の朝廷雇用外人医師の派遣、東京駐在の軍隊派遣、その他破損医療器具の補給、欠乏を告げる薬品の調達など、東京の留守を預かる軍医部の松本順・緒方維準らの高級医官らも多忙を極めたことであろう。

## （4）東京医学会社の設立

明治八年［一八七五］四月、松本順・故佐藤尚中・戸塚文海・故林紀・石黒忠悳・故杉田玄端・故島村鼎・長与専斎・佐々木東洋・三宅秀・松山棟庵・足立寛・田代基徳等、無慮五十余氏と結合して一社を設け、広く同盟を全国に募り、医事を討論して新奇を探り知識を交換して医学の開進を謀らんとし、其会を東京の鎗屋町に開く。之を医学会社［正式名称は東京医学会社］といふ。是れ本邦に於て日新医学を研磨する私立医学会あるの創始とす。同年五月、社員の討論演説等を編輯して冊子となし、医学雑誌と名づけて社員に頒《わか》つ。

中野操『増補日本医事大年表』には、設立の月日は記しておらず、次のように記載している。

松本順、佐藤尚中、林紀、杉田玄端、長与専斎、戸塚文海、佐々木東洋、松山棟庵、石黒忠悳、三宅秀、隈川宗悦ら東京医学会社を興す、医学及び医政を談論講究するを趣旨とし、即ち今日の医師会と医学会を混淆せるが如きものなり。

機関誌『医学雑誌』第一号（縦二一×横一九センチ、本文一五ページ）が八年五月に発刊され、冒頭に「医学会社ノ発端」と題して長文の設立趣旨が記されている。筆者は個人名でなく、「同社識」となっている。医師たちが集まり研究討論し、内外の最新の医学的知識の向上を図ろうとする並々ならぬ意気込みが感じられる。討論内容や欧米各国の医事雑誌に載せられた斬新な諸説を掲載し、これを広く頒布し国中の医師の資質向上を企図していることを表明している。「会社約条」によると、「集会ハ当分毎月一回」開くことにしている。

「会社約条」につづいて、社員松山棟庵訳の医聖「ヒポカラーテスノ事」の一文（六ページ余）が載せられている。この論文は明治期に入って、もっとも早く詳しいヒポクラテス伝ではなかろうか。

第二号は同年五月に発刊、全文一八ページ、その内容は次の通りである。

松山棟庵「睡眠ノ説」(前会四月十六日演舌)
杉田玄端訳「ドグマ饗ノ説(ドグマチック・スクール)」
長谷川泰訳「救初生児仮死之法(ウイーン大学校産婦人科兼小児科博士グスターフ・ア・ブラウンの小児科中ノ一篇ノ抄訳)」
江馬春熙訳「労瘵《さい》燐酸石灰及ビ鮮肉絞汁治験(亜国医事新聞抄訳)」

第三号は八年六月(二八ページ)、第四号は八月(三二ページ)、第五号は十月(二八ページ)、第六号は十二月、第七号は九年一月、第七号附録「脚気病問題」が二月、第八・九・一〇号は未確認、第一一号は五月、第一二号は六月、第一三号は七月、第一四号は九月に刊行されている。明治十三年の第五五号まで続刊されたことは確認しているが、それ以降については不明である(以上、金沢大学医学部図書館蔵)。

惟準は第三号に「麻酔薬皮下注射ノ説」と「幾那酒製法　附幾那鉄酒製法」の小論文と第一二号に抄訳「亜爾箇児《アルコール》ノ功罪ヲ論ズ」(一〇ページ、原典の記載なし)を寄稿している(詳細は第38章七六二ページ)。

第一号の末尾には、イロハ順で社員一四一名の氏名・住所(七名を除く、そのほか地方の軍医は鎮台名のみ)が記載され、東京在住は一〇〇名、地方は四一名であり、当時の著名な医師が名をつらねている。なお第一四号では社員は三五五名に増加している。

### (5)緒方洪庵先生祭祀と招宴

緒方惟準は『一夕話』の中で語ってはいないが、この明治八年には緒方家および適塾門下生にとって特記すべきことがあった。それは洪庵の十三回忌(六月十日)にあたり、惟準が門下生ならびに子孫を招いたことである。これを契機に毎年適塾の同窓会と称すべき会合の懐旧会がもたれるようになった。

この招宴に列席した坪井信良は、「先師洪庵先生祭辰招集記」と題する一文を残している。原文は適塾門人伊藤慎蔵の孫小太郎の旧蔵で、緒方富雄氏が『蘭学のころ』で全文紹介している。また惟準の東京適塾に学んだ門下生の木村朔（良朔と同一人物か）が、この模様を『横浜毎日新聞』（同年六月十七日）と『朝野新聞』（同年六月二十二日）に投稿している。この三つの記事を次に再録する（適宜、句読点を入れた）。

①坪井信良の「先師洪庵先生祭辰招集記」

明治八年六月十日、先師洪庵先生十三回忌ノ辰《とき》ニ丁《あた》ル、令嗣惟準君其門下ノ士ヲ駿河台ノ館ニ招集ス〈但シ当今府下ニ寓スル者ノミ諸県遠隔ノ地ニ在ル者来リ会スルヲ得ズ〉、当日相会スル者三十八人〈欠席ノ者許多《あまた》ナリ今之ヲ算セズ〉皆洗手漱口《しゅうこう》、堂ニ上テ先生ノ影像ヲ礼拝シテ坐ニ就ク、斎シク追悼愛慕ノ念アリ、席上酒饌陳列ス、既ニ酔ヒ既ニ飽キ、各旧ヲ話シ今ヲ論シテ諱《い》ム［かくす］所ナク挟ム所ナク、満坐ノ和気洋々トシテ同窓ノ歓情皆面ニ溢レ、夏昼半日尚其短ヲ憾《うら》ムニ至ル、実ニ尋常得難キノ盛会ナリ、憶フニ令嗣能ク箕裘ヲ継デ家声ヲ堕サズ加之《しかのみならず》諸令弟亦能ク共ニ家ヲ興シ業ニ就ク、先生在天ノ霊復タ遺憾ナカルベシ。時ニ福沢諭吉起テ衆ニ諗《はかっ》テ曰ク、快ナル哉、今日ノ会ヤ、抑《そもそ》モ人生百般ノ快事アリト雖モ常人ノ快楽トスル所ノ者ハ、唯耳鼻口以下ノ者ニ過ギズ、則チ絃歌ヲ聴キ妖色ヲ視、佳香ヲ嗅ギ、美味ヲ食シ、其極トナス、憶フニ是一時ノ逸楽ナルノミ、焉《いずくん》ゾ別ニ五官以上ノ真楽アルヲ悟ラン、蓋シ此ノ真楽ナル者ハ則チ士君子ノ欲スル所ニシテ、内情ノ快楽ナリ、大ニ彼外形ノ快楽ニ異ナリ何ヲカ五官以上ノ真楽ト云フ、曰ク、師弟朋友同心相投ズル是ナリ、喩ヘバ今日諸君ノ一席上ニ相会スルヤ、固《もと》ヨリ骨肉親戚ノ縁アルニ非ズ、然ルニ其人平日志ス所、行フ所、求ムル所各帰趣ヲ異ニシ、仮令《たとえ》十年二十年相見ザル者モ亦茲ニ会シテ其同心相投ズルコト往日同窓ニ在テ相切磋スル時ノ情ト少差アルコトナシ、亦奇ナラズヤ、抑モ是何ニ由テ然ルヤ、蓋シ唯学ノ一字ニ在ルノミ、則チ此一字ノ分子諸君ノ脳中ニ存シテ互ニ相牽引附著セントスルニ因ルナリ、願ハクハ此分子ヲシテ永久保持シ飛散逸出スルコト勿《なか》ラシメン、且今日此席上ニ列スル所ノ人員ヲ以テ十三年前、曾テ相会セシ所ノ人員ニ比較スルニ、既ニ四分ノ一ニ減ゼリ、因テ今日ヨリ十三年ノ後ヲ推測スルニ又必ズ四分ノ一ニ減ズベキナリ、嗚呼人生幾許ゾ、或ハ相見ルヲ得ザルニ至ラバ豈ニ憾ラムベキニ非ズヤ、依テ諸君ト長ク此会盟ヲ尋ネントス、然リト雖モ人各業務アリ、豈ニ之ヲ棄テ徒ニ会盟ニ従事ス可ンヤ、故ニ毎年二回ヲ以テ期ト為ス、則チ本日〈六月十日〉及ビ十一月十日ナリ〈甲会六月ナレバ乙会宜シク十二月ニ為スベキニ似タリ然レドモ歳末人事多忙ノ時ナレバ縮メテ十一月ト成スベキナリ〉、以上告ル所ハ之ヲ諸君ニ議スルノミ、肯《あえ》テ之ヲ要スル［求める］ニアラズ、諸君其レ之ヲ選べ、此時席上ノ衆客皆手ヲ揚テ同意ヲ表ス、因テ又言フ、此会ヤ固ヨリ師恩ヲ忘レズ且同窓ノ交誼ヲ全フシ永ク所謂五官以上ノ真楽ヲ求ムルガ為ノミ、故ニ必ズシモ他人ヲ要セズ又酒食ニ関係スルニ非ズ、然レ共僅カニ一年両回ニシテ平日ノ鬱懐ヲ開クニ足ル者ナレバ、酒饌ヲ供スルモ亦何ノ妨アラン、各意ニ任セテ飲食センノミ、但シ各人醵餞シテ以テ其費用ヲ償フベシ、敢テ館主ヲ累スベキニ非ラズ、誰カ客タルヲ論ゼズ、共ニ主タリ共ニ客タリ、唯隔意ナキヲ貴ブ、而テ会席ハ則チ此館ニ於テス〈駿河台南甲賀町十七番地〉、毎会期ニ先ダツ数日必ズ出席スルカ或ハ事故アリテ欠席スルカヲ館主ニ報告ス可シ、之ヲ会則トスト説キ、終テ坐ニ復シ盃ヲ洗テ更ニ相酌ミ、日ノ既ニ没スルヲ知ラズ、時ニ惟準君衆客ニ告テ曰ク、今日諸君日課ヲ廃シ遠路ヲ辞セズシテ敝舎ニ臨会ス、以テ其師恩ヲ忘レズ又交誼ニ厚キヲ観ルニ足ル、若シ先考ノ霊格《いた》ルヲ得バ必ズ応《まさ》ニ欣々亨餐ス可シ、余ニ於テ亦何ノ幸慶カ之ニ過ギン、願クハ諸君一席集会ノ状ヲ映写セシメ以テ此事ヲ後日ニ遺サント欲ス、幸ニ労ヲ惜シム勿レト、衆客皆立テ庭上ニ出デ鏡前ニ向テ群列ス、写シ畢レバ各辞シテ東西ニ散帰ス。

此日余又席末ニ列ス、家ニ帰ルノ後、燈下筆ヲ執リ記シテ曰ク、余ヤ三十年前曾テ浪華ニ遊ビ先生ニ師事スルコト僅ニ半歳、故ニ親シク其教ヲ受クルノ久シカラズト雖モ、先生素先考誠軒（坪井信道）翁ノ門ニ出シヲ以テ待遇殊ニ厚キヲ得タリ、其後先生旧幕府ノ召ニ応ジテ侍医ニ任ゼラレ、兼テ医校ヲ都督スルニ当テヤ、余再ビ従遊スルコト茲ニ年アリ、是ニ於テ前後其薫陶ヲ受クルコト深シ、然ルニ余ヤ浅劣未ダ涓滴《けんてき》［しずく］ノ以テ洪恩ニ報ズルコトナク忽焉《こつえん》［たちまち］トシテ先生世ヲ捐《す》ツ、実ニ怙恃《こじ》［父母］ヲ失フニ似タリ、其後余モ亦叨《みだり》［かたじけなく］ニ幕命ヲ拝シテ侍医ノ員ニ列シ、未ダ幾何ナラズシテ次デ倍駕西上スルノ間、会《たまたま》戊辰ノ変起ル、当時顚沛《てんぱい》［つまずき］ノ際、浪華東京ニ奔馳シ、水戸静岡ニ流寓シ殆ンド寧歳《ねいさい》［おだやかな年］ナシ、而シテ往歳偶《たまたま》痼疾ニ罹リ枕席ヲ離レザルコト荏苒《じんぜん》［歳月が長引く］三年、将ニ死セントシテ死セザル者数回、幸ニシテ余喘《よぜん》［絶えんとする命］ヲ存スルノ以テ今日此盛宴ノ席末ニ列スルヲ得ル、真ニ一大僥倖ト云フベシ、今席上諸君ヲ通観スルニ年齢余ト相伯仲スル者僅ニ両参人ノミ、愈余ガ老頽為スルコトナキヲ愧ヅ、三十年一場夢中ニ経過シ去リ、青年ノ素志消滅シテ痕ナシ、今日先生ノ影像ヲ拝スルニ方テ懺悔復タ言フ所ヲ知ラズ、抑モ時運変故ニ所アリト雖、必竟亦一念方向ノ堅固ナラザルニ因ルナリ、追思此ニ及ブ、唯紅涙袂《たもと》ヲ湿ス有ルノミ、因テ今日盛会ノ状、後日集会ノ約ヲ録シ、併テ余ガ倶ニ歓楽シ且独リ嘆息スル所以ヲ記シテ以テ同友ニ示ス。

東京寄留静岡県　坪井信友謹誌

本日会者名面《ママ》

| | | | | | | |
|---|---|---|---|---|---|---|
| 伊藤慎蔵 | 巌谷龍一 | 池田良助 | 石井信義 | 波多潜哉 | 西岡逾明 | 西川　泰 | 戸塚文海 |
| 河野通敏 | 高松凌雲 | 武田成章 | 竹内正恒 | 武谷祐之 | 田代基徳 | 坪井為春 | 坪井信良 |
| 長与専斎 | 中山信安 | 中　定勝 | 村田文夫 | 萩原三圭 | 大鳥圭介 | 山口良造 | 牧山修卿 |
| 古川正雄 | 福沢諭吉 | 船曳清修 | 手塚良仙 | 足立　寛 | 佐沢太郎 | 阪本政均 | 佐野常民 |
| 箕作秋坪 | 渋谷良次 | 島村　鼎 | 広岡行徳 | 本山　漸 | 鈴木儀六 | | |

会者　合計　三十八人

図11－4　坪井信良

▽**坪井信良**（文政六～明治三七＝一八二三～一九〇四）

佐渡良益（坪井信良）は文政六年八月二十八日、越中高岡の医師佐渡養順の次男として出生、幼名末三郎、天保十一年（一八四〇）京都の小石元瑞に入門、同十三年江戸の坪井信道塾に入門、弘化元年（一八四四）坪井信道の養子となり、坪井信良と改名。嘉永元年（一八四八）義父信道の死期迫り、信道の長女牧と結婚、同年十一月八日信道没、信道の名を襲名する。同五年適塾に入門、同六年越前藩に出仕、安政五年（一八五八）蕃書調所教授補、文久三年（一八六三）医学所教授職、元治元年（一八六四）越前藩御匙医師、ついで幕府奥医師、慶応三年（一八六七）将軍徳川慶喜にしたがい大坂へ、ついで同四年一月江戸着、同年四月、慶喜に従い水戸へ、同年十二月、静岡病院頭並となる。明治七年東京病院総取締、九年、同病院免職、三十七年十一月九日没、享年八十二歳、墓碑は東京都豊島区駒込五丁目染井霊園にある。刊行した訳書に『医則』『侃斬達篤《カンスタット》（内科書）』『新薬百品考』があり、未刊の訳書に、ケンペルの日本誌・モスト附録牛痘編および義父坪井信道の漢詩文を編集した『冬樹先生遺稿』と撰文『先考行実遺漏』がある（宮地正人『幕末維新風雲通信――蘭医坪井信良家兄宛書翰集――』／藤浪和子『東京掃苔録』）。

②明治八年（一八七五）六月十七日付『横浜毎日新聞』記事（『国際人事典――幕末・維新――』緒方惟準の項）

洪庵の十三回祭祀を盛大に開く

去十日は当今有名なる陸軍一等軍医正緒方惟準先生の亡考我国西学の鼻祖《びそ》関西の大医たりし洪庵先生の十三回祭祀なるをもて、当日午後二時よりその旧門下生当今顕職に在る人々の中、佐野常民君、大鳥圭介君、長与専斎君を初とし勅奏の諸子、処士には福沢諭吉君、箕作秋坪君等有名なる先生方総て五十余名、駿河台甲賀町なる惟準先生の堂に会され、盛宴を開き閑話雄談往時同窓麗沢の旧況を追懐し興旺し酒酣なる時、福沢君亭《(亭)》主惟準先生に代り席上の諸子に口演なせる大意は、大凡人たるもの思を悗《まどわ》しめ精神を快うする事無る可らずしてその趣は一様ならず酒に興するもあり婦人に娯むもあれど、今日この席に会する者いずれも官は勅奏の間に在りて日々不自由もなく外は朝廷に立つの名誉を得、内は父母に尽の余地あるは一に故緒方洪庵先生の教訓薫陶の力に因らざるなし、かく幸福を享け幸い故先生を辱しめず古え謂う所、生ては循《したが》い死しては安しとの語にも適いて今日の大集会拙者を娯ましむる最第一事と存ぜり、さて熟《つ》ら熟ら前を考え後を推すに、故洪庵先生の物故をされし以来僅か十三年のみにして門下の旧生徒五百余名中世を隔て地を異にして其半を減ぜしは実に残り惜き次第なり、又今より三、四年の後十七回祭に至るの日はその間幾許の人を失うも予じめ知るべからざるなり、願くは今日の集会を初めとして一年両度一所に盍簪《こしん》［朋輩のより集まり］し所懐を尽して精神を爽快にするは如何がと、その時坐中の上客佐野、大鳥の両子を初めとして皆右手を挙て然るべしとの意を示さる、次に亭《(亭)》主緒方先生坐客に向い、老母今坂府に在りてこの盛会に列するを得ず、願くは写影を送て遺憾を補わんと欲す、諸君之を許すや否やと、衆子一議にも及ばず直に事を畢えそれより再び杯を新にし歓娯を極め、午後九時に到て退散あり、嗟《ああ》洪庵先生の栄極まると云べし、先生一点の霊血後嗣に伝えて今日の惟準君あり、精神の薫陶する所又能く朝野の諸賢を出して文運を今日に翼賛す、その功名死して朽ず、その国家に補益する現時諸先生の右に在りと云も決して河漢《かかん》［とりとめなき］には非るなり、宜なり、没後十余年の今日に至てこの栄誉ある盛奠を享る是併先生世俗の譏刺を省みず生前堅忍の力と勉強の労とに因り今その結果を得し者にして固より偶然致す所に非ず、古より云、名空しく立ずと、吾先生に於て之を信ぜり。

山形県木村氏記報

③この投稿の五日後の明治八年六月二十二日付『朝野新聞』の第三ページ目に次のような記事が掲載された。

去ル十日、我師緒方一等軍医正、亡父洪庵先生ノ祭期ニ当リ、午後三時故旧門生ヲ招キ以テ先考ヲ泉下ニ慰セントス、此日会ニ応ズル者、大鳥圭助(介)、佐野常民、長与専斎、福沢諭吉、箕作秋坪、坪井信良、島村鼎、石井信義、足立寛等ノ有名ノ諸子凡ソ五十余名ニシテ、門前馬車ヲ列ネ堂上英傑ヲ集ム、置酒［酒もり］盛筵互ニ謂テ曰ク、今日ノ会実ニ盛会ト謂フベシ、希クハ常談［なみの話］スル莫レト共ニ、胸襟ヲ披テ同窓ノ旧事ヲ語リ、妙論高説傍ラ人ナキニ似タリ、時ニ福沢氏座ヲ起チ手ヲ挙ゲ揚言シテ曰ク、我輩今日先師ノ盛祭ニ与リ、諸子ニ遇フ事ヲ得タリ、顧フニ我輩会盟ヲ謬ル事殆十年ヲ過グ、今日相逢ヒ名ヲ記シ面ヲ識ル者僅ニ十余名ナリ、若シ此会ヲシテ十年ノ後ニ在ラシメバ、遂ニ此金蘭［親しい交わり］ノ臭味モ方ニ全ク消スルニ至ラントス、由テ毎年六月十日、十一月十日ノ両日ヲ以テ会日ト定メ、再ビ旧盟ヲ温メ香気ヲシテ放タシメバ如何、諸君若シ吾言ヲ可トセバ左手ヲ挙テ之ニ応ゼヨト、其言未ダ終ラザルニ、満座尽ク手ヲ拍チ欣然左手ヲ挙テ之ニ答フ、遂ニ後会ヲ約シ歓遊、終日夜半ニ至リ各々朗吟シテ去ル、此日ヤ我師ノ北堂［洪庵夫人八重］坂府ニ在リテ諸子ノ集会ニ応ゼザルヲ遺憾トセリ、由テ諸子ノ真像ヲ写シ以テ北堂ノ情ヲ慰セント、写真師某ヲシテ庭上ニ於テ五十余名ヲ謄写セリ、此日家塾ノ生徒八十余名モ亦各々酒食ヲ賜ヒ、尽ク快楽ヲ尽サシム、実ニ是レ緒方氏ノ美事ニシテ則チ洪庵先生ノ鴻賜《こうし》ナリ、生等モ亦近頃幸ニ黌舎ノ列ニ在リ、嘗テ洪庵先生ノ高名ヲ聞クト雖モ、其識量風致ノ如キハ未ダ如何ナルヲ知ラズ、今日幸ニ盛祭ニ与リ其来客ヲ見ルニ、実ニ是当時ノ所謂英雄俊傑ニシテ五尺ノ童子モ記ス所ロナリ、而シテ尽ク当家ノ門ニ出デザルハナシ、是ヲ以テ初メテ洪庵先生ノ卓識、人ヲ識ルノ鑑アル事ヲ発明セリ、嗚呼洪庵先生ハ本朝西医ノ元帥ニシテ、即チ開化ノ先鞭ナリ、死後尚海内《かいだい》ノ英傑ヲ遺シ、以テ挙国ノ人ヲシテ開化ノ域ニ進マシム、宜ナルカナ、緒方氏ノ盛昌理ナルカナ、先生ノ英名諸君之ヲ諒察セヨ。

木村朔

洪庵先生始テ東京［江戸］ニ来リ幕府ノ侍医タリシ時、直廬隔壁ナルヲ以テ日ニ欵接セリ、且邸宅相距ル数十弓ナルヲ以テ、屢《しばしば》往来シテ其高論ヲ聴クヲ得タリ、回頭既ニ十七八年、今木村氏ノ寄書ヲ誦シ、追感ノ情自ラ禁ズル能ハズ。

柳北拝識

〔注〕以上の二つの新聞記事は、昵懇の科学史家山下愛子先生から提供されたもので、先生に深く感謝いたします。

この文章から、この集会は惟準が洪庵の門下生を招待したものであるが、惟準の塾生八〇余名が相伴にあずかり、盛大な宴会であったことがうかがえる。

寄稿者の木村朔は緒方惟準の東京適塾の門下生であることは明らかである。『東京適塾入門人名録（明治八年次乙亥一月穀旦　生徒姓名簿）』に「木村良朔　二十五歳　山形県出身　平民　明治八年一月入門」とある。新聞に投稿した記事であるので、名の全部を記さず、良朔を朔のみとしたと考えられる（松田武「新出の明治期「適々斎塾門人帳」について」、『適塾』二三号、一九九〇年）。木村良朔は東京適塾での学修を終え、内務省の医術開業試験に合格、明治十七年三月から同年四月中に医術開業免状を下付されている（樋口輝雄『明治八年から十六年までに実施された内務省医術開業試験について』）。この当時、東京適塾には八〇余名の塾生がいたことから、その盛況ぶりがうかがえる。

柳北とは、この当時『朝野新聞』を主宰していた成島《なるしま》柳北《りゅうほく》（一八三七〜八四）である。彼は旧幕臣で、奥儒者に任ぜられ、徳川家定・同家茂に経学を講じ、のち騎兵頭・騎兵奉行・外国奉行・会計副総裁などの要職を歴任したが、幕府の倒壊後は新政府の招きに応ぜず、ジャーナリストとして活躍した。肺疾患で明治十七年十一月三十日死去、享年四十八歳。

その後この懐旧会（適塾同窓会）がどのような推移をたどったかは、資料が見あたらないので不明であるが、「明治四十五年七月十日故緒方洪庵五十回忌記念ノタメ東京市本郷区蓬莱町高林寺ニ於テ撮影」と題する写真が芝哲夫によって紹介されている（「適塾門下生に関する調査報告(13)」、『適塾』二六号、一九九三年、写真は口絵15参照）。そしてこれについての記事が、『助産之栞』一九五号（一九一二年）に掲載されていることがわかったので、「緒方洪庵五十回忌の記事について」と題して、『適塾』四〇号（二〇〇七年）に紹介した（四八九ページ）。

## (6) 検閲使随行

> 同年［明治八年］九月八日、西部検閲使〈西部とは広島熊本両鎮台の管下を云ふ〉随行仰せ附けられ、広島・熊本両鎮台及び管下を巡廻す。是れ軍隊衛生及び軍医の学術を検閲するなり。

惟準の履歴書には、このあと、「明治九年一月十六日御用済み復命」とあり、随行用務が終了し帰京したことがわかる。約四か月という長い検閲出張である。

芝哲夫「億川家資料について」（『適塾』三七号、二〇〇四年）によれば、惟準の弟収二郎、従弟億川三郎（惟準の母八重の弟信哉の次男）、緒方太郎（緒方郁蔵の長男）の三人は明治九年八月二十九日大阪天保山港を出航、九月一日横浜港着、直ちに駿河台の惟準宅に到着した。億川三郎は在京の兄岸本一郎に相談し、九月十日惟準の塾に入門し、解剖学・生理学・病理学を学ぶこととした。億川の覚書に、「十月緒方先生東伏見ニ従テ諸国之検閲使ヲ命ゼラレテ四国ニ行ク。留主宅ハ二等軍医正足立［寛］氏及長瀬［時衡］師ニ代リテ教導ス」と記されている。四国は広島鎮台の管下にあったのであろう。

しかし「東京適塾入門人名録（明治八年次乙亥一月穀旦　生徒姓名簿）」には、億川三郎の入門月日は八月一日で、証人は実兄の岸本一郎になっている（前掲「新出の明治期「適々斎塾門人帳」について」）。

前述の惟準が随行した東伏見とは東伏見宮嘉彰《よしあき》親王（一八四六〜一九〇三）である。伏見宮邦家親王の第八子

図11－5　東伏見宮嘉彰親王

で、安政五年（一八五八）仁和寺に入り純仁法親王と称したが、慶応三年（一八六七）二十二歳、勅により還俗、嘉彰親王と改め議定・軍事総裁となり、鳥羽・伏見の合戦中の正月、征東大将軍に任命された。ついで外国事務総裁を兼務した。六月会津征討越後口総督となり、七月海路越後柏崎に上陸、北越の戦闘を督し、会津開城後の十一月凱旋した。明治二年兵部卿（次官に当たる兵部大輔は大村益次郎）、三年閏十月から五年十月まで英国留学、七年陸軍少将、佐賀の乱には征討総督として平定にあたった。十三年中将、十五年小松宮と称し、名を彰仁《あきひと》と改めた。二十三年陸軍大将、二十七年の日清戦争にさいし、征清大総督を命ぜられた。三十一年元帥府に列し、三十五年天皇の名代として英国皇帝の戴冠式に参列、翌三十六年二月十八日病死、享年五十八歳、国葬、東京小石川豊島岡墓地に葬る。この間、初代日本赤十字社総裁・大日本農会など多くの団体の総裁を兼ねた（『国史大辞典1』「彰仁親王」、小西四郎執筆／日本の赤十字刊行委員会編『日本の赤十字』）。

明治九年（一八七六）九月四日、東部検閲使〈東部とは東京、仙台両鎮台の管下を云ふ〉随行仰せ附けられ、東京、仙台両鎮台及びその管下を巡廻す。

惟準の履歴書には、「十二月二八日、検閲使御用済復命」とある。いずれの検閲も三～四か月間でかなり長期にわたっている。この時の検閲使が誰であったかは不明である。

ちなみに、当時の陸軍卿は山県有朋で、在任期間は明治七年六月三十日～十一年十二月二十四日である。なお陸軍卿を陸軍大臣と改称したのは明治十八年からである。

## （7）第二回適塾同窓会の開催

洪庵の十三回忌の会合で福沢諭吉が提案した十一月十日に、第二回目の適塾同窓会は開催されなかったのであろうか。緒方家には「明治九年六月十日第二回懐旧会、東京猿楽町」と説明のある集合写真が伝えられており、緒方富雄先生がこれを株式会社ヤトロン創立二十五周年記念誌（『けんさ』特別号）に紹介している。この本は富雄先生からいただいたもので、一般にはあまり流布していないと思われるので写真と全文をここに再録する（原文は横書きで数字は洋数、写真は口絵13参照）。

○東京の適塾同窓会の記念写真

この写真は、祖父緒方惟準（一八四三―一九〇九）が手もとに保存していたもので、現在わたしが、他の洪庵関係史料といっしょにあずかっている。

写真は大型のもので（二〇・二×一四・二cm）、その説明に、「明治九年六月十日第二回懐旧会、東京猿楽町」とあり、出席者三一名の姓名が全部しるされている。六月十日は緒方洪庵（一八一〇―一八六三）の命日にあたるので、この機会にかつて適塾に学んだものたちが集まって、むかしの話に花をさかせたようである。その第一回は前年の六月十日におこなわれている。

この懐旧会（懐旧集とも）は今日でいう同窓会である。前年の第一回の集会のときにも記念写真をとったかどうか、まだあきらかでない［筆者注……前述のように撮影している］。

写真は、主屋で会合のあと、庭に出て、主屋を背景として撮ったものである。洪庵の画像を中央にひろげ、向かって右側に洪庵の妻八重未亡人がすわっている。坪井信良、菊池秋坪、大鳥圭介、佐野常民、長与専斎、田代基徳、武谷祐之など、のちのちまでひろく知られた人々がいる。適塾入門帳（姓名録）で見ると、出席者は、天保九年（一八三八）塾が開かれたはじめごろに入門したものから、洪庵の死の直前に入門したものまで、ひろい範囲にわたっている。

向かって左端に近くいる小児は、わたしの父緒方銈次郎（一八七一――一九四五）（惟準の子）で、当時五歳である。また右の端に近く〝鰯屋主人〟とあるのは医療器具店の主人であろう。

この年の十一月十日に、おなじ場所で第三回を開いている。この時は福沢諭吉も出席して、つぎの文をのこしている。その大意を自由な現代文にしてかかげる。

書生の本質はガマとはちがう。先年わたしたちが大坂の適塾でギャアギャアと本を読んでいたときは、オタマジャクシがせまい溝で一緒に鳴いているのとかわらなかった。その後塾を飛び出してどこへいったかわからないうちに時がたち、一時は全く足跡を絶ったものもあった。ところが、今日たまたまここで会ってみると、仲間のうちに先生になったものも沢山あって、もう昔の青二才ではない。官吏もいれば大将もいる。医者もいれば町人もいる。こちらが学校の教師なら、あちらは会社の支配人、このようにみんなさまざまで、おなじ塾窓から醸し出された品物とは思えない。これを、オタマジャクシがどんなちりぢりになったり、またよりあつまったりしても、結局は一種類のガマガエルであるのとくらべると、とてもおなじでない。そうはいうものの、今日の席は、たがいが今日の身分で会うのではなく、先年適塾でみんなあつまって鳴いていたオタマジャクシの集合であるから、みなたがいに先生だとか役人だとかおもわないでほしいと希望してやまない。

旧適塾の食客生　福沢諭吉記

適塾懐旧会出席者の適塾姓名録記入順序（?印は私緒方富雄が確定できなかったもの）

1　坪井信良（一二三九）　2　鰯屋主人　3　河野通敏（九一?・四三〇?）
4　箕作秋坪（菊池一五七）　5　大鳥圭介（一二一一）　6　山口良蔵（三六四）
7　高松凌雲（五八〇）　8　伊藤慎蔵（一一三八）　9　佐野常民（一三一一）

10 広岡行徳(四九四?-六一二?)
11 緒方道平
12 岩谷龍一(二五九)
13 波多潜哉(二三〇?-五〇〇?)
14 手塚良仙(三五九)
15 長与専斎(三〇一)
16 田代基徳(一徳)(五七九)
17 緒方八重
18 鈴木儀六(三四七)
19 本山　漸
20 佐沢太郎
21 足立　寛
22 緒方惟準
23 伊東貫斎(八五?-三三一?)
24 渋谷良次(一二七)
25 嶋村　鼎(二四六)
26 奥村春斎(四六二)
27 吉雄　敦(一六一)
28 西川　泰(三四六?-三六〇?-一四八?)
29 緒方銈次郎
30 武谷祐之
31 永田宗郁(二四四?)

〔注〕（　）内の数字は、緒方富雄編著『緒方洪庵適々斎塾姓名録』の姓名記入の順番である。例えば坪井信良は第二三九番目の記入である。

# 第12章　惟準の西南戦争従軍

## （1）軍団病院での活動と戦況の推移

明治十年［一八七七］一月、西郷隆盛等鹿児島に反するや、朝廷大に兵を発して之を討つ。二月二十四日、御用有之摂津国神戸表に差遣はさるゝの命を蒙り、同地に赴く。同月二十八日、同地に於て征討軍附仰せ附けられ、軍団軍医部長陸軍々医監林紀氏に隷し、軍医学校卒業生を率ひ、直ちに筑前国福岡表に出張す。同年三月二日、福岡表より更に筑後国久留米に出張せり。同月六日、征討軍団病院副長仰せ附けられ、同月十日、兼ねて陸軍本病院出仕の命を受く。当時軍団病院長は軍医部長たる林紀氏の任なるも、同氏は多く戦地〈戦地に軍団病院を設け大小繃帯所を配置し以て弾丸雨注の間に傷者を救療す蓋し兵戦の為め大小繃帯所の設あるは、此役を創始とす〉に在て久留米に居らず。余専ら院長の任に代り、其事務を執る。然るに肥後国田原坂を抜かんとするの戦を初めし際より傷者頓《とみ》に増加して六千有余となり、正に久留米市中に溢るゝを以て、市中は勿論、接近町村の学校、寺院を残らず仮分病室となしたるに、傷者尚ほ尽きざるにより、やむを得ず一時或は牛馬鶏豚の厩《うまや》、塒《ねぐら》すら仮病室に充つるの現況なりしが、故に被服忽ち供給に欠乏を告げ、藁若くは筵を以て蓐《しとね》に代へ、且つ軍医は勿論、薬剤官及び看護卒等皆な其人員に不足を生じ、殆ど其実績を挙ぐる能はざるに至りたりき。ここにおいてか、急に事を福岡県庁に通じて漢雑洋を論ぜず、いやしくも同県の医籍に名を掲ぐる者を召徴し及び各地より募集に応ぜし医生を登庸して治療看護の事を分任せしむ。此間、切断・切開等外科的手術を施す者の数は、日々実に数百を以て算す。

西南戦争に従軍した陸軍三等軍医正石坂惟寛（広島鎮台より派遣）の従軍日記『鞍頭日録』（一九二ページ以下で詳しくふれる）によれば、惟寛は二月二十八日、南関《なんかん》（熊本県玉名郡南関町、福岡県県境近傍）から久留米に帰り、三月四日、再び林軍医監とともに南関に向かった。このときの『日録』に、

三月四日、（中略）此日林［紀］軍医監・田代［基徳］医正と共に南関に赴き、緒方［惟準］医正・李家［文厚］軍医・小松［惟直］軍医副其他試補五名来着（後略）　（原文はカタカナ）

とあり、惟準は久留米を経て、林・石坂らのあとを追って南関に到着したのである。南方の田原坂《たばるざか》（熊本市街の北北西約二〇キロの要害地）方面の前線から南関へ送られてくるおびただしい戦傷者をつぶさに見たことであろう。この三月四日、田原坂で両軍の死闘が開始され、西郷軍が同月二十日敗退するまでつづくのである。

惟寛は現地で治療に従事するが、惟準は三月六日征討軍団病院副長に任命されたので、久留米にもどり、病院長林軍医監の代行として病院の運営、負傷者の治療にあたったのである。

図12－1　西郷隆盛

図12－2　林紀

これより先、二月二十八日、惟寛は久留米に来て、県当局を介し、徳応寺を病院本部とし、浄顕寺・心光寺・善福寺などを仮病室とした。これが軍団病院であった。

同年五月中旬、福岡偶《たまた》ま暴徒蜂起し、久留米を襲はんとするの勢あり。余の主任たる征討軍団病院は衛兵皆な要急の地方に派出し、臨時募集したる医師、医生は名を父母子弟の疾病に借り、辞し去ること正に半数を過ぐるに至る。いわんや電信線は不通となれるを以て、急に軍医、衛兵等の応援を請ふ能はざるに於てをや。さきに田原坂の劇戦ありて六千有余の傷痍疾病に罹れる軍人、軍属を擁し、此多数なる傷士、病卒をして殆ど死地に就くの思を為さしめ、之を覩見《とけん》［みる］する余が胸中こそ察するに余あらん。何はしかれ頻に慮を応急策に凝らす際、今や暴徒はすでに僅々一里以外の地に迫り来れりとの報に接し、即ち其侵襲を防がん為め、病室に在る軽傷及び治療に傾きし士卒をして各自に銃器弾薬を携へ、病院を護衛せしむるの準備を咄嗟《とっさ》の間に為したりき。此間の困難憂慮は実に名状すべからず。思ふて此に至れば、今尚冬ならざるに、肌膚粟を生ずるかと疑はる。幸に賊徒は久留米を襲はずして半途より退きしにぞ。病士、傷卒此に初めて一時虎口の難を逃れたるの思を為したりと云ふ。余ここにおいてかおもへらく、戦闘に当り勝利あるときは、百計企画せずして足ると雖も、敗軍に際しては殆ど其士卒を救ふの策に究《窮》するを以て、将士は兎も角もあれ、軍医は宜く常に勝戦に処するの計よりも寧ろ敗軍の難を救ふの策を講ぜざるべからず。いわんや傷士、病卒を擁護するの軍医に於てをやと。

以上の困難憂慮を経たるの結果に由り不図《ふと》一の経験を得て、此に倩《つらつ》ら其実地を参考し、ひたすら傷士、病卒の為めに謀りて此際斯く戦地に接せる久留米の如きは、敢て軍団病院を置くべき地にあらず。故に官軍熊本に聯絡をとりし後は、宜く此病院を四通［道路・交通・通信が四方に通ずること］に便なる長崎に移すべしとの議を建てしに、幸に之を採納せられ、同年六月、長崎に一大「バラック」病院を建築し、陸海の両路を借りて久留米なる六千有余の病士、傷卒を漸く長崎に輸送するや、院内忽ち充満し、到底一病院を以て全患者を容るゝ能はざるより、再び久留米の例にならひ、同市の学校、寺院を借りて仮分病室に充て、僅に患者雨露を凌ぎて病を養ふの処を定め了り、一同此に初めて全く虎口を逃れたる思を為しぬ。ここにおいてか、衣食の供給は不足なく補充せられ、殊に四通の便に加ふるに船舶を藉《か》る［たよる］の便を得たるを以て、治癒緩慢及び快復に趣《赴》ける患者は順次或は大阪に或は戦地に送り、其他或は各営に帰らしむ。

西南戦争は明治十年（一八七七）鹿児島私学校派を主体とする九州士族が、西郷隆盛を擁して起こした反政府戦争で鹿児島の乱ともいう。

かねてから征韓論を主張していた陸軍大将・近衛都督・参議の西郷隆盛は、明治六年十月十四日に開かれた閣議において、かつての盟友で欧米諸国を視察して帰った参議大久保利通の反対によって敗れ、病気を理由にした次のような辞表を提出して、下野した。

胸痛の煩ひこれあり、迚《とて》も奉職罷り在り候儀相かなはず候に付、本官並兼任御免仰付けられ度く願ひ奉り候、此等の趣宜敷御執奏成し下され度く　冀《こいねがい》　奉候

但位記返上仕候

十月二十三日　　　西郷隆盛

同時に、征韓派の板垣退助・副島種臣・江藤新平・後藤象二郎の三参議・一議長も辞表を提出した。翌七年この四人らは連署して民選議院開設を左院に建議する行動をとる。

江藤は帰郷するが、佐賀における不平士族の二団体、すなわち新政府反対の憂国党と対韓強硬論を主張する征

韓党が提携、明治七年、征韓・旧制度復活・攘夷などをスローガンとして、江藤を中心として挙兵する。これが佐賀の乱である。県庁などを襲撃し、佐賀城によったが、大久保利通等の政府軍に制圧され敗退、江藤は同年四月十三日斬殺刑死した。

この乱や西南戦争の背景には、相継ぐ新政府の政策に対する鬱勃たる旧武士階級の不満があり、次第に顕在化してゆき、はずみで大爆発を起こしたのである。

明治四年の廃藩置県の発布により知藩事たる藩主に辞表を出させ、全国を三府七二県に分け、新しい人材を各府、県知事に任命し、中央集権の体制を確立した。中央および地方政府の官員・警官・軍人に採用されなかった多くの武士たちは失業し、従来の給禄を失い、ただ政府から下付された公債のわずかな利息にたよるしかなく、次第に経済的困窮におちいった。商人その他に転職した者も多いが、慣れない商売などに適応しがたかった。

新政府発足後は、薩摩・長州・土佐の三藩で「親兵」と称して中央政府軍を組織したが、明治四年八月、藩兵組織を解体し、全国に四鎮台八分営を設置し、常備兵を配備することとした。明治五年十二月、徴兵令が発布され、旧士農工商の別なく平等に兵士になることができるようになった。武士の特権は消え失せ、ただ士族・平民という名称の区別だけが残された（明治五年一月、旧来の身分呼称を廃止し、皇族・華族・士族・平民の四つとなる）。初めは主として士族は将校、平民は兵士として採用された。

西郷は鹿児島に帰り自適の生活を送り、各地の士族の反乱（熊本神風連の乱・秋月の乱・前原一誠の萩の乱）に呼応する気配をみせなかった。しかしかつて西郷の部下であった桐野利秋・篠原国幹らは私学校を組織し、政治的にも軍事的にも強大な勢力を築いていった。鹿児島県令大山綱良はこれら私学校士族と結び、政府の中央集権政策に抗して独自の士族政策を進めた。

明治十年一月、政府は鹿児島草牟田《そむだ》の陸軍火薬庫にある弾薬が私学校派にわたるのを恐れ、汽船を派遣し弾薬輸送に着手しはじめた。これを知った私学校派の一部の急進派数十名が独断で一月二十九日に火薬庫を襲い、銃弾六万個を奪い、さらに三十日、一〇〇〇余名が同倉庫を破壊、弾薬を奪い、三十一日には磯海軍造船所附属火薬庫を襲い、小銃および弾薬を略奪した。このことが二月一日、鹿児島県肝属《きもつけ》郡小根占《こねじめ》郷（現・南大隅町根占川北）で遊猟中の西郷隆盛に報じられた。これを聞いた西郷は、思わず「わが事やむ」と嘆息し、急ぎ鹿児島に帰って、彼を慕う私学校の若者たちに一身を委ねた。

かねてから私学校党の不穏の動向を察知していた大警視川路利良（現警察庁長官に相当）は彼らの弱体化と実情探索のため、鹿児島県出身の二〇余名の警官らを秘かに送り込んだ。しかしそのほとんどが二月三日から七日までに鹿児島県の警察によって逮捕され、尋問された。私学校側から発表された少警部中原尚雄《ひさお》の供述書（二月三日付）によれば、川路大警視の内命により西郷らの暗殺と私学校の解消を目的として帰郷したことになっている。しかし後日の裁判所における陳述書では、「拷問のすえ、暴力をもって捺印させられたものである」と述べ、西郷暗殺指令を否定している。

この西郷暗殺計画により私学校派の怒りは爆発し、今や西郷もこれをおさえることができなくなった。二月十二日、次のような届書を鹿児島県庁に提出し、二月十五日、一三、〇〇〇人の西郷軍は武装して鹿児島を進発、熊本に向かった。西郷も十七日出陣した。

拙者共事、先般御暇之上、非職にて帰県致居候処、今般政府へ尋問之筋有之、不日に当地発程致候間、為御含此段届出候、尤旧兵隊之者共随行、多人数出立致候間、人民動揺不致様、一層御保護及御依頼候也

明治十年二月十二日

陸軍大将　西郷隆盛
陸軍少将　桐野利秋
陸軍少将　篠原国幹

この文中の「尋問之筋」とは、「西郷の暗殺計画」について中央政府に尋問したいという意味で、これが出兵の大義名分であった。

西郷軍は二月二十二日から二昼夜にわたる猛攻にもかかわらず農・町民からの徴兵軍の守る熊本城を奪取することができなかった。西郷軍は城を包囲する一方、北方に進軍、向阪（熊本の北）で小倉の第一四聯隊（聯隊長は乃木希典少佐）と遭遇、激戦の末、乃木軍を撃破、聯隊旗を奪った（これは明治四十五年明治天皇崩御のとき、乃木大将が殉死する原因の一つとなった出来事であったことは有名である）。しかし三月四日から始まった半月余の田原坂での死闘は、同月二十日西郷軍の田原坂からの敗退で終結し、これから西郷軍の敗走がつづくのである。このときの征討軍の死傷者三〇〇〇余名、銃弾は毎日二五万ないし四〇万発、大砲一二門で一〇〇〇発を使用したという。これらの死傷者が後方の高瀬・南関を経て久留米へ移送され、惟準らの軍団病院へやってきたわけである。

この間、本州から続々と第一・第二・第三・第四旅団が到着、増強され戦闘に加わった。そして西郷軍の背面を攻撃すべく、三月十九日・二十五日に別動第一（旅団長は高島鞆之助）・第二・第三の三旅団が八代に上陸し北進、四月八日、熊本鎮台の奥保鞏《おくやすかた》少佐指揮の突囲隊が宇土で八代上陸軍と連絡に成功し、西郷軍を挟み討ちする態勢となった。このとき熊本城中の食料はまさに尽きようとする寸前であった。

同月十五日、西郷軍は全戦線にわたって総退却を始め、ついに征討軍は南北から熊本に入り、二か月の包囲網が解けた。その後、西郷軍は人吉《ひとよし》に退き、薩摩・大隅・日向の三州を保持する持久の作戦をとり、都城を根拠地として退勢を挽回しようとしたが、七月二十四日この地も官軍に奪われた。三十日には宮崎も失い、八月十四日延岡陥落、ついに長井村（現・宮崎県東臼杵郡北川町）に追いつめられた。ここにおいて同月十七日、西郷は全軍の解散を表明し、西郷は従う数百名を引き連れ、不可能と思われた可愛嶽《えのだけ》の嶮を突破し鹿児島に向かった。征討軍は九州中部山岳地帯の中で西郷軍の行方を見失った。

　西郷軍は椎葉・米良・小林・吉松・横川を経て、九月十一日鹿児島に帰着、一時は城下の大部分は西郷軍の支配下におかれた。しかし多勢に無勢、征討軍は五万、城山にたてこもった西郷軍は約三〇〇、ついに九月二十四日の総攻撃により、西郷は銃創をうけたのち自刃、桐野利秋・村田新八・辺見十郎太の幹部らも次々と倒れ（篠原国幹は田原坂で戦死）、戦いはついに終わった。時に明治十年九月二十四日午後七時であった。鹿児島での最後の西郷軍の死者一六〇、降伏する者二〇〇余であった（圭室諦成『西南戦争』／原口虎雄『鹿児島県の歴史』／日高次吉『宮崎県の歴史』／『国史大辞典8』）。

図12－3　有栖川宮熾仁親王

　さて、この西郷軍出陣の知らせを受けた政府は、二月十九日、征討総督に有栖川宮熾仁《たるひと》親王、征討軍参軍（司令長官）に陸海軍の二人（陸軍中将山県有朋と海軍中将川村純義）を任命し、翌二十日に征討総督本営を大阪に設置した。のち、この本営は福岡・熊本・宮崎・鹿児島へと移動した。
　一方、勅使柳原前光は、随員の参議兼開拓長官黒田清隆陸軍中将・陸軍少将高島鞆之助（二人はともに旧薩摩藩士）および護衛の陸軍一大隊半・警官七〇〇名が搭乗した数隻の艦船をしたがえ、三月八日鹿児島港に入港した。そして旧藩主島津忠義・同久光および県当局に逆徒征討、西郷・桐野・篠原・大山県令らの官位剝奪、中原尚雄と残留外国人の引き渡し、鹿児島県下における帯刀禁止などをそれぞれ要求した。三月十日、島津久光と同忠義が一応請書を出したので、勅使は一応任務を終え、中原の引き渡しを受け、かつ県令大山綱良に随行を命じ、外国人二名をともなって、十二日鹿児島を出発、長崎をへて十六日京都に帰り復命した（大山は九月三十日長崎で斬罪に処せられた。享年五十三歳）。
　勅書を受けた島津家では、島津珍彦《うずひこ》・同忠欽《ただかた》を正使として建白書を携え、四月十日京都着、十六日三条実美太政大臣宛に建白書を提出したが、内容が西郷側に傾斜するような意見の陳述（自分は鎮撫する力はない、中原らの陰謀云々を審議を経ずに妄説とするのは一方的である、この事件には政府も責任がある、一応両軍の休戦を命令し、西郷・大久保利通・川路利良らを召喚し、非常裁判を開き、その曲直を明らかにし、そのうえ西郷が服しないならば、征討すべしという内容）であった。政府および三条実美はこれを拒絶した。島津らは四月二十九日京都を発ち、五月八日鹿児島に帰った（前掲『西南戦争』）。

## （2）佐野常民と博愛社（のちの日本赤十字社）の設立

> 時に佐野常民氏〈今は子爵華族なり〉、長崎に来り余に謀るに、外国赤十字社の例に倣ひ博愛と名づくる一社を設け、戦地の傷者、病者は其官軍たり賊軍たるを問はず、之を救療せんとの事を以てす。余亦大に此挙を賛成し、更に同市に於て我軍団病院の両分病室を設け、之を賊軍の傷者、病者に分与することとなし、此に其傷者、病者を施療すること遂に百余名に至る。是れ目下畏くも天皇、皇后陛下眷護《けんご》［情けをかけてまもること］の下に置かる、日本赤十字社の基本なり。

▽**佐野常民**（文政六～明治三五＝一八二三～一九〇二）

佐賀藩士下村充贇《みつよし》の子、藩医佐野常徴《つねみ》の養子となり、京都の蘭方医広瀬元恭に蘭学を学び、ついで嘉永元年（一八四八）緒方洪庵の適塾に入門。その後、江戸の蘭方医伊東玄朴と戸塚静海に学んだのち、藩命により長崎海軍伝習所に入所。文久二年（一八六二）海軍取調方付役として、わが国最初の蒸気船を製造した。慶応三年（一八六七）パリの万国博覧会に派遣され、帰国ののち藩の兵制改革に尽くした。維新後は兵部省に出仕、海軍

**図12－4　佐野常民**
（46歳／1867年／パリにて）

の創設に尽力、明治八年（一八七五）元老院議員となる。西南戦争にさいし博愛社を創設し、政府軍と西郷隆盛らの反乱軍の別なく負傷者を救護・治療した。のち大蔵卿・農商務大臣などを歴任、二十年（一八八七）博愛社が日本赤十字社となると、初代社長に就任、その後伯爵に叙せられた。明治三十五年十二月七日没、享年八十、墓碑は東京都港区青山墓地にある。

○博愛社の設立

西南戦争で多くの戦傷者が生じたことや医療資材の不足が全国に知れわたると、二つの救護運動が起こった。一つは、華族の大給恒《おぎゅうゆずる》（一八三九～一九一〇）が中心となり、華族によびかけて救護団体を組織、もう一つは佐野常民が主体となり、外遊時に注目した西欧の赤十字社にならい篤志救護団体を組織しようとしたものである。大給は華族会館建設の資金を転用することをはかったが反対され挫折、佐野の案に合流した。佐野は設立の願書を右大臣岩倉具視宛に提出した（明治十年四月六日付、次ページ）。しかし、賊軍の負傷者も治療するという点で反対され、許可されなかった（四月二十三日付）。そこで陸軍卿山県有朋の賛同をえて、熊本に赴き征討総督有栖川宮熾仁親王の許可をとりつけることができた（五月一日）。これにより急ぎ博愛社が組織され、救護員二〇〇名、救護費七〇〇〇円をもって一四〇〇名の患者を救護した（「博愛社設立願書」、日本科学史学会編『日本科学技術史大系二四・医学一』所収）。

○有栖川宮の博愛社設立許可後の佐野常民の動向

常民は五月一日熊本に到着、征討総督本営に出頭、博愛社設立の願書および社則五条を提出した。その結果、同月三日に許可がおりた。そして四日に総督有栖川宮に面談ののち郷里佐賀に赴き、活動資金と救護員の確保の活動を開始した。旧藩主鍋島直大《なおひろ》の家令から三〇〇円を借用し、佐賀病院の医員小川良益、医員助津田一蔵、庶務係兼看護長江原益蔵、看護手町浦富蔵を雇って熊本にもどり、五月二十七日から熊本軍団病院へ彼らを派遣して救護にあたらせた。一方、医員深町亨を長崎軍団病院へ派遣した。救護員派遣前に総督宮に届けでた博愛社の標識は紅色の一文字の上に紅色の丸を描いた「紅丸一」であった（吉川龍子『日赤の創始者　佐野常民』）。

七月初めに松平乗承《のりつぐ》が東京で集まった寄付金を持って九州へきたので、佐野は長崎に赴いて彼と面談した。また十日には佐野は長崎来訪中の有栖川宮、緒方惟準（長崎軍団病院長）、書記官戸田秋成と会い、種々の協議を行った（同前書）。

惟準が前掲『一夕話』の中で述べているのは、このときのことであろう。

博愛社設立願書（国立公文書館蔵／句読点・濁点は筆者）

此度鹿児島県暴徒御征討之儀ハ実ニ容易ナラザル事件ニテ、開戦已来既ニ四旬ヲ過ギ、攻撃日夜ヲ分タズ官兵ノ死傷頗ル夥多ナル趣、戦地ノ形勢逐次伝聞致候処、悲惨ノ状、誠ニ傍観スルニ忍ビザル次第ニ候、抑《そもそも》死者ハ深ク憐ムベシト雖ドモ生ニ復スル法ナシ、唯傷者ハ痛苦万状生死ノ間ニ出没スルヲ以テ、百法救済ノ道ヲ尽ス事必要ト被存候。固《もとよ》リ政府ニ於テハ看護医治ノ方法整備スト雖ドモ、連日ノ激戦、創痍ノ者漸ク増シ、自然御行届相成兼候場合モ可有之ト料察致シ候。

聖上至仁大ニ宸襟ヲ悩マシ玉、屢々《しばしば》慰問ノ使ヲ差セラレ、皇后宮亦厚ク賜フ所アリタル由、臣子タル者感泣ノ外ナク候。就テハ私共此際ニ臨ミ数世国恩ニ浴シ候。万分ノ一ヲ報ジ為メ、不才ヲ顧リミズ一社ヲ結テ博愛ト名ケ、広ク天下ニ告ゲテ、有志者ノ協参《ママ》ヲ乞ヒ、社員ヲ戦地ニ差シ、海陸軍医長官ノ指揮ヲ奉ジテ、官兵ノ傷者ヲ救済致度志願ニ有之候。且又暴徒ノ死傷ハ官兵ニ倍スルノミナラズ、救護ノ方法モ不相整ハ言ヲ俟タズ。往々傷者ヲ山野ニ委《まか》シ雨露ニ暴シテ収ムル能ハザル哉ノ由、此輩ノ如キ大義ヲ誤リ王師ニ敵スト雖皇国ノ人民タリ、皇家ノ赤子タリ。負傷坐シテ死ヲ待ツモノモ捨テ顧ミザルハ人情ノ忍ビザル所ニ付、是亦収養救治致シ度、御許可有之候ハヾ、朝廷寛仁ノ御主意内外ニ赫著《かくちょ》スルノミナラズ、彼徒ヲ感化スルノ一端トモ可相成候。欧米文明ノ国ハ戦争アル毎ニ自国人ハ勿論、他邦ヨリモ或ハ金ヲ醵《きよ》シ或ハ物ヲ贈リ若クハ人ヲ差シ、彼此ノ別ナク救済ヲ為ス事甚ダ勧ムルノ慣習ニテ、其例ハ枚挙ニ暇アラズ候。本件ノ儀ハ一日ノ遅速モ幾多ノ人命ニ干《おか》シ即決急施ヲ要シ候ニ付、何卒丹誠ノ微意御明察至急御指令被下度、仍テ別紙社則一通相添、此段奉願候也。

明治十年四月六日

議官　佐野常民

議官　大給　恒

岩倉右大臣殿

## (3) 緒方惟準と石坂惟寛との出会い

同年［明治十年］七月、鹿児島、福山、都城等の軍団支病院を巡視す。要するに以上の地方を巡視したるは、大約戦闘の翌日或は翌々日なりしを以て、其惨状は固より言を竢《ま》たずと雖も、就中《なかんずく》都城に於て余に感を与へたることあり。即ち其賊軍の跡を閲《けみ》するに、薬品其他医療上に必要なる器物等は一も遺残せずして携へ去りたること、且つ患者の遺残せる物品等なきこと、是れなり。其注意の周到なる、実に尽くせりと云はざるを得ざるべし。

石坂惟寛は五月二十七日に都城（宮崎県）に入っているので、そのご間もなく惟準は都城を視察したのであろう。福山（鹿児島県始良郡）は国分の南東にあり、鹿児島湾に面した町である。

西郷隆盛らの残兵が敗走し鹿児島に戻ったのは九月一日で、同月二十四日、西郷は市内城山で自刃し、戦争は終結した。惟準はそれから間もなく鹿児島を視察したのであろう。

同年八月、肥前国島原の温泉場に仮病室を設け、傷痍全癒後、唯だ衰弱のみを余《あま》せる者を、長崎より此に移して療養せしむ。同月下旬より長崎市街に虎列刺《コレラ》〈安政年間の流行に継ぐといふ〉の流行を初め、死亡日々に多し。是れより先き、七月十五日虎列刺、清国厦門《アモイ》［福建省］に流行する報の本邦に達するや、内務卿［大久保利通］は直ちに長崎県に令して仮に避病院を設け、入港の船舶を検査する等の備を為さしめ、且つ予防法を達す。余亦県官及び同地在留の外国人に協議し、益《ますます》予防法を厳ならしむ。在院者の此病に罹ること甚だ少なかりしは、蓋し其功績なるべし。尚ほ此功績に与《あずか》りて力ありしは陸軍々医監橋本綱常氏と共にロベルト［ローベルト・コッホ］氏虎列刺論の予防法及び治療法を訳述し、これを軍医雑誌に登載して各軍医及び地方官等に分配せしこと、是れなり。

同年九月二十四日［西郷隆盛自刃の日］、賊軍全く城山に敗れ、戦闘此に止むを以て、長崎軍団病院を廃せらる。十月十六日、更に長崎臨時病院長仰せ付けられしが、十二月二日、又該病院を撤し、悉く患者を携へて大阪に来り、同月二十九日に至て帰京す。其病院を久留米より移せしより長崎に在ること七ケ月、其間、傷痍、疾病の軍人、軍属を治療すること無慮五千二百八十六名なり。

▽**石坂惟寛**（天保一一～大正一二＝一八四〇～一九二三）

明治十年（一八七七）日本で最初に肝吸虫（肝臓ジストマ）を発見した備中倉敷の蘭方医石坂堅壮（一八一四

図12−5　石坂惟寛

〜九九）の養嗣子（堅壮の長女道子と結婚）である。備中小田郡甲弩《こうの》村（現・笠岡市）の豪農茅原勇蔵の四男、天保十一年二月二十一日生まれ、幼名は逸蔵。万延元年（一八六〇）適塾に入門（門人録には石坂一操と署名）、岡山藩医となり、維新後陸軍軍医となる。二等軍医正として広島鎮台に勤務中、西南戦争が起こる。鎮台兵とともに出征、戦場にあって負傷兵の治療にあたった。広島鎮台軍医長、日清戦争には第一軍軍医部長として出征、のち軍医総監に進み、ついで陸軍医務局長に就任したが、突然依願退官（原因不明）し、のち神奈川県三浦郡三崎の別荘で悠々自適した。清廉剛毅、古武士の風格があったという。大正十二年七月二十九日没、享年八十四、墓碑は東京都多摩霊園にある（「石坂惟寛小伝」、『岡山県歴史人物事典』）。

石坂が西南戦争に出陣中に書き残した日記が『鞍頭日録』である。明治十年二月二十日より始まり、同年十月六日で終わっている。惜しいことに三月二十六日から四月十日と四月十七日から五月二十三日までが未記入であり、それ以後は一日の欠落もない。惟寛は初め福岡を発し、征討軍が苦戦した田原坂の戦闘（三月四日から始まり二十日に政府軍は西郷軍を撃破、敗退させるが、政府軍の死傷者は四〇〇〇余名）の救護活動後、一時、長崎軍団病院に勤務、ついで熊本・水俣を経て東行、山地に入り国分・梶木・鹿児島へ転戦、さらに西郷軍を追って霧島・都城・日向・延岡と北上した。しかし政府軍は可愛岳で西郷軍の殲滅に失敗、ついで鹿児島で西郷軍を包囲し壊滅させたのちに鹿児島に入った。日記は広島に帰着するまでが綴られている。惟準との出会いの記事のみを抜きだしてみる（守屋正「石阪惟寛・明治十年西南役「鞍頭日録」」、『日本医事新報』二七八八〜九四号の全七回、一九七七年／原文はカタカナ、平仮名に換えて句読点を付す、ルビと［ ］内は筆者注、（ ）内は初出のまま）。

久留米にて

三日四日　陰雨［天がくもって雨のふること］

妙照寺［久留米］を以て重病舎とす。此日林［紀］軍医監・田代［基徳］医正［一等軍医正］と共に南関に赴き、緒方［惟準］医正［一等軍医正］・李家［文厚］軍医・小松［維直］軍医副其他試補五名来着、橋本［綱常］軍正［一等軍医正］報云、傷者二十名送輸すと、夜又林軍医監報云、明五日傷者百余名を送輸す、依て担架を送致すべしと、直に送付す。此日岩邑に於て大戦、福原〈第三旅団参謀長〉大佐重傷を被れり。

惟準は三月二日に福岡表を発ち久留米に向かったが、さらに南下し、熊本県玉名郡南関まで進み、先に到着していた惟寛と二日後の四日に出会っている。この日、田原坂の戦闘が本格的に開始され、十七日間の死闘ののち、三月二十日に西郷軍は撃破され退却し、同地での戦闘は終結するが、政府軍の負傷者はおびただしい数にのぼった。この戦闘での死傷者が続々久留米の軍団病院に後送されてくるのである。この病院長は軍医監林紀で、惟準は副長（副病院長）であったが、林病院長は常に諸方の前線に出張していたので、惟準がその職務を代行していた。

長崎にて

四月十三日

未明長崎着港、直に揚陸、軍団病院本部に至り、林軍医監に会し向晩共に福屋に投じ洋食を喫す、出張来始て枯腸《こちょう》［飢えた腹］を沾《うるお》す。

長崎についた惟寛は、諸病舎の担任を命ぜられ、英語学校を第一病舎、聖福寺・福済寺・本蓮寺・皓台寺・長照寺・浄安寺・三宝寺・深崇寺・禅林寺の九寺を第二から第一〇病舎とした。十五日には、重傷者四名の上下肢の切断手術を行っている。

四月十六日

立山師範学校を以て病舎とし、第一病舎に附す。爾后上等裁判所並に光永寺（市中二股川右岸桶屋町）を病舎とし、第十一、第十二舎とし、甲を以て施術傷者を入れ、乙を平病舎とす。緒方［惟準］、小山内［建］医正［二等軍医正］、八杉［利雄］医正等久留米病院を挙げ来、於是緒方、小山内医正、第一病舎至第四病舎を担当し、余は第五至第十一病舎を担任す。

この日記によって、惟準が久留米の軍団病院を廃し、全員をともなって長崎に到着したのは四月十六日であることがわかる。しかし翌十七日から五月二十三日までの記載が欠落しているので、その動静を知ることができないのは残念である。

五月二十四日　朗晴

早起、魚ノ町永島利吉〈旅寓〉を謝して長崎県令北島秀朝を訪ひ、吉田健康（健康は本県の病院長にして此頃我陸軍に任用せんとする者）の進退を謀り、前八時病院に出、傷者を診し畢れば巳に午を過ぐ、餐を喫す。［中略］五時入浴々后散歩、春徳寺に詣る（画禅鉄翁の曾て住する所）。時に二少婦先づ在り、戯に紙煙二枚を贈る、暫くして婦先づ去る、余之を跡す。緒方医正云、彼面に斑痕あり、恐くは楳毒［梅毒］の為す所ならんと、遂に笑て帰寓［中略］。七時［午後］飲を徹す、復寂寞無聊、真に謫居《とうきょ》（流し人となっておること）の想を為す。九時八杉［利雄二等軍医正］、緒方医正と共に再び散歩、志村［徳行］副を訪う、熊野補坐に在り、共に其寓に至り菊池［武仁］補と共に小酌、十一時帰寓、就寝、耿々《こうこう》（心の安じないこと）眠る能はず、徒遙に狗吠を聴のみ。

この戦争が始まると長崎病院（県立）は征討軍の指揮下に編入された。病院長兼医学場長吉田健康は明治十年四月五日に征討別働隊第三旅団本部から同本部附を命ぜられ、同日付で長崎病院出張の辞令を渡され、病院は主として従軍警官の傷病兵を収容する警視病院の本院にあてられた。そのほか第一～第四分派病院の四つの分院が各地に設けられ、医員が派遣された。そして同年五月九日には、吉田は征討総督本営から陸軍軍医に任ぜられ、同月十四日に征討軍団病院附を命ぜられている。しかし県では国富僊太郎を医学場長代理に任じ、医学の授業はつづけられた。

やがて林紀や緒方惟準らによって軍団病院が設置され、設備も整ったためであろうか、吉田は同年六月二十九日、長崎県から長崎病院長雇兼長崎医学場長を命ぜられ、元の職場にもどったようである。そして七月十四日には警視病院本院および四つの分派病院の入院患者は警視庁にひきつがれ、派遣されていた医員や事務員らは長崎病院に復した（長崎大学医学部編『長崎医学百年史』）。

一方、惟寛の軍団病院における診療も軌道にのり、一応安定した日常の生活がつづくと、惟寛は三十八歳の男盛りである。業務を終わり、寄宿に帰れば広島に残してきた妻子を思い出し、寂寥の思いがつのるばかりである。一人で酒を飲んでも癒されない。同僚の惟準と散歩にでて、若い女性に眼がとまり、タバコを与え気をひいてみたのであろう。あわよくばのこの女性と遊ぶ下心があったのであろうが、惟準から顔に瘢痕《はんこん》があるので梅毒のおそれがあると忠告され、遊ぶのを思いとどまり、苦笑して宿に帰る。宿に戻っても悶々として心はおだやかでない。眠れず犬の遠吠えのみ耳に入る。もと武士、今は軍人、外へは弱音をはけない、壮年男子のつらさが日記に赤裸々に綴られている。惟準も同じ心中であったろう。惟寛は再び熊本に来るようにとの命令を受け取り、この二日後の二十六日、熊本へ出発する。日記はつづく。

五月二十六日　朗晴

此日土曜日、例刻出頭、諸病舎廻診時に、梅毒院の洋医来り傷者を訪んことを請ふ、延て施術傷者を視せしむ。大に経過の善良なるを称し云ふ、将后施術の傍観を請ふと。午時林［紀］軍医監より電報あり、至急熊本に来るべしと、直に帰寓、行李を整頓す。后四時緒方［惟準］、八杉［利雄］両医正と玉川楼に登り離盃を酌、復熟楼に投じ再小酌、諸姸［美女］を聘し別を告ぐ。十時埔頭［埠頭］に到る、皆来り送る。直に乗艦（敦賀丸）此行、李家軍医・天野・山中・中村試補・紫垣《(ママ)》慎哉、余と六名なり。野田軍吏正も亦同行たり。十二時抜錨、未明に温泉嶽の南側を過ぐ。

かつて適塾生であった惟寛は、師家の御曹司惟準とは気兼ねすることなくつき合い、別れのときも美妓を侍らし、戦争中でありながら粋な別離であった。惟寛は熊本への転勤命令で長崎を離れるが、これ以後戦争中、二人は会うことはなかった。

▽**橋本綱常《つなつね》**（弘化二～明治四二＝一八四五～一九〇九）

福井藩医橋本長綱の四男。長兄は、安政の大獄で刑場の露と消えた橋本左内（一八三四～五九／適塾に嘉永三年に入門）である。綱常は幕末、長崎でボードインに師事、藩の奥外科医兼医学館教授助、維新後は福井分病院頭取、大阪でエルメレンスに修学（明治三年）、兵部省軍事病院医官、軍医寮七等出仕、明治五年（一八七二）陸軍省よりドイツ留学を命ぜられ、十月、ベルリン医科大学に入学、翌年ビュルツブルグ医科大学に転学、八年ウィーン医科大学に転学などをくりかえし、ドクトルの学位を取得、九年六月に帰国した。十年七月一躍、軍医監に昇任、本病院出仕、西南戦争勃発のため、長崎へ出張を命ぜられ、征討軍団病院附（主として征討総督本営附）となり、戦争の終結とともに、同年十一月、長崎臨時病院附を免ぜられた。翌十一年二月、文部省御用掛、東京大学医学部教授に任ぜられた。その後、陸軍医務局長・軍医本部長・博愛社（のちの日本赤十字社）病院長・貴族院議員・宮中顧問官・帝国学士院会員などを歴任、男爵ついで子爵を授けられた。明治四十二年二月十

図12－6　橋本綱常
（明治19年頃）

八日没、享年六十五、墓碑と頌徳記念碑は東京都港区西麻生の曹洞宗長谷寺《ちょうこくじ》にある。

○惟準と橋本の翻訳した『ロベルト氏虎列刺論』

ロベルト氏とは、ドイツの著名な細菌学者ローベルト・コッホ（Robert Koch, 1843-1910）のことで、結核菌・コレラ菌の発見者として有名。一八八二年、結核菌を発見、翌八三年、コレラ菌を発見、その伝染経路を明らかにした。一九〇五年、結核に関する研究と発見によりノーベル医学賞を受賞。ドイツ留学の橋本と幕末にオランダに留学し外国語が得意であった惟準とが、病院業務多忙の中、コッホの論文を翻訳し『陸軍軍事雑誌』六号（一八七七年）に「虎列刺予防法並治方」と題して掲載した。これが大変役立ったわけである。橋本はこのほか、シュルツ著「利氏消毒繃帯論」の抄訳（五号、一八七七年）と「虎列刺病原論」（七号、同前）の翻訳を同誌に載せている（日本赤十字社病院編『橋本綱常先生』）。

○大阪陸軍臨時病院のこと

前述のように緒方惟準は明治十年十二月二日長崎臨時病院が廃止されると撤収し、患者を携えて大阪にくるが、患者らは大阪陸軍臨時病院に収容された。この病院が正式に発足したのは明治十年四月一日で、一等軍医正石黒忠悳《ただのり》が病院長に任ぜられ、大阪鎮台病院長二等軍医正堀内利国（緒方惟準の義弟）と名古屋より来た二等軍医正横井信之が副長に任命された。そして鎮台病院の医官および事務官は臨時病院兼勤を命ぜられた。正式発足までは大阪鎮台病院の副病院に収容したが、三月三十一日にすでに入院負傷者の数は一五〇〇余名に達していた。これら患者の大部分は西南戦争で負傷した将兵であった。病舎が不足したため六日間で一〇〇〇人収容の木造のバラック病舎を建設した。四月に東京から佐藤進軍医監が来阪、石黒に代わって病院長に就任し、石黒は副長に退いた。しかし戦争が終結後の十一月、佐藤は帰京を命ぜられたので、石黒が再び病院長に就任した。つぎつぎと九州から患者が後送されてくるので、そのつど病舎を増設した。西南戦争終結後は次第に患者も減り、同年十二月十六日、病院を大阪鎮台官員に引きわたし、十七日石黒らは大阪を去った。

臨時病院開設の四月一日から十二月十六日廃院までの八か月半の間に、収容・治療した将兵の数は平病患者二五七九名（うち死亡者六三五名）、負傷者五九九〇名（うち死亡者三〇七名）であった。

［資料］

落合泰蔵「大阪陸軍臨時病院　明治十年自三月至十二月　入院患者負傷部分一覧表」（『東京医事新誌』二一号附録、一八七八）

石黒忠悳「大阪陸軍臨時病院報告摘要」（日本科学史学会編『日本科学技術史大系二四・医学二』、第一法規、一九七二）

## 第13章　再び東京勤務（陸軍本病院・文部省御用掛兼勤）

明治十一年一月三十一日、鹿児島逆徒征討の際、尽力少なからざりし旨を以て、勲四等に叙し、旭日小綬章を授かり、年金百三十五円下賜せらる。此際、陸軍々医総監松本順氏、海軍々医総監戸塚文海氏、陸軍々医監林紀氏以下勲に叙し賞を受く、各差あり、医官の叙勲は蓋しこれを嚆矢《こうし》とす。
同年二月七日、文部省御用掛兼務仰せ附けられ、東京大学医学部生理学及び眼科学教授の嘱託を受け、別課生徒に其学を教授す。

惟準は東京に帰って、再び陸軍本病院出仕として大阪から移送された患者の診療を行ったと考えられる。大阪陸軍臨時病院が閉鎖されるとき、残存した重傷者二〇〇名は海路東京に転送され、龍ノ口備前屋敷跡に設けられた仮病院に収容された。仮病院長は橋本綱常《つなつね》の兄綱維《つなこれ》であり、綱常も治療に従事した。のちこの患者たちは本病院に移され、綱常らが治療にあたった。惟準も治療を担ったうちの一人であったろう。二月七日には惟準と同じく橋本綱常も文部省御用掛・東京大学医学部教授兼勤を仰せ付けられ、神田和泉橋の大学第二医院において患者を診察し、別課生に臨床講義を行った（日本赤十字社病院編『橋本綱常先生』）。

▽**別課生徒（学生）**…明治八年（一八七五）五月、東京医学校（東京大学医学部の前身）に通学生教場を設置し、

三年半の教育で医師の養成を行った。この医学通学生（本科学生は寄宿舎に入居）がのちに別課医学生と改称された（明治十三年十月）。医学は範囲が広く、その学習ではドイツ語・ラテン語などに通ずることが必要であるが、すでに長じた者には、これら外国語や数学を修める暇がない。しかし国家情勢として医師の養成が緊急であるということで、この制度が設けられた。すなわち半年を一期として七期をもって卒業することができた。ちなみに本科生は予科五年・本科五年の教育であった。しかし明治十八年（一八八五）四月、この別課医学生制度による新しい募集を停止し、二十一年（一八八八）六月、最後の卒業生を出すとともに廃された（『東京帝国大学五十年史・上冊』／『東京大学医学部百年史』）。

▽**東京大学医学部の編制**…明治十年四月十二日、東京医学校は東京開成学校と合併し、法学部・医学部・理学部・工学部の四学部を設け、総合大学としての「東京大学」が創立された。そして同月十三日、東京開成学校綜理であった加藤弘之が法学・理学・文学の三学部の綜理兼任となり、東京医学校長の池田謙斎が医学部綜理に任ぜられた。ただしこのときは総合大学としての最高責任者はおかれなかった。

医学部の教科内容についてはすでに東京医学校時代に大いに学制を改めたので、総合大学になっても格別の変更はなく、予科五年・本科五年の制を踏襲していた。

医学部綜理の池田謙斎は親交のある惟準に別課生徒の生理学と眼科学の講義を依嘱したのであろう。惟準は維新前、長崎に遊学し、生理学や眼科を得意としたボードインに師事、また明治二年、大阪府医学校病院の教師となったボードインの講義の通訳を勤め、充分な実力を持っており、当時の大学の講義をする教官としてふさわしい人物であった。また在京時代には軍医本部や陸軍本病院に勤務のかたわら自宅の隣りに私塾（東京適塾）を設け医師を育成し、みずから解剖・生理・病理・内科・外科・眼科の講義を行った（『眼科闡微』の例言）。このころの適塾の塾生らはこの講義を『眼科闡微』と題して明治九年三月に出版している。おそらく出版後は、これをテキストとして使ったのであろう。次章で述べるように、惟準は同年七月に大阪鎮台病院長として赴任するので、西南戦争後は五か月だけの短期間の講義であった。なお東京適塾の詳細については、第16章で詳しくふれる（二二〇ページ以下）。

# 第14章　大阪鎮台病院長時代

## （1）医事会同社の設立と『刀圭雑誌』の刊行

明治十一年［一八七八］七月六日、陸軍本病院出仕を免じ大阪鎮台病院長仰せ附けられ、同月下旬大坂《ママ》に来たる。依て同月二十九日、文部省の兼務を免ぜられたり。

同年九月九日、大坂《ママ》鎮台脚気患者転地療養所見分《ママ》として、摂津国川辺郡中山寺［現・宝塚市］及び多田［現・川西市、源氏ゆかりの多田神社がある］の満願寺［真言宗の古刹］に差遣わされ、一応見分《ママ》を終り転地の目的を達するに、疑はしき地なるを察したれども、先づ試みに患者を同地に送りしに、実際果たして其療養に適さざりき。

是れより先き、余の大坂《ママ》に来たるや、東京には医学会社［正しくは東京医学会社］あるありと雖も、大坂《ママ》には未だ此等の挙あらず。全く医学の開進を謀るの道なきを憂ひ、而して来坂日浅く、之を企画するに遑《いとま》あらざる際、同志者西春蔵・同姓［緒方］拙斎・高橋正純・高安道純・山本信卿・菊地篤忠・森鼻宗次の諸氏等無慮五十余名の一医学会社を設立せんと謀るに遭ひ、大に之を賛成して共に協議を凝らし、之を医事会同社と名づけて、尚汎く同志を募ることに定め、同年十月を以て世に公にせしに、続々入社あり、遂に規則第五条の旨に依り、会費の剰余を以て機関雑誌を発兌《はっだ》［書物などの出版］することに決し、十一月二十五日を以てその第一号〈刀圭雑誌と称す〉を発兌するに至る〔『刀圭雑誌』第壱号については次章参照〕。

同年十二月十四日、大津、姫路両営所及び伏見分営〔京都〕病室巡視として差遣はさる。


明治十二年三月二十四日、兵庫県播磨国美嚢郡三木〔現・三木市〕に於て野営演習施行に付、出張仰せ附けらる。

先年来、大坂《ママ》府は公立病院用度多端に付き、之を補助する為め、病院補助金の名義を以て、府下の開業医より月々五十銭〜二十五銭を徴せしを、開業医故山本信卿氏〔のち回春病院設立、院長〕は、是れ金員こそ些少にして敢て吝《おし》むに足らざれども、吾人独立医家の権利を蹂躙すること大なるが故に、道の為めその不当を鳴らさゞるを得ずとし、大に気焔を吐き、時の大坂《ママ》府権知事渡辺昇氏を相手取り、大坂《ママ》上等裁判所にその取消方を出訴したるの影響として、知事は同十年七月十四日、病院補助金の名義を廃し、更に営業税の名義を設け、月々同金額を徴する旨を開業医に達せしにぞ。山本氏は益名義の不当を憤り、更に出訴せんとせしも、時あたかも西南の役〔明治十年二月〕あるに際し、人心恟々たりしに、続て自己の疾病に罹り、思ひながら其意を果さゞりしに、本年〔明治十二年〕四月医事会同社は之を府知事に建議せんことを可決したるに依り、余は同社長の資格を以て外二名と連署し、その建議書を府知事に呈出せし結果として、府知事は同年六月を限り、之を徴することを廃したり。医事会同社の功も亦大なる哉。

同年六月二十日、傷項策定御用に付、大津営所に出張仰せ附けらる。傷項策定とは、明治十年西南の役に負ひし士卒の傷痍を鑑査して等差を設け、以て恩給の別を定むる者なり。負傷の千態万状なる、容易に其当を得せしむる能はずして、其内規を定むるに殆ど困難を極めぬ。

西南戦争に従軍し負傷した兵士の後遺症に応じて、国家から傷害年金（恩給）を支給するにあたり、傷害の程度を査定する作業が軍医に委託されたわけである。惟準もその一人として、その任務を行ったのである。

筆者はこの西南戦争の戦傷者の診断証明書（覆覈《ふくいく》診断証書）を一枚所蔵しているので、これを紹介する（図14-1）。

この証書は、縦二一・〇×横三〇・〇センチの厚紙で、墨書されており、一枚一枚手書きされたものであろう。

覆覈診断証書

大阪鎮台歩兵第八聯隊第一大隊第二中隊

兵卒　田中冨松

右明治十年ノ役六月十八日鹿児島県大口ニ於テ銃丸相受ケ右下脚中央内側ニ射入留丸ス直ニ同繃帯所ニ於テ治療相施シ爾後鹿児島軍団病院ヲ経テ長崎軍団病院ニ転入留丸ヲ抜除ス次テ大阪陸軍臨時病院ヲ経テ大阪鎮台病院ニ入院同年十二月四日同院ヨリ帰郷療養創所ハ平癒ニ至リ候得共瘢痕筋腱ニ癒着シテ少シク捷歩ヲ妨ケ所詮服役難相成ト陸軍一等軍医正緒方惟準始メ同軍医山田信卿等診断ニ及ヒ傷痍ハ一肢ノ用ヲ失ヒシ者ニ比スレハ一層軽ク全ク自己ノ用辨ニ差支ナキ者ニ係リ陸軍恩給令第十一条第四節ニ準シ第四項ニ策定スル者至当ニ有之候也

明治十二年八月一日

陸軍々医総監　松本　順　（朱印無し）

陸　軍　々　医　監　林　紀　朱印

陸軍一等軍医正　長瀬時衡　朱印

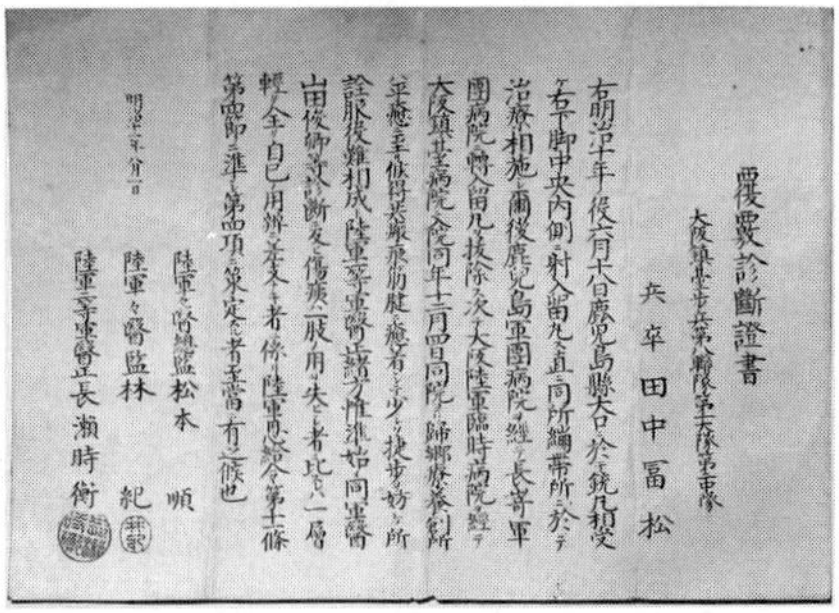

図14－1　覆覈診断証書

〔注〕覆《ふく》と覈《かく》はともに〝調べる〟の意味なので、調査診断書といってよい。この証書から、複数の軍医が後遺症を診断し、それに基づいて上官および係の軍医がこの証書を下付した仕組みがわかる。惟準らは妥当な策定をするのに苦心した様子である。

## （2）金沢医学所長田中信吾の惟準訪問

『一夕話』に記されていないが、明治十二年十一月、惟準は当時石川県の金沢医学所長兼病院御用掛田中信吾（旧適塾の門人）の訪問をうけている。田中の『東遊日記』によれば、その動静は次のようにある。

金沢医学所長田中信吾は金沢より上阪、明治十二年十一月十八日以来大阪に滞在、たびたび惟準を訪問、面談している。赤祖父氏らによって『東遊日記』（明治十二年十一月～同十三年二月）が紹介された（赤祖父一知・今井美和・堀井美里「田中信吾記『東遊日記』」、『北陸医史』二九巻一号、二〇〇八年）。この中の惟準関係の記事を抜粋する。

十一月十八日、快晴、前九時過発途、九時十分七條ステーション［京都駅］ヲ発ス、汽車快走、十一時四十分大坂梅田停車場ニ着、中等車代八十銭ナリ。十二時道頓堀大黒橋北詰神戸源三郎方ニ投宿ス、午後上町北新町緒方惟準君ヲ訪フ、不在ナリ、直チニ今橋通リノ隠宅ニ至リ面謁ス［八重未亡人の隠居宅］、談話数刻ニシテ去リ築地竹式方橋本綱常君［陸軍軍医監］ノ止宿ヲ訪フ不在ナリ、帰宿ス。

同月十九日［午後］、適々斎病院［惟準の義弟緒方拙斎の病院、適塾跡を使用］ニ至ル、緒方君不在ナルヲ以テ帰宿ス、後《（ママ）》七時ナリ。

同月廿日午後、適々斎病院ニ至リ惟準君ニ伴テ今橋五隠居ニ至リ母公［八重未亡人］ニ謁ス。杯盤上快談数時ニシテ帰宿ス。

同月廿一日［午後］、七時前ヨリ松田氏同伴、上町緒方君ノ邸ニ至ル、酒飯ヲ供セラル、十時過キ帰宿、前約アルヲ以テナリ。

十一月廿二日後二《ママ》時、今橋緒方隠宅ヲ訪フ、不在ナリ、下婢云今暁母公惟準君ト箕面山《みのおざん》［現・大阪府箕面市、紅葉で有名］ニ遊行ナリト、拙斎君ヲ訪フ亦タ不在ナリ。

同月廿三日後《ママ》一時、緒方拙斎君来訪、此夕君カ家ニ会スルヲ約シテ去レリ。六時約ヲ逐テ到ル、母公亦タ在ス。

同廿四日後三《ママ》時、告別ノ為メ北新地壱丁目緒方君邸ニ至リ又今町五隠宅ニ到リ母公ニ謁ス、令閨亦タ在リ、使ヲ適々斎病院ニ馳ス、緒方君尋テ来ル、池田［謙斎］君ヘノ添書状ヲ与ヘラル、告別更ニ拙斎君ノ邸ニ至リ名刺ヲ投シ去ル。

同月二十五日、この日午後、田中信吾は同行者三人とともに、梅田停車場から汽車で神戸に向かった。

同月二十六日、神戸の公立病院を訪れ、オランダ人教師のベールツと面談、医学所や病院の規則書を借用した。

同月二十七日　布引滝《ぬのびきのたき》［現・神戸市内］を見物したのち、神戸港より郵便船兵庫丸に乗船、同月二十九日午前八時過ぎ横浜港に着いた。


十一月二十九日に東京着、それから金沢に帰るまで、医務取調べや外人教師雇用のため精力的に活動する。そして翌十三年二月十三日東京を出発、金沢に帰った。

大阪に惟準を訪問したのは、池田謙斎や陸軍軍医本部などへの紹介を頼むためであった。東京で会った著名な人物は、三宅秀《ひいず》・石黒忠悳《ただのり》・池田謙斎・ブッケマ（陸軍軍医部のオランダ人教師）・伊東方成・橋本綱常・石井信義・長与専斎・福沢諭吉などである。

日記の十一月二十四日の項に、「緒方君尋テ来ル、池田君ヘノ添書状ヲ与ヘラル云々」とあるが、この惟準から池田謙斎へ宛てた十一月二十三日付書状が「池田文書」の中にある。これは石川県金沢医学校にドイツ人教師を雇い入れるについての依頼状である（池田文書研究会編『東大医学部初代綜理池田謙斎・池田文書の研究（上）』）。以下に関係部分を紹介する。

爾来御無音欠礼ニて御海恕可被下候、時下秋冷相催候得共、高台御惣容様益御清康被為在御起居、珍重奉大賀候、次ニ茅屋一同無異消光罷在候間、乍恐御放念可被下候、扨今般、先考門人田中信吾外一名出京之上、石川県金沢医学校ニ独乙医士壱名雇入度趣ニテ、尊台下え罷出御協議相願度段、迂生迄依頼申出候間、御多忙中恐入候得共、御面会被成下、当人之願意御聞取奉願候、

▽**田中信吾**（天保八～明治三三＝一八三七～一九〇〇）

安政三年（一八五六）三月二十五日、適塾に入門している。はじめ発太郎のち信吾と改める。門人録には田中発太郎とある。加賀国小松の漢学者湯浅寛の次男、幼少のとき同じ小松の町医田中謙斎の養子となる。適塾には七年間在塾し、塾頭を勤めた。慶応元年（一八六五）八月金沢藩医学教師に任命、その後、金沢の医学館は種々の変遷を経るが、明治八年（一八七五）六月、石川県金沢病院（一般には金沢病院と呼称）となり、田中は同年七月病院二等医で主務医を命ぜられる。九年八月に金沢病院から金沢医学所が分離すると、医学所学長兼病院主務医に任命される。十二年十月金沢医学所長兼病院御用掛を拝命、同時に医務取調のため上京を申しつけられている。上京する前に大阪・神戸を訪れたわけである。十七年（一八八四）三月十二日、金沢医学校は石川県甲種医学校に昇格、石川県金沢病院長兼甲種医学校長であった田中は、同年十二月十一日願により本務並兼官を免ぜられる。後任に医学士中浜東一郎が岡山県医学校から着任した。田中は退任後、十八年二月金沢市博労町に私立尾山病院を開設し、病院長に就任した。明治三十三年（一九〇〇）一月二十三日死去、享年六十四歳。金沢

**図14－2**　田中信吾

市小立野四丁目の天徳院に葬る。墓碑銘は緒方惟準が明治三十四年十月に記している。

しかし昭和五十五年（一九八〇）六月、同寺院境内に建立されていた他の墓碑が倒壊し子供を傷害したため、多くの石碑とともに田中の墓碑も撤去された。しかし田中の墓碑がどのように始末されたかは不明であるが、幸いに墓碑銘は記録され残っている。篆額は従一位勲一等侯爵久我建通で、本文は従四位勲三等緒方惟準撰で、一行四二字、一七行でかなりの長文である（赤祖父一知「適塾門下生田中信吾の碑銘文について」、『適塾』二七号、一九九四年／赤祖父一知・今井美和「田中信吾先生経歴関連資料」、『北陸医史』二七巻一号、二〇〇六年）。

同年［明治十二年］七月三日、傷項策定御用に付再び大津営所に出張仰せ附けられ、同月十五日大坂鎮台脚気患者転地療養所見分《ママ》として紀伊国高野山に差遣はさる。即ち患者を送りて之を試みたれども、同地亦其療養に適せざる者の如し。

同月九月、有志開業医藤井秀広・松山耕造・田宮崇楽・福嶋元恭・東大太郎〈大太郎今名を三省と改む〉の五氏は相謀りて第三大区〈今の西区〉西長堀南通四丁目に博済医院を設け、患者を治療し、傍ら医生を陶冶せんとし、之が教授を嘱托す。山田俊卿・用吉左久馬・松島玄景の諸氏と共に其嘱托に応じたり。

同月十三日、歩兵第九聯隊（大津）脚気患者転地療養所巡視として近江国滋賀郡上坂本村へ、同月廿二日傷項策定御用として姫路営所へ差遣はさる。

明治十三年［一八八〇］一月十一日、第三大区〈今の西区〉幸町の南陽園に於て、医事会同社の新年会を開く。是より先き同社に関し或は毎会出席するも常に社則の改良のみを議して毫も学術上に益なしといひ、或は創立以来一年も過ぐるも未だ確乎たる成績を見ずと云ふ等、一二不平の巷説あり、余は之を憂ふるの余、祝辞に代へて一篇の文を草し、之を其席上に朗読して以て意の在るところを告ぐ。今其略を記せんに、彼の巷説に係る事実は無きにあらずと雖も、甲は他日の好結果を得んとするに出で、乙は未だ与《とも》に永続法を謀るにあらずして、急躁に趨る者の説に過ぎず。然れども此等の説を吐かしむるに至るは、余等二三輩其責を免がるゝを得ず。倩《つらつ》ら本社の永続法を考ふるに、先づ其基礎を固ふするに在り、其基礎を固ふするは適宜の地に一家屋を購求して、之を一定の会場と為すに在り。既に一定の会場あるに至らば断然旧来の面目を一洗し、毎会学術上に益あるの事実を顕はすを期するに足る云々。今にして以為《おもえ》らく、同社の漸次変遷したる大阪興医学社は既に家屋を購求して一定の会場と為したり。同社の駸々進みて退かざるは、蓋し此基礎を固ふしたるに由るならん。兎に角に同社のその永続法を愚見と同ふしたるは実に偶然といふべし。

# 第15章　医事会同社の設立と『刀圭雑誌』の発刊

## （1）『刀圭雑誌』第壱号

前章ですでに述べたように、大阪における医学の開進を図る目的で、有志の医師が医事会同社と名づけて広く同志を募ることを定め、公にしたところ希望者が続々入社し、会費の一部をもって、明治十一年（一八七八）十一月二十五日、機関紙『刀圭雑誌』第壱号が刊行された。この巻頭に同社設立趣旨が掲載されている。この雑誌は一六ページの小型雑誌である。以下、その一部を紹介する（句読点・濁音は筆者）。表紙の上段に雑誌名・発刊年月日・目次、下段にはこの雑誌の刊行の趣旨を述べた「稟告」が載せられている。このうち目次と稟告を次に紹介する（図15-1）。

目次

医事会同社記事

○告文

○社則

○祝文二篇

雑録

○歯痛治法

図15-1　『刀圭雑誌』第壱号

○ヱセリ子ノ格列羅《コレラ》症ニ効アル説
○モルヒ子溶液貯蓄法
○新薬ゼイモールノ説
雑報　四件
○会同社員姓名
投書
○仮性跳血嚢ノ治験

稟告

此雑誌ヲ刊行スルノ趣旨ハ洋ノ東西ヲ論ゼズ、苟モ医術及ビ衛生上ニ関渉スル者アレバ、事大小ト無ク聞見スル所ニ随テ一々登録シ、偏《あまね》ク同志ニ報知シテ相倶ニ日新学ニ従事スルノ名ニ悖《もと》ラザント欲スルニ在リ、幸ニ衛生局録事ノ許可ヲ蒙ムルノ栄ヲ辱フスルヲ得タレバ、自今其録事アル毎ニ必ズ之レヲ発端ニ掲載スベシ、伏シテ冀《こいねがわ》クハ、大方ノ諸君モ亦奇事新説ノ斯学ニ裨益スル者アラバ速ニ郵寄シテ以テ我輩ノ浅狭ナル聞見ヲ補助セラレン事ヲ。

編者誌

再白　投書ハ総テ大阪心斎橋筋一丁目四十六番地書肆松村久兵衛宛ニテ郵寄アラン事ヲ乞フ

以上が表紙の記述である。本文の第一ページには次の記事と規則が掲げられている。

医事会同社記事

欧州各国ノ医士苟《いやしく》モ済生ニ関渉スル事アレバ、輙《すなわ》チ会同シテ之レヲ討論研究シ、其要領ヲ得ザレバ已マズ。是レ彼国ノ医学益々其盛ヲ極ムル所以ニシテ、我輩ノ欽慕ニ堪ヘザル所ナリ。東京ニ於テハ既ニ之ニ倣《ならっ》テ医学会社ノ設ケアレドモ、当府ノ如キ未ダ此挙アルヲ聞カズ。豈ニ遺憾ナラズヤ。蓋シ医ハ意ナリ、意思ヲ費サヾレバ其技術活用セズ。而シテ独坐兀々《こつこつ》［勉強するさま］意思ヲ費ヤスハ、寧ロ同志相会シテ切磋琢磨シ以テ其惑ヲ解クノ優レルニ如《しか》ザルナリ。是ニ於テ有志者相謀リ、西洋「クラブ」ノ方法ニ倣テ一社ヲ設立シ、毎月一次互ニ会同シテ医事其他衛生上ニ関スル事項ヲ討論研究シ、余暇アルトキハ詩歌書画、其人ノ適スル所ニ任セテ以テ交際ノ親睦ヲ全フセント欲ス。然ラバ則医学進歩ノ基、夫レ果シテ斯ニ在ラン乎。地ノ遠近ニ拘ハラズ同志ノ諸君ハ左ノ社則ニ照準シテ、入社アラン事ヲ希望ス。

明治十年十月

医事会同社規則

第一条　此会ハ篤志ノ良友相会シテ医事ヲ談ジ、交誼ヲ全フスルヲ旨トス。但シ投票ヲ以テ議長、副議長各一名ヲ置キ、議事アルトキハ其判決ヲ為サシム。

第二条　医事其他衛生上ノ事項ニシテ世上ニ裨益アルト認ムルトキハ、社中協議ノ上、府庁ニ上申シテ施行ヲ請願スベシ。又此事項ニ就テ当府庁ハ勿論他ノ府県ヨリ訊問或ハ依嘱ヲ受クル事有レバ同ジク協議ヲ遂テ回答スベシ。

第三条　会ヲ毎月第二日曜日トシ（至急協議ヲ要スルトキハ、議長ヨリ広告シテ臨時会ヲ開ク事アルベシ）、毎月輪番ニ幹事四名ヲ設ケテ、其月ノ諸事務ヲ管理セシメ、又投票ヲ以テ社主一名ヲ置キ、始終之ヲ総轄セシム。但シ相謀テ社ヲ立ル者ヲ立社員トシテ幹事ヲ務メ、爾後入社スル者ヲ入社員ト定ム。

第四条　会場ハ仮リニ石町三橋楼ト定メ、毎会必ズ午後二時ニ来集シ、同六時ニ退散スベシ。

第五条　社員タル者ハ初ニ若干円ヲ出金シテ結社スルノ証トシ、且ツ毎会三十銭ヲ醵シテ会費ニ充ツ。但シ事故アッテ来会ヲ得ザル者モ必ズ三十銭ヲ出スベシ（必ズ幹事名当ニシテ当日ニ差出スベシ）。貯ヘテ以テ他日ノ用（即チ病体解剖及雑誌発兌ノ類）ニ供スルナリ。

第六条　府下ハ勿論銕《鉄》路交通ノ地及往復一日程ノ地ヨリ新ニ入社ヲ乞ハント欲スル者ハ社員中懇意ノ者ニ依頼スベシ。該社員ハ其住所姓名ヲ詳記シテ会席ニ出シ、各社員協議ノ上、異論ナキトキハ、次会ヨリ入社ヲ許ス（尤モ入社金トシテ一円ヲ出シ且ツ毎会々費ヲ出ス事、第五条ノ如クスベシ）。但シ紹介セシ社員ヲ以テ保証人タラシム。

第七条　往復一日程以上ノ地及銕《鉄》路交通セザル地ヨリ入社ヲ乞フ者ノ手続ハ前条ニ同ジト雖ドモ、毎月出席スル事能ハザル者ハ、預メ其旨ヲ社主ニ届ケ置キ、出席セザル月ハ会費ヲ要セズ。

第八条　社員ハ固ヨリ貴賤尊卑ヲ論ゼザルヲ以テ、尽ク来場ノ先後ニ由テ坐ヲ占メ、姓名ヲ列載スル事有ラバ、首字ノ伊呂波順ニ従フベシ。

第九条　社則ニ背キ或ハ不品行ニシテ社名ヲ汚ス等ノ事アレバ、一応忠告ヲ加ヘ、猶改メザル者ハ協議ノ上、退社セシム。但シ事故アッテ退社ヲ欲スル者ハ社主ニ届出ヅベシ。

第十条　社則ヲ増加シ或ハ改竄スル等ハ協議ノ上、決行スベシ。

医事会同社

つづいて会員岡沢貞一郎の祝文「医事会同社ノ創立ヲ祝ス」と同会員上田逸郎の祝文「刀圭雑誌ノ開業ヲ祝ス」が載せられているが、略す。

次いで「雑録」として、緒方惟準訳の短い三篇の論文「歯齦ニ注射シテ歯痛ヲ治スル法（仏国医事新聞所載）」「羅症《コレラ》ニ効アル説（仏国医事新聞所載）」「塩酸莫爾非涅《モルヒネ》ノ溶液ヲ貯蓄スル法」が掲載されている。すでにこのころ惟準はフランス語にも堪能であったことがわかる。そして次に、森鼻宗次訳「新薬ゼイモールノ説（英国医学雑誌ニ鈔訳ニ係ル）」が収録されている。

「雑報」には、次のような記述がある。

（一） 十一月九日付の大阪府知事渡辺昇から各区医務取締への諭達：これは従前他府県でその地方限りの免許を得て医術開業していた者で、当大阪府下に寄留あるいは転籍し、ひき続き営業を願い出る者は、これまで当府の試験を要せず聞き届けられたが、中には往々不都合の聞こえもあるので、前条試験（医術開業試験）を受けない者に限り、今般さらに大阪病院において漢洋相当の試験を行うので、各所管内を取り調べ、該当する者は至急試験を願い出るようにとの通達である。

（二） このころの大阪病院の入院患者数が百三十余人であること

（三） 当時流行していた室内射的銃の危険性の実例：大阪鎮台の兵士がこの銃の銃丸で頭部を負傷した実例報告（鎮台病院長の惟準からの報告であろう）

（四） 第二大区医務取締江守敬寿による同区の明治十年一月から九月までの脚気患者数の一覧表（二一九ページ）

つづいて医事会同社立社員の姓名がイロハ順で掲載されている。

林　茂　樹　萩谷義則　馬場康徳　西　春　蔵　遠山春平　緒方惟準　緒方拙斎　大平周禎
大鈴弘毅　岡沢貞一郎　大多和七郎　小　尾　章　小田精亮　太田豊明　小野田篠庵　渡　辺　鼎
加納文桂　加藤謙蔵　好本忠璋　芳村杏斎　高橋正純　高安道純　立木行義　津　田　融
内藤忠義　中村舜吾　中川義正　梅　田　雪　柳下知之　山本忠行　山本信卿　山本住橘
安川昌策　馬淵清勝　松井順三　松嶋玄景　丸山直方　松尾耕三　藤井秀広　江守敬寿
有沢基次　佐藤方策　菊地篤忠　北村正存　宮沢精義　清水重矩　匹田修庵　日野則義
森鼻宗次　用吉佐久馬　物部誠一郎（以上五一名）

なお、入社員姓名は余白がないので次号に譲るとある。

次の「投書」欄には「仮性跳血嚢ニ於テ動脈結紮法ヲ行ヒ速ニ復治スルノ記事　堺　浅尾昌」の短い症例報告があり、村上典表訳『華氏解剖摘要図』と佐藤方策訳『病理各論』の二つの書籍広告がつづき、

刀圭雑誌一枚（冊）金三銭五厘、半年分前金　金三十三銭六厘

とある。発行は毎月十日と二十五日の月二回である。巻末には「持主　津田融、編集兼印刷　岡沢貞一郎」とある。

筆者が確認した『刀圭雑誌』はつぎの通りである。

| | |
|---|---|
| 第弐号 | 明治十一年十二月　十　日 |
| 三 | 十一年十二月二十五日 |
| 四 | 十二年　一　月　十　日 |
| 五 | 十二年　一　月二十五日 |
| 六 | 十二年　二　月　十　日 |
| 七 | 十二年　二　月二十五日 |
| 八 | 十二年　三　月　五　日(これ以後は月三回発行) |
| 九 | 十二年　三　月　十五　日 |
| 一〇 | 十二年　三　月二十五日 |
| … | |
| 三八 | 十三年　一　月　五　日 |
| … | |
| 一六〇 | 十六年　五　月二十五日(ここまで確認) |

以上、第壱号から第一六〇号までは大阪大学医学部図書館に所蔵されている。「明治十六年（一八八三）七月廃刊」と『大阪大学医学伝習百年史年表』に記されているが、五月刊の第一六〇号が最後でないかと思われる。

## （2）医事会同社における惟準の活動

惟準は明治十三年（一八八〇）四月二十八日、軍医本部次長に任命され大阪から東京に移るが、それまでこの医事会同社の中心人物として、本会の定期研究会に出席して講演したり、訳文などを寄稿している。

第弐号
腎臓截除術〈千八百七十八年和蘭毎週雑誌所載　ドクトル・カプテーン氏治験〉　緒方惟準訳述　大平周禎筆録

第三号（医事会同社記事）
本月［十二月］八日、本社第四会ヲ石町三橋楼ニ開キ午後二時、衆員皆ナ会ス、先着ヨリ順次ニ坐ヲ占メ、位列已ニ定ル、議長緒方［惟準］君其他社中ノ諸君各演説アリ、第一ニ緒方惟準君「麻及疾下疽ハ黴毒ニ非ザル論」、第二ニ森鼻宗次君「小児下利《ママ》論」、第三ニ松嶋玄圭君「胸部銃創治験論」、第四ニ菊池篤忠君「リストル氏繃帯実験説」ニシテ、午後四時演説畢ル、次デ議事ヲ剏《はじ》ム云々。午後六時議事終ル、忘年会ノ意ヲ表スル為ニ酒飯ヲ各員ニ供シ互ニ懇睦歓笑酔ヲ尽シテ退散ス（後略）

第三号によれば、出席の会員は一一〇余名で、このうち入社員は三五名、「満坐立錐の地なく実に近来の盛会なりき」と記事は伝え、盛況な学術演説会であったことが察せられる。大阪にはこのような医学の研究集会が今までなかったので、物珍しさも手伝い初めは多くの会員が集まったのであろう。しかし次第に惰性的、不活発となり、また不満も出てきたようである。

第五号（明治十二年一月）には、惟準の「淋疾下疳ハ梅毒ニ非ザル論」の演説要旨が掲載されている。このように学術集会で講演した要旨が次号に毎回載せられている。また同号には、第五会の集会（明治十二年一月十二日開催）で医事会同社の隆盛状況を述べた次の惟準の祝文が掲載されている。

○本月十二日本社第五会ノ概況ハ午後二時ニ各社員尽ク来会シ、議長緒方君先ヅ左ノ祝文ヲ朗読セラル。

維《これときに》　時明治十二年一月十二日例ニ沿テ本社第五次ノ集会ヲ三橋楼ニ開ク。即チ本年ノ第一会トス。風日晴朗ニシテ楼外ノ梅蕾ハ将ニ笑唇ヲ呈セントシ、遷喬《せんきょう》［低きより高きにのぼる］ノ黄鳥《うぐいす》ハ将ニ綿蛮《めんばん》［鳥の鳴く声の形容］ヲ試ミントス。今ヤ社中ノ諸君、地ノ遠近ヲ論ゼズ旧約ニ背カズシテ来車ヲ辱フス、実ニ本社ノ幸福ト謂フベシ。抑《そもそ》モ客歳ノ秋始メテ本社ヲ創立セシヨリ入社ノ諸君、陸続絶ヘズ、五閲月ニシテ此ノ如キ盛大ニ及ブ者ハ固《もと》ヨリ諸君ノ拮拒《きつきよ》［いそがしく働く］尽力ニ由ルト雖ドモ、亦本社ノ創立能ク其時ヲ獲ルノ致ス所ニ非ザルヲ得ンヤ、而シテ客歳ノ間ハ創業ノ日猶浅キヲ以テ、社則未ダ整頓スルニ至ラズ、加フルニ昨ハ可ニシテ今ハ不可ナル者ナキニ非ラズ。故ニ今日ヨリ以後更ニ人心ノ向フ所ヲ思察シテ匡正スベキハ之ヲ匡正シ、増加ス可キハ之ヲ増加シ、務テ社則ノ鞏固ナラン事ヲ欲ス、冀《ねがわ》クハ満坐ノ諸君、徒ニ一己ノ便益ヲ謀ラズシテ、専ラ此社ヲ盛大永遠ニ保続スルノ意ヲシテ益拡充セラレン事ヲ、此ノ如クナラバ、独リ我医学ノ進歩ヲ他日ニ期スベキ而已ナラズ、猶又政府衛生保護ノ篤旨ニ悖ラザルベシ。茲ニ本年会同ノ初ニ当リ、聊《いささ》カ蕪言《ぶげん》［粗雑なことば］ヲ陳シテ以テ諸君ニ企望シ又且ツ自ラ戒ムル所アラントス。　議長　緒方惟準

第七号（明治十二年二月）の記事中に、「大阪鎮台病院で、新年以来、院長緒方惟準は公務の余暇をもつて隔日に午後二時より黴茸《ビルツ》論および病体解剖学を講義、また毎水曜日に勉旃《べんぜん》［勤めはげます］夜会といふ会合を開き、各医員互に理学的診断法を講じ、兼て書籍請求の法を設けられしと、方今は徴兵検査派出にて医官人少の際なるに斯く学事に勉励せらるるとは感佩の至りにこそ」とある。

第八号（明治十二年）では、第六会の演説で惟準が「本邦ニ一定ノ局方ナキハ医道ノ欠典《ママ》タル説」と題して講演した内容要旨が記載されている（資料編八二一ページ）。

第一一号（明治十二年）と第一二号（同前）には、緒方惟準の「海水浴ノ説」（明治十二年三月九日開催の第七会で演説）の要旨が記載されている（資料編八一八・八二〇ページ）。惟準が海水浴を奨励したことについては、のちにふれる（第21章参照）。

### （3）脚気患者療養所選定と軍医長会議

明治十三年一月十三日、脚気患者転地療養所選定の為め、摂津国有馬郡湯山町［現・神戸市北区有馬町、有馬温泉がある］及び同国神戸元砲兵営舎の両所に出張仰附けらる。即ち之を巡視せしに、この両所は稍《や》や転地療養に適したるが如し。

同月某日、明治十年西南の役に戦死せし者の為め、大阪北区中之嶋壱丁目に於て記念碑を建設するの挙あり、金五拾円を寄付す。

同年二月三日、御用之有り、来る三月十日迄に出京すべしとの令に接す。是れ各地軍医長官の会議を開かんが為めなり。依て三月五日出発、七日着京、十日より会議を開く。議員総数二十八名、議長は陸軍々医総監松本順氏之に当り、其議案は看病人卒教育方法改正案、陸軍部内伝染病予防方法改正案及び戦地医務方法改正案等にして、不日議了、十五日任に帰る。之を軍医長会議の濫觴《らんしょう》とす。爾後毎年一回各地軍医長官東京に会議するを恒例とし、今なほ継続せり。

前述の『刀圭雑誌』第壱号掲載の第二大区医務取締江守が報告した脚気患者の一覧表をみると、九か月間の脚気患者数は男女合計一五三四名（全治一〇七九名、未治四〇〇名、転移二名、死亡五三名）である。罹患者の約三・五％が死亡している。軍隊でも同様に脚気が多発し、由々しき問題としてとりあげられた。住む土地の風土・気候・環境が原因ではないかと模索された結果、脚気に罹患した兵士の転地療養が検討され、適地の選定が行われたわけである（詳しくは第24章参照）。

# 第16章　東京適塾における門弟育成

先年職を奉じて東京に在るや、公務の余暇を以て、学舎を駿河台に開きし際、笈《きゆう》を負ふて東西より来り学びし門生数百人、爾後或は郷閭《きょうりょ》［郷里］に帰りて医術を業とするあり、或は東京に留まりて業を市内に開くあり、或は又職を官に奉じて東京及び各地に居るあり。各自其職務に追はれ絶て久く面晤《めんご》［面会して相語ること］するを得ざるなり。中には此等の事を深く遺憾とするありて、門生等申合せ、余の軍医長官会議の為め出京せしを機とし、同年四月四日、明神社［神田明神］内開花楼に於て会宴を開きしに、来会者数十人、余も亦之に臨む。皆な往事を談じ旧交を温め大に愉快を感ぜにき《ママ》。ここにおいてか、之を会旧社と号《なづ》け、向後毎年四月第一日曜を期して例会を開くことに決せり。

惟準は明治五年（一八七二）一月、大阪軍事病院から東京の軍医寮創設の任をおびて上京、池田謙斎の世話で、神田駿河台南甲賀町三四番地（現・明治大学敷地内）の旧旗本の土地・屋敷を買い、住居とした。惟準は本務の傍ら、医師を志す青年のために私塾を開いた。これを大阪と同様に適々斎塾と称した。本書では大阪の塾と区別して、仮りに東京適塾と呼ぶことにする。土地の面積は二〇〇余坪、家は平屋であった。南に庭があり、門を入ると大きな玄関があって、その右手横の一五畳前後の広間を講義教室にあて、そして北側に並んだ供侍の長屋を生徒の寄宿舎とした。緒方銈次郎は明治五年から十一年の八歳まで六年間ここで養育をうけたという（緒方銈次郎「東京に在りし適々斎塾」、『日本医史学雑誌』一三二一号、一九四三年／『医譚』一七号、一九四四年、上記に増補して再録）。

### (1) 東京適塾門人録

緒方銈次郎は「東京に在りし適々斎塾」の中で、甲乙二種類の生徒名簿を紹介している。すなわち「甲」は表紙に「生徒姓名簿第一号　二千三百五十四年　適々斎家塾」と記され、半紙五〇枚ほどを綴った帳簿で、「乙」は表紙に「入門姓名録（「束脩控」と書き改めてある）　紀元二千五百三十三年十一月（明治六年＝一八七三）」と記された半紙約三〇枚の帳簿である。「甲」の紀元二千三百五十四年は二千五百三十四年（明治七年＝一八七四）の誤りである。

「乙」の「入門姓名録」（「束脩控」）には学則・塾則と証書雛形および二〇名の生徒名が記されているが、中途で切れており、終わりに束脩収納控三枚がある。次に学則・塾則・証書雛形を掲げる（句読点・濁点は筆者）。

学　則

一学科ハ医業ヲ本旨トス。故ニ洋書ニ就テ学ント欲セバ英仏独蘭ノ書ヲ以テス。左ノ学科ヲ卒業スルヲ要ス。

但シ年数ノ多キニ堪ザルモノハ或ハ理学或ハ解剖学ヨリス

希臘《ギリシア》語学　但シ医学ニ関スルモノ　羅甸《ラテン》語学　但シ医学ニ関スルモノ　数学　天文学　地理学　植物学

動物学　重学[物理学]　化学

右ヲ予科トス

解剖学　組織学　生理学　病理学　繃帯学　内科　外科　眼科　小児科　婦人科

右ヲ本科トス

一訳書ヲ以テ学ント欲スルモノ亦其意ニ任ス

一年限ノ義ハ、語学ヨリ始マルモノハ七年ヲ卒業トシ、重学ヨリ始ルモノハ五年ヲ要ス、解剖学ヨリ始マルモノハ三年ヲ要ス、但一科研窮《（ママ）》スルモノハ年限ニ関セズ、訳書ヲ以テスルモノハ一周乃至三《（ママ）》年ヲ期トス

一毎四季一次大試問ヲ為シ、之ヲ以テ等級ヲ黜陟《（ちゅっちょく）》［進退］シ、毎週土曜日小試問ヲ為シ、之ヲ以テ牌席ヲ上下ス、若シ無謂試問ニ洩ル、モノハ一級ヲ降ス

一毎夕六時乃至八時　講義

一同自八時乃至十時　洋書輪講

一毎週水曜日午後　訳書輪講

一毎朝自八時至九時　洋書素読

一自九時至十時　数学　以上

## 塾則

第一条

一公告ヲ奉遵スベキ事

第二条

一言行方正ニシテ信義ヲ旨トシ協力勉強ヲ要スベキ事

第三条

一無謂講席ヲ闕クベカラズ、但シ出席ノ節ハ羽織袴ノ内一方ヲ用ユベシ、総テ不敬ノ挙動アルベカラズ

第四条

一外来人ハ応接所ニ於テ面会スベシ、塾中ヘ入ルヲ許サズ

第五条

一舎内酒食ヲ禁ズ

第六条

一金銀衣服貸借ヲ禁ズ

第七条

一門ノ出入夜十時ヲ限リトス、若シ其期ヲ後ル、モノハ、其情実ヲ塾監ヘ申出、許可ヲ受クベシ、其条理正シカラザルモノハ多少ノ罰アルベシ

但シ止宿ノモノハ証人ノ印証ヲ持参スベキ事

第八条

一夜間十字(時)ヲ睡眠ノ期トス、但シ勉強ハ其意ニ任ス、尤モ音読ヲ禁ズ

第九条

一入塾ノ者ハ毎月金二円、月謝半円、月末毎ニ相納ムベキ事（「但シ米価ノ高低ニ係ル」との添書あり、また月謝「半円」を「三方」と書き改めあり）

第十条

一入門頼入候者ハ証書雛形ノ通相認メ束脩トシテ金弐円ヲ納ム可シ、其他塾中ヘ金一方、僕婢中ヘ金一方差出ス可シ

但シ通学ノモノハ僕婢ヲ除ク

（金一方の下「僕婢……」以下の七字を削除し「廃止之事」と書き加へあり、また但書を削除し之に代えて「但シ通学者月謝金弐方之事」と改めあり）

第十一条

一猥リニ外出ヲ許サズ、要用有之者ハ監事へ相断リ、姓名牌ヲ応接所ニ掲示スベキ事

但シ午後四時ヨリ五時ニ至ルヲ散歩ノ時間トス

（「監事」を後に「当直」と改めあり）

第十二条

一月曜日ヲ休業トス、尤モ散歩ハ随意タル可シ

但シ帰塾ハ十二時ヲ過グ可カラズ

第十三条

一平臥ノ病者、一週間ヲ超テ全癒セザルモノハ外宿スベシ

第十四条

一朝六時ヲ醒覚ノ期トス、其期ニ後レテ事故ノ妨害アルトキハ打起スベシ

第十五条

一歌舞音曲ヲ禁ズ

第十六条

一舎内勉メテ清潔ヲ要ス、毎朝自席ヲ掃除シ、無用ノ雑品ヲ取リ乱ス可カラズ、毎週土曜日卒業後、申合セ大掃除ヲ為スベキ事

一当直一名宛日々交替シテ相勉ム可キ事

右之条々堅ク可相守也

　贖罪金

一乱足　　　　　　十銭

一便所外撒尿　　　十銭

一他人ノ物品ヲ無届ニテ猥リニ取扱モノ　　十銭

一酒狂暴動ノモノ　　金半円

　　　　証書雛形

　　　　　何府何県何国何郡何大区何小区何番地

証券印紙之事　　　何　　　誰

右之者今般入塾仕候、依而ハ御規則堅ク可為相守候也

　　　　　何大区何小区何町何番地

　　　　　　　証人　何　　誰

「甲」の「生徒姓名簿第一号」には、生徒一四八人（重記が二名あるので実数は一四六名）の名前・出身地・族籍・年齢・入門日付および保証人の姓名・住所が記されており、明治五年（一八七二）十一月十五日、千葉県士族戸田耕蔵（三十歳二か月）の入門で始まり、明治八年五月入門の二二名で終わっている。緒方銈次郎の論文では本人の詳しい出身地や保証人の姓名・住所を省略し記載していないのが惜しまれる（なお「生徒姓名簿第一号」は現在、所在不明）。

　戸田が入門した日に、新潟県平民阿部仲賢（二十二歳五か月）も入門しているので、東京適塾はこの日から実

働したものと考えてよいだろう。各年次の入門数を列挙すると、次の通りである(名前は略す)。

明治五年　一〇名
同　六年　七名
同　七年　一〇九名
同　八年　二二名　計一四八名(実数は一四六名)

## (2) 新出の東京・大阪の適塾「生徒姓名簿」

①東京適塾の門人帳

この「生徒姓名簿」(一〇四丁)は「明治八年一月穀旦」(一八七五年一月吉日)と表記され、一九九名の姓名・出身地・入門年月・保証人の姓名が記載されている。前記の「生徒姓名簿第一号」につづくものと考えられる。なお、「第一号」の明治八年に記載されている二二名のうちの二〇名が、新出の名簿に重複して記されている。

②大阪適塾の門人帳

これは「紀元二千五百四拾歳　入門人名録」(明治十三年)と表記され、表裏ふくめて七八丁である。一六二名の姓名・出身地・入門年月・保証人の姓名(保証人記載のないものがかなりある)が記載されている。入門者は、明治二年二名、五年四名、六年二名、七年四名、九年一〇名、十年七名、十一年一〇名、十二年二二名で、十九年七月入門の一名が最後である。四国をふくむ滋賀県・三重県以西の出身者が一四七名で、全体の九〇%を占めている。惟準が明治十一年七月に大阪鎮台病院長に任ぜられてから、入門者が急に増えている。

上記二冊に記載されている入門者の姓名・出身地その他については、松田武氏の論文を参照されたい(「新出の明治期「適々斎塾門人帳」について」、『適塾』二三号、一九九〇年）。

### （3）講義録『眼科闡微』

東京適塾における実際の教授の具体的内容や講義録および門人たちの経歴などの研究はあまり行われていない。東京適塾門下生の一人高木友枝（男性）の後掲談話によれば語学の学習方法は、洪庵時代の大坂における適塾の輪読法を踏襲している。

しかしただ一つ眼科学の惟準の講義内容を、生徒らが自主的に「緒方惟準講述眼科闡微」と題して巻之一の第一号と第二号の合本一冊（国立国会図書館蔵）が印刷刊行されているので、これを紹介する（巻之二以降については不明）。

表紙の題簽には「緒方惟準講述　眼科闡微　巻之一　第一号」と記され、巻頭に講述人緒方惟準の住所、および出版した生徒三名の名前（三田宗三・山本鼎・阿部右膳）がある（図16-1）。次に三名による題言がつづく。

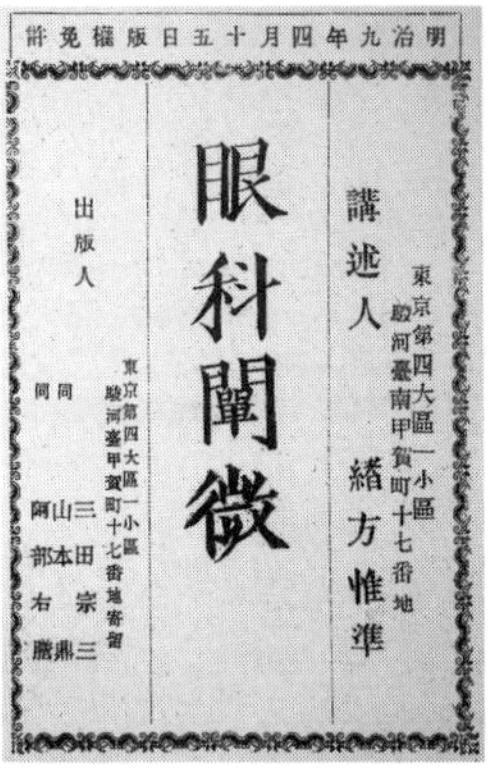

図16-1『眼科闡微』

題　言

王綱［天子のおきて］復古以来邦内ノ学術技芸頓ニ面目ヲ新タニシ駸々乎トシテ日ニ泰西諸洲ノ隆ニ踵接セントス、而シテ我医学ノ如キ最モ然リト為ス、官医黌海陸軍病院ヲ設ケ諸生ヲ教誨シ私ニ家塾ヲ開キ師弟ヲ教誨スル者亦少ナカラズ、我師緒方惟準先生陸軍医務ノ任ニ居リ公務鞅掌ヲ弁理シ其余暇ヲ以テ我徒ヲ集メ解剖生理病理内外科等ノ書ヲ講ジ終リ、頃日眼科書ニ及ブ、先生ノ学業勉メタリト謂フ可シ、今其眼科ノ一書ヲ筆記シ、之ヲ題シテ眼科闡微ト名ク、而シテ其筆各自ニ出ルヲ以テ互ニ紕繆《ひびょう》ナキ能ハズ、一日相議シテ曰ク、若シ此稿本世ニ伝播シ写字ノ誤謬ト我徒ノ譾劣《せんれつ》トヲ以テ先生ノ名ヲ汚サン事ヲ恐ル、不如協心戮力《りくりょく》彼此参考其誤聞漏脱ヲ訂正シ疑義ノ如キハ再ビ先生ニ質シ、一篇ノ全書ト成サンニハ、其一二稿ヲ脱スル者魯魚ノ訛《あやまり》ト毛穎《もうえい》［筆の異名］ノ労トヲ避ケンガ為メ活字印刷シ以テ同窓ノ諸子ニ頒ツ、本ト家塾子弟ニ教誨スル者ニシテ、大家諸彦ノ看ニ供スルニ非ズ、其文辞拙劣、要旨ノ尽サヾルアルガ如キハ、是レ我徒浅学不文ノ罪ナリ、覧者指摘シ教ヲ垂レバ幸甚。

明治九年三月　　三氏　識

ついで、巻之一の第一・第二号の目次がつづく。

眼科闡微巻之一　目次

結膜充血　結膜加答児《カタル》一名結膜単純炎

淋性結膜炎　実布的里《ジフテリ》性結膜炎

多刺保謨結膜炎　即顆粒状結膜炎

結膜水泡炎　眼翅　結膜枯燥

結膜下滲出物　滲血　水腫　気腫　膿液

結膜新生物　脂斑　脂肪腫　胞腫《デルモイド》　贅肉　嚢腫　血腫　色素腫　表皮癌　髄様癌　有色肉癌《メラノサルコーメ》

結膜生虫

結膜損傷　異物　創傷　腐蝕　火傷

この本の題言によれば、基礎医学および臨床学科のすべてを、惟準が公務の余暇に講義していたようにうかがえる。学則の講義時間表によれば、毎夕六時～八時が「講義」の時間になっている。この時間であれば公務外であったろう。長崎精得館や大阪府医学校病院における多年の経験をいかした医学塾の運営であったと考えられる。

## （4）東京適塾門人の略歴および追憶談

東京適塾門人たちの塾を去ってからの動向については、あまり研究成果もなく明らかでない。そのうちの数人について情報をえたので次に紹介する。

▽**高木友枝**（安政五～昭和一八＝一八五八～一九四三）

安政五年八月五日磐城国（福島県）に生まれる。東大医学部を明治十八年卒業後、大学でしばらく助手として勤務の傍ら『中外医事新報』の執筆をしていたが、その後、福井県病院長兼医学校教諭に任じ、二十一年鹿児島県病院長（月給二五〇円）に転じた。この高給の職を投げうち退職、大学二年先輩の北里柴三郎の伝染病研究所に明治二十六年無給助手として入所、二十八年伝研治療部長、ついで北里の推薦で翌二十九年内務省技師に、同年血清院技師、同院長兼内務技師に任じられた。その後、ロシア・ドイツにおける国際会議などに出席、また各国の衛生制度について調査、三十二年帰国、衛生局防疫課長を経て、三十五年台湾総督府医学校長に任じられ、同年医学博士の学位を取得。大正元年（一九一二）当時は台湾総督府研究所長総督府技師というのが本官本職で、兼職は衛生課防疫事務官・台湾中央衛生会委員・市区計画委員・地方病及伝染病調査委員・臨時防疫委員・総督府医院医員・総督府医学校校長で、従四位勲三等。内務省および台湾在住期間中、モスクワの万国医事会議、ベルリンの癩《らい》病会議、万国結核予防会議、上海の万国阿片会議に出席し、著名な衛生学者として国際的にも活躍した。当時の台湾民政局長であった後藤新平は高木の手腕を高く評価していた。大正八年休職、台湾電力株式会社社長に就任した。昭和十八年（一九四三）十二月二十三日没、享年八十六歳（「高木友枝君」、『医海時報』九五六号、一九一二年／井関九郎『批判研究博士人物・医科篇』）。

図16－2　高木友枝

高木死去の訃報に接した緒方銈次郎は弔問のため上京した。そのとき遺族から次の四種の資料を見せてもらい前掲『医譚』一七号掲載の「東京に在りし適々斎塾」で紹介している。

①緒方惟準の写真二葉（A・B）

（A）はオランダ留学中のユトレヒトで撮影された二十四歳ころのもので、裏面にオランダ語で「余の深交のある友タケヤ君へ記念のために　緒方二月七日」と記されている。この写真は残念なことに不掲載で次の（B）だけが載っている。（B）は明治八年ころ三十二、三歳のときのもので、軍服姿である。

②適々斎塾入門当時の手控帳一冊

明治七、八年の在塾中の高木のメモ帳である。銈次郎は適塾関係の記事を紹介している。明治七年九月二十五日郷里泉を出発、十月一日東京着、七日に入門している。九日「始めて独逸書を読む」、二十日「始めて文典を読む」、十一月十六日「大試問始まる」、二十日「大試問終わる、而して二十五日迄休講」。翌八年一月八日「開校式を丹波楼に於て行ふ、相会する者六十人」、三月十六日「算術教官陸軍々医八等出仕原田氏を雇ふ」などが記されているほか、（1）塾監・教官・助教の姓名、（2）七年十一月の大試問の成績により決められた級別（四級より八級まで）の塾生たちの姓名、（3）級外生の姓名、（4）八年三月の大試問で決定した級別（三級から七級まで）の原書生並びに訳書生の姓名（三級より七級まで）が記されている。

③高木友枝筆記「緒方惟準口授　解剖学」一冊

表紙に「緒方一等陸軍々医正口授　解剖学上　磐城登雲筆録」と記され、約一六〇枚である。内容は、総論では解剖学の歴史、人体の化学性構成成分、第一編は骨論、第二編は靭帯論・関節論、第三編は筋論で、固有名詞にはすべてドイツ語とラテン語を併記している。下編の内臓諸器論は欠けている。

④井上豊作（明治七年六月二十五日入塾）筆記「緒方惟準口授　生理学」一冊（三五枚）

本文冒頭に「生理第五号　筋肉機能関節機能」と記され、内容は佇立・歩行・発声の諸機能について図画を添えて説明し、運動生理の百般にわたり、解剖学を基礎として、物理学的解釈がなされている。「東京に在りし適々斎塾」には生前中に高木友枝に面会し、入門当時の追憶談も書き留められているので紹介する（（　）内は緒方氏注、［　］内とルビは筆者注）。

偶《たまた》ま同塾に学ばれたる医学博士高木友枝先生［昭和十八年当時八十七歳］の矍鑠《かくしやく》として東京の地に静養せらるとの情報に接し、欣喜惜く所を知らず、直ちに世田谷の閑居に款を通じて先生の追憶談を懇望せしに、幸ひにも快諾を得、先生自筆の尺牘《せきとく》［書状］を寄せて頗る興味に富める経歴談を試みられた。左にその談話を要約記述する。

高木友枝博士の談話

私は旧泉藩［現・福島県いわき市の一部、藩主は本多氏、維新当時は二万石］の郷士の二男に生まれました。郷士の二、三男は商家か農家の養子になる筈ですから士の待遇を受けられませんでした。私は叔父に永井泰庵と云ふ蘭方医がありまして、隣藩長谷藩の御典医をして居りました。其人が子がありませんでしたから、私は生れる直ぐに永井姓を名乗つて居りました。叔父は私の七歳の頃死にましたが、私を医者にしたい考を漏して居つたので私は医者になる事になつたのです。

その頃医者になるのは相当なる医家に入門して、初は雑巾がけから庭掃除取次などをやり、薬品の調合から代診をやる様になれば師匠から開業を許されたものであります。私の父母は六十近い年齢でありましたから、大学で八年も学問させる事に不安を感じ、三春藩か二本松藩の名医の許に私を入門させたかつたのでありますが、兄が争つて主張して上京させて呉れたのです。夫れでありますから八年もかゝる大学などは志望せずに三年位で医者になれる処へと云ふので適塾の御厄介になつたのです。

私は数へ年十七歳の時、同年齢の佐々木源満と出京しました。明治七年と存じます。適塾の姓名簿に十六歳とあるのは数へ年で無く書いたものと思ひます［姓名録には「磐前県平民　高木友枝　明治七年十月十八日十六歳」とある］。沢祐慶と申す同郷の先輩をたよつて入塾をいたしたのであります。沢はその後肺患にて死し、弟も肺患のため医学の修業を中止し、子息も肺患の為め医学を修め得ず、文筆の達者なる為、今は東京にて出版会社に勤めて居る。佐々木の息は医者にならず、アメリカ其他海外に活動して居りし様子であります。

東京の適塾は、つまり惟準先生が大阪の塾を其儘続けられた形で洪庵先生から続いたものと思ひます。［惟準］先生が蘭書をひろげて講義をされた事を記憶して居ります。講義は筆記が主であつた様に存じます。講義はありましたが今日の様に整然たるものではありませんでした。輪講と云ふは学力の同じ位の人が十人なり十五人なり集つて籤を引いて当つた人が其書を講義するのです。すると四方八方から質問弁難［色々と批難し弁ずること］が出ます、それを会頭が裁くのであります。

塾生中には蘭学の出来た人は無かつた様に思ひます。世は独逸語英語の時代となつて居つたのであります。私は二日かゝつてアー、ベー、ツエを教てもらつたものであります。塾生中に洋書をたやすく読み得た人はあまりなかつた様に思ひます。其中で出色なのは熊谷録三と云ふ人でありました。是は熊谷岱蔵君（東北帝国大学総長）青山徹蔵男爵（青山胤通の養子）の父親で、当時は適塾の生徒でありました。非常に勉強家で、其頃米国出版のハルツホルンの七科全書と云ふのがありました。是は桑田衡平と云ふ其頃の学者が訳して七科全書と云ふ書名で印刷せられました。理化学から始まつて居つたか解剖学から始まつて居たか記憶しません。此七科全書の原書を熊谷君は三遍に読了したと云ふことでありました。又井上豊作と申すのが居りました。私と佐々木源満とは同年で同時に出京しましたが、井上は私共より早く入塾して居ました［姓名録に

「明治七年六月二十五日　足柄県平民　井上豊作十六歳」とある」。此三人は年齢が他の塾生より若かつたので自然友達となつたのです。佐々木は後に大学別課を卒業して郷里で開業して居りました。井上は大学に入りて私よりたしか一年後に卒業して、静岡市に開業し市参事会員などになつて居ります。其内井上猛夫と云ふのが聖路加病院の井上内科の長となつて居りました。母親は其頃のハイカラで英語の詩集など勉強して居りました。今も存命との事です。明治八年［一八七五］に始めて医術開業試験が行はれて、其折及第した塾生は篠田貞吉（後の原田貞吉）その他一両名あつたと思ひます。原田は後年私と共に中外医事新報を発行致しました。佐藤洋治と云ふ学僕を兼ねた塾生が居りまして、皆がヲツエアン　ヲツエアンとよびました。此人後に胃散を売り出して資産を得たとの噂がありました。

当時の学費は金五円が普通でありましたが、塾生の多くは医者の子弟であり、且年齢も三十前後の人もあり、中には開業の経験者もあり親の代診などした人もありで、此人等の学資は月に十円も十五円もあつたのです。此人等は多く絹布を纏ひ角帯をしめて居ましたから我々は角帯組とよんで居つたのです。我々の帯は白金巾です。篠田貞吉君は色の黒い方で黒ビロードの襟巻をして居りました。黒ビロードで篠田の顔が引立つなどと申したものです。瀬波寿君はタオルの襟巻をして居ました。当時では是もハイカラの方で我々青年組には襟巻など思ひもよらぬ義《（姿カ）》でありました。

其頃我々普通組の経済は月謝一円食料二円。あと二円にて筆紙、墨、湯銭、斬髪の費用にあてたものです。井上、佐々木、私は特に仲よしでありましたから、三人の内誰かに送金があると打揃ふて蕎麦屋か汁粉屋に登つたものです。其外に焼芋を買ふとか大福餅を食ふ事もたまにはありました。そばはもりかけ共八厘、斬髪は三銭五厘位からあつたと思ひます。衣服類は手織物を国から送つてもらひました。

適塾より一段高い処に小松の宮様の御殿がありました。多数の女中達が庭に出て居られると鏡で日光を反射するいたずらをして叱られた事もあります。重野成斎先生［安繹《やすつぐ》、漢学者・歴史家］の邸が隣りでありました。京都美人たる先生の奥さんの妹さんが門に出ると塾生が手をたゝいてトレー、ビアンと叫んだものでです。塾監が重野の奥さんによばれて自分方でも書生を育てゝいるが、コンナ乱暴な書生はなかつたと云はれたに対して、塾監が漢学の書生と洋学の書生は違ひますと答へたとの事で我々は痛快を感じたものでした。塾監の名は忘れましたが山本昇と云ふ人。又た三田宗三［『眼科闡微』の編集者の一人］といふ人も何か講義をしていた様な記憶もあります。

明治八年に警視庁が警視医学校を設け貸費で教へてくれると云ふので、私は親に学資の世話をかけまい為めに独断で志願しました。処が僥倖にも採用されました。然るに西南戦争の後に財政の都合から此学校は廃止せられて、生徒は大学へ依託になりました。更に一年を経て警視庁は依託学生をやめて、皆勝手にせよと云ふことになりました。私はその後は翻訳などをして、自給してどうやらこうやら明治十八年［一八八五／二十九歳］に大学を卒業しました。

▽**鮭延《さけのぶ》良治**（嘉永二～？＝一八四九～？）

洪庵の適塾門人手塚良庵（のち良仙、漫画家手塚治虫の曾祖父）の弟良節（加賀藩藩医鮭延家の養子となる）の息子である。良節は備前藩藩医難波抱節（華岡青洲・同鹿城および吉益南涯・賀川蘭斎の門人で、洪庵から牛痘苗を分与され、岡山地方に種痘を広めたことで著名）に学んでいる（中山沃『備前の名医難波抱節』）。明治七年（一八七四）五月二十二日に東京適塾に入塾している。明治十年の西南戦争に良治は軍医試補として、伯父手塚良仙は軍医として従軍した。しかし良仙は戦争終了直後に赤痢に感染、十月十日大阪陸軍臨時病院で死去した。良治は陸軍薬剤官、三等薬剤官、三等軍医、一等軍医に進むが、退官後の明治三十三年に東京麹町区飯田町で開業した（深瀬泰旦「史料との出会い——歩兵屯所医師取締手塚良仙とその一族」、『日本医史学雑誌』三六号、一九九〇年／芝哲夫「適塾門下生に関する調査報告(21)」、『適塾』三四号、二〇〇一年）。そして同僚長瀬時衡（適塾門人）とともに「マッサージ」の宣伝に熱中したという（前掲「東京に在りし適々斎塾」）。

明治二十四年六月（一八九一）東京衛戍《えいじゅ》病院長に任命された一等軍医正長瀬時衡は、痰から結核菌が見つかったため、同二十六年二月願いにより退官、同時に軍医監に昇進した。間もなく西洋按摩術による治療を主体とする仁寿病院を麴町区飯田町六丁目一七番地に創設した。同時に院内に「泰西按摩術講習所」を開設し、按摩生の養成を始めた。講習所の職員は、教頭長瀬、教授は鮭延、助教は塾頭瀬尾清明（陸軍一等看護長）以下五名であった。

修学期間は二か年で、学科は、前期では人体解剖学・生理学・理化学の大意、後期では電気学大意・繃帯術・病理及び診断学の大意、柔軟体操・実性運動法・虚清運動法・按摩術一般・病床実験を教授した。鮭延は医学部門の講義を分担したのであろう（中山沃「西洋マッサージの開祖長瀬時衡」、『洋学資料による日本文化史の研究Ⅳ』）。

西洋按摩術を売り物にした特色ある病院は盛業であったが、長瀬の病気は次第に進行したため、明治三十一年一月、仁寿病院を門人奈良徳太郎に譲り、故郷岡山に帰った。残された病院・講習所の運営については鮭延が重要な役割を果たしたと考えられる。その理由は、鮭延の明治三十四年の住所が仁寿病院の飯田町六丁目一七番地（長瀬の住所でもあった）と全く同一だからである（工藤鉄男編『日本東京医事通覧』）。長瀬が帰郷したあと、鮭延が仁寿病院兼居宅に移り住み、奈良らとともに病院・講習所の運営に当たったと考えられる。

長瀬は多くの西洋按摩術書を翻訳出版しているが、その一つにオーストリアの医師ライフマイルの著書を明治二十六年五月に刊行した『莱氏按摩術』がある。この本の跋を鮭延が記している。

跋

医十三科中按摩術モ其一ナリ、而シテ其科目ノ順序ハ内科最初ニ在テ按摩最後ニアリ、蓋シ複雑単純ヲ以テ次第スルニ似タリ、複雑ノ者ハ学ビ難ク単純ノ者ハ学ビ易シ、本邦按摩ヲ業トスル者、大抵盲人寡婦依ル所ナキノ窮民ナリ、其学廃シ其術壊レ遂ニ医家一般ニ此術ヲ施ス事ヲ忌ムニ至ルモ亦タ以テスル所アルナリ、抑《そもそも》泰西ノ按摩ハ学理的原則ト学術的体裁トヲ摂備シテ一科ノ医学統系ニ入ル、学士已上ノ作業スル所タリ、陸軍々医監正五位勲四等長瀬時衡君ハ此ニ見ル事アリテ研究措カズ、後進ヲ提撕《ていせい》［指導すること］シ千有余年ノ迷夢ヲ呼覚シ大宝令ノ古実ヲ再興セント欲ス、居恒《きょごう》人ニ語テ云フ、余縦令盲瞽鰥寡《もうこかんか》ニ伍セラルモ庶幾《しょき》ス、造化ノ忠僕タラント卓見ト謂ツベシ、印刷ナルニ及デ一言之ヲ書シテ以テ其後ニ附ス。

明治二十六年五月五日　　　正六位勲六等　鮭延良治謹識

▽**原澄斎**（嘉永三～明治三六＝一八五〇～一九〇三）

明治七年（一八七四）十二月十二日に入門した島根県士族原澄斎の子孫が、この東京適塾の解剖学などの修業証書一枚を所蔵しており、その略歴も調査報告されている（芝哲夫「適塾門下生に関する調査報告(12)」、『適塾』二五号、一九九二年）。

鳥取県日野郡高宮村印賀屋敷住の大淵一馬の次男、嘉永三年の生まれ、出雲国（島根県）母里藩の藩医原潤庵に医術を学び、養子となり、その娘「てふ」と結婚、明治六年ころ妻を伴って上京、翌七年十二月東京適塾に入門（門人帳では、出身地は出雲国能義郡大塚町九七四）、十年医師免許取得、同年東京府病院に勤務し、千住宿区医務取締に任ぜられた。二十年ごろ官を辞し、郷里の高宮村印賀に帰り、ついで鳥取県米子市彦名村に移り、死去するまでこの地で開業した。明治三十六年没、享年五十四。子がなかったので実兄大淵慎悟の四男大淵正（明治十三年七月五日生）を養嗣子にむかえた。正は明治二十八年大阪医学校卒、解剖学を専攻、諸医学専門学校の講師などを経て、大正六年（一九一七）長崎医専教授となった（森納『続因伯の医師たち』および前掲「適

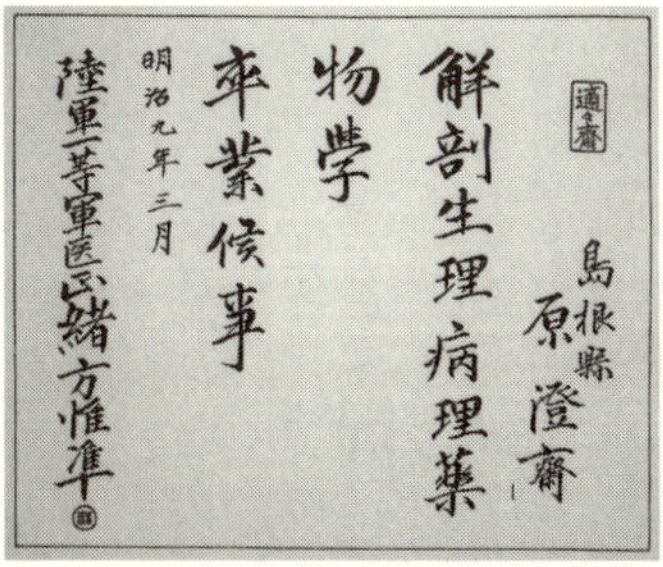
適々斎
島根縣　原澄齋
解剖生理病理藥物学
卒業候事
明治九年三月
陸軍一等軍医正緒方惟準

図16-3　原澄斎修業証書

塾門下生に関する調査報告（12）」）。

東京適塾門人録では明治七年十二月十二日に入門し、また翌八年五月にも名を列ねている。そして「島根県　原澄斎　解剖生理病理薬物学　卒業候事　明治九年三月　陸軍一等軍医正緒方惟準」の四科目を修業したことを証明する証書が授与されている（図16-3）。約二年三か月で四科目を取得しているわけである。この証書には「適々斎」の印が押されている。

当時（明治九年一月十二日制定の医師開業試験法）の医師開業試験の試験科目は「物理学化学・解剖学・生理学・病理学・薬剤学・内科・外科ノ七科目ノ大意」で、「産科、眼科、口中科［歯科］等専ラ一科ヲ修ムルモノハ各局所ノ解剖生理病理ノ大意及手術ヲ検シテ免状ヲ授クベシ」という規則であった（厚生省医務局『医制百年史資料編』）。

澄斎はさらに内科外科の講義を受けたのであろう。そして開業試験を受験し、明治十年四～七月の間に免状が下付されている（樋口輝雄『明治八年から十六年までに実施された内務省医術開業試験について』）。

▽**門山周智**《かどやましゅうち》（嘉永二～明治四三＝一八四九～一九一〇）

嘉永二年三月二十五日の生まれ、初め仙吉、また壮之助と言い、庄内藩士門山周信の六男、長兄門山周政の養子となり家を継ぐ。明治三年（一八七〇）松嶺藩（明治四年七月松峰県）の権少参事となる。七年上京、緒方惟準に師事、前掲「東京に在りし適々斎塾」では「明治七年二月一日　酒田県門山周智二十五歳四ケ月」と記されている。九年帰郷して開業、十五年山形県飽海《あくみ》郡の郡医として地域医療に貢献、十九年医業講習所淳華堂を組織、町村制の確立とともに町会議員を兼ねて活躍した。博学多才で、旧家老松森胤保の知遇を得て史学・考古学も研究した。明治四十三年五月七日没。墓碑は酒田市（旧松山町松嶺）曹洞宗総光寺墓地にある。三人の男子はともに医業に従事した（詳細は『酒田地区医師会史・下巻』を参照）。

明治二十九年『山形県羽後国飽海郡衛生誌』（二〇八ページ／図16-5）を出版した。表紙に「陸軍々医監従四位勲三等緒方惟準先生題　山形県書記官正六位勲六等和達孚嘉君序　飽海郡々長従七位佐藤直中君閲」とある。惟準の題字は二行に「存心済生［心は済生に存す］」「明治丙申［明治二九年］初旦　北渚」と染筆され、「緒方準印」と「子縄」の四角の朱印が押されている（図16-6）。つづいて和達の明治二十四年仲夏の序文と同年六月の門山周智の緒言がある。

内容は飽海郡の①地形・水利・山林・地質・人口・土地の景況、②気象学上の観察、③健康住居、栄養品、④職工場、⑤学校衛生、⑥監獄、⑦病者及び貧困者の保護、⑧浴場、⑨検屍及び葬屍法、⑩医師・獣医・歯医・鍼灸術・按摩・産婆衛生会・薬剤師・売薬などである。

なお、門山周智の名前は、前掲『明治八年から十六年までに実施された内務省医術開業試験について』の医師名簿にはない。明治七年八月十八日、文部省より東京・京都・大阪三府に布達された「医制」三七条、すなわち「医師ハ医学卒業ノ証書及ビ内科外科眼科産科等専門ノ科目二箇年以上実験ノ証書〈従来所就ノ院長或ハ医師ヨ

図16-4　門山周智

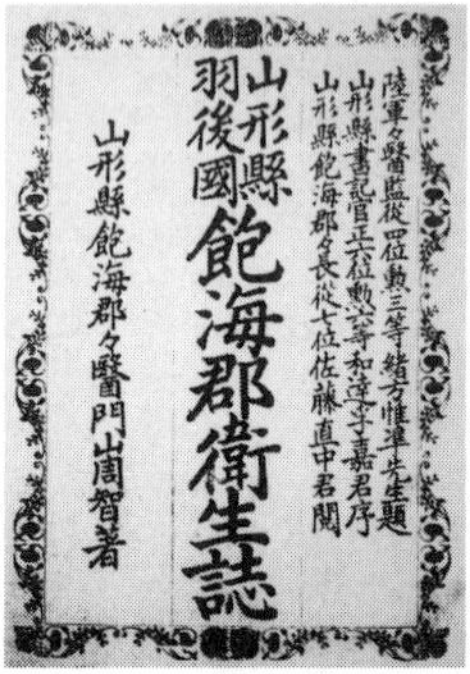

図16-5　『山形県羽後国飽海郡衛生誌』

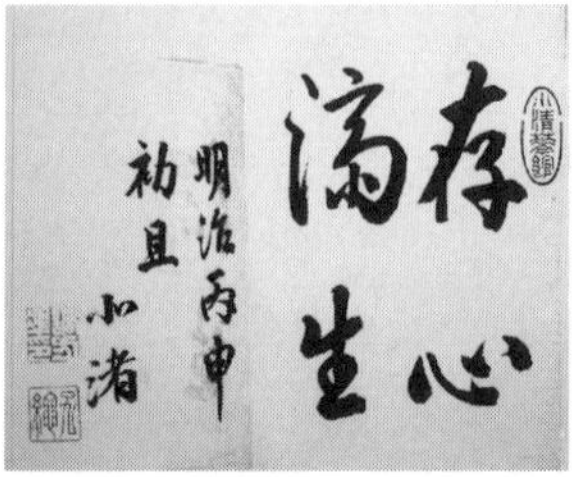

図16-6　惟準題字「存心済生」

リ出スモノトス〉ヲ所持スル者ヲ検シ免状ヲ与ヘテ開業ヲ許ス」により医師免許を得たと考えられる。次の億川三郎も同様である（『松山町史』下巻／『酒田地区医師会史』下巻／佐藤允男「荘内医学史研究の概況」、『医譚』復刊八七号、二〇〇八年）。

▽**億川三郎**（嘉永五～大正一二＝一八五二～一九二三）

父は摂津国有馬郡名塩村（現・西宮市名塩）の医師億川信哉（緒方洪庵の妻八重の弟）、母は同村木村新左右衛門の娘美津。この次男で（長男は幕府留学生として英国に派遣された億川一郎）、慶応四年（一八六八）四月から明治三年（一八七〇）六月まで大阪北浜三丁目の緒方拙斎（惟準の義弟）の塾で解剖・生理学などを修業。ついで翌七月から大阪府医学校に入学、理化学・薬剤・解剖・生理・病理などの各科を修め、内外科臨床実習を行った。五年三月卒業後、東京に行き、八月から従兄の緒方惟準の適塾に入門、解剖・生理・病理・内外科の実習を行った。

その当時の三郎の「覚書録」（芝哲夫「億川家資料について」、『適塾』三七号、二〇〇四年）によれば、明治六年八月二十九日、大阪天保山港から惟準の弟緒方収二郎と緒方太郎（緒方郁蔵の長男）とともに出航、九月一日午後一時に駿河台の惟準宅に到着した。「生徒姓名簿」（甲）では、この日が入門日になっている。そして午後二時に三郎は長兄岸本（億川）一郎宅に着く。船中の倦怠を養い、所々遊覧したという。

また、「着後既ニ一旬ヲ経過ス。由テ自身医学修業之目途ヲ立ト欲シ、貴兄ニ談ズ。兄曰、当時該地ニ於ルヤ、大先生多ト雖モ生徒ニ能ク教導スル事ナシ、就中緒方氏ハ当時専ラ生徒ヲ教育ス。当時塾生八十名アリ、学科ト独乙国諸大医ノ新説ヲ講ズ。故ニ該塾ニ入舎ヲ命ズ。依テ九月十日緒方塾ニ入リ、解剖、生理、病理ヲ研究ス。［中略］冬初十月緒方先生東伏見［宮］ニ従テ諸国之検閲使ヲ命ゼラレ四国ニ行ク。留守宅ハ二等軍医正足立［寛］氏及軍医長瀬［時衡、適塾門人］氏、師ニ代リテ生徒ヲ教導ス」と「覚書録」に記している。このように

図16-7　億川三郎

惟準が出張で、授業を行えない場合には親しい同僚や部下に授業を依頼していた。

明治九年十月まで三年間修業したのち、十年には帰阪した。同年三月から十一月まで大阪陸軍病院雇医を拝命し、西南戦争の負傷者の治療に従事した。翌十一年五月から十六年十一月まで大阪北浜三丁目の適々斎病院（院長は緒方拙斎）で内外科の修業をしたのち郷里名塩村で祖父百記・父信哉の医業を継承し、地域医療に多大な貢献をした。また名塩郵便局長を兼任、名塩小学校の校医、生命保険会社の嘱託医も兼務した。大正十二年一月五日、胃癌で死去。享年七十一歳。墓碑は名塩の通称カミの墓地（教行寺のすぐ裏の墓地）にある。

三郎の長男摂三は大阪府医学校を卒業、同校の皮膚科の助教授を勤めたのち、大阪市内で皮膚科を開業した。日本医史学会関西支部の前身「杏林温故会」の創設者の一人として中野操とともに、関西の医史学研究に多大の貢献をした。「億川三郎履歴書」（前掲「億川家資料について」）には次のように記されている。

億川三郎

嘉永六癸丑十月十一日生

明治戊辰四月ヨリ同三年迄大阪北浜三丁目緒方拙斎ニ従ヒ同三年七月ヨリ大阪公立医学校江入舎、以後五年三月より同八年十月迄東京駿河台南甲賀町陸軍軍医正緒方惟準ニ従ヒ、都合六年二ケ月間七科医学修業

明治八年十一月五日

右之通相違無之なり

〔資料〕

浅田信雄『億川三郎郵便局長』（私家版）
堀内泠『西宮医史』

▽**小林謙三**（嘉永元～大正六＝一八四八～一九一七）

越後長岡藩士の三男、慶応四年（明治元＝一八六八）、朝廷の東征軍に抵抗した上野の彰義隊に加わった。同年五月十五日の東征軍の総攻撃で壊滅・敗北、小林ははじめ故郷に向かったが、官軍の追及を恐れ、大阪に向かった。かねて郷里の先輩から適塾の話を聞いており、適塾を訪れ、惟準にかくまわれたという。惟準の東上とともに東京に赴いた。孫の小林康喜の記述によれば、明治元年より八年まで惟準の指導を受けた。そして惟準から「お前は商才もあるから大勢の人を救え」と諭され、明治八年（一八七五）惟準処方の「喘息煙草」を販売することになる。

こうして神田表神保町一番地（現・千代田区神田小川町三丁目一番地）に薬製造所を備えた薬舗小林知新堂を開き、「緒方惟準先生処方　喘息煙草」および「御典医遠田先生処方　遠田脚気薬」の看板を掲げて販売した。表通りに面した角に檜の尺五寸角の柱を立て、前者を大書した看板は当時有名であったという。この知新堂は惟準が命名したものである。

図16−8　小林謙三

薬は全国に、さらにハワイまで送られ販売されたという。この喘息煙草は現在の吸入薬の先駆ともみられる薬煙吸入で、直接的・瞬間的に効果をあらわすものであった。この製法は口伝であった。小林謙三が高草彦平（岡山県矢掛町）とかわした三種の薬（宝丹・点眼膏・掃蝿円）の「売薬請売約定書之写」（明治十年七月二十六日付／筆者蔵）により、小林が手広く商売をしていたことがわかる。

しかし大正十二年(一九二三)九月一日の関東大震災で店は灰燼に帰した(小林康喜「緒方惟準先生と喘息煙草」、『適塾』一三号、一九八一年)。

▽**熊谷録三**(生没年不明)

前述の高木友枝の談話の中にでてくる塾生で、明治七年(一八七四)五月の入門である。談話にあるように、録三の長男岱蔵(明治十八年生)は明治三十九年東京大学卒、東北大学内科教授・総長を歴任、次男徹蔵(同十四年生)は兄と同年に東大卒。東大内科教授・附属病院長・医科大学長を歴任した青山胤通の養嗣子となり、東大外科助教授を経て、大正十四年第一外科教授となる。三男直樹(明治十八年生)は東大を明治四十三年卒、眼科を専攻、大正五年愛知県立医学専門学校教諭、大正十一年新潟医科大学教授となる。

この直樹について弟子の三国政吉教授が『日本眼科と新潟』の中に「熊谷直樹先生小伝」を記しているので引用する。

先生の原籍は長野県東筑摩郡洗馬四一で、ここは丁度信州木曾の入口にあたる。七代前からの開業医で祖父の名は謙斎という。父陸蔵[姓名録では録蔵]はこの養子である。明治七年緒方準[惟準]の東京適塾(適々斎塾)に入門して医学を学び内務省の医術開業試験に合格して医師となった。明治十八年一月十七日、先生はこの三男として生まれた。母の名は「もと」である。長兄の岱蔵先生(明治十三~昭和三十八)は東北大学の内科の教授で結核研究の権威者で東北大学総長、抗菌病研究所の創始者として有名である。次兄青山徹蔵先生(明治十五年~昭和二十八年)は東大内科青山胤通教授の養嗣子で東大外科教授である。かような次第で先生は医界で有名な熊谷三兄弟の末弟になられたわけである。先生の下は妹さんで、金沢医大内科、山田詩郎教授夫人であるから学者一家として当時大変有名であった。

先生は明治三十四年三月長野県立松本中学、三十九年七月第一高等学校第三部、同四十三年東京帝国大学医科大学を卒業された。［中略］大学を卒業したとき岱蔵先生の申されるには、「馬を三匹買ってやるからお前、家に帰って親父の手伝いをしないかということであった。馬も好きだが、兄貴たち二人とも大学にのこって勉強しているのに、自分だけ田舎に帰って父の手伝いしなければならない訳はないので、一晩考えた末、断った。田舎に帰っていたら今頃どうなっていたものか」と述懐されたことがある。

この述懐談から、三兄弟の父録三は原籍地で村医をして一生を過ごし、子供らは松本へ出し、中学に通学させたと考えられる。

## （5）大阪適塾の門人

「紀元二千五百四拾歳　入門人名録」には一六二名（うち二名は二度入門、実数は一六〇名）が記載されている。

大正十四年（一九二五）刊の『日本医籍録』で、大阪適塾入門時に申告した出身地から彼らを検索してみた。その結果、一三名を確認することができた。このうち、県立甲種医学校卒が一名、済生学舎出身が二名いた。この一三名のほかに、入門人名録に名前はないが、兵庫県朝来郡竹田村の高田豊洲は履歴の中に、「緒方惟準氏ニ就キ医学修業、明治十七年試験及第」と記している。この医師をいれると一四名となる。

右の一三名のうち一名だけは筆者が若干の資料を持っているので紹介する。

大阪適塾の入門人名録には、「守屋乾三　二十三歳　備中国［現・岡山県］浅口郡西原村二七六［現・倉敷市］　明治十二年三月入門」、前記の『日本医籍録』では、同住所で「安政四年（一八五七）八月二四日生、従来開業」とあり、免許は明治十七年（一八八四）取得となっている。

乾三は適塾門人守屋庸庵（本姓石原）の長男、次男は甫一郎、庸庵の父石原官平光徳（足立藩士）は緒方洪庵の従弟である。すなわち官平の母は洪庵の母キョウの妹である。庸庵（一八三一～一九〇九）は弘化四年（一八四七）適塾に入門、嘉永三年（一八五〇）洪庵が足守藩内で種痘を行ったとき、その右腕として活躍した。のち郷里の西原村で開業し、乾三は父庸庵の跡を継ぎ同所（現・倉敷市西阿知町西原）で開業し、昭和十二年（一九三七）二月十日死去、享年八十一歳、墓碑は同地西原の父庸庵の傍らにある。孫の乾次氏は岡山市に在住であるが、乾三ゆかりの医学資料および写真は所蔵していない。

守屋庸庵─┬─乾三─五六─乾次─淳嗣（医師）
　　　　　└─甫一郎

乾三の弟甫一郎は、明治十七年岡山県医学校第一期卒業生で、首席で卒業、陸軍軍医となり、日清・日露の両戦役に従軍、一等軍医正まで進む。退役後は済生会病院に勤務し、のち東京に移住。

億川家から適塾記念会に寄贈された諸文書によれば、維新後、適塾のあとを守っていた緒方拙斎のもとに学ぶ者もあった。前述の億川三郎もその一人である。

右の諸文書の中に「浪華緒方塾ニての入用等諸記録」と分類できる横綴じの一冊がある。扉に「摂津尼ケ崎奥（億）川三郎　書持」とあり、その第二丁に「己正月浪花緒方塾ニて入用控」と書かれ、約一九丁にわたり月ごとの入費額と名目が記されている。この己正月は明治二年（己巳）である。また「二月廿八日　金壱両弐分　ボードイン入門」と入費欄に記されている。したがって、明治二年の段階で大阪適塾が存在していたことは確かである。この当時は拙斎が主宰していたと考えられる。この帳面の中に「緒方拙斎先生門弟中」（明治六年ころと推定）と題し一三人の姓名と出身地が記載され、また別丁に「緒方拙斎塾中」として、四七名の塾生姓名と出身地が記されている。惟準が明治十一年（一八七八）七月、大阪鎮台病院長として大阪に帰ってきてからは、義弟拙斎に代わり、あるいは二人が協力して大阪適塾を運営したのであろう。
この拙斎時代の「規則書」の写しと思われる文書があるので次に紹介する。

### (6)「緒方義塾」の規律と塾律について

明治二年春から浪華仮病院でボードイン・緒方惟準らに学んだ美作の医師芳村杏斎(一八三六〜一九〇五)は多くの講義録の写本以外に三冊の備忘録を残している(国際日本文化研究センター宗田文庫蔵)。この中の一冊に左のような記述がある。

学級
初等　羅甸語　希臘　語学
九等　和蘭　英利
八等
七等　算学　宇宙　歴史学
六等　地理学　各国歴史学
五等　理学　化学
四等　解剖学　生原学
三等　病理学　薬性学
二等　内科学　外科学
一等　病床経験　翻訳
右緒《(ママ)》方義塾規律

塾律

一　外来之人者到客之間ニて応接可被致事

一　総テ粗暴之言行慎むべきハ勿論、学術勉励之外争論ケ間敷等可禁候事

一　塾内ニ於て酒宴相禁候事

一　塾監ハ内塾生ニて半月替りニ相勤候事

　但シ塾監ハ塾長同様と相心得、不敬無之様可被致事

一　出入之節ハ塾監江相届、姓名札懸け直し可被御願事

一　門限ハ夜十一字（時、以下同）ヲ以テ限トス

　但シ無拠用事ニて被致遅刻候節ハ其時限迄ニ塾監江相達し可被申事

一　食事之節ハ撃柝《げきたく》［拍子木をうちならす］次第相集候事

一　月俸其他塾中之管轄ハ総テ塾監之可為職務事

　但シ塾監之存意ニ能わざる節ハ集議之上可相決事

一　塾中惣会計ハ毎半月塾監交替之節清算可被致事

一　塾用之他猥ニ焚出し方江用向小使等申付間敷事

一　毎日十二字ヨリ二字迄、四字ヨリ六字迄ハ逍遥散歩放談可為勝手事

　但シ序之節頼入候分ハ不苦候事

一　非常之節ハ其機ニ応じ可被致処置事

一　内塾生病気之節ハ塾中ニて順番を設け一人宛附添所及力愛情ヲ以可被致庇護事

一　乱足ハ勿論其他之器械等仮令同塾之者と雖モ無断猥ニ不可取扱事

一　日曜日ハ総テ可為律外事、其他病院休業之節も可為同様事

右之規律相犯候輩ハ為科金五十疋可被差出事

但し塾監相犯候節ハ科金可為百疋事

執事

以上で文章は終わっている。この備忘録には年月日の記載がない。しかしこの備忘録の文中に、「芳村杏斎六月薬方」「九月七日方」という記述や、八月十五日付の病院から府内の医師への布達が記されており（『大阪府布令集』によれば明治二年八月十七日付布達）、この布達に追加して、「尚緒方玄蕃少允先生、府ニ御召之上被仰付候事ニテ尤も病院頭故之廉ニ候」とある。また他の備忘録の表紙には「庚午晩春［明治三年陰暦三月］」とあり、もう一冊の備忘録には年月日の記載はないが、二月から六月にかけてボードインらが診察・入院させた患者四〇名の診療メモが記されているので、明治三年と判断される。したがって、この備忘録は明治二年のものと推論される。また金勘定に「疋」を使っていることからも、明治のごく初期と考えられる。

ところで、文中に見える「緒方義塾」の名は惟準・拙斎に関係していることが想像される。適塾門人福沢諭吉は慶応四年（明治元＝一八六八）四月、江戸芝新銭座に慶応義塾を創設した。惟準は天皇に随行し東上し、この福沢を訪問し、慶応義塾の存在を知った。そして翌明治二年二月病院設立および医学伝習の命を受けて大阪に帰った。そのころ拙斎の住む適塾には、なお少数であるが門人書生がいた。高峰譲吉や億川三郎がそれである。億川三郎の履歴書に、「明治戊辰四月ヨリ同三年六月迄大坂北浜三丁目緒方拙斎ニ従ヒ同三年七月ヨリ云々」と記されている（前掲「億川家資料について」）。

前述の大阪の「入門人名録」は「明治二年十月入塾　日向飫肥藩中　山地如春」をもって始まっている。これには適塾の名は使われていない。この人名録によると在塾する者も少ないが、しかし塾としての一応の建前とし

て、惟準と拙斎は病院を適々斎病院と名づけ、併設した学塾を慶応義塾になぞらえ緒方義塾と称したのではなかろうか。そして学級（履修科目）および塾律を定めたものと、筆者は想像をたくましくする。識者のご意見を俟つ次第である。

# 第17章　陸軍軍医監兼薬剤監に昇任

## （1）陸軍軍医監昇任と上京

明治十三年四月二十八日、陸軍々医監兼陸軍薬剤監に任じ、軍医本部次長仰せ附けられ、且つ陸軍本病院御用掛兼勤仰せ附けらる。依て再び東京に転任することになり、同年五月七日、東区石町三橋楼に於て留別の夜会を催ほせしに、来会する者、陸軍中将鳥尾［小弥太］氏〈今は子爵華族たり〉、同大佐品川氏、府知事渡辺氏〈同く子爵華族たり〉、大書記官宍戸氏、その他陸軍士官、裁判官、造幣吏を初め五代［友厚］、中野、藤田等の紳士、豪商及び同業諸氏等無慮五百有余名、祝辞の記は机上に積みて山を為し、演説の声は楼中に響きて雷を為す等、快談、快飲殆ど夜を徹するに至る。即ち同月中旬出京して、居を日本橋区浜町一丁目にトし、日々軍医本部及び本病院に通勤す。

この惟準の軍医監昇進について同僚であった石黒忠悳《ただのり》は彼の自伝ともいうべき『懐旧九十年』の中で、次のように記している。

明治十三年三月、私を軍医監即ち大佐級に昇進の議がありました。之は陸軍では去年から私を文部省兼務の方へ敬遠したのですが、さて出して見ると、又私が必要である事が感じられたのでせう。顧みれば、私が一等軍医正（即ち中佐相当官）になつてもう八年です。当時陸軍で上長官は少く、山県卿は中将で二十年居られ、其頃少将は六、七人でしたが、夫れにしても私と出仕上同輩とも云ふべき人々は既に早く皆一、二級上に行つて居り、私が今頃軍医監は甚だ遅過ぎるのです。処が此処に私よりも古くからの一等軍医正が一人行止まりになつて居ります。それは緒方惟準氏で私は我身に引比べて誠に気の毒に思うて居たのでしたから此の私の昇進は辞退し、先づ緒方氏を昇進せしむる様に願ひました。氏は有名なる大家緒方洪庵氏の子で、大阪に兵部省を置いた最初には軍医部の首長を勤められた人であるが、私と一所に昇進すると世間では石黒を進めるために緒方を伴に進めたと言はれ、却つて緒方氏の名折れになるから、今度は緒方一人を進められたいと林軍医総監と、山県陸軍卿の邸へ参つて懇願し固辞しました。山県卿は、陸軍の人が皆貴下のやうだと心配はいらぬが、と申されて諾いて呉れられ、緒方一人昇進して私の昇進の事は一旦沙汰止みとなつたのです。すると其年九月になつて俄かに呼出されて、私は軍医監に昇叙されました。私はもう辞する要もないので快くお受けして軍医本部次長となり、今度は陸軍の方が主で、文部の方はほんの兼務となりました。そして林軍医総監も他に対して随分傲岸な態度の人ですが此頃から私の心底を知つて信を置かれ、私には万事を詢《はか》られる様になり、私も松本［順］総監に対すると同じ気持で居る事が出来、職務には不相変赤誠を以て尽すことが出来る様になりました。

自分の昇進を辞退し、少し先輩の緒方惟準を推薦するあたり、苦労人として育った石黒は上の人の心を把握するのに長《た》けている。偉大な父の名を背負って育った惟準には、できなかった業であろう。

『刀圭雑誌』五二号（一八八〇年五月）は、この惟準の送別会が五月十三日と十五日の二回行われたことを報じている。

○陸軍軍医監緒方惟準帰京　今般緒方軍医監の帰京に付、去る十三日には府立病院及び医学校の方々並に市中開業医の有志の人々凡そ四十余名にて軍医監を南地富田屋席に招待せられたり。
〇また緒方軍医監には去る十五日午後八時より石町三橋楼に於て留別の宴を開き、鎮台病院の医官は勿論、府立病院医員医学校の教員並に市中開業医の諸氏其他在坂の貴官紳士豪商各新聞社員等を招かれしが、来会せし者無慮三百余名、緒方君先づ諸賓来会の厚意を謝し、留別の一編を朗読せられ、次で来賓中に送別文を朗読し、或は演説を為す者六七名、右終て各賓を設けの席に著しめ、立食の饗応ありて、午後十時過には一同退散せり［『一夕話』では、この送別会を惟準は五月七日と述べているが記憶違いではなかろうか］。

そして『刀圭雑誌』五四号（一八八〇年六月）は「緒方軍医監過る［六月］一日神戸発の汽船で海路東京へ」と報じている。

明治十三年十月刊の『改正官員録』によれば、軍医本部の幹部は次の通りである。

軍医本部
| | | |
|---|---|---|
| 軍医総監 | 正四位勲三等 | 林　　紀 |
| 次長　軍医監兼薬剤監 | 従五位勲四等 | 緒方惟準 |
| 一等軍医正 | 正六位勲四等 | 石黒忠悳 |
| 庶務課長　二等軍医正 | 従六位勲五等 | 長瀬時衡 |
| 薬剤課長　二等薬剤正 | 従六位勲五等 | 大沢昌賢 |

同部御用掛
| | | |
|---|---|---|
| 軍医総監 | 正五位勲二等 | 松本　順 |
| 軍医監兼一等侍医 | 正五位勲四等 | 池田謙斎 |
| 二等軍医正 | 従六位勲五等 | 足立　寛 |

本病院

軍医監　従六位勲四等　佐藤　進（病院長）

治療課長一等軍医正　正六位勲四等　名倉知文

往診課長二等軍医正　従六位勲四等　田代基徳

薬剤課長二等薬剤正　従六位　大沢昌督

そのほか同院御用掛として軍医監橋本綱常と緒方惟準の二名が名を列ねている。

惟準は官位が一階級上の軍医監に昇進、軍医本部のナンバー・ツーにのぼったのである。早晩、ナンバー・ワンの地位を期待されていたであろうし、本人もそれが最終の目標ではあったろう。大阪府・市の全階層の絶大な祝福を受け、東京に向かう惟準の華やかさを前掲『刀圭雑誌』の記事からうかがうことができる。しかし七年後の明治二十年（一八八七）に、病気を理由として（実は同僚との脚気論争が主因）辞任、失意のうちに再び大阪にもどってくるとは、このとき誰も想像しなかったであろう。

## (2) 金沢病院大聖寺分病院開院式に出席

明治十三年六月八日、従五位に叙せらる。

同年九月廿日、中部検閲〈中部とは名古屋、大阪両鎮台の管下を云ふ〉監軍部長属員仰せ附けられ、名古屋、大阪両鎮台及び管下を巡廻す。

同年十月四日、願済の上、大坂府に転籍せり。

惟準がこの中部検閲で監軍部長の属員として随行したとき、彼は明治十三年十月二十四日に石川県江沼郡大聖寺の金沢病院大聖寺分病院（現・公立加賀中央病院の前身）の移転開院式に招かれ列席し、講演を行った。惟準の少年時代の恩師渡辺卯三郎（知行）も同病院設立顧問として列席、祝辞を述べ（後述）、設立の功労者として銀杯を授与されている。

この開院式の様子を初代分院長稲坂謙吉の日記（「静脩検養堂日記」「坐右備忘録」）と「大聖寺病院沿革」は次のように記している（『公立加賀中央病院百年誌』）。

①「日記」…「郡役所警察署及市内村落ノ有志ヲ招キ開院式ヲ行フ。時ニ緒方惟準氏官命ニテ金沢軍営ヲ検閲スルノ帰途ナルヲ以テ、招キテ来場ヲ求メ演舌（東洋虫プラクオリンタリスノ効用）アリシ、又金沢病院長田中信吾氏モ来院演舌セリ」とある。

②「沿革」…「本日軍医監緒方惟準、県会代理衛生課員勝木菊正、本病院長田中信吾、大阪府庁衛生課員岡沢貞一郎、郡役所吏員及一郡各戸長、郡中開業医有志輩、諸会社々長等各臨席、式畢テ祝宴ヲ開キ宴席京逵《けいき》小学校借用ス」とある。

『公立加賀中央病院百年誌』は、右の記述を紹介し、ついで、「惟準の心中には、かつて少年時代に脱走して迷惑をかけた渡辺卯三郎への謝罪の意もあったであろう」と記している。

このときの卯三郎の祝辞を次に掲げるが、現存の草稿（適塾記念会蔵）とは大分字句が違っている。

病院ノ人民ニ裨益アルハ世ノ普《あまね》ク知ル所ニシテ、今敢テ之ヲ喋々セズ。旧藩知事前田従四位公、曾テ維新以後学校ノ体裁略備ハルト雖モ、未ダ病院ノ設ケアラザルヲ欠典トナシ、予ガ医事在職ノ日、其地処及ビ設立ノ方法等ヲ議セラレ、事已ニ成ラントスルニ際シテ廃藩置県ノ命アリ。継デ諸藩知事東京移住ノ命下ルヲ以テ事終ニ果サズ。爾後有志ノ徒、公ノ宿志ヲ継デ屢々協議スト雖モ、故障百般未ダ遂グル能ハズ。然ルニ客秋ニ至テ前議又起リ、公モ亦之ヲ聞キテ若干金ヲ寄附セラル。是ニ於テ乎、分病院設立ヲ県庁ニ乞シニ速ニ認可ヲ辱フセリ。依テ之ヲ金沢本病院ニ謀リ、稲坂氏ヲ聘シテ今此ニ盛挙ニ遭遇ス。江沼人民ノ幸福実ニ之ニ過グル者ナシ。蓋シ之ヲ草木ニ譬フルニ公ノ宿志ハ種子ナリ、根本ナリ。有志者積年ノ苦心ハ培養ナリ。人民ノ熱心ト官ノ認可ヲ得タルハ春陽雨露ナリ。凡ソ草木ハ種子根本ナケレバ生ゼズ。培養ヲ加ヘザレバ成育セズ。春陽雨露ヲ得ザレバ、開花ノ爛漫ヲ期シ難シ。今ヤ此好機会ヲ得テ開花ノ春ヲ迎フ。後来結菓《ママ》ノ如何ハ、之ヲ稲坂氏ニ托セザルベカラズ。而シテ氏ガ人ト為リノ温厚ナルト、学術兼備ナルトヲ以テ察スルニ、其結菓《ママ》ヲ全ウスルヤ疑ヲ容レズ。予ヤ不肖ト雖モ亦有志ノ一ニ居リ、今日開筵《かいえん》ノ末ニ列シテ感喜ノ情ニ堪エズ。聊カ鄙文ヲ綴リ謹テ祝言ニ代フ。

金沢病院大聖寺分病院設立顧問　渡辺知行

安政三年（一八五六）春ころ、十五歳の惟準は卯三郎に無断で大聖寺を出奔、大野へ脱走した。それ以来二四年ぶりの再会であった。この再会（惟準三十九歳）でどのような会話がなされたのであろうか。いかめしい軍医緒方惟準も頭をかきかき、顔を赤らめながら、往年の無礼を詫び、懐かしく二人は語り合ったことであろう。卯三郎は翌十四年六月二十一日、五十一歳の若さでこの世を去った。

大阪在住の医師岡沢貞一郎が、たまたま帰省していてこの開院式に列席していた。彼の祝文が『刀圭雑誌』七〇号（一八八〇年十一月）に掲載されているので、次に紹介する。

大聖寺分病院ノ開院ヲ祝ス

岡沢貞一郎

凡ソ天下ノ事々物々耳之ヲ聞クハ目之ヲ視ルノ確切ナルニ如カズ、然ラザレバ則チ所謂喰ハズシテ嫌忌スルノ俚諺《りげん》［ことわざ］ニ類センノミ、故ニ陸行ノ汽車ニ於ケル、航海ノ汽船ニ於ケル、通信ノ電機ニ於ルモ維新以前ニ在テハ之ヲ聞ク物以テ奇トナシ怪トナサザル者ナシ、然リト雖ドモ近年ニ至テハ往クニ汽車アリ泛《うか》ブニ汽船アリ、信ヲ通ズルニ電機アリ、是ニ於テカ曩《さき》ノ奇トナス者、一見シテ其至便至益ヲ驚嘆セザル者ナシ、我医学ニ在テモ幕政ノ時ハ措テ論ゼズ、現今ノ開明ニ至ルモ無識頑愚ノ徒ハ猶草根木皮以テ痼疾ヲ療スベシトナス者アリ、鍼灸祈禱以テ沈痾ヲ治スベシトナス者アリ、偶々《たまたま》欧米ノ医法ヲ伝聞スルモ啻《ただ》ニ奇怪トナスノミナラズ、甚キハ之ヲ嘲リ之ヲ罵ル者アリ、是レ必竟其術ノ精妙ナルヲ目撃セザルノ致ス所ニシテ都会スラ猶然リ、況《いわん》ヤ僻陬《へきすう》［片田舎］ノ地ニ於テオヤ、政府夙ニ茲ニ見ル所アルヲ以テ各府県ニ病院及ビ医学校ヲ設ケアラザルナク、就中石川県ノ如キハ其管下人烟稠密ノ地ニ於テ盡《ことごと》ク分病院ノ設ケアリ、県庁有司ノ用意至レリ盡《つ》クセリト謂ハザルベケンヤ、我大聖寺モ亦其一ニシテ、今春已ニ分病院ヲ置キ本院ノ医官稲坂君ヲ以テ院長トナセシ以来、治ヲ乞フ者日ニ加ハリ月ニ増シ、一郡ノ人民盡ク其術ノ精妙ナルニ服シテ、未ダ一年ニ満タザルニ其盛大ナル此ノ如シ、亦何ゾ汽車汽船及ビ電信ヲ以テ奇トシ怪トナス者ノ、一タビ之ヲ目撃スルニ及デ其便益ヲ驚嘆スルニ異ナランヤ、然リ而シテ未ダ開院式ノ挙アラズ、今茲十月緒方軍医監ノ検閲使ニ随行シテ北地ヲ巡視セラルヽノ好機会ニ遭ヒ、稲坂渡辺ノ二君及ビ有志ノ諸彦相謀テ軍医監臨席ヲ乞ヒ、開院ノ式ヲ行ハル、不敏貞モ亦幸ニ阪地ヨリ帰省セシヲ以テ今日席末ニ列スルノ栄ヲ辱フシ、欣抃《きんべん》［手を打ち喜ぶ］ノ余リ聊カ蕪言ヲ陳シテ以テ祝辞ニ代ヘ、兼テ此院ノ益々盛大ニ趣キ且ツ医学教授ノ法ヲ設ケ、彼無識頑愚ノ徒ヲシテ跡ヲ一郡内ニ絶タシムルニ至ラン事ヲ希望ス。

文章から判断して、岡沢が開院式当日に呈した祝辞と考えられ、またこの式を惟準の日程にあわせて開催したように内容から受けとられる。

明治十四年［一八八一］一月二十日、さきに明治十二年、大阪府下虎列刺《コレラ》流行の際、予防薬として石炭酸二千四百ポンド差出し候に付、其賞として銀盃壱個を下賜せらる。

同月二十九日、中部検閲を終りて帰京す。

同年三月十九日、さきに東京府下和田倉門内から失火の節、罹災者へ金三十円施与せしに付、其賞として木盃壱個下賜せらる。

同年六月、伯林《ベルリン》医事週報到着、之を繙閲《はんえつ》［書物をひもとく］するに、ベ、ランゲンベック氏の称用する新繃帯薬トリポリート〈三倍石の義なり〉の説あり。中外医事新報社の請により訳して、同新報第三十三号〈同年七月十日発行〉に掲ぐ。

同年八月二十四日、検閲監軍部長属員仰せ附けられ、桑島馬医と共に、広島、熊本両鎮台及び其管下を巡廻し、十二月二日帰京す。

同年十二月二十五日、昨年来再三近火に接するを以て、姑《しばら》く居を神田区猿楽町二丁目に転ず。

### （3）陸軍軍医本部主催の親睦会

明治十五年［一八八二］五月十四日、林紀《つな》［軍医本部長、軍医総監］、橋本綱常［東京陸軍病院御用掛、軍医監兼東京大学教授］、佐藤進［東京陸軍病院長、軍医監］、石黒忠悳［軍医監、惟準の次席］の四氏と共に主人となり、官医には松本［順］、伊東［方成］、戸塚［文海］等の諸氏を初め、陸海軍、宮内、大学、［内務省］衛生局、東京府の諸家を、耆宿《きしゅく》［年老いて経験・徳望ある人］には坪井［信良］、相良［知安］、杉田［玄端］等の諸氏を、在野には佐々木［東洋］、名倉［知文］等の諸氏より医事諸新聞社長、薬舗、医用器械舗、医書肆《しょし》等の首領に至るまで、凡そ二百名を江東中村楼に招き、朝野親睦の宴会を開き、碁、茶及び書画の展覧を余興とす。書画には彼の本草家を以て聞へたる明李時珍《りじちん》の書幅及び癭瓢《えいひょう》の画幅等より本邦の我理学的医学を首唱せし前野蘭化、杉田鷧斎《いさい》［玄白］、大槻磐水、宇田川榛斎、足立長雋等諸先生の遺墨などを集め、聊《いささ》か水を飲みて源を思ふの資に供するの意を兼ねしめたり。同月［五月］二十六日、彼の西南の役に際して興りたる博愛社は総会を開き、商議員二十五名を改撰せり。余亦其一に当てらる。

この陸軍軍医本部が主催した親睦会の目的が何であったか、惟準は言及していない。この日より約一か月後の六月十八日、本部長の林紀は有栖川宮熾仁《たるひと》親王が露国皇帝の戴冠式に差遣わされるのに随行して出発した。この送別会をかねる意図があったのかと、推察される。

## （4）朝鮮の壬午の変（壬午軍乱）と日本公使館焼き打ち事件

同年［明治十五］六月、朝鮮国暴徒〈暴徒は閔党《びんとう》と称し、閔泳翊《びんえいよく》の率ゆる守旧派なり〉しきりに鎖国論を唱ひ、頑民と共に王宮を侵して権臣を殺し、転じて我公使館を囲み、次で之を焼く。駐在公使花房義質《よしもと》氏［適塾門人、のち日赤社長］随員二十余人と拒《ふせ》ぎ戦ふ。朝鮮政府之を援《たす》けず。花房氏囲を衝て仁川に至り、英艦に搭じて帰朝し、具《つぶさ》に実情を奏せり。是れ初め花房氏朝鮮政府に進むるに、富国強兵策を以てせしに、国王大にこれを嘉《よ》みし、我陸軍士官を聘して鋭兵を訓練し、国人も亦多く我国に留学して文芸を講習するに至るに出づといふ。ここにおいてか、我政府は翌七月、とりあえず公使館護衛として兵隊を派遣し〈当時隊付軍医は目下輜重兵第四大隊附一等軍医土居宗明氏なり〉、以て問罪使を彼の国に向け、回答の如何に由ては、開戦を猶予せざるの廟議となり、炎威肌を焦がすの時候なるにも拘はらず、軍医本部には課僚挙て出仕し、午後五、六時まで詰切り、或は交番徹夜して戦時医務の準備に従事し、八月二日、軍医小野敦善氏に看病人猪狩剛次郎氏を附して彼の国に出発せしめ、軍医副相良孝達氏、軍医補梶原三盾氏相継で出発するに至り、準備全く整ひ、同月中旬には何時出師《(すいし)》の命あるも、直ちに応ずるを得る迄に運べり。凡そ平時は一旅団〈凡そ一万人〉の兵を動かすに二十四時間にして、其器械、薬品より人員に至る迄の準備を全ふするの例なるを、今回は十二旅団を動かすことを得るの準備なるが故に、斯く詰切り等を要したるなりき。実に一時は繁忙を極めたりぬ。尚ほ同月二十四日、熊本鎮台附軍医副藤田嗣章、同医学士菊地常三郎、軍医補野村万里の三氏に看病人三名、看病卒十名を附して馬関発の迅鯨艦に搭じ、彼の国に出発せしむ。

明治十五年（一八八二）七月二十三日（惟準のいう六月は誤り）に、朝鮮の京城《ソウル》で勃発した事件は壬午《じんご》の変（韓国では壬午軍乱）といわれ、兵制改革にともなう兵士の反乱に民衆が合流して、王宮や日本公使館を襲撃、王妃・王妃一族・王妃派の重臣の殺害を謀った事変である。この年のエトが壬午《(みずのえうま)》であることから名づけられた。この事件は、開国と兵制の近代化を主張する国王李熙（高宗）の王妃閔妃《びんひ》の一族と、これに対抗して攘夷を唱える国王の生父大院君《たいいんくん》一族との抗争が表面化したものである。

図17－1　花房義質
（明治12～3年ころ）

そもそも李熙（大院君の第二子）は王位についたとき（一八六四年／十二歳）、成年に達していなかったので、生父の大院君が執政として国政をつかさどった。明治六年（一八七三）、李熙が成年に達したので、大院君は国政を返上した。国王と閔妃一族は、大院君の閉鎖的な政策とは逆に、開国政策をとり、国内改革を強行した。彼らは明治十四年、日本から陸軍少尉堀本礼造を軍事顧問に招き、別枝軍という日本式の軍隊を組織し訓練をはじめた（これが、惟準の述べる「花房公使がすすめた富国強兵策の一つ」であろう）。この新軍隊は服装も給料もよかったが、これに反して旧軍隊は、給料（現物供与の米）も低く、米も遅配・粗悪（ぬかや砂入り）であり、この不満が爆発して軍人の暴動、すなわち壬午の変が七月二十三日に勃発した。量目不足の給与米の受け取り拒否に端を発し、兵士らは重臣閔氏邸を襲撃、大院君のもとに逃げこんだ。大院君は反乱兵をなだめて密計をさずけ、閔氏一族の捕殺と日本公使館襲撃を指示した。しかし閔氏その他の重臣は殺したが、閔妃の殺害には失敗した。また口々に「日本人を皆殺しにせよ」と叫ぶ兵士や民衆が日本公使館に押しよせ火を放った。公使館にいた軍人・警官は応戦したがかなわず、囲みを突破して仁川港に逃れた。たまたま沖にいたイギリスの測量船フライイングフィッシュ号に救助され、長崎に着いたのは七月二十九日夜であった。花房公使はこの事変の経過を外務省に電報で報告、閣議の結果、朝鮮へ派兵ということになるのである。

清国軍の果断な処置で大院君を逮捕、自国に連行し反乱は鎮圧された。花房公使は再び渡航し、清国政府をまじえて朝鮮政府と賠償交渉をした結果、できたのが済物浦《さいもつぽ》条約である。この条約は六か条で内容は日本への謝罪、五〇万円の賠償金、殺された日本人への捕償金五万円、加害者の逮捕などである。日本軍は派兵を決めて出発したが、幸い朝鮮国・清国とも交戦することなく外交交渉で解決をみたのである（黒瀬義門『子爵花房義質君事略』／山辺健太郎『日韓併合小史』／『国史大辞典7』）。

## (5) 会旧社と偕行社

中外医事新報社より昨年［明治十四］訳し遣はせし説を試みん為め、独逸国に注文したる「トリポリート」は既に到着し、同社は之を汎く有志に頒つ〈一ポンド代金三拾五銭〉旨を同新報第六十三号〈明治十五年十月十日発行〉に広告したり。
明治十六年〔一八八三〕四月七日、去る十三年より毎年一回開き来りし会旧社の第四会を上野の鳥八十に開く。余も亦これに臨む。以後は春秋二回開くことに改定せり。

会旧社は、前述のように緒方惟準が主宰した東京適塾に学んだ塾生の同窓会である。

同年五月より九段坂なる偕行社の請に依り、火曜毎に軍事衛生法を講義す。

偕行社とは、日本陸軍の現職にある将校および相当官をもって社員とし、社員相互の共済、義援その他公益、集会、物品の供給、機関雑誌の発行などの事業を行った。明治十年（一八七七）二月十五日の創立で、大正十三年（一九二四）には財団法人組織となった。

## （6）陸軍軍医本部長林紀の死去と松本順の陸軍軍医本部長再任

同年〔明治十六〕七月十三日、日本薬局方編纂委員仰せ附けられ、爾後内務省に於て開く所の編纂会議に列席す。是れ本邦未曾有の事業にして、会議も亦意の如く捗取《はかど》らざるは、実にやむを得ざるの次第なりし。
同月同日、西部検閲監軍部長属員仰せ附けられ、二等軍医落合泰蔵氏と共に、同月二十一日出発、広島、熊本両鎮台及び其管下を巡回し、同年十月十八日帰京す。
同年十二月より第二回軍医講習生教官として軍陣医学を教授す。

同月二十日、岩佐純、池田謙斎、石黒忠悳、橋本綱常、故原桂仙、長谷川泰、故花岡真節、堀内利国、土岐頼徳、渡辺洪基、樫村清徳、故横井信之、田代基徳、田代弘、竹内正信、故坪井為春、名倉知文、永松東海、中泉正、大沢謙二、青木尚綱、足立寛、佐藤進、佐々木東洋、北尾漸一郎等三十余氏と相謀り、曾て瓊浦［長崎］に游学せられし以来、大に我道の為めに尽くされ、実に医学の今日あるに至りしに与《あずか》りて力あり、所謂洋医の中興開山とも謂つべき松本順氏を柳橋の柳光亭に招待して饗応、主客互に旧時を談じ合ひ、各歓を罄《つ》くして、師弟間、朋友間の情誼を厚ふしたりき。

陸軍軍医総監松本順は明治十二年（一八七九）六月、軍医本部長を退き、同部御用掛となった。その後任に松本順の甥の軍医総監林紀が任命された。林紀は明治十五年六月有栖川宮熾仁親王がロシア皇帝の戴冠式に差遣されるにあたり、随行した。

図17－2　林紀

惟準は『一夕話』で述べていないが、林は日本を出発して約二か月半後の八月三十一日にパリで病死する。彼は七月二十五日、フランスのパリで腎臓炎に罹り、病床に臥した。百方手をつくしたが快方に向かわず、気管支炎を併発し、八月三十一日、客死した。享年三十八歳の若さであった。フランス政府は礼をつくして、パリ郊外のモンパルナス墓地に埋葬した。鉛色の石に「林紀之墓」、台石にTUNA HAYASIと刻まれている。遺髪は東京谷中の天王寺にある祖父佐藤泰然の墓碑の近くに埋葬された（村上一郎『蘭医佐藤泰然』／望月洋子「林洞海・研海――父と子の理念――」、『日本医史学雑誌』四九巻四号、二〇〇三年）。

この林紀の死去により、同年九月、前任者の松本順（五十一歳）が陸軍

図17－3　松本順
（明治22年ころ／58歳）

軍医本部長に再任され、緒方惟準（四十歳）は次長にとどまり、昇進ができなかった。

松本順のかつての門下生は、順の再任を機会に、なんらかの会合を持ちたかったが、甥の急死があり、再任直後には開くことができなかったと考えられる。年も明け、一年以上も過ぎたので、順の門下生らが謝恩・慰労・再任祝賀などの意味をこめて会を開くことになったのであろう。なお林紀については第37章を参照（六七二ページ）。

## （7）医事会同社の盛衰

同月［明治十六年十二月］二十四日、実母［洪庵夫人八重、花香］の病気を看護せん為め、三週間の賜暇を得て、大坂に帰省す。

明治十七年［一八八四］一月十三日、大坂東区北久宝町第一楼に於て、医事会同社の新年会を開く。余の偶《たまた》ま実母の病気を看護せん為め、旧臘《きゅうろう》［年の暮］より帰省せるを聞き、社員来りて臨席を促がす。是れ余のさきに大坂陸軍病院在勤中に於て、有志諸氏と共に同社を設立したるの縁故在に由るなり。而して母の病も亦幸に軽快に趣《ママ》けるより、暇を偸《ぬす》みて臨席し、一篇の祝文を朗読して懐を述べぬ〈祝文は酒酣《たけなわ》なるに方り岡沢貞一郎代読す〉。其略に曰く、創業の易く守成の難きは事業の常なり。いやしくも人の聚《あつま》りて事業を起し終始を完《まっと》ふするは、蓋し至難にして、不撓不屈の精神を懐き、終始志を一にし、屹然節操を変ぜざる者ならざるよりは、得て之を為すべからず。況《いわん》や創業完《まった》からず中道にして衰頽せる事業を挽回し却て其終を

図17－4　吉田顕三

完ふせんとするに於てをや。其奮然蹶起《けっき》、鋭意事に当たるの志士、俊傑を得るにあらずんば、遂ぐべからざる論を俟たざるなり。

余今本社の沿革に於て実に此事あるを見る。抑《そもそ》も本社は有志数名の発起にして、余も亦その一員に列《つらな》り、皆な聊か心を尽くしたるに、其尽くすこと足らざるが為か、将《は》た他に致す所ありしが為か、余の帰京後は本社内外に於て言ふ可からざるの困難を来たし、爾来社勢振はず、日に月に衰頽すと聞き、身百里の外に在りながら痛歎に堪へず。自ら事に処するの拙劣にして、遂に諸氏の望を空ふしたるを悔ひ、慚愧措く能はざりしに、忽ち聞く、吉田顕三氏の本府病院［明治十四年一月、大阪府病院長兼医学校長となる］に赴任するや、大に本社の衰頽に感じ、蹶然起て本社に入り、爾来鋭意社務を改良し、社勢を挽回し、ただに創業の昔日に復せしめたるのみならず、尚ほ之を拡充せらると、余喜悦に堪へず。深く本社の其人を得たるを賀し、以て本社の逐日隆盛に趣《ママ》かんことを期せり。頃日当地に来たりて母の病を看る際、幸に此盛会に望むを得て、倩《つらつ》ら本社の実況を見るに、社務帙然《ちつぜん》［順序のよく整ったさま］整頓し、全く観を改め、果して隆盛の昔日に優れる数等なるを覚ふ。蓋し吉田氏の鋭意事に当たり、奮然社務を改良せられたるに因ると雖も、亦社員各位不撓不屈の精神を懐き、以て本社を一縷の未だ絶へざるに維持且つ保続せられたるに依らざるを得んや。

各位請ふ、爾後黽勉《びんべん》［勤めはげむこと］努力して創業の易く守成の難きを鑑み、以て今日隆盛を永遠に維持し、尚ほ進みて之を拡充せられんことを云々と。

是より先、明治十三年［一八八〇］新年会を西区幸町の南陽園に開きし際、朗読したる所の文意とを参考せば、ほとんど同社の盛衰を窺ふに足らん。

医事会同社の設立については第15章、吉田顕三については第37章（七二〇ページ）をそれぞれ参照。

（8）東京陸軍病院長を兼任

同年［明治十七］三月八日、東京陸軍病院長兼勤仰せ附けらる。是れ東京陸軍病院長橋本綱常氏の不在となりしに由る。

大山巌陸軍卿が欧州各国の兵制視察に赴くことになり、東京陸軍病院長、軍医監橋本綱常は明治十六年（一八八三）十二月、その随行を命ぜられた。橋本はかねてから欧州の陸軍衛生制度の調査や東京大学からの学事上の取調べのほか、欧州の赤十字社事業の調査や万国赤十字条約加盟の手続などを委嘱されていた。一行は明治十七年二月十七日、横浜を出帆、欧州各地をまわり米国を経由し、同十八年一月二十五日、横浜に帰省した。惟準はこの橋本が欧州随行で長期不在となるため、後任の病院長に任ぜられたのである（日本赤十字社病院編『橋本綱常先生』）。

なお橋本綱常の履歴の詳細については第37章を参照（六八一ページ）。

明治十七年［一八八四］七月十七日、中部検閲監軍部長属員仰せ附けられ、二等軍医賀古鶴所《かこつるど》氏と共に、翌八月三十一日出発、名古屋、大阪両鎮台及び其管下を巡回し、同年十一月四日、帰京す。
明治十八年二月一日、さきに欧州より帰朝したる陸軍々医総監橋本綱常氏と朝鮮国より帰朝したる陸軍一等軍医海瀬敏行氏の為めに、九段坂偕行社に於て祝宴を張り、余も亦一篇の文を朗読して、両氏の一は万里の

> 波濤を凌ぎ、一は事変の厄難を避け、身神恙《つつが》なく帰朝したるを祝したり。
> 同年四月一日、福岡県豊前国京都《みやこ》郡行事村《ぎょうじむら》［現・行橋《ゆきはし》市行事］近傍に実地大演習を行ふに付、差遣はされ、
> 同月四日、出発、該地に出張して各繃帯所を巡視し、翌五月五日帰京せり。
> 同年五月七日、勲三等に叙せられ、旭日中綬章を賜ふ。
> 同年六月十日午後二時、在京なる先考門生四十余名は、先考［緒方洪庵］の廿三回忌を墓所駒込高林寺に執行し了りて、池田謙斎・福沢諭吉・箕作秋坪氏事を幹し、向ケ岡弥生館に於て、懐旧会第二十回の宴を兼ねつゝ盛宴を開き、旧を談じ新を語り、午後九時退散す。余も亦招きに応じて之に臨みたり。

中部検閲のため緒方惟準に同行した賀古鶴所（一八五五～一九三一）は浜松藩医賀古公斎の長男。惟準の弟収二郎と東京大学医学部の同級生で、終生親交があった。このことは賀古より収二郎に宛てた書簡から知ることができる。収二郎は卒業直前に病気で一年遅れて明治十四年（一八八一）に卒業した。同級生には森林太郎（鷗外）・小池正直・谷口謙・中浜東一郎・山形仲芸・三浦守治らがいた。賀古は二十九年、第五師団軍医部長を最後に退役したが、日露戦争で応召、遼東守備軍兵站《へいたん》軍医部長に任命、戦後軍医監に名誉進級した。鷗外の親友で、遺言状の口述筆記を行った。パイペル（独）原著の訳本『産婦備用』（一八八七）がある（梅溪昇「緒方収二郎宛書簡紹介(1)」、『適塾』三一号、一九九八年、のち『続洪庵・適塾の研究』所収）。

図17－5　賀古鶴所

第一回の懐旧会（適塾門人同窓会）は明治九年（一八七六）六月十日に開かれ、この明治十八年六月十日が第二〇回とすれば、第一回の会合で年二回と決められた約束通り一〇年間行われてきたことになる。

# 第18章　『日本薬局方』編纂事業と母八重の死

## （1）医務局の創設と『日本薬局方』の制定

明治十八年［一八八五］七月十一日、本職［軍医本部次長］を免じ、近衛軍医長兼東京陸軍病院長に補せらる。

同年九月三十日、御用これ有り、下総国習志野並びに信濃国軽井沢駅に差遣はさる。是れ該地方に転地療法せし病兵の景況を巡視するなり。

図18－1　石黒忠悳（明治20年）

この年の五月、軍医本部長松本順が退任し、軍医監橋本綱常（四十一歳）が軍医総監に昇任し、軍医本部長に就任した。惟準の後任の次長には軍医監石黒忠悳《ただのり》が任命された。翌十九年三月、陸軍軍医本部は廃止され、陸軍省内に医務局が創設され、橋本が医務局長、石黒が医務局次長に補せられた（日本赤十字社病院編『橋本綱常先生』）。石黒は内務省衛生局次長も兼務している（『改正官員録』明治十九年七月）。この人事から判断すると、橋本は、惟準を飛び越え石黒を抜擢し、惟準を主流から遠ざけたと考えられる。その根本には脚気問題があり（第23・24章参照）、この降格的な人事が惟準の軍医退官をうながした原因の一つではないかと推量する。

同年十二月二八日、日本薬局方編纂委員を免ぜらる。抑《そもそ》も同局方編纂事業は、去る明治十三年［一八八〇］十一月、太政官より中央衛生会に委任せられ、尋《つ》ぎて総裁及び委員を選定し、着々之に当り、定会を開く六十回、臨時会を開く三回、小会議を開く九十二回、本年八月三十一日局方全部成り、同年十月十三日総裁は特選委員より出したる其日本文、羅甸《ラテン》文、独逸文三巻を内務卿に上申せらる。ここにおいてか編纂事業全く竣《な》れるなり。是れ翌年［明治十九］六月二十五日、山県［有朋］内務卿より内務省令第十号を以「日本薬局法別冊ノ通創定シ、明治二十年七月一日ヨリ施行ス」と公布したる初版の日本薬局方なりとす。是より先き、余は感を局方の必要に発し、去る明治十二年二月九日、医事会同社の会合に於て「本邦ニ一定ノ局方ナキハ医道ノ欠典タル説」と題せる演説〈載せて同年三月五日刊行の刀圭雑誌第八号に在り〉を試みたるが如く、常に此創定を希望しつ、あるを以て、衷心満悦、此事業に従ふたりき。

図18－2　『官版　薬局方』

維新後、陸海軍の各部内において方剤統一の必要を認め、陸軍軍医寮は明治四年（一八七一）、『軍医寮局方』一巻（五四丁）を発行し、翌五年には海軍軍医寮は『官版　薬局方』一巻（『英国薬局方』を前田清則が訳出、一九四丁／図18-2）を発行した。ついで陸軍は明治十一年に『陸軍病院薬局方第二版』を発行したが、前二種と同様に製剤のみの記載であった。しかしこの序文に、「本邦未ダ薬局方ノ選定ナキガ故ニ止ムコトヲ得ズ此輯撰アル所以ナリ。後日第三版ヲ撰ブニ及バズ日本局方ノ選定アルニ至ランコトヲ輯者切ニ希望ス」と記され、これらの冊子がわが国薬局方の先駆となり、国定の挙を促進した。

このような機運の中で、陸軍局方の編集に関与したであろう緒方惟準（当時は大阪鎮台病院長）は大阪の医事会同社（惟準が社長）の例会で「本邦ニ一定ノ局方ナキハ医道ノ欠典《ママ》タル説」と題して講演し、この講演内容が同会の機関誌『刀圭雑誌』八号（一八七九年三月）に掲載され、わが国独自の局方がいかに必要であるかを説き、最近得た情報として、「聞ク所ニ拠レハ内務省衛生局ニ於テ不日ニ日本局方ヲ撰定シ、医士薬舗等ヲシテ一定ノ局方ヲ践守セシムノ議アリト、余輩固《もと》ヨリ其発令ノ一日モ早カランコトヲ渇望ス云々」と述べている（全文は資料編八二一～四ページ）。

これらの機運を受けて、内務卿松方正義は、明治十三年（一八八〇）十月六日、「日本薬局方撰定ノ儀ニ付伺」を太政大臣の三条実美へ提出した。

薬局方ノ儀ハ自国供用ノ薬品ヲ定メ、之ガ品位強弱ノ度ヲ制スルノ律書ニシテ、各国皆此律ヲ設ケ而シテ其風俗習慣ニ随ヒ各其撰ヲ殊ニシ、品位強弱各国多少ノ異同ヲ有シ候者ニ有之候、然処本邦ニ於テハ未此律書ナキヲ以テ、第一医師薬舗ハ処方製剤ノ実際ニ臨ミテ一定ノ標準ナク、英国局方ノ用量ニ従ツテ独国局方ノ製剤ヲ与フルガ如キ危険ノ誤謬ヲ生ジ、第二製薬者流ニ於テハ各国各異ノ局方ニ拠リテ便宜ノ薬剤ヲ製煉シ、毎品其品位強弱ヲ殊ニスルヲ以テ、毫厘ノ差ヨリ不測ノ危害ニ致スモノ亦不尠《すくなからず》云々

このように日本独自の薬局方がいかに必要であるかを上申した結果、同年十一月五日、太政官より「伺ノ趣聞届候事」の指令があり、同日付で中央衛生会へ「日本薬局方撰定ノ議、其会へ委任候条、此旨相違候事」と委任され、『日本薬局方』の編纂事業がようやく緒についた（『日本薬局方五十年史』／『日本薬局方百年史』）。

## (2)『日本薬局方』編纂委員の任命

明治十三年十一月付任命

海軍中医監高木兼寛

陸軍二等薬剤正兼二等軍医正永松東海

衛生局員柴田承桂

東京司薬場教師エイクマン Dr J. F.　Eijkman（オランダ）

東大医学部教師ランガルト A. Langgard（ドイツ）

明治十四年一月付任命

元老院幹事細川潤次郎が編纂総裁に就任。

委員　陸軍々医総監松本順　　同軍医監林紀　　海軍軍医総監戸塚文海

一等侍医池田謙斎　　内務省衛生局長長与専斎　　東京大学医学部教授三宅秀

同学部教師ベルツ E. Baelz　　陸軍省雇ブッケマ T. W. Beukema

図18－3　細川潤次郎

のち総裁は内務大輔土方久元に、さらに内務大臣芳川顕正へとかわり、委員には、陸軍軍医総監石黒忠悳・軍医監兼薬剤監緒方惟準（明治十六年七月十三日付任命）・東大医学部教師スクリパ（ドイツ）・同へーデン（オランダ）らが追加・補充された。なお横浜司薬場長辻岡精輔・東大医学部助教師下山順一郎・同丹波敬三・同丹羽藤吉郎・内務省御用掛林洞海・内務一等技手大中太一郎らが編纂に参与した。

かくて明治十四年一月、初回の編纂委員会が開かれ、以来幾多の困難をのりこえ、四年八か月を経て同十八年八月、遂に『日本薬局方』の正文ならびにドイツ語とラテン語訳の原本が脱稿した。そこで同年十月十三日、次のように内務省に具申し太政官に提出した。この具申書が制定の経緯と作業を簡潔に表現しているので、全文を掲げる。

明治十三年十月、太政官内務省ニ委任スルニ日本薬局方編纂ノ事ヲ以テシ、内外ノ医士薬学士ヲ選テ委員ト為シ、総裁ヲ置キテ統轄セシメラル。是ヨリ先キ明治八年中衛生局ニ於テ司薬場試験監督阿蘭国ゲールツ及ビヒドワルスニ嘱シテ薬局方稿本ヲ起草セシム。此命ノ下タルニ及ビテ同氏等ノ稿案ヲ以テ仮ニ議案ト為セリ。然レドモ其草創数年前ニ係リ、今ハ則薬品ノ増減スベク体例ノ修正ス可キ者多キガ為、別ニ稿本ヲ起シ又各外国ニ対シテ羅甸《ラテン》文訳ヲ編纂ス可キコトヲ議決シ、尋《つ》ギテ薬品ノ目及薬局必貯品ノ区別等ヲ定メ、遂ニ特別委員ヲ挙ゲ薬品ノ性質、試験法、貯蓄法等収録ノ事ニ任ジ、先独逸語ヲ以テ原案ヲ作リ、更ニ之ヲ邦語ニ翻訳シテ本会ノ議案ト為ンコトヲ決シ、永松東海、柴田承桂、ゲールツ、エークマン、ランガルト其撰ニ中《あた》リ、最後ニ及ビエークマン最其労ヲ執リ、反復検讐《けんしゆう》［調べること］其稿ノ成ルニ従ヒ之ヲ委員総会ニ附シ、本年八月ニ至リテ編纂ノ事完ク局ヲ結ブ。［芳川］顕正乏ヲ総裁ニ承ケ、其議決法案、日本文、独逸文、羅甸文三巻ヲ進呈スルノ栄ヲ有ス。此ニ併セテ編纂事業ノ大略ヲ叙シ、謹ミテ上申ス

直ちにこれを公布するつもりであったが、明治十九年二月、一般官制の改革があったため遅れ、またはじめは勅令として公布する予定が内務省令に変更となり、同年六月二十五日、遂に待望の『日本薬局方』が官報第八九四号で公布された。

明治十九年［一八八六］一月、医学士真部於菟也、医師幹澄、薬舗賀陽碌平、同今村武四郎四氏の同纂したる和漢洋薬異名全集（書名）の校閲を嘱せられ、諾して之を遂げたり。

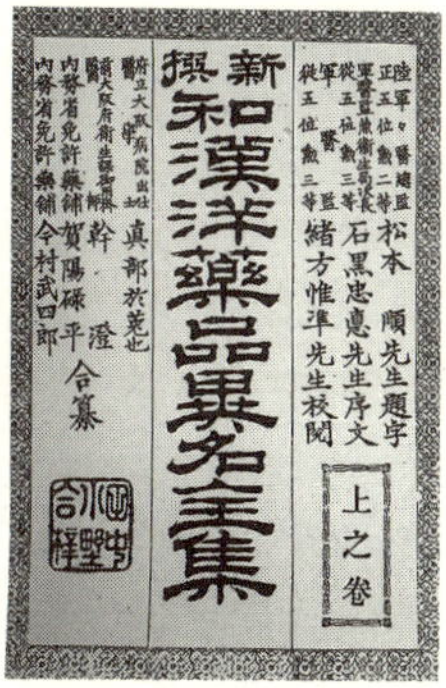


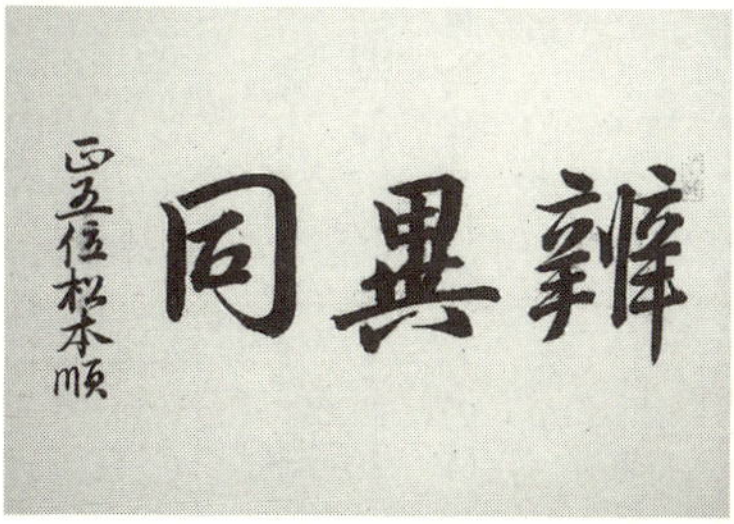


図18-4・5　『新撰和漢洋薬品異名全集』と松本順の題字

惟準が校閲した『新撰和漢洋薬品異名全集』（国立国会図書館蔵／図18-4）は上下二巻全二冊本。上巻は本文五六二ページ、下巻は二五三ページで、各種の表を収めた附録が二八ページあるきわめて大部である。惟準の校閲作業も大変な苦労であったことが察せられる。

同書は上記四人の共同の編纂で、明治十九年四月の刊行。出版人は田中太右衛門・小野市兵衛である。小野の住所は大阪の道修町なので、薬種商であろう。冒頭の見開きに、

陸軍々医総監　正五位勲二等　松本　順先生題字
軍医監兼衛生局次長　従五位勲三等　石黒忠悳先生序文
軍医監　従五位勲三等　緒方惟準先生校閲

とあり、編纂者が次のように記されている。

府立大阪病院出仕　医学士　真部於菟也
前大阪府衛生課御用掛　医師　幹　澄
内務省免許薬舗　賀陽碌平
内務省免許　今村武四郎

松本順の題字は一ページごとに、一字ずつ「辨　異　同」と大書されている（図18-5）。石黒の序文は自筆で「明治十九年一月二十七日於東京況斎学人石黒忠悳並書」と記されている。

緒言は四人の合作であり、このあとに凡例がつづき、引用書目として一六六種の和漢洋の医学・本草・薬物の書籍、定期刊行医薬雑誌などが列記されている（詳細は第38章七八七～九〇ページ）。

## （3）惟準の母八重（洪庵夫人）の死去

同年［明治十九］二月、実母病気危篤の報に接し、具状、暇を賜ふて倥偬《こうそう》［あくせくと暇のないこと］帰坂せしに、不幸にも母は既に医療看護其効なく、同月七日、終に六十五歳を一期として泉台《せんだい》［墓穴］不帰の客となりし後なりき。ここにおいてか生を養ひ奉るの事尽く、やむを得ず悲涕哀泣の間に死に喪して葬祭の式を行ひ、遺言を遵守して屍を荼毘一片の煙と化せしめ、遺骨の半を緒方家累世の墳墓に埋め、同月二十二日帰京し、其半を先考の塋域《えいいき》［墓地］に瘞《うず》む。

地元新聞『大阪日報』（二月十四日付）は「此程大阪に於て病死せられし故緒方洪庵翁の未亡人億川氏（拙斎、惟準両氏の萱堂《けんどう》［他人の母の敬称］）の葬式は昨十三日執行せられ、遺骸は天王寺村の埋葬地へ葬られしが、同日会葬せられしものは官衙《かんが》［役所］の奏判任官、医師、薬舗等総て二千余人もあり、頗る盛なる葬式なりしと云ふ」と報じているが、葬儀が天王寺村（現・大阪市阿倍野区大阪市設南霊園）で行われ、遺骨の半分は惟準が述べているように夫洪庵の眠る北区同心町の龍海寺の墓碑の傍らに埋葬された（古西義麿『緒方洪庵と大坂の除痘館』）。

葬儀の終了後、惟準は熱海で養生中のため参列できなかった長男整之助に次の書簡（明治十九年二月十九日付）を送り、葬儀が盛大であったこと、母八重の遺骸を東京に持ち帰り、父洪庵の墓の側に埋葬するつもりであることを伝えている（梅溪昇「緒方惟準・収二郎・銈次郎関係書翰等の紹介」、『適塾』二九号、一九九六年、のち『続洪庵・適塾の研究』所収）。

過日御悔状相達披見致候、足下益御清壮於其地御養生珍重奉存候、乍此上身体大切ニ御養生頼入候、御祖母

様御死体去ル十日夜十時、野生着坂之上棺ニ納メ、十三日正午十二時天王寺え火葬執行申候、実ニ愁歎無此上候、併し大坂開町以来之盛大の仏葬ニテ実ニ美麗ナルノミナラス見送人千五百有余人有之、凡ソ行列十二三町ニ相続き申候、夫故入費も多ク当日ノミニテ金千円程遣申候、其後跡片附ニ取掛リ明十九日は二七日《ふたなのか》ニ付、百人余〈親類と尤も知己の人のミ〉相招き今橋ニテ仏事相営申候、夫ヲ又済候て翌日不残の会計決算致し、来ル廿一日正午十二時出帆之近江丸ニテ帰京を致候〈平吉［緒方拙斎の長男］・謙吉［堀内利国の長男］〉両人相連帰り申候、御祖母様御遺骸持返り四十九日（来月二十七日）ニ高林寺の御祖父様の墓側ニ埋葬し仏事相営候筈ニ付、来月ニ入り暖気相加り候ハヽ、帰京可被成候様頼入候、右御葬式之様子と帰京之事申遣度、草々如此、不備

二月十八日　　父より

整之介《ママ》殿

尚々渋谷様坂本様〈冨士屋止宿〉え宜敷御悔状被下候故、御礼御申伝可被下候、以上

整之助は生来体が弱く、この二年後の明治二十一年（一八八八）二月十一日、二十歳の若さで亡くなっている。これを契機に惟準の妻吉重はキリスト教に入信するのである（第32章四六一〜二ページ）。

惟準の次男銈次郎（当時十六歳）は当時を述懐し、次のように記している（『七十年の生涯を顧みて』）。

明治十六年の秋の末から不例であつた大阪の祖母八重は、慢性気管支加多児《カタル》［炎］の容態、追々悪化すると共に、老衰が加わつて重態に陥つた。此の報に接し父は取急ぎ帰阪して、看護に努めたが、薬餌の効空しく、明治十九年二月七日一族に護られつゝ、今橋の隠宅にて安らかに逝去せられた。享年六十二歳［正しくは六十五歳］。葬儀の式は空前の盛儀を極め、親戚知己を始め適塾門下多数の参列を受けて阿倍野に送られた。葬列の最前列が日本橋付近に差しかゝつた時、棺は未だ北浜の拙斎宅を出て無かつた程に長かつたといふこ

とである。

【資料①】緒方八重逝去の新聞記事（前掲『緒方洪庵と大坂の除痘館』）

1大阪朝日新聞（明治十九年二月九日付）

広告

愚母兼テ病気之処、養生不相叶去ル七日午後三時終ニ死去致候、此段老母生前辱知《じょくち》ノ諸君ニ告ク

但葬式ノ期ハ追テ報告致候也

北浜三丁目　緒方拙斎

2同紙（二月十日付）

母事兼テ病気ノ処、養生不相叶去ル七日午後三時死去仕候、此段辱知ノ諸君ニ御報申上候

但シ来ル十三日正午十二時出棺、長柄村墓地へ送葬ノ事

北浜三丁目　緒方惟準

緒方拙斎

この長柄村墓地での葬儀は天王寺村墓場で行うことに変更された。

3大阪日報（二月十三日付）

本日正午十二時本宅ヨリ出棺、長柄村埋葬地へ送葬可仕処、都合ニ依リ天王寺村墓地へ仏葬仕候間此段再報仕候也

北浜三丁目　緒方惟準

緒方拙斎

4大阪朝日新聞（二月十三日付）

緒方花香女史の死去

女史ハ府下に有名なる緒方拙斎氏の養母にして兼て賢夫人の聞えありしが、本月七日宿疾癒ず終に死去せら

れぬ、今女史の履歴を聞に、女子の模範となるべき所多ければ、此にその概略を掲ぐべし、女史名を花香といひ、摂州名塩村億川百記氏の女にして、年十七緒方洪庵に嫁す、人となり温和淳朴、能く人を愛し喜怒の色を現はさず、良人洪庵氏は嘗て大坂洋医の鼻祖ともいふべき大家にして、その業を大坂に開くに当り、門生の長崎より随行せしもの数拾名あり、爾後幾許時ならずして其数百に及ぶ、然れども女史が嫁する時、家甚だ富めるにあらざれば、女史自から薪水の労を執り艱苦を厭はず、その業漸やく盛なるに至りて門生殆んど千人に充んとす、而して女史門生を視ること猶子のごとくして偏頗なし、故を以て門生も亦之に事ふること慈母の如く、今日朝野に名を成せる俊才の門下に出る者皆其恩撫の力に頼らざるなし、故にその東京に在るや顕官紳士の訪問間断なく、又大坂に住するや東西往来の旧門生は路を枉《まげ》て安否を訪はざるなし、性談話を好み紳士学者に接し時勢を談じ学事を語りて倦むことを知らず、是を以て士君子の交際広く随ふて見聞洪博なり、殊に談偶《たまた》ま国家の事に及べば晷《き》［ひかげ］の傾くを知らず、又果断の性に富む、一家中或は親族間紛難の事あるに方《あた》りては女史の決断を取て之を処理し、若くはその調和を仰ぐこと常なり、年四十二良人洪庵氏逝くに方り五男四女あり人その長男（今の陸軍々医監緒方惟準君）就学の事に於て言ふ所あり、然るも尋常の見識に出づ、女史は断然欧州に遊学せしめ、爾来数十年間今の拙斎氏をして家を継がしむる迄、専ら家中の経済を整理して毫も紛乱なからしめ、且良人の肖像を壁上に掛け、敬礼一日も怠りなく拮据《きつきよ》［いそがしくはたらく］一家を経理せり、晩年に及んで多病、嘗て四年前東京に遊び息惟準の許に留まり発病危篤なり、池田謙斎其他門下に出るの名医日夜病牀を離れず、治療懇到幸ひにして癒えたるも、次後再三発病、年を享くる六十五歳にして終に這回《しやかい》［このたび］死去せられしなりといふ最惜しむべし

[4] 同紙（二月十三日付）

送葬順路

本日正午十二時本宅ヨリ出棺西ヘ北浜通リ心斎橋筋南ヘ戎橋北詰東ヘ日本橋通リ今宮札ノ辻南ヘ順路天王寺村ヘ仏葬

但シ正午必ズ出棺ノ事

二月十三日　　緒方惟準

緒方拙斎

5同紙（二月十六日付）

去ル十三日送葬之際ハ遠路御見送被下難有尊名伺洩モ可有之依テ乍略儀新紙ヲ以テ此段御礼申上候也

緒方惟準

緒方拙斎

図18-6　洪庵夫妻の墓（左が八重）と無縫塔

【資料②】八重の墓碑銘（東京都文京区駒込の高林寺墓地／図18-6／原漢文、［ ］は筆者注）

嬬人《じゅじん》［身分の高い人の妻］億川氏、諱《いみな》は八重。花香と号す。父は億川百記君と曰《い》い、大阪に寓して医を業とす。妣《ひ》［亡き母］は北野氏［志宇］。嬬人幼にして婉順《えんじゅん》［やさしく素直なこと］慧敏《けいびん》［鋭くさといこと］、和歌を善《よ》くす。君之《これ》を鍾愛《しょうあい》［愛をあつめる］し、為《ため》に佳婿《かせい》［立派な婿］を択《えら》ばんと欲《ほっ》す。会々《たまたま》緒方洪庵先生大阪に至る。君一見して大いに喜びて曰わく、「真に我が婿《むこ》なり」と。遂に婚を約す。時に先生新たに業を開き、名声未だ顕《あらわ》れず。家道［暮らし向き］も亦《ま》た窘《くる》しむ。嬬人躬《み》ずから爨炊《さんすい》を執《と》り［台所仕事をつかさどる］、傍ら患者を遇すること、殊に懇篤《こんとく》を極む。是《ここ》に於て先生の業日に盛んにして、弟子《ていし》益々進む。文久壬戌［一八六二］、先生幕府の聘《へい》に応じ、家を挙げて江戸に徙《うつ》り、歳を踰《こ》えて歿す。嬬人喪《も》に居りて礼を尽くす。時に四十二。先生既に歿し、嬬人家を幹《つかさど》［管理する］り、衆子を撫育《ぶいく》して学に就かしむ。適々《たまたま》幕府新たに外交を開きて、西学の講ぜざるべからざるを知り、麾下《きか》［旗本・武士］の士を募《つの》りて、海外に留学せしめんとするも、其の新創に係《かか》るを以て応じる者綦少《きしょう》［極めて少ないこと］なり。嬬人奮《ふる》つて其の子惟準を荷蘭《オランダ》に、四郎を俄羅斯《ロシア》に、十郎を仏朗西《フランス》に、甥岸本一郎［八重の弟信哉の子］を英吉利《イギリス》に遣《つか》わさんと請う。識者は之を偉《い》とす。明治元年戊辰《ぼしん》［一八六八］、王師東《ひがし》して幕府を征し、麾下の士を諭《さと》して去就《きよしゅう》を決せしむ。嬬人家を挈《ひっさ》げて横浜に赴《おもむ》かんとす。或《あ》るひと之を止《とど》めて曰わく、「聞く、朝議攘夷を主とし、将《まさ》に横浜を火《や》かんとすと。図《と》［計画・企図］を改むるに若《し》かず」と。嬬人曰わく、「果たして卿《けい》の言《げん》の如《ごと》くんば、締盟《ていめい》の各国は皆敵なり。朝廷に人有らば、豈《あ》に無謀の挙《きょ》に出《い》でんや。且《か》つ吾縦《たと》い兵火の焼く所と為《な》るとも、道路に彷徨《ほうこう》して戮辱《りくじょく》を受くるに忍びざるなり」と、王師至るに及び、果たして其の言の如し。頃之《しばらく》して嬬人大阪に帰る。而《しこ》うして惟準も亦た荷蘭より至り、擢《ぬきん》でられて侍医と為《な》り、東京に家す。是《これ》より先、先生其の女《むすめ》を以て養子拙斎に配して大阪の旧業を継がしむ。是《ここ》に於て嬬人東西に優游して以て老を養う。明治十九年［一八八六］二月七日大阪に病歿す。享年六十有五。越えて某日、火化して大阪川崎邨《むら》海龍寺［正しくは龍海寺］に葬《ほうむ》る。其の半《なか》ばを分かちて之を東京駒籠《こまごめ》［現在の駒込］高林寺の洪庵先生の塋域《えいいき》に埋《うず》む。嬬人の志に従うなり。嬬人年十七にして洪庵先生に嫁《か》し、六男七女を挙ぐ。長子某は夭《よう》［若死に］し、余は皆樹立する所有り。女は某某に適《とつ》ぐ［嫁入り］。嬬人門生を待《たい》［待遇する］して誠切《せいせつ》なること子の如し。塾則を犯すもの或《あ》れば、輒《すなわ》ち従容《しょうよう》として戒諭《かいゆ》［いましめさとす］し、先生をして之を知らしめず。先生の門多士［優れた人材が多いこと］と号称せられしは、嬬人の内助与《あずか》つて力有り。奴婢《どひ》過失有るも、未だ嘗《かつ》て之を呵責《かせき》［責めしかる］せず。曰わく、「彼既に人に役《えき》［便役］せらる。而《しか》るに其の備わらんことを求むれば、人将《まさ》に我が愚を笑わんとす」と。葬の日、遠近より来たり会する者三千人。亦た以て素行の人に孚《まこと》［誠信］なりしを見るべし。頃者《このごろ》惟準君嬬人の遺志を以て其の墓に銘せんことを請う。常民《つねたみ》嘗て業を先生に受け、嬬人の恩を蒙《こうむ》りしこと極めて深く、其の嬬人を知ることも亦た熟せり。因《よ》りて不文を顧みず、状に拠《よ》りて之を叙《じょ》し、係《むす》ぶに銘を以てす。銘に曰わく、

子を教えて方《ほう》有り　夫に事《つか》えて貞　克《よ》く厳に克く順に　婦徳　永《とこし》えに馨《かお》る

明治二十年歳丁亥［一八三五］に在り　冬十一月

宮中顧問官従三位勲一等子爵　佐野　常民　撰

内閣書記官　正五位勲四等　巌谷修書竝題墓

（原文は緒方富雄著『緒方洪庵伝』、一九七七年、一八〇ページ参照）

八重夫人の墓は東京の高林寺と大阪の龍海寺に建立された。龍海寺の墓碑銘もやはり常民撰の同文であるが、三か所語句が削除されており、末尾には東京の碑にはない「緒方拙斎建之」の文字が追加、刻まれている。次に両者の相違の語句のみを列挙する。

［東京の碑文］：（1）葬于大阪川崎邨海龍寺、

（2）分其半埋之東京駒籠高林寺洪庵先生之塋域従孺之志也

［大阪の碑文］：（1）「川崎邨」が削除

（2）葬于龍海寺洪庵先生之塋域、

（3）東京の碑文にある「頃者惟準君以孺人遺志請銘其墓」は削除されている。

（4）末尾に「緒方拙斎建之」と刻まれている。

［注］東京の碑文の「海龍寺」は「龍海寺」が正しく、「瑩域」は「塋域」が正しい（緒方富雄先生の写し間違いであろう）。

## （4）各地で医会設立の動き

明治十九年五月、高崎［五六《いつむ》］東京府知事は同府下知名の医師を招きて先づ時勢の変遷を説き、次で徐々自治の団体たる医会を設立せんことの必要なる注意を促し、終りて其方法準則を示したり。後ち協議して東京医会と名づくる一医会を組織し、余も亦其指名議員に推され、三十二番の議席を充すこととなる。

中野操『増補日本医事大年表』によれば、「明治十九年、東京医会成立ス。松本順ヲ会長、長谷川泰ヲ副会長トス」とある。このころ、このような医師の団体、医会設立の動きが全国の府県に起こる。たとえば岡山県では、明治十八年（一八八五）二月、県から「岡山県開業医師組合規則」が公布され、開業医は地区ごとに強制加入させられることになり、翌年一月、岡山医師組合が岡山市内の医師たちによって組織された。これが後年、岡山市医師会へ発展することになる（岡山県医師会編『岡山県医師会史』）。

時代もだいぶ下って明治三十四年（一九〇一）、関西においては、京都・大阪の二府と滋賀・奈良・兵庫・岐阜の四県の医師の加盟する「関西聯合医会」が結成されたが、三十六年、前記の東京医会と合同して三府二十県が加盟する「帝国聯合医会」（会長・北里柴三郎）が誕生し、第一集会が同年三月三十日、京都の円山で開かれた。

# 第19章　陸軍軍医学舎長兼近衛軍医長に就任

## （1）陸軍軍医学舎について

> 明治十九年［一八八六］五月二十八日、本職並びに兼務を免じ、陸軍々医学舎長兼近衛軍医長に補せらる。
> 同年六月十五日、陸軍々医学会に於て、虎列刺《コレラ》療法と題し、虎列刺には規尼涅《キニーネ》の皮下注射、必魯加児必涅《ピロカルピン》の皮下注射、古加乙涅《コカイン》の内服並に泊芙蘭《サフラン》の内服等を効あるものとす。殊に泊芙蘭は最も著しき効を奏するの説を演ぜり。是れ同年は虎列刺の流行ありしを以て聊《いささ》か軍医諸君の参考に資せんとするに依る。

既述のように、明治三年（一八七〇）、大阪軍事病院内に設置された軍医学校は、同五年、東京に軍医寮および軍医寮学舎が置かれるにあたり、閉鎖された。軍医寮学舎は明治六年三月一日、校舎を旧東京衛戍《えいじゅ》総督部地内に設け、軍医学校と改称し、軍医志願者三〇余名を募集し、ブッケマが教授にあたった。しかし同十年三月八日、軍医生徒の卒業とともに廃止を命ぜられた。当時の軍医学校の教育科目は普通の医学教育の科目で、軍陣医学としての特色を認めることができなかった。石黒忠悳《ただのり》二等軍医正は、「将来軍医の養成は文部省医学校生徒中の志願者から選抜し、これを軍医生徒として同校に依託し、卒業後陸軍病院に於て軍医特有の学科を練習させたのち、軍医に任ずる制度にすべきである」と建議し、これが受け入れられ、明治八年十一月、軍医総監松本順はこの意見を上申、採用され軍医学校の廃止となった。

しかし医学校あるいは大学医学部を卒業し軍医を志願した医師および下士官の衛生兵に対する軍陣医学教育の必要性がとなえられ、明治十九年（一八八六）三月、医務局長橋本綱常が次のように上申した。

軍医にして軍陣医学の修養足らざるときは、一日もその職に堪うる能わず、また常に日新学術を研究せしめざれば克く其の任を尽くす能わず。加うるに衛生部下士の教育は闕員補充に必要なり。宜しく軍医学舎を設置し、これを医務局管理に属せしむべし。

陸軍大臣大山巌はこの上申を受け入れ、同年五月十一日、陸軍軍医学舎規則が定められ、六月十一日始業式が行われた。本学舎の主要な目的は、次の三項目である。

一、医科大学を卒業したる軍医生徒（依託学生）および軍医生徒にあらざる医科大学卒業者にして陸軍軍医を志願する者を講習生とし、これに軍医特科の学術を講習せしむ。

一、軍医部下士の中から志願者を選抜して、これに須要なる学術を授け、善良なる下士を教成す。

一、各部隊より一、二、三等軍医を召集して学生医官とし、日新の学術を教授し、軍陣医学を研究習熟せしむ。

講習生の修学期間は六か月、下士生徒は一二か月で、在学中はすべて舎内に居住させ、修学に必要な費用・衣服・食料などは官給とし、若干の手当金を支給した。学生医官の修学期間は四か月で、毎年二回召集した。軍医学舎が開設されると、学生軍医を召集して、明治十九年六月二十一日から授業が開始された。このとき召集された人員は、近衛隊より一名、各鎮台より一八名であった。なお当時の職員と講義科目は次の通りである。

| | | | |
|---|---|---|---|
| 舎長 | 陸軍軍医監 | 緒方惟準 | 陸軍医務沿革史 |
| 教官 | 陸軍一等軍医正 | 永松東海 | 菌学・顕微鏡学 |
| 同 | 陸軍一等軍医 | 小池正直 | 軍陣衛生学 |

助教　　　　　　　　　　　　　陸軍二等看護長　岩崎勝次郎

兼勤教官　医務局第二課長　　　陸軍一等軍医正　足立　寛　軍陣外科学

同　　　　東京鎮台病院医官　　陸軍一等軍医　伊部　彝　検眼法

同　　　　医務局第二課副課員　陸軍一等軍医　谷口　謙　軍陣衛生学

同　　　　医務局第三課長心得　陸軍一等薬剤官　曽根二郎　化学検査法

四か月後、第一回召集の学生医官の講習が終了し、同十九年十月十六日卒業証書が授与された（北島規矩朗『陸軍軍医学校五十年史』）。

### (2) 教官の略歴と講義録

▽永松東海（天保一一～明治三一＝一八四〇～一八九八）

菌学（細菌学）・顕微鏡学を講じた永松東海は、その後、明治二十六年（一八九三）にいたるまで、前後八年間教鞭をとり、軍陣防疫学創設の功労者と評価されている。天保十一年九月、佐賀藩家臣の原家で誕生、長崎でボードインに学ぶ。元治元年（一八六四）、松本良順（順）に入門。ついで佐倉順天堂塾に学んだ。慶応元年（一八六五）、佐賀の医師永松玄洋の養子となる。このころ、彼は順天堂塾の会頭としてポンペの『解体書』と『人身窮理書』を講義している。明治三年（一八七〇）二月、大阪府医学校病院が大学の管轄となり、岩佐純・林洞海らとともに同病院に赴任する。七年三月、初代東京司薬場長（国立衛生研究所の前身）となる。八年、東京医学校に通学生教場を開き日本語で講義する授業が始まると、彼は教授に任ぜられ生理学を教えた。十年ころ軍医に転身している。十三年十月刊の『改正官員録』には「陸軍本病院勤務、二等薬剤正兼二等軍医正従六位勲五等」、十六年十二月には「東京大学教授、従六位勲五等」（軍医・薬剤官の肩書きなし）とあり、十七年五月も

図19－1　『生理学』

同様、十八年七月に軍医本部出仕、戸山《とやま》学校医官一等軍医正、十九年七月刊の『改正官員録』には陸軍軍医学舎教官として名を列ねている。第二回学生医官筆記（明治二十年三月二十五日開始）の菌学講義録が印刷されている。また『日本薬局方　第一版』の編纂委員としても多大の尽力をした。明治三十一年五月十一日没、青山墓地に葬る。著書に『生理学』上篇・下篇の二巻（一八八〇年／図19-1）があり、大いに読まれたという。その後、ヘルマン・ランドアら諸家の生理学書も翻訳した（『順天堂史』上巻／富士川游『日本医学史』／日蘭学会編『洋学史事典』）。

著書『生理学』冒頭の「生理学例言」には、次のように記されている。

一　此書ハ余大学医学部ニ於テ通学生ニ生理学ヲ授クルニ当リ、教師プロヘツソル、チーゲル氏ノ講義ニ基ツキ傍ラ諸家ノ新説試験ヲ取リ、以テ日々記案トナスモノ、漸ク積テ一編ヲ完成スルニ至レルナリ、固《もと》ヨリ世ニ公布スル意アラサリシカ、此頃生徒某来テ曰ク、生聞ク、一狡児稿ヲ竊《ぬす》ンテ私ニ印刷セン事ヲ謀ル者アリト、請フ速ニ上梓セヨ、余亦誤謬ヲ伝ヘン事ヲ怖レ急ニ較訂ヲ加ヘ印刷ニ附ス云々

▽**小池正直**（嘉永六〜大正三＝一八五三〜一九一四）

山形県出身、東大医学部を明治十四年に卒業（森鷗外・三浦守治・中浜東一郎・山形仲芸・伊部彝・谷口謙らと同期）、軍医本部付、二等軍医従七位（明治十六年十二月刊および十七年五月刊の『改正官員録』）、一等軍医正七位（明治十八年七月刊および十九年七月刊の『改正官員録』）、三十一年八月、石坂惟寛の後任として軍医総監、医務局長に就任、北清事変（一九〇〇年）にさいし陸軍軍医学校長事務取扱となる。日露戦争（一九〇四年）で野戦衛生長官兼満洲軍総兵站軍医部長を兼ね、四十年（一九〇七）九月に男爵を授けられる。同年十一月、

医務局長を退任（後任は森鷗外）、四十四年七月貴族院議員、大正三年一月一日死去、享年六十一歳、著書に森鷗外と共著の『衛生新編』（一八九八年）がある（『陸軍軍医学校五十年史』）。

図19－2　小池正直

▽**足立寛**（天保一三～大正六＝一八四二～一九一七）

現在の静岡県袋井市生まれ、はじめ藤三郎、のち寛と改める。足立家は代々神官である。安政六年（一八五九）初め福沢諭吉に蘭学を学んだのち、文久二年（一八六二）四月、適塾に入門、ついで緒方洪庵が頭取となった西洋医学所に入り、同所の句読師・助教となる。維新後、大学東校大助教となり、ドイツ人ミューレルに外科を学ぶ。明治七年（一八七四）東京医学校（大学東校の後身）四等教授となるが、当局と意見の相違あり、八年一月免職、七月に陸軍軍医となる。のち東京大学医学部別課の教授を兼任。十九年に医務局教育課長となり、このとき軍医学舎で講義した第一・二回の『脱臼論』の講義録各一冊が印刷されている。

明治二十年二月、緒方惟準辞任のあとをうけて軍医舎長を兼任、同年五月舎長兼任を免ぜられ、その後任に軍医監石坂惟寛が就任した。前後六年間、軍陣外科学を講じその基礎を確立した。二十四年軍医学校長兼医務局第一課長、その後、病いのため二十六年退任したが、日清戦争（一八九四年）にさいし医務局長に就任、戦後、軍医監となり招集解除、勲三等旭日中授章授与、三十九年四月、日露戦争のとき日本赤十字社の活動に協力したことで、勲二等瑞宝章を授与される。四十四年五月六日、古稀祝賀会が京橋区釆女町の静養軒で盛大に開かれた。大正六年七月七日没、墓は谷中天王子墓地にある。

著訳書は『外科通論』『検尿要訣』『斂氏薬性論』などの医書多数のほか、『陸軍看護法教程』『日本赤十字篤志看護婦教程』など計三〇数篇におよんでいる（『陸軍軍医学校五十年史』／土屋重朗『静岡県の医史と医家伝』）。

図19－3　足立寛

また、前述のように軍医学舎における講義の一部「脱臼論」が冊子として刊行された。筆者は第一回学生医官筆記と第二回学生医官筆記の二冊を所蔵している。第一回の冊子（縦一八・五×横一二・五センチ／図19－4）の表紙には「脱臼論　胯関節篇」と墨書されている。本文一二四ページで、冒頭第一ページに次のように記されている。

脱臼論

陸軍軍医舎教官　足立　寛講義

同　　第一期《ママ》学生医官筆記

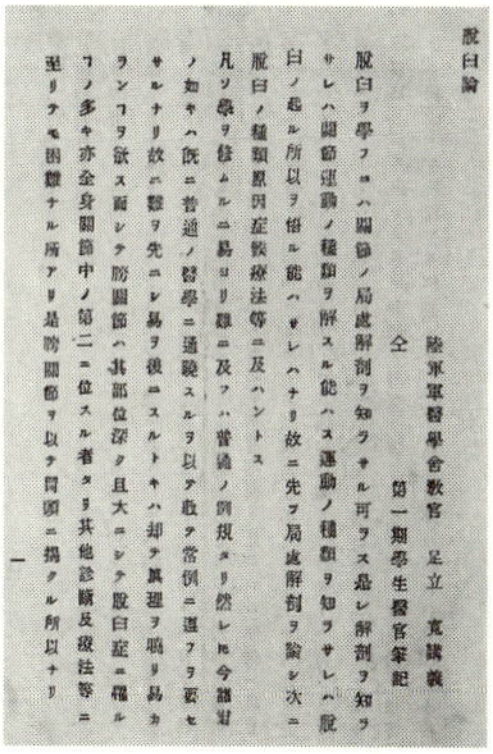

脱臼論

陸軍軍醫學舎教官　足立　寛講義

第一期學生醫官筆記

全

脱臼ヲ學フニハ關節ノ局處解剖ヲ知ラサル可ラス是レ解剖ヲ知ラサレハ關節運動ノ種類ヲ解スル能ハス運動ノ種類ヲ知ラサレハ脱臼ノ起ル所以ヲ悟ル能ハサレハナリ故ニ先ツ局處解剖ヲ論シ次ニ脱臼ノ種類原因症候療法等ニ及ハントス

凡ソ學ヲ修ムルニ易ヨリ難ニ及フハ普通ノ例規タリ然レトモ今諸君ノ如キハ既ニ普通ノ醫學ニ通曉スルヲ以テ敢テ常例ニ遵フヲ要セサルナリ故ニ難ヲ先ニシ易ヲ後ニスルトキハ却テ眞理ヲ曉リ易カランコヲ欲ス而シテ胯關節ハ其部位深ク且大ニシテ脱臼症ニ罹ルコノ多キ亦全身關節中ノ第二ニ位スル者タリ其他診斷及療法等ニ至リテモ困難ナル所アリ是胯關節ヲ以テ冒頭ニ揭クル所以ナリ

一

図19－4　『脱臼論』

同書には、胯関節（股関節）の局所解剖、その機能、胯関節脱臼総論および各論・診法・預后（予後）・治法について詳細に記述されている。

軍医学舎では惟準の退官直後の二月二十三日、第二回学生医官二〇名を招集し、同月二十五日授業を開始した。前回の科目のほかに、病体解剖学（一等軍医中島一可担任）、組織検査法（同前）、裁判医学（一等軍医江口襄担当）を加えた。

この第二回学生筆記の『脱臼論』（縦二二・〇×横一三・五センチ）は表紙に「脱臼論第二回学生医官筆記」

と印刷され、本文は七二ページで、冒頭に「脱臼論　陸軍々医舎教官足立寛講義　同第二回学生医官筆記」とある。この冊子は膝関節の脱臼について、前記の第一期の講義と同様の内容で詳述している。

▽伊部彝《いんべつね》（?～明治二八＝?～一八九五）

千葉県出身、明治十四年（一八八一）東大医学部卒業後、陸軍軍医副に任じ、東京陸軍病院課僚となり、十五年に名古屋鎮台病院に移る。十七年五月一等軍医に進み、東京鎮台病院勤務を経て、二十一年ころ仙台衛戍病院医官に転じ、二十二年六月二等軍医正、二十七年十一月一等軍医正に進み、第五師団（広島）に勤務、二十八年四月二十一日、鹿児島で死去、勲六等従五位、生年不明（大植四郎編『明治過去帳』）。

表紙に「内科診断法　第二回学生医官筆記」とある小冊子は、前述の足立寛の第二回の『脱臼論』と全く同様タイプのもの（縦二二・〇×横一二・五センチ）で、目次はなく、本文一一六ページ。第一ページには「内科診断法　陸軍々医学舎教官伊部彝講述　同第二回学生医官筆記」と記されている（図19-5）。内容構成は呼吸器、とくに肺の内科的診断法で、問診・現症・一般検査・呼吸器の検査・触診・胸郭測定法・胸郭の打診・聴診法・喀痰検査となっている。

また、第三回学生医官講義録『耳科診断法』（図19-6）もやはり伊部彝が講義したもので、冊子の大きさ、形

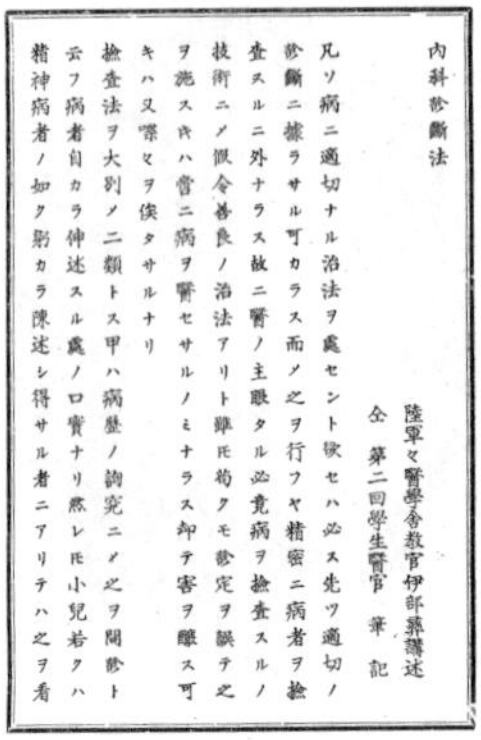
内科診斷法
陸軍々醫學舍教官伊部彝講述
仝　第二回學生醫官　筆記
凡ソ病ニ適切ナル治法ヲ處セント欲セハ必ス先ツ適切ノ
診斷ニ據ラサル可カラス而メ之ヲ行フヤ精密ニ病者ヲ撿
査スルニ外ナラス故ニ醫ノ主眼タル必竟病ヲ撿査スルノ
技術ニメ假令善良ノ治法アリト雖𪜈苟クモ診定ヲ誤テ之
ヲ施ストキハ嘗ニ病ヲ醫セサルノミナラス却テ害ヲ釀ス可
キハ又喋々ヲ俟タサルナリ
撿査法ヲ大別メ二類トス甲ハ病歴ノ詢究ニメ之ヲ問診ト
云フ病者自カラ伸述スル處ノ口實ナリ然レ𪜈小兒若クハ
精神病者ノ如ク躬カラ陳述シ得サル者ニアリテハ之ヲ看

図19-5　『内科診断法』

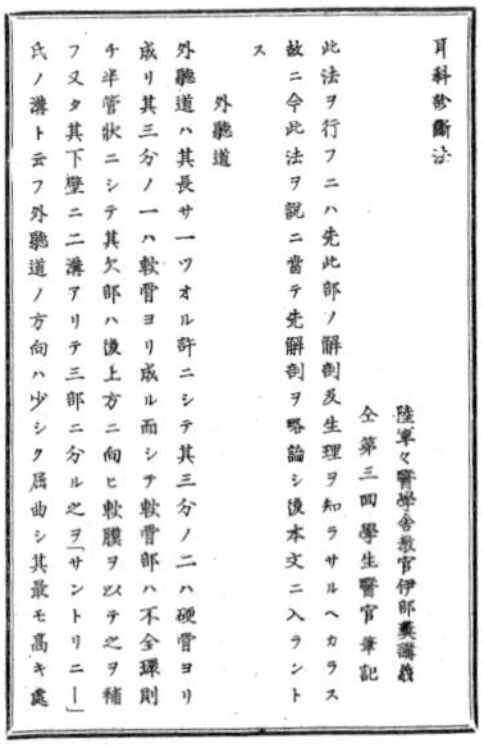
耳科診斷法
陸軍々醫學舍教官伊部彝講義
仝　第三回學生醫官筆記
此法ヲ行フニハ先此部ノ解剖及生理ヲ知ラサルヘカラス
故ニ今此法ヲ說ニ當テ先解剖ヲ略論シ後本文ニ入ラント
ス
外聽道
外聽道ハ其長サ一ツオル許ニシテ其三分ノ二ハ硬骨ヨリ
成リ其三分ノ一ハ軟骨ヨリ成ル而シテ軟骨部ハ不全環則
チ半管狀ニシテ其欠部ハ後上方ニ向ヒ軟膜ヲ以テ之ヲ補
フ又タ其下壁ニ二溝アリテ三部ニ分ル之ヲ「サントリニ」
氏ノ溝ト云フ外聽道ノ方向ハ少シク屈曲シ其最モ高キ處

図19-6　『耳科診断法』

式は『内科診断法』と同様で、目次はなく、本文は三六ページである。内容は耳器官（外聴道・鼓室・内耳）の解剖、耳験査法、耳翼耳殻諸病・外聴道の諸病（限局性外聴道炎・蔓延性外聴道炎・外聴道狭窄および外聴道閉鎖・外聴道異物）・急性鼓膜炎・鼓膜慢性炎・鼓膜穿孔・鼓膜破裂・急性および慢性欧氏管加答児《カタル》（炎）の症状と診断方法についての講義であるが、治療法や内耳については言及していない。

▽**谷口謙**（安政三〜昭和四＝一八五六〜一九二九）

安政三年正月二日江戸麻布の生まれ、父は谷口有年。明治六年（一八七三）十一月大学東校に入学、同年陸軍軍医生となり、十四年東大医学部を卒業し医学士となり（小池正直らと同期）、同年七月、陸軍軍医副に任ぜられ東京陸軍病院治療課僚となる。十九年二月陸軍大学校御用掛、ついで医務局副課員に転じ、同年七月ドイツ（プロシア）のベルリン大学に留学、二十二年十一月帰朝、医務局課員兼軍医学校教官となる。二十四年八月医学博士の学位を取得、二十七年に日清戦争が起こると留守第三師団（名古屋）軍医部長を命ぜられ、二十八年一月、南部兵站《へいたん》軍医部長に転任、各地の戦闘に参加、勲功により功四級金鵄勲章を授与。三十二年六月、近衛師団軍医部長兼軍医学校長。三十四年三月陸軍軍医監に昇任、第四師団軍医部長となる。また日露戦争では第一軍軍医部長となり、各地の戦闘に参加、功により功三級金鵄《きんし》勲章を授与、戦争中であったが、三十八年一月韓国駐留軍軍医部長に転じた。翌年七月、第五師団（広島）軍医部長となり在職一年で勇退した。正四位勲二等、大正十四年（一九二五）ころ仙台市東四番地桑原病院で内科診療に従事していた。昭和四年九月二十一日没。訳書に『亜爾別児《アルベルト》篤氏外科的診断』全五冊（刀圭書院、一八八六年）がある（『陸軍軍医学校五十年史』）。

図19-7　谷口謙

森鷗外は近衛師団軍医長兼医学校長を免ぜられ、第十二師団（小倉）軍医長に補せられた。この後任として谷口が軍医学校長に任ぜられたのである。明治三十四年に学校長を免ぜられると、小池正直が校長事務取扱となった。

その他の第二回講義録について一括して述べる（すべての筆記録に目次はない）。

①『化学検査法』（陸軍軍医学舎教官　曽根二郎講義／図19-8）

本文六六ページ。内容は呼吸気の炭酸ガスの定量測定法およびその試薬の製法・検尿法である。

②『菌学』（陸軍軍医学舎教官　永松東海講義）

本文二〇六ページ。第一編―「バクテリア」の形状・顕微鏡検査法、第二編―細菌やその他の微生物の自然発生や繁殖を消滅させる方法と原理、第三編―細菌の培養と純粋培養法

③『裁判医学』（陸軍一等軍医　江口襄講述）

本文二一九ページ。最初に、裁判医学の定義を述べ、次に以下の項目を扱う。

一、「剖検規則草案」三〇か条

二、「剖検規則」三〇か条

三、「検屍手続草案」九か条

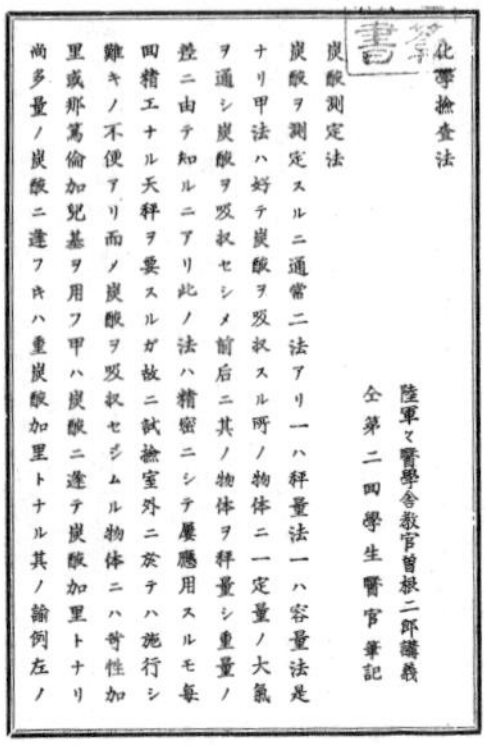
化學檢査法
陸軍々醫學舎教官曽根二郎講義
全　第二回學生醫官筆記
炭酸測定法
炭酸ヲ測定スルニ通常二法アリ一ハ秤量法一ハ容量法是ナリ甲法ハ好テ炭酸ヲ吸収スル所ノ物体ニ一定量ノ大氣ヲ通シ炭酸ヲ吸収セシメ前后ニ其ノ物体ヲ秤量シ重量ノ差ニ由テ知ルニアリ此ノ法ハ精密ニシテ屢應用スルモ毎回精工ナル天秤ヲ要スルガ故ニ試驗室外ニ於テハ施行シ難キノ不便アリ而ノ炭酸ヲ吸収セシムル物体ニハ苛性加里或那篤倫加児基ヲ用フ甲ハ炭酸ニ逢テ炭酸加里トナリ尚多量ノ炭酸ニ逢フトキハ重炭酸加里トナル其ノ諭例左ノ

図19-8　『化学検査法』

軍陣衛生學
陸軍々醫學舎教官小池正直講義
全　第二回學生醫官筆記
凡ソ人生ノ最モ貴ヒ最モ重ンスヘキモノハ如何トノ問ニ向テハ或ハ財産ナリ或ハ名譽ナリ或ハ富貴ナリト答フルモノアラン然レ𪜈名譽ヤ財産ヤ富貴ヤ皆是レ身体健康ニシテ然後得ヘキモノヽミ故ニ世間健康 Gesundheit ヲ措テ復タ他ニ覓ヘキ者ナシ、然リ、健康ハ又生命ヨリ重シト云フモ敢テ失言ニ非ス如何トナレハ柔弱ニシテ人生ノ義務ヲ盡シ得サルモノハ社會ノ贅物ニシテ寧ロ之レナキニ若カサレハナリ故ニ健康ヲ保續スルハ當ニ各人自已ノ爲メノミナラス社會ノ爲メニ努メサルヘカラス忠ヲ盡シ義ヲ全シ

図19-9　『軍陣衛生学』

四、屍体検査法…年齢・性別・身長・体格・全身皮膚の色・死徴・歯数・舌位・刺青《いれずみ》・創傷など

五、身体内部検査

六、窒息死・絞殺・扼殺または扼死・溺死

七、鑑定書の具体的記載例を記述

④『外科小手術』（陸軍軍医学舎教官　足立寛講義）

本文は七七ページ。冒頭に、前回において手術総論および各論中に抜歯術（第一章）を講義したと記載。ついで次の項目を掲げる。

舌体癒着手術・大舌腫・舌眼手術・扁桃腺肥大手術（第一章に区分）

第二章　頭部手術―斜頸手術・頸部淋巴腺腫瘍手術・咽頭及食道異物・気道狭窄手術

⑤『検眼法』（陸軍軍医舎教官　伊部彝講述）

本文一一一ページ。第一編―普通検査法、第二編―屈折力および調節視機力検査法、第三編―眼底検査と検眼鏡使用法・視力消耗と色盲の検査・視力乏弱詐偽者の看破法

⑥『軍陣衛生学』（陸軍軍医学舎教官　小池正直講義／図19-9）

本文一九八ページ。冒頭に軍陣衛生学は軍陣外科学とともに重要であることを述べ、第一回学生医官に兵営と病院の衛生について講義をしたが、病院論は半分もできなかったので、途中からでは理解しにくいので初めから講義をしたという。陸軍病院には平時病院と戦時病院があるが、平時病院の衛生についてだけ扱っている。

（a）病院の位置。地質、病院の全体の形状と各棟の構造、病室の配置・大きさ・換気設備、病室内の備品、診察室・手術室・調剤所・調理室・浴場・洗濯場・図書室・給水施設、廃棄物や汚物の処理法

（b）特設病院、すなわち（1）伝染病の隔離病舎、（2）仮設病舎、簡易な木造や天幕による臨時の仮設病舎の

衛生について論じている（以上の講義録はすべて筆者蔵）。

### （3）軍医学舎長緒方惟準の『陸軍医務沿革史』の講義

前述のように惟準は軍医学舎長として「陸軍医務沿革史」を講義したと記載されているが、『一夕話』の中では触れられておらず、その内容については現在まで全く不明であった。ところが筆者はこの題目の講義録と思われる筆写本一冊を入手したので、簡単に説明する（図19-10）。

この写本が惟準自筆の草稿本であるか、聴講した軍医学生の筆記したものかを判定することは、現在のところ難しい。しかし明治二十五年（一八九二）ころに書かれたと推測される直筆の「惟準自伝」草稿（故緒方富雄氏蔵）の「軍」「病院」の両字をこの写本と比較してみると極めて類似しており、筆者は自筆と推定しているが、今後の識者の判断にまちたい。

この本は和装本で袋とじ、表紙は淡茶色の和紙、大きさは縦二三・〇×横一六・二センチ、目次はなく、本文は四三丁、一ページ一七行の罫紙に、一行間隔で毛筆で縦書き墨書されている。表紙には直接、「陸軍医務沿革史」と墨書されている。本文第一丁の冒頭に、「陸軍医務沿革史　学舎長緒方惟準講述」と記されている。軍医生徒が筆録したものであれば、姓名に敬語的な先生とか、官位などが記してあってもよいと考えられるし、また筆録者の姓名があってもよいように思われる。

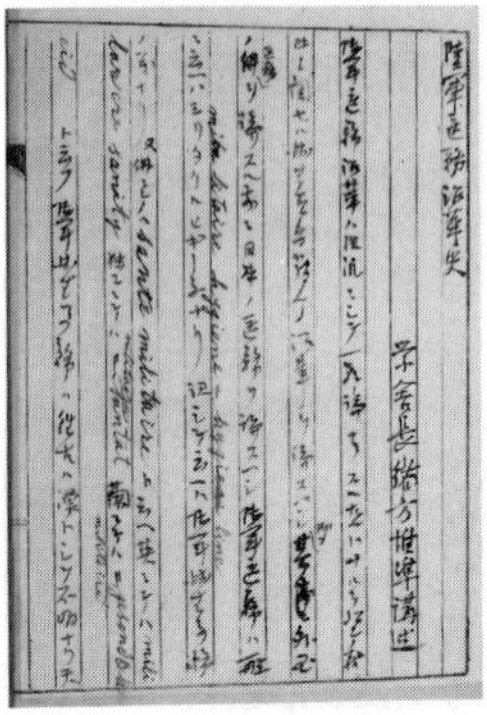

図19-10　『陸軍医務沿革史』

第一三丁の欄外に、八月九日、第一九丁に八月三十日と書かれているので、惟準の任期から考えて明治十九年八月に講述したことが分かる。なお、ほとんどのページに削除・加筆の跡がみられる。

冒頭第一～三ページを紹介する（句読点・濁点は筆者）。

陸軍医務沿革ハ浩汎ニシテ、一朝論了スル克《あた》ハザルヲ以テ戦時ニ関セル衛生員看護人ノ沿革ヲ論ズベシ。而シテ其外国ノ医務ヲ論ズル前ニ日本ノ医務ヲ論ズベシ。陸軍医務ハ一般ニ云ヘバ、ミリタリルヒギー子 militaire hygiene ＝ hygiline ナリ、訳シテ云ヘバ陸軍衛生事務ノ義ナリ。又仏ニテハ sante militaire ト云ヘ、英ニテハ militaire sanity 独乙ニテハ militaire sanität 蘭ニテハ militaire gesondheid ト云フ。

陸軍衛生事務ハ往古ハ漠トシテ不明ナリ。天正、元亀［戦国時代／一五七〇～九二］ノ間ノ事モ穿鑿《せんさく》スル克ハズ。幕府ノ末年ヲ去ル五十年前ニハ、外国ヨリ砲術等ノ火術輸入シ、藩ニヨリ練兵ヲ始メリ。其時ハ外国ニ倣ヒ医ノ欠ク可ラザルヲ知リ、幕府講武所ニ於テ医二三名ヲ附セリ。然レドモ是レ平時ノ病ヲ療スルノミニシテ不規則ナリ。今ヲ距《へだた》ル三十年前長崎ニ外国教師ヲ延《ひ》キ、榎本［武揚］、勝［海舟］諸氏海軍軍務ヲ伝習セリ。ソノ節蘭ヨリドクトルポンペヲ日本政府ニテ雇入レタリ。此時松本［順］氏幕府ノ命ヲ以テ長崎ニ往キ、医学ヲ伝習セリ。然レドモ一般医事ヲ教ヘシ者ニシテ、始テ七科ヲ講ジ、旁ラ一般患者ヲ療セリ。即チ養生所ヲ立テテ之ヲ行ヘリ。其際外国ニ於テハ軍隊ニ医士附属シ、戦時ニ従事スルト云フコト即チ軍医ノ事ハポンペノ話ニヨリ知リ得タリ。余モ二十八年前［換算すると安政五年＝一八五八］長崎ニ遊学シ軍医ノ話ヲ聞キ、其官制ニ総監・医監・医正等アルヲ聞キタリ。爾後星霜ヲ経テ戊辰［慶応四＝明治元年］ニ至リ、各藩ニ於テ藩兵ヲ出セシガ、其一組ノ兵ニ医士一、二名附シ出張セリ。是レ予等軍隊ニ医ノ附シタルヲ知ル嚆矢ナリ。

これは新出の貴重な資料と考えられるので、資料編に全文を掲載する（八三一ページ以下）。

自分が二十八年前に長崎に遊学し（松本順に入門したのは、正しくは安政六年）、ポンペからオランダの軍医制度の話を聞いたこと、そして明治維新後に日本陸軍における軍医の養成制度、外国人教師（ボードイン、ブッケマ）を招いての軍医教育時代から明治十九年現在にいたるまでの変遷、経過について約一二丁にわたって言及している。実際にみずから経験してきたことで、惟準ならではの講述である。

つづいてヨーロッパの主要数か国の戦時の衛生事務、戦場における衛生部隊の活動方法などを講述している。すなわち、プロシア国の軍医リヒテル氏の軍陣外科書から抜粋引用し、プロシア・フランス・トルコ・ロシア・イタリアの各国の戦時中の軍医団の組織・活動・軍事病院の設置などを記述している。最後はオーストリアであるが、題目だけで本文は未執筆で終わっている。

▽リヒテル

リヒテル氏とは、プロシアの軍医（Adolf Leopold Richter, 1798-1876）と考えられる。父はプロシアの軍医、一七九八年六月二十九日ザガンで生誕、一八一四年内科外科フリードリッヒ・ウィルヘルム研究所に入る。一八一八年外科助手として慈善病院に入り、一八二九年ドクトル・メデチーネを取得、同年、前記研究所の上級医員となる。一八二九年ミンデンで連隊付医官となり、デュッセルドルフ勤務を経て、一八四八年第八軍団の軍医正に任命され、一八四九年、バーデン・タイルでの戦役に参加、プロシア王子の司令部付となる。一八六一年、願いにより退官、デュッセルドルフに帰った。デュッセルドルフでは、負傷者と疾病者の看護活動の連合を創設（一八六六年）、軍陣衛生制度の公布に寄与した。一八七四年以来、痛風に悩まされ、一八七六年五月二十六日この病気で死去、享年七十九歳。

彼の多くの著作は軍の衛生改良について顕著な功労があった。彼の初期の著作は、直接的には軍陣医学と関係のない骨折・脱臼、子供の Wasserkrebs（水癌《すいがん》）等についての著書や内科・外科系雑誌への投稿論文であるが、『プロシア王国軍隊内の医療従事者の改革』（一八四四年）『負傷者のための野戦病院と輸送隊の編制について』（一八五四年と一八六〇年）『軍陣医事および医療制度』（一八六七年）、そして彼の最後の著作『戦傷者・戦病者の看護とその組織化への国家的援助』（一八六八年）など多くの業績がある。惟準がどれを利用したかは確認できないが、上述のもっとも新しい著作のいずれかであろう（Hirsch et al, *Biogaphisches Lexikon der herhorragenden Ärzte*, Bd. 3, 1963)。

# 第20章　近衛歩兵隊への麦飯給与と脚気予防

明治十九年［一八八六］六月、近衛歩兵隊麦飯給与試験成績第一回の報告を発行す。要は識者の高評を乞ひ、併て第二回報告の階梯と為さんとするに在り。聞く近衛隊に限り明治初年設置以来、病兵殊に脚気に罹る兵の多きこと年々小異同あるのみと。余昨年七月、職を近衛軍医長に奉ぜしより、日夜病兵殊に脚気に罹る兵の多くして、或は恐れ《ママ》多くも、陛下を護衛し奉るの任に欠くる所あらんを憂ふるの余、心竊《ひそか》に当時脚気病毒の性質には数説あり、随て毎説其予防の方法を異にす。之を実施するに当り、方法の甚だ高尚に過ぎんよりは、寧ろ平易にして最も行はれ易きに若かざるを思ひ、

［第一］舎内空気の通暢《つうちょう》［滞ることのない］を克《よ》くする事、

［第二］舎内清潔法を行ふ事、

［第三］勤務外、舎内の起居を自由にすべき事、附―脱靴を許す事、

［第四］練兵法は始期緩にして、漸次劇運動に遷る事、

の四条を設け、之を主眼として其予防法を各隊に実施せしに、昨年に比すれば脚気稍《や》や減少せしも、亦未だ全く消滅の域に至らず。是れ必ず兵食に関係する所あらんと、彼此考慮の上、我が邦の兵は農徴集、人員の四分の三を占め、農の常食たるや多くは麦・粟・甘藷等にして、米之に亜《つ》ぐにも拘はらず、其農の強壮活発

なること、米食を専にする工商の比にあらざると。

明治十四年三月、太政官第拾三号達に由り、在監人に麦飯〈下白米四分・挽割麦六分〉を給与せし以来、府県の監獄に脚気の頓《とみ》に減少し、或は消滅せると。大阪鎮台々下各隊に昨年以来麦飯〈米七分・麦三分〉を給与せしに、本年は脚気殆ど無きが如きことに信を置き、終に麦飯説を試むることに決し、昨年十月、麦飯給与の事を上申せしに、幸に都督殿下［小松宮彰仁親王］の命を布きて、同年十二月より之を脚気の最も多き歩兵各隊に実施することとなる。況《いわん》や麦は化学的分析且つ生理的試験に徴するも、亦全く吸収せざる者にあらず。他の滋養品と併食せざる者に在ては、却て米よりも吸収することの多きは、余が試験を委託せし陸軍二等薬剤官大井玄洞氏の米麦化学的検査報告書に拠りて明らかなるをや。

今や余が各隊に麦飯を給与したる成績を摘記すれば、近衛歩兵第一聯隊第一大隊に在ては、之を昨年の同期に比するに、病症の減ずる二十四［人］にして、患者の百分比例も昨年に比するに、半数以上を減ず。即ち昨年は百人に付、四・二二二なるも、本年は二・〇九五なり。同第二大隊に在ては、病症二十四を減じ、百分比例も亦太甚《はなはだ》しく減ず。即ち昨年は百人に付、八・三五八なるも、本年は一・六五〇なり。第二聯隊の第一大隊は病症八を減じ、百分比昨年に在ては三・一四四なるも、本年は一・五八四なり。同第二大隊は病症二十八を減じ、百分比例、昨年に在ては五・四〇三なるも、本年は一・五八三なり。而して本年は未だ一名の脚気新患を見ず。第三聯隊は昨年七月以後の新設に係るを以て、上半年の比例を掲ぐる能はずと雖も、麦飯給与の前後を比較するに、給与後は病症及び百分比例も多少減少せり。体重も亦麦飯給与の前後を比較するに、平均増加せるを見る。由是観之《これによりてこれをみれば》、我邦兵士の疾病殊に脚気の予防法なるや、

［第一］空気及び舎内の清潔

［第二］心身の自由

〔第三〕麦飯の給与
と、此三法に在り。若し夫れ此三法を実施するときは、恐らくは脚気予防の目的を達すべしと信ず。然れども経験甚だ浅きを以て尚ほ下半年新兵の入営を待ち、更に精密なる試験に着手し、確然たる報道をなさんことを期せんと、終に報告を発行するに至りしなり。人もしその詳細を知らんとせば、当時発行せし同報告を一閲せよ〔緒方惟準述「近衛歩兵隊麦飯給与試験成績第一回報告」――資料編八五〇～八ページ〕。

この脚気は軍隊だけでなく、全国的に問題となっており、その原因の追究に陸海軍の軍医らはもちろん医科大学の研究者らも力を尽くしたが、いまだ解明することができなかった。一方、海軍においては海軍軍医高木兼寛（東京慈恵会医科大学の創設者）が脚気に麦飯が有効であることを首唱し、海軍の兵士にこれを実行し、脚気は激減した。他方ではこれに異議をとなえる医学者、陸軍軍医たち（中心人物は石黒忠悳《ただのり》）も多く、医学界は混乱していた。

この脚気論争は、陸海軍での意見の相違や全国的な背景もあり、多岐にわたっていた。惟準は、陸軍軍医中枢部の石黒一派と意見が異なり、病気を理由に退官することになった（第23章三一三ページおよび24章参照）。この脚気論争については、山下政三著『明治期における脚気の歴史』に詳述されている。筆者は山下氏より多くの資料の提供を受けた。記して感謝の意を表します。

# 第21章　海水浴奨励と大磯海水浴場賞讃

## (1) 大磯海水浴場の開設と松本順

明治十九年［一八八六］九月十九日、愚息を伴ひ東京を発して帰阪せんと、途、相州［神奈川県］大磯駅を過ぎる。偶《たま》ま同駅の海水浴場に浴し、其浴場の宜きを賛賞するの余、忽卒《そうそつ》［にわかに］左の書を認めて、以て同場発起者宮代氏に似《しめ》す。

本邦古来海水浴ノ諸病ニ偉効アル、世人之ヲ識ラズ。又其浴法ニ至テモ詳知スル者ナシ。故ニ、余明治七年仲夏［陰暦五月・陽暦六月］相州七里ケ浜海水浴中、一日西洋海水浴法及其効能ヲ記シテ世人ニ普ネク知ラシメント欲シ、朝野新聞ニ寄セテ之ヲ雑報欄内ニ掲載セシメタリ。爾来年々海水浴ノ効ヲ知テ之ヲ賞用スル者増加シ、従テ都下市街ニ多ク海水浴場ヲ設置スルニ至レリ。余ハ患者ニ勧ムルニ夏時温泉浴ヨリハ海水浴若クハ冷水浴ヲ以テスルニ、其効大ニ温泉浴ニ勝レルガ如シ。余多年之ヲ播州舞子、泉州堺、相州七里ケ浜、房州九十九里等ノ海浜ニ実試シ、本年又閑ヲ得テ相州小余綾〈即チ大磯駅〉ノ浦ニ試ム。然ルニ該浦ハ開豁《かいかつ》清涼ノ砂地ニシテ大洋ニ面シ、潮流波動ノ勢力強烈、然シテ更ニ危険ノ憂ナシ、大ニ浴場ニ適当ス。蓋シ日本国中此地ヲ以テ第一ノ海水浴場ト称スル、敢テ誣言《ぶげん》［故意に事実をまげていうこと］ニ非ザルナリ。病客来テ実試セバ、其虚ナラザルヲ諒知スベシ。其浴法及効能ハ別ニ記載セズト雖モ、松本順先生ノ海水浴法概説［後述］及余ガ訳述スル西洋海水浴法［筆者未見］ヲ参観セバ、一目瞭然タラン。賛賞ノ余記シ、以テ該場発起者宮代新太郎氏ニ寄ス。

明治十九年九月於大磯駅　　従五位勲三等　緒方惟準　識

同年十月三日、着阪。

この愚息とは長男整之助のことであろう。惟準が明治十三年（一八八〇）東京に転任するとき、整之助だけ祖母八重に預けられ大阪で学業をつづけた。ついで東京大学予備門入学を志し明治十六年（十五歳）上京、独逸協会学校に入校、二年間の勉学の結果、宿望の予備門に入学した。しかし進級試験のため、昼夜を分かたぬ猛勉強がたたり、健康を害し慢性肋膜炎に罹り、病弱な身となった。そのため学業を廃し、熱海その他の保養地に転住して療養をつづける身となった（緒方銈次郎『七十年の生涯を顧みて』）。惟準は病弱な整之助の健康回復のため、大磯で海水浴をする目的で途中下車し、三週間の長きにわたって滞在したのであろう。整之助はそれから二年後の明治二十一年二月十一日、大阪で死去、享年二十歳の若さであった（第36章五八二～四ページ）。

九月十九日から約三週間、大磯に整之助と滞在し、十月三日大阪に帰ったのである。このとき、すでに翌二十年春に退官する決意をしていたと思われ、兄弟一族との相談、病院開設準備のための帰郷ではなかったのであろうか（病院開設については第25章参照）。

大磯（現・神奈川県中郡大磯町）の海水浴場を開いた発起人は地元の宮代新太郎と百足屋謙吉であるが、この浴場を開くことを最初に勧めたのは、かつて長崎伝習所で惟準の師であり、上司の陸軍軍医総監松本順（蘭疇）であった。松本順の実父佐藤泰然は長崎遊学時代にポンペから、ヨーロッパでの海水浴の効用について聞いていた。順の実兄惣三郎は幼少から虚弱で、父泰然はこれを憂い、海水浴などをさせて海浜で遊ばせていたところ、

図21－1　大磯海水浴場の錦絵

次第に健康体になった。このことから、海水浴が保健上効果のあることを泰然は順らに言い聞かせていたので、順は海水浴には関心があった。その後、現役を退き暇になり、海水浴への関心がたかまったようである。この大磯海水浴場開設の経緯は、鈴木要吾『蘭学全盛時代と蘭疇の生涯』に詳しいが、順の談話を掲げる（「蘭疇翁昔日譚」一五、『医海時報』三一二号、一九〇〇年、現代仮名遣いに改める）。

その後、私は予備軍医総監となり、大いに閑散になったから、海水浴のことを思い立ったのである。海水浴の非常に効のあることは実父佐藤泰然より聴いたので、湯治という中にも海水浴が一番良いと言うことを始終申して居った。これは私の兄の山村惣三郎（順天堂の病院を立てたのはこの人で、佐藤尚中は医療だけで病院に勤めたのである）、昨年［明治三十二年］六十九歳で死んだこの兄を実父が非常に愛していたが、幼少の時真に虚弱であったので、始めは品川あたり追々には生麦《なまむぎ》［横浜市神奈川区］辺にまで度々漁魚に遣わして居た内、大層健康になったところから、こゝに海水浴の効能を深く実父が信じたのである。私もまたその話を聴いて以来、海水浴には心を用いていて、ロイマチスその他胃病、子宮病などというものは、殊に薬が利かず、海水浴でなければ全治ができぬというような考えから、身も至極閑散になったを幸い、それから諸所遊歴して主として海岸の国に遊んで、諸所の海水を調べてみた。所が須磨［神戸市］の海水が一番良い様に思った。石川玄貞が陸軍の軍医をつとめて居た時、ロイマチスを疾んだので、須磨に遣わして全快させた。その他大分病人を遣ったが著々効があって、いよいよその価値を知るに至った。けれども須磨では余り遠いから、本牧の十二天という処は汽車の便があるを幸い、病人を遣った処がこれも大分効がある。それから浦賀で試みた所がこれも大分宜い。その後熱海に往って熱海から吉浜海岸を遊びながら逗留してみた所が、小田原も中々宜い、その帰りに大磯へ来て大磯に滞在した所が、大磯位海水浴の良い所は無いということが分かった。［中略］私はこの大磯の人に説くに、海水浴［場］というものを設けたならば、東京、横浜の人も大分来るので自然土地が賑わうし、また病人の為にもなるがどうだ、素《も》より我々は患者の為にさえなれば宜いので、あえてこの地の人の報酬を求めたいという鄙劣《ひれつ》心［いやしくおとる心］は微塵もないのだから、安心してこの地のたすけになると思って、海水浴場を開いてはどうかということを以てした。所が誰も応ずる者が無かった。するとその中に宮代新太郎というものと百足屋謙吉がその説に服して、私共海水浴の善悪は知らぬが、土地の為になることですから、それを開いて戴きたいと云いだした。その頃は東京より神奈川まで汽車が通じただけで在ったから、私は神奈川から大磯までは常に馬車で通い、家族並びに懇意な朋友などを誘っては三週間位ずつこの地に居て、年々その事業を助けた。それが明治十八年のことである［後略］。

この松本順の海水浴については、『蘭疇自伝』にも詳しく書かれているので参照されたい。

図21－2　松本順(58歳ころ)

図21－3　松本順の墓碑
(大磯町・妙大寺)

図21－4　謝恩碑

図21－5　海水浴場発祥地の標柱

松本は晩年大磯の別荘に住み、終生この地を愛し、ここで明治四十年（一九〇七）三月十三日、七十六年の多彩な生涯を閉じた。遺骨は夫人と子息が葬られていた鴫立庵《しぎたつあん》（大磯町役場に隣接）にある墓碑に合葬されたが、昭和二十九年（一九五四）同町内の日蓮宗妙大寺に家族の遺骨とともに改葬され、自然石の墓碑が建立された。順の実弟林董《ただす》（正三位勲一等子爵）の筆になる「従三位勲一等男爵松本順先生墓」（法名は大生院殿蘭疇日順大居士）と刻まれている。なお鴫立庵の墓碑は球形で、中央に「守」の一字が刻まれており、そのまま残されている。これと同型の小型の石（「守」と彫刻）が墓碑の左に置かれている。

昭和四年（一九二九）八月、大磯照ケ崎海水浴場に松本順の謝恩碑が建立された（図21-4）。これは大磯町民と在住知名の有志八五三人が醵金して、蘭疇の遺徳を永遠に記念するため建てられたものである。題字は犬養毅の書で「松本先生謝恩碑」と記され、裏面の碑文は鈴木梅四郎の筆であるが、六・一七メートルの巨大なもので、細字の碑文は筆者には読み取れなかった。

この海水浴場の開設の二年後の明治二十年七月、東海道鉄道の横浜―国府津間が開通し、松本の尽力で大磯駅も設置され交通の便も良くなり、次第に上層階級の注目するところとなり、これらの人々が別荘を建て、高級別荘地となって今日にいたっている。松本順はこの大磯海水浴場発展の大恩人といわなければならない。惟準は常々松本から大磯のことを聞かされており、ちょうど下阪のおり、途中下車して大磯に寄ったところ、大変気に入ってしまったようである。

　このような海水浴奨励の情勢のなかで大阪府内の浜寺も著名な海水浴場に発展した。『浜寺海水浴二十年史』は、海水浴場発展の功労者として、松本順・緒方惟準・後藤新平の三人の肖像を載せ、また前記の惟準が大磯の宮代新太郎にあてた文章を全文紹介している。ちなみに後藤新平（のち内務省衛生局長、逓信・内務・外務大臣、第七代東京市長を歴任）は、『海水功用論附海浜療法』（一八八二年）を出版し、海水浴を奨励している。この出版の前年、明治十四年（一八八一）愛知県知事国直廉平は愛知県病院長後藤新平と協議して同県大野の千鳥浜海岸に施設をもうけ海水浴場とした（藤沢市観光協会編『江の島海水浴場』）。

　当時の『朝野新聞』に惟準の「西洋海水浴及び其の効能」についての寄稿文が掲載されたが筆者は未見である。ただ、惟準は明治十二年（一八七九）三月九日、大阪の医事会同社の第七会（例会）で「海水浴ノ説」と題し講演、その内容が機関誌『刀圭雑誌』一一号と一二号（一八七九年）に連載されている（資料編八一八～二一ページ）。これについて惟準は講演のなかで「先年纂述セシ海水浴医治効用説ノ遺脱セル所ヲ掲載シ云々」と述べているので、その内容を察知することができる。海水浴の効用についての記述は、緒方惟準がパイオニアといえ、松本順の『海水浴法概説』に比べ、より詳細な効用について述べている。

図21－6　『海水浴法概説』

　この『緒方惟準伝』を脱稿後、上田卓爾「緒方惟準の「海水浴ノ説」について」が『医譚』復刊九〇号（二〇〇九年）に掲載されたので、参照されたい。さらに鈴木伸治は「日本最初の「海水浴の書」か――緒方惟準が『公文通誌』に寄せた投稿文――」（『医譚』復刊九一号、二〇一〇年）のなかで、惟準が述べている『朝野新聞』への投稿は、『朝野新聞』の前身『公文通誌』（明治七年八月九日刊）であることを明らかにし、全文を紹介している。

**（2）松本順口述『海水浴法概説』**（一八八六年／国立国会図書館蔵）

扉に、「五位松本順先生口授　門人筆記　海水浴法概説　全　杏陰書屋蔵版」とある。冒頭に、順の筆で「済世之一班　明治丙戌　蘭疇　印」と題辞が記されている（本文一八ページ）。冒頭に「海水浴法概説　陸軍々医総監正五位松本順先生口授二神寛治筆記」とあり、すぐ本文がつづく。「海水浴ハ能ク疾病ヲ治スル而已《のみ》ニ非スシテ健康ノ人体ヲモ更ニ健康ナラシムルモノナリ」から始まり、その効用について「知覚神経ヲ鼓舞シ、血管系統ノ弾力ヲ亢進シ、海水圧動力ニ抵抗シテ能ク筋力ノ力ヲ働カシムルヲ以テ海水浴ノ主能トス」と簡潔に断言し、次に海水の組成を記したのち効能を次の七つに分類し、各項につき詳述している。

一、体質ヲ善良ニシ営養ヲ壮盛ナラシム
二、新陳代謝及分泌機能ヲ催進セシム
三、諸般ノ衰弱現象ヲ快復セシム
四、貧血症状ヲ痊癒《せんゆ》［いやす］セシム
五、皮膚及ビ粘膜ヲ強厚ナラシム
六、消化機能ヲ鼓舞整理セシム
七、神経及ビ精神的諸病ヲ調整セシム

そして呼吸器の諸病、心臓の疾患については、諸大家の説に異同がある。自分の意見としては、患者が二、三回試みて、著しく不良であれば、これをやめたらよい。そして呼吸器の大患、心臓病のはなはだしい者、大病の末期、衰弱のはなはだしい者は、浴してはならない。そして海水浴の方法、浴場や波の状態についての注意など懇切に説明して終わっている。

〔付記〕平成十九年（二〇〇七）七月二日から九月二日まで、大磯町郷土資料館で「松本順没後一〇〇周年記念展」が開催された。筆者は見学することはできなかったが、同年九月下旬に同町教育委員会を訪れ、同展の図録『大磯の蘭疇——松本順と大磯海水浴場』（二〇〇七年）を入手し、謝恩碑（三〇一ページ図21-4）および妙大寺と鴫立庵の墓碑に詣でることができた。

# 第22章　日本赤十字社および東京慈恵医院の運営に参与

明治十九年［一八八六］十月三十日、博愛舎［社］総会を開く。議員定数二十五名の外、病院の創立ありしが為め、特に医部職員五名を置くこととなり、石黒忠悳［陸軍軍医監］、石坂惟寛［陸軍一等軍医正］、橋本綱常［陸軍軍医総監］、戸塚文海［予備海軍軍医総監、明治十六年退官］の四氏と共に其任に挙げらる。
同年十一月十六日、正五位に叙せらる。

皇室の保護と心ある国民の博愛社への参加は、次第にその地歩をかため、明治十九年には東京府麴町区飯田町四丁目三十一番地の陸軍用地を借りて、本社屋を建設することになった。このころ、佐野常民・松平乗承・石黒忠悳らは、日本政府がジュネーブ条約に加盟し、世界の赤十字の仲間に入ることを希望し、ジュネーブ条約参加を建議、その結果これが承認され、明治十九年十一月十五日、政府は号外勅令でジュネーブ条約への参加を正式に発表した。そして同月十七日、同所に博愛社病院を開設し、昭憲皇后行啓のもとに開院式が行われ、橋本綱常陸軍軍医総監が病院長を嘱託された。

翌二十年五月二十日、博愛社を日本赤十字社と改称して万国赤十字社同盟に加入、小松宮彰仁親王が初代総裁に、佐野常民が初代社長に就任し、ここに国際的基盤を持つ日本赤十字社が誕生した。のち博愛社病院は手狭に

図22－1　日本赤十字社病院

図22－2　高木兼寛
（日清戦争時）

なり、明治二十四年（一八九一）豊島御料地の一部を借用し、宮内省の援助で日本赤十字社病院が完成した（本間楽寛『佐野常民伝――海軍の先覚・日本赤十字社の父――』／日本赤十字社編『日本の赤十字』／吉川龍子『日赤の創始者佐野常民』）。

明治二十年［一八八七］一月二十二日、皇后陛下の御特撰に依り、伊東方成、岩佐純、池田謙斎、石黒忠悳、橋本綱常、長谷川泰、戸塚文海、大沢謙二、長与専斎、佐藤進の諸氏と共に、東京慈恵医院商議医員に挙げらる。

東京慈恵医院（東京慈恵会医科大学の前身）の前身である有志共立東京病院は、明治十五年（一八八二）八月十日、当時海軍医務局副長であった高木兼寛《かねひろ》（一八四九～一九二〇）の主唱により設立された。そして明治二十年一月二十四日、この病院を東京慈恵医院と改称、高木兼寛が皇后陛下から院長（当時海軍衛生部長）を命ぜられた。有志共立東京病院の設立趣旨は、病いに罹っても資力がなく治療を受けられない窮民を対象とした救療にあった。「病院設立之大旨」には、次のように記されている（『東京慈恵会医科大学八十五年史』／東京慈恵会医科大学『高木兼寛伝』）。

病に罹りてその死の悪《にく》むべきを知るも、これを救療するの道を弁ぜず。或いは庸医の手に死せざれば、或いは売薬禁呪を以てその生を終わり、甚だしきは医薬を用うるの資力なく、徒《いたず》らに父母妻孥《さいど》［妻と子］の病苦を座視するの惨状を来すに至る。あにまた悲まざるを得んや。

この有志共立東京病院は皇室の援助、華族夫人らの協賛、そしてまた『一夕話』があげている陸海軍医をふくむ医界の最高実力者たちの一致協力のもとに発足した。東京慈恵医院に発展しても、引き続きこれらの諸氏は商議員（現在の評議員あるいは理事に相当）として、運営に参加したわけである。

惟準は退官後、大阪に帰り緒方病院を開設するが、その翌年の明治二十一年（一八八八）六月に、有志の医師たちと大阪慈恵病院を開設し窮民の救療を始めた。そして二十六年十二月、医学校を併設、医学生徒を募集して医師の養成を開始した。これは高木兼寛が東京で行った救療事業に感銘を受け、これを大阪でも実行しようと企図したものと考えられる（大阪慈恵病院の設立経緯については第28章参照）。

# 第23章　惟準の陸軍退官とその真相

明治二十年［一八八七］二月一日、願に依り本職并びに兼職を免ぜらる。是れ、さきに一両年来、病痾《びょうあ》［長い病気］屢《しばしば》発する為め、一は其任に怠らんことを恐れ、一は大に療養を加へんことを慮り、退職を出願したるに出づるなり。

同月九日、陸軍々医諸君は毎年去るを送り、帰るを迎ふるの例に従ひ、送迎会を富士見軒に開かれ、余も亦招を請けて其席に会せり。来会者は橋本［綱常］陸軍々医総監を始め無慮百有余名にして、中には余の為めに特に数言を発し、余をして他日の宝箴《ほうしん》［いましめ］良規たらしめたる人々も亦ありたりき。

同月十五日、懐旧会［適塾門下生の同窓会］には大鳥圭介、長与専斎、池田謙斎、福沢諭吉の四君が幹事となり、余の為めに午後五時より富士見軒に於て送別会を開かる。来会者は花房義質《よしもと》、戸塚文海、坪井信良、足立寛、田代基徳、明石退蔵、今村有隣、野村文夫の諸君を始め無慮六十余名にして、幹事諸君の席上演説等あり。

同月十九日、我が医学社会に主たる諸君は、午後一時より九段の遊就館に於て、余の為めに送別会を開かれたり。当日の幹事は長与専斎、石黒忠悳、大沢謙二、実吉安純、松山棟庵の五君にして、来会者は佐藤進、横井信之、石坂惟寛、足立寛、永松東海、池田謙斎、高木兼寛、田口和美、宇野朗、高階経徳、佐々木東洋、隈川宗悦、安藤正胤、桑田衡平、井上達也、須田哲造、三浦義純、柴田承桂等の諸君を始め六拾有余名に及び、幹事の注意到らざる所なき中にも、会同時間の如きは従前になく一致す。今や各員着席、宴を開き、宴将に央《なかば》ならんとするに当り、余は起て帰坂の主旨并びに告別の詞を述ぶること左の如し。

諸君、本日惟準の不肖を以てせず、爰《ここ》に此盛宴を開き以て厚誼を表せらる。実に感謝に堪へず。夫れ方今人々進取を競ふの時に当り、職を辞して市野に帰するは、所謂喬木を棄て丶幽谷に入るの誚《そし》りなき能はず。抑《そもそ》も惟準今回の挙は固《もと》より他志あるに非ず、又奉仕二十余年敢て功成り名遂げて身退くとするに非ざるも、維新多難の際、東西奔走して此道の為に微力を致せしは、亦竊《ひそか》に自ら許す所なり。然れども奈何せん未だ民間の事情に通ぜず、且つ身多病なるを以て、今より屏居［世を退く］して施治の適否を市野の間に試みんとす。然るに諸君多年の友誼を思ひ特に之を罪せざるのみならず、相与《とも》に此盛宴を開き、以て愚情を慰勉す［慰めはげます］。惟準の不徳、何を以て之に酬ひん。ただ願くは諸君各一言を演じ、惟準の将来を規戒する所あり、以て今日開宴の儀を終るを得ば、縦ひ東西離居するも惟準常に之を肺肝に銘じ念々奉守し、尚ほ朝夕に相接して示教を辱《かたじけの》ふすると同一般にして、永く道の為めに尽力することを得ん。因て盃を挙げ一言以て諸君の情交の厚きを謝し、且つ諸君が道の為めに保重健康ならんことを祝す。但別に臨んで心緒擾乱《しんしょゆうらん》、言に倫次《りんじ》［身分の順序］なく、意中万分の一を悉す能はず、諸君幸に之を諒せよ。

次に石黒忠悳君は、余に対する告別は、既に軍医送別会の際述べたるに依り、本日は幹事総代の資格を以て諸君の賑々しく来会せられし厚意を謝すと述べ、次に井上達也君は、今回余の大坂に帰りて業を市野に開くを賛成するの意を演じ、次に高木兼寛君は未だ諸君中に緒方君の健康を祝せざるに依て唯だ同君の健康を祝すと述べ、次に佐々木東洋は前刻余の述べたる詞中の、喬木の棄て丶幽谷に入る云々の語に就き説を起して、業を市野に開くの意を翼賛し、散会したるは午後三時半頃なりき。

同月二十日、寓居を引き払ひ家族を取纏め、二十三日午後八時十五分新橋発の汽車に駕して、多年住み慣れし第二の故郷たる東京を出発せり。当日厚意にも福沢諭吉、長与専斎、池田謙斎、高木兼寛、佐藤進、石黒忠悳の諸君を始め、百余名は新橋或は横浜まで見送らる。斯くて二十五日大阪に帰着し、北浜三丁目の旧宅〔旧適塾〕に住す。ここにおいてか余が維新前後官途に在るの間を算ふるに、実に併てここに三十余年なりき。亡父洪庵は始め民間より出でて旧幕府覇将の侍医となり、西洋医学所頭取を佩《お》び遂に其終りを全ふするも、余は之に反して始め禄を官に食み、後ち民間の草医となりて生を終らんとす。実に父子始終を顚倒したるも、亦奇ならずや。嗚呼人生は浮雲の如し、知らず天や人や、そもそも時運の然らしむる所や。

『一夕話』のなかでは、辞意表明の表面上の理由を病弱として惟準は述べているが、最後の文章にあるように、父洪庵は下より上へ、自分は上から下へと、父と子は反対の道を歩むこととなったとの無念さ、時の運命としか考えられないという嘆き、野に下るさびしさがひしひしと胸に迫ってくる。惟準の本心は、陸軍軍医本部の最高位である軍医総監あるいは陸軍省医務局長をもって功成り名をとげる道を進みたかったと推察される。

林紀《つな》軍医総監が急死し、再び松本順が軍医本部長に復職し、そのあと明治十八年（一八八五）五月、橋本綱常が軍医総監に任ぜられ、軍医本部長に就任した（同十九年三月、軍医本部は廃止され、陸軍省内に医務局が創設され、橋本が初代医務局長に、軍医監石黒忠悳が同次長に抜擢された）。そして同年七月、次長であった惟準は近衛軍医長兼東京陸軍病院長に転任させられ、ついで翌十九年五月、軍医学舎長に転じた。軍医本部、陸軍省医務局の主流からはずされた、明らかに格下げ人事である。これには惟準が近衛軍において行った麦飯給与の有効性を主張しつづけたことが根底にあるのである。橋本が石黒側に荷担していたことは、次の惟準の自伝から明らかであろう。

「惟準自筆の自伝（緒方知三郎旧蔵本）」と「緒方惟準先生一夕話」の草稿本と思われるものが三種ある（仮りに第一・第二・第三草稿本とよぶ――緒方富雄氏蔵）。『一夕話』第一草稿本は惟準自筆で、第二・第三草稿本は嗣子銈次郎の筆である（緒方富雄氏認定）。後者二種がどのような経緯で執筆されたか不明であるが、惟準の口述を銈次郎が筆記した可能性がある。

まず惟準自筆の第一草稿本は、明治二十年（一八八七）の脚気問題に少しふれたあとの部分以降が惜しいことに全部欠如している。しかしこの最後の部分が極めて重要である。すなわち、「明治二十年ニ至リ同僚内ニ兵士脚気預防麦飯給与効能有無ニ付同僚間ニ橋本石黒」とあり、以下は欠落しており、「同僚間」と「橋本石黒」の部分が斜線で消されている。その他の部分は富雄氏の筆で「やぶりとってある」と記されている。

第二草稿本でこの部分は、「明治二十年になり兵士カッケ予防のため麦飯給与につき其功能の有無につき同僚官と論争を起し小生は其功あるべきことをとくも之れを排斥して用ひざるより遂に病と称し辞職して大坂に帰る、時之れ明治二十年也」と記され、惟準と論争した軍医総監橋本綱常、軍医監石黒忠悳の名は紙面から消えている。自伝（緒方知三郎旧蔵本）や『一夕話』の執筆当時、橋本・石黒の二氏は健在であったので、表面の辞職理由を病気とし、論争のことは表沙汰にはせず、身内だけの資料として書き残したのであろう。

第三草稿本は、第二草稿本と主旨はほぼ同様で、次のように記されている。

> 明治廿年に至る、此年兵士脚気予防法につき麦飯使用の功果《（ママ）》の有無より同僚と論争起り、余は其功果《（ママ）》ある事を尽してのべたるも、米飯論者の勢盛にして遂に余が説は排斥せられたれば、病と称して辞職するの止むを得ざるに至りぬ

第一草稿本では筆で消されてはいるが、反対論には石黒だけでなく、最高職の上官医務局長橋本綱常も荷担していたことが判明したのは、新たな重要な事実である。

また惟準が三男知三郎（東大病理学教授）に後年語った事実は、知三郎の『一筋の道——私の研究回顧録——』に次のように記されている（現代仮名遣いに改めた）。山下政三氏も『明治期における脚気の歴史』で引用している。

> 私の五歳の時、父は陸軍を退いて大阪に移り私立緒方病院を開いた。その主な原因は脚気の病因に関する意見の衝突に在ったということであるが、その当の喧嘩相手は不幸にして私の名付け親たる石黒忠悳であった。その当時、陸軍は脚気患者の発生に悩まされていた。従ってその原因の研究は軍医によって盛んに行われた。その中に白米食にその主因があるという考えから、これを麦飯に代えたら脚気患者が減少を見たという或る師団からの報告があったので、父はこれを採用して一般に試みて見ようとした。然るに陛下の軍隊を実験に供するのは怪しからぬという反対意見が出て、終に父の弟子であった、白米食を麦飯に代えた軍医は退職せしめられた。よく内情を調べて見ると、表面的には反対しなかった同僚の石黒忠悳氏が蔭で策動していたことが解ったので、短気な父は烈火の如く憤り、辞表をたたきつけて陸軍を去ったのである。

つづいて知三郎氏は次のように述懐している。

> 今から考えて見ると父の主張は学問の上では少しも誤って居ないばかりか、若しその主張が通って居れば、確かに脚気予防に或る程度の効果をあげ得たであろうと考えられる。私自身の研究は、あとで述べるように、脚気問題に始まるといっても差し支えない。私の父と名付け親とが脚気問題について争ったということは、何かそこに因縁があるような気がしてならない。

また、惟準の孫（知三郎氏の子息）緒方秀雄氏は、この記述を紹介したのちに次のように記している（『緒方惟準直筆の自叙伝原稿について』）。

> 祖父［惟準］がすでに十二歳の少年の時に発揮したあの旺盛な好学心と直情径行的な自我の強い意志型の性

格を［大聖寺から大野へ無断脱走のこと］、それから三十有余年後に於けるこの事件を通じて再び窺えるように思う。

なお惟準が麦飯問題で退官したことは、大阪では民間でも広く知られていた。すなわち惟準の長文の死亡記事「緒方惟準翁」（『大阪朝日新聞』明治四十二年七月二十一日付）のなかに、「東京陸軍病院長、近衛軍医長等の職に転じて明治二十年に至る。此の年兵士の脚気予防法に就き麦飯使用の効果上、同僚との間に論争を生じ、翁の麦飯論は遂に排斥せられ、病を称して辞職するに及べり」と記されている（四七五〜七ページに全文掲載）。

また『東京医事新誌』一六二五号（一九〇九年）の死亡記事「故緒方惟準小伝」のなかに、

明治十九年五月、陸軍々医学舎長兼近衛軍医長に補せらる。近衛隊に軍医長となるや、毎年同隊兵士の脚気に罹るもの夥だしきを憂ひ、麦飯給与の議を上申せしに、都督小松宮殿下の嘉納せらるゝ所となり、十八年十二月より実行せしに、其成績好良にして、患者の数著るしく減少せり。故に氏は近衛歩兵隊麦飯給与試験成績として其結果を報告せり。現今に至り軍隊兵士の常食は麦飯に定められ、脚気患者の発生少なきを見るは、全く故堀内利国［惟準の義弟］氏と共に、氏の一大勲功と称す可き者なり。明治十九年十一月、正五位に叙せらる。二十年二月一日、願に依り本職幷に兼職を免ぜらる。是れ麦飯給与に関して同僚と意見を異にしたると、病軀の療養を加へんことを慮り、退職を出願したる出づ。

とある。

惟準と同僚との脚気論争については、次章で詳しく述べる。

# 第24章　陸軍内部の脚気問題と惟準

日本の軍隊における脚気問題については、山下政三著『明治期における脚気の歴史』に詳しく論述されている。この著書と山下氏からご提供を受けた資料をもとに、惟準および義弟堀内利国（妻が惟準の妹九重）の脚気問題に対する活動を中心にして、惟準と同僚（主役は石黒忠悳《ただのり》）との論争問題に迫ってみたい。

## （1）惟準の脚気予防報告

『一夕話』で惟準が述べているように（二九四～六ページ）、惟準は近衛兵に麦飯を給与し、これが脚気予防に有効であることを、「近衛歩兵隊麦飯給与試験成績第一報告」と題して報告した。これは本文三九ページ・付表二三ページのもので、表紙がどのように書かれていたか不明である。本文末尾に「明治十九年六月調　陸軍々医監　緒方惟準述」と記されており、惟準の責任で印刷されたことがわかる。

本文第一ページの冒頭からの文章を紹介する（この資料は東京大学総合図書館蔵／句読点・濁点および［　］内は筆者）。

近衛歩兵隊麦飯給与試験成績第一回報告

脚気病毒ノ吾邦人ヲ害スルヤ夥シク、殊ニ我陸軍兵士ニ此病多キハ夙ニ世人ノ知ル所ニシテ、如何ニ雄壮活潑ナル兵士ト雖ドモ、之レガ為メ精神萎靡《いび》、忠誠ヲ国家ニ尽シ得ザルハ豈慷慨ノ至リナラズヤ。果シテ然ラバ衛生ノ法一日モ忽《ゆるがせ》ニスベカラザルヤ知ルベシ。故ニ余輩医官タルモノ予防法ニ苦心スル既ニ久シト雖ドモ、未ダ確実ナル成績ヲ得ザル、実ニ遺憾ト云フベシ。余ヤ昨年七月職ヲ近衛軍医長ニ奉ジテヨリ以来竊《ひそか》ニ思ヘラク、当時脚気病毒ノ性質タル数多ノ学説アリ、或ハ脚気バチルスノ発見アルモ、其予防法ニ至リテハ諸家説ヲ異ニス。此レヲ実行スルニ当リテ其法方ノ甚ダ高尚ニ過ギンヨリハ寧ロ平易ニシテ最モ行ハレ易キニ若カザルベシト。因テ左ノ箇条ヲ設ケ、此レガ予防ノ法ニ着手セリ。

第一　舎内空気ノ通暢ヲ克《よ》クスル事

第二　舎内清潔法ヲ行フ事

第三　勤務外舎内ノ起居ヲ自由ニスベキ事」《ママ》附脱靴ヲ許ス事

第四　練兵法ハ始期緩ニシテ、漸次劇運動ニ遷ル事

以上ハ余ガ最モ予防法ノ主眼ニシテ、其詳細ナル事ハ各軍隊医官ヨリ各隊長ニ協議セン事ヲ述べ、各軍隊ニ之レヲ実施セシニ、客年ニ比スレバ該病稍《や》ヤ減少セシモ、尚全ク消滅ノ徴候ナシ。因テ不得止《やむをえず》混成中隊ヲ組ミ、習志野原［陸軍演習地］ニ転地シ、以テ昨秋ハ其猖獗《しょうけつ》ヲ防禦シタリ。然リト雖ドモ未ダ以テ全滅スルニ足ラザルハ、必ズ兵食ニ関係スル者ナラント、従是精米六合、菜代六銭ナル定額ヲ破リ、近衛隊ニ限リ特別ノ詮議ヲ以テ菜代料増加セン事ヲ欲スルモ、到底行ハレ難キ理由アルヲ察シ、他ノ一法ヲ考ヘタリ。此法タルヤ麦飯ヲ給与シ、精米代ヨリ出ス残金ヲ以テ副食品殊ニ肉類ヲ増加セバ、幾分カ改良シ得ベシト。然ルニ此麦飯ノ良否ニ対シテ医学上諸家ノ所見各異ニシテ、一定ノ学説ナク、甲ノ是トスル所ハ乙之レヲ非トシ、丙ノ駁スル所ハ丁之レヲ信ズルノ状アリ。議論紛々トシテ吾人未ダ五里霧中ニ彷徨スルモノヽ如シ。余ガ麦飯説ヲ唱フルモ、敢テ此説ニ左袒《さたん》スルニ非ズト雖ドモ、麦飯ノ無害ニシテ却テ効アルヲ感ズ。其確証タル左ノ如シ。

このように述べたのち、脚気に麦飯が有効の確証として次の三つの事実をあげている。
第一　徴集される兵士の四分の三が農民出身であり、常食の多くは粟・麦・甘藷で、米はその次である。
第二　明治十四年（一八八一）三月の法令により、監獄（刑務所）の在監人に麦飯（下白米十分の四と挽割麦十分の六）を給与して以来、各府県の監獄署の脚気が著しく減少し、また消滅したところもある。そこで惟準は石川島監獄署の実況を視察したところ、その麦飯は粗悪で（米四分・麦六分）、副食物は大抵味噌、大豆、香の物で、祭日でなければ塩魚は与えない。しかし部屋の内外は非常に清潔であるし、通気も極めて良好である。さらに関東一円の各県に問い合わせてみると、まったく同様で、惟準は自分の見解が正しいことを確信した。
第三　大阪鎮台台下各隊では明治十七年以来、麦飯（米七分・麦三分）を給与し、明治十八年には脚気患者がほとんどいないくらいである。
以上の理由によって明治十八年（一八八五）十月に、麦飯給与（精米七分・割麦三分）のことを上申し、小松宮近衛都督の認可をえて、同年十二月から脚気の多い歩兵各隊で実施した。以来、惟準は隊内を巡視し兵士の様子を観察したが、兵士からの苦情もなく練兵にもよくたえた。一方、陸軍二等薬剤官大井玄洞に委託し、米麦の化学的比較検査および生理的消化管吸収の適否の検査もしてもらい、その結果がこの報告書に詳細に記載されている。

## (2) 大阪鎮台での麦飯給与

上述の明治十七年の大阪鎮台麦飯給与の実施者は、惟準の義弟で当時大阪鎮台軍医長であった一等軍医正堀内利国である。この麦飯給与に踏みきった経緯は次のようであった。

図24－1　堀内利国

明治十七年四月初旬、大阪鎮台において野外演習を行い、演習が終わって十日もたたないうちに、七〇余名の兵士が急性で重症の脚気に罹り、神戸砲兵台に転地させた。これよりさき堀内利国は、各府県で囚徒に麦飯（米四分・挽割麦六分）を給食させて以来、監獄の脚気患者が著しく減少していることを聞いていたので、大阪・神戸両監獄にたずね、また近県の衛生課に質問状を送ってただしてみると、果たして脚気患者が著しく減少あるいは消滅したところもあった。このことから脚気予防には麦飯が有効であることを察知し、府県監獄脚気病況ならびに大阪鎮台諸隊の脚気患者の一覧表を作成し、脚気予防のため、今より一年間兵士に麦飯を給与することを上司の大阪鎮台司令官山地元治少将に建議した。部隊長らから反対があったが、堀内の熱意と努力によって、この建議が採用され、同年十二月五日から一年間麦飯（米七～六分・麦三～四分）の給与が開始された。これにより翌十八年にかけて脚気患者が激減したので、さらにこの継続給与を建議して、麦飯給与がつづけられた。その減少の様子は表1のようである（次頁参照）。比較のため、同表には近衛隊と海軍の例も並記する。

堀内はこのような麦飯の効果について、明治二十二年（一八八九）七月、大阪で開かれた大日本私立衛生会第七次総会に招かれ、「脚気病予防ノ実験」と題し講演し、最後に、

麦飯ノ脚気予防ニ与《あずかつ》テ大ニ効力アルハ之ヲ五年間七八千人ノ兵員ニ試ミシ事実ニ徴シテ疑フベカラザルナリ。試ニ思ヘ、軍隊脚気ノ患ハ我ガ最大焦眉ノ急ナリ。世間脚気ヲ予防スル明論卓説アラザル以上ハ、府県監獄ニ麦飯ノ好経験アルアラバ宜シク採テ之ヲ我軍隊ニ試ムベシ。何ゾ理論ニ拘泥シテ躊躇スルノ暇《いとま》アランヤ。今ヤ利国麦飯ノ脚気ヲ予防スル効力アルヲ知テ、未ダ其理論ヲ諸君ニ向テ公言スル能ハザルナリ。諸君幸ニ試験アツテ其効理如何ヲ教ラレン事ヲ、是利国ガ切ニ望ム所ナリ。

と結んでいる（『大日本私立衛生会雑誌』七六号、一八八九年）。
識者は大阪鎮台・近衛隊の麦飯効果を是認したにもかかわらず、軍医部の中枢にいた頑迷固陋の軍医が、これらの結果を素直に受け入れず、自説に執着し、のちに起こる日清戦争では脚気で多くの兵士を死に追いやってしまった。その軍医の首魁とは誰あろう、惟準の同僚である石黒忠悳である。軍医総監の橋本綱常もこれに荷担した。

表1　麦飯による脚気患者数の減少

| 明治 | 兵員毎千人新患比例 大阪鎮台 | 兵員毎千人新患比例 近衛隊 | 兵員毎千人新患比例 海軍 |
|---|---|---|---|
| 11 | 五八〇・五九 | 二六八・七六 | 三二七・ |
| 12 | 三九五・二七 | 一二四・六六 | 三八九・ |
| 13 | 三一〇・六一 | 一一一・八二 | 三四八・ |
| 14 | 二三六・四七 | 二二九・〇六 | 二五〇・ |
| 15 | 二四六・六六 | 三六九・五八 | 四〇四・ |
| 16 | 四二八・三三 | 四八九・五三 | 二三一・ |
| 17 | 三五五・三三 | 四八六・五六 | 一二七・ |
| 18 | 一三・二一 | 二六八・八二 | 五・ |
| 19 | 五・六〇 | 二九・一一 | 三・五 |
| 20 | 七・九三 | 九八・三六 | |
| 21 | 三・〇三 | 二七・二六 | |
| 22 | 〇・九七 | 九・六〇 | |
| 23 | 〇・二五 | 二・五二 | |
| 24 | 〇・七七 | 一・二七 | |
| 25 | 〇・四九 | 三・二四 | |
| 26 | 二・八八 | 一・六三 | |

（前掲『明治期における脚気の歴史』三三五・四〇〇ページ）

### （3）石黒忠悳の脚気病因説

石黒は早くから脚気は「ピルツ(Pilz)菌」によって引き起こされると信じていた。明治十一年（一八七八）の著書『脚気論』（図24-2）において、「案ずるに脚気の毒質は必ず一種の〝ピルツ〟にして、東京・大阪の如き人口衆多の都会、市街においては腐敗汚穢の有機物、地中に浸淫すること多く、終に此の毒大気に散じ、飲水に混

図24－2　『脚気論』

じて体中に入り、先ず脳脊髄中枢を侵し、殊に迷走神経を侵襲するは其の症候に拠てなり。今を距たること六年前、明治六年秋、予此の説を記して同学諸氏に質したり」（句読点・濁点は筆者）。なお引きつづき彼が軍医本部次長であった明治十八年（大阪鎮台の堀内利国が麦飯給与をはじめた年）の『脚気談』では、過剰の炭酸を含む不潔な空気は、有機小体の繁殖を促すもので、それが最も恐るべき第一因である、と記している。石黒はピルツを発見したわけでなく、頭のなかの空想でしかなかった（前掲『明治期における脚気の歴史』）。

後年、石黒は「陸軍衛生部旧事談」と題し、『東京医事新誌』一四四五号（一九〇六年）に掲載しているが、そのなかで軍隊の脚気、兵食についての当時の考えが述べられている。この内容は『陸軍衛生制度史』『陸軍軍医学校五十年史』にも全文が引用・掲載されている。そのなかで、堀内や惟準に関係する部分を中心に紹介する（［　］内は筆者）。

大阪の軍医部長堀内利国氏が申立るには、或る監獄は脚気が年々多かりしが、偶然値段の安き為めに麦飯を支給したところが、メッキリ脚気病が減じたといふことから思付き、部下に脚気が多きに苦労し居る折柄、部内の兵食は一般麦飯に改めたいといふ事を申出た。又部隊長の内でも自身が脚気にかゝり、遠田療法［漢方医遠田澄庵の行った療法］を受けて、若くは素人療治で、麦飯を食ふたところが、治つたから、ぜひ兵食を麦飯に改めたいといふ輩も多く出て来た。近衛師団の緒方［惟準］軍医部長も、近衛兵一般に麦飯を食はせたいといふ建白も出された。軍医の内にも部隊長のすゝめに雷同して、脚気予防に麦飯にしたいと申出た者もある。そこで此事が詮議に上つた。さて此時に、当局者は、其麦飯説に賛成して、兵隊には一般に麦飯を給す、米飯を給することは禁止だといふ事に賛成同意して置けば、別に心配もいらぬ。唯兵隊にまづい飯

> を食はせるといふ迄で、もしもそれで脚気が沢山ある時は、麦飯まで食はせたけれども、如此多いから仕方がないといふて居れば楽だ。しかし医学を以て職に置かるゝ衛生官たる者の身になると、そふ容易に定められぬ。なぜとなれば、米は必ず脚気を発する毒物だといふ事は、どうも容易に決定されぬ。そもそも米は数千年来我国民の常食する所にして、もしも米に毒ありとすれば、なぜ日本国民の多数が脚気に罹らぬで、全国民からいふと極少数の者がかゝるが（全国民から算すると、脚気よりも多くかゝる病は種々あるなり）なぜ男に多くして、女に極めて少ないか、なぜ二十より三十歳の男子に多くして、四十すぎの者に少いか、なぜ生徒とか兵隊とかいふ二十歳前後の年齢で寄宿とか兵営とかに群居する所に殊更に多きか、何故に年によりて甚しき消長あるか。さて如此不確定なるに彼の国民の常食たる米食を止めさせて、専ら麦飯をさすという命令を、しかも衛生官の建議として、殊更脚気予防の為とて発するには、確たる学理上の基礎に拠らなければならぬ。果して米に毒ある事が顕微鏡的なり分析上なり、将《は》た確たる精なる生理上実験なり、学界に是認された後でなければならぬ、若し基礎なくて、単に素人流の経験上より之を公言するなら、遠田澄庵老の説の襲用に止まるので、療法も亦遠田家伝の脚気薬を用ゆるがよい。

石黒は白米に足らないもの（のちにビタミンBとわかる）に注目せず、また近年行われるようになった「疫学的手法」の有効性というものも知らなかった。しかし堀内と惟準は、彼らも知らなかった疫学的手法を肌で感じ取り、麦飯の有効性を信じたのである。日清・日露の両戦役以後、次第に石黒のかつてのような主張はかげを潜め、自著『懐旧九十年』では彼の誤った脚気説については語っていないし、弁明も反省もしていない。

### （4）海軍の脚気対策と高木兼寛

海軍においても艦船に乗組む兵士の多くが脚気に罹り、やはり問題となっていた。明治十三年（一八八〇）、英国留学から帰国した高木兼寛は、直ちに東京海軍病院長を命ぜられたが、あまりにも脚気患者の多いのに驚き、脚気撲滅の研究を志した。十五年に海軍省医務局副長に任ぜられ、十六年には医務局長に進んだ。ここにおいて彼は、海軍全体の医務衛生の最高責任者となり、脚気問題は避けて通れぬものとなった。いろいろな調査の末、脚気に罹るのは兵食に関係しているという結論に達した。そして脚気の発生原因は、日本人の米食中心の食事から起こる栄養上の失調状況によるものであることを確信するにいたった。そこで明治十七年二月一日から獣肉魚肉をこれまでの約二倍に増量し、できるだけパン食を取るよう指導した。しかしパン食は不人気であったので、のち挽割麦と白米の混合食に切り替えた。また軍艦「筑波」の遠洋航海において麦飯給与を行い、一人の脚気患者も出なかった。そこで翌十八年二月から麦飯給与に切り替えた（東京慈恵会医科大学編『高木兼寛伝』）。

脚気の原因に関する陸海軍の意見の相違は、明治十七年五月八日、築地精養軒における陸海軍軍医上長官協議会でも明らかである。出席者は、陸軍側が石黒忠悳軍医監、石坂惟寛一等軍医正らであった。兵隊の脚気病防止について、海軍側は高木兼寛が代表して、かねての方針を説明したが、陸軍側の石黒は脚気病の起こる原因は黴《ばい》菌《きん》によるものであるから、単に食糧の改善などでは防止できない。この黴菌は不潔な空気中に棲息しており、それが肺に入り、また吐き出され、次第に繁殖し、遂に空気中に充満するが故に、体内に入った黴菌がでることができなくなって、それが脚気病を起こす原因となると主張し、兼寛の説明に耳をかさず、両者の意見は対立したまま、会議はなんらの収穫なしに終わった（前掲『高木兼寛伝』）。この陸軍の方針がいかに間違っていたかを証明したのが、日清戦争であった。この戦争時に、石黒は大本営野戦衛生長官で、派遣軍の全陸軍軍医の最高司令官であった。

明治二十七年（一八九四）六月六日から同二十八年十二月三十一日までの戦争時の傷病者数は次の通りである（前掲『明治期における脚気の歴史』）。

戦死者　九七七名
戦傷者　二九三名
合　計　一、二七〇名
脚気患者　三四、七八三名
脚気による死亡者　三、九四四名（死亡率…約一一・三％）

脚気の死亡者が戦死・戦傷者の約三・一倍とは驚くべき数値である。石黒は前述の「陸軍衛生部旧事談」や『懐旧九十年』で昔話を披露しているが、この日清戦争の脚気問題については口を閉ざしており、ただ兵食は日本食に限ると強調するだけで、反省している様子が少しもみられない。のちに陸軍医務局長軍医総監に就任した森林太郎（鷗外）はドイツ留学から帰国後、石黒らに命ぜられ、この脚気問題にとりくんだが、石黒説に終始加担、医務局長に就任してもなお変わらず、麦飯の有効なことを否定していた。この点では鷗外も、医師として、陸軍衛生の最高責任者としてまったくの落第生であった。

# 第25章　私立緒方病院の創設

## (1) 洪庵翻訳の『医戒』上梓

明治二十年［一八八七］三月某日、医学士真部於菟也《おとや》、医師馬場俊哉の両氏は進んで発起人となり、余の帰阪を迎ふるに因みて、同日午後二時より懇親会を梅田停車場畔なる清華楼上に開きしに、来会者は堀内利国氏、吉田顕三［大阪府立病院長兼医学校長］氏、故高橋正純氏等を始め軍医、医学士其他市中開業医諸氏等無慮百六十余名なり。其会を撤して退散せしは太陽煌耀《こうき》既に天外に没し、銀燭燦爛《ぎんしょくさんらん》代つて楼内に輝くの頃にやありしらん。

同月、亡父生前抄訳せる医戒の十二要を上梓す。其巻首に記して曰く、

此小言十二要ハ亡父洪庵、生前扶氏遺訓ノ巻末ニ附セル医戒ノ大要ヲ抄訳シ常ニ之ヲ子弟ニ教諭セシ者ニシテ、惟準モ亦恒ニ之ヲ坐右ノ銘トナシ、惟準処世ノ上ニ於テハ頗ル自カラ益スル所ノ者ナリ。今ヤ各府県医会ヲ設ケ以テ医風ヲ矯正セントスルニ際シ、惟準ノ感ズル所益々切ナルヲ覚ユ。乃チ斯ニ之ヲ梓ニ上セ敢テ同感ノ諸君ニ頒ツ。区々タル亡父ノ微意若シ我道ニ裨補スル所アラバ幸甚

明治二十年三月　　正五位勲三等　緒方惟準　識

「此小言十二要……」でふれている「扶氏遺訓」というのは、洪庵の代表的で最大の労作である翻訳書『扶氏経験遺訓』のことで、原書はベルリン大学教授フーフェランド（扶歇蘭土）が、自分の五十年の経験をもとに出版した内科書（*Enchiridion Medicum*）で、この本の蘭訳本から洪庵が翻訳・出版したものである。この本の末尾に、医者や患者に対する戒め（医戒）が載せられている。この医戒の全文を蘭方医杉田成卿が訳し、嘉永二年（一八四九）『済生三方』の附刻（別冊）として出版した。洪庵はこれをさらに簡略化し一二か条にまとめた。これが「扶氏医戒之略」といわれるもので、自筆のものが残されている。大阪大学適塾記念会ではこれをもとに複製を作り頒布している。最初の二か条と末尾の洪庵の言葉を掲げる（緒方富雄『緒方洪庵伝』／杉田成卿訳『医戒』、社会思想社）。

扶氏医戒之略（洪庵自筆の複製本より）

一　人の為に生活して己のために生活せざるを医業の本体とす。安逸を思はず、名利を顧みず、唯おのれをすてゝ人を救はんことを希ふべし。人の生命を保全し、人の疾病を復活し、人の患苦を寛解するの外他事あるものにあらず。

一　病者に対しては唯病者を視るべし。貴賤貧富を顧ることなかれ。一握の黄金を以て貧士雙眼の感涙に比するに、何ものぞ。深く之を思ふべし。

［中略］

右件十二章は扶氏遺訓巻末に附する所の医戒の大要を抄訳せるなり。書して二三子に示し、以て自警と云爾

安政丁巳［四年＝一八五七］春正月　　公裁謹誌

惟準はこれから市井の一医師として、再出発するにあたって、自戒として、また仲間の医師たちにもこの「医戒」を心に留め診療してゆくことを願い、復刻したのである。のちに窮民のため、大阪慈恵病院を開設するが

（第28章参照）、根底にはこの「医戒」がある（惟準が上梓したこの『医戒』は筆者未見）。

## （2）緒方病院の発足

従来、同姓拙斎［惟準の義弟］の院長たる北浜四丁目［現・大阪市北区］の適々斎病院は緒方病院と改称し、同時に院長の任を余に嘱するにぞ。拙斎は更に院主の任に当り、且つ同姓収二郎［惟準の弟］を副院長に挙げ、相謀りて今橋四丁目なる回春病院［院長山本信卿の死去により廃院］の地所屋舎を購取し、之を改築して緒方病院を此に移転せしめ、同年［明治二十］四月二日を以て、其移転式を行ふ。前日招状を発せしは、鎮台司令長官、同台在勤の将校、控訴院長、府知事を始め無慮千有余人、当日は式を二回に分ち、初回は午後二時より開き、其来会者は高島［鞆之助］中将［大阪鎮台司令官］、今井少将を始め鎮台在勤の将校、児島控訴院長、大島始審裁判所長及び裁判官、四区接近の郡区長、四警察署長、府庁各課長、住友、藤田等の紳商、府会議員、新聞記者等無慮四百五六十人に及び、次回は午後六時より開き、其来会者は陸軍々医監堀内利国、府立病院長吉田顕三、高橋病院長高橋正純、菅沼貞吉、劉小一郎、吉益政清、鹿島武雄の四医学士、其他各病院長及び開業医、京都より府療病院長半井澄、猪子止才之助、斎藤仙也、浅山郁次郎、新宮凉亭の四医学士、神戸より神中正雄、高橋盛寧、富永伴五郎、佐野誉の四医学士、大津より村治重厚、松井順三、医学士野並魯吉、姫路より弘田親厚、山本謙の諸君を始め各地よりの参会者を併せ無慮五百人にして、客凡そ半ばに達したる頃《ころあ》ひ、余は今回院長となりたる披露の演説を為し、次で森信一、吉田顕三、高橋正直、高安道純、長田幸太郎、神中正雄等の諸君を始め、尚ほ六、七人の祝詞、祝演あり、了りて客を宴席に導き、いささか饗応を為す。諸客の悉く退散したるは、夜すでに初更［午後七時から九時］を過ぎたる頃にやあらんと思はる。翌三日は院内を衆庶に縦覧せしむ。

大阪府内はもとより、京都・大津・神戸・姫路から招待に応じて、官界の高位高官をはじめ著名な医師たち、大阪財界の名士らが多数集まり、緒方病院の発足を盛大に祝福した様子がうかがえる。父洪庵は大阪の町医者から将軍の侍医兼西洋医学所頭取にと破格の出世をした蘭方医、その御曹司惟準は明治天皇の侍医を務め、ついで陸軍軍医本部のナンバー・ツーに登りつめたエリート軍医、そのような著名な人物の開業である。関西一円の注目を一身に集めたことは当然であり、輝かしい緒方病院の船出であった。

この緒方病院の開院式について、当時の『中外医事新報』一七〇号（一八八七年）は次のように報じている。

◎緒方病院開院式

大阪今橋四丁目に移転せし緒方病院は、去る二日開院式を挙行し、午後二時より官吏紳商を、六時より医師薬舗を何れも夫人と共に招待したり。当日は生憎大風雨なるにも拘わらず数多来賓ありて、第一会には高島中将、今井少将、児島控訴院長、大島始審裁判所長等を始め裁判官、府庁各課長、四区及び接近の郡区吏、警察署長、五代、藤田等の紳商、府会議員、新聞記者等無慮三百余名なり。第二会には堀内［利国］軍医監、吉田［顕三、府立大阪病院］院長、高橋［正純、高橋病院］院長を始め府下の開業医、菅沼［貞吉］、劉［小一郎］、吉益［政清、東洞］、鹿島の四医学士、京都よりは半井［澄］旧［京都府］療病院長、斎藤、浅山、新宮の三医学士、神戸よりは高橋、富永、神中［正雄］、佐野の諸医学士、大津よりは松井、村治の両二等軍医正、野並医学士、姫路よりは弘田、山本の軍医、其の他各地方よりの来賓あり、無慮三百五十二名にして、院長緒方惟準、院主緒方拙斎、副院長緒方収二郎の三君は其の夫人と共に来賓を迎え、院長緒方君の演舌あり、森、吉田、高橋、高安［道純］、神戸［文哉］、長田、神中［正雄］、松尾等諸君の祝辞あり、了て賓客を食堂に案内して饗応せり。余興には代々神楽の催しあり、且つ夫人を携えたる来賓も四十余名ありて頗る盛んなる宴会なりしと。因みに記す、右新病院は旧回春病院の傍らに新築し、内外科診所《（ママ）》、眼科治療所、恥室［産婦人科診察室か］、繃帯室、暗室、薬局等何れも完全にして、同府下には比類なき病院なりと。

また開院の四か月後、『中外医事新報』の社員が緒方病院を訪れ、その盛況ぶりを次のように報じている（一七七号、一八八七年）

●大阪緒方病院

同院は緒方元軍医監が断然冠を解て下坂し、同地今橋をトして此開院の挙ありしより兼て待設けたる同府の人々は皆な旧を慕ふて同君の診治を乞ふもの日を追ひ月を累ねて増加する由なるが、頃日京阪地方へ赴きし社員が同院を訪ひ、その実況を左の如く報じ越せり。

病室は南北両室に別ち、之を南室北室と称す。南室は三階、北室は二階にして、合計六十余室あり、其室は六畳と八畳にて、北室には医員及び調剤生並びに書生室あり、現今入院病者非常に増加し、六畳敷にて二人を容るゝ程なり。依て近日旧適々斎医院に移さんとの議あり。入院患者は肉芽性膊関節炎、腹水、肺労《（癆）》、肺炎、股関節炎、脊髄労《（癆）》、脊髄炎、銃創、半身不逐、大腿骨瘍、子宮癌、子宮脱、包茎、食道病、尿道狭窄、尿道瘻《（ろう）》、掌骨々傷（火薬の破裂に由る）等の数種にして、日曜を以て手術日と定む。眼科も色々奇症殊に網膜病多く、外来患者は内外科、眼科共合計百七八十名にて、午前は院主緒方拙斎君、午後は院長緒方惟準君、眼科は午前午後共副院長緒方収二郎君にして、入院患者の診察は午前は院長、午後は副院長並びに医長緒方正清君、隔日に交代して診察すと云ふ。医員は高知県々立医学校並びに大阪府立医学校卒業生及び東京順天堂医生たりし者数名にて、それぞれ分担し、傍聴生は一日四名づゝと定む。薬局長は緒方惟孝君と外に調薬生五名あり、尚ほ器械掛、病室掛、用度掛、応接掛、会計長等もあり。また当院には先頃より医事研究会を設け、同府下の開業医続々入会し、尚遠隔よりも追々入会し、毎回（毎月三回）会場に臨むものも極めて多し。而して診断学並びに海外新聞報告は会長緒方惟準君、外科眼科手術要論並びに新聞報告は副会長緒方収二郎君にして、幹事緒方正清君は裁判医学及び実験説を講談し、終りには討論会談話会等もありて、甚だ盛大なり。

開院して二か月後に、次のような新聞広告（『大阪朝日新聞』四月五日付）を出し、また同月九・十五・十六日にも同じ広告を載せ、診察に関して注意を促している。

●当院今般今橋四丁目ニ移転セリ
○診察時ハ急病ヲ除クノ外毎日午前七時ヨリ居診シ午後一時ヨリ往診ス
○同業者ノ紹介ニ依リ往診スルトキハ危急ノ場合ニ臨ムノ他、患者ヨリ薬剤ヲ請求セラル丶モ之ニ応ゼズ。
　但シ当時主任医之ナキ患者ハ此限ニ非ズ
○患者ヨリ直ニ往診ヲ乞フ者、前医アレバ其手ヲ離ル丶ノ以後ニ非ラザレバ薬剤ノ請求ニ応ゼズ
○従来遠方ノ往診ハ多ク辞セシ事アリシモ自今ハ普ク其請求ニ応ズ
○入院規則書ハ患者ノ望ニ応ジ之ヲ呈スベシ
　明治二十年四月　日　　　　　　　　　　　　　　　緒方病院

同月二十八日付の広告蘭に「院長事病気ノ処、快起《ママ》ニ付、本日ヨリ従前通リ患者ノ診察ニ従事ス、此段広告ス　緒方病院」と載せているが、移転、開院式、その後の押し寄せる患者の診察のため疲労し、倒れてしまったのであろう。

## （3）大阪医会の設立

明治二十年［一八八七］五月十三日、大阪医会は総会を開き会長を撰挙せしに、図らざりき、余其撰に当てられ、事情上遂に之を諾せざるを得ざることとなれり。

今概ね大阪医会の由て起る所を繹《たず》ぬるに、前年即ち明治十九年五月二十四日、府知事建野［郷三］氏は甲第八十六号を以て、学術の進歩を図り医師の風儀を矯正すること、会議を設け規約を定むること、役員撰挙法及権限、組合医師事務所の位置を定むること、会議に関する規定並に費用徴収及支出法、加入者及退去者に関する規定、違約者処置法の七項を標準とし、大阪市街（接近郡村とも）及堺区は特に其他の郡部は其土地の便否を斟酌し、便宜に組合を定め規約を設け当府の認可を得て履行すべき旨を開業医へ布達されしに付、大阪市街及び接近郡村に在住する六百有余の開業医諸君は早々其準備に着手し、かの府知事より定め達したる七項の標準に基き、先づ起草委員を設けて規約の草案を編製せしめ、それより百名の仮議員を撰みて其草案を審議し、第一次会、第二次会を経て、同年十二月十日より愈《いよい》よ第三次会を開くことになり、同日二十七番議員幹澄氏の発議に拠て、此組合を大阪医会と称することに確定し、次で逐条討論詳議すること数月、翌年〈即二十年〉四月に到て遂に確定、議を了へ同月八日総代森鼻宗次氏より、其決議を府知事に差出せしに、同月十四日第拾五条の但書き（現に官に奉職する者は役員及び議員に撰挙せざる者とす）を削除し、且つ通常会に挙行する筈なりし規約の改正を総会に挙行することに改正せよとの条件を附して、之を認可せられたるに在り。

当時は現在の日本医師会のような全国的組織の団体はなく、「医師会規則」（明治三十九年十一月十七日付内務省令第三三号）の制定によってはじめて全国的に統括されることになった。

これより先、明治七年八月、文部省が東京・京都・大阪三府に七六か条におよぶ「医制」が通達されて以来、これを施行あるいは統制する道府県の首長側に医師・薬剤師・産婆らの組織の存在が必要であった。

大阪で大阪鎮台軍医長緒方惟準を中心に学術研究団体の医事会同社を設立、機関誌『刀圭雑誌』の発行、研究発表会を開催した。しかし活動の主目的は、学術・診療技術の向上にあり、有志者によるまったくの任意団体であった。

維新後、全国的につぎつぎと医学校が開設され、また大・中病院では内務省の施行する「医師開業試験」を受験する者のために医学校・医学所を併設し、講義を行っていた。当時は、幕府時代以来の漢方医や洋方医、近代的医学校卒業の医師、内務省試験合格医師など各種の医師が存在しており、また医師の急激な増加にともない、医学知識の不足、技術の拙劣、診療費の不当なむさぼり、倫理観の欠如などの問題も多くなっていたことであろう。このような背景をもとに建野大阪府知事は官製の府内医師の組織化を企図したと考えられる。その結果、明治十九年五月二十五日、府令甲第八六号を通達した。

この通達の重要項目は、(1)学術の進歩を図り、医師の悪い風儀（風習）を改める、(2)会議を行い会の規約を定める、(3)役員の選挙法とその権限を定める、(4)組合医師事務所の位置を定める、(5)会議に関する規定・費用（会費）の徴収・支出法を定める、(6)加入者・退会者に関する規定を定める、(7)違約者の処置法を定める、の七項目であった。この布令の草案の作成にあたっては、当時大阪府病院長兼医学校長であった吉田顕三の意見を聴取したのであろう。

この通達にもとづいて府内六〇〇余名の医師たちはたびたび協議を重ね、同年十二月二十七日、幹澄《みきよし》議員の発議で、組合の名称は「大阪医会」と決定し、規約も作成された。そこで総代森鼻宗次（堺県医学校長・大阪駆徽院長大阪府医学校教諭を経て開業――第37章六六三ページ）から同会規約を府知事に提出、一部修正を受け、同二十年四月十四日認可された。惟準はこの年の二月に退官し、大阪にもどり四月に新病院を開設したばかりであったが、衆望を担って会長に就任した。

設立以後の大阪医会や緒方惟準の会長としての具体的活動状況は不明であるが、後述のように、一年後の同二十一年四月二十九日付で「不肖ノ惟準ニシテ到底一致団結ノ目的難相立候ニ付、本日ヨリ右会長辞退ニ及ビ候云々」との辞表を提出し、辞任した。会長の声望をもってしても、会員の意見を一つにまとめることができなかった。派閥間の紛争が主因と考えられる（三五二ページ）。

大阪医会の設立に遅れて京都でも同じような動きがあった。これは大阪のような官製のものでなく、医師らの自発的な行動によるものであった。明治二十二年四月二十五日開催の京都医学会で行った三宅秀博士の欧米の医学会・医会に関する講演が、そのきっかけとなった。有志の医師たちは、明治二十二年十一月十一日、京都医会発起人総会を開催、十二月二十四日、三〇名の選挙創立委員を選出、同二十三年九月十七日に設立総会が開かれ、投票の結果、会長に半井澄、副会長に安藤精軒が選出された（京都府医師会編『京都の医学史』）。

> 同年六月某日、大阪府より地方衛生委員を命ぜらる。これ同年四月二十三日閣令第拾号を以て地方衛生会を改正せられたるに因るなり。

▽**地方（町村）衛生委員**…大阪府においては明治十三年（一八八〇）四月、新たにこの町村衛生委員が設置された。その理由は、府庁ならびに郡・区役所に主務の吏員を置き、衛生事務を担当させたが、各町村内において実際に人民に接し世話をする者がいなくては、日常民間の実況を把握することができないので設けられた。

委員は戸長を助けて受け持ち地域内の衛生にかかわるすべての事務を担当した。すなわち婚姻、出産・死亡の調査と累計、衛生意見の報告、種痘の普及、伝染病の予防・防疫、地域内の諸施設（学校・病院・旅館・劇場・貸座敷・湯屋・温泉場・市場・製造場・蓄場・屠場・魚干場など）の清浄化と改良に尽力をすることであった。委員の給料や事務取扱の諸費用は市町村当局から支払われた。伝染病が発生したときには、衛生委員は大変な労働を強いられたことであろう。

明治十三年十二月、府庁に衛生課が新設され、衛生の大意に通ずる者を専任し衛生事務を担当させたが、なお地方衛生委員制度は継続された。そして委員たるものは、衛生の大意に通じ、満二十歳以上の男子で、町村内に満一年以上居住する者と定められた。職務は前記事項のほかに、時々部内を巡視し次の各項に注意して取締る業務が加わった。

一、毒薬・劇薬・贋売薬・堕胎薬の製薬売薬
二、飲食物・玩弄品などの着色料
三、不良の飲水・氷雪・牛乳その他腐敗贋造の飲料など
四、腐敗した魚鳥獣肉・蔬菜・不熟の果物・不良の塩蔵食物・贋造の粉類など

この制度がいつまで存続したのか、惟準がいつまでその任にあったのか未調査である（『大阪府布令集一』一九七一年）。

第26章　緒方病院医事研究会の発足と会誌の発刊

同年［明治二十］九月十三日、初めて緒方病院医事研究会の総会を当市東区平野町四丁目の堺卯楼に開く。抑《そもそ》も本会は当初単に院内職員の知識を研磨するの目的を以て起り、当年六月九日其第一通常会を、同月二十日、其第二通常会を院内の眼科診察局に開き、同月二十六日の第三通常会に至り衆議の決する所を以て、余と同苗収二郎とに本会に助力あらんことを請ひ来り、余等之を諾せしにぞ。ここにおいてか会員等は汎《あまね》く有志者を世間に募ることと為し、会則を編制して印刷し、翌七月一日之を発布せしに、入会忽ち六、七十人に及び、次で余は多票に依り会長の任に当り、爾来毎月三回通常会を開き、以て微弱ながら今日なほ継続するを得るに至れり。

同年十月五日、初めて緒方病院医事研究会申報と題する報告書を発行し、之を会員に配布す。然れども、是れ汎《あまね》く医事社会に瀏覧《りゅうらん》［通覧］を煩はすの意にあらず、唯だ会員に配布する為め印刷を以て謄写に代ゆるに過ぎざりしに、他より出版条例或は新聞紙条例に対し穏当ならざるやの注意を受け、翌二十一年二月よりは新聞紙条例に依り、改めて第壱号を発行し、爾後会費未納の多き等の為め、発行上困難を醸すことありしも、不屈不撓百難を排して、今日四拾有余の号数を重ぬるに至りしは、偏《ひとえ》に会員諸君の本会を思ふの厚きに由らずんばあらざるなり。

市井の一私立病院で、学術研究会を定期的に開き、その上雑誌を発行することは、当時として画期的なことであった。

明治二十年（一八八七）十月五日に発行された『緒方病院医事研究会申報』第壱号は、出版条例あるいは新聞条例に抵触するのではないかとの注意を受け、改めて翌二十一年二月十五日に第壱号を発行した。当時の出版条例および新聞紙条例について若干説明する。

▽**出版条例**…明治初期の書籍出版取締法。明治二年（一八六九）五月の行政官達の「出版条例」が最初である。これには、事前の出版許可制（内容の「大意」の提出）、納本義務制（事後検閲をともなう）などの出版手続、版権保護規定、出版禁止事項などが定められ、昌平・開成の両学校が出版取締り担当官庁であった。五年正月、文部省布達の改正「出版条例」が出されたが、ほとんど前と変わらなかった。八年九月の改正「出版条例」と「出版条例罰則」では新たに事前の届出制がとられたほか、出版禁止事項として讒謗律ならびに新聞紙条例の禁止事項の適用が定められ、内務省が担当官庁となった。この出版条例は二十年十二月二十九日公布の勅令でも改正され、別に版権条例が制定された。出版禁止事項として、治安妨害・風俗壊乱の出版物に対する内務大臣の発売頒布禁止行政処分規定もとりいれ、また罰則も格段に強化された。二十六年四月の出版法公布とともに廃止された。

▽**新聞紙条例**…法形式上はっきりしている最初のものは明治八年六月の太政官布告第一一一号の新聞紙条例で、新聞紙発行を許可制（明治二十年の条例では届出制となる）とし、特別な発行手続を定め、保証金制度を布いた。内務大臣が管轄権を有し、納本により出版内容を検閲し、政治上（安寧秩序違反）・社会上（風俗壊乱）の理由で発売頒布禁止処分に付され、この処分に対しては不服申立ての方法はなく、さらに発行人などは行政処分とは別に刑事罰を科せられるおそれがあった。出版条例と本質的にはちがわない。これらの条例は、自由民権運動の

弾圧とからめて、歴史上、悪法の一つとされている（『国史大辞典7』）。

### （1）『緒方病院医事研究会申報』第壱号について

縦一九×横一四センチ、表紙に、右から「以印刷代謄写／明治二十年十月五日発行／緒方病院医事研究会申報第壱号／緒方病院医事研究会／非売品」と印刷されている（図26−1）。表紙裏には次の文章が記されている。

〈上段〉

当申報ハ我医事研究会ニ於テ討論演述スル所ノ雑説及ビ会員寄文ヲ掲載シ、謄写ノ労ニ代ンガ為メ活版ニ付スル者ニシテ、敢テ大方読者ノ覧ニ供スル者ニアラズ、故ニ其論説ハ勿論文章ノ如キハ力メテ平易短簡ヲ旨トス、読者諸君幸ニ其拙劣ヲ咎ムル勿レ

〈下段〉

緒方病院医事研究会申報第一号目次

◎本会記事

●本会ノ発端及ビ来歴

図26−1　『緒方病院医事研究会申報』第壱号

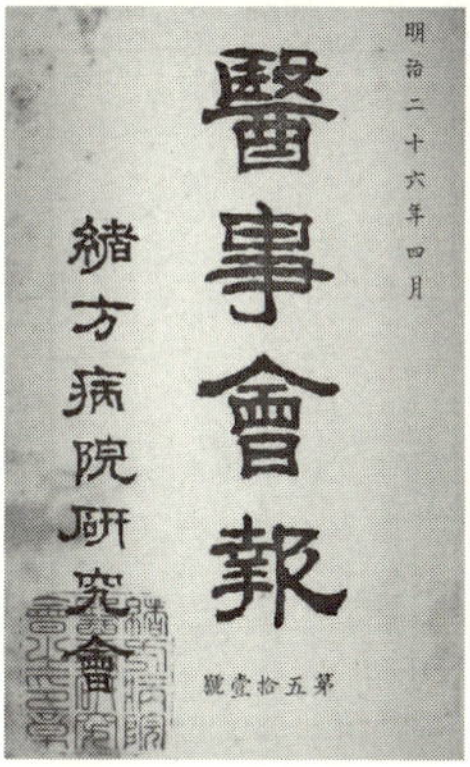


図26−2　『医事会報』

◎演説筆記
●抜せどう《バセドウ》氏病実験説
●間歇熱ノ病源ヲ記シテ其大阪地方病タルヲ明ニスルノ考説
◎病床実験
●甲状腺腫摘出治験
●関節僂麻質《リウマチ》私ニ石炭酸湿布繃帯ノ効アル説
◎中外医事新説
●有色皮斑ノ新療法
●羅斯《ローズ》ノ局処療法
●新催睡薬
●栄養ノ状態ヲ診査スル一新法
●歯痛ノ一療法
◎雑報
●祝文
●申告

本文は三〇ページ、「本会記事」は同研究会の諸行事、たとえば総会や研究発表会などの活動状況、「演説筆記」は同研究会で演説したもの、「病床実験」は会員自身が経験した臨床症例、「中外医事新説」は諸外国の医学雑誌に記載されている興味ある論文を翻訳し要約したもの、となっている。以後、発行される申報の内容は大体これに準じている。のちに『医事会報』（図26-2）と改称される（三四六ページ）。第壱号の本文冒頭を掲げる

（句読点は筆者）。

○本会記事

◎本会ノ発端及ビ来歴

本会ハ当初単ニ院内職員ノ知識ヲ錬磨スルノ目的ヲ以テ興リ、本年六月九日其第一会ヲ同月二十日、其第二会ヲ院内眼科診療局ニ開キシガ、同月二十六日ノ第三会ニ至リ衆議ノ上、院長緒方惟準、副院長緒方収二郎両君ニ本会ニ助力アラン事ヲ請ヒシニ、両君ハ直チニ之ヲ承諾セラル、是ニ於テ広ク世ノ有志者ヲ募ル事トナシ、其規則ヲ編製シテ印刷ニ付シ、七月一日之ヲ同志ニ送致セシニ、入会者忽チ六七十名ニ及ブ、即チ同月三日第四会ヲ開キシニ会スルモノ二十五名、此日左ノ諸君ヨリ創設費トシテ金円ヲ寄附セラル丶事左ノ如シ。

一金五円　緒方惟準君

一金五円　緒方拙斎君

一金三円　緒方惟孝君

一金三円　緒方収二郎君

一金弐円　緒方正清君

一金三拾銭　竹腰諦三君

次テ役員ヲ撰挙セシニ左ノ諸君投票多数ニ依リ之ヲ依頼セリ

会長　緒方惟準君

副会長　緒方収二郎君

幹事　緒方正清君

書　記　　今村九一郎君
同　　　　大沢謙之進君

爾後七月十三日ニ第五会ヲ、同月二十三日ニ第六会ヲ、八月三日ニ第七会ヲ、同月十三日ニ第八会ヲ、同月二十三日ニ第九会ヲ開ケリ、於是乎会員多数トナリ、従来ノ会場既ニ狭隘ヲ告グルニ至リタルガ故ニ、之ヲ東区今橋四丁目善行寺ニ移シ、九月三日第十会ヲ開ク、此日本会規則第九条ニ基キ第一総会ヲ開カン事ヲ発議スル者アリ、即チ之ヲ会員ニ謀ルニ皆ナ同意ヲ表セリ、依テ同月十三日東区平野町四丁目堺卯楼ニ開ク事ニ決シ、周旋委員ヲ撰挙セシニ左ノ諸君ニ当撰ス。

馬場俊哉君　竹越諦三君　南岡政明君　江見泰二郎君

今嘗《こころ》ミニ本会開設以来第十会ニ至ル間ノ演題ヲ掲ゲンニ即チ左ノ如シ［演者の名前の記載なし］

| | | |
|---|---|---|
| 人類蕃殖法 | 医者意也 | 顕微鏡附属品并培養液製法 |
| 裁判医学ノ沿革 | 肺結核最新療法 | ヨドール実験説 |
| 医師ノ急務 | 予防的病毒接種論 | 胸部動脈瘤ノ実験談 |
| 肺病新療法 | 局所麻酔法 | 老人壊疽ノ説 |
| 循環病ノ私考 | 病院衛生法及建設法 | 裁判医学ノ大意 |
| 甘汞新効用 | 粉刺内服薬療法 | 新解熱剤ノ優劣及ビ効用分量 |
| 情死鑑別ノ実験談 | 脊髄癆ト脚気ノ鑑別 | 嬰児死体験案説 |
| 流行性脳脊髄膜炎 | 胡加印《コカイン》実験説 | 脳官能詳論 |

以上ノ他ニ会長［惟準］ハ内科病理及ビ内科診断学ヲ、副会長［収二郎］ハ外科及ビ眼科手術摘要ヲ、幹事［正清］ハ裁判医学并ニ実験報道ヲ、何レモ緊要ノ件ヲ撰抜シテ屢々講談セラレタリ、尚実験談話問題種々

アレドモ茲ニ略ス
第一総会ハ前会決定セシ如ク、九月十三日午後五時ヨリ東区平野町四丁目堺卯楼ニ於テ開キシニ、来会スル者五十名、坐定マルヤ会長緒方惟準君起テ、本会将来ノ目的ト発会ノ旨趣ヲ述ベラル、次デ会員江見泰次郎君、馬場俊哉両君ノ祝文アリ、竹腰諦三、菊池敏樹、松山耕造、今村九一郎、喜多玄卓ノ諸君及ビ緒方正清君ノ演説アリ、皆ナ論旨適切ニシテ聴者ヲシテ坐ロ《そぞ》ニ無限ノ感情ヲ起サシム、此日正副会長モ亦演説セラル丶筈ナリシガ、時刻大ニ移リシヲ以テ直チニ宴会ヲ開キ、酒池肉林ノ間ニ珍談奇話ヲ交ヘ、会員互ニ親睦ヲ表シ、快楽ヲ尽クシテ散会セシハ、正ニ午後十一時半ナリキ、蓋シ会員諸君ヲシテ一ノ不快ヲ感ズル事ナク大ニ親愛ノ情誼ヲ増サシメタルハ、只周旋委員ノ用意宜シキヲ得タルノ致タス所ナリ、聊カ之ヲ茲ニ附記シテ周旋委員ノ功労ヲ鳴謝ス。

○演説筆記［研究会での解説講演］

◎抜せどう《バセドウ》氏実験説　会長　緒方惟準

惟準が経験した二十二歳と十七歳の女性の二症例（心悸高進・甲状腺腫大・四肢振顫・眼球突出の症状、両人とも死亡）を紹介し、バセドウ（独）、グレーブス（英）両氏の発見史と最近の欧米諸家の講究した本病の原因および治療法を述べている。筆記は途中までで、以下次号となっている。

◎間歇熱ノ病源ヲ記シテ其大阪地方病タルヲ明ニスルノ考説　幹事　緒方正清（五ページで未完）

○病床実験

◎甲状腺腫摘出治癒　会員　福井県公立病院坂井病院長　高橋種紀　述

同　当直医　高比良照民　筆記

五十二歳の女性の良性甲状腺腫（縦径一五センチ×横径二四センチ）を摘出、摘出前と後の婦人の顔、頸部および摘出腫瘍の写真を掲載している。

◎関節僂麻質《リウマチ》私ニ石炭酸湿布綳帯ノ効アル説　会員　今村九一郎

○中外医事新説[以下いずれも訳者名なし]

◎有色皮斑ノ新療法　伯林《ベルリン》病床治験週報附録より

◎羅斯《ローズ》［丹毒］ノ局処療法　仏国巴里《パリ》医事新報

◎新催眠薬　独逸医事週報・三十一号　一八八七年八月四日発行

◎栄養ノ状態ヲ診査スル一新法　会員M. O.

◎歯痛ノ一療法　独逸開業新聞

○雑報

◎研究会申報ノ発行ヲ祝ス　無為庵主人南華処士[実名は不明]

末尾に「大阪ニ緒方病院アリ、病院ニ医事研究会アリ、会ニ申報アリ、以テ医学医術ヲ講究シ医道ノ改進ヲ謀ル尤モ社会ノ為ニ賀シ医師社会ノ為ニ祝セザル可カラザルナリ」と賞讃している。

◎祝緒方病院医事研究会創立会

これは明治二十年九月十三日の堺卯楼における創立総会に寄せた会員江見恭次郎の祝詞である。このなかで、毎月三の日（三・十三・二十三日）に研究会を開き、討論質疑を行うこと、会員が一〇〇人に達していることと、そして「陽ニ本会ノ成立ヲ賛成シ、陰ニ之ヲ誹謗スルノ徒アリテ其徒ノ言ニ曰ク、彼ノ講談ハ高尚ニ過ギテ実地ニ益ナシ、彼ノ討論ハ卑近ニシテ聞ニ堪ヘズ」など、その他うるさいことをいう者がいるが、そんなことは気にしないで奨励奮起を促している。

本文の最後に編纂主任今村の「編纂後記」ともいうべき次の一文が記されている。

傍聴筆記者未ダ医事ニ馴レザルヲ以テ、演説筆記中或ハ焉馬(焉烏か)［相似て誤り易い文字］ノ誤ナキヲ免レズ。且ツ原稿輻輳シテ限リアルノ紙上又タ之ヲ奈何トモスル能ハザルヲ以テ、副会長ノ演説筆記ハ後号ニ譲レリ。読者幸ニ恕シテ攻ムル勿レ。

会員諸君ニ望ム、陸続病床実験説ハ勿論、医学上ノ新説報道アラン事ヲ

大阪府東区今橋四丁目十六番地［緒方病院の住所］

緒方病院医事研究会事務所

編纂主任　今村九一郎

そして巻末に次の「本会規則摘要」が掲げられている。

◎本会ノ目的ハ学術ヲ講究シ医道ノ改進ヲ謀ルニ在リ

◎本会々員ハ開業医師ニ限ルモノトス

◎会場ハ当分府下今橋四丁目善行寺トシ会日ハ毎月三ノ日トス

◎本会々員ヲ名誉会員、通常会員及ビ遠隔会員ノ三種トシ、名誉会員ハ本会ニ功労アルモノ或ハ医術上名望アリテ本会ニ裨益アルモノヲ云ヒ、通常会員ハ毎月通常会ニ出席スル者ヲ云ヒ、遠隔会員ハ遠隔地ニ在リテ通常会ニ列席シ能ハザルモ本会ノ目的ヲ翼賛スル者ヲ云フ

◎本会々員タラント欲スルモノハ住所姓名ヲ詳記シ、会費金ヲ添ヘ本会事務所ニ申込ミ会員証ヲ受ク可シ

◎本会経費トシテ通常会員ハ金弐十銭、遠隔会員ハ金拾銭、毎月五日迄ニ納ムル者トス、尤モ会員ノ便宜ニ依テ数月分前納スルモ妨ナシ

　但シ名誉会員ハ会費ヲ要セズ

◎本会々員ハ学術上疑義アルトキハ本会ニ向フテ説明ヲ乞フ事ヲ得

◎此申報ハ当分毎月一回発行シ会員ニ限リ無代価ヲ以テ配付スル者トス

以上が申報第壱号（創刊号に当たる）の概略である。

## （2）『緒方病院医事研究会申報』第一号（実質的には第二号にあたる）について

本冊は明治二十一年二月十五日発行で、冒頭の「本会記事」には、「第二回総会及ビ通常会ノ略況」が収められている。同会の初期の研究会活動であるし、この申報は稀覯本《きこうぼん》（珍しい本）なので記事全文を再録する。

本会記事

明治二十一年一月十六日午後六時ヨリ府下東区平野町堺卯楼上ニ第二総会ヲ開ク、此日楼前ニ緑門［緑のアーチ］ヲ作リ、緒方病院医事研究会ノ額面及旭旗ヲ掲グ、而シテ午後五時ニ至リテ会員陸続来集スル者会場ニ充ツ、六時ニ至リ会員列席ス、座定マルヤ会長緒方惟準君起テ開会ヲ告ゲ併セテ本会将来ノ方法ヲ述ベラル、次デ書記大沢謙之進君第一総会後ノ入会者及ビ会計ノ報告アリ、終テ会員岡野仙策、柳井廉平ノ両君（祝文朗読）、松井保吉君（物ハ結果ヲ望ム）、馬場俊哉君（十九世紀ニ於ケル国政医学ノ要用）、今村九一郎君（譫言［大ほら・嘘］）、幹事緒方正清（自然良力ヲ論ズ）、太黒田龍（胃管［食道］狭窄実験談）、会長緒方惟準（流行性脳脊髄膜炎病理及ビ実験説）、会員河合才二君（脳脊髄膜炎実験談）等ノ演説アリ、茲ニ至テ時器（ママ）既ニ九時ヲ報ズ、依テ止ムヲ得ズ演説ヲ止メ酒宴ヲ始メ、献酬ノ盃行頻数、会員互ニ歓ヲ尽シテ散会セシハ正ニ午後十一時半ナリキ、当日残懐多カリシハ副会長［緒方収二郎］病気ノ為メ出席ナキト、尚ホ来会者中五、六名ノ弁士演説セラル、筈ナリシモ、時刻大ニ移リシガ為メ之レヲ演ゼラレザルノ二事ナリトス。

ついで一月二十六日に開かれた第二十通常会の演題と演者の名前が記されている。

新薬纂話　　会　長　緒方惟準君

内外医事新説　副会長　緒方収二郎君
蜜《(糖)》尿病新療法実験　幹　事　緒方正清君
薬品試験証紙貼用上ノ感ヲ述ブ　会　員　馬場俊哉君
心臓転移症ノ原因　会　員　大沢謙之進君

次に「特別寄書」として、会員栗林新平が、自分の師である大阪鎮台軍医長堀内利国軍医監（緒方惟準の義弟）が、明治二十一年一月二十八日の軍医学会で講演した「脳脊髄膜流行性炎ノ説」の草案を紹介している。前年十二月に大阪鎮台第二十聯隊や大阪市内などで流行したこの病気の欧州における疾病史、日本における新宮涼閣（堀内の師）のこの病気の最初の診断、陸軍病院教師ブッケマから聞いた治療法のこと、病理・症状・予防要旨について述べ、また堀内軍医監自身が、この病気に罹患した三名の大阪鎮台兵についての経験例を述べている。

一般寄稿論文は「◎喀血ノ原因　会員増本真次郎」[一]の一篇であるが、欧文医学雑誌の翻訳「中外医事新説」の内容は次の通り。

◎規尼涅《キニーネ》ノ苦味ヲ除ク法
◎妊婦ノ顔面皮膚変色ニ用フル軟膏
◎「コカイン」ノ百日咳ニ於ケル効験
◎「コカイン」ノ胃痙ニ於ケル効験
◎「コカイン」ノ喘息ニ於ケル効験
◎「アンチフエブリン」ノ小児熱性病ニ於ケル効験
◎内臓虫ノ療法
◎石炭酸ヲ含メル沃度保爾謨《ヨードホルム》末

◎新袪痰薬《きよたん》(『独逸医事週報』四三号)
◎皮癌ノ新療法
◎胃癌ニ「コンジュランゴ[南米産の樹木]」皮ノ効用
◎子宮頸部ノ癌腫初期ノ診断
◎「コカイン」ノ慣用(ドクトル、ア、エルレンマイエル氏説)
◎「コカイン」綿
◎「ピロカルピン」乳汁分泌ニ効アリ
以上の各題目に一例を除き出典雑誌の記載および訳者名はない。

次に「雑報」として「祝緒方病院医事研究第二総会兼懇親会　会員岡野仙策」の漢文の記事(一四行四四四文字)がある。この文によると会員は三〇〇有余人、そして正副会長・幹事等の人を得て今後ますます隆盛になることを信じていると述べている。

最後に広告として、緒方正清の新著『浴療新論』(売価三八銭五厘)の購読推奨文が次の内容目次とともに載せられている。

第一篇　総論…本邦浴法ノ略史及浴法ノ概論
第二篇　人工浴論…尋常浴・寒冷浴・温熱浴・土児《トルコ》其(古)浴・魯西亜浴・砂浴・鉱泥浴
第三篇　気状浴論…寒気浴・暖気浴・蒸気浴
第四篇　天然浴論…鉱泉ノ種類・鉱泉ノ医治効用・鉱泉ノ主治・鉱泉用法・海水浴

第壱号と異なりこの第一号の発行人兼印刷人は今村九一郎、編輯人は大前力となっている。

第二号は明治二十一年(一八八八)三月十五日刊行、第三号は同年四月十五日、第四号は同年五月十五日である。このように以後、毎月一冊十五日に刊行され、一冊がだいたい四〇ページである。
次に第二号の内容を紹介する。冒頭に「本会記事」が掲げられている。

◎通常会ノ略況

二月六日第廿一通常会ヲ会場ニ開ク演舌者左ノ如シ

内外医事新説　会　長　緒方惟準君
「ステノカルピン」ノ眼科上ニ於ケル効験　副会長　緒方収二郎君
内外治験談　幹　事　緒方正清君
瘭疽《ひょうそ》切開法　会　員　吉川文二郎君

二月十六日第廿二通常会ヲ会場ニ開ク演舌者左ノ如シ

内外医事新説　会　長　緒方惟準君
黄疸ノ説　幹　事　緒方正清君

二月廿六日第廿三通常会ヲ会場ニ開ク演舌者左ノ如シ

流行性脳脊髄膜炎ノ病理解剖　会　長　緒方惟準君
水腫ノ病理　幹　事　緒方正清君
膀胱加答児ニ於ケル「バルサム」ノ治験　会　員　江見泰二郎君
膀胱加答児ニ於ケル「レゾルチン」ノ治験　会　員　高安道太郎君
膀胱加答児ニ於ケル「ザロール」ノ治験　書　記　今村九一郎君
簡便ナル膀胱洗滌器ノ装置　会　員　江見泰二郎君

毎会演舌ノ終リニ談話会ヲ開キ学理ヲ談シ或ハ実験説ヲ吐露スルモノアリ甚タ盛ナリ

次に第十七通常会以後に入会した通常会員の府県別人名二五名、名誉会員として、医学士山県直吉・同古川栄・同原田豊・同吉益政清・同菅沼貞吉の五名を記載、さらに三種の寄贈雑誌名を掲げ、つづいて「病体剖観記事」として「肺動脈孔狭窄兼不全閉病体解剖記事」（会員幹澄筆記）が掲載されている。これは大阪市内の三十二年十か月の男性の遺言により実施された、緒方病院医事研究会の病体解剖の記録である。緒方正清が執刀、その他四名の医師が「補介」、「傍観者」は緒方惟準その他の医師。解剖所見が詳細に記載されている。

ついで「演舌筆記」として「胡加印《コカイン》中毒ノ説〈第二一通常会ニ於テ演舌〉緒方惟準口述、今村九一郎筆記」の記事を載せ、さらに「結核性喉頭炎ノ説〈第二二通常会ニ於テ演舌〉会員長田幸太郎」がつづく（以下略）。

### (3)『緒方病院医事研究会申報』を『医事会報』と改称

その後、号が進むにしたがって「雑録」「雑報」などの欄が設けられ、人事、その他の学術会関係記事、海外留学者の書信なども掲載されるようになる。そして明治二十五年八月十五日刊の第四七号から、雑誌名が『医事会報』と改称された。同号の末尾に附録として、同年七月改正の「緒方病院医事研究会規則」が掲載されている（この改正規則の全文は資料編八六五～八ページ）。

明治三十四年（一九〇一）七月、大阪医学研究会・緒方病院医事研究会・大阪興医会の三医学会が大同団結し、新たに大阪医学会が結成され、『大阪医学会雑誌』が創刊され、それにともなって『医事会報』は廃刊となり、その姿を消した（第30章四二八ページ）。

# 第27章　貧民病院設立の企図と挫折

## (1) 貧民病院設立の企図と挫折

明治二十年［一八八七］十月初旬、故高橋正純、堀内利国等弐拾余氏と謀り、大坂府立病院を貧民病院と為すの可なることを府知事建野郷三氏に上申したり。今其由て起る所の要を云はんに、欧米各国に於て都府の大小に応じ、公立病院の設けある所以は、皆該地貧民の疾患を救療するの旨趣にあらざるはなし。我第一都会たる東京に於ても亦、其府立病院は去明治十三年より翌十四年に掛け、同府下開業医諸氏の奮発と同病院長長谷川泰氏の英断とに由て終にこれを廃するに至る。其他各県に於ても亦此意に悖《もと》れる公立病院若くは県立病院の医術漸次開明に趣くに従ひ、之を廃止せらるゝや必せり。然るに我第二の都会たる大阪にして従前の府立病院を依然今日に存在せしめ、未だ以て貧病院と為さざるは、ただに医道の大欠典たるのみならず、真に府下在留人民の不幸と謂ふ可し。夫れ当府立病院は元来公立に係り、去明治六年二月、第四十六号布達大阪病院規則第一条に掲ぐる如く、大阪府部内人民の病災を救ふ為め、同府部内人民中、最も奇特なる人々の力を合はして創立せる者とす。即ち篤志者の寄附金及び開業医の補助金等を以て設立し維持し来れる者なれば、全く府下人民の共有物なること明なるを以て、之を貧病院と為し、遍《あまね》く府下の窮民を救療するは本来の性質と現今の状勢とに由て固《もと》より輿論《よろん》の認許する所なり。抑《そもそ》も当府立病院は去る明治十二年〈当時同病院は尚ほ大阪府立病院と称せり〉、府県会創始の時に当り、故回春病院長山本信卿氏より今や私立病院の続々興起するありて、其雛形たる公立病院の存在を要せず、宜《よろし》く公立病院を廃して、単に貧民病院を設くべし、との趣意を大阪府会に建議し、当時の府会議長西川甫氏が之を採納して、今や其議に附せんとするに臨み、府知事渡辺昇氏より少書記官楠永直光氏を議場に遣はし、議員外の議案は敢て議するを得ずとの厳命を伝へしめて、之を議するを得ざることとなり、次で西川氏は自己の意見として議案とせしも、賛成者少なくして議場に破れ、爾後山本氏は翌十三年を以て二豎《にじゅ》［病気］に冒され、其翌十四年七月黄泉に逝き、後絶て氏の志を襲ぐ者なかりき。

倩《つらつ》ら顧《おも》ふに、方今府下各所に私立病院拾数箇興り、開業医は盛に新陳代謝するのみならず、現在者は漸次学術に熟練し、加之《しかのみならず》医学士及び軍医等も競て業を市中に開き、以て四方の依頼に応ずるより、中等以上の人民に於ては固《もと》より診療を受くるに遺憾なしと雖も、特《ひと》り下等人民殊に日雇力役を以て生活せる貧困者及び鰥寡《かんか》［妻のいない男、夫のなくなった妻］孤独の徒に至ては、一日病に罹り業を休むも亦忽ち糊口《ここう》に苦む者幾万人なるを知らず。いわんや能く医療を受くるの資あるを得んや。僅に治を民間療法或は売薬に托し、太甚《はなはだ》しきは毫も薬治を加へずして非命に斃るゝ者すら、あにただに鮮少の数のみならんや。又他府県下より来りて商家に傭仕し、或は他人の家に寄留して出稼を為す者の如きは決して充分の資金を有する者にあらざるより、一朝不幸にも疾病を得たるときは、久く医療に就くこと能はずして、やむをえず些少の資を知己、朋友より借り集めて郷里に帰らざるべからず。かくの如きは亦甚だ憫然《びんぜん》［憐れむべきさま］ならずや云々。是れ該上申の骨子とす。然るに府知事は数日を経て総代を府庁に召喚し、貧病院の設置は固より美事なりと雖も、当府の府立病院は府立医学校を維持するに必要欠く可からざるの具なるを以て、今俄《にわか》に之を貧病院に為し難しとの意を口達して、嚮《さき》に呈出せし上申書を却下せり。

同月二十八日、前同志者と共に大阪府立病院を貧民病院と為したき書面を作り、且貧民病院と為りし以上は、其費用も亦一切之を願人等に於て負担する旨を記し、其予算書まで副へ、之を府知事に出願したり。是れ同志者嚮《さき》に上申の決議を為せし際、上申若し府知事の採用する所とならずんば共に出願し、出願亦許可せられずんば、之を大阪府下の公議に問ひ、或は内務大臣に請願せんとの事を開業医一般に謀るや、続々響の音に応ずる如く賛成者あり。而して尚ほただに開業医のみならず、局外よりも亦数十名の賛成者〈開業医全般五百三十余名中、三百五十四名の賛成者あり、局外賛成者は三十余名なりと〉を得るに至りしより、此第二策を履行せるに由る。

今其趣旨を略述せんに、大阪医学校は固より余輩の干渉する所にあらざれども、該校たる元来大阪府立病院内に設けし教授局なりしを、明治十二年の交、新たに校舎を建築して分離せる者なるより、自ら府立医学校たること勿論なり。今や文部省学制の改革に遭ひ、我大阪府に於ても亦なほ地方税を以て既に府立医学校を設くる能はざるが故に、現在の医学校すら必竟《ひっきょう》私立医学校の性質となり、唯だ特に文部省の監督を受くるに止まるのみ。かく私立の性質となりたる医学校を維持する為め、府立病院を応用するが如き、果して事の穏当を得たる者なるや否や、余輩の知る所にあらずと雖も、其病院を以て医学校を維持するには、必ずや患者より許多《あまた》の金額を徴収せざるを得ず、然るときは、一般他の商業と同くして、大阪府立病院は特に利益を得るが為めに設置する者なりと云ふも亦之に抗弁するの辞なかるべし。是れ海外各国の例に反するは勿論、豈又最初此病院を創立したる府下有志者の本意に協《かな》ふ者ならんや。且つ夫れ今日依然府立病院を存在せしむるには、当局者の為めに毎年大約一万五千七百五十円許の金員を要するのみならず、其一般開業医の職業上に影響を及ぼすこと亦少なからざるが如し。之を要するに大阪府立病院は大阪府民救恤《きゅうじゅつ》の為めのみならず、又他人を利する具となるの恐れあり。いやしくも公平無私の考案を下せば、今日我大阪府民に於て必要とせざる医学校を置き、他府県下の生徒を教育するが為めに府立病院を維持すること、府下窮民の病難を救恤するが為めに、之を貧病院に変更するとはいずれか当れる。又之を以て最初此病院を創立したる有志者の本意に適する者と為すかと云ふに在り。然るに府知事は翌十一月十二日、唯詮議に及び難き旨の口達を以て、再び其願書を却下せらる。

惟準ら大阪の開業医たちの、大阪府立病院を貧民救済の病院とする願書は府知事の意向、すなわち医学生を育成する医学校のために府立病院が必要であるという理由により、詮議されることなく却下された。このことが、惟準らを大阪慈恵病院の設立へと駆り立てることになる（次章参照）。

『大阪大学医学伝習百年史年表』はこのことを次のように記している。

一八八七年（明治二〇）十月、緒方惟準・堀内利国・高橋正純ら大阪府下開業医有志二四名連署し、大阪府立病院を廃し貧困者の施療を目的とした病院を設立せよという「大阪貧民病院設立ノ趣意」書を大阪府に上申、府は府立医学校を維持するために府立病院が必要であると却下した。さらに開業医三五四名（府下全医師総数五三〇余名のうち六七％）および一般有志三十余名は、費用を発議者で負担する条件で再願したが、やはり却下された。

この内容は、惟準が『一夕話』で述べていることと一致している。

こののち、大阪府立医学校は大阪府立高等医学校と、大阪府立医学校病院は大阪府立高等医学校病院と改称（一九〇三年）、さらに府立大阪医科大学病院（一九一五年）、大阪医科大学病院（一九一九年）、大阪医科大学附属病院（一九二四年）を経て、昭和六年（一九三一）大阪帝国大学創設の勅令公布にともない、医科大学を医学部と改称、病院は医学部附属病院となった。

緒方惟準らが貧民病院にしようと企図し失敗した、その府立病院が、四十四年後に帝国大学医学部の附属病院になろうとは誰が想像したであろうか。今日、大阪大学医学部は日本の医学界において確乎たる地位を占めている。これらを考えると、当時の府知事の決断に軍配をあげるのが妥当であろうか。一方で、惟準のいうように、府の財政で、他府県からの医学生を養成しているのは納得できないというのも、当時としては当然の理屈であったろう。

## (2) 惟準の長男整之助の死去

明治二十一年〔一八八八〕二月十二日午前四時三十分、長男整之助〔明治二年誕生〕死す。享年僅に二十、翌十三日長柄葬場に送りて火葬に附す。ああ既に父母及び数兄弟を失ひ、今又一子を失ふ、人世総て斯の如きか。

惟準の孫の緒方秀雄氏は、整之助について次のように述べている。

整之助という人は（これは父〔知三郎〕から聞いたのか、それとも他の人が語ったのを耳にしたのか、はっきりした記憶はないが）、幼時から頭脳明晰で、学校でも秀才の誉れが高く、誰からも敬愛されるような人柄であったそうで、両親の祖父母〔惟準夫婦〕も蔭ながらその将来を嘱望していたものと思われる。それが漸く齢廿歳で、結核のために病死したのであるから、祖父をして「ああ、既に父母及び数兄弟を失ひ、今又一子を失ふ。人世総て斯の如きか」と悲歎の言を発せしめたのも、また無理からぬことであろう。なお整之助は病の床に臥すようになってから、キリスト教の熱心な信者となり、総てを神の意に委ねた極めて安らかな美しい最后をとげたのに感化されて、先ず祖母［吉重］が入信し、次いで祖父［惟準］、そして多くの親族の者がクリスチャンになった由を聞いている（緒方秀雄『緒方惟準直筆の自叙伝原稿について　その紹介と読後覚書』）。

詳しくは第36章を参照のこと（五八二ページ）。

## （3）惟準が大阪医会会長を辞任

同年［明治二十一］四月二十九日

昨年五月大阪医会々長ノ撰挙ニ応シ爾来該会ノ整理上ニ尽力致居候得共何分不肖ノ惟準ニシテ到底一致団結ノ目的難相立候ニ付本日ヨリ右会長辞退ニ及ビ候条此段御届申上候也

との書面を大阪医会に呈出して、其会長たることを辞したり。是れ大阪医会は抑《そもそ》も昨年五月十五日、規約一たび府知事の認可を得て、僅に役員の撰挙を終へたるのみの際、東支部の会員吉田顕三氏［大阪医学校長兼病院長］、神戸文哉氏［大阪医学校教諭］、菅沼貞吉氏［医学士、大阪医学校教諭］、津田融氏等二十余名より規約改正のため、規約第二十五条（臨時会は総会、通常会、支部会を問はず、至急を要する事件ありて、其会長の意見或は常議員十名以上もしくは会員二十人以上の請求に依り、之を開く者とす）に拠り、臨時総会の開設を請求し、同年八月二十六日終に之を開き、改正委員を撰み、案数日に成り、翌月〈即チ九月〉十二日いよいよ之を議せしに、中心其精神に於て改正案の現行規約に優れるにあらざるを知りながら、種々余情の為めに制せられしにや、改正案賛成に過半数となり、爾来会員の間に懇和《こんわ》漸く減じ、親睦漸く破れ、四分五裂又た拾収《ママ》すべからざるの勢を生じ、議員は過半辞職して少数となりしより、不得已《やむをえず》議員補欠撰挙相済候迄、一時改正案の会議を休止する旨を、当日議長たりし吉田顕三氏に照会し、同氏は本年四月十八日此旨を残議員に通知するに至れり。尚ほ役員も亦続々辞職し、唯だ正副会長、副支部長一名、支部幹事一、二名のみとなり、殆ど有れども無きが如き実況を呈し、到底余の如き多病且つ不肖の身を以ては整理し難たかりしに由る在役一年、本会に対し未だ曾て尺寸の功あらず、実に慚愧の至にこそ。

この記述によると、規約の改正案が紛糾のもとであるようであるが、実のところ「種々の余情」というのが問題のようである。この臨時総会の開会を請求した吉田顕三は当時大阪医学校長兼病院長で、神戸文哉は副校長であった。このころ大阪では緒方派と大阪府立病院の吉田（顕三）派が対立していたといわれる。前述のように大阪府立病院を貧民病院にしたいという惟準一派の計画などが、吉田らの医学校側の反発を招き、これが尾をひき、この大阪医会に感情的な対立がもちこまれた可能性もある。

## （4）洪庵夫人八重の墓碑建立

同年［明治二十二］十一月、先考［洪庵］の塋域に遺骨を分瘞《ぶんえい》［分骨して埋める］せし先妣［八重］の為めに一碑を東京駒込の高林寺に建て了りたり。幅一尺八寸、長三尺八寸五分、題して緒方洪庵先生夫人億川氏之墓、と曰ふ。碑陰には曩時《のうじ》［さきごろ］洪庵の門下に在て、妣を能く相知れる宮中顧問官従三位勲一等子爵佐野常民氏の撰文を載す。其銘に曰く、「教子有方　事夫而貞　克厳克順　婦徳永馨」と、今にして母堂在世の時を追懐すれば、孝養至らず、侍従尽さず転《うた》た感慨に堪へざるなり、噫《ああ》。

この八重夫人の建碑のことについては、『緒方病院医事研究会申報』第一一号（明治二十一年十二月十五日）に次のような記事が掲載されている。

◎華香院殿ノ建碑

本院ト云ヒ本会ト云ヒ、其今日アルヲ致サシメタルニ与リテ力アルノ恩人タル花（華）香院殿風光温慧大姉即チ緒方洪庵先生ノ令室ハ一昨十九年二月ヲ以テ長逝セラレシガ、後チ遺骨ヲ洪庵ノ塋ニ分チ納メ、頃日一碑ヲ建テ了リタリ、碑ノ表面ニハ題シテ緒方洪庵夫人億川氏之墓ト曰フ、碑陰ニハ曩日其恩波ニ浴セシ佐野〔常民〕子爵ノ撰ニ係レル左ノ文ヲ刻シタリ

と述べ、つづけて裏面の碑文全体を記載している（第18章二七六ページ）。なお、この碑文は緒方富雄『緒方洪庵伝』にも収録されている。

# 第28章　大阪慈恵病院の創設

大阪慈恵病院の創設は緒方病院の開設につぐ、惟準の大きな業績である。この大阪慈恵病院そして併設された医学校については、系統的に書かれたものはない。筆者は多年、資料を検索し、発表してきた（「地方医学校の設立と廃校――その一、大阪慈恵病院医学校」、『日本医史学雑誌』三四巻一号、一九八八年）。そこで『一夕話』記述につづいて、その歴史をたどってみたい。

明治二十一年［一八八八］十二月十五日、当市東区［現・中央区］久太郎町壱丁目なる大阪慈恵病院は紳士、紳商、名望ある医家及び義捐六株以上の会員ら数百名を招き開院式を行ひ、翌十六日は義捐五株以下の会員百数十名を聘して院内を縦覧せしめたり。
余ここにおいてか、倩《つらつ》ら其蹤《あと》を追懐するに、是れ一朝一夕の事にあらず、同志者の心神を費やせしも亦、敢て一挙手一投足の労にあらず、万感転《うた》た胸間に往来して歇《や》まざるの余り、今本院の企画以来、此に至れる間の略歴を提挙せんに、抑《そもそ》も我大阪たるや、大に時世と違ひ必要欠く可からざるの貧民病院を存せざるは、ただに医道の一欠典たるのみならず、真に府下在留人民の不幸として深く之を憂ひ、同志者故高橋正純、堀内利国等二十余氏と共に種々協議を凝らす際、偶《たまた》ま府立病院の目今不必要なると、且つ院制同院を設立するの常理に背きつゝあるとに心付き、此無用物を転じて有用物と為さんは、所謂「合ふたり適ふたり」の諺に均しからんと、一同拍手其妙を唱ひ、続てとりあえず先づ此利用策を府知事に上申し、上申もし採用されずんば共に出願し、出願亦許可せられずんば、之を府下の公議に問ひ、或は内務大臣に請願せんとの順序を定め、更に此主旨及び順序を開業医其他に謀り、幸に巨多の賛成者を得たるにぞ。すなわち既に語りし如く、昨二十年十月初旬いよいよ公に大阪府立病院を貧民病院と為すの理由を縷々書面に認め、之を府知事建野郷三氏に上申したりしに、あにはからんや府知事は数日を経るの後、総代を府庁に召喚し、当府立病院は府立医学校を維持するの要具なるを以て、之を貧民病院に為し難しとの意を口達して、該上申書を却下したるにより、前同志者と共に更に謀りて、第二策を履行せんと、同月二十八日更に当府立病院を貧民病院と為さんと欲す。其許可ある以上は費用一切、願人等負担する旨を記して予算表までを添付し、之を府知事に出願せしに、府知事は翌十一月十二日、唯だ詮議に及び難き旨の口達を以て、這回《このかい》も亦該願書を却下したり。依て前同志者と共に更に協議し、当初は府知事亦余等同志者の此挙を賛成して之を上申し、之を出願するや、一見手を放たずして一も二もなく嘉納するならんと予想せしに、予想は実際と相反し、かく上申採用せられず。出願許可せられざる以上は、到底別に貧民病院を設立して、目下の急たる欠典を補ひ、府立病院の処置は姑《しばら》く他日を期し、先づ素志を貫通するの端緒を開くより他策なしとの議となり、次で一株毎月金拾銭を義捐すべき会を組みて株主を募り、以て病院を創立維持するの方法と為し、其草案を起さん為め、起草委員として発起人中より緒方拙斎、山田俊卿、高安道純、高橋正直、牛尾光碩の五氏を撰出せしに、五氏は不日これを起草せしより、本年〈即ち明治二十一年を云ふ〉一月二十六日集会を開き、其草案を以て創立維持の方法及び病院概則等を議決し、院名を大阪慈恵病院と称せんことに定め、翌月〈即ち二月〉二日、故高橋正純と余と総代となり、貧民病院設立を府知事に出願せしに、同月九日之を許可せられたれば、続て該病院は一日患者五百人以上を施療するを目的にし、義捐仮に一万株以上に達することに定め、先づ三千株に満つるをまちて開設するの予定と為し、緒方拙斎、高橋正直、山田俊卿の三氏を創立委員に撰み、爾後総同志者は株主募集に、創立委員は創立準備に一心不乱に従事せしにぞ。実効忽ち顕はれ数月を踰《こ》へずして義捐予定の三千株に満ちたるより、同年六月七日、発起人及び十株以上の株主一同集会の上、規則第三条に拠り役員を撰挙せしに、平瀬亀之輔は会長に、田中市兵衛氏は副会長に、高橋正純氏は副院長に、高橋正直、田村太兵衛、山田俊卿、山口善五郎の四氏は幹事に、石上儀助、矢野五洲、旭形亀太郎、柳原宗證、小田仏乗、傍士太次平、岡島千代蔵、北田音吉及び医師高安道純、故岡敬安、高橋謙三、松尾耕三、長田幸太郎、匹田修庵、大野晩造等二十氏は商議委員に当撰し、余亦過ちて院長に当撰す。而して院は仮に東区唐物町壱丁目の円光寺に設け、医員、調剤生各二名、看護人若干名、庶務員一名、小使二名を置き、同月二十一日とりあえず開院したり。
さて開院して愈《いよい》よ実際に患者を取扱ふに至れば、いわゆる仮設に係り、元来一小仏閣に過ぎざりしにぞ、狭隘といひ、不便といひ、実に意外にして、やむをえず開院以来唯だ外来患者のみを診療し、入院患者は咸《ことごと》く謝絶するを常とせしが、発起人等も亦荏苒《じんぜん》［物事の次第に進みゆくさま］かくありては、当初設立せしに副はざるの次第なるを憂ひ、頻りに相応の位置を捜索する際、あたかも好し、浪華尋常小学校の同年十一月中旬、同区南久太郎町の新校に移りたる後は、其旧校〈即ち今の病院なり〉の不用となるを聞き、匆々《そうそう》［とり急ぐ］之を買取るの約を整ひ、同校の移転済み次第に之に移り、爾後入院を承諾することに為し、不日かく実行して今日に至る。且つさきに皇后陛下京阪行啓の際、此挙のあやに賢こき懿聞《いぶん》に達し、終始蒼生を撫育せらるゝの仁心に富まれ慈善事業を好みせらるゝの懿旨《いし》［皇后陛下の仰せ］に適ひしより、辱《かたじけ》なくも金三百円を下賜せらるゝの恩光に遭ひしは、余不肖院長就職中の此上なき栄誉といふべし。

大阪慈恵病院についての惟準の記述は以上だが、組織体の名称は大阪慈恵会と名づけられ、病院は大阪慈恵病院と称した。明治二十一年一月付の「大阪慈恵病院設立趣意書」が川端直正編『弘済院六十年の歩み』に掲載されているので参照されたい。筆者の調査結果について述べる前に、まず大阪慈恵病院と附属医学校の年表を掲げる。

### ◎大阪慈恵病院および附属医学校の略年表

| | |
|---|---|
| 明治22・6・21 | 病院を大阪市東区唐物町一丁目円光寺内に開院、院長緒方惟準、副院長高橋正直 |
| 12・15 | 東区北久太郎町一丁目浪華尋常小学校跡を購入、病院はここに移転、この日開院式挙行 |
| 同 26・4 | 医術開業後期試験の受験生のための浪華臨講会を大阪慈恵病院内に開設 |
| 同 26・5・1 | 浪華臨講会に生徒入学、後期学科の授業開始 |
| 同 26・7・2 | 浪華臨講会を大阪慈恵病院附属医学校と改称、開校式を挙行、校長緒方惟準、入学者九〇余名、前記学科の授業開始、講師に医学士林曄禮《てるつね》、薬剤官飯島信吉を追加 |
| 同 26・12・初旬 | 病院に医学校併設、前・後期生徒各五十名募集 |
| 12・11 | 北区今井町共立薬学校を仮校舎とし授業開始 |
| 同 27・1・15 | 東区（現・中央区）粉川町三丁目の官有地七三〇坪を無料借用 |
| 同 27・9 | 新築工事に着手、まず病室を建築、ついで本館および附属建物など（医学校も含む）を新築 |
| 同 28・10 | 落成、開院・開校式を挙行、医学校長は緒方惟準、生徒数は一〇〇人内外 |
| 同 29・1・12 | 医学校の第一回校友会（学術講演会）を開催、演題は次の通り |
| | 子宮外妊娠の診断に就いて　緒方正清 |
| | 脂肪附属及び脂肪変性を論ず　緒方銈次郎 |
| | 医学修業経験談　山田俊卿 |
| | 開業医医薬品鑑別法　岩崎勘次 |
| 同 29・2・2 | 第二回校友会開催 |
| 同 29・末 | 軍医の講師にかえて小林亀松ら六人の講師を新任（三六二〜三ページ） |
| 同 30・4・11 | 病院での死亡者と医学校での解剖遺体（三〇有余人）の施餓鬼《せがき》供養を病院楼上で僧を招き行う |
| 同 30・5・9 | 校友会の運動会を住吉公園内の運動場で行う |

| | |
|---|---|
| 明治30・6・7 | 同医学校出身の医師の親睦のため同窓会を設立、この第一回会合を網島鮒卯楼で開く、出席三〇有余名、春秋二回開催予定 |
| 同　30・11・18 | 第二回同窓会を東区博労町天狗楼で開く（のち二六医会と改称） |
| 同　31・10・21 | 病院は財団法人に組織を変更 |
| 同　31・11・10 | 財団法人「大阪慈恵会」の定款を作成 |
| 同　31・11 | 緒方正清が医学校長に就任、緒方惟準・緒方収二郎は顧問に就任 |
| 同　32・9 | 「大阪慈恵病院医学校の革新…大阪慈恵病院医学校は従来何故か兎角不振勝にて、医学生の失望少なからざりしに、先般大改革を行い、従四位緒方惟準氏、医学士緒方収二郎氏を顧問に推し、ドクトル緒方正清氏を校長に挙げ、熟練なる講師を増聘大いに規則を改正し、既に十月一日より開黌せしが、生徒も日毎に増加し隆盛に赴く由」（『医事会報』八二・八三合併号記事）<br>「病院医学校改善…今回その組織を改革し、これまで病院患者の治療は学校とは全く別れ居りしを改めてその治療をも各講師の分担することゝし、更に施療以外の患者をも診察治療することゝし、講堂を拡張、九月二十日より実行するはずで、その分担は婦人科産科緒方正清、内科鬼束益三、外科松本需一郎、眼科宮内重志、耳鼻咽喉科田中喜市の諸氏なり」（『医事会報』九二号記事） |
| 同　34・9・15 | 十二軒町に新築の校舎の開校式を挙行 |
| 同　35・8 | 夏期休暇 |
| 同　35・9・8 | 授業再開 |

## （1）大阪慈恵病院医学校の開校式

この開校式の様子を『東京医事新誌』七九七・七九九号（一八九三年）が次のように報じている。

◎大阪慈恵病院医学校開校式(七九七号)

本校は従来浪華臨講会と称し、専ら后期受験生のため内外患者に就て臨床講義を施行し来りしが、今回大に其規模を拡張し、其筋の認可を経て学校組織に改め、前期生徒をも募集せしに、すでに九十名余の応募者ありて日増に盛運に向ふを以て、愈《いよい》よ其基礎を確定し、校長に緒方惟準氏、幹督に山口善五郎氏、講師には医学士村田豊作、同中原貞衛、同緒方収二郎、同江口襄、同林曄禮《てるつね》等の五医学士及ドクトル緒方正清、木沢陸軍一等軍医、飯島同二等薬剤官、佐藤同三等薬剤官諸氏に嘱託し、去る［七月］二日を以て盛大なる開校式を挙行せり。

今其概況を記さんに、当日午后第二時、校員及来賓一同式場なる大阪慈恵病院楼上に参列し、先づ緒方校長立つて開校の主意及目的を陳べ、且来賓臨場の栄を謝し、次に幹事山本信卿氏本校設立の由来を演じ、次に幹督代理長山約馬氏は医学校の経歴を演じ、次に江口、村田の二医学士は学校に関する注意を喚起せられ、何れも本校の前途を祝せらる。次に生徒総代千葉胤隆氏の祝詞、来賓及二、三生徒の祝文演説等ありて、夫より来賓に茶菓の饗応あり、右了つて一同記念のため撮影し、夫より数十輛の腕車轢轆紅塵を蹴て中ノ島なる洗心館に到り、茲に於て再び壮快なる演説等ありて、主客相混じ師弟相交はり和気洋々、盃飛び絃歌起り盃盤狼藉の間に散会したるは午後十時前後なりしと云ふ。

図28-1　創立当時の大阪慈恵病院

◎開校式余聞（七九九号）

去る［七月］二日挙行せられたる大阪慈恵病院医学校開校式の景況は前々号の本誌に記せしが、当日同席上に於ける校長緒方惟準氏の演説大意及び生徒惣代の祝辞は左の如し。

●緒方校長演説大意

さて本校は愈其筋の認可も得、校内の整備も較《ほぼ》行届き、入学申込も日々増加せるを以て、本日を以て各貴紳の枉駕《おうが》を煩《わずら》はし、茲に聊《いささ》か開校式の微典を挙ぐ（中略）そも〳〵我慈恵病院は慈善なる有志者の義侠に因て成立せる社会最優美の事業にして、爾来彼義侠者に因て成立せる社会最優美の事業にして爾来彼義侠者の協力一致に依り連綿として幾多可憐の貧民病者を救護し、皇后陛下当地御駐輦《ちゆうれん》の際には、特に金二百円を本院に下賜せらるゝの栄に接し、益奮進して本日に到れり（中略）蓋《けだし》本校設置の要は、一面主として貧民病者を救護すると同時に、一面医学生をして実験実習の便に利用せば、将来有材有力なる実地医家を輩出し、世の不具を治し痼病を療するあらんか、則間接に我慈善事業を普及するものと言ふを得可く、此に歩一歩進めて本校の設置となれり。不肖惟準も亦校長の重任を汚《けが》すに到るも之れを甘受して以て大に微力を尽さんと欲するものなり（中略）義侠なる有志者は益御尽力を煩はし、生徒諸氏は愈奮励して以て我美徳を顕揚し、陛下の恩賜に報ぜざるべからず。（下略）

やがて大正二年（一九一三）創立の財団法人弘済会に合併されるまで、大阪市内のほとんど唯一の窮貧民の医療施設として重要な機能を果たした。

### （2）附属医学校の運営

○附属医学校開講時（明治二十六年）の講義科目と講師（『医事会報』五五号、一八九六年）

| | | |
|---|---|---|
| 化学 | 陸軍二等薬剤官 | 飯島信吉 |
| 物理学 | 陸軍三等薬剤官 | 佐藤鉓次 |
| 解剖学 | 陸軍二等軍医 | 林桂次郎 |
| 解剖学 | ドクトル | 堀内謙吉 |
| 眼科学・臨床講義 | 医学士 | 緒方収二郎 |
| 婦人科学・産科学 | ドクトル | 緒方正清 |

臨床講義
生理学　　医学士中原貞衛（陸軍軍医）及び高橋辰五郎
内科各論・薬物学　　陸軍一等軍医　山田秀治
内科通論・同各論　　医学士・陸軍一等軍医　村田豊作
法医学・診断学　　医　学　士　江　口　襄
外科通論・内科各論　　陸軍一等軍医　木　沢　恕

このほか医学士林曄禮《てるつね》（陸軍軍医）も講師に任用（七月一日付）されている。講義科目は不明（林敬『林曄禮小伝』）。

○明治二十九年（一八九六）一月現在の職員（『中外医事新報』三七九号、一八九六年）
校長　緒方惟準
幹事　山田俊卿　宮内重志
講師　岩崎勘次　堀内謙吉　緒方収二郎　緒方太郎　緒方正清　緒方銈次郎
　　　鬼東益三　菅野虎太　久保郁蔵　増田正心　松　山　正　小林亀松
不在中　飯島信吉　中原貞衛　村田豊作　江　口　襄

○明治二十九年末に次の講師を新任（同右）
無機・有機化学　小林亀松
物理学　岩崎勘次
生理学　増本真二郎（東大別課卒）
薬物学・処方学　増田正心

内科総論・外科総論　増田正心
内岡各論　鬼束益三
外科各論　増本真二郎

○浪華臨講会（大阪慈恵病院医学校の前身）の規則（『東京医事新誌』七八七号、一八九一年）

大阪に創設せられたる浪華臨講会の規則の要を摘録すれば左の如し

第一条　本会は速成医学の教授を本旨とし、当分後期学のみとす

第二条　教授すべき学科目左の如し

病理通論、外科通論、薬物学、診断学並実地演習、内科各論並臨床講義、外科各論並臨床講義、眼科学並臨床講義・手術、顕微鏡病変検査、産科学並模型演習臨床講義、婦人科学並臨床講義手術、裁判医学、衛生学、外科手術学、婦人科手術学、屍体演習、病体解剖

第三条　教員受持学科及び教授時間左の如し（イロハ順）

眼科学並臨床講義顕微鏡検査（一週四時）　医学士　緒方収二郎氏
婦人科及婦人手術学産科及模型演習（一週四時）　ドクトル　緒方正清氏
病理各論並臨床講義・薬物学・診断学並実地演習（一週五時）　医学士　中原貞衛氏
病理通論・外科通論（一週四時）　医学士　村田豊作氏
裁判医学・衛生学・病理学神経篇（一週四時）　医学士　江口襄氏
外科各論並臨床講義・外科手術（一週五時）　陸軍一等軍医　木沢恕

第四条　修学期間を一ケ年とし、学期の終りに試験を施行し卒業証書を与ふ

［第五～十一条は記載なし］

第十二条　本会生徒は或二大病院の外科手術を傍観するを得る
第十三条　本会生徒にして医術開業免許を得たる者は其旨通知あるべし
第十四条　本会の教科書は生徒の便利を計り丸善書店と特約を結び、割引をなし購求するを得る。但し本店の保証書を有する者にあらざれば求むることを得ず
第十五条　本会は生徒の智識を広めんが為め医事に関する新聞雑誌を取集し縦覧を許す
第十六条　本会は当分大阪市東区北久太郎町一丁目（農人橋西詰）大阪慈恵病院内に設置す

中原・村田・江口の三人の医学士はいずれも大阪鎮台（のち第四師団）に勤務の陸軍軍医で、緒方惟準のかつての部下であった関係上、惟準の依頼によって教師に名を列ねたのであろう。

さてこの大阪慈恵病院医学校に学んだ生徒は創設以来明治三十二年九月までで男六八〇余名、女一〇〇余名、開業した者三〇〇余名である。

明治二十九年（一八九六）一月に撮影された大阪慈恵病院医学校の職員（一三名）、生徒（五八名）の集合写真を横川弘蔵先生（東京都在住）の御好意により掲載する（口絵14）。職員（小使一名を除く）・生徒全員の姓名と出身府県名がわかっている。校長緒方惟準の姿はなく、あとで挿入された写真が最上段に掲げられている。講師と幹事の姓名のみを記す。

講師…緒方収二郎　緒方正清　緒方銈次郎　鬼束益三　木村得三
　　　久保郁蔵　堀内謙吉　増田正心　松山正
幹事…山田俊卿　宮内重志

○新築校舎の落成開校式

生徒の増員とともに、講堂が狭くなったため、校長緒方正清は巨額の私財を投じ、医学校すぐ南の十二軒町に

校舎の新築に着手、明治三十四年九月十五日に新築落成開校式を行った。この式の模様を『助産之栞』（一九〇一年）は次のように報じている。

当日は朝来好晴にして諸般の準備よく整頓し緑門には「祝開校」の字を現はし、玄関には国旗を交叉し「学以致其」の額を掲げたり。

式場は階下の講堂を以て此に充て正面に机一脚を置き勅語捧読来賓祝辞の処として右に沿ふて花草を満挿せる大花瓶を据ゆ。階上の講堂並に実習室には来賓休憩所講師休憩所を設け階上南側の廻廊は許多の参考品を駢列せり。

来会者は生徒三百余名の外、来賓大約百八十名にして流石《さすが》に広き式場も殆んど余地なきに至れり。午後一時一同着席するや岩崎講師の挨拶ありて緒方校長勅語を奉読し楽隊君ケ代の奏楽あり、次に緒方校長の告辞あり来賓大阪慈恵会理事種野弘道外数氏の演説並に祝文朗読あり生徒十幾名の祝文朗読ありて終て種々の余興あり次に来賓並に講師を階上講堂並に実習室に請じ立食の饗応あり、生徒は階下の講堂にて折詰を開き、同校修徳会［女子生徒の会］の催に係かる「くぢびき」の余興あり午後六時に及びて岩崎講師閉会を告げ、天皇陛下万歳、大阪慈恵病院医学校万歳、緒方校長万歳を唱へ主となく賓となく各自充分の歓を尽くして散会せり。因に云ふ、同校創設以来入学者男六百八十余名、女百余名にして、開業せる者三百余名、近畿在住者百数十名なり。

○大阪慈恵会役員の推移

一、会長・理事長

平瀬亀之輔（明治二十一年六月会長推選、三十一年理事長と改む、三十五年十一月辞任）

田村太兵衛（明治二十一年六月幹事推選、二十三年副会長、三十五年十一月理事長）

二、副会長・理事（緒方一族のみ記す）
緒方収二郎（明治三十三年十二月理事推選）
緒方正清（明治三十三年理事推選）
緒方銈次郎（明治三十五年十二月理事推選）
三、監事・幹事（同右）
緒方拙斎（明治二十一年六月幹事推選、三十三年十二月辞任）
四、病院長
緒方惟準（明治二十一年六月推選、三十九年十二月辞任）
緒方銈次郎（明治三十九年十二月推選）
高安道成（明治三十九年十二月推選）
五、副院長
高橋正純（明治二十一年六月推選、二十四年一月死亡）
高橋正直（正純の弟）（明治二十一年幹事推選、二十四年二月副院長、二十六年六月辞任）
江口　襄（明治二十七年七月推選、三十一年五月辞任）
高安道純（明治二十一年六月商議員、二十六年幹事、三十一年副院長、三十九年十二月辞任）
○大阪慈恵病院の明治二十一年から大正二年四月までの施療患者数（各年毎の統計の詳細は前掲『弘済院六十年の歩み』を参照）。
明治二十一年六月～十二月の外来患者人員　六八二
同年月の入院人員　なし

明治二十二年六月～大正二年四月までの外来人員　　三一二八四（年平均一一〇三人）
同年月の入院人員　　一一一八五（年平均　四三〇人）

『東京医事新誌』七一九号（一八九二年）は明治二十三年七月から同二十四年六月までの一年間の施療患者の状況を次のように報じている。

外来患者数　九五四人　入院患者数　一一〇人　合計　一〇六四人
内訳　内科　五五〇人　外科と黴毒　三九一人　眼科　一二三人
死亡　五三人　その内、局所解剖実施　四人

治療延べ日数は三一、八三五日、治療平均日数は一人当たり三〇日弱、一日一人平均金一〇銭とすると、一年間で一三、一八三円五〇銭となる。この費用が莫大であるので、記者は、「この病院に施療を受けん者は深く慈恵を懐《おも》はざるべからず」と結んでいる。

### （3）大阪慈恵病院および附属医学校の後日談

大阪慈恵会は大正二年（一九一三）五月、財団法人弘済会に合併されることになる。大正三年改正の法律「医師法」により、「医術開業前期試験に合格した者は大正三年十月三十一日までに届けでて、同後期受験名簿に登録し、この登録者だけが大正五年九月まで開業試験を受けることができる」となった。これ以後、開業試験は廃止され、前述のようにこの医学校は自然廃校となった。ただし廃止された正確な年月は、現在のところ不明である。病院だけは弘済会救療部大阪慈恵病院として業務が継続されてゆくのである。この病院はあくまでも救療患者を診療するのが目的であった。

このころ診療にあたった医師は、名誉院長兼外科医長高安道成、名誉副院長緒方銈次郎（正副名誉院長は一年

交替）、名誉産婦人科医長高野三男、名誉眼科医長内藤達らであった（大正九年十二月現在）。

この合併を期に、粉川町の院内に記念碑が建立された。この碑は昭和三十二年（一九五七）、粉川町から吹田市古江台六丁目にある大阪慈恵病院の後身である大阪市立弘済院附属病院の前庭に移された。碑の側面に、「この碑は市内東区粉川町三番地旧大阪慈恵病院構内より移した　昭和三十二年七月　大阪市立弘済院長片山鼎」と刻まれている（図28-2）。

図28-2　大阪慈恵病院記念碑

碑文は大阪の著名な漢学者藤沢南岳撰（原漢文、読み下しは川端直正「明治時代における大阪慈恵病院の沿革」〈『大阪市史紀要』二三号、一九六九年〉による）

無告《むこ》の民にして、医薬すら給せられず、天寿を終える能わざる者、実に天民のもっとも憫れむべくして、人の宜しく恤《すく》うべき所の者なり。明治二十一年六月、高橋［正純］・緒方［惟準］の諸国手等、唱首となり、医家三百有余を糾合し、有志の賛襄を得、大阪慈恵会を創め、義金を徴募し、病院を設け、葯を施して救療し、以て聖化を裨補せり。初め仮りに院を東梁の円光寺内に設け、後数月ならずして、浪華小学の旧校舎を購ひ焉《ここ》に移る。二十三年、皇后陛下は三百金を賜い、其の義挙を嘉せらる。二十六年に至り、白川宮妃殿下を奉じて総裁となし、東区粉川町の官地七百三十余坪を借り、病院を新築せり。四十二年、官は其の救恤に功冑るを察し、二百金を賜いて之を奨め、爾来年ごとに其の額を増し、基礎は漸く固く、事業日に熙《あらた》まり、施しを受くる者は五万人に上り、資を積むこと亦た殆んど五万円に達せり。創業以来力を本会に致せし者は、曰く、入江鷹之助、緒方惟準、同拙斎、同収二郎、同正清、同銈次郎、春日粛、高橋正純、同正直、高安道純、同道成、同六郎、種野弘道、田村太兵衛、田中市兵衛、同宗

一、山口善五郎、山田俊卿、藤並松見、小西久兵衛、古畑寅造、江口襄、青木庄蔵、斎藤運三、菊池伝三、宮崎伸蔵、宮内重志、平瀬亀之輔。而うして二十六年の久しき、終始心を経営に尽くして最も力《つと》めたる者は、実に山田［俊卿］翁其の人なり。大正二年四月、大阪弘済会の成るや、衆議も以て之に合せしむ。仁義を以て終始すと謂ふべき者なり。病院長、余をして其の事を記さしめ、石に勒して以て後人に示さんとす。嗚呼、零細の資を聚め、済生の道を弘め、以て聖治の闕を補ふ。其功誠に偉なり。後人永く諸子の義を思い、其の仁を拡充せば、則ち恵に頼る者、豈唯に無告の民のみならんや。

大正二年五月　　南岳藤沢恒　文を撰す

三埜知周　書丹す

大正九年（一九二〇）五月十日、大阪慈恵病院の付帯事業として「開業医の治療をうけることが困難で、辛うじて実費を支払いのできる程度の者（実費診療患者）を診療する目的」で、弘済会診療所を病院本館の二階に開設した（前掲『弘済院六十年の歩み』）。

病院は、大正十三年十二月、東成郡生野村字林寺（現・生野区生野国吉二丁目　生野第二工業高校）に移転・改築し、診療所も同所に新築した。十五年、本館も完成したので五月一日に改築披露会が行われた。

病院の規模は、同院附属の保養所をふくみ、敷地一二〇〇坪、病舎七棟（病室数三九）、収容力は保養所ともで三四〇人、その他の建物・施設として本館・医局・手術室・消毒書・遺体安置室・患者浴場・理髪場などを備え総建坪七八〇坪であった。

実費診療所の利用者は次第に増加し、完全な診療施設の必要にせまられ、粉川町の病院跡地に、大正十四年、新附属病院（弘済病院と呼称）を建設することが決定し、鉄筋コンクリート三階建ての近代的病院を建築、翌年三月一日から開院した。敷地面積七三〇坪、建物総延坪六三八坪、医師は院長以下一二名、看護婦三五名、その他の職員一〇余名であった。このほか、同十四年四月には弘済会診療所附属看護婦養成所を開所し、昭和二年（一九二七）三月には第一回の卒業生を送りだしている。

大正十四年四月の大阪市の市域拡大を転機として要救護・救療者が年々増加し、それに加えて昭和時代に入ってからの不況による失業者の増大は一層収容者を増加させ、さらに昭和七年（一九三二）一月から施行される「救護法」により、なお一層の激増が予想された。

図28-3　弘済病院（粉川町）

そこで生野の病院はじめ諸施設（保養所・育児園・養老所・弘済尋常小学校など）の拡張にせまられたが、生野地区は宅地化が進み、この地区での拡張は困難と判断された。その結果、昭和六年十月の評議員会で、京阪電鉄所有の大阪府三島郡山田村大字山田上（現・吹田市古江台六丁目）六三、〇〇〇余坪の買収が決まり、同年九月土木工事に着手した。諸施設の建物の新築工事の起工は八年二月で、つぎつぎと完工し、第一期事業が昭和九年一月末に竣工、同年三月九日に弘済会山田事業所（正式名称）の開所式が挙行された。そして四月、生野事業所から山田へ七三〇余名の患者・老人・乳幼児が十六日間にわたって移送された。患者たちは新緑に囲まれた新しい建物のなかで、清らかな空気、豊満な太陽に、「私共は、幸福です、有難く思っています」と喜びを口にしたという（前掲『弘済院六十年の歩み』）。昭和十九年（一九四四）三月三十一日、財団法人大阪市弘済会は解散し、四月一日から大阪慈恵病院・弘済病院その他の施設は大阪市に属し、新たに大阪市立弘済院として再出発することになる。

なお生野事業所には異常《（ママ）》児保育施設などが小規模の活動をしていたが、昭和二十年二月十日の米軍の空襲による直撃弾により壊滅、保母一名、異常《（ママ）》児

図28-4　大阪慈恵病院跡碑

一六名が死亡し、再起不能となった（前掲『弘清院六十年の歩み』）。

生野区の大阪慈恵病院およびその他の事業所跡には、生野工業高等学校が建設され現在いたっている。正面玄関の左に、「大阪慈恵病院跡」と刻まれた石柱（高さ一メートル余）が立てられ（図28-4）、その傍らに左の文面が記された説明板が設置されている。

この病院は明治二十一年六月高橋正純、緒方惟準らの医師により恵まれない人びとの医療施設として創設されたもので、最初は東区内にあったが、大正十三年現生野工業高校の地に移された。病院は大正二年弘済会に引継がれ、さらに昭和十九年大阪市に接収されたが、二十年の戦災で焼失し、いまは吹田市古江台の市立弘済病院附属病院となっている。

官営の施設でなく、多くの篤志家により設立された病院として世に知られている。

昭和四十九年三月　　生野区役所

## （4）私立関西医学院の開設

明治三十五年（一九〇二）二月、大阪府立医学校の教官佐多愛彦・田中祐吉らは、医術開業試験受験者のために、大阪市北区出入橋東詰に私立関西医学院を設立した。この学院の設立が大阪慈恵病院附属医学校の閉鎖を余儀なくさせた一つの原因か、あるいは同校が廃校になったために、この学院が設立されたのかは不明である。後考をまちたい。府立医学校の教官には、かつて府立病院を貧民病院に転換する運動をした緒方病院に対する対抗意識もあったのであろう（第27章参照）。

当時の関西医学院の生徒募集の広告は左記の通りである（『大阪医学会雑誌』壱巻一二号附録、一九〇二年）。

広　告

○本院は医術開業試験受験者の為め速成に医学を教授す

○本院生徒現在数は前后期合せて二百余名あり

○今月は夏期休業来月一日より授業開始

○入学誌願者は本月中に申込むべし

○本院には別に実習科を設け医士及び医学生の為め諸科の実習をなす、今月まで開講せし者は組織実習、病理組織実習、診断実習及び細菌実習にして各学科講師完了を告げたり

学科講師としては佐多愛彦博士のほか六人の医学士（東大卒）および一二人の医師、計一九人をそろえての陣容である。とても緒方病院派の太刀打ちできるものではない。しかしこの関西医学院も医術開業試験の廃止とともに、やがて姿を消すことになる（廃院の正確な年月日は今のところ不明）。

なお、『東京医事新誌』一三三八号（一九〇三年）に「専門学校令により明治三十七年三月限り廃院に決せし当地関西医学院は異なる名称のもとに三月も依然継続して教授することに決せし由、因に近来東京より済生学舎廃校の不運に逢ひし医学生多数入院して益々さかんなる由、かつ明年明治三十七年より教務を拡張する由」とあり、さらに同誌一三四三号（一九〇四年）に「関西医学院は都合により今回梅田町元旭銀行跡に転じたり、因に来月二月は開校満二周年に相当するをもつて、祝賀会を開催する由」の記事がある（傍点筆者）。最初の校舎が狭くなってきての移転であろう。また同誌一三五六号（同年）に「関西医学院の復旧…一時専門学校令のため理科学校と改称せし同校は本月［四月］より再び関西医学院として継続することとせり」の記事がある。

# 第29章　『一夕話』終了――明治二十二～二十六年までの事績――

## （1）緒方一族子弟のドイツ留学と大日本私立衛生会総会および日本医学会の開催

明治二十二年四月二十七日、累年日本赤十字社に致せし微志をして、同社々事に尽力せし功績の顕著なりとし、上奏、裁可を経て日本赤十字社総裁［小松宮］彰仁殿下より有功章を贈与せらる。

同月二十九日、予《かね》て海外留学を為さしめんとの計画ある二男銈次郎は収二郎［洪庵の第六男、惟準の弟］、正清［拙斎の養子］及び堀内謙吉［利国の長男、惟準の甥］の三名と共に、午後八時二十五分梅田発の汽車に駕して神戸に赴き、翌三十日午前十一時、仏国郵船 Coledonien 号に搭じて同港を抜錨し、独逸国に向かつて留学の途に上りたり。

同年五月九日、日本赤十字社大阪支部東区委員を嘱託せらる。

同年七月、豪商鴻池善右衛門氏等、日本生命保険会社を当大阪に創設するに際し、其診査医を嘱託せんと請ふ、之を諾す。

同月二十七、二十八の両日を以て、大日本私立衛生会の第七次総会を西区西道頓堀壱丁目の府会議事堂に開く。従来同会の総会は東京に開くを例とせしを、本年初めて東京外に開きしなり。周旋委員より是非出席して演説なり或は祝文の朗読なりせんとの勧誘を受け、仮令《たとい》然らざるも出席せん心得なりしに、偶《たまた》ま歩兵第十旅団長なる陸軍少将品川氏章氏の予州松山に於て、病に臥せるに往診し不在となるを以て、やむをえず匆々《そうそう》一篇の祝文を認め、出発前周旋委員の許に送致し置きたるに、開会当日、本会幹事後藤新平氏これを代読したりと聞く。

明治二十三年四月一日より七日に跨《また》り連日東京に於て、独国万有学会の例に倣ひ、全国医士の学術を闘はし、且つ其見聞を博ふせん為め、第一回日本医学会を開く。会員無慮一千七百人、豈盛んなりと云はざるべけんや。蓋し乙酉会員伊東方成、池田謙斎、岩佐純、石黒忠悳、橋本綱常、長谷川泰、戸塚文海、大沢謙二、高木兼寛、長与専斎、佐藤進、実吉安純、三宅秀等十三氏の発起人となりて斡旋したるに由る。余も亦乙酉会員の一人にして、然かも此挙を賛成する者なり。若し在京の際なりせば、必ずやこの発起人に加はり、聊《いささ》か犬馬の労を施して吝《おし》まざる可かりしを。

前年留別の席場に臨みて発したる言の如く、喬木より下りて幽谷に遷り居る為め単に会員となりしのみにして、親しく創業の事に与《あず》かるを得ず、且つ我が緒方病院々務の切なるに遮《さえ》ぎられ、愈《いよい》よ開会の期となるも参列して諸家の高説を拝聴し、陳列諸品を拝観するさへ得る能はざりしは、実に余の遺憾とする所なりとす。

文中の乙酉会とは、明治十八年（この年の干支が乙酉）、当時の日本の医学界を実質的に指導した名望ある医師らの会合で、在京中であった惟準もその会員の一員で、大阪に帰ってもなお会員であった。この会員が主宰した日本医学会に発起人として参加できなかった無念さを、行間から察することができる。この会の開催一年前、前述のように、惟準の弟収二郎、息子銈次郎、産婦人科担当の緒方正清の三人がドイツに留学しており（収二郎と正清は明治二十五年一月末帰国）、主要な病院スタッフが三人も留守にしているので、惟準は病院を離れることができなかったのである。

▽第一回日本医学会の開催

乙酉会において、明治二十二年（一八八九）五月二十五日、前年来の石黒忠悳の所論を採択し、同二十三年四月を期し第一回日本医学会開催を決し、医科大学、内務省衛生局、宮内省侍医局、陸軍省医務局、陸軍省中央衛生会議、その他都下の医事雑誌出版社、新聞社に趣意書を寄せて賛をもとめた。発起人は『一夕話』にある通り、乙酉会の一三人である。

第一回日本医学会は前記の如く、四月一日から七日間、東京京橋木挽町厚生館で先哲祭もあわせて挙行された。発起人の顔ぶれからわかるように、学会はオランダ医学を推進した指導者たちの主導によるものである。小松宮彰仁親王の台臨を仰ぎ、会衆一六八〇名、岩佐純の開会の辞、石黒忠悳の庶務報告につづき、長与専斎・松本順・長谷川泰の演説があり、みな洋学鼓吹、漢方抹殺論を高唱した。講演の分野は解剖・生理・病理・細菌・薬物・衛生・内科・外科・眼科・耳科・小児科・産科・婦人科・精神病科・裁判医学の一五で、演題数は五〇であった。応募し講演した演者はほとんど医学界の長老ばかりで、内容も講義とあまり違わないので、意気に燃えて参加した少壮医学者たちを失望させた。

この会に先立ち「第一回日本医学会創立趣意書」を読んだ森鷗外は、『東京医事新誌』六〇〇号（一八八九年）に「日本医学会論」と題し、この学会のあり方をドイツの学会と比較して批判した。すなわち、この日本医学会は乙酉会という私的団体の集会であり、そして開催の主意書に、「互ニ医学上ノ知識ヲ交換ス」とのみ記されていることを批判した。鷗外は、「ドイツの学会の目的は学問を輓進し（fürdern）、自然学者、医家らの間に行われる交道を護助する（Pflege）にある。この目的を以て事を行うものは誰ぞや、云く学会自己なり」と述べている（『鷗外全集』二九巻）

第二回は明治二十六年四月一日〜十日、北里柴三郎が会頭で第一回と同じ厚生館で開かれたが、これが乙酉会

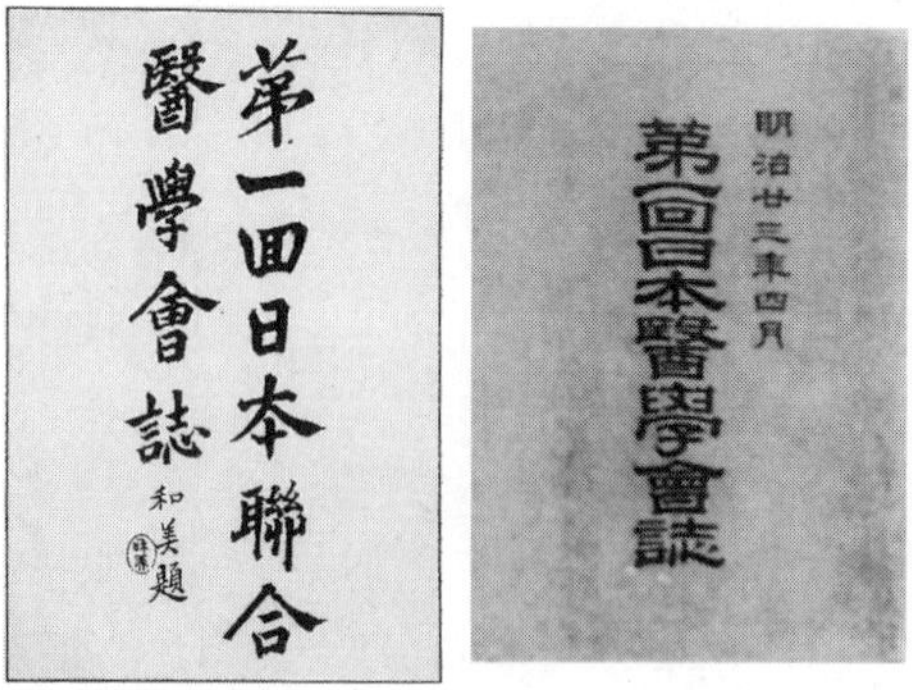


図29-1　『第１回日本医学会誌』(右)と『第１回日本聯合医学会誌』

図29-2　乙酉会会員
後列／右より：三宅秀・実吉安純・佐藤進・大沢謙二・高木兼寛
前列／右より：長与専斎・戸塚文海・松本順・伊東方成・石黒忠悳

主催の最後の会となった。

明治三十四年（一九〇一）、日本医学会とまったく内容の異なった「日本聯合医学会」創立の機運が起こり、同年七月、発起人田口和美（東大解剖学教授）ほか六〇余名の名をもって諸学会・一般医家に賛意を求めた。その結果、翌三十五年四月二日～五日、第一回日本聯合医学会が上野公園で開かれた。会頭は田口和美、副会頭は北里柴三郎であった。そして四年後の同三十九年四月四日～七日、会頭北里柴三郎のもとで上野の音楽学校で第二回が開催された。そして第三回からは「日本医学会」と改称し、同四十三年四月一日～四日、大阪で開催され、会頭は青山胤通であった。これ以後も四年ごとに開かれ、連綿として現在にいたっている。ちなみに第二七回は会頭岸本忠三のもとに、平成十九年（二〇〇七）春、大阪で開かれた（中野操『増補日本医事大年表』／寺畑喜朔『絵葉書で辿る日本近代医学史』）。

『日本医事新誌』五八七号（一八九〇年）に次のような同会創立の広告が載せられている。

第一回日本医学会創立広告

往年吾曹《ともがら》相会シ乙酉会ト名ヅケ私ニ我医学社会ノ為ニ相謀ル所アリ、来ル明治廿三年ハ国会開設ナリ、勧業博覧会ナリ、全国ノ人士東京ニ会スルノ秋《とき》ナリ、此時ニ当リ東京ニ内国同業ノ有志者相会シ学術上ノ知識ヲ交換スルハ蓋シ我医学社会ニ於テ無益ニアラザルベシト信ジ、我輩会員相謀リ創立資トシテ先ヅ仮ニ各金百円ヅヽヲ醵出シ、日本医学会第一回ヲ催サントス、因テ創立主意書ヲ四方ニ頒チ、同志諸君ノ賛成ヲ希望ス、其開会月日細則等ニ至テハ会員ノ概数定マリテ後チ、更ニ送付ス可シ

明治廿三年六月

発起人（イロハ順）

乙酉会

伊東方成　池田謙斎　岩佐　純　石黒忠悳　橋本綱常　長谷川泰　戸塚文海

大沢謙二　高木兼寛　長与専斎　佐藤　進　実吉安純　三宅　秀

第一回日本医学会創立主意書

第一項　明治廿三年ニ内国同業ノ有志者ヲ東京ニ集会シ互ニ医学上ノ知識ヲ交換ス

第二項　会名ヲ第一回日本医学会ト称ス

第三項　会員ハ医術開業免状ヲ有スル者ニ限ル

第四項　開会日限ヲ七日間ト定メ左ノ如ク区別ス

其一　学術的演述及実験

諸名家ヲ聘シ之ヲ行フ、但シ会員ニ於テ此演述並ニ実験ヲ示サントスルモノハ、其題目ヲ記シテ
開会前ニ創立事務所ニ送致スベシ

其二　医学ニ関スル建築及物件ノ展覧
官私其所有主ニ請フテ之ヲ行フ、但シ会員ニ於テ新発明若クハ改正シタル医学的ノ物件アリテ、
会員ノ覧ニ供セントスルモノハ開会前ニ之ヲ創立事務所ニ送致スベシ

其三　終会ノ日、懇親会ヲ開ク（会費別途）

第五項　会員トシテ一名金一円ヲ納ムベシ

第六項　会員ニハ会員証ヲ交付ス

右ハ本会ノ主旨ノ概略ナリ、此ニ入会有志諸君ハ明治廿二年八月三十日迄ニ左ノ雛形ニ照シ、郵便ニテ申込マルベシ

この文章のあとに、郵便葉書の表（送り先住所「神田区東紺屋町中外医事新報社内又ハ京橋区南鍋町東京医事新誌局内　第一回日本医学会創立事務所」）と裏（申込者の住所氏名）の書式が掲載されている。

なお日本科学史学会編『日本科学技術史大系二四・医学1』に第一回日本医学会の演題・演者・諸見学施設が、また第一回日本聯合医学会の記事が『日本医事新誌』一二五〇号（一九〇二年）に掲載されている。

なお、この年の十月九日、惟準の元同僚であった石黒忠悳が陸軍軍医総監に任ぜられ陸軍省医務局長に昇進した。

## （2）流行性感冒の流行

明治二十三年五月十八日、流行性感冒の治験を府知事西村捨三氏に報告す。今其要を括挙せんに、同病は旧

臘［前年十二月］初めて露国に発生し、瞬間殆ど欧州を席巻して北米を侵襲したるの報に接するや、上下等しく憂慮して注意する際、往々本邦各地に発生するの報を新聞に聞くと雖も、未だ其著しき沙汰に接せざりしが、漸く増進し当大阪市に及ぼせしは実に四月上旬にあり、而して其際は唯散在性のみ、然るに五月に入りしより稍《や》や其勢を逞ふして、目今殆ど流行性となれるが如しとの意を以てその徴候を掲げたるに在り。

現在は、この流行性感冒がインフルエンザウィルスで起ることは周知であるが、当時は病因についてはまったくわからず、伝染が迅速、流行区域が広汎で、他の伝染病のおよぶところでなく恐れられた。同年の春、これが大流行したとき、この病気の状態によって「流行性感冒」の名称がつけられた（富士川游『日本疾病史』）。中野操『増補日本医事大年表』には「明治二十三年十二月、流行性感冒横浜ニ発生シ、次デ全国ニ猛威ヲ振ヒ翌年ニ亘ル」と記されているが、これは同年の第二回目の流行のようで、五月の流行より悪性で、多くの著名人（三条実美・元《もと》田《だ》永孚《ながざね》・九鬼隆義など）が死亡した。

この明治二十三年の欧州での流行について日本で報じられことを、緒方惟孝（惟準の弟、緒方病院薬局長兼事務長）はドイツに留学中の弟緒方収二郎宛の同年一月二十六日付の書簡で、次のように伝えている（梅溪昇「緒方収二郎宛書簡他紹介(2)」、『適塾』三三号、二〇〇〇年、のち『続洪庵・適塾の研究』所収）。

（前略）新聞紙上ニて当時欧州諸国特ニ巴里斯《パリ》、伯林《ベルリン》ニ於テ彼の流行性感冒「インフリュヱンザ」蔓延シ諸学校等閉鎖セラレタリトノ事度々記載アリ、旁《かたがた》以て一同心配罷在候間、何卒御自愛専一ニ奉頼上候、（後略）

また緒方拙斎（惟準の義弟）がドイツ留学中の収二郎に宛てた同年の書簡で、インフルエンザについてしばしば言及している。

①明治二十三年四月六日付（前掲『続洪庵・適塾の研究』三一六ページ）

（前略）尤インフルヱンサ」《ママ》ニハ御一同御罹リ候由、是迄《とて》も不日御全快被成候趣、此地ニてハ毎度申出御案候事ニ御座候、日本ニても彼是散在性ニテ類似之者ハ多ニ有之候得共、大流行ニハ至リ不申候、（後略）

②同年五月二十九日付（同前三一七ページ）

（前略）収入昨年ニ比シ余程相減し閉口之至ニ候、此比ハインフルヱンサ大流行ニ而少々患者も相増候得共、大抵両三日ニ而相治し且中等已下ニ而ハ出入医者位、甚シキハ売薬位ニ而相済ス也、（後略）

流行はしているが、症状は軽く、かかりつけの医者や売薬ですまし、入院患者などはないようであった。

③同年七月四日付（同前三一九ページ）

（前略）去々月《五月》来ハインフルエン《ママ》サ」《ママ》府下大流行一時ハ少々多忙ナリシモ最早流行相止申候、茲ニ可恐ハ当春来非常ノ天気不順ニ而、去月廿七日ヨリ長崎ニコレラ十三名発生シ、（後略）

大阪のインフルエンザは、七月初旬には終息しているようである。

④明治二十四年四月八日付（同前三二四ページ）

（前略）本邦ハ去暮よりインフルヱンザ再発之流行ニ而東京ハ勿論、大阪表も旧冬よりチラチラ有之候処、一月ニ到、寒気非常〈十五六年来ノ厳寒、室内最下［華氏］三十二度［約摂氏〇度］ニ至ル〉にて、之カ為メ同患者ハ大抵肺炎ヲ続発し、老人之分ハ兎心録［鬼録］ニ上リ候者最多ニ之アリ、東京ニ而ハ條公［三条実美］ヲ始メ柳少将、元田［永孚］侍講等ノ高官、大阪ニ而ハ医師ニ而ハ高橋正純［元大阪府病院長］も死亡、外ニも両人《二名》数有名之人相果申候、緒方都一郎［緒方精哉の長男］事も静岡ニ而同症ニ而相果候次第、右ニ付一月二月ハ非常之患者ニ而昼夜奔走、髭ヲ剃ルノ暇モナキ程ナリシモ、三月ニ到リ全ク跡ヲ絶チ〈陸軍病院ニ而ハ市中ノ皆無ニ不拘、此節大流行此節百人已上入院ノ由〉終日大ニ閑暇ニ相成申候、（後略）

前述のように、摂津三田藩の最後の藩主九鬼隆義も同病で、同年一月二十四日、神戸市で死去、享年五十五歳。明治二十四年一～二月は寒気が厳しかった上に、病毒の強いインフルエンザが流行したことがよくわかる。

同年八月二十一日、予備役仰せ附けられ、軍人恩給令に拠り恩給を賜はる。

## (3) ドイツのコッホ博士発明のツベルクリンの反響

明治二十四年五月八日、古弗《コッホ》氏治結核液使用認可を得んが為め、其願書を内務大臣西郷［従道］伯に出したり。是れより先き、独国に有名なる古弗氏第十万国医学会議に於て、治結核薬を発明したる旨を公にするや、天下一般医俗共に翕然《きゅうぜん》［集まるさま］として起り、西より東より南より北より伯林《ベルリン》に輳合《そうごう》［集めあわす］し、伯林市街一時宿料を高からしむるの景況なりしも、古弗氏は未だ成績を結ばざるの故を以て、其薬材を公にせず、各国の医家並に医事新聞等は為めに想像を逞ふし、種々附会［こじつけ］の薬材を組みて之を公にするにぞ。古弗氏も此に其患者を謬るあらんを恐れ、成績不完全ながらに、かの「ツベルクリン」なることを公にしたれば、本邦にも亦早く此「ツベルクリン」を取り寄せ、使用せんとするに至るの景況なるより、政府は暴用以て人を傷はんことを慮《おもんぱか》り、同月二日、内務省令第三号を発して官立、府県立病院の他は相当の準備ある病室を有する医師に限り、予め地方長官を経由して内務大臣の認可を要することに為したるにより、余もかの百発百死たる肺結核を治するの意に急なるが為め、匆急《そうきゅう》認可願書を出すに決せしに依る。乃ち翌六月八日其認可を得たりき。

▽ロベルト・コッホ(Robert Koch, 1843-1910)…結核菌・コレラ菌を発見した著名なドイツの細菌学者で一八九〇年、ツベルクリン(Tuberkulin)を創製して結核治療薬としようとしたが、これは結核には効果はなく、不成功に終わった。今では結核感染の有無を知る診断薬として用いられている。コッホの発表当時は全世界が注目・期待し、惟準もいち早くこの情報を入手し、ツベルクリンによる治療を試みようとしたのである。

同年七月二十七日、過般独国より帰朝せし医学士匹田復次郎氏のため、高橋茂［高橋正純長男］、井上平造、高安道純、有沢基次氏の四氏と共にその事を幹し、江藤俊吾、泉禎造、戸沢正俊、伊達良一、菅煥斎五氏の補佐により、其祝宴を北区中之島の洗心館に張る。幸に幹事等周旋到らざるにも拘はらず、医学士及び大医老伯［父の友、友人の父］ら無慮七十余名の来会を辱ふしたり。

明治二十四年十月二十八日［正しくは二十四日］岐阜、愛知両県下、地大に震ひ死傷算なし［濃美大地震］。我緒方病院にも医員、看護人を送りて仁術を尽くすの一端に供せんとせしも、生憎両職［医員・看護人］欠員ありて、院務すら手廻り兼ぬる景況なるより、とりあえず金弐拾円を義捐せり。

濃美大地震では倒壊家屋数は一八万余、焼失家屋五〇〇〇、死者九五〇〇名、負傷者一五、〇〇〇名。医科大学、陸軍軍医会、京都府立医学校(日赤京都支部の嘱託)などが現地に赴き、救護活動に従事、順天堂の佐藤進は自費で災害地に赴き救療活動を行った。

## （4）惟準の叙勲

同年十二月二十六日、特旨を以て、位一級を進め、従四位に叙せらる。蓋し侍医局長池田謙斎氏は、余の維新以来、社稷《しやしょく》［朝廷・国家］、宗廟［祖先のみたまや］の為め天下国家の為、聊《いささ》か竭《つ》くせし事蹟に対し、すなわち明治元年九月徴士仰附けられ、典薬寮医師に補し、東幸供奉仰附けられ、朝廷西洋医術を採用せられしは全く余に初まり、現今の侍医局における歴史を追考するにその功労少なからず、同三年以来軍事病院に兼勤し、次で陸軍に転任、終に病に由て予備仰せ附けられたる次第なれば、特旨を以て位階陞叙《しょうじょ》［勲位をのぼすこと］ありたき旨を、同月十九日土方［久元］宮内大臣に上申したるに出ず。

この叙勲に関し、惟準が池田謙斎の求めに応じ、池田宛に同年十二月十一日付で書簡および宮内省出仕時代の履歴書を送っている（池田文書研究会編『東大医学部初代綜理池田謙斎・池田文書の研究（上）』）。

（前略）扨《さて》先年内願仕候義今以御心頭ニ被為懸、種々御配慮被成下候段、重々難有奉存候、今回命ニ従ヒ野生宮内省出仕之履歴相認差上置候之間、宜布御取為奉願候、尤も明治初年ノ義ニ付、辞令書無之多々口頭ニテ被申付候義も有之候、野生日記中ニ依リ、摘撮シ要事ノミ相認申候、実ニ明治初年西京ニテ被召出候節ハ、宮内諸事未開ニて大苦心仕候義ハ御推察可被下候、先右御貴答迄、余奉期後便候、恐々拜具

緒方惟準

十二月十一日

池田謙斎様玉案下

（後略）

## （5）収二郎・正清の帰朝と産婆教育所の開設

明治二十五年二月五日、先年遠逝したる母［八重］の七回忌に相当するを以て、僧を招き経を読み、いささか其弔《ちょう》［とむらい］を為し、翌六日一同龍海寺たる墓に展す。

明治二十二年（一八八九）四月からドイツに留学していた弟収二郎と緒方正清が同二十五年一月二十九日横浜着、二月一日大阪に無事帰着、両人は同月十五日から緒方病院での業務を始めた。翌十六日、緒方太郎は緒方病院を辞して開業した。同月二十一日、北区中之島の洗心館で清野勇医学士ら一二名の発起により帰朝歓迎懇親会が開かれ、来会者は一六〇名であった。しかし惟準はインフルエンザのため欠席した（幹澄「明治二十五年医事小史」、『医事会報』五〇号、一八九二年）。

二十五年四月一日、院内に産婆教育所（のち助産婦教育所と改称）を開設、所長に正清が就任、産婆養成を始めた。

同年三月三十日、東区北浜三丁目邸宅［旧適塾］を引き払ひ、同区北新町一丁目の自邸へ移転したり。

三月三十一日、惟準の引っ越したあとに、弟収二郎が入居した。

同年六月二十二日、堀内利国、吉田顕三、高橋正直、高安道純、疋田修庵諸氏及び同姓拙斎と共に、過般非常の名誉を荷ふて独国より帰朝したる医学博士北里柴三郎氏を東区［現・中央区］平野町四丁目堺卯楼に招聘し懇親の会を開きたり。

## （6）惟準の門弟教育・自著の総括

今日までに係る余が経歴の大概は一応陳べ尽くしたり。終りに臨み、余が医学教育及び著書、訳本に関することを括言して、以てこの話、局《かぎり》を結ぶべし。抑《そもそ》も余が医学生徒を教育せしは、維新前後の官立医学校に係ることを除くの他、旧幕時代〈文久三年より〉に在ては、江戸下谷竹町に私塾を開き蘭学を教授し、生徒無慮二百有余名に及ぶ。然れども是れ皆医学生徒にあらず、他科の生徒も亦多し。塾頭は今の医学博士池田謙斎氏〈侍医局長〉なり。維新以後に在ては、明治五年［一八七二］より東京駿河台南甲賀町に私塾を開き、医学生徒のみ教授し、継続して同十一年［この年の七月大阪鎮台病院長に任命］大阪に移るに到る。其生徒を総計するに、無慮八百八十二名、当時の精々学舎は、余が閉塾後に開く所とす。

第16章で述べたように、新出の明治期の適々斎塾門人帳は二冊ある。そのうちの一冊は、表紙に「紀元二千五百四拾歳　入門人名録」（明治十三年）と記されている。これが大阪適塾門人帳である（松田武「新出の明治期「適々斎塾門人帳」について」、『適塾』二三号、一九九〇年）。この入門人名録を見ると、大阪適塾では明治二年から十九年まで総計一六二名である（次頁の表参照、入門数のうちカッコ内の数字は年次の記載はないが記載順序から推定した数——松田氏論文による）。

| 明治 | 入門数 |
|---|---|
| 2 | 2 |
| 3 | 0 |
| 4 | 0 |
| 5 | 5 |
| 6 | 3 |
| 7 | 3 |
| 8 | 0 |
| 9 | 10 |
| 10 | 7 |
| 11 | 11（2） |
| 12 | 22（1） |
| 13 | 23（2） |
| 14 | 16（4） |
| 15 | 16（7） |
| 16 | 18（9） |
| 17 | 19（2） |
| 18 | 6（3） |
| 19 | 1 |
| 計 | 162（28） |

出典：松田氏論文

惟準が大阪鎮台病院長として再び大阪に帰ってくるのは明治十一年（一八七八）七月で、そして軍医本部次長として東京に赴任するのは明治十三年四月である。この足かけ三年間の入門者数は五六名、東京へ去っても明治十七年まで毎年一〇数名の入門者がいたことから、惟準の代講者がいて、塾は機能していたことがわかる。その中心人物は義弟の緒方拙斎でなかろうか（詳しくは第16章参照）。

且つ夫れ上梓して販売せし著書、訳本は衛生新論〈明治二十四年再版〉、撰兵必携、勃氏対症方叢、眼科闡微、西薬新論《編》、外科器械略論及び勃海母氏《ママ》薬物学等なり。その他上梓し、若くは上梓せずして販売せざる者は軍陣外科要言、脚気新説、実用内外科提要及び近衛歩兵隊麦飯給与試験成績等とす。吁《ああ》人は棺を蓋ふて後ち、事定まると。余も亦庶幾《こいねがわ》くは生涯を全ふせんことを。（完）

惟準の『一夕話』はここで終わっている。最後に『緒方惟準直筆の自叙伝原稿について　その紹介と読後覚書』の編者緒方秀雄氏（惟準の孫）の「あとがき」全文を掲げる。

　祖父の自叙伝原稿は、祖父が五十歳になった明治廿三年三月三十日に於ける転宅の項を以て一応終え、そのあとに祖父が教育者的な業績を物語る「医学教育及ビ著書訳書ニ関スル事」を附記して、結びとしている。

　はじめに述べたように、もともとこの原稿は陸軍々医学校の求めに応じて、学校史編纂の資料に供する意図のもとに執筆したものである。従って当然公的な仕事に活動した事績の記載が主となっており、私的生活な面に就いて触れた処は極めてすくないのであるが、公人としての祖父が歩んだ全貌だけでも知り得たのはこれまで祖父のことを全く知らなかった私にとっては、大きな喜びであった。また最後の附記で、祖父が多くの著書訳本を刊行しているのを教えられたが、それらの一冊をも私はまだ手にとって見たことがない。ただその中に「脚気新説」と「近衛歩兵隊麦飯給与試験成績」の報告を挙げているのは、これが陸軍々医学校へ提供した原稿であるだけに、祖父が全く意図せずして、皮肉な結果を学校に与えることになったをみるのは、私の僻目《ひがめ》的な見方であろうか。しかもその問題の「脚気」という病気そのものが、今日ではみることが出来なくなってしまったのである。時の流れも亦ある場合には大きな皮肉をもたらすものであると思う。

祖父がこの原稿を執筆するに当っては恐らく若い時代から書き続けていた日記が残っていて、それを基にしたものであろう。過去の三、四十年も以前の事柄を到底記憶だけでは——いかに祖父が優れた記憶力の持主であったにしても——その年月日の点までも正確に覚えているのはむつかしいからである。一体、そうした祖父が書き誌した日記、また手控帖の類は、今でも多少はどこかに残っているのであろうか。

私の覚書も、祖父がその原稿を終えた処で、即ち緒方病院々長として愈々《いよいよ》本格的な活動を始める五十歳の時（明治二三年）を以って、筆をおくことにしたいが、実は私が父［知三郎］から聞いた祖父についての思い出話は、殆んど祖父がこれ以后の、殊に院長を辞して悠々自適の隠居生活をした最晩年の時代の事柄が多いのである。それらは機会があれば、書いてみたいと思う気持はあるが、要約して祖父の生涯は、その終生を通じてみれば、極めて恵まれた「幸福なる人」であったといってよいと思う。

とりわけ祖父が仕合わせだったのは、その晩年の精力を傾注して、発展に努力した緒方病院が、祖父の死後僅か数年にして解散の憂目をみた悲痛事を味うことなくして、世を去ったことではなかったか。私は祖父の原稿を読み終えて、我が道を敢然と貫き通して歩んだその男らしい生涯に深い感銘をうけたが、それと同時に、仏教でいう「諸行無常」なる語が頭の中に浮かんでくるのを、なんとしても打ち消すことが出来なかったのである。

以上、『一夕話』の全文を紹介し、そのなかで述べられている出来事・事件・人物などについて、すでに発掘・研究されてきた諸氏の資料および筆者の研究資料をもとに解説を試みてきた。しかしなお力不足で満足できるものではないが、一応の区切りとしたい。

以下の第30～35章では、筆者が独自に諸種の医学雑誌やその他の資料を検索し、明治二十五年（一八九二）以降四十二年（一九〇九）七月二十日の逝去（享年六十七歳）までの足跡を断片的であるがたどり、さらにその後の緒方病院の推移を述べてみたい。

# 第30章　緒方一族および緒方病院の動向──『一夕話』以後（明治二十五年〜）──

『一夕話』は明治二十五年（一八九二）六月二十二日の記事をもって終了している。これ以後の惟準についてのまとまった記録はないので、遺族の記述や文献によってたどらねばならない。以下、二十五年の初頭からの緒方病院に関連した出来事を述べ、さらに惟準および緒方一族の動向とともにその軌跡をたどってみたい。

## 明治二十五年（一八九二／惟準五十歳）

一月二十日午後六時より緒方病院医事研究会第一〇総会兼新年会を北区中之島豊国祠畔の銀水楼で開く。第一席会員宮内重志が「慢性貌麗篤《バレット》氏病の剖見」、第二席理事浜田美政が「緒方病院における古弗《コッホ》療法の成績」を述べ、第三席会長緒方惟準が、前年中の治療成績として初めにインフルエンザの流行、露国皇太子の遭難、震災事件（濃尾地震）の患者等をあげ、さらに精神病を見ることが開業以来多かったのは、文明が進歩するにしたがい、精神病が増多するとの諺に違わないことを証するに足ると述べ、なおその精神病患者の二、三の稀有な症例を述べた。第四席稲葉通義は、席上の瓶内の松を見て感ありと題し、松が節操を変えない忍耐強さを、会員の節操と忍耐とに譬えて雄弁を振るい、満座をにぎわし、第五席長田幸太郎は、文明諸国に行われている小児感冒の療法について述べた。これが終わって宴会となり、午後十時過ぎに解散した（『東京医事新誌』七二二号、一八九二年）。

一月二十四日、大阪慈恵病院では肺結核の一男子の遺体の病理解剖を行ったが、なお死後の解剖を予約している患者が二、三名あるとのことである（同右）。

二月一日、ドイツに留学中の惟準の弟緒方収二郎と同正清（拙斎の養子）が帰阪、両人は同月十五日から緒方病院で診療を開始した。正清は産婦人科長に就任、翌日、緒方病院副院長の医学士緒方太郎（緒方郁蔵の長男）は病院を辞して開業し、収二郎がその後任の副院長に就任した。

二月五日、故洪庵夫人（惟準の母）の花香女史（八重）の七回忌が（おそらく龍海寺で）行われた。

二月二十一日、大阪府立医学校校長清野勇医学士ら一二名の発起で、緒方収二郎・同正清の帰朝懇親会が北区中之島洗心館で開催され、来会者は一六〇余名であった。

三月、浪華臨講会附属医学校が東区（現・中央区）南久太郎町三丁目に開校した。

三月三十日、惟準は西区北新町の自宅に転宅、翌三十一日、弟収二郎は、従来惟準が居住していた北浜三丁目の邸宅（旧適塾）に移転した。

四月一日、緒方正清は欧州留学より帰るや、産婆を組織的教育のもとに育成する必要を感じ、緒方病院内に産婆養成所を開設した。その修業期間は一年間であった。同院医員であった高橋辰五郎（新潟県生まれ、のち新潟市で産婦人科医院を開く）とともに講義を行い、そして産婆の名称を「助産婦」と改めた。これは日本で最初の呼称である。しかし社会は旧来の産婆の概念にとらわれ、応募する者も少なかったが、五月一日から授業を開始した。第一回卒業生は九名（明治二十六年九月）、第二回生は四名（同二十七年三月）、第三回生は五名（同二十八年三月）にすぎなかったが、明治二十九年（一八九六）からは一七名、一八名、二一名と次第に増加の一途をたどった。同年六月には、月刊雑誌『助産之栞』（本邦最初の助産婦雑誌）を創刊した（『助産之栞』記念号、一九一二年）。

同じく一日、緒方病院本院の開院五周年の祝宴が西成郡北野村の聞天楼で行われた。

六月十日、子爵佐野常民、長与専斎らの適塾門人らが東京の大橋楼で故緒方洪庵の三十年祭を行った。

▽**北里柴三郎博士の来阪と懇親会**

北里は明治十八年（一八八五）十一月から二十五年五月まで、内務省留学生として、長期にわたってドイツの世界的細菌学者コッホ博士のもとで細菌学の研究に没頭していたが、五月十八日帰国した。同年六月十日大阪に到着し、中之島の花屋に投宿した。十二日に清野勇・井上平造・緒方収二郎・緒方正清をはじめ在阪の医学士一同、神戸の高橋盛寧、須磨の鶴崎平三郎、和歌山の沢辺保雄、京都の佐伯理一郎ら三〇余名が、中之島洗心館で帰朝の祝宴を開いた。北里は同十四日に播磨国加東郡に赴き、二十日大阪に帰った。この加東郡へ行った目的は不明である。緒方惟準・緒方拙斎・堀内利国・吉田顕三・高橋正直・高安道純・匹田修庵が主唱者となり、二十二日夜、堺卯楼で懇親会を開いた。出席者は一〇〇有余名で、まず発起人総代として高安道純が開会の挨拶をし、次に高橋正直（北里と同郷の熊本県生まれ）が北里の幼時からの経歴を紹介した。ついで北里は約一時間の講義を行った。そのほか医学士村田豊作の演説、大黒田龍の祝文の朗読などがあり、終って酒宴が開かれ、余興として芸妓の手踊りもあり十一時ころ散会した。そして翌二十三日午後一時の汽車で夫人とともに大阪を発ち京都に赴き、一泊し帰京した。この講演略記が『大阪朝日新聞』（一八九二年六月二十四・二十五・二十六日付）に連載されている。『東京医事新誌』七四七号（一八九二年七月）にもほとんど同文のものが掲載されているが、これは『大阪朝日新聞』からの転載である（同誌に「席上に於て演説したる略記を得たれば左に

図30-1　北里柴三郎
（明治27年／43歳）

掲載す」との注記がある）。

演説の冒頭に、「私は明治十八年内務省より衛生学なかんずく伝染病学取調べのためドイツへ派遣すべき旨を命ぜられた。当初この取調べをするにはどのような方針を取ろうかと迷ったが、ドイツに到着後、この取調べは黴菌学にしかず、黴菌学を修めるならコッホ氏をおいてほかに師とすべき人はないと思惟し、コッホ氏に学んだ」と述べたのち、コッホの結核菌・コレラ菌の発見、結核の治療薬と期待されたツベルクリンの自他の治療効果について詳細に述べている。列席の医師たちの最も知りたかったのは、日本の国民病といわれる結核の治療薬ツベルクリン（のちに効果は否定された）についてのドイツからの最新の情報であったろう。そして「近年の黴菌学の進歩により、近い将来コレラ・丹毒・チフス・らい病・風土病の脚気などの治療の道は開けると信ずる」と述べ、最後に、「わが国にこの種の疾病があるのは不幸であるが、我々の研究上では無上の幸いである。私は諸君とともに、大いにこの研究を行い、他日好結果を得ることを期待する。そうなれば各国よりわが国に争って来て、その研究を請うであろう。コッホ氏が結核療法発見の時に譲らないであろう。余は不肖なりといえども、自らこの事に任ずるを躊躇すべきではない」と述べ、意気高らかであった。

七月十日、緒方病院医事研究会総会を開く。同会設立五周年の祝賀会および総会を午後六時より、大阪市曾根崎の静観楼で開いた。総会では規約改正、正副会長、幹事のみの撰挙を行い、緒方惟準が会長、同収二郎が副会長、同惟孝（惟準の弟、緒方病院薬局長兼事務長）が幹事に当選した。そして村田豊作・中原貞衛・緒方太郎の三医学士を審事委員に、浜田美政・馬場俊哉・長田幸太郎・竹田寛・塚原虎熊・中村周斎・江見泰二郎・宮内重志・幹澄が理事に指名され、堀内利国が名誉会長に推挙された。演説は、会員稲葉通義「顔面位置に於ける胎児の回転並び娩出の治験」、会員大沢次郎「解熱剤の用法」があったが、すでに九時をすぎたため他の演題（緒方収二郎の「トラホーム療法」、緒方正清の「婦人生殖器に於ける外科的療法」その他）と祝辞はやめ、酒宴に入り、午後十二時ころ解散した（『東京医事新誌』七四九号、一八九二年）。

### ▽ドイツ眼科医ヒルシュベルグ教授の歓迎会

九月、来日中のドイツの著名な眼科医ヒルシュベルグ（Julius Hiruschberg, 1843-1925）ベルリン大学眼科教授の歓迎会を大阪で開くにあたり、緒方収二郎が中心になり二一名による歓迎会発起人会が発足し、同月二十八日ころを予定して、府下の医師たちに出席勧誘状（会費三円）が送られた。この発起人には、収二郎はじめ惟準・正清・太郎、堀内利国らの緒方一族、清野勇大阪医学校校長以下高安道純・吉益東洞・華岡青洋・村田豊作・江口襄など大阪医学校・軍医・開業医と著名な大阪の医師が名を列ねている（実際に歓迎会が開かれたのは、十月六日であった）。

九月十日、同教授に師事した緒方収二郎はヒルシュベルグ教授を出迎えるため、この日横浜へ向かった。

十月六日、大阪駅に到着したヒ氏は緒方収二郎らの出迎えを受け、中之島の白山亭で休憩したのち、天満大神、造幣局、大阪城跡、両本願寺別院を巡覧、午後五時前旅館に帰った。かねてヒ氏に面会を希望していた高橋眼病院長高橋江春は、当時試験中だった有視義眼すなわち人工角膜嵌入の患者の一覧を請うた。そこで宴会の前に高橋は患者を連れ、緒方収二郎・今居真吉・鶴崎平三郎・清野勇の諸医学士らとともにヒ氏の部屋に行き面会し、患者を供覧した。ヒ氏は高橋から、視力保存日数（「前患者は百三十余日を保ちしが、この患者は未だ十余日に過ぎず、爾後何日を保有するか知るべからざると答ふ」）、材質および製法等を聞き、大いにこれを賞賛して、「欧州にも近時、中央を硝子《ガラス》にして周囲を黄金にする等種々之に類似の技術を企つと雖も未だ斯く永く視力を保ち斯く異物作用を発さゞる（比較的）完全なるものを見ず。冀《こいねがわ》くは、爾来之を実験し自今半年の成績を巨細に認め、伯林《ベルリン》大学に向ひ余に宛てて贈らるべし、然らば余は之を余の中央眼科新誌は勿論、読者の多きこと第一と聞こえたる独逸医事週報に掲げて汎く眼科家の耳に達せしむるの労を執らん」（『東京医事新誌』七六〇号、一八九二年）といった。高橋は自己の修飾的義眼を示し、途中の御慰みまでにとて、その一〇個入一箱をヒ氏に呈して別れ、ヒ氏はそれから洗心館の懇親会に臨んだ。

午後五時、大阪中之島の洗心館で懇親会が開かれた。上記の発起人以外、須磨の鶴崎平三郎、和歌山の沢辺保雄・木下行道、奈良の徳田周・矢追孝吉・八木逸朗、大阪では吉田顕三・高橋正直・高橋江春・松岡小太郎などが加わり、六〇余名が参集した。『東京医事新報』七六〇号（一八九二年）は当時の様子を次のように報じている。

> 皆羽織袴を装ふ、館後の堂島川には長さ四十間に紅球灯を芙蓉峰《ふようほう》［富士山］形に仕つらい、煙火［花火］の装置をなして導線を附し一灯に火を移せば衆灯一斉に点ずる、ことに仕掛け会初まるや、打ち上げ一回を放

図30- 2　高橋江春

図30- 3　高橋眼病院

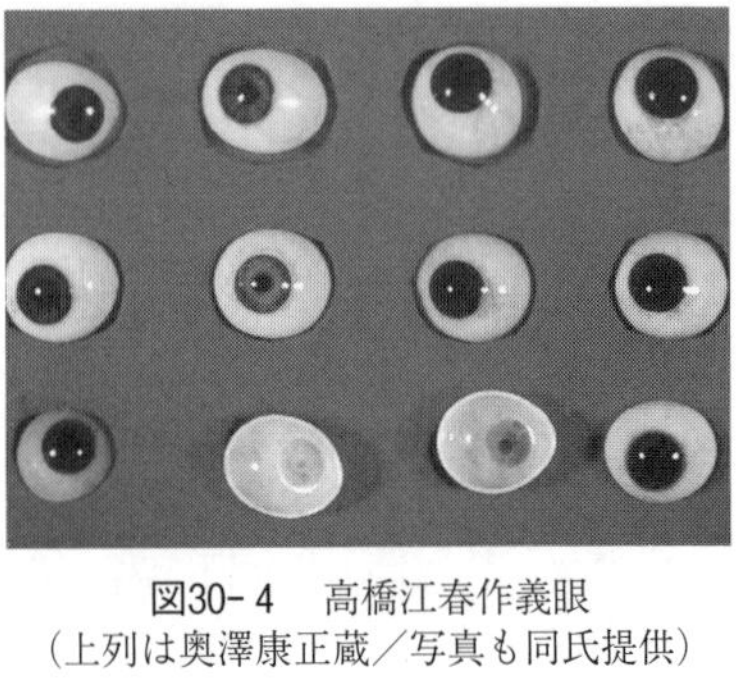

図30- 4　高橋江春作義眼
（上列は奥澤康正蔵／写真も同氏提供）

つと共に、坐定まり、先づ清野医学士発起人総代として開会の趣旨を日本語で述べ、次に今居医学士独乙語演説（その大要を記せんに、ヒ氏は大家なり、余は親炙して教を受けざれども、氏の著書等に依り間接に益を得たること多し、今回図らずも声咳に接するは満悦の至に堪えず」というに在り）それよりヒ氏は、日本の山紫水碧こそ実に愛すべし、余大学に教授たること二十有余年、其間エジプト国、米国等を巡遊したれども未だ日本の如き風光明媚なる国を見ず、また日本人の如く熱心に優待されたることなし、かつ到る処に同僚の集まり居りて独乙語に談話せらるゝは、ただに余の最も愉快に感ずるのみならず、我本国の為にも深く喜ぶべきことなり、殊に日本に於ける医学の進歩したるは痛く予想の外に出づ、先刻高橋江春氏の携へられし有視義眼の患者を一覧せしに、実に斬新なる発明にして、平素医学の精に誇る所の我本国にすら未だ曾て見ざるの熟練に、余も一驚を喫したるが如き、其一例ならずや、しかのみならず、日本人は実に勉学力に富めり（他国人に比して）これ医学の予想外進歩せる所以ならんか、蓋し夙に外国に学びて帰国後、その益を分与したる諸氏の賜も亦与りて力あるなり、大凡先年来我国に来りて就学する日本人を見るに、皆能く勉学すること殆ど日本人の特性かと疑はる。就中《なかんずく》此会を開くに斡旋し、現に当席に居らるゝ緒方収二郎氏の如き親く余の門下に在りしを以て、非常の勉強家なることは余の能く知る所なり、日本人は大抵今例に挙げたる如き人のみ、後年若し再び来遊することあらば、今日に優る幾層進歩を見るなるべしとの意味なる演説ありて、今居医学士之を通訳し了りて、酒宴（日本料理）に移る。此際緒方収二郎氏は独乙語を以て孛帝《プロシア》及びヒ氏の為めに祝盃を挙ぐ、請ふ一同起立、万歳を三呼されよと、会員一同その声に応じて、孛帝及びヒ氏万歳を各三呼し、主客歓を極めて退散せしは、午後十一時頃なりき。余興には舞妓の手踊りあり、かつ時に鹿と山との煙火（七分間保つ）あり、その他絃妓二十余名、盃盤の間に周旋せしは、ヒ氏の一入興に入りたるが如くに見受けられしとぞ翌九日、ヒ氏は奈良に行き、ついで神戸も訪ずれた。

十月十日、盛大な歓迎をうけたヒルシュベルグ教授は神戸港を出航、帰途についた。帰途に臨んで日本の各所で歓迎を受けた謝辞を認め、緒方収二郎を介して、東京医事新誌社その他へ送った。このドイツ語の原文と訳文が、前掲『東京医事新報』七六〇号に掲載されている。日本語の訳文を左に記す。

余は今や日本の地を離るゝに当り、日本の尊重すべき同業諸君の余の此美麗なる地を旅行するの際、就中東京、名古屋、京都、大阪、奈良及び須磨に於て余に示されたる大なる愛情及び友誼に対し最も感謝せざるべからざるを悟るものなり。余の又最も多くの旅客に比するに遙かに短縮なる日時に於て日本の景色、民情、及び美術を窺ふを得たるも亦同業諸君に謝する所なり。余は此国を愛し、此民の重んずべきを識り、同時に日本医学の長足なる進歩及び其喜ぶべき状勢にあるを確認するを得たり。予の実見せる其遇客心の深きは、余の能く再述し得る所にあらず。日本の同業諸君にして独逸国に来るの人は、須からく余を訪はれんことを乞ふ。日本に就て談ずるの際、余をして此愉快なる大旅行を追想せしむるを得む。

独逸国伯林大学アウゼル・オルデントリヒ教授

ドクトル、メヂチネ。ヨット、ヒルシュベルグ

神戸　千八百九十二年十月十日

図30-5　ヒルシュベルグと在京の眼科医たち（明治24年9月24日）

この日本訪問についてはSaiiti Mishima, *The History of Ophthalmology in Japan*, 2004に簡潔に記述されており、ヒ氏が東京大学眼科学教授河本

重次郎らの眼科医と一緒に写した集合写真が掲載されている（図30-5）。

後日談であるが、一九二一年末に、ヒ氏は彼の所蔵の歴史的眼科書を四万円で購入してほしいと、河本に要請の書簡を送った。河本は購入を受諾、一九二六年二月にすべての手続きがすみ、日本に輸送され、東大眼科教室に納入された。現在は「河本文庫」と名づけられ、東京大学総合図書館にある。


十月二十六日、北里柴三郎医博が大阪私立衛生会の招きに応じて再び来阪、赤痢菌探求に従事し、十一月六日にその作業が終わり、翌七日に開かれた大阪私立衛生会の秋季総会でその結果を報告した。

## 明治二十六年（一八九三／惟準五十一歳）

### ▽大村益次郎の銅像建立

二月五日、東京九段の靖国神社の社頭に建立された大村益次郎の銅像の除幕式が行われた。はじめは一月九日の予定であったが、当日は大雪であったので、二月五日に変更されたのである。

銅像の高さは三メートル、碑銘を刻した鋳鉄台およびその下の花崗岩の台石を入れて地上一三メートルの高さである。周囲には鉄柵が張りめぐらされ、その外側に八門の大砲がすえられた。しかしこの鉄柵と大砲は第二次世界大戦中に供出され、今はない。

大村益次郎は緒方洪庵の門人である。京都で凶徒に襲撃され重傷を負い、ボードインや緒方惟準らが治療に当たったがその甲斐もなく、明治二年（一八六九）十一月五日に大阪府医学校病院で没した（第9章参照）。惟準とは浅からぬ因縁があるので、この銅像建立の経緯を述べる。これについては、杉田幸三著『銅像は生きている』に詳しいので、これによりながら紹介する。

明治十五年（一八八二）十一月十五日、東京芝公園内の紅葉館での大村益次郎十三年慰霊祭典の席上、第二代靖国神社宮司加茂水穂が首唱し、有栖川宮熾仁《たるひと》親王・小松宮彰仁《あきひと》親王をはじめ三条実美らの賛助を得、山田顕義・原田一道・船越衛・三宮義胤・寺島秋介ら、大村と生前縁故の深かった人々が建設委員となり、朝野有志に銅像建立をよびかけることになった。

明治十九年四月付の発起人らからの内務省、陸・海軍両省への申請書には次のようにある。

今般故兵部大輔大村永敏ノ門人ラ相ハカリ、同氏ノ肖像ヲ銅鋳建設イタシタキ願イコレアリ候得ドモ、相応ノ土地コレナク、ハナハダ遺憾ニマカリアリ候、シカルニ同氏儀ハ維新ノ際、国事ニ尽力、功績スクナカラズ、カツ、招魂社（明治二年六月創建、同十二年六月、靖国神社ト改称）設置ノ当初ニ当リ、地所撰定、社殿計画ナドニアヅカリ候縁由モコレアリ候ニツキ、特別ノ御詮議ヲモツテ、靖国神社境内ニオイテ、別紙図面朱線ノ場所へ右銅像建立御許可ナシクダサレタク、コノ段連署シテ願イ上ゲ奉リ候、以上（前掲『銅像は生きている』）

そして二か月後の六月四日、建立の許可が下りた。翌二十年十一月七日には、明治天皇より金五〇〇円の御下賜金があり、民間有志からの寄付金は約三万円余に達した。

しかし困ったことに大村の写真も肖像画もなかった。そこで、大村と生前親しい間柄であり、画に堪能な高橋惟熙に肖像画を描かせ、のちイタリア人キヨソネにもそれを依嘱した。そして明治十八年、彫刻家大熊氏広に像の制作を託した。大熊は二人の描いた肖像画をもとに面部を彫刻して衆評を仰いだが、さらに二十年、彫刻研究のため渡欧、帰朝後の二十三年、大村の妹富重の容貌が彼に似ているという未亡人の助言で彼女を写生、体格は甥の藤村文恭の三男幹三郎の姿を描写した。

こうして八月から原型塑像の制作に着手、二十四年五月に完成、六月から小石川砲兵工廠で鋳造に着手、大熊

図30-6　大村益次郎銅像（靖国神社境内）

は工廠技師金子増燿の協力を得て、十月に完成した。銘ならびに書は三条実美である。据え付け工事は本郷駒込肴町の石工酒井八右衛門、世話役は浅野辰五郎である。この銅像は日本における最初の西洋式銅像である。

当時この銅像は珍しさのために話題となり、錦絵や名所記などで評判をよんだ。第二次世界大戦で全国のほとんどの銅像・寺院の梵鐘は供出させられ、武器弾薬になってしまったが、大村の銅像は残された。鉄柵と大砲は供出されたものの、もとの銅像の景観は戦前発行された絵はがきで知ることができる（図30-6）。

三月十日、収二郎の長男洪平誕生（昭和四十一年二月八日没／享年七十四）。

五月一日、緒方病院では設立六周年記念の祝宴を城南桃山の産湯楼で開き、軽気球などの打ち上げがあり、なかなかの盛会であった。

同月同日、大阪慈恵病院では、かねてから大阪市の衛生費で支弁する貧民・棄児の疾病治療を引き受けることを申し出ていたが、これが許可され、この日から実施された。

同月六日午後二時、第四師団（大阪）軍医長堀内利国軍医監が偕行社において部下の軍医らおよび在阪衛生部の下士官に対し脚気予防の講演を行った。『東京医事新誌』七八八号（一八九三年）は、「その演説の要領は、従来当地各隊兵中、脚気に罹るもの多きに因り、その予防法として兵食を麦飯（米六、麦四の割）に定めしは、明治十七年［一八八四］の冬なりしに、その成績極めて良く、爾来全く脚気患者の跡を絶つに至れりとて、種々例を掲げ、証を引きて麦飯の脚気予防に著しき効あることを証するに足るというに在り。終わりて黒川師団長、緒方［惟準］退職軍医監はいずれも堀内軍医監の脚気予防における功績の顕著なるを賞讃し、政府においても深く酬ゆる所あらんことを希望す、との意を述べ、それより堀内軍医監主人となりて、立食の饗宴を開き、午後四時散会せり」と報じている。

六月十日、故緒方洪庵没後三十年にあたり、門下生および縁故ある人々が東京大橋の大橋楼で追悼会を開いた（『東京医事新誌』七九三号、一八九三年）。会合の内容の詳細は不明。

七月二日、大阪慈恵病院医学校（前身は浪華臨講会）の開校式を挙行した。

▽緒方分病院の新設

九月三日、緒方病院分病院新設の祝宴が行われた。緒方病院では、婦人科産科と眼科との診療を専務とするため分病院を置くこととし、大阪市西区立売堀《いたちぼり》南通四丁目（中橋南詰西へ入る角）に新築した。分病院は新町の焼け跡に建てられ、和洋折衷（和室六・洋室四）で、換気法・排水法に留意、院内はすべて電灯を用いた。北手になお病室二棟を新築する予定であったが、院舎がほぼ落成したので、この日ゆかりの人々や新聞記者など数十人を招き、新築落成の祝宴が開かれた。当日の様子は次のようなものであった（『医事会報』五五号、一八九三年）。

門前には国旗を交叉し、台提灯を置き、院内には諸器械・諸標本を陳列して招待客に供覧、午後五時、本院院長緒方惟準は分病院新設の主旨を述べ、次いで職員中村数造が祝辞を読み、次に緒方病院医事研究会理事幹澄が総代祝辞を読み終わり、酒食の宴となり、十時に閉じた。

分病院は九月十日より開業し、毎日午前十時より午後一時まで収二郎が眼科を、正清が婦人科産科を、奇数日午後二時から五時まで惟準が内外科を、偶数日は同時間に拙斎が内外科を診察した。

分病院で正副院長・院主・医長も診察することとなったので、本院での診療時間は次のように改変された。

| | | |
|---|---|---|
| 毎日午前七時より十時まで | 眼　科 | 収二郎 |
| 同前 | 婦人科産科 | 正　清 |
| 奇数日午前八時より正午 | 内　外　科 | 拙　斎 |
| 偶数日　同前 | 内　外　科 | 惟　準 |

さらに翌年四月には次のように改変された（『東京医事新誌』八三七号、一八九四年）。

緒方病院には予て西区立売堀南通四丁目の分院構内に新築中なりし眼科、婦人科産科病室落成に付、本月（四月）二日より本院診察時間を内外科、眼科を午前八時より正午十二時迄、婦人科産科を午後一時より同四時迄とし、分院診察時間を内科婦人科産科、午前八時より正午十二時迄、外科眼科、午後より同四時迄とすることに更正せられたりと云ふ。

〔緒方病院医事研究会理事幹澄の祝辞〕（『医事会報』五五号、一八九三年）

看よ々々彼の草木を看よ、根幹を培養するときは枝葉随て暢茂し、根幹を荒蕪するときは枝葉随て凋萎するにあらずや。宇宙間未だ根幹を培養せずして而して枝葉の暢茂する草木あるを知らざるなり。緒方病院は過般来、地を市西立売堀南坊第四街に相して分院を新築し今や土工其半を竣《お》へたるより、院長緒方惟準先生特に書を飛ばして職員、親戚、昵懇の各位を招き、開院の仮式を挙げらる。是れ実に明治二十六年九月三日に在り。聞く此分院は眼科、婦人科、産科諸病の治療を主とせらるゝと。抑《そもそ》も緒方病院は我研究会の根幹にして、当初適々斎病院と称せし頃より鋭意力を根幹の培養に致し、殊に去明治二十年院名を改め、院舎を今の地に移せし以来は培養著しく挙り、尚ほ嚮《さき》に欧州に遊学したる緒方収二郎、緒方正清両先生の昨春帰朝するや、培養更に足り一層面目を革新し、人皆関西私立病院の覇を以て許す。宜なる哉、凌雲の枝を伸べて此分院を創立せし事、吾輩亦幸に式場に列するの栄を辱ふするの余、いささか所思を吐露して本院の培養足ると

共に、此分院の暢茂せん事を期するのみ。　緒方病院医事研究会理事総代　幹澄拝白

この祝辞に述べられているように、緒方病院は隆盛を誇り、関西私立病院の雄、最高の病院と自他ともに認められていた。

十二月十一日、大阪慈恵病院医学校は北区今井町の共立薬学校を仮校舎として授業を行った。

この年、緒方正清は高橋辰五郎との共訳で、窊維篤《ファイト》著『婦人科診断学』上巻を出版した（下巻は翌年五月刊）。高橋辰五郎（一八六四～一九三六）は、かつて緒方病院に勤務、この当時は新潟県東蒲原郡草倉鉱山診療所に勤務、のち新潟市古町通一〇で高橋産婦人科医院を開院、高橋産婆学校も経営する（蒲原宏『新潟県助産婦看護婦保健婦史』）。

## 明治二十七年（一八九四／惟準五十二歳）

三月、予備陸軍軍医監緒方惟準（緒方病院院長）は明治天皇結婚二十五年祝典に参列のため上京し、あわせて洪庵夫妻の墓参をした。乙酉会の諸老先生は惟準を星ケ岡茶寮に招待しもてなし、また陸軍軍医諸氏も惟準を偕楽園に招き、饗応した。また同月十六日、洪庵の旧門下生諸氏は芝公園内の紅葉館に惟準を招請し懐旧談に興じた。同月二十七日、惟準は大阪に帰った（『東京医事新誌』八三四および八三六号、一八九四年）。

四月二日、緒方病院開設記念の祝宴が開かれる（『東京医事新誌』八三七号、一八九四年）。

緒方病院には去る二日午後五時より例の如く開設記念の祝宴を東区今橋三丁目福清楼に開き、正副院長初め職員及び前職員等三十余名の出席あり、先づ茶菓、次で酒宴に移り、其酣《たけなわ》なる際、医員補中村数造、前薬剤局員桑根申二男らの茶番狂言及び手品等ありて中々の盛会なりき、其一同退散せしは午後九時にやあらん。

▽大阪私立衛生会総会概況（『東京医事新誌』八四〇号、一八九四年）

五月二十四日午後三時より総会は北区中之島洗心館で開かれた。来会者は二〇〇余名、会頭山田信道氏が開会を告げ、書記高山林平が会頭の式辞を代読、ついで幹事安東久太郎が前年度の会務の要領を報告、つづいて役員改選の論議がなされ、その結果、正副会頭の重任に決し山田会頭・清野勇副会頭は承諾した。次の講演が行われた。

内務省高田衛生局長　「赤痢に就いての注意」

中浜東一郎医博　「衛生上の事業を過つべからず」

薬学士田原良純　「着色料の取締に就き」

医学士今居真吉　「大阪府尋常中学生徒眼球屈折力の成績報告」

眼科医小林春召　「将来我国に盲目者を減少せしむる方法」

講演終了後、指名委員による評議員が選ばれ、発表されたのち閉会。ひきつづき有志懇親会が楼上で開かれた。この総会は春秋二回開かれたが、隔月に開かれるはずの常会がほとんど開かれていない状態であり、会員に不満があったようである。

講演のほか、席上に参考のため、諸種の衛生に関する物品が展示された。その内容は、各種の多数の統計表・標本類であった。なかでも観覧者の注目をひいたのは、府立農学校から出品された、明治二十五年十月二十九日に東成区鶴崎村大字小橋の牛乳搾取営業者所有の畜牛四七頭がことごとく牛疫にかかって倒れ、もしくは撲殺した惨状の写真および牛疫流行図、牛疫統計表、ガラス瓶にアルコール漬にした牛疫による口腔・肝臓・胆嚢・胃腸の病変臓器の展示であった。このほか炭疽熱病牛の脾臓・肝臓、結核に罹患した鶏の肋骨、大阪府警察部保安課より出品の有害着色の食料品および菓子（四九個のビン入り）、かまぼこが展示され、同課の分析担任技師下秋元次郎がいちいち説明を行った。

『東京医事新誌』には富田衛生局長および中浜医博の講演要旨が掲載されているが、省略する。

### ▽堀内謙吉帰朝懇親会

堀内謙吉（陸軍軍医監第四師団軍医長堀内利国の長男、明治三年生まれ、二十五歳）がドイツ留学を終え帰朝、緒方惟準・小林重賢・笠原親寧・清野勇・高安道純・疋田修庵らが首唱者となり、五月二十六日午後五時から歓迎懇親会が中之島洗心館で開かれた。出席者は緒方拙斎・同惟孝・同収二郎・同正清・同太郎および吉田顕三・清野勇・江口襄・井上平造・柳琢蔵・菅沼貞吉・劉小一郎・村田豊作・神戸文哉・山田俊卿・高橋江春らの大阪医学界の名士をはじめ総数一二〇余名であった。

大阪医学校校長清野勇が開会の辞を述べ、ついで緒方病院院長緒方惟準がドクトル堀内謙吉を出席者に紹介、つづいて牛尾光碩・有馬太郎が祝文を読み、吉益東洞・小林春召・河野徹志が演説、ついで真部忍が祝文を読み、最後に謙吉の父堀内利国が謝辞を述べた。終わって祝宴となり、一同日本料理で盃を傾け、歓を尽くし、午後十時ころ散会した。当日、謙吉より銘酒白鶴三樽が寄附された（『東京医事新誌』八四六号、一八九四年）。

謙吉は緒方病院医員として耳鼻咽喉科を担当したが、のち東区今橋三丁目で耳鼻咽喉科医院を開いた。

### ▽日清戦争開戦

八月一日、日本は清国に宣戦を布告し、日清戦争が開戦し、翌二十八年三月三十日、日清休戦条約の締結をもって戦争は終結するが、惟準がどのような行動をとったかは筆者には不明である。かつての同僚であった石黒忠悳は同二十三年、軍医総監に昇進し、日清戦争が勃発すると、大本営（広島）野戦衛生長官として、朝鮮・満洲に進軍していた陸軍の衛生に関して総指揮をとり、華々しく活躍していた。惟準の胸中はどのようなものであったろうか。

義弟の拙斎は、日清戦争の相つぐ日本軍の勝利に喜び、多くの漢詩や詩文を作っている（『南湫詩稿第二集』上巻、一九〇四年）。

明治二十七年作：「従軍行四主首」「聞黄海捷喜而賦」「又聞旅順捷有此作」

同二十八年作：「聞威海衛戦報十四絶句」

いずれも日本軍の勝利をたたえた勇壮なものである。惟準は和歌に親しんでいたが、惟準の死後、嗣子銈次郎が編集出版した遺詠和歌集『山家集』（没後二年目の明治四十四年刊、詳細は七七三ページ）のなかには、戦争に関するものは次の一首（作成時期不明）のみである。両人の性格の違いであろうか。

出征軍人によみておくりける

君がため散るこころの花にして　あらしにむかふやまとますらを

九月十三日、第四師団軍医長堀内利国は予備役となる。日清戦争が始まるや、利国は従軍を希望したが、いかんせん肺病が次第に重くなり、退官をみずから申し出たのである。療養のため有馬・須磨で多くの日をすごした。この戦争に参加できなかったことは、千載の遺憾であったという。

### ▽緒方分病院を西の緒方病院と改称

西区立売堀南通三丁目の緒方分病院は、従来東区今橋四丁目の同本院に対し、分病院と称してきた。しかし分病院と称するときは、世間は商家同様に心得て装置や器具などがすべて不充分の感を抱くものが多いということを聞き、これらの誤解を解くため、同じく緒方病院と改称し、これを区別するために従来の本院を東の緒方病院と呼び、分病院を西の緒方病院と称するように改めた（『東京医事新誌』八六三号、一八九四年）。

### ▽緒方銈次郎の帰朝

十一月十日、銈次郎が六年のドイツ留学を終え、この日横浜港に帰着した。自著『七十年の生涯を顧みて』のなかで、次のように記している。

かくして六ケ年に亙る長逗留の間に、所期の目的を達して懐しの独逸国に別れを告げ、伊太利ゼノア港より独逸汽船バイエルン号に投じて帰朝の途についたのは明治二十七年十月であった。同行の医師は京都の島村俊一氏［明治三十三年京都府立医学校長に任命］、東京の鳥居春洋氏の両名であった。往航のときの仏蘭西船に比して食事万端遙かに遜色はあったが、航路には聊《いささ》かの故障だになく、同一航路を辿って東行をつゞけた。途中我が第二軍が清国盛京省南東上陸の電報に接し、次いで九連城鳳凰城占領の快報あり。自分等一同雀躍、偏に皇軍の全勝を夢みつゝ、到着の日を待ちわびていた。船は上海に寄港せず、香港より横浜に直航した。無事安着の日は明治二十七年十一月十日［正しくは二日――次掲『医事会報』五六号参照］であった。此時日清戦争は益々進展して黄海大海戦に大勝利を博すると共に、大連、金州の陥落成り、国を挙げて歓喜の真っ最中であった。

また『医事会報』五六号（一八九四年）は緒方銈次郎の大阪帰朝を次のように伝えている。

氏は本邦より派遣せし帝国医科大学助教授医学士坪井次郎氏と共に、去九月二日よりハンガリー都ブタペスト府に開設せる万国衛生兼デモクラフキー会議に出席し、同月廿四日海軍々医総監加賀美光賢氏及び山根文策、鳥居春洋、島村俊一の三医学士等と共に伊国ゲヌア出航の独国汽船に乗り込み、本月［十一月］二日我横浜に着港し、同日新橋着の汽車にて無事帰朝されたるが、此報の一たび当地［大阪］に達するや、緒方家には種々遠洋帰来の労を慰むるの準備を為し、愈よ《いよい》同月五日午後五時三十分梅田着の汽車にて帰阪せらるゝことになりしより、当日は梅田停車場前の一茶亭を借り切り之を歓迎者の休憩所に充て、午後四時過より緒方拙斎、緒方惟孝、緒方正清、緒方太郎、堀内謙吉、小林重賢、山本洪輔、高安道純、匹田修庵らの諸氏を初め、［緒方病院医事］研究会員、市中開業医其他緒方家に縁故ある人々等続々参集すること無慮数百名、今や遅しと汽車の到着を待ちつゝあり、やがて予期の時刻に達するや汽車は嫋々《じようじよう》［音が細く絶えないさま］たる汽笛の声と共に停車場に到着し、氏は一同に歓迎せられて北地裏町の静観楼なる懇親会場に入りぬ。

さらに同誌は緒方銈次郎の帰朝懇親会の模様を掲載している。

ドクトル緒方銈次郎氏前項報ずる如く愈よ帰朝せらるゝの報あるや、生田秀、堀内謙吉、劉小一郎、吉田顕三、高安道純、山本洪輔、小磯吉人、斎藤寛猛、清野勇、島田耕一、匹田修庵、菅沼貞吉等廿七氏は首唱者となり、同日直ちに懇親会を北地裏町の静観楼に開く旨を新聞紙に広告し、或は往復葉書を以て照会されしに、当日は主唱者を初め、緒方惟準、堀内利国、緒方拙斎、小林重賢、緒方惟孝、緒方正清、緒方太郎、井上平造、大西鍛、山県正雄、河野徹志、吉雄次郎の諸氏等続々来会せらるゝこと無慮百四十余名、午後六時席定まるを待ち、高安氏は主唱者総代として開会の旨趣を告げ、堀内利国氏は緒方ドクトルを満場に紹介し、次に惟準氏は謝辞を述べ、次ぎに長田幸太郎、児玉貞介氏、幹澄氏祝文を読み、次に牛尾光碩氏、高橋辰五郎氏演説を為し、次ぎに医学士山県正雄氏独語の訳文を読み了るや、小磯氏は清野氏の京都より贈れる祝電を披露し且つ尚祝辞演説ある方もある筈なれども、時間追々逼迫するを以て之を此に止め宴に移る旨を報告す。於是乎日本料理の宴に移り、酒酣なる交を期し余興として烟火、狂言及び芸妓の手踊あり、一同歓を極めて宴を撤したるは午後十時過にやありけん。当日惟準氏より銘酒白鶴拾五樽を会場に寄附せられたりき。今長田氏、幹氏の祝文草稿を得たれば左に擲《かか》ぐ［祝文は省略］。

十一月十八日には鉒次郎と同行の島村・鳥居両医師に加えて、山極勝三郎・山根文策の五氏の帰朝祝賀会が東京で開かれた。『東京医事新誌』八六九号（一八九四年）は次のように報じている。

山極勝三郎、島村俊一、鳥居春洋、山根文策、緒方鉒次郎諸氏の帰朝祝宴は予記の如く去る十八日午後五時より上野松源楼に於て催されたり。来会者は伊東方成、三宅秀、小金井良精、大沢謙二、北里柴三郎、樫村清徳、緒方正規、宇野朗、青山胤通、榊俶、片山国嘉、河本重次郎、佐藤三吉、弘田弘、隈川宗雄、山根正次、井上達也、桜井郁二郎、牧山修卿の諸氏を初め学士、開業医諸氏、知己等無慮百余名、席定まるや先づ池辺棟三郎氏発起人総代として五氏の帰朝を祝し、且つ来会諸氏へ挨拶し、次に遠山椿吉氏、呉秀三氏の祝辞を代読し、終て山極学士の謝辞、緒方ドクトル［鉒次郎］の謝辞（鳥居、島村、山根三学士総代）あり、亦丸茂文良氏の例の滑稽演説は満場の喝采を博し、紅裙《こうくん》［妓女］二十余名酒間を周旋し、一同十二分の歓を尽して散会したるは午後十時頃にして近来稀なる盛会なりし。

鉒次郎はこの祝賀会に出席するため、ふたたび上京したと考えられる。この会の出席者は当代学界きっての著名な教授・学者・研究者であり、なおこの時代のドイツ留学生は貴重な存在であったことがうかがえる。この帰朝者のうち、山極は三十二歳、島村が二十六歳、緒方が二十四歳（他の二名は不明）の若さであった。山極はこの年、東京大学医科大学の病理学第二講座の教授に任ぜられている。山極の謝辞につづいて鉒次郎がほかの三人の医学士の代表として謝辞を述べていることは、祖父洪庵・父惟準の余光によるものであろう。

鉒次郎が上述のような大歓迎を受け、ドイツで取得したドクトルの免状をもとに、日本の医師免許証下付の申請をし、医籍に登録されたのは明治二十七年十二月三日、満二十三歳の誕生日（十二月二日）に遅れること一日であった。そして彼は最新のドイツ医学を身につけた新進医師として緒方病院の期待を背負って内科医長としてデビューしたのである。

**明治二十八年（一八九五／惟準五十三歳）**

五月二日、大阪府内医師懇親会が大阪ホテルで開かれ、この席に大日本医会理事長高木兼寛（海軍軍医総監・慈恵医大創設者）も出席、時事に適切な演説があり、その他、緒方惟準・吉田顕三（大阪興医会会長）・清野勇（大阪府医学校校長）・井上平造（大阪府医学校教諭）ら一〇〇人余が来会し、盛会であった。

**▽大日本医会**

維新後の初期、学術知識の修得・交換のため各地に多くの医師団体、すなわち医師会が設立された。明治十年代、東京・大阪などの医師会は官公立の病院新設に反対し、これらの病院は慈善病院であるべきだと主張した。明治二十年代からは学術研究のために学会が次々組織され、他方、医師会は業界の経営利益擁護の性格が強くなっていった。これを法的に確実にするため、関東を中心に医師団体の統合が叫ばれ、明治二十六年（一八九三）十一月、全国の有志医師によって大日本医会が組織され、高木兼寛を理事長、長谷川泰（私立医学校済生学舎の創設者）を理事に推薦して「医師法案」を作成、医師出身の議員鈴木万次郎を介して議会に提出した。これに対して東京大学系の緒方正規・小金井良精・山極勝三郎・入沢達吉・田代義徳らが猛烈な反対運動を展開した。この法案は一部修正され衆議院を通過したが、貴族院で否決された。

この反対運動を契機に、大学卒業医師の間にも明治医会と称する政治団体が生まれ、独自の「医師法案」を明治三十三年（一九〇〇）に提出した（『日本科学技術史二四・医学一』）。

このよう状況下で、大日本医会のキャンペーンのため高木兼寛は来阪したのであろう。

ちなみに、この年の十月二十七日、大日本医会大阪地方部の役員の選挙を行い、理事長に吉田顕三（吉田病院院長、元大阪府病院院長兼医学校校長）、理事に高安道純・神戸文哉・大西鍛・山中篤衛が選ばれている（『大阪興医雑誌』八三号、一八九五年）。

六月十五日、前年予備役となった陸軍軍医監堀内利国（惟準の妹九重の夫）がかねてから患っていた結核のため死去。享年五十二歳。墓碑は天王寺区玉造本町大阪靖国軍人墓地（戦前は陸軍埋葬地あるいは墓地と呼称）にある（五七七ページ）。

彼は妻九重と離婚（理由は不明）したが、二人の間に長男謙吉（のち耳鼻咽喉科医師）がいる。九重は実家の緒方家に戻り、一生を終えた。

七月、惟準は緒方病院院長の職を弟収二郎（当時三十九歳）に譲り、正清と銈次郎が副院長に就任した。院内の医事研究会への出席も次第に遠のいたようで、徐々に惟準の名は『医事会報』から消えていった（前掲『七十年の生涯を顧みて』）。

少年時代に越前国へ遊学、さらに長崎・オランダへの留学、宮中への出仕、大阪府医学校病院の創設、東京での軍医生活、西南戦争への従軍で再び長崎へ、そしてまた東京の軍医本部にもどり、多忙の連続で休まる日々はほとんどなかった。生来頑健とはいえなかった惟準は、積年の多忙や疲労から解放され、安穏な暮らしを望んだのであろう。そして六年間の留学を終え、最新のドイツ医学を学んで帰った息子にあとを委ねた。

有馬をこよなく愛し、別荘翠紅庵をつくった。院務の間をぬっては有馬に足をはこび心身を癒した。有馬を詠んだ歌も多く、また日本の各地を旅行したことは、詠じた数々の和歌（『山家集』に収録）からうかがうことができる。

有馬の別荘へは、ときには拙斎も同伴した。拙斎の詩に次のようなものがある（『南湫詩稿第二集』上巻）。

〔明治二十八年〕十一月二日同家兄蘭洲〔惟準〕赴有馬途上口占《くちうら》

羊腸路在草花間　深紫浅黄秋自閑　結習不忘行旅好　相携両度入渓山

翠紅庵夜話　庵在落葉山係家兄蘭洲新築〔明治三十二年作〕

二三人小集　共領一宵清　芋栗淡秋味　江湖旧酒盟
半軒多月食　四壁只虫声　笑指前渓翠　此心曾不争

〔注：落葉山は温泉街の西にある山〕

八月、銈次郎は東京医事新誌社主筆二神寛治の仲介により、同社員大西直の斡旋で、東京府知事宮中顧問官三浦安の三女友香と結婚した。媒酌人は住友家理事広瀬宰平夫妻であった。

### 明治二十九年（一八九六／惟準五十四歳）

一月、緒方拙斎（六十二歳）は老弱を理由に病院を退職、診療活動から退隠し、惟準が院主となる。緒方病院の人事は次のようになった。

| | |
|---|---|
| 院主 | 緒方惟準 |
| 院長・眼科外科長 | 緒方収二郎 |
| 副院長・婦人科長 | 緒方正清 |
| 同・内科長 | 緒方銈次郎 |
| 当直医 | 一柳常次郎 |
| 同 | 生野彦三 |
| 同 | 二川鋭男 |
| 同 | 奥藤虎之 |

同　　鈴木喜一

六月、緒方病院助産婦学会（会長は緒方病院産婆教育所所長・緒方正清）は『助産之栞』第壱号（図30－7）を発行する。論説・抄録・雑録・会報の四一ページで、付録として「助産婦学会の規則」八条が掲載されている。

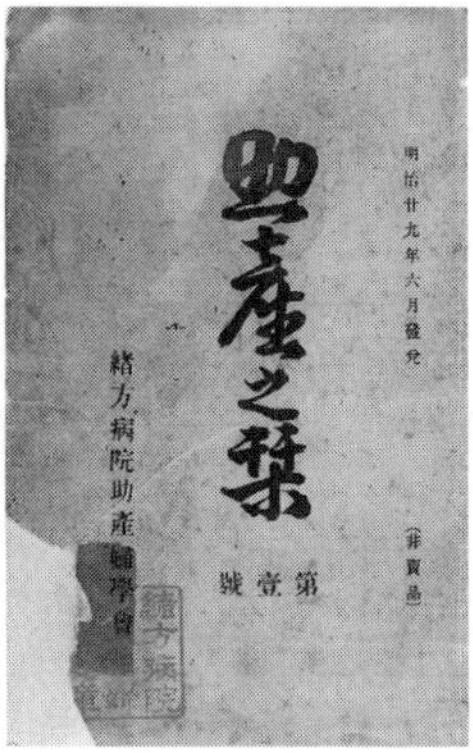

図30－7　『助産之栞』第壱号

七月上旬、西区立売堀の分病院（西の緒方病院）の病室一棟（病室数四十余室）が落成し、入院患者にはより一層便利になった。

十月、堀内謙吉（二十七歳、惟準の義弟堀内利国の長男）を招聘、耳鼻咽喉科を担当した。在院数年にして明治三十三年（一九〇〇）七月、緒方病院を去り、今橋三丁目で開業した。昭和六年（一九三一）三月十八日没、享年六十二歳、墓碑は北区同心町一丁目五の専念寺にある。法名の至誠院温良謙順居士が碑の表面に刻まれている。この人の子孫は絶家。

十月十六日、銈次郎の長男準一誕生（のち東大医学部卒、緒方病院院長、奈良県立医科大学学長）。

十二月六日、午後二時より大阪慈恵病院にて、同病院医学校の生徒のなかで同年の内務省医術開業前後期試験に合格した三五名の者に修業証書授与式が行われた。来賓・講師・生徒ら一〇〇有余名が出席、校長緒方惟準が本校の隆盛を祝し、あわせて医学生教育に関する希望を述べ、ついで修業証書の授与、緒方銈次郎講師の祝辞、生徒総代奈良島有正の答辞があり、午後三時式を終えた。このあと同校の第九回校友会が開かれ、鬼束益三医師の「日本講義速記法」の演説があり、午後五時に散会した。午後七時からは、東区博労町吉常楼で同校秋季懇親会が開かれ、出席者八三名、席上、岩崎勘次・緒方銈次郎・増田正心ら諸講師の演説や諸氏の祝文・祝辞ののち酒宴にうつり、茶番や手品があり午後十時解散した。

なお、『医事会報』六〇号（一八九六年）に同校の生徒募集広告が次のように掲載されている。

医学生徒募集広告

●本校は今般組織を革新し教授法を改良す
●本校修学期を三年となし、前一年半を以て前記学科を、後一年半を以て後期学科を教授す
●本校前期卒業生は医術開業前期試験に、後期卒業生は後期試験に合格すべき学力を有す
●本校講師は医学士緒方収二郎、同緒方太郎、同村田豊作、ドクトル緒方正清、同緒方銈次郎、同堀内謙吉、医科大学卒業鬼東益三、同増田正心、同増本真二郎、同松本需一郎、和田彦一、岩崎勘次、小林亀松、宮内重志の諸君を有す
●本校新に前後期生各五十名募集し、十二月一日より授業を始む、志願者は同月迄願出つべし
●本校規則入用の者は二銭郵券を要す

大坂市東区粉川町一丁目三番邸

大坂慈恵病院医学校

### ○明治三十年（一八九七／惟準五十五歳）

一月十日、緒方病院助産婦学会第九回例会が午後五時～九時に開催された。来会者は五〇有余名。演題は、緒方正清「妊婦の花柳病に就いて」、岩崎勘次「小児の種痘に就いて」、藤本孝太郎「卵の喇叭管に受容せらるゝ疑問」、緒方正清「右に就いての説明」であった。

二月十日、同会第一〇回例会開催。出席者は六八名。演題は、二川鋭男「小児の人工栄養法に就いて」、緒方正清「本邦製練乳の将来に就いて」「牛乳よりする病毒伝搬並びに乳汁消毒法に就て」、岩崎勘次「乳離に就て」、緒方正清「初生児のヘルニアに就いて」「初生児膿漏清結膜炎に関する欧州諸大家討論の結果」、岩崎勘次「コン

デンスミルクの腐敗を予知する法」であった。

二月十五日、緒方病院医事研究会春期総会が西区立売堀の緒方病院で開かれ、会員八〇有余名が参集した。眼科ならびに耳鼻咽喉科診察室を演説会場とし、婦人科診察室には多くの腫瘍標本、手術前後の患者の写真、顕微鏡標本、専門各科の書籍・図譜・耳鼻咽喉科器械を陳列、医員らはその説明を担当した。その他、蓮水宗吉・七里清助両氏出品の新薬一〇数種、小西利七出品の肝油・乳菓、白井松之助出品の新奇の医療器械を陳列、会衆は縦覧した。午後から総会が開かれ、理事松園寛が開会の挨拶と会務を報告した（会長の惟準は遅刻）。明治二十九年下半期の会計報告（上半期は第一六六通常会を六月十三日に開催し、下半期は毎月一回、一七二回まで六回開催）、各回の講演者名、現在の会員数（名誉会員一六名、通常会員一三四名、遠隔会員一三三名）が報告された。ついで副会長緒方収二郎が来会の謝辞を述べた（『医事会報』六三号、一八九七年）。長田幸太郎「種痘術について」、堀内謙吉「化膿性中耳炎の外科的療法」の講演につづいて懇親会があり午後十時過ぎに散会した。

四月四日、緒方病院創立満一〇年の祝宴。この日の神武天皇祭をトし、同院に縁故ある開業医ならびに知己五〇余名を北区網島鮒卯楼に招待し祝宴を開いた。午後一時より余興として忠勇講釈一段、女浄瑠璃二段、ついで数番の打ち上げ花火、祝意を表す紙製軽気球数個を飛ばした。次に幹事緒方銈次郎が祝意を述べたのち、院長緒方収二郎が来賓に挨拶、ついで諸氏の祝辞・祝電の披露、再び花火の余興、つづいて祝宴が始まった。祝宴中、出席者の手品、仁和加《にわか》狂言（緒方銈次郎）、剣舞、歌舞、再び「緒方病院創立十年祝宴」の文字の浮かびあがる仕掛け花火を供覧、万歳の声があがり、九時過ぎ盛大な宴会は終了した。『医事会報』六四号（一八九七年）に惟準の名は見られないので、もはやこのような席や医事研究会などには出席しなくなっていたのであろう。気力・体力の衰えであろうか。

四月十一日、大阪慈恵病院の施餓鬼《せがき》法会を営む。同院医員宮内重志らの首唱で、過去一〇年間同院で施療した患者のうちの死亡者七〇〇有余名、ことに同附属医学校で解剖した三〇余名の追善のため、午後一時より同院において源聖寺ほか九か寺の僧侶を招き、鄭重な法会を営んだ。参会者は病院役員・医事会員・同医学校講師および生徒その他死者の遺族、新聞記者ら九〇有余名であった（前掲『医事会報』六四号）。

九月、立売堀の分院の規模を拡大し、新たに診療所と病室を増築して新町緒方病院と名を改め、今橋の本院を廃止し、一か所に医業を集中した。旧本院の地所は三菱銀行に売却することとした。銈次郎が増築設計を担当した。

### ○明治三十一年（一八九八／惟準五十六歳）

五月九日、大阪慈恵病院医学校校友会の運動会を住吉公園で開催。終了後、別席で晩餐酒宴があり、講師緒方銈次郎が盛会を祝する演説をして散会した（『医事会報』六五・六六合併号、一八九八年）。

五月十日、銈次郎の次男安雄誕生（のち東大医学部卒、緒方病院小児科長、聖路加国際病院小児科医長、今上天皇の皇太子時代の侍医）。彼の妻友香の父三浦安の「安」をもらい、名づけたとのこと。

六月七日、大阪慈恵病院医学校同窓会を網島鮒卯楼で午後二時より開催、出席者は同校講師・会員ら三〇有余名、以後春秋二回開催すること、次会幹事などを決めて宴会に移る。

六月八日、同医学校校友会を午後二時より同校で開催。出席者四〇有余名、「日本人体格をして偉大ならしむる方法などの問題」についての諸氏の討論および会則についての一、二の議事があり、六時ころ散会。

七月十八日、緒方病院医事研究会の夏期総会を、東区今橋四丁目の旧緒方病院棟で開会。同会長（惟準）の遅延を理由に、緒方正清が開会の辞を述べ、明治三十年上半期の事務および会計報告、ついで会則の変更などが議題になり、講演に移った。

九月、かねて起工中であった緒方病院の新築工事が進み、すでに洋風三階の病室一棟が落成し、九月一日より東西病院を合併し、患者を収容した。その他二棟の病室も引きつづき落成の予定で、すべてが竣工したのちには、さらに診察室の改築に着手する予定であった(『大阪興医雑誌』一〇一号、一八九八年)。

九月十日、緒方病院助産婦学会の第一七例会が午後七時より今橋の緒方正清邸で開かれ、来会者五〇余名、松山正「都鄙妊産婦の幸不幸」、緒方正清「助産婦は人身病理的状態と同時に生理的状態を知得するを要す」の演説、ついで談話に移り、九時散会。

九月十五日、緒方病院医事研究会の一七八回通常会が午後七時より今橋緒方病院で開かれ、参会者七〇余名、レントゲン氏X線(明治二十八年十一月八日X線発見、十二月二十八日雑誌に発表、日本では医学士丸茂文良が明治二十九年五月三十一日、東京医学専門学校済生学舎でX線実験を供覧したのが最初)を会衆に供覧し、同光線の学理を説明し、なお医学上種々有益な試験を行い、十時過ぎに散会。

九月二十六日、大阪慈恵病院医学校の運動会を住吉公園で開催。

十月四日より緒方病院助産婦教育所は秋期卒業試験を施行、受験者は二一名。

十一月、惟準は大阪慈恵病院医学校校長を辞任、後任には緒方正清が就任した。

この当時およびその後の大阪慈恵病院医学校閉鎖のことについて、かつて正清とともに働いていた医師二川鋭男(明治八年生、大阪慈恵病院医学校に学ぶ、明治三十年医師免許)は、正清の主宰した『助産之栞』一六八号(一九一〇年)に「医学博士緒方正清君と関西に於ける産婦人科進歩の半面」と題し、論説を寄稿している。

明治三十一年十一月、推されて大阪慈恵病院医学校々長となる、当時同校の盛名遠近に伝わり、笈《きゆう》を負うて来たる学生数百を超え、済々多士を輩出せし、実に此の時にあり、惜しいかな彼の盛名は偶々朶雲《だうん》[他人の書簡の敬称]の覆う所となり、九仞《きゆうじん》の功を一簣《いつき》に欠きて、また収集すべからざるに至れるもの、亦彼が多方面に奮闘せる反面において、偶々菱角ある剛腹なる欠点に胚胎せる事とは言え、当時の事情を思えば、関西地方医学生の為に実に忘却すべからざる大打撃なりしというべく、君が医育上に致せる功労は不朽に伝うべきものというべし。

と、はじめに正清の輝かしい略歴を述べたのち、正清を誹謗するような投書があったとし、さらにつづけて、

大阪慈恵病院医学校における閉校の動機は、不幸にして緒方病院に於ける彼の位置に動揺を与うるに至れり。由来心身是れ向上の団結たる彼は、今や一撃を加えられて勇気百倍し、彼をして宗家を離れて独立経営を企図せしむるに至れり。君の為に幸なりしか、果不幸なりしか、予輩之を知らず、只一門の上よりみて窃《ひそ》かに暗涙に咽《むせ》ぶのみ。明治三十五年七月、君は独立生涯の第一歩として、自邸なる今橋三丁目に於いて緒方婦人科病院を設立せり。

とある。この文章から推察すると、ある投書をきっかけに大阪慈恵病院に併設されていた医学校が閉校に追い込まれたようである。この医学校閉校は、正清の独立、すなわち明治三十五年（一九〇二）七月以前のように受け取れる。すると廃校は大正三年十月の医術開業試験規則の廃止とは無関係といえる。

十一月七日、二六医会（大阪慈恵病院医学校出身医士同窓会を改称）が大阪市内博労町天狗楼で午後五時より開催された。出席者は四〇余名。同校講師および会員の演説があり、酒宴中、講師を胴上げするなどしたのち十時に散会。

十一月十日午後一時、第三回産科実地演習の卒業証書授与式（二九名）と緒方病院助産婦教育所第八回卒業証書授与式（二五名）が、今橋の緒方正清邸内で挙行された。午後四時より博労町の吉常楼で緒方病院助産婦学会秋期総会を開き、総勢九〇余名、数題の学術講演があり、ついで宴会となった。余興として狂言・福引き・手踊りなどがあり盛会であった。

## 明治三十二年（一八九九／惟準五十七歳）

一月、病院の医員が、かねてより病院雇傭の看護婦のため看護学を教えていたが、正式に緒方病院看護婦養成所の認可を大阪府より受け、銈次郎が所長となり、本科および別科生徒の教育に従事した。本科生は二か年で卒業し、直ちに大阪府より看護婦の免許が与えられた（前掲『七十年の生涯を顧みて』）。

六月十一日、洪庵の五女九重（堀内利国の妻、耳鼻科医謙吉の母、のち離婚、緒方姓に復す）死去、享年四十八歳。遺骨は洪庵夫妻の墓碑の地下室に納められている。

### ▽緒方銈次郎の海外視察

銈次郎は先年来学習してきた医学知識を補足し、あわせて欧米における最新医術の真髄を把握したいと念願していた。そしてこの年九月、病院の同僚に計り、父惟準の快諾をえて、満一か年の予定で欧米視察旅行に出発することになった。惟準は再び聴診器を手にして病院の留守を守ることになった。

六月二十四日、彼が渡航するにつき、知友一〇数名が発起人となり、午後六時から大阪市内平野町の堺卯楼で送別会が開かれた。出席者は二〇〇名、発起人増田正躬が開会の辞を述べ、市長田村太兵衛、高安道成その他一〇数人の送辞あるいは演説があり、最後に銈次郎が、「今夕知友の厚意に対し、いささか自分の洋行の目的を述べる」といって、次のように挨拶した。

余はこれまで親交なる知友へは単に海外汗漫《かんまん》［浮ついて切実でない］の遊びなりとのみ言いおれど実は緒方病院の命により、かつは余が宿志にもあれば、明年仏国パリの大博覧会とともに開かれるはずなる万国医学会に列する前、今年ブラッセル府に開く万国花柳伝染病予防法研究会にも列せん為にて、その傍ら看病婦養成法、肺病患者らの養生園および医事研究所の設置、その他内科術としては、摂生療法、浸水療法、電気療法などの研究をも期しおるも、余が短日月の視察果たしてよくその目的を達しうべきや否やは、衷心すこぶる憂いかつ危ぶむ所なり

最後に父惟準の謝辞があり、それから宴会にうつり、余興には団十郎一座の俄《にわか》狂言などがあり、近来まれにみる盛会で午後十時過ぎに散会した（『大阪興医雑誌』一〇六号、一八九九年）。当時の緒方病院の隆盛がうかがわれる。

銈次郎は七月八日横浜港を出発、十九日、カナダのバンクーバー港に着き、直ちに北米に入り、セントルイス経由でシカゴに赴いた。ここで在住していたタカジアスターゼの発見者である高峰譲吉の研究室を訪問、親しく消化実験を見学した。

高峰は米麹カビ菌による発酵によって澱粉消化酵素ジアスターゼ（アミラーゼ）を発見、これをタカジアスターゼと命名し、明治二十七年（一八九四）二月二十三日、特許を出願した。この酵素発見という画期的な業績に対し、この年の三月二十八日（銈次郎訪問の約半年前）、東京帝国大学は工学博士の称号を授与した。この日の授与式に高峰が帰国したかどうかは不明である（飯沼和正・菅野富夫『高峰譲吉の生涯』）。このようにジアスターゼの発見で脚光を浴びている最中の訪問であった。明治初、高峰は緒方拙斎の適塾で銈次郎の叔父収二郎とともに学んでいるので、往事の思い出話をしたことであろう。

銈次郎はその後、ワシントン・ニューヨーク・ボストンの諸施設を見学した後、八月五日にニューヨークを出航しロンドン着、高木兼寛の長男喜寛の尽力でセント・トーマス病院に通う。ついでベルギーのブリュッセルに入り、当時開会中の万国花柳病（性病）撲滅会議に民間委員の資格で出席した。この会にはわが国からも数名の委員が出席し、そのなかの一人が惟準の開いた東京適塾に学んだ高木友枝であった（二二九ページ）。

ついでパリを経てベルリンに行き、ここで約七か月滞在、エワルド、ボアス両医師の胃腸病クリニックで、X線による応用治療・水治療法・電気マッサージ臨床治療を研修した。またコッホ研究室では細菌学を実習、ブッシュ研究室で調剤術などを学んだ。ついでかつての留学地フライブルグに行き、旧師を訪ねたりした。そして帰国の途につき、オランダのアントワープ港を出港、地中海、スエズ、インド洋、上海（明治三十三年七月五日着）を経て、七月九日、神戸港に安着した（『医事会報』九三および九四・九五合併号、一八九九年／前掲『七十年の生涯を顧みて』）。

## 明治三十三年（一九〇〇／惟準五十八歳）

七月九日、銈次郎が満一か年の海外視察を終え、神戸港に帰着。
十一月一日、緒方太郎（郁蔵の長男）死去、享年四十七歳（六〇二ページ）

## 明治三十四年（一九〇一／惟準五十九歳）

この年の初めより惟準はまったく医業を離れて隠居となり、爾来有馬に静居。浮世をよそに朝夕和歌を吟じ、茶道を楽しむ身となった（前掲『七十年の生涯を顧みて』）。

前年七月、欧米再遊を終えて息子の銈次郎が帰国。留守中の病院を守り多忙であった病弱な惟準は、心身ともに疲労したのであろう。かくて診療の第一線から隠退を決意したのであった。以後、暑い夏は有馬の別荘翠紅庵で、寒くなると武庫郡御影（現・神戸市）の呉田《ごでん》の別荘で、風景を愛で和歌を詠じ、ときには夫人を伴い旅をしたようで、生涯に作った和歌は二万首にもおよんだという。有馬を詠んだ和歌も多く、また緒方拙斎とともに有馬におもむいた。

図30-8　有馬の別荘翠紅庵

図30-9　福沢諭吉

惟準の死後、銈次郎は三回忌（明治四十四年）を期に遺詠集『山家集』を出版した（七七三ページ）。『山家集』には惟準の晩年の和服姿の写真と署名（口絵1）、田近竹邨の描いた有馬の別荘翠紅庵の図が載せられており、また緒方拙斎著『南湫詩稿第二集』上巻にも森琴石画の同庵の図がある（図30-8）。

一月二日、『医事会報』（緒方病院医事研究会刊）の記者某（研究会理事の幹澄か）が、福沢諭吉を自宅に訪問、一時間余にわたる談話を筆記する。福沢は適塾時代の秘話を話し、洪庵文庫設立に賛意を表し、自分の病気の経過がよければ四〜五月ころには洪庵伝を執筆するという抱負を語っている（資料篇八七〇〜八ページ）。しかし福沢は、これから約三週間後の一月二十五日、脳出血が再発、二月三日死亡、享年六十八歳であった。もう少し死が遅ければ、福沢の優れた洪庵伝が残されたと思うと、極めて残念である。

四月二十四日、惟準は弟収二郎と上京し、二十八日、緒方洪庵の旧門下生および知己の人たちを東京日本橋の偕楽園に招待した。このとき一七名——すなわち池田謙斎・原田貞吉・大鳥圭介・高松凌雲・坪井信良・中定勝・八雲井雲八・牧山修卿・足立寛・菊池大麓・本野盛亨・本山漸・小林謙三のほか緒方一族からは惟準・収二郎・緒方道平（郁蔵の養子）と緒方三郎（郁蔵の次男）——が参集し、洪庵文庫設立に関して次のような決議がなされた（梅溪昇「緒方洪平先生旧蔵史料の紹介」、『適塾』一四号、一九八二年、のち『洪庵・適塾の研究』所収）。



▽**洪庵文庫設立に関する決議**（明治三十四年四月二十八日）

明治三十四年四月二十四日緒方惟準、同収二郎両君上京セラレ、同月二十八日懐旧会其他知己ノ者ヲ偕楽園ニ招待ス、会スルモノ左ノ如シ［このあとに、前述の一七名の姓名を列挙、ついで次の決議が記されている］

洪庵文庫設立ニ関シ左ノ件々ヲ決議ス

一　文庫建築費中へ金壱万弐千円ヲ緒方四家ヨリ寄付スルコト

一　北浜旧適塾タリシ家屋ヲ売却シ（其ノ価格凡ソ壱万参四千円）其代金ヲ以テ緒方病院ノ近傍ニ於テ新ニ敷地ヲ買入ル、コト

一　書籍買入費トシテ毎年緒方病院ヨリ金千円ツ、寄付スルコト

一　維持費トシテ毎年緒方病院ヨリ凡五百円ヲ寄付シ余ハ寄付金ヲ以テ之ニ充ツルコト

一　文庫設立事務所ヲ緒方病院ニ置クコト

一　設立趣意書ヲ各発起人タルベキ人々へ配付スルコト

一　設立趣意書ヲ新聞ニ広告スルコト

一　寄付金額ハ来ル十月迄ニ東京ニ於テハ本野盛亨、牧山修卿両名ノ内へ大坂ニ於テハ（三字分アキ）ノ内へ申込ムベキコト

一　寄附金額ハ来ル三十五年十二月迄ニ大坂住友銀行本店又ハ東京支店へ払込ムヘキコト

一　寄附金額ハ期限内ニ於テ数回（一回又ハ二、三回期限内）ニ分チ払込モ妨ケナキコト

洪庵文庫設立趣意書（ルビと［　］内は筆者の注記）

日本の開国文明ハ実に西洋医学の賜なり、蓋し我国に於ける西洋医学の由来ハ頗る遠くして先輩の力を此に致したるもの固《もと》より少なからずと雖も、近代に至り蔚然《うつぜん》［茂るさま］大家を成し、国中の才俊子弟を其門に集めて単に医学の一方のみならず、経世実用の人物を出し、大に開国文明に裨補《ひほ》したるの功労に於てハ我緒方洪庵先生の右に出づるものある可からず、先生ハ備中足守の人、成童の時大阪に出で中天游に就て始めて医学を修め、二十歳の年、江戸に遊び坪井誠軒に従て蘭書を学び、刻苦勉励その業大に進み、又宇田川榛斎の門に出入して研究する所あり、其后更らに長崎に遊び、親しく蘭人に接して西洋医学の奥蘊《ママ》を極め、天保九年［一八三八］、年二十八歳の時大阪に開業し、更らニ塾を開て諸生を教授せしに、四方その風を聞て従学するもの続々踵を接し、前後殆んど三千人の多きに及べり、文久壬戌年［一八六二］、幕府の命に応じて家を江戸に移し、翌年六月病に罹つて没す、先生の志ハ西洋の医術を以て弘く人を済《すく》ふに在り、生涯一個の医学者として終りしと雖も、其門生を教育するや、各々其長するに随て之を導き、天賦の材《ママ》能を発達せしめ、以て経世実用の人物を養成するに務められたるハ其識見の尋常ならざりしを見るべし、当時門を開ゐて西洋医学を教授したる者、其人に乏しからざれども、王政維新の前後文運の未だ開けざるに際し、或は政府に入りて諸般の新制度を創立し、或ハ民間に在つて西洋文明の主義を唱へ国政を改良し、国民を誘導して今日の新日本を成すに与《あずか》りて大に力ありしものハ、多くハ緒方門下の旧書生にして、現に朝野の間に名を著ハしたるの士人少なからず、時勢の然らしむる所とは云ひ乍ら、畢竟先生の教育有為の人物を養成したるの結果にして維新文明の事蹟ハ先生薫陶の遺徳に由るもの多しと云ふも可なり、先生の没後既に四十年、近頃門生故旧相謀りて先生開業の地たる大阪に一個の文庫を設立し、之を洪庵文庫と名づけ、以て永世の記念に供せんとするの議なり、故福沢諭吉氏も主唱者の一人たりしが、不幸その議未だ熟するに至らずして歿せり。今や及門《きゅうもん》［門下生］の人々も次第に老いて前後世を去るもの少なからず、早く其事を成すに非ざれバ或ハ先生の記念を後世に遺すの時機を失ふるに至るへし、即ち下名の旧門弟或は其子弟なる吾々共発起人として門生故旧ハ勿論、弘く世間仝志者の賛成を得て文庫の設立に着手せんとす、有志の諸君ハ右の規約に依りて此挙を助成せられんことを請ふ。

明治三十四年五月

発起人（イロハ順）

男爵池田謙斎　今村有隣　巌谷孫三　石坂惟寛　男爵花房義質　原田適
男爵橋本綱常　西春蔵　西岡逾明　新川定一　戸塚文海　小幡弥
男爵大鳥圭介　太田美農里　小野義真　渡忠純　渡辺松二　河野通猷
柏原学而　柏原長英　川本恂蔵　高橋正直　高安道純　高松凌雲
龍岡俊道　武田英一　田代義徳　坪井信良　中定勝　長与専斎
長瀬時衡　八雲井雲八　牧山修卿　馬島健吉　福沢一太郎　後藤静夫
古賀晋介　明石退蔵　足立寛　伯爵佐野常民　菊池大麓　島村俊一
渋谷良次　匹田復次郎　本野盛亨　本山漸　森鼻宗次　杉山泰助

一　寄附図書は左記の所へ御送附相成度候
大阪市西区新町通三丁目緒方病院内　洪庵文庫設立事務所

一　寄附金額は来る明治三十四年十月三十一日迄に左記の内へ御申込相成度候
東京市麻布区東鳥居坂町二番地　本野盛亨
東京市下谷区上野花園町七番地　牧山修卿

大阪市東区道修町四丁目二番地　　高安道純
・大阪市南区玉屋町六十六番屋敷　　小幡　弥
大阪市西区新町通三丁目緒方病院内　大前　力
一　寄附金額は来る明治三十六年六月三十日迄に左記の内へ御払込相成度候
但し期限内に於て数回に分ち御払込相成るも妨なし
大阪市北区中之島五丁目　　大阪住友銀行本店
東京市日本橋兜町三番地　　住友銀行東京支店

この洪庵文庫設立に関して、池田謙斎・長与専斎・長瀬時衡の惟準宛て書簡各一通、大鳥圭介が嗣子銈次郎に宛てた書簡二通、緒方三郎（故緒方郁蔵次男）・高安道純・島村俊一・巌谷孫蔵の銈次郎宛て書簡各一通がある（前掲「緒方洪平先生旧蔵史料の紹介」）。

長瀬時衡・高安道純その他の人物については第37章を参照。

この緒方洪庵文庫設立の動きに関して、当時の『東京医事新誌』一二〇三号（一九〇一年）は次のように報じている。前記の関係者からこの情報がもたらされたのであろう。

◎人事彙報

○大阪の緒方惟準、収二郎の両氏は洪庵文庫設立計画の用務を帯び、去る［四月］二十五日上京せられたるが、惟準氏は本月［五月］十日頃までは滞京の筈、又収二郎はすでに去る二十九日帰阪せられたり。

◎緒方洪庵文庫設立の計画

西洋医学を以て蔚然《いぜん》大家を成し、海内《かいだい》の才駿を集め、兼ねて経世実用の人物を出し、大いに我が文明に資したる緒方洪庵先生は備中の人、成童にして大阪に出で中天游に就いて医学を修め、弱冠にして江戸に下り坪井誠軒に従いて蘭書を学び、更に宇田川榛斎の門に入り、後長崎に赴き親しく蘭人に接して西洋医学を学び、天保九年年齢二十八歳にして医業を大阪に開き私塾を起こす。其の風を聞いて来り学ぶもの前後三千人に及べり。文久二年幕命に応じ江戸に入り、翌年六月病に罹りて歿せり。洪庵歿してここに四十年、頃来門生故旧相謀り大阪に一の文庫を設立し、永く記念に供する計画あり。故福沢諭吉翁の如きもまた其の門下として、最も熱心なる首唱者の一人たりしが、議熟するに及ばずして歿し、其の他洪庵門下の諸氏前後幽冥に入るもの多ければ、文庫設立の業、今日これを成就するにあらずんば其の機を失うに至るべしとて、洪庵の長子惟準、末子収二郎の二氏去る二十五日上京し、旧門下及び其の継続者大鳥圭介、長与専斎、池田謙斎、中定勝、牧山修卿、足立寛、坪井信良、高松凌雲、本山漸、本野盛寧、八雲井雲八、菊池大麓等の諸氏等共に、去る二十八日日本橋区亀島町偕楽園に会して、設立の場所、維持の方法、醵金募集の方法等諸般の準備に付き熟議を為せしが、先ず其の大体を記せば、緒方家より一万六千円を支出し、これを以て大阪緒方病院の近傍に敷地をトし、来三十六年中に設立を終え、書籍の如きは従来緒方家に於いて毎年千円以上の洋書等を買い入れある上に、尚千円以上の書籍を購入し、醵金は悉皆積立金となし維持の方法を講ずことに決し、其の設立趣意書並びに醵金募集の方法書等の如きは目下起草中なれば、近日脱稿次第普く世に公にせらる、筈なりということ。而して文庫設立委員は委員長に大鳥圭介、委員に長与専斎、池田謙斎、中定勝、牧山修卿、足立寛の六氏を撰定したりと。因にいう、故洪庵先生の門下は三千人の多きに上りしも、久しく年を経たる事とて、今は生存するもの多からず、されど今尚在京のみにても四十余人あり。いずれも国家枢要の位置にあり、また其の継続者にして高位に在るものも少なからずして、いずれも此の挙を賛助せんとて、大に意気込み居るよしなれば、愈々醵金募集の暁には莫大の醵金を出すならんという。

○緒方惟準氏招待宴

在大阪の緒方惟準氏今度久振にて上京せられたるにつき、石黒［忠悳］男爵幹事となり、医界元老の諸氏は去る［五月］二日午後より緒方氏を富士見軒に招待し、盛宴を催し旧交を温めたりという。

以上で記事は終わっているが、『東京医事新誌』一二〇八号（一九〇一年）に「緒方洪庵文庫設立の趣意書及び募集」と題して、前記と同文の「趣意書」の全文と発起人全員の名前が記載されている。

### ▽大阪医学会創立の由来

七月十一日午後二時、大阪医学会の発会式が中島大阪倶楽部で開催された。

従来大阪には緒方病院医事研究会、大阪興医会（会長吉田顕三）、大阪医学研究会（大阪府医学校）の三つの医学研究の会が鼎立し、相競っている傾向があった。数年来、各会の会員から、三つの会が大同団結し、一大医学会を創立したらよいのではないかという議論が次第に強くなった。そこで明治三十四年一月十日、三会の有志者である吉田顕三・高安道成・河野一造・緒方正清・緒方銈次郎・今居真吉・坪井速水・佐多愛彦の八人が（緒方収二郎は事故で不参）、中之島銀水楼で会合、合同新会創立を議論し、一月下旬までに各会が臨時総会を開き、会員の意向を確かめることとした。その結果、三会が大同団結することが決まり、創立準備委員として清野勇・吉田顕三・緒方収二郎・栗本庸勝・佐多愛彦の五氏をあげ、発起人を募り、六月二十五日発起人総会を開催し（来会者五四名）、大阪医学会仮規則を審議、発会式準備委員として吉田顕三・清野勇・高安道成・緒方収二郎・佐多愛彦・宇野良造・長谷川清治・河野徹志・栗本庸勝・柳琢蔵の一〇氏を選挙で決めた。また、本会の基礎を固くするため有志者の寄付を仰ぎ、これを発起人とした。

発会式の模様は『大阪医学会雑誌』一巻一号（一九〇一年／図30-10）に詳しいが、略記すると、七月一日午後二時頃より中之島大阪倶楽部で開催。来会者は一〇〇有余名、座長は吉田顕三で、清野勇が創立の経過を報告、三〇名の評議員を選挙（緒方一族からは収二郎・正清・銈次郎が選ばれた）したのち、菊池大阪府知事（代読）と田村大阪市長の祝辞、緒方銈次郎・三谷周策・赤土慶三の三氏の祝辞、小林春召ら四氏の演説が終わって懇親会が行われた。

翌十二日に評議員会を開き、選挙により会頭は清野勇、幹事に佐多愛彦・田中祐吉・緒方銈次郎・山県正雄・宇野良造・河野一造が決まった。十四日に幹事会を開き、雑誌編集を佐多・緒方・田中が、庶務会計を山県・宇野・河野が分担することを決めた。事務所は大阪市東区淡路町一丁目三七番屋敷に置き、常会開催場所は大阪府医学校とし、毎月二十日に開会、雑誌発行は毎月十一日とした。

この三研究会の合同により、緒方病院医事研究会が刊行していた『医事会報』もその役を終え、廃刊となり姿を消した。

七月二十日午後一時から大阪医学会の第一回常会が大阪府医学校で開催された。炎暑にもかかわらず、来会者は百数十名に達し、非常に盛会であった。

十月、惟準は適塾門人田中信吾の長文の墓碑銘を記した。

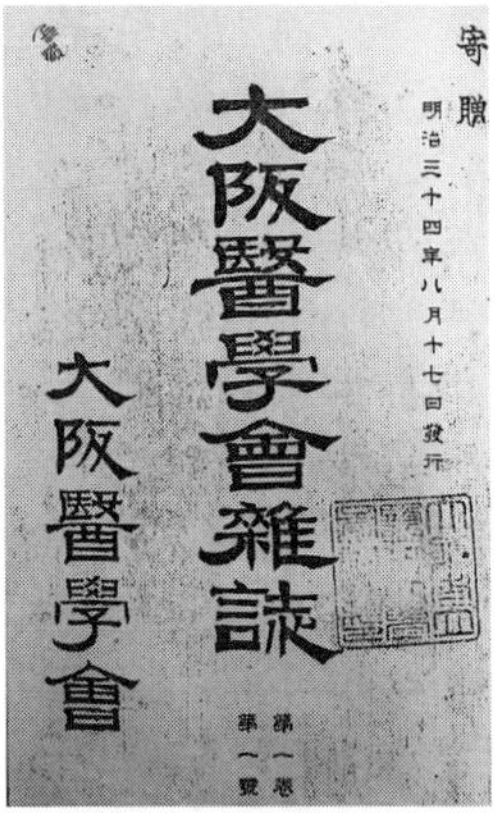


図30-10　『大阪医学会雑誌』1巻1号

図30-11　大阪医学会会頭清野勇

▽田中信吾（天保八〜明治三三＝一八三七〜一九〇〇）

天保八年十一月十五日加賀国小松（現・小松市）の町儒者湯浅木堂の次男として生まれる。幼名発太郎。田中謙斎の養嗣子となる。安政三年（一八五六）三月適塾に入門、在塾七年、塾頭となる。文久二年（一八六二）帰郷し、加賀藩の御軍艦方御用で発揮丸に乗務、医務を担当する。慶応元年（一八六五）金沢藩医学教師兼壮猶館医書翻訳校正方、明治元年、卯辰山養生所棟取兼務となる。明治三年金沢医学館教師、九年金沢医学所学長兼金沢病院主務医、ついで富山病院長兼金沢医学所学長、十年富山医学所教長兼務、十二年十月金沢医学校長兼金沢病院御用掛、十三年十月金沢病院長兼同医学校長、十七年（四十八歳）十二月依願免官となる。その後、私立尾山病院を設立、院長となる。明治三十三年一月二十三日死去、享年六十四歳。翌三十四年、故旧同人が相はかって、金沢市小立野の天徳院に墓を建立した。しかし昭和五十五年（一九八〇）六月、同寺の多数の墓碑の倒壊により子供が怪我したため、多くの墓碑とともに、この田中氏の墓碑も撤去破棄され行方不明となった。墓碑銘は幸いにも記録されている（赤祖父一知「適塾門下生田中信吾の碑銘文について」、『適塾』二七号、一九九四年）。

惟準がこのような墓碑銘を執筆していることは、筆者の知る限りではこれが唯一のものであり、墓碑を処分廃棄したことはまったく心ない処置であったと悔やまれる。

惟準と田中との交流を示す出来事が、惟準からの池田謙斎宛書簡（明治十一年十一月二十三日付）のなかに書かれている。このことについては第14章ですでに述べた（二〇六〜七ページ）。

十一月三日、銈次郎の三男富雄誕生（東大医学部卒、東大血清学教授、蘭学資料研究会を設立、一九八九年三月三十一日没、享年八十九歳）。

この年、大阪慈恵病院医学校は都合により粉川町の病院より十二軒町（粉川町の南）に校舎を新築して移転、緒方正清が校長に就任し、さらに医育方針を刷新した。翌三十五年(?)に廃校されるまで銈次郎は講義を担当した。

### 明治三十五年(一九〇二/惟準六十歳)

四月一日、陸軍軍医総監松本順(惟準の長崎伝習所時代の師で、軍医本部で上官)が退役となった。そこで石黒忠悳・池田謙斎・橋本綱常・長谷川泰・佐藤進・北里柴三郎らが発起人となり、同月六日、上野静養軒で松本順の古稀の祝宴が開かれ、三〇〇名近くの名医大家が一堂に会し多年の功を祝った。惟準は欠席、嗣子緒方銈次郎が代理で出席した。松本は自分の教えたことのない北里柴三郎のような大家の臨席に感激したという。

同月十五日、陸軍軍医部の主催で九段の偕行社で同様の祝宴が開かれ、寺内正毅陸軍大臣、橋本綱常・石黒忠悳両男爵ら一五〇人が出席した。

東京での賀宴が終わり、松本が眼の治療のため再び滞在先の大阪にもどると、七月二十日はちょうど誕生日だということで、高橋・窪田・永江・土井の諸氏が首唱し、同日、大阪博物場においても賀宴が開かれた。大阪医界、実業界、軍人などの著名人が参集し、緒方一族からは緒方惟準・収二郎・正清、その他医界からは高安道純・高橋江春(義眼医師)・吉田顕三・鶴崎平三郎・山田俊卿・菊池篤忠・菊池常三郎・清野勇(以上大阪)、坪井次郎(京都)、実業界・政界からは住友吉左衛門・鴻池善右衛門・藤田伝三郎・高崎親章、陸軍からは第四師団長小川又三郎中将と菊地軍医監が出席した。惟準にとっては久しぶりの対面であり、話がはずんだことであろう。

この松本のたびたびの東京—大阪間の往復目的は、眼の治療のためであった。明治二十八年(一八九五/六十四歳)松本は広島へ赴く途中、眼病が悪化したので、大阪で途中下車し、眼科医高橋江春を招き、大量の硝酸銀の点眼をうけたところ、翌日広島に着く頃はほとんど全治した。そののち数回眼病が反復し、ついに角膜潰瘍となり、大阪へきて高橋の治療を受けると三週間で治った。ところが三十四年春に眼病が再発、このときの様子を『蘭疇《らんちゅう》』（松本順先生口授・門人窪田昌筆記、一九〇二年）のなかで、次のように述べている。

> 三十四年の春、三叉神経痛を発し、痛楚《つうそ》［苦痛］甚だしく、家族太田恒麿大に愁へ、電報を以て高橋の来診を乞ふ、次日を以て同氏来り、ヨードホルムの軟膏を点じ痛み大に去るも、潰瘍膿潰して其の膿角膜に浸蘸《しんさん》し、右眼為めに明を失す、然るに左眼亦た小瘍十数顆を発し、大に視力を失ふが故に、二月《ママ》の末、急に汽車を以て大阪に来り、高橋氏に乞はんとす、

高橋の治療をうけてから、次第に視力も回復し、十月末ころ大磯に帰った。しかし三十五年一月にまた左眼の視力が減退したので、再び来阪した。そして治療の結果、多少良くなったので前述の四月一日・六日および十五日の賀宴出席のため上京したのである。

十一月二日には、京都医科大学長坪井次郎の主催により同様の祝宴が祇園中村楼で開かれ、ごく懇親の者三〇名が参会した。

### ▽緒方病院の増築と緒方正清の独立

緒方病院は西区新町の病院の隣接地を購入、旧敷地を合わせて総坪数一二〇〇坪に増大した。明治三十五年四月、ここに新築および増築工事を起工した。小川正明に工事設計と建築監督を依嘱し、銈次郎が主としてその設計に参与した。

七月、緒方正清（三十九歳）は緒方病院を辞し独立、大阪市東区（現・中央区）今橋三丁目十三屋敷に緒方婦人科病院を開設、院長となる。三十七年六月には産科院を分設、産科と婦人科の患者を分けて治療した。二十五

図30-12　緒方正清（明治35年）

図30-13　緒方婦人科病院（明治45年ころ）

年（二十九歳）三月にドイツ留学から帰国した正清は、緒方病院産婦人科長として診療するかたわら次々と著書を出版し、世に問うた。最初の本は同僚高橋辰五郎と共訳の窊維篤《ファイト》著『婦人科診断学』（一八九三年）、ついで高橋と共著『産科学』（一八九四〜九七年）、単独で本邦初の婦人科手術書である『婦人科手術学』（一八九四年）を出版、そして明治二十九年（三十三歳）月刊雑誌『助産之栞』（本邦初の助産婦雑誌）を発行した。この若さで並々ならぬ力量を発揮し、産婦人科学界で注目されたことと推察される。その後のめざましい活動の詳細は第36章（五五〇ページ）にゆずるが「一私立病院の一科長に甘んじる器」ではなかった（『日本婦人科学史解題・年表・索引』所収の石原力解説）。

この三十五年、正清は助産婦の地位および学識の向上をはかる目的で、すでに緒方病院助産婦学会を産婆教育所内に設立していた。七月からはみずから前掲『助産之栞』を発行、また毎月一回例会を開き、助産婦に関する有益な実験・実例の報告講演を行い、会員の知識交換の場とした。入会者は医師や産婆でなくとも目的に賛成する者とし、広く門戸を開いた。

十月七日、緒方惟孝（洪庵三男、緒方病院薬局長）の養子六治の帰国歓迎会を平野町堺卯楼で開き、参会者は三〇〇余名あり、まれにみる盛会であった。六治は薬剤師で、明治三十三年（一九〇〇）渡米し歯科学を学んでいたが、ドクトルの称号を得て帰国した（『薬学雑誌』二四八号、一九〇二年）。六治は本姓大国氏、明治五年十一月二十二日生まれで惟孝の養子となる。昭和二十五年（一九五〇）一月十九日没、享年七十九歳。緒方病院で歯科医として勤務し、妻初枝は惟孝の養女となった緒方重三郎（洪庵の七男）の娘。

この年、大阪慈恵病院医学校は廃校となったようである。しかし病院は存続した。近い将来、内務省医術試験が廃止されることになり、その予備学校の必要を認めない趨勢となり、このことが廃校になった原因かもしれない（前掲『七十年の生涯を顧みて』および四一六～七ページ）。

## 明治三十六年（一九〇三／惟準六十一歳）

▽緒方病院の増築・改築工事完了

十一月、新町で一年有半の時日を費やして緒方病院の改築工事が完成した。防火・給水・暖房・消毒の設備に完璧を期し、蒸気・気罐《きかん》（高温・高圧の蒸気発生装置）・電気・昇降器の装置などすべて新様式を取り入れ、その他看護・娯楽・研究などの機関についても最善の方法を採用した（前掲『七十年の生涯を顧みて』）。

同月二十一日、知名の人士・医師など数百名を招待して、設備の一般を観覧に供し、盛大な落成式を行った。

この新築完成を記念して『緒方病院一覧』（明治三十六年十一月二十一日／大阪府立中之島図書館蔵）が印刷された。この冊子は一私立病院としては豪華なもので（表紙はカラー印刷、縦一八・五×横一三センチ、本文六二ページ、写真二一ページ、折込み付図三枚）、当時の緒方病院の隆盛が偲ばれ、開院式当日、招待客に配られたものであろう（図30-14）。以下、内容を紹介する。

◎写真の掲載順序

（一）本館全景（完成模写図／図30-15）

(二)前院主緒方拙斎・院主同惟準・院長兼眼科部長同収二郎・副院長兼内科部長ドクトル同銈次郎・薬剤部長兼事務長同惟孝の五人

(三)産科婦人科部長医学士東条良太郎・耳鼻咽喉科部長山本玄一・外科部長ドクトル緒方喜市・歯科部長緒方六治・小児科部長医学得業士緒方光太郎の五人

(四)病院の全職員の集合写真

(五)各科の診察室、治療室、調剤室、蒸気機関、発電所、病室、病理細菌などの実験室、産婆看護婦養成所の教場、娯楽室、無菌および普通手術室、電気光浴および電気水浴装置、病院炊事場、病客炊事場など。

本文の目録（目次）は次の通りである。

図30-14 『緒方病院一覧』

図30-15 緒方病院全景模写図

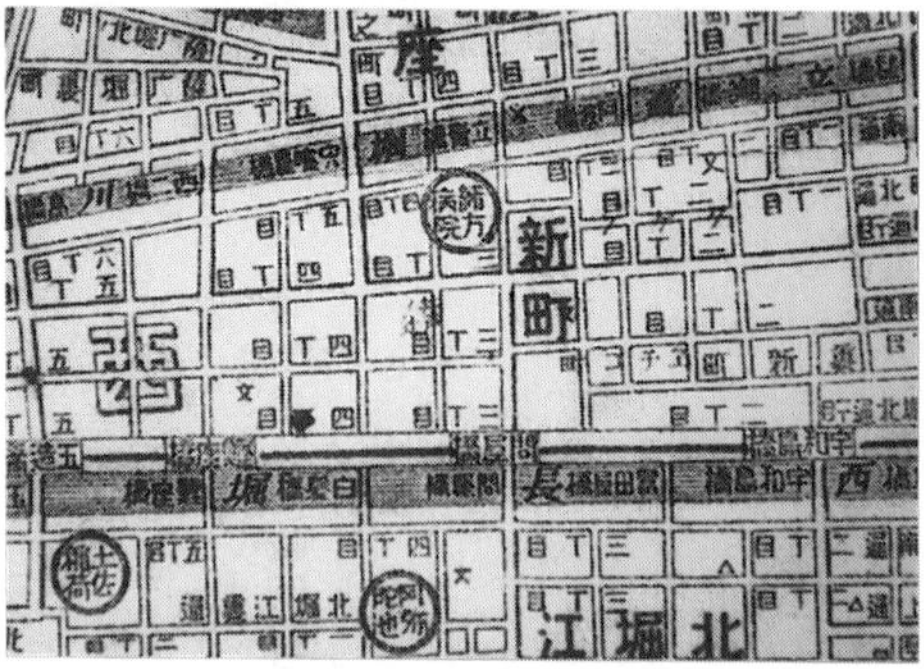
図30-16 緒方病院位置図

緒方病院の沿革／緒方病院の位置及び建造物／院内の一般設備／院内各室の設備／通院病客《（ママ）》案内／往診案内／入院病客《（ママ）》案内／現在職員人名

また附録として、「緒方病院看護婦養成所規則」「緒方病院産婆養成所規則」「緒方病院傍観規則」が掲載されている。

「緒方病院の沿革」は、このときまでの同病院の歩みを簡潔に知ることができるので全文を掲げる。

◎緒方病院の沿革（原文は総ルビ付き、句読点なし、［ ］内は筆者注）

明治二十年［一八八七］四月三日大阪市東区［中央区］今橋四丁目七十二番屋敷に於て緒方病院を創立す。当時緒方惟準［四十五歳］は院長として、緒方拙斎［五十四歳］は院主として各内科婦人科を担任し、緒方収二郎［三十一歳］は副院長として外科、眼科を担任し、緒方惟孝［洪庵三男、四十四歳］は薬局長を担任す。同二十二年四月副院長緒方収二郎は緒方正清、緒方銈次郎、堀内謙吉等と共に、欧行の途に上る。依て緒方太郎を聘し副院長たらしむ。同二十五年二月緒方収二郎、緒方正清等帰朝し、同年五月緒方太郎辞任、緒方収二郎副院長に復し、緒方正清［二十九歳］には産科婦人科を担当せしむ。此年産婆養成所を創設したり。同二十六年九月西区立売堀《いたちぼり》四丁目に分院を設置す。同二十七年十一月独国留学中なりし緒方銈次郎帰朝し、内科を担当す。同二十八年七月緒方惟準［五十三歳］其任を辞し、副院長緒方収二郎［三十九歳］代つて院長に、更に緒方正清［三十二歳］、緒方銈次郎［二十五歳］副院長に就任す。同二十九年一月院主緒方拙斎［六十三歳］辞任、緒方惟準代つて就任す。同二十九年十月堀内謙吉［惟準の義弟で軍医監堀内利国の長男、二十七歳］を聘し耳鼻咽喉科を担当せしむ。同三十年九月立売堀分院の規模を拡充し、新に診療所並に病室を増築し、今橋本院を爰《ここ》に移す。同三十二年一月看護婦養成所を設置す。同年七月副院長緒方銈次郎［二十九歳］を海外医況視察の為め再び欧米に遣す。同三十三年七月堀内謙吉［三十一歳］辞任す［今橋三丁目で開業」。同年七月緒方銈次郎帰朝す。同年八月歯科研究の為めに緒方六治［惟孝養子、十九歳］を米国に遣わす。同三十四年八月外科研究の為め田中喜市［のち収二郎養子、三十歳］を独逸国に留学せしむ。同三十五年四月病院改築の工を起す。同年七月緒方正清辞任し、更に東條良太郎を聘し産科婦人科長に、又た山本玄一を聘し耳鼻咽喉科長に、緒方光太郎を小児科長に任ず。同年九月緒方六治、米国より帰朝し歯科長に就任、同三十六年十月田中喜市独国より帰朝し外科長の任に就く。同年十一月病院改築の工全く竣《をは》る。

以下、同冊子からの抜粋である。

◎病院の土地・建物の規模

| （所在） | （名称） | （南北の長さ） | （東西の長さ） |
|---|---|---|---|
| 立売堀 | 本館 | 三四間（約五五メートル） | 二六間（約四七メートル） |
| 新　町 | 別館 | 一三間（約二四メートル） | 一〇間（約一八メートル） |

本館・別館の土地総面積…一二〇〇坪（三九六〇平メートル）

同　　建物面積…六六三坪（二一八八平メートル）

本館三棟…南棟　中棟　北棟

別館二棟…北棟　南棟

◎病院職員一覧

| | | |
|---|---|---|
| 院主 | | 緒方惟準 |
| 院長兼眼科部長 | 医学士 | 緒方収二郎 |
| 副院長兼内科部長 | ドクトル | 緒方銈次郎 |
| 産科婦人科部長 | 医学士 | 東條良太郎 |

耳鼻咽喉科部長　　医学士　山本玄一
歯科部長　　　　　ドクトル　緒方六治
外科部長　　　　　ドクトル　緒方喜市
小児科部長　　　　医学得業士　緒方光太郎
薬剤科部長兼事務長　　緒方惟孝
※医員は緒方四郎（緒方郁蔵の三男）ほか一四名（名前省略）
調剤員…薬剤師五名ほか二名
事務員…七名
器械係…一名
看護婦…婦長一名、看護婦生徒取締一名、看護婦一三名、病室附添看護婦七名、見習看護婦一七名
その他…案内婦、給仕、寝具係、小使、門衛、電気手、機関手、火夫の計四七名
総員数　約一三〇名

新築がなり、緒方病院は総合病院としての機能を完備し、三医学士をそろえた。産婦人科以外は緒方一族で占め、隆盛の絶頂にあったと推察される。なお、耳鼻咽喉科部長の山本玄一（明治三十四年東大卒）は院長収二郎の妻瓊江（実家は姫路の山本氏）の縁者ではないかと思われる。

**明治三十七年（一九〇四／惟準六十二歳）**

三月二十日、洪庵の三男惟孝死去、享年六十一歳、遺骨は緒方洪庵夫妻の墓碑の地下室に納められた。緒方病院の薬剤科部長兼事務長として裏方に徹し、同院を隆盛に導いた功労者である。幼年時代、惟準とともに大聖寺

の渡辺卯三郎塾へ遊学して以来、越前大野・長崎へと行動をともにし、明治二十年（一八八七）兄弟一族で緒方病院を創設すると、それからまた十数年にわたって惟準と行動をともにした。緒方病院医事研究会が刊行していた医事雑誌『医事会報』にほとんど惟孝の名は見あたらず、まったく裏方に徹していたようである。ドイツ留学中の弟収二郎に宛てた手紙を読むと、優しさがにじみでており、温厚な性格であったことがうかがえる（資料編八八七〜九九ページ）。この弟の死亡は、惟準にとって非常な精神的打撃であったろうと想像される。

六月一日、大阪市東区今橋三丁目の緒方婦人科病院（院長緒方正清）で緒方産科院の開院式および助産婦生徒の卒業式が行われた。産科院は六〇〇坪余を有する婦人科病院の一部で六〇坪の三階建ての洋館、一階は臨床講義室・書斎・診療所・浴室・化粧室が各一つ、便所二か所と院長控宅、二階はすべて特等病室で中央に廊下を設け、三階は中央に廊下があり、左右は産科院の倉庫である。屋室は物干場と運動場、屋上は眺望台を造り避雷針を設置、地下室が一か所ある。

明治三十五年に緒方正清が独立し婦人科病院を設置して以来、日ごとに患者が増加し、そのために婦人科患者と産科患者を同時に収容することに弊害を感じ、ドイツの例にならい、本邦ではまだ各公私立病院にも設備のない分科的治療方針をとることとし、前年工を起こし、この日に完成した。各室とも設備上最も善美をつくし、防腐設備はみなドイツ式により完全なものにしたという。

第一九回助産婦卒業式を臨床講堂で行い、式後、院長・講師および卒業生一同が前庭で写真撮影をした。正午から有志者に産科院の縦覧を許したが、天気もよく門前市をなし、院内は立錐の余地なく、官吏・紳士・紳商・医師・助産婦ら八〇〇名が見学した。今回の助産婦卒業生は四〇名で、初回より合計で五七九名となる（『東京医事新誌』一三六二号、一九〇四年）。正清の助産婦養成への情熱をまざまざと感じさせる。

### 明治三十八年（一九〇五／惟準六十三歳）

十月二日、緒方病院の看護婦養成所の第一二回卒業証書授与式と入学式が、同病院の養成所講堂で行われた。緒方病院院長はじめ各科部長ならびに産婆・看護婦の両養成所長、各科在勤医員諸氏および本会員など合わせて一五〇有余名の来席があり、まず緒方銈次郎所長が卒業生および学説合格者に卒業証書、優等生および職務勤勉生に賞品を授与し、ついで卒業生が卒業の辞を述べ、東条産婆所長が訓論、栗田講師が告辞し、つぎに貸費・自費両生と総代の答辞があって終了した。一同写真撮影したのち、今回の新入学生の入学式が行われた。まず両新入学の産婆・看護婦生の宣誓、両所長の告辞で式を終え両新入学生は一〇〇余名であった（『緒方病院産婆看護婦同窓会雑誌』三号、一九〇五年／図30-17）。

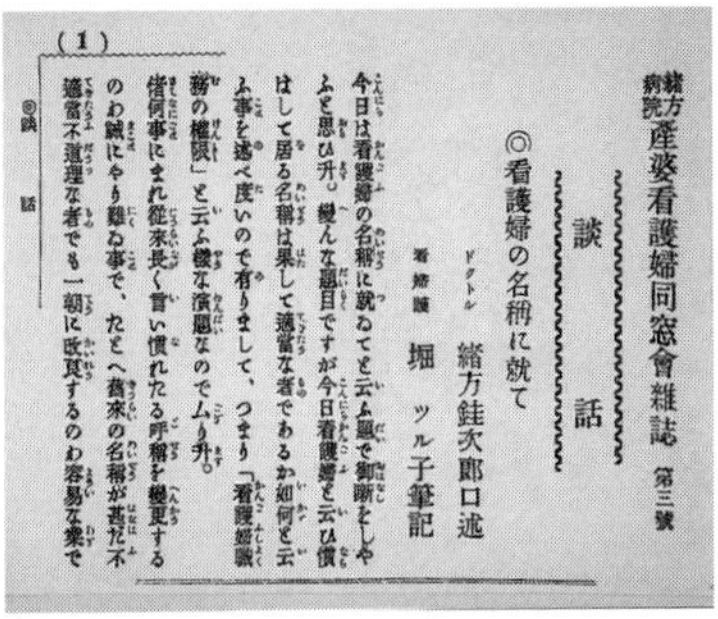
緒方病院産婆看護婦同窓會雑誌　第三號

談話

◎看護婦の名稱に就て

ドクトル　緒方銈次郎口述
看護婦　堀　ツル子筆記

今日は看護婦の名稱に就ゐてと云ふ題で御噺をしやふと思ひ升。變んな題目ですが今日看護婦と云ひ慣はして居る名稱は果して適當な者であるか如何と云ふ事を述べ度いので有りまして、つまり「看護婦職務の權限」と云ふ樣な演題なのでムり升。借何事にまれ従來長く言い慣れたる呼稱を變更するのわ誠にやり難る事で、たとへ舊來の名稱が甚だ不適當不道理な者でも一朝に改異するのわ容易な業で

(1)

◎談話

図30-17　『緒方病院産婆看護婦同窓会雑誌』３号（第１ページ上段）

### 明治三十九年（一九〇六／惟準六十四歳）

一月、『緒方病院看護婦同窓会雑誌』一号（筆者未見）を発行、緒方銈次郎が主幹を務める（前掲『七十年の生涯を顧みて』）。

この雑誌名は正しくは『緒方病院産婆看護婦同窓会雑誌』で、第一号発刊は銈次郎の記述している明治三十九年ではなく三十八年でないかと推察している。この雑誌は現在のところ、いずれの図書館にも所蔵されていない。幸いにも三号から二一号（欠号あり）までを一冊に合本したものを筆者が所蔵している。

三号の記事について紹介する。雑誌の大きさは縦二二×横一九センチ、

巻頭に第一二回看護婦卒業生の記念写真（縦一二×横一八センチ／図30-18）、目次はなく、本文は五二ページ。

談話　◎看護婦の名称について　ドクトル　緒方銈次郎口述

看護婦　堀　ツル子筆記

◎同情あれ、冷静なれ　医学士　東条良太郎口述

図30-18　緒方病院看護婦養成所第12回卒業証書授与式記念写真（明治38年10月2日／最後列右より4人目：緒方収二郎、同5人目：緒方銈次郎）

図30-19　緒方病院産婆養成所第13回卒業証書授与式記念写真（明治42年5月1日／最後列右より5人目：緒方銈次郎、同6人目：緒方収二郎）

◎初生児の膿漏眼に就て　ふる生抄訳
◎義足模型の製法に就て　産婆看護婦　大岡恒子
実験　◎初生児丹毒に就て　山本袈裟太郎述
◎大血管結紮患者の看護法　在松山　高橋志奈子述
雑報　◎正しき育児法は教育の第一歩である　春嶺生記
◎病室内露国俘虜雑感　松山　露西亜通
通信　◎松山通信　土肥　衛（元緒方病院医員）
（これは日露戦争のロシア軍の傷病者が、やがて松山に到着するので、その受け入れ準備について記している）
詞苑
◎船のお産　産婆　愛子
◎飽きの憂　潮光
◎笑話一束　かめ女
◎一口はなし　蝦茶式部
◎新柳樽（川柳）　みどり
松山市　杏酔
◎俳句　杏酔・みどり・南林の三人
◎狂歌　開業十首　杏水
◎和歌　土肥　衛　二七首
新著批評

○家庭育児父母の務　　三谷周策君著　　定価三十銭

投書(四つの投書が収録されている)

雑報

緒方病院の産婆養成所の学期試験の試験問題／産婆看護婦生徒募集記事／入学試験(明治三十八年九月二十四日施行)の記事／看護婦生徒卒業ならびに学期試験(九月二十六・二十七・二十八日施行)の記事(受験生の数と試験問題記載)／看護婦卒業証書授与式ならびに入学式の記事(前述、明治三八年十月二日)／卒業生総代(貸費生・自費生二人)の答辞の全文／卒業生および優等の修業生徒の姓名／その他養成所の諸行事／病院医員の人事／会員の訃音等々

毎号巻頭に、看護婦養成所・産婆養成所の卒業写真、主な病院医員あるいは緒方家一族、たとえば外科部長緒方喜市や緒方惟準の死亡のさいは、その肖像と葬礼の写真、洪庵贈位奉告祭では洪庵の肖像と祭場の写真、新任医師(産婦人科部長内野浅次郎)の着任・留学(惟準の三男知三郎のドイツ留学)の場合は肖像のみが載せられている。

## 明治四十年(一九〇七／惟準六十五歳)

四月十四日、緒方病院創立二十年記念会が開催された。同病院は既述のように明治二十年(一八八七)二月、惟準が軍医を依願退官し大阪に帰り、義弟拙斎が院長であった適々斎病院(北浜四丁目の適塾跡)を緒方病院と改称し、院長に惟準、院主に拙斎、副院長に弟収二郎が就任した。そして今橋四丁目の回春病院の土地建物を買収・改築し、緒方病院をここに移転し、明治二十年四月二日盛大な創立式を挙行した。それから二十年の歳月を経たのである。

図30-20　緒方病院創立第二十年記念絵葉書（左上は病院長緒方収二郎／明治40年4月14日）

図30-21　緒方喜市（左上）の葬儀（病院前）

この記念祝賀会は四月十四日午前より兵庫県住吉村呉田浜（現・神戸市東灘区）の緒方家別荘で行われた。職員・来賓の祝辞、院長緒方収二郎の答辞があり、式終了後、庭園内で宝探し、看護婦の遊戯および競技、医員の素人狂言、喜劇などがあり、主客歓を尽くし薄暮に散会した。来会者は来客および職員を合わせて五〇〇名余の多数で、盛会であった（『中外医事新誌』六五二号、一九〇七年）。

このとき発行された記念絵葉書が、寺畑喜朔編『絵葉書で辿る日本近代医学史』のなかに一〇葉（緒方収二郎院長と病院外観、緒方銈次郎内科長の写真と病院よりの市街展望、内科・皮華科・小児科・歯科の各診療室、娯楽室、記念日当日の余興芝居など）紹介されている。寺畑喜朔博士のご厚意により、このうち一葉を掲載させていただいた（図30-20）。

十二月、惟準の三男知三郎（二十五歳）、東京帝国大学医科大学医学科を卒業する。

**明治四十一年（一九〇八／惟準六十六歳）**

一月、知三郎、東京帝大病理学教室に入り、八月助手となる。

四月二十六日、緒方病院創立二十一年記念会および耳鼻咽喉科部長山本玄一帰朝歓迎会ならびに産婆看護婦同窓会春季総会が、大阪の住吉公園の岸の館で開催された。

九月二十六日、緒方病院外科部長緒方喜市死去。享年三十七歳であった。二十八日に葬儀を執行。去る五月以来、兵庫県武庫郡郡家の別荘で療養していたが、九月上旬緒方病院に入院、加療中であった。喜市は旧姓鈴木、大阪慈恵病院医学校卒、明治二十九年緒方病院外科医員となる。三十四年（一九〇一）ドイツに留学、ドクトルの学位を取得。妻は収二郎の長女春香で、収二郎の養嗣子となる。逝去を悼み、惟準は和歌二首を詠んでいる。

亡喜市主の追悼に寄時雨懐旧　　惟準

ありし世をしのぶしぐれは雲ならで心よりふる涙なりけり

むら時雨ふりみふらすみへだてなくぬるゝ袂はいつかかわかん

『緒方病院産婆看護婦同窓会雑誌』一四号（一九〇八年）は同氏の追悼号で、二四ページにわたる追悼文や和歌などのほか、同氏の肖像、産婆養成所第一一回卒業生の写真が掲載されている。

この夫妻には二男児がいて、長男は裁吉（明治三十九年四月一日〜平成二十一年九月十九日）、次男は惟矩（明治四十二年二月一日生）である。

▽惟準病む

この年の秋から惟準は胃部の不快を訴え、食欲不振が目立ち、ほどなく銈次郎は心窩部に鳩卵大の腫瘍を触れたので、胃癌の診断を下した。家人には告げたが、父惟準には告知しなかった。年末は神戸の呉田《ごでん》浜の別荘で静養したが、病勢は日を追って進行する傾向が見えた（前掲『七十年の生涯を顧みて』）。

# 第31章　緒方洪庵の贈位奉告祭と祝賀会

**明治四十二年（一九〇九／惟準六十七歳）**

### ▽洪庵贈位についての森鷗外の尽力

この年の六月八日、朝廷は洪庵に従四位を贈った。これについて、森鷗外の尽力があったことを鷗外の日記からうかがえる（『鷗外全集』第三五巻）。関係記事を同年の日記から抽出、列記してみる。


六月八日（木）、陰。大阪緒方家より洪庵先生に贈位せられたるに就きて予に謝意を表する電報至る。

　九日（水）、雨。大臣に謁して、洪庵先生に贈位せられたるに就きて謝辞を申す。

十一日（金）、陰。緒方惟準洪庵先生に贈位せられしにつきて予に謝する書至る。

十三日（日）、陰。緒方収次郎(二)は洪庵を祭らんとて来て立ち寄りぬ。

十四日（月）、陰。緒方の為めに宴を開かんことを賀古［鶴所］に謀る。

十六日（水）、半陰。午後駒込浅嘉町高林寺に往く。洪庵先生の贈位奉告式なり。大鳥圭介、池田謙斎、老医某の外、緒方収二郎、同三郎［緒方郁蔵次男］、同惟準の子某［銈次郎］の六人在りき。僧の誦経中に予急に奉告文を草す。収二郎墓前に朗読す。常磐華壇にて来会者に晩餐を饗せらる。


緒方収二郎は森鷗外・賀古鶴所と東京大学医科大学の同級生であり、二人は明治十四年に卒業するが、収二郎は卒業試験の直前に病気を患《わずら》ったため試験を受けられず、翌十五年に卒業する。収二郎はこの二人と親しく、それで洪庵贈位のことも鷗外がときの陸軍大臣寺内正毅大将に熱心に働きかけたのである。二人が親しかったことは、鷗外の日記に散見する。明治十五年二月からの日記「北游日乗」の冒頭は、

壬午の歳二月十三日官事にて北越へ往かむとて人々と共にいで立つ　（『鷗外全集』第三五巻、以下同）

と始まる。そして旅の途中で以前に友人と旅行をしたころを思い出し、漢詩を作るのである。

鴻台の下に来ぬるころほひ空曇りて雨ふらんとす、いとつれ〴〵なるまゝに旧遊の事などおもひ出づ

ついで漢詩二首を記したのち、

旧遊とは己卯［明治十二年――学生時代］の歳賀古鶴所、緒方収二郎の二君と里見義弘の墳を弔ひて天文、永禄の昔など語り出で枯魚を噛みて酒酌みかはし、かへりぢに真間の底胡奈が祠に詣でつるをいふ、そのをりの詩云々

と記している。このあと、その折りに作った漢詩一首を掲げて日記はつづく。『現代日本文学アルバム　森鷗外』には、東大医学部本科入学時代（明治十年四月）の鷗外・山形仲芸・緒方収二郎ほか一名の写真が載せられている。

なお、戦国時代の武将里見義弘（一五二五〜七八）の墓は安房国本織（千葉県安房郡三芳村）の延命寺にある。

また「小倉日記」（明治三十二年六月十六日〜三十五年三月二十八日の日記）の明治三十二年六月十七日条には次のようにある。

午に近づきて大坂道修町花房に投ず。桐田熙来り訪ふ。夜菊池常三郎［鷗外と同期生、軍医］、緒方収二郎と灘万に飲み、帰途中嶋朝日軒に遊ぶ。士女の風俗の殊なる、頗る奇とすべし。女俗の東に殊なるは、主として顔の表情作用及全身の姿勢に在り。灘万の割烹は好し。

と大満足の様子である。

十八日。朝七時二十四分大坂を発す。菅野順、林徳門及緒方送りて停車場に至る。是日風日妍好、東海に沿ひて奔る。私に謂ふ、師団軍医部長たるは終に舞子駅長たることの優れるに若《し》かずと。岡山を過ぐ。井上通泰［第三高等学校医学部眼科学教授］、荒木［寅三郎、同上生化学教授］、有森等停車場に至りて相見る。夜徳山に至り、船に上る。

小倉に向かう途中、各地で旧友に会い旧交を温めている。

図31-1　洪庵贈位奉告祭

鷗外は明治三十一年十月一日、近衛師団軍医部長兼軍医学校長に任ぜられたが、席の暖まる間もなく、翌年六月八日、軍医監に昇進し、同時に小倉の第十二師団軍医長に任ぜられた。そして同月十六日、東京を出発して、小倉への赴任の途につくわけである。これは一般に左遷とされているが、大阪で旧友の収二郎らと酒を酌みかわしたことで、筆を執る元気が出るようになったのであろうか。

### ▽緒方洪庵贈位奉告祭

七月十日、緒方洪庵贈位奉告祭と祝賀会が行われた。六月八日、朝廷は洪庵の生前の勲功を追賞し、従四位を贈った。そこで緒方家では七月十日午後一時より大阪市中之島公会堂において、神式により奉告祭を行った（図31-1）。

会場の正面壇上には青竹と白布をもって被われた祭壇の中央に洪庵の

肖像を祭り、その左右には贈位の文書と御沙汰書を配し、その前には参拝者からの供物が供えられ、壇左右の正面の壁面には洪庵の徳を賛した知人よりの詩篇や和歌が貼られた。そして階上の喫煙室と南楼上には、緒方家や知己諸家から出品された洪庵の遺墨、旧蔵の蘭書などの遺品および洪庵と縁故のある蘭学者らの遺墨などが展示された。

午後一時より滋岡大阪天満宮神社宮司が祭主として他の神官とともに所定の神事作法を行ったのち、惟準（病床にあり欠席）の代理として嗣子銈次郎が玉串を捧げ、祭文を代読、つぎに適塾門人代表として高橋正直も祭文を読み、引きつづき緒方拙斎・収二郎以下一門四十余名が登壇拝礼の式を行い、最後に参拝者一同の代表として大阪府知事高崎親章が玉串を捧げた。そして緒方収二郎が一門を代表し感謝の挨拶を述べ、午後三時式を終えた。当日、緒方家から記念品として洪庵の遺墨（石版摺り）一葉が参拝者に贈られた。

○緒方惟準の祭文

不肖惟準等謹ミテ故洪庵先考ノ霊位ニ告ゲ奉ル。先考夙《つと》ニ泰西ノ学術ヲ研鑽シ惟ヲ垂レ徒ニ授ケ、門下ニ国家有用ノ材ヲ出スコト一ニシテ足ラズ。維新当時ノ偉業ノ如キモ亦先考翼賛ノ功ナシトセズ。今茲《ことし》朝廷先考ノ経績ヲ追賞セラレ、特旨ヲ以テ従四位ヲ贈ラル。惟フニ先考ノ霊、天恩ニ感泣セラルヽナラム。不肖惟準等同ジク恩波ヲ蒙ル光栄曷《なん》ゾ過ギン。茲ニ親シク英霊ヲ此堂ニ迎ヘ微物ヲ供ヘテ忝《うやうやし》ク奉告ノ式ヲ挙グ、尚《ねがわ》クバ饗《う》ケヨ。

明治四十二年七月十日　　緒方惟準等

○門人高橋正直の祭文（原漢文）

先師洪庵緒方先生の没後四十七年、今茲明治四十二年六月八日、朝廷先生の功を追録し、特に贈位の命有り、越えて七月十日、同族相謀りて、奉告祭を中洲公会堂に脩む。小子正直、門下の士に代り謹みて先生の霊に

告げて曰く、

方今、文明の運《めぐ》ること、日の始めて中するが如く、西学日々に開け、文化歳々に隆なり。奎星爛々《けいせいらんらん》として長夜の暗を照らし、熙光赫々《きこうかくかく》として千古の朦を啓く。西海一家、範を万国に取り、千里の比隣、美を異域に択ぶ。歩趨馳逐《ほすうちちく》、駸々として息《や》まず、独仏に比肩し、踵《きびす》を英米に接す。委流の盛を観、淵源の美を思う。追褒寵命《ついほうちょうめい》は全て特旨に出で、聖鑑の及ぶ所、唯感涕有るのみ。伏して惟うに、先生は卓識朗詣、一代を揣摩《しま》し、来世を洞観して去取迷わず。独異を標榜し、訳述教授は大いに真秘を紓《の》べ、種痘救疫は恵沢遠く被う。科を分ち級を設け、教法大いに備わり、済々蹌々《せいせいそうそう》、群勇門に萃《あつ》まる。雲蒸じ龍変じ、乾坤を旋転し、武定まり乱略《おさ》まり、文太平を賛《たた》う。我が門の多士、実に典型に仰ぐ。上医の国を医《すく》うには則ち先生有り。皇恩蕩々として褒寵《ほうちょう》誠に殷《さかん》に、遺勲赫々として栄後昆《えいこうこん》に及ぶ。正直、左右に親炙して懿範《いはん》を承くるも、一事の成ること無く、徒《いたずら》に愧赧《きたん》す。後死何ぞ幸なる、此の盛典に遇うや、彼此《ひし》一事、乃ち今日有り。追慕すること転《うた》た深く、音容彷彿たり。先生の生平は吾独り能く悉《つく》す。乃ち同胞より蕪《ゆたか》なれば、代りて辞を之れ述ぶ。魂分かれて知る有らば、庶《こいねがわ》くは吾が語を享けよ。

明治四十二年七月十日　　門人物代　高橋正直　謹み白《もう》す

高橋正直の名は適塾姓名録に記載はないが、この祭文から門人であることは明らかである（第37章七一二ページ）。

○贈位祝賀会

奉告祭が終わると、引きつづき午後二時から同所において贈位祝賀会が開催された。贈位奉告祭が挙行されることを聞いた大阪市医師会・大阪医学会・大阪私立衛生会は、このさい、贈位祝賀会の開催を決議し、大阪市内の著名な官吏・紳商・教育家・法律家らの賛同を求め発起人となってもらい、京都・神戸の有力者の賛同をも得て開催されたのである。この日は降りつづく長雨のなかであったが、洪庵先生の遺徳を慕い二千有余名が来会、近来無比の会合であった。重病の床にあって出席できなかった惟準の無念さは、察するに余りある。

陸軍軍楽隊の「君が代」の奏楽後、この会の委員長吉田顕三（大阪市医師会会長）が開会の主旨を述べ、「洪庵先生の功績は本邦医学中興の祖と仰ぐに止まらず、区々《くく》たる医学界に超越して学術教育上に対し学んで倦まず教えて厭かず、今日の栄誉恩典を辱《かたじけの》うするに及べり云々」と述べ、つづいて同氏の司会のもとに、大阪府知事高崎親章、兵庫県知事服部一三、大阪市長山下重威、京都府医師会会頭斎藤仙也、大阪市医師会会長吉田顕三（同会理事河合才治代読）、大阪医学会会頭清野勇、大阪私立衛生会会頭高崎親章（同会幹事谷頭辰男代読）の祝詞があり、旧適塾門人である男爵大鳥圭介（欠席）よりの書簡と和歌一首「なには潟くすしの道のみをつくしたてましいさを今あきらけき」が大阪市医学会理事宇野良造により朗読され、小山健三は「良相足らずんば良医たれ」との古言を引いて先生の偉勲を称し、ついで儒者藤沢南岳の漢文の祝辞があり、また多数の祝詞・祝電数十通が岩田義玄理事から披露された。引きつづき京都帝国医科大学講師で医史学者富士川游の「医史より見たる洪庵先生」および京都帝国大学総長男爵菊池大麓の「教育家としての洪庵先生」の講演があり、午後五時過ぎ散会した。来会者一同には『洪庵先生略伝』一冊が贈られた（「洪庵先生贈位奉告祭」、『緒方病院産婆看護婦同窓会雑誌』一九号、一九〇九年／拙稿「緒方洪庵贈位奉告祭及び祝賀会について」、『適塾』三二号、一九九九年）。

『緒方病院産婆看護婦同窓会雑誌』一九号によれば、同日楼上に陳列された作品目録は次のようである（この陳列会場の写真の一こまが、梅溪昇『続洪庵・適塾の研究』の八三ページに掲載され、洪庵の塑像が写っているが、次の目録には記載されていない）。

先生手翰　　　　　　緒方家所蔵

同　　　七十通　　菊池男爵所蔵

同　一幅　津川安吉所蔵
同　一幅　富士川游所蔵
先生画像　三幅　緒方家所蔵
同　一幅　久保郁蔵所蔵
先生墓銘　一幅　緒方家所蔵
先生夫人墓銘　一幅　同
先生遺墨扶氏十二医戒　一幅　同
先生遺墨　三幅　同
適々塾入門簿　一冊　同
除痘館記録　一巻　同
扶氏十二戒　一巻　同
先生に関する書類　一六点　同(このなかに幕府よりの辞令や往復書類等がある)
先生父君画像　一幅　同
先生母堂画像　一幅　同
先生詠草張交屛風　三双　同
先生先師坪井誠軒遺墨　二幅　同
坪井、宇田川先生遺墨　一一点　富士川游・大槻文彦所蔵
青木周弼手翰　緒方家所蔵
扶氏経験遺訓版木　同

先生所蔵の遺残蘭書　三三種一〇〇冊（書名・刊行年は省略）
蘭書写本　　　　　　一九冊
洪庵訳草稿　白内翳方術論　一冊
病学通論　洪庵訳述　　一冊

この目録のあとに次の一文が記されている。
右の内、扶氏経験遺訓版木は先生の高弟大村益次郎氏が先生の没後旧宅を訪れ、この版木を観て懐旧の情に堪えず、転《うた》た感涙にむせびしという物にて、最も来衆の注目を惹き、次ぎにウヱーランド辞書の塾生の手垢に染まりて散々読み古るされたる又は塾生の蘭書写本等そぞろに当時苦学の状の偲ばれて観覧者の感興を起こしたること多大なりき。

祝賀会の席上朗読された高崎親章・服部一三・山下重威・吉田顕三・斎藤仙也・清野勇・藤沢南岳の祝辞や祝文も前掲『同窓会雑誌』に掲載されているが省略し、富士川游と菊池大麓の講演の大略を次に紹介する。菊池大麓（一八五五〜一九一七）は蘭方医箕作阮甫の養子箕作秋坪（本姓菊池氏、適塾門人）の次男である。

〇医史より見たる洪庵先生　　富士川ドクトル

先生は蘭学の手ほどきを大阪の中環（天游）に学び数学の頭も同時に拵《こさ》へ、其勧めにて江戸に遊び坪井誠軒の門に入り坪井先生丸写しの苦学を嘗《な》め、二十二歳にして同先生の先生たる宇田川榛斎先生の門に進み、数学が達者だから榛斎先生の「名物考」の度量衡の部をお手伝した。同書の緒方三平と書いてある通りである。普魯西《プロシア》のフーヘランド（扶氏）の経験遺訓は先生が畢生の大翻訳であるが（と其原書の第一版を卓上に高く示して）、今日陳列されて居るのは第六版であるから先生の翻訳の底本は之れに違ひあるまい、が此扶氏と云ふ人の事は一向当時に知られてなかつたが、氏は独逸のエーナー大学で長生術の講義をして名声を高め、千八百年に伯林《ベルリン》大学の創立に当たり、皇帝侍医兼内科医長たりしが、千八百三十六年五月、此経験遺訓（五十年間の経験に成れる）を出版し、同三十八年に蘭訳されたのを洪庵先生は早くも二、三年後に日本で全訳を試みられたのは驚くべき事業である。尤も坪井門人の最前の青木［周弼］や杉田成卿も其一部を訳して居るが又独逸のコ氏、ス氏、和蘭のゴ氏等の学説も遺訓より前に我国に入って居たが、着実に正確に全訳を試みた先生の功労は感謝すべきである。

種痘の上に就ては大阪に除痘館を開き、越前侯の医日野氏の門人笠原［良策］が始めて長崎から持てきた痘苗を得て、嘉永二年に我子に接種したのが始めである。江戸行の後も此のあいだ亡くなつた高安さん［道純、適塾門人］などを引き立て、除痘館の後事を托された。

私の郷里広島に先生の事業の残つて居るのは、安政四年［一八五七］広島の西在に女の腹から骨が出たのを西洋流の医者は、子宮外妊娠と診定したのを漢法医が攻撃して大争論が起こつた時、先生はザモロン氏の婦人科医書より子宮外妊娠の一節を翻訳して送り、さしもの争論も裁決した。

西洋医法の伝来は先生より早く京都の新宮凉庭の順正書院もあり、漢法の方では大阪に奈良朝以前より名家もあり、近世にては三才図絵の著者寺島良安や北山寿安や永富独嘯庵などの大家もあり、洋医にては橋本［宗吉］、小石［元俊］、斎藤［方策］及び先生の旧師中天游と云ふやうな人々が輩出したが、先生の出づるに及んで維新以前に於ける新医界最後の圧場《ママ》となつた。

（全文は『同窓会雑誌』掲載）

○教育家としての洪庵先生　　男爵菊池大麓

洪庵先生並に緒方家と自分とは父子三世の関係なので、先年惟準さんが適塾の入門簿を携へて上京された時、嘉永元年［正しくは二年］の処に親父の秋坪の名があつたので感慨に打れました。其上先生の未亡人（八重子）には私が子の様に厄介を受けた関係から此壇に立ちました。先生より親父への手紙七十何通は扶氏遺訓の版下を江戸で書かして呉れいと頼手紙が主で緒方さんにある親父の手紙と照して読と同書出版の苦心も想像されます。扨《さて》先生が適々塾を開かれたのは二十九歳、高野長英が夢物語の件で獄に下つた年《ママ》―斯く保守党から嫉視された時代に、先生は古賀茶渓の碑文に見ゆる如く、門下の盛なる天下無比薫陶天下に洽《あまね》く云々とある通り、教育上に大功を立て、二十余年間に三十余人《ママ》の門人を仕立てた偉大なる教育家になられた。次に先生の学術卓越されたのは坪井誠軒が先生を見込んで大阪で斯学を始よと勧めたのでも分る。ソシテ江戸の［杉田］成卿塾と東西相応じて旗幟を翻した先生が学問の進歩研究に向上されたのは、箕作阮甫へ宛て新舶来の原書をよこせ（阮甫は蕃書調所の出頭であつたから）と度々云ひ送つたと。晩年蘭学よりも英学に着目されたのは証拠立てられる。教授法の新案として個人的より等級的に進み、門人を八級に区別せられた。又富士川君よりの出品に見る如く、近来は病用を省き専ら書生教導に力を用ひ、西洋学者（蘭法のみならず）の養成を任とする手紙である。江戸行を決行されたのも一は蘭法医学所の校長になつて、大に抱負を実行せんとの志があつたらしい。同医学所は実に今日医科大学の基礎である。先生は尚国事上にも注意を怠らず、大阪の地のみ今日平穏と申すは天下の事態形勢を解せぬ俗物多きといふ手紙もある。コンナ手紙を大阪で披露しては悪いかも知れませぬが。其他先生の教育は放任主義であつた事、師として親切であつた事、門人福沢翁が病気の時、見舞ふてはやるが、子のやうに思ふて居るから薬は他人に盛らせるぞ、と云ふ話がある　長与専斎の江戸行をはやるを止め、長崎へ赴き西洋人の説を聞けと云はれし事、門人に公平なりし事、廉潔の事、親に孝、師に敬に、申分なき人格なりし事等、こんな人格であるから諸侯の信用を得、高価な蘭書を大名の手から借入れた事も多い。併先生を追慕すると同時に、内助の功少からず慈母の如く敬慕して居つた夫人を忘れてはならぬ云々

（同前）

式と祝宴が終わって鉒次郎が帰宅したのち、式典・祝賀会の詳細について病床の惟準に語ったとき憔悴した惟

準の顔面に喜びの色のあふれるのを見て、銈次郎は胸のふさがるのを覚えたという（緒方銈次郎『七十年の生涯を顧みて』）。

○奉告祭および祝賀会についての新聞報道

①『大阪朝日新聞』九八二三号（一九〇九年七月十日付）の第一面最上段に「教育家としての緒方洪庵」と題して次の記事を載せている（ルビと［　］内は筆者）。

当地に於ける緒方洪庵贈位祭は本日午後一時より中之島公会堂に於て挙行せられ、大鳥圭介、菊池大麓両男爵を首《はじ》め旧適塾に直接間接関係ありし諸名士の東西より来会する者尠からずと云ふ。洪庵没後四十七年、贈位の恩典に浴して茲に此の盛式を挙ぐるは、同門の光栄たるべきと同時に我が大阪市が此の偉大なる教育家を有したりしことを追憶して、以て現在及び将来に於ける教育事業を奨励するの一助たらしむるを得るは、至大の幸福と為さゞるべからず。蓋し洪庵は当時未だ多からざりし洋医中の巨擘《きよはく》［すぐれたもの］にして、医界に貢献したる効績の頗る大なるものありしに比し、更により多くの我が国の文化を扶けたるは寧ろ其の教育家たりし点にあり。坪井信道門下の二大学派として江戸に杉田成卿［『解体新書』出版の杉田玄白の孫］あり、大阪に緒方洪庵あり。杉田門下よりは加藤弘之［初代東京大学綜理］、細川潤次郎［法制学者］、杉亨二《すぎこうじ》［日本統計学の開祖］、神田孝平《たかひら》［開明的官僚、啓蒙思想家］等の諸名士を出し、洪庵の適塾よりは大村益次郎、福沢諭吉、長与専斎、佐野常民、大鳥圭介、橋本左内の諸大家輩出し、両々相対して共に明治文運の指導者たる数多の英俊を養成したるものなり。而して洪庵の春風和気慈愛を以て弟子を訓育したると、成卿の秋霜烈日峻厳を以て門人を陶冶《とうや》［人材を育成すること］したるとは好箇の対照にして、適塾の学風は福沢翁に由り今に伝はりて、三田の義塾に存す。天保九年［一八三八］洪庵の帷《とばり》を東区北浜の地に下せるより、文久二年［一八六二］幕府の召に因りて余儀なく江戸に下れるまで二十有五年間、贄《し》を其の門に執れる［入門する］者三千余人の多きに上れりと云ふ。以て如何に当時の青年をして彼れの徳を慕ひ、其の塾門に趨《はし》らしめしかを想見するに足る。彼れは単に医学を教授したるにあらず、弟子をして各其の才に随ひ好む所の道に向はしめたり。故に或は教育家となり、或は兵学家となり、或は砲術家となり、或は本草学家となり、理化学家となり、種々の方面に其の天才を発揮せしめたりき。後年戊辰の役、東軍の参謀たりし大鳥圭介と西軍の参謀たりし大村益次郎は共に洪庵の高弟たりしが如き、寔《まこと》に史上の一大奇談と為すべきなり。福沢翁は夙《つと》に簡易平明の文章を以て平民的教育の範を垂れたるもの、亦洪庵の教へに因りたること、翁の自白せる所なり。明治三大教育家の一人たる福沢翁を教育したる洪庵こそ、実に大教育家として永く記念せらるべき一人なり。然れど、教育家として尚更に偉大なるには如かず。此の偉大なる教育家を有したる大阪市は之を以て大なる誇りと為すべし。洪庵は元足守藩士の子なり。世に在らば本年は正に百歳なるべし。其の大阪を択《えら》びて塾門を開きたるは抑《そもそ》も故あり。大阪は四通八達の地にして関西の要衝に当り、諸藩士の往来最も頻繁なりし処なり。故に子弟を集むるに便なる、恐らく海内《かいだい》無比なるを看破したるなり。先見謬たず、倏《たちま》ちにして江戸の杉田成卿塾を凌ぐの盛況を現したり。彼れは育英を以て終生の事業と為し、毫も名聞栄達を顧みざりしに、幕府の召命急にして、再三辞するを許されず、遂に涙を払ひ、死を決して赴けり。果然翌年故なく吐血して死しぬ。或は曰ふ、彼の功を嫉《ねた》む者密に毒を進めしにやあらずやと。真偽固《もとよ》り知るべからず。然れども彼の意思は死に至るまで瞬時も適塾を離れざりき。由来大阪は商売の地として多く士人に蔑視せらる。焉《いずく》んぞ知らん、市井の間に隠れたる此大教育家あらんとは。凡そ人自ら侮りて而して後、他人之を侮る。今後の大阪市民たる者、須《すべから》く先人の偉業に鑒《かんが》み、物質以外大に頼むべきものあるを知るべし。庶幾《こいねがわ》くは大阪の威信を天下に高かたしむるを得ん。

②
『大阪朝日新聞』九八二四号（七月十一日付）の第二面六段目の記事

●洪庵祭　緒方洪庵先生贈位

祝賀会は十日午後二時より中之島公会堂にて開かれ、壇上に於て先《まず》滋岡天満神社社司を斎主として奉告祭を行ひ、斎主は祝詞《のりと》を奏し、祭主総代緒方惟準翁代理銈次郎氏玉串を捧げ祭文を朗読し、次に門人総代高橋正直翁同上、次に緒方拙斎翁玉串を捧げ、次に緒方収二郎遺族総代として同じく玉串の事あり、惟準翁夫人八千代［正しくは吉重］以下一門の男女壇上に拝礼するもの実に四十余名、列席者をして家門の繁昌に驚かしめたり。次に高崎知事参拝者一同を代表して玉串を捧げ、遺族総代緒方収二郎氏参会者に挨拶を了りしは二時半なりき。二号砲にて祝賀会に移り、君が代奏楽の後、委員吉田顕三翁開会の趣旨を述べて云ふ、洪庵先生の功績は本邦医学界中興の祖と仰ぐに止らず区々たる医学界に超越して学術教育上に対し学んで倦まず、教へて厭かず今日の栄誉恩典を辱うするに及べり云々と辞理明白なり、夫より吉田氏の司会として高崎大阪、服部兵庫両知事、山下市長其の他医師会、医学会、衛生会代表者の祝辞数々あり、服部知事の朗読には満場水を打つたるごとし。一同待ち兼ねたる旧門人大鳥男爵は遺憾臨席なく、欠席の手紙を披露し「なには潟くすしの道のみをつくしたてましゝいさを今あきらけき」との一首を代誦し、小山健三翁の演説あり、良相たらずんば良医たれの古言を引いて先生の偉勲を称し、又先生の事業とは話は違ふが物質界以外に大阪の学界を代表せるは、国学に契冲、漢学に中井一家あり、文芸界には近松門左衛門ありと気焔を吐き、次に藤沢南岳老先生は朗々と漢文の祝辞を読み上げたるは異彩を放てり。次に各方面の祝電披露あり、夫より富士川京大講師、菊池総長の演説あり、大要左の如し。

以下、「▲富士川氏の洪庵談　▲菊池京大総長の演説」と題して前掲『同窓会雑誌』の内容とほぼ同様のものが掲載されている。恐らく『同窓会雑誌』はこの新聞記事を援用したのであろう。

緒方家ではこの贈位を記念して追賁碑《ついひ》を建立することとし、その撰文を森鷗外に依頼し、東京高林寺の洪庵夫妻の墓碑の傍らに建立された。碑文は次の通りである。

天保中洪庵先生起家芸於大阪、授徒西学、前後従之游者盈三千人、先生雖専医、而其聚学徒也、苟有欲読西書者、即包容莫拒不復問其所業為何也、迨王政維新百事競興皆有待於人材、而当時率職司局者、即多出於先生之門矣、先生易簀之後四十有六年、於此朝廷褒揚前功、追贈従四位、乃書於石樹之墓側、名曰追賁之碑、蓋以紀殊恩也

明治四十二年六月八日

従四位勲二等功三級　森林太郎撰

正五位　日下部東作　書竝篆額

**[解読]**　天保中、洪庵先生、家芸を大阪に起こして、徒《と》に西学を授け、前後之に従って游ぶ者三千人に盈《み》つ。先生医を専らにすと雖も、而《しか》れども其の学徒を聚《あつ》むるや、苟《いやしく》も西書を読まんと欲する者有らば則ち包容して拒《こば》むこと莫《な》く、復た其の業とする所の何たるかを問わず。王政維新し百事競い興るに迨《およ》びて、皆人材に待つ。而《しこ》うして当時職に率《したが》い局を司る者は則ち多くは先生の門に出ず。先生易簀《えきさく》の後四十有六年、此に於て朝廷前功を褒揚して従四位を追贈す。乃ち石に書して之を墓側に樹《た》て、名づけて追賁《ついひ》の碑と曰《い》う。蓋し以て殊恩《しゆおん》を紀《き》するなり。

（岡田弘氏による）

[注]　易簀…学徳ある人の死／追賁…死後に栄誉を贈ること

# 第32章　惟準のキリスト教入信と臨終

## ▽四男章の追想

明治四十一年（一九〇八）十二月の出来事を、惟準の四男章（京都の第三高等学校在学中）はのちに次のように記している（緒方章『一粒の麦――一老薬学者の手記』）。　　（［　］内は筆者注）

風邪を引きつつも、京都のいやに冷たい冬を修行し終えて、年末の休みに、彼［章は自分を第三人称の彼と書いている］は毎年両親が寒さを避けている呉田の浜へ、心温まる思いを抱いて帰って行った。「只今帰りました」と玄関の戸を元気よく彼は開けた。小さい家のこととて玄関での声は奥へすぐ聞こえる。「まあまあ…帰って来たかい」と吉重［惟準夫人］のやさしい声が、奥からすると同時に、惟準の咳き入っている苦しそうな咳嗽《がいそう》も聞こえる。彼は素早く靴を脱いで、もう襖をあけていた。吉重が立とうとしていた処であった。

「母さん…今…父さん」と彼は惟準の前に手をついた。惟準は室の日当たりのよい処に、枕屏風を囲って、火鉢に手を暖めながら、背を丸くし、頭巾を被り襟巻きをして坐っていたが、咳いていたので、首だけをゆるく前に頷いた。彼が頭を上げて、惟準の顔を見た瞬間に、彼が感じたことは、肺気腫に患む冬には弱い父ではあるが、前に会った時とは、どこかに違った憔悴の影がみえる。

翌日起きるなり、彼は大阪へ行って兄の銈次郎に、「父さんどこか悪いやないんですか」と尋ねた。銈次郎は顔を曇らせ、低い声で、「どうも胃癌じゃないかと思われるんですが、まだ、はっきりしません・・・もしそうだったら、もう長くはないと思う・・・今の内に、できるだけ孝行してあげなさい・・・母さんには、まだ云ってないからそのつもりで」と秘かに、彼に覚悟せよという風であった。

今まで父の死などということは、一度も考えてみたこともなかった彼の耳には、低い銈次郎の声も、晴天の霹靂《へきれき》のように響いた。

彼の毎年の冬休みは、クリスマス、正月と、古い中学の友達や教会の人達と共に、歌かるたをとって遊ぶ書き入れ時であったが、この冬休みだけは、重くるしいものが心にのし懸っていて、父の顔を見る度に、その重くるしさが増すばかりで、遊ぶ気になれなかった。休みの殆どを、彼は呉田で過ごした。今迄母とは、いろいろ話もしたが、父はいつも独りで和歌を詠じて、楽しそうにしているので、彼とはあまり話もなく、過して来たのである。今更孝行と云っても、どうしてよいやらわからない。惟準が咳く時に吉重が後へ回わって背を擦っているのを「お代りしましょう」という位のことしかできなかった。

正月の祝の膳についた時も、これが父との最後の正月になるかも知れないと思うと、〝おめで度う御坐います〟と、元旦の挨拶をする声も、喉につかえて、かすれた。できるだけ楽しく、両親と休みの間を送ろうと、彼は心を砕いた。その為めか、惟準は咳の出ないときには、にこにこしていた。父がそんな顔で彼に接することは、今迄に見たこともなかった。

短かい冬休みは、夢のようにたってしまう。惟準の前で、「また京都へ行きます、父さん御大事に・・・」と云わねばならないときが来た。父はうれしそうに頷いて、「からだに気をつけてよく勉強しなさい」と云った。この一言が、今迄に経験したことのないほどの父性愛を、彼の心の奥底に有難くきざみつけた。できるだけの孝行を、言葉でも行でも彼はしたから、それが父に通じたのであろうか。父の顔を見て彼は胸が一ぱいになった。

「近頃はよく眠れそうだね・・・結構結構・・・風邪を引かないように気をつけなさいよ、布団が薄い様だったら姉さんに云って毛布でも送って貰ったげるよ・・・いいかい」と吉重も母の愛の籠った言葉で彼を送った。

「また度々帰って来ますから・・・」と云ったのが、彼の云いえた只一つの挨拶であった。

緒方章はまた「明治四十二年の春」の項で次のように記している。

それからの毎週、土曜日から日曜日にかけて、彼［章］は父を見舞いに帰ったが、その度毎に父の顔貌に憔悴の色は濃くなって行く。例年惟準は呉田に冬を過ごして五月半ばには、有馬に帰り、山の緑に囲まれて日を送るのを楽しみにしていたが、惟準も医者のこととて、自分の病気の何であるかを察して居たのであろう。三月に鉎次郎の住宅になっている大阪東区［現・中央区］北新町の宅へ、既に早く引移ったが、そのときは最早や病牀に身を横えねばならなくなっていた。彼も父の枕頭に、最後の看護をする母の手になろうと、春休みになると、すぐに大阪に帰った。丁度その頃惟準の三男知三郎が東京で岡村輝彦の二女幸子との結婚をすませて帰阪したので、息子の新嫁に会い得ることを楽しみに、惟準はやつれた顔にも喜びの笑みを浮かせていた。

いよいよ三高での最後の学期が始まるので、彼はまた心残りな父のもとを去らねばならなかった。

### ▽長男整之助と妻吉重の入信

先に述べたように惟準の長男整之助は冬の寒さで風邪をひいたのがもとで、結核性脳膜炎で、明治二十一年（一八八八）二月十一日、二十歳の若さで世を去った。母吉重の妹さくの夫田村初太郎は、在米中キリスト教の洗礼を受け、帰朝後は第三高等学校創立にさいし教師となった。一方、大学予備門の試験に合格した整之助であったが、病身で入校することができなかった。このわが子に何かの慰めを与えてやりたいと思った吉重は、妹さくに相談した。そこで整之助はこの叔母の勧めに従って教会に行くようになり、『聖書』に親しみ、精神的に強くなっていった。整之助は母吉重にも教会へ行くことを勧めていたが、彼の生前中はついに足を踏み入れることはなかった。しかし愛児の葬式で吉重ははじめて教会へ行くことになる。愛児を失なった悲哀の救いをキリスト教に求めたが、惟準はこれに干渉しなかった。以後、吉重は篤信なキリスト教信者となり、日曜日には子供たちを日曜学校に連れて行き、家庭のキリスト教化につとめた。

惟準は陸軍軍人であり、禅宗を身につけており、心のなかには妻のキリスト教への入信は抵抗があったろうと、惟準の四男章は後年、述懐している（前掲『一粒の麦』）。章は父惟準が軍医だった関係で、大阪の陸軍偕行社付属小学校へ入学するが、軍関係の学校のこととて、キリスト教はあまり歓迎されない。友達から「ヤソヤソ」といじめられるので、だんだんと日曜学校へ行くことがいやになってきた。明治三十年（一八九七）前後はまだそんな時代であった。それに対して母は無理に行けとはいわなかった。

▽惟準の入信

例年、惟準は神戸の呉田《ごでん》の別荘で冬を過ごして五月半ばには有馬の別荘に行き、山の緑に囲まれて日を送るのを楽しみにしていた。惟準も医者であるので、自分の病気が何であるかを察していたのであろう。明治四十二年（一九〇九）三月、銈次郎の住居になっている大阪東区北新町の家に移った。このときは、もはや病床に横たわる毎日であった。

第三高等学校の生徒であった四男章は六月の試験の始まる前に家に帰った時、惟準は彼を枕頭に呼びよせて、「章、お前長田《おさだ》先生をお訪ねして一度来ていただけないか、願ってみてくれないか」と云った。長田先生とは天満キリスト教会の長田時行牧師である。惟準は妻から名前は聞いていたかもしれないが、面識はなかった。章はすぐに長田牧師の寓居に行き、その旨を伝えた。彼は長田牧師を伴って、惟準の枕辺に坐った。その時、惟準は、「先生…私は聖書も知らず、教会へも参ったことがありませんが…洗礼は受けられますか」と云った。長田牧師は穏やかな口調で、「洗礼は信仰によって受けるものでございます…教会へお出でになる、ならないは問題ではありません…しかし、どうしてあなたは洗礼を受ける決心をお持ちになりましたか…御苦るしくなければ、それを承わりましょう」と質した。

「私の命は長くないと思います…長い間私のために妻として私を助けてくれました家内を見ていますと…キリスト信者の心には…何か私にないものが…与えられているように感じます…私も禅宗で身を持して来たつもりでおりましたが…とても私の信心は…家内には及びません…章もまだ小さい子供のように思っていましたが…あれにも感ずる処があります…私もキリストによって救われて、この世を終わり度いと思っています」

と惟準はとぎれ、とぎれに信仰を告白した。長田牧師は惟準の告白を幾度も頷きながら聞いていた。

「誠に御立派です…洗礼をお授けしましょう」、と章に洗礼の水盤を捧げさせて、厳かに病床の惟準に洗礼を授けた。傍らにいた気丈な吉重のうなだれている眼には感慨無量の涙が光っていた（前掲『一粒の麦』）

惟準の病苦は、日一日と募るのみであったが、その苦しみのうちにも、吉重と章とに讃美歌を歌わせて、自分も口を動かしていた。命終わるまで讃美歌は、惟準の病苦の慰めであった。『緒方惟準翁小伝』の編者ドーデー女史（後述）は次のように記している。

　翁は其病院に在つて基督《キリスト》の恩寵を味ふこと愈々深く、信仰生活の幸福をつらつら感ぜられた。偶々《たまたま》牧師の来訪せられし時、洗礼は領したるもの、、身既に病褥の人となつて、何等基督のため教会の為め、働き難きを憾《うらむ》となす旨を語られた。されど其心根こそは神の人類に求め給ふ献物である事は申すまでもない。

褥中にあつて、しばしばその家人を招き、讃美歌を誦せしむる事を無上の楽とせられ居つたが、いよいよ病あらたまり、はや天の召しを受くる日もまた近づけるを悟りし翁は、その死に先立つ数日、一族一人一人に対し、その性行に応じて懇々訓《さと》さるゝ所あり、また一族三十余名をその枕辺に招き、その遺命を与えられたのであつた。その一節に曰く、

「六月十日朝廷先考洪庵に従四位を贈らる、余が生前この恩命に浴し得たるは何らの幸福ぞ、緒方家一門の光栄これに過ぎたるはあらじ、願わくは余が死せし後も、一家相親しみ能く神の道を励み人道を守り、家名を永久に朽ちしめざる様精励せよ」と。

且つ曰く「整之助や九重や又おそらく母上も皆待っておる処に往けると思えば、この様に嬉しい事はない」と。

惟準の臨終にいたるまでの様子を、四男章が前掲『一粒の麦』で詳細に記している。

七月に入ると、その年の暑さはまた格別であった。惟準の食思は全く衰え、口を通るものは、ただ冷たいものだけになった。当時はアイスクリームは、家庭で作るより外には、入手の道がなかったので、それを作るのに、台所は忙しかった。しかし氷片とアイスクリームは惟準の衰えた胃腸には刺激が強過ぎたのであろう。大腸カタルを起して、日に幾回となく、下痢を始め、その度毎に吉重の首に抱きついて、骨をもけずる下痢の苦痛を堪え忍ぶ、その苦しみを傍に見るものは、吉重は勿論のこと、彼［章］にも堪え難き苦しみであった。吉重はかくして病人と共に昼夜の別もなく苦しんだが、洗礼を受けてからの惟準の吉重に対する態度が、それ以前のものと著しく変って、心からの感謝と信頼が顕れ、それが疲労困憊している吉重に、また限りなき看護の力を添えたのである。

七月十五日惟準には既に死の顔貌が見え初めた。鉒次郎は彼を呼んで、

「父さんも、もう二、三日だと思います・・・亡くなれば普通の葬式では間に合わないと思うんです、暑い時だから、亡くなってからでは仕度も間に合わんと思うから、気の毒だがね・・・神戸の中山手通りに、外人の葬儀屋があるということだから、そこを尋ねて行って、葬儀馬車の交渉をして来てくれませんか、こちらで一晩や二晩は、馬を寝かす手筈もするからと言ってね・・・」

まだ父の生きている間から、葬儀の用意をすることは気がとがめたが、兄の云うことも、もっともなので、暑い日中を中山手通りを尋ね歩いて、やっと葬儀屋を探し当てた。葬儀屋は独乙人であったが、日本語が話せるので、彼は安心した。

「承知しました。大阪ですから・・・どうしても前々日にお知らせ下さい」

「電報で葬式の前々日にお知らせします」

当時の大阪と神戸は、これほどに時間的に遠かったのである。

良い事で走り回るのであれば彼も弱いとは云え、若いのであるから、これしきの事に疲れもしなかったろうが、心痛を抱いてのこととて、彼はくたくたに疲れて、夕刻大阪へ戻ってきた。この留守中に惟準は自分の最後の来たことを自覚して、子息を枕頭に呼び集めた。その中に彼の顔が見えない、

「章はどうした」

苦しい目にも惟準は彼を探し求めた。鉒次郎はまさか、葬儀の用意に使に出したとも云えず、何かうやむやに胡麻化した。

「父さんのわるいことを知っていて、遊びに出たのか」

と。淋しそうな顔に、ちょっと怒りにも似た表情を浮かばせた。そこへ戻ってきた彼は、そのことを聞いて、

父の枕元に行くのを心苦るしく覚えたが、意を決して坐った。惟準はその時、既に何かをさとったのであろう、思い掛けなく優しく、

「おお帰ったか、お前のことは少しも心配していない…しっかりやりなさい」

と弱った声に力を入れて、彼を励ました。それから後は意識が混濁して、苦痛も遠のいたようである。

彼は心痛を抱いて、暑さの中を歩き回ったので、さなきだに弱い彼の胃腸は耐え切れず、その夜から血便を漏して、赤痢らしい症状を呈し、高度の発熱をきたした。出入りの多い最中とて、彼は別室に隔離され惟準の世を去る時には、その枕頭に永遠の別れを告げることもできず、腹痛下痢に父の苦痛を忍びつつ呻吟した。葬儀の前日に彼は、やっと看護婦に助けられて、亡父に最後の対面をした。憔悴の極に達していた惟準ではあったが、その顔から苦痛の跡形もなく消え去っていて、安らかな永遠の眠りを楽しんでいるようであった。

この惟準翁の入信・臨終については、かたわらにいた肉親でなければ到底知りえない、また書き得ない情景である。

▽惟準の臨終

惟準の病いが次第に重くなり、臨終に近づいてくる様子を、キリスト教宣教師のドーデー女史（後述）が前掲『緒方惟準翁小伝』のなかで記している。キリスト者の立場で記しているので、かなりキリスト教を賛美しているように思われるが、この臨終の部分を紹介する。

翁はまた某夜半、家人を召《よ》びて筆紙を徴し、褥中《じよくちゆう》横臥せるまゝ其辞世の歌を記し、之を其牧師に送らしめた。何と美はしい心懸であろうか。本書の巻頭に挿みしは即ちそれであって、之れぞ翁が絶筆なのである。

後自ら此歌の一部を訂正して、

此世をばよしやさるともわがたまは　神のみまへにゆきてつかへん

とせられたのである。其信仰の単純にして美はしき様は能くも此一首に表はされてゐるではないか。翁素《も》と無霊魂説を主張し、多数の医師と同様肉体の死と共に霊魂などの永存すべき筈なきを思ふ旨述べられたれば、牧師は屢々霊精不朽の証拠論を説きしが、理論を以ては容易に会得する風情も見えざりしに、信仰の進むにつれて衷情の要求は遂に此歌を詠ぜしむるに至つたものであるといふ。肉の世界以上に見る能はざる者程、世に憐なるはない。人の本質は寧ろ之にあらずして、彼に存するを解する程に、霊眼の開かれしものは幸なるかな。

翁は後にまた更に一首を賦して、之を共に牧師の下に致したのであるが、そは即ち次の歌である。

ねむりなばエスのめぐみの力にて　みちびきたまへ神のみまへに

斯くて病苦切《しき》りに身に迫り来たる間にも、末子章氏をして讃美歌第三百二十五番を歌はしめ、自らも亦幽かに之に和せんと試みられた。

やまひの床にも　　なぐさめあり
われらにかはりて　血をながせる
主のみくるしみを　おもひ見れば
いたみはおのれと　わすられけり

「之はよい歌である」といひて大に慰を感ぜられたるもの、如く、更に他の二、三の讃美歌を歌はしめた。死の前日牧師は翁を其枕辺に訪ふて最後の祈をなし、且奨励を与へしに、一々首肯せられてゐた。

▽ドーデー女史（Miss Mary Adelaide Daughaday, 1844–1919）

図32-1　ドーデー女史

彼女は終生在日したアメリカン・ボード宣教師。ニューヨーク州チエナンゴ郡ギルフォード村に生まれる。ニューヨーク州アルバネー師範学校、マサチューセッツ州ピッツフィールドのメイプルウード専門学校を卒業し、教師になる。ついで宣教師となり、明治十六年（一八八三）三月二十一日来日、大阪梅花女学校（牧師沢山保羅が明治十一年、西区土佐堀に創立、現・学校法人梅花学園の前身）で英語を教えること九年（明治十六年三月三十一日～二十五年）、ついで鳥取で伝道に従事すること四年、三十年（一八九七）札幌組合教会（元・札幌北光教会の前身）に転じた。以後、死去する大正八年（一九一九）まで二十二年の長きにわたって伝道、教育に挺身した。

札幌ではバイブルクラスに多くの青年学徒を集め、各地に婦人会や日曜学校を開設した。教会ではオルガニスト、日曜学校教師を務めたほか、病弱者を訪問し、岩見沢町・琴似村にも出かけて婦人たちの指導に当たった。動物愛護・矯風事業・禁酒運動にも熱心で、超教派的交わりの促進にも貢献した。定年のため本国からの給与の支給が切れた後も札幌にとどまった。海《え》老《び》沢《さわ》亮《あきら》牧師は教え子の一人である。第一次世界大戦中に発病し、天使病院に入院、平和条約締結を聞いて大正八年七月一日永眠した。円山墓地に眠る（札幌組合基督教会編『ドーデー女史』／『梅花学園百十年史』）。

惟準が明治二十年に大阪へ帰り緒方病院を設立してから四十二年に死去するまで、ドーデー女史との接点は見あたらない。筆者が彼女の『緒方惟準翁小伝』を入手して以来、ドーデー女史がどうしてこの小伝を書きえたか、その経緯についてかねがね疑問に思っていた。このドーデー女史について種々調査を依頼していた畏友宮下舜一氏から前掲『ドーデー女史』のコピーをいただいたことで、この疑問は氷解した。

同書は編者名や刊行年月日もなく（大正八年末と推定）、八一ページの小冊子である。内容は女史の追悼記念誌で、葬儀（「ドーデー女史を憶ふ」…海老沢亮、葬儀記事）／弔辞（四人…各種教会・婦人会代表）／事績（「記憶を辿りて」…緑水生・「推称の辞」…ローランド）／弔文（六人）／弔文を寄せた芳名録（住所・姓名のみ…三八名）／弔電（四六通、電文と姓名はすべてカタカナ）と追想文二篇の構成である。

この追悼録『ドーデー女史』を編集したのは彼女の愛弟子海老沢亮牧師と推察される。この「事績」の記事中の「記憶を辿りて」の執筆者「緑水生」は、記事を読むと明らかに海老沢亮牧師であることがわかる。このなかで海老沢氏は、「曾て余が大阪に在るの時、女史の旧知緒方惟準翁の小伝を編著する任に当たり、大正元年秋之を警聖社より出版されたが、大正四年にはさらに重版になつた。此小冊子を女史が如何に多く使用されたかは想像の外である」と記している。

この記事から、海老沢氏が大阪に在任中、大阪で著名な医師緒方惟準が臨終に近い時期にキリスト教に入信したことを知り、札幌の恩師のドーデー女史に報告した。女史が大阪に在任中（明治十六〜二十五年）に、著名な医師としてその名を知っていた緒方惟準のキリスト教入信に驚きまた感激し、彼の小伝の編纂を思い立ったという経緯が推測できよう。そして海老沢氏に資料収集を依頼したと考えられる。海老沢氏は女史の要請に応えて、天満教会の長田牧師を通じて、惟準の遺族および天満教会の真島牧師らから資料を蒐集し、女史の小伝執筆に協力したのだろう。『緒方惟準翁小伝』の巻頭には惟準の軍服着用の肖像および前述の辞世の和歌（自筆）と吉重夫人の添書き「五月九日午前二時十分認」（図32-2）が掲載され、つづいて次の「はしがき」がある。これに執筆の経緯が簡単に記されている。それによれば、正確には海老沢

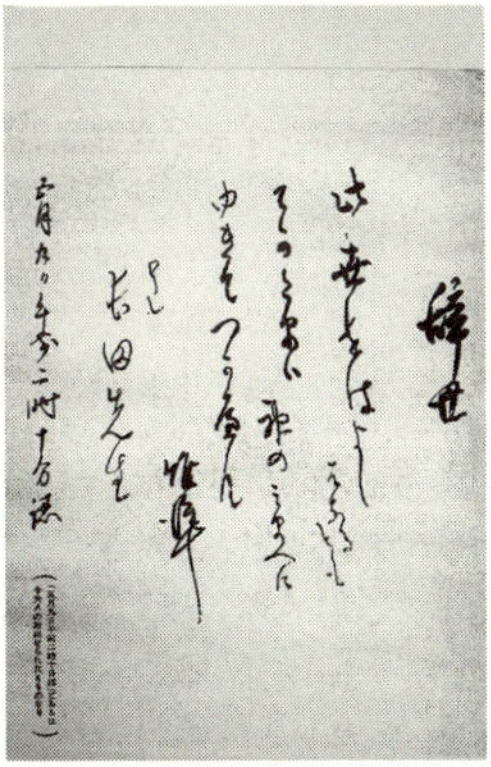

図32-2　惟準の辞世歌と吉重夫人の添書き（左端）

氏との共編というべきであろう。

はしがき

一、医は所謂仁術であつて、最も愛の心と行とを要する者であり、そが基督《キリスト》の愛の教を実行するに至らん事は、真に世の病める人々のため望ましき処であります。

一、日本の医学界に其名を知られたる緒方惟準先生が、其晩年思ひ一と度爰《ここ》に至つて基督の信徒となられた事は、寔《まこと》に美はしい健気な心懸であると思ひます。

一、今此小伝を世に公けにせんとする小妹の望みも亦、日本の多くの友人等に斯かる範例を紹介したいといふ微意より出でたものであります。

一、此編を成すに方《あた》り、特に之を承認せられて、其秘蔵の文書其他を貸与せられし故先生の御遺族と、種々斡旋の労を取られたる牧師長田時行氏に対して感謝の意を表し、且小妹の勧奨に依り遂に伝道界に挺身したる信仰上の愛子海老沢亮が全部筆録せし事を欣ぶ次第であります。

大正元年九月　　　編者しるす

▽**海老沢亮**（明治一六～昭和三四＝一八八三～一九五九）

日本組合教会牧師。茨城県笠間町生まれ、札幌農学校在学中、女性宣教師ドーデーの英語教室に出席、キリスト教を知り受洗、卒業後は日本鉄道会社に入社、鉄道技手となる。日露戦争で旅順戦に参加、一時帰国中に旅順攻撃で戦友の全滅を知り、神の召命を感じ、同志社神学校へ入学する。卒業後、大阪梅田・札幌北光・京都の諸教会の牧師を歴任する。賀川豊彦と名コンビを組み全国伝道につくした。自宅を開放し東京府豊多摩郡野方町の江古田《えごだ》で江古田教会を創立した（昭和十四年）。昭和十六年（一九四一）の日本基督教団成立にあたり、同出版局長・東亜局長を兼任、北支教会問安中《ママ》に終戦をむかえ帰国、二十三年に組織された日本基督教協議会初代幹事

図32-3　長田時行

に就任。三十一年、健康を害し辞任した。「日本キリスト教百年史」執筆中に病勢が悪化し死去、享年七十七歳。『宗教教育の心理学的基礎』（一九三二年）『宗教教育教授法要領』（一九三三年）のほか翻訳書など七〇余の著作がある（『日本キリスト教歴史大事典』）。

▽**長田《おさだ》時行《ときゆき》**（万延元〜昭和一四＝一八六〇〜一九三九）

岡山藩士長田三右衛門の長男、万延元年六月生まれ。初め岡山藩校に学び、ついで横浜バラ学校および東京築地大学校に入り語学を学び、つづいて明治学院神学部と京都同志社大学神学部で神学を修め、明治十五年（一八八二）東京霊南坂教会副牧師となり、十九年神戸多聞教会牧師に転ずる。明治三十二年（一八九九）米国のシカゴ神学校に留学、かたわら米国各地の教会を視察して帰国、三十六年大阪の天満教会の牧師となり、日本伝道会社社長として全国の布教に従事する。かたわら梅花女学校長となり育英事業につくし、また理事を務める。日本聯合共励会会長として雑誌『活世界』を発行、ついで日本組合協会理事、大阪基督青年会幹事となる。大正三年（一九一四）、新潟教会に赴任、八年、聖友女学校（昭和五年廃校）を創立。八年間在任してキリスト教の拡張につとめる。ついで東京に移り紫苑幼稚園を経営、『紫苑会報』を発行、昭和十四年八月十八日、東京で死去、享年八十歳。かつて女義太夫豊竹呂昇・木村権右衛門らに洗礼を授け、一意人心の粛清に努力し、関西思想界の重鎮となる。妻は日本の心理学の先覚者元良勇次郎文学博士（兵庫県三田市出身）の妹（明治四十二年没）（『大阪現代人名辞書』『日本キリスト教歴史大事典』）。

# 第33章　惟準の剖検および葬儀

▽剖検

明治四十二年（一九〇九）七月二十日午前、惟準は胃癌のため享年六十七歳で死去した。死去に先立ち位階を進めて正四位に叙せられた。惟準は自身が胃癌であることは承知していたが、診察していた二子の銈次郎・知三郎に病名を問わず、二子もまた秘密にして語らなかった。ところが死去の数日前に、二子らを枕頭に呼び寄せ、次のような遺言を述べた（緒方銈次郎・緒方知三郎「余等亡父ノ剖検記録」、『中外医事新報』七〇八号、一九〇九年／緒方知三郎『一筋の道――私の研究回顧録』）。

父の病むや死に至るまで病名を問はず、余等も亦秘して語らざりき。死に先立つ数日余等を枕頭に招きて曰く「余が命旦夕《たんせき》に逼る、今に及んで後事の托す可きなし、汝等余の死後自ら余が遺骸を剖検して、自家実験の参考に供せよ。汝等研究の結果若し有益の資料を得るあらば、願はくは斯道のためにその記録を公にせよ。余の胃癌は臨床上特に病理学上の興味少なからざるを確信すればなり。

しかし父惟準の死に直面すると、二子は亡父の遺骸にメスを入れる勇気がなく、ためらっていた。ところが傍らにいた母の吉重は、惟準の遺訓に厳として背くべきではないと二子を説得したので剖検する決心がつき、断行することとなった。吉重夫人は、義母である八重夫人の薫陶を受けたのであろうか、ここにも気丈な一面をかいま見ることができる。知三郎はつづけていう、父既に瞑目す。然も余等相顧みて、慈父の遺骸に刀を加ふるの勇なく逡巡決せず。余等の母傍に在り、遺訓の厳として背く可からざるを説き余等を励ますこと切なり。余等母の殊勝なる決心に感激してこれを断行するに定め、即夜自宅に於て親戚及び数名の門下生の傍観の下に余等の一人知三郎骨肉の情を忍んで腹部の局所解剖を行へり。

死去の当日の七月二十日午後十一時、大阪市東区北新町の自宅で剖検が開始された。吉重夫人（五十九歳）、親戚および数名の門下生傍観のもとに、知三郎（二十七歳）が執刀、緒方病院の医員である中川観・徳丸左源太の二名が助手を務めた（銈次郎の役割については記載はないが、剖検所見の筆記役を務めたのであろう）。ベット上に油紙を敷いて剖検を始め、腹腔のみの解剖にとどめ、腹腔内の臓器のすべては摘出しなかった。胃腸もその局部を切開して、割面・粘膜・内容物を検査し、肝臓と脾臓はただその表面のみを検査し、腎臓と副腎にはまったく手を触れなかった。これにつづいて、防腐の目的と解剖に陪席した吉重夫人の眼前で鮮血を流すに忍びなかったために、一〇％のフォルマリンが血管内に注入された。顕微鏡的検索に必要な胃や転移部位の組織片を切除し、切開した胃や腸を縫合し、その腔内にフォルマリンを注入、腹腔内にはフォルマリンを浸した脱脂綿を充塡したのち、腹壁を縫合、創面に絆創膏を貼って剖検を終えた。知三郎は文を次のように結んでいる。

是に於て亡父の遺言に従ひ、生前の病歴の大略と剖検記録とを編し、併せて所按を述べて之を公にす。亡父の死にして癌研究に関し幾分の裨益するを得たらむには、亡父の霊必ずや地下に瞑するを得可く、余等の嘉悦亦これに過ぎず

以上の剖検結果を「余等亡父ノ剖検記録」と題して『中外医事新報』七〇八号に銈次郎と知三郎の連名で載せた。この論文の最後に、(1)臨床所見と(2)解剖所見が次のように総括されている。

(1)臨床所見…徴候の主なるものは、悪液質性貧血、心悸亢進、口渇、皮膚掻痒、浮腫等にして、初診時老人性

貧血症を疑い、次いで消化器病候としては胃部膨満、停滞、嘈囃《そうぞう》（胸やけ）、鈍痛（時々胃痙様痛あり）便秘及び下痢にして、嘔吐、悪心、吐血等を欠き、自覚胃症状比較的少なし。而して発病自覚後僅かに二ケ月を経たる初診時に於いて夙《つと》に腹壁直下に孤立性硬結（腹膜転移癌）に触れたるに拘わらず、胃部に確実に腫《しゅ》瘍《よう》を触知し得たるは遠く一ケ年の後なり。胃癌発生の部位は胃体部にして大小弯に亙り、幽門は全く其の害を免れたる者なるべしとの診断を下せり。

(2)解剖所見…腫瘍は幽門に近き小弯部の胃粘膜に原発せる円柱細胞癌にして、已に晩期に達し腫瘍は幽門部及び胃体部の大半を占め其の表面潰瘍を造る。但し幽門輪は潰瘍性組織欠損の為に狭窄《きようさく》を免れたり。而して通常の如く腹膜、大網には散種性に、肝臓、胃には門脈を通じて栓塞性に転移結節を造成せり。直接の死因は胃癌に因する栄養障碍に伴発せる急性腸炎とす。

最後に、知三郎の師、東京帝国大学病理学教授山極勝三郎の懇切なる指導と厳正なる論文の校閲に対して、謝辞を記している。

その他の剖検の詳細な病理学的所見は原著に譲り、それをまとめれば、大要は次のようであった。

一、胃幽門部円柱細胞癌
二、腹腔における（癌細胞の）散種
三、肝臓と大網における癌の転移
四、小網膜（肝十二指腸靭帯、肝胃靭帯）癌腫浸潤
五、カタル性胃腸炎
六、萎縮性脾臓
七、肝褐色萎縮

知三郎はこの論文について、後年次のように述懐している。

この論文は学問上では単なる胃癌の一剖検例に過ぎないのであるが、私としては真剣な態度で検査に従事した誠に思ひ出の深い業績である（前掲『一筋の道――私の研究回顧録』）

## ▽死亡ならびに葬儀の報道

大阪の名士であった惟準の死去および葬儀の模様を、新聞は大きく報じた。すなわち死去の翌日七月二十一日付の『大阪朝日新聞』は惟準翁の写真を掲げ、次のような破格の長文記事を掲載している（原文は総ルビ付き、一部採用、［　］内は筆者）。

退役陸軍一等軍医正［退役時は軍医監、その後の改正による］従四位勲三等緒方惟準翁は久しく胃腸病を患ひ、北新町一丁目自邸に療養中の処、二十日午前十一時終に危篤に陥れり。翁は天保十四年の八朔に大阪北浜なる今の緒方収二郎氏宅に生る。十二歳にして加賀大聖寺に赴き洪庵の門人渡辺卯三郎に従ひ漢籍及び和蘭文典を学びしが、頓《やが》て発奮して越前大野に赴き同門人なる洋書館［大野藩洋学館］の伊藤慎造（蔵）に就きて専ら蘭書を学び、旁ら洋式操練を修む。大野藩は我が邦に於ける同操練の濫觴《らんしやう》たり。時に年十四、洪庵その妄動を戒め、為に学資を給せざるもの三年、其間の苦学以て想ふべし。既にして二級生に進み勘気を免ぜられ、十六歳［十五歳］にして長崎に出で蘭医ポンペ並にボードインに従ひ、在学五年［六年］にして江戸に入る。蓋し洪庵時に幕府の召に応じたるを以てなり。然るに悲むべし、翁の江戸入りは洪庵歿して十日の後なりき。洪庵の門人福沢諭吉氏等慰撫交《こもご》も到り、翁の弟妹九人は賢女の名ありし母堂八重子の手一つにて鞠育せられたり。翁は頓て家督相続申付られ奥詰医師兼西洋医学所教授となり、二百俵二十人扶持を給せらる。二十二歳［正しくは数え二十五歳］和蘭に差遣されしが、居ること二年［あしかけ二年］にして明治維新に際し、旧幕府よりの学資途絶えしかば帰朝の止むなきに至り、横浜に上陸するや直に京都御所に召され徴士を以て玄蕃《げんば》少允《せうすけ》に任じ、従六位上に叙し典薬寮医師に補し、手当二百両を賜ふ。時に明治元年九月三日なり。是れなん宮中に洋法侍医を置かれたる濫觴なりける。遷都の事あるや乃《すなは》ち行幸供奉の命を承け、途上水質検査の重任を帯べり。従来女官より奉れるは鴨川の水に限り、女官側は同水を携ふるを主張せしも、翁は玉体の御健康上古き水の害あるを慮《おもんぱか》り、到る処汲み立ての新水を検して奉るの可なるを主張し、漸くにして其の説を容れられたりとぞ。其の江戸に入るや奥羽の役より帰り来る西軍の負傷者夥《おびただ》しかりしにぞ。下谷藤堂本邸を病院に充用し、翁は其の取締として出張せり。之れを大学病院の基礎とす。明治二年大阪に医学校病院の設立あり、翁は通弁並びに教授の任に当れり。之れを大阪医学校病院の原始とす。同年大阪城内に兵部省を置かれ、洪庵の旧門人大村益次郎之を司どる。翁は乃ち軍事病院兼勤を命ぜられ、ボードイン氏と倶に兼ねて軍医の養成に務めたり。之れを軍医の起原とす。明治四年職を罷めて上京、直に参内拝診を命ぜられしに、畏《かしこ》くも玉体には御壮栄肥満に渡らせられ遷都前後に拝診したる折とは見変《みかは》らせられたる許りなりとぞ。同年八月より専ら軍事病院に従事し、軍医学校長、西南戦争征討軍団病院副長、大阪鎮台病院長、軍医本部次長、東京陸軍病院長、近衛軍医長等の職に転じて明治二十年に至る。此の年兵士の脚気予防法に就き麦飯使用の効果上、同僚との間に論争を生じ、翁の麦飯論は遂に排斥せられ、病を称して辞職するに及べり。翁は頓て帰阪し今橋三丁目に私立病院を設け、爾来十二年間院長たりしが、令弟収二郎氏に院長を譲り、家財を令息鉎次郎氏に与へ、有馬山中に風月を楽めり。後又灘の呉田《ごでん》に避寒の別荘を作れり。翁は昨春来、胃腸の病を獲て其の間基督教に帰したり。六月十日特旨先考洪庵に贈位の典あり、頃日《けいじつ》盛大なる奉告祭の挙行に際し病牀に在りて欣喜措く能はず東向再拝して、聖旨の渥《あつ》きに感涙せりといふ。翁は三沢八千代子［のち吉重と改名］を娶り、四男二女あり、次男鉎次郎氏家を嗣ぐ。翁の著訳書は衛生新論外十数種あり。業余和歌の造詣深く近十年間の詠草実に二万首に上り、堺の渡辺春樹翁に添削を乞へり。「老のすさみ」と題せる歌稿の如き反古裏に一枚五十首ばかりの歌を細書したる、以て其の精力を見るべし。翁は頃日長田牧師に贈るとて、

　　此世をばよしはなるともわが玉は　神のおまへにゆきてつかへん

又　かねてよりつゆの命としりながら　いまはのきはゝ此世こひしき

の詠あり、年六十七歳

そして葬儀は七月二十三日キリスト教式で厳粛に行われた。七月二十四日付の『大阪朝日新聞』はこの葬儀の様子を次のように報じ、葬列の写真を掲載している（（　）内は原文のまま）。

喪色に掩はれた十字架飾りの柩車は、喪章附けたる二頭の馬に曳かれつゝ、騎馬の警官二騎先駆となりて、歩兵第三十七聯隊第一中隊長松崎大尉の率ゐる一箇中隊の儀杖兵其の前後を護衛し、銃口を俯けて悲みの極みを吹奏しつゝ、悲しみの風に翻へる銘旗、菊池憲兵少佐（伝三氏）の勲章奉持を先立て、柩馬車には後藤、有馬、戸田の三軍医正及び菊池博士（米太郎氏）附添ひ、喪主銈次郎氏の外、男女遺族并に緒方病院職員の百名に余れる一列は、同看護婦の一行と共に柩後に随ひ、約千名の一般会葬者が列を正して、二十三日午前八時の時刻カッキリに東区北新町一丁目の自邸を基督教式に由り出棺したる正四位勲三等緒方惟準翁の葬儀は土佐堀の青年会館に於て執行せらるべく、谷町を大手通に松屋町を高麗橋に出で淀屋橋を北、大川町を一直線に会館［西区土佐堀のキリスト教青年会館］に入り、柩を故旧の手にて擁護つゝ、正面壇上に安んじ、同九時天満教会執事谷口励《はげむ》氏の司会の下に厳粛に執り行はれた（出棺の際にも同石橋為之助氏の司会にて長田牧師の祈禱式があつた）。同教会の王女会員の賛美歌、執事松岡帰之氏の聖書朗読、牧師杉田潮氏の祈禱に次ぎ、石橋氏は自叙伝を朗読し、兼ねて逸事の二三を陳べ、長田［時行］牧師は永遠の生命を説教し、

オールチン教師の賛美歌独唱があり、［大阪市］医師会長吉田顕三、［大阪］医学会長清野勇、［大阪］高等医学校長佐多［愛彦］博士、門人総代浜田美政、緒方病院職員総代山本玄一、天満教会信徒総代菊池伝三諸氏は弔詞を読み、清野氏はまた［大阪私立］衛生会頭高崎知事の弔詞を代読し、永江為政氏は松方［正義］赤十字社長寄贈の弔詞、花房［義質、適塾門人］男爵其の他弔電千余通を披露し、銈次郎氏は男女遺族総代として涙の告別をなし、後藤軍医正は会葬者と共に告別し、会衆一同頌歌を唱へ、長田牧師の祝禱ありて、最後に収二郎氏の挨拶にて式を終り、奏楽の中に再び柩を馬車に納め（儀仗兵及び会葬者の大半は会館より帰る）、筑前橋を北へ緑橋を経て上福島新道より大仁《だいに》火葬場に向ひ、同教会執事名和金次郎氏の司会にて更に祈禱、最後の告別あり、午後一時全く式を了つた。洪庵先生の遺業を継承して家声を揚げ、一門の繁昌を造り立てた惟準先生が最後の栄は此の如くにして世に伝へらるゝのである。

図33-1　緒方惟準の葬儀

『緒方病院産婆看護婦同窓会雑誌』一八号（一九〇九年）には、惟準の肖像と葬儀場の正門前の写真（図33-1）および「緒方惟準先生小伝」が掲載されている。同誌一九号に掲載されている葬儀の様子は前記の新聞記事とほとんど同じであるが、喪主銈次郎の告別の辞が載せられているので、全文を掲げる。

不肖児銈次郎親族一同に代り謹みて父上の霊に捧げ奉る。父上先考の志を嗣ぎ、医術と教育とを以て国家社会の為めに貢献せられ六十七年の天命を終へて、今や此の世を去り給ふ。児等断腸の悲しみに堪へず或は茫然自失せんとするに至る。是れ骨肉の情なり。然れども顧みれば厳然として遺訓の存するあり、徒に啼泣《ていきゅう》すべき時に非ず、父祖の遺業は是れより児等の双肩に懸りて重し。孝養の道唯之を守り、之を励み永く後継子孫に伝へて一門の光栄を堕さゞるにあるを知る。児等遺訓を骨に銘し一族和合輯睦心を一にして之を勉めんことを誓ふ。父上の霊亦常に児等を擁護せられつゝあるを信ず。児等の至情希くは受け給へ。

明治四十二年七月廿三日

なお同誌には惟準の友人高橋正直（適塾門下生、兄は正純）が「緒方惟準大人のみまかりしを哀れみて」と題して、次の和歌二首を載せている。

千とせ阪ともにこへんとちかひてし　人のきえゆくけふのかなしさ
かなしさをいひやはつくす五十あまり　むつひし人の永きわかれに

また惟準の和歌の師渡辺春樹は、「御歌集のこともいひのこされければ、かなしさのあまり」と題して、次の一首を寄せている。

のこされし君のことはの花かたみ　あまるにほひは此世のみかは

さらに知人あるいは和歌の同人と思われる従五位勲五等深瀬和直（洪庵の六女十重の夫深瀬仲麿の縁者か）の和歌五首とその他九首も載せられている。

なお同誌の二〇号（一九一〇年）には「故正四位緒方惟準大人の遺されし山家集より新年の詠草十数首を左に萃《あつ》む」と題して、新年雪七首とその他十四首を収録しているが「新年雪」の冒頭の一首のみ記す。

ゆたかなる年のしるしと門松に　ちとせをかけてつもる白雪

○四男章の葬儀の思い出（『一粒の麦――一老薬学者の手記』）

彼［章］が寝込んでから一週間後に、惟準は彼が準備した葬儀馬車に近親の手によって移し載せられ、土佐堀のキリスト教青年会館へと葬列はつづいた。彼は惟準の死後、葬儀に至るまでの銈次郎のあわただしき日々を、助けることもできず、病床に臥し、葬儀の当日漸くにして看護婦に付添われ、人力車で葬列に加わり得たのであった。葬儀は長田牧師の司式によって行われた。

かくして惟準は花に埋まって、この世から永遠に姿を消したのである。惟準の信仰生活は短時日であっても・・・或は短時日でなかったかも知れない・・・全く真剣であった。その信仰によって惟準は、彼が祈り願った通りに、病苦はあっても心安らかに、この世を終えた。彼は神に感謝した。私心なき祈りは必ず聞き届けられ、人間の心は神によって互いに通ずるものであることを惟準は彼に顕示したのである。この時以後彼の祈りは、今迄ただ何となく御経を誦ずるような形式的のものから、必ず神に聞きとどけられるという確信の祈りに変わって行った。

章は父惟準が明治二十年陸軍を脚気問題で退役したころの剛健と晩年の静かな日常を比べ、感慨深く次のように記している。

明治の初年には兵士の脚気に罹るものが多く、その予防について、軍医の間に議論がはげしくなってきた。惟準は西洋に脚気のないのは白米を食べないためであろう。白米をやめて麦飯にせよと進言した。これに反対したのが石黒［忠悳］である。惟準は石黒とは性格が違って、政治性がなく、自説を曲げないので、石黒との友情も脚気により分断され、辞表を叩き付けて明治二十年故郷の地大阪へ引上げてしまった。緒方病院を開設したのは、この時である。しかし、それは惟準の本意ではなかったらしい。四、五年後には病院を弟の惟孝、収二郎にまかせ明治二十七年五十一歳で隠居し、有馬の地に風月を友として暮らすようになったのである。

話は戻るが惟準が陸軍を辞してから、麦飯論が有力となり、政治性に富んだ石黒は、麦飯論に豹変したので、陸軍の麦飯論者は石黒ということになっている。

晩年の静かな生活を送った惟準しか知らない彼には、惟準がここに書いたような硬骨漢であったとは信じられないことであった。

章の次兄知三郎は明治十六年生まれだが、章は明治二十四年十月二十六日生まれで、惟準が陸軍をやめて大阪に帰ってからの子である。軍医の現役時代のことはまったく知らないわけで、両親から折りにつけ、いろいろと聞いたことを書いたのであろう。

# 第34章　惟準ならびに緒方一族の墓碑



▽緒方家の墓碑銘板

緒方洪庵夫妻の墓碑は大阪市北区東寺町（現・同心町一丁目）の龍海寺内にあるが、この墓碑の下が地下室（約六畳、奥行き三・九メートル、幅二・三メートル、高さ二・四メートル）になっており、鉄扉を開けて十一段の階段を下りると、正面と左の壁面に、縦三四センチ×横三二センチの白大理石の墓碑銘板がはめこまれている（図34-1・2）。正面の最上段に二枚（右が洪庵、左が夫人八重）あり、以下は上下四列で一列が八枚の合計三二枚の石がはめこまれている。八枚は未使用で碑銘は刻まれていない。左の壁面は、四列で一列九枚の合計三六枚の同様の大理石がはめこまれており、未使用のものが多い。右壁面には緒方惟直の名前と供養文を刻んだ石板が各一枚ある。

惟準の墓碑銘板は洪庵夫妻の下で二列目、右より四番目にあり、次のように刻まれている（図34-3）。

洪庵二男
幼名平三称洪哉
緒方惟準
明治四十二年七月廿日卒
行年六十七歳

| | | | | | | | |
|---|---|---|---|---|---|---|---|
| ⑧ | ⑦ | ⑥ | ⑤ | ④ | ③ | ② | ① |
| × | ⑮ | ⑭ | ⑬ | ⑫ | ⑪ | ⑩ | ⑨ |
| × | ⑳ | ⑲ | ⑱ | ⑰ | ⑯ | × | × |
| × | × | × | × | ㉒ | ㉑ | × | × |

**図34-1**　緒方洪庵夫妻墓碑の地下室正面の銘板（各34×32cm）

①整之輔・緒方多賀　②惟直・まりあ　③拙斎　④惟準（次男）　⑤惟孝（三男）　⑥収二郎・瓊江　⑦堀内利国妻緒方九重（五女）　⑧緒方十重（六女）　⑨拙斎の子（九人）　⑩整之助（惟準長男）　⑪八千代（四女・拙斎妻）　⑫緒方吉重（惟準妻）　⑬タシ（惟孝妻）　⑭公夫・粛子・章平　⑮喜市（養子）・春香（収二郎長女）　⑯緒方正清　⑰銈次郎・友香　⑱六治（惟孝養子）・初枝（養女）　⑲洪平（収二郎長男）・悦（妻）　⑳裁吉・初枝（妻・現存）　㉑緒方千重（正清先妻）　㉒富雄（銈次郎三男）・雪子（妻）

**図34-2**　緒方家一族地下室墓碑銘

**図34-3**　緒方惟準墓碑銘

惟準の銘板のすぐ下（第三列）に惟準夫人吉重、その下（第四列）に惟準の次男銈次郎と夫人友香（二人で一枚）、その下（最下列の第五列）に富雄（銈次郎の三男、東大名誉教授）と夫人雪子（二人で一枚）の銘板がある。

図34–4　無縫塔

### ▽緒方氏一族の合葬墓（無縫塔）

洪庵夫妻の墓碑の左前方に緒方氏一族の合葬墓である「無縫塔」一基が建立されている（明治三十三年八月）。次に碑文を記す。正面に「無縫塔」ときざまれている（図34–4）。

是緒方氏大小宗埋骨之処也、洪庵先生識卓学博、海内景仰、名声洋溢、徳沢遠覃、蓋先輩垂緒、得先生以全、或目以集大成者確矣、夫胤冑衆多、可以卜祖徳之厚、先生之胤今分為四戸、戸主僉議、各自作墳亦贅耳、茶毘之後、寧帰骨于一坑、遂卜此地、卓識亦不負其祖哉、蜻洲和尚、命曰無縫塔、余為曰、

　維此祖徳　美在紹述　子孫霊仍

　生死周密　無裂無縫　混然帰一

南岳藤沢恒撰　楊城大村屯書

〔解読〕是れ緒方氏大小宗の埋骨の処なり。洪庵先生は識卓《すぐ》れ、学博く、海内景仰《けいぎょう》す。名声洋溢《よういつ》し、徳沢遠く覃《およ》ぶ。蓋し先輩の緒《しょ》を垂るるに、先生を得て以て全く、或いは目するに集大成を以てする者確かなり。夫れ胤冑《いんちゅう》［子孫］衆多なるは、以て祖徳の厚きを卜す可し。先生の胤《いん》今分かれて四戸を為し、戸主簽議《せんぎ》す。各自墳を作るも亦贅なる耳《のみ》。茶毘《だび》の後、寧ろ骨を一坑に帰せんと、遂に此の地に卜す。卓識も亦た其の祖を負《たの》まなざらんや。蜻洲《せいしゅう》和尚命《なず》けて無縫塔と曰う。余銘を為《つく》りて曰く、

　維れ此の祖徳　美は紹述に在り　子孫雲仍《うんじょう》［遠い子孫］

生死周密なり　裂くること無く縫うこと無く　混然として一に帰す　（岡田弘氏による）

碑文によれば、洪庵の子孫は四家に分かれている。四家の戸主が話し合い、各自が墓をつくるのは贅沢なので、荼毘《だび》ののち、各自の遺骨をこの墓に入れる、ということである。

# 第35章　惟準死後の緒方病院と緒方家一族

## 明治四十二〜四十五（大正元）年（一九〇九〜一九一二）

晩年の惟準はすでに隠居の身であったので、彼の死は直接的には緒方病院の運営になんらの支障もなかったが、病院の精神的支柱を失ったことは、院長の収二郎はじめ嗣子銈次郎ら緒方家一族、医員らに大きな精神的打撃を与えたと推察される。

○明治四十二年（一九〇九／収二郎：五十三歳・銈次郎：三十九歳）

六月十六日、大阪から上京した収二郎と銈次郎はこの日、駒込の高林寺において洪庵の贈位奉告式を行った。これに出席した森鷗外は、日記の中で次のように記している。

午後駒込浅嘉町高林寺に往く。洪庵先生の贈位奉告式なり。大鳥圭介、池田謙斎、老医某の外、緒方収二郎、同三郎、同惟準の子某［おそらく銈次郎］の六人在りき。僧の誦経中に予急に奉告文を草す。収二郎墓前に朗読す。常磐華壇にて来会者に晩餐を饗せらる

この贈位について鷗外が陸軍大臣に働きかけたことは、第31章の冒頭で述べたが（四四五ページ）、日記の同年六月八日に「大阪緒方家より洪庵先生に贈位せられたるに就きて予に謝意を表する」とあり、十三日には「緒方収次郎(二)は洪庵先生を祭らんとて来て立ち寄りぬ」と記し、翌十四日に「緒方の為めに宴を開かんことを賀古

［鶴所］に謀る」とある（『鷗外全集』第三五巻）。

○明治四十三年

一月十八日、大阪府議員増員選挙にさいし、銈次郎は東区で立候補し、無競争で当選した。

八月、知三郎（東京帝国大学医科大学病理学助手）は病理学研究のため、満三か年の独英仏留学を命ぜられ、九月出発、十月ベルリン大学医学部に入学、同時に病理学教室に入室する（緒方知三郎『一筋の道——私の研究回顧録』）。

○明治四十四年

四月六日、大阪市医師会の事務所において会長以下の選挙を行い、次のように役員が決まった（『東京医事新誌』一七二二号、一九一一年）。

会長　緒方正清

議長　河野徹志

理事　宇野良造(東区)　中西勇(西区)　河合才治(南区)　岩田義玄(北区)

七月、故惟準の三回忌にあたり、銈次郎は生前吟詠の和歌二万余首のうちより、渡辺春樹（堺市住）の校閲・撰定により数百首をまとめ『山家集』と題して発行、知人に贈った（『山家集』については七七三ページ）。

七月十九日、洪庵の四女で緒方拙斎の妻八千代（嘉永四年三月二十二日生）が死去、享年六十一歳、遺骨は洪庵夫妻の墓碑の地下室に納められた。長男平吉が若いとき勉学せず医者とならず、両親は彼の教育には悩んだようである。したがって、拙斎家は養子の正清が継承し、そのあとが現在にいたっている。

九月二十五日、大阪府会議員選挙にさいし、銈次郎は再び東区より推されて府会議員に再選され、予算委員として衛生上の諸問題について活動している。この年より高安道成と隔年交代で大阪慈恵病院院長を勤めることで協議がまとまり、銈次郎がまずその任にあたった。

十一月十五日、午後一時より東区今橋三丁目の緒方婦人科病院（院長緒方正清）において、緒方助産婦学会講話会例会を開催、講話は左の通りである（『東京医事新誌』一七四四号、一九一一年）。

一、穀粉栄養児に来る病変に就て　水野省三
一、後転後屈子宮に就て　池田　保
一、「ホリモール」に就て　藤岡耐三
一、出産に伴ふ迷信談　小野利教
一、妊娠の血液に就て　飯島貫一
一、レンゼン［X］光線に因する「ステリ、ザチオン［不妊］」　緒方正清
一、ビルク早産児に就て　桜木勇吉

同月十六日、緒方病院医事談話会例会が開かれ、左の演説があった（同前）。

一、膝膕［膝窩］動脈瘤の「デモンストラチオン［供覧］」　田中　敏
一、猫咬に就て　有光豊馬
一、巨大なる両則側卵巣皮様囊腫摘出の一例及び「デモンストラチオン」　岡垣松太郎
一、角膜実質炎と外傷との間に原因的関係ありや　鎌田喜寿
一、上顎竇《じょうがくとう》［上顎洞］炎の診断及び療法　山本玄一
一、無蛋白「ツベルクリン」使用に就て　緒方銈次郎
一、小児期に於ける腸「チフス」に就て　緒方光太郎

前述のように明治三十四年（一九〇一）緒方病院医事研究会は他の二つの会と合併し大阪医学会となったが

（四二七ページ）、緒方病院内の研究発表会として「緒方病院医事談話会」というかたちで存続していたことが分かる。毎月一回開かれたが、その講演内容の印刷物があるかどうかは、筆者には不明である。

十二月十五日、洪庵の養子緒方拙斎死去、享年七十八歳、遺骨は緒方洪庵夫妻の墓碑の地下室に納められた（拙斎については五四五ページ）。

○明治四十五年（大正元＝一九一二）七月三十日明治天皇崩御、同日大正と改元

四月一日、惟準の長女寿《つね》の夫白戸隆久（慶応元年六月十日生）が脳出血で西区南新町の自宅で急逝、享年四十八歳。隆久は大阪鉄工所に技師長として勤務後、トロール漁業で成功、さらにトロール船建造事業にとりかかった最中の急死であった。これらの事業を資金面で援助し保証していた銈次郎ら緒方一族は、その債務の責任を負うことになり、最後には緒方病院が廃院となる主因となった（緒方銈次郎『七十年の生涯を顧みて』）。

この夫妻の長女久子が銈次郎の長男準一に嫁している。

七月十日、緒方洪庵五十回忌の法要を東京市本郷区駒込蓬莱町の高林寺で営む。『適塾』一二六号（一九九三年）の口絵に、適塾門人本山漸の子孫本山松二氏から提供された「明治四十五年七月十日故緒方洪庵五十回忌記念ノタメ東京市本郷区駒込蓬莱町高林寺ニ於テ撮影」と書かれた写真一枚が掲載されている（口絵15）。

緒方拙斎の養嗣子正清が主宰している緒方助産婦学会の機関誌『助産之栞』一九五号（一九一二年）は、この模様を報じている。この記事のことは、『適塾』四〇号（二〇〇七年）に筆者が紹介したが、ここに再録する。

○緒方洪庵先生五十回忌祭典

本年はあたかも我が国文明の先覚者蘭医学の泰斗緒方洪庵先生の没後満五十年に相当するを以て、緒方家一族の人々相計り、七月十日午後二時より其の菩提寺たる本郷区駒込蓬莱町高林寺に於て厳かなる五十回忌祭を執行したり。会するもの子爵花房義質・医学博士男爵池田謙斎・今村有隣・石坂惟寛・明石弘・足立寛・

北尾漸一郎・本山漸・医学博士田代義徳・理学博士坪井正五郎・福沢一太郎（代理）・理学博士菊池大麓・法学博士岡村輝彦・三浦善次郎・医学博士文学博士森林太郎・賀古鶴所・吉田収吉・深瀬貞一等の諸氏にして、何れも先生の門に遊びし人か其の遺族の人々にて、王政維新当時より今日に至るまで国家の功労者として社会上有力の地位を占めたる面々、何れも先生の徳を慕ひ懐旧談に折柄の暑をも忘れし如くなりしが、やがて三時高林寺住職田中惟喬師以下七名の僧侶は本堂前に於て読経を開始す。仏壇の正面には為華陰院殿前法眼公裁文粛居士五十回忌之辰供養塔と記せし塔婆を横へ幾多の供物を備ふ。読経終わるや緒方銈次郎、緒方収二郎、緒方正清、堀内謙吉等及び一族参会者一同焼香あり、夫れより境内なる洪庵先生の墓に詣づ。侍医兼督学法眼緒方洪庵之墓と記したる大碑の後には特に五十回忌祭を行ふに付て建設されたる森林太郎［鷗外］氏の撰文、日下部東作氏の書になりし大石碑あり。洪庵先生が天保年間大阪に私塾を開きて数千人の門弟を養ひたる事より維新の功労者が多く先生の門より輩出したる事等を記載しありたり。四時全く式を終れりと云ふ。

この文章に書かれている出席者のうちで先の写真に写っていない人たち――石坂惟寛・明石弘・北尾漸一郎・森林太郎・賀古鶴所の五人――がいる。写真は法要開始よりかなり前に撮られたのではなかろうか、この人たち以外にも出席者がいたかもしれない。

七月、惟準の四男章が東京帝国大学医科大学薬学科を卒業、直ちに大学院に入学し同科長井長義教授に師事する。

## 大正二〜十五（昭和元）年（一九一三〜二六）

○大正二年（一九一三）

▽**大阪病院長会成立**…四～五年前より東京市の私立病院長らは、相互の意思疎通をはかるとともに、院務上の研究を重ねるため、春秋二回ほど随所で懇話会を開いてきた。大阪市の私立病院長らも東京の例にならい、大阪私立病院長会を組織し、毎月一回懇親会をかね、業務上の問題も研究するべく、九月二十七日にその第一回会合を開いた。当番幹事は、緒方正清・高安道成・片桐元・松本需一郎の四氏である。

十月、知三郎（三十一歳）ドイツ留学より帰朝、同月、東京帝国大学医学科講師に嘱託される。最終の留学先はベルリン市ウエストエンド病院病理研究室であった（前掲『一筋の道――私の研究回顧録』）。

○大正三年

七月、緒方正清は『日本婦人科学史』上下二巻（四二八ページ）を出版する。序文は石黒忠悳が執筆している。

九月十四日、正清夫人千重（緒方拙斎の長女）死去、享年四十六歳。

十月、正清は忌明返礼を廃止し、左の諸団体にそれぞれ多額の寄附を行った（『医海時報』一〇六一号、一九一四年）。

弘済会大阪慈恵病院・博愛社・岡山孤児院・大阪聖約翰《ヤコブ》教会・大阪聖約翰教会婦人会・大阪聖約翰教会母の会・聖約翰学園・日本婦人矯風会・大阪婦人ホーム・京都地方部婦人補助会・救世軍・京都白川学園・神戸訓盲院

同月、正清は土肥慶蔵・田代義徳・藤浪剛一・肥田七郎らと『医理学雑誌』を創刊。

十二月、知三郎、東京帝国大学医学科病理学助教授に任命される。

○大正四年

四月、正清、緒方英俊と共編で『硬性放射線学』を出版。

十月、緒方正清、伊藤とら子と再婚。

○大正七年
正清、大阪府医師会会長に就任。
○大正八年
正清、大阪市医師会会長、日本婦人科学会会長に就任。

八月、正清、大著『日本産科学史』(一八一〇ページ)を自費出版。

八月二十二日午後四十分、正清、肺動脈血栓のため死去、享年五十六歳。戒名は相山院殿正敢惟範居士。
▽**正清の病状**…同年六月十三日、軽度の感冒のため臥床、肺水胞音と心音が強く、肝臓が軽度腫大、浮腫、食欲不振、呼吸困難などをみる。八月二十一日、夕方より気分勝れず、呼吸困難となる。二十二日正午ころ病勢増悪、ついに死去した(石原力『日本産科学史　解題・年表・索引』)。
遺骨は洪庵夫妻の墓碑の地下室に納められた。

九月、知三郎(三十七歳)は東京帝国大学病理学第二講座分担を命ぜられる。
○大正十二年
十一月、知三郎(四十一歳)東京帝国大学医学部教授に任ぜられ、病理学病理解剖学第一講座を担任する。
○大正十三年
二月五日、東京駒込高林寺にある洪庵の墓碑が東京府史蹟「史蹟緒方洪庵墓」として指定された。

三月、緒方収二郎・瓊江夫妻は旧適塾(現・中央区北浜三丁目三〇番地)を自宅としていたが、兵庫県武庫郡精道村東芦屋(現・芦屋市)の新家屋に転居した。そしてそのあとは華陽堂医院(院長井尻辰之助)が借りうけた。この家賃収入が収二郎の老後の貴重な資金であった。昭和十六年、旧適塾が文部省史蹟となり、華陽堂医院が立ち退いたあと、この家賃収入が途絶えたため苦労したとのことである(孫緒方裁吉氏談)。

○大正十四年
三月、収二郎は緒方病院長を辞任、院主になり、銈次郎が院長に就任した。

四月一日、緒方惟之（銈次郎の長男準一の長男、東京慈恵会医科大学卒、整形外科医）誕生。

十一月(日は不明)、岡山県吉備郡足守町の緒方洪庵の生誕屋敷跡地で、足守町および吉備郡医師会の肝いりで生誕記念碑の地鎮祭が行われ、招待された銈次郎が「緒方洪庵と足守」と題し講演を行った。このときの萱野町長宛の銈次郎の礼状が萱野家に保存されている。

謹啓　先般来洪庵先生遺跡保存会の義ニ付、種々御配慮を辱ふし奉深謝候、今回ハ又右遺跡地鎮祭御挙行ニ付てハ貴下初め諸賢の一方成らぬ御尽力により万事無滞済候段、千万難有一同感謝に不堪歓喜仕居候、御挨拶申上度、如此候　敬具
大正十四年十二月九日
緒方銈次郎
萱野亥之進様

この土地（もともとは洪庵の兄佐伯惟正が相続）は緒方本家（緒方銈次郎）から吉備郡医師会が譲り受け、永久に保存し、ここに洪庵の生誕記念碑を建碑することを企図したのである。完成は昭和三年（一九二八）で、これらの経緯は碑の裏面に記されている（五〇一～二ページ）。

建碑の計画はこの地鎮祭の数年前からなされていた。これについて、足守町長と足守小学校長に宛てた緒方収二郎と銈次郎連名の書簡がある。


拝啓時下秋冷之砌愈々御清祥奉大賀候、偖而《さて》今回貴下御同志之御発企にて緒方家旧阯へ記念碑御建設御計画之趣拝承仕り、当家に於ては誠に光栄之至り、感謝に不堪候、就ては御申越ニより祖父洪庵伝記差上可申之処、幸ニ別冊略伝有之候間、御一覧に供し候、又右御設計書出来之上は御送付に預かり度願上候、先ハ貴酬

まで中上度如斯候、敬具

九月廿一日

緒方収二郎

緒方銈次郎

足守町長　木下利晃殿

足守校長　萱野亥之進殿

これは足守町長木下利晃《としてる》（旧足守藩主の子孫、歌人木下利玄のいとこ）らから洪庵の生家に記念碑を建立する計画のあることを緒方家に知らせ、かつ洪庵伝を所望したことに対する返事である。発信年が記されていないが、木下町長は大正十年（一九二一）十月に現職で死去しているので、遅くとも大正九年であろう。萱野校長は明治三十五年（一九〇二）ころから岩田村・福谷村・足守町・庭瀬町などの尋常高等小学校長を勤め、大正十四年四月から昭和九年（一九三四）十月までと、十一年十二月から十五年十二月までの二回、足守町長を勤めている。

○大正十五年（一九二六／十二月二十五日昭和と改元）

前年より病院長の銈次郎が精神疲労におちいり、加えてこの年、婦人科内で不祥事が突発し、これが報道され、責任上院長を辞職し、長男準一が院長に就任した。準一は内科を担当し、次男安雄を小児科長として診療の立て直しをはかった。

銈次郎は本年中、白戸家（妹寿《つね》の家）に同居、専ら心身の静養につとめ、かたわら新戒橋《しんえびすばし》の診療所で知己の患者のみを診療したが、準一が病院前の住居から西区江戸堀北通四丁目に転宅したので、そのあとに自分の診療所を移した。

## 昭和二〜平成二十一年（一九二七〜二〇一〇）

〇昭和二年（一九二七／銈次郎：五十七歳・長男準一：三十二歳）

五月三十一日、銈次郎夫人の友香が死去、享年五十三歳。かねて胃病に悩まされていた夫人は卒然多量の嘔吐をし、同時に胃部の膨満を訴えた。胃幽門部に小胡桃《くるみ》大の腫瘍が見つかり、次第に幽門狭窄の徴候および胃の拡張を起こし衰弱した。そこで外科部長野扒信太郎の執刀で、胃腸吻合術を行ったが、極度の心臓衰弱のため、手術中に死去した。

六月、緒方収二郎名義の所有であった旧適塾の土地約一四〇坪、建物約七七坪（現・中央区北浜三丁目三〇番）を担保に、銈次郎は日本生命保険会社から七万円を借り入れた。この資金は緒方病院のために使用され、収二郎は名義上、莫大な借金を背負うことになり、迷惑をこうむった。のち、昭和十六年（一九四一）に適塾が文部省の史蹟に指定されるとき、ほとんど返済されていない元金の処理が問題となった（五八九ページ）。

八月二十二日、惟準夫人の吉重が死去、享年七十七歳。大正九年（一九二〇）前後より右上膊筋内にリウマチ性疼痛が始まり、次第に四肢の諸関節に慢性の炎症を起こした。別府温泉の湯治やその他の治療効果もなく、関節の強直《きょうちょく》、運動障害を発し、日夜仰臥のまま病床に呻吟、さらに胃腸障害が加わり、老衰も進み死去した。

この年、準一の家族は神戸の住吉呉田《ごでん》浜の別荘に転居することになったので、銈次郎は別に南区久左衛門町浜側（旧診療所新戎橋医院の向かい）に診療所を開き、知己の患者を診療した。

九月、緒方病院は『緒方病院医報』四号（緒方洪庵記念号／大阪大学生命科学図書館蔵）を発刊した（図35-1／一〜三号は筆者未見）。いつ創刊されたか、いつまで発行されたかも不明である。

第四号の内容

口絵（緒方洪庵像）　　　緒方準一
洪庵記念号について
史料・記念
　洪庵様の御死去　　　緒方富雄
　洪庵年譜　　　緒方富雄
　母の死　　　緒方準一
　母上の胃癌　　　緒方富雄
綜説
　脳膜炎の一症候＝耳枝徴候　　　奥谷博義（耳鼻咽喉科長）
　フーフェランドと麻疹論　　　緒方安雄
　医学術語の訳し方に対する私見　　　緒方知三郎
医事談話から
　日本の食塩と独逸の食塩　　　緒方　章
院報

この院報には緒方病院内の諸行事の経過が記されているので、略記する（便宜上番号を付す）。

(1)本院附属看護婦産婆養成所卒業式…昨年四月に入学した生徒は一か年の課程を終え、看護婦生徒は三月二十二日、産婆生徒は同月二十六日、卒業式を挙行、卒業証書授与、ついで院長準一が養成所長として訓話し、来賓総代の祝辞、生徒総代の謝辞で閉式、式後茶菓の饗応があった。生徒数の記載はない。

(2)緒方病院医事談話会…四月二十日、院内で第三〇一回を開く。演題は左の通り。

緒方病院醫報

第四號

（緒方洪庵記念號）

昭和二年九月

内容

口繪―緒方洪庵像　緒方準一……一頁
洪庵記念號について

史料・記念

洪庵樣の御死去　緒方富雄……二頁
緒方洪庵年譜　緒方富雄…一六頁
母の死　緒方準一…二三頁
母上の胃癌　緒方富雄…二八頁

綜說

腦膜炎の一症候＝耳枝徵候　奥谷博義…三三頁
フーフェランドと麻疹論　緒方安雄…三五頁
醫學術語の譯し方に對する私見　緒方知三郎…四三頁

醫事談話會から

日本の食鹽と獨逸の食鹽　緒方章…五五頁

院報

図35-1　『緒方病院医報』4号

肋膜周囲結核（所謂肋骨カリエス）の観血的療法に就て　外科長　野扒信太郎（医博）
智歯発生の異状に就て　歯科長　緒方六治
哺乳児の糞便に就て　小児科長　緒方安雄
腹水に「ノバズロール」腹腔内注射を行ひし一例　内科医員　胡内光吉
副乳の一例　内科長　緒方準一

(3)創立四十周年記念会…緒方病院は本年創立四十周年を迎え、四月二十一日、大阪ホテルで記念会を開く。諒闇《りょうあん》（天皇・皇后などが崩御され、上下みな喪に服する間、ここでは大正天皇の崩御）ゆえ万事遠慮する。旧職員が多数参会、昔話に花が咲きなかなか愉快な会であった。

(4)四月二十四日、雑誌『通俗医学』主宰の春季読者運動会が奈良公園であり、依頼により看護婦二名を派遣。

(5)五月六日、大阪医科大学校舎落成式があり、招待された院長の準一と科長が列席。

(6)同月十一日、医員・看護婦慰安のため卓球部を設け、この日コート開きを行う。

(7)同月十一日より毎週水曜日夜、看護婦を主として讃美歌の練習を、院長準一の指導で始める。

(8)同月十四日夜七時半から天満キリスト教会教師木村清松を招き、院内看護婦へ説教を願い、師は「看護婦としての自覚」について、同氏一流の熱弁と平易な語り口のため、一同感動したという。

(9)同月十八日、院内で第三〇二回医事談話会を開催、演者は左の通り。

陰嚢水腫の根治療法に就て　外科長　野扒信太郎
　外科医員　鎌田敬甫
咽頭淋巴組織の炎症に対する治療方針に就て　耳鼻咽喉　奥谷博義
小児慢性「インバギナチオン〔腸重積〕」に就て　小児科長　緒方安雄

臨床経験談一、二　　二川病院長　二川鋭男

⑽同月二十二日、準一の母堂友香（銈次郎妻）、胃癌にて重体となり、この日午後、住吉の本宅より自動車で入院。

⑾同月二十七日、間宮英宗老禅師も招き禅話を聞く。

⑿同月三十一日午後九時、準一の母堂友香が死去、享年五十三歳。六月四日午後二時より葬儀は天満教会で木村牧師司式のもとで営む。

⒀六月十四日夜、木村牧師の看護婦への第二回講話。

⒁同月十九日、日本バプテスト教会新町教会の日曜学校の子供が花をもって患者慰問。

⒂七月九日、青年婦人保護教会より小児科入院患者の慰問あり。

⒃同月十五日、第三〇三回医事談話会。演者は左の一題のみ。

日本産とドイツ産の食塩と日本産の食塩の比較　東大助教授　緒方　章

⒄同月十一日夜から内科部の夏季夜間診療を開始、準一が月・水・金を受けもつ。

⒅同月二十二日夜より毎週月・金二回、四月より勤務の見習看護婦に「日本式ローマ字」の講習を始める。講師は準一。

以上のように、四月から七月までの院内記事が載せられている。

巻頭の準一の文章によれば、実際は六月十日に発行される予定であったが、準一の母の病気・死去でおくれた。医事談話会・教養・娯楽など院内の活発な動向をうかがうことができる。医報の最後に次の看護婦・産婆生徒の募集告示が記されている。

◇緒方病院看護婦養成所　　大阪市西区新町通三丁目四五

修業年限　本科生　二年間(院内住込)
　　　　　別科生　一年間(通学生)
募　集　期　本科生　毎年一回　三月
　　　　　別科生　毎年二回　三月・八月
入学資格　十六歳以上高等小学校卒業程度以上

◇緒方病院産婆養成所　大阪市西区新町通三丁目四五
修業年限　一年間
募　集　期　毎年二回　三月・八月
入学資格　十六歳以上高等小学校卒業以上

○昭和三年(一九二八)

五月二十七日、岡山県吉備郡足守町（現・岡山市足守）の緒方洪庵の生家跡地で、「洪庵緒方先生碑」（正面の題字は京都大学総長荒木寅三郎筆）の除幕式が県内外の名士および地元の人々を招いて盛大に行われた（図35-2・3）。地元の『山陽新報』（『山陽新聞』の前身）は、同年五月二十九日付で、この模様を次のように報じている。筆者はこの記事を『適塾』三七号（二〇〇四年）に紹介した。

洪庵建碑除幕式

朝野多数の名士を招待しておごそかに挙行さる

足守町が産んだ徳川末期に於ける本邦医界の泰斗であり蘭学の先覚者である大偉人緒方洪庵の遺跡保存建碑竣工につき、二十七日朝野の名士多数を迎へて、その誕生地である字《あざ》植《うえ》町の旧邸跡碑前で挙行した。この日夜来の雨霽れて若葉に風薫る絶好の日和で、同町では朝来各戸軒頭に国旗を掲げ、町内の要所に緑門［緑のアーチ」を造り「祝洪庵建碑除幕」の扁額を掲げ、彩旗経木モール等を以て装飾を施し、又朝来煙火は間断なく打ち挙げられ大に景気を添へた。斯《かく》て挙式は午前十一時から碑前にて挙行され、来賓には荒木［寅三郎］京大総長、林［毅陸］慶応義塾長、田中［文男］岡山医大学長、波多腰倉敷中央病院長等を始め三辺知事代理金井本県警察部長、前代議士板野友造、前控訴院検事長中田梶太、原澄治、藤原［鉄太郎］岡山［県］医師会長、在岡石本［於義太］、赤沢［乾一］、岡西［亀太郎］の各医師、横山児島、新海都窪両郡医師会長、長尾、薬師寺両県議、遺族側来賓としては緒方収二郎、緒方銈次郎の両ドクトル、同準一其他の諸氏で、一同着座、修抜、大麻、塩水等の行事型の如く、次で曾孫準一氏の手に依つて除幕が行はれた。碑は丈余［一丈は約三メートル］に及ぶ庵治石《あじいし》［香川県産の花崗岩］で表面には犬養木堂翁［荒木寅三郎の誤り］の筆で「洪庵緒方先生碑」と刻し、裏面には藤原岡山県医師会長の撰文筆にて略記を刻して居る。次で斎主田上社掌の招魂行事献饌伝供、斎主の祝詞、主催者吉備郡医師会長井阪為則氏の事業報告、井阪祭主を

図35-2　洪庵緒方先生碑（足守）

図35-3　除幕式

始め知事其他の祭文、荒木総長以下の玉串奉奠、遺族総代同上、井阪郡医師会長及び遺族代表緒方収二郎の謝辞で厳かな挙式を終り、それより参列者一同は旧藩主邸御水[近水《おみず》]公園吟風閣で記念撮影[口絵16参照]を為し、昼餐後午後一時から講演会に移り、荒木京大総長は洪庵の人格徳風及び学界諸方面に於ける貢献を述べて講演に替へ、次で慶応義塾長林毅陸氏は、緒方洪庵先生は吾が福沢諭吉先生の恩師たれば、自分は洪庵先生の孫弟子ともいひ得るのである（と冒頭して）、洪庵先生は単に医学の泰斗といふのではない、今回の遺跡保存碑が吉備郡医師会で主張あることは同会に対しては深甚なる敬意を表するものであるが、強て忌憚なく謂はしむれば聊か貧弱ではないか、先生は決して医学医術の人ではない、本邦洋学の先覚者である、当時の鎖国時代では洋書としては単に医学書に限つて許されゐたのであるから、先生は蘭医学から学び遂に其蘊奥を極められたものであつて、独り医学のみでなく本邦文化の先覚者として医学、文学、哲学、□□等万般に亘る先覚者であると説き、それより犬養木堂翁を始め県内外からの祝電披露あり、引続き宴に移り盛会裡に午後四時散会した。尚当日は故人に関する遺墨展覧会を同町浦上医院に開いたが、右遺墨中には故人手記中に人も知る日清戦争の大立物故大鳥圭介氏が洪庵塾時代に按摩をとらせたことや福沢諭吉氏の入門帳の血判や其他朝野名士数千人の入門覚書等、大に故人の人格を窺ふに足るものがあつた。

○碑の裏面

緒方洪庵先生ハ杏林ノ偉材ナリ文化庚午七年七月十四日備中足守藩士佐伯氏ニ生レ出テヽ遠祖ノ姓緒方ヲ称ス、夙ニ医ニ志シ蘭学ヲ修メ篤学ニシテ卓識ナリ、初メ居ヲ大阪ニトシ刀圭ノ業ニ従フヤ常ニ済生ヲ念トシ種痘術ノ普及ニ努メ専ラ力ヲ育英ニ注キ、書ヲ著シ学ヲ講ス、及門ノ士千ニ上リ名声大ニ揚ル、後幕府ノ召ス所トナリ居ヲ江戸ニ移シ、文久癸亥年六月十日五十有四歳にして其地ニ歿ス、而シテ先生門下多士儕々《さいさい》、啻《ただ》ニ刀圭ノ術ニ於テ先生ノ衣鉢ヲ伝ヘタルノミナラス、或ハ明治維新ノ風雲ヲ叱咤シテ王政復古ノ大業ニ参与シタル者アリ、或ハ日本文化ノ指導ニ任シテ其開発ニ多大ノ貢献ヲナシタル者アリ、皆共ニ先生感化ノ及フ所ナリ、亦偉大ナラスヤ、今茲《ことし》先生歿後六十四年吉備郡医師会発起トナリ、有志ヲ四方ニ募リ碑ヲ建テ、先生誕生ノ地ヲ不朽ニ伝ヘムトス、先生ノ令孫緒方銈次郎氏並ニ本家ノ後嗣佐伯立四郎氏其挙ヲ賛シ、佐伯氏故宅ノ跡ヲ譲与シ併セテ先生ノ臍緒、産毛、及ヒ元服ノ遺髪ヲ其碑下ニ埋メシム、此地此碑即是ナリ、京都帝国大学総長荒木博士碑面ニ題シ、余其所以ヲ碑背ニ誌ス、鍛冶山ノ麓足守川ノ辺、山紫水明ノ処、是レ偉人誕生ノ霊地ナリ、庶幾《こいねがわく》ハ此地ニ来リ此碑ヲ仰キ先生ノ遺徳ヲ讃シ其感化ニ浴セムトスルノ士、万世ニ亘リテ絶エサランコトヲ

昭和二年十月　　岡山県医師会長　藤原鉄太郎謹誌

この碑文に記されているように、この碑の下に洪庵の臍の緒、産毛および元服のさいに切り落とされた頭髪が埋められたのである。この式後の銈次郎の礼状が萱野家に保存されている。

去る二十七日洪庵建碑の式、万端無滞相済み其郷土に不朽の遺跡を保存せらるるに至り候ハ国家の為慶賀至極之義ニ御座候、従而弊家の名誉不過之欣幸之至りニ存候、是全く貴下多大の御努力と保存会諸君の熱誠なる御尽力の賜に外ならず千万無忝拝謝奉候、尚ほ当日は多人数参上御懇待に接し御厚情の程篤く御礼申上候共、茲に一族を代表し謹で謝意を表し申候、敬具

五月三十日　　緒方銈次郎

萱野亥之進様

追而足守植之町及ビ青年団緑門隧道及其他祝意を表されたる町民諸氏ニ対し深大なる感謝を表申上候

〔注〕植《うえ》之《の》町《まち》は洪庵生家跡のある町名

なお『適塾』三五号（二〇〇二年）の「史料紹介」の項で大阪大学名誉教授梅溪昇氏が「足守緒方洪庵先生遺

跡保存建碑事業資料」と題して、「緒方洪庵先生遺跡保存会々長井阪為則（吉備郡医師会長）からの事務終了挨拶状と事業の収支決算報告書」を紹介している。その概略を紹介する。

(1) 挨拶状

拝啓　薄暑之候愈御清穆奉賀候、陳者曩年《のうねん》［さきごろ］緒方洪庵先生遺跡保存建碑事業企画致候処、各位の御高配により無滞予定の事業全部を終了致し、偉人誕生の地を永久後世に伝ふる事を得たるは、洵《まこと》に邦家の為め大慶至極に存候と同時に深く奉感謝候、就ては将来に於ける保存事務を本会に於て持続する事は、到底不可能に属し候に付、基金参百円を添へ該土地全部を有姿の儘足守町へ寄附致候間、左様御承知被下度、尚ほ別表収支決算御一覧被下度、茲に全部の事務終了御報告旁謹んで右得貴意候、敬具

昭和三年七月十三日

岡山県吉備郡医師会

緒方洪庵先生遺跡保存会

会長　井阪為則

文中にあるように、洪庵誕生地の地所は三〇〇円をつけて、足守町に寄附された。

(2) 緒方洪庵先生遺跡保存会収支決算

収入…寄付金　三五五六円

柿の実売却代金と利息の合計　六二円四九銭

合計　三六一八円四九銭

この文書には寄付者全員の氏名（一四〇名）と金額（うち金額不記載三一名）を記した一覧表もついているが、緒方家一族と団体・名士のものだけを掲げる。

四〇〇円　緒　方　家
四〇〇円　緒方銈次郎
四〇〇円　佐伯立四郎
三一〇円　吉備郡医師会
一〇〇円　都窪郡医師会
二五円　御津郡医師会
一〇円　児島郡医師会
一〇〇円　大原孫三郎（倉敷紡績社長）
五〇円　荒木寅三郎
二〇円　藤原鉄太郎
一〇円　萱野亥之進（町長）

支出（主なもの）
八二八円三三銭　土地代および登記費
六七二円　記念碑および彫刻費
一九五円四〇銭　記念碑運搬、建立および基礎工事費
七五六円八〇銭　除幕式費
三〇〇円　維持管理費として足守町に寄附
その他、印刷、郵便費などの合計は収入と同額
○昭和四年（一九二九）

五月、先年白戸家の財産整理にあたり鉒次郎が負担した債務の大部分は、組合員らの厚意により、病院財務の一部をさいて一応の弁償をすませたが、その痛手に加えて緒方病院産婦人科の不祥事により病院の信頼は地に落ち、患者は減り病院経済は悪化した。そしてついに診療の継続が不能となり、病院を解散することに決した。惟準が創設した当時の隆盛の姿は跡形もなく無残にも消えてしまった。鉒次郎は後年次のように述懐している（前掲『七十年の生涯を顧みて』）。

かくして先考の遺業たりし病院事業を中絶せしめ、子孫をして永くこれを継承する能はざらしめたるは、全く自分不敏の致す所にして、終世拭ふ可からざる汚点を家名に印したる者、その罪正に万死に値する。

同年、鉒次郎は西区久左衛門大黒橋北詰に寓居を移した。

○昭和五年（一九三〇）

この年、惟準の四男章は東京帝国大学医学部薬学科に新設された臓器薬品化学講座の初代教授となる。

○昭和六年

三月十八日、耳鼻咽喉科医堀内謙吉（惟準義弟の堀内利国の長男）死去、享年六十二歳、大阪市北区同心町一丁目三番地の専念寺に葬る。法号は至誠院温良謙順居士。このあとは現在絶家（略歴は五八〇ページ）。

○昭和十五年

七月二十九日、「緒方洪庵適塾趾」が大阪府史蹟に指定される。

○昭和十五年

十一月五日、洪庵夫妻の墓碑の傍らに「大村兵部大輔埋腿骨之地」碑が建立され（図35-4）、東京・京阪の縁故者が多数参列し、盛大な除幕式が行われた。

**図35-4**　大村兵部大輔埋腿骨之地碑

［正面］
大村兵部大輔埋腿骨之地
碑文［裏面］
大村兵部大輔以公事在于京都明治二年九月四日為兇徒所襲被創於前額右膝等数所、十月二日入大阪病院加療、廿七日行右腿截断術瘞股于旧師緒方洪庵先生墓旁、従大輔希望也、惜哉経過不良、十一月五日溘然逝矣、星霜已七十方今国家多事天下皆思偉人大阪医界有志者胥謀建碑欲明遺蹟以表追慕之至情也

昭和十四年十一月五日　　陸軍軍医中将　飯島茂　撰竝書

［左側面］
阪大医学部学友会
杏林温故会　　有志建之

（緒方銈次郎「大村益次郎卿の足塚」、『上方』一一七号、一九四〇年）

○昭和十六年（一九四一）
三月十三日、「兵部大輔大村益次郎卿殉難報国之碑」（図35-5）の竣工式が挙行された。

大村益次郎は明治二年（一八六九）十一月五日、ボードイン・緒方惟準らの治療むなしく四十六歳の若さで、大阪府医学校病院でこの世を去った。この病院の旧跡が大阪市東区上本町七丁目（現・中央区法円坂二丁目）、すなわち中部第二三聯隊（旧歩兵第三七聯隊）の営舎となった一角にあたるので（現・国立病院機構大阪医療センター）、没後七〇周年のこの年に殉難の碑を建立する議が起こり、陸海軍、政治家、大阪府市の医学界、財界、自治体の有力者により「大村卿遺徳顕彰会」を設立、鋭意建立事業が推進され、三月十日、竣工したのである。石は広島県道後山産の松葉粉励石を用い、幅三〇尺（二六四センチ）、奥行二〇尺（六六〇センチ）の台石の上に、幅八尺（二六四センチ）、奥行五尺（一六五センチ）、高さ三〇尺（九九〇センチ）の大主塔を建て、主塔の

図35-5　兵部大輔大村益次郎卿殉難報国之碑

図35-6　銅板肖像(右袖壁)

右袖壁には、益次郎の肖像を浮彫とし（図35-6）、左袖壁の下部には発起人・賛助者の氏名が刻まれている。主塔の碑銘は陸軍大将伯爵寺内寿一の揮毫、文は陸軍軍医中将飯島茂の撰、会川雲郷の書である（吉田靹子『飯島茂』）。飯島は腿骨埋葬の事実を裏づけた毛利侯爵家所蔵文書「従三位大村君事蹟」（写本）を発見した人物である（竣工式の様子および碑文は資料編八八一～三ページ）。

十二月十三日、緒方銈次郎はじめ緒方家一族らおよび関係者の尽力により「緒方洪庵旧宅及び塾」が文部省史蹟に指定された。この指定運動で主役を演じた銈次郎が、当時京都に住む収二郎に宛てた書簡や緒方裁吉氏の記述により、この運動や日本生命保険会社から大阪大学への旧宅寄贈の経緯をかなり知ることができる（梅溪昇「杉立義一氏旧蔵・現適塾記念会所蔵『緒方収二郎宛書簡・葉書』ほかの紹介」、『適塾』三五号、二〇〇二年、のち『続洪庵・適塾の研究』所収／緒方裁吉「適塾跡の土地・建物が阪大へ寄贈された経緯」、『適塾』一六号、一九八三年）。

なお、以上の資料をもとにした梅溪昇・芝哲夫共著『よみがえる適塾——適塾記念会五〇年のあゆみ——』に分かりやすくその推移が記されている。

○昭和十七年（一九四二）

一月、銈次郎、自伝『七十年の生涯を顧みて』を刊行する。

九月二十五日、緒方収二郎（洪庵の第一二子、六男）が京都の子息洪平宅で死去、享年八十六歳（略歴は五三六ページ）。

十一月七日、田淵善哉《よしや》（惟準の次女、田淵精一の妻）死去、享年六十四歳。

○昭和十八年

三月、知三郎（六十一歳）、東京帝国大学教授退官、同年十二月、名誉教授の称号を授与、同月東京医学専門学校長となる。

○昭和二十年

十月二日、緒方銈次郎が波瀾万丈の一生を終える。享年七十五歳。

○昭和二十一年

五月、知三郎（六十四歳）、東京医科大学理事長兼学長となる。

○昭和二十二年

四月、知三郎、自伝『一筋の道——私の研究回顧録』を出版する。

○昭和二十三年

章（惟準の四男）、東京大学薬学部教授を定年退官、名誉教授となる。

○昭和二十七年

大阪大学に「適塾記念会」が創立され、十一月五日、東区（現・中央区）北浜三丁目の旧適塾で洪庵の子孫緒方準一・緒方富雄、オランダ総領事をはじめ学内外の関係者が発会を祝福し、あわせて講演会と洪庵・適塾関係の資料展示も行われた（前掲『よみがえる適塾』）。

この会の会則（一九七二年六月一日全部改正）には、「緒方洪庵及び適塾関係者の業績を顕彰するとともに、我が国近代学術の発達を解明し、文化の向上に資することを目的とする（第三条）」とうたわれている。そしてこの目的を達成するために、適塾関係の資料収集、適塾関係者の業績調査および顕彰、講演会や記念祭の開催、図書や機関誌発行などの諸計画を立案・実施し、現在にいたっている。会長には歴代の大阪大学総長が就任し、学内外に広く会員を募り、現在まで多くの事業を達成してきた。まさに福沢諭吉らの適塾門人や緒方惟準ら緒方一族が企図したが、完結するにいたらなかった「洪庵文庫」の素志を受け継いだものといっても過言ではない。

本会の機関誌『適塾』（年刊）は、第一号が昭和三十一年（一九五六）五月に発刊されて以来、平成二十二年（二〇一〇）現在で四三号にいたっている。同会編集の『緒方洪庵と適塾』（一九八〇年）もある。これは昭和五十五年三月、適塾の解体修理のさい、これを記念して開かれた「緒方洪庵と適塾展」の図録として作成されたものである。門下生調査については適塾記念会編『適塾門下生調査資料・第一集』（適塾記念会、一九六八年）、藤野恒三郎・梅溪昇編『同第二集』（大阪大学、一九七三年）が発刊されている。

さらに『緒方洪庵全集』の出版事業が着々と進められ、平成二十二年に『扶氏経験遺訓』二冊が刊行された（大阪大学出版会）。筆者も同会理事の末席につらなり、新資料の発掘や『適塾』への投稿などで、微力をつくしている。
○昭和三十五年（一九六〇）
五月、章、自伝『一粒の麦――老薬学者の手記』を出版する。準一、奈良県立医科大学学長に就任。
○昭和三十七年
七月二十一日、白戸寿《つね》（惟準の長女、白戸隆久の妻）死去、享年八十七歳。

図35-7　八重の胸像

○昭和四十五年

五月、緒方八重のブロンズ胸像が実家の億川家旧宅跡の兵庫六甲農業協同組合名塩支店前に建立された（図35-7／古西義麿「緒方洪庵夫人・八重の生涯と大阪除痘館」、『適塾』二九九号、一九九六年）。建立者は名塩支店の前身の塩瀬町農業共同組合である。台石に当時の西宮市長八木米次（名塩出身）筆の「蘭学の泉　ここに涌き出す」が刻まれている。しかし碑には作者の氏名が刻まれていない。このたび筆者の調査で制作者は松嶋茂勝氏（西宮市の夙川学院高等学校中学校美術科教諭）であることが判明した。

○昭和四十七年

準一、奈良県立医科大学を退職。

○昭和四十八年

八月二十五日、知三郎没、享年九十歳。遺骨は洪庵夫妻の墓碑の地下室に納められている。

○昭和五十三年

八月二十一日、惟準の四男章没、享年九十歳。遺骨は洪庵夫妻の墓碑の地下室に納められている。

十月、財団法人洪庵記念会（「産婦人科くりにっく　おがた」が主体）が、同病院の正門玄関横の壁面に「緒方洪庵のレリーフ」と「尼崎町除痘館跡記念銘板」を設置した（図35-8）。これは同病院が緒方洪庵らが種痘にとりくんだ尼崎除痘館跡にあることから、これを記念すべく設けられたのである。「除痘館跡」の題字は洪庵の曾孫準一の筆で、その下の銘文は緒方富雄撰で丸山博大阪大学名誉教授の書である。洪庵のレリーフは河合敏久（大阪府美術家協会会員）の制作である。

図35-8　洪庵のレリーフと除痘館跡銘板

緒方洪庵は嘉永二年（一八四九）十一月七日、大坂古手町（現・道修町）で痘苗の分与式を行い種痘を開始し、この活動の発展にともない、万延元年（一八六〇）十月、古手町から尼崎一丁目（現在の中央区今橋三丁目の一部と同四丁目、すなわち「産婦人科くりにっく　おがた」の所在地）に移転し、種痘活動を継続した（緒方正美編『大阪の除痘館』）。

○昭和六十年（一九八五）

十月五日～十一月二十四日、岡山市の岡山城天守閣で「緒方洪庵展」（岡山市・山陽新聞社共催）が開催され、緒方家から洪庵画像など一九点が出品され、岡山大学医学部医学資料室・津山洋学資料館・岡山市立歴史資料館足守文庫および筆者所蔵の関係資料などもあわせて多数展示された。

○昭和六十三年

五月十八日、準一没、享年九十三歳。

七月十六日、岡山市足守植之町（洪庵生誕地）の洪庵碑前で「緒方洪庵生誕一八〇年前年祭」（主宰は洪庵生誕一八〇年祭実行委員会および岡山市足守近水観光協会）が行われ、ついで洪庵のブロンズ座像建設計画が発表された。つづいて緒方正美（緒方産科婦人科緒方病院院長・緒方洪庵記念会理事長）と筆者が講演を行った。午後は「墓所めぐり」で洪庵の先祖の佐伯家（一六基）、緒方家本家（一八基）の墓のある乗典寺および田上廃寺（田上家の墓・佐伯家の墓）を拝観した。そして最後に足守公民館で緒方正美院長と筆者をかこむ「洪庵をなつかしむ会」と題する座談会で幕を閉じた。

○昭和六十四年（平成元＝一九八九）

三月三十一日、銈次郎の三男富雄（東京大学名誉教授）没、享年八十九歳。遺骨は洪庵夫妻の墓碑の地下室に納められている。

○平成二年

七月十五日、岡山市足守の洪庵生誕地にブロンズ座像が建立され（図35-9）、「緒方洪庵生誕一八〇年祭およびブロンズ像除幕式」が行われた。像は洪庵生誕碑のむかって左にすえられた。当日は緒方家および洪庵門人の子孫などをはじめ、多くの関係者が列席し、式終了後、同所で祝宴が開かれた。筆者も招かれ出席した。

この計画は前述のように地元足守および同地出身者を中心に「緒方洪庵先生ブロンズ像建設実行委員会」を組織、会長に足守出身の藤田正蔵（中鉄バス株式会社代表取締役）、委員長に川田敏幸（岡山市足守近水観光振興会会長）が就任し、実行活動を開始、募金活動が行われた。筆者は当時、第九一回日本医史学会総会会長を引き受けていたので、会員に呼びかけ、六〇余名の会員から寄附があり、面目をほどこした。

募金総額は約一三九〇万円（一三五一件）に達した（予算額は一〇〇〇万円）。ブロンズ像の制作者は肖像彫刻家菱刈正夫（全日本肖像美術協会理事長）である（『緒方洪庵生誕一八〇年祭・緒方洪庵ブロンズ像除幕式記

図35-9　洪庵ブロンズ座像（足守）

図35-10　同上（適塾西隣り）

念誌』）。

○平成八年

十二月十九日、適塾の西隣りの公園に建立された等身大の緒方洪庵のブロンズ座像（図35-10）の除幕式が行われた。製作者は彫刻家河合敏久、「緒方洪庵」の題字は、惟之（洪庵の玄孫）筆で、大阪北浜船場ライオンズクラブの寄贈である。河合氏による「緒方洪庵像制作、設置の経緯」と題する一文、制作中の写真および詳しい履歴が『適塾』三〇号（一九九七年）に収められている。

○平成十八年

六月五日、洪庵らが最初に種痘を行った古手町（現・道修町四丁目、割烹「美々卯」道修町店の南西）に建立された「除痘館発祥の地」記念碑（図35-11）の除幕式が行われた。当日は「洪庵の夕」と題した講演会の後、参加者一同が列席、木下タロウ適塾記念会幹事長の司会のもとに、宮原秀夫大阪大学総長、緒方惟之緒方家洪庵会会長、薩摩和男美々卯社長らの手で除幕が行われた。記念碑の正面には洪庵の肖像、その下に「除痘館発祥の地」の銘文（芝哲夫大阪大学名誉教授撰）および当時除痘館から配布された引き札の図柄が印刻されている。なお、記念碑の両側にある自然石は、岡山市足守の洪庵生誕地にあったもので、岡山市足守近水観光振興会川田敏幸会長から贈られた（芝哲夫・加藤四郎「「除痘館発祥の地」記念碑が建立された」、『適塾』三九号、二〇〇六年）。

○平成二十一年

惟準没後一〇〇年にあたるので、適塾特別展示として「緒方惟準の生涯——没後一〇〇年記念展」が六月二日から同月十四日まで適塾（大阪市中央区北浜三丁目）で開催された。

図35-11　除痘館発祥の地記念碑

展示物は、惟準の父母（洪庵・八重）の肖像はじめ、惟準および家族の写真、医学関係の著書および写本・筆跡・遺詠和歌集、刊行に関係した雑誌類（『刀圭雑誌』『緒方病院医事研究会申報』『医事会報』）および『緒方病院一覧』そのほかパネルなど数十点であった。筆者はこの企画、展示に尽力した（中山沃・村田路人「緒方惟準の生涯――没後一〇〇年記念展」、『適塾』四二号、二〇〇九年）。

○平成二十二年（二〇一〇）

緒方洪庵生誕二〇〇周年および大阪大学創立八〇周年にあたるので、大阪大学医学部は適塾記念会の協力を得て、記念事業として次のような催しを行った。

(1) 七月十日から十三日までの四日間、大阪国際会議場で、「市民公開講座」「公開講座――いのちを見つめて――」「学術国際シンポジウム」の三つのイベントが開催された。初日の市民公開講座では、大阪大学総長鷲田清一「大阪の自由――緒方洪庵生誕二〇〇周年によせて」、緒方惟之（洪庵玄孫）「緒方洪庵の人と業績」、自治医科大学教授尾身茂「現代の世界の感染症医療と新興感染症に対する対策」、大阪大学元総長岸本忠三「感染症・免疫学の研究を通じて人をつなぐ」、大阪大学医学部部長平野俊「これからの大阪大学医学部」の講演があり、適塾からの学問の流れ、今後の大阪大学医学部のあり方が語られた。参加者には、冊子『緒方洪庵の生涯～生誕二〇〇年記念～』が配布された。

(2) 適塾特別展示「えがかれた適塾」

平成二十二年四月二十七日から六月二十六日まで、適塾記念会・大阪大学総合学術博物館の主催により大阪大学豊中キャンパスの同大総合学術博物館待兼山修学館で開催された。この展示は、大阪大学の源流とされる適塾が、漫画・小説・映画などでどのよう描かれ、同大学の歴史のなかにどのように位置づけられてきたかをテーマとしたものである。

展示は、(一)緒方洪庵と適塾・(二)「陽だまりの樹」・(三)「司馬遼太郎と適塾」の三部構成で、展示にあわせて映画『洪庵と一〇〇〇人の若ものたち』(一九六三年制作)が上映された(村田路人・橋本孝成・廣川和花「えがかれた適塾」、『適塾』四三号、二〇一〇年)。

最後に、緒方家一統の現在の医業状況について筆者の認識しているところは次の通りである。惟準の本家系統では、数年前に惟準の曾孫緒方惟之氏が整形外科医院(奈良市)を閉じて、医業活動は終りをつげた。惟準の義弟緒方拙斎の系統は、拙斎の養子正清の創立した産科婦人科緒方病院(中央区今橋三丁目)は正清の養子祐将《すけまさ》(本姓伊東氏)、その次男正美(平成十六年八月十三日没/享年八十三歳)・三男正世(平成十八年七月十二日没/享年八十一歳)兄弟、ついで高志(正世の長男)と継承され、現在にいたっているが、現在は「産婦人科くりにっく　おがた」と改称されている。この緒方分家の各世代の遺骨も洪庵夫妻の墓碑の地下室に納められている。

# 第36章　惟準の家族と緒方一族

## （1）惟準の家族構成

惟準＝吉重

- 整之助（明二～二一・二・一一／二〇歳）
- 銈次郎（明四・一二・二～昭二〇・一〇・二／七五歳）＝友香（三浦氏）
- 寿《つね》（明九・一・三〇～昭三七・七・二一／八七歳）＝白戸隆久
- 善哉《よしや》（明一二・二・二～昭一七・一一・七／六四歳）＝田淵精一
- 知三郎《ともさぶろう》（明一六・一・三一～昭四八・八・二五／九〇歳）＝幸子（岡村氏）
- 章《あきら》（明二〇・一〇・二六～昭五三・八・二二／九二歳）＝信《のぶ》（谷口氏）

## （2）惟準の妻吉重《よしえ》（嘉永四〜昭和二＝一八五一〜一九二七）

下総国関宿藩主久世広周《くぜひろちか》のお抱え医師三沢良益の娘、嘉永四年三月十二日生まれ、昭和二年八月二十二日没、享年七十七歳。元治元年（一八六四）十四歳のとき惟準（二十二歳）と結婚した。吉重についてはほとんど知られていないが、惟準の孫で銈次郎の三男緒方富雄氏（『緒方洪庵伝』の著者）が死去の数年前に祖母吉重から昔話を聞いたものを、『蘭学のこころ』に「祖母上のお話」として載せている。貴重な記録なので全文ここで紹介する（新仮名遣いに改めた。（　）は原文注、［　］は筆者注）。

はしがき

父上［緒方銈次郎］の希望もあり、私自身の興味もあって、私が住吉［神戸市］で祖母上の枕辺に寝そべりながら、祖母上の思い出ばなしをうかがいつつ書きとめたのは、もう三、四年前［一九二三〜二四年ころ］のことになる。その時私ははじめしきりと筆を走らせて筆記していたが、お話が進むにつれて私の筆は段々要領だけを書きとゞめるようになり、しまいにはわけのわからない落書きのようなものに化けてしまって、ただお話ばかりをうかがってしまった。それはただ真夏のある日の午前に一度うかがっただけで、祖母上の本当の活動生活までうかがうことは出来なかった。

私はその後も住吉へ行く毎に、色々の思い出ばなしをうかがったが、勿論年代を追ったまとまったものではなかった。

ところが昨年［一九二七年、死去の年］の夏、祖母上は思いがけなくも、腸の重い病からとうとうお話をうかがうことは愚か、あのにこやかなお顔も見ることが出来なくなってしまった［この年の八月二十二日死去］。

私は今三、四年前に書きとめた祖母上のお話を拡げて見て、あの時にもっと正確に書きとめて置かなかったことを、しみじみと心惜しく思う。しかも私の書きとめたものが、全く意味をなしていないようなところがあって、せめて、その点だけでも御生前に訂正して置きたかったと思う。しかしながら何れも既に不可能である。

私はここに私達のお祖母さんの思い出のために、大変正確を欠いたものではあるが、その時の筆記を記憶によって加筆しつつ再録して見ようと思う。

私の生まれたところは、江戸本所馬場大川端でした（嘉永四年）。隣の家には大きな椎の木があって、黒い塀の上から川端へ枝をひろげていました。椎の実を拾って遊んだのをよく覚えています。私が物心つくようになった頃には私達のきょうだいが六人いました。一番上の「くに」という姉さんは若くてなくなられ、次ぎの「すは」という姉さんも三つでなくなり、三番目の「きみ」という私の直ぐの姉さんだけが残っていました。この人は後で三沢元衡さんに嫁し、幹太郎さんを生みました。その次ぎが私で、その下がお「もと」でした。お「もと」は後に箕作麟祥《みつくりあきよし》［蘭学者箕作阮甫の孫、明治期の著名な法学者］さんに嫁ぎました。その次ぎの六番がはじめての男の子で「咸吾」といいました。後に武市いそという婦人を娶りました。その下に一人名のつかないうちに死んだ子がいます。その下が「八十《やそ》」、一番末が「さく」です。お「さく」さんは後に田村（初太郎）へ嫁しました。それで六人というのは、きみ、吉重、もと、咸吾、八十、さくの六人だったのです。父上は三沢良益といって、久世大和守のおかかえ医師で、駕籠に乗って出歩かれたのを知っています。母上は佐藤家から来られて、佐藤きはと申されました。

いまも申したようにはじめに生まれた私のきょうだいが皆女の子であったり、早くなくなったりしたので、父上は私をば男に仕立てて、小さい時には稚児髷《ちごまげ》に小さな脇差しを差していました。咸吾が生まれてからは私はもう女の子になり、読み書きや三味線など習いました。三味線のお師匠さんは女の人で、家の隣りでした。私がおさらえをしていると隣から大きな声で「まちがっていますよ」などと声をかけられたものです。読み書きは寺子屋へ通って習いました。女大学など読みました。寺子屋は今の三時頃に引けました。裁縫は家で習いました。

私が緒方へ来たのは十四の年［元治元年＝一八六四］でした。緒方へ来ることになったのは松本（良順）の叔父さんからの話だったそうで、佐藤［良順の実家］の方の誰かをという話があったそうですが、緒方の家は貧乏ではあり、子供が多いこと故、一通りの苦労では済むまいから、余程しっかりした娘でなければなるまいというので、私ならば辛抱するだろうということで、来ることになったそうです。私が緒方へ来た時は洪庵様がなくなられた翌年でした。洪庵様にはそれより前に一度お目にかかったことがあります。総髪でお頭は少し薄く、お顔は少しやせ形で、肩がいかって丈の高い方のように覚えています。

私が十四で緒方へ嫁いで来た時には洪庵様のなくなった後で何となくごたごたしていた時でした。持って行ったものは箪笥一つに長持ち一つだけです。藤堂西長屋下には、小さな家が並んでいました。私の嫁いで来た時にはあなたのお祖父さん（惟準）が二十一［正しくは数え二十二］の時でした。祖父さんは洪庵さんのお弟子の有志を集めて塾を続けていられました。小さな家でしたが、塾には二十畳ばかりの大きな部屋が一つあって、その中に塾生が何人でしたか、かなり沢山いました。その年（元治元年）の五、六月の頃でしたか、惟準お祖父さんは長崎に行かれることになったので、塾生は皆何とかいう塾に預けられることになりました。その頃家には惟準お祖父さんの御兄弟が大勢［惟準以外八人］いました。私はその頃何しろ子供でありましたし、同じような年頃の子供がうようよしていたわけです。まだ読み書き算盤《そろばん》などは惟準お祖父さんや家の男衆に教わったり、作法なども緒方へ来てから習ったような仕末でした。その頃の八重おばあさん（洪庵未亡人）も大変だったでしょう。その頃二人の女中がいましたが、どうしてか私を意地悪くいじめました。八重おばあさんは「あれは空に鳴く烏です。烏には家もありません。お前その様な烏を気にかけていてはなりません」といって慰めて下されたのを覚えています。その頃の収入は洪庵様の御本［主として『扶氏経験遺訓』］の板木から出るお金が主なものだと思っています。

私が十六の年に惟準お祖父さんが長崎から帰って来られ、またしばらく塾生を教えていられました。しかしやがて、幕府から和蘭《オランダ》へ留学されることになりました。そのうちに明治維新となり、幕府が倒れたので、惟準お祖父さんも帰国されました。時に私は十八。お祖父さんは二十五歳［正しくは二十六歳］でしたろう。それは明治元年［一八六八］のことです。

この間の二、三年は世の中が物騒で随分こわい思いをしました。その頃はちょうど幕府が倒れようという頃で江戸の町内も何となく不穏でしたので、どうしても下谷にじっとしていられなくなり、一家引きつれて大阪へ逃れることになり、江戸から横浜まで川蒸気に乗って行きました。何か色々の都合があったと見えて、横浜で堀越角次郎という人のはからいで、一軒家を借りてくれて、一年近くも世話になっていましたろうか。この堀越という人はもと吉原の駕籠かきとか聞きました。が、見る所があって洪庵様にもとり立てられたのだそうです。後に横浜で金儲けをして大層羽振りがよかったので、当時新選組の頭をしていた中山秀介がこの人を殺すといい出したのを、緒方の未亡人［八重］のとりもちで福沢［諭吉］さんが中に入りお金を出してゆるしてもらったということです。こんな関係から緒方の未亡人には大変恩義を感じていたものですから、横浜で家を借りてくれて、何かと世話をしてくれたのです。その時は十二郎（収二郎）さん［惟準の弟］も全く町人の風をなされていられました。

やがて時が来たと見えて、いよいよ船で大阪へたつことになりました。船は汽船ではありましたが、荷物船で何ともいえぬ臭気と船のゆれとで、船中では皆が船暈《せんうん》［船酔い］のために、殆ど何も食べられませんでした。もう明日で船から降りることが出来ると聞いた時の皆のよろこびはどんなでしたろう。

神戸で上陸してお芋の入った粥をいただいた時のおいしさも忘れられません。一同が生きかえった気持ちになりました。それから皆は歩いて尼崎まで行き、それから川蒸気で大阪へ着きました。途中で西宮で一泊しました。尼崎の神主さん豊田という人にも世話になりました。この旅は書生一人が男で、あとの大きい人たちは皆女づれでしたので、この時程不安が多く苦労の多かったこともありませんでした。しかもこの旅の主は八重おばあさんだったのですから、御苦労も一通りではなかったことと今でも思っています。この時八重おばあさんはお歳は四十六だったと思います（慶応三年）。

明治元年にはさきにいったように惟準お祖父さんが和蘭から帰って来られました。その時私は十八でした。そして一同は北浜の家（もとの適塾、拙斎さんがいられたところ）に同居していました。

和蘭から帰られた惟準お祖父さんは、京都の御所へおつとめのために京都へ行かれました。この時八重おばあさんがついて行かれました。しかしこれはしばらくの間でした。

そのうちに朝日座の浅という人の世話で北新町の家を買うことになりました。この家は町の世話をする頭の家とかでした。五年間のなしくずしで千五百円とか聞きました。

東京へはその後惟準お祖父さんのおつとめの都合で、前後四回行きました。

私の筆記はこれで尽きる。お祖母さんのお話は明治初年の頃までである。即ちお祖母さんの二十歳前後までである。私の最も心許なく感ずるのは明治の前二、三年の記事である。私の記憶から推すと前後の関係はもう少し複雑であったように思う。事後的に補訂する機会のあることを私《ひそ》かに望んでいる。今は医報［『緒方病院医報』］が出るのを「とりあえず」という心持で綴ったに過ぎないのだから。（昭和三年一月十九日）

（『緒方病院医報』五号、一九二八年）

三沢吉重が緒方家に嫁いできたときは十四歳であったので、夫の惟準の弟妹すなわち惟孝（二十一歳）、七重（十六歳）、八千代（十四歳）、九重（十三歳）、惟直（十二歳）、十重（十歳）、収二郎（八歳）、重三郎（七歳）の八人の小姑がいたわけである。吉重は嫁というより兄弟姉妹のように生活したのもうなずける。

吉重は江戸時代の武士の妻の生活ぶりと同じように、夫惟準に貞淑に仕え、子供たちを養育し、姑八重がしたように塾生の世話をし、内助につとめたのであろう。

吉重は十九歳で長男整之助（明治二）、二十一歳で次男銈次郎（明治四）、二十六歳で長女寿《つね》（明治九）、二十九歳で次女善哉《よしや》（明治十二）、三十三歳で三男知三郎（明治十六）、三十七歳で四男章《あきら》（明治二十）の四男二女を生んでいるので、育児におわれ、子育てで手一杯であったろう。

第27章で述べたが（三五一ページ）、明治二十一年（一八八八）二月十二日、長男整之助が病魔のため、享年二十歳で他界した。惟準は「ああ既に父母及び数兄弟を失ひ、今又一子を失ふ、人世総て斯の如きか」（『一夕話』）と悲嘆の涙を流したが、吉重の悲しみもいかばかりであったか。整之助は病いに臥せてからキリスト教に入信し、安らかに目を閉じたとのことであるが、この死を契機に吉重はクリスチャンになり、やがて惟準も入信、惟準の葬儀はキリスト教式で行われた。

対外的な社会活動については、何も知られていないが、華族や軍医高官などの名流夫人とともに博愛社（のちの日本赤十字社）の社員として名を列ねている。博愛社は明治十九年十月、東京麴町区飯田町四丁目に博愛社病院を新築し、本格的な医療活動を行うことになり、同年十月三十日に社員総会が開かれ、総長有栖川宮熾仁《たるひと》親王、副総長花房義質・同大給恒《おぎゅうゆずる》はじめ社員百有余名が出席、総会が開かれた。そして一般の議員二五名（伊達宗城・徳大寺実則・池田章政・毛利元徳・桂太郎・福地源一郎などの名士）が選挙で選出され、そのほか医部議員として軍医の橋本綱常・石黒忠悳・緒方惟準・戸塚文海・石坂惟寛の五名が選ばれた。さらに院長橋本綱常・監事石黒忠悳・副院長石坂惟寛そのほか医師八名、調剤主幹一名が嘱託された。そして新入社員――これはすべて華族・名士やその夫人たち（公爵三条実実・侯爵鍋嶋直大・伯爵前田利同・花房義質・橋本綱常の各夫人など）――九〇余名が披露された。このなかに従五位緒方惟準室芳江子（吉重）の名があり、これらの夫人とともに看病婦服、同帽子を寄贈している。同年十一月十七日に病院の開院式が行われた（『東京医事新誌』四五〇号、一八八六年／第22章参照）。

したがって在京中、吉重夫人は赤十字社の行事があれば参加したことであろうが、翌年には惟準が退官して大阪に帰ったので、関わったとしてもわずかの期間であった。

三人の息子はそれぞれ自伝風の著述を残しているが、母吉重の動勢については何も記していない。三人の息子たちも立派に成長し、社会的にも有望な地位にあり、何の心配もなく余生を静かにすごしていたのであろう。

吉重は大正九年（一九二〇）前後より右上膊の筋リウマチ性の痛みが起こりはじめ、次第に四肢関節に炎症が広がっていった。別府温泉への湯治、その他種々の治療も効果なく、関節の強直と運動障害を発し病勢は増悪するのみ、日夜仰臥のまま病床にあり、そのうえ胃腸障害が加わり、老衰が日を追って進んだ。昭和二年（一九二七）八月二十二日死去、享年七十七歳（緒方銈次郎『七十年の生涯を顧みて』）。おそらく緒方病院の苦境も知らされず、この世を去ったのであろう。

### (3) 緒方惟孝（弘化元～明治三八＝一八四四～一九〇五）

洪庵の三男として弘化元年七月二十三日に誕生、惟準より一歳下である。幼名は四郎、ついで城次郎、のち惟孝。兄惟準と一年の差しかないので、大聖寺の渡辺卯三郎（適塾門人）の塾で惟準とともに修業した。また両親に無断で同塾から越前大野藩へ脱走したさいにも行動をともにし、洪庵の勘当を受け学資を絶たれた。大野への到着は安政二年（一八五五）十二月、惟準十三歳、惟孝十二歳の寒い真冬であった。しかし苦学をともにし、また母方の祖父名塩村の医師億川百記の援助を受けながら、伊藤慎蔵（適塾門人）が蘭学教授を勤める大野藩洋学館で蘭学を学んだ。

兄弟二人は真摯な勉学により蘭学の進歩が著しく、また伊藤らの取りなしもあり約二年間で勘当を許され、惟準は大坂に帰り、やがて長崎に遊学するが、惟孝は大野にとどまって蘭学修業に励んだ。惟孝はやがて大野から大坂に帰り、文久元年（一八六一）四月大坂を出航、長崎に向かい、途中広島・下関から洪庵に書状を送っている。同年四月二十五日、洪庵が長崎の惟孝（城次郎）に書状を送っているが、これによると惟孝は四月一日に長崎に到着するが、四日から発病、太田精一（洪庵が長崎での世話を依頼した人、安政五年〈一八五八〉仲夏改正の大坂の『当時町請発行名医大輯』に「太田精一　平ノ町三」とある）の世話で米国人の治療を受け、すみやかに回復して安心した旨が記されている（緒方富雄・梅溪昇・適塾記念会編『洪庵のてがみ・その三』）。

洪庵の書状から惟孝は長崎で英学を学ぶことを希望していたことが分かる。それ故、米国人または英国人に修学したと考えられる。

兄惟準は前年（万延元年＝一八六〇）以来、長崎への再遊を希望していたが洪庵は許さなかった。そこで洪庵に無断で文久元年（一八六一）十月十日の少し前に家出して長崎に向かい、十一月某日長崎に到着した（同年十月十日付・十一月二十一日付の惟孝宛て洪庵書簡）。今回の惟準の無断遊学に対し洪庵はやむなく事後承諾のかたちをとった。そして二人はともに勉学にいそしんでいたが、翌二年、洪庵が江戸へ召されることになり、洪庵の知らせにより二人は長崎から大坂に帰り、同年八月五日、洪庵の江戸出府を見送った。惟孝は洪庵について江戸へ赴き、惟準は長崎へ修業に帰った。

文久三年六月十日、洪庵は自宅で突然喀血し、急死する。時に惟孝二十歳、惟準は江戸へ向かう途中で父の死に間にあわなかった。

同年八月、幕府は洋書調所を開成所と改称、元治元年（一八六四）十一月、開成所規則を改めて、科目も和蘭学・英吉利学・仏蘭西学・独乙学・魯西亜学・天文学・地理学・数学・物産学・精煉学・器械学・画学・活字学にわけ、幕府の直参のほか陪臣の入学も許された。生徒はこのなかから二～三科目を学習した（沼田次郎『幕末洋学史』）。惟孝はここに入学して英語を学び、のち開成所英学稽古人世話心得となる。

安政五年（一八五八）、日露通商条約が成立したのち、はじめて駐日領事として函館に来任した領事ゴシケビィッチは幕府の留学生をロシアにも派遣することを勧奨した。幕府には積極的に派遣する意向はなかったようであるが、日露関係の悪化を望んでいなかったので、あっさり申し出を受け入れ、開成所生徒のうちでも幕府上層部の子弟にかぎり留学させることとした。これには次の七人が選ばれた。大築彦五郎（のち尚正、十六歳、開成所独乙語学稽古人世話心得）、小沢清次郎（十三歳、同前蘭学）、市川文吉（のち兼秀、十九歳、同前仏学、開成所頭取市川斎宮の長男）、緒方惟孝（二十二歳、同前英学）、田中次郎（十五歳、函館奉行支配同心）、志賀浦太郎（二十二歳、箱館奉行組下同心）、山内作左衛門（三十歳、函館奉行支配調役並）である。

江戸から箱館に到着した惟孝ら一行は慶応元年（一八六五）七月二十七日、ロシア軍艦ポカテール号に便乗、ロシア留学の途についた。日本海を経由して八月五日長崎に入港、さっそく上陸し、山内・惟孝らは松本銈太郎と兄の緒方惟準を大村町の宿所に尋ね、その晩二人はここに宿泊した。緒方兄弟は久しぶりの再会で話がはずんだことであろう。

長崎より香港に直行、インドネシアのバタビアを経由、アフリカの喜望峰まわりで、英国のプリマウスを経て、翌二年二月九日フランスのシェルプールに上陸、二月十三日パリに到着し、ついで二月十六日、修学予定地のペテルブルグに着いた。山内は到着直後ロシア語で日記を綴っているが、ほかの六人はほとんどロシア語ができなかった。はじめ六人が同居し、そこへG・I・ゴシケヴィッチ（一八一四〜七五）が出張教授のかたちでロシア語を教えにきていたが、彼は次第に不熱心になり、学生たちの世話もなげやりになった。そこで留学生らは会話の上達、専門研究への準備をめざすために、下宿を分散し、学校へ通学することを希望し、たびたびゴシケヴィッチと交渉したが、彼はその申し出を拒みつづけたという。

監督者格の山内は、故国の父宛ての書状に、不満を書き綴っている。たとえば「コシケウイッチなにこともとんちやく致さぬ人故、学問筋もよく厳重にをしえ申所には至不申候、依てこまり入申候」、「中々稽古にも相越不申……〔申出を〕種々さし拒み候」（慶応二年十一月八日付）といった具合いである（内藤遂『遣魯伝習生始末』）。

彼らはこのような環境にありながらも、それぞれ専攻分野を決め、惟孝は化学、市川・田中は鉱山学、小沢は器機学、大築は医学、山内は歴史・物理・地理・法制などの修業を志した。しかしゴスケビッチの不誠意により

図36-1　遣ロシア留学生一行（慶応2年3月露都で撮影／左より小沢清次郎、山内作左衛門、緒方城次郎、大築彦五郎、市川文吉、田中次郎）

図36-2　ロシア留学時代の城次郎（惟孝）

図36-3　緒方病院の薬局長時代の惟孝

期待は裏切られ、彼らの対露感情は悪化していった。

山内は胸痛、咳、皮膚の紅斑、食欲不振、やせるなどの症状で、このまま留学をつづけることはよくないという医師の診断があり、本人も帰国を希望していた。そのとき、たまたま樺太国境談判のため、山内の箱館時代の上司小出秀実（大和守）ら幕府の使節一行が慶応二年（一八六六）十二月露都にやってきた。数回の談判ののち翌三年二月二十五日、樺太国境仮協定が調印された。三月一日使節ら一行は露都を出発し帰国の途につくことになった。山内は許しを受けこの一行に同行し、帰国することになった（前掲『遣魯伝習生始末』／宮内孝『幕末おろしや留学生』）。

慶応四年（明治元）一月、幕府は崩壊、露国留学生は英・蘭・仏留学生と同様、新政府から帰国命令が発せられた。しかし実際に帰国命令が留学生に届いたのは四月十日であった。閏四月二十四日、露国留学生から「帰国のことをロシア政府に申し立てたところ、元江戸表老中方がお頼みになったことなので、改めて御達しがなければ帰国は難しい」と報じてきた。そこで在パリの渋沢栄一は「幕府の帰国命令書」と次のような書簡を駐仏露国公使スタックエールベグに送った（前掲『遣魯伝習生始末』）。

千八百六十八年第六月十六日巴里において

以書翰啓上いたし候、然は我大君殿下国務筋御門江相返し候に付、為留学各国都府江差遣置候士官共其儀総而帰国為致候積、則別紙之通命令有之候、就而は貴国都府江差遣置候生徒儀も早速引払、帰国為致度此段、我国表より御達可申之処、各国生徒引払方之儀も巴里おいて我大君殿下之親弟徳川民部大輔殿、大君之命令を以取扱候儀に付、此段従拙者閣下江申進候、閣下幸に前書之旨趣御諒察被成、貴国政府江御通之上、我生徒共帰国之儀貴政府において被差許候様いたし度、依之別紙命令書写相添此段得御意候　以上

辰閏四月　　　　　　　　　　　　　　渋沢篤太夫　花押

英仏魯蘭江差遣有之候留学生徒共、一同引上げ帰朝候様其方より可被致通達候事
尤右帰朝手続は巴里において取扱不都合無之様取計可申候
仏文に訳し本書訳文共添遣す

これにより事は円満に運び、市川を残し四名は慶応四年五月二十七日、露都を発し、帰国の途についた。そしてパリの駐仏ロシア公使館に着き、六月一日、渋沢のもとに送り届けられた。彼らは便船を待つためしばらくパリに滞在することになった。当時パリに留学中であった徳川昭武のお供をして遊園地を見学している。パリに滞在すること一か月、七月一日パリを出発、八月三十日横浜着、九月一日江戸に帰着した。

市川は、かつて来日して父斎宮と面識のあったプチャーチンの世話により残留し、やがて明治政府の留学生となり、毎月六〇〇ルーブルの手当を支給され、滞露八年二か月ののち、明治十一年（一八七八）九月十二日官命によって帰国した。市川には、ロシア婦人シュヴヰロフとの恋愛関係があり、これが彼をロシアに長く滞在させた理由とも考えられる。帰国の翌々年、同女性との間に一子アレキサンドル・ワシリエヴカチ・シュヴヰロフをもうけているのである（前掲『遣魯伝習生始末』）。

惟孝は帰国後、大蔵省に出仕して、のち新潟県に転任している。惟孝の母八重が大聖寺の渡辺卯三郎に宛てた書状（明治二年八月二十九日付）に「六月初ニ四郎［惟孝］より書状か着、新潟えイ（異）人参り御いとま出不申由申越、……四郎事ハ新潟ニ相勤居」と記されている（緒方富雄・梅溪昇・適塾記念会編『洪庵のてがみ・その五』）。『明治三年庚午年新潟県三条局官員明細録十月改』には、惟孝は「新潟県民政局少属末席　文武掛　月給二十五両」と記されている。惟孝の上司には英学者の藤野友三郎（権大属末席、学校教授方、月給二五両）がいた。当時、アメリカ人のアメリカン・オランダ改革派協会宣教師ブラウン（Brown, Samuel Robbins, 1810-80）が新潟英学所（市内の寺院不動院内に設けられた県役人子弟のための語学所）に、同派の女宣教師でフェリス和英女

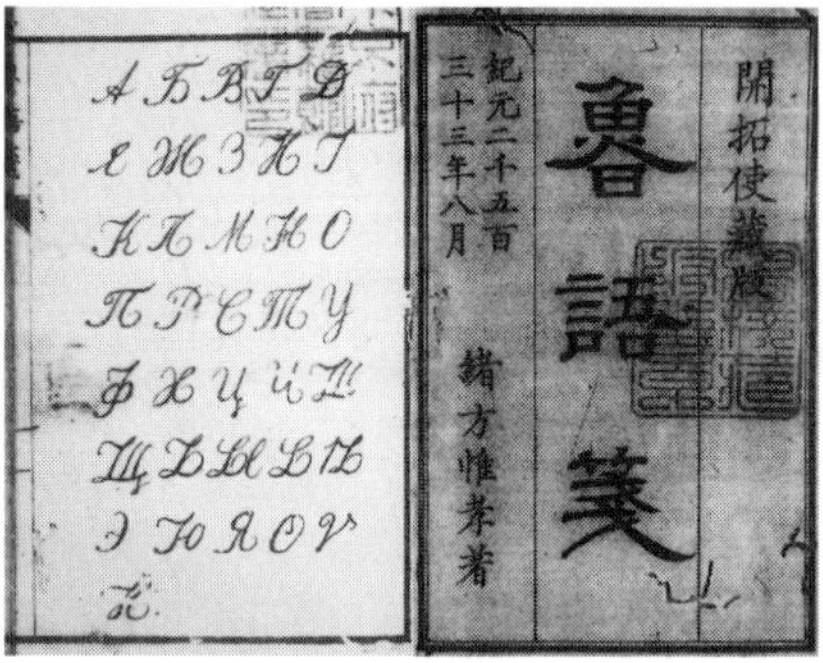


図36-4　『魯語箋』

学校創設者のキダー（Kidder, Mary Eddy, 1834-1910）とともに勤めていた（『来日西洋人名事典』）。惟孝は藤野の部下として、この外国人教師の訳官を担当していたと考えられる。

ついで（根拠は明らかでないが）東京帝国大学病院薬局取締となり（石附実『近代日本の海外留学史』）、このころ薬剤師の資格も得たようである。

明治二十年（一八八七）惟準ら一族が大阪で緒方病院を設立するとき、大阪に帰り、薬局長兼事務長として裏方に徹し病院を財政・人事の面で支えたと考えられる。

日本薬学会の機関誌『薬学雑誌』に掲載されている同会の明治三十五年度役員表（会長は長井長義）によれば、全国五九名の有功会員（大阪一六名）の一人として名を列ねている。収二郎と銈次郎がドイツに留学したときに惟孝がこの二人に送った書簡を読むと、惟準の厳しさに比べて、温和で優しい人柄がうかがえる（資料篇八八七～九九ページ）。

終生兄惟準と行動をともにし、緒方病院の裏方として病院の発展にも全力をつくした。兄惟準に先立つこと四年、明治三十八年（一九〇五）三月二十日永眠、享年六十二歳。惟準の悲嘆はいかばかりであったか。遺骨は両親の墓の地下室に安置されている。

著書に『魯語箋』（上・下二冊、明治六年＝一八七三刊、開拓使蔵版、国立国会図書館蔵／図36-4）がある。開拓使は北海道の開拓経営のために置かれた官庁で、ロシアに隣接しているため、簡便な魯（露）日辞典を必要とし、旧幕府ロシア留学生であった惟孝に、この辞書の編纂を依頼したのであろう。

序文・凡例はつけられていない。第一ページにロシア語のアルファベットの大文字、第二ページには小文字

（上に発音を片仮名で記す）、第三～四ページにはイロハニホヘト……の四八の仮名と濁音二〇音をロシア文字で表現している。「魯語箋目録」（目次）は次の通りである。

　巻之一：天地・時令・人倫・身体・疾病・宮室（建築物など）・服飾・飲食・医薬・器用・兵言・金石

　巻之二：鳥獣・魚介・虫・草木・果実・数量・采色・言語・依頼名詞・添詞・代名詞・動詞

本文では、上欄に振り仮名つき日本語、下欄にロシア語と片仮名による発音表示が配されている。

惟孝は緒方病院薬局長として同病院薬剤局員薬剤師桑根申二男《もじお》が編纂した『改正日本薬局方備考』（一八九一年六月）およびこの改版『改正日本薬局方備要』（同年七月）の校閲を行っている。この本の題字は緒方惟準が書き、序文は緒方病院副院長の緒方太郎が記している。

初版の『日本薬局方』は明治十九年（一八八六）六月二十五日公布された（内務省令第一〇号）。やがて政府は初版の不備を改正する必要が生じてきたので、『改正日本薬局方』の調査に着手（明治二十一年九月）、二十四年（一八九一）五月二十日に『改正（第二版）日本薬局方』が公布された（『日本薬局方百年史』）。この『改正日本薬局方』の使用便利のために、先きの『備考』が編纂されたのである。例言で編纂者桑根は、

一、［前略］唯ダ事ニ多忙ナル諸君ノ其多忙ナルニ当リ、一巻ヲ開イテ数書ヲ繙クト同一ノ便利ヲ得ラレンガ為メニ編纂セシ者ナリ。

一、此書ハ前項ノ目的ニ依リ改正日本薬局方ヲ基礎トシ、其薬品ニ各国局方ノ比照［比較対照］ヲ初メ、医効、効用、用法、用量、極量、処方ノ例ヨリ、配伍《（合）》ノ地方ノ一病院ノ禁忌等ヲ加ヘ、上欄ニハ各国ノ異名ヲ掲ゲタリ［後略］

と記している。

医学士緒方太郎副院長は序文で次のように記す。

［前略］本邦八四、五年前僅ニ局方ヲ創定シ、今又之ヲ改定シテ既ニ発布セリ、実ニ医薬両業者ノ一大変遷トス、薬剤師桑根君此変ニ当リ改正局方ニ基キ一薬毎ニ先ヅ其全文ヲ掲ゲ各国局方トノ比照ヲ始メ効用々法例及ビ配伍《(合)》ノ禁忌等ヲ加ヘテ一書ヲ編シ題シテ改正日本薬局方備考ト云フ［後略］

一地方病院の薬剤師がこのような書籍を編纂したことは画期的なことで、薬に関して相当な知識がなければなしえないことである。

### (4) 緒方惟直《これなお》（嘉永六～明治一一＝一八五三～七八）

惟直は幼名十郎、洪庵の第一〇子で五男。緒方富雄氏によって発見された「緒方維《(惟)》直履歴略書」（長さ約九〇センチの巻紙に墨書）には次のように記されている（緒方富雄「緒方惟直履歴補遺」、『蘭学資料研究会研究報告』三〇八号、一九七六年）。この書類についての同氏の評価は最後に記す。

嘉永六年九月十六日ヲ以テ大坂北浜ニ生ル、緒方洪庵ノ第十子ナリ、幼称ヲ十郎ト呼フ、後藤機、藤沢東畡、池内大学等ニ就テ漢籍ヲ修ム

文久三年三月　父洪庵ト共ニ江戸ニ徙ル、時ニ年十有一、保田東潜、長谷部甚弥ニ就テ漢籍ヲ修ム次イテ開成学校ニ通学シ若山儀一ニ就テ仏学ヲ修ム

慶応二年十二月　横浜語学所ニ入リ仏人「ビュラン」ニ就テ仏語ヲ修メ居ル事壱年、徳川幕府ノ命ニ依リ徳川昭武ニ従テ仏国巴里ニ留学ス実ニ慶応三年八月タリ、時ニ年十有四、居ル事一年余幕府ノ瓦解ニ逢ヒ帰朝ス、明治元年六月タリ

帰朝後箕作貞一郎ノ門ニ入リ法律学ヲ修ム

同三年七月　大坂ニ帰ル、同年十月兵部省兵学校准大得業生ニ任セラル、幼年学校ノ教授タリ、年十有八、次

イテ大得業生ニ昇リ又タ少助教トナル
同四年七月　騎兵科教授ノ任ヲ受ク
同五年六月　東京在勤ノ命ヲ受ク騎兵科教授如故
同年十二月　澳国博覧会事務官随従ニ転任ス
同六年二月　澳国維納［ウィーン］ニ赴ク、該国博覧会陶器審査官ニ撰バル居ルコト一年、任満ルノ後帰朝ス、
澳国政府ヨリ審査功労ノ賞トシテ名誉賞状ヲ受ク、時ニ年廿有二、次イテ其職ヲ辞ス
同八年二月　伊国ニ遊学シ該国「トリノ」大学校ニ入リ、普通学科及「ヂプロマチック」学ヲ修ム、居ル事数月、学科ノ進歩優等ナルニ依リ該校ノ一等進歩賞牌ヲ受ク
同九年十月　同国「ヴエニーズ」［ヴェネチア］大学校日本語学校吉田要作ノ帰朝スルニ逢ヒ、同氏ニ代テ該校日本語学校教授ノ任ヲ受ケ傍ラ「ヂプロロ《ママ》マチック・エ・コンシュレール」ノ学ヲ修ム
同十一年四月六日　「スコルビュート」病［壊血病］ニ罹リ死去ス、年廿有六「ヴエニーズ」府ニ葬ムル

（傍点は原文のまま）

緒方富雄氏は、この履歴書の記述をいくつか訂正している。たとえば、誕生日は十二日（洪庵の日記）で、没月日は四月四日が正しい。そして惟直がフランスへ行くとき徳川昭武に随行したように書いたあとで消してあるのは正しい（右の原文では消されていない）。徳川昭武一行が横浜を出航したのは慶応三年（一八六七）正月十一日で、同年三月七日にパリに到着している。日本から六七日かかってパリに着いている。この一行の中には緒方惟直らの一般留学生はふくまれていない（『渋沢栄一伝記資料』第一巻）。ただし「仏国巴里ニ留学ス実ニ慶応三年八月タリ」という記述ははっきりしない。緒方氏は「惟直を加えた九名がフランス留学生に選ばれたのが［慶応二年］八月で、フランスについたのは西暦の十一月であったというから、留学決定のときを『留学ス』と

書いたのかもしれない」と解説している（前掲「緒方惟直履歴補遺」）。

この資料を入手する前に、緒方氏は「緒方洪庵の子、緒方惟直のこと」（『蘭学資料研究会報告』二七四号、一九七三年）を書いているので、履歴書とあわせて主としてフランス留学後の惟直の経歴を述べてみたい。

惟直がフランス語を学んだ横浜の仏蘭西語学伝習所は慶応元年（一八六五）三月六日に、フランス公使ロシュの推進によって設立され、校務は幕府が取締ったが、数名の教員はフランス人でド・カション（de Cachon）が教頭の役をつとめた。内容的にはフランス語で（時々は通訳者を使って）各科を教える学校であった。フランス語でCollege Japonais-Francaisとよばれていた。伝習生は大名・旗本・武士の子から採用し前後数十名におよび、そのなかに惟直がいた。伝習生のなかには、すぐれた学力を発揮した者があって、さらに実力をつけるためにフランスへ留学させることになり、実現したのが慶応三年八月であった。幕府は八月二十八日付でつぎの九名の名前をロシュ公使に提出した。栗本貞次郎・菅沼左近将監・小出勇之助・伊藤貫造・神原錦之丞・大鳥貞次郎・緒方惟直・大岡松吉・和田収蔵。このとき惟直は数え年十五歳であった。

これらの伝習生が横浜をたった日は不明であるが、母八重が慶応三年十二月二十二日付で緒方拙斎夫妻に書いた手紙には、十月十日にフランスへ着いたとある。

十郎事も海上無滞十月十日仏国に安着、吉左右申越、誠に安心仕候、御同喜下され候、洪哉［惟準］よりも着後両度書状参り、いつも其元殿へも入筆申越候、四郎よりハもはや七月後ハ書状不参、如何と案事居、［億川］一郎事ハ毎度たより御さ候、何分和蘭・ロシアはいなか《（田舎）》と相見へ申、仏英は毎度船も参り申候。

（前掲『緒方洪庵のてがみ・その五』）

その後、幕府倒壊のため新政府から留学生に対して帰国命令がでた。そこでイギリス・オランダ・フランスの日本人留学生二三名が一同パリに集合し帰国の途につき、慶応四年六月二十日横浜港に帰着し、弁天語学処に止宿した。このなかに緒方洪哉（惟準）・緒方十郎（惟直）・億川一郎（英国留学生、惟準の母八重の弟億川信哉の長男）・松本銈太郎・箕作貞一郎がいた（『東久世通禧日記』上巻）。

惟直はイタリア女性マリア・ロゼチ（一八九〇年没／享年三十五歳）と結婚し、十代《とよ》（豊《とよ》／一八七七～一九六七／享年九十一歳）をもうけた。

惟直の死後一〇余年を経た明治二十二年三月、緒方銈次郎（十九歳）はドイツ留学のため叔父緒方収二郎、緒方正清、堀内謙吉とともに日本を出立、収二郎はベルリン、他三人はイエナで勉学、同二十三年フライブルグ大学に移った。翌二十四年、秋期休暇中に四人でイタリア旅行したおり、ヴェネチアの惟直の墓を訪れ花輪をささげた。そして惟直の遺児十代（系図には豊）も探したが、消息はつかめなかった。後日、収二郎が訪ねあて、ドイツ留学を終えて帰国するとき同伴して帰った。

のち豊は加陽光太郎（一八七八～一九六一／享年八十三歳）を婿養子に迎え二男三女をもうけた。

図36-5　上：イタリアのサン・ミケーレ島の緒方惟直の墓碑　中：墓碑全景　下：レリーフのレプリカ

【資料】
緒方富雄「緒方洪庵の子、緒方惟直のこと」（『蘭学資料研究会報告』二七四号、一九七三年）
緒方富雄「ベニチアの緒方惟直墓、横顔浮彫部の複製」（同右二七八号、一九七四年）
緒方富雄「緒方惟直履歴補遺」（同右三〇八号、一九七六年）

［惟直についての追記］

かねて緒方惟直の墓を訪ねたいと思っていた緒方産婦人科病院長の緒方正美は、平成元年（一九八九）七月末ヴェネチアの沖合のサン・ミケーレ（San Michele）島にある惟直の墓を訪れた。その探訪記「サン・ミケーレ島に緒方惟直の墓をたずねて」と墓碑の写真が『適塾』二二号（一九八九年）に載っている。

このレポートによると、船着場のすぐそばにあるサン・ミカエル教会を通りぬけると墓地があり、南東の隅に煉瓦塀で囲まれた一区画があり、その塀に多くの墓碑銘板がはめこまれている。そのうちの一つが惟直のものである。横長の大理石の中央には、顔を右に向けたレリーフ像があり、「緒方維直之墓」の横書きの漢字と「CORENAO OGATA」「N. 1855-1878」が刻まれている（図36-5下）。維直は惟直の誤りで、１８５５（正しくは１８５３）は生年、１８７８は没年である。死期の迫った惟直は一八七八年三月三十日、自宅で洗礼を受け、はじめて夫人との結婚が正式に認められたが、四月四日壊血病で死亡した。葬儀は翌五日、サンタ・マリア・デル・カルミニ教会（Sannta Maria del Carmini）で千余名の会葬者のもとで行われた。この葬儀のことは当地の新聞でも報じられて六日、市の墓地に埋葬され、六年後の一八八四年十一月二十二日、島の墓地に移された。これらのことは、同地在住の画家別府貫一郎により明らかになった由である。

なお正美は惟直の遺児豊について、印象を次のように記している。

ちょっと堀《（彫）》のふかい、やさしいおだやかなお顔で、きちんと和服を着て坐っておられたお豊おばさん。私が思いだすのは、緑が一段と美しくなり、すこしあつくなって、初夏という言葉にふさわしい六月の初め、洪庵忌の折によくお目にかかったこのお姿である。私は父母から折にふれてお豊おばさんが洪庵の第十子、十郎即ち惟直の一人娘であり、母になる方はイタリー婦人であったことなどを聞いていた。

### (5) 緒方収二郎(安政四～昭和一七＝一八五七～一九四二)

安政四年二月二十五日、北浜三丁目の緒方洪庵宅(現・史蹟適塾)で洪庵の第一二子として生まれた。文久三年(一八六三)三月、父洪庵が家族を大坂から江戸へよびよせたので、母八重は収二郎(七歳)ら六人の子供と従者二人とともに三月九日大坂を出発、同月二十四日江戸着、医学所頭取役宅に入った。しかし六月十日、父洪庵は急死し、八重は六人の子供をかかえ苦難に直面した。

幸い長崎遊学から帰った長兄惟準が西洋医学所教授職に任ぜられ、ついで家督を相続し、禄高二〇〇俵御番頭並となり、家計を支えることができた。しかし慶応四年(明治元＝一八六六)幕府は倒壊し、幕府からの給付はなくなり、江戸は混乱状態となった。そのうえ三人の子供は海外に留学中(長兄惟準はオランダに、次兄惟孝はロシアに、三兄惟直はフランスに)、八重夫人にとっては最悪の状況であった。彼女は大坂に帰る決意をし、惟準の妻吉重および子供らを連れて、知人の江戸の商人堀越角次郎の周旋で横浜に移った。ついで大坂にもどったのは慶応四年四月であった。大坂では義兄拙斎らが住んでいた旧適塾(現・中央区北浜三丁目)に居をかまえた。

図36-6　緒方収二郎

収二郎(七歳)は漢学者保田東潜に漢学を学び、かたわら仏人宣教師クーザン(Jules Alphonse Cousin, 1842-1911)に仏語を習ったという。クーザンはキリスト教パリ外国宣教会の宣教師で、慶応二年(一八六六)長崎に上陸。明治二年（一八六九）大阪に転じ、川口に土地を求め、同十一年（一八七八）天主堂を建立した。同二十四年長崎大浦天主堂に転じ、同四十四年九月十八日長崎において司教在職二十六年におよぶ生涯を終えた（武内博編『来日西洋人名事典』）。クーザンについては、『大阪市史史料第七輯』の「明治時代の大阪（上）」に、次のように記されている。

明治二年早春、天主公教の宣教師仏人クーザン始めて来阪して伝道を開始し、正月八日、仏国領事によりて富嶋町一丁目［西区］に礼拝堂を建てんとし、本府［大阪府］外務局より其許可を得、直に仮教会を建設したりき

億川摂三（緒方八重の弟信哉の孫、日本医史学会関西支部の前身「杏林温故会」設立者の一人）は追悼文「嗚呼緒方収二郎翁」（『医譚』一四号、一九四二年）のなかで、「横浜へ立ち退いたときにクーザンについて仏語を学んだ」と書いているが、クーザンは横浜に居住した経歴はないようで、またあの混乱期では、緒方八重一家にはそんな心の余裕はなかったであろう。もしクーザンに学んだとすれば、大阪ということになる。

母親たちと大阪に帰った収二郎は、義兄緒方拙斎を頼った。兵部大輔大村益次郎が明治二年軍事御用で大阪に来たとき、収二郎に、再び東京にくることがあれば、外遊することに尽力しようと、外遊を勧めたという。収二郎は大いに喜びこれに従うつもりであったが、大村は同年九月四日、京都で刺客に襲われて、十一月五日大阪府医学校病院で死亡したので（一二八ページ）、この希望は挫折した。のちに大阪外国語学校（大坂開成所と称した時期か）に入りフランス語を学んだ。

大阪外国語学校の前身は明治二年九月、旧営繕司庁跡に何礼之助《がれいのすけ》が設立した「洋学校」で、その後、大坂開成所（明治三年十月）、第四大学区第一番中学（明治五年八月）、第三大学区中学、開明学校となり、七年一月に大阪外国語学校、さらに大阪英語学校と改称された（梅溪昇編『大阪府の教育史』）。

明治四年（一八七一）十五歳で上京し大隈重信家の客となり、司法省明法寮の試験を受けて及第したが、同寮はボアソナード（Boissonade de Fontarable Gustave Emile, 1825-1910）（明治六年末来日、司法省法学校教師、民法草案作成の功労者）の来朝まで授業はしない由を新入生徒に布告した。そこで収二郎は望みを失ない、かつ親戚らからしきりに医学校に入ることを勧められたので、ついに意を翻して明治十年、東京大学医学部本科に入学した。しかし病気のため一年遅れて十五年（一八八二）二十六歳で卒業し、医学士の称号を授与された。同期生には森鷗外・小池正直・賀古鶴所・中浜東一郎・江口襄らがいるが、彼らは十四年の卒業である（『東京大学医学部卒業者名簿』）。賀古鶴所とは特に親しく、彼から収二郎に宛てた多数の書簡が残されており、二人の親密な関係を知ることができる（五四〇～一ページ）。

卒業後、眼科教室の助手になり明治二十年（一八八七）まで在職したが、同年、長兄惟準が義兄拙斎とともに大阪東区（現・中央区）今橋四丁目に緒方病院を創設するので帰阪し、同院の眼科と外科を担当した。二十二年（一八八九）ドイツに留学し、ベルリンやウィーンなどの大学で眼科を研究、二十五年二月に帰朝した。

明治二十七年、惟準が五十二歳で病院長を退いたので、代わって院長に就任した（三十四歳）。三十年、今橋の本院を廃し、西区新町四丁目の分院を拡張し本院とした。三十五年増築工事を行い、翌年竣工し完全な一大総合病院が完成した。四十年（一九〇七）四月十四日、創立二十年記念会を開催、そのとき記念絵はがき（病院外観と収二郎病院長、内科医長緒方銈次郎、耳鼻咽喉科長山本玄一の各肖像写真その他内科、小児科、歯科の各診察室、娯楽室などの各絵はがき）が作成・配布された（四四二ページ）。

大正十四年（一九二五）病院長の職を惟準の嗣子（次男）銈次郎に譲り引退し、以来閑地について悠々静養していたが、晩年は芦屋市から京都市左京区北白川の長男洪平（京都府立医科大学教授）宅に移って余生を送り、昭和十七年（一九四二）九月二十五日死去、享年八十六歳。遺骨は洪庵夫妻の墓碑の地下室に納められている。

収二郎は資性温厚で父洪庵の風格を伝えていたという。億川摂三氏は前掲の追悼文「嗚呼緒方収二郎翁」のなかで次のように記している。

翁は資性温厚にして洪庵先生の風格を伝ふ、またその容貌秀麗にして人格衆に超ゆ、もし佐賀の政治家武富時敏氏［内閣書記官長・逓信大臣・大蔵大臣を歴任］に紅木屋侯爵の綽号ありとせば、翁にはそれより一等上の過書町公爵の綽号を呈せねばならぬと思ふ。しかも翁は人に接するときは極めて平民的で城府［仕切り］を設けず、後進を威圧するが如きことは決してなかつた。小生は学生時代に翁の邸に食客をしていたので鈍骨いろいろの失敗をしたが一度も叱られた事はなかつた。昭和十二年本誌［『医譚』］の発行当時、翁を訪ふてその表紙の題字の揮毫を乞ふたが、翁は病床にいられたのに拘らず快く承諾して「医譚」の二字を書いて余に与えられた。今日に於ては翁をしのぶよき記念になつた。また適塾門の先哲の伝記などに就て不明の箇所を質問してもよく教えて下さつた。

白戸隆久や甥の銈次郎のトロール船事業の失敗で、予期せぬ、また自分が関知していないにもかかわらず、最も大きな経済的被害をこうむったのは当時緒方病院の院長だった収二郎であった。

晩年は俳句に親しんだ。昭和八年（一九三三）億川摂三氏の祖父信哉（洪庵夫人八重の弟）の五十回忌志の返書のなかで「瞑目すれば御叔父上の御顔ありありと拝し上候、一年茸狩に御招きになり二、三日名塩御宅に御厄介に相成しを偲びて」と前書きして、次の三句を掲げている。

茸そこにと笑まれしを今もまぼろしに
採りてたびにし露の柿の味なほ舌に
夜寒の灯に注射針なめつおはしけり　樗山《ちょざん》

樗は役に立たぬ木という意味で、みずから号とした。そして今や役に立たぬ木を焼くのだからといって、新聞や葉書などの告知不用の葬式を遺言した。摂三曰く、「今この三句を口ずさみて瞑目すれば翁の面影ありありと眼底にしのばるるのである」。

岡山県吉備郡足守町（現・岡山市足守）の緒方洪庵の生誕地跡で「洪庵緒方先生碑」の除幕式が、昭和三年（一九二八）五月二十七日に挙行された。そしてこの式のあと近水園《おみずえん》（旧足守藩主木下侯の庭園）で緒方家一族七名を含み地元関係者一〇〇余名が写った写真が緒方裁吉氏（収二郎の孫）のもとに保存されている（口絵16）。この緒方家一族七名は、緒方収二郎・妻瓊江・銈次郎（惟準の次男）・準一（銈次郎の長男）・富雄（銈次郎の三男）・六治（洪庵の三男惟孝の養子）・光太郎（洪庵の五男惟直の養子）である（中山沃「生誕地における洪庵緒方先生碑の建立について」、『適塾』三七号、二〇〇四年）。

収二郎より一年早く明治十四年に卒業した賀古鶴所（第五師団軍医部長を最後に予備役、日露戦争応召後に陸軍軍医監）と収二郎は親密な間柄で、賀古から収二郎にあてた書簡が、収二郎の子孫から日本近代文学館に寄贈されている。これを梅溪昇大阪大学名誉教授が「緒方収二郎宛書簡他紹介（1）」（『適塾』三一号、一九九八年、のち『続洪庵・適塾の研究』所収）で紹介している。

おもしろいのは、惟準との脚気論争の相手であった石黒忠悳軍医総監を賀古が酷評していることである。たとえば、「[石黒は]いづれ医学ハあんまりやってゐたものでハあるまじ」とか、「石黒伝ニハ小年時代ニ信州ノ佐久間象山ヲ尋ネテ天下ノ形勢ヲ論ジタナゾトだぼらを吹イタノヲ……」、「……此も或ハ石黒等のだぼらカラ捻出しタモノカも知れずダ」など（昭和四年六月七日付、前掲書二七一〜二ページ）、石黒にかなりの「ほらふき」の人物評があったように記している。同書簡には、惟準の退官時のころの様子も次のように記されている。

収君　尚令兄維準（惟、以下同）先生ヲ陸軍カラ追ひ出しタノハボク等が出身後デアッタ。松本[順]翁ハ一ヶ年中陸軍病院ニ顔ヲ出ス事ハ一両度デ次長が維準先生ト林紀とデアッタ、のち林が長ニナッテ維準先生ハ近衛師団の軍

> 医部長デアッタ。其頃、夏デアッタカ、兵士が何歟食あたりで一夜吐瀉シタ、かねて機会ヲねらってゐた彼石黒ハ翌朝早ク近衛隊ヲ問フテ、此ノ吐瀉ヲコレラダト大さわぎ立テ維準先生の出勤が寛怠ダト称シテソレ〳〵手ヲマハシテ遂に隠退サセタト覚えてゐる。其頃の者ハ何事も知らぬのう《（能）》なしで、軍医も学問ハ無し、唯石［黒］のいふま丶ニナッテヰタノデある。ナンデモ我々ハ出仕後余り年ヲ経ぬ頃と思ふ。（中略）彼［石黒］が毒ニアタッタモノハ少カラス、唯盲従シテゐたものハ長ク登用シテヰ　（前掲書二七二ページ）

また同月十三日付書簡に、「此男［藤田嗣章陸軍軍医総監、画家藤田嗣治の父］ハ医学ハ知ラス履歴免状受収テ、事務ト辨口デ石［黒］翁の子分ニナッタソウダッタモノダが……」（前掲書二七四ページ）などの記載がある。

同月十九日付書簡には、「［石黒は］医学ナンゾハ少シモ学ンテヰハセヌノデアル。然るに早ク既ニ何とやら化学といふ小冊子二巻を訳出してゐるといふ。コレハ田代［基徳］か足立［寛］（ニ）訳シテモロウタデアロウ、田代ニハサスガの彼も随分金ヲ借リラレタノテアル」（同前二七八ページ）とある。

以上のように、賀古鶴所は石黒がまともな医学教育をうけていなかったことを痛罵している。賀古は東京帝国大学医学部卒のエリートであったが、明治二十七年（一八九四）の日清戦争時には一等軍医正（四十歳）で、学のない石黒（五十歳）は軍医総監・大本営野戦衛生長官であった。賀古はその後、軍医監を最後に軍役をしりぞき、他方石黒は華族に列せられ、軍医界の長老としてもてはやされていたのが、気にくわなかったのであろう。

収二郎は夫人の瓊江《たまえ》（山本氏）との間に三男六女（長女春香・長男洪平・次男公夫：夭折・次女粛子：夭折・三女秋江・四女三重子・三男章平・五女淑子・六女恭子）がある。長女春香は緒方病院外科医員田中喜市（一八七二～一九〇八）を養子に迎える。喜市は大阪慈恵病院医学校に学び医師となり、明治二十九年（一八九六）緒方病院の外科医員、同三十四年八月ドイツに留学、ドクトルの称号を得て、同三十六年十月帰国、やがて病院長収二郎の女婿となり外科部長に就任した。篤学の士で、盛名は日に増し、手術は一か年で六〇〇回以上に達したという。婚約のときすでに症候（咳・喀痰・発熱）があり、みずから細菌検査したところ、菌（おそらく結核菌）を発見したので再三再四婚約を解いてほしいと申し出たが、収二郎は笑って許さなかったという。同四十一年四月咽頭および喉頭に潰瘍（結核性）を生じ病状が悪化、同年九月二十六日死去、享年三十七歳（「緒方病院外科部長ドクトル緒方喜市君逝けり」、『緒方病院産婆看護婦同窓会雑誌』一四号、一九〇八年）。

図36-7　緒方裁吉

このとき喜市の長男裁吉（のち京都帝国大学卒、経済界、特に海外で活躍）は三歳であった。今回の執筆にあたり、貴重な資料の提供をうけ、またお話もうかがったが、平成二十一年九月十九日没、享年百四歳、遺骨は洪庵夫妻の墓碑の地下室に納められた。

収二郎の長男洪平（明治二十六年三月十日生まれ、京都帝国大学医学部卒）は昭和十九年（一九四四）六月、京都帝大講師から京都府立医科大学の講師（衛生学）に嘱託され、二十一年十二月教授に昇進、衛生学講座を担当した。四十一年二月八日没。享年七十四歳。

収二郎の五女淑子（一九〇五〜四四）は福沢諭吉の孫八十吉（一八九三〜一九四七）に嫁している。

〔資料〕

『大阪現代人名辞書』（文明社、一九一三）

緒方章『緒方氏系図』（私家版、一九七二）

（6）**緒方重三郎**（安政五〜明治一九＝一八五八〜八六）

緒方洪庵の第一三子（八男）、安政五年六月一日大坂の生まれ、父に従って東上、維新後開成学校に入り、物理学を修めていたが、業を終えず去り、さらに法律を修め、かたわら司法省御雇フランス人ボアソナードに師事した。明治十三年（一八八〇）太政官八等属に任じ、内務属をかね、十四年ころ長谷川千太郎・宮崎忠与らと内務六等属となる。十八年准奏任となり、同十九年官制が改まると一等属となり上級俸を支給される。同年三月六日病没、享年二十九歳、墓は洪庵夫妻と同じ東京高林寺にある（大植四郎『明治過去帳』）。妻は諏訪氏の光枝。初枝（一八八五～一九六四）という娘があり、のち彼女は兄惟孝の養女となり、大国六治（一八七二～一九五〇／薬剤師・歯科医）を婿として迎える。

▽**緒方（大国）六治**（明治五年～昭和二五＝一八七二～一九五〇）

薬剤師となり、ついで歯科学を修め、さらに研学のため、明治三十三年（一九〇〇）渡米しニューヨークのデンタルスクールで歯科学を修学、ドクトル・オブ・デンタルサージュリーの称号を得て三十五年十月ころ帰国、同月七日、平野町堺卯楼で帰国歓迎会が催され、出席者は三〇〇余人と稀に見る盛会であった（『薬学雑誌』二四八号、一九〇二年）。

図36-8　緒方六治

帰国後は緒方病院の歯科部長として活躍する。昭和三年五月二十七日、岡山県足守町で挙行された「洪庵緒方先生碑」の除幕式には緒方収二郎ら緒方家一族とともに列席している（五四〇ページと口絵16）。のち歯科医の養成を志し、明治四十五年（一九一二）一月、藤原市太郎とともに私立大阪歯科医学校（現・大阪歯科大学の前身）を大阪市北区（現・福島区）西野田大野町に創設、藤原が校主、六治は校長に就任し、薬物学を講義した。翌四十六年九月、三年制の大阪歯科医学専門学校に認可され、六治は辞職し医学博士今村保が校長に就任した。六治はひきつづき教員として歯科技工学および実習を教授したが、のち市内で歯科医院を開業した。昭和二十五年一月十九日没、享年七十九歳（『大阪歯科大学史』一巻）。重三郎の未亡人光恵は緒方郁蔵の子三郎と再婚する。

▽**ボアソナード**（Gustave Emile Boissonade, 1825–1910）

フランスの法学者。パリ郊外バンセンブに生まれ、パリ大学で古典学・法律学を研究し、一八五二年法学博士となる。その後、グルノーブル・パリ両大学の助教授を歴任、一八七三年（明治六）、ときの駐仏公使鮫島尚信の依頼で日本留学生のために講義したのが機縁となり、同年十一月司法省雇いとして来日。司法省法学校・明治法律専門学校で教えるかたわら、七五年以降太政官法制局御用掛兼務となり、法律質問に答えたほか、毎月曜日には経済学の講義をした。さらに翌七六年、元老院御用掛兼務および外務省事務顧問となった。八〇年太政官法制部の設置とともに司法省より太政官へ雇い換えとなり、法律草案取調べ、法律会議への参加、各庁顧問、司法省出仕、生徒のための講義に従事した。

彼は、司法省法学校における講義を通じて日本にはじめて自然法学説を移植し、かつ拷問制度の廃止に貢献した。また民法および治罪法・刑法の原案起草に当たり、わが国近代法典の生みの親といわれる。さらに外交面でも七四年の台湾出兵の処理に関して大久保利通の中国行に随行し、北京談判を日本側の有利に導き、八七年には井上馨の条約改正方針に反対の意見書を提出、わが国を重大な外交上の失敗から救った。なお、和仏法律学校の創業に尽力し、法政大学の今日の基礎を築いた。心血を注いで起草した旧民法が施行を延期されたため、さびしく九五年（明治二十六）三月八日、日本を去った。外国人として異例の勲一等瑞宝章および年金二〇〇〇円を受けた。一九一〇年（明治四十三）六月二十七日、故国フランスのアンチーブにおいて、享年八十六歳で没、墓は同地にある（『洋学史事典』）。

### （7）緒方拙斎（天保五~明治四四＝一八三四~一九一一）

蘭方医。惟準の妹八千代（一八五一~一九一一）と結婚し、緒方洪庵の養子となる。本姓は西氏、幼名を鶴太郎、のち卓爾と改名、名は羽、字は子儀、号は南湫または孤松軒。天保五年二月十六日豊前小倉に生まれ、十歳のとき泉州堺の吉雄滝沢の家に寄寓した。長じて豊後国日田の広瀬淡窓・同旭荘の咸宜園《かんぎえん》で漢学を学ぶ。ついで、蘭学を青木周弼・緒方洪庵に学んだ（安政四年三月二十日適塾入門、吉雄卓爾と署名）。洪庵にその学才が衆に抜きんでているを認められ、養子となる。洪庵が文久二年（一八六二）幕府に召され東上すると、洪庵の長女八千代と結婚し、過書町の適塾を継承し塾生を教授した。

維新後は同所で開業していたが、明治二年（一八六九）出仕して文部中助教に進み大阪府医学校病院の医員として勤務、四年には権大助教となり、五年造幣局御用掛を命ぜられる。十一年、適々斎病院を開設し院長として経営にあたった。二十年二月、義兄惟準が陸軍軍医を辞して帰阪すると、適々斎病院を緒方病院と改め、みずからは院主となり惟準を院長とし、副院長には収二郎を据えて一族相図って病院を経営した。また惟準に協力し大阪慈恵病院の設立・運営にあたり、広く貧窮の病者の施療に尽力した。二十八年老弱をもって医界を退き、以来閑地に起臥して風月を楽しんでいたが、八千代夫人が四十四年七月十七日に病死するや、気力を損じ憂愁の日々を送り、同年十二月十五日あとを追うように死去、享年七十八歳。葬儀は同月十七日午後二時、大阪市東区今橋三丁目の自邸を出棺、神式をもって同市阿倍野墓地で執行された。多くの会葬者があり盛儀であったという。墓は北区同心町龍海寺の洪庵夫妻の墓の地下室にある（「緒方拙斎翁逝く」、『東京医事新誌』一七四八号、一九一一年）。

図36-9　緒方拙斎

拙斎の診療について、養嗣子正清は自著『日本産科学史』のなかで次のように記している。

拙斎は、かつて大阪適塾（緒方洪庵塾）の後に開業し、適々斎病院と名づけ、内外科及び婦人病を診療す。然るに社会の幼稚なる婦人、陰部の検査を許さず。ここに於て大いに工夫し、一種の診察台を発明し、医療器械舗白井松之助に製造せしむ。該器は図の如く幌を有し、病者半坐の位置に臥せしめ、幌を以て面部を覆い、ただ外陰部のみ露出するを以て、婦人は容易に生殖器の診断を諾するに至りたると。蓋し今日より之を見る時は頗る不合理なるが如きも、当時の婦人科療法たる、蘭医の風にならい、子宮鏡の検査、乱刺法、薬物の塗布など、単純なる療法も施すに最も適当せり。殊に仰臥位における検査を嫌忌する時代にありては、また一種の妙案たるを失わず。爾後大阪の婦人科医はほとんどこの診台を使用せるを以て考うるに、恐らくは婦人科的診療を開拓するに於て最大の功果を与えたるや疑うべからず。

拙斎は若くして小野湖山（明治の三詩人の一人で梁川星巌に学ぶ、明治四十三年死去、享年九十七歳）に私淑した。晩年は藤沢南岳の泊園派逍遥遊吟社に出入りし、蒼勁《そうけい》（ふるくて勢いの強いこと）高尚な詩風をもって知られた。還暦にさいし『南湫詩稿』上・下巻（一八九四年／大阪府立中之島図書館蔵）を出版する。

この漢詩集は、和装で上巻三八丁、下巻四八丁、附録七丁で巻頭の題字「清奇洗錬」を師の小野湖山が書き、序文にあたる「孤松軒記」（孤松軒とは拙斎の書斎名）を五十川訊堂が撰し、著名な書家川上泊堂が揮毫している。ついで、孤松軒と周囲の庭の絵が描かれている（画家は雲在徳か／図36-10）。最後に、明治二十六年（一八九三）十二月付の自序が載せられている。この文の冒頭に「余少時淡窓、旭荘二先生ノ門ニ遊ブ」と記している。

詩のなかに「賀萱堂六十初度［義母八重の誕生日を喜ぶ］」と題して、

非縉紳徒即学徒　坐中客満足歓娯　六旬猶且論時事　不負人称女丈夫

の一首があり、六十歳にして、なお時事を論ずる女丈夫（男まさりの女）とは、言い得て妙である。

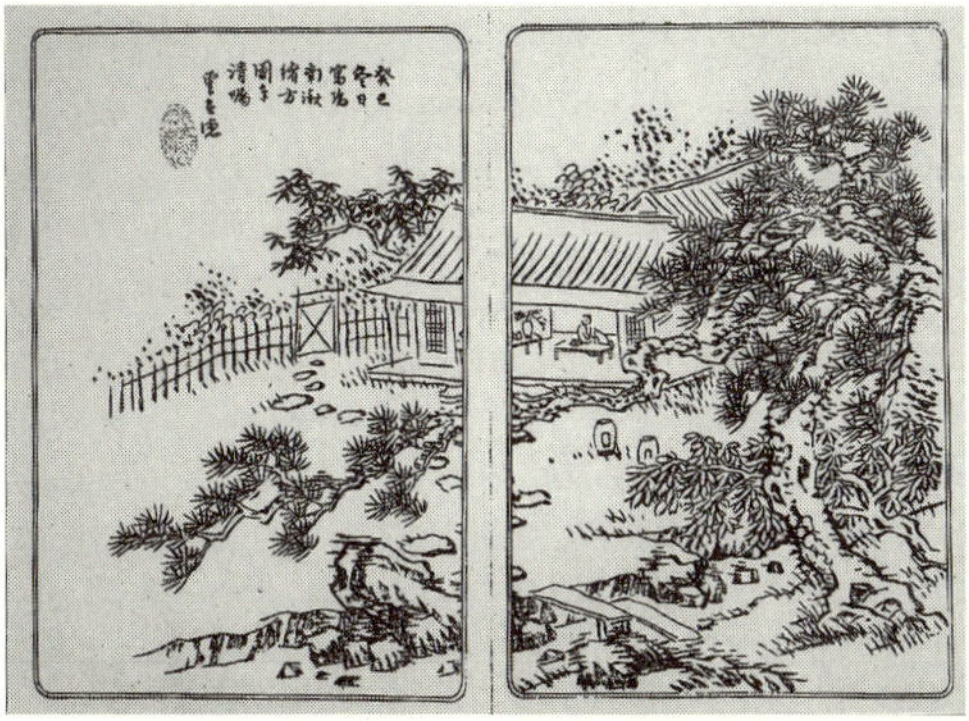

図36-10　拙斎の庭園内の書斎「孤松軒」

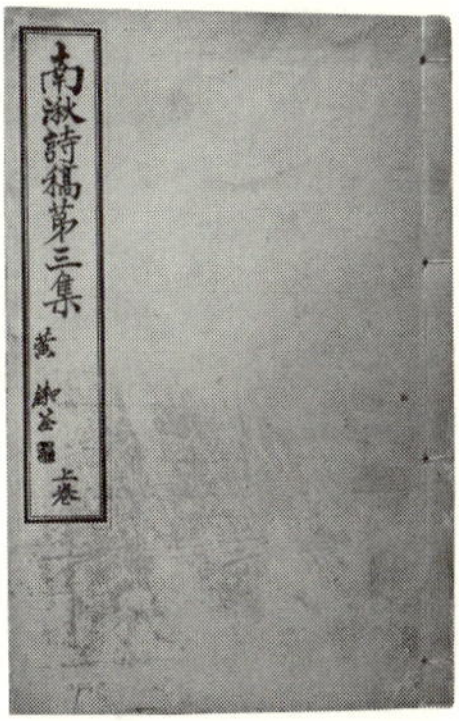


図36-11　『南湫詩稿第三集』上巻

ついで『南湫詩稿第二集』上・下巻（一九〇四年、和装本）を出版する。別に『仙山寿海』一巻（筆者未見）を著わし知人に配った。第二集の題字は秋月種樹《たねたつ》（日向国高鍋藩主の世子、明治天皇侍読、貴族院議員）の「赤鳳銜璽青鳥献書」、序文は小野湖山・藤沢南岳・谷銕臣の三人で、最後に大阪の著名な画家森琴石が描いた兵庫県有馬温泉に、義兄惟準が設けた別荘翠紅庵の図がそえられている。拙斎は惟準と同様に有馬を好み、しばしばこの別荘に滞在し、多くの漢詩を作っている。

▽**森琴石**（天保一四〜大正一〇＝一八四三〜一九二一）

有名な南宗画家で、浪花画壇の重鎮。父は摂州有馬郡有馬湯山町（現・神戸市北区）の梶木源次郎、名は熊、のちに繁と改め、字は吉夢、琴石と号し、別に鉄橋道人・聴香読画楼などと号した。生まれた年に森善作の養子となる。初め嘉永三年（一八五〇）大坂の画家鼎金城に画を学び、金城の没後、忍頂寺静村で南宋派の描法を修める。文久元年（一八六一）大坂の儒家妻鹿有樵・高木退蔵らに漢籍詩文を学び、明治六年（一八七三）東京の洋画家高橋由一に西洋画法を修得。もって東西両画法の長短をきわめる。明治十六年、全国絵画品評会を発起し、学画会・日本南画会などを設立し、この道の向上につくした。二十三年、東洋絵画学術委員樋口三郎兵衛とともに浪華画学校を設立し教鞭をとる。日清戦争のさい、広島大本営に行幸の明治天皇に二幅の山水画を、さらに皇太子（のちの大正天皇）に御慶事奉祝画を献上した。四十三年ロンドンで開催された日英博覧会に「松林山水」の大作を出品、賞讃を博した。その他、国内の諸展覧会・博覧会に出品、金銀銅牌を授賞する。帝国絵画協会員・日本美術協会員・大阪絵画協会員・南宋画会顧問・日本絵会評議員となり、大正二年（一九一三）第七回文部省美術展覧会の審査委員に大阪では初めて任ぜられる。著書に『南画独学』『題画詩集』『墨場必携』などがある。大正十年二月二十四日没、享年七十九歳、墓碑は四天王寺墓地にある（『大阪現代人名辞書』／石田誠太郎『大阪人物誌・正編』／熊田司・橋爪節也編『森琴石作品集』）。

拙斎没後の大正元年（一九一二）十月、養嗣子の正清（産婦人科医）が遺稿『南湫詩稿第三集』上・下巻（図36-11）を出版した。巻頭に正清は次のように記している。

家厳拙斎。夙避世塵在真田山邸。嘯月吟花。優遊自適。以楽老焉。昨冬病没。数月之後探筐底得遺稿。繙之有馬繁昌記其他詩文若干篇也。然有首尾未終稿。因嘱藤沢南岳荒木鳳岡二氏。補足删修篇次漸成。題曰南湫詩稿。因附剞劂頒生前同好之諸士云。

明治壬子（四十五）年三月下澣　　男　緒方正清志（ママ）

これにつづいて、南岳藤沢恒が序文（漢文）を記しており、下巻末尾に「書南湫遺稿後」と題し、荒木寅三郎（号鳳岡、当時は京都帝国大学医科大学長、のち総長に就任）が左記の一文を寄せている。

南湫先生之詩皆出于性情之正、而神骨蒼勁気格高渾与彼曲意矯情劈績、自喜者固不可同日而語宜乎、小野湖山藤沢南岳諸賢嘖嘖伝而称之不措也、先生夙継先人之志以医為業施術、精妙治験可録至若夫徳行之高学識之深世有定評余不敢贅、嗚呼先生豈独以詩伝者乎哉

大正元年九月　　荒木寅三郎

上・下巻の本文には、明治三十七年から死去前年の四十三年までの漢詩および漢文が数百篇収められている。日露戦争に関するものが多く、その他、有馬温泉にあった別荘での保養中や各地への旅行などで作詩・作文されたものも多い。義父母である洪庵夫婦に関するものだけを次に記す。

先妣二十三回忌辰墓有此作［義母八重の二十三回忌の墓参］

苔碑払露露珠清　思起慈恩昔日情　致力宗家吾事了　白頭伏告一門栄

高林寺展墓［明治四十一年、東京の洪庵夫妻の墓に詣でる］

寺門新樹緑陰滋　俯仰回頭涙欲垂　四十六年如一夢　白頭重此拝苔碑

岳父洪庵先生今茲六月八日蒙贈位恩典七月十日挙其報告祭賦長律代蘋藻

畢生業在啓群蒙　涓滴寧無報国初　裨世丹忱多著作　及門弟子半英雄
追褒命下霑恩露　欽慕人皆想徳風　不独光栄帰闔族　永教後進仰　宸衷

明治四十二年（一九〇九）六月八日、政府は緒方洪庵の医学および教育上の勲功に対し従四位を贈った。一か月後の七月十日に緒方家は大阪市中之島公会堂で神式で贈位奉告祭を行い、ひきつづき午後六時より大阪ホテルで贈位祝賀会が開催された。

また、適塾の塾頭を勤めた伊藤慎蔵が訳し、慶応三年（一八六七）に出版した『改正磁石霊震気［電気］療説』の序文を拙斎が執筆している。原本は拙斎が入手した磁石電気治療器（アメリカ製）の説明書で、拙斎が伊藤に翻訳を依頼したものである。

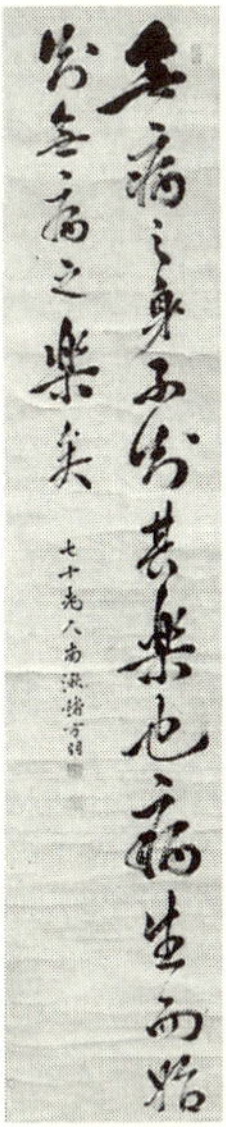

図36-12　拙斎の書幅

筆者は拙斎の七十歳のときに書いた書幅を所有しているので紹介する（図36－12）。

無病之身不知其楽也　病生而始知無病之楽矣　　　　　七十老人南湫緒方羽　印　印

［解読］　無病の身はその楽しみを知らざるなり、病い生じて始めて無病の楽しみを知るなり。

この書幅の共箱の蓋の表に「恩師緒方南湫先生之書」と墨書してあるので、拙斎の弟子の医師某が拙斎に揮毫してもらい、所持していたものであろう。文意は全くわかり易く、説明を要しない。病弱であった拙斎にとっては至言であり、病い多き熟年、老年の一般人にとっても同様の思いであろう。

**（8）緒方正清**（元治元～大正八＝一八六四～一九一九）

元治元年七月二十一日、讃岐国綾野郡国分村（現・香川県綾野郡国分町国分）の中村常蔵の次男として生誕、幼名維範、のち正清と改名、相山・藻城・夢蝶・南柯・髑髏庵・白衣宰相などを号として用いた。

明治三年（一八七〇）伯母の辰巳《たつみ》氏を嗣ぐ。十二年（一八七九）高松医学校に入学、優等の成績で卒業、十四年医監柏原謙益（適塾門人）の勧めにより上京、独逸語学校に学び、ついで東京大学医学部別課に入学、十九年大阪の緒方拙斎の長女千重と結婚、拙斎の養嗣子となり緒方姓を名乗り、維範を正清と改める。二十年別課を卒業、同年十月医籍登録、大阪の緒方病院の医員となる。二十一年、産科婦人科学研鑽のためドイツに私費留学、イエナ、フライブルグ、ストラスブルグ、ウィーンの各大学で産婦人科学を修業、フライブルグ大学では「日本産科学史の補説」の論文でドクトルの学位を授与される。二十五年三十一歳で帰国、緒方病院産婦人科医長に就任、同年六月、緒方助産婦教育所を設立、のち大阪慈恵病院医学校校長を兼任した。二十九年六月、月刊雑誌『助産之栞』を創刊する。

明治三十五年（一九〇二）七月、緒方病院を辞し、大阪市東区（現・中央区）今橋三丁目十三番屋敷に緒方婦

人科病院を開設、院長となる。緒方助産婦教育所も新病院に移る。同年、中央（緒方）婦人科学会を設立した。三十六年、正七位に叙せられる。翌三十七年六月一日、産科院を開院。当時の『東京医事新誌』（一三六二号、一九〇四年）は次のように報じている。

○大阪緒方産科院開院式…六月一日大阪市東区今橋三丁目緒方婦人科病院に開かれたり。産科院は六百坪余を有する婦人科病院の一部にして、六〇坪の三階建て洋館なり。階下は臨床講堂一ケ所、書斎一ケ所、診療所一ケ所、浴室一ケ所、化粧室一ケ所、便所二ケ所と院長控宅とす。二階は悉く特等病室にして中央に廊下を設く。三階は中央に廊下ありて左右は産科院用倉庫とす。屋室は物干場並びに運動場にして、屋上は眺望台を造り避雷針を設置せり。地下室は一ケ所とす。産科院は一昨年［明治三十五年］ドクトル緒方正清氏独立、婦人科病院を設置以来、日毎に患者は増加し為に婦人科患者並びに産科患者を同時に収容するの弊害を

図36–13　緒方正清

図36–14　緒方助産婦教育所と同看護婦教育所の看板

図36–15　緒方婦人科病院の外観

感じ、ここに於いて率先独逸国の例にならい、本邦に在りては未だ各公私立病院に設置なき分科的治療の方針を執り、昨年工を起こし本日に至り落成せりと。しかして各室ともに設備上の如きは最も善美を尽くし防腐上皆独逸式に依り完全せりという。

第十九回助産婦の卒業式は開院式と同時に臨床講義室において挙行し、式後院長、講師及び卒業生一同前庭にて撮影す。正午より産科院の縦覧を有志者に許せしが、三時前後の如きは朝来の曇天もはれ渡り、西風和暢晴衣の袂を振り栄え、西より東南より北に紅塵万丈の往来織るが如き門前忽ち市を為し、院内は実に立錐の余地もなき有様にて、官吏、紳士、紳商、医士、助産婦等無慮八百名と註されたり。尚今回の卒業生四十名にして初回より合計五百七十九名なりとす。

明治三十八年八月、東京帝国大学に提出した「子宮筋腫の手術的療法」ほか数編の論文に対して医学博士の学位が授与された。

四十二年(一九〇九)八月、ハンガリーのブタペストで開催される第一六回国際医学会出席のため、七月十七日、北里柴三郎らと敦賀港を出発、シベリア鉄道でまずベルリンに着き、八月二十九日の開会式までドイツ各地の大学婦人科教室や著名婦人科病院で手術を見学した。主としてこの医学会の婦人科学会に出席、閉会(九月四日)後、オーストリア・イギリス・フランス・ベルギー・ベルリンの婦人科病院を視察、十一月二日、北里らとともに敦賀に帰着した。この旅行の全貌は『再遊記』(『緒方婦人科学紀要』四巻、一九一〇年、のち文学博士・谷本富の序文を添えて単行本としても刊行、同年)に詳しい。

四十四年大阪市産婆会会長、大阪市会議員となる。四十五年、従六位。

大正二年(一九一三)伊東祐将を養嗣子とする(後出)。ドイツ万国助産婦学会名誉会員に推薦される。翌三年九月一日夫人千重没、享年四十六歳。同年感ずるところあり、一切の公職を辞し、学術の研究、著述の完成に没頭する。四年（五十二歳）九月、伊藤とら子と再婚。八年心臓病で約二か月静養ののち、大阪市医師会長、日本婦人科学会会長に就任した。同年六月十三日感冒のため臥床し、浮腫・呼吸困難の症状を呈す。同月二十日、自著『日本産科学史』の数部を東京築地活版所より入手、これを手にして喜んだ。これが最後の著書となる。同月二十二日病勢憎悪、午後四時四十分肺動脈血栓のため没。享年五十六歳、法名は相山院殿正敢惟範居士。遺骨は洪庵夫妻の墓碑の地下室に納められる。

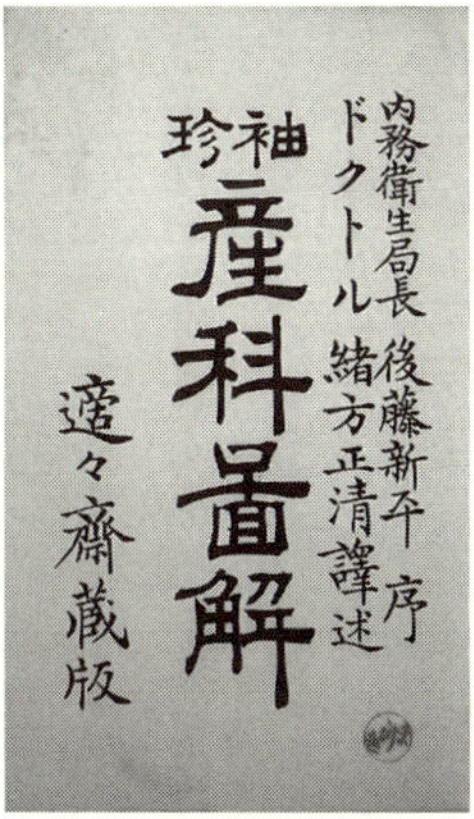

図36–16　『袖珍産科図解』

〔著訳書〕

浴療新論（適々斎蔵版、一八八七）
日本産科学史の補説（ドイツ、フライブルグ大学の学位論文、一八九一）
袖珍産科図解・上下巻（シェッファ著の翻訳、上巻＝一八九三、下巻＝一八九五、適々斎蔵版／図36–16）
婦人科診断学（ファイト著、高橋辰五郎と共訳、適々斎蔵版、一八九三）
産科学（高橋辰五郎と共著、一八九四）
婦人科学手術書（本邦最初の婦人科手術書、一八九五）
月刊雑誌『助産之栞』を創刊（本邦最初の助産婦雑誌、一八九六）
社会的色欲論（ヘガール著の翻訳、一八九九）
臨床婦人科軌範（一九〇〇）
『中央婦人科学雑誌』を創刊（一九〇二）
婦人科手術学　前編・後編（一九〇四・一九〇五）

通俗家庭衛生・妊娠の巻（一九〇五）
助産婦学講義（一九〇六）
富山県奇病論（一九〇七）
婦人乃家庭衛生（一九〇七）
『中央婦人科学雑誌』を『緒方婦人科学紀要』と改題（一九〇七）
妊産婦之心得（家庭衛生講話第四編、一九〇七）
産科婦人科診断学（ゼルハイム著、山本貞次と共訳、一九一〇）
新撰助産婦学（一九一一）
婦人科雑纂（一九一一）
産褥婦と初生児の看護法（ワルテル著、梅山（のち緒方）英俊と共訳、一九一三）
初生児初啼術（一九一四）
日本婦人科学史（一九一四）
『医理学雑誌』を土肥慶蔵・田代義徳・藤浪剛一らと創刊（一九一四）
婦人科レンチェン［レントゲン］学（水口耕治と共著、一九一四）
硬性放射線学（養子緒方英俊と共編、一九一五）
婦人家庭衛生学（婦人之家庭衛生の増補八版、一九一六）
医理学新論（岡本直澄らと共著、一九一六）
日本産科学史（一八一〇ページ、私家版、一九一九）
以上、石原力編『日本産科学史　解題・年表・索引』より掲げた。ほかに多数の論文を発表。

### （9）緒方祐将《すけまさ》（明治二〇～昭和四七＝一八八七～一九七二）

緒方正清には実子がなかったので、伊東祐将を養嗣子とし、産科婦人科緒方病院を継承させた。祐将は鳥取県久米郡北条新田（現・倉吉市）の代々庄屋を継承してきた伊東家七代祐脩《すけなお》の三男。明治二十年五月三十日生まれ、県立第二中学校（のちの米子中学校）、六高（岡山）を経て大正元年（一九一二）京都帝国大学医科大学を優等で卒業、この年、緒方正清の養子となる。産婦人科教室副手、翌年大学院入学、荒木寅三郎生理学教授のもとで悪性腫瘍患者の新陳代謝について研究、ついで伊藤隼三《はやぞう》教授に師事、外科一般を修める。大正六年、大学院に在学のまま私費で欧米に留学、シカゴ大学ラッシュ医科大学で産婦人科・病理学を修め、さらにロンドン大学に転じ、ユニバーシティー・カレッジで子宮に対する薬物の作用を研究する。八年、義父正清死亡のため帰国し、緒方助産婦教育所および緒方看護婦教育所の所長を務める。その後、米・仏・独・スイス・イタリア・オランダの諸大学・病院を見学し、十年（三十五歳）帰国、緒方婦人科病院を継承、病院長となり、また助産婦・看護婦教育も引き継ぐ。京都帝国大学大学院を卒業し、同年五月、主論文「薬物門脈内注入後ニ発スル肝硬変ニ関スル実験」ほか参考論文七編で医学博士の学位を授与される。昭和二年（一九二七）大阪産婆会会長、四年大日本産婆会会長、二十六年大阪産婦人科医会会長、三十年近畿産婦人科医会会長などの要職を歴任、諸会の発展に寄与した。四十三年に勲五等双光旭日章授与。四十七年七月二日没、享年八十五歳。遺骨は洪庵夫妻の墓の地下室に納骨。

図36-17　緒方祐将

四男一女があり、長男正恭《まさやす》は二十三歳で死去、次男正美（京大医学部卒、二〇〇四年没、享年八十三歳）、三男正世（東京慈恵会医科大学卒、二〇〇四年没、享年八十一歳）、四男正名の三名が協力して病院を継承・経営する。現在は正世の長男高志氏（一九五四年生）が院長、正名氏（一九二五年生）は健在。

産科婦人科緒方病院は現在改称し「産婦人科くりにっく　おがた」という。

〔資料〕

井関九郎『批判研究博士人物　医科篇』（発展社出版部、一九二五）

森納『因伯医史雑話』（私家版、一九八五）

森納『続因伯の医師たち』（私家版、一九八五）

## (10) 堀内利国（弘化元～明治二八＝一八四四～一八九五）

弘化元年七月六日、丹後国加佐郡舞鶴北田辺町（現・京都府舞鶴市）の生まれ。家は田辺藩士（藩主は牧野氏、明治二年舞鶴藩と改称）で、父の名は隆平、諱は利安、母は中村善輔信正の娘千代、この両親の間に、利貞・りせ・さだ・利国の二男二女あり。利国は幼名を卯七と言い、号は北溟。弘化四年（一八四七）八月、父が没したため母の手で育てられる。幼時より学問を嗜み、藩儒三上某および野田笛浦につき漢学を修め、十一～二歳ですでにその名が知られていたという。十三歳のとき京都の蘭方医新宮涼閣（新宮涼庭の養子、田辺藩士古河主馬の五男）がたまたま舞鶴に来て、利国の逸才を知り、母千代に乞い養子に迎え薫陶した。京都では牧百峰について漢学を修業する。文久二年（一八六二／十八歳）、涼閣に一子新太郎が生まれた。そこで彼は涼閣のあとを相続するに忍びず、兄利貞が大坂にいることを幸いに、一夜大坂に行き、兄に涼閣の家を去ることをはかった。兄はこれに反対したが聴かず、涼閣に暇を乞い、播州加東郡木梨村村上代三郎（適塾門人）に入門した。しかしいくばくもなく下総佐倉の佐藤尚中の済衆精舎に遊学、医学を学ぶ。明治元年（一八六八／二十五歳）久しぶりに舞鶴に帰国すると翌二年、藩主は利国の篤学を賞し、七等医員に召し出し五人口を賜り、さらなる修業を仰せつけられた。

明治二年、大阪に出て鈴木町の大阪府医学校病院で蘭医ボードイン・緒方惟準に師事する。同年十一月大学大

図36-18　堀内利国

得業生に任ぜられ、この年、洪庵の娘九重と結婚、翌三年十月十六日長男謙吉誕生、間もなく離婚する。同年五月軍事病院医官となり、ボードインの後任蘭医ブッケマおよびエルメレンスに学び交友を深める。四年軍医寮七等出仕に進む。その間、病院規則の創定、病兵の処置、医官の教育に参画、同年、撰兵（徴兵）医事伝授のため岩国藩へ出張を命ぜられた。五年十月陸軍一等軍医に任命、同年十一月戸田氏女と再婚する。六年二等軍医正に進み従六位に叙せられる。八年十一月大阪鎮台病院長、十年一等軍医正に任ぜられ同鎮台の医務を統括する。同年、西南戦争が勃発すると、大阪陸軍臨時病院副院長を兼務、ついで六月から九月まで征討軍団に属し、鶴崎軍団支病院長となり傷病兵の治療に従事した。十一年五月、熊本鎮台病院長に転じ勲四等に叙せられる。このとき、利国は「従軍日記」を記している。

明治十年六月十五日利国於大阪陸軍々務所、征討軍団附被付。

六月十六日別ヲ親戚僚友ニ告ゲ薬品機械ヲ携ヘ午後二時大阪ヲ発ス、僕橋本岩吉従フ、午後三時三十分神戸着、陸軍運輸局ニ到リ便舟ヲ需ム、局長小池監督直ニ海軍士官ニ照会シ今夜神戸ヲ発スル静岡丸ニ乗組ヲ約ス、（中略《ママ》）十七日快晴午前十時備前沖ニ於テ一汽船ノ西ヨリ来ルアリ、漸近キ会スレバ鳳翔丸ナリ、両船暫相止テ平安ヲ祝ス、船長服部大尉云、昨夜佐賀ヲ発ス、聞ク豊後路ノ賊連戦敗走、官軍已ニ重岡ヲ占メ、賊ハ日向延岡ニ遁ル、因テ昨十六日山県［有朋］参軍ノ電報ト併セ考フレバ虚ナラザルベシ、従二位旧宇和島公同船ニ在リ、時ニ接話ヲ辱フス、闊達人ヲ容ルゝ度アリ、公曾テ支那ニ使シ李鴻章ト応接ノ顛末ヲ語ラレ一夜無聊ヲ忘ル。

十八日曇風濤稍起、昨夜来天色惨淡茫々咫尺ヲ弁ゼズ、三浦海軍大尉針路ヲ謬ルヲ恐レ徹宵甲板上ニ登リ不眠、試ニ笛ヲ吹キ漁船ヲ招ク、漁翁一葉ニ棹シ烟霧中ヨリ来ル、如何海岸ガ最近キ、答云佐賀関近シ乃舵ヲ転ジ佐賀関ニ向フ、午前七時別ヲ海軍諸士ニ告ゲ上陸シ警察所ニ到リ賊情ヲ捜グルト雖詳ナラズ、茶店ニ休憩スル少時、区長児玉幹来ル、賊情及地理ヲ説ク、頗詳ナリ、因テ臼杵ニ航スルニ決ス……（中略）

九月十日午前七時日向細島ニ上陸、支病院及軍団軍医部ヲ訪フ、同夜十二時熊本丸ニ乗組翌十一日午後十一時四十分鹿児島港ニ入ル、市街中央ニ高山アリ、所謂城山是ナリ、賊山険ニ拠リ官軍四囲之ヲ撃ツ大小砲撃雷ノ如ク、衆為ニ胆ヲ冷ス、市街兵燹《へいせん》［兵火］ニ罹ル数所焔々天ヲ焦シ諸兵線ノ炬火月ヨリモ明ナリ

（矢島柳三郎編『麦飯爺』、堀内謙吉発行、一九二七年ころ）

利国の「従軍日記」を編纂した矢島氏は「日記中処々に詩あり」と記し、五首の漢詩を収めているが、二首のみ掲げる。

麑［鹿児島］城偶成

長鋏帰兮不可帰　分明昨夜夢皇畿　君王深痛西征事　近日宮中笑語稀

中秋後三日偶成

愁雲漠々夜冥々　風雨凄涼天地腥　討賊事終砲声絶　城山月暗鬼燐青

明治十五年（一八八二）六月、再び大阪にもどり大阪陸軍病院長、十八年大阪鎮台軍医長となる。この年、勲三等に進み旭日中綬章を賜う。十九年四月陸軍軍医監、従五位、二十一年第四師団軍医長に任ぜられる。二十五年正五位、二十七年九月十三日予備役となる（持病の結核が悪化のためという）。二十八年六月十五日結核により死去、享年五十二歳。墓碑は三メートル余の高い石碑で大阪市天王寺区玉造本町の靖国軍人墓地（旧陸軍埋葬地）にある。長文の碑銘が刻まれている（五七八～九ページ）。

利国が死去したとき、『大阪医学研究会雑誌』二一九号（一八九五年）は次のように記している。

訃音…予備軍医監、本会々員堀内利国君は去る六月十五日溘然《こうぜん》［にわかに］として逝去せられたり。氏は陸軍々医社会に於いて名声夙にたかく、明治十七年以来囂々たる衆議を排し断然麦飯食を主唱して、軍隊兵士の脚気予防上いみじき効を収められたるは、皆人の知るところなり。氏刀圭の余暇を以て心を詩文に寄せ、また書に巧みなりと云う。あわれ浪花の杏林再び此の偉人を見る能わず。吾人は斯道のため涙雨潸々として悲哀の情に堪えざるものなり。

利国と後妻（戸田氏女）には三男二女がある。次男譲吉（明治七年一月二十三日生）、長女豊子（同九年七月三日生）、三男貞吉（同十二年四月十二日生）、四男邦彦（同十四年十月二十一日生）、二女静子（同二十年三月二十日生）である。

○麦飯論

利国の兵食の麦飯論は有名である。明治初期、兵制により徴兵されて入隊する兵士は脚気に罹るものが毎年一万人を下らず、死者も二〇〇人を越えていた。利国はその予防のために麦飯を給与することを主張し、明治十七年（一八八四）以来、自己の管轄内の兵士に実施、脚気予防に効果をあげた。そのため多くの師団でもようやくこれにならい、脚気患者が二〇〇名を越えることはなくなった。この麦飯論には部内から反対の声も高かったが、利国は信じるところを衆議を排し実行し、やがて麦飯が当然という事態となったことから、利国の功績は絶大といわねばならない。

義兄緒方惟準も利国の説に賛同し、鋭意麦飯の給与に努力したが、同僚石黒忠悳の背信行為に嫌気がさし、軍医を退いたことは痛恨の極みである（前掲『麦飯爺』および第20章参照）。

○著訳書

(1)ボードイン口授・緒方惟準訳書の『撰兵論』（一八七一年）は利国が纂述し、また序文もみずから撰し書いて

いる（一四四ページ図10-3）

(2)堀内利国口述・明石退蔵筆記『原病各論』二冊、独国：華烏蘇格原本、一八七五年（杏雨書屋蔵／図36-19）

(3)堀内利国・副島仲謙・明石退蔵共訳『陸軍病院扶卒須知』一冊、一八七五年、陸軍文庫刊（筆者蔵）

(4)堀内利国（軍医監）・渡辺忠三郎共訳『袖珍外科消毒説』一冊、ベルギー：トロワホンテン原本、一冊、一八八八年（国立国会図書館蔵）

○『原病各論』の内容

縦二二・五×横一五センチ、和装、見開き（赤紙）に「原病各論　堀内利国口述・明石退蔵筆記・三好義道校正、明治八年乙亥二月、日盛社蔵版」とあり、つづく序（原漢文）は軍医正横井信之が記している。次の凡例（二丁）は利国が記し、末尾に「明治八年八月二日　軍医正従六位堀内利国識于石山城下之僑居」とある。ついで目録（三丁）・本文（二四丁）、本文冒頭に「原病各論巻之一　堀内利国訳述、明石退蔵筆記、三好義道校訂」とあり「熱症総論」がつづく。

利国が大阪鎮台病院長に就任するのは、明治八年（一八七五）十一月なので、その前に鎮台の軍医たちに行った講義を部下の軍医明石退蔵（元備前藩医、適塾門人）が筆記し、それが印刷されたのである。

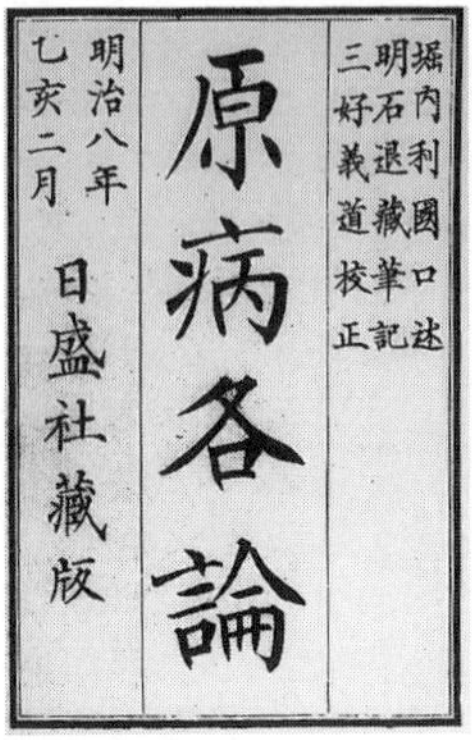


図36-19 『原病各論』

序（原漢文）

凡そ天地の間、千態万状、故無くして起こり、源無くして発する者、固《もと》より有ること無し。人の疾に於けるや亦然り。故に療せんと欲するの疾は必ずその本を察し、その理を窮めざる可からざるなり。然りと雖もその本を察し、その理を窮める者は、余未だその人を得ず。友人堀内士海は即ちその人なり。士海ちかごろ日耳曼《ゲルマン》人著す所の書を訳し、名づけて原病各論と曰う。嗚呼この書や、諸家の精粋を抜し、古来の臆見を駁して、以て治療の模範を建つ、本を察し理を窮むるの書と謂うべし。西哲曰わく、「書を著わすは陣を陥るよりも難し」と。士海訳述の功は自ずから公評［一般の評判］有り、余は無用の弁を加えず。これ序たり。

明治七年八月　　軍医正従六位　横井信之撰

凡例

一　是書ハ利国大阪鎮台病院ニ在テ課余講義スル所ニ係ル、原本ハ則チ日耳曼《ゲルマン》聯隊医長兼沕乙稔《ウイーン》大学校内外医学博士華烏蘇格氏嘗テ其生徒ノ為ニ著ス所ニシテ其意簡約詳明ヲ主トス、故ニ議論冗長ニ渉ラズ又臆説ヲ交ヘズ、毎証必ズ解屍所見ヲ以テ其病理ヲ判断シ、読者ヲシテ通暁シ易カラシム、利国内科書ヲ講ズルニ及ンデ遂ニ此書ニ拠ル者ハ蓋シ華氏ノ意ヲ服膺《ふくよう》スルヲ以テナリ。

一　是書ハ利国口訳、諸同人筆記スル所ノ者ニシテ素《もと》ヨリ梨棗《りそう》［版木］ヲ煩《わずらわ》スノ意ニ非ザルナリ、故ニ言ノ鄙俚、文ノ拙劣ニ拘ラズ只其意ノ達スルヲ以テ主トス、且原本ニ較レバ篇章字句前後取舎シテ以テ訳スル所アリ、是レ彼我ノ文法相同ジカラザルガ為ナリ。

　原説已ニ簡約ナリト雖ドモ尚且省ク所アリ、而シテ其意味難尽者ハ更ニ尼蔑児《ニイマイエル》虞魯斯《グロス》陸篤児《リツトル》等ノ諸書ヲ参考シ、一二折衷スル所アリ、読者之ヲ諒セヨ。

一　分巻ノ意ハ先ヅ全身累血証ヲ論ジ、次デ各部位ノ疾病ニ及ス、故ニ原本ハ之ヲ二編ニ分断ス、而シテ其一編ハ熱証ニ始テ中毒証ニ終リ、其二編ハ神経系ノ疾患ニ起テ関節病ニ尽ク、客歳既ニ其一編ヲ訳シ今年ニ至リ神経系、呼吸器、血行器諸病ニ講及ス、全編ニ在テ其功ヲ竣ル者、殆ド半ニ過グ、頃龍章堂主人其第一編ヲ刻センヲ請フ、乃チ諸同人ノ筆記スル所ヲ閲スルニ明石軍医、三好軍医副ノ手ニ成ル者最モ肯綮《こうけい》

〔急所をつく〕ヲ得タリ、因テ二子ヲ煩シテ之ヲ校訂シ以テ其需《もとめ》ニ応ズ、然雖利国固《もと》ヨリ浅陋加之一時席上ノ記スル所如何ゾ、其謬誤ナキヲ保ンヤ、四方ノ君子幸ニ疎漏ヲ罪セズ斯道ノ為ニ之ヲ正セヨ。

○原病各論第一編目録

巻之一　熱病総論　腸胃熱　過多流熱　僂麻質《リウマチ》熱　胆液熱

巻之二　窒扶斯《チフス》　肚腹窒扶斯一名回腸窒扶斯　発疹窒扶斯一名伝染窒扶斯　列漢篤疫

巻之三　発疹熱総論　異性発疹熱　痘瘡　猩紅熱　麻疹附律黴阿刺

巻之四　不正発疹熱　羅斯〔丹毒〕　粟疹　帯状羅斯　蕁麻羅斯

巻之五　間歇熱　弛張熱

慢性血質変調証総論　多血証　貧血証　萎黄病

巻之六　水腫　失苟児陪苦〔壊血病〕　越爾保必氏血斑証　肥胖証　結核証附腺病

巻之七　佝僂証　骨軟証　癌腫　伊偏篤　黄疸

巻之八　黴毒

巻之九　尿熱証　膿熱証

中毒証総論　鉛毒　汞毒　信石毒〔砒石毒〕　銅毒　麦奴毒〔麦角毒〕　酒毒

○『陸軍病院扶卒須知《ふそつしゆち》』（一冊、和装本、金属活字使用／縦一九×横一三センチ／図36-20）

表紙裏には、「明治八年　陸軍病院扶卒須知　陸軍文庫」と記され、次に総目次一三丁、題言（利国）一丁、本文は全七編で九五丁、付図九である。

この七編のうち第二編（一四丁）・第三編（二三丁）を利国が訳し、第一編（二二丁）・第六編（七丁）・第七編（四丁）は副島仲謙が、第四編（一五丁）・第五編（九丁）を明石退蔵が訳している。

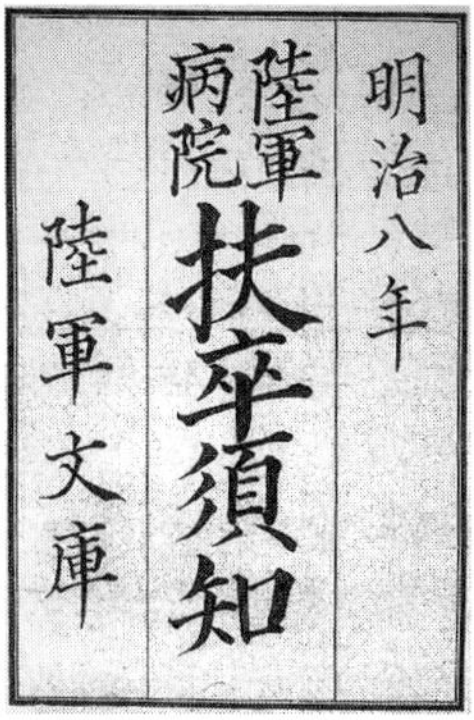


図36-20『陸軍病院扶卒須知』

題言

我邦陸軍病院ノ設ケアル茲ニ五六年、体裁略備ハル、然レドモ夫ノ看病ノ方法ノ若《ごと》キハ之ヲ学習シテ而シテ実践スルニ非ズ、唯前規ニ因襲スル者ノミ、是ヲ以テ平時尚且疎漏ノ弊ナキ事能ハズ、況《いわん》ヤ戦時ニ於テヲヤ、其鹵莽《ろもう》［軽々しくて心を用いないこと］ノ患、想フベシ、嘗テ聞ク、軍医学校ニ於テ看護ノ教則ヲ立ント欲スト、而シテ諸君鞅掌《おうしょう》［多忙にはたらく］未ダ遑《いとま》アラザルナリ、今春王師佐賀ヲ征シ、尋《つい》デ台湾ヲ伐チ、日支為ニ葛藤ヲ生ズルニ際シ、彼我兵備ヲ厳戒ス、余偶《たまたま》大阪鎮台文庫ヲ探リ、看護須知ト題スル所ノ一冊子ヲ得タリ、因テ之ヲ三分シテ翻訳ヲ課ス、即チ其第一編ハ軍医副島仲謙、其第二、三編ハ利国、其第四編至第七編ハ軍医明石退蔵ニ属ス、明石氏訳シテ第五編癲癇編ニ至リ、偶病ニ臥ス、故ニ副島氏其以下ヲ承ケ、各其業ヲ卒ル、而シテ其文体ハ較異同アリト雖ドモ原文ノ義ヲ失ワザルヲ旨トス、蓋シ此書ノ原本ハ荷蘭《オランダ》陸軍二等医官般。嚅越児・三等医官般。喫説児二氏ノ同選ニシテ、看護者ノ学科及ビ看護ノ方法具ニ備ル、軍医部ニ在テハ固《もと》ヨリ至要ノ一書ナリ、今吾輩ノ此挙アルハ、陸軍病院ノ一助タラン事ヲ欲スルニ在リト云フ。

明治七年十二月　　陸軍二等軍医正従六位　堀内利国識

ついで本文につづくが、各編の訳者にならんで、陸軍軍医副山上兼善・陸軍軍医補人見元常の二人が校閲者となっている（当時の陸軍軍医の階級は、上から軍医総監→軍医監→一等軍医正→二等軍医正→軍医→軍医副→軍医補→軍医試補の順である）。

［各編の内容］

第一編…解剖学——全身の骨格・関節・筋・血脈［動脈・静脈］、肺臓・脳脊髄［神経系統］、神器［視神器・聴

神器・味神器」、泌尿器

第二編…衛生学——扶卒「衛生兵」言行・志気才力・潜心従事、病室換気、眼病室、黴毒室、煖爐、薬石薫法、忌穢貴潔、温新脱旧、応証設蓐、墊隔襁褓《てんかくきようほ》「創傷の圧迫防止とむつき」、換蓐、洗滌、衣袖割開、蓐瘡、伝染予防、飲食寤寐《ごび》「目覚めと眠り」

第三編…外科学——戦時異趣「平時と異なる処置」、創傷検査、第一救助、創傷出血、振起「昏倒時の処置」、大綳帯所並野営病院勤務、蜞吮《きんえん》「ひるによる吸血」、吸角、擦剤、発泡膏、浴法、蒸剤、巴布、芥子泥、外科扶助、医薬用法、飲剤、散剤、丸剤、飲料、滴剤、病証報告、疥癬浴法、瀉血予備、骨折断、除異物法、腸貌僂屈《包・繃》

第四編…綳帯学《ほうたいがく》——総論、第一綳帯応用物の撒糸、圧定巾、固有綳帯、巻帯、布片綳帯、頭部・頸体・上肢・下肢の綳帯、綳帯装置、骨折脱臼綳帯および其装置、結紮糸《けつさつし》

第五編…救急諸病——総論、卒中、眩暈《げんうん》、日射病、衄血《じくけつ》「鼻血」、咳血、疝痛「腹痛」、格列刺「カヘキシー」、悪液質」、癲癇、火薬傷、挫傷、仮死、溺水仮死、有毒瓦斯仮死、凍冱《とうこ》「寒さ」仮死、炎熱仮死、絞縊仮死

第六編…中毒証——鉱物性・揮発物・瓦斯・植物性・動物性の各中毒証

第七編…瀕死及死亡——総論、瀕死形態、死者物色「体の色」、体温下降、筋系衰脱、五官廃機、心肺頽敗、死亡、死体処置

巻末の二葉に以下の九図（銅版図）を載せる。

第一図…全身骨格　第二図…全身神経分布図　第三図…頭部縦断面図
第四図…腹部内臓器　第五図…胸部内臓器　第六図…気管・気管支
第七図…会厭軟骨部　第八図…眼球縦断図　第九図…腎臓・尿管縦断図

陸軍病院においてこのような訳本を教科書として用い、選抜された扶卒（衛生兵）に基本的な医学講義を行ったと考えられる。やがて来たる明治十年（一八七七）の西南戦争において、このような医学講義・実践訓練を受けた衛生兵が、軍医らに協力・活躍し、効果をあげたと思われる。

○『袖珍外科消毒説』（図36-21）

見開きに「従五位堀内利国・従七位渡辺忠三郎同訳、従六位小松維直・従七位高峯凉尌同校、明治廿一季九月出版　春草堂蔵版」とある。

緒言は利国が記しており、それによると明治二十一年（一八八八）四月中旬、たまたま田嶋砲兵中佐を訪ねたところ、田嶋中佐が「この書は海外の親友のトロワホンテン氏が著わしたもので、日本の陸軍軍医長に贈ってくれるように頼まれたので、足下に贈呈する」といわれ、手にとって見ると、『袖珍外科消毒説』と題し、石炭酸・昇汞・ヨードホルムおよび消毒補品の効用および包帯材料の製法が書かれている。利国は、これは外科必読の書であると喜び翻訳を企図したという。フランス語なので翻訳を砲兵大尉渡辺忠三郎に依頼し、医学用語は利国が担当した。

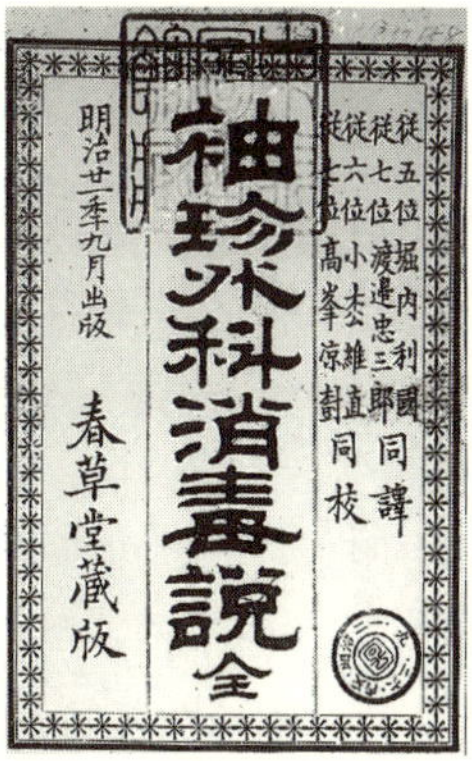

図36-21　『袖珍外科消毒説』

緒　言

本年四月中浣、偶《たまたま》田嶋砲兵中佐ヲ訪フ、田嶋氏坐右ノ一本ヲ余ニ示シテ曰、此書ハ海外ノ親友「トロワホンテン」ノ著ス所ニシテ、之ヲ我陸軍軍医長ニ転贈スル事ヲ託セラレタリ、僕謹テ之ヲ足下ニ呈スト、余受テ之ヲ観ルニ袖珍外科消毒説ト題シ、石炭酸、昇汞、沃度仿謨《ヨードフォルム》及消毒補品ノ効用ヨリ繃帯材料ノ製法等ヲ叙列セリ、余拍手シテ曰、是外科必読ノ善書ナル可シ、然ドモ其書仏文ニ係ルヲ以テ解釈ニ苦シム所極メテ多シ、爾後巻ヲ繙キ巻ヲ掩ヒ沈吟スルモノ数日ニシテ之ヲ牧野砲兵大佐ニ謀ル、牧野氏曰、足下訳読ヲ共ニセント欲セバ渡辺砲兵大尉ニ煩ハスニ若《し》クハナシ、乃チ之ヲ渡辺氏ニ謀ル、氏曰、僕仏文ヲ訳スル事難カラズ、然ドモ医術ニ関スル語ハ則チ暗シ、足下幸ニ之ヲ領セバ公務ノ余暇以テ子ガ需《もとめ》ニ応ズベシト、於此時日ヲ約シ課程ヲ定メ訳読二旬余ニシテ稿全ク脱ス、既ニシテ余以為《おもえら》ク、巴私滔爾《パストール》氏菌学ノ発明アリテヨリ以来、内外科ノ病理漸ク是ガ為ニ一変セリ、方今消毒ノ理ヲ知ラザル者ハ共ニ外科ヲ説キ難シ、外科ヲ修ムル者ハ消毒ノ効ニ拠ラザレバ其伎術ヲ全フスル能ワズ、世間消毒ノ法アルヲ知テ未之ヲ実用スルヲ知ラザル者比々《ひひ》［しばしば］皆是ナリ、因テ之ヲ印刷ニ付シ以テ「トロワホンテン」氏ノ厚意ニ酬ント欲ス、同僚小松二等軍医正、高峰一等軍医同声賛助シテ校正ノ労ヲ吝《おし》マズ、遂ニ一完本ヲ成ス、茲ニ発兌《はつだ》［書物などの出版］ニ臨ミ其顛末ヲ記シ併セテ諸友ノ厚誼ヲ謝スル事如此

明治二十一年七月　　陸軍軍医監　堀内利国識

利国の緒言のほか、(A)トロワホンテン氏から砲兵中佐田嶋応親に宛てた書簡の翻訳文、(B)長文（九ページ）の陸軍軍医総監橋本綱常（明治二十一年六月、於大阪客舎）の序文、(C)著者トロワホンテンの自序（五ページ）、ついで本文と図解の目次一三ページ、本文は二一二ページ、そして最後に附図が一七図つけられている。

目次

用法…甲　溶液、乙　ポンマード及軟膏、丙　繃帯材料(綿紗)

評決

第二　昇汞　昇汞ノ利　昇汞ノ不利　中毒療法

用法…甲　溶液　亜児箇児《アルコール》　油

乙　繃帯材料(綿紗)

評決

第三　沃度仿謨《ヨードホルム》　沃度仿謨ノ利、不利　中毒療法

用法…甲　粉状

乙　溶液━英的児《エーテル》　亜児箇児　倔里設林《グリセリン》　格魯胄謨

丙　乳剤、丁　ポンマード、戊　桿状、己　繃帯材料(綿紗、綿、麻布)

評決

附　沃度児

第四　硼酸　硼酸ノ利　硼酸ノ不利

用法…甲　溶液、水、倔里設林、乙　軟膏、丙　繃帯材料(林篤)

第五　塩化亜鉛

第三編　消毒一般ノ注意

第一　手術室、第二　器械、第三　布巾及圧定巾、第四　海綿、第五　繃帯材料、第六　施術部、第七

術者及介手

第四編　散霏及灌漑

第五編　結紮及縫合糸
第一　腸線…石炭酸腸線、格魯謨酸腸線、杜松子油腸線、昇汞腸線、腸線ノ利、腸線ノ不利
第二　鯨腱
第三　フロランス毛
第四　支那絹…石炭酸絹糸及昇汞絹糸、沃度仿謨絹糸、絹糸ノ利
第五　銀線（緩和結紮）
第六編　排膿管及排膿法
甲　不吸収性排膿管…護謨管、馬毛管、綿紗帯
乙　吸収性排膿管…骨管、腸線管
丙　皮膚穿孔排膿法
丁　排膿管挿入ニ要スル器械
第七編　不浸透性布
第一　護帛、第二　マツキントシ、第三　倔答百児加《グッタペルカ》、第四　ビルロート氏バチスト
第八編　吸収材料
第一　綿紗、第二　綿、第三　麻布、第四　泥炭、第五　麻屑、第六　母私《モスリン》、第七　鋸屑、第八　木繊維、
第九　木類綿
評決、繃帯料
第九編　消毒繃帯ノ種類
石炭酸閉塞繃帯　批評

　永続乾燥繃帯、湿痂繃帯、無機物繃帯
第十編　患者ニ於ケル消毒療法ノ感応
第二部
第一編　軟部ノ軽傷
　新創、腐敗性創、粘膜創
第二編　複雑骨傷
　第一　皮膚及軟部ノ軽傷ヲ兼ヌル骨傷　第二　皮膚及軟部ノ重傷ヲ兼ヌル骨傷
　　断骨術
第三編　関節ノ外傷及炎性症
　第一　刺傷　甲　新傷、乙　腐敗傷　第二　関節炎
第四編　切断
第五編　沕乙膜ノ外傷及炎性症
　第一　外傷、第二　肚腹切開術、第三　篏頓歇児尼亜《ヘルニア》、第四　胸膿
第六編　銃創…単純創、複雑創
第七編　腫瘍　第一　熱膿腫、第二　寒膿腫
第八編　火傷
第九編　局所伝染性合併症
　第一　脾脱疽、第二　病院壊疽、第三　汎発皮下結締織炎、第四　丹毒
附　録　産科消毒

図解目次



○著述者其親友ナル田嶋砲兵中佐ニ贈リシ書翰ノ抄訳

余ハ客歳十一月父ヲ喪フノ不幸ニ遭遇シ悲哀ノ中ニ此書ヲ著述シ、本年二月亡父追薦ノ為ニ之ヲ仏都巴里ニ於テ出板セリ。

此書ハ創痍ノ為ニ最モ有効ナル法式ヲ記載スルモノナリ、此法式ハ医林巨擘《きょはく》［優れた人］ノ最モ信用スル所ニシテ、一千八百八十五年「セルビア」「ブルガリヤ」両国ノ戦争ニ於テ博ク之ヲ実地ニ施セリ、余ハ貴国医家ニ於テモ亦此法式ノ尊信セラルベキハ敢テ疑ヲ容レザルナリ。

余ハ此書二部ヲ足下ニ寄贈ス、其一部ハ余ガ尊信ト親愛ヲ表スル証トシテ受領アラン事ヲ望ム。足下幸ニ数頁ヲ読過シ多少有益ノ著ト認定セラルレバ、他ノ一部ヲ貴国陸軍軍医長ニ之ヲ転贈スルノ労ヲ煩ハサン取捨ハ唯足下ニ在リ。

一千八百八十八年二月二十五日

辱知ドクトル、トロワホンテン謹白

日本帝国陸軍砲兵中佐田嶋応親足下

［陸軍軍医総監橋本綱常の序文］

今茲初夏余関西各師管巡視ノ命ヲ奉ジ西海、山陽、南海ノ事ヲ了ヘテ今大阪ニ到ル、会々《たまたま》陸軍軍医監堀内利国氏其訳スル所ノ外科消毒説ヲ余ニ示シテ、余ニ一言ヲ請、此書原ハ白義《ベルギー》国黎衛嚅《リエージュ》大学校教授兼学士会員ドクトル、ポールトロワホンテイン氏ガ仏文ヲ以テ著述スル者ニシテ本年ノ鏤行ニ係レリ、而シテ書中説ク所悉ク斬新ニシテ第一部ハ消毒薬品及ビ其用法ニ就テ得失ヲ詳論シ、第二部ハ各病症ニ於ケル消毒法ノ要領ヲ細述セリ、顧フニ徒ニ消毒法ノ巧妙ヲ喋々シ以テ世ニ誇リ其材料ノ価直《ママ》如何ヲ問ハザルモノヽ如キハ、実行ヲ希望スルノ達士ニ非ラズ、余ハ与《く》ミセザルナリ、而シテ氏亦茲ニ見アルモノヽ如ク、廉価ノ材料ヲ撰テ確実ノ効用ヲ収ムルノ方法ヲ論ズルヤ蓋亦詳ナリ、用意ノ周密ナル此ニ於テカ知ルベシ。

著者ノ医師「プロ《ママ、以下同》フェツソル、ホン、ウィニワルテル氏ハ余未ダ面識ナシト雖モ、氏ハ「ビルロート氏ノ旧門ニシテ余ト門ヲ同ウシ、堀内軍医監ハ余ト倶ニ職ヲ我陸軍ニ奉ズルモノニシテ且ツ消毒法ノ如キハ軍医ニ於テ必須欠ク可カラザル一要件タリ、是レ余ガ此書ニ対シテ感喜ノ余、其請ヲ辞セザル所以ナリ。

抑《そもそも》消毒法ノ始メテ我邦ニ入リシハ明治ノ初年ナリ、当時東京大学医学部ニ聘セラレシ普国陸軍一等軍医正「ミュルレル氏ハ一ノ石炭酸水ヲ用ヒテ単ニ創面ヲ洗滌スルニ過ザリシナリ、氏ダモ尚且ツ然リ、況《いわ》ンヤ其他ヲヤ、以テ我邦ノ往時ヲ追想スルニ足レリ、次デ普国陸軍一等軍医「シュルツ氏来リ「リステル氏消毒法ヲ講述シ、且ツ之ヲ実施セリ、氏ハ曾テ普国政府ノ命ヲ奉ジ英国ニ航シテ親シク「リステル氏ニ就テ其法ヲ受ケタルモノナリ、厥後《そのご》明治十年西南ノ役起ルニ方《あたり》テ兵士ノ死傷日ニ多シ、此時ニ当リ余ハ尚ホ欧州ニ留学シ国難ノ信ヲ得、直ニ笈ヲ収メテ海ニ航シ、同年六月十六日帰朝シ、命ヲ奉ジテ戦地ニ赴キ、専ラ「リステル氏消毒法ヲ施用シ、且ツ之ヲ講述シ加之、消毒材料ヲ製造セシメテ之ヲ大坂及ビ長崎ノ病院ニ送致シ、以テ傷者ヲ療セシメタリ、然レドモ惜哉良績ヲ得ル者甚ダ寡カリシ、蓋一ハ消毒法ノ尚ホ未ダ完備セザル所アルニ因ルト雖ドモ当時之ヲ直ニ新創ニ施スコト能ハズ、之ヲ施スニ及デハ多クハ已ニ旧創トナレル職由《しょくゆう》［専らそれにもとづく］セザルヲ得ンヤ、爾来為ニ消毒法ヲ講述スル事幾回ナルヲ知ラズ、我軍医諸氏亦之ガ翻訳、著述、購説ノ労ヲ取ル事年一年ニ多キヲ加ヘタリ、即チ明治十八年陸軍一等軍医正足立寛ニ命ジ、陸軍軍医学会ニ於テ「ワットソン、チェーン氏防腐療法ヲ講述セシメ、翌年「ビルロート氏防腐的治創法ヲ訳セシメ、又「ハイネック氏防腐療法ヲ講述セシメタリ、陸軍一等薬剤官石塚左玄ハ同年九月、昇汞ヲ繃帯材料ニ用フルノ説ヲ訳シ、陸軍一等軍医有馬太郎ハ本年五月防腐材料説ヲ著述シ、皆載セテ陸軍々医会雑誌ニ在リト雖ドモ防腐法ノ書ニシテ世ニ公ニスル者ハ此書ヲ以テ始メトス、而シテ余ガ此書ニ就テ賞讃スル所ハ其説ノ実行ニ切ナルニ在リ、蓋シ後来消毒法ニ就テ詳細ナル著訳書ノ群出スベキハ固《もと》ヨリ余ノ信ズル所ニシテ且ツ希望スル所ナリ、然レドモ今日ニ在テハ此書ノ如キハ頗ル完全ノ良書ト謂ツベキナリ。

夫レ消毒法ナル者ハ既ニ著者ノ言ヘル如ク、仏人「パストール氏ガ醗酵説ヲ首唱シ、次デ英人「リステル氏起テ創面消毒ヲ創意セシニ濫觴セリ、然レドモ当時ニ在テハ英国ノ士人ダモ尚ホ此良法ヲ信ズルモノナカリシガ、其法ノ独乙国ニ入ルヤ一千八百七十二年至一千八百七十七年ノ間ニ於テ「ウオルクマン」「バルデレーベン」「ヌスバウム」ノ諸大家ヲ首《はじめ》トシ、次デ「ビルロート氏亦之ヲ賞用シ、遂ニ今日ノ隆盛ヲ致セリ、余ガ一千八百八十四年命ヲ奉ジテ欧州ニ再航シ、英、伊、仏、独ノ諸国ヲ巡回セシニ、到ル処皆消毒法ヲ行ハザルナシ、実ニ創意者ノ功偉ナリト謂ツベシ。

消毒法ノ発明ハ外科手術ノ面目ヲ一新セシモノニシテ、往昔ハ一般ニ逡巡シテ手ヲ下サヾリシ手術例之諸内臓手術、甲状腺摘出手術、等モ方今ハ容易ニ施行シテ敢テ顧ル事ナク、且ツ頗ル良成績ヲ得ルニ至レリ、蓋シ方今行フ所ハ往時「リステル氏ガ挙行セル方法トハ大ニ面目ヲ改メ用法益々巧妙、材料益々精良、学理益々明確ナルハ実ニ前日ノ比ニ非ズ、而シテ学理ノ明確ハ「パストール氏ノ首唱セル黴菌学ノ一千八百八十年来一層進歩セシニ基因シ、材料ノ精良ハ単ニ石炭酸ニノミ拘泥セズ、昇汞、沃度仿謨《ヨードホルム》、硼酸、「ヨォドール」等悉ク之ヲ試験ニ徴シテ採用スルニ根拠セリ、然レドモ後来黴菌学ノ益々進歩スルニ従テ消毒法ノ学理益々明確ニ、材料及用法亦益々精妙ニ至ルベキヤ言ヲ俟タズ、余謂ヘラク、消毒法中尤モ撰択スベキハ材料ナリ、之ニ次デ精密ヲ要スルハ装置ナリ、往時ハ唯々「スプレー」ヲ以テ手術室、器械等ヲ消毒スルニ過ギザリシガ、方今ハ術者、介者ノ被服ニ至ルマデ苟クモ患者ニ近接スル所ノ者ハ普ネク消毒法ヲ行フニ至レリ、就中尤モ厳密ヲ要スルハ手指、爪甲ノ如ク創処ニ直接スル者及ビ縫合糸、排膿管等ノ如ク永ク創内ニ存留スル者ノ消毒法ナリ、是レ方今各国医家ノ鋭意ニ務ムル所ニシテ殊ニ軍隊ニ於テ最モ然リトス、已ニ独乙国ニ於テハ手術用器械ハ把柄ニ至ルマデ全部悉ク「ニッケル」ヲ鍍セリ、是レ斯ノ如クスルトキハ鏽蝕ヲ防ギ常ニ清瑩ニシテ消毒法ヲ施スニ便且ツ確実ナルヲ以テナリ、魯国亦輓近《ばんきん》将ニ此域ニ達セントス。

余常ニ謂ヘラク、消毒法ヲ論ズルハ固ヨリ易キニ非ラズ、之ヲ実行スルニ至テハ最難シト、夫レ然リ漫ニ創面ヲ消毒スルハ尚ホ是レ易々タリ、然レドモ消毒法ノ主旨及ビ方法ヲ普ク看護者ノ脳裡ニ銘刻シテ造次《そうじ》「わずかのひま」ニモ之ヲ失フ事ナカラシムルハ実ニ難中ノ至難ナリ、豈一朝夕ニ能スベキ業ナランヤ、然リ而シテ此ニ意ナキ者ハ余ハ消毒法実行家ヲ以テ許ス事能ハザルナリ。

之ヲ要スルニ三十年前「パストール氏ノ醱酵説創メテ起リ、次デ「リステル」氏消毒法ノ発明アリシモ、当時ニ在テ之ヲ信ズルモノ寥々トシテ猶ホ晨星ヲ見ルガ如クナリシガ、今日ニ於テハ文明諸国靡然トシテ之ヲ行フニ至レリ、我邦衛生部内ニ在テハ西南ノ役ニ際シテ、余始メテ其法ヲ講述シ、且ツ之ヲ実行セリ、今ニシテ之ヲ観レバ其講述タル猶ホ憾ナキ事能ハズト雖ドモ二、三年来我衛生部ニ在テハ消毒法ノ要旨漸ク軍医諸氏ノ脳裡ニ入ルヲ得タルガ如シ、然レドモ所謂看護者消毒法教育ニ至テハ余ハ未ダ意ヲ満タス能ハズ、是レ諸氏ト倶ニ力ヲ尽サン事ヲ欲スル所ナリ、而シテ之ヲ教育スルニ固ヨリ拠ル所ノ書ナカルベカラズ、此書ノ如キハ則チ目下ノ好材料ナランカ、抑々消毒法ノ必要ナルハ啻《ただ》ニ我軍医諸氏ニ於ケルノミナラズ、世ノ刀圭家ニ於ケル亦然リトス、世人ノ傷痍ヲ負ヤ何ゾ、時ヲ期セン、而シテ多クハ急遽来テ治ヲ乞フモノナリ、是時ニ当リ平素消毒法ヲ講究シテ其方法ニ熟スルニ非ザレバ直ニ之ヲ新創ニ施スノ好機ヲ失シ、為ニ良効ヲ収ル事能ハザルノ恐アリ、故ニ此書等ノ如キハ現今世ノ刀圭家ニ於ケル亦宝典ニシテ、繙閲熟読セバ亦裨益アルモノト謂フベキナリ、聊《いささか》鄙見ヲ陳べテ訳者ノ需《もとめ》ニ応ズ。

明治二十一年六月　於大阪客舎

陸軍々医総監　橋本綱常誌

［著者トロワホンテン教授の］自序

此書ニ袖珍ノ二字ヲ冠スルハ読者ニ向テ之ヲ説明スルヲ要セズト雖ドモ必竟実用ヲ主トシテ理論ニ流レザルハ吾本旨ナリ。

故ニ余ハ消毒法ヲ説クニ沿革及原理ニ渉ラズ其成績ニ於テモ亦其理論ヲ喋々スルヲ好マズ。

「シュルツ」「シュワン」「チンダール」ノ諸氏殊ニ「パストール」氏ノ気中顕微有機物ノ腐敗作用ニ関スル発明アリテヨリ「リステル」氏ハ之ヲ拡充シ終ニ繃帯法ヲ創意シ為ニ其名ヲ不朽ニ轟カセシニ至レリ、此法タル其初期ニ在テハ異論百出ナキニシモ非ラズト雖ドモ、漸ク世人ノ貴重スル所トナレリ。

余ハ其細目ヲ述ルニ冗長ニ渉ラズ過去ノ沿革ニ喙《くちばし》ヲ容レザルベシ、是弁論ヲ好マズシテ実用ヲ重ズレバナリ。

余ノ石炭酸昇汞及補品タル鉛化亜鉛、硼酸ニ関スル消毒法ヲ略論スルハ奏効確実、使用簡便ナル永続繃帯即チ沃度仿謨《ヨードホルム》乾燥繃帯ヲ詳説センガ為ナリ。

千八百七十六年以来余ハ乏ヲ「プロヘッソル、キュッセンホーエル」氏ノ臨床講議長ヲ受ケ、職ヲ「プロヘッソル、ホンユニワルテル」氏ノ助教授ニ奉ズル事六年、外科消毒ノ有利ニシテ其用法ノ愈々困難ナルヲ感ゼリ、爾後「リヱージ」病院ノ臨床講議ニ従事シ消毒ノ事ニ関シテ得ル所少ナカラズ、依テ吾ガ同胞ニ芹《きん》[物を人に贈る謙称] 味ヲ頒タントス。

世人ノ好ンデ新発明ノ消毒品ニ種々ノ徳性ヲ借スト評価ノ区々ナルト実験ノ日新ナルトハ好美事ナリト雖ドモ或ハ疑惑ヲ抱カシメ却テ取捨ニ苦ムノ弊ナキ能ハズ、且最良ハ良ノ敵ナルヲ以テ吾人ハ全員一致ノ賛成ヲ得ベキ理想上ノ消毒法ニシテ恰モ化金石ノ如キ一定不変ノ説ヲ将来ニ望ムモノナリ。

余ガ此書ヲ著ハス必竟世人ノ姑息ト無稽ヲ訓戒スルニアリ、故ニ自ラ揣《はか》ラズ実例ヲ掲テ消毒ノ効ヲ証明セリ、其反対論者ヲ駁撃《ばくげき》スルノ罪ニ至テハ固《もと》ヨリ甘受スル所ナリ。

此書ハ青年医師ニシテ研窮日浅ク未ダ消毒法ノ細部ニ熟スルノ機会ヲ得ザル者ヲ教導シ又新説ノ世ニ出ルノ前医門ニ入リシ医師ニ細目ヲ知ラシメ其他外科手術ヲ容易ニシ又後進者ノ教師ノ臨床講議ヲシテ一層有効ナラシムルニアリ。

此著述ハ教師ノ為ニスルニ非ラズ、又其徒弟ノ為ニスルニモ非ズ、教師徒弟ハ異論アル毎ニ日々ノ経験ニ基ヅキ各己独立ノ特論ヲ有セザル可ラザレバナリ。

今此書ヲ著スモ敢テ之ヲ永遠ニ伝フヲ望ムニアラズ、将来消毒法ニ改良ヲ来シ、従テ其材料ノ撰定ニ変化ヲ生ズルハ固ヨリ論ヲ俟タズ、然レドモ余ガ茲ニ撰定スル所ノ材料ト実績ニ至テハ冀《ねがわ》クハ一時ヲ風靡スルニ足ルベシ、「リカシヤンピニヱール」氏「マックヱルマック」氏「ヒッセル」氏「ワットソンゲーヌ」氏「ヌスボーム」氏等ノ著書ハ真ノ実施法ヲ示スモノニアラズシテ既ニ陳腐ニ属セリ。

余ハ「リカシヤンピニヱール」氏ノ名ヲ屢々書中ニ載セリ、而シテ此緒言ヲ終ルニ当リ同氏ニ深ク謝セザルベカラズ、蓋同氏ハ堅忍不抜ノ愛国心ヲ以テ「リステル」氏ノ消毒法ヲ主張シ仏人ヲシテ此ヲ服膺《ふくよう》セシメシハ氏ガ言実ニ与《あずかり》テ力アレバナリ。

又吾ガ旧師タル「プロヘッソル、ホンユニワルテル」氏ニ深ク謝ス、氏ハ博識仁慈ニシテ徒弟ヲ導ク甚親切ナリ、余ガ今日此著アルモ亦師ガ賜ナリ。

一千八百八十七年十一月　於「リヱージ」白耳義《ベルギー》国黎衛《リエージ》嚅大学校教授兼学士会員医学士

ポールトロワホンテン識

○その他の著述

利国が上梓した『流行性脳脊髄膜炎（epidemic cerebrospinal meningitis）』については、筆者は未見で将来の検索をまちたい。当時、この病気はおそらく全く知られていなかったと考えられ、外国雑誌からこの病気の存在を知り、わが国でも発症していることに気付き、この病気について解説を行ったものであろう。その後の研究により、この疾患はナイセリア Neisseria（双球菌）の一種の髄膜炎菌により脳脊髄膜でひき起こされる急性炎症で、通常流行性に発症することが判明した。そしてサルファ剤が有効な薬であることが証明されたのは昭和十二年（一九三七）である。抗生物質のなかった当時では発症すれば非常に高い死亡率であったろう。

明治二十二年（一八八九）七月二十七・二十八日の両日、大阪で開かれた大日本私立衛生会第七次総会で、利国は「脚気病予防ノ実験」と題して講演し、その要旨が、『大日本私立衛生会雑誌』七六号（一八八九年）に掲載されている（資料篇八五八〜六一ページ）。

緒方医事研究会の発足当時第四師団軍医長であった利国は初め同会の名誉会員であったが、間もなく副会長となる（明治二十三年六月ころ）。同会の常会で「流行性感冒ノ報知ヲ見ル」と題して講演し、その内容が『緒方病院医事研究会申報』五号（一八八八年）に掲載されている。

○堀内利国の墓碑

墓碑は三年祭を期して、明治三十一年（一八九八）六月二十六日、大阪市天王寺区陸軍埋葬地（現・靖国軍人墓地）に建てられた。巨大な墓碑で高さ三メートル余である。この建碑式の模様を『大阪興医雑誌』一〇一号（一八八九年）が次のように報じている。

故堀内利国君の建碑式

予て計画中なる故陸軍軍医監従四位勲三等堀内利国君の建碑工事此程竣工し、あたかも本年は君の三年祭に相当するを以て、六月二六日午前九時を期し真田山陸軍埋葬地において荘厳なる建碑式を挙行せられたり。当日の景況を聞くに定刻に到り来賓続々式場に参集するや、先づ奏楽を相図《ママ》に神官祝詞を捧げ、次に陸軍二等軍医正菅野順氏は陸軍軍医会を代表して祭文を朗読し、之より祭主堀内謙吉、親戚緒方収二郎、緒方正清、緒方銈次郎の諸氏順次に玉串を捧げ、最後に来賓一同の参拝ありて式を終る。夫より予て休憩所に充てたる呑春楼に導き立食の饗応あり、当日は折悪しく風雨劇しく道路泥濘を極めたるに関らず、小川第四師団長、太田砲兵工廠提理、聯隊長、衛戍《えいじゅ》病院長初め其軍人たると医家たるを問はず、先生の知友、属僚相会するもの無慮八十余名、以て君の功徳の高きを知るべし。碑は高さ九尺幅二尺花崗岩より成り繞らすに玉垣を以てす。其文は藤沢南岳翁の撰に成り、書は陸軍歩兵少佐大村屯氏筆に係るといふ。

墓碑銘

［正面は「陸軍軍医監従四位勲三等堀内利国之墓」とあり、裏面に藤沢南岳の撰文が刻まれている］

是為軍医監勲三等北溟堀内先生之墓、先生諱利国、号凌海、後号北溟、丹後舞鶴藩士堀内隆平君之子、母中村氏、幼穎敏、成童立志游京師、従新宮凉閣・牧百峰兼脩漢蘭二学、又従蘭医抱独英于大坂、遂窮蘊奥、明治三年五月官剏軍事病院于大坂、擢用先生、遂自一等軍医転鎮台病院長為正進監二十九（八）年六月十五日病没、享年五十三、葬城南真田山、先生至姓（誠）孝友接人寛厚、而善詩巧書、人皆推服、其在大坂二十余年、十年之役以職従軍有功、又為熊本鎮台病院長、亦僅四年可謂終始于大坂也、大坂之地脚疾頗多、薬石少効、先生憂之、察麦飯可以防此患、遂以請於官、而議論百出、駁撃四至、先生固執不動、官可其請、給将卒以麦飯、実十七年十二月也、明年無復患脚者、請鎮営亦間倣之、其効愈著焉、又憂流行症二病蔓延、即施予防策、有効比類不可枚挙也、夫医仁術也、而一世所救千万可数、先生所救幾千人、以一世算之、則不可知幾億兆、況於逮後世乎、且如脚疾者転地養之于十里外、或輿或舟所費不貲、今患者減而国費亦減、則謂之医国之才、固不誣也、已先生著書頗多、而原病各論、流行性脳脊髄膜炎、外科消毒説等已上梓、其子四男二女、曰謙吉、初配緒方氏所生、氏有故絶婚而不絶交、曰譲吉、貞吉、邦彦与二女継室戸田氏之出、長女適伊沢某、他皆幼就学、謙吉来乞余銘、乃銘曰

望聞問脈　迹猶疎矣　治之未萌　妙方絶技
先生所救　万億及秭　其仁也大　其術也美

図36-22　堀内利国墓碑

浪華　南岳藤沢恒撰　　従六位勲四等　大邨屯書

［読み下し文］（小田康徳氏による、ルビと［　］内は筆者注）

是、軍医監勲三等従四位北溟堀内先生の墓たり、先生諱は利国、凌海と号し、後に北溟と号す。丹後舞鶴藩士堀内隆平君の子、母は中村氏、幼にして穎敏、成童志を立て京師に游ぶ。新宮涼閣、牧百峰に従い漢蘭二学を兼ね脩む。又大坂にて蘭医抱独英《ボードイン》に従い、遂に蘊奥を窮む。明治三年五月官軍事病院を大坂にて剏《はじ》め、先生を擢んで用う。遂に一等軍医より鎮台病院長に転じ、正と為り、監に進む。二十九［正しくは二十八］年六月十五日病没す、享年五十三、城南真田山に葬らる。先生至性《誠》孝友（父母に孝、兄弟に友）、人に接するに寛厚、而して詩を善くし、書に巧みなり。人皆な推服す。其の大坂に在ること二十余年、十年之役［西南戦争］、職を以て軍に従い功有り。又熊本鎮台病院長と為るも、亦僅かに四年、大坂に終始すと謂うべきなり。大坂の地、脚疾頗る多く、薬石効少なし。先生之を憂い、麦飯の以て此の患を防ぐべきを察し、遂に以て官に請う。而して議論百出、駁撃四至《しし》す。先生固く執って動かず。官其の請いを可とし、将卒に給するに麦飯を以てす。実に十七年十二月なり。明る年脚疾を患う者復た無し。請鎮営も亦間（次々と）之に傚う。その効いよいよ著し。亦流行病二病の蔓延するを憂い、即ち予防策を施すに効有り、此類、枚挙すべからざるなり。夫れ医は仁術なり。而して一世に救う所千、万をもて数うべし。先生救う所、年に幾千人、一世を以て之を算すれば、即ち幾億兆なるを知るべからず。況《いわん》や後世に逮《およ》ぶに於いてをや。且つ脚疾の如きは転地せしめて十里外にこれを養う。或いは輿、或いは舟、費やす所貲《あがな》わず。今患者減じて国費減ず。即ち之れを医国の才と請うも固《もと》より誣《そし》らざるなり。すでにして先生の著書頗る多し。而して原病各論、流行性脳脊髄膜炎、外科消毒説等すでに上梓す。その子四男二女、曰く謙吉、初配緒方氏の生む所、氏故ありて婚を絶つ。しかれども絶交せず、曰く譲吉、貞吉、邦彦と二女とは継室戸田氏の出、長女は伊沢某に適《とつ》ぐ。他は皆幼に

して学に就く。謙吉君来たり予に銘を乞う、すなわち銘して曰く、

問脈を望聞すれば　迹《あと》なお疎なり　治の未だ萌《きざ》さざるに　妙方絶技もて

先生の救う所　万億秭《し》に及ぶ（秭は億の万倍）　其の仁や大なり　其の術や美なり

浪華　南岳藤沢恒撰　　従六位勲四等　大郇屯書

〔資料〕

幹澄「陸軍々医監堀内利国君小伝」（『東京医事新誌』九一二号、一八九五）

矢島柳三郎『麦飯爺』（堀内謙吉発行、一九二七ころ）

小田康徳「堀内利国墓碑銘の解説」（『真田山』一二号、二〇〇七）

小田康徳「軍医監堀内利国の墓碑から見る明治前期の脚気病対策」（『大坂の歴史』六九号、二〇〇七）

## (11) 堀内謙吉（明治三～昭和六＝一八七〇～一九三一）

明治三年、大阪に生まれる、父は堀内利国、母は緒方洪庵の五女九重（一八五二～九九）。七歳のとき鈴木町の師範学校附属小学校に入学、ついで尋常中学校を卒業後、当時東区（現・中央区）大手前にあった官立大阪中学校に入学したが、十六歳のころ上京、内藤耻叟《ちそう》（のち東京帝国大学文科大学教授）らの設立した麴町区の斯文黌（五八五ページ）に学び、ついで慶応義塾に転じ、明治二十年（十八歳）九月、岡山の第三高等中学校医学部（現・岡山大学医学部の前身）に入学した。翌年四月退学し、叔父緒方収二郎、従兄緒方銈次郎らとドイツに留学、ザクセンのイエナでドイツ語・普通学を学ぶ。二十二年四月フライブルグ大学で医学を学び、最初解剖学を目的としていたが、惟準に反対され耳鼻咽喉科に転じ、四年間勉学、卒業後オーストリアのウィーン大学に入り、同科を研鑽、二十七年ドクトルメデチーネを取得、同年五月帰国した。

この帰朝当時の様子を『東京医事新誌』八四三号（一八九四年）所載の「大阪通信」は次のように報じている。

堀内謙吉氏着坂　第八二九号に予報されたる如く、ドクトル堀内謙吉氏は客月［四月］十一日、ネアーペル［イタリアのナポリ］抜錨の郵船に搭じ、去［五月］十六日午後横浜に着港し、翌十七日午後零時十五分新橋着の汽車にて無事帰朝されたることは前号既に報道せられたるが、此報一たび当地に達するや、堀内家には種々遠洋帰来の労を慰むるの準備を為し、愈よ《いよい》一昨廿日午後三時二十分梅田着の汽車にて帰坂せらるゝことになりしより、緒方惟準、緒方拙斎、緒方惟孝、緒方収二郎（以上夫人同伴）、緒方正清、緒方太郎、山本洪輔、清野勇、有馬太郎、山田俊卿、小林重賢、雪吹常元、田中親之、江口襄、村田豊作、中原貞衛、石塚左玄、の諸氏には新聞紙を以て、緒方病院研究会には理事より郵便葉書を以て其旨を辱知《じょくち》諸君或は会員諸君に通報せられ、当日は梅田停車場前の瓢の家、一龍仁木の両茶屋を借り切り、之を歓迎者休憩所に充て、両茶屋の簷牙《えんが》［軒先］には「堀内謙吉君歓迎者休憩所」と榜示《ぼうし》［立札を設けて表示する］し、中には「ビール」「ラムネ」蜜柑「シガー」等を配して歓迎者の饗応に供へ、同日は天気晴朗にして近来に無き温暖なりしにぞ。午後一時過より以上姓名を揚げたる諸君を初め当地在住の軍医諸君、開業医諸君、緒方病院研究会々員諸君等続々参集すること無慮百五六十名、今や遅しと三時二十分を待ちつゝある際、都合により一汽車後れたりとの報ありて、一同案に相違し、為めに再び休憩所に於て談話に時を移す中、早くも四時廿八分となり、笛韻嫋々囂々《じょうじょうごうごう》汽車停車場に着し、堀内ドクトルは一同に歓迎せられて自宅（東区北浜二丁目）に帰着せられたり。

五月二十六日には、中之島洗心館で盛大な帰朝懇親会が開かれた。

謙吉は、長らく大阪の第四師団の軍医長を勤めた陸軍軍医監堀内利国の御曹司であり、洪庵の孫、しかも自費によるドイツ留学は、長年の日本医師の憧れであった。その歓迎ぶりは、留学などは当たり前の今日では想像できない盛大な会であったことが偲ばれる。

図36-23　堀内謙吉墓碑

やがて自宅で父の開業に加わり耳鼻咽喉科を担当、父の死後一時期、緒方病院で同科を担当した。のち東区（現・中央区）今橋三丁目で耳鼻咽喉科医院を開業した。風貌一見貴公子、患者には親切に接し、診療を乞うもの門前に市をなしたという（『大阪現代人名辞書』）。昭和六年三月十八日逝去、享年六十二歳、専念寺（浄土宗、大阪市北区同心町一丁目五番地）に墓碑がある。碑面には「至誠院温良謙順居士」と刻まれており、誠意があり、温良の性格であったことがうかがわれる。母九重は利国と離婚後、緒方家にもどり、緒方姓を名乗り、遺骨は洪庵夫妻の墓碑の地下室に納められている。妻しげ（本姓は毛受《めんじゅ》氏）の墓碑は同寺になく、謙吉の墓碑にも名前は刻まれていない。後嗣なく絶家したようである（住職談話）。

**(12) 緒方整之助**（明治二～二一＝一八六九～八八）

緒方惟準の長男。若くして病没したので、彼の人物像の詳細は明らかではないが、惟準の四男章（整之助の死去の約四か月前、すなわち明治二十年十月二十六日誕生）が自著『一粒の麦――一老薬学者の手記』のなかで整之助のことを語っているので、これを引用する。章が父母や一族の人々から聞いた話であろう。

長兄の整之助は神童と呼ばれたほどの怜悧な子であって、吉重のよき相談相手でもあったが、かゝる子に有り勝ちの病身であった。十五歳のときに、早くも大学予備門の試験に合格していた。その勉強が祟ってか急に発熱して、病床の人となってしまった。予備門に入学したままで、学校へも行き得なかった我子に、不憫のかかるのは当然であった。弱きが故に素志を達し得ない我子に、何かの慰めを与えてやり度いと、吉重は田村の妹［田村初太郎の妻になった吉重の妹さく］に相談した。素直な性質の整之助は母の憂を察して気

図36−24　惟準の三人の男児
（明治38年撮影／中央：銈次郎34歳、右：知三郎23歳、左：章19歳）

分のよいときには、叔母のすゝめに従って、教会に行くようになり、怜悧な頭は、病床にも聖書に秘められている真理をよく読み取り、其の信仰は弱い肉体に、おどろくべき精神力を醸し出した。病のつれづれには父［惟準］が計画していた病院建築の指図などをやって、大工などから、大人も及ばない信頼をかち得ていた。整之助の弱い身体に、どうしてそんな偉大な精神力が宿ったのかと、吉重は目を見張るようになった。

整之助は、「母さん教会へ行って御覧なさい、人間は心に糧が入ると苦しいことも楽しくなるものですよ」としきりに薦めていた。その頃、吉重は彼［章］を懐妊していたので、「行ってみましょうね」と云いながら、その日を一日延ばしにのばしていた。

彼［章］は生まれた…明治二十年十月二十六日大阪東区北浜三丁目、惟準の父洪庵が残した適塾で…整之助のよろこびは譬えようもなく、両親にすすめて名を章［洪庵の名前］と同じにつけ、「可愛がってやるよ」と抱き上げて頬ずりをしていたが、間もなく冬の寒さに、風邪を引いたのがもとで、結核性脳膜炎に命を削られ、明治二十一年二月十一日いとしきものを残して、二十歳の若き人生の幕を閉じた。

整之助があれほど薦めてくれていた教会へ、葬式の日に初めて行ったのである。遺骸を前にして吉重の目にあふれた涙には、生前に整之助との約束を叶えてやらなかった後悔と愛児を失った悲しみのほかに、愛児の魂を、自分の内に甦らせようとする決心の輝があった。

### ▽田村初太郎

この人の履歴の詳細は不明であるが、前掲『一粒の麦』のなかで、次のように記されている。

彼［章］の母吉重の妹〝さく〟は田村初太郎の妻である。初太郎は明治初年に渡米して苦学を重ね、皿洗などをして人となった人物である。彼が今［明治三十九年、第三高等学校生徒］京都で厄介になっているのは、この田村の家である。初太郎は在米中にキリスト教の洗礼を受け、帰朝後は第三高等学校創立［明治二十七年］最初の教師の一人であったが、彼が世話になっている今は京都平安女学院の教頭として、女子教育にその全生命を捧げている。緒方一族へキリスト教の種を播いたのはこの田村であった。

## (13) 緒方銈次郎（明治四〜昭和二〇＝一八七一〜一九四五）

医師、明治四年十二月二日、大阪東区北新町谷町東入る南側の屋敷で、惟準の次男として生まれる。このとき父は二十九歳、母吉重は二十歳。生後五か月の五月、惟準は大阪軍事病院から東京の軍医寮（寮頭は松本順）へ呼び出され、八月、軍事病院を辞職、軍医寮の勤務がはじまる。池田謙斎の世話で、謙斎宅に近い駿河台南甲賀町の旧旗本屋敷を求め、住宅とした。翌五年六月、母吉重は四歳の兄整之助と生後半年余の銈次郎を抱いて上京した。九年（六歳）暮れから本郷お茶の水小学校附属の幼稚小学に入学、兄とともに通学した。

明治十一年七月、惟準が大阪鎮台病院長に転任したため、再び北新町の自宅に住むこととなった。兄とともに、安土町三丁目の堵西小学校（のちの船場尋常小学校）に学ぶ。惟準は学問の基礎は漢学であるとの考えから、漢学者並木氏を自宅に招き、八歳に達したばかりの銈次郎と兄に『大学』『中庸』『孟子』など四書の講義、素読が課せられた。十三年四月、惟準は陸軍軍医監兼薬剤監に任ぜられ、軍医本部次長となったので、家族は長男のみを大阪に残し上京、箕作《みつくり》家などの世話でとりあえず日本橋区浜町梅屋敷に寓居を定め、銈次郎（十一歳）は近くの久松小学校に通った。翌十四年、神田区猿楽町三丁目に邸宅を購入、銈次郎は猿楽町小学校に転校した。そして毎日夕刻から美土代町の漢学者萩原裕の塾に通い、十七～八歳の先輩に伍して『孝経』『春秋左氏伝』の漢書を学んだ。

図36-25　緒方鉒次郎

　松本順（軍医総監、軍医本部長）の勧めで、十六年三月から斯文黌（十五年六月設立）という漢学専門の学校に入学、従弟の緒方平吉（拙斎の長男）・堀内謙吉（堀内利国の長男）もともに通って、漢学に精進した。この学校は宮内省から麹町区宝田町十一番地の御用邸を借り、校舎と寄宿舎とした。明治天皇は毎年金二四〇〇円を下賜した。入塾生は五〇～六〇名に限り、無月謝で室料と食費を払うだけで、一か月三円足らずであった。塾長は谷干城（西南戦争時、熊本城を死守したことで著名）、教師は碩学の重野安繹《やすつぐ》・根本通明・豊島庸斎らで、舎監は内藤耻叟《ちそう》（一八二七～一九〇三）であった。内藤は元水戸藩士、明治十九年（一八八六）東京帝国大学文科大学教授となり、漢学・史学を講じ、学風は洋学を拒絶し、尊皇敬幕の気骨を貫徹した（『朝日日本歴史人物事典』）。ここでは漢学や漢詩に励み、敬神崇祖、天皇崇敬の思想を教育された。この間、学校近くの剣術道場にも通い、心身の錬磨に勉めた。鉒次郎は漢詩について、退塾後は詩作の趣味から遠ざかったので忘れてしまったと述懐している。一年余通ったのち、これ以上の漢学修業もこれ以上必要を認めず、英語の習得が急務と考え、父の許しを受けて退学、神田淡路町の共立学校に入学した。生徒数は千人余で大学予備門へ入学を志す者が集まっていた。鉒次郎はもともと文科を目指しており、十六～十八年の三か年をこの学校で学んだ。

　その後、兄整之助も上京、医学を志しドイツ語勉学のため、三崎町の独逸協会学校に入り、二か年後の十八年予備門に入学、宿望を果たした。

　鉒次郎は明治十九年十六歳のとき父母のもとを離れ、大阪に帰り、第三高等中学校予科（大阪）に入学、ついで二十一年、従弟堀内謙吉とともに岡山の第三高等中学校医学部に入学した。この間、大阪の緒方病院は日を追って盛大になったが、さらに医務を刷新するために、収二郎・正清の両名をドイツに派遣し、医術を視察することが決まった。惟準の義弟堀内利国は息子謙吉の同伴を希望したので、惟準は銈次郎も一行に同伴させることとした。そこで二人は同校を退学して二十二年（一八八九）三月、ドイツ留学の途にのぼった。まずフライブルグ大学、ついでミュンヘン大学に入り、チームセンとバウエル両氏につき内科学を、ペッテンコーフェル氏について衛生学を、ポッセルト氏について皮膚病・梅毒学を研究、ついで再びフライブルグ大学にもどり諸科を修め、二十六年（二十三歳）十二月卒業試問を受け、優等の成績でドクトルの学位を授与される。かくて六か年の留学を終え、二十七年十月イタリアのゼノア港を出港、同年十一月十日横浜着、ついで大阪に帰着した。緒方病院は二十五年二月に帰国した叔父収二郎・正清を迎え隆盛を極め、今橋の病院が手狭になり、翌年九月、西区立売堀《いたちぼり》南通四丁目に新たに分院を設置していた。銈次郎は帰国後、父惟準と交代で本院と分院の内科の外来・入院患者の治療にあたった。

明治二十八年七月（二十五歳）惟準は院長の職を収二郎に譲り、銈次郎と正清が副院長になった。銈次郎は同年八月、東京府知事宮中顧問官三浦安の三女友香（一八七五〜一九二七）と結婚した。

二十九年一月、拙斎が退職、惟準が院主となったが診療からは退き、有馬の別荘で静養生活に入った。ひきつづき収二郎が院長を勤め、銈次郎は内科部医長となり内科診療の一切を引き受け多忙を極める。同年には大阪慈恵病院医学校（第28章参照）の講師として、生理学・病理学・内科各論・内科臨床講義を教授した。またときには病理解剖を行い病変臓器の示説を行った。

三十二年一月、緒方病院看護婦養成所の正式認可を大阪府より受け、所長として教育にあたった。同年九月から翌年七月までアメリカ、英国、ベルギー、フランス、ドイツを歴訪し、オランダのアントワープ港を出港、同月七日神戸に安着した。この帰国について『東京医事新誌』一一六六号（一九〇〇年）は次のように報じている。

〇緒方ドクトル歓迎会…昨年七月欧米諸国に再航し医況視察を遂げ、尚伯林《ベルリン》に在りて消化器系統に就て研究する所ありしドクトル緒方銈次郎氏此程帰着せしに因り大阪の有志者発起して其歓迎会を兼ね、去る［八月］四日夜堺卯楼に懇談会を催したり。来会者は同業同窓其他知友、新聞記者百数十名にて、発起人総代山田俊卿氏先開会の趣意を述べ、夫より数名の祝詞祝電の朗読等あり、舞曲の余興もありて盛況なりしといふ。

三十五年には、緒方正清が独立し、今橋三丁目に緒方婦人科病院を設立した。

四十三年一月、大阪府議員増員選挙に立候補し東区で無競争で当選した。四十四年九月の府会議員選に立候補して再選され、衛生問題について大いに論議を尽くしたという。この年より高安道成と隔年交代で大阪慈恵病院の院長を務めることを決め、まず銈次郎が就任し、事務の刷新をはかった。しかし大正二年（一九一三）四月、同病院の母体の大阪慈恵会の総会で弘済会に吸収合併することが決まり、同病院の事業は弘済会に引き継がれ今日にいたっている。

明治四十五年（大正元＝一九一二）、緒方家一族に不幸な出来事が起こり、これが緒方病院の経済的基盤を崩壊させ、やがて病院は姿を消し、旧適塾も緒方家の手を離れることになるのである。銈次郎の『七十年の生涯を顧みて』の記述を要約すると、次のように理解される。

銈次郎の妹寿子《つねこ》の夫白戸隆久（一八六五～一九一二）がトロール船建造およびトロール漁業事業を企図し、出資を緒方家一族に求め、銈次郎・堀内謙吉らの親戚・知人が出資した。はじめは順調な経営で、船舶の供給不足をきたすほどに発展したため、白戸は相沢岩吉とはかり相沢造船所を興し、専らトロール船建造にとりかかった。ところが明治四十五年四月一日、白戸は急性脳出血のため南新町の自宅で卒倒、即日死去した。享年四十八歳の若さであった。このため事業は頓挫、借金だけが残り、それに加えて魚の乱獲を禁ずる主旨のもとに政府はトロール漁場の制限を行い、またトロール船の建造数を制限した。このため資金調達の中心にあった銈次郎は、債務弁償の矢面に立たされ、緒方家に伝わる動産・不動産を全部処分しても足りなかった。その後の銈次郎と緒方家の動向は次の通りである。

大正二年（一九一三）一月、大阪府会議員を辞任。

八年七月、大阪市医師会会長緒方正清の死去により、補欠選挙が行われ、銈次郎が当選、就任した。

十三年三月、任期満了で大阪市医師会会長を退く。以後、医師会との交渉を絶つ。

十四年三月、収二郎が病院長を辞任し院主として勤務することになり、銈次郎が院長に就く（五十五歳）。

同年より翌十五年（昭和元）にかけて体調不良を来たし、その上、緒方病院婦人科で不祥事が起こり、院長は責任をとって辞職し、長男準一を院長、次男安雄を小児科長とした。

昭和二年五月三十一日、妻友香《ともか》が胃癌で死去、享年五十三歳。この夫人の死から約三か月経った八月二十二日、実母吉重（惟準夫人）が死去、享年七十七歳。

不祥事が病院の信用を損ない、次第に緒方病院から患者の足は遠のき、病院の財政は好転せず、遂に昭和四年四月、病院は解散を決定した。これについて銈次郎は、「先考の遺業たりし病院事業を中絶せしめ、子孫をして永くこれを継承する能はざらしめたるは、全く自分不敏の致す処にして、終世拭ふ可からざる汚点を家名に印したる者、その罪正に万死に値する」と述べている。

さて史蹟洪庵の旧適塾の土地、建物は現在大阪大学に帰属し、維持管理されているが、どのような変遷を経てきたのであろうか、その経緯については梅溪昇・芝哲夫共著の『よみがえる適塾――適塾記念会五十年のあゆみ』に詳しい。その経緯を概説すると次の通りである。

明治二十七〜八年ころ他人に売却→買い戻し→緒方一族の診療所開設（明治三十七年ころ）→収二郎一家（眼

科）の所有→昭和二年堀内病院改築費七万円（日本生命より借金）の抵当物件となる（収二郎はその連帯保証人）→院長堀内謙吉急逝、借金が残る→井尻氏に貸与、華陽堂病院（性病専門）開設→大阪府史蹟に指定（昭和十五年七月）→同病院閉鎖（昭和十七年七月）→「緒方洪庵旧宅及塾」が文部省の史跡に指定（昭和十六年十二月、このため日本生命は担保価値ゼロとなる）→所有権は収二郎からいったん日本生命に移されたのち文部省に寄附（移転登記は昭和十七年七月二十八日）→国の重要文化財に指定（昭和三十九年五月二十六日付）。

この大阪府・文部省による史跡指定に全力をかたむけた。父祖の資産を自分の代で失なって、その贖罪のために奮闘したものと考えられる。経済的不運に遭ったが、氏が『緒方洪庵と足守』（一九二七年）の出版や医学雑誌への投稿、昭和十三年（一九三八）一月設立された杏林温故会（日本医史学会関西支部の前身）の会員・評議員として会の発展に寄与、また生家跡の記念碑建立など、緒方家および洪庵の事績発掘、顕彰に力を尽くしたこと、さらに氏が首唱者となり大村益次郎の足塚を龍海寺の洪庵夫妻の墓碑の傍らに建立、また大阪府病院の跡地の大村益次郎殉難碑の建設にも携わったことを評価しなければならないと思う。後継者として三男の富雄（一九〇一〜八九）を支援し、洪庵研究の第一人者として育成したことも忘れてはならない。富雄氏は『緒方系譜考』を出版したが（一九二五年）、銈次郎はその「はしがき」に、

今回私の三男が思立つて、洪庵伝記の執筆に取りかゝりました。其伝記の巻頭に載せらるべき者は当然緒方家の系譜であらねばならぬ。そこで私は富雄を伴って、昨年［一九二四年］来備中及豊後に在る祖先の土地を踏み、それぞれの古蹟を訪づれ、一方色々の方々からの御助勢で史跡伝説其他の参考材料を出来得るだけ汎く輯めました。それから生まれたのが此の書であります。

と記しているように、まだ学生であった富雄に対して銈次郎は協力を惜しまなかった。この研究成果として富雄氏の『緒方洪庵伝』が岩波書店から刊行されたのである。

銈次郎は不遇のうちに、昭和二十年十月二日没、享年七十五歳。

▽夫人友香

父は東京府知事、宮中顧問官三浦安、明治八年（一八七五）二月二十一日生まれ。明治二十八年（一八九五）八月、『東京医事新誌』主筆二神寛治（愛媛県出身）の仲介で銈次郎と結婚、媒酌人は住友家理事広瀬宰平であった。銈次郎と夫人友香の間には三人の男子がある。長男準一（一八九六年生）、次男安雄（一八九八年生）、三男富雄（一九〇一年生）である。かねてから胃病をわずらっていたが、昭和二年卒然多量の嘔吐があり、胃部の膨満感を訴えた。胃癌と診断され、同年五月三十一日胃腸の吻合手術を試みたが、極度の心臓衰弱のため手術中に死去、享年五十三歳。

〔著作〕

『緒方洪庵と足守』（私家版、一九二七）

洪庵の書簡二、三に就て（『医譚』二号、一九三八）

中野操氏の「最初の和蘭留学生」に追加し、第二回留学生並に舎密局に就いて説く（『医譚』四号、一九三九）

東洋文化史上貴重資料足る可き写真二、三に就いて説く（『医譚』五号、一九三九）

浪華仮病院及初代大阪医学校を語る（『関西医学』四四九～四五五号、一九三九／大阪府立中之島図書館蔵）

「浪華仮病院初代大阪医学校を語る」に追加して（『関西医学』四六六・四四七号、一九四〇／同右）

ヅーフ部屋の話（『医譚』七号、一九四〇）

大村益次郎卿の足塚（『上方』一一七号、一九四〇）

独笑軒塾則について（『大阪史談会報』四巻四号、一九四〇）

飯島［茂］先生の講演［「明治初頭に於ける皇軍衛生制度の発達」］に追加す（『医譚』九号、一九四一）

蘭学者の墓（『上方』一三二号、一九四一）
藤森成吉「若き洋学者(三瀬諸淵の伝記小説)」・中野操「皇国医事大年表」を読みて（『医譚』一三号、一九四二）
石井信義と大阪（『医譚』一四号、一九四二）
東京に在りし適々斎塾（『日本医史学雑誌』一三二一号、一九四三）
若き同志故鈴木元造君を憶ふ（『医譚』一五号、一九四三）
中天游の宅地址について（『医譚』一六号、一九四三）

以上の著述のほか、昭和十五年（一九四〇）二月二十八日、大阪市天王寺区上本町の大福寺（明治二年に緒方惟準が浪華仮病院を開設）で「池内大学(号陶所)を偲ぶ――附・浪華病院創立」と題し、億川摂三・中野操・鈴木元造・大福寺住職中西了洲らが座談会を開催したが、銈次郎は岡山地方へ旅行中で参加できず、のちに「池内と緒方の関係」と題した一文を寄稿し、それが座談会記事の末尾に載せられている（『日本医事新報』九一七号、一九四〇）。

**(14) 緒方準一**（明治二九～昭和六三＝一八九六～一九八八）

銈次郎の長男、大正十一年（一九二二）東京帝国大学医学部卒、東京市伝染病院勤務を経て、父のあとをうけて緒方病院に勤務したが、自分の責任でない不運により最後の病院長となった（五八七～八ページ）。その後、済生会中津病院内科医長、奈良県産業組合病院を経て、奈良県立医科大学教授、附属病院長となり、昭和三十五年（一九六〇）から同四十七年に退官するまで同大学学長を務める。ホトトギス派の俳人で、俳号は氷果、『氷果句集』がある。

**(15) 緒方安雄**（明治三一～平成元年＝一八九八～一九八九）

鉎次郎の次男、大正十三年（一九二四）東京帝国大学医学部卒、一時緒方病院に勤務したが同大小児科へ移り、聖路加国際病院小児科医長を経て、昭和十二年（一九三七）から皇太子明仁親王（今上天皇）の侍医となる。昭和四十七年退官、東京山王病院院長兼小児科医長を務め、九十歳近くまで現役であった。

**(16) 緒方富雄**（明治三四～平成元＝一九〇一～八九）

昭和元年（一九二六）東京帝国大学医学部卒、二十四年同大医学部血清学講座教授、三十七年退官、緒方医学化学研究所を設立する。学生時代より曾祖父洪庵の研究に力をそそぐ。また洋学研究の有志とともに蘭学資料研究会を組織し、定期的に研究発表会を開催、機関誌『研究報告』を発行し、蘭学をふくむ洋学史・医学史研究の振興に多大の貢献をした。筆者は富雄氏の要請により岡山市と津山市で開いた同研究会第一五回大会（一九七三年）の会長を務めた。同研究会は富雄氏の死去とともに廃止されたが、日本医史学会や新たに組織された日蘭学会・洋学史学会によって、その蘭学・洋学研究の振興の精神は継承されている。

氏は適塾の庭に昔から育っていた「藪蘭」を「適塾蘭」と命名し繁殖され、その一株を下さり、いまでも筆者

図36–26　緒方準一

図36–27　緒方安雄

図36–28　緒方富雄

の寺（教行寺）の庭に元気で育っており、季節がくると愛らしい房の花を咲かせている。また足守の生家跡の洪庵像の傍らにも植えられている。

また昭和四十四年（一九六九）九月六日（羽田空港出発）、緒方氏を団長として、長男洪章氏の夫人美年さんほか大久保利謙・大鳥蘭三郎・藤野恒三郎・石原明・岩治勇一の諸先生および実兄蒲原宏夫妻ら総勢三七名が参加し、オランダのライデンで日蘭研究者による「日蘭交渉史シンポジュウム」（オランダ側はライデン大学のフォス教授が責任者）が開催された。ユトレヒト・ロッテルダム・アムステルダム・ハーグなどの博物館・図書館を周遊したこと、オランダ文部省のささやかなパーティー、ハーグ大使館での懇親会は懐かしい思い出である。筆者はシンポジュウムで、拙ない英語で講演したことを昨日の出来事のように覚えている。緒方氏のような学問的実力者、人格者でなければ実現できなかったシンポジュウムであった。

著書に『緒方系譜考』（一九二五）『蘭学のこころ』（一九五〇）『緒方洪庵伝』（初版：一九二四／増補版：一九七七）『適々斎塾姓名録』（一九六七）『日本におけるヒポクラテス賛美』（一九七一）があり、緒方富雄・適塾記念会編『緒方洪庵のてがみ・その一』『同・その二』（以上一九八〇）および梅溪昇氏が加った『同・その三』（一九九四）『同・その四』『同・その五』（以上一九九六）がある。その他、医史学に関する論文や随筆は枚挙に暇なしである。

以上の三兄弟については、緒方惟之（準一の長男）著『医の系譜――緒方家五代　洪庵・惟準・銈次郎・準一・惟之』も参照されたい。一族でなければ知り得ない興味深いエピソードが記されている。

**(17) 緒方知三郎**（明治一六～昭和四七＝一八八三～一九七二）
病理学者。緒方惟準の三男、明治十六年一月、東京神田猿楽町に生まれる。母は吉重。大阪偕行社附属小学校高等科、大阪府立第一中学校、ついで同第五中学校へ転学し卒業。明治三十六年（一九〇三）第三高等学校を卒業、東京帝国大学医科大学医学科に入学、四十年十二月卒業、四十一年同大病理学教室助手に任ぜられる。同四十三年八月（二十八歳）病理学研究のため文部省から満三か年の独英仏に留学を命ぜられる。もともと産婦人科医を志望していたが、病理学教室の二人の教授候補の先輩が、一人は明治三十八年ベルリンで、もう一人は同四十三年パリで死去したため、助手の知三郎にお鉢がまわってきたのである（緒方知三郎『一筋の道――私の研究回顧録』）。前年（明治四十二年）、当時の医科大学長青山胤通に病理学者になることを強く勧められ、同意すれば直ちに留学させるという話であった。そこで大阪に帰り、両親近親に相談したところ、「結局祖父洪庵のあとを継ぐ意味になるから病理学者として身を立てよ」との父惟準の命により、学長の推薦に従った。

明治四十三年冬、ベルリン大学に入学し、医学部の諸学科の講義・実習を受けるとともに、病理学教室に入室、オルト教授のもとで脳栓塞・循環器・唾液消化の研究に従事した。ついで翌年七月、ドイツのフライブルグ大学病理学教室に移り、大正元年（一九一二）九月末までアショフ教授の指導を受ける。「口腔の病理解剖学」というテーマを与えられ、研究に没頭する。アショフ教授の誠実、勤勉に感嘆し、将来に絶大な影響を受けたという。前掲『一筋の道』で彼は次のように述べている。

図36–29　緒方知三郎

> このアショフ先生の教室における修業が私の全留学期を通じてのクライマックスで、その後の修業はその余波に過ぎないものだといっても差し支えない。

大正二年一月、ベルリン市ウエストエンド病院病理研究室で研鑽ののち、同年十月帰国。同月東京帝国大学病理学講師を嘱託され、翌三年十二月助教授に任ぜられる。

十二年（四十一歳）十二月教授に任ぜられ、病理学病理解剖第一講座担任となる。昭和十八年三月（一九四三／六十一歳）退官、同年十二月同大名誉教授、同月東京医学専門学校（現・東京医科大学の前身）校長となる。十九年一月同校理事長、この年、「唾液腺内分泌に関する研究」に対し帝国学士院より恩賜賞を授与される。二十一年五月東京医科大学理事長兼学長となり、十一月には帝国学士院会員となる。

四十四年（一九六九）四月、財団法人内藤記念科学振興財団設立のさいに設立発起人（内藤豊次・石橋長英・高木誠司ら五人）の一人として名を列ね、さらに四十六年内藤記念くすり博物館（財団とは別組織）が開館したころ、長寿に関する七十六種におよぶ古書などを寄贈、「緒方長寿文庫」としてされている。

昭和四十八年八月二十五日没、遺骨は洪庵夫妻の墓碑の地下室に納められている。夫人は岡村輝彦の次女幸子、四十七年十二月二十二日没、享年八十三歳、遺骨は夫と同様。

著書には、『病理組織学を学ぶ人々に』（緒方富雄と共著、一九二七）、『病理学総論』上中下巻（三田村篤志郎と共著、一九二七・三一・三三）、単著『病理組織顕微鏡標本の作り方手ほどき』（一九三二）、『ヴィタミンと栄養』（栗山重信・島薗順次郎と共著、一九三七）、単著『病理学講義』（一九四五）などがある。

図36-30　緒方章

**(18) 緒方章**（明治二〇～昭和五三＝一八八七～一九七八）

緒方惟準の四男。明治二十四年十月二十六日生まれ。大阪府立中学校、第三高等学校を経て四十五年（一九一二）七月、東京帝国大学医科大学薬学科卒業。直ちに大学院に入り、長井長義に師事し、一年を経て助手となる。大正八年（一九一九）十二月「局所麻酔性を有するアミノ化合体の研究補遺」で薬学博士の学位を授与、昭和五年（一九三〇）医学部薬学科に新設された臓器薬品化学講座の初代教授となる（『大日本博士録』第一巻）。

昭和五十三年八月二十二日没、享年九十歳。遺骨は龍海寺にある洪庵夫妻の墓所に納められている。

著書に『一粒の麦――一老薬学者の手記』があり、同書には、肉親でなければ知り得ない惟準の臨終前後のことが詳細に書かれている（第32章参照）。

**⒆ 深瀬仲麿**（天保一二～明治七＝一八四一～一八七四）

緒方洪庵の六女十重の夫。大和国吉野郡十津川郷川津の野崎家の次男。名は惟一、通称は仲麿、のち深瀬姓を名乗る。長崎に赴き医学を修め、好んで書を読み、尊皇の志に燃えていたという。嘉永六年（一八五三）六月ペリー率いる米艦の浦賀来航を機に十津川に帰った。

十津川郷は南北朝時代以来、勤王の志の篤い地域で、豊臣時代は郷中千石の年貢は免除され、徳川幕府は十津川郷を天領としたが、年貢は免除の特典を与えられた。文久三年（一八六三）中川宮（青蓮院宮）に願い出て禁裏守護を命じられ、一〇〇名が上洛し警護にあたった。しかし在郷民は同年八月、公家中山忠光の率いる天誅組の乱に巻き込まれ、これに加担し高取城を襲ったが、総崩れとなり退却した。在京中の郷士は中川宮の命を奉じて帰国し、郷士らに天誅組からの分離を説き成功、忠光らは十津川郷から退去した。仲麿は在郷の一人であったのであろう、獄に投じられ、過酷な待遇を受け、瀕死の状態で王政復古を迎え、釈放されたという。

明治元年大坂府判事、三年東京へ召され舎人助となり東京府士族に列し、麴町区紀尾井町に屋敷を拝領、終身禄を賜る。七年一月十四日没、享年三十四歳、墓碑は緒方洪庵夫妻の墓碑がある駒込・高林寺にある。三十一年七月特旨をもって正五位を贈られる。明治二年五月一日に大阪舎密局の開局式が挙行されるが、その日に撮影された大阪府職員一同の集合写真のなかに仲麿もいる（口絵9の前列右端）。

〔資料〕
大植四郎『明治過去帳――物故人名辞典』（東京美術、一九八三）
芝哲夫「適塾門下生に関する情報収集および調査報告」（『適塾』一三号、一九八一）

**(20) 緒方鷺雄《さぎお》**（明治一三～昭和二七＝一八八〇～一九五二）

越前福井の藩士山本謙の次男、明治十三年三月二十六日生誕。幼少期を姫路で送る。はじめ大阪偕行社に入学、ついで東京の独逸協会学校で学んだのち、第一高等学校を経て福岡医科大学（現・九州大学医学部の前身）に入学、四十年十二月、同大学卒業、直ちに病理学教室の助手となる。洪庵の三男惟孝は一人娘敏《とし》（一八八八～一九六八）の夫として迎え、養嗣子とする。四十三年四月辞任、ドイツに私費留学、フライブルグ大学病理学教授アショフのもとで病理学を専攻し、翌十一月、ストラスブルグ大学衛生学教室に転じ、ウーレンフート氏につき細菌血清学を修め、かたわらホーフマイステル氏に医化学を学び、四十五年二月キアリ氏につき病理学も修得。大正元年（一九一二）十月帰朝、九州医科大学の稲田（龍吉）内科に勤めた。同年十一月、岡山医学専門学校の桂田冨士郎病理学教授が文部省から休職を命ぜられると、その後任として翌二年三月、講師を嘱託され、同年六月、病理学教授に任ぜられた。この年、「血小板形成に就いて」その他の論文で医学博士の称号を授与された（九州帝国大学審査）。在職二年余の大正四年九月に退官し、緒方病院の内科部長となる。

井関九郎『批判研究博士人物・医科篇』では、

大阪市に緒方病院あり、高安病院と相対して私立病院中の一流に在り。曰く緒方鷺雄はその内科部長として多年の声望あり。当年漸く四十六歳也。

図36-31　緒方鷺雄

読書家にして文雅を趣味し、業余絵画、音楽などを嗜む。賦性敦厚にして礼儀に篤く、手腕、人格共に円熟の域に入りて、声望益々高し、猶壮年にして春秋に富む、前途益々有為多望の人物と云ふべし。

と評されている。昭和二十七年十二月二十二日没、享年七十三。

〔資料〕

井関九郎『批判研究博士人物・医科篇』（発展社出版部、一九二五）

緒方博士の簡歴（『東京医事新誌』一八四九号、一九一三）

『岡山大学医学部百年史』（岡山大学医学部、一九七二）

**(21) 緒方郁蔵**（文化一一～明治四＝一八一四～七一）

現・岡山県井原市芳井町簗瀬の生まれ。本姓は大戸氏。郷里の師、山鳴大年の勧めにより江戸の昌谷《さかや》精渓《せいけい》に漢学、ついで坪井信道に蘭学を学ぶ。この坪井の蘭学塾（日習堂・安懐堂）で緒方洪庵と知り合う。天保八年（一八三七）洪庵が大坂瓦町で蘭学塾の適々斎塾を開設したとき参加し、開設時の塾運営に協力した。また洪庵がドイツ人医師フーフェランドの蘭訳本の翻訳を志したさいに協力し、『扶氏経験遺訓』二五巻、附録三巻、薬方二巻を出版した。本の表紙裏では「緒方洪庵訳本」と単独名になっているが、第一～二五巻および薬方二巻の各巻冒頭には、つぎのように記されている。

図36–32　緒方郁蔵

足守　緒方章公裁

義弟郁子文　同訳

西肥　大庭　景徳　参校

しかし附録三巻は洪庵単独の「訳述」で、後者二人が「参校」と記されている。翻訳を契機に、洪庵は緒方姓を名乗らせ、義兄弟の契りを結んだという。弘化元年（一八四四／三十一歳）郁蔵は適塾を離れ独立することを許され、最初の適塾があった瓦町に独笑軒塾を開いた。安政元年（一八五四）には土佐藩大坂藩邸で蘭学の教授を依嘱され、二〇人扶持を支給され、維新後も同藩との関係は続いた。

明治元年三月二十三日～閏四月七日の間、明治天皇が大阪に行幸したが、大阪裁判所に御沙汰書を下し、浪華病院を建て、病人の治療を行う計画のあることを伝えた。この病院建設の基礎調査を郁蔵は太政官から命ぜられた。次の辞令は、年号は記されていないが、明治元年のものであろう。

官録《（禄）》二百石本国生国共備中高智藩緒方藤原大神朝臣惟嵩
　　　　緒方郁蔵
右当地エ病院御取建之儀被仰出候ニ付、掛リ被仰候事
　五月十四日

そしてまた同日付で次のようにある。

右病院取建之場所并医師人物制度規則等、見込之分早々取調べ可申出事
　五月十五日　　太政官

この中央政府の命令書によって、郁蔵は浪華（大坂）仮病院設立の主管者には緒方惟準が最適であり、外人教師は惟準の師であるボードインが適任であると、当局に推薦したと考えられる。郁蔵はオランダ語の翻訳には通じていたが、オランダ人との会話の経験は不充分で、ボードインの講義や治療などの通訳は行わず、陰で惟準を支える役に徹したのであろう。かくて明治二年二月、浪華仮病院が大福寺に開設され、同年七月、鈴木町の代官所跡に移転したのち、郁蔵には次のような辞令が出された。

「　　緒方郁蔵

以御雇西洋医取調申付候事

巳八月　緒方郁蔵　太政官」

「任大学少博士

叙正七位

右

宣下候事

明治二己巳十一月八日　太政官」

「以当官大坂在勤被仰付候事

十一月　緒方少博士　太政官」

「右翻訳編集専務被仰付候事

十一月　緒方少博士　太政官」

「当分御雇仮病院掛リ申付候事

十二月　緒方郁蔵　太政官」

かくて蘭医ボードインの講義は緒方惟準らの通訳によって進められ、生徒らが筆記した。最初にボードインが行った講義は男性の泌尿器および生殖器の病気（性病を含む）で、これが明治二年十二月、郁蔵の序文を付して一一巻一一冊で刊行された。本のなかに、「官版日講記聞・毎月必出一編・大坂医学校」と続刊が記されているが、ボードインの講義録の刊行はこれだけに終わってしまった。郁蔵に病気の徴候があり、そのため中絶したのであろうか。

郁蔵はこの出版の約一年半後の明治四年七月九日、喉頭悪性腫瘍で没したという（古西義麿「緒方郁蔵と独笑軒塾」、『日本洋学史の研究Ⅳ』）。享年五十八歳、義兄緒方洪庵と同じ龍海寺に葬られる。同郷の碩学阪谷朗盧《ろうろ》の「研堂緒方先生碑」と題する文章（『阪谷朗盧全集』／阪谷素『朗盧文鈔』）があるが、墓碑には刻まれていない。

その他の著訳書に『散花錦嚢』『日新医事鈔』（図36-33）『内外新法』および未刊の『薬性新論』がある。

**(22) 緒方郁蔵の妻と子供**

妻は西宮住の辰馬庄三郎の次女栄子で三男一女をもうける。

長男は太郎（後述）。

次男三郎は東京帝国大学工科大学を卒業後、大阪造幣局技師・日本銀行技師などを歴任する。

三男四郎は諸医家で修業した免許医で、明治三十七年（一九〇四）大阪慈恵病院医長となり、ついで四十一年堀内耳鼻咽喉病院次長をつとめる（古西義麿「史料研堂緒方郁蔵先生伝」、『医譚』復刊七八号、二〇〇二年）。

図36-33　『日新医事鈔』

郁蔵は長女久重（一八六〇～一九一二）の婿養子に妹尾道平（一八四四～一九二五）を迎え、家を嗣がせた。この道平夫妻に四男二女あり、長男雄平（和歌山中学教諭）、次男大象（九州帝国大学生理学教授、カブトガニの心臓の研究で著名）、三男竹虎（朝日新聞副社長、吉田内閣副総理、自由党総裁）、四男龍（福岡聖福病院院長）である。適塾門人伊藤慎蔵が摂津国有馬郡名塩村（妻時子の郷里、現・西宮市名塩）に一時移住したとき蘭学塾を開いたが、その門人帳に、

慶応三丁卯夏四月　摂州名塩伊藤塾　妹尾道平　備中下道郡矢田之住

と記されている。

**(23) 緒方太郎**（安政四～明治三三＝一八五七～一九〇〇）

安政四年十一月二十四日、大阪市中央区（現・東区）北久太郎町の生まれ。父は緒方洪庵の義弟緒方（本姓大戸氏）郁蔵。明治七年九月、東京医学校に入学、予科・本科の八年を修め、十六年七月東京大学医学部を卒業、同月宮中顧問官侯爵久我通久の娘菊子（伯爵東久世通禧の養女、慶応二年生）と結婚。以後の略歴は次の通りである。

図36-34　緒方太郎一族集合写真（明治32年5月23日写）
前列左より：緒方太郎（43歳）・菊子（太郎妻／35歳）・章代（長女／16歳）・明江（次女／12歳）・緒方四郎（太郎弟／33歳）
後列左より：大戸弥五郎・緒方道平（父／54歳）・緒方三郎（太郎弟／38歳）

十六年八月　秋田県医学校一等教諭兼秋田病院医局長（月俸一二〇円）
十七年八月　依願退職
九月　新潟県医学校一等教諭兼同校附属病院医長（月俸一三〇円）
十九年五月　富山病院院長
二十一年三月　第三高等中学校医学部（岡山県医学校の後身）教諭（奏任官四等）
二十二年二月　依願免官、同年三月、緒方病院副院長を嘱

託される

二十五年二月　解嘱、大阪市東区瓦町二丁目八百屋町筋東入る北側で開業

三十三年春、飲酒が素因となり、脳卒中に罹り、一時軽快し業務復帰したが、十月三十一日、患者宅で倒れ、

十一月二日に死去、享年四十四歳。同月四日、北区長柄墓地において仏式で送葬、墓は洪庵および父郁蔵の

墓がある北区龍海寺にある。訳書として『医家懐中必携』一冊がある（七七七ページ）。

惟孝や惟準夫人吉重の収二郎（ドイツ留学中）宛の書簡によれば、太郎は副院長でありながら勤務が不真面目で、院長惟準の注意にも従わず、手をやいて困っている様子がうかがえる（資料篇八九六～八ページ）。これは私信でなければ分からないことで、興味深い事実である。収二郎が帰国するやすぐ副院長を解任され、かわって収二郎が副院長に就任した事情が納得できる。

〔資料〕

「故医学士緒方太郎氏の略歴」（『東京医事新誌』一一八三号、一九〇〇年）

その他、大戸氏（岡山県井原市芳井町）および緒方家からの筆者宛私信による。

## (24)　億川（岸本）一郎（嘉永二～明治一一＝一八四九～七八）

嘉永二年六月十日、摂州有馬郡名塩村で生誕、父は医師億川信哉（緒方洪庵妻八重の弟）、母は同村紙漉業木村新右衛門の娘美津。幼少のとき教行寺の住職に漢学などを学んだようで、「東脩　億川一郎」と稚拙な字の包紙および適塾で勉学中の父信哉から住職へ送ったと思われる書状が襖の下張りから見つかっている。それには、「ぶしつけですが、愚息のこと宜しくお願いします。私もこの春以来蘭学に志し、及ばずながら勉強しており、寸暇もありません。それ故世話も行き届きませんので、恐れながら幾重にも宜しく願い奉ります。近日中に御礼

に参上します。六月二十六日　奥川《（マヽ）》翁介」という意味のことが書かれている（翁介は信哉の青年期の名）。やがて大坂に出て、藤沢東畡・池内陶所・後藤松陰に漢学を学んだのち、文久二年（一八六二）二月三日、適塾に入門する（十七歳、門人録には「豊富一郎」と記載）。洪庵はこの六か月後に江戸へ召され、翌三年六月十日急死する。洪庵の死後しばらくして、八重夫人らの生活も安定してきたので、甥の一郎を江戸へ呼び寄せ開成所に入学させた。八重は郷里名塩の両親と弟信哉夫婦宛書状（元治元年八月二十日付）に「一郎も過日より開成所での寄宿も止め、自宅に帰り日夜出精致しておりますので心配しないように」と書き、また「一郎も一生田舎に住むようになっても口惜しいので、先々のことを考えると、今の内はこの江戸で何事も稽古させたく思っております」と記している（緒方富雄・梅溪昇・適塾記念会編『洪庵のてがみ・その五』）。

慶応二年（一八六六）英国公使パークスの建言により幕府は英国へ留学生を派遣することとなった。この選抜試験が開成所で行われ、八〇余名の中から岩佐源二・福沢英之助・伊東昌之助・安井真八郎・外山捨八（正一）・億川一郎・成瀬錠五郎・杉徳次郎・林桃三郎（董）・箕作圭吾・市川森三郎・箕作大六（菊池大麓）の一二名が選ばれた。このとき一郎は御番医学所教授職であった。一行の取締役として中村敬輔（正直／三十五歳）と川路太郎（二十三歳）の二人が追加された。

図36-35　岸本（億川）一郎

一行は英国一等士官海軍教師（海軍付牧師）L・W・ロイド（Lloyd）に引率され、慶応二年（一八六六）九月二十五日、横浜を出航、上海・香港・シンガポール・セイロン島・アデン港を経てスエズに上陸、ついで陸路汽車でカイロを経てアレキサンドリア着。ここから再び地中海を航行、マルタ島・ジブラルタル海峡を経て十二月二十八日、イングランド南岸の港市サウサンプトン（Southampton）に到着、上陸した。ついで汽車に乗り同日夕方、終着地のロンドンに着き、大きなホテルに宿泊した。翌三年の元旦をこのホテルで迎えたが、二日には比較的安いホテルに移った。英国に到着して間もなく留学生一行の監督に英国から正式に任命されたロイドは大きな五階建ての邸宅を購入したので、二月一日から、この家に留学生一四名がロイドの家族とともに生活し、勉学することになった。

七時起床、九時からロイドの講義、午後は運動のため散歩、夕方五時には必ず帰宅を義務づけられ、違反したときは謹塞償金の罰を受けた。夜七時から九時まで教師に従い勉学。九時から十時までは日本歴史などを英文に訳し、十時からは各自、自室に入り翌日の下読みなどをする。川路は中村とともに、大坂の儒学者中井積徳の『逸史』を英文に訳したという。このような日課がつづくが、やがてロンドン大学高等予科（カレッジスクール）に入学することができた。しかし幕府倒壊により本国からの送金の道も絶え、さらに慶応四年（明治元）正月、新政府から英仏蘭露の各国にいる留学生全員に帰国命令が発せられた。英国留学生一行は帰国費用を在仏の渋沢栄一に出してもらい、仏蘭の留学生らとともに、同年閏四月末パリに集結、帰国の途についた。この一行のなかには一郎の従兄の緒方洪哉（惟準、オランダ）と緒方十郎（惟直、フランス）もいた。一行は六月二十日（西暦八月八日）に横浜港に帰着した（『東久世通禧日記』上巻）。

帰国後、慶応四年九月、尼崎藩の洋学教授に召し抱えられ、一〇人扶持を給与される。明治二年五月一日に開講した大阪舎密局の助手に任命され、八月には一等助手を命ぜられる（このころ、曾祖母の実家の岸本姓を名乗る／図36-36）。舎密局オランダ人教師ハラタマの辞任後は、プロシア人リッテルに師事、大学得業生、ついで文部少助教十等出仕、ついで上京し九等出仕、明治七年、順天堂の佐藤舜海の推薦により紙幣寮に出仕、紙幣寮頭得能良介のもとで、イギリス人の開成学校化学教師アトキンソンとともに紙幣用のインキ製造に尽力した。舎密局長、舎密学頭、試験部総長を経て精肉部技師を歴任した。明治十一年七月三十日病没、享年三十歳。墓碑は緒方洪庵夫妻と同じ高林寺（東京都豊島区駒込）にある。かつては本堂の前にあったが近年、洪庵夫妻の墓碑の近くに移された。大きな碑で、題額は紙幣局長得能良介、撰文は一等編集官重野安繹、表全面に彼の略歴・業績や得能の追憶などが記されている。裏面には碑の建立に醵金した紙幣局の本局、製版、精肉、彫刻、調査、生理、抄紙、活版、機械、学場の各部の職員およびイタリア人画家キヨソネの名も刻まれている。

〔資料〕

「岸本一郎墓碑銘」
中山沃「緒方八重の弟、億川信哉の周辺」（『適塾』一三号、一九八一）
芝哲夫「適塾門下生に関する調査報告(17)」（『適塾』三〇号、一九九七）
亥野彊・古西義麿「緒方洪庵夫人八重の書状」（有坂隆道編『日本洋学史の研究Ⅲ』、創元社、一九七四）

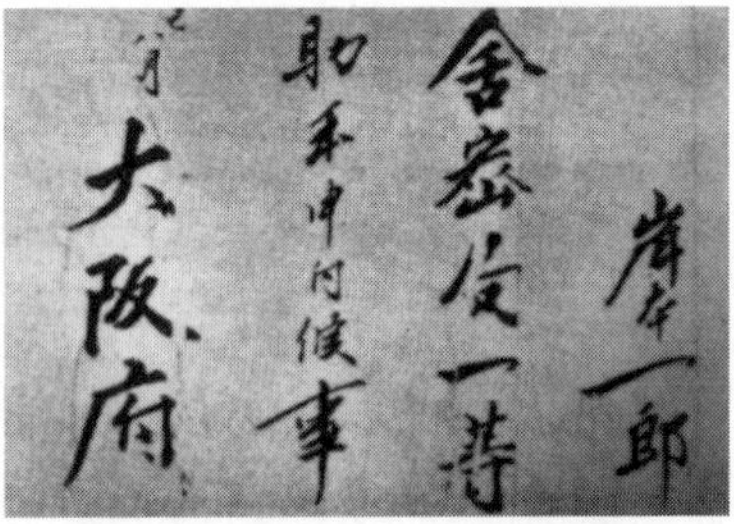

図36-36　岸本一郎の舎密局辞令

川路柳虹『黒船記』（法政大学出版局、一九五三）
石附実『近代日本の海外留学史』（ミネルヴァ書房、一九八四）
神陵史資料研究会編『史料神陵史――舎密局から三高まで』（神陵史資料研究会、一九九四）

# 第37章　緒方惟準の周辺の人々

## 一　長崎遊学・オランダ留学時代

**(1) 松本順**〈初め順之助、ついで良順〈幕末〉、順〈明治四〉と改名／天保三〜明治四〇＝一八三二〜一九〇七〉

天保　三年（一八三二）　六月十六日、医師佐藤泰然・母たきの次男として江戸麻布我善坊で生誕。

　九年（一八三八）　父泰然、長崎より帰り、両国の薬研堀で開業。

十四年（一八四三）　泰然、下総国佐倉（現・千葉県佐倉市）に移り、順天堂を設立し西洋外科を開業、良順は薬研堀の義兄林洞海邸に残る。

弘化　四年（一八四七）　佐倉に移り、順天堂で父の助手を務め、嘉永二年までとどまる。

嘉永　二年（一八四九）　医学館試験に合格、幕府医官松本良甫の養子となり、良甫の娘登喜と結婚（十八歳）。

　四年（一八五一）　深川冬木町の蘭方医坪井信良（信道のあとを継承、適塾門人）の塾に入門通学、長男銈太郎誕生（信道は嘉永元年十一月八日没）。

安政　元年（一八五四）　四月、幕府に出仕。

　三年（一八五六）　竹内玄同・林洞海に蘭方を学ぶ（二十五歳）。

　四年（一八四七）　二月、幕府の命により、長崎に赴き蘭医ポンペに西洋医学を学ぶ。

図37−1　松本順
（晩年の陸軍軍医総監）

安政　六年（一八五九）　九月、ポンペとともに、死刑屍体の解剖を実施。

秋、緒方惟準、順に入門、ポンペに従学。

文久　元年（一八六一）　七月、長崎に西洋式病院養成所（のち精得館と改称）落成。ポンペは養成所教頭、順は頭取に任命。

二年（一八六二）　閏八月、奥詰医師兼西洋医学所頭取助に任命（頭取は緒方洪庵）。

十月ころ、長崎を去り江戸にもどる。後任の頭取に薩摩藩医師八木称平（適塾門人、門人録には「八木元悦」とある）が任ぜられるが、鹿児島への一時帰国途上、長男が急病で死亡。遺骨を抱いて帰国し、再び長崎にはもどらなかったため頭取には戸塚文海（適塾門人）が就任。

九月、ポンペ帰国、後任にボードインが就任。

三年（一八六三）　三月、将軍家茂に従い同僚二〇余名とともに上洛。在京中、長崎奉行大久保豊後守の要請により養生所の事態改善（これは頭取戸塚文海が生徒の信頼を失なったことに由来するものであった）のため長崎に赴いたのち、京都にもどる。

六月、陸路江戸に帰る（家茂は海路江戸に帰還）。

六月十日、洪庵死去。

九月、洪庵の後任として西洋医学所頭取に就任（三十二歳）。

元治　元年（一八六四）　二月、徳川慶喜の病いにつき上洛、五月江戸に帰る。

慶応　元年（一八六五）　五月、将軍家茂に従い上洛、九月、長州征伐につき、将軍に従い大坂城にとどまる。

二年（一八六六）　七月二十日、家茂が大坂城で没（二十一歳）、このとき順が脈をとる。

八月、京都に赴き、慶喜の侍医となる。

十二月五日、慶喜、将軍となる。

三年（一八六七）　京都より江戸に帰る、根津に検黴病院を設ける。

長男銈太郎、緒方惟準とともにオランダに留学。

明治　元年（一八六八）　三月、西洋医学所を改め陸軍病院とし、順は歩兵頭格海陸軍病院頭取に任命。

四月、朝廷軍東征のため、順は会津へ向かい、会津藩に軍陣医部を設け、米沢・庄内を経て仙台に赴く。

六月、銈太郎、緒方惟準および仏・英留学生らとともに帰国（九月八日明治と改元）。

九月、幕府艦隊を率い江戸を脱走した榎本武揚と仙台で会い、北海道へ同行を求められるも断る。

十一月、蘭商スネルのホルカン号で横浜へ密航し、潜伏する。

十二月、捕えられて江戸へ、飯田の松平筑前守邸に預けられる。次男鵬之助が誕生。

二年（一八六九）　三月、本郷の加賀藩邸に幽閉されるが、十二月許され、静岡藩徳川邸で謹慎。

三年（一八七〇）　五月、自由な身となる。

十月、牛込村早稲田に病院兼塾舎の「蘭疇舎《らんちゅう》」を設立。

四年（一八七一）　三月、兵部少輔山県有朋（のち初代陸軍卿）が順を訪問、兵部省出仕を促す。大学出仕、兵部省病院掛を拝命。

八月、軍医頭となる。

十二月、順と改名、
この年、軍医部が制定される。

明治　五年（一八七二）　二月、兵部省廃止、陸軍省・海軍省が設置される
六年（一八七三）　五月、初代の陸軍軍医総監となる（四十二歳）

八年（一八七五）　二月、馬医監を兼任、五月、陸軍本病院長兼馬病院長に就任。

九年（一八七六）　四月、馬医監を免官。

十年（一八七七）　西南戦争時には在京勤務および大阪以西へ出張巡回する。

十一年（一八七八）　五月、西南戦争の勲功により勲二等旭日重光章を授与。

十二年（一八七九）　四月十六日、長男銈太郎没（二十一歳）、六月退官（四十八歳）。

七月、中央衛生会議員。

十月、陸軍軍医本部御用掛。林紀《つな》（順の甥）が陸軍軍医総監に就任。

十四年（一八八一）　一月、日本薬局方委員となる。

十五年（一八八二）　八月三十一日、陸軍軍医総監の林紀がパリで病没（三十九歳）。

九月、ふたたび現役に復帰し、本部長および軍医総監となる。

十八年（一八八五）　五月、本官を免職、陸軍軍医本部御用掛となる。橋本綱常が後任の軍医総監に任命。

この年、神奈川県大磯に海水浴場を開く。

十九年（一八八六）　三月、軍医本部が廃止となり非職。

二十三年（一八九〇）　九月、貴族院議員に任命、十月予備役に編入される。

二十五年（一八九二）大磯へ隠退、別荘を構える（のち借財のため手放す）。

二十六年（一八九三）七月十四日、夫人登喜没（五十八歳）、十月九日、次男鵬之助が溺死（二十六歳）。
三　十年（一八九七）四月、後備役となる（六十六歳）。
三十三年（一九〇〇）「蘭疇翁昔日譚」を『医海時報』（二九八～三一二号）に連載する。

三十五年（一九〇二）四月、退役、十六日、偕行社で古稀の宴開催。

三十八年（一九〇五）三月、男爵を授けられ、勲一等瑞宝章を授与、従三位に叙される。
四　十年（一九〇七）三月十二日、大磯の自邸で死去、享年七十六歳、十七日午後一時、大磯の妙大寺で葬儀、同地の鴫立《しぎたつ》庵に葬る。
この年、「蘭疇自伝」を『東京医事新誌』に発表（六一三ページ）。

○没後の大磯町の動向

昭和　四年（一九二九）八月、大磯研究会が中心になり、八五三人の寄附金により、大磯照ケ崎海水浴場に「松本先生謝恩碑」を建立（三〇一ページ図21-4）。

七年（一九三二）松本順生誕百年祭を謝恩碑前で開催。

九年（一九三四）七月一日、海水浴場開きを兼ねて開祖松本順五十年祭（海水浴場開設五〇周年）を開催。

二十九年（一九五四）遺族が鴫立庵に埋葬されていた順の遺骨を妙大寺に建立した墓に改葬（三〇〇ページ図21-3）。

五十九年（一九八四）六月二十四日、大磯海水浴場開設百年記念式典を開催。

七月二十五日～八月十九日、記念展を大磯町立図書館で開催。

平成十九年（二〇〇七）三月十一日、松本順百周忌法要を妙大寺で営む。

七月三日～九月二日、松本順没後百周年記念展「大磯の蘭疇――松本順と大磯海水浴場――」を大磯町郷土資料館で開催（二〇ページの図録を作成）

○松本順の著書・論文

侍医々学教頭蘭疇　松本良順誌・陰士楽斎山内豊城校閲補註『養生法』（和装一冊、元治元＝一八六四、英蘭堂／二二ページ図3-4）

『民間諸病治療法』（一八八〇）

松本順口授・門人筆記『海水浴法概説』（杏陰書屋、一八八六／国立国会図書館蔵）

松本順口授・高松保郎筆記『民間治療法』（愛生館蔵版、一八八八、巻頭に内大臣三条実美の題字「延齢」、公爵一条実輝の題字「愛生済民」、出雲国造千家尊福の序文、松本順の肖像、高松保郎識の「松本順先生略伝」、同氏記述「民間治療法発行の主意」があり、本文は一三二ページ／二一ページ図3-5）

「略伝」の中で、筆記者は「先生常に人を済ふ事を好み、財を投じて愛惜の色なし。その屢々売薬者に方剤を与ふるは、辺境医者に乏しく病者の薬なきを憐れむの慈心最も深きに依れり」と記し、また「発行の主意」では、医療を受けるのに不便な土地にすむ庶民は売薬にたよっている。そこで先生の方剤を与えて欲しいと要請したところ、先生はこれに賛同し、先生の方剤を与えると同時に、先生の薬を用いる者に便利なために、この『民間治療法』一篇を口述した、との主旨を記している。

『通俗民間治療法』（一八八九）

『通俗医療便方』（一八九二）

『通俗衛生小言』（一八九四）

松本順口話・社員筆記「蘭疇翁昔日譚」（『医海時報』二九八～三一二号、一九〇〇）

図37-2　『民間治療通俗薬剤及……』の題字「有効」

松本順口授・窪田昌筆記「蘭疇」（『明治文化全集』第二四巻科学篇、日本評論社、一九三〇、明治三十五年の古稀祝宴にさいし、執筆配布した未定稿）

「蘭疇自伝」（『東京医事新誌』一五二五〜九四号：不定期連載、一九〇七〜〇八）

松本順口授抄録・松下孤舟（元俊）著『民間治療通俗薬剤及救急手当摂生法』（回生館、一九〇六、冒頭に松本順の題字「有効」が掲げられ、本文三〇ページ／図37-2）

○その他松本順に関する著述

「松本順先生小伝」（『日本大家論集』二巻三号、博文館、一八九〇、巻頭に松本順の軍服姿の肖像を掲載）

**(2)　松本銈太郎**（嘉永三〜明治一二＝一八五〇〜一八七九）

松本順の長男。嘉永三年三月十九日生まれ、母は登喜。漢学・普通学を学んだのち、文久元年（一八六一／十二歳）母に伴われ、数年前から長崎に在留していた父のもとにいたり、オランダ語や数学の教育を受けた。同三年、両親とともに江戸に帰るが、元治元年（一八六四）幕府の命を受けて再度長崎に遊学、オランダ人教師ハラタマに従い化学を専攻した。慶応二年（一八六六／十七歳）、緒方惟準（二十四歳）とともにボードインにともなわれてオランダに留学、幕府倒壊により同四年六月二十日、惟準らとともに帰国した。帰国後しばらく在京のハラタマに師事、化学実験などに従事する。

明治元年（一八六八）大阪に舎密局《せいみきょく》（理化学専門教育の学校）を開設することが決まり、翌二年五月一日、大阪城西（大手通旧京橋口御定番屋敷跡）に新設され開講式が行われた。銈太郎は旧師ハラタマ、旧友の三崎嘯輔・田中芳男らとともに教師として、化学の講義を担当した（開講式当日の集合写真が口絵9）。三年三月（二十一歳）太政官より大教授に任命、従七位に叙せられる。同年十二月、ハラタマは帰国した。

明治四年、ドイツに留学、ベルリン大学のホフマン（Augusut Wihelm Hofmann）教授に師事する。ホフマンは当時ドイツ化学界の指導的学者であった。そのころ同研究室には柴田承桂・長井長義も留学中でともに精進した。業績「フェニルオキシクロチン酸」など四篇の研究論文はドイツ化学会の機関紙『ベリヒテ（*Berichte*）』誌に掲載された（一八七五〜七八）。これは長井長義の論文とともに、わが国の研究者の業績がヨーロッパの権威ある専門学術雑誌に発表された最初である。十一年（二十九歳）下肢の脱疽にかかり、手術をうけること再度におよんだが全治せず、同年帰国。翌十二年四月十六日没、享年三十歳。墓は東京都谷中天王寺墓地にある（村上一郎『蘭医佐藤泰然』／日蘭学会『洋学史事典』／芝哲夫『日本の化学の開拓者たち』）。

佐藤家の墓碑群は最近、谷中天王寺墓地最北端の「甲新一六号二四側号」と符号がつけられた区域に移された。JR日暮里駅西口に近い場所である。この佐藤家の墓域の正面奥の中央に「佐藤信圭（泰然）・室滝子墓」と刻まれた墓碑があり、向かって左前に松本銈太郎の墓碑がある。墓碑正面に右から、

紀元二千五百三十九年四月十六日　卒

齢二十八歳一月

従七位　松　本　銈　墓

と刻まれ、その左上部に、

明治十二年

三月十四日

東京日々

新聞二千
百七十九号

とあり、その下に細字一〇行で『東京日々新聞』の記事が途中までそのまま刻まれている（最後は「云々略」で終わる、句読点は筆者）。

茲松本銈君学業の履歴を聞に、其十二歳の時父に就て長崎ニ至り和蘭人に従て蘭語独乙語算術等を学び、十四歳江戸ニ帰、開成校に入、独乙語助教の令を蒙、十五歳ニて長崎ニ赴て化学士ガラタマ氏に従、理化学を習、十七歳の時ドクトルボードイン帰国の節、伴れて和蘭国に留学し、十九歳維新の変革をもて帰朝せられる。幸此時ガラタマ氏東京に居れたれハ、再同氏に従て化学旧式の蘊奥を極め、文部大助教を拝命し、従七位に叙せられ、大坂化学校長となり、廿一歳又独乙国に留学し大学に入り、化学教頭ホフマン氏に従て化学新式を学び、亦其蘊奥を極め、有機化学上ニ於、感賞すべき新説を出し、其独乙語をもて数条の奇説を著されたり。然るに廿八歳の冬、忽大患ニ罹リ、夏其故をもて帰朝せられしが、教頭ホフマン氏痛嘆愛惜し、自ら憑状を作り、其重病に罹れるハ、化学社会の大不幸と云はれ、学士チーマン氏が知友に贈れる書中に、松本銈君の化学精錬ニ於、其技術の精巧なると学識の高遠なるとハ天賦独得の妙あり、同氏の学術をして其本国の実用に施さしめハ其利益少々ならざるべし云々略

図37-3　松本銈太郎墓碑（裏面）

そして墓碑の裏面には、「正二位源慶永《よしなが》」（旧越前福井藩主松平慶永）の和歌一首が刻まれている。

梓弓ひきてと丶めむよくもかな　なき数に入る君の玉の緒

松平慶永（一八二八〜九〇）は明治二年（一八六九）八月、大学別当に就任し、大学行政・教育に尽力した人物で、銈太郎を文部大

助教に任命した上司であった。慶永は大学における国学対儒学の主導権争い、行政官対教官の対立の解消に努力したが、国漢洋三学の併立策は失敗に終わり、翌三年、一切の官職を辞し文筆生活に入った。優秀で将来嘱望された若き化学者の死を悼み、かつての部下のために和歌を手向《たむ》けたのである。

### (3) 長与専斎(天保九~明治三五＝一八三八~一九〇二)

天保 九年(一八三八) 八月二十八日 肥前国彼杵郡大村(現・大村市)の生まれ、父は大村藩藩医大村中庵。

十二年(一八四一) 正月十三日、父病没(三十五歳)、ときに専斎は四歳。

弘化 三年(一八四六) 九月、祖父俊達(藩医/五十一歳)の嫡子となる(九歳)。

嘉永 二年(一八四九) 藩校五教館に入学。

安政 元年(一八五四) 藩校を卒業、六月下旬、大坂の緒方洪庵適塾に入門(十七歳/門人帳に記載なし)。

二年(一八五五) 二月、祖父俊達病没(六十歳)、家督を継ぐ。

四年(一八五七) 八月、ポンペ長崎出島に着。九月二十六日、長崎奉行所西役所で医学講義開始。その後、大村町に移り大村町医学伝習所と称す。

五年(一八五八) 二十一歳。適塾塾頭福沢諭吉の江戸行きにより後任の塾頭となる。

六年(一八五九) 適塾を辞し、江戸への遊学を師洪庵に申し出るも、長崎のオランダ人教師ポンペに従学することを勧められ、あわせてポンペに学ぶ息子惟準の監督も依頼される。そこでいったん大村に帰郷。

七年(一八六〇) 一月(三月十八日万延と改元)、幕医松本良順の門人として、ポンペに従学。このときすでに惟準は伝習所に寄宿していた。

文久・元年（一八六一）　八月十六日、養成所および医学所の開院、開校式挙行。

二年（一八六二）　大村藩士後藤多仲の娘園子と結婚。

三年（一八六三）　五月、帰郷して家業を継ぐ。ほどなく藩主大村純熙の嫡子の療養掛となり、秋に侍医となる。

慶応　元年（一八六五）　大村純熙が猟銃で前腕を負傷。長崎に遣わされ、ボードインから治療法を教えられて帰国。藩主の治療に成功する。

この年、養成所を精得館と改称。

二年（一八六六）　三月、長崎再遊の希望が聞き入れられ、藩命により伝習に赴き、ボードインに師事する。このとき、惟準は幕府伝習生として長崎に在留していた。

正月、長男称吉誕生（のちドイツに留学、東京市内で胃腸病院を開業）。

明治　元年（一八六八）　正月、病院長に当選。ついで新政府の知事沢宣嘉から精得館頭取（のち学頭と改称）を命ぜられる（九月八日明治と改元、この年、精得館は長崎医学校と改称）。

三年（一八七〇）　長崎医学校は大学（東京）の所管となり、大学小博士となる。

四年（一八七一）　七月、命により上京、文部小丞兼文部中教授に任命。

十月、文部大丞田中不二麿の欧米視察に随行、諸国の医事を調査する。

明治　六年（一八七三）　三月、帰朝。

六月、文部省医務局長となる（三十六歳）。

図37-4　長与専斎

明治

七年（一八七四）　十月、東京医学校校長となる。

八年（一八七五）　二月、次男程三誕生（のちアメリカの商業学校卒、生糸貿易商）。

六月、文部省所管衛生事務の内務省移管により内務省衛生局長となる。

六月十日、洪庵の十三回祭祀にあたり、惟準が旧適塾生を招待（第一回懐旧会）、五〇余名とともに出席。

九年（一八七六）　二月、内務大丞、文部省四等出仕兼補。東京医学校校長は兼務。

六月十日、第二回懐旧会（適塾同窓会）に出席。

十年（一八七七）　四月、東京医学校が東京帝国大学医学部となり、医学部綜理心得となる（医学部の初代綜理には池田謙斎が就任）。

十一年（一八七八）　四月、三男又郎生誕（のち東京帝国大学医学部卒、同大病理学教授、同大医学部長、同大総長を歴任）。

十二年（一八七九）　三月、医学部綜理心得を辞任、後任は石黒忠悳。コレラ対策のため中央衛生会発足、その委員となる。

十四年（一八八一）　一月、日本薬局方編纂委員となる。

十五年（一八八二）　十二月、中央衛生会副会長となる。

十六年（一八八三）　五月、大日本私立衛生会発足、副会頭となる。

九月、四男裕吉誕生（母の弟岩永省一の養子となる、京都帝国大学法学部卒、同盟通信社初代社長、貴族院議員）。

十八年（一八八五）　三月、内務省衛生局長、四月、元老院議員を兼任。

二十一年（一八八八）　五月、日本薬局方調査会委員長に任命。八月六日、五男善郎《よしろう》誕生（東京帝国大学英文科中退、小説家・劇作家・評論家）。

二十三年（一八九〇）　九月、貴族院議員に任命。

二十四年（一八九一）　八月、本官ならびに兼官を依願免官（五十四歳）。

二十五年（一八九二）　宮中顧問官に任命。中央衛生会会長を兼任。

二十八年（一八九五）　四月、臨時検疫局長に任命（明治二十七〜二十八年の日清戦争後、コレラが国内に侵入し、内務省内に臨時検疫局が設置されたことによる）。

三十三年（一九〇〇）　六月、臨時検疫局副総裁を兼務（大阪府・兵庫県・静岡県にペストが発生、蔓延の徴候があり、同局が設置されたことによる）。

三十四年（一九〇一）　六月、大日本私立衛生会会頭に就任。

三十五年（一九〇二）　六月、体調不良のため会頭を辞任。

九月八日死去、享年六十五歳。東京市青山墓地に葬られる。法号は光徳院殿貫道全智居士。病い重しの報により、八月十六日、特旨をもって正三位、勲一等瑞宝章授与。九月八日、両陛下より見舞いとして菓子折を、さらに十一日、祭資金八〇〇円、十二日、白絹二匹と重ねて下賜される。

〔資料〕

長与専斎『松香私志』（私家版、一九〇二）
小川鼎三・酒井シヅ校注『松本順自伝・長与専斎自伝』（平凡社東洋文庫、一九八〇）
外山幹夫『医療福祉の祖　長与専斎』（思文閣出版、二〇〇二）
伊藤整ほか『新潮日本文学小辞典』（新潮社、一九六八）

### （4）池田謙斎（天保一二〜大正七＝一八四一〜一九一八）

天保　十二年（一八四一）　十一月一日、越後国南蒲原郡西野新田の里正入沢健蔵の次男として誕生（長男は入沢恭平）。

安政　五年（一八五八）　三月、江戸に出る（十八歳）。

万延　元年（一八六〇）　伊庭軍兵衛の剣術道場に入門、このころ蘭学を学び始める。

文久　二年（一八六二）　緒方洪庵に入門を頼むも、医学所入門を勧められる。

三年（一八六三）　二月二十日、洪庵の塾に入門（門人帳に「北条謙輔」と署名）、養子となる。

二月二十一日、種痘所手伝池田玄仲（のち多仲と改名）は、洪庵の養子となった謙斎を養嗣子とする。玄仲は洪庵の死後（六月十日）、医学所頭取介手伝となる（頭取は松本順）。

元治　元年（一八六四）　幕命により緒方惟準・松本銈太郎・戸塚文海らと長崎養成所に入校（一月ころか）、ボードインに師事。謙斎口述の『回顧録』には江戸出発、長崎着の正確な年月日の記述はなく、当時の国内状況が次のように記されている。

「私が長崎へ立つたのは、たしか子歳［元治元年］だつたと思ふ。丁度あの武田耕雲斎の騒動があつた時［三月二十七日、筑波山で挙兵、十二月十七日、加賀藩に降伏］、彼が筑波山から越前辺まで走り、慶喜様が西江州へ出張された時分じやつた」「先づ東海道を通して伏見迄ゆき、こゝから大阪へ下つた。何でも年の暮で、将軍二度目の上洛［一月十五日］の前じやつた」

江戸を発ったのは後者の「年の暮れ［文久三年十二月］」というのが正しいと推察さ

図37-5　池田謙斎

れる。長谷川つとむ『東京帝大医学部綜理——池田謙斎伝』では、江戸出発を「十二月二十三日」と記しているが、典拠は不明で、長崎到着の月日は記していない。

明治

元年（一八六八）　一月、新政府が樹立され、幕臣が長崎にいては危いということで、二月、竹内正信らとアメリカ船で長崎を脱出、清国の上海へ逃れ、英国船に乗りかえ横浜港に着き、江戸に帰った（二十八歳）。三月、屯所医師となるが、六月免職。池田多仲の長女天留《てる》子《こ》と結婚。

十一月、大病院の医師となる（九月八日明治と改元）。

二年（一八六九）　七月、大助教に任命。十二月、池田多仲隠居、家督を相続する（二十九歳）。

三年（一八七〇）　六月、小典医兼大学大助教に任命、閏十月プロシア留学を命ぜられ、十二月、横浜港出航。

四年（一八七一）　一月、アメリカを経てベルリン着、ベルリン大学で学ぶ。

十月、陸軍省の留学生となる（三十一歳）。

六年（一八七三）　妻天留子没（二十一歳）。

八年（一八七五）　ベルリン大学でドクトルの学位を取得。

九年（一八七六）　五月十一日帰国、二十二日陸軍軍医監に任ぜられ、陸軍本病院に勤務。六月、宮内省御用掛を兼務。

この年、多仲の次女幾子（十八歳）と再婚（三十六歳）。

十年（一八七七）　一月、東京医学校長に任命、四月、東京大学創立、東京大学医学部初代綜理に就任、十月、二等侍医を兼任。

明治　十四年（一八八一）　六月、職制改正により東京大学綜理心得に就任。
十九年（一八八六）　宮内省侍医局長官に任命、東京大学御用掛免職。
二　十年（一八八七）　四月二十八日、妻幾子没、多仲の三女甲子《きねこ》と三度目の結婚（四十七歳）。
二十一年（一八八八）　五月、医学博士の学位を授与、本邦医学博士の第一号である（ちなみに、二号三宅秀、三号橋本綱常、四号高木兼寛、五号大沢謙二、六号田口和美、七号佐藤進、八号緒方正規、九号佐々木政吉、一〇号小金井良精などである。この当時は論文博士でなく、功績により授与された）。侍医局長を拝命。

二十三〜五年（一八九〇〜九二）　京都はじめ各地への天皇・皇后の行幸・行啓に供奉。

二十七年（一八九四）　日清戦争開戦により、九月明治天皇に供奉、広島に移された大本営へ。戦争終結により天皇に供奉、京都に移り、ついで東京に帰還した。大本営は二十九年九月に解散した。

二十八年（一八九五）　十月、日清戦争時の功により、勲一等瑞宝章を授与。
三　十年（一八九七）　三月、官制改正により陸軍一等軍医正（これまでは陸軍軍医監）。
三十一年（一八九八）　二月、本官および兼官を依願退官、華族（男爵）に列せられる（五十八歳）。

三十五年（一九〇二）　九月、宮中顧問官に任命。

大正　五年（一九一六）　勲一等旭日大授章を授与。

六年（一九一七）　入沢達吉が池田謙斎口述『回顧録』を刊行（平成六年、入沢家顕彰事業実行委員会が復刻本を出版）。

七年（一九一八）　四月三十日死去、享年七十八歳。法名は豪徳院殿成蹊大居士、墓碑は東京上野の谷中墓地に隣接する徳川家墓域にある。

子供は八男三女あり、長男秀一（のち秀男と改名／一八七〇～一九一八）は明治十八年（一八八五／十六歳）十二月、ドイツに留学、ストラスブルグ・ボン両大学で医学を学び、三十二年（一八九九／三十歳）に帰国、近衛聯隊に入隊するも病弱のため退官、鎌倉で開業する。大正七年十一月八日死去、享年四十九歳。

年譜からも分かるように、謙斎は洪庵に認められ洪庵の養子となり、幕府医師池田家の養嗣子となり、最後は天皇の侍医局長という医師として最高の名誉ある地位を極めた。洪庵の足跡とよく類似している。このような関係で、惟準とは長崎遊学時代から親友として交わり以後、家族ぐるみの交際をつづけた。その交遊を物語る惟準の書簡が池田家に多く残されている（池田文書研究会編『東大医学部初代綜理池田謙斎――池田文書の研究（上）』）。

○入沢・池田・竹山家の関係

入沢健蔵
- （池田）謙斎（侍医局長）―秀男
- 恭平（万延元年、養生所入門）
  - ＝唯 ―達吉（東大内科学教授、侍医頭）

竹山甫祐
- 唯
- 祐卜（蘭方医川本幸民門人）
- 屯（慶応元年、精得館入門）―正雄―初男
  - ＝常子（荻野久作―常子）
- 円

竹山屯はのちに新潟医学校校長となり、ついで新潟市で竹山病院を開設、明治期の財界人としても重きをなした優れた人物であった。竹山屯の孫初男が産婦人科医荻野久作（排卵期立証の「荻野説」で著名）の娘常子《ときこ》と結

婚している。

〔資料〕

池田謙斎口述『回顧録』（入沢達吉、一九一七）

『東京帝国大学五十年史』上冊（東京帝国大学、一九三二）

芝哲夫「適塾門下生に関する調査資料（九）」（『適塾』二二号、一九八九）

池田文書研究会編『東大医学部初代綜理池田謙斎――池田文書の研究（上）』（思文閣出版、二〇〇六）

酒井シヅ「池田謙斎宛のドイツ留学生からの手紙（講演要旨）」（『杏雨』一一号、武田科学振興財団杏雨書屋、二〇〇八）

蒲原宏「入沢達吉――近代文化の名医」（『越佐が生んだ日本的人物・続』、新潟日報社、一九六五）

長谷川つとむ『東京帝大医学部綜理――池田謙斎伝』（新人物往来社、一九八九）

『入澤家の人びと』（新潟県南蒲原郡中之島町教育委員会、一九九三）

## （5）長崎遊学時代の緒方惟孝（城次郎・四郎）の後見人太田精一

緒方洪庵の三男城次郎（のち惟孝）は、兄惟準にかわって長崎に留学することになり大坂を出発、文久元年（一八六一）四月一日長崎に到着した（十八歳）。しかし四日から発病した。洪庵からの手紙に次のようにある。

（前略）扨其許事、着後間も無ク四日より御発病、殊の外ナル大患ニ在之候よし驚入候次第、嘸々と察入申候。乍併太田氏等の心配ニて、早々米人の治療ニ預り、速ニ回復之旨、一同あんしん申候。病後養生肝要ニ候間、精々用慎可被致候。右ニ付米人へ謝義として反物差遣し可申旨、太田氏より被申越、草々近々幸便次第差下し候積ニ在之候（後略）（洪庵から城次郎宛同年四月二十五日付書状――緒方富雄・梅溪昇・適塾記念会編『緒方洪庵のてがみ・その三』）

惟孝が長崎到着早々に発病し、太田精一やその他の人々の世話でアメリカ人医師の治療を受けて回復した。その謝礼として精一からアメリカ人医師に反物を贈りたいので洪庵から送って欲しい旨の手紙が届いたことがわかる。そこで洪庵は反物とともに、文久元年五月七日付の次のような手紙を精一に送った（緒方富雄・適塾記念会編『緒方洪庵のてがみ・その二』）。

幸便ニ托し御座申越之縮緬一反、江戸絵図三枚差下し申候。宜ク御取斗御頼申上候。近来絹布殊之外高値、此品余りよくも無之候へ共、三ツ井にて極上品価一反弐百三十匁之品なり。江戸絵図一枚も三枚同品と存候へ共、是も大方之方ハ一枚壱分弐朱ニ存之候故、先ツ一枚丈ケにいたし、跡弐枚ハ弐朱ヅツにて相求メ差下し申候。もし不都合之事に候はバ又々御申越可被下候。万々昨日飛脚便ニ申上候事故、相略し申候。城四郎事よろしく御頼申上候。用事ノミ　草々頓首

五月七日　　　　洪　庵

精一（太田）賢兄

この文面から、精一が反物だけでなく江戸の地図を三枚所望していることが分かる。アメリカ人医師が江戸の絵図を希望していたのであろうか。この反物の長崎送りに関して、この手紙の十五日後（五月二十二日付）に、洪庵は惟孝へ次の返信を書いている（前掲『緒方洪庵のてがみ・その三』）。

本月（五月）八日出御状今披見候。其許不快も逐日快方之旨芽出度致安心候。時節柄随分大事ニ用慎可被致候。爰許一同無事安心可給候。執行方之事佐賀屋敷相頼ミ米人ニ親炙出来可申よし、折角勉強所祈候。先日太田へ向ケ返書遣し候節、松本先生行書状も遣し申候。拙者按ニは二宮添書も持参委細に打明ケ被申出、松本ニも無伏蔵（腹蔵）宿志之旨被申出候方、可然と存候。万事事を秘しい而は却而害ニなり可申と被候。もし太田氏最早出立ニ相成候事ナレハ、先日同氏へ向ケ遣候書状開封被致候て不苦候。米人へ進物之縮緬と江戸絵図ハ此頃其地之人服巻某老母ニ托し差下し申候。是ニも太田行書状差添有之候間、開封被致候て不苦候。右用事ノミ返事旁早々如此候。不備

五月廿二日　　　　　　　　　　　　　　　　洪　庵

城次郎（惟孝）殿

尚々太田氏ハ最早出立後と相察し候故、別ニ書状遣し不申、よろしく御申伝頼入候。其外長与（専斎）、本野、岡部等夫々宜ク御達し頼入候。　以上

この洪庵の手紙が長崎の惟孝に届いたのは、約十日後の六月二日前後と思われる。最後の一文から、太田精一は五月末に長崎を出発する予定を洪庵に知らせていたと察せられる。

太田精一とはいかなる人物であろうか。『緒方洪庵のてがみ・その三』の中では、この人物については一言も解説がなく、分からなかったと考えられる。

大坂在住医師の「安政五戊午（一八五八）仲夏改正　当時町請発行名医大輯」に「平ノ町三　大田（ママ）精一」と記されている。この人物が長崎における惟孝の後見人の太田精一と考えられる。洪庵の手紙から判断すると、五月下旬あるいは六月下旬ころには長崎を出発する様子である。当然大坂に帰るのであろうが、この安政五年以後の医師番付に彼の名前は見当らない。

池田謙斎の実兄入沢恭平（一八三一～七四）は万延元年（一八六〇）夏、松本順の門人として、養生所で修学した。彼は郷里越後国南蒲原郡西野を出立した安政七年（一八六〇）三月十四日から六月二十日までの「長崎遊学道中日記」を残している（長崎到着は四月十四日、なお「帰路漫紀」もある）。この道中日記の末尾に、「伝習所門録」と題し「佐州相川人　司馬凌海」を筆頭に、二七名の姓名・出身地が記されている。七番目に「京都人　太田精一」、八番目に「大阪人　緒方平三（惟準）」とある。

筆者の住む西宮市名塩一丁目庵ノ上墓地に、表に「緒方精哉先生 佐喜孺人墓」と刻まれた墓碑があり（図37-6）、その裏面には、

図37-6　緒方精哉（太田精一）夫妻墓碑

先生幼名鳳次郎本姓太田、考主計、日向城崎人、世世業医移家於浪華没焉先生継箕裘有名声後曰緒方氏娶弓場氏生三男二女明治十一年十月十七日没享年五十七
孺人摂州名塩村弓場五郎兵衛之長女也以貞妻慈母聞明治四十二年二月十八日没享年六十八

と記されている。

一方、長濃丈夫『緒方洪庵・福沢諭吉と名塩の地』所載の系譜には、次の上図のように記されている。

弓場五郎兵衛――長女サキ（緒方洪庵家養女）
　　　　　　　　＝
太田精一郎――――都一郎（養子・緒方姓）

弓場サキ（佐喜）
　　　＝――都一郎
太田精一

（精一郎は大阪医太田主計長男、明治六年弓場家に同居）

しかし、墓碑から考えてこれは誤りである。さらに、同じく庵ノ上墓地にある緒方都一郎の墓碑の裏面には「精哉長子　明治二十四年一月二十二日没、享年二十五」と記されている。したがって正しい系譜は右の下図のようになる。前述の「伝習所門録」の記載も勘案すると、太田精一郎は「精一」が正しく、のち精哉と改名したのであろう。

洪庵夫人の八重が洪庵の死後間もなくの文久三年（一八六三）八月五日付の郷里名塩村在住の妹億川ふくに宛てた手紙の中で、次のように書いている。

（前略）大谷清一事先生《洪庵》事を病死無、切られて御死去のよし申しふらし候由、是ハ同人の申しそふな事、何事も〳〵御取あけ被成ましく、よけてとふすかよろしく候、併おさき事扨々《さてさて》ふひんに存候。おさきによく

〳〵御申伝へ可被下候。此文は御老人様［八重の父億川百記］ニハ御見せ下されましく候　早々かしこ

（前掲『緒方洪庵のてがみ・その三』）

（後略）

「おさき（精一の妻）」の名前が記されているので、八重は「太田精一」の姓名を誤って「大谷清一」と記憶していたと考えられる。洪庵が切られて死んだと太田精一が言いふらしていることに、八重は不快感をあらわしている。精一が緒方姓を名乗ったのは、緒方家と弓場家との親密な関係から五郎兵衛の長女サキを緒方家の養女とし、そして精一が婿養子に入るという格好をとったのであろうか。八重の手紙にあるように、洪庵の死去のころには緒方姓を名乗ってはいない。本家の了承もえず、明治時代になり勝手に改姓したのであろうか。そしてそのとき精一を精哉と改名したのであろうか、これらについては不明である。

以上、当地名塩の庵ノ上墓地にある緒方精哉・サキの墓碑銘と都一郎の墓碑銘から、長崎で緒方惟孝の後見を務めた太田精一は弓場五郎兵衛の娘婿であることを明らかにできたと考える。

なお太田精一の長男都一郎は前述のように、「明治二十四年一月二十二日没、享年二十五」と墓碑に記されている。惟準の義弟緒方拙斎がドイツ留学中の緒方収二郎に宛てた明治二十四年四月八日付の次の書簡の中で、都一郎が当時流行のインフルエンザにかかり静岡で死亡したことを書き送っている（梅溪昇「緒方収二郎宛書簡他紹介(2)」、『適塾』三三号、二〇〇〇年、のち『続・洪庵・適塾の研究』所収）。

○略御承知も可有之、本邦ハ去暮よりインフルヱンザ再発之流行ニ而、東京ハ勿論、大阪表も旧冬ヨリチラチラ有之候処、一月ニ到、寒気非常にて、之ガ為メ同患者ハ大抵肺炎ヲ即発し、老人之分ハ鬼録に上リ候者最多ニ之アリ、東京ニ而ハ条公［三条実美、明治二十四年二月十八日没］ヲ始メ柳少将、元田［永孚《ながざね》、明治二十四年一月二十二日没］侍講等ノ高官、大阪ニ而ハ医師ニ而ハ高橋正純も死亡、外ニも両人数有名之人相果申候、緒方都一郎事も静岡ニ而同症ニ而相果候次第、（中略）静岡ニ而真島老母并ニ諏訪野女二月中纔ニ

数日ヲ隔テ黄泉之人ト相成申候、都一郎も同月カト奉存候、ナニシロ一月中三人之葬ヲ営申候襄一郎ノ心中気之毒之事ニ存候。（後略）

## 二　朝廷出仕・第一次東京在勤時代

### （1）高階経徳《たかしなつねのり》（天保五〜明治二二＝一八三四〜一八八九）

典薬寮医師、宮内省の侍医として明治中期まで残ったただ一人の漢方医である。典医高階経由の子。天保五年八月九日生まれ、嘉永七年（一八五四）正月、従六位・筑前介に任ぜられ、のち典薬少允となる。慶応四年（一八六八）二月「西洋医学御採用方」に関して建白書を上奏した。その内容は皇威宣揚のため西洋医学を根幹とする医道を確立し、医学所・病院・癲狂院などを設けて医学の研鑽につとめ、さらに鰥寡《かんか》孤独、貧窮無資、行旅艱難者に対する施薬、救療の方法を樹立して、外国におけるこの種の事業に一歩抜きんでた施設を設けたいと記している。さらに漢土古来の法には勝れている点もあるが、これにたずさわる者は近来修業を廃絶し切磋の功もなく、ただ家伝の法に因循して秩禄を世襲するのみであることはまことに嘆かわしい。そこで旧弊を一洗しなければ鄙拙の医道となって外国に対して国辱になると痛論している。また医学所・病院の設立にあたって、「実学」「実験之良医」を学頭ならびに取締役に任じ、その医学講師は「材芸」に重点をおいて、官臣のみならず町医からも推挙すべきであるとした。

この建白書は受理され、同年三月七日に次の布告が太政官から出された。

西洋医術之儀、是迄止置候共、自今其所長ニ於テハ御採用可有之被仰出候事（山田重正『典医の歴史』）

このような方針にそって宮廷でも洋方医を採用することになり、緒方惟準・青木研蔵・伊東玄伯（のち方成）が典薬寮医師に任命されたのである。

慶応四年（明治元）五月、経徳は軍務官病院医師を兼勤、ついで惟準とともに東京行幸に供奉、翌二年三月再び天皇に供奉し東京に転居する。同年九月大典医に任ぜられる。四年権大侍医、六年八月に少侍医に降格される。翌七年十一月台湾へ派遣される（同年十月三十一日、台湾問題について清国と協定が成立しているので、これは台湾派遣軍への慰問出張であろう）。十九年二月官制改革により侍医に任ぜられ奏任四等となる。二十二年三月二十五日病没、享年五十六歳（池田文書研究会編『東大医学部初代綜理池田謙斎　池田文書の研究（上）』）。

### (2) 前田信輔（のち元温／文政四～明治三四＝一八二一～一九〇一）

東京府大病院取締で、緒方惟準の前任者。薩摩藩士。若くして藩命により京都に出て、禁裏附典医について医を修学。藩主島津斉興に随行し江戸にでて、幕医多紀楽真院に学ぶこと一年、父の病いのため一時帰藩するが、ふたたび東上し、蘭方医の坪井信道に師事する。その後、信道の死去（嘉永元年十一月八日）により帰藩する。嘉永二年（一八四九）長崎に出て蘭医モーニッケに師事するが、ときに牛痘苗が船来し、モーニケは初めて種痘を町医阿部魯庵の子および通詞某の子二人に試み成功した。これを実見した前田はこの落痂《かさぶた》をひろい、直ちに帰藩し、藩命をもって城下で種痘を行った。ついで諭告《ゆこく》を発して藩内に行わせたが、領民はその理をさとらず、種々惑説をとなえて応じなかった。そこで藩侯島津忠義は自身をはじめ七～八名の子女に種痘を命じた。信輔は翻訳書を示し、その理を説明し、これによって次第に種痘をうける者が増え、のちには一日一八〇名にものぼった。信輔は他の医師らにその法を授け、領内に施行することを藩当局に請うた。藩はこれを許したので、これより藩内ではじめて種痘が行われるようになった。

嘉永四年（一八五一）江戸に出るが、藩侯は、幕府が信輔を徴用する気配を感じ、帰藩させた。斉興に勤仕すること数年、元治元年（一八六四）京都に出る。禁門の変が起こり薩摩藩兵は防戦し、長州藩を退けた。このおり信輔は西郷隆盛に委嘱され、宿舎に帰り病院の設備を整え負傷兵を治療した。
慶応元年（一八六五）帰藩、たまたま土佐藩の中岡慎太郎が来て、公卿三条実美のために医師を請うた。そこで藩主は信輔に三条公のいる太宰府行を命ずる。信輔は門人大島深造をともない太宰府に赴き、三条公に侍して看護につとめ親善となる。同三年（四十七歳）実美公の帰京に随行するが、途中の変事を慮り、信輔は策して迎船に従者を乗せ、実美一行は茶船に乗船して幕兵の視目を避け、無事京都に着いた。実美はその苦労に感謝した。

慶応四年正月、鳥羽・伏見の戦いが始まり、西郷は信輔に療傷のことを委嘱する。当時、日本の外科術はいまだ開けず、治効はかんばしくなかった。そこで信輔は洋方医を雇い施術することを請い、英医ウイリスを招聘し、治術を託した。諸藩の医師が多く見学におとずれた。また当時、多くの兵士が脚気にかかった。そこで信輔は食餌を撰用し、麦飯・小豆を食べさせたところ、すこぶる特効があり賞讃された。

朝廷はなかなか洋方医を採用しないので、信輔はしばしば実美を説得、また典薬頭高階経徳にも説いた。慶応四年二月、御親兵病院医師を命ぜられ、事務所を設け設備をととのえる。このとき、施薬院の古典にならい政府費用を弁給し、西洋各国にならい寺院・遊巷・牧牛などを管理し、相当の税金を賦課して、その支費を補う趣意を建議した。これが官設病院開設の初めである。

同年閏四月、実美に随行、江戸に行き、東山道官軍傷疾兵慰問のため下野地方に派遣される。当時、病院の設備は横浜にあるのみであった。そこで信輔は病院設置を建言して採用され、旧幕府の医学館・医学所・御薬園・病院御用取締を命ぜられる。そこで下谷の藤堂邸を接収して病院を開設し（七月）、医学所などに収容された幕兵は官兵と同じように救護した。信輔みずから病院内に止宿し、英医ウイリスを雇い、大病院と称し、日々五〇余人を収容した。また医療器具を購入し、その設備をととのえた。明治元年十月（九月八日改元）ころ辞任、その後任に、天皇に随行して東上してきた典薬寮医師緒方惟準が就き兼任した（十月二十五日）。

以後、信輔は警視医学校を設け、その院長となり、裁判医学の基を開いた。明治十年（一八七七）西南戦争に従軍、警視病院を戦地に設け、傷療に従事した。のち司法省に転じ、ついで文部省・警視庁勤務を経て、十六年退官、明治三十四年九月六日没、享年八十一歳。

〔資料〕
『国事鞅掌報効志士人名録』（史談会、一九〇九）
『東京大学医学部百年史』（東京大学出版会、一九六七）

## 三　大阪府医学校病院時代

**（1）三崎嘯輔《みさきしょうすけ》**（弘化四～明治六＝一八四七～一八七三）

大阪の舎密局のオタンダ人教師ハラタマの通訳をつとめた蘭学者・化学者。弘化四年五月十一日生まれ。福井藩医三崎草庵の末子で、はじめ宗玄、のち尚史・尚之・嘯とも称した。福井藩に出仕し、文久三年（一八六三）江戸に出て大鳥圭介（適塾門人）に蘭学を、さらに慶応元年（一八六五）長崎に遊学、精得館内の分析究理所でオランダ人教師ハラタマに化学を学ぶ。同三年一月、江戸開成所に招かれたハラタマに随行して江戸に赴く。

幕府倒壊後、大阪に開設された舎密局設立のため、ハラタマは御用掛田中芳男ならびに開成所の生徒数名ともに明治元年秋ころ大阪に移った。十月、局舎の工事がはじまると、三崎は召されて助教となった。諸事情で工事は捗らなかったが、翌二年五月一日、ようやく舎密局の開講式を挙行することができた。この式には緒方惟準も招かれた（口絵7）。

当日ハラタマが行った講演を三崎は通訳し、それが同年六月『舎密局開講之説』と題して出版された。序説および凡例を三崎が執筆している。この序説によって、当日の開講式の様子を詳細に知ることができる。以後、松本鉒太郎とともに大助教としてハラタマの講義の通訳をつとめた。三崎は格致学（物理学）・化学を、松本は化学・地質金石学の通訳を行った。『金銀精方』『理化新説』もハラタマの講義を三崎が翻訳したものである。さらにドイツ語本を翻訳した『試薬用法』『試験階梯』のほか、『薬品雑物試験表』『化学器械図説』『定性試験升屋』の自著がある。いずれもわが国近代の化学実験専門書の嚆矢であるという（芝哲夫『日本の化学の開拓者たち』）。

『化学器械図説』（図37-8）の概略を紹介する。多くの漢字には振り仮名がつけられ、初学者用であることが分かる。

本の大きさは、縦一八・二×横一二・四センチ、和装、序例（序文）一丁、目次一丁、本文一六丁、カラーの付図が一枚ついた小型本である。序例では次のように記されている。つづけて目次も掲げる。

> 皇国未だ化学試験の書を訳述する者なし。故に人徒に化学書を読過すと雖ども、其試験の術最も精切にして世に実効あるを識らず。是れ自から菲才を揣《はか》らず［かえりみず］、奉職の暇之を訳して世に公にせんと欲する所以なり。然れども僻境に住み或ハ洋書を繙ざる輩ハ、其器械を識らざるもの亦た少からず。故に今初学必要の器械を図説し、其用法を約訳して化学器械図説と名け、先づ之を梓に上すれども、其意素と普く世人

図37-7　三崎嘯輔

図37-8　『化学器械図説』

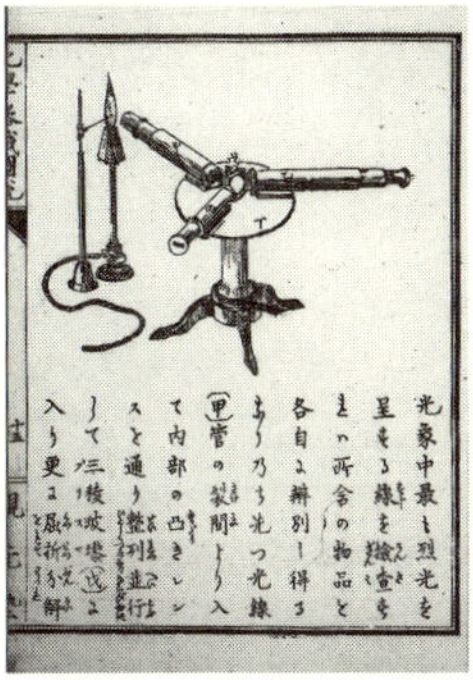

図37-9　スペクトロスコープの図（同上）

をして其大要を知らしむるに在り、覧者其浅俗を笑ふこと勿らバ幸甚し。

明治五年壬申春正月　　　　訳者　識

目次

第十四　吹管《ふきくだ》
第十五　ブンゼン人名煤気燈《ばいきとう》《ガスランプ》
第十六　白金綫架《せんか》
第十七　洋藍三稜器《やうらんさんりやうき》并に有色玻板
第十八　験燄鏡《けんえんきやう》《スペクトロスコープ》（図37-9）
第十九　試薬《しやく》薬并に其箱
第二十　天秤《てんびん》并に珐瑪《はふま》

本文には各項のすべての器具・器械を図示し、その用途および使用法について記されている。図示されているので、分かりやすい。

明治三年（一八七〇）十二月、彼はハラタマの帰国と同時に舎密局の後身の理学所を退任、翌四年東京に移り、大学東校の大助教となる。六年郷里福井で結婚したが、同年五月十五日に没した。享年二十七歳。墓は福井の安養寺にあり、墓碑に「文昇院殿前正七位日下部尚之之墓」と記されている。

〔資料〕
日蘭学会編『洋学史事典』（雄松堂出版、一九八四）
林森太郎『神陵小史』（私家版、一九三五）
神陵史資料研究会『史料神陵史――舎密局から三高まで――』（一九九五）
芝哲夫『日本の化学の開拓者たち』（裳華房、二〇〇六）

## （2）三瀬周三（天保一〇～明治一〇＝一八三九～一八七七）

明治二年（一八六九）に設立された浪華（大坂）仮病院で蘭医ボードインの通訳として勤務、また蘭医エルメレンスの講義を訳述した蘭方医である。天保十年十月一日、伊予国大洲（現・愛媛県大洲市）中町の生まれ。幼名は辦次郎、諱は諸淵。家業は大洲の富商の塩問屋で、父は麓屋半兵衛宗円、母は蘭方医二宮敬作（長崎蘭館医シーボルトの門人）の姉倉子。嘉永二年（一八四九／十一歳）四月、母が、さらに翌五月、父が死去。周三が生まれる前に、養子半兵衛宗綱と養女加代を迎え夫婦として家業を手伝わせていた。両親の死後、この夫婦の息子辰太郎が麓屋宗位として家業を継いだ。

安政二年（一八五五）、医学をシーボルトの門人二宮敬作に学び、ついで宇和島にきていた大村蔵六（益次郎）より蘭学・英学も修める。同三年（安政五年説あり）、敬作・蔵六・おいね（シーボルトの遺児）とともに長崎に赴く。同六年（一八五九／二十一歳）シーボルトの再来日をうけて、敬作とともに再び長崎に赴きシーボルトに師事。息子アレキサンデルの日本語の教師をつとめる。文久元年（一八六一）三月、幕府の外交顧問となったシーボルトに従い江戸に赴く。

文久元年十月、シーボルトが解任されると、周三は江戸大洲藩邸に幽閉される（原因不明）。その後、佃島の牢獄に送られ、慶応元年（一八六五）六月出獄を許され大洲に帰る。同年十一月、宇和島藩主伊達宗城の招きにより、宇和島藩士となる。二年、おいねの娘高子と結婚。同年六月、宇和島藩は英蘭学稽古所を設け、周三は教授をつとめる。同三年長崎に赴き、ボードインの病院設立に協力する。明治二年、政府はボードインを大阪に招き大福寺に浪華（大坂）仮病院を開設する。『愛媛の先覚者2　科学技術の先駆者——武田成章・三瀬周三・前原巧山——』には、ボードインが周三を講義の通訳として呼び寄せたとか、また大村益次郎の大腿切断の手術を行ったとき、周三はシーボルトの娘おいねや妻高子とともに、寝食をわすれて看病したと書いているが（典拠の記載なし）、管見の限り、周三がボードインの講義を通訳したとか、大村を看病したという資料は未発見である。

図37-10　三瀬周三夫妻

明治四年文部中助教に、同五年文部大助教となり東京―横浜間の鉄道敷設に関係する。六年大阪府に出向、大阪北御堂に再開設された大阪府医学校病院（院長高橋正純）の通訳に任ぜられ、教師エルメレンスの講述を翻訳、これらがつぎつぎと出版される。『日講記聞薬物学』全二〇巻はすべて周三の翻訳で、明治六年五月から継続して刊行され（毎月刊行）、序文も執筆している。また『日講記聞原病学各論』全一八巻一八冊のうち、巻一から巻四までは周三単独の翻訳で、巻五～一八は高橋正純との共訳で、明治九年（一八七六）大阪府病院蔵版で刊行されている（原病学とは病理学のこと）。序文は物部誠一郎が記している。またエルメレンス述の『外科各論』全一〇巻のうち巻八～一〇を周三が訳し（巻一～七までは高橋正純訳）、死後二年目の十二年に大阪公立病院蔵版で出版されている。七年三月依願退職して上京、翌年内務省土木寮に出仕する。九年十月大阪府医学校病院に出向し、一等医となる。

明治十年十月十九日胃腸カタルで死去。享年三十九歳の若さであった。大阪市阿倍野墓地に葬られるが、昭和三年（一九二八）十月、没後五十周年を機に大洲市の大禅寺に改葬される。

〔資料〕
『三瀬諸淵先生遺品文献目録』（松山高等商業学校商事調査会、一九三七）
『愛媛の先覚者2　科学技術の先駆者――武田成章・三瀬周三・前原巧山――』（愛媛県文化財保護協会、一九六五）

### （3）長瀬《ながせ》時衡《ときひら》（天保七～明治三四＝一八三六～一九〇一）

陸軍軍医。蘭医ブッケマが軍医学校で陸軍軍医らに講義し、緒方惟準が口訳した『野営医典』を筆記したのが、当時軍医副だった長瀬時衡である（七五五ページ）。幼名は定吉、ついで元蔵↓古輔↓時衡の順で改名、静石・静叟とも号した。備前国御野郡長瀬村（現・岡山市）の長瀬鎖吉の長男、母は同国上道郡南方（同上）の長中市三郎の長女貞松（曾孫長瀬又男氏提供の長瀬家戸籍簿よる）。備前の医師虫明精斎に師事したのち大坂に出て、嘉永二年（一八四九／十四歳）二月ころ緒方洪庵の適塾に入門。一方、同三年九月ころから翌年六月まで、在大坂の儒者広瀬旭荘の学僕となる（『広瀬旭荘全集・日記篇四　日間瑣事備忘』）。ついで京都の蘭方医広瀬元恭の時習堂に学ぶ。しかし「時習堂弟子籍」に長瀬元蔵あるいは古輔の氏名はない。

広瀬元恭は安政三年（一八五六）イペイの人体生理学書を訳して『知生論』と題して出版したが、この書の題言を書いたのが「備前　長湍素元蔵」と「雲州　宍道精新斎」で、筆記者も両人である。この「長湍素元蔵」が長瀬元蔵と同一人物であると筆者は断定した。

漢和辞典によれば、湍は音読みではタン、訓読みはハヤセ、意味は急流・疾瀬である。一方、瀬もまたハヤセの意味がある。したがって長湍素元蔵と長瀬元蔵は同一人物と断定してよいと考える。また『広辞苑』は「せ」として瀬と湍の二字をあげている。さらに題言のなかで、両人は「毎朝先生講スル所ニシテ其文簡約、義理明覈、反覆玩味スレハ愈々意味邃淵ナルヲ覚フ云々」と記しているので、元恭の講義を聴講していることは明らかである。

また広瀬元恭の十三回忌にあたり、養嗣子広瀬元周（本姓三枝氏）が元恭の墓の建立を企図し、その墓誌について長瀬にはかった。おそらく長瀬に執筆を依頼したのであろうが、軍務多忙のためことわられたようである。そこで長瀬は、元恭の略歴を添えて、墓誌の執筆を元恭と旧知の間柄であり、自分の知人でもある岡本監輔に郵便で依頼した。その顚末が墓誌に記されている（原漢文）。その一部を紹介する。冒頭は次の文章で始まる。

軍医監長瀬時衡、器宇磊落、心志高尚ナリ、余数年前ヨリコレヲ知ル、其人トナリニ服ス、コノゴロ郵書ヲ

図37-11　長瀬時衡

送リ、一篇ノ行状ヲ副フ、曰ク是レ先師広瀬翁ノ閲歴ノ大略ナリ、諸ヲ石ニ鐫《ほ》リ以テ不朽ニ垂レント欲シ、コレヲ撰次スルヲ願フ。（中略）今ココニ翁ノ十三忌辰、元周石ヲ寺ニ建テント欲ス、シカシテ時衡其ノ文ヲ余ニ徴ス、（後略）

（『甲斐志料集成』所収「甲州儒医列伝」）

このような経緯で、明治十五年（一八八二）元恭の墓は京都市下京区柿本町の本国寺に建立された。『京都の医学史』によれば、元恭の墓碑は京都の五条猪熊通上ル西側の本国寺勧持院墓地にあり、表面に「広瀬元恭先生墓」と刻まれている。前記の墓誌が刻まれているかどうかはふれられていない（筆者も未確認）。本坊は山科に移転しており、勧持院にある過去帳に「広瀬院元恭礼卿居士」と記されているという。

長瀬はこののち時習堂を去り長崎に遊学、帰国後、岡山城下栄町で開業し御目見医となる。文久三年（一九六三）再び長崎に遊学、帰国後の慶応元年（一八六五）惣医者に召しだされ四五俵を給された。同三年五月、長崎から持ち帰ったキリスト教本の所持が発覚し、投獄され、明治二年（一八六九）五月ようやく解放される。四年、兵部省の大阪軍事病院に出仕した。この出仕は緒方惟準の勧めによるものでないかと推測している。七年の台湾事件にさいし従軍、辛酸をなめる（落合泰蔵『明治七年　征蛮医誌』）。十年の西南戦争のときには二等軍医正で、大阪陸軍臨時病院で負傷者の治療にあたった。ついで軍医本部庶務課長、十八年一等軍医正に昇進し、広島陸軍衛戍病院長（ついで第五師団軍医長、二十一年広島鎮台は第五師団となる）に転任、兼ねて翌年私立広島博愛病院を開設、また輓近外科学会を創設、みずから幹事長として研究集会を開き、また会誌『輓近外科学会報告』も毎月一回刊行した。第一号（三四ページ）は二十二年三月三日の発行である（東京慈恵会医科大学蔵、筆者は二十四年九月十五日刊の第三二号まで確認）。二十四年陸軍軍医部医務局第一課長心得に転任、ついで東京衛戍病院長に就任、同二十六年肺結核を患い、後備役に退いた。

長瀬の後任の第五師団軍医長には菊池篤忠が着任し、また広島博愛病院の運営にもあたったが、広島県病院や広島市内の開業医たちは軍医の兼業を批判し、両者の間に紛争をまき起こした。この広島博愛病院は、第五師団の軍医らによって設立された私的な病院で、当時はこのような別業が許されていた。

長瀬は広島時代、西洋按摩術（マッサージ）が諸病に治療効果のあることを経験したので、退官後この術を主体とした仁寿病院を東京飯田橋に開設し、按摩生も養成した（後述）。明治三十一年（一八九八）病弱のため病院を門人に譲り、岡山に帰郷、一時岡山市小橋町の国清寺に寄寓し、漢詩や書に親しみ、岡山書画会第二代会長をつとめた。医家の書家として評価されていたようで、『医談』二二号（一八九〇年）に、「医家の名家にして、同時に書の名家たる人、松本蘭疇《らんちゅう》［順］あり、長与松香［専斎］あり、石黒況斎［忠悳］あり、長瀬静石［時衡］、永坂石埭あり、佐藤茶涯［進］あり、皆当世の大家として其名洛中洛外にひびけり」と評している。岡山で好んで書いた漢詩に次のものがあり、筆者も一幅所蔵している（図37-12）。

のち京都に出て南禅寺塔中の帰雲院に寄寓、ここで明治三十四年九月二十七日死去、享年六十六歳。遺骨は岡山市半田山墓地に葬られが、墓碑は現在所在不明（戦前の墓碑記録に記載されているが、戦後整理された模様。筆者は探訪したが発見できなかった）。分骨した墓が南禅寺塔中の天授庵にある。

著訳書には『莱氏按摩術』（一八九三／図37-13）『西洋按摩小解』（一八九三／図37-14）、佐伯理一郎と共著の『マッサージ治療法』（一九〇二、巻頭に晩年の長瀬の写真掲載）、足立寛講釈・長瀬時衡校訂『莱氏按摩新論』（一八九五）などがある。そのほか『東京医事新誌』に「マッサージ」（七八七号、一八九三年）、「西洋按摩術ニ就テ」（七九七号、一八九三年）、「按摩法ニ就テ」（八五〇号、一八九三年）などの論文を投稿している。

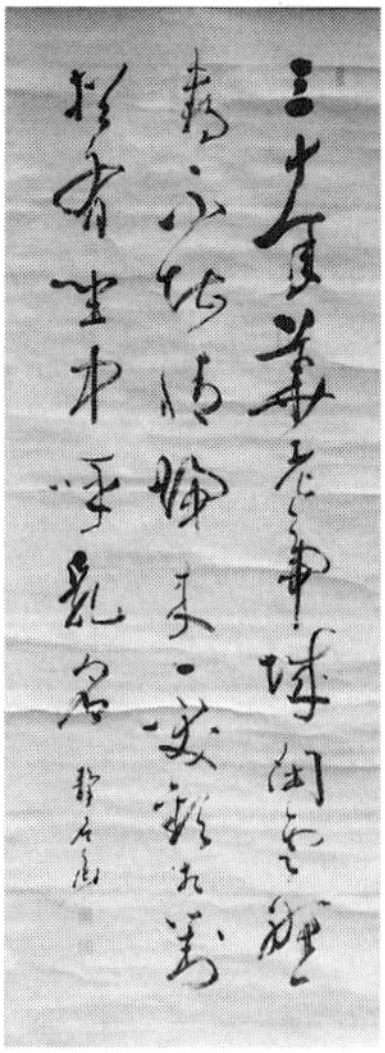
図37-12　長瀬時衡の書幅

三十年華老帝城　閑雲野鶴不堪情
帰来一唱歓相対　尚有坐中呼乳名
静石老

長瀬の緒方惟準に宛てた書簡一通（明治三十四年五月三日付）が梅溪昇「緒方洪平先生旧蔵史料の紹介」（『適塾』一四号、一九八二年、のち『洪庵・適塾の研究』所収）に紹介されている。

昨今之天気ハ非常ニ熱シ単物ヲ着スルニ到ル子府之寒ハ昨日のやふ相覚候ニ日月遷行真ニ矢よりも早く驚入候、尊体御動静如何被為在候や、老体ハ気息モ此比少シハ舒《ゆる》ヤカニ相成候得共、外出ハ慵《ものう》ク毎日山妻カ鞭打スルカ如キモ動作セス机辺ヲ離得ス、習字ナトニテ長日ヲ消シ候、東京へ帰ル事も彼ノ空気粗厲ニ恐し見合居候、イツソ西京ニ住居シタランニハト思附候、友人ニ托シテ借家尋サセ候、未タ返答ナシ、本月末ニハ自分一人行テ点検可致候、よき家見着ケテ物シタル思ヒ候、岡山ハ交游ナキニ苦ミ、碁サへ相手ナシ、此頃日下部鳴鶴［書の大家］来岡、盛ンニ揮毫致居候故、日々参会致興ヲ遣リ候、後楽園藤ハ見事ニ開キ候報告来ルモ是亦一人ニテハ出行シテ見ルモ大義ニ覚候、フシヨウモノ《無精者》も都ニ出タラハチトハ運動スル所モアルベシト、京都府転居ヲ思起こしシ候事也、御一笑可被下候、奥様へよろしく御申上被下候、山妻モ何角俗用アルト申テ筆トル事モ久シク廃シ候、可然申上呉ト申出候也、匆々

三日　　ときひら　拝

緒方先生大人

文面では岡山の後楽園の藤の開花、京都へ出る直前の様子などを伝えており、そして前記のように明治三十四

図37-13 『莱氏按摩術』

図37-14 『西洋按摩小解』

年九月二十七日に京都の南禅寺塔中の帰雲院で亡くなっている。

◎仁寿病院の設立経緯と「仁寿病院則」

『東京医事新誌』七九七号（一八九三年）は次のように報じている。

仁寿病院

予備陸軍々監長瀬時衡氏が此度其筋の許可を得て、麹町区飯田町六丁目に設立せられたる仁寿病院と云ふは、内科、外科、婦人科、眼科に関する按摩術を要する患者を治療し、且つ泰西按摩術を以て生徒を教育する所なるが、今其病院則及び泰西按摩術講習所規則を得たれば、左に掲ぐ。但し講習所の職員は教頭に長瀬時衡、教授に鮭延良治、助教に中島虎源治、久保忠資、瀬尾清明、松山周雄、小林美英の諸氏なりと云ふ。

仁寿病院則

一　仁寿病院ハ東京市麹町区飯田町六丁目十七番地ニ置キ、泰西按摩術ヲ施行シ、傍ラ按摩生ヲ養成スル所トス

一　病院長及副院長、当直、技手ヲ置キ、外来、入院ノ患者ヲ治療ス。且往診ノ需ニ応ズ

一　看病人五名ヲ置キ丁寧ナ取扱ヲナス

一　入院患者ハ四十名ヲ限トス
一　入院料ハ一等七十銭、二等五拾銭、三等三十銭トス
一　入院セントスルモノハ医員診断ノ上、之ヲ允許シ引受人ヲ要ス
一　実動法ハ必ズ医師ノ命令スル所ニ従テ患者自己ノ運動ヲナスヲ戒ム、否《いな》ナレバ良効ヲ得難キヲ以テナリ
一　按摩術ノ治療代ハ一回二十銭トス
　二、三回ニ及ブモ三十銭ヨリ多カラズ

泰西按摩術講習所規則

第壱章

一　本講習所ハ東京麴町区飯田町六丁目十三番地仁寿病院内ニ設ケ、按摩生ヲ養成スル所トス
一　入学者ハ医術前期免状ヲ所持スルモノ、其他医学上ノ知識ヲ有スルモノト認ムルモノニ限ル
　但シ入学者ニハ在学証ヲ附与スルモノトス、本人卒業或ハ事故等ニテ退学ノ節ハ該証ヲ保証人ヨリ返却アルベシ
一　入学者ハ身体検査ヲ為シ、殊ニ手指ノ運用ヲ検ス
　但シ盲人ハ謝絶ス
一　入学年齢ハ十八年ヨリ三十年マデヲ学齢トス

第二章

一　入学者ノ誓約書ハ左ノ通リニシテ、府下住居身元慥《たしか》ナルモノヲ引受人トス
（誓約書ハ略ス）
一　月謝ハ前月二十日ヨリ同月二十五日マデニ納ムベシ、若シ遅滞ノ節ハ直ニ保証人ヨリ納メシム可キ事

但シ束脩金ハ入学ノ際、誓約書ト共ニ収メ、月謝ハ如何ナル事故アルモ返却スル事ナシ
束　脩　金二円
但シ束脩ヲ収メテ後チ即時退学スルモ其束脩ハ返却セズ
月　謝　金一円五十銭
講堂費　金十五銭
但シ十五日前後ヲ以テ月謝及ビ講堂費ヲ半額トス
一　教場規則ハ厳ニ相守リ、違犯スル時ハ退校セシムル事アル可シ
学則
一　学術科ヲ分テ左ノ年月ニ修学スルモノトス
前期　人体解剖学　生理学　理化学ノ大意
後期　電気学大意　繃帯術　病理及診断学ノ大意　柔軟体操　実性運動法　虚性運動法
按摩術一般　病床実験
以上ノ学術科ヲ二ケ年ニ修学セシム
一　各学期ノ終ニ小試験ヲ為シ、全科卒業ノ後チ大試験ヲ施行シ、卒業証書ヲ与フル事
一　小試験ニ於テ落第スル事三回ニ及ブ時ハ、退校セシムル事アルベシ
一　教授時限ハ時々変更スルヲ以テ其都度告示ス

〔資料〕
二神寛治「長瀬時衡君略伝」（『東京医事新誌』一二二八号、一九〇一）
中山沃「西洋マッサージの開祖長瀬時衡」（『洋学資料による日本文化史の研究Ⅳ』、吉備洋学資料研究会、一九九一）
中山沃「西洋マッサージの開祖長瀬時衡　補遺」（同右Ⅴ、一九九二）

長瀬時衡戸籍簿（岡山市役所蔵／時衡の曾孫長瀬又男氏提供）

## 四　惟準の離任後の大阪府医学校病院の人々（医師・職員たち）

### （1）大阪府医学校病院の大学への移管

明治三年（一八七〇）二月二十八日、大阪府医学校病院は大学の管轄となる。前年十一月来、草創期医学校の制度確立の全権を大学から付託されて下阪したのは、岩佐純・林洞海・横井信之・相良元貞・永松東海・松村矩明・石井信義らであった（『大阪大学医学伝習百年史年表』）。これらの人々の略歴を述べる。このうち、林洞海が緒方惟準の後任として医学校長に任ぜられた。惟準の在任中は医学校長という職名はなく、中典医の肩書きで医学校病院を主宰した。惟準はこのときをもって、大阪府医学校病院の本職を離れ軍事病院専務となり、医学校病院の方は兼務となったと思われる。

#### ①岩佐　純（天保七～大正元＝一八三六～一九一二）

天保七年五月一日、越前国福井元三上町に生まれる。幼名は又玄、人となりは篤厚勤勉で、わが医道の振興をもって己の任とした。代々福井藩医で、父は玄桂という。彼は資性穎悟で、家庭で教えを受け、やや長じて藩立医学所に入り、初めて医学を修め、当時出藍の誉れがあり、十五歳のとき「医は人生死命のかかる処、その司る処、もとより重し、故にいやしくも医を以て家をなさんと欲せば、すべからく良師を求めてその原派を討究せざるべからず、もしこれを討究せんと欲せば、よろしく先ず西洋医法を学び、異域の道を究めざるべからず」と言い、遊学の志を決し、しばしば父玄桂に請うたが許されなかった。玄桂は漢方の古方家をもって当時地方に鳴り、最もその道に老練であったために、西洋医法を嫌悪しており、これを許さなかったのである。しかし当時、藩主松平春嶽は英明の資をもって、すでに時勢の変遷を察し、西洋医法を開拓しなければならないことを知り、遠く坪井信良（蘭方医坪井信道の養子、本姓は佐渡良益）を江戸より傭聘し、侍医に任じ（嘉永六＝一八五三）、かつ特に父玄桂に諭し、純を坪井につかせて西洋医学を学ばせた。

安政三年（一八五六）四月、坪井が任期満了で江戸に帰ると、岩佐は藩命により蘭学修業のため初めて江戸に上り、坪井芳洲（本姓は大木忠益、信道の養子）の塾に入り蘭方医学を学んだ。当時、塾中は医学のみならず、政治・兵学・理学・化学など、各々望むところにより蘭書を攻究した。彼はもっぱら医学を志したが、諸科混淆してその蘊奥を得ることができないので、さらに下総佐倉（現・千葉県）の順天堂の佐藤舜海に就き専門医法を修めようと欲し、藩の許可を得て同地に赴き、医学ならびに蘭学を修め、はじめて西洋医法を理解できるようになった。これより先、父玄桂が退隠したので、家督を相続し名を玄桂と改めた。当時、彼は「医術はかの漢法の如くその病原を知らず、憶測をもって皮相を診するのは誤である。故にその秘蘊を極めようとすれば、理化学・解剖・生理などから治療に至るまで、かならずその理を討究しなければならぬ」と考え、ますますその道にはげんだ。

父がコレラにかかったとの報に接し、急ぎ帰国したが、すでに父は亡くなっていた。再び命ぜられ佐倉に赴いた。安政七年（一八六〇）閏三月、春嶽は彼を召喚して侍医とし、また洋学所の教授に任命した（二十五歳）。当時、春嶽は洋学の必要を察し、従来の規模を改め、洋学所を設け、病院を新築し大いにこの道の振興を図ろうとした。

蘭医ポンペが安政四年長崎に来て、西洋医学を教授していたので、藩命により彼は長崎に赴いて、松本順（良順）に入門し、ポンペに従学した（松本順の「登籍人名小記」には「純、字仲成、号黙斎、越前福井人、万延庚申秋委贄　松平越前守臣　巌佐玄桂」とある）。当時の養生所病院長は松本順、当直医長は佐藤舜海、当直医員は司馬凌海・八木称平・桐原玄海および岩佐であったという。万延二年（文久元＝一八六一）藩命により帰国、執匙侍医に進む。元治元年（一八六四）再び長崎に赴き、ボードインに就き伝習し、在学一年にして命により帰国した。

慶応二年（一八六六）四月、多年東奔西走もっぱらこの道に精励し、学術大いに進み、国家有用の人物ということで増禄一五〇石を支給された。その後、福井に私立病院を開設した。その地は市中最も便要の土地で、春嶽は特にこれを賜い、その業を援助したとのことである。同三年正月、病院が新築落成し開院式を行った。この年の末、春嶽に随行し京都に上った。春嶽は聖旨を奉じて出京するが、間もなく維新となり議定職に任ぜられ、京都にあって維新の大政に参与した。岩佐は常に春嶽の左右に侍していた。あるとき天皇が病に臥し、彼が急に召され参内し拝診を命ぜられようとした。しかし容態が次第に軽快したので、このときは拝診せずに退出した。

明治二年（一八六九）正月、彼を召して侍医にしようとする朝廷からの内命があった。しかし当時は西洋医法がいまだ幼稚で振興せず、このさい新たに医学校を設け、大いに生徒を教育養成し、西洋医法の普及を図ることが最も急務であると思い、その趣旨を当路に向かって建議した。政府はこれを採用し、直ちに同正月、彼を佐賀藩医の相良知安とともに医学校創立取調御用掛に任命、ついで同二月御用につき東下すべしとの命を受けて東京に赴く。ここで彼はもっぱら医学校設立のことに任じ、まず和泉橋旧藤堂邸の軍事病院の跡をもって仮りに学校にあて、名づけて医学校とした。のちにその位置が大学の東にあるので大学東校と改称した。教師を招き、教官・医員をおき、企画百方ようやくその緒を開いた。また相良知安とともにドイツより教師を招聘すべきことを建議した。そこで政府は教師派遣をドイツ政府に依頼、その結果ミュ－レルとホフマンの両氏が来日した。

明治二年五月、徴士学校権判事に任ぜられ、月俸二〇〇円を給された。同七月大学少丞、官禄二八〇石、同十月従六位に叙し、大学権大丞に進む。同月、大阪医学校設立につき出張を命ぜられる（実は大阪府医学校病院を大学の管轄とするため）。翌三年三月正六位、四年一月大学大丞に任じ、従五位に叙せられる。同年七月文部大丞兼中教授に進む。同九月官制改まり、文部中教授に任ぜられる。同十二月本官を免じ文部五等出仕に、五年一月大侍医兼文部中教授に任じ文部少丞を兼ねるが、十一月依願兼官を免ぜられる。八年一月四等侍医に任じ、七月三等侍医に進み、十月二等侍医となる。十五年十二月勲五等、十六年五月一等侍医に任じ勅任に進み、六月正五位に叙す。

明治十七年（一八八四）四月、医術研究のため欧州各国巡遊を申し出、約一年の留学を許され、同月二十日横浜港を出発した。これより先、西遊の志があり、しばしば請願したが宮中の信任が厚く、なかなか外遊の許可がおりなかったのである。主としてオーストリアのウィーンに滞在、研鑽した。同年四月勲四等旭日小授章を賜う。帰国後、十九年二月再び侍医に任ぜられ、年俸四〇〇〇円、十月従四位、十一月勲三等旭日中授章授与、二十三年正四位、二十七年勲二等瑞宝章授与、三十一年五月侍医兼宮中顧問官に任じ従三位に叙し、一等官に進む。四十年九月男爵に叙せられる。四十四年一月、病気のため侍医を辞した。

自宅ならびに日本橋区蠣殻町二丁目に告成堂病院を設立し、官務の余暇、多年培った老練の技術をもって患者の治療につくした。著書に『急性病類集』（一八七三年／図37-15）がある。明治四十五年一月六日没、享年七十七歳。戒名は純誠院殿仁山天寿大居士、墓は品川区南品川四丁目の天竜寺（曹洞宗）にある。一男六女があったが、多くは夭折、長男新が医業を継ぐ。

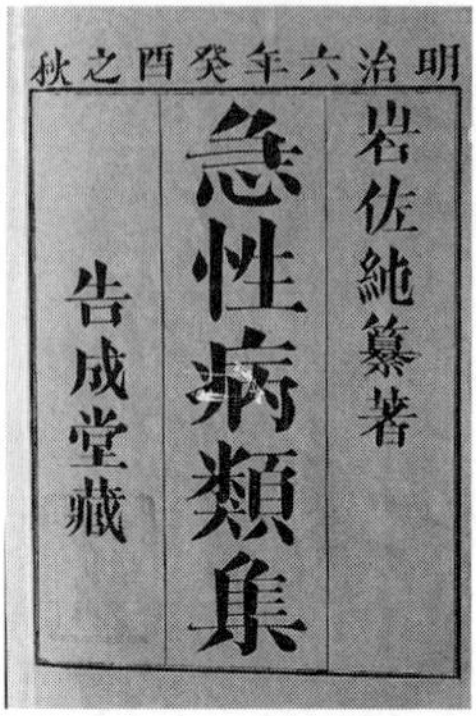

図37-15　『急性病類集』

〔資料〕
「故岩佐先生伝」（『東京医事新誌』一七五〇号、一九一二）
藤浪和子『東京掃苔録』（八木書店、一九七三）

**②林　洞海**（文化一〇～明治二八＝一八一三～一八九五）

洞海は明治九年（一八七六）六十四歳で官途を辞したとき、みずから履歴の大概を書き残した（文末には「洞海自記」とある）。その全文が『東京医事新誌』八八〇号（一八九五年）に肖像とともに掲載されている（原漢文）。

文化十年癸酉年三月、豊前国小倉城の外郭上の門外篠崎村本町中町に生まれる。天保二辛卯年［一八三一］、歳甫《はじめ》て十九、京師の間に遊び、廿一江戸に遊び、二十三長崎に遊ぶ。二十六又江戸に遊ぶ。窊篤児《ワートル》薬性論（図37-16）を訳述し、三十部を謄写し、一部の代価は金三両と為す。以て同好の士に分かち、以てこれを遊学の資に充たす。二十八長崎に再遊す。三十一遂に江戸に出て業を両国薬研堀に開く。是天保十四癸卯年［一八四三／三十一歳］なり、しかして窊篤児薬性論大いに世に行わるといえども魯魚［文字のあやまり］の失もまた甚だ多し、ここにおいて失誤を考訂、新説を増補し、以て上木せんと欲し、これを医学館に請う、三年報ぜず。遂に上木を許さずの箋を附し以てこれを返す。嘉永三庚戌年［一八五〇］歳三十八、小倉侯に筮仕《ぜいし》［吉凶を占ってつかえる］す。同年又薬論上木を閣老に請う。遂に許可を得、以て世に公にす。万延元庚申［一八六〇］、年四十八、幕府の召し出に応じ、奥詰専主、二ノ丸製薬所、翌年進み侍医となり、法眼に叙せらる。文久三癸亥年［一八六三］、歳五十一、公方家［将軍徳川家茂］上洛供奉の列に加わり上京［京都］、同年七月、船路供奉し江戸に帰る。同十二月又上洛船路供奉、下田に到り新年を迎え、正月八日大坂に到る。同十五日供奉上京、六月十六日船路供奉、江戸に帰る。慶応元乙丑年［一八六五］、歳五十三、長州進伐の役を以て公方家と江戸を出、京師を経て大坂に至る。亦陸路供奉し大坂に在り、翌年夏公方家大坂城に薨ず［慶応二年七月二十日、家茂死去、享年二十一歳］。一橋慶喜公入りて系統を継ぐ、しかして京師に在り、故に京師に徙り入り、慶喜公に仕う。同年十月休を賜い、陸路江戸に帰る。実に歳五十四なり。

同三年幕府政権を返上す。明治元戊辰年［一八六八］朝廷田安侯に令し、嫡子亀之助をして徳川家を継がしむ。後新たに駿遠参三国を賜い、以てここに居す。ここにおいて亀之助駿府に移る。本年六月、紀《つな》［洞海の長男］欧州より帰る。故に即ち駿府に随行、余も亦居を駿府に移す。実に歳五十六なり。明治二己巳年、藩病院を沼津に建て、予これに副長たり。ドイツ医君設《キエンセ》氏内科書を講じ以て生徒に授く、一年を閲し講全く畢《おわ》る。明治三、歳五十八、大学中博士に任ぜられ、従六位に叙す。大坂に出、同府医学校長となる。十二月権大典医に転任し、皇太后宮［英照皇太后、明治天皇の嫡母、九条尚忠の六女］附となる。翌年［明治四］一月上京職を奉ず、まさに之［キエンセ氏内科書］を上木せんとす。たまたま石川信良・石黒忠悳もまた同書訳述上木の挙有り、因りて相議し三氏合訳となす、題して内科簡明、以て上木を官に請う。十五年間専売許可を得、明治五年、歳六十一、皇太后宮移東行啓に随い東京に帰る。これより先、紀すでに召し出され、陸軍軍医監となる。住して東京麴町平河町に在り、因りてここに同居す。内科簡明上木成り、世に公にす。その年、紀居を四番町に移す。歳六十二、両皇后宮富岡行啓に随う。明治九年歳六十四、四等侍医に転任（五等官なり）正六位に叙す。同年十月本官を免ず、しかして後退隠し、復出でず。これ我が一世履歴の大概なり。

洞海自記

なお村上一郎『蘭医佐藤泰然』に洞海の略伝が記されているので抜粋し、右掲を補足する。

洞海の名は彊、字は健卿、洞海は号であるが、のち洞海を通称とした。別に梅仙・茶農の号もある。父小林祖兵衛は小倉藩（藩主小笠原氏）の小禄の武士であったが、天保四年（一八三三）浪人となった。当時、洞海は小林杖作（策）と称していた。父が浪人となった翌年に江戸に出て（二十一歳）、蘭方医足立長雋（篠山藩医、『医方研幾』『産科礎』の著あり）に蘭方を学ぶ。天保六年（一八三五）、同門佐藤泰然とはかり長崎への遊学を企図し、一歩先に長崎に向った。そしてあとから到着した佐藤泰然とともにシーボルトの門人大石良英（のち佐賀鍋島藩の侍医）に師事、蘭方を学ぶ。ついで同九年江戸再遊（二十六歳）、前掲「自記」にあるように『窊篤児薬《ワートル》性論』（安政三年、二二巻一八冊を出版／図37-16）を売りさばいた資金で同十一年再び長崎に遊学、蘭方を研鑽した。天保十四年、三度目の江戸行き。佐藤泰然は佐倉へ移ることになったので、長女つるを洞海に娶《めと》らせ、彼の両国薬研堀の旧宅を洞海にゆずり、洞海はここで開業した。

明治二十八年一月二十三日病いにかかり、同月三十日、特旨をもって位一級を進められ従五位に叙せられる。二月二日死去、享年八十三歳、駒込吉祥寺（現・文京区本駒込三丁目）に葬られる。長男は陸軍軍医総監となった林紀《つな》である（六七二ページ）。外交官で外務大臣・逓信大臣を歴任した伯爵林董《ただす》（一八五〇～一九一三）は佐藤泰然の子で、洞海の養子となった。

**③横井信之**（弘化四～明治二四＝一八四七～一八九一）

弘化四年七月二十六日、三河国碧海郡安城（現・愛知県安城市）の医師横井貞二の五男として生まれる。幼名信蔵、のち駿、字を玄黄、号を晩翠という。下総国佐倉（現・千葉県）の佐藤尚中（舜海）の順天堂で洋方医学を学ぶこと四年（このころ中根退蔵と称す）、慶応二年（一八六六）江戸に出る。翌三年一月、幕府西洋医学所に入る（松本順の門人録「登籍人名小記」には「慶応三年三月入門」とある）。頭取松本順のもとで句読師並の資格で、石黒恒太郎（忠悳）・長谷川泰一郎（泰）と同職であった。

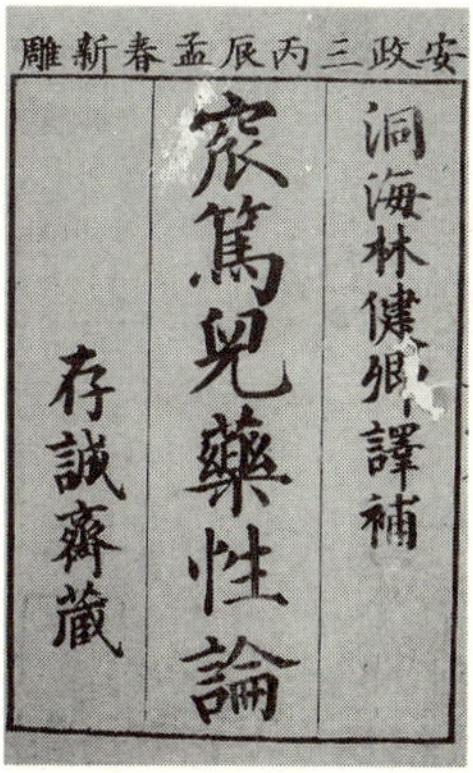


図37-16『窊篤児薬性論』

戊辰戦争にさいして帰郷し、郷里の安城福釜で開業していたが、大学東校設立により召し出され出仕した。朝廷は明治二年、佐藤舜海を徴して大学大博士に任じ、大学東校を主宰させた。そこで舜海は旧門人の信之に出仕を促したのであろう。三年二月、大阪府医学校病院が大学の管轄下になると、舜海は林洞海・相良元貞・永松東海・横井信之・松村矩明ら佐倉順天堂一門を大阪に送りこんだ。同年十二月、医学校長であった林洞海は権大典医に転じ、皇太后宮附となり、四年一月、上京し奉職した。しかし五年九月、学制改革により大阪医学校は廃止となり、ために横井（当時大助教）は転身を余儀なくされ、石黒忠悳の勧めにより陸軍軍医となる。六年二等軍医正、七年名古屋鎮台病院長となり、十年の西南戦争のさいには、一等軍医正大阪鎮台病院長として大阪陸軍臨時病院長となった石黒忠悳とともに負傷者治療の重責を果たした。

明治十二年（一八七九）三月、司馬盈之（凌海）の後任として愛知県病院長兼医学校長になったが、翌十三年職を後藤新平に譲る。十七年六月好生館病院を設立した（当時は軍医との兼業が許された）。

十八年六月、名古屋鎮台軍医部長になり、十九年四月軍医監に昇級した。好生館は女婿の北川乙治郎・佐藤勤也・横井済ら一族が運営にかかわり、定期発行の学術雑誌『好生館医事雑誌』を刊行し、名古屋地方の医界の向上に貢献した。

明治十九年五月、東京鎮台軍医部長に転じた。二十一年五月、従来の鎮台を改編して六個師団（東京・仙台・名古屋・大阪・広島・熊本）を設ける（二十四年十二月、近衛部隊が近衛師団となる）。そこで横井は第一師団軍医部長となり、ついで東京陸軍衛戍病院長となったが、二十四年五月二十二日、任地の東京で脳出血のため病没した。享年四十五歳。名古屋市東袋町の聞安寺に葬られ、法号は貞信院釈仙窟大居士。

著書には、『撒善篤《サルゼント》繃帯式』（一八七二／図37-18）『繆爾児《ミューレル》氏虎烈刺論』（一八七九）『普仏戦闘医事日記——英国人維廉・瑪倔格尔瑪屈役——』（一八七六）などがある。

『撒善篤繃帯式』の原書はアメリカ・フィラデルフィアのウィリス病院（Willis Hospital）の外科医サルゼント（Fitz William Sargent, 1820-1889）の著書 *On Bandaging and Other Operations of Minor Surgery*（1867）で、

図37-17　横井信之

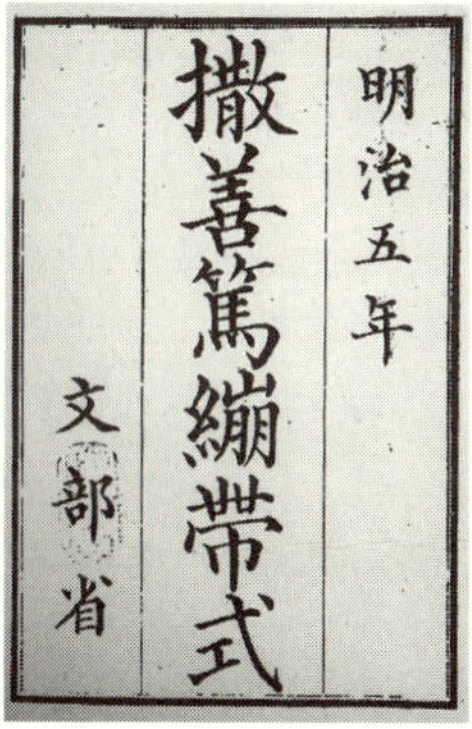
明治五年
撤善篤繃帯式
文部省

図37-18　『撤善篤繃帯式』

同書からの抄訳である。この訳書は広く活用されたようである（蒲原宏『日本整形外科前史』）。

**④相良元貞**（天保一二～明治八＝一八四一～一八七五）

佐賀城下八戸村に生まれる。維新後、大学東校（東京帝国大学医学部の前身）のドイツ医学採用に関して主役を演じた相良知安の弟である。藩校弘道館から藩医学校に学んだのち、兄知安と同様、慶応元年（一八六五）下総の佐倉順天堂塾に入門、佐藤尚中（舜海）から蘭方医学を学ぶ。明治元年（一八六八）十二月、維新政府の医学校が発足のとき、元貞は長谷川泰らとともに試補に任ぜられる。このとき玄蕃少允緒方惟準は、石井信義や島村鼎（鼎甫）らとともに二等教授であった。元貞は翌二年十二月、大学東校の中助教兼大寮長に任ぜられる。このとき、師の佐藤舜海は同校の最高職の大博士であった。

明治三年二月、大阪府医学校病院が大学の管轄に移されると、岩佐純・林洞海らとともに大阪に赴き、同医学校病院の運営、教育につくしたが、その具体的な活動は明らかでない。同年十二月プロシア（ドイツ）のベルリン大学に官費留学、病理学を専攻する。八年解剖時に結核に感染、肺結核を発病、ライプチヒ大学病院に入院、ベルツ（のちに東京帝国大学医学教師として来日）の診察を受ける。病は癒えず同年帰国、十月十六日、東京で

図37-19　相良元貞

死去。享年三十五歳、墓碑は赤坂区（現・港区南青山）の青山墓地にある。

⑤**永松東海**（天保一一～明治三一＝一八四〇～九八）

蘭方医、化学者、初代東京司薬場長。天保十一年九月二十九日、肥前佐賀の原家（士族）に生まれる。長崎で蘭医ボードインに医学・化学を学び、元治元年（一八六四）松本順に入門（順は文久二年秋、一説に同三年に長崎から江戸に帰る）、ついで同年夏、下総の佐倉順天堂塾に相良元貞と同時に入門する。慶応元年（一八六五）三月、佐賀の医師永松玄洋（長崎でポンペに学ぶ）の養子となる。明治三年（一八七〇）岩佐純・林洞海らとともに下阪、大学の管轄となった大阪府医学校病院の教官となる。七年三月、東京司薬場（国立衛生試験所の前身）の発足にさいし初代東京司薬場長となり、庁舎新設や施設の整備に貢献したが、翌八年一月病気のため辞任した。同年五月東京医学校の生理学担当教官となり、ついで陸軍軍医に転身する。十三年十月刊の『改正官員録』には「一等薬剤正兼二等軍医正従六位勲五等　永松東海」と記載されている。十三年十一月にこの軍医の肩書きで日本薬局方編纂委員に任ぜられ、『日本薬局方』の制定につくした（緒方惟準は遅れて十六年七月同委員になっている――二六〇ページ）。二十一年十二月陸軍軍医学校教官となり、二十六年十一月一等軍医正をもって予備役となる。同年五月十一日没、享年五十九歳、赤坂区（現・港区南青山）の青山墓地に葬られる。

著書に、永松東海纂述『生理学』上・下二巻（一八八〇年／一八三ページ図19-1）がある。富士川游はこの書を次のように評している。「明治八年東京医学校ニ通学生教場ヲ開キ、邦語ヲ以テ医学ヲ教授スルノ挙始マリシ後、永松東海挙ゲラレテソノ教授トナリ、ソノ著述スル所ノ生理学ハ一時大ニ世ニ行ハレタリ」（『日本医学史』）。筆者所蔵本（一八八一年再刊）は、上巻が例言二ページ、本文三六七ページ、下巻が本文四五九ページで

上巻の正誤表七ページが附載。例言の冒頭に、

此書ハ余大学ニ於テ通学生徒ニ生理学ヲ授クルニ当リ、教師プロヘツソル、チーゲル氏ノ講義ニ基ヅキ旁ラ諸家ノ新説ヲ取リ、以テ日々記案トナスモノ、漸ク積テ一編ヲ完成スルニ至レルナリ、固ヨリ世ニ公布スル意アラザリシガ、此頃生徒某来テ曰ク、「生聞ク一狡児、稿ヲ竊ンデ私《ひそか》ニ印刷セン事ヲ謀ル者アリ」ト、請フ速ニ上梓セヨ、余亦誤謬ヲ伝ヘン事ヲ怖レ急ニ較訂ヲ加ヘ印刷ニ附ス云々

とある。

当時、学生らは、先生の講義を筆記し、無断で印刷し有償で頒布することが流行しており、医事雑誌もこの悪弊を問題視し、記事にしている。筆者も、このような講述者名および筆録者名のない生理学講義録を数種所持している。

なお、著者の専門である消化管の項を見てみると、消化管内の化学的消化については詳述しているが、その運動についてまったく述べられていないのは非常に残念であり、当時は消化管の運動についての知識はとぼしかったと考えられる。

**⑥松村矩明**（天保一三年～明治一〇年＝一八四二～七七）

諱は矩明、号は栖雲、越前大野の中村寿仙の第二子で、代々大野藩主土井侯に仕える。天保十三年四月五日生まれ、外祖父松村氏を継ぎ松村姓を名乗る。天資賢く奇童と称せられる。十四歳（後述の碑文では十三歳）のとき（安政二年）、大野藩に召し抱えられた伊藤慎蔵（適塾門人、安政二年十二月四日出仕、大野藩洋学館教授、禄高一〇〇石）に蘭学を学ぶ。文久元年（一八六一）江戸に出て大鳥圭介に英学を学ぶ。同年八月、伊藤が大野藩を辞し大坂に帰ったためであろう。伊藤の帰坂は彼が攘夷派に狙われたためだという（岩治勇一『大野藩の洋

学』）。ついで佐藤尚中（舜海）・松本順の門に入り医学を修める。在塾七年、このときのちに墓碑銘の撰者となる横井信之も入門しており、寝食をともにし学業大いに進み、その名は四方にきこえた。藩主土居利恒が侍医に召し、禄高は一一石であった。慶応四年（明治元＝一八六八）の戊辰戦争のとき北海道への征討軍に従軍、函館で傷兵の治療に尽力後、帰国。その功により一〇石を加増された。

維新後、徴士に抜擢され、明治三年四月、大学中助教に任ぜられ、大阪府医学校病院の教官として大阪に赴き、熱心に生徒に講義をした。四年四月大学大助教に任じ、従七位に叙せられる。翌五年二月文部小教授に任じ正七位に叙せられる。同年九月学制改革のため大阪府医学校が廃止され、文部省七等出仕となる。御用滞在の命令があり、しばらくとどまる。しかし同年十一月出仕を辞し、位を奉還した。六年堺県が彼を招聘し（堺県）病院医学校の監督となる。ついで大阪で開業する傍ら私塾「啓蒙学舎」を開き医師を目指す生徒を教授し、その数は一〇〇人に達した。治療を乞う多くの患者が遠近より集まった。

彼は旧来の陋習を破り医道開進の基を立てることを志とした。開業の傍ら西洋医書を翻訳出版し、学生らに裨益するところが多かった。不幸にして肺患にかかり、郷里大野に帰り静養につとめたが、病いが重くなり明治十年四月二日、にわかに亡くなった。享年三十六歳、大野村（現・大野市）園寺町の妙典寺に葬る。友人で墓碑銘

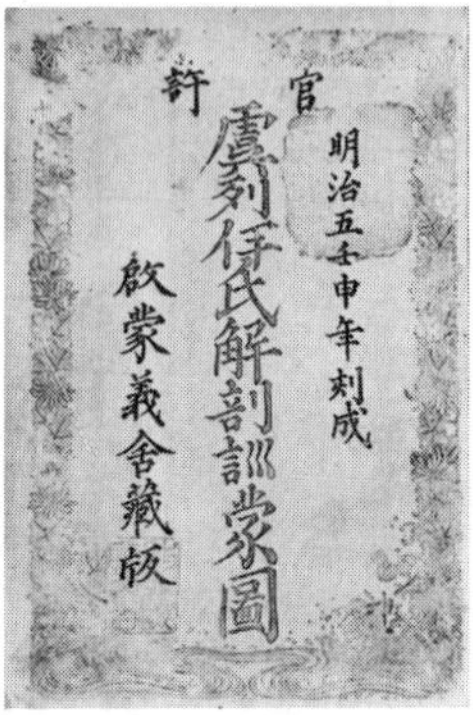

図37-20 『虞列伊氏解剖訓蒙図』

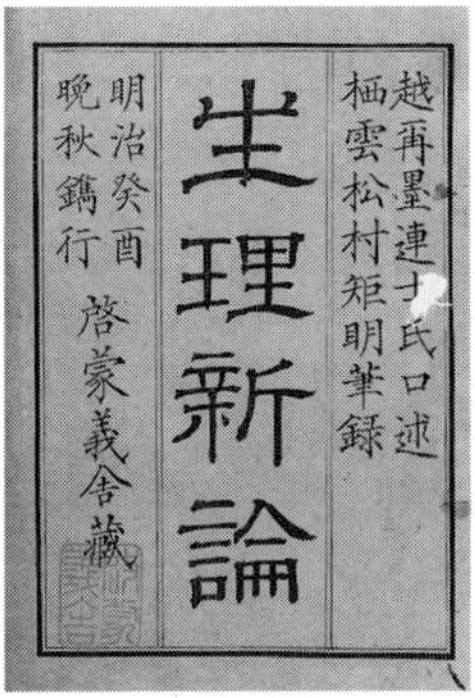

図37-21 『生理新論』

を撰した横井信之は「天之ヲ仮スニ年ヲスレバ、則チソノ業卓如、豈測ラザルカナ、コレ最モ痛憎スベキナリ」（原漢文）と、その若くして逝った友の死を嘆いている。

著訳書に『解剖訓蒙』一九冊（一八七〇）『虞列伊《グレイ》氏解剖訓蒙図』二冊（一八七二／図37-20）『生理新論』四冊（越爾墨連士《エルメレンス》氏口述・松村矩明筆録、一八七三／図37-21）『解剖摘要』七冊（一八七六）『医用化学』三冊（一八七六～七八）『解剖摘要図』一冊（一八七六）がある。

〔資料〕

明治十四年九月の横井信之撰「松村矩明墓碑銘」（岩治勇一『大野藩の洋学』、私家版、一九八四）

## ⑦石井信義（天保一一～明治一五＝一八四〇～一八八二）

美作国勝山藩医石井宗謙の長男、生母は家女房万屋（中山）丈助の娘室《むろ》、幼名は久吉、諱は信義、謙道と称し素山・石腸と号した。

父宗謙（一七九〇～一八六一）は長崎でシーボルトについて蘭方を学び帰国（天保二年ころ）、郷里真島郡旦《たん》土《ど》村（現・岡山県真庭郡落合町）で開業したが、天保三年（一八三二）勝山藩医に登用、同六年（四十六歳）医術修行のため岡山に滞在、そのかたわら下ノ町で開業した。シーボルトの遺児楠本イネは弘化二年（一八四五）二月から嘉永四年（一八五一）九月までの六年八か月、岡山の宗謙のもとで産科を修業している。イネは宗謙の子をやどして長崎に帰り、翌五年二月七日、たか子（貴子または多賀子）を産んだ。

異国船渡来が頻度を増し、蘭学者らが幕府に登用されるようになると、宗謙も安政二年（一八五五）、函館御用のため幕府の御雇いに召出され江戸へ出府、信義も父に従い江戸にのぼった。箕作阮甫・松木弘庵に蘭学を学び、また幕府医師桂川国興の弟子として、蘭日辞典『和蘭字彙』（前編は安政二年、後編は同五年に完成、九冊本から二〇冊本まで数種ある）の編纂に協力した。安政四年、父の勧めで蘭学修業のため長崎に遊学したが、ポンペ・松本順に学んだ形跡はなく、他の医師のもとで修学したようであるが、志を果たすことなく長崎を去った。同五年四月十二日（十九歳）、大坂の適塾に入門（門人録には「江都　三浦志摩守藩　宗謙倅　石井久吉」と署名）、四年間在塾し、オランダ語の成績は抜群であった。万延元年（一八六〇）江戸に帰り、翌文久元年五月十三日の父の死去により家督相続、江戸詰の医師となる。同二年（一八六二）八月、師緒方洪庵が奥医師兼西洋医学所頭取として江戸に着任するや、信義は適塾同門の島村鼎甫とともに同所の教授職に任命され（二十三歳）、主として病理学を教授し、島村は生理学を教えた。翌三年六月十日、師洪庵が急死し、九月、後任に松本順（三十二歳）が頭取になったが引きつづきその職にあり、同四年、医学取締役を命ぜられた。慶応二年（一八六六）松平伯耆守家臣高梁順庵の妹を娶《めと》る。

　維新後、新政府は医学所を医学校として復興、信義はこれに登用され、島村鼎甫・坪井為春・司馬凌海・玄蕃少允緒方惟準らとともに、二等教授に任ぜられた（明治元年十二月十日～同二年七月までの間）。緒方惟準は明治二年正月、職を解かれ大阪へ赴き、大阪府医学校病院設立の職務につく。二年六月、医学校は大学東校にかわるが、同年七月、信義は大助教に、翌三年三月少博士になり教授を続行する。このときの最高職の大博士は佐藤尚中、中博士は坪井為春・林洞海、少博士は石井のほか島村鼎（鼎甫）・長与専斎（適塾門人）・司馬凌海・緒方惟崇（郁蔵）であった（『東京帝国大学五十年史』上冊）。同年十月少教授となり、林洞海の後任として大阪医学校校長となる。四年十一月十一月、文部省より文部中教授を命ぜられ、同時に大学東校に復帰した（後任には高橋正純が就任）。帰京後は病苦に悩まされ、ほとんど教壇に立つことができなかった。

図37–22　石井信義

明治六年三月、文部省に医務局が設置され、長与専斎が局長に就任、このもとで一局員として医制取調べに従事、七年には同局編書課で、島村鼎・坪井為春・司馬凌海らと洋医書の翻訳を担当した。しかし七年五月に勃発した台湾出兵による省費節約のための機構縮小にともない同年九月免職となる。在任中から翻訳をつづける傍ら、駿河台甲賀町の自宅で開業、診療を行った。持病に苦しんでいたが、十五年一月二十日没、享年四十三歳の若さであった。墓は品川区上大崎三—一三—三六の高福院にある。大正四年（一九一五）、岡山県真庭郡勝山町の真庭郡医師会館（現・真庭郡環境保健所）構内に顕彰碑が建立された（図37-23）。篆額「石井謙道先生之碑」は陸軍軍医総監石黒忠悳、撰文は正五位加藤平四郎（勝山町出身で謙道に蘭学を学んだ自由民権家・政治家）である。訳書に英医タンネル原著『医療大成』六巻（一八七五）がある。第一・二巻は石井訳、第三巻以下は石井と坪井との共訳、そして島村が参校している。

なお明治七年一年間の日記が石井家の子孫宅に残されている。旧藩主三浦氏がその全文を解読、筆記したものが勝山町図書館に保存されており、筆者は四十年前に、これをさらに筆写し所蔵している。これを読むと、信義の日常の細部、病気に悩まされている状況、島村鼎・長与専斎らの当時の医学界の著名人との交遊をうかがい知ることができ、興味深い。

図37-23　石井信義（謙道）顕彰碑

緒方銈次郎はこの一部を『日本医事新報』一〇三九号（一九四二年）に「石井信義先生日記から」と題して紹介している。また落合町教育委員会編・刊『郷土の蘭医　石井宗謙の足跡をたどる』にも全文が収められている。

○信義の人となり

信義の容貌は色白、目もとやさしく、鼻高で細長の顔であっいる。

たという。信義の恩師である幕府奥医師桂川甫周の娘（今泉みね）は、その遺著『名ごりのゆめ』（一九四一年）の「石井謙道さん」の項に信義の全身写真と大学東校時代の桂川家宛の書簡の一部を載せ、つぎのように述べている。

石井さんと申しますと、せいのすらつとした、やせがたの、髪の毛をなでつけるやうにうしろにぶらつとさせた、眉毛の濃い、色の白い顔の人が、はつきりと眼の前に出て来ます。往来で、貧民のこどもが泣いてでもゐますと、立ちどまつてあやさずにはゐられないと云つた風の真底やさしみのある方でした。私の父が「石井」とか「謙道」と呼びなれてゐましたのも、古くからの弟子で親しみが深かつたからなのでございませう。［つぎは信義の父宗謙の話なので略す］

さて石井さんは御維新のあとで、ときめくやうになられましたが、こちらは大きな邸から追ひ出されて、けちな長屋にはひりました。併し一度御主人様とか、先生とか云うた者に対して石井さんは実にものがたく、先方の境遇はどうあつても、御自分の態度はつゆかへなさいませんでした。そして沢山な月給をおもらひになり、また人からあがめられるやうになればなる程、時勢に合はず米の代にも困ることになつた徳川家の者に同情は深く、決して御自分の出世を誇るやうなことはありませんでした。いつまでも御恩々々と言つては、ハアツと手をつかんばかりになさいました。手紙なども、飽くまで主人によこすやうに書いて来られました。味醂《みりん》づくめで御野菜など煮て、お重詰にして、桂川様にあげるとよくよこされましたし、私の父［桂川甫周］が病気のことなど聞くと、御自分からおいしいものを手にさげて、枕頭に来てすゝめるという風でありました。

成島柳北さんはお旗本の儒者でしたが、父とは大変気が合つて、御維新後明治政府に仕へることがいやなので、浅草で一緒に薬屋をして金龍丸とかなんとかいろ〳〵な薬を売り出したことがございます。その時石井さんは私までそんな店屋にをいては、縁談にもさはるからと心配して、御自分のところに引取るといふはなしになつて、私は父のもとをはなれました。

石井さんの役宅は、なんでも大きな大名屋敷を学校にしたその中でございました。よくも覚えませんが、大きな御門で其処をはひつてゆきますと道が二みちになり、一方はどれほどあるかも知れない広い〳〵お庭で、池もあつたり深山のやうな奥深い所もあつて大きな岩の間からは滝もおちたり、お庭だけ見物にいつてもいいくらいでした。それから、御門のすぐよこ手は、大名屋敷のときの御門脇の長屋だつたのですが、どれにも窓のある同じ部屋がいくつか並んだ一棟に、血気壮んな書生さんたちがめい〳〵机をかかへて本を読んだり机につつぷして居る者もあつたりして、随分にぎやかだつた事を思ひ出します。それにつづいてかぎの手になつたつまりつきあたりの、同じつくりの建物の窓からは、やせつこけの顔が出てゐました。病人だなまあいやなと思つたりしましたが、それが病院なのでした。それから中にはひつてみますと、ひろい廊下の向かうをかごがかつがれてゆきます。おや〳〵かごはそとにかぎつたものかと思つてゐたのに、家の中を通つたりして一寸をかしく思ひましたが、それは病人をはこんだものでした。それから曲り曲つて廊下をあるいて行きますと、奥は普通の御住居でお床の間のついたお座敷もならんでゐて、其処には石井さんは御家族づれで居られました。

私があづかつて頂いたのもそこだつたのですが、石井さんは、どこまでも主人の娘が来て居るやうに、毎朝手をついて、「ひいさまごきげんよう」と挨拶されますのは恐縮でした。実際奥さんやほかの方がいやな顔をなさる位に鄭重に取り扱つてくれました。子供ながらに私もそれを有難いと思つて、時には子供のお守りをしてあげたこともありました。

謙道さんは又、私にどうか早く良い縁をと一生懸命奔走して下さつて、向かうはどこかの御大名だといふことでしたが、御見合の折あんまり私がお転婆だつたのでだめになつて、石井さんがどうもひいさまには困りますといつた事もありました。

多分フルベツキでせう、石井さんの所によく来て、私にも何かしらペチヤ〳〵言つて話しかけるのですがちよつとも通じません。ちいさいムスメさんと言はれた事は記憶してゐます。

其の後私の都合で甫策叔父の役宅の方へ移りましたが、やはり石井さんの御友達で佐賀藩の方があり、その方の橋わたしで私は明治七年に今泉家に嫁ぐことになりました。石井さんの深い親切はほんとに忘れる事は出来ません。

それから数年して私は叔母と一緒に不治と定まつた石井さんの病床を見舞ふことになりました。もう誰にも会はれないという中からも、よろこんで迎へて下さつた静かなお部屋の中に、石井さんのやつれたお顔を一目見た瞬間、私はただ胸が迫つて、長い間の御礼さへしみじみ言ひ得ずにしまひました。其の日の光景、外はそこら一面桜吹雪で真白だつたことと共にまざまざ思ひ出されてなりません。

### （2）大阪府医学校病院奉職の地元の医員

**森鼻宗次**（嘉永元～大正七＝一八四八～一九一八）

宗次は嘉永元年八月、三田藩医森鼻嘉門（純三郎）の長男として摂津国有馬郡藍本村（現・三田市）で誕生。純三郎の名は「適塾姓名録」（表紙に天保五年〈一八三四〉とあり、同年より記入開始）の一〇番目に記入されているので、ごく初期の門人である。洪庵夫人八重の父億川百記が同郡名塩村の医師なので、いち早く適塾の存在を知り、天保五年～弘化三年ころに入門したと推測される。純三郎はその後、長崎に遊学したとも伝えられている（明治三十年六月十五日没）。宗次は父の影響を受け蘭学を志す。

宗次は大坂の緒方郁蔵の蘭学塾独笑軒に入門、蘭方医学を学んだ。同塾の「門生姓名」（記入総数八四名）の五九人目に「摂州三田　盛鼻《（ママ）》縫之助」と記されているのが森鼻宗次である。この「門生姓名」は一人目（万延元年）から四六人目（元治元年）まで入門年月が記されているが、それ以降の記載はない。毎年七〜一〇人の入門者があったようなので、宗次の入門は慶応二年（一八六六）数えで十九歳ころと思われる。ついで、摂津国有馬郡名塩村に寄寓していた伊藤慎蔵（適塾門人）に蘭学を学んだが、同三年冬帰郷した。

かつて幕府の蕃書調所の教授職を務めた三田出身の川本幸民（蘭方医坪井信道塾で緒方洪庵と同門）は次男清一（嗣子／開成所英学教授職手伝）とともに、幕府の倒壊により明治元年、三田に帰った。そして三田屋敷町の金心寺で英蘭塾を開き、幸民は蘭学、清一は英学を藩の子弟に教えた。門人が多くあつまり活況を呈し、方泉寺に分校を設ける状態であったという。宗次はこの川本塾に入門した。三田時代の川本塾の「入門姓名録」には、総数一二五名中の五番目に「盛鼻《（ママ）》縫殿助」の名がある。入門年月の記載はない。この塾における英学・蘭学・化学（舎密《せいみ》学という旧来の名称を化学と最初に唱えのは幸民である）の勉学が、後年多数の英語系の翻訳書出版の原動力となったことはうなずける。しかし明治三年（一八七〇）、川本清一が太政官出仕（大学少博士）を命ぜられ、父子ともに東京に出たため、同年二月に塾は廃止となった。

図37-24　森鼻宗次

そこで宗次は、大阪府医学校病院での研修を志し、明治三年八月（二十三歳）、授講生試補（月給三両）に採用され、ついで授講生・副当直医となった。四年七月、同病院は文部省直轄となり、彼は薬局長副となった。五年（一八七二）九月、大阪府医学校は廃止されたが、翌六年二月、府と府民の協力で大阪府病院が復活した。宗次はひきつづき医員を務めていたが、七年、堺県が医学校を新設することになり、二月十三日付で「仮医学校講長兼診長」の辞令をえて、設営にとりかかった。同年五月、堺材木町東の妙国寺境内に仮医学校が開設され、開業医や生徒の入学が勧誘された。ここでは医学教授とともに病人の治療・往診も行われた。翌八年二月、材木町東三丁に医学校舎と病院を併設、森鼻は病院長（月給七〇円）を兼任した。

明治十二年（一八七九）秋、堺で初めての病理解剖（少年囚の水腫症）が森鼻執刀のもとで行われた。十四年堺医事協同社を組織し、社員の親睦、医学知識の向上をはかった。しかしこの年十月、堺県医学校は廃止された。同年二月の太政官布告「堺県ヲ廃シ大坂府へ合併候条、此旨布告候事」によるもので、大阪府には二つの医学校はいらないということから、廃止されたのであろう。彼は再び大阪府病院にもどった。司療医・医学校教諭を経て、十五年三月〜十六年五月の間、大阪駆黴《くばい》院長、五月より府医学校二等教諭に任命され、主として眼科学を教えたが、知事は内命により大阪府病院の奈良分院長に任命しようとした。彼は「公の事は公然と命ぜられるべきである」と抵抗して、辞職した。これは、森鼻（三十六歳）を本院から奈良分院にほうり出したかったので、知事は彼が自発的に分院に転任した形式としたかったのであろう。当時の病院長兼医学校長は吉田顕三（三十六歳）で、院長と古株の森鼻との間で軋轢があったのであろう。辞職後は、大阪市東区（現・中央区）高麗橋四丁目二七番地に、内・外科診療を掲げて開業した。明治十六年十一月に、彼は八尾の医師田中徳太郎（八尾市の田中医院長田中祐尾氏の曾祖父）に「種痘術習熟候事」（図37-25）の証明書を与えている。

明治二十年（一八八七）五月、大阪医会が結成されると（二十三年に廃止）、会長には緒方惟準（四十五歳）、副会長には森鼻（四十歳）が選出された。

明治二十六年（一八九三）五月、大阪医事週報社が一般人による世論調査を行い、大阪医界の「二十傑」を選定したところ、森鼻が「著述家」のうちで第一位となった。その認定状が子孫に残されている。文面は次の通りである（中谷一正『幕末明治洋学史』）。

今般弊社ニ於テ広ク輿論ニ問ヒ大坂医海ノ二十傑ヲ選定致候処著述家ニ於テ三百二十票ヲ以テ貴下最高点ヲ得ラレ候ニ付謹テ其光栄ヲ祝ス

明治廿六年五月　　大阪医事週報社

森鼻宗次殿

大正七年（一九一八）一月二十一日死去、享年七十一歳、大阪市阿倍野区阿倍野筋四丁目の大阪市設南霊園に祖父永有、父嘉門、その他の血族とともに合葬されている。妻の登は明治二十二年十月二十二日没。直系の子孫は神戸市住。この子孫の家には、長与専斎が森鼻のために「登龍堂」と書いた額がある（図37-26）。

森鼻の多数の翻訳書・著書は、今日見ても彼のエネルギー、熱情に驚かされる。後半生は市井の開業医として終わったので、彼が医学界でどれほど評価されたか不明であるが、今まで彼の著訳書の内容については、ほとんど述べられていないので、次に紹介する。

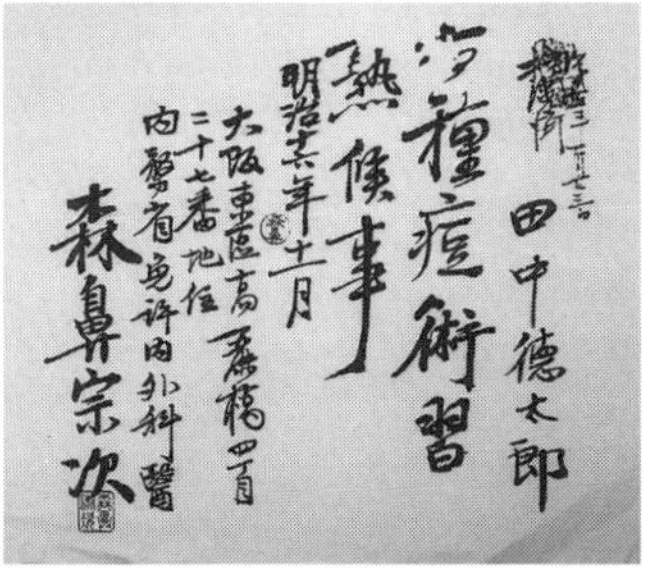


図37-25　種痘免許

図37-26　長与専斎筆「登龍堂」額

図37-27　森鼻氏一族の墓碑

○森鼻宗次の著訳書目録

| 書名 | 巻・冊数 | 刊行・識語の年月 | 注記 |
| --- | --- | --- | --- |
| ①華氏日用新方 | 三巻 | 明治五年初冬 | |
| ②日用薬剤分量考 | 一冊 | 同六年五月 | |
| ③薬剤新書 | 二巻 | 同六年六月 | |
| ④越里斯薬方全書 | 三巻 | 同六年八月 | 寺西養蔵（後藤松陰の門人）の序文 |
| ⑤皮下注射要略 | 一冊 | 同六年九月 | 登龍堂（森鼻）の蔵版 |
| ⑥新薬摘要 | 二巻 | 同六年十月 | 松村矩明の序文 |
| ⑦薬物新論 | 三巻 | 同六年十月 | 副島仲謙（大阪府病院同僚）序文 |
| ⑧検脈新法 | 一冊 | 同七年四月 | 英国タンネル原撰（一八七〇）、二三丁 |
| ⑨検尿新法 | | 同七年 | 英国タンネル原著 |
| ⑩独徠氏外科新説 | 三〇冊 | 同七～九年 | 英国ドロイ原著、登龍堂蔵版 |
| ⑪内科新論 | 二巻 | 同九～十年？ | |
| ⑫内科全書 | 三巻 | 同十年四月 | |
| ⑬虎列刺治範 | 一冊 | 同十年九月 | 堺県病院蔵版 |

①華氏日用新方

一八六九年刊のアメリカ・ペンシルベニア大学校健全学教頭兼内科助教授ヘンリー・ハルツホールン（Henry Hartshorne, 1823-1886）著の内科全書の『方剤』『解毒』二編を抄訳し、一八七一年刊のウード（George Baeon Wood）著の薬剤書（*Therapeutice and Pharmacology*）から主治などを抜粋して本文に附載している。

②日用薬剤分量考
大阪府医学校に勤務中、数百種の薬物・薬剤を用い、その服用量を手控えて、満一年で一巻を成すにいたった。薬の性能・効用の記載はない。製剤は主にアメリカ合衆国局方にしたがい、イロハ順に配列、三〇丁。

③薬剤新書（図37-28）
一八六七年刊の『英国製薬譜《イリチスハーマコペイエ》』（官版、薬説、製煉法、鑑識法など記載）を主体とし、ウードとベッキ両氏の『聯邦薬剤製煉書』（一八七二年）で補う。

④越里斯薬方全書
フィラデルフィアの薬物学・製煉学教頭ベンジャミン・エルリス（Benjamin Ellis, ?-1931）原著『メヂカル・ホルミュラリー（*The Medical Formulary*）』をサミュール・モルトン氏やロベルトバート・ゾーマス氏が相次いで改刷し、同都の医官アルベルト・スミスが増補改訂し、一八六八年十月に刊行した薬方書。

⑤皮下注射要略
凡例・目録各一丁、本文一五丁。ウード、スチール両氏の薬論、エリクセン、ハルツホールン両氏の治療書を参照にしたもので、皮下注射法を本邦で最初に紹介した訳書である。

図37-28　『薬剤新書』

皮下注射は英国のウード（Alexander Wood, 1817-1884）が一八五五年に神経痛患者に阿片剤（モルヒネ）を使用したのが、世界で最初である（*New method of treating neuralgia by the direct application of opiates to the painful points*, Edinb. Med. Surg. 82, 1855）。本文の冒頭で「皮下注射一凡ノ説」と題して、次のように記している。

皮下注射ハ千八百五十五年ニ於テ、アレキサンドル・ウード氏始テ之ヲ覈明《かくめい》［調べあきらかにする］セシ法ニシテ、皮下蜂窠織内ニ薬物ヲ注入スルニ由テ成ル、ウード氏ハ此法ニ拠テ用ユル処ノ薬、必ズ全身効用ヲ達スベキヲ識リ得タリ云々。

内容はこの「皮下注射一凡ノ説」のほか、「○皮下注入法ノ効用利害、○施用病患ノ表、○皮下注入法ヲ行フノ術、○器械図式［注射器を図示］、○用薬ノ分量」を記している。

薬は硫酸モルヒネ、硫酸アトロピン、海塩酸ストリキニーネ、アコニチン、複方阿片液、硫酸キニーネである。

この訳述書は森鼻が啓蒙医家であったことを如実に示している。

⑥新薬摘要

左記の諸種の書物から、一八六〇年以来の発明によるもの、あるいはその趣きを変えた薬品数十種を抄訳し、まとめたもの。

米国のゼオルジ・ビ・ウードとフランクリーン・ベッキ共著『聯邦薬剤製煉書』（一八七二年刊）

ゼオルジ・ビ・ウード著『薬性論』（一八六八年）

アルフレット・スチール著『薬性論』（一八六八年）

とくに各種製剤の説は次の二書から引用している。

英国スコイル著『撰挙英国局方書』（一八七一年）

英国ロベルト・ドロイ著『外科書』（一八七一年）

この中で注目すべきは麻酔薬クロロホルム、亜酸化窒素（笑気：歯科の減除知覚薬、迷矇薬）などの製法・本性、健体上の作用を論じていることである。

⑦薬物新論

ゼオルジ・ビ・ウード著『薬性論』（一八六八年）とヘンリー・ハルツホーン撰『医学集覧全書』（一八六九

年）の「薬物学編」および輓今舶来した薬物書数部から薬草の図を模写。

第一　総括

第二　諸薬の作用

第三　諸薬製煉論

第四　植物収斂薬・礦物性収斂薬

第五　強壮薬・特効苦味薬

⑧検脈新法

英国タンネル原撰（一八七〇年）、登龍堂（森鼻宗次の堂号）蔵版。

脈診の方法、患者に対する注意事項、脈動の性質、初生児から老人までの正常脈拍数、異常脈拍、描脈器または検脈器（脈波計のこと、この器械を図示し、実際に記録した脈波を掲載している）について記述。

⑨検尿新法（筆者未見）

⑩独徠氏外科新説（図37-29）

ロンドンの Royal College の医師免許保持者で、王室内科、外科協会およびロンドン医学協会のフェロー（評議員）Robert Druitt の *Manual of Modern Surgery*（『袖珍外科新書』）の第一〇版（一八七〇年）の翻訳書である。森鼻が翻訳したもっとも大部の著書であり、心血を注いだものであろう（ちなみに、岡山大学図書館鹿田分館に、ロンドン版八版のアメリカ版〈一八六七年〉の *The Principles and Practice of Modern Surgery* がある。この『ドロイの外科』は増版ごとに書名を変えている）。

巻之二の末尾に（続刊では巻之一の冒頭に）、堀内利国（緒方惟準の義弟、当時一等軍医正、大阪鎮台勤務）の叙（明治七年春）が掲載されている。その中に、「森鼻宗次君、年未だ三十ならず、官を罷め門を杜《とざ》し、力

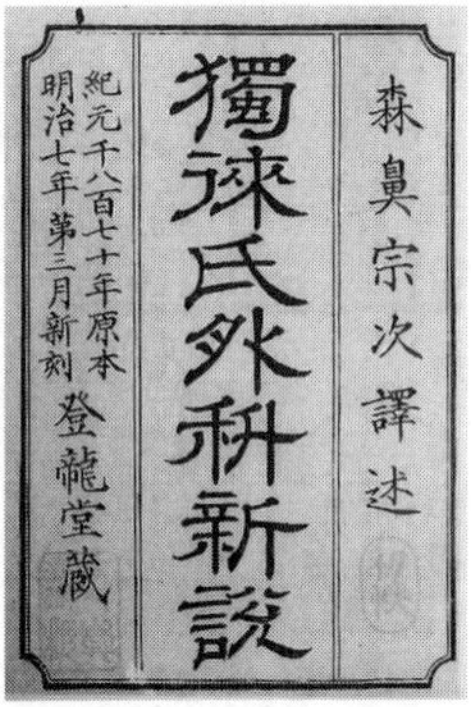


図37−29　『独徠氏外科新説』

を書を著わすに尽くす、蓋《けだ》し其の意正に天下の医風を正し以て蒼生「人民」を済《すく》うに在り、云々」と記している。明治五年九月、大阪府医学校は廃止されたが、森鼻が翻訳に熱中していたころのことであろう。

内容：動静脈損傷および諸病に始まり、神経・皮膚・筋、腱、関節滑嚢・リンパ系・頭首・背脊・耳・眼目・顔鼻口舌・頸部・胸部・腹部・腸墜・直腸肛門・泌尿器・花柳病毒（性病）・男女子生殖器・乳房などの損傷および諸病・震蕩創傷・砲傷・寒熱および刺衝の作用・健康動物毒傷・死体毒・病的動物毒傷、骨・関節・手足の損傷と諸病、迷矇法（麻酔法）・外科手術・動脈結紮術・四肢截断術。

本書末尾の広告には、「以上三三編、十五帙、但シ二冊ヲ以テ一帙トス、右明治七年三月ヨリ同八年十二月ニ至ルマデ、漸時出版発兌シテ、第八帙ニ及ブ、尚ホ次ヲ逐テ出版発兌スベシ、四方ノ諸彦謂フ愛顧ヲ賜ヱ」とある。

また広告には「全部三十冊」ともあるが、筆者は第二〇巻（明治九年二月刊、「第十八　花柳病毒編」まで）の二〇冊（岡山大学図書館鹿田分館および武田科学振興財団杏雨書屋蔵）まで確認できただけで、これ以降すべて発刊されたかどうか不明である。

⑪内科新論

本文文頭に「英蘭国《イングランド》　遏欽《アッキン》氏原著、合衆国屈列瑪《クレーマ》氏増補、堺県医学校　森鼻宗次　訳述」と記されている。巻之二の末尾に「堺県医学校講筵筆記」とあるので、講義内容をプリントしたものであることが分かる。内容は消化器管の諸病について記述している。

⑫内科全書

一八七一～七六年の間に出版された欧米諸国の内科書をあれこれ翻訳・纂集し、さらに米国発行の医学雑誌・医事新報の類から新奇なものを抜粋し、補成されている。

内容：口腔から盲腸までの諸病(便秘が最後)の症状・病理・鑑別・予後・治療法について記している。

そのほか興味深いことは、米医ビーモント(William Beaumont)が銃傷により胃瘻となったマーチン氏の胃に対するアルコール作用(大害を及ぼす)を記述していることである。

⑬虎列刺治範

明治十年(一八七七)七月、清国廈門《アモイ》に流行した虎列刺《コレラ》は、同年八月早くも長崎に蔓延、ついでたちまち、九州・畿内・東京地方に大流行をきたし、十一～十二年におよんだ。十年八月二十八日、内務省は「虎列刺予防法心得」を配付し、清潔・摂生法心得を定めた。この流行に後れること一か月後の九月二十八日に、この冊子が発行された。本文は三四丁、六七ページ、森鼻宗次訳述、新宮涼斎・土倉壙筆記、箕浦文明・浅尾昌が校字をしている。序言・題言・目次はない。
内容：原因論・解剖症候論・症候論・合併症および続発症論・虎列刺症之異類論・病理論・予后死亡および経過論・療法論・減毒予防論の九項目である。

〔資料〕
木村銀次郎『近畿名士偉行伝』第四編「名医森鼻宗次君之伝」(一八九四)
中野操「堺県医学校と校長森鼻宗次」(『日本医史学雑誌』五巻一号、一九五四)
中野操『大阪名医伝』(思文閣出版、一九八三)
古西義麿「緒方郁蔵と独笑軒塾」(『日本洋学史の研究Ⅳ』、創元社、一九七七)
中谷一正『幕末明治洋学史』(私家版、一九七八)
中山沃「明治初期の啓蒙医家森鼻宗次」(『日本医史学雑誌』四四巻二号、一九九八)
芝哲夫「適塾門下生に関する情報収集および調査報告」(『適塾』一三号、一九八一)

芝哲夫「適塾門下生に関する調査報告（3）（4）」（『適塾』一六号、一九八三／一七号、一九八四）
阿知波五郎「明治初期の英語医学――英米医学訳書の原著と其の性格――」（『近代日本の医学』、思文閣出版、一九八二）

## 五　西南戦争、陸軍軍医本部勤務時代

### (1) 林紀《はやしつな》（弘化元～明治一五＝一八四四～八二）

陸軍軍医総監。弘化元年六月十六日、江戸日本橋薬研堀に生まれる。父は幕府奥医師・蘭方医の林洞海、母は蘭方医佐藤泰然の娘つる。幼名は紀太郎、字は綱、研海と号した。六歳で荻野鳳次郎に漢学を、十三歳で塩谷甲蔵（宕陰《とういん》）に入門、書は著名な書家石井潭香《たんこう》（師は市川米庵・清人江芸閣、松前藩に仕える）に学ぶ。文久元年（一八六一／十八歳）長崎に遊学、ポンペからオランダ医学を修学。翌二年八月、幕府の第一回オランダ医学留学生として伊東玄伯（のち方成、玄朴の養子）とともに選ばれ、ライデン大学で学ぶこと五年（あるいはユトレヒトの陸軍軍医学校にも在学したか）、幕府倒壊により緒方惟準らとともに慶応四年（明治元年）六月二十日横浜に帰着した。慶喜のあとを受けて徳川宗家を継いだ徳川家達（一八六三～一九四〇）に従い静岡に行く。翌二年沼津に移り、沼津西の条に病院および医学校が設けられると、その院長となった。

明治四年（一八七一）叔父松本順の推挙により上京、陸軍軍医部に出仕した。六年六月、医学研究のため欧米に派遣され、翌七年二月帰国した。十年十月軍医監として西南戦争に従軍し、九州の地に野戦病院を設け、征討軍団病院長として傷病兵の救護にあたった。つねに前線に出張したので、その留守を緒方惟準（一等軍医正）が副院長として補佐した。翌十一年洋医勃興にあたり、二月一日より日本橋一丁目の資生堂（親戚山内作左衛門）方において府下開業医に実地医学を教導した。

明治十二年（一八七九）十月十五日、松本順のあとを受けて第二代陸軍軍医総監に任ぜられた。十五年六月十

八日、有栖川宮熾仁《たるひと》親王を露国皇帝戴冠式へ差し遣わすにあたり随行を命ぜられたが、パリにおいて同年七月二十五日腎臓炎のため病床に臥した。百方手をつくしたが快方に向かわず、気管支炎を併発し、八月三十一日病没、享年三十九歳。墓はフランスのパリにあるが、台東区谷中天王寺町、谷中墓地の甲種甲第八号四側にもある。

パリのモンパルナス（Montparnasse）にある墓地での埋葬は翌十六年一月十八日に行われ、フランス政府は特に将官に対する公式の礼をもって儀仗兵《ぎじょうへい》を派し、弔銃を発射して弔意を示し、日本側からは井田駐仏公使、徳川昭武、駐在武官田島広親少佐らが参列し、田島少佐が柩の綱を握り、原田少佐が勲章を奉持し、従弟林董《ただす》（松本順の弟、林洞海の養子）が喪主となり葬儀を終えた。墓碑は高さ約一メートル、正面上部にはかたばみの家紋が浮き彫りにされ、その下中央に「林紀之墓」、右に「陸軍軍医総監正五位勲三等」、左に「明治十五年八月三十日没于巴里享年三十九」といずれも一行で彫られ、三層の台石の各層に次の順序で刻まれている（図37-30）。

TSOUNA HAYASHI

MEDECIN INSPECTEUR GENERAL

DE L ARMEE JAPONAISE

（大滝紀雄『医学之歴史散歩』／高橋邦太郎「蘭方医林紀」、『蘭学資料研究会報告』三〇二号、一九七六年）

図37-30　林紀の墓碑（パリ）

一九七四年夏、この墓碑を探訪した大滝紀雄氏によれば、死亡月日の部分は風化していて、ほとんど読めなくなっていたという。

ちなみに、高橋氏によれば「墓地の名称をモンパルナス南墓地」と誤記されることがあるが、本来の名称は「PREFECTURE DE PARIS, CIMENTIÈRE DU

PARIS」であるという。

なおドイツに留学中であった森鷗外が帰朝の途中、パリに立ち寄ったとき林紀の墓に詣でたことが、彼の日記『還東日乗』の明治二十一年七月二十六日のくだりに「拝林軍医総監墓」と記されている（『鷗外全集』三五巻）。

遺髪は谷中天王寺町にある祖父佐藤泰然の墓の近くに埋葬された。のち佐藤泰然らの一群の墓碑は同霊園の他所に移された。しかし、筆者が探訪した折りには林紀の墓はなかった。ちなみにこの佐藤家の墓域に松本順の長男銈太郎の墓碑もある。

彼の急死により松本順が復帰し、再び軍医総監・陸軍軍医本部長となり、緒方惟準はそのまま軍医本部次長の席にあった。明治十八年（一八八五）五月、橋本綱常が松本順の後任として、軍医総監・軍医本部長に任ぜられる（翌十九年三月、官制改革により軍医本部長は陸軍省医務局長と改称）。橋本は医務局長に就任し、次長の席は石黒忠悳が占め、次長であった惟準は十九年五月、軍医舎長兼近衛軍医長として外局にはじきだされた。林紀が長く本部長の席にあれば、惟準はその後任としてこの軍医の最高職におさまったのではなかろうか。

林董伯爵（泰然の五男）は従弟、榎本武揚子爵（妻多津が紀の妹）と赤松則良海軍中将（男爵、妻貞が紀の妹）は義弟、弟の紳六郎と武はそれぞれは西周、何礼之助の養子となった。

訳書に『処方学』三巻三冊（一八七五年）と『脚気論』（一八七八年）がある。

①『処方学』（図37-31）

原本はオランダ人ヲツプウェールダの『処方学』（刊年不明）、表紙裏に「静岡林紀訳述　処方学　林氏蔵版」とある。縦一八×横一二センチ、和装本、三巻三冊のようであるが、巻二・三は未見である。巻一の序文（二丁）は同僚の陸軍軍監従五位石川良信、日付は明治八年五月下浣（下旬）。自序（一丁）の冒頭に、

処方学ノ未ダ精シカラザルヨリ、世ノ調薬者往々劇薬ノ分量名目ヲ差《たが》ヘテ人命ヲ誤ル者アリ、実ニ医学ノ一

大欠典《ママ》ナラズヤ、余偶「ヲツプウェールダ」氏ノ処方学ヲ読ミ、始メテ此書ノ医ヲ学ブ者ニ多少ノ裨益アラン事ヲ知リテ訳シテ世ニ公ニス

と翻訳した趣旨を述べている。

目次はなく、本文五五丁、本文冒頭に「処方学巻之一　陸軍軍医監従五位　林紀訳述」とあり、第一章から第三五章まであるが、各章の題目はなく次のような文章が記されている。

第一章：医家処方学ハ医学ノ一部ニシテ、患者ニ投与スル薬剤ヲ処方箋ニ書シ、薬剤家ニ調合セシムル者ナリ。
第二章：薬剤家処方学ハ医家ノ処方箋ニ従ヒ薬剤ヲ調合スル一学ナリ　○此学ハ製薬術ノ主任ニシテ、医家及ビ患者ノ媒トナル一学ナリ、故ニ医家ノ疾病ヲ治シ患者ノ医家ヲ信任スルハ大ニ此術ヲ行フ者ノ巧拙ニ関ス。

右の二条からも分かるように、処方学を学ぶべき重要性を説いた、日本における最初の処方学に関する翻訳書である。序文を書いた石川良信も「処方学は則ち未だかつて全書有るを見ず、しかして林君この挙有り、又以て医道の欠典《ママ》を補うに足る」（原漢文）と賞讃している。各章の説明は略すが、第七章に、オランダにおいては、一八七一年十一月三十一日、旧薬量を廃して、フランス・ベルギー・ドイツのように、はじめて医学にメートル度量、すなわち瓦蘭（グラム）量を用い、「瓦蘭量を書すには瓦蘭及び「ミルリ」瓦蘭［ミリグラム］を用いる

図37-31　『処方学』

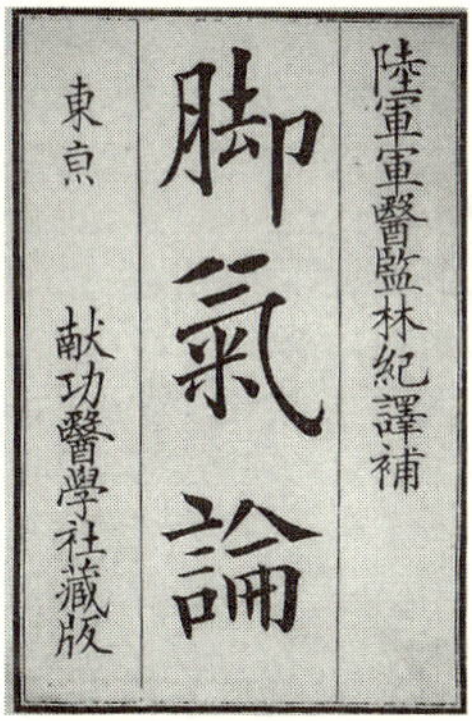

図37-32　『脚気論』

を良とす」と述べている。

②『脚気論』（図37-32）

二巻、一八七八年、縦二二・五×横二〇センチ、序文は従五位西周で、原本はメーエ氏著『脚気論』である。緒言を書いた陸軍二等軍医正長瀬時衡、軍医小松維直の記述によれば、林紀が諸軍医の求めに応じて、この書を訳し数回にわたって講義したものを筆記し、終わってのちオランダ刊行の『医事週報』中の脚気に関する文章を増補して刊行されたものである。講席に列する者は前後数十名で、筆記者は長瀬時衡・愛甲義実・小松維直ら一三名、校合・刊行に従事した者は長瀬ら四名であった。

ただし結局、脚気の原因についてはまったく解明されていない。

③『東京医事新誌』二〇号（一八七八年）に、林紀訳「クルートベルナルト小伝」を投稿している。この人物は有名なフランスの生理学者クロード・ベルナール（Claude Bernard, 1813-1878）のことである。略歴と業績を簡単に紹介しているが、彼の名著『実験医学序説』については言及していない。

〔資料〕

村上一郎『蘭医佐藤泰然――その生涯とその一族門流――』（佐藤泰然先生顕彰会、一九八六）
『大日本人名辞書』（同書刊行会、一九三七）
望月洋子「林洞海・研海――父と子の理念――」（『日本医史学雑誌』四九巻四号、二〇〇三）
藤浪和子『東京掃苔録』（八木書店、一九七三）

## (2) 石黒忠悳《いしぐろただのり》（弘化二～昭和一六＝一八四五～一九四一）

石黒家は代々越後国三島郡片貝村に住居、忠悳の父子之助は江戸に出て代官手代平野寿助の家族となり、平野順作良忠と称した。

図37-33　石黒忠悳
（91歳／昭和10年）

忠悳は弘化二年二月十一日、父の勤務する陸奥国（福島県）伊達郡梁川に生まれ、幼名を庸太郎《つねたろう》といった。父の転任にともなって各地を転々とし、十一歳（安政二年）のとき父を、十四歳（同四年）のとき母も亡くし天涯孤独となる。万延元年（一八六〇）六月（十六歳）越後片貝村に帰り、石黒姓に復し、石黒恒太郎と名乗る。村校に学びつつ校務を助ける。文久元年（一八六一）安達久賀子と結婚、池津に移り私塾を開く。同三年、信州松代に佐久間象山を訪ね、三か日にわたり面会を許され、深く感銘を受けたという。

のち江戸に出て元治元年（一八六四）二十歳で医を志し、下谷の医師柳見仙（経歴不詳）のもとで医術と洋学を学ぶ。慶応元年（一八六五）江戸医学所に入学、医学所句読師となる（同四年）。明治元年、維新の変にさいして越後に帰郷、翌二年上京して大学東校に奉職、三年大学少助教兼少舎長となる。四年に文部省を退き、松本順の勧めに従い、兵部省軍医寮に出仕する。五年二月、陸軍一等軍医（六年の官等改正で二等軍医正）兼軍医権助となる。以下その経歴を列挙する。

六年（一八七三）五月、陸軍本病院に出仕、二等軍医正、八月、一等軍医正に進む。

七年、佐賀の乱起こり、征討総督小松宮彰仁親王（陸軍少将）に随行、陣中病院を監督する。

九年、陸軍馬医監を兼任、六月、米国フィラデルフィア博覧会へ派遣され、十月帰朝。

十年、西南戦争が起こり、四～十二月大阪陸軍臨時病院長を兼任、九州から送られてくる傷病兵の治療にあたる。

軍医監佐藤進の病院長就任により、副院長に退く。

十一年、内務省御用掛、脚気病院設立委員となる。『脚気論』一冊を出版する（三一九ページ図24-2）。

十二年、文部省御用掛兼勤、東京大学医学部綜理心得となる。

十三年、陸軍軍医監、軍医本部次長（もう一人の次長は緒方惟準）となる。新宿区牛込揚場町に邸宅を転居。

十九年三月、陸軍省医務局次長（官制改正により軍医本部は医務局となる）となる（医務局長は軍医総監橋本綱常）。

二十年四月、ドイツのカルルスルーエの万国赤十字第四回総会およびオーストリアのウィーンで開催された万国衛生およびデモクラフィ第六回会議に参加し、わが国の学界の進歩を世界に紹介する。

二十一年九月帰朝、十一月、陸軍軍医学舎長を兼任、十二月、陸軍軍医学校長、陸軍衛生会議議長も兼任。

二十三年三月、陸軍医務局御用掛に転任、十月、陸軍軍医総監（三十年官等改正により軍医監）に進み、陸軍省医務局長となる。

二十七年六月、日清戦争が起こるや、大本営野戦衛生長官となり、天皇に随行し広島に移る。

二十八年三月、下関で兇漢に狙撃された清国大使李鴻章を天皇の命により陸軍軍医総監佐藤進とともに見舞って診察する。四～五月、旅順を視察、戦争終了後男爵に叙せられる。

三十年四月、新官制の陸軍軍医総監に任命。九月、医務局長を辞任し休職、後任は石坂惟寛。

三十四年、予備役に編入(五十七歳)。

三十五年、勅選貴族院議員となり、また中央衛生会会長、薬局方調査会会長となる。

三十七年二月、日露戦争が勃発。

三十八年五月、大本営付、臨時陸軍検疫本部兼務、召集解除。

四十三年、第三回日本医学会名誉会頭に推薦、ナイチンゲール石黒記念牌をつくり基金とともに日本赤十字社に寄附。

大正六年（一九一七）、日本赤十字社社長に就任（七十三歳）。
九年、枢密顧問官に親任、赤十字社長を退任、子爵を賜る。
十四年、妻久賀子没、十二月、リウマチ発病。
昭和七年（一九三二）、陸軍軍医団により米寿祝賀会が催されたが、病臥のため欠席。
十一年二月、自伝『懐旧九十年』を出版。
十一～十六年、老衰が次第に進み、自宅で病気（前立腺肥大）静養する。
十六年四月二十六日、自宅にて死去、享年九十七歳。

〔著書その他〕

補『贋薬鑑法』一巻（一八六九）
著『伍薬禁忌』一巻一冊、結爾別児篤《ケルベルト》原本、英蘭堂（一八六九）
著『軍医寮局方』一冊（一八七一）
訳『虎烈刺論』一冊、ニーメル等原本、大学東校刊（一八七一）
訳『増訂化学訓蒙』八巻八冊、ヒルセル原本、石黒氏読我書屋刊（一八七三）
著『長生法』一巻一冊（一八七三）
著『外科説約』二〇冊、石黒氏読我書屋刊（一八七三～七五）
林彊（洞海）・石川良信・石黒忠悳共訳『内科簡明』一四巻一八冊、独逸・捃設《クンツェ》原本（一八七六）
著『外科通術』三巻三冊、石黒氏読我書屋刊（一八七六～一八七八）
著『大坂陸軍臨時病院報告摘要』二冊、陸軍文庫刊（一八七八）
著『脚気論』一巻一冊、思誠斎刊（一八七八）

著『増訂再版コレラ預防訓』一枚刷（一八七九）

著『耄碌』（一九二四）

著『懐旧九十年』（一九三六）

訳『麻疹略論』一巻（刊年不明、以下筆者未見）

著『リユンドルペスト説』一巻一冊（刊年不明）

訳『痢病論』一巻一冊、大学東校刊（刊年不明）

その他『桜窓独言』『蕃貨考』『新量瓦蘭表』『薬品溶解表』『麻疹論』『軍陣外科手術』『軍医必携』『軍陣衛生制度』『航米紀事』『腱線説』『況翁閑話』『好求録』『赤十字幻燈演述案』『赤十字看護婦ニ対スル講話』等々

〔論文など〕

「陸軍衛生部旧事談」（『東京医事新誌』一四四二～四六号・一四五四号・一四六四号・一四七〇号・一四七四号・一五一三号、一九〇六～七年、以下筆者未見）

「石黒衛生長官の旅の記」（『日清戦争実記』第十四編・第十五編、博文館、一八九五年）

陸軍軍医総監だった石黒忠悳は野戦衛生長官として明治二十七年十月二十六日広島の宇品を出帆、朝鮮に航し、さらに鴨緑江を渡り九連城・安東県などの各地を巡視し、十一月二十五日、無事広島に帰着した。このとき石黒は日々官用日記と通常日記の二種を分けて記述していた。これは通常日記を石黒の承諾を経て掲載したもので、連載二回で中断し未完に終わったようである。

石黒男爵談「四十年前の医学生」（『東京医事新誌』一四九三号、一九〇七年）

「石黒男爵　懐古談」（『東京医事新誌』一五四四号、一九〇八年）

「男爵石黒忠悳談　満韓談」（『日本医事新誌』一六七七号、一九一〇年）

## （3）橋本綱常《はしもとつなつね》（弘化二〜明治四二＝一八四五〜一九〇九）

弘化二年六月二十日、福井藩医橋本長綱の四男として越前国福井で生誕。幼名は琢磨。大老井伊直弼の安政の大獄で刑死した橋本左内（一八三四〜五九）は綱常の長兄である。

仲兄は綱維（一八四一〜七八）で明治四年、陸軍軍医となり、陸軍本病院第二課長、征討軍団病院長、大阪鎮台病院長を歴任、一等軍医正（明治十年）に進むが、明治十一年六月二十五日病没。三十八歳の若さであった。墓は東京湯島麟祥院にある。

綱常は八歳のとき父が死亡。医を志し安政二年（一八五五）藩の明道館の医学所で修学、のち田代満隆に蘭学を学ぶ。万延元年（一八六〇／十六歳）亡父の家督二五石五人扶持を受け、本家を相続する。文久二年（一八六二）正月、半井仲庵らとともに長崎に遊学、蘭人シントレルに師事。ついで同年二月、松本順の塾に入門する（門人録「登籍人名小記」には橋本琢磨とある）。養生所でポンペに学び、ここで初めて緒方惟準に出会うわけである。同三年、良順が江戸に帰ることになると、綱常は他の二〇余名の門下生とともに江戸にのぼる。一時、良順にしたがい京都に赴くが、文久三年秋、福井に帰る。元治元年（一八六四／二十歳）十月、長州征討軍に加わった福井藩軍にしたがい豊前小倉に赴くが、十二月、長州征討が止むと、綱常は長崎に赴き、養生所のボードインについてオランダ医学を学ぶ。一年有余の長崎遊学を終え、慶応二年（一八六六）八月福井に帰り、十二月、奥外科医兼医学館教授助となる（二十二歳）。同四年（九月一日に明治元年と改元）六月、会津征討軍に従軍、明治元年十月、凱旋帰国する。

明治二年、藩立病院の設立を主張、設立後は主として貧民を治療する。三年正月、福井分病院頭取となる。同年十月、大阪府医学校病院に出張、蘭医エルメレンスにつき修学し、ついで兵部省軍事病院医官（月給六〇両）に任ぜられる（二十六歳）。ここで惟準と再会する。四年、軍事病院が大阪から東京へ移され、綱常も転勤、十

図37-34　橋本綱常
（明治40年ころ）

月、軍医寮七等出仕となる。

明治五年五月、プロシア留学を命ぜられ、七月横浜を出帆し、十月ベルリン大学に入学（二十八歳）。翌六年九月（一八七三）ウュルツブルグ（Würzburg）大学に転学、外科教頭リンハルトに師事、大いに得るところあり、ついで八年八月、ウィーン大学でビルロート、ベルリン大学でランゲンベッキの手術を見学、翌九年四月、ウュルツブルグ大学にもどる。

同大学の文書には、次のような修学の記録が残されている。

WS 1873／741 med.
Hassimoto,Tsenatsune aus Yedo, Innerer Graben 45
SS 1876 1 med
Hassimoto, Tunatune

WSはWintersemester（冬学期）、SSはSommersemester（夏学期）をいう（A. Hirner, *Japanisches Bayern, Historishes Kontakte*［バイエルンの日本人——歴史的接触］, 2003）。

九年七月、「脚気新説」でドクトル・メデチーネの称号を授与される。六月帰国、十年七月、陸軍軍医監（大佐相当）に任ぜられ、陸軍本病院出仕となる（緒方惟準の軍医監昇進は十三年）。八月、西南戦争に従軍、征討軍団病院附を命ぜられる。十一年一月、功により勲四等旭日小綬章授与。二月、文部省御用掛・東京大学医学部教授の兼務を命ぜられる。十五年十月、東京陸軍病院長に任命される。翌年、陸軍卿大山巌の欧州出張に随行を命ぜられ、十七年二月、横浜出帆、ドイツ・オーストリア・イタリア・フランスを視察し、十八年一月帰国し、五月二十一日には軍医総監、陸軍軍医本部長に任ぜられる。制度改正により、陸軍軍医本部が陸軍医務局とかわり、十九年三月一日、綱常は初代医務局長に就任する。
十　九年　十月　博愛社（日本赤十字社の前身）病院長を嘱託される。
二　十年　一月　東京慈恵医院商議員となる。六月、陸軍省は綱常に日本赤十字社の監督を命ずる（五月、博愛社は日本赤十字社と改称）。
二十一年　五月　医学博士の学位を授与（学位令第三条による）。
二十二年　九月　貴族院議員に任ぜられ、十月、予備役となる。
二十三年十二月　宮中顧問官に任ぜられる。
二十四年　十月　貴族院議員を依願退職する。
二十八年　十月　勲功により男爵を授けられ、華族に列する。
三十三年　五月　勲一等瑞宝章。
三十四年　四月　第三回日本外科学会会長を務める。
三十七年　五月　大本営付、東京予備病院御用掛兼勤。
三十八年十二月　後備役となる。
三十九年　四月　勲一等旭日大授章。九月、勅旨により帝国学士院会員となる。
四　十年　九月　勲功により子爵。
四十一年　四月　日本外科学会名誉会員。
四十二年　二月　十八日　死去、享年六十五歳、叙従二位（彼のライバルであった緒方惟準は綱常が死去して五か月後の七月二十一日　大阪で没した）。

四十一年六月二十日、日本赤十字社病院の中庭に建てられた綱常の銅像除幕式が行われた。この銅像は三十七年十一月に完成していたが、日露戦争のため病院が東京予備病院渋谷分院となり、また戦後、綱常の体調不良のため、除幕式が延期となっていた。

四十四年（一九一一）には、長谷寺《ちょうこくじ》（越前永平寺の東京別院、曹洞宗、東京都港区西麻布二丁目）に巨大な記念碑が建てられた。題額は公爵徳川慶喜、撰文は竹添進一郎である（藤浪和子『東京掃苔録』）。

▽**竹添進一郎**（天保一三〜大正六＝一八四二〜一九一七）

肥前熊本藩士、のち北京公使館書記官、朝鮮公使を経て小田原に閑居、大正六年没。漢籍・漢詩に造詣深く、東京大学で経書を講じたこともあり、『左氏会箋』で学士院賞を授与され、文学博士となる。多年橋本と親交があり、竹添が天津領事に赴任したさい、綱常は、漢学修業のため長男長勝（十四歳）の同行を依頼、綱常の詩文の師でもあった。

綱常には著書『外科手術摘要』（陸軍軍医学会文庫、一八七九年）一冊がある（図37-35）。緒言（明治十八年一月　綱常識）五ページ、目次一二ページ、本文は四八七ページである。

「緒言」によれば、西南の役後、綱常は陸軍病院において屍体で手術演習を行った。演習はすでに五回にわたり、そのときに、毎回インハルト氏の手術書『ヒュートル、バルドレーベン、セジョおよびエレキソン』（原綴は不明）ら諸氏の外科書中より手術要用部を抄摘し、その他綱常が実験したことを講述し、あわせて局所解剖を論じた。聴講した軍医らが筆記したものはかなりの量に達した。受講した軍医らは、「此筆記ノ如キモ僅々講筵ニ列スル者ニ止ラズ、之ヲ刊行シテ汎ク各鎮台在勤ノ同志ニ頒タバ益スル所多カラン」と綱常に刊行をうながした。綱常は、固《もと》ヨリ其意ニアラズ、且此摘要ハ屍体及活体ニ対照スルガ為メニ

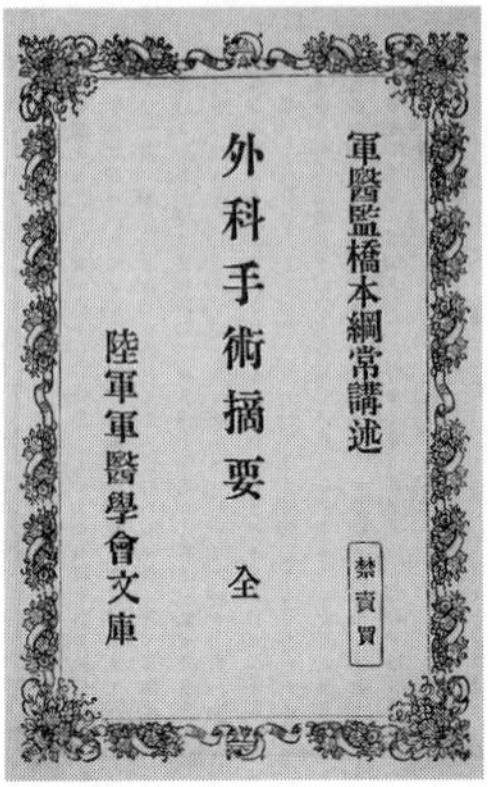

図37-35　『外科手術摘要』

シテ、図解ヲ附セズ不完全ニシテ未ダ再三ノ校正ヲ経ズ、然ルニ率然欧行ノ命アリ［陸軍卿大山巌の欧州出張の随行］、今又其暇ナシ、況《いわん》ヤ石黒軍医監既ニ上梓ノヱスマルヒ氏軍陣外科書ノ完全ナルモノアルニ於テオヤ。然ドモ諸氏ノ情、切ニシテ止ミ難キヲ以テ、筆記中、切断、関節離断、切除及動脈結紮此四ノ者、殊ニ軍医ノ急務ニシテ研究スベキ部ヲ刊行ニ附セン事ヲ諾ス

ということで、二等軍医正菊池篤忠以下一二名の協力を得て、刊行するにいたった。目次の概略は次の通りである。

第一編

第一　動脈結紮総論

第二　動脈結紮各論　（一）上大動脈系統の二二の動脈の結紮法

（二）下大動脈系統の一〇の動脈の結紮法

第二編

第一　截断及び離断術総論

（一）歴史　（二）適応　（三）截法歴史　（四）切断術通則　（五）切断術式通則

（六）関節離断術式通則　（七）切断と離断との比較　（八）後治法　（九）継発症

第二　切断及び離断術各論

（一）上肢切断及び関節離断術…七つの各部位について記述

（二）下肢切断及び関節離断術…一三の各部位について記述

第三編

第一　截除術総論

（一）歴史　（二）区別　（三）適症　（四）術式通則　（五）価格　（六）後治法

第二　截除術各論

（一）顔面及び軀幹骨截除術…五つの部位について記述

（二）上肢骨截除術…九つの部位について記述

（三）下肢骨截除術…六つの部位について記述

第三　切断及び関節離断の外、截除術に属する手術

（一）関節癒着離解術　（二）関節小体（一名関節鼠）手術　（三）関節穿刺術及び切開術

（四）腐骨截除術及び刮除術　（五）仮関節手術附骨縫合術　（六）骨腫瘍手術

なお、他にも橋本の著作はあると思うが、筆者が閲覧したものに「脚気新説」がある。これで前述のドクトル・メディチーネを取得した。これは陸軍二等軍医正田代基徳が発行していた『医事新聞』一号（一八七八年）に収録されている。原文はドイツ語で田代の門下生の平塚健夫の訳文である。冒頭には次のように記されている（句読点・濁音は筆者）。

左ノ一篇ハ陸軍軍医監橋本綱常君ノ嘗テ独逸ニ遊学シ「ドクトル」ノ許可ヲ受クルニ方リ、別里別里［Beriberi：脚気］ハ其ノ源因《ママ》未ダ明瞭ナラザルヲ以テ、此ノ著述ノ挙アリ、実ニ一千八百七十六年［明治九］七月ナリトス。予拙陋ノ筆、卑浅ノ文ヲ以テ日暇余業纔ニ残燈下ニ訳スル所ナレバ、固ヨリ粗漏杜撰ノ罪ヲ免レズ、看官宜シク文ヲ以テ意ヲ害スル事莫クンバ幸甚シ。

明治十一年四月　　田代門生平塚健夫識

この著述の項目は、「文字［名称］ノ用法ヱチモロギー［Ethymologie：語原学］、流行地理及ビ記事、病因学ヱチオロギー［Etiologie］、病理的変化、徴候及ビ経過シンプトーム、ウント、ヘルラウフ［Symptome und

Verlauf〕、患者録」である。病因学においては西欧や日本の医師の説を簡単に紹介しているだけであるが、日本で経験したことおよび大阪鎮台の転地療法について次のように述べている。

我輩モ皇国内ニ経験スル所ノ一徴ヲ左ニ略述セン。夫レ大坂西京東京ノ三府ハ「ミヤスメン」気状ノ義〔ラテン語のmiasma：瘴気《しょうき》、大気中に生ずる伝染病毒〕ヲ発生スルノ地ニシテ、殊ニ大坂府ノ如キハ近坊(傍)ニ泥地アレバ最モ甚シト云フベシ。一千八百七十一年〔明治四〕仲夏〔陰暦五月〕大坂鎮台ニ於テ二大隊ノ兵卒其ノ泥池ニ出陣シテ四十八時間停泊シ而シテ籠砦スルコト僅ニ十二時間ニ過ギザルモ別里別里ニ患ル者既ニ八十人ニ及ベリ。而シテ死スル者実ニ多シ。故ニ自他ノ患者ハ和蘭ドクトル、ボッケン氏〔ブッケマBeukema：陸軍雇医〕ノ旨令ニ由リ此地ヲ去ル凡ソ九里〔三六キロ〕ノ山地方ニ送ル。之ニ由テ快復スル者多キニ至レリ。又タ同年、余ガ友人皆川某ハ躰格強壮ニシテ、一日此ノ泥池ニ於テ細魚ヲ釣センガ為メ雨后游渟スル事大約半日ニシテ帰家セシニ、忽テ別里別里ヲ発シ、遂ニ日ヲ追テ死セリ。

橋本はすでにこのころから脚気を、伝染性疾患と考えていたのではなかろうか。

患者録の項では、ドイツの病院で経験した三十七歳の女性と二十八歳の水夫の二人の脚気患者の二症例の病状を記述しており、対症療法のみを行っているが、いずれも死亡している。

蒲原宏著『日本整形外科前史』によれば、橋本は「成形手術総論」と題する論文を『東京医事新誌』五〇号（一八七九年）に発表している。この論文の中で、「成形〔整形〕手術ハ身体中、一局所発育欠亡スルモノ及ビ後天ニ損傷スルモノニ於テ、外観ヲ美クスルト感応ヲ整復スルノ二事ヲ目的トシテ施スモノナリ」と、整形手術の美的な面と機能的な両面の改善を重視している。明治十年の西南戦争で多くの兵士が傷つき、特に顔面や頭頸部の戦傷により醜形を残した者に整形手術をする必要が生じ、そのためこの手術に対する関心が高まったという。

日本赤十字社病院編『橋本綱常先生』（日本赤十字社、一九三六）
橋本綱常講述『外科手術摘要』（陸軍軍医学会文庫、一八八四）

## （4）小池正直（安政元～大正三＝一八五四～一九一四）

安政元年十一月四日、出羽国庄内藩士小池正敏の長男として鶴岡で生まれる。明治六年（二十歳）東京の壬申義塾に入りドイツ語を修め、同年末大学東校に入学、十年陸軍軍医生徒となる。十四年東京大学医学部を卒業、直ちに陸軍軍医副に任ぜられ、病院または隊付などを経て、十六年外務省御用掛兼務となり、朝鮮釜山に駐在、十八年帰国。在任中、朝鮮医事に精通するようになり、のちに朝鮮の医事・衛生に関する『鶏林医事』（一八八七）を出版した（鶏林とは朝鮮の異称）。十九年、軍医学舎（軍医学校の前身）が開設されたとき教官に任ぜられ、それ以降一〇年間、専任あるいは兼任で衛生学を教授し、第二回学生医官に対する講義録『軍陣衛生学』（一九八ページ）がまとめられている（一四九ページ図10-9）。また同級の森林太郎（鷗外）と共著で『衛生新編』（一八九七）も発刊した（図37-37）。この訳述の基本的な原本はドイツのマールブルグ大学衛生学教授ルブネル（Max Rubner）の『衛生学教科書』（*Lehrbuch der Hygiene*）と考えられているが、その他の諸書を参考とし、さらに末尾には「日本地方病」の項目で、肝二口虫病（肝臓ジストマ）・日本住血吸虫病・恙虫病などの諸寄生虫病のほか、佝僂《くる》病などについて記しており、著者らの独自性が認められる。

明治二十一年（一八八八／三十五歳）春、官命によりドイツに留学、ミュンヘン大学で著名な衛生学者ペッテンコーフェル（Max Josef von Pettenkofer, 1818–1901）教授のもとで衛生学を学び、かたわら同国の陸軍衛生制度などを研究し、二十三年冬に帰国。三十年夏、ウィーンで開かれた万国赤十字会議に政府委員として参加、ついで陸軍衛生事務を調査し、帰途英領インドを巡視、熱帯地の建築・衛生などを視察して三十一年春に帰朝した。同年夏、軍医監に昇進、同時に陸軍省医務局長に任ぜられる。三十二年医学博士の学位を授与される（主論

図37-36　小池正直

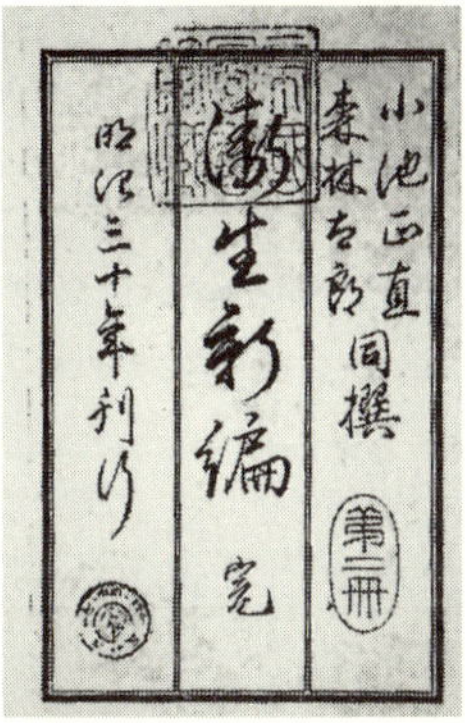

図37-37　『衛生新編』

文は「障子紙の試験」ほか二編）。その間、日清戦争では兵站軍医部長として従軍、また三十七～八年の日露戦争では野戦衛生長官兼満洲軍総軍医部長の要職にあり、三十八年六月軍医総監に昇進した。

この戦役でも兵士らの脚気多発には悩まされた。主食は米六合としていたが、第一軍軍医部長谷口謙や第五師団の芳賀軍医部長らは麦飯（米麦混食）採用の意見を具申した。これは当初採用されなかったが、あまりにも脚気罹患が多いので、驚いた陸軍中枢部は現地部隊の麦飯給与要請を受けいれることとした。これは麦飯反対論者の石黒忠悳が現役を退いたことと、陸軍大臣寺内正毅が麦飯支持派であったことが幸いしたといわれている。こうして明治三十八年（一九〇五）三月十日、陸軍大臣の次の訓令が発せられた。

出征軍人軍属ニハ脚気病予防上麦飯ヲ喫食セシムルノ必要アリト認ム、依テ時機ノ許ス限リ主食日量精米四合挽麦二合ヲ以テ給スルコトヲ努ムベシ、

右訓令ス

この訓令にそった麦飯給与も順調には行きわたらなかったようで、脚気は減少はしたが、発表されている統計では顕著な差異は認められていない。山下政三氏はいう。「開戦初期に麦飯供与を拒否し、ために陸軍は脚気の大流行を招いたとする世の批判を意識し、責任回避のため頑張っている感が強い。他方、現役を退いたとはいえ、

なお予備役として健在な石黒忠悳の目を意識せざるを得なかったにちがいない、それらが、麦飯の効果や脚気の病因についての論述を歯切れの悪い論調に導いたものと思われる。屈折した表現の中に医務局中枢の複雑な心境をうかがうことができる」（『明治期における脚気の歴史』）。当時、この脚気問題の直接の責任者は小池正直であった。

正直は日露戦役の勲功により、明治四十年（一九〇七）、勲一等功三級に叙せられ、金鵄勲章ならびに年金を賜わり、さらに男爵を授けられ、華族に列せられる。同年十一月退役、実に九年四か月間の長きにわたって医務局長を務めた。後任の医務局長には大学同期の森林太郎（鷗外）軍医総監が就任した。四十四年七月、貴族院議員に当選、大正三年（一九一四）一月一日、脳出血のため死去、享年六十一歳。葬儀は小石川区伝通院で行われた。四男二女があり、当時、長男正晃は東京帝国大学医科大学を卒業、陸軍一等軍医として大学院に在学中であった。

〔資料〕
「叙爵叙勲　新男爵小池正直氏」（『医海時報』六九三号、一九〇七）
「小池正直死亡記事」（『東京医事新誌』一八五二号、一九一四）
『男爵小池正直伝』（陸軍軍医団、一九四〇）

(5) **足立寛**（天保一三～大正六＝一八四二～一九一七）

天保十三年五月六日の生まれ、遠江国山名軍国本村の足立貞助宣智の三男、幼名は錬助、のち鉞蔵《えつぞう》・藤三郎、さらに寛と改名。十一歳で父を失ない、村人阿部又蔵と掛川藩士戸塚悔庵に和漢学を修学。安政二年（一八五五／十四歳）江戸に上り、佐倉藩士木村軍太郎の従僕となり、蘭学・西洋砲術を修学。就学三年で帰郷し、同五年十七歳で郷人に蘭学を教授、同六年福沢諭吉に蘭学を学び、文久二年（一八六二）四月二十五日大坂の適塾に入門（「適塾姓名録」に「遠陽袋井東　沓部　足立藤三郎」と署名）、ついで同三年西洋医学所において緒方洪庵に蘭学を学ぶかたわら、初学者を助け医学を研究する。慶応三年（一八六七）医学所塾長となる。

明治二年（一八六九）朝命により同所塾頭となり、ついで中助教兼大寮長となる。同年十二月、坪井信道の三女小藤子を娶《めと》る。三年ドイツ人教師ミューレルに師事、ドイツ学を修め、大助教となり従七位に叙せられる。同四年小教授となる。五年正七位、六年文部省六等出仕、七年四等教授、八年一月職制教導法に関し意見を述べたが用いられず、強いて長官に迫ったが故に、本官および位階を剝奪される。七月陸軍二等軍医正に任ぜられ、陸軍軍医学校教官に補せられ、はじめて消毒法を講じた。

明治八年（一八七五）八月従七位、十年八月から十月まで上野公園で第一回内国勧業博覧会が開催され、明治天皇が臨幸されたさい、御前で紙塑人体を用いて生理学の大要を講じた。十一年、再び大学医学部教授を兼任、系統的外科学を講じ、五月勲五等旭日双光章を授与。十七年陸軍一等軍医正兼東京大学教授に任ぜられ、正六位に叙せられる。十九年陸軍医務局教育第二課長兼陸軍軍医学舎教官に任ぜられ、軍陣外科学を講義、勲四等旭日小綬章を授与。二十年二月、緒方惟準が学舎長を辞任すると、その後任として学舎長を兼任するが、五月には解かれる。同年赤十字社篤志看護婦人会を興し、その講師を嘱託される。大正六年七月七日胆嚢炎で死去、享年七

図37-38　足立寛

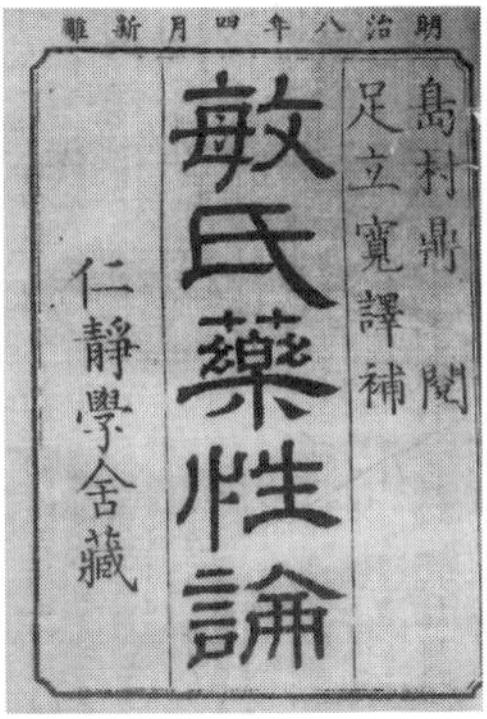

明治八年四月新鐫

島村鼎閲

足立寛譯補

敏氏藥性論

仁靜學舍藏

図37-39　『敏氏薬性論』

十六歳。十一日、谷中斎場で葬儀が執行された。

〔著書・訳書〕

足立寛訳述『検尿要訣』一冊（刊記なし、明治初期）

足立寛訳補『敏氏薬性論』六巻六冊（一八七五）

初版の『敏氏薬性論』（図37-39）は木版、和装本で、原本はドイツのボン大学薬物学教授加爾《カル》・敏都《ビンツ》（Karl Binz, 1822-1913）の *Grundzüge der Arzneimittellehre*（『薬物学概略』）で、一八六六年刊の初版本を用いた。二番目の増訂本は金属活字版、洋装本で、序文を陸軍軍医総監松本順が執筆している。この増訂本の原本は明治十二年（一八七九）二月、著者ビンツ教授から贈られた第六版である（緒言）。さらに同僚の軍医谷口謙との共訳で二十七年に『新訂増補敏氏薬性論』三冊を出版している（筆者未見）。足立の緒言によれば、このビンツ教授の著書は他国語で翻訳することを禁じていた。しかし足立はそれを犯したのである。そこで十一年義弟大沢謙二（東京大学医学部生理学教授）が二度目のドイツ留学をしたときに、大沢を介し、自分の訳した『敏氏薬性論』をビンツ教授に贈り、犯した罪を謝罪し、あわせて後来この書の訳述特許を要請した。ビンツ教授は快く要請を聞きいれ、最初に第五版を、ついで第六版を贈り、後者の翻訳を勧めたのである。三番目の新訂増補本はひきつづきビンツ教授が足立に贈呈したものであろう。

同訳補『増訂敏氏薬性論』七巻七冊（一八七九）

同訳補『新訂増補敏氏薬性論』三冊（一八九四）

足立寛著『創傷論』第一・二号二冊（一八七七）

足立寛講述『顕微鏡検査指針』一冊（一八八二）

足立寛講義・第一回学生医官筆記『脱臼論　髀関節』一冊（一八八六／二八四ページ図19-4）

足立寛訳『彪氏外科各論』二〇巻（一八八一）
同訳『彪氏外科通論』一〇巻（一八八三）
足立寛講義・第二回学生医官筆記『脱臼論　膝関節』一冊（一八八七）
足立寛講訳『泰西按摩新論』一冊（一八九五）
足立寛訳『整骨図説』（グライフスワルド大学教授ヘルフェリヒ原著、南江堂、一九〇〇）

このうち彪（ヒュウテルン）氏の外科書は非常に有意義な訳書で、当時の外科界に大いに貢献したという。その他多数の医書を刊行しているが『日本赤十字社篤志看護婦人会教程』などを数回出版し、看護教育にも貢献している。

〔資料〕
土屋重朗『静岡県の医史と医家伝』（戸田書店、一九七三）
蒲原宏『日本整形外科前史』（オリエント出版社、一九八四）

## (6) 佐藤　進（弘化二〜大正一〇＝一八四五〜一九二一）

陸軍軍医総監、順天堂病院長。佐藤尚中（舜海）の養嗣子。弘化二年十一月二十五日、常陸国久慈郡太田村の酒造業高和清兵衛の長男として生まれる。幼名は東之助、ついで介石（佐倉時代）。母たみの妹さたが佐倉順天堂の佐藤舜海（尚中《しょうちゅう》）の妻であった間柄から舜海に勉学を託した。ときに安政六年（一八五九）十五歳であった。この塾は適塾などとちがい純粋の医学塾で、特に外科では当時全国一といわれた。進は塾中にあって抜群で、舜海は嘱望し慶応二年（一八六六）に養子として迎え長女静子に配し、高和介石改め佐藤進と名乗った。同四年の奥羽戦争のとき、朝廷軍から佐倉藩へ出陣命令が下り、舜海と進は白河に赴き（舜海は事故のため途中でひき返す）、ついで三春の病院に赴き官軍の負傷兵の治療にあたった。会津若松城の陥落後も、この地で傷病兵の治療に尽力し、年末江戸に凱旋し、ついで佐倉に帰った。

戦中の経験から、さらなる研学の必要を痛感、ドイツへの自費留学を志し、舜海の許しを得て佐倉を出発したのは明治二年（一八六九）のことであった。横浜で隠居していた舜海の師、佐藤泰然のもとで渡航を準備し、旅券下付を待った。約三か月後に旅券を入手、六月二十一日横浜港を出帆した。この進の旅券が我が国の第一号である。米国経由でドイツ・ハンブルグに上陸、ベルリンに赴き、ここで長州の青木周蔵、土佐の萩原三圭と会う。やがてベルリン大学に最初の日本人留学生として、入学を許可された。七年（三十一歳）ドクトルの学位を授与された。同年秋、ウィーン大学に移ったが、翌八年夏、義父舜海の大病の報に接し、急遽出発、八月八日横浜に帰着した。

明治十年（一八七七）二月に西南戦争が起こると、四月軍医監に任ぜられ大阪陸軍臨時病院長を拝命した。これは陸軍卿代理西郷従道（隆盛の弟）から軍医総監松本順を通じて舜海に申し入れられたものという。在任中、ドイツで学んだ外科手術の力量を充分発揮し、天皇にも拝謁した。十一月帰京、翌十一年一月陸軍本病院（明治十五年、東京陸軍病院と改称）の出仕を免ぜられるが（年末に本籍を佐倉から東京湯島五丁目に移す）、翌十二年三月再び本病院出仕を命ぜられ、十月本病院長となる（このころ一等軍医正緒方惟準は大阪鎮台病院長である）。明治十五年七月舜海が東京で死去、そのため十月東京陸軍病院長を辞し、以後、順天堂病院の経営にあたる。

その後、明治十八年東京大学に出仕、医学部講師、ついで医学部第一医院長および第二医院長兼務となる。翌十九年（四十一歳）三月、医院長を辞任。二十一年六月医学博士授与、二十二年予備役となる。

明治二十二年十月十八日、外務大臣大隈重信が福岡玄洋社社員来島恒喜の投じた爆弾で重傷を負った。このとき進は呼ばれて診察すると、右大腿を切断しなければならぬ状態であった。進が執刀、ドイツ人医師ベルツが麻酔をかけ、橋本綱常・池田謙斎・高木兼寛という錚々たるメンバーが助手をつとめ、大腿切断は無事終了、その後の経過も順調であった。

明治二十七年日清戦争が起こると、野戦衛生長官石黒忠悳の説得により再び出仕、十月広島予備病院長、翌二十八年二月軍医総監に任ぜられ、同病院御用を兼務し大本営付となる。同年三月二十四日、清国の講和全権使節李鴻章が下関で日本人暴漢にピストルで狙撃され、傷は左眼下三センチのところであった。この報は天皇にも達し、下関にいた伊藤博文首相は直ちに広島の佐藤進と石黒忠悳を呼び寄せ治療にあたらせることとした。二十五日下関着、直ちに診察し、連日献身的に治療を続けた結果、次第に快方に向かい二週間で全治した。そして李全権使節は再び講和会議に臨み、下関条約を締結することができた。佐藤の優れた外科技量により、日本が面目を

図37-40　佐藤進

図37-41　佐藤進の書幅「自彊不息」（自ら彊めて息まず）

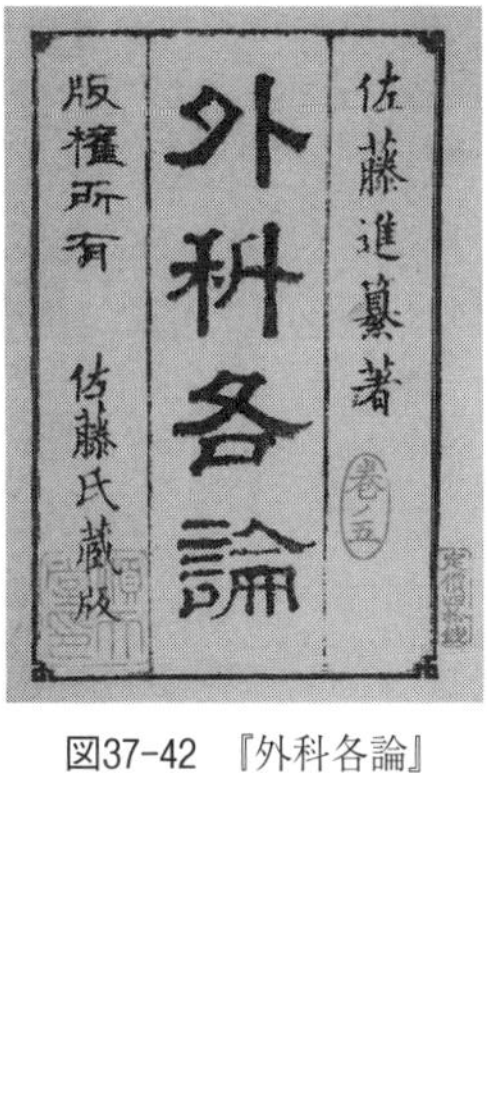


図37-42　『外科各論』

果たした画期的な出来事であった。

明治二十八年八月、大本営付を免ぜられ、帰京し再び順天堂病院へ復帰した。

三十八年日露戦争が起こると、五月、陸軍軍医監の現役に復し、大本営付となり広島予備病院御用掛を兼務した（五十九歳）。十月、大阪・姫路・小倉の予備病院を視察し、このとき兵庫県有馬温泉に設置されていた戦争負傷者のための陸軍療養所も訪問した。そのさい有馬の別荘に滞在していた緒方惟準と邂逅している。広島に帰った進は、十一月四日広島に帰着したことを知らせ、惟準に有馬滞在中の礼を述べた書簡を送った。それに対する惟準の書簡を次に掲げる（山内英之助編『名流華翰』）。

謹啓　時下日々寒気相募候処、閣下益御清寧御在勤被遊珍重不斜奉慶賀候、陳者各地御視察之上、去る［十一月］四日御帰広に相成候趣、嘸々御旅中は御困り被遊候儀と御諒察申上候、早速にも御帰広御伺書も可差出之処、有渓《(有馬)》紅葉之期にて続々来客取込居、乍存御無音打過多罪々々高許、当地御滞在中は何等之風情も無之却而失礼のみ仕候、有渓ももはや冬景に相成負傷者も不残昨日［十一月二十二日］帰坂、療養所も閉鎖相成申候、老生も当月限り帰坂之心得に候、先右御帰広御伺迄、乍延引呈不毫候、餘は奉期後鴻之時候　草々

拝復

十一月廿三日　　緒方惟準

佐藤盟兄

座右

再伸乍末筆御令閨様当節御来広とも奉存候間、宜布御玉声之程奉願候也

なおもう一通の佐藤進宛の惟準の書状があるが、これは東京在勤時代（明治二十年以前）のものと推察される。

芳墨拝読、益御清康不堪欣賀候、扨明十九日小梅御邸へ御招を蒙り難有奉拝謝候、其後桑田氏へ面会不仕相

談も相届不申候得共、尊宅迄已に御回答も有之候はんと奉存候、野生は必ず拝走参邸之心得候、右御請旁一応御伺迄如此候頓首不乙

十八日

北渚　九拝

茶涯盟兄

北渚は惟準の号、茶涯は佐藤進の号である。この書簡がいつごろのものか『名流華翰』には記されていない。文中の「桑田氏」は惟準の同僚の軍医桑田衡平と考えられ、佐藤の小梅の別邸（?）に桑田とともに招待されたときの承諾の返事であろう。佐藤が陸軍に出仕してからの『官員録』に記載されている住所は「湯島五丁目拾三番地」となっているので、「小梅御邸」を別邸と推定できる。

佐藤の著述関係の業績には次のものがある。

(1)『順天堂医事雑誌』の創刊…明治八年（一八七五）八月、定期刊行物として創刊し、進の講義・手術を掲載した。この雑誌は医学定期刊行物としてわが国できわめて古いものに属するが、十年二月の八号をもって終刊する。その後、十八年一月、順天堂医事研究会を発足、会報を発刊するが、二十年一月には『順天堂医事研究会報告』を創刊した。これを第一号と数えて現在の『順天堂医学』の号数は続いている。

(2)外科書の出版

明治九年（一八七六）からつぎつぎと外科書をまとめる。九月から『外科通論』の刊行をはじめ、十三年、二五巻で完結。十二年には『外科各論』（図37-42）がはじまり、十五年に『増訂外科通論』八巻を刊行、二十年からは『増訂　外科各論』がはじまり、二十三年一三巻で完了する。

以上の著作類の詳細については『順天堂史・上巻』の「佐藤進伝」に記されているので略す。

(3)医学雑誌や新聞に掲載されている佐藤進の口述筆記録

①医学博士佐藤進口述・社員速記筆記「閑燈夜話(一～一四)」(『医海時報』三二八～四二号、一九〇〇年)

②佐藤進口述「日露戦役医談」(『東京医事新誌』一四九四・九五号、一九〇七年、これは毎日新聞記者がかつて筆記し、同紙上に掲載されたが、進より別冊が寄せられたので、これを転載したものである)

〔資料〕

村上一郎『蘭医佐藤泰然――その生涯とその一族門流――』(佐藤泰然先生顕彰会、一九八六)

『佐藤尚中先生』(佐藤尚中先生誕生地保存会、一九三五)

森田美比『外科医佐藤進』(常陸太田市、一九八一)

順天堂編『順天堂史・上巻』(順天堂、一九八〇)

## (7) 桑田衡平《くわたこうへい》(天保四～明治三八＝一八三三～一九〇五)

桑田衡平は安政四年(一八五七)に蝦夷地(北海道)のアイヌ人に種痘を行った著名な種痘医桑田立斎の婿養子である(衡平の妻は立斎の長女貞)。本姓は小久保氏、武蔵国高麗郡平沢村の製茶農家の生まれ(父は忠吾、母はきく)。川越の漢方医である権田直助と横田良平の塾を経て、蘭方医坪井信道塾に入門、信道の媒介で桑田立斎の婿養子となり、別家をたてる。ついで蘭方医杉田玄端の塾で研鑽し、文久二年(一八六二／二十九歳)日本橋住吉町で開業(のち薬研堀町に転居)、かたわら塾を開き蘭学を教授、ついで美濃国加納藩(現・岐阜市)に召しかかえられ二〇人扶持を給される。

慶応四年(明治元＝一八六八)一月、加納に赴くが、天下の状勢の激変を察知、また官軍が江戸でイギリス人医師を雇用したと伝え聞き、江戸への帰還を申し出たが許されなかった。そのため脱藩して江戸に帰り潜伏する。世もかわり、十一月、下谷の大病院の雇医となり、英医ウイリスの治療を間近かで見ることができた。しかし薄給のため辞任、翌二年一月、自宅で開業する。

図37-43 『病理新説』

ついで開成学校雇医、大学得業生大病院医局勤務、大学少助教、文部権大助教を経て、明治四年（一八七一／三十八歳）兵部省に転じ、二等軍医、隊付医官となる。さらに一等軍医を経て六年二等軍医正に進む。七年の征台の役にさいし、西郷従道都督随行病院長兼予備医長として従軍、台湾にわたったが、兵士らとともにみずからもマラリヤのため辛酸をなめる（爾来終生再発に悩まされる）。九年十月みずから辞職し、内務省衛生局員となる。十年の西南戦争にさいし、陸軍軍医部兼務となり徴募兵病院院長となる。十三年三月東京府衛生課長兼務、十五年（四十九歳）病いに罹り内務省御用掛、東京府兼勤を辞職する。

以来療養につとめ、茶事を習い、禅学に入る。かたわら赤坂区田町小学校附属徒弟学校を創立する。明治三十八年十月二十一日没、享年七十二歳。二男四女あり、長男量平はドイツに、次男権平《ごんぺい》はアメリカに留学した。

幕末時代から多くの翻訳書を出版した。『コレラ病篇』、『解毒篇』、『袖珍薬説』（一八六九）、『癰疽《ようそ》治範』（一八七一）、『華氏内科摘要二十二巻』（一八七五）、『病理新説』（一八七六／図37-43）など。医学以外に『徳育集成』『宗鏡録抄』の著書がある。桑田家の門長屋には衡平が著述する医書の木版工と紙摺工が働いていたという。

〔資料〕
桑田権平「桑田立斎及衡平について」（『医譚』一一号、一九四二）
瓜谷みよ子『先人の道を辿る』（文芸社、二〇〇八）

## (8) 土《と》岐《き》頼徳《よりのり》（天保一四～明治四四＝一八四三～一九一一）

天保十四年九月、美濃国山県郡小倉村に生まれる。父は医師である。祖土岐氏はこの地に来て高井氏を継いだので、幼少期には高井孝太郎と称した。のち四方に遊学し、家を弟に譲り医をもって家を興そうとし土岐氏を名乗り、江戸に出て蘭方医坪井芳洲（一八二四〜一八八六／妻は坪井信道の次女）に学び、ついで幕府の医学所にうつり、石黒忠悳・足立寛・大沢謙二らとともに、西洋医学をおさめる。

明治七年（一八七四）台湾の役にさいし軍医となり、この年二等軍医正に進む。以来、教導団附・戸山学校附・士官学校附・陸軍本病院附を歴任し、明治十年の西南の役で大阪陸軍臨時病院附となる。西南の役の功労により十一年勲五等、金五〇〇円を賜ったさい、思うところあり勲位賜金の辞退を申し出たが許されなかった。十四年五月仙台鎮台病院長、十六年三月一等軍医正、十八年六月同鎮台軍医長となる。二十年二月緒方惟準が軍医を辞職したため、名古屋鎮台軍医長横井信之が東京鎮台軍医長に転任、その後任として土岐が名古屋鎮台軍医長となる。二十一年近衛師団軍医長、二十四年四月軍医監に進む。第四師団軍医部長、ついで日清戦争にさいし、二十七年十月第二軍軍医部長として従軍した。二十八年四月軍医総監（三十年三月の官等改正により軍医監）、日清戦争の功により勲二等旭日重光章および年金五〇〇円を授けられる。

明治二十八年四月、下関条約によって台湾の日本への割譲が決定した。台湾統治機構である台湾総督府が設立され、六月台北で始政式をあげたが、島民の抵抗が激しいため軍政に移行、翌二十九年四月民政に移行した。このとき、土岐は二十九年一月から五月まで台湾総督府陸軍局軍医部長であった。

明治三十四年五月予備役となり、三十六年四月後備役に編入される。四十四年一月以来膀胱癌となり五月十二日死去、享年六十九歳（「土岐軍医監の卒去」、『東京医事新誌』一七一七号、一九一一年）。

土岐は陸軍の兵士に脚気患者が多いのを憂い、久しくその療法を攻究していたが、堀内利国軍医監が、大阪の軍隊に麦飯を給与してその予防に卓効あると伝え聞き、東京の医学者たちが麦飯のことをごうごうと非難していたにもかかわらず、東京医学会総会で実験の説を演説、気をはいた。麦飯反対派石黒忠悳を痛烈に批判していることは山下政三著『明治期における脚気の歴史』に詳しい。これを抜粋し、簡略に説明すると次のような応酬であった。

すなわち、土岐が台湾総督府の軍医部長として赴任すると、脚気の罹患の兵士が著しく増加しているので、麦飯説に賛同する土岐は台湾派遣軍に麦飯給与を指令した。これを知った野戦衛生長官石黒忠悳は「脚気を予防するために麦飯を支給するのは一、二の偏信者のすることで、学問上では予防の効果はみとめられていない」と叱責した。そこで土岐は上申書を送り、石黒の論じている各項について論駁し、「麦飯の効果は確実、卓絶であるのに、何ゆえ台湾派遣軍の兵だけは麦飯の恩恵にあずかってはいけないのか」という主旨で論難し、「君側の奸を矯《た》められよ」といわんばかりの激しい言葉で結んでいる。この「君側の奸」とは暗に石黒の命で兵食検査を実施した森林太郎（鷗外）を指しているという。

土岐が、みずから経験し信じることのできたことを、相手が上官であっても勇敢に主張したことは賞讃に値する。常人ではなかなかできないことである。おそらく職をかけての抵抗であったろう。緒方惟準は依願退職という消極的抵抗で身を引いた。このことの理不尽さを土岐は当時、秘かに心中に感じていたのであろう。この麦飯給与により陸軍の脚気患者が激減していったことから、土岐も堀内や惟準についで、これに貢献したということができる。

図37-44　土岐頼徳

図37-45　『啓蒙養生訓』

学術に志篤く、明治五年『啓蒙養生訓』五巻を撰述、出版した（図37-45）。同書は医学的知識の乏しい婦女子に対する人体の解剖・生理・養生（健康保持）の啓蒙を目的として出版された衛生書である。数冊の英米の解剖・生理・養生の各書物から編述したものである。

緒言二丁は土岐の筆、凡例五丁、巻之一から巻之五の目録は八丁である。目録の記載方法は普通書の項目とちがっており、また漢字のすべてに振り仮名をつけているが、漢音によるものだけでなく、和音に置きかえているものもある。これは本文でも同様である。そして変体仮名を多く用いている。巻之一の目録は「骨骸の部」と「筋肉の部」で、前者の例を次に示す。

巻之一《くわんのいち》

骨骸《ほね》の部《ぶ》

総論《そうろん》

骨《ほね》ハ使《つか》へバ成長《せいちやう》して地硬《ぢやうぶ》になり使《つか》ハねバ軟弱《よハく》なる事《こと》

児童《こども》の骨《ほね》ハ柔軟《やわらか》なるゆへ大人《をとな》の様《やう》なる劇《はげし》き労動《はたらき》には堪《こら》へかねる事《こと》

人《ひと》の年齢《としごろ》によりて労動《はたらき》に差別《さべつ》ある事《こと》

学校《がくこう》の椅子《いす》ハ児童《こども》の足掌《あしのうら》の宛床面《てうどゆか》に付貼様《つくやう》に製《せい》すべき事《こと》

胸腔《むね》を圧縮《おしちぢ》めざる様《やう》にすべき事《こと》

坐立《たちい》とも正直《ますぐ》の躰容《なり》を習慣《ならハし》とすべき事《こと》

骨《ほね》の中《なか》の土質《どしつ》と動物質《どうぶつしつ》を適度調和《ほどよくゆきわた》らざれバその堅靭《つよき》に障碍《さハり》ある事《こと》

「筋肉《にく》の部《ぶ》」の細目は略し、巻之二以下の項目のみを記す

巻之二　歯《は》牙の部《ぶ》　消食器《せうしよくき》の部《ぶ》
巻之三　血液循行器《けつえきじゅんこうき》《ちのめぐりどうぐ》の部《ぶ》　水脈《すいみやく》の部《ぶ》　分泌器《ぶんぴつき》《こしだすどうぐ》の部《ぶ》　呼吸器《こきうき》《いきするどうぐ》の部《ぶ》
巻之四　皮膚《ひふ》の部
巻之五　神経系《しんけいけい》の部《ぶ》　五官《ごくわん》《いつゝのはたらき》の部《ぶ》

また仏国医学教頭ベルナルドおよびフユエット両氏著の外科解剖兼手術書の中からその図譜を訳出して『外科手術図譜』（一八八〇）と題して出版、ほかに『医学略則』（一八七三）一冊と『結紮法』（一八七六）が各一冊ずつある。

脚気予防について、惟準とともに論陣を張った直接のつながりはみつからないが、惟準の麦飯論に賛成していたことは確かである。それ故ここに石黒と論争した人物としてとりあげた。

**(9) 高木兼寛《たかぎかねひろ》**（嘉永二～大正九＝一九二〇～一八四九）

嘉永二年九月十五日、日向国東諸県《ひがしもろかた》郡穆佐《むかさ》村白土坂《しらすざか》（現・宮崎県東諸県郡高岡町穆坂）の生まれ。幼名は藤四郎。父喜助は在郷の鹿児島藩の下級武士。少年期に近在の塾で漢学を学び、また同地の年寄阿万孫兵衛に示現流の剣術を習う（十歳）。文久元年（一八六一）、父喜助は京都守衛のため出張し、同三年春、罹病により帰国。父に医師になる希望を述べる。慶応二年（一八六六）鹿児島の毛利強兵衛宅に寄宿し、石神良策（のち豊民と改名／一八二一～七五）について医学を修める。同三年、岩崎俊斎について蘭学を学ぶ。同四年（＝明治元年）四月、東征討軍に師石神とともに従軍、まず京都の臨時病院で治療に従事し、ついで会津にまで赴き治療にあたった。会津落城ののち、石神は横浜の官軍病院院長を命ぜられたが、兼寛は十一月に帰国した。

明治二年、再び鹿児島に赴き藩立開成学校に入学し医学を修めた（二十一歳）。三年、英医ウィリアム・ウィリス（William Willis, 1837-94）が大学東校を去り鹿児島開成学校教師として来任すると、彼について英語・医学を学んだ。五年四月　海軍省九等出仕となる。六月結婚、十月海軍中軍医になり海軍病院に勤務、十一月海軍大軍医に昇進。七年七月、海軍少医監に昇進（二十六歳）、十一月長男喜寛が生まれる。十二月父喜助没、享年四十八歳。

明治八年六月、本官を免ぜられ、海軍生徒として英国留学を命ぜられる。横浜港を出帆し、ロンドンのセント・トーマス病院医学校に入学する。十三年十一月五日、帰朝。在英中、成績優秀により各種の賞金および賞状を授与され、ロンドン内科医師会のディプロマ（免状）や英国外科医師会のフェローシップ（特別研究員）のディプロマも受けた。十二月、中医監に昇進、東京海軍病院長に任命され、さらに日本薬局方編纂委員を依嘱される（三十二歳）。十四年、松山棟庵らと成医会を結成し会頭となる。五月、内務省の医師試験受験を志す者のため成医会講習所を開設し、所長となる。十月、大医監に昇進、中央衛生会委員を命ぜられる。

明治十五年二月、医務局副長を兼務（局長は戸塚文海）することとなるが、七月東京海軍病院長を免ぜられ、医務局副長専任となる。八月、有志共立東京病院（東京慈恵医院の前身）を設立する。九月、医務局学舎長に任命され（八月、海軍医務局学舎を新設、のち海軍軍医学舎→海軍医学校→海軍軍医学校と改称）、十一月二十九日、海兵の脚気病予防策につき天皇に拝謁し奏上する（三十四歳）。十六年十月、戸塚医務局長が辞任し、その後任の医務局長に任命される（学舎長は兼務）。同月、脚気病調査委員の兼務を命ぜられる。

図37-46　高木兼寛

明治十七年二月～十一月の軍艦筑波の遠洋航海（日本→ニュージーラン

ド↓チリ↓ハワイ↓日本）で米麦食と肉類などの高タンパクの副食を給与し、脚気の発生を前回の航海時の十分の一に減らし、死者は一人も出なかった（前回は死者二三人）。兼寛はこれにより脚気に対する麦飯の効果を確信するようになる。十二月、海軍軍医本部長兼軍医舎長を命ぜられる（海軍省官制改正による医務局の廃止による）。

翌十八年三月十九日、明治天皇に拝謁、その後の脚気研究ならびに予防対策の実施状況を奏上する。四月、有志共立東京病院内に看護婦教育所を開設する。十二月、軍医総監に昇進、ひきつづき軍医本部長を命ぜられる。この年『成医会月報』（英文版）に脚気に関する論文を発表し、欧米医学界に発送する。二十年四月、有志共立東京病院を東京慈恵医院と改称し、兼寛は院長に就任。二十一年五月、医学博士の学位（日本で四人目）を授与される（勅令第十三号学位令による）。

明治二十二年四月、海軍中央衛生会議議長に就任。十月十八日、外務大臣大隈重信が福岡玄洋社社員来島恒喜の爆弾による襲撃で重傷を受け、陸軍軍医監佐藤進が右大腿の切断術を行ったとき、兼寛は池田謙斎・橋本綱常らとともに、この手術・治療に協力した。二十三年一月、成医会講習所を成医学校と改称、引きつづき校長を務める。十月、天皇に拝謁、海軍兵士の脚気の消滅について奏上する。二十四年五月十一日、ロシア皇太子ニコラス（のちの皇帝ニコライ二世）が大津県庁を出た直後、護衛巡査津田三蔵が抜剣して皇太子を斬りつけ、重傷を負わせた。兼寛は、天皇名代の見舞いとして派遣される北白川宮能久親王に随行する医師団に加わり西下し、京都で皇太子の治療にあたった。六月、勲二等瑞宝章を授与された。九月、成医学校を東京慈恵医院医学校と改称する。

明治二十五年八月二日、貴族院議員に勅撰され、同日予備役となる（四十四歳）。高木の後任の海軍軍医総監には実吉安純が任命された。三十六年六月、私立東京慈恵医院医学専門学校の設立が認可され、十一月二日、専門学校の開校式を挙行、兼寛はひきつづき学校長を務める。

大正九年（一九二〇）四月十三日、脳出血で死去、享年七十二歳。十六日、青山斎場で葬儀が行われ、戒名は報国院慈心行照大居士、墓碑は港区南青山二丁目の青山霊園にある。

〔資料〕


『高木兼寛伝』（東京慈恵会医科大学、一九六五）
『東京慈恵会医科大学八十五年史』（同右、一九六五）
小池猪一『海軍医務・衛生史』第一巻（一九八五）
藤浪和子『東京掃苔録』（八木書店、一九七三）


〔注〕

明治五年（一八七二）十月の「海軍省官制」制定による海軍軍医寮の階級

頭　少将相当官・四等
大医監　大佐相当官・五等
中医監　中佐相当官・六等
少医監　少佐相当官・七等
大軍医　大尉相当官・八等
中軍医　中尉相当官・九等
少軍医　少尉相当官・十等
軍医副　曹長相当官・十一等

明治九年（「海軍武官官等表」改正、軍医科に軍医総監の官階を設ける。以下の呼称は同じ）

明治十五年（再び改正、以下の如し）

軍医総監（少将相当、勅任三等）
軍医大監（大佐相当）
軍医中監（中佐相当）
軍医少監（少佐相当）

大軍医（大尉相当）
中軍医（中尉相当）
少軍医（少尉相当）

## 六　緒方病院設立以後の交遊人物

### （1）高橋正純《たかはしまさずみ》（天保七～明治二四＝一八三六～九一）

肥後国阿蘇郡山西布太日向村に肥後藩医高橋春圃の長男として生まれる。名は正純、字は鉄之助、通称文貞、号は清軒。正直（適塾門人）は次男。長じて長崎に遊学、訳官郁元義に蘭学を学び、ついで長崎養生所（慶応二年に精得館と改称）でオランダ海軍軍医ポンペ、ついで同陸軍軍医ボードインに蘭方を学び頭取になる。ボードインの後任に慶応二年（一八六六）同国軍医マンスフェルトが精得館の教頭として着任すると、引きつづき師事し訳官なども務める。このころ文貞を名乗り、その業績としてマンスフェルト先生口授『外科新説』（東肥　高橋文貞口訳、日南　佐藤松齢筆記）の写本二冊（巻一・巻二）の講義録が残されている（岡山県高梁市・仲田医院蔵）。

明治元年（一八六八）藩主細川侯に召され侍医となり、ほどなく侯に従い東京に移る。ついで官に徴されて徴士病院の医師に任ぜられた。二年九月、大阪東区鈴木町の代官所跡に大阪府医学校病院が建設され、上本町四丁目の大福寺内の浪華（大坂）仮病院をここへ移転することになり、十一月に開校した。このとき東京の大学校から岩佐純・相良元貞（相良知安の弟）・永松東海らとともに大学大助教の正純は職員として来阪した。林洞海が二代目の医学校校長に就任、ついで三年十月、石井信義（適塾門人）が大学少博士の身分で三代目医学校校長となる。翌四年七月文部省官制が定められ、石井は文部中教授、高橋正純と松村矩明が文部大助教に、緒方拙斎・横井信之・鈴木泰造・三瀬周三（諸淵）が文部権大助教に任ぜられ、石井は大阪府医学校を去り大学東校に復帰する。さきに同医学校病院の教師であったボードインは三年八月に任期満了で帰国の途につき、その後任に蘭医エルメレンスが着任した。

明治五年九月、文部省の学制改革のため第四大学区大阪医学校が廃止となり、高橋正純はじめすべての教員・医員らは免職となった。しかし正純は文部七等に転じ、なお大阪滞留を命ぜられ、十一月、陸軍一等軍医に任ぜられ、大阪鎮台勤務、翌六年五月、二等軍医正に進み従六位に叙せられる。七年、大阪府および大阪府民の有志者らによって病院の再建が建議され、西本願寺の津村別院（中央区本町四丁目）内に大阪府病院が設立され、二月十五日開院式が行われた。病院長には高橋正純が陸軍在籍のまま就任（のち除籍）、教師にエルメレンス、通訳に三瀬諸淵、当直医に高安道純らが任命された。エルメレンスは七年四月から八年二月まで故国オランダに一時帰国していたが、その間、正純は皮膚病学を講義、この講義録が『日講記聞皮膚病論』（米国・グロス原著）と題され、七年に刊行された。そのほか『病院経験方府』（一八七三）、『対症方選』（一八七五）、『虎列刺病論』（一八七七）、『紙塑人体解剖譜』（一八七七）、『産科要訣』（英国・スウエン原著の翻訳、一八七九／図37-49）、エルメレンス口授『日講記聞産科論』（一八七五）、同口授『外科総論』（一八八〇）などを出版した。

図37-47　高橋正純とエルメレンス

図37-48　高橋正純

明治十四年一月、病いのため病院長を依願辞職、司療医として出仕したが、まもなく私立高橋病院を浪華橋の北に開設、盛業を極めた。のち城南に桃山病院も創設した。明治二十四年（一八九一）一月二十八日、当時流行していた流行性感冒（インフルエンザ）に罹患、病没した。享年五十七歳、現・大阪市阿倍野区旭町の市設南霊園に葬られた（筆者未確認）。

明治四十一年（一九〇八）六月、四天王寺墓地（天王寺区四天王寺四丁目）に「高橋正純記功碑」が貴族議員谷新助によって建立された（図37-50）。墓地の入口にある元三大師堂《がんざんだいしどう》の前、青銅の魚籃観音《ぎょらんかんのん》像のすぐ背後にある。高さ約三メートル余、幅約一・四メートルの巨大な碑である。篆額《てんがく》（石碑などの上部に篆字で記す題名）は旧熊本藩主家の細川護成、碑文は著名な漢学者藤沢南岳撰である。この碑文は石田誠太郎『大阪人物誌続編』に収録されている。

正純の死後、高橋病院は弟正直が院長に就任したが、明治二十六年病いにかかり、また正純の長男茂は陸軍軍医として活躍中で病院を継承せず、病院を閉じた（次の高橋正直を参照）。ちなみに『近世名医伝』（一八九九）の著者松尾耕三は正純の女婿であるが、彼も病院継承の意思を持たなかったのであろう。

明治十三年（一八八〇）エルメレンスがイタリア旅行中に客死した報が大阪に達すると、当時の府病院長の正

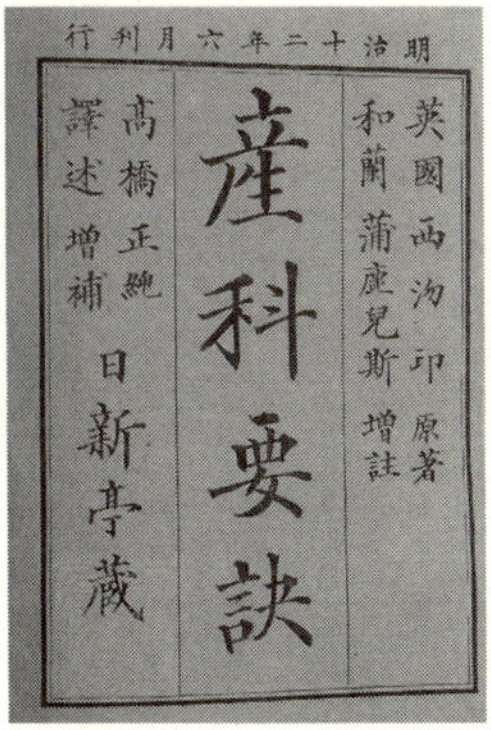

図37-49 『産科要訣』

図37-50　高橋正純記功碑

純は彼の記念碑建立の発起人の中心人物として募金活動を行い、翌十四年八月二十四日、中之島に建立した記念碑の除幕式をなしとげた。

**○高橋茂**（文久二～明治四二＝一八六二～一九〇九）

正純の長男。文久二年二月生まれ。明治三年（一八七〇）父にしたがい大阪に移る。ドイツに留学、ドクトルの学位を得て帰国、陸軍軍医となる。日清戦争に二等軍医として従軍、三十六年（一九〇三）八月仙台衛戍病院長心得となる。日露戦争に従軍、勲三等旭日中綬章を授与される。四十一年暇を乞い、ドイツに留学、痘毒を研究中であったが、四十二年病いにかかり、九月北野丸で帰国の途についたが、同月二十五日船中で死去した。享年四十八歳。三十日特旨をもって正五位に進む。遺髪が東京青山墓地に葬られる。

○高橋軍医正の訃音（『東京医事新誌』一六三五号、一九〇九年）

昨年（明治四十一年）自費を以て渡欧の程を発し、専ら伯林《ベルリン》に留まりコッホ氏研究室に在りて細菌学を研究中なりし陸軍一等軍医正正五位勲三等高橋茂氏は、彼地に於て食道癌を得、為めに学を廃して北野丸に便乗帰船の途に就かれしが、空しく船中に逝かれたり、年を享くる四十有八、洵《まこと》に悲しむべき哉。氏は文久二年（一八六二）二月肥後国日向村に生る、実に大阪に於て斯界の耆宿《きしゆく》［年老いて敬虔・徳望ある人］たりし故高橋正純氏の嫡子なり、幼にして厳父に随て大阪に出で、大阪開成所、東京立教学校、東京開成学校および東京外国語学校を経て、明治十一年（一八七八）東京大学医学部に進み、同十六年独国遊学の途に上り、ウイルヘルム皇帝大学に入り、同二十年業を卒へて「ドクトル」の学位を享け民賢《ミユンヘン》、巴里、倫敦《ロンドン》の各地を遍く見学して帰朝し、同二十五年四月陸軍二等軍医に任ぜられ、同二十七年（一八九四）十二月一等軍医に進み、同三十二年十月三等軍医正に、同三十八年七月累進して陸軍一等軍医正に任ぜられ、同年九月日露戦役の功により勲三等に陞叙し旭日中綬章を賜り、今回病革まるや、特旨を以て正五位に叙せらる。葬儀は超えて去る四日午後一時市ヶ谷薬王寺前町の自宅出棺、青山斎場に於て仏式に依り執行せらる、先づ僧侶の読経に次で、二等軍医正坂本武戊氏の弔詞朗読あり、終て親戚、会葬者の焼香ありて式を了せり、当日は陸軍より儀仗兵一個中隊を附せられ、尚ほ会葬者の主なりしは、石黒［忠悳］、佐藤［進］両男［爵］、佐藤三吉、三浦謹之助、浜田玄達、佐々木政吉、隈川宗雄、朝倉文三、志賀潔、北島多一、柴山五郎作、近藤次繁、田代義徳、丹波敬三の諸博士、平井軍医監、都築軍医正を始め、陸軍軍医、開業医等百余名なりしといふ。

**○松尾耕三**（嘉永六～明治二七＝一八五三～一八九四）

名は耕、字は子厚、通称耕三、号は香草。大阪府中河内郡大井村の松尾柳玻の男、幼少より書を好み、大阪に出て医術を高橋正純に学び大阪府病院医員となるが、正純とともに辞任、堂島で開業する。かたわら筆硯に親しみ、『近世名医伝』三冊（一八八六）のほか『香草小稿』『河内名流伝』『奇文大観』『杏林慕賢録』『臥游録』『如蘭集』『生理問答』『絶絃余志』『体液成分論』『忘夏小筆』『緑天窓録』の著述がある。なお耕三は『大阪医学研究会雑誌』三号（一八九一年）に「高橋清軒先生行状」を漢文で掲載、また「蕉窓医話」も連載している。明治二十七年十月二日没、享年四十二歳、大阪市寄託長柄墓地に葬られる。

〔資料〕

松尾耕三「高橋清軒先生行状」（『大阪医学研究会雑誌』三号、一八九一）
松尾耕三「大坂高橋病院長伝」（『東京医事新誌』六七三号、一八九一）
石田誠太郎『大阪人物誌続編』（臨川書店、一九七四）
大植四郎『明治過去帳』（東京美術、一九八三）

**（2）高橋正直**（天保一四～大正一〇＝一八四三～一九二一）

高橋正純の次弟、初め鼎蔵と称し、のち正直と改めた。漢学を隣村の竹崎致垣と富永某に、国学を林藤次に学んだ。文久三年（一八六三）兄正純とともに父の命に従い洋方医学を志し、肥後藩医奥山静叔（適塾門人）および久留米藩医松下元芳（適塾門人）に師事、さらに兄正純とともに藩留学生として長崎の精得館に入塾、ボードイン、マンスフェルト、ハラタマについてオランダ医学を学んだ。

慶応四年（一八六八）戊辰戦争に従軍、奥州征討隊医長として奥州にあり、七月には一時、横浜軍事仮病院の英医ウイルスのもとで修業した。戦争終結後帰藩し、藩に海外留学を請うたが、藩中には異論が多く許されなかった。やむなく横浜のオランダ海軍病院の蘭医メーエル（Arend de Meyer）に従学、のち再び長崎府医学校（精得館を明治元年改称）の院務を命ぜられる。明治三年（一八七〇）六月、岡山藩医学館教師蘭医ロイトルの通訳官として岡山に赴任した。年余にしてロイトルの辞任とともに岡山を辞した。翌四年、熊本治療所兼医学校に蘭医マンスフェルトが教師として招聘されると、その通訳官として招かれて、講義や診療時の通訳、講義録の口訳筆記・校正などを行った。八年高知病院に招かれ、病院長となる。リッベルトの病理学書のチフス論を訳し、『列氏窒扶斯病論』（一八七九）を出版した。高知病院に満四年勤務、ついで大阪に移りみずから日新病院を開設した。そのかたわら大阪府の検疫医長、駆梅院長、警察医長、大阪慈恵病院長、日本赤十字社大阪支部幹事を歴任した。

図37-51　高橋正直

明治二十四年兄正純が没すると、高橋病院の院長に就任、その維持に努めた。二十六年病いに罹るや感ずるところあり、まったく世事を廃し病院の器具一式を大阪慈恵病院に寄付し、大阪を去り京都に移り東山の麓聖護院町に住して、塵外居士、歌名を緑窓と称し、山水を愛し歌を読み悠々自適した。大正十年二月十四日没、享年七十九歳。嗣子を立てず、家産・蔵書類をすべて京都帝国大学医学部に寄贈した。

なお明治四十二年（一九〇九）七月十日、緒方洪庵贈位奉告祭が大阪中之島公会堂で神式で催されたとき、正直は門人総代として祭文を読んでいる。祭文の初めに「小子正直門下之士ニ代リ謹シミテ先生ノ霊ニ告ゲテ曰ク云々」、またさらに「正直左右ニ親炙シ親シク懿範《いはん》［美しい模範］ヲ承ク云々」とも述べているので、高橋鼎蔵（正直）の名は適塾門人録には記載されていないが、門人の奥山や松下以前に入門し、洪庵に直接師事したと考えるのが妥当であろう。

### （3）高安道純（天保八～明治三九＝一八三七～一九〇六）

天保八年十月二十五日、現・大阪中央区今橋二丁目に儒者香川琴橋の第四子として生誕、高安家に入り丹山と称し、のち道純と改め杏陰と号した。

父琴橋（嘉永二年十月十八日没、享年五十六歳）の本姓は北川氏、安芸に生まれ、名は徽、字は公琴、通称一郎、琴橋と号し、別に桐処また楽群書屋、あるいは琴松漁人などがある。幼時、父北川五助正方に従って大坂にきた。書を善くするということで香川子硯の養子となり、そのあとを継ぐ。儒学を劉琴溪に学び、業成り名声が振うにおよんで、今橋のほとりに塾を開いた。その業を受ける者が多く、城代加番倉橋侯や東町奉行戸塚氏も琴橋を招いて、その子らに教授させた。長子昶（道純の兄）は麗橋と号して家業を継いだ（石田誠太郎『大阪人物誌正編』）。

このように道純は儒学の家に生まれたが、薬の受け取りに医家高安杏山のもとに通ううち高安夫妻と懇意になり養子話が持ちあがり、嘉永四年（一八五一）四月八日、十五歳のとき瓦町の高安家に入家した。これは琴橋没後二年目のことだった。養父の死後そのあとを継ぐ。漢学を、実家の香川塾および藤沢東畡、同南岳、篠崎小竹、広瀬旭荘に学ぶ。安政三年（一八五六／二十歳）二月一日に緒方洪庵の適塾に入門（門人録には「浪華瓦街第二

街　高安丹山」と署名）して蘭学を学ぶ。慶応三年（一八六七）十二月、大坂在住常備兵附き御雇い医師となり一五人扶持を給される。

明治二年浪華（大坂）仮病院に出仕、ひきつづき大阪府医学校病院に勤務、蘭医ボードインに師事、三年二月より岡嶋恭安・服部礼造らとともに大阪軍事病院に出張診療も行う。四年七月文部省官制が定められると、石井信義文部中教授（三代目大阪府医学校校長）のもとで文部権中助教に任ぜられる。ついでボードインの後任エルメレンスに師事する。五年の学制改革のため大阪府医学校が廃止されると退職、六年二月大阪府病院および教授局が再設立されると、当直医に任命される。十年八月、蘭医マンスフェルトが着任すると、ひきつづき師事する。十二年、道純は一〇〇〇円を大阪公立病院の新築につき同院に寄付、これによって「山形県紙塑人工体（大人フランス形）、婦人生殖器子宮胎児器六組、耳（真物の平積四二倍のもの）、眼（同一六倍のもの）、全身骨格男女各一具」を購求することになった（『刀圭雑誌』九号、一八七九年）。十四年三月、東区道修町に診療所（杏陰堂、明治三十八年三月閉院、のち同地に新病院を新築）を開設した。やがてこの医院のほかに二十三年三月九日、西区土佐堀五丁目に高安病院も新設した。道純は朝、杏陰堂での診察をすませたのちに土佐堀の病院に行き診察し、午後は往診、帰宅は午後一一時前後であったという（山本亀次郎「院主様と杏陰堂との思ひ出」、『杏陰会誌』三

図37−52　高安道純

図37−53　高安道純墓碑

号、一九三〇年）。当時、高安病院は緒方病院と大阪の私立病院の双璧といわれ、大阪医界の大御所であった。

一方、医師仲間の医学の進歩向上をはかる目的で、道純は緒方惟準・緒方拙斎・西春蔵・高橋正純・森鼻宗次ら五〇余名とともに医事会同社を設立、定期的に学術集会を開き、十一年十一月二十五日に機関雑誌『刀圭雑誌』一号を創刊した。十八年、吉田顕三らと大阪興医学社を設立、機関雑誌の発行、研究会の発展に寄与した。また窮民救済の慈善病院である大阪慈恵病院の経営・運営に緒方惟準らとともに尽力した。

明治三十九年十一月十一日夕方急に気分が悪くなり、そのまま死去。心筋梗塞のように思われる。享年七十歳。墓は大阪市阿倍野区旭町の市設南霊園にある。墓碑銘はつぎの通りである。

高安道純号杏陰幼名季三郎香川琴橋（ママ）ノ四男ナリ天保八年十月二十五日大阪ニ生マレヌ十五歳高安杏山ニ養ハレ二十歳其業ヲ嗣キ医トナリテ五十年暫モ休セス明治二年大阪府立病院成リシ時其当直医トナリ勤務十二年二十三年土佐堀ニ高安病院ヲ創立シ三十二年大阪市会議員ニ撰挙セラレ三十九年十一月十一日逝キ又其身世ニ在リシ事七十年

明治四十年十一月　　高安道成建之

妻の墓は右側にあり、「天保十一年三十日生　大正十年二月十九日没」と刻まれている。

**○高安道成《みちしげ》**（道純次男／明治四～昭和三九＝一八七一～一九六四）

病院は次男道成が継ぐ。道成は明治四年十二月九日生まれ、十六年官立大阪中学校に入学、ついで第三高等学校を卒業後、東京の成医学校（東京慈恵会医科大学の前身）に学び、かたわら英人某につき語学を修める。二十四年英国に留学、ロンドンのセント・トーマス病院医学校に在学五年、二十九年卒業、学位を得て、英国および植民地での開業可能の特権をえた。ついでロイヤル・カレッジ、さらにクインスクエアー病院およびオーストリアのウィーン大学に学び、外科手術を修得、ついでドイツのブレスロウ大学で専心内臓外科を修業、膵臓外科についての論文を提出しドクトル・メデチーネの学位を得、その後、スイス・イタリア・ベルギー・オランダの諸大学を参観し研鑽する。三十二年の帰国に際し、ゴム手袋を持ち帰り、外科手術に日本で初めて使用したことで著名。高安病院に入り、外科を担当する。四十二年十二月、京都大学で博士号をえる。父道純の死後、院長に就任する。また緒方惟準らの開設した大阪慈恵病院長も勤め、さらに河内病院（三十年九月、北河内野崎に道純が設立した高安病院の分院）の外科医長も兼ねた。

明治三十九年（一九〇六）四月、東区（現・中央区）道修町に新病院を新築、土佐堀から移転する（図37-54）。昭和五年現在で、大阪府医師会会長・大阪府結核予防協会副会頭・大阪衛生会副会頭（会頭はいずれも府知事）・日本医師会理事の要職にある。院内に看護婦養成所を設立、大正五年（一九一六）大阪府の指定をうける。毎年六〜八名の卒業生を送り出し、昭和五年現在一三回に達している。享年九十三歳。

妻の安子（明治十六年八月生）は元大阪府医学校長清野勇の次女（勇の長男謙次は京都帝国大学医学部病理学教授で人類考古学の権威、「生体染色の研究」で一九二二年帝国学士院賞を受賞）である。三男三女がある。

図37-54　明治39年新築の高安病院（道修町）

○**高安六郎**（道純三男／明一一〜?＝一八七八〜?）

明治十一年十二月十二日の生まれ、堂島中学校・山口高等学校を経て、三十六年（一九〇三）東京帝国大学医科大学を卒業、京都帝国大学医科大学で病理学を研究すること二年、ついでドイツのベルリンおよびチュウビンゲン大学に留学、内科学・病理学を修める。四十二年帰国、高安病院で内科を担当し、のち医長となり病院長の兄道成を支え、病院の隆盛に寄与する。四十三年医学博士の学位を授与、『大阪医学会雑誌』の編集に力を尽くす。没年月日は不明（『大阪現代人名辞書』）。

**○高安三郎**（道純長男、ペンネームは月郊／明治二～昭和一九＝一八六九～一九四四）

文学の道に進み、ドストエフスキー、イプセンに傾倒、『イプセン作社会劇』を出版、その他「江戸城明渡」や歌舞伎形式に自己の詩的精神を吹きこんだ「佐倉時雨」は世話物の代表作で、新派旧派で上演され、確乎たる劇作家の地位を得た（『新潮日本文学小辞典』）。

神戸の古書店（現在廃業）で高安病院の現・旧職員で組織する親睦団体「杏陰会」が発行する『杏陰会誌』三号（一九三〇年）を入手し、高安道純についてより詳細に知ることができた。同誌の口絵には第五回杏陰会記念集合写真、道修町の高安病院全景と院内中庭、同院の内科長室と内科診察室、第二回（明治三十四年）看護婦卒業記念集合写真、明治三十八年病院新築上棟式、明治四十三年同窓者記念集合写真、大正二年の全職員、看護婦養成所第三・四・五・六・七・八・九・一〇・一一・一三回の各卒業記念集合写真などが掲載されている。当時の院長高安道成の「所感」と題する巻頭記事には同会誌第二号の発行は一一年前と記されているので、大正八年（一九一九）ということになる。第一号の発行年月は目下不明であるが、第一・第二号が見つかり、さらに高安病院の詳細が明らかになることを期待する。

〔資料〕

芝哲夫「適塾門下生に関する調査報告(3)　高安丹山」（『適塾』一六号、一九八三）
高安吸江「二つの日記から」（『杏陰会誌』三号、一九三〇）
斎藤直三郎「高安道純先生を追想して」（同右）
山本亀次郎「院主様と杏陰堂との思ひ出」（同右）
三沢貞司『大阪人物辞典』（清文堂出版、二〇〇〇）
天野重安ほか『清野謙次随筆・遺稿』（京都大学医学部病理学教室、一九五六）

## (4) 山田俊卿（天保三～大正一〇＝一八三二～一九二一）

天保三年七月二十五日、豊後国海部《あまべ》郡米水津《よのうつ》村（豊後国佐伯藩に属す／現・大分県南海部郡米水津村宮野浦）で山田新三郎の長男として誕生。幼名は嘉治郎、長じて俊策、のち俊卿と改める。祖父利通により訓育される。天保十三年（一八四二）宮野浦の蘭方医三江元節の門に学ぶが、元節が佐伯の城下町に移ったので、これに従う。嘉永二年（一八四九）領内に天然痘が流行したとき、元節をたすけて領内で牛痘の接種を行った。これが佐伯藩の最初の種痘であった。安政四年（一八五七／二十七歳）大坂に出て蘭方医緒方郁蔵（緒方洪庵の義弟）・斎藤永策・各務相二（文献）らに蘭学と医術を学ぶ。翌年、師元節危篤の報に接し帰国、師の没後は師家の借財を整理し、遺児が成長して相続するまで五年間佐伯城下で開業する。慶応二年（一八六六）、藩の御扶持医師（中小姓三人扶持）を仰せ付けられ士籍に列する。しかし勉学の念願強く、同年九月長崎に行き、蘭医マンスフェルトに師事して内科を学ぶ。

明治三年（一八七〇／三十九歳）妻子を故郷に残して大阪府医学校病院に入学、蘭医ボードインに学び、医員として勤務する。ここで惟準に出会うことになる。同年九月大学東校の招きにより上京、訳書編纂御用掛、次いで十一月大得業生に任ぜられ神戸病院に出張するが、同病院長篠原直路が病没したので病院長代理となる。四年八月文部省十一等出仕、文部省権中助教に任ぜられる。五年四月神戸病院は兵庫県に移管され、俊卿は兵庫県出仕となる。

明治七年二月、陸軍軍医補として出仕、九月軍医副となり、同年の台湾出兵および十年の西南戦争に従軍、のち陸軍一等軍医に進み、正七位勲四等に叙せられる。諸職を歴任ののち十九年三月の大阪鎮台病院医官を最後に年齢（五十五歳）により満期退官した（九月）。その後はもっぱら心学の復興をはかる。

明治十七年、俊卿は心学活動の明誠舎に入塾するが、その主宰者岡本孝の死去を転機に、認可を得て三十八年

図37-55　山田俊卿

図37-56　山田俊卿墓碑

（一九〇五）三月、社団法人心学明誠舎を設立し、現在にいたっている。また翌三十九年「孝子会」をつくり、幼児・児童を自宅に集め、心学道話や教育勅語・忠孝などを教材として情操教育に尽くした。また五代五平とともに、現在の大阪市立盲唖学校設立の基礎をつくった。

緒方惟準らの大阪慈恵病院の設立・経営にも参画し尽力した。明治二十六年（一八九三）天王寺に山田病院を設立した。「財団法人三百年後」が四億円を政府に献納し、国債償還の資に充てるという遠大な計画の趣旨のため、大正二年（一九一三）同志一〇人とともに「財団法人三百年四億円会」を組織しようとしたが、大蔵省は実効困難として却下した。そこで翌三年十月、「十億円貯蓄団」の組織に改め府知事の承認をえた。このような社会救済事業への貢献により、五年藍綬褒章および銀杯を授与された。十年五月八日没、享年九十歳。孫山田哲雄の建立・撰文の墓（大正十一年三月建立）が天王寺区下寺町四丁目の正覚寺にある。墓碑の正面には「俊徳院心誉純誠弘道居士」と刻まれている。寺の門前に「明治大正期の大阪心学者山田俊卿先生墓所」の碑がある。

〔資料〕

川端直正「明治時代における大阪慈恵病院の沿革」（『大阪市史紀要』二三号、一九六九）
川端直正『弘済院六十年の歩み』（大阪市立弘済院、一九七三）
飯塚修三「山田俊卿と心学明誠舎」（『医譚』復刊八六号、二〇〇七）

### (5) 吉田顕三《けんぞう》(嘉永元〜大正一三=一八四八〜一九二四)

安芸国山県郡(現・広島県山県郡豊平町)の生まれ。父は東塢、母は富樫氏、五男四女あり、その三男である。幼名は邦太郎、ついで英就、通称は顕蔵、ついで顕三といった。顕三は初め豊平町今吉田の薫陶塾に入り、英語や福沢諭吉の著書を学び、十四歳のとき沼田郡の眼科医入江氏の書生を一時務めたのち、大毛村の末田直馬(広瀬淡窓の門人)の経営する三亦舎に入り漢籍を学んだ。ついで父の言に従い、文久二年(一八六二)蘭方医児玉有成に入門、蘭方医学を学んだのち、元治元年(一八六四/十七歳)大坂に出て、たまたま長州征討のため同地に滞在していた幕府医官松本順の講義を聴き、大いに得るところがあったという(順の門人録に記載はない)。ついで江戸での勉学の資金調達のため帰国したが、慶応元年(一八六五)幕府の征長征伐があり、国境を守る広島藩の傷病兵の治療にあたる。同三年京都に上り、西周《にしあまね》(在京の徳川慶喜に召され政治に参画、傍ら英学塾を開く)の塾に入り英学を修める。しかし同年十月、将軍慶喜が朝廷に大政奉還を上奏し許されると、西は慶喜に随行し京都を去った。そこで吉田は近江屋伝衛《ママ》(仲介業者)を介して京都の医師安藤精軒(一八三五〜一九一八)宅に寄寓する。同四年一月、鳥羽・伏見の戦いで英医ウイリスのクロロホルム麻酔を使用した手術を見学し、みずからも試みた。

明治元年(一八六八)三月、函館総督清水谷侍従の一行に加わり五稜郭に赴く。一時官軍は不利な状況となり青森に退く。二年四月、甲鉄艦の医官となり、以来海軍に勤務する。四年一月、海軍の横浜仮病院に勤務、五月同病院は海軍病院と改称し東京に移転、ひきつづき勤務する。そして五年四月、英国に留学する。七年間University College で学び Royal College of Surgeons of England と Royal College of Physicians の試験に合格し、免許を取得し十一年(三十一歳)七月帰国、十二月、海軍本病院勤務、海軍少医監となる。十二年七月、海軍医務局副長兼病院副長、十三年八月、海軍本病院長、海軍中医監となる。伊藤博文・榎本武揚の推挙により十四年一月、大阪府立病院長兼医学校長に就任する。前任者はオランダ医学系の高橋正純であったが、彼は英国流の医学教育を行ったという。吉田の赴任後の病院・医学校の職員の異動について、彼は『回想録』（後述）の中で、つぎのように述べている。

余の就任前は病院長は高橋正純氏にして、医学校長は橘良佺氏なりき。然るに余の病院長兼医学校長就任の辞令に接するや、高橋氏は病院出仕となり、橘氏は医学校副長となれり。ここにおいて両氏不満の色あり、程なく高橋氏は辞職して、浪華橋北詰に私立病院を開き、橘氏もまた去て鹿児島に赴けり。高橋氏辞職せるを以て、氏の部下に在りし高安道純、匹田修庵、高橋正道［正直の誤り］、松尾耕三［正純の娘婿］の諸氏もまた辞職せり。

八年間勤務したのち、二十二年三月依願辞職し（四十二歳）、大阪市高麗橋で吉田病院を開業した。大阪地方の医学研究団体である大阪興医会の会長として、開業医の学術向上、医師開業試験受験者の教育に尽力した。明治三十三年（一九〇〇）北清事変が起こると、病院を閉鎖し日赤病院船弘済丸の医長を志願し活躍した。その克明な日記「弘済日記」は日本科学史学会編『日本科学技術史大系二五・医学一』に収められている。

図37–57　吉田顕三夫妻墓碑

その後、明治三十五年八月衆議院議員に初当選、常に心を公共の事業に尽くし、とくに医事衛生の道に貢献し、賞典賞状を受けること三〇有余におよんだ。大正十三年（一九二四）三月一日没、行年七十七歳。墓所は大阪市天王寺区の四天王寺北墓地。

〔碑文〕（原漢文）

海軍軍医大監正六位勲六等吉田顕三は東塢の第三子なり。嘉永元年四月八日芸州山県郡に生まる。少《わか》くして医に志し、初め末田直馬に就きて漢籍を学ぶ。後ち医学に専心、元治元年大阪に遊び、松本順の医学を講ずるを聴く。慶応元年長州征伐の変、藩兵国境を守る、すなわち請われて軍夫の傷病を療す。二年京都に上り西周の塾に入り英学を修む。明治元年箱館府総督の一行に加わり五稜郭内に在り、軍隊に従い奔走す。官軍利せざるに及び海を越え退き、青森に停ること二年、甲鉄艦医官と為り孜々《しし》職を務む。功を以て一時官録を賜う。爾後海軍に在り、時に陸に勤む。五年命を受け英国に到り留学、七年専ら医学科を攻む。十一年冬軍医少監に任じ、後ち中監を経て大監に進み位記を賜う。軍務局副長、海軍病院長等に補さる。十四年転じて大阪医学校長に任じ、同病院長を兼ぬ。或いは地方衛生会委員となり、或いは虎列拉《コレラ》病院長となる。二十二年三月請いて職を罷め、九月私立病院を高麗橋畔に創立す。十二年にして閉ず。三十三年清国に土匪乱有り、特志し赤十字社病院船弘済丸医長となり、各国傷兵を療す。功により勲記勲章を賜う。赤十字社総裁彰仁親王有功章を授くに、副は手筆弘済書幅を以てす。仏国大統領もまたカムホヂユ三等勲章を賜る。三十三年以後衆議院議員に選挙されること前後二回、公共に財捐し、救済力を医事衛生の挙に尽くすことすくなからず。故に賞典賞状を受くること三十有余、また著述数種、皆医事に関わる者なり、大正十三年三月一日病没、享年七十有七。室布以は、東京斎藤栄の第二女、安政六年正月十五日生まれ。人となり率直にして、些曲容れず。能く家を治め夫を助け、子女教育に最も力を尽くす。挙ぐる所一男四女、長女夭、大正七年六月廿五日病没。男名は一穀、父業を承く。

正五位南岳藤沢恒撰并書　男一穀建之

〔著訳書〕

『挿図菲氏外科手術』（クリストファー・ヒース原著、一八八二年／図37-58・59）。

この書の原著者は英国の外科学士クリストファー・ヒース（Christopher Heath, 1835-1905）で、原著者の自序は一八七七年六月となっている。吉田の緒言（一八八二年四月）によれば、彼がロンドンに留学中この書が出版されると、日ならずしてその声価があまねく英国中に伝播した。そこでこの本を翻訳し公刊したならばわが国の医学に益することが少なくないと考え、ロンドンを去るにあたって、著者に翻訳の承諾を得たのである。

当時としては大きな本（縦二八・五×横二〇センチ）で、原著者の自序、吉田の緒言は各二ページ、目次一〇ページ、本文一二八ページ、図は二〇葉（本文中に挿入、ページ数に含まず）あり、各図葉には二～一一の手術局所図（石版色刷り）計一一九図が描かれている。原著の図は著者が死体にほどこした手術をパリの解剖的画師レウ井ルレが図写したものである。図示と解説のある手術部位および術式はつぎの通りである。

眼（涙器・斜視眼・水晶体抜除術・眼球抜除術）・体表近傍の動脈の結紮法・喉頭、気管、胃管（食道）截開術・舌、上顎骨、下顎骨截除術・円鋸穿顱術（頭蓋骨の穿開）・結腸截開術・側および中截石術（尿道結石）・碎石術（膀胱結石）・陰茎包皮、睾丸截除術・截茎截断術・手指、腕骨掌骨関節、腕関節、前膊、肘関節、上膊の各截断術・上膊骨頭截除術・肩関節截断術・足指截断術・踝関節截断術・下肢、上肢截断術・膝関節截除術・脛部截断術・膝関節截断術・股部截断術・股部の側弁状截断術・股骨截除術・股関節截断術

『耳科約説』（一八八三）

『産科学』八巻（一八八四）

図37-58　『挿図菲氏外科手術』

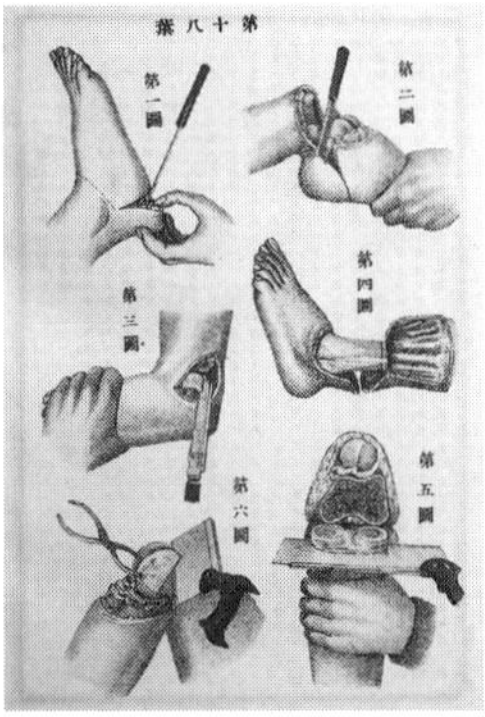

図37-59　足部手術図（同上書の第18葉）

『医家掌覧』(日本薬局方撮要、一八八六)
『婦人病論』(一八九〇)
『防腐的内科医方』(トローサルト原著、一八九六)
『保寿利国論』(リンドハイム原著、一九一三)
『ヒポクラテース　全』(一九一四)
『回想録』(一九二四)

この本は顕三が生前執筆していたもので、死後三か月後に子息薫によって発行された自伝である。おそらく近親者のみに配布されたと思われるので、その概要を紹介する。

口絵には顕三の肖像と「回想録草稿」「経歴」と題する自筆原稿が掲載されている。目次はなく、本文は三二八ページで各項目の題目がゴシックで記されている。三二九ページ以降はこの書を編纂した門人の医師岩田義玄による跋、顕三の著書一覧、墓碑銘、各界の名士(大阪市長の関一以下一二名)の弔辞全文、『大阪朝日新聞』に掲載された死亡記事のほか死亡および葬儀広告、会葬御礼広告が収載されている。

生誕・幼年期から始まり、郷里および大坂・京都での医学修業、ついで明治初年の函館への幕府征討軍に医師として従軍した従軍記(本文中もっとも詳しく、この戦争の従軍医師記録としては貴重なものである)。つづいて品川に帰航後の動向、すなわち軍艦乗組医官、横浜海軍仮病院出仕、英国留学への船中日記、留学中の臨床医学修業状況(外科・眼科・産科・種痘の実習)、Universiy College の教授・助教授・助手の氏名、留学中交際した人物名、留学中の苦悩、帰航日記など。帰国後の海軍軍医として復帰以降の動向、すなわち大阪府立病院長および医学校長就任、退職後の私立吉田病院の経営、同病院閉鎖後の生活を記している。

題目として掲げられているのは「官省、辞令・命令」(六九種、明治元～三六年)、「恩典、賞典、賞状」、「民間

図37-60　日赤病院船弘済丸

諸団体、賞品、紀章、感謝状」、「赤十字社、嘱託・有功章・親王賜書」、「北清事変、弘済丸乗組の事」（日赤への嘱託医上申書、社長佐野常民の返書、小松宮彰仁親王の親筆写、大阪市民有志からの銀杯の贈与、贈漢詩四首も併載）、さらに日露戦争後の「戦後満韓巡遊記」のほか「世界巡遊中止の事」「自作の和歌・漢詩」などである。

○北清事変と弘済丸の活動（『日本赤十字社発達史』）

明治三十三年（一九〇〇）六月、排外主義運動（扶清滅洋）の義和団が武力をもって外国人を襲撃する事件が清国北部に起こり、北京では日本公使館員、ドイツ公使らが殺害された。そこで北京駐在の各国公使らの保護の目的をもって、太沽《タークー》（天津に近い渤海湾、白河に面した港町）における列国軍艦は混成陸戦隊を上陸させ、北京に向かったところ、義和団とこれに加勢した清国連合軍との間に武力衝突が起こり全面戦争へと発展した。これが北清事変である。

わが国も福島少将の指揮のもと臨時派遣隊を編制し、広島の宇品から出航、六月二十三日太沽に上陸した。この情勢を知った日本赤十字社は、明治二十七～八年の日清戦争の経験により、患者輸送のために建造した博愛丸・弘済丸（各二六〇〇トン）の二隻の病院船を陸海軍の監督下に置き、内外人の傷病兵を輸送することを出願し、六月二十三日認可された。両船の人員編制は同一で、弘済丸の準備医長が吉田顕三であった。『日本赤十字社発達史』には次のよう記されている。

弘済丸に於いては準備医長吉田顕三氏終始無報酬にて従事せられたるは、特筆すべき篤志家なりとす。

弘済丸は七月二十二日横浜出帆（博愛丸は七月一日出帆）、二十八日太沽着、外国司令長官への通牒（全七条）は次のようであった。

一、日本赤十字社は官製にあらず、私設にして陸海軍大臣の監督下にあるものなり。
二、弘済丸は日本赤十字社の出願により陸海軍大臣の認許を得てその港に航行せしものにして該船に関する一切の費用は政府の負担にあらず、同社の自弁なり。
三、弘済丸はわが陸海軍々人軍属の患者を収容するのみならず、外国軍人軍属その他普通人をも収容すべき世界的の性質を有するものなり。(以下の四条は略)

かくて総患者数一三一六名(外国人二七名を含む)を収容した。各国も病院船を派遣したので、外国人の数は割合少なかった。

冬期になり太沽の海面が氷結中は勤務を中止し、翌三十四年四月二日解任された。

○吉田顕三の病院船乗船後日譚(「帝国ホテル歓迎会の一波瀾」、『医海時報』三四一号、一九〇〇年)

医界の重鎮、実吉安純・吉田顕三・鈴木某の三氏がそれぞれ欧米視察や病院船勤務を終えて帰国したので、その歓迎会が明治三十三年(一九〇〇)十二月六日帝国ホテルで開かれた。石黒忠悳・高木兼寛はじめ四一人の発起人が名を列ね、当日は佐野常民伯爵・花房義質子爵も出席し盛況であった。三氏のため祝杯をあげたのち、海軍軍医総監男爵実吉安純がまず立って、過日の洋行土産の欧米視察談を述べ、ついで吉田顕三が立って演説を行った。この演説内容で波瀾が引き起こされた。

吉田は初めのうちは、ただ日本赤十字社救護船の太沽における患者搭載が困難であったことを説いただけであったが、やがて一転して陸軍兵士の患者の件におよぶと、兵士の手当金の僅少なこと、兵食の不良なること、各自衛生上の注意を怠ることなどを列挙し、あるいは軍医を批判し将校を難じ、その他陸軍に対しての批難が百出した。食卓を囲んでいた九〇余の人々は吉田の激烈な舌鋒に驚くとともに、陸軍側の石黒忠悳・佐藤進・足立寛・高橋某らの反応に眼を光らせ、手に汗を握った。この演説が終わるやいなや石黒忠悳が立ち上がり、微笑を口辺に浮かべ冒頭から声を大にして次のように演説をしたという。

本日は余も該会発起人の一人として席末に列し、参集客を敬請したるに図らざりき、吉田君より陸軍衛生上の批評を拝聴せんとは、もしここに当局者たる小池［正直］医務局長のあらんには、必ずや一言酬ゆる所あるべく、また一大弁難を聴くに至りしなるべし、しかも同氏［小池］は発起人の一人なるも、支障ありて今日の出席を得ず、すなわち為に吉田氏に答ふるなし、これここに余をして起つて一言を発せしむるのやむなき所以とす、但し余や名は陸軍に列するも今は退隠の身なるをもつて、今回の事局に関せず、従つて余が述ぶる所のもの或は現当局者の意志と背戻《はいれい》［背きもとること］するなきを保せず、故に責任を以つて今明に吉田氏に答ふるは、余に於て難事たり、然れどもわが陸軍の衛生上に於ける衣食の件は、各専門的に分担して調査撰定せるあり、兵食の森［林太郎］、兵舎の小池［正直］に於ける、衣服の牧山［修卿］に於ける、菌学の岡田に於ける、爾他内科に外科に皆専門に攻究したるは、余が局に当れる時より然り、いやしくも爾《し》か く［かくの如く］専門的学識によりて成るもの、その学問の貴ぶべきを知らば、みだりにこれに加ふるに一朝膚表の見をもつてするも、いかでか容易にこれが批評を甘受するを得んや、そもそも一国の軍政に関し責任ある応答を試むるは、決して食卓上に於ける軽々の挙動を以てすべきに非らず、之を書にしてもつて鄭重に相応ずるの態度を望むべし、余はここに特に満場の諸君に一言す、わが陸軍軍人の礼儀としてわが親愛する賓客を歓迎せる以上、たとえいかなる言に逢ふあるも、その賓客に対し討議争論がましき言動をなし、もつて歓迎の主旨に反するが如きを許さざるなり、故に余はなお幾多陳弁する能はざるなり、諸君願はくは諒とせよ。

と、円満な応答であったので、吉田もここにいたっては、沈黙しているわけにもゆかず、再び立って、「余が前述の言、石黒閣下に対し頗る異様の感を与えたるを憾《うら》む、余は前言の全部をここに取消すものなり」と発言し、一応のけりがついた。ここにおいて人々は皆食卓を離れて喫煙室に入ると、如才無い石黒と吉田は互いに手を握って、呵々《かか》として笑ったという。

とにかく、当日の波瀾を局外より評すれば、要するに陸海軍の一つの小衝突事件にほかならない。

### (6) 吉益東洞(安政五～?＝一八五八～?)

吉益東洞(為則)の五世の子孫、幼名俊之助、のち俊平または政清、ついで東洞と改名。号は東涯。安政五年五月晦日、加賀国金沢大工町に生まれる。父は西洲、母は加賀藩前田侯の侍医黒川氏の長女綾子。十歳で父を失なうが、京都・大坂に遊学後、長崎でオランダ陸軍一等軍医レーウェンおよびゲールツに医学・理化学・博物学などを学ぶ。維新後、文部省の給費留学生として大学東校に入学、明治十五年(一八八二)一月、東京大学医学部を卒業、医学士の称号を授かる。高知県に招かれ、同県立医学校校長兼一等教諭に任命され、医学校・病院の組織の改定、医学生の育成、病人の治療に尽力し、名声を博した。しかし、たびたびの県知事の交代により実績があがらぬため、辞職する。十七年二月、秋田県の横手病院長に就任し、地方医療と衛生思想の普及、腸チフスの流行阻止などに貢献する。ついで秋田県病院を経て十八年十月、大阪府立医学校一等教諭兼大阪病院司療医に転任、十九年同校幹事を兼任、医学校長吉田顕三を補翼し、校内の秩序厳格・規律整斉を実行し、ために同校の声望は向上し、各地から多くの志望者が集まった。二十年、同校の改革にあたり教頭に就任、校務の改良をはかり、兵式操練・英語科目などを設けた。

明治二十二年(一八八九)三月、校長吉田顕三が辞職するにあたり彼も辞任して大阪市江戸堀に開業、東洞医館と名づけた。かたわら吉益学舎と称する私立医学舎を設立し、ドイツ語学科と医学学科を教授した。二十三年六月、江戸堀北通四丁目に吉益病院を建築、病院長となり、診療のかたわら医学生の育成・実地演習を引きつづ

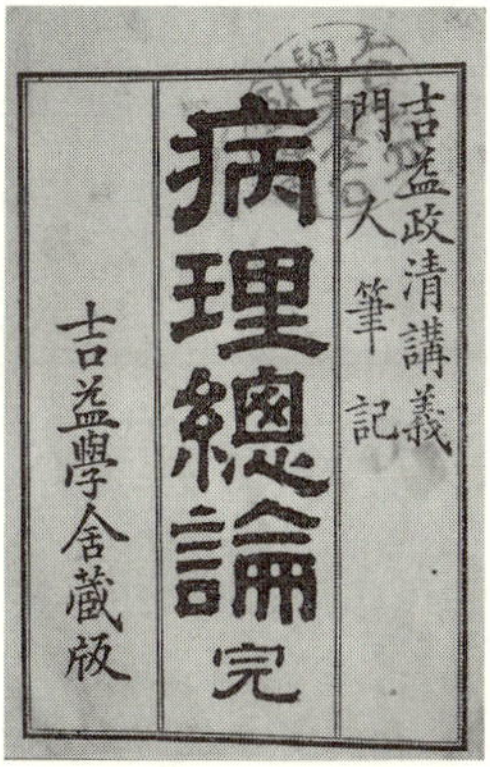

図37-61　『病理総論』

き行った。二十七年現在で同学舎の生徒名簿は二〇〇〇余名に達し、同学舎を卒業し内務省開業免状をえて、医籍に登録された者は二〇〇余名になっていたとのこと。緒方惟準らの緒方病院や大阪慈恵医学校と肩を並べ競い合っていたのであろう。二十三年のコレラ流行にさいし、官より本荘・千島両避病院の院長を命ぜられ、治療・予防に貢献した。この功績により大阪府より金一〇〇円を授与された。著書に『代数学方針』『生理学』『病理総論』『外科通論』『大坂虎列刺病探検記』がある（筆者は『病理総論』以外は未見）。

○吉益政清講義・門人筆記『病理総論』五巻、一冊合本、洋装本、明治二十一年（一八八八）、吉益学舎蔵版、縦二〇×横一八センチ（図37-61）。

緒言・凡例はなく、冒頭に各巻の目次（六ページ）があり、ついで「索引」と記されているが、内容は目次の細目で項目ごとにページ（各巻ごとに第一ページから始まる）が記されている。このあとに本文がつづくが、各巻の本文冒頭に、

府立大阪医学校一等教諭
医学士　吉益政清講義
門人　　筆記

と記されている。したがってこの講義録は、吉益が府立医学校在職中に開いた吉益学舎において講義した内容を出版したものであることがわかる。

巻之一…八四ページ、第一回〜第一〇回までの講義（欄外に「第一〜第十回講義録病理篇」と記載あり、以下

同）

目次…病理学本性　原因論（内因・外因）　寄生物（植物、植物性）　分裂黴菌　伝染病　流行性および地方病

巻之二…一一六ページ、第一一回～第二四回までの講義

目次…症候学および診断学　病的解剖および生理論　心臓　血管

巻之三…七八ページ、第二四回～第三三回までの講義

目次…営養一般の変常――（一）補給機減衰　（二）補給機旺盛

巻之四…一〇六ページ、第三三回～第四〇回までの講義

目次…腫瘍論――（一）腫瘍総論　（二）腫瘍各論

巻之五…二〇ページ、第四〇回と第四一回の講義

目次…熱論

〔資料〕「医学士吉益東洞之伝」（木村銀次郎『近畿名士偉行伝』第三編、一八九四年）

**（6）清野勇**（嘉永五～昭和元＝一八五二～一九二六）

清野家はもと武田家の家臣で、駿河国富士郡上野村（現・富士市）に住居して代々眼科を開業し、勇の父一学は一二代目である。後年、一学は上野村から沼津に移り住む。勇は一学の長男で、四歳のとき母と別れ、継母に育てられる。明治二年（一八六九）静岡に出て戸塚文海（適塾門人、幕医戸塚静海の養嗣子）の塾に寄寓し、静岡藩の蘭学校に学ぶ。勇は東京での勉学を父に懇願したが、漢方医の父は一向にはやらず、生活費の余裕もなく、承認しなかった。そこで三年十二月末、弟勉と無断で家をとび出し、東京に出て寺の住職の肝いりで大学東校に

入り、勉は外務省英学校に入った。

明治四年八月、ドイツからミューレルとホフマンが来朝し、大学改革が断行され、五年七月、東校の医学規則を定め、新入生一〇〇名の入学を布告、本科五年・予科二年と改める。勇は予科に入り語学の勉強をはじめからやり直すこととした。しかし家は貧しく、学資はつきてしまった。そこで大舎長長谷川泰に退校を申し出たところ、長谷川は勇を内務省の公費生に推薦し、勉学をつづけさせた。

勇は全課程を修め、十二年五月、東京大学医学部を卒業、十月十八日、本邦最初の医学士の学位を授与された（授与者は一八名——『東京帝国大学五十年史』上冊）。この年、大阪にコレラが大流行したため下阪、真田山避病院（天王寺区）で治療に従事した。

明治十二年十月、岡山県病院長兼医学教頭（医学教場）に就任する。翌十三年九月、医学教場は岡山県医学校と改称され、医学校長兼副院長に菅之芳（東京大学医学部、明治十三年卒）が任命され、清野は引きつづき病院長兼教諭を務め、病院の改革を断行、アメリカ人宣教師ベリー（J. C. Berry）を免職させようとし、高崎五六県令と紛争を起こした。二十年八月、県医学校が第三高等中学校医学部に昇格したのちも引きつづき病院長兼教諭を務めた。

図37-62　清野勇

岡山在任中の明治十六年に、彼が同僚の三医学士——中浜東一郎（中浜万次郎の長男）・菅之芳・山形仲芸——とともに肝臓ジストマ（肝吸虫）を再発見したことは有名な学術的業績である。この四医学士の講義、診療の分担ははっきりしないが、後述の山谷（明治十八年、岡山県医学校第二卒業生）は、清野より組織学・診断学・眼科の講義と眼科臨床講義を受けたと記している。同年二月に清野勇口授・生徒筆記の『花柳病論』、同じく五月に同口授の『眼科学』の講義録（非売品）が刊行されている（岡山大学医学部資料室蔵）。菅・中浜は主として内科、山形は外科が担当であったようである。菅・中浜には共編纂の『内科医範』（一八八四）と『病床必携医療宝鑑』がある。

明治二十二年（一八八九）三月、大阪医学校長兼病院長吉田顕三の辞任のあとをうけて、清野は第三高等中学校医学部を辞任、七月、大阪府立医学校長兼病院長に就任する。

明治二十七年、私立富山病院に勤務中の佐多愛彦（県立鹿児島医学校卒、帝国大学医科大学選科卒）を医学校教諭として招聘した。のち佐多は清野の厚遇をうけ、三十年に公費でベルリン大学・フライブルグ大学へ留学し、三十三年帰国、十二月医学博士の学位を得た（三十歳）。のち佐多の活躍で大阪府立医学校は大いなる発展をもたらすが、彼の才能を見抜いていた清野勇も並々ならぬ人物であった。

岡山県医学校での教え子で、月刊雑誌の『国家医学』（のち『医海時報』と改題）『医事公論』『臨床医学』『日新医学』『医薬新報』などをつぎつぎに創刊した山谷徳次郎は佐多愛彦を見いだした清野勇を次のように評している。

清野先生の性格として、余の最も敬服し後進の学ぶべき美点として先生を追憶することに感嘆するのは、先生の剛毅、果断に富むでおられたことである。すなわち先生は事物の遂行に臨み冷静熟慮ののち、佳と信ぜられたことは猛然として遂行せられた。

また、佐多の留学決定に際し、学内に反対する教授らもあつたけれども、ここにも清野校長の果断が現れて、敢然これらの反対を押し切つて佐多君を最初に洋行せしめられた。佐多博士の学者として、また医育家として大成せられたのは、素より同君の非凡なる才智と普段の努力によるものであるが、君をしてその驥《き》足《そく》［すぐれた人物の才能］を伸ばせたのは清野先生という良伯楽《はくろう》［馬をみるに巧みな人］があつて、この富山の田舎に雌伏していた佐多君という名馬を見いだして千里の野に放つたがためである（山谷徳治郎「故恩師清野勇先生」、『医事公論』一一八一号、一九三五年／『楽堂古希記念集』、日新医学社、一九三五年、「楽堂」は山谷の号である）。

明治二十五年一月十六日、大阪医学研究会設立発起人総会が大阪府立医学校内で開かれ、規則の審議、役員の選出がなされ、清野は初代会長に就任した。清野は岡山県医学校在任中、岡山県病院で『医事月報』を出版していた。大阪に着任以来、改革の一環として、学術振興を目的にこの研究会の設立と機関雑誌の発行を企図していたのであろう。三十一年勇は落馬事故により負傷し、重任に耐えがたいと感じ、七月に退官した。しかし間もなく大阪市西区土佐堀で開業した。

後任には教諭兼副院長・外科医長の沢辺保雄が就任、三十三年四月に沢辺が辞任すると、しばらく空席ののち三十五年五月、佐多が三十二歳の若さで医学校長兼病院長に就任した。

明治三十四年（一九〇一）七月、大阪医学研究会と緒方病院医事研究会・大阪興医会の三会が合併し、大阪医学会が創設され、清野が初代会長に選任された。

明治三十九年十一月十七日公布の内務省令にもとづき、大阪市医師会の設立が計画され、翌四十年十一月二十一日、発会式が行われ、清野は初代の会長に選ばれた。四十二年辞任、第二代会長に吉田顕三が就任、四十三年には第三代会長として緒方正清が就任した。

前述の山谷は明治三十五年、清野医院の副院長となり、清野に師事、協力するかたわら、夜間や余暇には個人診療を許されていた。清野は誠意をもって山谷を援助し、自身が往診した以後はその患者を山谷にあずけ、再診以後は山谷の患者としたという。患者には、住友男爵家、鴻池家、山口銀行総理事町田忠治（のち商工大臣）、製薬の武田家・塩野家など富豪・名家が多かったという。

清野が開業をやめた年月は不明であるが、老後は京都に隠退した。大正十五年（一九二六）一月一日死去、享年五十六歳。

妻連子との間に四男五女あり。長男謙次（一八八五～一九五五）は京都帝国大学医学部卒、病理学教授となり、大正十一年（一九二二／三十八歳）「生体染色の研究」で、帝国学士院賞を受賞、また「日本石器時代人」の研究でも著名、多くの著書がある。

〔資料〕

清野謙次『随筆遺稿』（京都大学病理学教室、一九五六）

『岡山大学医学部百年史』（岡山大学医学部、一九七二）

中山沃『岡山の医学』（日本文教出版、一九七一）

土屋重郎『静岡県の医史と医家伝』（戸田書店、一九七三）

宮本又次『佐多愛彦　郷土史にかがやく人びと（2）』（大阪府、一九六九）

『大阪府医師会史年表』（大阪府医師会、一九六七）

## 七　緒方洪庵の墓碑銘の撰者

東京の高林寺にある洪庵の墓碑銘の撰者は古賀茶渓（謹一郎・謹堂）、夫人八重のそれは佐野常民（適塾門人）、大阪の龍海寺にある洪庵のそれは草場珮川（佩川）で三人とも佐賀藩出身である。佐野常民は西南戦争時の博愛社設立の項でふれたので（一八七ページ）、あとの二人（古賀氏と草場氏）について略記する。

### （1）古賀謹一郎（文化一三～明治一七＝一八一六～八四）

古賀は東京駒込の高林寺にある緒方洪庵の墓の碑銘を、嗣子惟準の依頼により執筆した（慶応三年丁卯春三月）。それが墓碑に刻まれている。

古賀謹一郎（通称）の諱は増《まさみ》、字は如川《じょせん》、号は茶渓または謹堂。洪庵の墓碑には「茶渓古賀増撰」と刻まれている。父は昌平黌の儒者古賀侗庵《とうあん》（一八七七～四六）。古賀家は代々佐賀鍋島藩士であるが、祖父精里の代から幕臣となる。精里は藩校弘道館を興こし校長となり、のち召されて江戸の昌平黌の儒者となった。

古賀忠能——精里——┬穀堂（佐賀藩儒者）
　　　　　　　　　├晋城（洪氏へ養子、佐賀藩儒吏）
　　　　　　　　　└侗庵——謹堂（謹一郎）

謹一郎は文化十三年十一月十一日、江戸湯島の昌平黌官舎で生まれ、昌平黌の儒官増島蘭国に儒学を学ぶ。弘化三年（一八四六）昌平黌の儒者見習となる。翌四年一月三十日、父侗庵死去、享年七十歳。謹一郎は同年三月（三十二歳）、父のあとを受けて昌平黌の儒者（一五人扶持）となる。

嘉永六年（一八五三）九月、ロシア使節プチャーチンへの国書を安積艮斎《あさかごんさい》とともに草する。十月、筒井政憲・川路聖謨《としあきら》とともにロシア交渉応接掛に任命され、十二月、長崎に赴き、応接使の一員として川路・箕作阮甫《みつくりげんぽ》（天文方翻訳御用掛）らとともに、プチャーチンとの日露交渉にあたる。

図37-63　古賀謹一郎

安政元年（一八五四／三十九歳）一月、長崎のオランダ館で科学実験を見学、また佐賀藩の大砲製造所を視察し、二月江戸にもどった。彼はこのころから漢学者の旧派を脱し、開明派へと変貌していったと思われる。同年十月再びロシア交渉応接掛となり、下田に赴く。その後、プチャーチンとの日露和親条約の締結に立ち会い、また日米和親条約批准のために来日したアダムスとの交渉にも参加する。同二年八月、二の丸留守居兼洋学所頭取に任ぜられ、洋学所（のち蕃書調所と改称）の設立、運営に尽力する。同四年一月、蕃書調所が正式に発足、調所の任務は翻訳・教育・洋学の統制で、これらを統括したのが古賀であった。幕臣はじめ広く諸藩の藩士の入学を許して授業が始まり、生徒は一〇〇名くらいであった。最初に決定をみた教官の陣容を掲げる。

教　授　職　箕作阮甫（津山藩医）　杉田成卿（小浜藩医）
教授手伝　高畠五郎（徳島藩士）　松木弘安（鹿児島藩医）　東條英庵（長門藩医）　原田敬作（備中人／伊東玄朴門人）　手塚律蔵（佐倉藩士）　川本幸民（三田藩医）　田島順輔（安中藩士）

のちに任命された者は次の通り。

教授手伝　村田蔵六（大村益次郎）　木村軍太郎（佐倉藩士）　市川斎宮（福井藩士）
句読教授　設楽莞爾（幕臣）　杉山三七（幕臣）　村上誠之丞（幕臣）

文久二年（一八六二／四十七歳）五月、蕃書調所は洋書調所と改称され（翌三年八月、さらに開成所と改称）、古賀は免職となった。元治元年（一八六四）大坂奉行に任命されるが、病気を理由に断わった。しばらく無役がつづくが、慶応二年末、製鉄所奉行に、翌三年三月目付、四月諸太夫となり筑後守を称する。幕府倒壊後の明治元年十月、静岡に移る。三年、明治新政府から大学大博士として招聘されるが断ったという。六年、東京にもどる。胃病にかかり、高松凌雲の治療を受けるが治癒せず、十七年十月三十一日没、享年六十九歳、東京文京区大塚五丁目の「先儒墓所」に葬られる。

著書には『謹堂日誌鈔』『蕃談』『西使日記』『西使続記』『卮言日出《しげんにちしゅつ》（卮言はとりとめもない言の意）』などがある。なお旧蔵書のなかには、儒者としては珍しく、次のような自然科学書がかなりある。杉田玄白らの『解体新書』、宇田川玄随『西説内科撰要』、宇田川玄真『遠西名物考』、高野長英『医原枢要』、帆足万里『窮理通』、川本幸民『気海観瀾広義』、大槻玄沢ら『厚生新編』、志筑忠雄『暦象新書』、ボブソン『全体新論（解剖書）』、杉田立卿らの『海上砲術全書』、伊東玄朴らの『銕熕《てっこう》全書』、その他地理書・地図などである。

これらの蔵書からも開明派の儒者であり、優れた人物であったことは理解される。頭取の解任はとくに落ち度があり、おとがめを受けた様子はないようであるが、やはり儒者出身では、時代の急速な進歩を指導するトップとしては、不適任であると上司は判断し、解任したのであろうか。最後は不遇であった。『古賀謹一郎』の著者小野寺龍太氏は、「謹一郎はほとんど倣漫とさえ言える態度をとり、決して上位の者の意を迎えることはしなかったのは、父の教えに忠実だったからで、明治政府に仕えなかったのも父子相伝の〝清白の家風〟である」と記している。

緒方洪庵は文久二年（一八六二／五十三歳）八月、奥医師兼西洋医学所頭取に任ぜられた。古賀（四十七歳）が蕃所調所を免ぜられ、閑職となったのはこれより三か月前である。それ故、墓碑銘で謹一郎が記しているように、洪庵と会うことはなかった。しかし洪庵の嗣子惟準は洋学に理解があり、また儒者でもある古賀が適任と判断し、オランダ留学前に知人を介して書簡を送り、亡父の墓碑銘の執筆を依頼したのであろう。

〔資料〕
小野寺龍太『古賀謹一郎』（ミネルヴァ書房、二〇〇六）
沼田次郎『幕末洋学史』（刀江書院、一九五一）
藤浪和子『東京掃苔録』（八木書店、一九七三）

### (2) 草場《くさば》珮川《はいせん》（のち佩川／天明七～慶応三＝一七八七～一八六七）

大阪の龍海寺にある洪庵の墓碑銘には「肥前　草場韡敬撰」「慶応三年丁卯之秋」と刻まれている。

撰者の草場珮川は佐賀藩の儒官。肥前多久《たく》（現・佐賀県多久市）の人、善兵衛泰虎の子、天明七年一月七日生まれ、幼名小太郎、善三郎、通称は磋助《さすけ》、字は棣芳、諱は韡《あきら》、号は珮川のち佩川、晩年は宜斎。四歳のとき父と死別し（寛政二年十月十七日没／四十一歳）、賢母に養われ学問に親しんだ。領主の佐賀藩鍋島家老多久茂鄰《しげちか》の命により藩校弘道館に入る。二十三歳（文化六年＝一八〇九）のとき江戸に出て、幕府の昌平黌儒者古賀精里（元佐賀藩儒官）に師事する。文化七年、精里が対馬に赴き対韓交渉を行ったさいに随行する。その対応は要を得て、天下の奇才と称せられる。対馬へ渡り、朝鮮使節と会見する前後二か月間の記事をまとめたのが『津島日記』である。

領主多久氏に仕えるが、天保八年（一八三七）佐賀の弘道館教諭を命ぜられ本藩出仕となり佐賀に移る。また鍋島家の家政にも参画する。安政二年（一八五五）幕府に召されたが、老齢を理由に断ったところ、褒賞金を賜った。ついで城内で講釈の席に侍し、世子淳一郎（文久元年三月、将軍家茂の一字を拝領、茂実と改名、明治元年、直大《なおひろ》と改名／一八四六〜一九二一）の侍講となる。文久元年（一八六一）十二月、茂実が藩主に就任後も引きつづき城内の講筵に侍し、退任を願い出たが許されず、老年にいたるまで教職の任を続けた。

人となりは外柔内剛、文詩のほか、弓術・槍剣術などの諸技にも優れ、絵を江越繡浦《えごしゅうほ》に学び、人物・花卉すべてに通じ、特に墨竹を描き称賛された。著書には『佩川詩鈔』『対礼余藻』『来聘器械図』『毛儒乃囀』『阿片紀事』『山野一善』『烟茶独語』『津島日記』などがある。『津島日記』は影印本として復刻されているが、その内容は対馬・朝鮮の風土・産物・人情・伝説などのほか、日朝使節会見の状況が記述され、さらに朝鮮使節の行列、韓船、朝鮮仏像、対馬の風景、会見場の建物の俯瞰図が見事に描かれ、画家としての力量もうかがい知ることができる。慶応三年十月二十九日佐賀にて没、享年八十一歳。墓碑は多久市多久町大古場にある（図37-65）。洪庵の墓碑銘の執筆は慶応三年秋なので、死去直前の執筆といえる。

墨竹の画幅に寄せた自賛の詩を紹介する（図37-66）。

幾顆此君猶未奇　　幾顆《いくか》の此君《しくん》猶お未だ奇ならず
春眠覚処復尋思　　春眠覚むる処復《ま》た尋思《じんし》す

推窓払硯欲承露　窓を推し硯を払いて露を承けんと欲すれば
逢着嬋妍一両枝　逢着す嬋妍《せんけん》たる一両枝

〔通釈〕
何本かの竹が、まだ丈高くぬきんでていなくて
春の眠りから覚めると、私《ひそかに》繰り返したえず思索している
窓を推し開け、硯の埃《ちり》を払って露を承けようとしたが
美しい一、二本伸び切らない竹に行きあたった

図37-64　草場佩川記念碑（生家跡）

図37-65　草場佩川墓碑

**○草場船山**（文政二～明治二〇＝一八一九～八七）

佩川の長男。父と同じく肥前鍋島藩の儒者。文政二年七月九日、多久町《たくまち》這河《ひやあご》で生まれる。幼名良太郎、のち立太郎、諱は廉、字は立大、初め舟出と号し、のち船山・鶴翁と称した。天保八年（一八三七）父佩川が佐賀に移ったのち、船山は父の多久の禄を継承、東原庠舎《とうげんしょうしゃ》の教官となる。同十二年命により江戸の昌平黌に入り、古賀侗庵（古賀精里の甥）に師事する。同十五年（二十五歳）帰郷、再び東原庠舎の教諭、安政四年（一八五七）には教授となる。慶応三年（一八六七）四月、師古賀謹一郎とともに朝鮮渡海の命をうけ長崎へ行くが中止とな

図37-66　草場佩川画幅（筆者蔵）

図37-67　草場船山

る。明治二年（一八六九）、対州藩知事の要請により田代（現・鳥栖市）の学政を督《うなが》し、また田代塾を営む。

明治九年（五十七歳）、京都の本願寺の僧大洲鉄然らの「キリスト教への対抗策として学者を招請する」という主旨の要請に応じ、三月京都に移住する。以来、東西本願寺の学寮に出講、また京都の諸宗の寺院と交流する。そのかたわら、私塾の敬塾を営む。『皇麻歴代歌』『三国史略』『国史管見』『纂評増評文章規範』などの著述がある。明治二十年一月十六日死去、墓碑は知恩院後丘にある。翌二十一年、門人らにより京都東山の永観堂に記念碑が建立された。二十四年、三男謹三郎により『船山遺稿』二巻が刊行され、大正十三年（一九二四）二月、従五位を贈られる。

草場父子は各々日記を残しており、それぞれ『草場佩川日記』（一九七八）『草場船山日記』（一九九七）と題して公刊されている。船川の慶応三年九月一日からの日記中に、父佩川の病気見舞いと死亡記事は見られるが、洪庵の墓碑銘については記していない。

なお船山の子孫のもとに残された草場家の文書・記録・典籍は現在、多久市郷土資料館に寄託されている。

〔資料〕

『大日本人名辞書』（同書刊行会、一九三七）

田尻佐『贈位諸賢伝』（国友社、一九二七）
三好不二雄監修・三好嘉子校註『草場珮川日記』（西日本文化協会、上巻＝一九七八、下巻＝一九八〇）。上巻には文化元年～文政五年まで、下巻には文政五年～安政四年までが収められている。
草場珮川『津島日記』（影印本、西日本文化協会、一九七八）
日本歴史学会編『明治維新人名辞典』（吉川弘文館、一九八一）
荒木見悟監修・三好嘉子校註『草場船山日記』（文献出版、一九九七）

# 第38章　著書・翻訳書・講義録写本・校閲本・論文・墓碑銘など

惟準の業績をほぼ年代順に列挙し、簡単にその内容を説明する。

①『抱氏内科新論』、写本四冊（雁皮紙使用の和装本）、縦三〇×横一六センチ（杏雨書屋蔵／図38―1）。第一冊が巻一、第二冊が巻二と巻三、第三冊が巻五、第四冊が巻六で巻四を欠いている。第一冊の表紙には「抱氏内科新書　月」とあり、以下の巻は「日・星・辰」のみが記されている。

巻一の冒頭に、

和蘭第一等　募銅院《ボードイン》先生　口授（巻二は席上講話、巻三は口授）

大日本医官　緒方洪哉　直記（巻二は直訳未稿、巻三は直記と記す）

とあるが、巻五・六では「和蘭　抱篤印《ボードイン》　口授筆記」と記されているだけで、緒方洪哉（惟準）の名は記されていない。

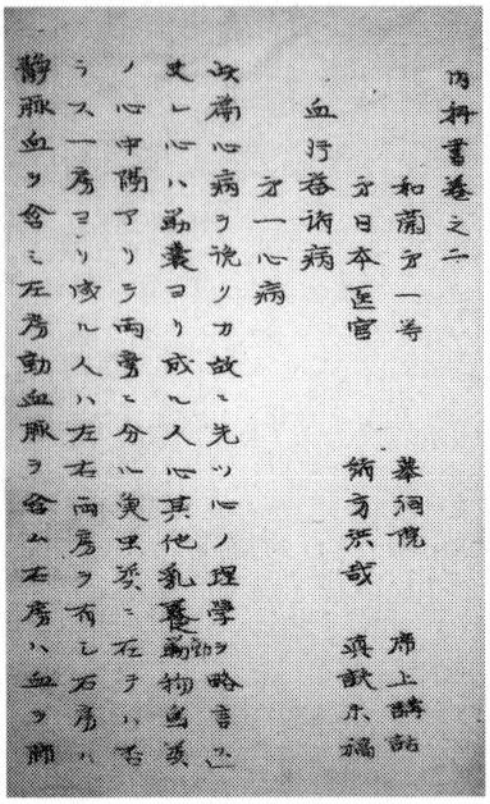

図38−1　『抱氏内科新論』

惟準の最初の長崎遊学は安政六年（一八五九／十七歳）で、養生所でポンペに師事するが、文久二年（一八六二／二十歳）九月、ポンペは帰国、後任にボードインが着任する。第二回目は幕府伝習生として元治元年（一八六四）長崎に派遣される。写本には大日本医官とあるので、このときのものである。彼の直筆かどうかは不明である。

巻一…目録なし、本文七六丁、内容は呼吸器諸病
第二…目録なし、本文六〇丁、血行器諸病
巻三…目録なし、本文六三丁、消食器（食道・胃腸のほか、肝臓・胆道系・脾臓・寄生虫を含む）の諸病
巻五…目録あり、本文一二五丁、伝染性の痘瘡・腸チフス・発疹チフスなどと皮膚病
巻六…目録あり、本文二一九丁、神経中点病、運動異常、脳官能変常、脊椎［髄］病、腹膜病、泌尿器系統病、男性・女性生殖器諸病

②『抱子人身究理』上・中・下の三巻、写本三冊、縦二六×横一八センチ（大阪府立中之島図書館蔵／図38−2）

巻之一の表紙裏に「足守印鑑」と墨書、その下に「足守藩」の朱印（四・五×四・五センチ）を押した紙片（九×一七・六センチ）が貼り付けてあり、各巻の第一丁目には「中川氏図書記」の所蔵印が押されている。本書の内容は次の通り。

上巻（本文五二丁）

総論

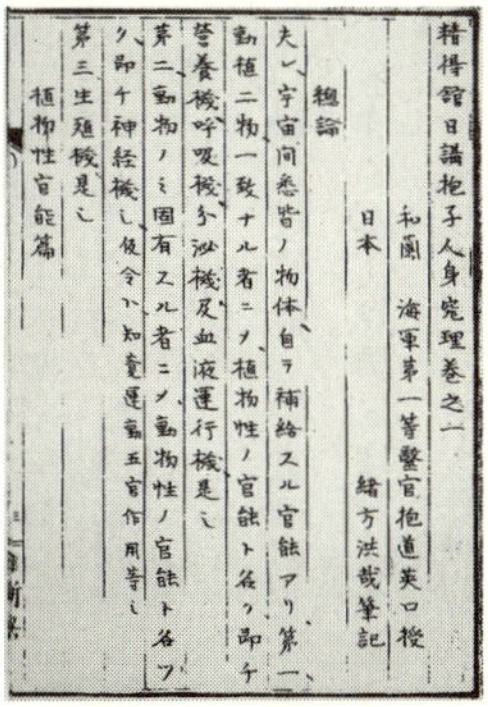
精得館日講抱子人身究理巻之一
和蘭　海軍第一等醫官抱道英口授
日本　緒方洪哉筆記
総論
夫レ宇宙間森皆ノ物体自ラ補給スル官能アリ第一
動植二物一致ナル者ニシテ植物性ノ官能ト名ヅク即チ
滋養機呼吸機分泌機及血液運行機是レ
第二動物ノミ固有スル者ニシテ動物性ノ官能ト名ヅ
ク即チ神経機レ彼令ハ知覚運動五官作用等レ
第三生殖機是レ
植物性官能篇

図38−2　『抱子人身究理』

植物性官能…滋養機論・血色論・凝血論・血液結晶論・血液分析論・血巣論・布碌致涅抱合論・血中脂肪酸化諸塩溶解論・血液循環論・心臓運動論附二個響音及動静二脈・毛細管・炎証（症）論第一期炎症血液充積、第二期炎症血液停留・潰瘍善悪二性附焮衝一凡之療法・静脈血運行論・水脈系統論・脾蔵（臓）・飲食消化・食物嚥下論・胃中消化論・肝蔵（臓）・胆府・腸中消化・乳糜吸収論

中巻（本文三二丁）

呼吸器之論…温血動物之呼吸・腎臓・尿成系・表皮性質・排泄

下巻（本文五三丁）

動物性官能…触覚・鼻官・味神経・聴管・筋之運動・脳神経脳実体・交感神経・生殖機能論

各巻の本文巻頭には、次のように記されている。

精得館日講抱子人身究理巻之一

和蘭　海軍第一等医官　抱道《ボードイン》英口授（注：海軍は陸軍の誤り）

日本　　　緒方洪哉筆記

この写本は、ボードインの人身究理学（人体生理学）の講義を緒方洪哉が筆記した原本を、さらにほかの者が写したものであろう。「足守藩」の名称は明治になってからの呼称である。その藩印が捺印されていることから、同藩所蔵であったことは明らかであるが、その経緯については不明である。

明治維新後は洪哉の名を用いず、惟準を用いているので、長崎時代の筆記で、ボードインが来日した当時には、オランダ語の学力もかなり上達していたものと考えられる。

③『骨骸各論』、写本一冊（杏雨書屋蔵）

表紙裏に「骨骸各論　緒方洪哉訳　巣林舎蔵書」とあり、次の第一丁の表に頭蓋骨と下顎骨図が、その裏には全身骨格が精密に描かれ、「吉田維模写」とあり「吉田氏図書記」の朱印が押されている。目次はなく、本文（四四丁）には全身の各骨の説明がある。漢字で書かれた骨の名前にはラテン語・オランダ語名がカタカナで記されている。そして末尾に「慶応四辰四月謄写　原本多誤脱今不敢加改竄《かいざん》猶存旧」とある。

惟準が長崎遊学時代、オランダ語の人体解剖書（フレスの解剖学書か）の一部を翻訳したものが、人から人へ伝写されていったのであろう。

④『内科察病三法　完』、写本一冊、三二丁（岡山県高梁市・仲田医院蔵／五四ページ図4-6）

本文冒頭に次のように記されている。

和蘭海軍第二等医官　満和歇児篤《マンスフェルト》先生　口授
太日本東都幕府医官　緒方洪裁（哉）先生　弁訳

この写本については、惟準の長崎遊学時代に述べたが（五三～五ページ）、簡単に説明する。

オランダ陸軍軍医マンスフェルト（一八三二～一九一二）は長崎養生所（慶応元年、精得館と改称）教師ボードインの後任として慶応二年（一八六六）七月、長崎に来任、明治三年（一八七〇）まで同館教頭として日本人生徒に教授した。精得館はその後、長崎府医学校（明治元年）、ついで長崎県病院医学校（二年）と改称された。元治元年（一八六四／二十二歳）医学所教授で幕府伝習生として長崎に派遣されていた緒方洪哉（このころ平三から洪哉に改名）は、ひきつづきマンスフェルトに師事し、また通訳・教官として活動した。その当時のマンスフェルトの講義録の翻訳である。

仲田家では長崎に留学した人はいないので、どこかで筆写したものであろう。なお仲田家には、このほか次の四点が所蔵されている。

（a）マンスフェルト口授、西肥佐賀藩医員吉武桂仙弁訳、日陽延陵（日向延岡）受業生佐藤松齢筆記の『組織学』巻一の写本一冊

（b）マンスフェルト口授、南越福井藩医員山脇玄寿弁訳、日陽延陵藩受業生佐藤松齢筆記の『組織新説』巻三

の写本一冊

（c）マンスフェルト口授、東肥高橋文貞（正純、のち大阪府病院長）口訳、日南佐藤松齢筆記の『外科通論』（目次には『外科新説』とある）巻一・二の合本一冊

（d）明治三年十二月、マンスフェルトの後任として同医学校の教頭となったオランダ陸軍軍医レーウェン（W.K.M. Leeuwen van Duivenbode, 1837-1882）が来任、彼の講義録『病理新説』巻一〜三の三冊で「列宇縁氏講述、長州医員坂井省吾通訳、日陽延陵佐藤正秀筆記」とある。

⑤緒方玄蕃少允輯『嗇鳴嗖暎《（ボードイン）》袖珍方叢』、初編上・下二巻二冊および同後篇上《（ママ）》・下二巻一冊、明治二年（一八六九）刊、適々斎蔵版、縦一二・二×横一六・〇センチ（図38-3）

初編上巻は序・凡例・目次が三丁、本文一七丁、下巻は本文二五丁。後篇上巻は目次二丁、本文二八丁、下巻は本文二九丁である。

図38-3　『嗇鳴嗖暎袖珍方叢』

明治二年、オランダ陸軍軍医ボードインが大阪の仮病院（大福寺）に着任し、診療を始めたが、彼が診療に用いた薬剤の処方を、病院の最高責任者（病院伝習兼務）となって東京から赴任してきた当時典薬寮医師だった惟準がまとめ、私家版として出版したものである。

惟準は序文で次のように述べている（句読点・濁点は筆者）。

近世洋学大ニ開ケ医術亦頗ル其精ヲ極ム、今茲己巳ノ春和蘭陸軍第一等官医嗇鳴嗖暎氏聘ニ応ジ大坂ニ来リ病坊ニ入リ方ヲ為ス、未ダ数月ナラズ治ヲ乞フ者日ニ門ニ満チ、生徒遠方ヨリ来リ業ヲ受クル者百余人ニ及ブ、嗇氏以テ

煩トセズ、丁寧診視、反復教誨、因ヲ究メ方ヲ処シ、生徒随テ之ヲ筆記ス、日ニ成リ月ニ進ム、盛ト云フ可シ、独リ惜ム其語ヲ解スル者少ク誤写多キニ居ル、予幸ニ略《（ほ）》ボ蘭語ニ通ズルヲ以テ、命ヲ奉ジ嗜氏ニ従ヒ其教ヲ助ク、是ニ於テ私淑ノ徒、焉烏《（えんう）》［相似て誤り易い二つの文字］ノ誤リヲ以テ人命ヲ損ジ済世ニ害アラン事ヲ恐レ、且ツ謄写ノ労ヲ省カント欲シ、講義ノ暇マ之ヲ改正纂録シテ一冊ヲ為シ、名ケテ嗜嗚嘆咲袖珍方叢ト曰ヒ、以テ梓ニ上セ同志ノ人ニ便スト云フ爾リ

明治歳己巳夏九月　　侍医　緒方玄蕃少允　識

「凡例」では、時刻と秤量《しょうりょう》（計量）の表示について説明している。すなわち、時刻の「字」は西洋の一時を示し、わが国の「半時」にあたるとする。

秤量では、「其簡便ニ従ヒ直ニ原字ヲ用ユ、先哲既ニ訳アリ世人亦皆之ヲ知ル、然ドモ今鄭重ヲ厭ハズ其概略ヲ左ニ示ス、蓋シ慎密ノ意ヲ致スナリ」として、わが国の在来の計量単位との比較を次のように掲げている。

乂はグレイン Grein　（わが国）一厘六毛［六五ミリグラム］

刃はスクリュペル Scrupel　三分三厘三毛［一・三グラム］

丂はダラクマ Drachme　一銭［四グラム］

弓はオンス Once　八銭［三二グラム］

廿はポンド［トロイ］Pond　九六銭［三八四グラム］

初編上巻では、チフス・脚気・赤痢・リュウマチ・聖京偏・神経熱・腸胃熱・間歇熱・麻痱・下利・水腫・コレラの処方薬を列挙、下巻では、癲癇・百日咳・クルップ・皮疹・ローズ・痘瘡・麻疹・天刑［ハンセン病］・瘰癧・失荷尓陪苦[scheurbuik：壊血病]・楳毒[梅毒]の処方（この梅毒の項が最も多く八三種）があげられている。

後篇上巻では、脳髄系・眼科・耳科・口腔および歯科・咽喉・呼吸器系・循環器系の疾患と萎黄病・乳癌の処

方、下巻では、消化器系・寄生虫・泌尿器系・男女の生殖器系・血液系・精神性および神経性の諸疾患や皮膚の火傷・膿腫・潰瘍・眠瘡・打撲・禿髪に対する処方を各種列挙している。

江戸時代では一般の医師は有名な医師の処方を知りたくて、その塾に入門するのが一般的傾向であった。明治期に入り近代的な西洋の処方ということで、この処方集も珍重されたことと思われる。

⑥『抱氏日講記聞』、写本八巻八冊（芳村杏斎旧蔵）

大阪府医学校病院のボードイン講義録。この写本については第8章で詳述した（一〇六ページ）。八冊のうち筆記者の姓名が記してあるのは、「巻之三　緒方中助教筆記　血液運行解剖並窮理論」と「巻之八　緒方中助教筆記　全身病第二」の二冊だけであるが、八冊全部が惟準筆記の可能性もある。巻之三の筆記録の欄外に月日が記入してあり、第一丁に四月六日と記され、最後は五月初旬で終わっている。これは明治三年（一八七〇）四月の講義録ではないかと推定される。

明治二年のボードイン着任当初は、男性生殖器の講義を行い、この講義録だけ『抱氏日講記聞』と題して一一巻が同年十二月に出版された。しかし続巻は刊行されなかった。

⑦緒方（惟準）従六位訳述・西村松三筆記『布列斯《フレス》消食器解剖篇』、和小一冊（大阪大学適塾記念会蔵）

布列斯はオランダ人のJ.A. Flesで、彼の*Handleiding tot de Stelselmatig Beschrijvende Ontleedkunde van den Mensch*（『人体系統解剖学便覧』）を惟準が訳し、これをもとに大阪府医学校病院で講義し、西村松三が筆記したものと考えられる。松三（一八四八〜一九二六）は播州山崎藩士倉橋氏の三男で、同藩藩医西村春雄の養子となる。のち英蔵と改名、「履歴明細書」（明治九年筆記）によれば、明治二年（二十二歳）より五年五月まで大阪府医学校病院でボードインとエルメレンスに従い、三年三か月、洋法医学内外科を修業している（西村英男「祖父西村英蔵の旧蔵書とその経歴」、『適塾』一三号、一九八一年／梅溪昇「適塾関係史料（その三）」、同前）。

⑧『撰兵論』（縦二三×横一五・五センチ）

表紙の題簽は「撰兵論　完」。表紙裏には右から「坊篤英氏口授、官許撰兵論完、明治辛未《四年》季春［春の末、晩春］新鐫　長春園蔵」とある。序文（漢文）は二丁で、惟準の義弟堀内利国（北溟）の撰并書である。本文冒頭に「荷蘭　坊篤英《ボードイン》氏口授、緒方惟準訳言、堀内北溟纂述」とあり、目次はなく、本文二九丁、末尾の跋（漢文）を軍事医官長瀬古輔（時衡、適塾門人）が記している。

堀内の序文には、

王政維新𥅤興徴兵典、辛未之春応徴到大阪兵部省者千二百人、官医検之支体羸弱不中撰、放還更徴者三百余人、道途往来動経数十百日、官為之給資糧民為之慶事業其弊不少、徴兵幹事大島翁憂之諮余、々曰苟欲無其弊、宜為撰兵之書編布郡県令其医誦読参考撰丁壮、而後致之則莫更徴之患歟、翁曰善子請勉之、余乃不顧浅陋参訂緒方氏所訳坊氏撰兵論、折衷波氏説刪煩撮要纂為一篇以不翕、翁曰如此乎不特世医亦足以新有司眼目矣、於是与緒方氏謀上梓、以公于世云

明治四年辛未春三月　　　　　　北溟堀内昆撰并書　印　印

［大意］　王政維新となり徴兵制度が施行され、明治四年（一八七一）春、大阪兵部省に徴兵に応じて一二〇〇人が集まったが、体格不良、病気の者がいて、これらの者に旅費を与え帰郷させ、さらに三〇〇余人を募集した。このような弊害が生じたので、応募者の健康、病気等に関する知識を普及させる必要を認め、編纂されたものである。ボードインの撰兵論を緒方惟準が訳し、そのうち重要な部分を撮要し、不必要なものを

削除してまとめたものである。

と記されている。文中の「徴兵幹事大島翁」については不明である。

この『撰兵論』について、惟準のかつての同僚で、陸軍軍医総監となった石黒忠悳は、後年口述した「陸軍衛生部旧事談」（『東京医事新誌』一四四四号、一九〇六年）の中で、次のように述べている。

兵の身体検査、即ち撰兵の事は、明治四年［一八七一］の春に大阪の兵学寮で、各藩から兵を召集して、その時検査したのが最初だ。その時には蘭医ボードインが教えて、緒方惟準が訳伝し、堀内利国、長瀬時衡等の人々がこれを実施した。その時にボードインが二、三席撰兵論を講義し、緒方君が口訳し、堀内君が筆記し、後に三十葉ばかりの一冊子にまとめて、撰兵論と題して刊行したのが、我が国撰兵論の魁《さきがけ》である。しかしその頃は、大阪と東京とは何事も隔たりて居てこの事が東京へはよく通じなかった。明治五年十一月、はじめて徴兵令が布告されたが、その前徴兵令に伴う徴兵規則を定むる時に、その頃山県［有朋］陸軍卿の命を受けて陸軍省四等出仕西《にしあまね》周君が、独逸、仏蘭等の徴兵令や徴兵規則を訳し、それに基づいて、我が邦の徴兵令や徴兵規則を草定した。

この講義録の内容を概説すると、最初の「総論」において、徴集する兵士の体格を検査し、健康の良否を判定する軍医の職務がいかに重要であるか、仏英両国の失敗例（検査をおろそかにした）を述べ、いかに健康診断が難しいかを説いている。そしてオランダの賦兵（徴兵）制度を紹介している。

◎撰兵四則

第一則　体格を検査し健康な兵士を選んで、これを歩兵、砲兵、騎兵の三つに分ける。

第二則　賦役が終わってさらに兵伍（下士官）となることを望むものは、改めて健康検査をする。

第三則　医師の診断により、歩兵を騎兵に、あるいは騎兵を砲兵に転属させたり、あるいは陸軍兵を海外の所領地に移役させることがある。

第四則　疾患、創傷のあるものは廃、用を診査し、用いられる者は療養させ、すでに廃人となった者は除隊させ、生活扶助の金を与えること。ただし、種痘・疥癬・梅毒・頭瘡などの諸症は毎週一回検査すること。

◎撰兵戒

第一戒　兵士の採、不採用は軍医の心次第であり、また国家の利害得失に関わり、医士の名誉にも関わるので謹戒すること、採、不採用を決定し難いことがあったならば、医長一人軍医三人で協議して決めること。

第二戒　賄賂を受け不正の検査をしたり、誤った診査をすると、後日弊害を生じるだけでなく医士の名望信義を失うので慎むべきこと。

第三戒　西洋諸国は病症を考慮し、廃あるいは用の項目を設け、兵士の採、不採用を決定しており、偏見で断定してはならない。

第四戒　兵士の入隊前に罹った病気は軽症であっても記録し、後日の参考とすること。

第五戒　賦兵は体を故意に傷つけたり、摂生を破り、兵賦（兵役）を免れようとするので、軽傷、微患があっても採用すること。

◎撰兵場装置

兵士の健康診査をする部屋はどのような状態のものが良いかについて述べている。

◎体格検査

この項目は、医官がどのような順序で体格検査を行うかについて述べている。

まず二〜三フィートの距離から、容貌・体格を一見して、健康の相か、弱そうな相か、病気の有無を推察する。

次に、(一)頭部(頭骨・顔面・耳・鼻・口腔内・歯・咽喉：発音による吃者・唖者の発見)、(二)頸部、(三)胸部疾患の有無（打診・聴診、呼吸計による測定）、（四）背骨検査、（五）腹部検査（触診・打診）、（六）骨盤検査（生殖器・尿検査、膀胱と尿道の疾患は消息子、導尿管、顕微鏡、化学試験薬を使用、痔の有無）、（七）四肢検査を行う。

以上の諸検査が終わってから、眼――眼目欠損・眼瞼痙攣・兎眼・上眼瞼麻痺・多涙・涙管漏・斜視・結膜炎・角膜炎・角膜翳・白内翳・近視・遠視・弱視・黒障眼・夜盲・昼盲・困眼（一つの物を熟視できない症）・複視・色盲――の検査をする。

以上が身体検査の概要で、これで記述は終わっている。ただし巻末に、「撰兵論附録」追刻とあるので、附録を追加印刷する企画があったと思われるが、その有無は不明である。

このボードインの『撰兵論』について、石黒忠悳の『懐旧九十年』（一九三六）と同書岩波文庫本（一九八三）にはまったく記されていない。緒方惟準らの努力をまったく無視し、石黒自身の徴兵活動のみを述べている。

⑨緒方惟準纂輯『衛生新論』上下二巻二冊、縦二三×横一五・五センチ、東京・適々斎蔵梓、明治五年（一八七二）刊、縦二二・八×横一五・五センチ、和装本（図38-4）

惟準の序文（原漢文）は明治五年三月付で、巻末の長文の跋を保田東潜が記している。

序

人は蝎蛇《かつだ》の畏る可きを知りて、未だ危食の毒たるを知らず、更に甚だしその惑いや深し。それ人身の要機飲食は保生に在り、婚媾《こんこう》［夫婦の約束を結ぶ］は広嗣［後嗣を絶やさないようにする］に在り、然して放恣其の法を得ざれば、身傷つき祀《まつり》絶え、百害蹲臻《そんしん》［うずくまる］し、豈蝎蛇の毒と同視すべけんや、西哲言有り、口は身を食い、色は国を喰らうは信なるかな。頃医俗は須べからく日用衛生法を知り、以て世に公にすべきを説く。若し知を開くの一歩たれば余の婆心［親切なる心］もまた徒爾《とじ》［いたずらに］なるかな。

明治壬申三月　緒方惟準題

［**大意**］飲食は生命を保ち、夫婦の交わりは子孫を絶やさぬようにすることにある。気ままで法則をはずれれば、身体は傷つき、子孫は絶えてしまう。蛇やさそりの毒と変わらない。このごろ医者や世間の人が日用の衛生法を公にして欲しいというので、すこしでも役にたつならという親切心から公刊するのである。

◎内容

巻之上…食物・飲液

巻之下…空気・運動・浴法・延後広嗣

◎巻之上

「食物」では、その重要性について詳述している。性質を二つに大別して、建素（ポリストフ）と燃素（ブランドストフ）とする。「建素」は体質を養うもので、窒素と塩分を含み、体内に入って繊維質を生じ、身体をいとなみ作るものである。「燃素」に属する食物は、これに含まれている炭素と水素が体内に入り燃えて体温を生成するものとした。

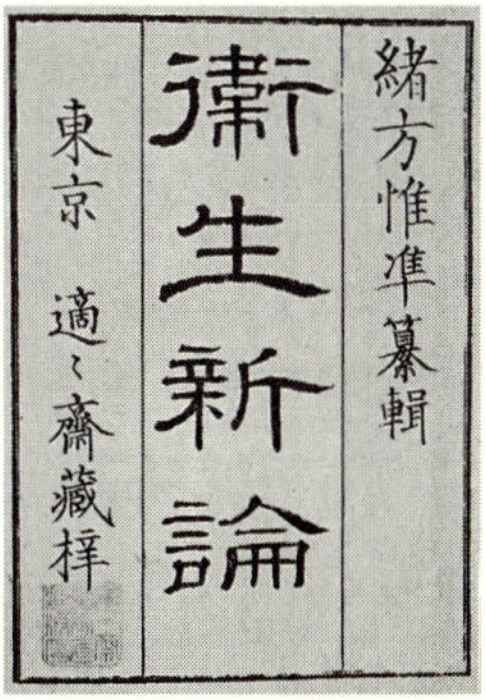

図38-4　『衛生新論』

動物性食物である牛・羊・豚・鶏・鳩・鴨の肉、諸種の魚肉、牡蠣・蟹・乳汁・鳥卵・牛酪・蜂蜜は建燃の両素をふくむが、建素の方が多く、燃素は植物性食物である麦・米・馬鈴薯・葛粉・豆類・蔬菜・果実・油類・砂糖・ゴムなどに多くふくまれる、と説く。

これらの食物が身体を正常に機能させるために、いかに必要であるかを詳述している。すなわち栄養学に関する記述である。

「飲液」の項目は、体内の水分がいかに重要であるかを述べ、ついで東西洋のアルコール飲料の身体に対する功罪、しかしほとんど罪について述べており、ただ衰弱している体には有益であると説く。惟準はアルコール類は好まなかったのであろうか。

◎巻之下

「空気・運動・浴法」では、生活上、新鮮な空気が大切であり、換気、特に冬期は留意することを強調している。運動・浴法についてはわずかの記載しかない。

ここの主題は「延後広嗣」で、詳しく述べている。延後という言葉は辞書にはないが、後嗣をあとへ延ばす、すなわち広嗣と同義語と考えられる。広嗣とは、「後嗣、すなわち跡継ぎ、子孫を絶やさないようにする」ことの意味であり、これは男女の性交により子供をもうけることである。この項では、卵子と精子の受精という生殖の生理に始まり、慎み深い房事を営むことを説き、過剰の性行為のもたらす精神的・肉体的な障害を述べ、また女性がまったく行わないときの害、少年の体がまだ完成しない早期の性行為、男女の手淫（オナニー）の害などを説いている。また月経や妊娠中および産後早々の性交の不可なること、また性交のさいに、脊椎の運動により脊髄を損傷することもあるので、留意するようにと述べている。最後に、婦人が分娩後に罹患しやすい疾患、哺乳による諸病の発症に対する諸注意を述べて終わっている。

跋を執筆した保田東潜の経歴は不詳であるが、かねてから惟準と交流があり、惟準の弟収二郎は幼時この人に漢学を学んでいる。明治二年五月に開講した大阪舎密局の職員録によれば、同局の「大坂舎密局御用係［田中芳男］補助兼上木係」である。漢学の素養のある人物で同局の文書や刊行物の係であったと思われる。その他の経歴は不明（林森太郎編『神陵小史』）。

⑩陸軍医官彪傑瑪《ブッケマ》講授『野営医典』、一冊、縦二一・五×横一五センチ、陸軍本病院官版、明治六年（一八七三）刊（一四八ページ図10-8）

緒言二丁、目次二丁、本文三七丁ほか付図二五図。緒言（筆者は軍医学校教官某と記す）の文頭に、原本はドイツ軍医総裁依瑞瑪児屈《エスマルク》の著書（一八六〇年刊）で、この書物にもとづいて陸軍のお雇い教師のオランダ軍医ブッケマ（Tjaico Wiebenga Beukema, 1838-1925）が陸軍医官に講義したものを、一等軍医正緒方惟準が口訳し、軍医副長瀬時衡が筆記・纂訂したのを印刷に付した、とある。さらに次のように述べられている。

（前略）近世ノ軍法ハ野営演習ヲ以テ常時ノ急務トス。則軍医ニ於テモ亦野営病院ノ布置方式等、之ヲ平日ニ講究セザル可ラズ。此編即其概略ヲ論ズ。而シテ専ラ医術ニ関スル者ハ野営外科書ニ詳ナリ。宜シク併セ看ルベシ。

◎目次

第一編　野営綁《（繃・包）》帯所

大綁帯所　同図　小綁帯所　同図　選地　輸送　同図　軍医分科

扶卒勤務　創所検査　止血法　同図　綁帯術　副木固定法

股骨折断　ギプス綁帯　同図　稲草樹枝副木　同図　胻《こう》［脛骨］腓骨折断　臂骨折断

頭傷　面傷　胸傷　腹傷

第二編　野営病院及医務

運輸　車及船　入院所置　検査　手術　固定法　安臥

治創名師　綁帯更換　瀉血　刀割　寒冷法　同図　温暖法　同図　洗浄

新鮮空気　焼棄　清潔　病院伝染病　病院壊疽　病院羅斯　膿熱

応援病院
選地
アンビランス
　雑具　　綳帯類　　固定器械　　外科器械　　薬剤
散布病院
預備病院　同図

本文の冒頭においてブッケマは「野営医典ハ戦場ニ於テ兵士ノ疾病ヲ医治スル学科ニシテ、啻《ただに》銃鎗刀剣ノ創痍ヲ療スルノミナラズ、何的ノ器械、何的ノ所置アリテ能ク医務ヲ完クスルノ専科ヲ論ズル者ナリ」と述べ、最後に「今普魯斯《プロシア》国軍医総裁依瑞瑪児屈《エスマルク》氏ノ著書ニ原《もと》ヅキ野営綳帯所、野営病院及ビ其法律・医務ヲ略論シ、軍医教導ノ端緒ヲ繙クト云フ」。ついで本論に入る。

第一編の「野営綳帯所」の内容は次の通り。

(一)小、大の綳帯所の設置場所の選定を図示・説明
(二)負傷兵の輸送方法を図示・説明（担架）
(三)全権医長は軍医および介護者を次の三科に分ける
第一医科…創傷検査を司る者(病院兵卒の運んできた傷者を受け取り検査、綳帯術、副木固定法などの応急処置を行い、切断手術を要するものは第二医科に移す)
第二医科…手術療法を司る者(傷者の姓名、負傷部位、発症、処置を略記し、第三医科に移す)
第三医科…負傷者の輸送を司る者(綳帯の適・不適を検査し、ギプス綳帯はここで行い、負傷者を輸送車に乗せ、後方の野営病院に送るなどの各処置について詳述している)

第二編では野営病院および医務、応援病院、撰地（病院の設置場所の選択）、アンビランス（ambulance：車輪病院、運動病院、現代では救急車）、散布病院について述べている。

野営病院および医務については、綳帯所から四分くらいの距離のところに設置すること、負傷者輸送の車や船のこと、入院直後の処置（飲食・投薬）、切断手術室の設置、四肢切断手術の判断、防炎症法（瀉血・排膿・切開・寒冷法・温暖法・洗浄など）、新鮮清潔な空気の必要性、病院伝染病の三種（壊疽・丹毒・膿熱：膿液が血中に入り炎症する熱症）について記述している。

次に、野営病院の選地、車輪病院または運動病院（病院車のこと）とそのなかに備えるべき医療器械、器具、薬品およびその他の用品（ギプス・綳帯類各種・ランプ・ろうそく・油・筆・紙などの雑具）を列挙している。

最後に、米国の「四年の戦役」（一八六一～六五年の南北戦役と思われる）の預備病院（二〇〇〇人を治療）の例をあげ、「此院ヲ主宰スル医長ハ学術精致、智慮俊邁、一世ヲ風靡スルノ人タルベシ。其他器械全備、法律厳密、毫モ遺策アルコトナシ、嗟《ああ》人智ノ闡明、医道ノ大成亦以テ見ルニ足ル」と記して終わっている。そして巻末に次の二五の図が付されている。

第一・二図…綳帯所と野営病院の設置位置、第三図…病院兵卒が傷者を担架に乗せた図、第四図…綳帯所の外観と輸送の馬車・人力車など、第五図…送水馬車、第六・七図…ホルケル氏上膊トールニキュット（止血器具）、第八・九図…骨や関節の固定器具、第一〇・一一図…ギプスによる固定法、第一二図…ギプス鋏とメス、第一三図…樹枝を束ねた副木、第一四・一五・一六図…肘関節固定法、第一七図…蒸気送車、第一八図…エスマル氏膝固定具、第一九図…エスマル氏肘固定副木、第二〇～二三図…冷水法四種、第二四図…冷水法による脚・手掌の温度経過グラフ、第二五図…米国フィラデルフィア預備病院の外観図

『野営医典』刊行の四年後の明治十年（一八七七）二月、薩摩の西郷隆盛を中心とした士族の反乱である西南

戦争が勃発し、陸軍軍医団は初めて組織だった治療活動をするが、同書は大いに役立ったものと考えられる。この戦争のとき、惟準は久留米の予備病院副院長・長崎臨時病院長として活躍した。

⑪『彪氏窒扶斯新論(題簽)』、写本一冊(杏雨書屋蔵/図38-5)

一ページ一二行の罫紙に筆記、本文三一丁。

目次はなく、本文冒頭に「窒扶斯論、和蘭軍医　彪結馬《ブッケマ》氏口授、日本軍医正　緒方先生通訳」と記され、本文では次の内容が述べられている。

一、総論

二、腸窒扶斯　腹窒扶斯　泰裴土[Typhoid]　ヒノブルチホイデア

これらの症候・転帰・予後について記述している。転帰では「大人ニツイテ百人中二十人死スルヲ常トス」と、その悪性を指摘している。

三、発疹窒扶斯　エキサンテマチビュス[exanthema typhus]

この病気は秋に流行すること、病理解剖・症候・診断法・治療法を記し、予後は年長者ほど不良であることを指摘している。

以上の文章の次に「亜浦謨児非尼《アポモルフィン》[中枢性催吐薬]」についての記述がある。その冒頭に、

亜浦謨児非尼ハ謨児非涅《モルヒネ》ノ水分ヲ脱シタルナリ。千八百六十九年英京[ロンドン]ニテ「マッチースセン」及ビ「ウリタト」氏ノ創意ニテ謨児非涅ヲ塩酸デ処置シ製スル塩基ナリ

と記し、アポモルフィンの性状、効能、投薬した一症例を記載している。アポモルフィンは一八六九年の発明なので、ブッケマが講義した可能性が極めて高い。

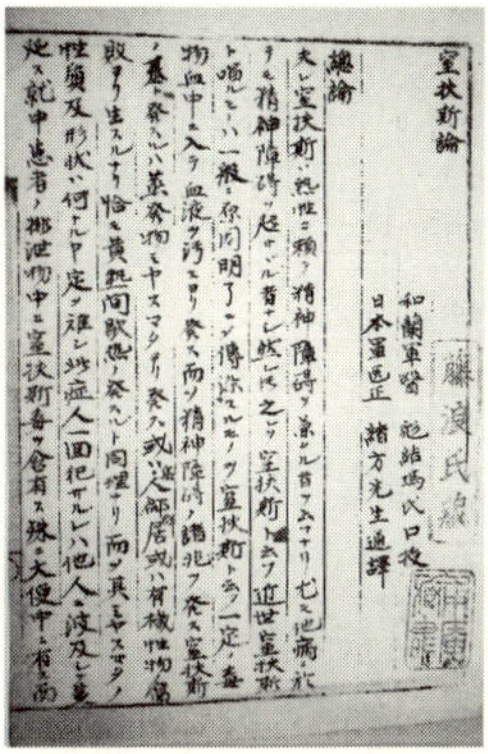

図38-5『彪氏窒扶斯新論』

オランダ軍医ブッケマは明治四年（一八七一）来日、大阪軍事病院および大阪軍医学校の教師として軍医らに軍陣外科を口授したが、翌五年、東京に軍医寮および軍医寮学舎が設置され、大阪軍医学校が廃止となった。そのためブッケマも東京に移り、軍医寮学舎で講義を行ったが、具体的にどのような内容であったかについては、前述の『野営医典』のほかは明らかではない。その意味で軍陣外科学だけでなく、伝染病の講義を行ったことは興味ある事実である。惟準の肩書きが軍医正とあり、彼が二等軍医正となったのは明治五年二月なので、東京での講義のものと考えられる。

⑫緒方惟準纂輯『軍医須知　初編』、和装本一冊、陸軍本病院官版、刊年不明、縦一八×横一二センチ（図38-6）目次はなく、本文二四丁、冒頭に「軍医須知　巻之一　陸軍一等軍医正　緒方惟準纂述」と記載。惟準が一等軍医正に昇進したのは、明治六年（一八七三）五月二十日で、同年八月三日軍医学校掛の兼勤を命ぜられているので、このころに陸軍本病院あるいは軍医学校で行った講義の内容を印刷に付したものであろう。巻一以後の続刊はなかったようである。

「行軍編」の「摂生法」についての総論では、「凡兵士ノ摂生其法、戦闘ノ時ニアリテハ無事ノ日ト大ニ異ナル事、固《もと》ヨリ論ナシ。行軍ノ間ニ於ルモ亦然リ。夫行軍ノ間ハ彼此ノ事件アリテ之ヲ施行スル事甚ダ難シ。故ニ将校タル者、医官ト相謀リ務テ兵士ヲ健康ニ有害的ノ諸件ヲ避ザル可ラズ」と説き、諸外国の軍隊の医官が奨励している摂養法を述べている。そして兵士の直面するであろう派遣地の環境、風土、食糧、有毒の動植物、風土病、流行病、梅毒など二一項目を列挙し、主要項目については詳しく具体的に記述している。

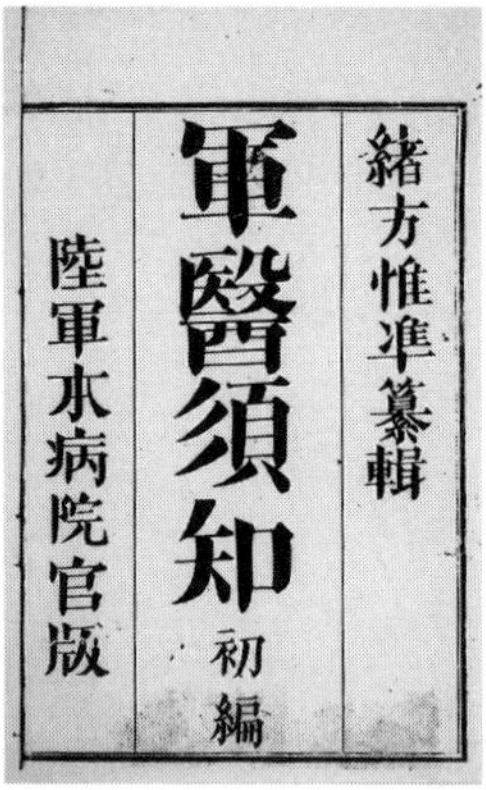

図38-6　『軍医須知　初編』

次の「内科」の項においては、行軍中に発する病いをあげ、その症状・療法について説明している。

（一）綣脚…行軍の兵士が列に遅れ、行軍できない症。

（二）昏冒…初期に患者はみずから違和感があり、めまい、起立不能、耳鳴り、顔面・口唇の蒼白、冷汗、脈拍細小・結滞などの症候を呈する。

（三）仮死…昏冒の重症になったもので、意識・知覚がまったくなく、呼吸・心拍がかすかで診知できない状態。行軍の間に水に溺れたときや、寒冷により発症することがある。

（四）日射病…夏期の暑い国で行軍中によく発症する。

（五）耽飲譫妄…北地に多く南地に少ない。日射病と混同しやすく、継発の症状で区別する。譫言《うわごと》を発し、四肢がふるえ汗をかくが、発熱や脳の血積（欝血のことか）はない。

（六）搐溺《ちくでき》及癲癇《てんかん》…この病いは行軍の間、疲労・炎熱・驚愕あるいは他の意識感動によって卒然として発することがある。

（七）卒中

（八）出血…これは創傷による出血でなく、鼻血・唾血・咯（喀）血・吐血・尿血などのことをいう。

（九）下利（痢）

（一〇）嘔吐

（一一）胃腸之神経痛、いわゆる疝痛

以上の諸症候にたいする応急的な処置や治療法も簡略に記述している。

⑬緒方惟準訳『薬局秤量新古比較表』、明治七年（一八七四）刊、大槻薬舗蔵版、一枚物（マイクロフィルムからの複写資料／国立国会図書館蔵）

緒方惟準の識語は次の通りである。

薬局秤量ハ世人知ル所ノ如ク、西洋諸国古来大抵皆℔℥ʒ℈grヲ用ユ。彼千八百七十一年ニ至リ孛［プロシア］、仏、蘭、白［ベルギー］ノ諸国皆其計算ニ便ナラザルヲ以テ決然之ヲ廃シ更ニ（グラム）量ヲ用ユ。然モ吾国ノ生徒其新出ニ属スルヲ以テ動《やや》モスレバ混乱ヲ致シ易キヲ苦ム。予其有力ノ薬品ヲ操作スルニ方テ、之ヲ毫厘ニ差ヒ［わずかな差で］殤殺《しょうさつ》［若死させる］ノ禍ヲ招ン事ヲ恐ル。是ニ於テ塾生ニ命ジ新古ヲ比較シ、西洋数字ヲ以テ表ヲ作リ、大槻薬舗ニ令シ之ヲ刻シテ以テ便蒙［初学者にわかり易いように書いた便利な書物］ニ供フト云フ爾《しか》リ。

明治七年甲戌十二月　　緒方惟準識

この説明にあるように、従来プロシア、フランス、オランダ、ベルギーの各国が薬を計量するのにグレイン、ポンド、オンス、ドラクマ、スクルペルなどまちまちの計量単位を用いていたのを、一八七一年、グラムに統一した。そのため惟準は塾生に命じて、旧来日本でも用いていた上述の重量単位とグラムとの比較表を作成させたのである。この一覧表によって簡便に重さを比較・換算することができ、はなはだ便利である。次のような換算表が示されている。

例…1 Pond　 =12Once　 =5760Grein =384Gram ［正確には 375g］
1 Once　 = 8 Drachme =480Grein =32Gram ［同右　31.25g］
1 Drachme = 8 Scrupel　=60Grein　= 4 Gram ［同右　3.9g］

⑭『医学雑誌』（東京医学会社）に投稿した論文三編

[1]「麻酔薬皮下注射ノ説」、三号、一八七五年（筆者蔵――短文なので全文を掲載する、句読点は筆者）。

余一、二年前ヨリ「モルヒネ」「アトロヒネ」等ノ皮下注射法ヲ施ス毎ニ、蒸餾水ニ代ルニ老利児《ロウレル》「月桂樹：Laurus nobilis、葉と実を香料とする」水ヲ以テ之ヲ溶解スレバ其麻酔ノ功ヲ奏スル極メテ速ニシテ刺戟セザルヲ覚フ。然レドモ未ダ名家ノ之ヲ経験スルモノアルヲ聞カズ。是ヲ以テ竊ニ疑フ所アリ。近頃偶々《たまたま》仏国都府ノ医事新聞ヲ見ルニ其国ノ医士「リユート」氏ノ説ヲ載スルアリ。曰ク、麻酔薬ヲ溶スニ老利児水ヲ以テスレバ、注入シテ皮下ニ黴苔ヲ生ゼズ、且ツ刺戟セズ奏効亦速ナリト。余是ニ於テ予ガ説ノ暗合ヲ喜ブ。然ドモ経験日浅キヲ以テ雑誌ノ余白ヲ借リ、偏ク江湖諸賢ニ問ヒ、以テ其効害ヲ決セン事ヲ請フ爾《しか》リ。

[2]「幾那酒製法　附幾那鉄酒製法」（訳）、同右

「幾那成分ノ苦味少ナキ流動製ハ輓近迄ナカリシニ、近頃仏国司薬士「ラルロセ」氏始テ此酒製ヲ発明ス、其ノ嗅味甚ダ佳好シテ強壮ノ効最モ多シ、故ニ全身衰弱、食欲減退、消化不良、病后衰弱、熱病及ビ規尼涅《きにーね》ニ瞑眩スル症ニ専ラ賞用ス」と述べ、その製法・用量を紹介している。原典の記載はない。

[3]「亜爾箇児《アルコール》ノ功罪ヲ論ズ」（抄訳）、一二号、一八七六年（原典の記載なし、一二ページの長文）大意を紹介する。

アルコールは発焔しやすく、水を牽く性質があるなど、空気中の性質を述べ、体内に多量に摂取されると、脳や神経節はアルコールを牽く力が他の部分より強いので、脳の霊妙の官能はなくなり、是非の弁別、克己の明智はまったく減じ、粗暴の私欲・情欲がほしいままとなる。さらに毒勢が進むと、知覚神経もともに犯され、私欲・情欲も減じ、めまい・錯聴・錯視なども起こり、筋がふるえ、収縮力を失い酔倒する。（中略）その危いこと地獄に臨むがごとし、

⑮緒方惟準著『西薬新編』巻一・巻二、二冊、縦一八・五×横一三・五センチ、明治九年（一八七六）刊、適々斎蔵梓、巻一は二四丁、巻二は三五丁（図38-7）

惟準が記した凡例（明治九年四月）の第一項に、

此書臨床日用ニ供セント欲シ、古今名家ノ薬物学ヲ渉猟シ、医薬トシテ用ユル物品悉ク載セザルナシ。蓋シ之ヲ詳論セバ巻帙浩瀚ニシテ啻《ただ》捜索ノ煩ノミナラズ、捨玉抱瓦ノ過チナキヲ得ズ。是惟準ガ譾劣《せんれつ》［才学浅く人に劣る］ヲ顧ズ要領ヲ摘ミ、複雑ヲ删《けず》リ力メテ簡明ヲ本トシ編輯スル所以ナリ、未ダ知ラズ、僅ニ一書能ク群籍ニ換ユルノ奇価ヲ得ルヤ否ラザルヲ。

と記している　すなわち、本書は医薬として用いる物品はことごとく載せているとしているが、巻一と巻二の二冊では、薬剤の一部しか記載されておらず、巻を重ねる予定であったと考えられる。この出版当時、彼は軍医学校教官の職にあったが、陸軍検閲使に随行し長期にわたり地方へ出張、そして明治十年（一八七七）二月には西南戦争が勃発、惟準は征討軍団に配属され九州に赴き、最後は長崎臨時病院長の要職に就き、同年十二月、同病院が廃されて帰京した。このような激動期にあたり、以後の出版は中断したのではなかろうか。

◎巻一の目次

造化力
光　陰影
温　体温増殖法
乾性導温
湿性導温…湯気浴　湯気吸入　蒸浴　温湯浴　脚浴　手浴　温湯潅注　温罨法琶布　温湯注射　温飲

図38-7　『西薬新編』

寒冷…寒冷法　冷気

流動冷体…冷水浴　冷水漑注　冷罨法冷洗法　冷水注射　冷飲　冷水療法

固形冷体…氷粒氷柱　氷及雪　清涼密幾斯去児　盛冷水金属器　以蒸発致清涼法

越列幾的児《（エレキテル）》[電気]

磨擶越列幾…越列幾浴　同断流法　同閃発法　同衝激法　同続流法[磨擶は摩擦のこと]

瓦爾華《（ガルバ）》越列幾…同続流法　同衝激法　越列幾鍼

末倔涅質《（マグネティツシ）》[Magnetismus：磁性]越列幾…単性末倔涅質棹　複性末倔涅質器　輸装末倔涅質　末倔涅質板、鏈、鐶

越列幾的児小解

末倔涅質私繆斯小解

右のように、「造化力」という項目で、自然に存在する熱・電気・磁気を医療に利用する方法を記述している。薬物については一切述べられていない。

◎巻二の目次

機質補給剤

一　動物ニ出ル補給剤…鳥卵―鶏卵湯・鶏卵油　乳汁　乳清　牛肉―牛肉越幾斯・牛血越幾斯・百普失涅《ペプシネ》

二　植物ニ出ル補給剤…小麦―小麦粉及澱粉・白蒸餅・小麦糖　大麦―麦芽・麦粉・麦糖　粟　裸麦　米―米奴　依蘭苔―蘭苔苦味質・篤魯氏和胸散・亜爾魯土・西国米・馬鈴薯粉・石松子末

助機質補給剤

一　油脂剤

甲　動物ニ出ル油脂剤―肝油　偪里設林―一名油糖・偪里設林膏　家猪脂―羊脂・牛脂・野牛脂・牛酪
斯百爾麻摂的《スペルマセッテ》　白蠟黄蠟
蓖麻子油

乙　植物ニ出ル油脂剤…甘扁桃―真扁桃乳・仮扁桃乳・扁桃油　阿列機油―胡桃油　亜麻仁―亜麻油　白罌粟子及油―真罌粟乳・仮罌粟乳・大麻子油・蕪子油・椰子油　加々阿―加々阿油・的阿貌魯密扭謨《テアブロミニユム》

二　糖質剤
白糖―即蔗糖・単性舎利別・複性舎利別　乳糖　満那―満那糖　蜂蜜――玫瑰密・単性屋施蔑児《オキシノル》　甘草―甘草越幾斯・和胸剤料　無花果―梅李・大葡萄・小葡萄　茅根―茅根越幾斯

三　護謨《（ゴム）》及ビ粘質剤
亜刺比亜護謨―護謨漿・護謨水・護謨散・亜刺比亜護謨屑・埿幾私的里涅《デキステリネ》又澱粉護謨達刺侃篤《タ、ラカント》護謨・護謨散・護謨水・護謨漿　榠楂栨《（核）》―榠楂栨《（核）》漿　錦葵　蜀葵―歇爾抜斯屈謨《ヘルハスキユム》　沙列布根　葛刺健苔　麗春花

四　傑列乙剤
魚膠　鹿角―舎電氏白煎

右のように、巻二では、機質補給薬物に(一)機質補給剤と(二)助機質補給剤の二種があると分類している。機質とは有機物（organic matter）と同義語と考えられる。

(一)の機質補給剤について、

是レ布魯底涅《フロテイネ》［動物体の本成分］ニ富ミ、能ク其機質ノ欠損ヲ補給スル諸品ノ謂ナリ。是亦動物品ト植物品トノ二品アリ、大人ハ動植両性ノ品ヲ佳トシ、小児老人ニハ専ラ動性ノ品、殊ニ乳汁ヲ妙トス

と定義している。フロティネとはProtein（タンパク質）のこと。

(二)の助機質補給剤についての説明は、

此剤ハ人身日夜消耗スル所ノ機質ヲ悉ク補給スルニ非ズ、唯其一、二ノ成分ヲ体中ニ賦与スルノミ、故ニ体中有要ノ機質欠損シ或ハ不及ナルヨリ起ル病ニ用テ能ク其機質ノ化育ヲ助ケ、或ハ機質ノ老廃無用ト為レル者ノ吸収ヲ促シ、或ハ之ヲ速ニ分泌排洩セシム。即チ油脂剤、糖質剤、護謨《ゴム》粘質剤、傑列乙剤、鉄剤、満俺剤、土質剤、亜児加里剤、水鉱様剤等之ニ属ス

とある。

以上の各種の有機物質・薬物・化学薬品について、その成分・本性（性状）・主治・禁忌・用法が簡略に記述されている。

⑯『眼科闡微』、巻之一の第一号・第二号を合本、一冊、明治九年（一八七六）刊、講述人は緒方惟準、出版人は東京適塾門人（三田宗三・山本鼎・阿部右膳）（国立国会図書館蔵）

出版人の一人三田宗三（福島県）は明治八年一月に入門しているが、他の二人は門人録に記載はないが、山本は東京府出身、阿部は旧越後村上藩士で、のち二人ともに医師となっている（蒲原宏氏よりの教示）。三人合同の題言および本書の図版は第16章を参照されたい（二二七ページ図16−1）。

本文は一三丁で、冒頭に、

眼科闡微巻之一

大日本　正六位緒方惟準　講述

阿部右膳

門生　山本　鼎　筆記

と記されている。

第一号・第二号ともに結膜疾患のみの記述で、目次は次の通りである。

第一号（本文一二丁）…結膜充血・結膜加答児（一名結膜単純炎）・淋性結膜炎・実布的里《ジフテリ》性結膜炎

第二号（本文一三丁）…多刺保謨《トラホウム》結膜炎（即顆粒状結膜炎）・結膜水泡炎・眼翅・結膜枯燥・結膜下滲出物―滲血、水腫、気腫、膿液・結膜新生物―脂斑、脂肪腫、胞腫《デルモイド》、贅肉、嚢腫、血腫、色素腫、表皮癌、髄様癌、有色肉瘤《メラノザルコーメ》・結膜生虫・結膜損傷―異物、創傷、腐蝕、火傷

以上の諸疾患の症状・経過・原因・治療法が記されている。

⑰緒方惟準訳『海陸撰兵必携』、一冊、緒言一丁、本文二六丁、刊年不明、陸軍文庫蔵版（国立国会図書館蔵／図38-8）

緒言は明治十一年（一八七八）五月付で次の通りである。

本邦撰兵ノ書数部、已ニ刊行ヲ径《すぐ》レドモ短簡袖珍ノモノナク、軍医為ニ憾トス、因テ和蘭海陸撰兵則中、病名彙纂ヲ抄訳シテ之ヲ刊行ス。仰撰兵則中ニ掲グル病名ハ欧州ニ在テハ海陸両軍ノ長官ト軍医長トノ決議スル所ニシ、和蘭ニ在テ方今専ラ此ニ抄訳スル所ノモノニ則ルト云フ。但シ病名ノ傍ニ＊ノ符号ヲ附スルモノハ軽忽《けいこつ》［おろそか］ニ之ヲ除カズ経過ヲ認メ、治不治ヲ定メ、而後チ取捨ヲ決スベキモノナリ。

明治十一年五月

図38-8　『海陸撰兵必携』

本文では、列挙されている疾患にかかっている者は、撰兵（徴兵）することができないが、ただし＊印のつけてある疾患は、経過を観察し、治癒したら採用するものとした。疾患名のみが各器官ごとに九組に分けて列挙されているが、疾患についての説明はまったくない。

第一套《とう》[第一組]　総被病…皮膚・爪等など疾患の二二種（内＊印一〇種）

第二套　水脈管・水脈腺・乳房腺・甲状腺の疾患の八種（内＊印一種）

第三套　筋骨靭帯疾患の五七種（内＊印二二種）

第四套　消化器疾病…口腔から肛門までの七〇種（内＊印四七種、條虫《じょうちゅう》はこのなかにあり）

第五套　呼吸器血行器疾患…四六種（内＊印三六種、脚気はこのなかにあり）

第六套　尿器植器疾病[泌尿器・生殖器疾病]…四〇種（内＊印二六種）

第七套　神経系病および精神病…三〇種（内＊印一六種）

第八套　視器疾患…七五種（内＊印五三種）

第九套　聴器病…一三種（内＊印八種）

総計三六一種に疾患が大別され、部位によりさらに細別されている。明治十一年五月現在、惟準は東京の陸軍本病院出仕兼文部省御用掛の職にあり、同年七月に大阪鎮台病院長に転勤する。

⑱緒方惟準訳『勃海母《ブッフハイム》薬物学』上・中・下の三巻三冊、洋装本、縦二〇×横一四・五センチ、上巻＝明治十年（一八七七）刊、中巻＝十六年（一八八二）刊、下巻＝十七年（一八八四）刊、刀圭書院（図38-9）上巻四八四ページ、中巻四〇一ページ、下巻四七八ページで独逸局方極量表（一八八二年改正の六七種の薬物

の成人量）が六ページ付載。緒言・凡例はなく、目次につづいてすぐ本文に移る。

各巻の本文冒頭に、

独逸擬禅府大学医学教授兼薬剤局長　学士　路得流布勃海母著
日本陸軍々医監兼薬剤監　従五位勲四等　緒方惟準訳

と記されている。

原著者はドイツ、ギーセン大学教授ルドルフ・ブッフハイム（Rudorf B. Buchheim, 1820-1879）と推定される。彼は一八六七年から七九年までギーセン大学の教授を勤めた。一八七九年夏、川で水浴中に脳卒中の発作が起こり半身麻痺となり十二月二十五日心臓破裂で死去した。彼の主要著書は薬物学教科書の *Lehrbuch der Arzneimittellehre* で、第一版は一八五六年、第二版は一八五九年、第三版は一八七八年にそれぞれ出版されている。彼がギーセンに移ったのは一八六七年なので、惟準が用いた原書は第三版ということになる（*Biographisches Lexikon der hervorragender Ärzte und Volker*, Urban & Schwayenberg Berlin, 1962）。

上巻…総論一四九ページ、以下は各論で第一から第一四まで分類して記載されている。番号を略し記載順に列挙する。

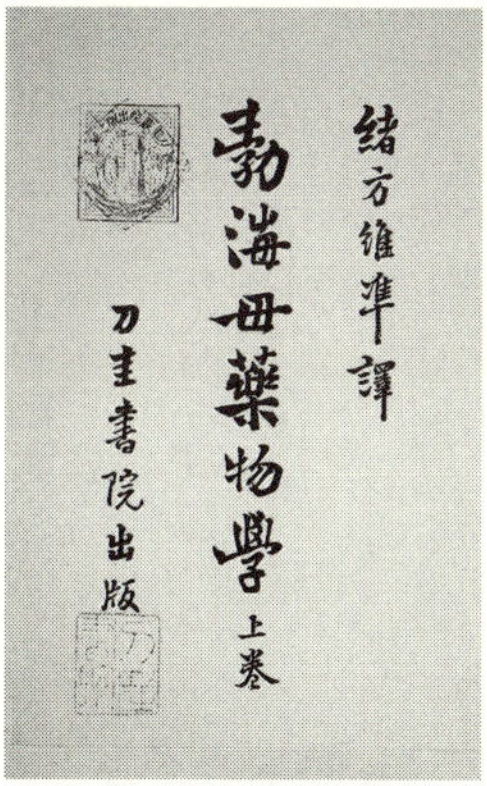

図38-9『勃海母薬物学』

酸素、水、炭（木炭・獣炭）、硫黄、格魯児種属、食塩種属、硝石種属、芒硝［硫酸ナトリウム］種属、加里種属、諳謨尼亜［アンモニア］種属、硫酸種属［硫酸・塩酸・硫酸等の無機酸および蓚酸・乳酸などの有機酸］、水楊酸種属、青酸種属、炭酸（以上一四種）

中巻…第一五から第二七

礬土種属、鉄種属、蒼鉛、鉛、銀種属、汞剤、亜鉛種属、安質母尼

［アンチモン］、砒素、燐、蛋白質及ビ其誘導体種属、含水炭素ノ種属、虞利設林［グリセリン］塩ノ種属（以上一三種）

下巻…第二八から四一八

「カルドール」ノ種属、芥子油ノ種属、「カンタリヂン」酸、無水酸ノ種属、「アロエチン」ノ種属、「カタルチン」酸ノ種属、「フィリックス」酸ノ種属、鞣酸種属、類塩基種属―(甲)「ヒペリン」種属・(乙)規尼涅（キニーネ）種属・(丙)「カフェイン」種属・(丁)「クラリン」ノ種属・(戊)「コニイン」ノ種属・(己)斯篤里規尼涅ノ種属・(庚)謨爾比涅（モルヒネ）ノ種属・(辛)亜篤魯比涅（アトロヒネ）種属・(壬)「ムスカリン」種属・(癸)「フキゾスチグミン」・(子)「ニコチン」・(丑)「エメチン」・(寅)「アコニチン」種属・(卯)藜蘆《レイロ》［しゅろそう］種属・(辰)コルヒチン種属、糖原質ノ種属、「ゲンチオピクリン」ノ種属、「アミールニトリット」、酒精ノ種属、依的児性油ノ種属―(乾)樟脳ノ種属・(坤)帝列並底《テレビンチーナ》［Trpentinöls］油

これらの薬物の効能について詳述されているが、この翻訳書が惟準の最大の著述といって過言ではない。惟準は明治十三年（一八八〇）四月二十八日、陸軍軍医監兼薬剤監に任ぜられ、同日軍医本部次長となり、陸軍本病院御用掛を兼任した。その職務は、十八年七月十一日、近衛軍医長兼東京陸軍病院長に任命されるまでつづいた。この多忙の職務の中、心血を注いで完成されたものであって、敬服に価する。陰に多くの協力者がいたのであろう。

⑲緒方惟準述『近衛歩兵隊麦飯給与試験成績第一回報告』、明治十九年（一八八六）六月調、縦一七×横一二・五センチ、本文三九ページ、表二三ページ（山下政三氏より提供／図38-10／資料編八五〇～八ページ）

陸軍省部内に報告あるいは配付された小冊子であろう。

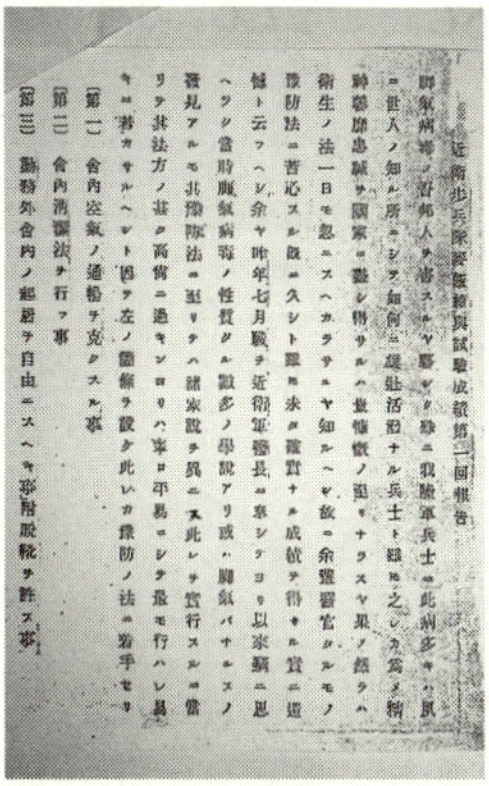
近衛歩兵隊麦飯給与試験成績第一回報告
〔第一〕舎内空気ノ通暢ヲ充分ニスル事
〔第二〕舎内清潔法ヲ行フ事
〔第三〕勤務外舎内ノ起居ヲ自由ニスヘキ事附服靴ヲ許ス事

図38-10『近衛歩兵隊麦飯給与試験成績第一回報告』

緒方惟準は明治十八年七月、近衛軍医長兼東京陸軍病院長に就任した。本報告は、同年十二月一日より十九年五月三十一日までの六か月間、麦飯（精米七分・割麦三分）を給与し、それ以前の六か月間、精米を給与した場合とを比べ、（一）脚気患者の発生の頻度を比較した成績の報告と（二）米飯と麦飯の栄養の優劣を科学的に分析し他の食品の吸収の良否を比較（陸軍二等薬剤官大井玄洞が実施）したものから構成されている。

末尾には「明治十九年六月調　陸軍々医官緒方惟準述」と記され、次の表が二三ページつづく。

第四表甲　自明治十七年十二月一日　麦飯給与前六箇月間近衛歩兵
　　　　　至同　十八年五月三十一日　第一及第二聯隊病類表（一～八ページ）
第四表乙　自明治十八年十二月一日　麦飯給与後六箇月近衛歩兵
　　　　　至同　十九年五月三十一日　第一及第二聯隊病類表（九～一四ページ）
第四表丙　近衛歩兵第三聯隊麦飯給与前後四ケ月間病者比較表（一五～二三ページ）

麦飯給与で脚気患者の発生が著しく減ったことは、第24章ですでに述べたので省略する。

⑳学舎長緒方惟準講述『陸軍医務沿革史』、一冊、毛筆による写本、和装本、縦二三×横一六センチ、一ページ一七行の雁皮紙、本文四三丁、一行おきに記している（二九〇ページ図19-10）。

惟準は明治十九年（一八八六）五月二十一日に陸軍軍医学舎長兼近衛軍医長に任命されているので、それ以降の講義記録である。表紙には「陸軍医務沿革史」と墨書され、目次はなく、すぐ本文が始まり、第一丁冒頭に

「陸軍医務沿革史　学舎長緒方惟準講述」と記されている。『陸軍々医学校五十年史』に、軍医学舎の講義について、「陸軍医務沿革史ハ舎長緒方惟準之ヲ担任ス」とある。随所に訂正がなされており、講義の草稿と考えられ、自筆かどうかは不明であるが、従来知られていなかった講義録である。

本文の冒頭に、「陸軍医務」の仏・英・独・蘭語による訳語も記し、自分（惟準）が二十八年前（安政六年＝一八五九）長崎に遊学、ポンぺからオランダの軍医制度の話を聞いたこと、そして明治維新後の日本陸軍における軍医の養成制度の変遷などに言及し（一二丁）、次にヨーロッパの主要数か国の戦時衛生事務を論じているが、ドイツのリヒテル氏の軍陣外科書から抜粋引用したと述べている。すなわちプロシア・フランス・トルコ・ロシア・イタリア各国の戦時中の軍医団の組織・活動および病院設置などを記述し、末尾のオーストリアは標題だけで、未執筆のままで終わっている。

第一三丁の欄外に「八月九日」、第一九丁に「八月三十日」と書かれているのは講義日であろう。したがって明治十九年八月初旬ころから講義されたのであろう。未紹介なので資料編に全文掲載した（八三一～五〇ページ）。

㉑『刀圭雑誌』一号から三八号に掲載の医事会同社の研究集会および他医院における惟準の講演抄録

(1)淋疾下疳ハ梅毒ニアラザル論（四号／明治一二・一・一〇）
(2)本邦ニ一定ノ局方ナキハ医道ノ欠典（ママ）タル説（八号／同右三・五／資料編八二一～四ページ）
(3)海水浴ノ説（一一号／同右四・五）・同（続）（一二号／同右四・一五）
(4)常ニ乗車スル人ハ心臓ノ衰憊ヲ起スノ説（一三号／同右四・二五）
(5)官医ノ自宅薬局ヲ廃セザル可ラザル説（一七号／同右六・五）

当時は官医（公立病院や軍医など）は自宅開業を許されていた。これについて惟準は次のように述べている。「医士ハ司命ノ任ニシテ、司薬ノ職ニアラズ。故ニ欧米諸国ニ在テハ判然トシテ之レヲ区別シ、医士ハ疾病ノ診断及ビ治術ヲ為シテ其謝労金ヲ受ケ、司薬師［薬剤師］ハ医士ノ処方箋ニ拠リ配剤シテ其薬価ヲ収ム、是レ之レヲ至当ト謂ハザル可ラズ」と欧米流の医薬分業を説き、官医が売薬に専念しているのは恥ずべき行為で、都会では調剤は薬局にまかせるべきと戒めている。

(6)楳毒［梅毒］性眼炎ノ説（一九号／同右六・二五）
(7)新薬儒貌乙失涅《ジュボインネ》ノ説（二二号／同右七・二五）
(8)依的児《エーテル》ノ麻酔力ハ呵囉昉《クロロホルム》ニ優ル説（三二号／同右一一・五）
(9)角膜翳ノ治験（三八号／同右一二・一五）
(10)日本酒ノ利害（大阪の博済医院における講演、三八号／同右）

㉒緒方銈次郎編『山家集』、一冊、明治四十四年（一九一一）刊（図38-11）
惟準遺稿の和歌詩文集である。前付けには惟準の「小伝」、晩年の肖像と筆跡（口絵1）、田近竹邨（絵の説明文に田村竹村とあるのは誤り）画の有馬翠紅庵（惟準の別荘）の図（図38-12）、和歌の同人の渡辺春樹の序文があり、本文一四九ページに短歌と詩文が載せられ、巻末に嗣子銈次郎の跋（漢文）が収められている。

○山家集序（適宜、句点・濁点を入れた）
夫歌はまことの心を種としてよみ出るものなれば、まことある人の歌はまことにおもしろく、まことにあはれなるものなり、此山家集は故緒方大人《たいじん》の真心もてよみ出されしものなれば、いと〳〵めでたきなり、大人の歌はあまたありて、短歌弐万首にちかく、長歌弐百首にあまれり、此集は御子銈次郎ぬしの需《もとめ》によりて、春樹がこゝろのまゝに抄出したるものなり、此外よろしき歌あまたあらんを、いとまなき身にしあれば、か

図38-11　『山家集』

く多きを一歌ごとによみ味へべくもあらず、かつは印刷を急がれて、いかでいかでと責らるゝまにく〵深くつくし得ざるは心ならずぞありける、大人はことに有馬の里、敏馬の浦をめでまし、四季の時、心のまゝにすみかわりて、よみ出されしこのことのはに、ありあけさくらのかぐはしく、日ぐらしの紅葉の錦をなし、むこ《武庫》が峰のしら雪きよくさやけく、すみよし《住吉》の浦風、後の世までもふきつたへて、此集をめではやさん人の言の葉の玉をみがゝんよすがともなりなんとす、春樹此ふみのはしことのはをものするは、いとおこがましきわざにて、人笑へともなるべからむ、されど大人とふかき故にしありて大人がやまひおもりぬる時、その枕辺にまねかれて、かならず春樹にといひのこされし御言葉もあれば、今は世になき人にまことをつくすも、敷しまの道の外ならじと、拙きおもかへりみず、つとめてこゝにいささかしるす、あなかしこ

明治四十四年六月　渡辺春樹

図38-12　有馬翠紅庵（同右）

〇跋（原漢文）

先人惟準、老を摂州有馬及び呉田別墅《ごでんべつしょ》［別荘］に養い、風月を吟詠し以て自ら楽しむ。その作る所の和歌二万余首有り、没後遺稿を装綴《そうてい》し一大巻帙《かんちつ》［書籍］を為す、開巻する毎に追憶の情、禁ずる能わざるなり。今ここ七月、先人三忌辰にあたり之を空しく篋底《きょうてい》［箱の底］に斂《おさ》め、徒《いたずら》に蠹魚《とぎょ》［しみ］を飽かすに忍びず、春樹渡辺詞宗《ししゅう》［詩文をもって一家をなす人］に請い、校合輯し一小冊子と為し、名づけていわく山家集。

剞劂氏《きけつし》［版木屋］に付し、以て同好に頒たんと欲す。蓋し是れ余の陟岵《ちょくこ》［父母を偲ぶ］の念に出で、止む能わざるなり。大方の君子、幸いに一読を賜われば、ただに余一人の喜びならんや、地下の先人の首肯また知るべきのみ。

歳次辛亥首夏　　　　　男　緒方銈次郎識

〔本文内容〕　短歌は（一）春の部＝一九二首、（二）夏の部＝一六二首、（三）秋の部＝一六六首、（四）冬の部＝一三四首、（五）恋の部＝五九首、（六）雑の部＝一八七首、（七）有馬山荘翠紅庵または呉田別荘その他＝四五三首、（八）結句に「老にけるかな」を入れたもの＝一五首の総計一三六八首、（九）長歌の部＝一二首

花鳥風月（春夏秋冬）以外の老の歌（一五首記載）とその他の和歌を若干紹介する。

○「老にけるかな」の結句のある短歌

そのかみのわらは遊びにつりざを、杖につくまで老にけるかな

おなじことくりかへすとて妻や子にわらはる、まで老にけるかな

筆とれば手先ふるひて水くきのあとわかぬまでおいにけるかな

○緒方病院開業二十年記念日によめる歌（記念日は明治四十年四月二日、六十四歳、二年後に死去）

つるぎ太刀はたとせふりぬ此後の光りはいよ、世にまさるらむ

むかしわが開きし業のつぎつぎにさかえ行こそうれしかりけれ

○詠亡妣十七回忌歌並短歌（長文の忌歌は略、十七回忌は明治三十五年二月、惟準四十四歳）

みどり子のむかしにけふはかへりきて母のひざこそしのばれにけり

○詠医道之進歩歌並短歌（長文の進歩歌は略）

我国のくすしのみちはかしこくもきのふけふはす、むなりけり

有馬は神戸市北区の有馬温泉の所在地、呉田は旧兵庫県武庫郡住吉村に属する一地区名（現・神戸市東灘区内で阪神電車の住吉駅の南で住吉南町四丁目辺り）と考えられる。現在呉田の町名はないが、昭和六十二年（一九八七）の地図には、住吉南町四丁目に呉田幼稚園（統廃合され今はない）の名前が記載されている。この幼稚園跡地のすぐ西側に、白鶴酒造と白鶴酒造資料館がある。

▽惟準の和歌の師匠渡辺春樹について

渡辺は岡藩（現・大分県竹田市。藩主は中川氏、この地は画家田能村竹田が著名）に属す。彼の履歴についての詳細は不明である。皇学館教授を勤めた後、明治から大正時代にかけて大阪府堺にあって歌人グループの中心的存在の一人であった。このグループの構成人員は、高山慶孝（堺市第一大区区長を勤め、牧岡神社の禰宜、堺の郷校の教員を兼務）・古川躬行・渡辺重春・小田清雄・尾崎正明・高宮正路・魚住荊石で、渡辺春樹は渡辺重春の門人である。高山慶孝もこの歌人グループの中心人物の一人であった。皮膚病を患った高山は有馬温泉に長逗留する。彼の晩年の紀行文『湯のはな』によれば、西宮・神戸に親類が多く、特に住吉には「忠勇」の銘柄で知られる酒造家の若林家があり、当主の春三は慶孝の実子で、若林家に養子に入っている。この有馬での療養中に、同じく在有馬の緒方惟準と交流があった。この紀行文の中に、次のような一文がある。

　七月三日帰らんとするとて朝とく緒方惟準君の旅宿を訪はれる時

このたびはよしわかるとこもみじ葉の　秋の錦はまたもきてみん

　この日緒方惟準翁松山氏久武氏も送らんとて皆来られたり別れに

かぎりあれば心ばかりを残し置て　帰る山路もわけやまどはん

（管宗次「緒方洪庵と和歌をめぐって――緒方家の人々と和歌――」、『適塾』三三号、二〇〇〇年）

堺市の与謝野晶子倶楽部に渡辺春樹についてお尋ねしたところ、『日本敷島会歌集』二二・二三集合本・五九集・六〇集の記事を抜粋したものを贈られた。

この記事によれば、渡辺春樹は桂園派歌人で、短歌の同人団体「堺敷島会」の本部を明治二十八年（一八九五）十二月、堺市新在家町真鍋台鎮宅に設立、初代会長に就任、三十一年二月に、日本敷島会と改称している。会報に「本会ノ隆盛日ニ月ニ進ミ其範囲拡張ニ付、今般総裁ヘ伺済、会名ヲ日本敷島会ト改称ス、明治三十一年二月　会長渡辺春樹」と広告している（『日本敷島会歌集』二二・二三集合本）。この総裁とは、従二位子爵交野《かたの》時万（一八三二〜?）である。

『新潮日本文学小辞典』には、与謝野晶子（一八七八〜一九四二）も一時、堺敷島会に入って旧派の歌を作ったこともあると記されている。「大阪の歴史」研究会編『大阪近代史話』よれば、堺（日本）敷島会は明治二十八年に設立され、晶子は翌年会員となり、会長渡辺春樹の添削を受けている。しかし晶子は旧派の歌に飽きたらず、敷島会を一〇か月足らずで脱会したという。

明治三十四年（一九〇一）ころ渡辺は会長を退き、会長は正四位男爵津守国美、主事は真鍋長則で、歌集の編集兼発行人となっており、この人の住所（堺市少林寺町東一丁第二六番屋敷）が日本敷島会本部の所在地となっている。緒方惟準は名誉会員として和歌を投じており、また合資寄贈として金五円を寄附している。『日本敷島会歌集』五九集（一九〇一年）に「名誉会員出詠」（六人）の一人として惟準の「君か代の千世をこめたるくれ竹はゆきになひくもたのみ有凫《ありけり》」という一首が載せられている。

### 緒方病院職員の出版書籍で惟準が関与したもの

①緒方太郎訳補・緒方惟準校閲『医家懐中必携』、ドイツ・ローレンツ氏原著（一八八九年）、一冊、明治二十三年（一八九〇）刊、九一ページ（国立国会図書館蔵／図38-13）

# 凡例

一　此書ハ畢竟一ノ懐中日記ニ他ナラザレドモ、ローレンツ氏特ニ独国諸大医ノ実験ニ陳シテ製シタル即チ救急療法・外科的大血管結紮・気管切開法・歇爾尼亜《ヘルニア》切開法・穿胸法・穿腹法・膀胱穿刺法・脱臼復納法・産科消毒法・分娩時出血処置法・人工羊膜破開法・鉗子分娩法・廻転術・会陰裂傷・中毒症及消毒法・小児薬品用量及大人ノ薬品用量分ノ比較・大人小児ノ緊急ナル薬品ノ極量・皮下注射用薬品及用量・吸入薬・人工浴・妊娠時算用・位置・薬品化学的表溶解スベキ薬品ノ別・伝染病潜伏期表・スネルレン氏視力表等ノ諸款ヲ巻首ニ附スルガ故ニ、吾人ノ如キ日常医ヲ業トスル者ノ為メニハ一層便ナルモノナリ。

但シ一般世人ト雖モ日々ノ事ヲ記シ、之ヲ他日ノ参考ニ供セントスルニハ固《もと》ヨリ他ノ懐中日記ヲ用ユルニ異ナラズ、唯本項ニ列載シタル諸款ヲ利用スルノ要ナキノミ。

一　此書ハ一千八百八十九年、我明治廿二年、八月初メテ製シタルモノニシテ、前項ニ列載シタル諸款ノ他ニ尚ホ日記簿ヲ附シタリ。

一　此書ハ前二項ニ陳ブル如キ体裁ナルヲ以テ、吾人ノ如キ医業者ニ在テハ、近クハ救急ノ用ヲ弁ジ、捷覧《しょうらん》［すばやく見る］ノ利ヲ購ヒ、遠クハ他日実験説ヲ編ミ、或ハ断訟［裁判］医事ヲ発セシ際ノ資ニ供スルニ足レリ、其便ナル豈一般世人ノ日々生ズル事ヲ記シテ、当時ノ閲歴ヲ他日ニ見ルベキ便ノ比ナランヤ。

（注：識者の名はないが、おそらく緒方太郎の記したものであろう）

凡例のあとに目次はなく、本文がつづく。冒頭に、次のように記されている。

独逸　ローレンツ氏原著

陸軍軍医監正五位　勲三等　緒方惟準校閲

日本医学士　緒方太郎訳補

図38-13　『医家懐中必携』

原著者のローレンツの略歴については不明。

「疾病（只救急法ヲ要スル者）」として、呼吸器病…喉頭痙攣・喘息・肺拡張不全・気管枝炎・発声時疼痛・肺気腫・衄血・喀血・喉頭炎・肋膜炎・肺炎・百日咳・胸絞の一三種を扱う。

各病名（日本名）の下にラテン語あるいはドイツ語の病名をカタカナで記し（例：脱臼　ルクサチヲン）、そして治療法を簡潔に述べている。ある疾患では、症候を短く記している。

以下、器官別の病いのみを記し、各疾患名は省略する。

血行機病…三種、消化器病…一七種、泌尿器病…七種、全身病…蜜尿病［糖尿病］以下六種、運動系…四種、伝染病…腸チピス［腸チフス］以下一二種、神経系…一四種、外科的病…一六種、眼科病…八種、産科病…六種、婦人科病…五種、歯科病…二種、耳科病…四種、梅毒病…初生児梅毒、梅毒療法、皮膚病…瘙痒［かゆみ］、疥癬、症候的疾病…陰茎后部勃起、虚脱、褥瘡、汗腺分泌過多、船病、外科…静脈炎

尿中蛋白質検査法・尿中糖分検査法（蜜尿病ニ就キ）・胆酸［胆汁酸］試検法・胆色素検定法

外科的急救《（ママ）》法…大なる動脈幹の圧迫法―外頸、頸、鎖骨下、腋下、上膊、外腸骨、股の各動脈および腹部大動脈の圧迫法

血液輸送法…患者の頭部を臀部より低くし、四肢を軀幹に直角とし、足指の先端から包帯でかたく軀幹まで巻く―貧血に適応

気管切開法・箝頓脱腸切開法・異物・穿胸術・肋骨切除法・穿腹術・膀胱穿刺法

脱臼…下顎関節、椎骨、肩胛関節、肘関節、撓骨、尺骨、手腕関節、股関節、脛骨、膝蓋骨、足関節の各脱臼

産科急救《ママ》法…分娩時および分娩後出血、鉗子分娩法、転廻術、会陰裂傷、初生児仮死

付表

○中毒症一般…化学物質・薬剤・毒薬八〇数種の(一)作用、(二)消毒薬、(三)救急剤および消毒補助薬の一覧表

○緊要《ママ》薬剤（九三種）の用量…大人一回量、一日量、小児の各年齢（一七歳まで）ごとの一回量、一日量の一覧表

○皮下注入剤…一七種の注入用量

○吸入剤…一三種の濃度

○人工浴…坐浴・全身浴・冷浴・冷涼浴・微温浴・温浴・芳香浴・鉄浴・収斂浴・糠浴・滷汁浴・膠浴（肉羹汁浴）・麦芽浴・鉱酸浴・塩浴・硫黄浴・石鹸浴・芥子浴・昇汞浴の温度あるいは薬剤量を掲載

○妊娠時ノ算出…妊娠の各月における子宮の状態、外部からの視診、聴診などで知る

○可溶化学製剤…薬物七一種が摂氏一五度の水、アルコール、エーテルでどれくらい溶解するかの一覧表

○適数と一ガラム《ママ》(g)比較表…濃厚酸、稀塩酸、エーテルなどの液剤四四種と、水の液の一グラムがどれだけの適数に相当するかの表

②桑根《くわね》申二男《もじお》編纂『改正日本薬局方備考』、一冊、本文四三八ページ、附録七二ページ、明治二十四年（一八九一）刊、私家版(国立国会図書館蔵／図38-14)

表紙裏には、次のように記されている。

緒方病院長陸軍々医監
正五位勲三等
緒方惟準先生題辞

図38-14　『改正日本薬局方備考』

緒方病院副院長医学士　　緒方太郎先生序文
改正日本薬局方備考　全
緒方病院薬剤局長薬剤師　緒方惟孝先生校閲
緒方病院薬剤局員薬剤師　桑原中二《ママ》男先生編纂

この本が刊行されて一か月後の同年七月十三日に、桑根は改正第二版を『改正日本薬局方備要』（一冊、本文は五〇〇余ページ）と題して出版している（後述）。

○第一版本

惟準の題辞は一ページに一字あて、「知　其　美（その美を知る）　明治廿四年初夏正五位緒方惟準」（図38-15）と記されている（第二版本の『備要』には「子縄・緒方惟準」の二つの印が押されている）。これは、「その（薬）の良さを知る」という意味であろうか。『日本薬局方』の制定に尽力した惟準としては、これをうまく使いこなすため、この本の作成を桑根に依嘱したのであろうか。

図38-15　惟準題字「知其美」

○緒方太郎（緒方郁蔵の長男）の序文と例言

薬品ハ必ズ其性質ヲ正フスベシ、何トナレバ人ノ生命ニ関スレバナリ、是ヲ以テ欧米文明諸国ニハ夙《つと》ニ局方ノ設アリテ、薬品ノ性質ヲ正フスルノ用ニ供ス、加之《しかのみならず》学術ハ常ニ駸々《しんしん》進ミテ止マザルガ故ニ、時々之ヲ改正シ此進歩ニ伴フテ後レザルノ法ヲ立ツルニ至ル、知ルベシ局方ハ薬品ノ性質ヲ正スノ本ナル事ヲ、孔子ノ其本乱而末治者否矣トノ語ハ、今此事ニモ亦適用シテ可ナラン歟、夫レ本邦ハ四、五年前僅ニ局方ヲ創定シ今又之ヲ改正シテ既ニ発布セリ、実ニ医薬両業者ノ一大変遷トス、薬剤師桑根君此変遷ニ当リ、改正局方ニ基キ一薬毎ニ先ヅ其全文ヲ掲ゲ、各国局方トノ比照ヲ始メ、効用々法例及ビ配伍ノ禁忌等ヲ加ヘテ一書ヲ編シ、題シテ改正日本薬局方備考ト云フ、頃者其稿ヲ脱シ、余ニ序ヲ請フ、余稟《う》ケテ之ヲ繙クニ、編纂ノ緻密ナル注意ノ周到ナル恰モ手ノ痒所ニ達スルガ如シ、余覚ヘズ案ヲ拍テ意匠ノ妙巧ナルヲ叫ビ、此書ハ今特ニ冗長ノ辨ヲ費サヾルモ亦唯編纂緻密、注意周到ノ八字ヲ以テ其実ヲ写スニ足ルヲ信ズ、聊《いささ》カ所思ヲ述べテ匆卒《そうそつ》之ガ序ニ代フ。

明治辛卯八夏六月　　医学士　緒方太郎識

## 例言

一此書ハ敢テ大方博雅ノ高覧ニ供センガ為メニ編纂セシ者ニアラズ、唯ダ事ニ多忙ナル諸君ノ其多忙ナルニ当リ、一巻ヲ開イテ数書ヲ繙クト同一ノ便利ヲ得ラレンガ為メニ編纂セシ者ナリ

一此書ハ前項ノ目的ニ依リ、改正日本薬局方ヲ基礎トシ、其薬品ニ各国局方ノ比照ヲ初メ、医効、効用、用法、用量、極量、処方ノ例ヨリ配伍ノ禁忌等ヲ加ヘ、上欄ニハ各国ノ異名ヲ掲ゲタリ、然レドモ各薬一々以上ノ各項ヲ記スルニアラズ、必要ヲ認メザル者ニハ其一、二ヲ省ク事アリトス、故ニ甲薬ハ第一、第三ノ両項ヲ欠キ、乙薬ニハ第二、第五ノ両項ヲ存セザルガ如キ事アリ、是レ敢テ他故アルニアラズ、専ラ繁雑ヲ厭ヒ単簡ヲ勉メタルニ由ル

一此書ハ書肆ノ請求ニ依リ、事匆卒ニ出デ、汎《あまね》ク書類ヲ参考スルニ暇アラズ、其参考ニ供シタルハ、独乙局方、英国局方、仏国局方、蘭国局方、米国局方、日本薬局方随伴、日本薬局方註釈、袖珍薬説、簡明薬物学、扶氏薬剤学、調剤要術、製薬捷覧、類聚法規等ノ諸書ト官報、東京医事新誌、中外医事新報、医事新

聞、東京医学会雑誌、薬学雑誌、順天堂医事研究会報告、薬剤誌、薬業雑誌、緒方病院医事研究会申報等ノ諸雑誌ト緒方病院実験録ナリ
一此書ハ前項ニ述ブル如ク匆卒ノ際、殊ニ不敏ナル余ガ本務ノ余暇ヲ偸《ぬす》ミテ編纂シタル者ニ付、或ハ誤謬杜撰アランヲ恐ル、大方博雅若シ誤謬等ヲ発見セラルヽアラバ幸ニ叱正ヲ賜へ
一此書ニ用ヒタル文字訳語ハ皆ナ普通行ハルヽ所ニ依ル
一此書ニハ巻末ニ医家、薬学家ニ関スル須要ノ法律規則ヲ附ス
明治二十四年六月　　　　　　　　　　　　編集者識

この例言につづいて、「日本薬局方索引」（一〜二一ページ）があり、イロハ順に四九九種の薬物名がすべて漢字で記されている。しかしページ数は記されていない。次に凡例、本文とつづく。冒頭には次のようにある。

改正日本薬局方備考
緒方惟孝校閲
桑根申二男編輯

最初に記述される薬品は「醋酸」である。一例として記す（適宜、読点・濁点を入れた）。

醋酸　Acidum aceticum［上欄に「（獨）Essigsäure　（英）Acetic acid　（仏）Acide acitique」とある］
醋酸ハ澄明無色ノ液ニシテ重湯煎ノ温ニ於テ全ク揮散ス、比重一・〇四八ナリ、本品ハ安母尼亜《アンモニア》ヲ以テ中和後、過格魯児鉄ニ由テ血紅色ヲ呈ス、本品ハ那篤倫滷液ヲ以テ中和スルニ、焦臭ヲ放ツ可カラズ、又容同量ノ硫酸ヲ混和スルニ染色ス可カラズ、又此混和液ニ注意シテ硫酸鉄飽和溶液ヲ加ヘ二液層トナスニ、其接界ニ於テ類褐色ヲ呈ス可カラズ
本品一分ニ水五分ヲ加ヘテ稀釈シタルモノハ、硝酸抜僠謨《バリユウム》、硝酸銀、安母尼亜又硫化水素ニ由テ溷濁或ハ染

色ス可カラズ、此釈稀酸五十立方「センチメートル」ニ過満俺酸加個謨溶液一立方「センチメートル」ヲ加ヘ二、三分時ヲ経ルモ之ヲ脱色ス可カラズ

以上が「醋酸」の項で以下、稀醋酸・氷醋酸・亜砒酸・安息香酸・硼酸などとつづき、硫酸亜鉛（四二九ページ）で終わるが、これらは省略する。

附録として、(一)薬品営業并薬品取扱規則、(二)毒薬・劇薬の品目が列挙されている。そのほか、薬品営業ならびに薬品取扱規則・医師開業試験規則などの諸規則も併載されている。

▽**桑根申二男**（慶応三〜昭和六＝一八六七〜一九三一）

石川県大聖寺の生まれ、父草庵は加賀藩の医師、母は久、石川県で医学を修め、のち薬学を学びなおし薬剤師となる。学歴および資格取得の年月は不明。大阪に出て緒方病院に勤務、のち同病院を辞職、明治二十九年（一八九六）九月九日、大阪市西区江戸堀南通り二丁目九に薬局を開設、あわせて桑根製薬合名会社を創業し、主に局方薬品を製造販売して財をなした。大阪府開局薬剤師会の会長を務めたり、大正十年（一九二一）の第四・第五改正日本薬局方の準備調査研究委員となるなど、日本の薬業界の発展とともに歩んだ人物である。その着想は新しく、いちはやく医薬分業を唱え尽力した。

惟準は幼年時代、大聖寺に赴き、適塾門人渡辺卯三郎に漢学・蘭学を学んだ。大聖寺から大坂の適塾へは、卯三郎をふくめて五人の入門者があり（金沢からは二二名）、そのあとを継承する緒方病院もこの地方ではよく知られていたことであろう。緒方家と縁のある大聖寺の知人の紹介で、開院後間もない薬剤局に勤務したのではなかろうか。薬局と製薬会社の開業後は、緒方病院は販売先の大口であったろう。昭和六年（一九三一）三月十五日没、享年六十五歳、郷里加賀市大聖寺片町の久法寺に葬る。妻は兵庫県有馬郡名塩村（現・西宮市名塩、洪庵夫人八重の故郷）の分限者（和紙製造業）の南堂家（現在の当主は歯科医）の長女可乃《かの》（昭和十九年三月九日没

図38-16　桑根申二男

／享年七十八歳）、実子なく可乃の実家から姪の郁を養女とする。緒方家の世話で、郁（大正四年十月十七日生、現・大阪薬科大学薬学部前身の薬学校卒）の夫に和田隆（加賀市山代出身／薬剤師）を迎える。郁は昭和十一年（一九三六）社長に就任、平成十一年（一九九九）一月死去、現在会社（合弁会社）は休業している。

当時の製造主要品目は日局アスピリン錠・ミグレニン・健胃錠・クレオソート丸・ヨウ化カリウム丸・重曹丸・日局ロートエキス・タンニン坐薬・グリセリン坐薬・塩化ナトリュウム錠・硫酸アトロピン錠・フェノバルビタール錠であった（『大薬協——会員会社の横顔——』平成十年版、申二男氏の孫杉田美喜氏提供）。

○改正第二版

『改正日本薬局方備要』（『改正日本薬局方備考』の再版本、明治二十四年七月十三日／国立国会図書館蔵）には、「内務省令第五号」と「日本薬局方緒言」および「目次」が新たにつけ加えられたので、省令と緒言を次に掲げる。目次に各薬品の掲載ページがつけられたことにより検索が容易になった。これが再版の大きな目的であろうか。

○内務省令第五号

明治十九年六月、当省令第十号日本薬局方左ノ通改正シ明治二十五年一月一日ヨリ施行ス

但日本薬局方所載ノ薬品ハ本方施行ノ後ト雖モ明治二十六年十二月三十一日マテハ本方ト共ニ仍ホ其効ヲ有ス其前日本薬局方ニ拠ルモノハ「前日本薬局方」ノ六字ヲ明記スヘシ

明治二十四年五月二十日　内務大臣伯爵　西郷従道

○日本薬局方緒言（適宜、句読点・濁点を入れた）

明治二十一年四月、内務省ニ於テ日本薬局方調査委員ヲ設ケ、次デ委員長ヲ撰任セラレタリ。先ヅ調査ノ順序ヲ定ムルガ為メ、初度ノ会議ヲ開キ各担当ノ科目ヲ分チテ之ヲ調査シ、其成績ヲ会議ニ提出スベキ事ヲ決定セリ。然ルニ近時新薬ノ世ニ行ハルヽモノ多キヲ以テ先ヅ現行薬局方ニ追加スベキ新薬ノ目ヲ議シテ塩酸古加涅《コカイン》及安知歇貌林《アンチフェブリン》ノ二品ヲ採ルニ決シ、次デ其記載ノ稿案ヲ議定ス。明治二十一年九月二十九日発布セラレタル内務省令第七号、是ナリ。次ニ薬局方中其改正スベキ最モ急要ノ廉《かど》ヲ調査スルノ業ニ移リタルニ、其条項最モ多般ニシテ頗ル錯雑ヲ極メ、就キテ増刪ヲ為セバ、却テ通覧ヲ欠クノ不便アリ、故ニ寧ロ速ニ全篇ヲ修正シ、改正薬局方ノ稿案ヲ定メテ現行薬局方ニ代ハラシムルノ必要ナルヲ認メ、日ヲ期シテ其功ヲ竣《お》ハルベキニ決セリ。依テ是歳九月ヨリ改正薬局方案起草ノ事ニ著《ママ》手シ、嗣後明治二十三年十月ニ至ルノ間、委員会ヲ開クコト十五回、協議会ヲ開キコト六十八回、以テ全篇ノ改正ヲ終了シ、之ヲ内務大臣ニ具申セリ

（下略）

### 惟準が校閲あるいは題辞を揮毫した書籍

①真部於菟也・幹澄・賀陽碌平・今村武四郎合纂『新撰和漢洋薬品異名全集』（二七一ページ図18-4）
松本順題字、石黒忠悳序文、緒方惟準校閲、上下二巻、明治十九年（一八八六）刊、上巻は序文・緒言・凡例・引用書目の計一六ページ・本文五六二ページ、下巻は本文二五三ページ、付表二八ページ。編纂者の真部は府立大阪病院出仕医学士、幹は前大阪府衛生課御用掛・医師、賀陽と今村は内務省免許薬舗。

陸軍軍医総監正五位松本順の題字は一ページごとに太い墨跡で「辨異同　正五位松本順」と記されている（二七一ページ図18-5）。軍医監兼衛生局次長従五位勲二等石黒忠悳の序文は自撰自筆の墨書で「明治十九年一月二

十七日東京」の日付がある。

惟準の『一夕話』の明治十九年一月の項に、「医学士真部於菟也、医師幹澄、薬舗賀陽碌平、同今村武四郎四氏の同纂したる和漢洋薬品異名全集（書名）の校閲を嘱せられ諾して之を遂げたり」と記されている。惟準の仲介で松本に題字、石黒に序文を依頼したのであろう。緒言は編纂者四人の執筆である。この緒言によって、同書の発行意図がよくわかるので現代文で記してみる。

名が同じで物がことなるものは世間に少ないといえども、物が同じで名が異なるものにいたっては天下にその類は多く、殊に薬品中に最も多いとは、石黒先生の序文で述べられているようにまったくその通りである。そもそも我が医道は維新以来大いにその面目を改め、いわゆる西洋医流がようやく興ることとなったが、維新早々のさいにはこの西洋医流中にも、たとえば甲乙両医が格魯夫《クルップ》（漢法医流のいわゆる馬脾風《ばひふう》）の患者に吐薬を処方するにあたり、甲医は吐酒石《としゅせき》を可とし、乙医は酒酸加里安質母尼《しゅさんかりあんちもに》にしかずと言い、その論議が明らかでないために長時間空しく患者を苦しめ、あるいは発汗剤を選ぶにあたり、甲医は托歇爾《ドーフル》氏散（阿片吐根《あへんとこん》を含む製剤で鎮静発汗剤）を良とし、乙医は阿片吐根散が良いと称し、顔面互いに朱をそそぎ論ずるような奇譚が往々ある。昨今なおいまだ甘汞《かんこう》と加魯蔑児《カロメル》とはその効力に優劣あり、亜鉛華と酸化亜鉛とは同一ではないなどと主張することを聞くことがある。（中略）薬商、顔料商らでも同じく水酸化依迭児《エチール》が亜爾個保児《アルコール》であることを知らない。硫酸礬土加里《りゅうさんばんどかり》が明礬《みょうばん》であることが明らかでないために、現に倉庫や店頭に山積みになっている品物類を売って利潤を得ることができない。私的には自分の便宜と利益を欠き、公的には社会民衆の便利を妨げ、知識の発達をさまたげる。（中略）その原因をたどって調べると、これは皆薬品に数個の異名があることを知らないためである。平素これを扱い、これを得る医師、薬舗らは深く注意してその異名をつまびらかにしなければならない。余らはたまたまこれらの現場を実践し、あるいは視聴するところがあり、感を深くするの余り、微力を顧みずこの書を編纂し、いささかその原因療法を以て、諸病気を治癒しようと欲するのである（後略）

そして凡例の冒頭に、

この書は敢えて大方博雅の高覧に呈せんが為に編纂せしものにあらず、専ら自家の備忘に編纂せしを、今回出版社の請に応じ更に薬肆、絵具舗の丁稚および初心の医生に教授するの師に代へ、傍ら晩学の薬商、絵具商らに記憶せしむるの便に供せんとするの意を以て編纂したるものなり。其体裁の穏当ならず、字句の雅馴ならざるが如きは唯だ偏に看者の得心し易きを旨としたるに因る。（その他一七項目があるが略す）

「引用書目」には漢方・蘭方の医薬書、当時の医学の雑誌・新聞、諸外国の局方・薬剤書など一六六種を掲げている。

本文での薬物（化合物）はイロハ順（イは井、エはヱ、オはヲに合併）に記述し、一ページを三段に分け、上段に薬物（化合物、生薬など）の通名と異名（ルビ付）、中段に洋名（ラテン・英・独・蘭語で原綴を掲げ、片仮名付き）、下段は性状（色・臭・味・結晶・無形物・液・粉末・膏薬・丸薬・葉・実など）を記載している。各ページに四～五種の化合物を掲載している。

上巻には約二五〇〇種が掲載されている。「と之部」の一例を記す。

吐酒石（劇）（注）

| 通名並異名 | 洋名 | 性状 |
| --- | --- | --- |
| 酒石酸加里安質母尼《シユセキサンカリアンチモニ》 | （羅）Tartarus《タルタルス》 stibiatus《スチピアツス》 | 無色透明斜 |
| 酒酸安質母尼加剝篤《シユサンアンチモニポツト》 | （英）Ttartarate《タルタレートーレート》 of《オフ》 Antimony《アンチモニー》 and《エンド》 Potassium《ポツタシユーム》 | 斜八面ノ結 |
| 亜叟母《アシウム》 | （独）Brechweinstein《ブレヒウアインスタイ》 | |

下巻では、一ページを上欄と下欄の二つにわけ、次のようにイロハ順に上段に異名、下段に通名を記している。外国語と性状は記していない。

（蘭）Wijnsteenzuur《ウイーンステーンジユール》　kali-Stibumoxyde《カリスチビユムオキシーデ》

| 異名 | 通名 | | 異名 | 通名 |
|---|---|---|---|---|
| 硫酸麻倔涅叟謨《リユウサンマグネシウム》 | 瀉利塩《シャリエン》 | —— | 硫化水素酸《リウクハスイソサン》 | 硫化水素水《リユウクハスイソスイ》 |

これが二五三ページあり、そのあとに次の表が続く。

第一表　（不明）
第二表　六六種の元素表…上段から和名、洋名、原子記号、原子量を記載
第三表　金属及び非金属比重表
第四表　尺度の和漢（曲尺）と洋（メートル・英尺）比較表
第五表　（容）量（升とオンス、リートル）の比較表
第六表　衡（重量）（斤、両、匁、分とポンド、オンス、ダラクマ、グレイン、グラム）との比較表
第七表　験温器三氏比較表（レナンメル・ハーレンヘート・センチグレートの比較）
第八〜一二表はアルコールに関する表、一三〜一九表は略す。

②竹内正信編輯『外科摘要』三巻、和装本、緒方惟準および佐々木師興閲、巻之一：本文二八丁、巻之二：三一丁、巻之三：二七丁、明治六年（一八七三）刊（図38-17）

▽**竹内正信**（天保七〜明治二七＝一八三六〜九四）

幕府侍医竹内玄同（前は越前丸岡藩医）の息子、天保七年七月十五日、江戸で生まれ、文久二年（一八六二）

長崎の養生所でボードインに学ぶ。このとき惟準はすでに勉学中で、父洪庵の死（文久三年六月十日）の直後に江戸に帰るので、二人は一年余机をならべて勉学していたことになる。ついで精得館（養生所の後身）の頭取を勤める。明治二年九月、高橋正純・篠原直路・川崎行充らと大学大助教となる。三年十二月、大学少助教となり、少典医として宮内省に勤務、五年三月、権大侍医となり従六位、八年五等侍医、九年四等侍医、十年西南戦役に朝廷より派遣、三等侍医、十六年二等侍医。十九年宮内省官制が公布され、省内に侍医局（長官・侍医・医員・薬剤師）が置かれた。このとき正信は侍医に任ぜられている。二十七年七月十九日没、享年五十九歳、従四位勲四等（池田文書研究会編『東大医学部初代綜理池田謙斎・池田文書の研究（上）』／大植四郎編『明治過去帳』）。

巻頭の「外科摘要叙」（漢文）は佐藤尚中が明治六年五月に、「外科摘要引」（漢文）は正信が同月に記している。「引」のなかで正信は、「長崎に遊学した時、ボードイン、ハラタマ、マンスフェルトに学び、三氏の論ずるところおよび診療するところを、退出したのち記録した。それが数十巻になった。今これらを抜粋し、誤りを正し、かつストロメール氏、リンハルト氏、グロス氏の外科書と照合・校正し二篇を編した。前篇は総論を、後篇は各論を述べる」と記している。前篇の各巻をみると、惟準が校閲したのは巻之一のみで、巻之二・三は佐々木師興の校閲である。目次（目録）は次の通りである（後篇は未刊のようである）。

図38-17『外科摘要』

巻之一目録

第一　充血「ヒーペラミー」

第二　炎「インフランマチオ」

炎の転帰症＝第一の消散から醸膿・硬結・軟化・壊死、第六の潰瘍までの治法について記している。

巻之二目録

○壊死ヲ継発スル諸症…第一冱凍《ことう》［堅く凍る］から第一一病院壊死まで一一種
○潰瘍兼治法ノ詳解…第一新生潰瘍から第一四諸組織の潰瘍まで一四種
巻之三目次《ママ》
○悪液症…第一　膿毒性悪液症、第二　腺病、第三　梅毒─初発の梅毒性潰瘍・横痃「ビュホヘ子レュス」・咽喉下疳・附麻病「ゴノレア」、第四　伊屈度「アルトリチス［関節炎］」、第五　矢苟児倍屈「スコルビュチュス［壊血病］」

以上の疾患の症状・治法について記述している。

③正六位緒方惟準閲・横山謙介訳述『普氏心臓病論』、三巻三冊を合巻、桃生軒蔵版、明治十一年（一八七八）刊、縦一八×横一二センチ（図38-18）

緒方惟準の文章はなく、訳述者横山謙介の凡例だけがある。

凡　例

一　此書ハ米国紐育《ニューヨーク》医学校ノ教頭オースチン、フリント氏ノ原撰ニシテ一千八百七十三年ノ第四版トリーチス、オン、ゼ、プリンシプルス、ヱンド、プラクチス、オフ、メヂシン［*Trieatise on the Principles and Practice of Medicine*］ト題セル書ニ就キ心病編ヲ抄訳スル者ナリ（後略）

明治十一年戊寅六月於東京本郷僑舎　謙識

各巻の本文冒頭には、次のように記載されている。

米利堅　紐育　普林篤　原撰
宮城県　病院　横山謙　抄訳

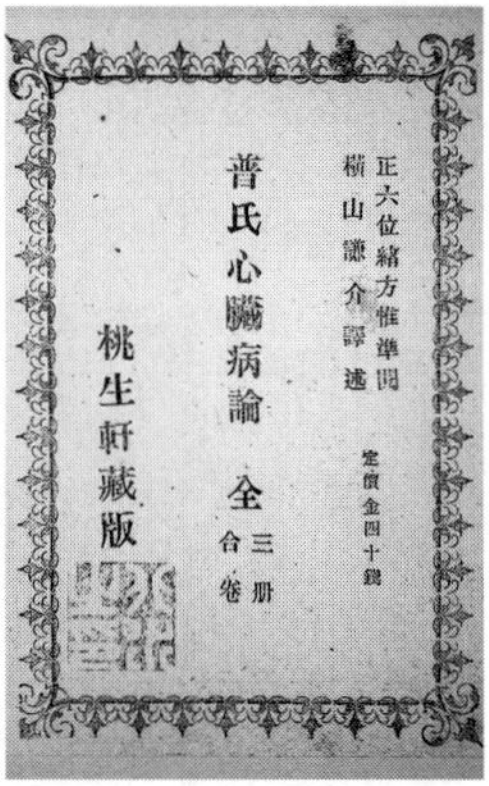

図38-18 『普氏心臓病論』

巻之一（本文三七ページ）

目次…心嚢炎・附含気心嚢炎・心内膜炎・心実質炎

巻之二（本文四八ページ）

目次…心臓膨大ヲ有スル瓣膜欠損・瓣膜欠損ヲ有セザル心臓膨大・心臓痩削・脂肪変質及軟化・心臓破裂

巻之三（本文二九ページ）

目次…機能病、心臓機能病ニ甲状［腺］腫大ト眼球突出トヲ合併スル病即「グレープ」病［バセドウ氏病］、アンギナペクトリス［狭心症］、胸部大動脈瘤

以上の各種心臓疾患についての病状・治療法・病理解剖などを記述している。

### ▽原著者フリント

当時アメリカには二人のフリント、すなわち生理学者 Austin Flint（1836–1915）と医師 Austin Flint（1812–1886）がいた。前者は Flint's arcade（腎臓のピラミッドの基底動静脈弓）や Flint's law（Ontogeny of an organ is phylogenyof its blood supply）にその名をとどめている。後者は Flint's murmur（フリントの雑音、あるいは徴候、大動脈閉鎖不全のさいに心尖において聴く収縮期前雑音）に名を残している。後者のフリントが本書の原著者と考えられる。

フリントは二十一歳でハーバード医学校を卒業、一八四四年シカゴの Rush 医科大学の医学理論・実践医学教授となり、一八四七年 Buffalo 医学校と Louisville 医学校の臨床教授、一八六〇年ニューヨークの Long Island 医科大学の病理・実践医学教授として Bellevue 病院で理論、実践医学を教授した。

山形敞一氏によれば、一八六六年、フリントがフィラデルフィアで出版した *Treatise on the Principles and*

*Plactice of Medicine* は医学生および実地医家のために執筆されたものである。

**▽横山謙介**（弘化元〜大正四＝一八四四〜一九一五）

現・宮城県桃生郡中津山村高須賀の農家金子久左衛門の長男、幼名を辰治、幼時に同地の砲術家横山五郎兵衛喜幸の養子となる。十五歳のとき遠田郡湧谷の大橋道謙に医術を学び、師名の一字をもらい謙介と改名し、浅謙と称した。文久三年（一八六三）二十歳のとき江戸に出て、手塚良仙（適塾門人手塚良庵の父）の食客となった。横山は適塾に入門するが、「適塾門人録」には「文久四年正月十九日入門　仙台高須賀　横山浅謙」（二月二十日に元治と改元）と記されているので、洪庵の死後（文久三年六月十日没）である。長崎から帰った惟準が引き継いだ適塾に入門したと考えられる。同日に「仙台湧谷・尾崎道倫」（「適塾門人録」）が入門している。一緒に仙台から出て来たのであろう。なお、横山が入門して間もなく惟準は長崎へ再遊学する。このような師弟関係で、横山は惟準に校閲を依頼したのであろう。ついで同年、同藩の大槻玄俊（西洋医学所の初代頭取大槻俊斎の息子、俊斎は仙台藩の人、文久二年二月九日死去）に従って長崎に赴き、ボードイン、マンスフェルトに蘭方を学ぶ。このとき何《か》礼之助について英学も修めた。

慶応二年（一八六六）京都守護職松平容保（会津藩主）に招かれ京都で英学を教授した。同四年（明治元）一月三日に始まった朝廷軍と幕府軍との鳥羽・伏見の戦いのときには、京都の仙台藩邸にいたが、間もなく仙台に帰った。明治三年仙台で医業を開く。四年一ノ関の田村知事（旧藩主）に招かれ、英学を教授したが、廃藩置県により翌五年辞して郷里高須賀に帰った。六年三月、仙台の私塾共立義塾の北舎舎長となり、英学を教えた。同年九月、官立宮城師範学校が設立されたため、この塾は廃校となる。

明治八年、仙台共立病院の一等医員となり、生徒に教授した。十一年、宮城県から東京大学医学部附属病院に留学を命ぜられ、翌十二年一月に仙台に帰り、宮城病院の一等院医兼教授となった。

惟準は明治十一年には陸軍本病院に出仕しており、同年三月、文部省御用掛兼務となり東京大学医学部教授を嘱託されていた。ここで師弟は再会したわけである。横山はこの在京中、この本以外に、フリントの内科書（一八七八年）、ダルトンの生理学書（一八七八年／筆者未見）を訳述したという。

横山は明治十一年、前年来なお流行していたコレラ（この年、患者一二万人・死者一〇万超）の予防・治療に尽力し名声をあげたという。十三年に創設された宮城病院気仙沼分局長、ついで十四年一月宮城病院医局長に就任した。十五年刈田郡に新設された同病院白石分院の分院院長に就任したが、十七年には分院が廃止されたので仙台に帰り（四十一歳）、大町三丁目に医院を開業、令名高く盛業を極め、財をなしたという。大正四年（一九一五）六月五日没、享年七十二歳、仙台通町東昌寺に葬られた。法号は温恭院謙堂慈済居士。謙介の長男勤助は医学得業士、次男有伍（医学博士）は仙台市で開業した。

［資料］

山形敞一「宮城県における明治初期の医学教育と横山謙介」（『日本医史学雑誌』二一巻三号、一九七五）

芝哲夫「適塾門下生に関する調査報告（六）　横山浅謙」（『適塾』一九号、一九八六）

東北大学医学部同窓会『艮陵百十年』（一九八三）

④緒方惟準題・門山周智著『山形県羽後国飽海郡衛生誌』、明治二十九年（一八九六）刊（二三八ページ図16-5）

この著書については、第16章で詳述した。巻頭の惟準の題辞は「存心済生」で、「心ヲ済生ニ存ス」、すなわち「医者には生命を救うという心がなければならぬ」、金もうけなどの手段ではないのだという意味である。

⑤佐藤洋治著『人間生涯無病之新法　完』、明治二十年（一八八七）刊、縦一八×横一二・五センチ、本文二九ページ、付図三ページ（七図）の小冊子（図38-19）

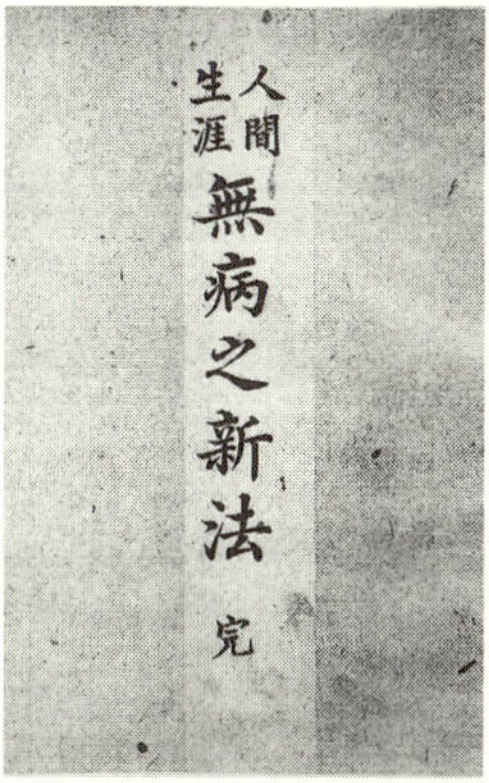

図38-19『人間生涯無病之新法』

大阪で緒方病院を開設（明治二十年四月）して間もない時期に、かつての門人佐藤洋治のために次の序文を寄せている（句読点は筆者）。

> 衛生法の普及せざる所以は衛生の事を主張する者の説く所、恒《つね》に高尚にして煩雑なるに在り、苟《いやしく》も衛生法をして普及せしめんと欲する者は、須《すべから》く其説く所平易にして簡明なるを要すべしとは、是れ今日衛生法の普及を冀図《きと》し理論に偏せず実際に倚せざる者、諄々談論して措かざるところなりとす、門人佐藤生頃者其自著たる人間生涯無病の新法と題せし稿本を携《たずさえ》来りて余に示す、受けて之を読むに、書中載する所は余が平素病者に勧めて行はしめ其効を得たる冷水を用ひ皮膚を浄拭《じょうしょく》するの法にして、之に加ふるに其冷水に食塩を混和するの事を以てせし者也。余佐藤生に謂ひて曰く、法平易にして簡明なる此の如し誰か之を行はざらんや、今日日本の衛生法普及を冀図主張する者未だ此考案を起すに及ばざりしは憾事なり、況《いわん》や皮膚冷水浄拭の法たる夫の衛生学の大旨に合するものなるに乃ち足下の新案食塩を其冷水に混和せしむるは則ち所謂錦上に花を添へたりと評すべきに於てをやと、佐藤生曰く、先生業に已に斯書を評するに錦上花を添ゆるの言を以てす、先生の言にして幸に其好む所に阿《おもね》るにあらざるか。則ち先生の見る処を斯書に序し読者をして猶花に馥郁《ふくいく》たる芳香あるが如き思あらしめよと、是に於てか余は彼れ高尚にして煩雑なる言を敢てせず只平易にして簡明なる此一小序を与へて其巻首に并せしむ
>
> 明治二十年六月　　正五位勲三等　緒方惟準

著者の佐藤洋治の名前は、「東京適塾入門人名録」に「年齢十六歳、宮城県寺小路、士族、明治八年一月入門」と記されている。一方、「大阪適塾入門人名録」では、「十六歳、宮城県仙台宮城郡外記通り、明治九年十一

月入門」とある。この二つの門人録から佐藤洋治は東京と大阪の両方で学んだことになる。ちなみに佐藤は緒言で次のように記している（読点は筆者）。

余年甫《はじめて》十八、大阪に於て学事に従ひし時に当り、偶《たまた》ま義膜性肺炎といへる肺病に罹り熱度頗る高く咳嗽《がいそう》頻に至りて病益《ますます》危篤に入り、其後所謂九死中より一生を獲し人となりたれども然れども病は慢性となり体全く衰へて復健康となるの望あらざりし、然る程に余之に苦しむ、余、斯《この》新法即ち冷水を用ひて皮膚を浄拭《じょうしょく》する事を考案して一日二回づゝ自から試むること数日、心身転《うた》た爽快を感じたれども未だ皮膚の柔軟ならざるを知りしかば、更に食塩を水中に混和して亦一日二回づゝ浄拭したりしに、六箇月を閲するに及びて已に病の身に在らざるを知るに至り、猶且其後一回も感冒せざりし、斯く余は自己の病に因りて此法を験し、爾来幾度も之を人に試みて皆良結果を見たれば、今や斯新法を公共にせざるに忍びずして遂に世人と偕《とも》に之を悦ばんものと思ひ、要領を記述すること左の如し、尤今斯に遺《お》ちたるは必らず他日之を拾ふの期あるべし

著者誌

いずれにしても、明治九年末ころ、十八歳で大阪に来て、大阪適塾で医学を学んだのであろう（このころ惟準は東京在勤であるが、大阪の適塾はなんらかのかたちで存続していたのであろうか）。この冊子を著述したとき、佐藤は二十九歳前後であったことになる。しかし佐藤の名前は、内務省の明治八年から十六年までの「内務省免許医師名簿」および明治十七年から二十一年までの「医籍登録者名簿」（樋口輝雄氏の調査）には見あたらない。しかし当時は、医術修業の履歴書を県知事に提出すれば医師免許を取得できたので（たとえば東京適塾門下生の億川三郎の場合）、この手続きで医師になったかも知れない。

緒方惟準が明治二十年の春、私立緒方病院を開設し、そのころ佐藤は西下の機会があり、開院の祝いに惟準を

訪れ、そのとき自著を持参し、意見を求めたところ、惟準があまりにもほめてくれるので、序文をお願いしたのであろう。

本文の主なる記述は食塩水を用いた彼のいう「健膚法」およびその効能についてである。目次と簡単な説明を次に記す。

第一章　呼吸器之事…口・鼻から肺にいたるまでの構造と機能を記述

第二章　皮膚之事…皮膚の構造機能について

第三章　感冒症之事…感冒によって誘発される諸病を列挙し、第一吾人の感冒を発するのは皮膚の虚弱および不潔に因る事、第二諸般の疾病は感冒をもって其の本源となす、と結論する

第四章　人間生涯諸病に罹らざる便法

健膚法…食塩一握り（およそ五勺ばかり）と清水二升ばかり、この食塩水を手ぬぐいに浸し軽くしぼり、全身あるいは上半身を摩擦するようにぬぐう、これを行う時間・季節・行う方法・順序など、および効果を得たアメリカ人一名、日本の音曲家の実例を紹介

保証し置く事…冬期でも食後に行えば感冒にはかからず、効果のあることを保証する

第五章　健膚法に附属して実行すべき要件

鼻毛の事…異常にのびた場合以外、切ってはならない

頸巻及「レスピラートル」は感冒の媒介たる事（注　レスピラートル：respirator　呼吸機器とは「呼吸器官に有害因子を除去して安全に呼吸を行わしめる機器」――賀川哲夫『標準医語辞典』）

衣服の事

襯衣《しんぎ》[はだぎ]の事

温浴の事

食塩の人身に大効あること…「この健膚法は家にいながら毎日海水浴をなすが如き大効あるは余の保証する所なり」と礼賛し、終わっている

末尾の付図

（イ）呼吸器（喉頭、気管、気管支、肺臓）の略図

（ロ）健膚法を行ふ図

（ハ）冬時健膚法を食後に行ふ図

（ニ）灌水法を行ふ図

（ホ）婦人の健膚法を行ふ図

（ヘ）小児の健膚法を行ひ与ふる図

ちなみに、「著述兼原板人　大阪府民　佐藤洋治　東京小石川区水道町五十番地寄留、翻刻出板人　埼玉県平民　林誠四郎　東京日本橋本町四丁目十八番杉本方寄留」と記されている。

## 惟準の墓碑銘撰文

○適塾門人田中信吾の墓碑銘

すでに記したように（四二九ページ）、金沢市小立野の天徳院にあった田中信吾の墓碑は昭和五十五年（一九八〇）に撤去され行方不明となったが、幸い緒方惟準撰の碑銘（漢文）は記録されていた。赤祖父一知氏が解読・発表しているので、ここに紹介する（「適塾門下生田中信吾の碑銘文について」、『適塾』二七号、一九九四年、ルビと［　］内は筆者が再整理）。

## 田中信吾翁碑銘

田中信吾翁既に歿するの明年、故旧同人相謀り、将に碑を建て以て後に伝へんとし、余と翁と旧郵有るを以て、其の状を寄せて、銘を請ふ。乃ち状に拠りて之を次第して、曰ふ。翁、諱は温《ゆたか》。初め発次郎と称し、後一庵又信吾と更む、号は球外、加州小松の人にして、本姓は湯浅氏なり、考［亡父］の諱は木堂、妣は武部氏、翁は其の第二子なり、出でて田中謙斎の嗣と為り、因りて其の氏を冒《おか》す、幼にして岐嶷《きぎょく》［秀いで］学を好み、弱冠にして大阪に游び、家厳［我が父］洪庵に師事し、蘭書を読み、医方を講じ、研精して懈《おこた》らず。挙げられて塾長と為る。居ること七年、業成りて帰り本藩の辟《へき》［召し］に応じ医員に班せられ、居を金沢に移す。

慶応元年八月、金沢医学教師の首《しゅ》に任ぜられ、建議して曰く、「方今、医学は漢蘭異なり方《まさ》に廃頽して振はず。宜しく医学校と病院とを新設し、以て外国の教師を延《ひ》き、生徒を教へ、病者を治し、因りて泰西の医学の情状を引くべし」と。之を辨ずること極めて切なり。藩主之を納れ、乃ち地を卯辰山に闢《ひら》き、養生所を創り、翁を挙げて棟《ママ》取と為す。

明治三年一月、之を大手街に徙《うつ》し、医学館と称し病院を兼ぬ、是に先んじ、擢《てき》せられて侍医と為り、声誉漸く顕る。

四年一月、朝廷之を徴す。翁曰く、「力を父母の邦に効《つく》すは既に志を朝廷に致す所以なり」と。固辞し再び徴さるるも、辞して就かず、会《たまたま》蘭人須魯伊《スロイス》氏を聘し教師と為す。翁之と商量し事に従ふ。此に至りて翁の志始めて行なはる、廃藩置県に及び規畫齟齬《きかくそご》し、事殆ど支ふべからず。翁鞠躬《きっきゅう》［身を低くし］尽瘁《じんすい》し、以て之を維持す。蓋し今日の盛を得るは翁の力居多《きょた》なり、九年八月、金沢医学校長兼金沢病院主務を任ぜらる。幾《いくば》くも亡《な》く富山病院長兼医学所教長に遷る、又新たに土木を起こさんことを請ひ、其の規模を大にす。是を以て生徒は益々進求し、治者の麕至《くんし》［群がり至り］、遠邇《えんじ》［遠近］翕然《きゅうぜん》として之を称ふ。十二年十月、復た金沢医学校長兼金沢病院長に転じ、声誉益々隆し、会《たまたま》当路の者と議して合はず。乃ち辞職す。是に於て同志と謀り尾山病院を建つ。衆推して院長と為す。北陸私立病院も亦翁に昉《はじ》まる、翁経験を積むこと益々多く、其の疾に臨み治を施し、往々にして奇効有り、人の来訪有る毎に、病者曰く、「田中先生は如何と謂へば、其の見の信類《ママ》なること此《か》くの如し」と。車駕北巡して金沢に至り、金若干を賜ひ、其の善行を褒む。其の他金若しくは物を献ずるを以て賞賚《しょうらい》［ほめて物を贈ること］すれども貲《たから》［財産］とせず。前後して金沢医会長医事協同会長と為り、医学の為に力を効す者勝《あ》げて数ふべからず、明治三十三年一月二十三日病歿す、享年六十四、小立野天徳院に葬むらる、配《つま》は清水氏、一男三女を生む。男を千里と曰ひ、今大学に在り、女は皆人に嫁す。翁の姿貌魁偉にして美《うるわ》しき鬚髯《しゅぜん》あり、気宇磊落《きうらいらく》、音吐《おんと》鐘の如く、談論明晰にして、一座傾靡《けいび》す、師弟の間、礼節を崇び、苟《いやし》くも失者有らば、毫も仮借せず、改むれば則ち止む、故に人其の雅量に服す。旁ら詩を好み、筆札も亦観るべし、余謂《おも》へらく、翁の事業伝ふべき者多けれども、一に気を以て之を貫く。唯だ其の気なるや、以て其の始めを成し、以て其の終りを成す、是れ其の翁たる所以か。

是れ以て後に伝ふべきに足る。銘に曰ふ。

良将たらずんば則ち良医たらん
吾が友信吾果して能く之を得
父母の邦永く其の利を頼まん
貞珉《ていみん》［堅くて美しい石、墓石］泐《りょく》すと雖も遺徳は墜ちず

明治三十四年十月

従一位勲一等侯爵久我建通篆額　従四位勲三等緒方惟準撰　藤井鏡書　辰巳与三郎彫刻

# 資料編

(1)「緒方惟準先生一夕話」の編者幹澄の緒言　（原文はカタカナ、句読点と［　］内は筆者）

新聞紙近世人の伝を記する事多し。而して之を記するや殆ど其人の訃音を報ずると同時にせり。否寧ろ訃音を報じたる後ち、其伝を報ずるを例とす。斯く常に匆卒に出づるが為め、同一人の事蹟を報ずるに、各新聞紙文辞相牴牾《ていご》［たがいにくいちがうこと］するに似たる者ありて、読む者をして其の孰れが是なるを知るに惑はしむるに至る。今夫れ其由て来たる所を考ふるに、全く記者毎に其人を想像し、其意を忖度《そんたく》［推察］し、且つ其人に質さずして他人に質すの結果に外ならず。是れ実に人の伝を記するの上に伴ふの弊害にして、編者の夙に遺憾とする所なり。思ふに産地、親戚、嗜好、習癖或は何年間何地の何某に就て何学を修め、或は何年何品を発明し何書を著訳せる等の他は、十人十種の諺あるが如く、想像忖度の能く其道意に符合する事は蓋し稀なるべし。嗚呼利弊得喪の分るゝは施為の道に在り、豈謹まざるべけんや。往昔柳下恵[注]［中国の春秋時代の賢人］は飴を見て老を養う可しとし、盗跖《とうせき》［古の大盗賊の名］は牡を黏《でん》す［黏牡《でんぼう》：戸を容易にはずすために、粘性の液体を錠、掛金などに塗りつけること］可しとす。一は老を養ふに供し、一は牡を黏するに備ふ。然れども其飴に至ては一なり、尚ほ或は時に産地経歴さへ事実を誤る事なきにあらず。近く例を挙げんに、一昨廿三年十一月五日、石黒忠悳君、陸軍服役二十年の祝宴を張るや、東京医事新誌は其景況を同月八日の第六百五十八号に掲げ末尾に君の小伝を附せしに、君は其伝に就き正誤を申込み、同誌之を掲げたる文中に曰く、＝（前略）自身の事を自身認め差出候に付、今度の分は間違ひはなかるべくと存候。御一笑可被下候＝と、以て想像忖度を其真意の符号せしむるの難きを知るに足らんか、故に真の伝を記せんと欲せば、屢其人に就て問ひ、其事に当りて其意見を叩くにあらずんば能はざるなり。編者は以来此方針を以て此施為の道を挙げ、著々我道に裨益ある人の伝を記し、之を諸君に報ぜんとす。然るに編者一夕此精神を貯えつゝ、会長［緒方惟準］を訪ひ、談此事に及ぶ。会長徐《おもむ》ろに自己の経歴に係る大概を話さる。固《もと》より一夕の談話に過ぎざるを以て、其の闕略を免れず。敢て全貌を写し出だすを得ずと雖ども、今や本報改良の最初に当たり、曾て抱負する所を公にせんが為め姑く之を此に填め、併て唯他日更に全貌を写し出だすの前引と為すのみ。諸君請ふ、幸に編者が意のある所を諒せよ。

編者　幹　澄　識

［注］　柳下恵以下の文章の意味：同じ飴をみても、賢人は老を養うことができると思い、盗人は、錠前を開けるに使うとみる。すなわち同じものを見ても人により異なった用いかたをするという意味。

（『医事会報』四七号、明治二十五＝一八九二年）

## (2) 大阪医学館規則

備中国（岡山県）出身の碩学阪谷朗廬の関係文書が国立国会図書館に所蔵されている（憲政資料目録一六、阪谷朗廬関係文書目録）。この中に「大阪医学館規則　明治二年十一月」という表題の墨書一綴がある。大阪医学館とは大阪医学校のことと考えられる。

明治二年（一八六九）六月、政府は教学の振興を図り、昌平学校を改めて大学校となし、開成学校と医学校を同じくこれに従属させ、その分局とした。これと同時に職制の改正があり、大学校に別当、以下、行政官および大博士その他の教官を置いた。権判事の相良知安と岩佐純は少丞に任ぜられ、ついで権大丞に進み、専ら以前のように医学校の校務をとった。十一月になり、朝廷は医学校を設けた趣旨を述べ、生徒勉学の心得を示し、医学校規則を定めた（『東京帝国大学五十年史』上冊、一九三二）。この規則と前述の阪谷朗廬関係文書の「大阪医学館（医学校）規則」とを比べると、若干の語句の増減はあるが、ほとんど変わらない。大阪府医学校病院は設立以来、大阪府管轄のもとで運営されてきたが、東京の医学校における医学校規則を準用しようとしたのではなかろうか。阪谷文書中の「大阪医学館規則」を以下に示す（句読点と濁音は筆者）。

大阪医学館規則

一　医ハ司命ノ職ニシテ其任最至重ナリ、実ニ学業精覈《せいかく》［詳しく調べる］ナラザレバ健康ヲ保全スルノ儀、疾病ヲ治癒スルノ理ヲ知ル事能ハズ
皇国古来未ダ医道ヲ教ルノ定則ナキヲ以テ学業大成スル事難シ、今般大政御維新ノ折柄、医ハ司命ニ関スル重大ノ職ニシテ、御政体中欠可ラザル一科ナルヲ、朝議アリ新ニ医学校御創立被為在候儀、実ニ皇国医道始テ興ル秋、千古ノ一事深ク御主意ヲ体認シ奉リ、学業精微ヲ極メ大成ヲ遂ゲ、終ニ万国ニ超越候様各奮励可有之事
一　廉恥ヲ尊ミ礼節ヲ重ズルハ士ノ恒タル勿論ニ候トモ、医士ハ人命ヲ守リ仁術ヲ執ルノ官ナレバ、殊ニ恭謙ノ風ヲ重ジ、苟モ麁濫《そらん》［あらあらしくみだら］ノ所業有之間敷候事
一　入学ハ二七ノ日ヲ限リ候事
一　入学ノ生徒少年ノ輩ハ、小学校ニ入リ学科順序ヲ逐ヒ了リ候后、大学校ニ入リ、終ニ成業ヲ遂グ可シ、故ニ五年間留学シ猥ニ退校帰省ヲ免サズ、然レドモ晩学ノ徒ハ小学校ノ学科ヲ経ル余暇ナク候故、直ニ大学校学科ヲ修テ病院ニ就テ、治則実験シ早ク其要指ヲ得ル事、専務タル可キ事

但シ留学年限不済中、無拠退校帰省相願候者ハ細ニ取糺シ候上、相免候事

一　登級ノ進退ハ毎月会読ノ優劣ヲ以テ相定候事

但シ后日学級相進候上ハ教師試業ヲ経候上、甲乙ヲ相定候事

一　毎日休業ノ外、定時刻ノ間、登校日課ノ通リ堅ク相守リ、無懈怠可致精励事

一　寮内ノ生徒ハ寮則ヲ厳重相守リ総テ寮長ノ令ニ従ヒ候事

一　精励進学ノ者、年末取調ノ上、褒賞下賜候、尚又学業成達ノ者ハ其分ニ応ジ御登庸有之候事

一　校中ノ範則ヲ犯シ不行状ノ輩ハ厳重相当ノ罰ニ処シ、尚不改数度ニ及候者ハ、其藩其支配エ申達シ放校中付候事

但シ令放校候上ハ終身医業差留候事

一　学制規則ノ儀ニ付、存寄有之候得バ、無忌憚可及建言候事

右之条令厳重可相心得者也

(明治二年)
巳十一月　　　　　　　　　　　　大学別当

以上の「規則」につづいて、以下の「寮則」が記されている（前掲『東京帝国大学五十年史』には未収録）。

寮則

恭謙端正他人之所長ヲ崇慕シ、協和一致シ各遠大ノ志ヲ立成セルハ、殊ニ内寮学生之所宜重候、依テ御範則ヲ奉戴シ決テ違戻不可有之候、且又寮則左之通心得可有之候者也

一　入寮之式、其少寮長江尋問可有之候事

一　毎日第八字（ママ）第一字及第四字（ママ）盤不撃候節、無遅滞出席勤業可有之、自儘ニ欠席不相成候事

一　寮内ニ於テ不快之節ハ少寮長江其由届ケ置候事

一　外出帰寮夜第八字（ママ）限之事

一　出入之節ハ姓名並其時刻書載致候事

一　日曜日ハ休暇ニ付、隙取候、外用ハ成丈ケ其砌相済候様可有之依て、土曜日ハ用向ニ付、外宿相成候ても不苦候事

一　藩用又ハ近親之病気或ハ当人之不快ニ付、無拠日課相欠若クハ又門限前帰寮致兼候節ハ其故証人ヨリ印書ヲ以テ大寮長江相届候事

一　外人ト之談話必応接所ニて可致候事

一　飲酒雑談俗歌口論等都て他人之勉励相妨、寮内之風儀ヲ相乱候様之事柄ハ巌敷相慎候事

右之寮則ニ難依事件ハ可寮長江申述相成候　以上

巳十一月　大寮長

等級学科

第五等　第一科　語　学　第二科　数学

第四等　第三科　博物学　第四科　化学

第三等　第五科　解剖学　組織学及顕微鏡学等

第六科　原生学　動物学　植物学　動物生体験等

第二等　第七科　病理学　治療則　病理解剖学

第八科　薬性学　製薬学　処方学等
第一等　第九科　雑科治療学
外科　眼科　軍陣医学　産科　察病法　綳帯法
第十科　治療実験
余科　健康学　毒物学　裁判医学　本草学　医史
右先文法書ヲ以テ始メテ之ヲ習慣シ、終レバ其習否ヲ試ミ之レニ第五等ノ科ヲ命ズ、已ニ其科ヲ終レバ其熟否ヲ試ミ、又第四等ニ進メ其科ヲ終レバ其熟否ヲ試ミ、如前第一等ヲ昇シ、如斯シテ十科ヲ循リ終リテ而シテ伶俐早成尚余力有ル者ハ、第三科ヨリ第八科ニ至ル、内其才ニ応ジ全ク一科専学ヲ命ジ、他日後進ノ教導ヲ掌《つかさ》ドラシメ若クハ余科ノ学科ヲ修メシム

## (3)『大阪府布令集』より抄出の医事関係の布令

(一)　医学所ノ設置　太政官　明治元年十二月七日
医師之儀ハ人ノ生命ニ関係シ実ニ不容易職ニ候、然ルニ近世不学無術之徒猥ニ方薬ヲ弄シ、生命ヲ誤リ候者往々不少哉ニ相聞、大ニ聖朝仁慈之御旨趣ニ相背キ、甚以不相済事ニ候、今般医学所御取建ニ相成候ニ付テハ、屹度規則ヲ相立、学ノ成否、術之工拙《(巧)》ヲ篤ト試考シ、免許有之候上ナラデハ其業ヲ行フコト不相成様被遊広思食ニ候条、於府藩県兼テ此旨相心得、治下医業ノ徒へ改テ申聞置、各其覚悟ヲ以益学術ヲ研究可致旨、布令有之様被仰出候事

(二)　大阪軍事病院ノ開院　明治四年二月二十五日
城中玉造門内軍事病院開院ニ付、来月三日朝五ツ時［午前八時］より七ツ時［午後四時］迄、諸人拝見差許候事

(三)　漢方医ノ新期開業禁止《ママ》　明治四年十一月十日

医術ノ儀ハ、第一人命ニ関係シ、重大事件ニシテ、究理研精ノ毎科従事スベキハ勿論ノ事ニ候、然ルニ病家・医家共、開化ノ風ニ眼ヲ不着、兎角旧来ノ習風ニ因仍《いんじょう》シ、西洋法ヲ嫌候輩モ有之、以ノ外ニ候、爾来漢方専門ノ者ハ、新ニ開業並門生教授ノ儀一切不相成候、尤従前ノ漢方医、一時活計ニ差支モ可有之候間、相応研究ヲ経、治験有之輩ハ、先其儘施術差免置候、此旨兼テ相心得、御趣意ニ不戻候様可致事

但、府下医師ノ送迎頗ル尊大ニシテ、駕丁共過分ノ賃銭ヲ貪リ候等、無謂事ニ付、先般モ及布令ニ置候、尚又向後医者・病家共簡便ノ扱精々可致候事

（大阪府史編集室編『大阪府布令集一』、大阪府、一九七一）

筆者は、(三)の布令と直接関係のある文書一冊を入手したので次に紹介する。

○「漢方医ノ新期《ママ》開業禁止」の布令に関連する文書

表紙に「入門　岸照元」と二行に墨書、縦二三×横一六センチ、五七丁で、第一丁から最後の「但、府下医師云々」を除いて、布令と全く同一の文章が記されている。

この文書は三種に分けられると思うので、仮に「布告(三)」と同一のものをⒶ、つづく文章を、それぞれⒷⒸとする。Ⓐの文章は略す（句読点は筆者）。

Ⓑ右布告之趣、難有奉恐縮候、爾来者旧来之習風ヲ相改、西洋之究理研精シ無怠慢勉励仕、御趣意之旨、急度相守可申候以上

但シ西洋猛烈之薬品ハ必試験相請候上ニ而相用可申、且又無学ニ而不規則治療等曾而仕間敷候

Ⓒ一　御法制堅可相守候事

一　学校之御規則相背申間敷事

一　暴論堅致間敷候事
　右出席之面々可被心得候也
　官許医学所
　　辛未十一月
Ⓐ～Ⓒは四丁に書かれている。第五丁から「住所　姓名　捺印（黒印）」の順で医師・薬種商三四六名（うち捺印なしが二九名）が末尾の第五七丁まで列記されている。一丁の表・裏に各三～四名が記されている。筆頭者の姓名記載の上欄に、約三センチ角の朱印の割印が捺されている。下半分に「学印」とあり、全体は「医学所印」であり、医学所の公文書と連結を示す割印であろう。
冒頭の第五丁表の三名だけを例として掲げる。
天王寺村土塔町
　川本良誠　黒印
北久太郎弐丁目
　児玉簾造　黒印
西高津町
　石原道全　黒印（以下同様の記述）
冒頭二人の名前上に、アルファベットのCとみえる記号がつけられている。代表者・総代を示す記号であろうか。
この署名者のうち、筆者が知っている医師は漢方医で著明な「尼ケ崎町　春日寛平」だけである。緒方家一門の医師、華岡家一門、賀川家の産科医らの名前はない。

また他国出身で寄留している者は四人である。後半の署名者に、美濃屋・喜多屋・加賀屋・池田屋など屋号と名（姓なし）を記しているものが多く、八二名のうち三一名である。おそらく薬種商であろう。

Ⓐの「布告(三二)」が出され、新規の漢方医の開業並びに漢方医が門下生を教授することを禁止する旨が通達され、これを受け取った漢方医は、この布令の事項（法制）を遵守する旨のⒷの文書に署名・捺印し、医学所（明治四年ころは医学校と称しなかったと思われる）に提出、そして医師たちの手元にこの「控」一部が残されたのが、この文書でなかろうか。割印の上半分は医学所への提出文書に捺されたものと考えられる。

Ⓒは Ⓐの文書の布達後に出され、これら漢方医と薬種商を医学所に集め、洋方医学と薬剤の教育と授業を行ったのではないかと想像される。表紙の「入門」、Ⓒの文章中の「学校之御規則云々」とか、「出席之面々」などの記述が、それを示唆している。

表紙に書かれた岸照元の姓名は署名・捺印者の中にはいない。医学所の事務掛であろうか、あるいは漢方医の町方の者であろうか、不詳である。

この医師や薬種商の住所は、摂津国全体にまたがるものではなく、大阪の町内に限られている。日本全体に行きわたる統一の「医制」が施行されるのは、かなりあとであるが、明治七年（一八七四）八月十八日、東京・京都・大阪の三府だけにたいして「医制」が、通達され施行されることになった。この「医制」の実施までは、大阪府独自の「医制」をつくり、漢方医の規制を行った。この文書は、当時の大阪における漢方医への干渉を示す、貴重な資料であると思われる。

このような布達により、漢方医等の子弟は洋方医学の中心施設である大阪府医学校病院へあらそって入学を希望することになる。漢から洋への時代の変遷を示す資料といえよう。

### (4)東京医学会社発刊の『医学雑誌』

『医学雑誌』第一号（京都府立医大図書館蔵）、明治八年（一八七五）五月、東京医学会社発行、縦二一×横一四センチ、本文二八ページ、社員姓名録七ページ、広告一ページ（坪井為春・石井信義同訳『丹氏医療大成』の広告文）。

（句読点・濁音および［　］内は筆者注）

○本文第一ページ

医学会社ノ発端

方今国家大ニ開ケ汽船五港ニ繋ギ、電線四洲ニ通ジ四海兄弟和親共ニ敦《あつ》ク［盛ん］、欧米諸州猶比隣ノ如ク、朝暮其国人ト相倶ニ此地球上ニ往来スル者、我ニ在テハ実ニ千古未曾有ノ一大交際ト謂フベシ、然レドモ只我文学知識ノ未ダ到ラザルト、我百工技芸ノ未ダ精シカラザルトヲ以テ動《やや》モスレバ其軽蔑侮辱ヲ受ザルヲ得ズ、是ヲ以テ聖朝益《ますます》交際ノ至情ヲ竭《つく》シ、務メテ其善ヲ択ビ其長ヲ取リ、百事皆彼ニ師倣《しこう》シ以テ他日大ニ備ル所アラシメント欲ス、蓋シ我医術モ亦其一端ナリ、抑《そもそも》本邦ノ医道タル古来未ダ其職ニ権制アルヲ聞カズ、巫ト僧侶ト共ニ之ヲ度外ニ置テ問ザル者殆ンド今ニ千有余年、其際偶《たまたま》豪傑ノ士アルモ多クハ医業ニ托シテ世ニ隠レ跡ヲ晦ス者タルニ過ギズ、又其一時僥倖ヲ得テ官医トナル者纔《わず》カ五斗米ノ為メニ終身齷齪《あくせく》トシテ王侯宮女ノ翫弄物タルヲ免レズ、或ハ其寒酸無頼ノ徒一朝糊口《ここう》ノ為メニ漫然方技ヲ摹擬《もぎ》［まね］シ、虚喝巧飾苟モ其售《うら》ンコトヲ求ムル者比々鮮ナカラズ、故ニ世是等ノ徒ヲ視テ賤業末技ノ人ト做スモ亦何ゾ之ヲ誣《いつわ》ルトセンヤ、蓋シ維新已来文明ノ教化四方洽《あまね》キヲ以テ世ノ人民貴賤トナク賢愚トナク、皆愈人命ノ至重ナルコトヲ悟リ、随テ我医道モ亦其関係愈軽カラザルコトヲ知レリ、是ニ於テヤ往日賤業視セラレシ者、今日ニ在テハ又人民保護ノ一端ヲ以テ死生ノ権ヲ帰セシムルニ至ル、今也官既ニ東京ニ於テ大ニ医学校ヲ創建シ遠ク良師ヲ延テ初修ノ生徒ヲ誨ヘ、殊ニ其秀才ヲ撰ビ彼ノ国ニ遣シテ専ラ医学ヲ修メシメ、又已ニ学士博士ノ品階ヲ置キ、且新タニ医制ヲ設ケテ自今医業ヲ成ス者ハ必ズ其学術ヲ試察シ、其職分ヲ定メテ漫リニ方技ヲ行フコト勿ラシム、此ニ至テ我医道ノ権制始メテ立チ其学亦随テ更ニ大ニ興ラントス、或ハ是レ時運ノ然ラシムル所ト曰フモ、固《もと》ヨリ聖世ノ恩沢ニ藉《から》ザルヲ得ズ、然レドモ凡ソ芸術ノ事タル徒ニ官庇ヲ仰デノミ他日ノ進歩ヲ期ベキニアラズ、苟モ我医ヲ業トスル者ハ益奮然勉励シテ其力ヲ斯道ニ尽サズンバアラズ、抑宝暦明和ノ昔、我先哲ノ和蘭医法ヲ首唱セシヤ、当時鎖邦ノ世ニ方リ上ニハ厳禁犯ス可ラザルノ法アリテ一編ノ異書モ縦ニ覧ルヲ許サズ、下ニハ旧染固陋《ころう》ノ人心アリテ誹議百喙、其説ヲ擯斥セザル者鮮ナシ、此艱阨ノ際ニ在テ矻々《こつこつ》［勉めて止まない］勉励復其志ヲ屈セズ、終ニ千古未開ノ学ヲ闢キ、以テ我医道ノ洪基ヲ創立セシ者、誠ニ其功偉且大ナリト謂フベシ、吾儕《わがともがら》曾テ其遺書ヲ読ミ且耆老［老人］ノ語ル所ヲ聞ニ、当時草創ノ千辛万苦亦以テ想見ルベキナリ、嗚呼先哲サキニ此創業ナカリセバ、吾後生復何ゾ今日ニ在テ斯道ノ隆盛ヲ観ルヲ得ンヤ、顧フニ方今開化ノ由ル所ト雖モ亦和蘭ノ医学ヲ以テ洋学ノ嚆矢トス、乃チ今ニシテ若シ我医学ノ遅々因循シテ他ノ諸学ニ晩《おく》ルヽコトアラバ、吾儕何ノ面目アリテ他日先哲ヲ地下ニ見ルヲ得ンヤ、故ニ又益斯道ニ勉励シテ創業ノ意ニ酬ハザルヲ得ズ、而シテ其同心戮力《りくりょく》相倶ニ医学ノ進歩ヲ助クル者、猶当時蘭学社中ノ盟約ヲ以テ今日ノ鑑トナスナリ、然ルニ今都下同業ノ士ヲ視ルニ、或ハ官途ニ其職ヲ奉ジテ繁劇他ヲ顧ルニ暇ナキ者アリ、或ハ専ラ治術ニ従事シテ車屐《しゃげき》［車と履き物］恒ニ門ニ盈ル者アリ、或ハ日夜横文ニ纏綿《てんめん》［入りくむ］シテ翻訳ヲ業トスル者アリ、各其出処及帰趣ヲ異ニスルヲ以テ、平日事ナケレバ互ニ其面ヲ見ルコト能ハズ、交情日ニ疎クシテ比隣モ胡越《こえつ》［胡国と越国の両国がはなはだ距たっていることより、疎情の意］ノ如ク適相会テ語ルモ多クハ流世ノ雑話ニ過ズ、豈之ヲ同業同志ノ交際ト謂テ可ナランヤ、吾儕曾テ深ク此事ヲ歎ジ、今春乙亥［明治八年］新タニ同志ノ社ヲ結ビ、毎月一回相集リテ終日医事ヲ談ズ、名ヅケテ医学会社ト曰フ、蓋シ西洋各国ノ例ニ倣フナリ、然レドモ固ヨリ彼ト我ト其学術ノ進歩同日ノ論ニアラザレバ、復少シク撰ヲ異ニセザルヲ得ズ、其会スルヤ或ハ書ニ依テ議論ヲ講ジ、或ハ其異見異聞ヲ談ジ、或ハ己ノ経験医案ヲ陳テ其疑ハシキハ博ク咨詢《しじゅん》［問いはかる］シ、又其確実得ル所アレバ相伝ヘテ秘惜スルコトナク、討論切磋互ニ相輔《たす》ケ相益シ務メテ自得固陋ノ弊ヲ矯《たむ》ル［正す］ヲ要ス、故ニ内外医科ヲ始メトシテ諸科ノ論説ニ渉リ、其余苟モ医事ニ裨益アル者ハ仮令俚俗ノ言ト雖モ亦取ザルハナシ、其談論筆記積テ冊ト成ル者ハ、毎月上梓シテ広ク世ニ頒チ、又欧米各国ノ医事新聞紙及他ノ書中ニ於テ斬新発明ノ説アレバ速カニ之ヲ雑志《誌》ニ載セテ報知スベシ、夫レ我医ノ学科ハ固ヨリ広大ナルヲ以テ容易ニ該備スベカラズ、是即チ専門科アル所以ナリ、故ニ今此会社ヲ設ルトキハ、中ニ内科アリ外科アリ婦嬰科アリ眼科アリ其他各々所長ニ随テ得ル所アレバ之ヲ医林ノ専門会ト称スルモ亦可ナランカ、庶《ねがわ》クバ同社ノ士篤ク此意ヲ体シテ相共ニ医学ノ進歩ヲ助ケ、尚後進ノ秀才此社ヲ継デ益其美ヲ済《わた》スコトヲ得バ、斯学駸々トシテ精巧ノ域ニ到リ、他日我出藍ノ医術ヲ以テ、彼欧米諸州ノ人ト肩ヲ比シテ往来スベキ者亦吾儕ノ企テ望ム所ニアラズヤ

明治八年乙亥春四月　　同社識

会社約条

一　集会ハ当分毎月一回可催事
　但シ会日ハ前会ノ席ニテ可期事
一　入社望ノ者ハ入社金壱円可差出事
一　集会金二十五銭宛差出シ、此金ヲ以テ雑誌開板ノ資ニ可供事
　但シ在京ノ社員ハ毎月出席ノ有無ニ拘ハラズ出金可致事

一　遠国ノ人ニテ入社ノ望アル者ハ、入社金壱円ヲ郵送致シ其余ハ毎月ノ出金ニ不及事
　但シ上京出席ノ節ハ、在京ノ社員ニ可準事
一　社中ニテ雑誌編集掛リ四名ヲ撰挙シ、隔月交代可勤事
　但シ本日撰挙ニ当ル者ハ出席ノ有無ニ拘ハラズ不得辞事
一　在京ノ社員ニハ毎月雑誌一部宛無代価ニテ可頒事
　但シ遠国ノ社員ニ頒ツトキハ其代価ヲ可郵送事
一　遠国ノ社員医事ノ疑問等アリテ其説ヲ書中ニ認メ会社ニ投ズルトキハ、衆説ノ上、其次第ヲ可答事
　但シ雑誌ニ投書セント欲スル者ハ其草稿ヲ郵送スベシ、尤モ取捨ハ編集掛リノ権ニ可任事
一　遠国ノ社員若シ其地方ニ於テ奇異ノ病症ヲ実験シ其他医事ニ関係セル珍事アレバ、精シク其顚末ヲ記シテ会社ニ可報知事
一　会日ニ当リ病気其外ニテ欠席スルトキハ、本日其旨ヲ集会ノ席迄相断ルベシ、尤モ最寄出席ノ同社［員］ニ托スルハ可為勝手事
右九箇条社中衆議ノ上、之ヲ決スト雖モ後日会社ノ時宜ニ由レバ或ハ又改正スルコトアルベシ

これに続いて、松山棟庵訳「医聖「ヒポカラーテス」ノ事」（約六ページ）の文章が掲載されているが、原本名の記載はない。この訳文は、明治期に入って最も早いヒポクラスについての紹介文ではなかろうか。

ついで、社員名簿として、社員一四一名（うち東京在住一〇〇名、地方が四一名）の姓名・住所がイロハ順に記載されている。ただし、地方勤務の軍医は鎮台名だけが記されている。社員には緒方惟準のほか、次のような当代著名の医師が名を列ねている。

伊藤方成・石黒忠悳・石井信義・石坂惟寛（広島鎮台）・林紀・林洞海・橋本綱維・長谷川泰・戸塚文海・土岐頼徳・小幡英之助・大沢謙二・樫村清徳・高松凌雲・田口和美・竹内正信・田代基徳・坪井為春・坪井信良・長与専斎・永松東海・桑田衡平・隈川宗悦・松山棟庵・松本順・牧山脩卿・小林義直・足立寛・安藤清軒・佐藤尚中・相良知安・阪井直常・佐々木東洋・桐原真節・三宅秀・島村鼎・杉田玄端ほか

(5)海水浴の説（医事会同社の第七会における緒方惟準の演説の抄録）　（原文はカタカナ、句読点と［　］内は筆者）

吾邦近年温泉の諸病に効あるを知て之に浴する者多し。然ども海水浴に至ては其良功あるを知る者鮮し。欧米各国に於ては夏時海水浴の行る丶実に盛大にして、和蘭のシケヘニンゲン、仏蘭西のブウログネ、独乙のワルネモユンデ、英吉利のブライツトン、伊太利のアヘネチー等其最たる者なり。而して其浴場の装置は各国大同小異なるも、其宏壮美麗なる言ふべからず。前には旅館軒を列ね、又浴客の徒然《つれづれ》を慰むる為に、歌舞、音楽、玉突等の設けありて、装置の完備せる実に間然［非難すべき欠点のあるさま］する所なし。余さきに帰朝後、大に海水浴の衛生上に欠くべからざるを悟り、之を設立せんと欲して屢々同志と相謀れども未だ宿志を達せず。曾て海水浴の医治功用を纂録して之を朝野新聞登載せり。爾後明治七年［一八七四］七月中旬、自ら相州七里浜に至り海水浴を試る事三週間、頗る其効験の著きを覚へ、冬間慣習の感冒症も其年に及で遂に発せざるを得たり。然れども此実験に依て海水浴の効験は全く其海水にのみ帰し難きを了知せり。故に今茲に先年纂述せし海水浴医治効用説の遺脱せる所を掲載し、以て列会の諸君に告ぐ、乞ふ幸に説の良否を判決せられよ。

海水浴の効験は第一海浜の空気に帰すべし。即ち実験に拠るに海浜に住する者は、其新陳代謝機活潑迅速となり、食欲増進して著しく体重を増加するを見る。仮令《たと》ひ暫時間海浜に在るも其効験の現著なるは、尿の科学的検査を以て之を徴知す。

此効験を有する海浜空気の性質は即ち（第一）温度にあり、夏間海水面より絶へず水蒸気を発するを以て其空気の温度は内地の空気に比すれば、稍低くして大に変換する事少し。是を以て海浜に居住するは頗る常習の感冒を根治するに無比の良法とす。且つ又其空気中には多量の塩分を含み、其他沃顚《ヨード》・貌魯密烏謨《ブロミウス》［臭素］を有するが故に、腺病家の腺腫を解凝するの効あり、（第二）風雨針の状況、海浜に在ては内地よりも其変換する事太だ多きが故に、気圧の変換を以て呼吸機及び（ママ、以下同）血行機を催進す、（第三）海浜の空気は内地に比すれば甚だ清潔にして、尋常腐敗物より生ずる有機物を含む事少し。

以上の如き海浜空気の性質を以てすれば、胸内形器の健全にして器質に変常なく又た血管系に疾患なき者には総て良効あるを知る。但し心肺の器質病には之に抗抵する事能はずして自ら其病を増悪し、或は卒中を発して斃るゝ事あり。蓋し海水浴は波動浴、冷水浴及び鉱泉浴の三効用あるが故に、（第一）刺戟興奮の功あり、即ち外部の血液を心肺、脳及腹臓に輻湊（輳）せしめ、次で速に抗抵機を起し以て外部の血管に充血を致す者とす。是を以心病或は血管病を患ふる者には海水浴甚だ害あり、是れ血液の灌漑に由て血管破裂し以て心肺脳等に出血を起せばなり、（第二）北海、南海に於ても海水の温度は大に差異ある事なく、即ち北海に在ては列氏の十五度乃至十七度にして、南海に在て二十度乃至二十二度とす。但し海中に入て海水の揺動すれば体部に寒冷を覚へしむる事河水浴よりも甚し。又微温の海水と雖ども其温度は尋常の冷水浴に等し。然ども其抗抵機を起すや、尋常冷水浴よりも太だ速かなり、故に又冷水浴の性功あり、（第三）海水は多量の格魯児塩《カリユウムエン》及硫酸塩を含有するを以て皮膚を刺戟し且つ波動に由て筋力を増進せしめ、浴後皮膚に赤色発温する事速なり。故に又鉱泉浴の性効あり。以上の理を以て考れば、海水浴を要すべきものは北海に浴するを最良とす〈空気海水の温度及塩分に関係するに由る〉。然ども虚弱家及知覚鋭敏の者に在ては南海に浴するを優れりとす。其故は北海或東海は常に風多く、天気の変換甚だ速にして海水及び空気の温度も南海或は内海に比すれば列氏三、四度の差異あればなり。海水浴は大抵各般の疾病に効験ある而已《のみ》ならず、又之に由て直に全癒する者多し。
海水浴の最も良効を奏すべき疾病は慢性の生殖器病、常習の感冒、諸般の神経病及び精神病、消化不良、鬱憂病〈坐業過労痔疾等に起因するもの〉、萎黄病、貧血病、脚気、僂麻質私《リウマチ》、痛風、骨瘍、腺腫等なり。
海水浴を禁忌すべき疾患は、胸腔、腹腔或は頭腔の器質病、酒客病、血管病、動脈瘤、熱国より来る旅人或は熱国より帰陣する軍人等なり。

（『刀圭雑誌』一一号、明治十二＝一八七九年、医事会同社）

海水浴定則

第一条　海水浴の時期は、七月より早かるべからず、九月より遅かるべからず。内海に在ては六月より剏《はじ》むるも可なり。
第二条　老人及び五歳以下の小児は海水浴を禁ず。唯海浜に居住して其空気を呼吸せしむるを良とす。
第三条　早朝に浴するは午前午後に於るより宜し。但し虚弱の人に在ては朝浴を禁ず。
第四条　一日二回浴するを禁ず。但し強健の人に在ては特別とす。
第五条　薄弱疲瘦の人は隔日一回浴すべし。
第六条　始終二十五回浴するを度とす［一か月に二五回の意味か］。
第七条　労動《ママ》後、発汗後或は炎熱の日には浴するを禁ず。但し炎熱の日と雖ども早晨に浴するは害なし。
第八条　浴後は直に浴衣を以て身体を乾拭し、殊に頭部を能く拭ひ乾し、皮膚に常温を発するまで適宜に運動すべし。
第九条　食後直に浴するを禁ず。
第十条　海水浴を恐怖する人、神経質の人及び小児に在ては、初め海水を微温となし漸次冷浴に移らしむ、之を海水内浴と云ふ。而後海中に入て浴せしむ、之を海水外浴と云ふ。

第十一条　朝夕は厚衣を着して温覆し、日中は薄衣を着して皮膚の甚しき蒸発機を防ぐべし。

第十二条　海水浴療養中は滋養強壮の摂生法を践守せしむべし。海水浴に内浴、外浴二法の外、又灌水法なるものあり。是れ頭上六センチメートル乃至一メートルの高処より海水を灌注するものなり。また喞筒《ポンプ》を以て海水を患部に灌注する法あり。又海水を布片に蘸《さん》［ひたす］して患部を洗滌し或は之を緊絞して患処を摩擦する法あり。又逆上症には脚浴と為す法あり。其他諸法ありと雖ども一々条挙せず、宜く浴場医師に就て審聞すべし。

海水浴の初頭に於て間々健康を妨ぐるも敢て大害を招く事なく、速に恢復するものなり。例えば腺病性の小児、海浜に来るの初日に於て、諸腺腫脹し、又或人に在ては一、二回の浴後、各部に発疹する者あるが如し。然れども是れ即ち海浜の空気若くは海水浴の奏功する前兆にして必ず意とするに足らず。然る時は唯尋常に微温湯浴を施し、気中に適宜の逍遥をなさしめ、食餌減節法を行へば忽にして消散すべし。又虚弱、貧血の人に在ては頓に疝痛を発し或は下利《痢》を起す事あるも、加密児列《カミツレ》浸を与へ、皮膚の乾摩擦法を施せば速に治すべし。又頭痛、歯痛を発し或は胸内の窘迫《きんぱく》［困難にせまり苦しむこと］を覚る人ありと雖ども、是れ海水浴に習慣せざるに由る。故に習慣すれば右の諸症発せざるに至る。之を要するに海水浴を行ふの前、暫く海浜に住居せしむるを最良法とす。

以上海水浴の説を縷述するも、当夏は舞妓《子》［神戸市］浜に於て更に自ら試験し、若し得る所あれば速に広告せんとす。請ふ諸君も亦海水浴適応の患者を送て実験あらん事を。

（『刀圭雑誌』一二号、明治十二＝一八七九年）

### (6)本邦ニ一定ノ局方ナキハ医道ノ欠典《ママ》タル説

緒方惟準

方今我邦文運ノ隆盛ナル学芸ノ旺昌ナル駸々乎トシテ日ニ開ケ月ニ進ミ医学ト云ヒ法学ト云ヒ理学ト云ヒ工学ト

云ヒ諸芸百科ノ学術盡ク其奥義ヲ極メ其微妙ヲ闡《ひら》カサル無シ就中我医学ノ如キハ最モ上位ニ達セル者ニシテ之レヲ研究スルニ学校病院等ノ設置アリ之レヲ論弁スルニ雑誌新聞等ノ編著アリ加之欧米各邦ニ留学セシ医学士モ亦其人ニ乏シカラスシテ専ラ後進ヲ誘導セン事ヲ務ム実ニ至矣盡矣ト謂フ可シ医道ノ擴張此ノ如シト雖トモ世ノ医家者流ヲ視ルニ毫モ至重ノ要件ヲ顧慮セサル者アリ何ソヤ局方ヲ一定セサル是レナリ今試ニ之レヲ論セン上ハ堂々タル官立病院ヨリ下ハ市井ノ医師ニ至ルマテ概ムネ欧米諸邦ノ局方ヲ検別セスシテ其調剤ノ際薬品ノ何邦局方ナルヤヲ問ハス甚キハ局方ノ何タルヲ察セサル者ナキニ非ラス豈ニ慨嘆セサル可ンヤ抑モ各邦局方ノ差異アルハ余輩ノ喋々ヲ待タサル所ナリ然ルニ今其検別ヲ為サスシテ互ニ混用シ毫モ顧慮セサルカ如キ者ハ果シテ如何ソヤ其差異論スルニ足ラストスル乎妄モ亦甚シト謂フヘシ今二三ノ薬品ヲ掲テ以テ其差異ヲ示サントス

民埀列利精《ミンデレリセイ》中ニ含メル醋酸安母尼亞《アンモニア》ノ量

独　十四乃至十五プロセント

蘭　二十二、五乃至二十三プロセント

英　十四プロセント

仏　十七プロセント

米　六プロセント

沃度鉄舎利別《ヨオドテツシャリベツ》中ニ含メル沃度鉄ノ量

独　五プロセント

蘭　二十プロセント

英　五、五プロセント

仏　〇、五プロセント

米　九、五プロセント

刺宇達紐謨《ラウダニュム》中ニ含メル莫爾比涅《モルヒネ》ノ量

独　一プロセント

蘭　一、五乃至一、六プロセント

英　一プロセント

仏　一、二五プロセント

米　一プロセント

各邦局方ノ同シカラサル此ノ如シ豈ニ之レヲ顧慮スルニ足ラスト謂フヲ得ンヤ若シ夫レ之レヲ検別セス独医方ヲ学フ者ニシテ蘭局方ヲ用ヒ英医方ヲ学フ者ニシテ仏局方ヲ用ヒハ必適ノ薬品ト雖トモ配量宜キヲ得スシテ其功ヲ奏セサルハ智者ヲ待テ後知ラサルナリ然ルニ医家或ハ其配量ノ誤レルヲ察セス至良ノ薬品ヲ徒費濫用シテ若シ其功ヲ獲サレハ罪ヲ薬品ノ不良ニ帰スルニ至ル徒費濫用ノ弊猶恕スヘシト雖トモ其用量ノ過失ヨリシテ貴重ノ人命ヲ愆ル無キヲ証シ難シ局方ヲ検別セサルノ弊害其レ又ナラスヤ

曾テ一医ノ蘭方ヲ修ムル者アリ民埡列利精ヲ一患者ニ用ヒント欲シ薬舗ヨリ購ヒ来テ其何邦局方タルヤヲ検セス之レヲ投与シ反覆服用セシムレトモ其効ナキカ故ニ始テ疑惑ヲ生シ其壜ヲ検セシニ米局方ニ拠ル者ナリシト幸ニ民埡列利精ナルカ故ニ唯功ナキ而已ニシテ已ムト雖トモ若シ劇烈ノ薬品ナラハ不測ノ危険ヲ生シ生命ヲ殞スニ至ルモ亦知ル可カラス豈ニ戒慎セサル可ンヤ

此説ハ曩ニ東京医事新誌記者ノ喋々弁論セシ所ナリシカ頃日聞ク所ニ拠レハ内務省衞生局ニ於テ不日ニ日本局方ヲ撰定シ医士薬舗等ヲシテ一定ノ局方ヲ践守セシム可キノ議アリト余輩固ヨリ其発令ノ一日モ早カラン事ヲ渇望スト雖トモ此学タルヤ大ニ外交ニ関渉スルヲ以テ其何レノ日ニ決定スルヤヲト知スル能ハス苟モ医タル者坐シテ

其発令ヲ待ツヘキ非ラサルナリ故ニ爾来互ニ注意シテ内務省免許ノ薬舗ニ謀リ独医方ヲ修ムル者ハ専ラ独局方ニ従ヒ蘭医方ヲ修ムル者ハ蘭局方ニ従ヒ英仏米ヲ学フ者モ亦各其局方ニ従ハ、至良ノ薬品ヲ徒費濫用シ貴要ノ人命ヲ愆ルノ弊害ナク我医学上ニ於テ一層ノ光栄ヲ増サン事ハ列会ノ諸君ニ冀望《きぼう》スル所ナリ諸君幸ニ余カ言ノ不遜ナルヲ咎ムル勿レ

（『刀圭雑誌』八号、明治十二＝一八七九年）

## (7)大阪興医学社附属教場規則

第一章　通則

第一条　本場ハ普通医学及ヒ薬学ノ速成ヲ要スル者ヲ教授スル所トス

第二条　品行端正体質強壮年齢満十八年以上ニシテ普通ノ和漢学及ヒ数学ヲ修メタル者ヲ以テ入学合格トス

第三条　毎年九月ヲ以テ入学ノ定期トス

但シ臨時入学ヲ請フ者アレハ其学力ヲ試験シ相当ノ学期ニ編入スル者トス

第四条　本則ノ課程ヲ履マスシテ一二ノ学科ノミヲ聴講セント欲スル者ニハ傍聴ヲ許ス事アルヘシ

但シ傍聴生ト雖トモ総テ本場ノ規則ニ準スヘキハ勿論ナレトモ第三条但書ニ記スル所ノ試験ヲ要セス

第五条　入学ヲ請フ者ニハ左ノ書式ニ照準シテ入学願書及ヒ履歴書ヲ出サシム

入学願書式（用紙半紙）

入　学　願

私儀貴場第何期学科へ御編入被下度（或ハ何学科傍聴仕度）此段願上候也

族　籍

年月日　　姓　　名

年月日生

大阪興医学社長何誰殿

履歴書式（半紙ヲ用ヒ本人自書スヘシ）

履　歴　書

和漢学

何年何月ヨリ何年何月マテ何学校又ハ何誰ニ就テ何々ノ書修学

数　学

何年何月ヨリ何年何月マテ何学校又ハ何誰ニ従ヒ何々ヨリ何々マテ修学

（洋書又ハ医学ヲ修メタル者ハ上文ニ準シテ詳記スヘシ）

右之通ニ候也

年月日　　　姓　名

第六条　入学ヲ許シタル者ニハ本社々員若クハ府下在住ノ身許確ナル戸主ヲ以テ証人トナシ左ノ書式ニ倣フテ証書ヲ出サシム

証　書　式（美濃紙ニ認メ印紙ヲ貼用スヘシ）

証

私儀貴場ヘ通学中ハ諸規則堅ク相守リ課業ヲ勉励可仕且受業料（ママ、以下同）ハ毎月五日マテニ遅滞ナク相納メ可申候仍テ証書如件

族　籍（戸主ニアラサレハ誰何男又ハ弟等）

現在住所

年月日
姓　名　印
年月日生

右之者通学中本人ニ係ル一切ノ事件ハ拙者引請可申候也

年月日
宿　所
証人（本社々員）　姓　名　印
何年何月

大阪興医学社長何誰殿

第七条　受業料毎月金五拾銭ト定ム
　但シ本社々員ノ保証ニ係ラサル生徒ハ束脩金一円且ツ受業料毎月金一円ヲ納ムル者トス
第八条　受業料ハ毎月五日マテニ其月ノ全額ヲ収ムル者トス
第九条　一ケ月中一日タリトモ聴講シタル者ハ欠席除名若クハ退学スルモ既納ノ受業料ヲ返付セス
第十条　年中休課ノ定日左ノ如シ

年　初　　自一月一日至同七日
日曜日
大祭祝日
冬夏学期間休課　自二月十六日至同廿八日（廿九日）
暑中休課　自七月十六日至八月卅一日
年　末　自十二月廿五日至同卅一日

第二章　教　則

第十一条　本場ニ於テ教授スル所ノ学科目左ノ如シ

物理学

化　学

解剖学

組織学

生理学

内　科

内科通論　内科各論　理学的診断法

外　科

外科通論　外科各論　繃帯及手術式

薬剤学及調剤学

眼　科

産科及ヒ婦人病学

第十二条　総学期ヲ三年トシ之レヲ分テ三冬期三夏期ノ六期トス

第十三条　冬期ハ九月一日ヨリ翌年二月十五日ニ至リ夏期ハ三月一日ヨリ七月十五日ニ至ル

第十四条　教授時間ハ毎日午後三時ヨリ同五時ニ至ル

但シ時宜ニ依リ変換スル事アルヘシ

第十五条　各学期ニ於テ授業スル所ノ学科課程及其毎週時間左ノ如シ

第一期（第一冬期）

物理学六時　化　学三時　解剖学三時
第二期（第一夏期）
化　学六時　解剖学六時
第三期（第一冬期）
組織学三時　生理学九時
第四期（第二夏期）
内　科六時　外　科六時
第五期（第二冬期）
内　科六時　外　科六時
第六期（第三夏期）
薬剤学及調剤学五時　眼　科二時　産科及婦人病学五時

第三章　試験則

第十六条　毎期ノ終ニ於テ試験ヲ施行シ其学期中教授シタル所ノ各科ヲ試験スル者トス
第十七条　試験委員ハ其科ノ教員之ニ任ス
第十八条　試験ハ各科ニ五問題ヲ与ヘテ二時間ニ之ヲ答記セシム
第十九条　試験対策ニハ各自ノ姓名ニ代フルニ番号ヲ以テス即チ受験生徒ハ試験前予《あらかじ》メ幹事ニ就テ番号ヲ記シタル封筒ヲ採リ其内ニ自己ノ名刺ヲ入レ封シテ之ヲ筐中ニ投シ置クヘシ其番号ヲ以テ各自ノ対策番号トス
第二十条　試験委員ハ其対策ヲ調査シ其点数ヲ評決シテ之ヲ幹事ニ廻ス者トス
第廿一条　幹事ハ其点数ヲ得タル後封筒ヲ開キ対策番号ト姓名トヲ照査シ其成蹟《ママ》ヲ掲示スル者トス

第廿二条　毎科百点ヲ以テ満点トシ六十点以上ノ者ヲ及第トス
第廿三条　諸科ヲ通算シテ九十五点以上ニ昇ル者ニハ賞品ヲ与フル事アルヘシ
第廿四条　落第シタル者再試験ヲ受クルヲ得
　但シ再試験ハ総テ其科ノ全部タルヘシ
第廿五条　再試験ハ次回学期ノ終リ或ハ第三次学期ノ始ニ於テ之ヲ施行スル者トス
第廿六条　及第シタル者ニハ毎科ニ授業証書ヲ与フル者トス
　但シ二学期ニ渉ル学科ハ全部及第ノ後ニ之ヲ与フル者トス
　　授業証書式

番号

授業証

族籍

何学科　姓名

年月日生

右学科大坂興医学社附属教場ニ於テ何年何月ヨリ何年何月マテ授業候也

年月日

教員　姓名　印

社長　姓名　印

印割

第廿七条　臨時ニ入学シ一学科ノ半途ヨリ聴講シタル者及ヒ傍聴生ハ授業試験ヲナスノ限リニアラス

大坂興医学社附属教場生徒心得

第一条　本場ハ本社々員ノ義捐金ヲ以テ維持シ役員教員等皆義務ヲ以テ従事スル者ナレハ通学者常ニ之ヲ銘記スヘシ

第二条　徳義ヲ重シ礼譲ヲ厚クシ苟モ生徒ノ風儀ヲ紊ルヘキ言行アルヘカラス

第三条　自己ノ課業ヲ怠ルヘカラサルハ勿論他生徒ノ勉強ヲ妨クヘキ挙動アルヘカラス

第四条　入場ノ節ハ常ニ袴或ハ羽織ヲ着スヘシ

但シ洋服ニテモ苦シカラス

第五条　日々出席ノ節帳簿ニ出席印ヲ捺スヘシ

第六条　課業時間ノ報告ニ応シ講堂ニ着席シ教員出席ノ節ハ必ス敬礼ヲ表シ講義終テ教員退席スルノ後順整ニ席ヲ離ルヘシ

第七条　講堂ニ於テ実物等ヲ示ストキハ席次ヲ逐フテ静ニ閲覧スヘシ

但シ事故アリテ講義中退席セント欲スル者ハ教員ノ許可ヲ受クヘシ

第八条　講義中疑義アルモ講義終ルマテハ質問スルヲ許サス

第九条　事故アリテ証人ヲ換ルトキハ速ニ其手続ヲナシ又本人若クハ証人其住居ヲ転スルトキハ速ニ届出ヘシ

第十条　病気又ハ已《やむ》ヲ得サル事故アリテ欠課五日ヲ越ル者ハ保証人連署届出ヘシ無届欠課三週ニ及フトキハ除名スル者トス

但シ一回除名シタル者ト雖トモ其情実ヲ酌量シ更ニ入学ヲ許ス事アルヘシ

第十一条　病気全快出席ノ節ハ其旨ヲ教員ニ申述フヘシ

第十二条　本場ノ書籍器械家屋等ヲ汚穢シ又ハ毀損シタルトキハ相当ノ代価ヲ以テ之ヲ償ハシム

但シ証人連署其事実ヲ記載セシメ之レヲ酌量スル事アルヘシ
第十三条　各自受業ノ講堂ヲ除クノ外猥リニ他室ニ入ルヲ許サス又講堂内外ノ別ナク談笑騒擾スルヲ禁ス
第十四条　講堂ハ勿論溜所外ニ於テ飲食喫煙スルヲ禁ス
第十五条　帽子其他ノ所持品ハ溜所ニ置クヘシ傘履ノ如キモ取締ナキ場所ニ放置スヘカラス
第十六条　以上ノ条規ニ背ク者ハ除名シ若クハ退学ヲ命スル事アルヘシ

［注］本資料は小冊子で、末尾に「明治十八年十月十二日　府下東区伏見町壱丁目二番地　寄留　堤守庸」と墨書があるので、明治十八年刊のものと思われる（京都府立医科大学附属図書館蔵）。なお『大阪興医学社月報』第一号は同年六月刊である。

## (8) 陸軍医務沿革史

学舎長　緒方惟準講述

陸軍医務沿革ハ浩汎ニシテ、一朝論了スル克《あた》ハザルヲ以テ戦時ニ関セル衛生員看護人ノ沿革ヲ論ズベシ。而シテ其外国ノ医務ヲ論ズル前ニ日本ノ医務ヲ論ズベシ。陸軍医務ハ一般ニ云ヘバ、ミリタリルヒギー子《ネ》 militaire hygiene = hygieae line ナリ、訳シテ云ヘバ陸軍衛生事務ノ義ナリ、又仏ニテハ sante militaire ト云ヘ、英ニテハ militaire sanity、独乙ニテハ militaire sanität、蘭ニテハ militaire gesondheid ト云フ。陸軍衛生事務ハ往古ハ漠トシテ不明ナリ。天正元亀ノ間ノ事モ穿鑿スル克ハズ。幕府ノ末年ヲ去ル五十年前ニハ、外国ヨリ砲術等ノ火術輸入シ、藩ニヨリ練兵ヲ始メリ。其時ハ外国ニ倣ヒ医ノ欠ク可ラザルヲ知リ、幕府講武所ニ於テ医二三名ヲ附セリ。然レドモ是レ平時ノ病ヲ療スルノミニシテ不規則ナリ。今ヲ距ル三十年前長崎ニ外国教師ヲ延キ榎本［武揚］、勝［海舟］諸氏海軍軍務ヲ伝習セリ、其節蘭ヨリドクトルポンペヲ日本政府ニテ雇入レタリ。此時松本［順］氏幕府ノ命ヲ以テ長崎ニ往キ医学ヲ伝習セリ。然レドモ一般医事ヲ教ヘシ者ニシテ、始テ七科ヲ講ジ、旁ラ一般患者ヲ療セリ。即チ養生所ヲ立テ、之ヲ行ヘリ。其際外国ニ於テハ軍隊ニ医士附属シ、戦時ニ従事スルト云フコト即チ軍医ノ事ハポンペ氏ノ話ニヨリ知リ得タリ。余モ二十八年前長崎ニ遊学シ軍医ノ話ヲ聞キ、其官制ニ総監、医監、医正等ノアルヲ聞キタリ。爾後星霜ヲ経テ戊辰《（一八六八）》ニ至リ各藩ニ於テ藩兵ヲ出セシガ其一組ノ兵ニ医士一、二名附シ出張セリ。是レ予等軍隊ニ医ノ附シタルヲ知ル嚆矢《こうし》ナリ、然レドモ其方法ハ甚ダ不規則ニシテ負傷者アルトキ之ヲ療スルノミナリ、爾後明治元年［一八六八］七、八月頃江戸ヲ東京ト称シ、奥羽ニ負傷セル者其七、八月間ニ帰京セリ、其節下谷ノ病院ニ入院セシメ所置《ママ》セリ、此時日本人ノミニテハ不充分ナルヲ以テ英ヨリ「ウリス［ウイリス］」氏ヲ聘シ、予之ヲ督シ、十一月頃迄治療セリ、此時ウリス氏ヨリモ戦時衛生事務ノ話ヲ伝聞セリ、幾バクモナク軍務官廃セラレ兵部省立チ大村益次郎兵部大輔トナリ、当時戦已ニ止ムモ、各藩ニ於テ何時戦争始マルモ知レザルニヨリ、日本ノ中央ナル大坂ニ兵隊ヲ置キ、ボードヱン氏ヲ招キ軍事病院ヲ建テリ、即チボードヱン氏ヲ招キタルハ明治二年二月ニシテ、大坂府ニ一般治療ノ旁ラニ軍隊医務ヲ講義セシメタリ、此時氏ハ各大隊ニ大尉相当一人、中少尉相当三名ヲ附スルヲ良トスト云ヘリ、而シテ兵ヲ講ズル一大隊出来タルトキ医官四名ヲ附セリ、然レドモ此時其医官ハ病院ニ勤務シ当直副直ヲ分ケ旁ラ隊ニ行キ朝診断ヲ行ハシメタリ、其朝診断ノ仕方ハボードヱン氏伝習セリ、即チ綿密ナル診断ハ出来ザルヲ以テ、病ノ真偽ヲ判ズルヲ以テ主トナシ、爾後一月ヲ経テ病兵日報ヲ製シ毎日隊長ニ出スコトトナセリ、次デボードヱン氏ヨリ徴兵ノ件ヲ申出シ、兵部省ニ建議シ大村益次郎大ニ之ヲ賛セリ、因テ此時余大島［高任か、当時大学大助教］、市川［兼恭］、原田［一道］三氏ト共ニ徴兵ノ起原ヨリ一切ノ事務ヲ調査セリ、是ニ於テ余ハ軍医ノ徴兵医務緊要ナルヲ以テ、撰兵論ヲボードヱン氏ニ委《まか》シ講義セシメタリ、爾後余ハ合格不合格ノ病名ヲ翻訳シ軍務必携トシ著述セリ、尋《つい》デ兵学寮ヲ建テラレ各藩ノ年少者ニシテ軍務ニ□アル者ヲ教授スルコトトナリ、此時裸体ナラシメ始テ体格ヲ検査セリ、即チボードヱン氏之ニ立会教受《ママ》セリ、之レ撰兵ノ濫觴《らんしょう》ナリ、次デ病兵除隊ノ方法ヲ同氏ニ質問セシニ蘭国ニ於テハ二様アリ、一ハ一時役ヲ免ズルト、一ハ全ク除隊スルトナリ、除隊ニハ此法ナカル可ラザルヲ説キタレドモ、日本ニ於テハ一時免役ハ行ハレザリキ、此時ヨリ軽症脚気症ハ軍隊ニ随分多ク流行セリ、爾後氏ヲシテ軍陣外科学ヲ講ゼシメタリ、此時始テ大綳帯所小綳帯所傷者ヲ救助スル看病人等アルヲ聞タリ、当時南北米国戦争ノ報告書来ルヲ以テ之ヲ氏ニ講ゼシメリ、即チ野営医典是ナリ、其後軍陣衛生学ヲ講ゼシメタリ、此亦一般ノ衛生学ヲ除キ軍陣ノミノ衛生学ヲ略論セシメタリ、即チ兵営ノ建方、兵ノ食物、病院ノ建方等ノミヲ論ゼリ、是ハ明治四年迄ニ終レリ、明治三年ノ頃、豊後ノ日田ニ一揆起レリ、此時始テ外国ノ法ニ倣ヒ医官ヲ附シ軍陣衛生ヲ処理セシメントシ、堀内利国ヲ大隊医官トシ、アンビランスヲ携行セシメ、大小綳帯所ヲボードヱン氏ノ講義通リニ設置セントセシガ、一揆大隊行クヤ散乱セルヲ以テ之ヲ果サザリキ、後チ長州騒動ノ時モ小綳［帯］所位ヲ設ケリ、明治四年三月、ボードヱン氏ヲ解傭シ和蘭一等軍医ベウケマ氏ヲ傭ヒ大坂軍事病院ニ於テ治療セシメ兼テ医官ヲ講義セシメリ、此時軍陣外科、軍陣衛生及ビ撰兵法ヲボードヱン氏ヨリ聊カ綿密ニ講義セシメリ、爾後明治四年十一月文部ノ傭ホフマン氏〈此時兵部省ハ東京ニ移リ松本氏軍医頭トナレリ〉ヲ松本氏東京ニ於テ傭ヒ、東京ノ医官ニ理学的診断法ヲ教授セシメリ、然レドモ之レ誠ニ暫時ニシテ止ミタリ、爾後明治六年三月ニ至リ大坂ノブッケマ氏ヲ東京ニ招キ、今ノ東京鎮台病院ノ旁ニ軍医学校ヲ設ケ軍医生徒ヲ募リ、該生徒前後合セテ三十九名ヲ集メ、同氏ニ専ラ軍隊ノ特科学ヲ教ヘシメリ、即チ軍陣外科、軍陣衛生及ビ撰兵論ヲ反覆講ゼシメリ、次デ明治十三年［一八八〇］迄之ニ従事セシメタリ、此間ニ於テ陸軍省建設来、軍医寮立チ程々《ほどほど》ノ変動起リ、遂ニ十年ノ役［西南戦争］ニ至リ、始テ略《ほぼ》完全ノ戦時衛生法行ハレタリ、即チ大隊ノ医官人員ヲ定メ並ニ旅団、軍団ノ病院ヲ設ケタリ、此時博愛社ヲ立テ外国ノ十字社ニ倣フコト余ヨリ奨励シ、佐野［常民］氏始テ之ニ従事シ戦地ニ出張セリ、故ニ十年ノ役ニ於テ始テ軍陣衛生行ハレタリ、又外科ノ進歩シタルハ十年戦役ノ賜物ト云フベシ、爾後学問上ニ於テハ明治八年十一月ニ官費生ヲ文部省ニ依頼シタリ、之ニ旁ラ軍医生徒ノ名ヲ附セリ、軍医学校ノ生徒ハ十年二月、悉ク卒業シ、以後ハ文部省ニ依頼スルコトトシ、該生徒ヲ廃シタリ、然レドモ其人員十名位ニシテ不充分ナルヲ以テ、更ニ講習生ヲ集メ五ケ月間軍医学ヲ教ヘ三等軍医ニ任ジタリ、爾後当総監［橋本綱常］ニ至リ前ノ如ク学校ヲ建テザル可ラザルヲ以テ、陸軍軍医舎ヲ置レ、該学舎ニ於テ文部省ニ依頼セル生徒并ニ下士及ビ在来ノ医官ヲ教授スルコトヽナレリ、故ニ元亀天正［織田信長時代］ノ時ノ事ハ不明ナリ、此時戦時衛生法アリシヤモ知レザレドモ、之ヲ探ルニ由ナシ、又三十年前ノ事モ前記ノ如クナリシガ、現今如此盛大ニ至リタルハ実ニ快挙ト云フベキナリ。

各国戦時衛生事務

衛生事務ハ頗ル浩汎ナルヲ以テ、主トシテ戦時ニ係ル衛生事務ヲ論ズ。之ヲ論ズルニ、リヒテル氏ノ軍陣外科書中ヲ抜粋引用セリ。

戦時衛生員及看護人沿革史

各国共ニ前世紀ノ間ノ戦争ニ於ケル陸軍ノ治療上成績ヲ考フルニ、実ニ非常ニ不充分ナリ。衛生部ノ編成ノミナラズ陸軍医官及陸軍外科医ノ学問モ実ニ不完全ナルコト推シテ知ルベシ。普国《プロシア》軍隊ニ於テハ普《あまね》ク人ノ知ル如ク、今世紀ニ至ル迄ノ処ハ各中隊ニ軍医若クハ外科医者附属セリ、之ヲ中隊下等軍医ト称ス、又外科医者ハ中隊外科医ト称セリ。是レ最モ不充分ノ医者ナリ、即チフレデリヒウヱルヘルム《菲徳黎維廉》第一世 frederich wilhelm ノ時代及菲徳黎大王ノ時代ニ在テハ下等軍医、中隊外科医ノ名アルハバルビイル即理髪師ナリ、故ニ教育学問共ニ不完全ナリ、普国ノミナラズ何レノ国モ此理髪師ヲ用ヘリ、普国ニテハ戦時ニハ内国ノミナラズ外国ヨリモ理髪師ヲ傭ヒ、下等軍医ノ名ヲ附セリ。是レ戦時患者陸続多キヲ以テナリ、其医ハ如此鄙人ナルヲ以テ当時ノ陸軍主長ノ取扱モ至テ薄ク医ノ取扱ヲナサザリシ。故ニ理髪師ノ従事ヲ望マザルモノモ圧制ヲ以テ採用セラレタリ。如斯理髪師ナルヲ以テ小外科術モ十分ニナシ得ザリシ。然ルニ、フレデリヒ維廉第二世ノ時代ノ戦争ニ至リ、理髪師大ニ実地経験ヲナセルヲ以テ其中ヨリ聊カ学識アル外科医輩出セリ。是レ普国ノ歴史ニ徴シテ明カナリ。故ニ此学識アル理髪［師］中ニテ学科ヲ学ビ少シク智識ノ高キ者ヲ聯隊下等軍医ト名ケタリ。尚ホ抜擢シタル者二、三名アリ、之ヲ聯隊上等軍医官ト称セリ。下等軍医ハ漸次進歩シタルモ尚ホ外科内科ヲ兼施スル克ハザリキ。即チ外科ノミヲナセリ。然レドモ斯ク少シク進歩シタルハ維廉第二世ノ庇護ニヨルナリ。如此不充分ナルハ普国ノミナラズ、他ノ交戦国ニ於テモ之ニ異ナラザルナリ。各国中特リ仏国ハ聊カ擢タル者アリ、千七百四十七年ノ時、仏ノbrest toulon metz strassburg lille ノ五所ニ於ケル病院ニ於テ陸軍外科及薬物学ヲ教授セリ、故ニ仏ノ軍隊ニハ聊カ学識アル外科医附属セリ。然ルニ爾後戦争絶エテ長キ間静謐ナリシヲ以テ、外科ノ戦争ノ間ニ進歩シタリシモノ、今ヤ地ヲ払フテ空キニ至レリ。故ニ外科ノ学問ハ再ビ不完全トナレリ。爾後俄ニ戦争始マリシガ、負傷者ヲ救助スルニ一人モ良医ナカリシ。即チ何レノ国ニ於テモ皆ナ無経験ノ者ナリ。而シテ普国ニ於テハ不充分ノ医ヲ用ヘタルハ千七百九十二年乃至九十五年ノ間ナリ。此間ノ戦争ニ当リ不充分ノ医ヲ取リタルハ聯隊上等軍医官及外科医二百七十八名、下等外科医千八百名ナリシ。然レドモ此時ノ下等軍医ハ中隊下等軍医ノ如キ下等ノ者ニアラズ、単ニ下等外科医ト称セリ。即チ千七百八十八年ニ此名ヲ附セリ。戦争止ミタル後ハ此医ヲ廃シ軍隊ノ医師寡少トナレリ。因テ止ムヲ得ズ医ヲ募ラザルヲ得ザリシモ精撰ノ法ヲ用ヘズ頗ル不充分ノ撰方ナリ。故ニ諸国ヨリ理髪師大ニ集合セリ。然レドモ止ムヲ得ズ焦眉ノ急ヲ救フガ為ニ之ヲ採用セリ。如此漠然タル撰方ニテ取リタルヲ以テ、千七百九十五年ベルリンニ於テ、pepiniere 即チ医学所ヲ建設セリ［注：Pepiniere＝ベルリン軍医学校、一七九五年設立］。又其数年前ドレスデン、コッペンハーゲン、ウエレナ、魯国ノペートルスボルグニハ理髪師ノ為ニ已ニ医学所ヲ建テリ。其医学所ヲ建テタル目的ハ不完全ノ理髪所（師）ヲ教育シ病院并ニ軍隊ニ於テ可成良ナル医ヲ養成センガ為ナリ。尋デ普国ニ於テハ此目的ノ為ニ、除隊シタル下等軍医ヨリ五十名ヲ病院ニ附シ病院外科医トナセリ。其外科医ヲ監視并ニ指揮スル為ニ、此中ヨリ七名ノ上等軍医若クハ上等外科医ノ者ヲ附シテ之ニ属セシメタリ。夫ヨリ普国ベルリンノシヤリテー charete〈訳シテ云ヘバ、一般普通ノ学舎ナリ〉、老廃院 invalidenhaus［傷痍軍人収容所、養老院］、陸軍病院 militaire lazareth［正しくは Lazarett］ノ三所ニ於テ外科実地ヲ教授スルニ至レリ。斯ノ如キ所ニハ程々ノ材料アリタルニヨルナリ。次デ生徒ノ数増加シテ八十一名ニ至レリ、且其学説実地モ共ニ進捗スベキ機会ヲ得ルニ至レリ。然レドモ是ハ外科専ニシテ尚ホ内科ハ教ヘザリシ。爾後次第ニ内外科ヲ兼学セシムベキノ意ヲ生ジ、大ニ此事ニ傾向シ、一人ニシテ内外科ヲ兼習セシムル様ニ施行シ、大ナル効績ヲ得、平時ニハ平病モ取扱フニ至レリ。是ニ於テ独乙ニ於テハ此時代迄ハ内外科ヲ兼習セザル理髪師ナルモノ内科モ兼習スルニ至レリ。此学科設置後、初十年間ハ医学所ニ入リ内外科ヲ兼習スルニ預《ママ》備学ヲ要スル精神ナカリシヲ以テ預《ママ》備学ナキモノヲ入レタリ。即チ中学校卒業ノ者并ニ卒業セザルモノモ入学セシ［メ］リ、且中学ノ下級科ヲ卒業セルモノモ入学セシメリ。加之《しかのみ》ナラズ生徒ノ欠乏スルトキハ千八百五十六年迄ノ戦地病院ニ於テ実験シ、外科術ノ出来ル者ハ理髪師モ入学セシムルコト、ナレリ。然ルニ爾後独乙ニ於テハ国政并ニ兵制上ニ大改革アリ、殊ニ千八百十一年医政ニ付キ一大変動ヲ起セリ。即チ普国帝ヨリ命アリ曰ク、外科術ト理髪師ト分離スベシト、是迄理髪師ハ規則アリシヲ以テ分離シ難カリシガ、此時ニ至リ始テ分離セリ。其組合規則ハ理髪ノ株アリ、其株ヲ売レバ同時ニ外科術ヲ行フノ権利消□ストノ法律ナリシ。分離法ヲ行ヒ如此圧制ヲ掃除セシ以来、外科術ハ勿論、学問モ進歩スルニ至レリ。故ニ外科医トナルニハ高尚ノ学識ヲ備ヘザル可ラズ、且行務モ重大ナルヲ負担セシメリ。之ガ為ニ外科学ヲ学ブ者モ遅々セズ競フテ勉学セリ。此時ト同時ニベルリンニ大学、イニヘルステート［欄外：universitet］ヲ置ケリ。之ト同時ニ従来内外科医学会 das collegium medicochirurgicum ヲ開設シアリタルモノハ大学ニ合セリ。医学会ニ於テ研学シ試験ヲモ此会ニ於テ受ケタリシガ、此時皆ナ大学ニ合併セリ。其合シタル主意ハ医学所ニ於テハ充分ノ学問ヲナス克ハザルヲ以テ本邦ニ於テ軍医生徒ヲ文部医学部ニ依頼シタルガ如ク、生徒ヲ大学ニ合シタルナリ。此時大学ニ依頼シテ学問セシメシモ尚不充分ナルヲ以テ、又陸軍ニ於テ医学所ノ旁ニ内外科専門学校ヲ設ケ、内外科及外科ヲ専習スルニ堪ユベキ者ヲ取リ、其教授及試験ヲ該学校ニ負担セシメリ。爾後此専門学校ハ大学ト親密ノ連合ヲナセリ。是レ尋常ノ交際ノミナラズ生徒ノ実地演習ヲ大学ニ於テナシ得ル権力ヲ握ラシメリ。故ニ軍医官ハ実験ニ富ミ学科進捗シ年々卒業証ヲ与ヒ充分学識アル医ヲ採用スルヲ得ルニ至レリ。

［欄外：八月九日］

如此軍隊ノ医士並ニ外科医ヲ養成セシモ医学所ト専門学校ノミヨクスルヲ以テ一小部ヲ充スノ医員ニ過ギザリシ。殊ニ千八百十三年ニ至リ後備軍ヲ編成セシ為ニ軍隊ノ数大ニ増加シ、前ニ比スレバ四倍ノ軍隊トナレリ。故ニ医士ニ欠乏ヲ告ゲ、凡ソ二千人程ノ医ヲ要スルニ至レリ。之ヲ教育スルニ大ニ困難ヲ極メリ。其困難ハ人ニ乏キノミナラズ、当時各人兵籍ニ入ルノ愛国心ヲ生ジ、皆ナ兵器ヲ取リ敵ト戦ハンコトヲ切望スルヲ以テ、医士トナリ出戦スルヲ欲セズ、故ニ教育一層困難ヲ醸シ、外科医ヲ採用スルモ平時来ノ条約ヲ守ラシムル克《あた》ワザリキ。□□テ苟《いやしく》モ外科医ノ名アルモノハ善悪ヲ問ハズ悉ク採用シ、二、三週間外科術ヲ学バシメ又病院ニ就キ手術ヲ習学セシメ服役義務ヲ負ハシメリ。而シテ其中ヨリ中隊外科医若クハ病院外科医ノ任ヲ与ヘリ。如此不完全ノ法ニヨリ辛フジテ二千人ノ欠乏ヲ補フヲ得タリ。此時フライハイツ、キリーグ自由戦又ハ独立戦 fereiheitskrieg ［正しくは Freiheitskrieg で一八一三〜一五年］起リシガ、普国軍隊ニテハ二千人ノ欠ヲ補フタルヲ以テ、外科医ハ充分セリ、即チ二千百七十人アリタリ。然レドモ此人員中戦地ニテ銃丸ニ当リ戦死シタルモノ十人、負傷者四十二人、勤務困苦ノ為ニ病ニ罹リ病院ニテ死亡シタル者百五十人、計二百二人死亡或ハ負傷セリ。加之ナラズ此独立戦ノ時ハ庸医多ク良医少ナシ故ニ其医ヲ一様ニ隊ニ配布シ経験ニ富ミタル陸外科医ニ附属セシメタリ。此時他国ノ軍隊ニ於テモ大ニ勝リシ者ナカリシ。殊ニ魯国ニ於テハ医士僅少ニシテ自国ノ症(傷)兵負傷者ヲ救フ克ハザルヲ以テ独乙国ノ医士病院ニ之ヲ委托セリ。英国ニ於テモ同様ナリキ。英国ニ於テハ此世紀ニ至ル迄、軍医外科医ノ学向上ノ教育甚ダ微々タリ。為ニ独立戦ノ時、イスパニアニ屯在セル英軍隊ニハ学識乏シキ若キ外科医附属シ、簡易ノ外科術モ施シ得ザリシ。是ヲ以テ英国ニ於テハ戦役ノアル毎ニ市医 civeilartzten ヲ募集シ、之ニ大外科医 statswund arzte ノ名ヲ附セリ。澳国《オーストリア》ノ陸軍衛生部モ英国ニ伯仲シ、甚ダ不満足ナリ。当時ヂヨセピニム josephinum ト称スル学校アリ、一時ハ盛ナリシガ如シト雖ドモ、此時大ニ衰ヘタリ。仏国ハ他国ニ比スレバ上等ノ外科医、軍隊ニ附属セリ。之レ他ナシ、諸国ニ於テ学識実験アル敏賢ナル医ヲ首坐ニ置キ、此世紀ノ中バヨリ続々外科学校ヲ立テ、若年ノ医士ヲ不絶教育セリ。加之ナラズ此時初代ナポレヲン頻々戦役ヲ起シタルヲ以テ、外科的ノ診断及ビ治療ヲ実施スルヲ得タリ。故ニ仏ニ於テハ如此良医附属セシガ陸軍衛生部ノ事業ハ、1ヱワキアシヨン第一救急法、2トランスポルト運搬法ノ二事ニ止マリ、緊急ノ3病院治療ハ戦地并ニ内国ニ於テモ行フコトナク之ヲ市井ノ病院並ニ医士ニ委托セリ。此大戦ノ後チ各国共ニ軍医頗ル増多セリ。殊ニ普国ニ於テハ二千百七十人ヲ募リタルヲ以テ大ニ剰員ヲ生ゼリ。故ニ其医ノ外科術ヲ数等高進セシムル為ニ大ニ注意ヲ加ヒ凡ソ一カ年ノ間ハ□□□預備学《ママ》ヲナサザルモノモ大学ニ入レ医術ノ実地研究ニ従事セシメリ。爾後千八百二十年ノ頃ヨリ凡テ外科医及ビ陸軍医士ハ陸軍衛生部ニ編入シ、一年若クハ三年間ハ之ニ服役セシメ義務ヲ了リシ后チ之ヲ解クコトトナセリ。故ニ戦時ニ当ルモ普国ニ於テハ衛生上大ナル混雑ヲ見ザルニ至レリ。爾後千八百二十二年ニ至リブレスラウ breslau、ワーグデブルグ magdebulg、ケーニヒスベルグ königsberg、ムンステン muenster、クライフスワルデ greifswalde ノ五ケ所ニ外科学校ヲ起シ、大学ノ第三級生ノ預備学《ママ》ヲ了リシ年少ノ者ヲ召募シ外科講義ヲ二年乃至三年間聞カシメ、旁ラ実地演習ヲナサシメリ。為ニ外科医、大ニ増加セルノミナラズ続テ大学ニ於テモ外科学ニ限リ基本試験ヲ終リシ者ハ皆ナ大学ニ入ラシメリ。且又内外科ヲ同時ニ学ブ生徒ニ限リ千八百廿五年以来中学ノ卒業証書ヲ有スル者ニアラザレバ入学セシメズ、如此方法ヲ以テ普国ニ於テ医士ヲ養成シタレドモ尚ホ定員ヲ充分ニ充スコト克ハザリシ。然ルニ此時代ニ尚ホ各歩兵并ニ騎兵中隊ニ医ヲ附スルコトハ依然トシテ廃セラレザリシヲ以テ多ク医ヲ要セリ。故ニ学校ニテ養成シタル良医ノ外ニ尚ホ他ヨリ不完全ノ志願医ヲ採用セリ。為ニ独乙聯邦国ノ小独乙ヨリ続々志願者来レリ。此時軍隊中ニモ民間ニモ庸医、プラステルガステル〈高薬箱ノ義〉ノ謗ヲ免レザリシ。爾後年ヲ経テ千八百三十一年ニ至リ数多ノ軍団ノ出師準備ヲナスニ至レリ。是ニ於テ陸軍ニ於テハ最良ノ外科医アルモ補助外科医ニ乏キヲ告ゲ、之ヲ補充スルノ道ヲ設クルノ緊要ナルヲ感ゼリ。翌千八百三十二年ニ至リ魯国軍隊ノ方法ニ倣ヒ外科助手学校ヲ建テリ。爰ニ於テ教育シタル后チ其外科助手ヲ病院助手ト名ケリ。而シテ各歩兵騎兵砲兵中隊ヨリ品行方正ニシテ□□□ニ達シタルモノヲ一名宛撰抜シ、之ヲ衛戍病院ニ入レ、陸軍医官ヲシテ助手ニ必要ナル学科ヲ教授セシメ下等医術ヲ実地演習セシメリ。而シテ各隊並ニ病院ニ於テ医官ノ補助ヲナサシメリ。且一般ノ学術ノミナラズ簡易ノ調剤術薬名并ニ統計表ノ製作法ヲ教授セリ。就中《なかんずく》敏賢ノ者ハ庶務及ビ計算ノ方法ヲ授ケタリ。最モ敏賢ニシテ学術優等ノ者ハ戦地病院ノ軽病者ノ監視人ニ充テリ。然ルニ千八百五十八年ヨリ五十年ノ間ハ尚之ヲ尋常ノ看病人ト同一ニ看做《みな》セシモ其技術ハ優等ナルヲ以テ諸隊ニ於テハ大ニ信認ヲ得タリ。而シテ一大隊二人ノ外科医ハ仕事ハ此病院助手一人ニテ成シ得ルヲ認定スルコトニ至レリ。此教育法ハ初メヨリ完全ニシテ善美ナルコト明カナルヲ以テ、他国ニテモ之ヲ模範トシテ病院助手ヲ養生(成)スルニ至レリ。斯ク整頓シタルヲ以テ、普国ニ於テハ断前(然)従来ノ制ヲ廃シ、中隊外科医ヲ廃シ外科学校ヲ閉ヂタリ。千八百五十二年ニ至リ始テ医学全科ヲ卒業スル者ヲ軍隊ニ採用スルノ制度ヲ設ケリ。且俸給モ増シ官等モ高クシテ人員ハ前ヨリ減少セリ。而シテ出戦ノ歩兵大隊ニ上等軍医ノ外ニ一名ノ補助医官ヲ附シタリ。但隊ハ此如全備シタルモ病院所要ノ人員ハ尚ホ充分セズ。然レドモ隊ニ良医附セルヲ以テ以前四人ノ作業ヲ上等軍医一人ニテ為シ得タリ、且経験ニヨリ一人ニシテ四人ノ作業ヲ充分ニ為シ得ルヲ知ルニ至レリ。但上等医ノ下ニ補助医官ノ外ニ病院助手四人ヲ附セリ。如此病院助手ハ戦地平時ニ用立ツヲ以テ以前ノ病院ニ使用シタル無識無学ノ看病人ヲ廃セリ。之レ実ニ千八百五十二人《(年)》ナリ。此年新令ヲ□セシ以後ハ年々一軍団ニ就キ二十人宛適任者ヲ出サシメ、千八百六十三年ヨリ二十六人ニ増員セリ。之ヲ陸軍看病人トナスノ制ヲ設ケリ。此新教育方法ニヨリ普国ニ於テハ漸々陸軍衛生委員ノ品格上リ、大戦ノ時ハ充分供給ヲ充シ得ルカ否《(あ)》ラザルカヲ試験セリ。他国ニ於テモ此精神アリ、此制度ヲ設ルニ至レリ。

［欄外：八月廿三日］

クリーム戦争［欄外：der krim krieg］

キリミヤ戦争ハ千八百五十四年ヨリ五十六年迄三年間ノ戦争ナリ。前述ノ如ク独乙ニテハ千八百五十四年迄衛生医員ノ件全備セリ。而シテ此戦争始マリシトキ、同盟各国出戦セシガ、以下先ヅ仏軍ヲ論ズベシ。

仏軍

仏国ニ於テハ千八百五十年以来、三所ノ病院ニテ卒業セル医学士ヲ軍医ニ採用セリ。其病院ハパリス［欄外：pris 正しくは paris］ニ一ケ所、ストラスブルグ［欄外：strassburg］ニ一ケ所、モントペーケリ［欄外：montpellier］ニ一ケ所ナリ。是モ千八百五十年前ニハ陸軍医学校アリ、其医学校ハホピトーダレスリクション［欄外：hopitaus　d　instruction］ト称セリ。五十年ニ至リ此学校ヲ廃シ、ワルデグラスニ在ル陸軍医学校ノミヲ貽《のこ》セリ。ストワルデルグラスノ医学校ハ普通病院ヲ陸軍医学校ニ使用セシ者ニシテ、其陸軍ニ使用シタルハ千八百六十三年ナリ。次デ再ビ之ヲ改正シテ陸軍軍医兼薬剤官特科学校ト名ケリ ecole d'appli caton d mide et de pharmaacie militaeres 此ノ学校ニ前ノ三ケ所ノ卒業医学士ヲ入レ、実地ノ経験及ビ講習ヲ為サシメリ。即チ陸軍軍医ニ必要ノ特科ヲ講習セシメリ。而シテ之ヲギリシアニ出張セシメタル外ニ、仏国陸軍医ニシテアルヂイル戦争ニ出張シ熟練シタル者ヨリ出戦セシメリ。故ニ仏ハ経験ニ富ミタル医士多カリシ。然ルニ仏ノボーダン氏ハ医士ハ良ナレドモ、下等補助医ハ至テ術未熟ニシテ劣等ナリシト云ヘリ。而シテ下等医ヲ除カレンコトヲ熱望シ、只管《ひたす》ラ下等医ノ不熟ヲ述べリ。加之《しかのみ》ナラズ同氏ハ衛生団ハ仏国ニテハ随分良ナル補助部隊ト称セラレタレドモ、下等医不良ナルヲ以テ其軍衣ヲ着スルノミニシテ、諸仕事不充分ナルガ為ニ之ニ依托スルノ意ナカリシト云ヘリ。之レ仏国ニ於テハ常ニ隊附ト病院医官ト分離セルノ悪弊ニヨルナリ。此悪弊ノ為ニ隊附医官ハ重病重傷者ヲ治療スルコトナキガ為ニ、病院医官ニ比スレバ其術拙劣ニシテ数等下レリ。故ニ戦地ニ於テ隊附医官ヲ病院事務ニ用ユルニ当テハ信任ヲ置クコト克《あた》ハズ、此弊ハ恐クハ今当仏ニ行ハルルナラン。加之ナラズ、キリミ《クリミア》戦争中ニ於テ仏軍ノ最欠点ハ、軍隊ニ附スル医官数少キニアリ、此時スクリー氏ハキリーミ《クリミア》戦争ニ於テ全ク医ニ乏カリシト云ヘリ。即チ仏ヨリトルコニ出軍シ着岸シタルトキ、病院医官僅ニ四十名ニシテ兵数ハ四万人ナリ。故ニ漸次病者ヲ生ズルニ従ヒ、其土地ニ於テ医官百十四人ヲ増加セリ。然レドモ此員数ハ多分ハトルコニ留マリ、其重傷患者ノ用ニ供セリ。故ニ兵数三万以上ニ四十名ノ移動病院ノ医アリシノミナリ。千八百五十五年五月下旬ニ至リ、本国ヨリ軍隊漸次入込ミ、キリムノ兵員十万八千人トナレリ。而シテ医官ハ増加セシモ七十八人ナリ。故ニ其員数ハ〇・七二プロシエレナリ。同年八月下旬ニ至リ更ニ兵数増加シテ十二万人トナレリ。是ニ拠テ医官欠乏甚シク漸ク八十六名ニ増加セリ。其医官ヲ以テ十六箇ノ移動病院ヲ担当セシメシガ、充分ノ仕事ヲナス克ハズ、且此時隊附医官ノ数モ制限アリ、一師団僅ニ四名ナリ。其証ハ仏ノ第十一軍団ノ第二師団ハ歩兵五聯隊、砲兵及ビ工兵若干ヨリ成リシモノニシテ、僅ニ四名ノ医官ヲ附セリ。而シテキリム最後ノ劇戦ノ際、仏軍ニ四千七百八十三名ノ負傷者ヲ生ジ、魯軍ハ五百五十人ノ負傷者ヲ生ゼシニ、臨時医官ノ繃帯所ニ従事スルモノ僅ニ五十四人ナリ。故ニ負傷者百人ニ医官一名ノ比例ナリ。如此少数ナルヲ以テ第一ノ救急法ハ不充分ナルコト判然ナリトス。其大軍進撃後、キリムノ半島ニ遺サレタル仏軍戦時病院ニ入院セル負傷者、平病者ノ数ハ一万五百二十人ニシテ、其病院医官ノ総数ハ八十人ニ充タズ、故ニ平均百三十三人ノ患者ニ医官一人ノ割合ナリ。漸次進軍シ、コンスタンチノブルニ至リシトキ前ニ建テタル病院ハ傷者百五十人ニ医官一名ノ比例ナリ。又平病者増加シテ該病兵二百人若クハ二百五人ニ医官一人ノ割トナレリ。此時軽病患者ハ多クハ背后ニ転送シ、新ナル患者ヲ受容シ、出入頻々トナリ医官ハ新患者ノミヲ診シタルガ為ニ、入院患者ハ甚シキ残酷ヲ極ムル状態トナレリ。加之ナラズ仏軍ノ彼軍隊モ非常ニ悲ムベキ堺《（ママ）》ニ陥リタリ。即チ千八百五十年ノ冬季ニ至リ劇性ノチヒス《（チフス）》隊中ニ流行シ医官モ之ガ為ニ続々侵サレタリ。仏軍ノ此東方戦争ニ従事シタル医官ノ総員ハ五百五十人ナリシガ、八十三人死亡セリ。之レ十九人ノ負傷者中一人死亡シ、腸ヘルニアノ為ニ一人死亡シ、コレラノ為ニ二十七人死亡シ、チヒスニヨリ五十四人死亡シ、計八十三人ナリ。即チ五十四年ヨリ五十五年ノ二ケ年ニ死亡セシナリ。為ニ遺リノ医官員数減ジ任務モ重大トナリ生命モ危クナレリ。加之ナラズ此時繃帯人即チ看護卒ノ員数モ甚ダ過少ナリ。故ニ止ムヲ得ズ一ノ輔《（補）》助繃帯組ヲ作レリ。之レ医官ノ勤務ヲ助クル為ナリ。其方法ヲ詳説セバ、負傷者ノ快復《（ママ）》シテ帰国セントスル者ノ中ヨリ適任ノ者ヲ撰抜シテ組立テリ。其員数ハ此戦争ノ第二ケ年ニ至リ、二千人以上トナレリ。此時ボーダン氏ハ該快復《（ママ）》患者ハ補助繃帯組ニ入リ、精神上ニ爽快ヲ覚エ、身体モ健康トナリ、創傷ノ治癒期ヲ促進シ、暫時ニシテ快復《（ママ）》シ本国ニ帰ラズ本隊ニ帰ルモノヲ続々生ジ、隊ニ於テハ欠員ヲ補充シ、大ニ好都合ヲナシ、至極此法適良ナリシト云ヘリ。輔《（補）》[助]繃帯組ノ適当スルハ医官モ之ヲ賛賞セリ。加之ナラズ斯ク用立チタルヲ以テ之ヲ撰ミ診断簿ノ記□《（録カ）》薬剤食料ノ配分方ヲ司ラシメリ。且単繃帯施用琶布□泡貼用骨折繃帯ノ実施ヲ負担セシメリ。然ルニ此等者技術上達シ遂ニ切断肢ノ繃帯ヲ行ハシムルニ至レリ。又ボーダン氏ト共ニ派出シタル医官二氏ハボーダン氏ト反シ敢テ繃帯組ノ作業ヲ賛セズ。其報告ニ曰ク、敏賢ノ看護隊ヲ編成スルニハ前以テ準備ヲナサザル可ラズ。即チ看護ニ適当スル職業ト特別ノ稟賦要用ナリ。加之預《（ママ）》メ看護ニ関スル件ヲ学習シ充分自ラ実際ニ従事シ、看護ニ注意シ殊ニ夜間之ニ従事セル者ナラザル可ラズ。如此者ナルトキハ一人ニシテ、ボーダン氏ノ云ヘル輔《（補）》助看護手ノ十人ニ相当スト云ヘリ、是レ大ニ然ルナリ。其繃帯組ノ外ニ仏軍ニ於テハ教会ノ看護婦ヲ使用セリ。然レドモ此看護婦ハ戦地ニ出サズ兵站地ニ於テ輸送病院《エワキアシヨレスラザレ》ニ従事セシメリ。此戦争時ニ在テハ仏軍衛生部ノ作業ハ会計ノ作業ニ比スレバ大ニ劣レリ。之レ医官ノ位置下賤ナリシニヨルナリ。此悪弊ハ仏国軍隊ニ於テハ此頃迄依然トシテ存セリ。故ニ千八百七十年ノ普仏戦争ニ於テモ衛生部ハ会計部ノ下ニ位シ、千八百三十六年ト同一ナリキ。而シテ会計監督ハ専政主宰ノ権アリシヲ以テ、軍医総監ト雖ドモ会計監督長ノ命ヲ受ケザルヲ得ザルナリ。為ニ衛生上ニハ軍医総監ハ意見ヲ述レドモ実施ハ監督長之ヲ為スナリ。如此衛生上ノ件モ会計監督ニ委シタルヲ以テ衛生上ノ百事整頓セザルハ当然ナリ。且前記ノ専務ノ外ニ会計監督ハ移動病院、尋常陸軍病院、戦地病院ノ事ノ事務ヲモ管理セリ。故ニ戦時ニ如何ナル家屋用立ツカ又病室ニ幾バクノ寝台ヲ置クベキヤ及ビ市中ニ病院ヲ移転スルノ事項等迄指定シ、院内ノ一切事務上マデ主宰セリ。尚ホ甚シキハ医官ノ治療スル事務迄モ干渉セリ。故ニ仏国軍医ノ独立権及ビ責任ハ地ヲ払テ空シト云ハザルヲ得ズ。加之ナラズセントプリワー［欄外：st privat］セダン［欄外：sedan］ニ於テハ仏軍医官ハ治療ノミニ従事シ、看護及衛生上ノ事迄監督ノ手ニ帰セリ。此悪弊ハ此戦争ノ時初テ世間ニ知ラルルニ至レリ。故ニキリムノ戦役ニ於テ衛生上事務ノ成績最モ不良ニシテ言フニ堪エザル者アリ。

キリム戦争ノ英軍

英軍ノ医官ハ他ノ同盟軍ニ比スレバ員数多ケレドモ平均千人ヨリ成リタル聯隊ニ上等医官一名、（補）輔助医官三名ヲ附セリ。此戦ノ始ニハ聯隊病院ニ於テ治療セシヲ以テ病院ヲ別ニ設ケザリシ。后ニ至リ大病院ヲ建テ自国ヨリ医官（補）輔助医官ヲ送リ病院事務ヲ司ラシメリ。故ニ英軍ハ仏軍ニ比スレバ兵数少キモ、医官ノ員数ハ仏ヨリ多キコト凡ソ三倍ナリ。此戦役ノ第一ケ年〈四年五月一日ヨリ五年四月三十日マデ〉ニ於テハ、英国ノ兵数三万人ニシテ医官ノ数二百六十六人ナリ。其次年ニ於テハ兵数三万人ニ医官四百十五人トナレリ。初年ニハ二百六十六人アリタレドモ、半ハ勤務ニ従事セザリシ。即チ疾病ヲ□《(有カ)》シ或ハ支障アリテ帰国セリ。加之《(しかのみ)》ナラズ初年ニハ死亡スルモノ三十五人以上アリタリ。之ニヨリテ見レバ其死亡数ハ一三プロセントナリ。第二ケ年ニモ死亡セル者アレドモ四百十五人中十一人ニシテ、二・六五プロセントトナリ。此欠ヲ補フニハ種々ノ方法ヲ以テセリ。千八百五十五年ニハ患者ノ数大ニ減ジタルニモ拘ラズ、続々医官ヲ増加シタルヲ以テ、翌年戦争了ラントスルトキハ、熟練ノ衛生員頗ル過剰トナレリ。英国ニ於テ医官ノ外ニキリム戦争ノ初ニ救助者ト看護者トアリタレドモ、其法ハ不良ナリシ。之ハ各隊ノ兵卒ヲ取リ、之ニ合トシタルモノニシテ快復《(ママ)》患者ノ尚ホ武器ヲ取リ戦地ニ出ル克《(あた)》ハザル者ヲ以テ充テリ。之レ各隊ノ士官ニ於テハ敏鋭ノ良卒ハ医官ニ渡サザルヲ以テ鋭敏ナラザル快復《(ママ)》卒ノミナリ。病院ニ於テハ患者百人ニ付、此救助者及ビ看護者十人ヲ附シ戦地ノ運搬ニ於テハ、一運搬ニ救助者四人ヲ用ヘリ。是モ戦争ノ初リニ於テハ如此附スルコト克ハザリシ。其外部ヨリ志願シテ従事セル者及ビ□□希望シテ看護者トナリシ者ハ用ニ堪エザリシナリ。千八百五十四年十一月ニ至リ英国ノ貴嬢中ナインチンゲル氏ハ特志看護［婦］ヲ募リ引率シタル者ハ三十七人ナリ。翌年ノ千八百五十五年ニハ貴嬢ステシレー氏ハ特志看護［婦］五十人ヲ引率出軍セリ。以上ノ二看護ハ大ニ用ヲナセリ。

トルコ軍

トルコノ衛生事務ハ論ズルニ足ラズ。殊ニコンスタチノプル及其近囲ヲ除クノ外ハ衛生事務ノ設置ナカリシ故ニ、病者負傷者共ニ病院ニ来リ、徒ニ死亡セリ。其病院ハ治療所《ハイルアシスタルレ》ト称スベキモノナリ。而シテ外科医ナリ尋常医モ殆ド無キガ如シ。故ニ兵員ハ国ノ為ニ戦争シ熱血ヲ注ギ、病院ニ入リテ生ナガラ埋葬セラルルガ如ク、実ニ残酷ノ極ト云フベキナリ。

ロシア軍［欄外：八月卅日］

魯国ニ於テハ此戦争ノトキ種々ノ方法ヲ以テ軍隊ノ医官ヲ召集シ、稍充分ノ員数ヲ得タレドモ、医官ノ品等卑賤ナリシ。而シテ此戦争ノ始リニ軍隊ニ附セル医官ノ数ハ、一時ノ需用ヲ充スノミニシテ不十分ナリ。故ニ続テ医官ヲ増員スルガ故ニ、内国ハ勿論、外国ノ有志者多ク募集シタリ。故ニ諸処ヨリ応募者来リ、独乙、北米ヨリ百十四人其他ノ国ヨリ百八十八人来レリ、計三百二人ナリ。然ルニ外国人ナルヲ以テ魯語ニ通ゼズ、衛生事務上ノ作業ヲ妨ゲリ。加之ナラズ多クハ若年輩ニシテ経験学識ナク衛生事務ニハ更ニ熱心セズ。経験ニ富ミタル外科医ハ一人モナカリシ。如此不十分ノ補充方ヲ以テシタレバ毫モ衛生事務ヲ補フ克《あた》ハザリキ。故ニ一ノ方法ヲ設ケ、専門学校、大学校ノ生徒中ヨリ未ダ実地演習ニ従事セザル者ヲ任用シ、其方法ニヨリ七百人ノ医官ヲ軍隊ニ附スルニ至レリ。然レドモ此医官ハ実地演習ヲナサザルヲ以テ、大ニ困難セリ。為ニ尚他方ニ設ケ陸軍外ノ官ニ奉職セル医士百三十九人、開業医百四十六人、海軍医官十八人ヲ陸軍々医ニ任用セリ。彼此ノ方法ヲ以テ此戦争ニ当リ、陸軍医官名簿ニ載セタル者ハ二千八百三十九人ナリ。如此員数多数ナレドモ用ニ堪ユルモノハ甚ダ僅少ナリ。且戦争中病ノ為ニ欠員セルモノ少ナカラズ、又死亡セル者三百五十四人アリ、此死亡ハ多クハ、チヒス《チフス》ノ流行ニ由リ、負傷ニ由リタル者ハ僅ニ五人ナリ。如此ナルヲ以テ患者運搬法ハ不規則ニシテ、一定ノ軍医部編成ナク、随テ医官ノ労働甚シキヲ致シ、最モ甚シキニ至テハ、一医官ニシテ三百人若クハ四百人、加之《しかのみ》ナラズ七百人ノ患者ヲ所置セシメシコトアリ。此戦争中最モ多ク医官ノ集マリシハセバストポールニシテ、此処ニ於テモ重傷者百人ニ付、平均漸ク指揮医官一人、附属医官六人ナリ。但此六人ハ病院ノ平均千五百人ノ患者ヲ所置《ママ》シタル旁ラ、繃帯所ニ従事セシナリ。此際魯ノ軍艦沈没セシガ、該軍艦ニ附スル医官勤務ヲ離レ上陸セリ。之ヲ陸軍ニ採用セザルヲ以テ、尚ホ衛生上ノ作業ヲ補充スル克《あた》ワザリキ。之ヲ使用セシトキハ何程カ益ヲナセシナラン。故ニ陸軍ノ医官ハ甚シキ勤務ニ従事シ、負傷者ノ救急法モ欠如セルヲ以テ死者拍踵《はくしょう》ヲ生ゼリ。若彼軍艦ノ医官ヲ使用セシトキハ益アリシナルベキニ此ニ至ラザルハ遺憾ト云フベキナリ。然ルニ爰ニ魯軍ニ賀スベキコトアリ。彼経験ニ撰抜ナルビルゴーフ氏此出戦軍ニ従事シタリ。同氏魯軍ニ臨ミシトキ自己ノミナラズ助手トナルベキ敏質ノ医ヲ多ク引率セリ。同氏ハペートルスポルクヨリセバストポールニ来リ、千八百五十四年十一月ヨリ千八百五十五年六月迄同所ニ居リ、手術ヲ施セリ。此時又フベー子氏ハ撰抜シタル二、三ノ良壮年医ヲ連レ「キブ」ニ出張セリ。而シテ囲城ノ末期マデ治療ヲ施セリ。以上二事ハ賀スベキ事ナリ。

以下医官助手即チ下等軍医ヲ論ズ。医官助手ノ数ハ医官ノ員数ニ比スレバ僅少ナリ。此戦争中下等軍医ノ数ハ二千二百七十人ナリ。故ニ尚ホ下等軍医生徒千四百八十九人ヲ増加シ、合シテ三千七百五十九人トナレリ。此人員ヲ使用シタレドモ尚ホ欠乏ヲ覚ヒ、其勤務シ労働スル甚シキガ為ニ或ハ病ニ罹リ死亡セルモノ多ク、其死亡数ハ千六百六十四人ナリ。故ニ毎百人ニ四十四人ノ死亡ナリ。如此死亡セルヲ以テ此時大ニ困難ヲ感ゼリ。之レ其下等軍医ノ作業ニ関スル報告ニヨリテ見レバ明カナリ。

魯軍ノ看護人　之ニ付テハ記スベキコト少ナシ。看護人ハ外員ニシテ多クハ負傷者中ノ快復《（ママ）》患者若クハ聯隊ノ鼓手ヲ取リ看護ニ応用セシモ、快復《（ママ）》患者ハ身体復スレバ帰隊シ又鼓手モ聯隊ノ要求ニ応ジ帰隊セシメタルヲ以テ、又看護ニ欠乏ヲ覚ヘリ。セバストポールノ繃帯所ニ在テハ止ムヲ得ズ海軍ノ罪人ヲ看護人ニ採用セリ。然ルニ此罪人ハ看護法ヲ知ラザルヲ以テ繃帯ヲ施シ手術ヲ施ス助ケヲナサシムル克《あた》ハズ、且患者ノ運搬ヲモナサシム克ハズ、為ニ日々軍隊中ノ兵士ヲ派遣シテ欠ヲ補ヘリ。如此看護人ノ不充分ナル景況ニ反シ、有志看護婦ハ看護ノ作業ヲ著シク顕ハセリ。此看護婦ハキリム戦争ノ始マルヤ否ヤ、貴嬢賤婢多クセバストポールニ集リ、団結シテ傷者ノ看護ニ従事シ偉効ヲ奏セリ。此看護婦ト同時ニペートルスボルグニ於テ大侯爵ノヘレ子氏ハ普通ノ有志看護者ヲ編成セリ。之レ専ラ十字教会ノ慈善婦ヲ集合セシモノニシテ、之ヲ以テ看護婦聯合社ヲ組織セリ。之ニ看護法ヲ教ヘ其中熟達ノ者三百人ヲ撰ミ、セバストポールニ出張セシメ、ビルゴーフ氏ノ特別ノ指揮ヲ受ケ、繃帯上《所》及ビ病院ニ於テ偉効ヲ顕ハセリ。即チ同氏ノ困難ナル外科手術ヲ助ケ、加之《しかのみ》ナラズ小外科手術ヲ行ハシメ、医学的ノ記録ヲモナサシメリ。又病院ノ掃除法ヲ監視セシメリ。負傷者并ニ平病者ヲ繊手ト慈善ノ心ヲ以テ懇切ニ看護セリ。之レセバストポールノミナラズ他ノ地ニモ如此看護婦多ク作業ニ従事セリ。此戦争後七十七年ノ頃、魯国皇后ノ補助ニヨリ一ノ婦人慈善会社ヲ創立シタリ。又医官看護婦ノ尽力ニ付キ賞スベキコトアリ。キリム戦争ノ時、魯軍ニ於テハ陸軍軍医ノ主長ナク、此戦ハ近来未聞ノ猛戦ナリシガ為ニ、衛生事務上ニ種々ノ妨ゲアリシハ勿論ナリシニ、主長ナクシテ勤メタルハ嘆賞セザルヲ得ズ。且敵軍ハ進撃者ナルヲ以テ、患者ヲ所置《ママ》スルニ便ニシテ、魯軍ハ之ニ反スレドモ敵軍ノ死亡者ト魯軍ノ死亡者ノ数ヲ比較スレバ、統計上ノ成績準《順》ニ魯軍不良ナルニアラズ。如此効ヲ収メタルハ医官看護人ノ効ニ帰スベキナリ。

[欄外：jta]

イタリア戦争　千八百五十九年［イタリア統一戦争という、エマヌエル二世がイタリアを統一、一八六一年王となる］

仏国ニ於テハキリム戦争ノ終［一八五六年終結］ヨリ此戦争ノ始リ迄陸軍衛生部ノ変革ハ毫モ之レナク、且陸軍医官ノ数減少セリ。即チ千八百五十四年キリム戦争ノトキハ医官数千八十九人アリシガ、此時ハ千二十一人ニ減ゼリ。且戦時ノ預《ママ》備員モナキコト明カナリ。之ニ由テ観レバイタリア出戦軍ノ医官員数不十分ナルコト明カナリ。

抑《そもそも》此戦ノ始リニハ医官員数百二十四人ニシテ、イタリアニ出張シタル兵数ハ二十万人ナリ。故ニ漸次医官ヲ増員シ、最高点ニ至リタル処ニテハ三百九十一人ナリシモ、此数ニテハ隊附医官及移動病院ノ定員ヲ充ス克《あた》ハズ、砲兵、工兵、□《輜カ》重兵ノ如キハ医官附セラルガ如ク兵員ノ総数ニ附テ之レハ定員ノ三分ノ一又ハ四分ノ一ヲ附シテ出戦シタル者ナリ。戦地ノ大病院ハ本国ニ設ケ軍隊前進スルモ動クコトナシ。如此景況ナルニヨリ戦場ノ第一ノ救急法頗ル不完全ナルコト明カニシテ、殊ニ隊属医官ハ聯隊ニ附シ処々ニ散在スルガ為ニ、互ニ相合シテ補助スルコト克ハズ。故ニ慈善ニヨリ出張セル繃帯嚢ヲ持セル若年ノ者ト従軍酒保婦ヲ取リ助ケトナセリ。然レドモ如此救急法ヲ知ラザルヲ以テ、卒倒セル者ニ葡萄酒ヲ飲マシムル位ニシテ、全ク重傷患者ノ救急法ヲ施ス克ハズ。而シテ移動病院ニ三人或ハ四人ノ医官附セシノミナリ。マーゲンタニ於テハ移動病院ヲ設ル十個ニシテ、患者七百人ヲ容レタリ。「ソルヘリノ」ニ於テハ移動病院ニ一千人ノ負傷者ヲ入院セシナリ。場所ニヨリ如此患者ニ差アリシモ、医官一人ニシテ大約五百人ヲ所置（ママ）シタルガ如シ。此移動病院ニ在テハ医官ノ助手僅少ナリ、是其助手モ教育不完全ナリ。故ニシニ氏ノ報告ニヨレバ、平時ニ於テ必要ナル僅カノ助手ヲ軍隊ニ附シ、戦時ニ至リ、中隊ヨリ兵ヲ取リ助手トスルハ、平時ニ不完全ヲ感ズルノミナラズ、戦時ニ至リ不都合ヲ覚フルヲ以テ、平時ヨリ完全ノ助手ヲ附スベシト云ヘリ。此時ノ戦争ニ仏国ノ戦地病院ニ於テハ傭者病人ヲ使用セリ。后チ医官ノ判断ニヨレバ、此□危病人ハ多クハ使用ニ適セズト云ヘリ。又傷者運搬人モ此戦争ニハ不足ヲ訴ヘリ。而シテ傷者ヲ戦地ヨリ移動病院ニ運搬スルニ、人ノ代ニ驢馬ヲ使用シ、近衛軍団ニ於テハ一馬ニ一人ノ教導者ヲ附シ、他ノ軍団ニ於テハ、二馬ニ一人ノ教導者ヲ附セリ。如此医官并ニ助手ノ不足ナリシガ為ニ、此戦時ニハ伊国人ヲ輔（補）助ニ採用セルノ他策ナカリシ。故ニ本国ニ病院ヲ設ケシハ仏国ノ先見ト云フベキナリ。而シテ戦地ニ於テハ自国人ヲ使用シ、病院ハ同盟国ノ市井医ヲ傭使セリ。最モ同盟国ノ医ハ之ニ従事スルヲ希望シ来レルモノヲ傭ヘルナリ。此戦ニ於テ負傷者并ニ病者ノ員数及医官ノ数ハ、土地ニヨリ大ニ差異セリ。其例ヲ挙レバ「ナワラ」ニ於テハ、六人ノ医官ニシテ二日間ニ四千人ノ患者ヲ治療セリ。「メーランド」ニ於テハ六人ノ病者ニシテ移動病院二十五ケ所ニアリ、随テ医官ノ数多ク且住民ノ看護ニ従事セルモノ千人アリ、実ニ非常ノ不平均ト云フベキナリ。「プレッシア」ニ於テハ移動病院三十七ケ所ニアリ、而シテ伊国戦争ノ劇シキハ「ソリフェリノ」ニシテ、此戦ノ翌日ニ於テ、プレッシアニ入院シタルハ六人ニ過ギザリシガ、六日ヲ経テ続々入院シ八千百九十八人トナレリ。此時ニ方リ伊国市井医ノ助ケナキトキハ仏軍ニ於テハ何事ヲモナシ得ザリシナルベシ。メーランドノ如キ患者少ナキ処ニ於テモ尚ホ伊国市井医二百八十一人出張セリ。其他特志看護者伊国ヨリ出テ医官ヲ助ケタル者数多アリ、然レドモ之レ教育ヲ受ケタルモノ少キヲ以テ、此ノ戦時ニ於テハ其利害相半バスルノ如シ。如此特志者或ハ医員ヲ傭使シタルニ、戦ノ半バニ至リ不都合ヲ覚へ、可成我軍ノ病院ヲ指揮スルモノハ自国人ヲ用ユベキヲ希望セリ。故ニプレッジアニ於テ伊国医集マリ大手術所ヲ設ケ治療ニ従事セントセシモ、仏国ニテハ之ヲ許サズ、而シテ凡テ伊国医ハ仏軍医官ノ監督下ニ在テ命令ヲ受ケ、手術ヲ助ケ或ハ手術ヲ行ヘリ。然レドモ可成手術ハ仏ノ医官ニ行ハシメリ。故ニ医長ハ一人ニシテ三十七ケ所ノ病院ヲ管理セリ。而シテ仏軍ヨリ一命令ヲ下シ伊国医ハ患者ノ食料ヲ指定シ処方箋ヲ記シ、軽病ノ繃帯ヲ施サシメ、重傷ノ緊要ナル繃帯ハ仏国医ヲシテ行ハシムルベシトナセリ。故ニ伊国医ハ仏医ニ附属シ命令ヲ受クルヲ以テ、内心ニ満足シテ勤務ニ従事スル者ナシ。又此時ノ事ヲ考レバ伊国医ニハ実地ニ熟練セル者ナク、仏医ノ行フ治療ノ方式ト伊国医ノ方式ト大ニ異ナレリ。且伊国市井医ハ此仏ノ陸軍病院ニ於テ如何ナル定則ヲ以テ患者ヲ取扱フベキヤヲ知ラズ。為ニ其定則ヲ履行スルモノモナカリシ。且又左記ノ如キ不便アリタリ。即チ仏軍患者ト伊国医ト言語相異ナルヲ以テ互ニ其意ヲ解セズ。故ニ患者医ヲ信ゼザルヲ以テ病院ニテ行フノ権威モナカリシ。是ヲ以テ仏軍ニテハ非常ニ医ノ欠乏ヲ感ジ、一般兵ノ勇気モ大ニ挫《くじ》ケタリ。其原因ハ左記ノ件ニヨリ明カナリ。即チ伊国市井医ノ病院ニ於テ治療セル仏国ノ病者及ビ傷者ノ数七万四千三百二十四人ニシテ内死亡三千四百九十五人アリ、之ヲ百分比例スレバ四・七％ナリ。又仏ノ内国ニ於テ治療セル者ハ五万一千六百二十六人ニシテ、死亡千二百三人アリ、即チ二・三二％ナリ。加之《しかのみ》ナラズ治療日数モ異ナレリ。仏国ニ於テハ平均一人ニ付キ二十四日、伊国病院ニ於テハ五十八日ヲ費セリ。其外軽患者ノ集積場所三ケ所アリ、「ゼノワ」「ツーラン」「コモ」之レナリ。此三所ヲ除ク外ノ軽症者ノ入院セル病院ニ於テ治療セル者ハ平均三十八日ヲ費セリ。如此死亡多数ナリシヲ以テ、仏国ニ於テハ陸軍医官ハ軍隊ニ早ク附スルノ緊要ナルヲ喋々陳述スルニ至レリ。

同戦争ノ澳国軍

[以下余白]

（□は解読不能箇所）

(9)近衛歩兵隊麦飯給与試験成績第一回報告

（原文はカタカナ、句読点・濁音は筆者、〈　〉内は原文2行割書）

近衛歩兵隊麦飯給与試験成績第一回報告

陸軍々医監　緒方惟準述

近衛軍医長兼東京陸軍病院長

脚気病毒の吾が邦人を害するや夥しく、殊に我が陸軍兵士も此多きは夙に世人の知る所にして如何に雄壮活潑なる兵士と雖ども之れが為め精神萎菲忠誠を国家に尽し得ざるは、豈慷慨の至りならずや。果して然らば衛生の法一日も忽にすべからざるや知るべし。故に余輩医官たるもの予防法に苦心する既に久しと雖ども、未だ確実なる成績を得ざる、実に遺憾と云うべし。余や昨年［明治十八年］七月、職を近衛軍医長に奉じてより以来、竊《ひそか》に思へらく、当時脚気病毒の性質たる数多の学説あり、或は脚気バチルスの発見［東大・緒方正規］あるも、其予防法に至りては諸家説を異にす。此れを実行するに当りて其法方も甚だ高尚に過ぎんよりは寧ろ平易にして最も行はれ易きに若かざるべしと、因て左の箇条を設け此れが予防の法に着手せり。

第一　舎内空気の通暢《つうちょう》［とどこおらない］を克《よ》くする事

第二　舎内清潔法を行ふ事

第三　勤務外舎内の起居を自由にすべき事」附　脱靴を許す事

第四　練兵法は始期緩にして漸次劇運動に遷る事

以上は余が最も予防法の主眼にして、其詳細なる事は各軍隊医官より各隊長に協議せん事を述べ、各軍隊に之を実施せしに、客年［明治十八年］に比すれば該病稍《や》や減少せしも、尚全く消滅の徴候なし。因て不得止混成中隊を組み、習志野原に転地し、以て昨秋は其猖獗《しょうけつ》を防禦したり。然りと雖ども未だ以て全滅するに足らざるは、必ず兵食に関係する者ならんと、従是精米六合［九〇〇グラム］菜代六銭なる定額を破り、近衛隊に限り特別の詮議を以て、菜代料増加せん事を欲するも到底行はれ難き理由あるを察し、他の一法を考へたり。此法たるや、麦飯を給与し精米代より出す残金を以て、副食品殊に肉類を増加せば幾分か改良し得べしと。然るに此麦飯の良否に対して医学上諸家の所見各《おのおの》異にして一定の学説なく、甲の是とする所は、乙これを非とし、丙の駁する所は、丁これを信ずるの状あり、議論紛々として吾人未だ五里霧中に彷徨するものゝ如し。余が麦飯説を唱ふるも、敢て此説に左袒《さたん》［同意］するに非ずと雖ども、麦飯の無害にして、却て効あるを感ず。其確証たる左の如し。

（第一）陸軍省年報徴兵条中に記載したる如く、抑《そもそ》も吾が国は上古より農を以て本とし、士商工等の如きは其幾部分に居る所たるを以て［士商工の出身者は少数なのでの意］、其徴集する新兵の如きは概ね農より出づる所にして、已に本年の如きも徴集総員百名に付、其職業の区分を見るに、農は七十九名余、商は四名余、工は五名余、他の雑業者は九名、無職業の者一名余の比例となれり。茲に［明治］十三年以後の事績を通閲するに、年々些少の差異なきに非ずと雖ども、大異動ある事なし。故に我陸軍々隊に在て前述の如く、専ら農により組織する兵員たるを以て、身体の強壮なるは論を俟たず。宜しく之れが訓練教導を善くし、将校其人を得て指揮せしめば、我国権を皇張［広く張りだす］し軍威を発揚するに余りあり云々。

由之観之《これによってこれをみる》、農民は其徴集人員の四分の三を占む。而して其農民の常食する所のもの多くは粟麦甘藷等にして、米は之に亜《つ》ぐ。然るに其人民の強壮活潑なるは、米食を専にする、工商等の人民の比に非ず。然るに一たび兵員に徴集さるゝや山村曠野、大気清浄の地に在るもの忽ち人家稠密《ちゅうみつ》不良の空気を吸入し、風土の変換は素より食物起居動作等に至るまで、厳密なる制度を守り、平素慣習の権衡を失し、為めに疾病、就中《なかんずく》脚気病に罹るもの夥し、殊に我近衛兵に在りては各府県より徴集入営するを以て、尚ほ之れが原因を起こすや多かるべしと確信す。

〈第二〉　明治十四年［一八八一］三月太政官第十三号達に由り、在監人に麦飯〈下白米拾分の四、挽割麦拾分の一〉を給与せし以来、各府県監獄署に脚気頓に減少し又消滅せる所多しと聞く。依て一日石川島監獄に到り、其実況を観察するに、該麦飯たるや粗悪にして穀皮藁屑等多く混合し、米四分麦六分の割なり。副食物は大抵味噌大豆香の物等にして、祭日に非ざれば塩魚だも与えず、且つ監内にあるもの大約一坪三人の割にして、実に密居と云ふべし。然ども監内外共掃除克く清潔にして空気の通暢はかえつて完全に過ぐるが如し。然して該病の景況を聞くに、本年は全くなしと云へり。兵士の該病に罹る多きは、其理に解せざるも、茲に於て全く空気通暢及び清潔法の宜しきと麦飯とに由るべしと確信せり。然りと雖も未だ他府県の景況を知らざれば、該監獄署のみを以て之れが確証とすべきに非ず。因て各近県監獄署即ち埼玉県、栃木県、群馬県、千葉県、神奈川県等に就て問合せしに、甚だ正密なる報告を得たれども、皆な同一の成績を得、余が説の確実なるを保証せしめたり。

〈第三〉　大阪鎮台々下各隊に昨年［正しくは一昨年の明治十七年十二月］以来、麦飯米七分麦三分を給与し、本年［明治十九年］は脚気に罹る者殆んど無きが如し。但し歩兵第八聯隊の兵舎は其構造改築に関する所なきにも非ざれども独り夫のみに限るには非ずと確信す。

以上の理由あるに由り、余は昨年［明治十八年］十月給与、精米七分割麦三分、の事を上申し、しかして近衛都督殿下［有栖川宮熾仁親王］の命を布きて、歩兵各隊〈脚気最多なるを以て〉に麦飯を給与せし事となり、十二月に至り之れを実施す。是より余は各隊を巡視し景況を窺ふに、敢て苦状を訴ふる者殆んど之れなく、然して練兵等の運動に能く堪ゆるは如何の点にあるかを考察するに、恐くは日本兵士の運動は麦飯の適合するものにして、所謂〈アコモデーレン〉乃ち調節するものならんか、又た化学的検査に於けるも全く吸収せざるものに非ず、却て他の滋養品と併食せざるものに在りては、米よりも吸収する事多し。余が試験を依托《いたく》せし陸軍二等薬剤官大井玄洞氏の米麦化学的比較検査報告書に拠て明了なり。始め同氏此試験に着手せしや、化学的分析にのみ偏倚《へんい》する事なく、生理的消化管吸収の適否より吸摂后身体各器に及ぼす所の景況を試撿《ママ》し先づ左の問題を設けて試撿《ママ》せりと。其成績を摘記すれば、左の如し。

（第一問）米飯に含窒性の物質を加て可及的〈米六合六銭の財資にて購求し可き含窒性の食用品を加えて〉完全なる組織を有せしめ得るや

（第二問）麦飯と米飯との優劣は如何

（第三問）米六合金六銭の価額を遠く超越せざる費用を以て購求し得べき西洋食〈歩兵第三聯隊に既に支給するもの、如し〉は完全なる組織を有するや

第一及第二問に対する成績と比照して幾何の利益あるや。

以上第一及第二問を融解せんが為め、徴兵看護卒三名を撰び各三日間同一の食物を試みて、同時に其排泄物〈肺及び皮膚の排泄物を除く〉を検査し、傍ら此試験前後に於て其食物に由て起る同卒の体重の変化を観察せり。明治十七年一月十日受験志願者を募集せしめたるに、六十人あり、内左の三名［庄司民吉・増渕鉄吉・角田作次郎］を撰抜せられたり。

かくて庄司民吉・増淵鉄吉・角田作次郎について諸種の検査が行われたが、その検査項目だけを列挙し、詳しい内容の説明は略す。

第一　食量表―豆腐吸収の試験

第二　第一号副食物豆腐分析百分算［百分率％］表

第三　第一号全食物各栄養分表
第四　蛋白質有窒物及び無窒物並に窒炭二素の関係表
第五　糞尿分析表
第六　体重増減表
第七　第二号副食物〈魚・菜〉百分算分析表
第八　第二号全食物中各営養分表
第九　有窒及び無窒物及び窒炭二素の関係表
第一〇　糞尿排泄物分析表
第一一　体重増減表―附録第二表を見るべし
第一二　副食物〈蔬・菜〉百分算分析表
第一三　第三号食物中全営養分表
第一四　有無両窒物及び窒炭二素の関係表
第一五　糞尿分析表〈一日の平均数〉
第一六　体重増減表
［注：以下は明治十九年二月十三日より同月二十四日までに試験されたもの］
第一七　食量表
第一八　麦飯〈麦三分、米七分〉分析百分算表
第一九　第五号全食物各営養分表
第二〇　蛋白質及脂肪の比例

第二一　糞尿分析表
第二二　体重増減表
第二三　六号食物営養分表
第二四　有無両窒物及び窒炭二素の関係表
第二五　糞尿分析表
第二六　体重増減表
第二七　第七号全食物営養分表
第二八　有無両窒素物の比例及び窒炭二素の比例表
第二九　糞尿分析表
第三〇　体重増減表
第三一　第八号副食物百分算分析表
第三二　第八号全食物中各営養分分析表
第三三　有無両窒物の比例及び窒炭二素の関係
第三四　糞尿分析表
第三五　体重増減表

以上の試験結果に続いて、次のように記述している。

如斯、第一号より第八号に至るの食物試検の成績に就て食物吸収の関係より、体重増減の比較は、附録に於て簡短《（ママ）》に説明すれば、一目了解すれども尚同氏が此試撿《（ママ）》の意見を記するに左の如し。

米麦及其両飯〈麦飯は十分中七分の米を混ず〉中含有する所の含窒物は、いずれに大量あるやと問うときは、已に世人の信ずる如く、分析表上に徴して明なり。而して其両含窒物の吸収の難易は如何と問ふときは、恐くは第一調理法と、第二吾人社会の異なると、第三副食物の良否と、第四消化管の状況と第五塩類多寡等に由て一ならずと答ふるを得べしと。何となれば麦飯含窒物の吸収は第五及第六号なる粗悪の副食物を共喫するときは甚大なりと雖も、魚菜若くは肉菜の如きに於ては糞便中過大の含窒物の排泄あるを見る。之れを細言すれば米飯に於ける糞便中には未だ曾て見ざる所の大量なり。因て考ふるに、米の含窒物に比すれば麦は吸収し難き含窒物を有するも、其調理法適するときは、之に返するならんと。乃ち農夫の如き副食物をして重《（ママ）》もに蔬菜のみを喫する社会にありては、良き吸収をなすべし。殊に塩類就中塩化アルカリの存する事、愈々多ければ随て吸収する事、良なるべしと云へり。

此れより余が近衛軍隊に麦飯を給与し得たる成績を摘記すれば、近衛兵歩兵第一聯隊第一大隊に在りては、之を昨年の同期に比するに、病症の減ずる事二十四症にして、病者の百分比例も昨年に比するに半数以上に減ず[注：以下、分かり易くするため、筆者が表とした]。

| | 脚気患者% | 脚気患者% |
|---|---|---|
| | 第一聯隊第一大隊 | 同第二大隊 |
| 明治十八年 | 四・二二二 | 八・三五八 |
| 明治十九年 | 二・〇九五 | 一・六五〇 |
| | 第二聯隊第一大隊 | 同第二大隊 |
| 明治十八年 | 三・一四四 | 五・四〇三 |

明治十九年　　　　一・五八四　　　　一・五八三
［注：明治十八年は明治十七年十二月一日から十八年五月三十一日までの統計、明治十九年は明治十八年十二月一日から十九年五月三十一日までの統計］

そして惟準は「本年［明治十九年］は未だ脚気新患一名も見ず」と記しているので、一月一日から五月三十一日まで一人の患者も出ていないということである。さらに文章は続く。

第三聯隊は客年［同十八年］以後の新設なるを以て、上半年の比例を掲ぐる能わざるといえども、麦飯給与の前后を比較すれば、給与后は病症及び百分比例も多少減少せり。また体重も麦飯給与の前后を比例すれば、平均増加せるを見る。附録第三表並びに第四表に詳かなり。

如斯、夫れ各隊に試みたる食料改良の成績により、其実効を奏する事明了なるにもかゝわらず、世人或は曰く、食料の改良により疾病の減ずるに非ず、本年は季候《ママ》良順なるを以て汎く病症少なしと。成る程一理なきに非ざれば、余も賛せざるにあらざれども、前条説明する如く、全国軍隊中近衛隊の毎歳病兵、就中脚気病過多なるは識者の通知する所にして、本年まで歳々季候《ママ》不順なるに非ず。季候《ママ》良順なる年も少なからざるに、近衛隊に限り、明治初年設置以来病兵過多にして例年大同小異在るのみ。故に何ぞ独り季候《ママ》に関すると曰わんや。尚他の反対説によれば、近頃各隊に酒保《しゆほ》なるものありて、兵士のこれに憑りて滋養物を買食するもの多く、麦飯の不足を弁償すと。之一を知て二を知らざるの言なり。如斯きは余が夙に注目する所にして、試に余は酒保受負人に就て、兵士買求食物の量目を聞くに、一人に就ては甚だ僅少なるものにして凡そ食麵麭［食パン］〇匁五二、菓子麵麭二匁九四二なりと。之れ本年二月中の平均量なり。其他の食品類におけるも僅少なる推して知るべきなり。且つ兵士の給料を以て多量の食品を買求する克《あた》はざるや論を俟たざるなり。

斯くて余が考按の稍不充分にして遺憾ならしめたるは前条述ぶる所の副食品の増加を精米残金を以てするの一条なり。始め計算せしとき、毎月毎一大隊に付、二十四五円を残すを以て肉類若くは其量目を僅少にても改増すべしと信じたるに、各月食物上に大なる差を生ぜず、ただ蔬菜等の量いささか増すのみ。然るに半年間の結果甚だ良好にして、大井二等薬剤官の麦飯蔬菜の給食は其蛋白質の吸摂容易ならしむるは、余が考按外未曾有の結果を得たるなり。それ然り然りと雖ども同氏僅かに一回の試撿《ママ》成績なるを以て正鵠とはなし得ざる所もあらんか、兎も角余は次回の試撿《ママ》を倚頼《いらい》する事とせり。之に由り此を観れば、我邦兵士の疾病中殊に脚気病者の予防法たるや、第一空気及び舎内の清潔、第二心身の自由、第三麦飯の給与之なり。此三法により施行せば恐くは該病予防の一にたるべしと信ず。然れども余は尚ほ進で后半年新兵入営するあるを以て更に正密なる試撿《ママ》に着手し、確然たる報道をなさんことを期す。

附言　余が茲に掲たる麦飯試撿《ママ》の成績たるや僅か一回の試撿《ママ》なれば、読者をして隔靴《かっか》の感なき能はず。素より余に於けるも未だ之を以て満足すべきに非ず。然りと雖ども空しく篋底に収めて黙々に附せんよりは、敢て識者の高評を乞はんに如かずと。因て行文の拙劣を顧みず、倉卒《そうそつ》此篇を草し読者の一粲に供すと云爾。

明治十九年六月調　　陸軍々医監　緒方惟準　述

## ⑽脚気病予防ノ実験

堀内利国

会員堀内利国白ス利国ハ当会幹事ヨリ会場ニ於テ祝文若クハ演説ヲ為スノ嘱托ヲ受ケタリ利国ハ公衆衛生的ノ学術経験ニ乏シキヲ以テ今日ハ我軍隊ノ衛生上最大ノ関係ヲ有スル脚気予防ノ実験説ヲ述ヘ満場諸君ノ清聴ヲ煩《わずら》ハシ以テ公衆衛生ノ参考ニ供セントス

脚気ハ亜細亜地方ニ行ハル丶麻痺病ニシテ我日本ニ於テハ上世邈矣タリ距今二百年即チ天禄ノ初年ニ於テ大坂城中脚気病大ニ行ハレ其患延テ城外ニ及ヒ漸ク近国ニ伝染スト云此病ノ流行伝播スル事ハ当時ノ形跡ニ於テ已ニ掩フヘカラサル事実ナリ維新后都鄙ノ別ナク兵隊ノ屯集スル所ハ処トシテ此患アラサルハナシ就中東京大阪ヲ最モ甚シトス蓋シ此病ハ夏秋ノ間ニ行レテ壮者ヲ侵シ易シ我軍隊脚気ノ患多キハ職トシテ是此ニ由ル歟茲ニ軍隊脚気予防ノ事ヲ説クニ当テ先其沿革ヲ述ベズンヤアルベカラズ

明治二年ノ秋兵部省ヲ大阪ニ置カレ諸藩士ヲ徴集シテ数隊ヲ編成シ之ヲ生徒隊ト呼ブ尋テ兵学寮ヲ設ケ青年生徒及幼年生徒ヲ養成セリ此ヲ軍人ノ大阪ニ屯集スル始メトス又軍事病院ヲ大阪ニ設ケ軍人ノ疾病ヲ治療スル所トナス此ヲ我国陸軍病院ノ始メトス利国ハ明治三年五月文部省ヨリ兵部省ニ出身シ始メテ軍人ノ治療ニ従事スルヲ得タリ此年既ニ軍人ノ脚気ニ罹ルモノ数多之アリ明治四年ノ夏軍人ノ脚気病ニ罹ル事愈々多シ当時緒方惟準君ハ宮内中典医ヲ以テ軍事病院ヲ統督セラレ教師ブッケマ氏等ト相謀テ脚気患者数十名ヲ有馬山ノ温泉場ニ転地セシメシニ頗《すこぶ》ル其効験アリシ此ヲ我陸軍ニ於テ脚気患者ヲ転地療養セシムル始メトス同年九月廃藩置県ノ詔アリ壮兵ヲ廃シテ賦兵トナス我国ノ兵制於是乎一変セリ尋テ東京大阪広島熊本ニ四鎮台ヲ置カレタリ爾来兵隊ノ大阪ニ屯集スル事年ヲ逐テ増加シ従テ軍人脚気ノ患亦多シ同年秋兵部省ヲ東京ニ移シ大阪ハ其出張所トナル又軍医寮ヲ東京ニ置カレ軍事病院ヲ其管理ニ帰ス后仙台名古屋ニ鎮台ヲ置カレ前四鎮台ヲ合セテ之ヲ六鎮台ト称セリ先是東京大阪ハ勿論各鎮台脚気ノ患年々増加スルヲ以テ脚気ノ病理ト予防ノ事ハ我陸軍部内否世間ノ一大問題トナレリ維新后我国ノ文物ハ年ヲ逐テ開進シ就中我医学ノ如キハ高尚ノ域ニ進ムニモ拘ハラス脚気ノ病理治法及其予防ノ事ニ至テハ絶テ発明スル所ナキヲ以テ唯其対症療法ト転地療法ヲ施スニ過キサリシ是其大略ナリ

明治十七年四月初旬大坂（ママ）鎮台ニ於テ混成旅団ヲ編成シ野外演習ヲ施行セリ該演習終ルヤ否ヤ旬日ナラスシテ兵士ノ脚気ニ罹ルモノ七十余名殊ニ急性ニシテ険悪ノ症多キヲ以テ直ニ之ヲ神戸砲兵営ニ転地セシム先是利国各府

県ニ於テ囚徒ニ麦飯（挽割麦六分米四分）ヲ給セシ以来監獄ノ脚気著シク減却スルヲ聞知シ試ニ大坂《ママ》神戸両監獄ニ就テ之ヲ質スニ果シテ其聞ク所ニ背カス因テ九項ノ問題（問題略ス）ヲ設ケ之ヲ近隣府県ノ衛生課ニ質セリ此問題ハ同年六月ニ発シテ九月ニ至リ其答報ヲ得タリ大坂、京都、兵庫、滋賀、三重、和歌山、岡山、二府五県ノ報スル所概子《ネ》皆一轍ニ出ツ報答ノ略ニ曰ク明治十四年内務省第拾三号ノ布達ニ由リ同年七月ヨリ囚徒ニ麦飯ヲ給セリ十五十六年ハ囚徒脚気ノ患著シク減却シ本年ニ至テハ監獄中絶テ脚気ヲ患フルモノナシ云々利国以為《おもえ》ラク兵営ノ衣食住ト監獄ノ衣食住トヲ比較スルニ衛生上那《ママ》ノ点ヨリ之ヲ考フルモ兵営ニ利アツテ監獄ニ利ナキハ論ヲ俟タサルナリ然ルニ我ニ脚気ノ患アツテ彼ニ脚気ノ患ナキハ其効果シテ麦飯ニ在ル歟於是米麦分析比較表府県監獄脚気病況申報并ニ大坂鎮台諸隊病類表同脚気患者一覧表ヲ製シ軍隊脚気予防ノ為メ今ヨリ一周年間兵士ニ麦飯ヲ給セラレン事ヲ建議セリ此建議書ヲ出スヤ台議頗ル之ヲ難スト雖トモ同年十二月四日遂ニ軍第十五号ノ命令ヲ発シ翌五日ヨリ之ヲ断行セリ翌十八年中大阪鎮台諸隊脚気ノ患ハ殆ント其跡ヲ絶チ実ニ明治二年以来未曾有ノ好結果ヲ得タリ此年利国故アツテ東北地方ヲ巡回セシヲ以テ箱館、青森、新潟、宮城、群馬、諸県ノ監獄ニ就キ脚気病況ヲ質スニ曩《さき》ニ二府五県監獄ノ申報スル所ト概ネ相同シ同年十二月更ニ諸隊ノ麦飯ヲ持重シ以テ脚気病ヲ予防セシ事ヲ建議シ議行ハレテ本年ニ至リ五年間第四師団管下ニ於テハ軍隊ノ脚気病ハ全ク其跡ヲ絶ツニ至レリ

先是我陸軍部内ニ於テハ脚気ノ病理及其予防ノ事ヲ策問セシ事アリシカ衆軍医ノ見ル所概子《ネ》四項ノ外ニ出テサリシ曰ク換気法ノ不完全（語ヲ換テ之ヲ言ヘハ炭酸ノ中毒）曰ク動作ノ過度（語ヲ換ヘテ之ヲ言ヘハ滋養ノ不及）曰ク清潔法ノ不完全（語ヲ換ヘテ之ヲ言ヘハ麻拉利亜《マラリア》ノ発生）曰ク飲料水ノ不良是ナリ利国等見ル所モ亦此ニ外ナラサルヲ以テ兵舎炭酸ノ測定動作ト飲食物トノ権衡溝渠汚水ノ排除飲料水ノ化学試験等ヲ施シ専ラ脚気予防ニ力ヲ盡スモ十八年ニ至ルマテ当師団ニ於テハ未タ脚気ノ患ヲ絶ツ能ハサリシ

試ニ察セヨ明治初年ヨリ十八年ニ至ルマテ大阪屯在諸隊患者ノ数ハ大抵現兵百分ノ十ヲ下ラス十八年以后脚気ハ

勿論爾余ノ疾病モ大ニ減却シ現今ニ至リ諸隊患者ノ数ハ平均百分ノ一、五ニ居ル其多キモ決シテ百分ノ二ヲ超ユル事ナシ是レ軍隊衛生法ノ進歩ニ由ルト雖トモ麦飯ノ脚気予防ニ与《あずかっ》テ大ニ効力アルハ之ヲ五年間七八千人ノ兵員ニ試ミシ事実ニ徴シテ疑フヘカラサルナリ試ニ思ヘ軍隊脚気ノ患ハ我カ最大焦眉ノ急ナリ世間脚気ヲ予防スル明論卓説アラザル以上ハ府県監獄ニ麦飯ノ好経験アルアラバ宜シク採テ之ヲ我軍隊ニ試ムヘシ何ソ理論ニ拘泥シテ躊躇スルノ暇アランヤ是利国カ持論ナリ今ヤ利国麦飯ノ脚気ヲ予防スル効力アルヲ知テ未其理論ヲ諸君ニ向テ公言スル能ハサルナリ諸君幸ニ試験アツテ其効理如何ヲ教ラレン事ヲ是利国カ切ニ諸君ニ望ム所ナリ

（『大日本私立衛生会雑誌』七六号、明治二十二＝一八八九年）

## ⑾大日本私立衛生会第七総会における緒方惟準の祝辞

この会の第七次総会は明治二十二年（一八八九）七月二十七・二十八日の両日、大阪道頓堀の府会議事堂で開かれ、緒方惟準は招かれて祝辞を読むはずであったが、愛媛県松山の第十旅団長陸軍少将品川氏章が病いに罹り、七月下旬危篤となり、惟準は第五師団軍医長瀬時衡（適塾門人）とともに往診を依頼され、松山に赴かねばならず、心ならずも総会を欠席し、次のような祝辞を送った。二日目の七月二十八日に、第四師団軍医長堀内利国の祝辞の次に、幹事の後藤新平が代読した（句読点は筆者）。

○第七次総会祝辞

会員　緒方惟準

大日本私立衛生会ハ明治廿二年七月廿七、八ノ両日ヲ以テ其第七次総会ヲ我大阪ニ開ク、余亦幸ニ其席ニ参列スルノ栄ヲ得テ、欣喜ノ余リ渠ノ水ヲ飲ミ源ヲ思フノ古語ニ遡リ、衛生ノ濫觴《らんしょう》［物事の起原］ヲ考フルニ、世ニ衛生ノ起レルヤ、年已ニ久矣、抑《そもそ》モ生民アリテ以来未ダ曾テ衛生ノ事無キ時ハアラズ、唯ダ太古邈《はるか》タリ、其詳細ヲ窺ヒ得ザルノミ、然レドモ時ニ汚隆《おりゅう》［汚は凹、隆は凸、すなわち衰えることと盛んなること］

アリ、勢ニ消長ハ覆載《ふうさい》［天地］間万般ニ伴随スルノ通則ニシテ、衛生ニ於テモ亦免カル能ハザル所ナリ、古今内外ノ事蹟ニ就テ其著大ナルモノヲ徴スルニ、希臘《ギリシア》其国ヲ以テ之ヲ証スルニ足ランカ、看ヨ古昔希臘国ハ衛生法盛ニ国勢モ亦従テ盛ナリシニ、一朝衛生法ノ衰フルヤ国勢モ亦之ト共ニ衰へ、終ニ羅馬ノ侵略スル所トナリ、希臘文物ト其国民トハ土崩瓦解シテ終ニ澌尽湮滅《いんめつ》［滅び絶えること］スルニ至レルヲ、吁《ああ》思フテ之ニ至レバ誰カ膚粟《はだあわ》ヲ生ゼザラン、方今衛生ノ振興ヲ来タスモノ豈偶然ナランヤ、該世紀ニ当テ衛生振興ヲ来タシ、社会ニ国家ニ万般ノ事物ニ及ボシタル影響ハ、一場ノ談話ニシテ能ク盡クスベキ所ニアラズト雖ドモ、中ニ就キ其著明ナル者ヲ挙グレバ、万国衛生法ノ進歩ニシテ、欧州大陸ノ如キハ交互シテ万国衛生会議ノ盟主トナリ、上帝王ヲ初メ学士仁人力ヲ焉《ここ》ニ致シ、刮目見ルベキ者頗ル多ク、其各国行政上ニ及ボス所ノ者モ亦少ナカラザル事是ナリ、即チ本会ノ目的ハ官民ノ間ニ立テ其日新学術ノ要求ヲ実行スル事ヲ幇助シ、到底国利民福ヲ全カラシムルニ在リ、然ラバ則チ本会ノ盛衰ハ国民盛衰ノ正鵠《せいこく》［めあて］タルヤ敢テ疑ヲ容レザルナリ、抑本会ハ明治十六年［一八八二］五月甫《はじめ》テ東京ニ生レ、役員其職ヲ盡クシ育養其度ニ適ヒ、毎年一回其総会ヲ東京ニ開ク事恰モ人ノ誕辰ヲ賀スルガ如クシ、一回又一回終ニ第七次総会ヲ我大坂ニ開クニ至リシハ、是猶人ノ生後漸々成長シテ初テ百里ノ健歩ヲ試ムルガ如シト雖モ半途ニシテ夭折ノ厄ニ罹ルガ如キ事アラバ、其レ之ヲ何トカ云ハン、且《かつ》ヤ百里ノ健歩ヲ試ムガ如キ未ダ以テ人心ニ厭飫《えんよ》［心の満足］ヲ与フルヲ得ズ、故ニ尚ホ一層ノ発達ヲ欲望シ竟ニ万里ノ長途ニ跋渉シ、堂々タル天下有為ノ一丈夫トナリ、以テ億万ノ人望ニ副ハン事ヲ期スル所ナリ、嗚呼今日ニシテ前途尚ホ遼遠ナリト云ハザルヲ得ズ、然レドモ本会ガ生誕以前ノ状況ニ遡リテ之ヲ考フルニ、其生誕以後近々数年間ニ亘リテ非常ノ発育ヲ遂ゲ、着々其効ヲ現ハシ来リタル事ハ満場諸君ノ夙《つと》ニ知レル所ナリ、豈啻《ただ》ニ満場諸君ノ知ルノミナランヤ、朝野ノ敏捷ナル紳士ハ皆ナ認メテ本会ヲ賛成セントスル所トナレリ、豈ニ啻ニ朝野紳士ノ賛成セントスルニ止ルノミナランヤ、九重雲深キ処、叡聞《えいぶん》［天子の耳にはいること］ニ達スル所トナリ、本会ガ昨年牛痘種継ノ業ヲ担当スルニ方リ、既ニ莫大ノ皇宮附属地ヲ下賜セラル、栄ヲ荷フニ至ル、余亦会員ノ末ニ居ルヲ以テ深ク聖恩ノ優渥《ゆうあく》ナルヲ感載スルノ余リ、今後一層満場諸君ト共ニ仰デ此優渥ナル聖恩ニ報ヒ奉リ、俯テ益本会ノ撫育活達シ、果シテ有為ノ大丈夫トナラン事ヲ勉ム可シ、余ヤ杞憂ニ過ルガ如シト雖モ、彼ノ希臘ノ土崩瓦解ノ惨状ヲ観ルヲ欲セズシテ、欧洲大陸ノ如ク刮目スベキ者頗ル多キヲ切望シテ止ザルモノナリ、猶ホ嬰児ヲ得テ之ヲ養育シ他日天下ノ人物ト称セラレン事ヲ冀フト、一般是レ余ガ祝辞中聊カ規言［いましめの言葉］ヲ呈出スル所以ナリ、且ツ夫レ本会ガ勢ノ此ニ至リシハ又以テ実ニ皇国将来ノ福運ヲト知スルニ足ル矣、人或ハ云ハン、卿ノ之ヲ祝スルハ従来東京ノミニ開キタル総会ヲ今回卿ノ郷里タル大坂ニ開キタルガ故ナルベシト、人固ヨリ愛郷ノ念アラザルハナシト雖ドモ、余ノ之ヲ祝スル唯ダ第七次総会ヲ我大坂ニ開キタルガ為メノミニアラズ、一般社会ノ為メニ其身ノ不敏ヲ忘レ聊カ卑意ヲ表シテ、上ハ天皇陛下聖寿万歳ナルヲ祈リ奉リ、下ハ本会ノ永遠隆盛ヲ祝シ、併テ本会ノ会員諸君ガ寿康無疆《むきよう》［限りないこと］ヲ祈リ、尚ホ今回正副会頭其他役員諸君ノ総攬、斡旋至ラザルナキノ労ヲ慰セン為メ、一場ノ祝辞ヲ呈ス。

（『大日本私立衛生会雑誌』七五号、明治二十二＝一八八九年）

なお堀内利国は、幹事から祝辞もしくは演説の依頼をうけ、「脚気病予防ノ実験」と題して講演を行った（八五八〜六一ページ）。

この大日本私立衛生会総会が東京以外で初めて大阪で開かれるのに、松山へ往診しなければならず、惟準にとって欠席は痛恨の極みであったろう。この往診の経過を『東京医事新誌』六〇〇号（一八八九年）が「◎大坂通信」として報じているので、その全文を掲げる（［　］内は筆者注）。

○看護の困難

予州松山なる第十旅団長陸軍少将品川氏章氏の病に罹り、去七月下旬其危篤に陥るや、松山衛戍《えいじゅ》病院の医官は勿論、広島より第四師団［正しくは第五師団］軍医長長瀬時衡氏も往きて少将の病を治するに勉め、且つ当地の緒方病院長なる陸軍々医監緒方惟準氏を迎へて診を受け、一同協議の上、病危篤の旨を其筋へ上申せしに、同廿七日特旨を以て位階を進め、正四位に叙せられしが、緒方氏到着後は治療上万事同氏の指揮に従ふことになりしにぞ、同氏は精神の感動を避けしむる為め、当分進位の事を患者に秘することに致し、且つ長瀬氏以下と共に一層治療に尽力せし甲斐ありて一時大に軽快に赴き、室内逍遥位は出来る様になりしより、緒方氏は一旦帰坂され其後該地医官より尚ほ所感を往復して病状を報じ、且つ治療の方針を謀られしに、毎回追々軽快とあり、緒方氏よりも一々之に応じて治療の肯綮《こうけい》［急所］を示さるゝを常とす、依て今一応来診すべき旨を緒方氏へ頼み来りしに付き、同氏は去月［八月］中旬再び往きて診されしに、報知の如く大に軽快を看認められ、且つ此時までも緒方氏の前言を遵守して未だ進位沙汰ありしことを患者に秘したり、緒方氏も亦今姑く秘するを可とする旨を述べ、一、二泊の上帰坂されにき、然るに今聞く処によれば、其後患者軽快の事を聞き伝へ、追々にとの訪問すること少なからず、一日副官某氏訪問し来り、雑話の際、偶《たまた》ま渠《かれ》の進位の沙汰ありしことを語りしより、斯る優渥《ゆうあく》なるの沙汰までありながら今斯く軽快を得るに至りしは一身に取りては幸福なれども、陛下に対して恐《畏》れ多き次第なりしと、患者頻りに精神の感動を発したるが為め、諸症再び蜂起し漸次逞悪《ていあく》［極悪］、終に本月［九月］六日簀《さく》を易《か》へ［死ぬこと］らるゝに至りしなりと、吁《ああ》看護の注意は豈《あに》啻《ただ》に衣食住気のみならんや、一言一句尚ほ衣食住気の不良に優るの害あることあり、其困難なる実に憶ふべし察すべし。

## ⑿緒方病院医事研究会規則（明治二十五年七月改正）

### 第壱章　総　　則

第一条　本会ノ目的ハ学術ヲ講究シ医道ノ改進ヲ謀ルニ在リ

第弐条　本会ヲ名ツケテ緒方病院医事研究会ト称ス

第三条　本会々員ハ医師ニ限ル者トス

　但シ万有学者薬剤師及ビ前期卒業医生ハ役員ノ会議ニ附シテ特許スル事アル可シ

第四条　本会ハ第一条ノ目的ヲ履行スルガ為メ集会シ且ツ報告書ヲ発行スル者トス

第五条　会場ハ当分緒方病院ヲ以テ之ニ充ツ

### 第二章　細　　則

第六条　本会々員ヲ名誉会員通常会員地方会員ノ三種トシ名誉会員ハ本会ニ功労アル者或ハ学術名望アリテ本会ニ裨益アル者ヲ云ヒ通常会員ハ毎月通常会ニ出席スル者ヲ云ヒ地方会員ハ遠隔地ニ在テ通常会ニ列席スル能ハサルモ仍ホ本会ノ目的ヲ翼賛スル者ヲ云フ

　但シ市内ニ在ル者ハ総テ通常会員ト看做シ市外ニ在ルモ通常会ニ列席スル者ハ之ヲ通常会員ト看做ス者トス

第七条　通常地方ノ両会員ハ第三条ノ制限ニ従フト雖ドモ独リ名誉会員ハ何人ヲ問ハズ前条ニ示ス如ク総テ本会ニ功労アリ裨益アル者ヲ推撰ス可シ

　但シ名誉会員ヲ推撰スルハ役員会ノ議決ヲ要ス

第八条　本会々員タラント欲スル者ハ住所氏名ヲ詳記シ捺印ノ上会費金ヲ添ヘ本会事務所ニ申込ミ会員ノ証ヲ受

ク可シ

第九条　会員退会セント欲スルトキハ会員ノ証ヲ添ヘ其旨本会ニ通報ス可シ

但シ既納ノ会費ハ返却セサル者トス

第拾条　集会ヲ区別シテ通常会総会ノ二種トス

第拾壱条　通常会ハ毎月五日二十日ノ二回ト定メ医学上ノ講論演説談話討論或ハ実地患者ニ就テ質問若クハ討論ヲ為ス者トス而シテ患者ヲ携帯シテ出席スル会員ハ其患者ニ係ル既往症現症等診断ニ必要ナル諸件ヲ詳記シ至急ヲ要スル者ヲ除キテ会日三日前ニ本会ニ通報ス可シ［注：明治二十九年七月の改正で通常会の開催を毎月十五日一回と改めた］

第拾弐条　総会ハ毎年一月七月ノ二回ト定メ前半年度ノ会計役員ノ撰挙（隔年）及ビ内外国医事上景況ノ報道且ツ議事演説等ヲ為ス者トス

第拾三条　前条ノ他本会ノ維持拡張及ヒ会務整理ニ関スル事ヲ評議スル為メ随時役員会ヲ開ク事アル可シ

第拾四条　本会役員ハ会長副会長幹事各一名審査委員七名理事十名ヲ置ク其掌務左ノ如シ

但シ審査委員ハ他ノ役員ヨリ兼ヌル事ヲ得

一会長ハ一切ノ事務ヲ総括シ且ツ会場ヲ整理ス

一副会長ハ会長ヲ輔翼シ且ツ会長事故アルトキハ其職務ヲ代理ス

一幹事ハ庶務報告書編纂及ヒ会計事務等ヲ掌理ス

一理事ハ幹事ト共ニ庶務報告書編纂及ヒ会計事務等ニ従事ス

一審査委員ハ医術病理ノ質問ニ応スル者ニシテ互撰法ニ依各自分担スル科目ヲ定ム

第拾五条　会長副会長幹事審査委員及ヒ理事ハ会員ノ公撰ニヨリ定ムル者トス

但シ在職ハ総テ二箇年トシ再三ノ撰ニ当ルヲ得

第拾六条　本会ニ於テ会員ヨリ第弐拾五条ノ質問ヲ受ケタルトキハ通常会ニ諮リ或ハ特ニ審査委員ノ取調ヲ経テ以テ応答スベシ

第拾七条　会員中本会ノ名誉ヲ汚シ或ハ会員タルノ義務ヲ怠ル者アルトキハ総会ノ議決ヲ以テ退会セシムル事アル可シ

第拾八条　本会ノ会費トシテ一箇年通常会員ハ金弐円ヲ地方会員ハ金壱円ヲ一月及ヒ七月ノ二回ニ分納スル者トス

但シ会員ノ便宜ニヨリ一箇年分以上前納スルハ妨ケナシ

第拾九条　通常会員及ヒ地方会員ニシテ会費一箇年以上延滞ニ及ベル節ハ再三督促シ尚ホ納附無之ニ於テハ会報ノ配送ヲ停メ総会ニ問フテ以テ除名スル事アル可シ

第弐拾条　本会々費ニ過剰金アルトキハ郵便貯金ノ手続ヲ経テ其保管ヲ為ス者トス

第三章　附　則

第弐拾壱条　本会ヨリ発行スル報告書ハ名ツケテ医事会報ト称ス

第弐拾弐条　会報ニハ常ニ左ノ事項ヲ記載ス

一病床実験録

一通常会及ヒ総会ニ於テセシ講論演説筆記

一医学上新説

一会員ノ寄書及ヒ通信

一会員ノ質疑問答

一会員及ヒ諸名家ノ消息幷ニ内外流行伝染病ノ景況
　但シ寄書通信ハ会員外ト雖ドモ有益ト認ムルトキハ之ヲ記載ス
第弐拾参条　会報ハ会員ニ限リ無代価ヲ以テ配布スル者トス
第弐拾四条　会報ハ当分隔月一回発行スル者トス
第弐拾五条　本会々員ハ学術上疑義アルトキハ本会ニ向フテ説明ヲ乞フ事ヲ得
　但シ答案ハ会報ニ登録スルヲ以テ式トシ特別回答ヲ望ムノ請求アルノ外ハ更《かわ》ル答案ヲ本人ニ送附セズ
第弐拾六条　本会ノ討論幷ニ議事ハ当分普通行ハル丶会議則ニ依リ整理スル者トス
第弐拾七条　此規則ハ役員会ノ意見或ハ会員拾名以上ノ請求ニ依リ総会ノ議ニ附シテ更正スルヲ得
　明治二十五年七月改正

当度役員

会　長　緒方　惟準
副会長　緒方収二郎
幹　事　緒方　惟孝
審査委員　緒方　太郎　緒方　正清　緒方　惟準　緒方収二郎　緒方　拙斎　中原　貞衛
　村田　豊作
理　事　浜田　美政　馬場　俊哉　長田幸太郎　河合　才治　竹田　寛　塚原　虎熊
　中村　周斎　江見泰次郎　宮内　重志　幹　澄

（『医事会報』四七号付録、明治二十五＝一八九二年）

⒀死直前の福沢諭吉の緒方洪庵先生に関する談話

福沢諭吉は明治三十四年（一九〇一）一月二十五日、脳出血が再発し、二月三日午後一時五〇分死去、享年六八歳であった。この脳出血再発の約三週間前（死去の一か月前）、すなわち一月二日に、緒方病院医事研究会が発行していた『医事会報』の記者某が福沢諭吉を自宅に訪問、洪庵文庫設立について相談、一時間余にわたる諭吉の談話を筆記した。そしてこれを『医事会報』一〇七号（一九〇一年）に、「故福沢先生の緒方洪庵先生に関する談話」と題して載せている。この一〇七号は筆者が現在まで確認したところでは、京都府立医科大学の図書館が所蔵しているだけである。大阪大学では『医事会報』およびこの前身である『緒方病院医事研究会申報』は一冊も所蔵がない。したがってこの記事はほとんど一般の人々の目にはとまっていないと思うので、本書に再録した。

談話の中で、『福翁自伝』に記されていない適塾の逸話や洪庵先生の銅像や記念碑などは造らず洪庵文庫設立に賛成すること、自分が洪庵伝を執筆の意思のあることを表明している。

諭吉の死後約八〇日目の四月二十四日に緒方惟準と弟収二郎が上京、同月二十八日洪庵の旧門下生および適塾関係の知己の人達を偕楽園に招待、この席上で「洪庵文庫」設立の決議がなされた。この洪庵文庫設立に関する史料は、大阪大学名誉教授梅溪昇先生が『適塾』一四号（一九八二年）に、「緒方洪平先生旧蔵史料の紹介——(1)洪庵文庫設立関係史料　(2)深瀬仲麿関係史料　(3)中天游緒方洪庵宛書翰」と題して紹介しておられるので参照されたい（のち『洪庵・適塾の研究』所収、思文閣出版、一九九三年）。

この緒方惟準等の上京、洪庵文庫の設立決議などについては当時の『東京医事新誌』一二〇三号（一九〇一年）と一二〇八号（同年）に詳細に報じられている。これらの記事については次の⒁項で紹介する。

諭吉談話を筆記した記者の名前は記されていないが、緒方病院医事研究会の理事幹澄氏でないかと筆者は推測している。幹氏は緒方惟準の自伝談話を筆記し、明治二十五年の『医事会報』に「緒方惟準一夕話」と題して連載した記者である。この人の略歴の詳細は不明であるが、明治十六年に内務省医術開業試験に合格、同年免状（内・外科）を下付されているが、緒方病院医事研究会の理事を務め、堀内利国の死後「堀内利国小伝」を『東京医事新誌』九一二号（一八九五年）に発表している。大阪慈恵病院に医師として勤務していたかどうかは不明である。

## ○故福沢先生の緒方洪庵先生に関する談話

（現代仮名遣いに改め句読点はそのままとした。（　）付きルビと［　］内は筆者）

今春［明治三十四年］一月二日記者福沢諭吉翁を訪い、洪庵文庫設立の挙に就いて謀る所あり、翁大いに喜び、其の書室に会見せらる。懐旧の談話諄々として時余の長きに亘るも尽きず、翁の師恩を懐うの深き其の情、実に言外に溢る、当時其の断片を筆記したる者即ち此の一編也。翁に見えて後十日にして溘然其の訃音に接す、今や再び其の温容に接する能わず、其の高説を聴く無し、真に痛歎の至りに堪えず。聞者翁の遺志たる洪庵文庫は多数の有志者に不日設立の計画成らんとすと云う、翁亦瞑す可きなり。

新年御目出度う、……久しく無沙汰をして居りまして済まぬ、此の頃大阪で洪庵文庫を設立すると云うて、有志家が奔走して居るそうだが、誠に喜ばしい結構な事じゃ、洪庵文庫の事に就いては確か五年程前であった私が畿内地方に巡遊した際［明治三十年十一月家族同伴で京阪山陽方面に遊ぶ］、久々で大阪へ立ち寄った時に、緒方の一族に面会したところが、先生の記念になるものを残して置きたいが、何か先生の所蔵して居られた原書図譜、又当時適塾で輪読又は素読をした古本及び吾々塾生が苦心して謄写したる書類等は遺って居るか、若し遺って居れば、夫等を散乱せぬ様に集めて、其の上に其の後新しく出版した医学書又は博物書等を一所にして、書籍館を拵える計画をして見たいと思うがどうであろうかと相談したことがあった。緒方家では固より医書を集めることは無論、文庫を設立することは吾々に取りて非常な名誉なことであると云うことで、一旦其の計画を定めて、東京の大鳥［圭介］などに話したことがあった。たしか明治十二三年頃のことであったが、誰であったか名は忘れたが、門弟の有志者が、大阪中ノ島に銅像とか記念碑とかを建てることにしたいと思うと云うて、私に賛成を求めに来た人があった、併し私は大不賛成で、斯様な事は世間ありふれた企で、先生の弘徳を顕すに足る程のものでない、何か外に良い方法があるであろうと云うて、それなりに成って居った。其の時大鳥も大不賛成であったが、洪庵文庫の方は至極善かろうと云うことになって、長与［専斎］なり其の他の人に話をして、略纏まりがつくかと云う矢先に、突然例の急病が起こって［明治三十一年九月二十六日諭吉脳出血症を発す］、人事不省と云う様な騒ぎになり、幸いに九死に一生を得て、余命を保つことが出来たが、最早以前の福沢でない、余程事物に疎くなりて、記憶力も大変減じ、固より事業に奔走する等のことは思いも寄らなくなって、養生一方に其の日を送って居った為に、此の文庫設立のことも実は全く忘却したと云うては先生に対して相済まぬ次第なるも、実は念頭にも上らぬ様な始末に成ったのであった、併し御見掛けの通り、近頃は至極丈夫で日々の散歩も出来、客にも接して談笑を交うることが出来得る様になった。誠に天の祐けであろうと思って居る次第じゃ、此の分ならば今年春過ぎたら、四五月頃に大阪地方に旅行して、今一度是非先生の墓参をしたいと思うて居る、尚旧知の人々に遇うて昔噺しをして楽もうと思うて居るから、御帰りになったら緒方一同の人に左様伝えて下さい。

夫から洪庵文庫のことじゃが、大阪で其の設立の噂があると云うことは誰であったかを聞いて、今更思い出して大阪の約束を実行せねばならぬと思うて居ったが何分医師からの注意が厳しいので、読むこと書くことも止めにして居るから、頓と世間の事情が判らぬ、それでどう成って居るかと思いながら、実は今まで其の日を送って来た次第である、今日貴所に御目に掛かって其の御話を承わるは誠に喜ばしい、何より結構な事じゃ、是非病身ながらも及ぶ丈の力を尽くして此の設立の尽力を致します、旧門下生にも相談をして皆々発起人となって相応に尽力したら、必ず立派な文庫を拵える事が出来るだろうと確信します。

併し洪庵先生は今では主に医者が其の名を知って居る計りで、其の他の社会には割合に其の名が顕れて居らぬ、実に先生は医者ではあったが、学者であり教育家であり且つ政事家であったのだ、決して一様凡庸の医者ではなかったのである、世人は単に医者としての先生を知って居るのみなのは誠に残念であるから、か丶る大先生であると云うことを、伝紀《（ママ）》に綴って発表することが甚だ必要であろうと思う、私も病気前には種々の事を記憶して居って、先生の学識なり行状なりは、門下生の中でも最も善く承知をして居る積もりであったからいつか閑を得て書こうと思いながら、何分新聞やら著述やら、慶応義塾の事務やらで寸暇がない、夫れで今日までとうとう書くことが出来ず、病気になってからは尚更筆を取ることを留められて居るので、思う様に心に任せぬのであるが、近頃は脳も余程良くなって、記憶を喚び起こすことが容易くなったから、とても自分独りでは書くことは出来ぬけれども、そろそろ記憶して居る事柄を、書生に筆記させて見て、夫から他の門下生の記憶をもこれに加えて、ぼつぼつ書くことにしたら、どうかこうか四五月頃までには書き終わることが出来るだろうと思います、夫れに就いては大阪の［緒方］拙斎君に上京して貰って、懐旧談を試みたら、又々思い出すことも多かろうし、書くことも充分に行くだろうと思うが、拙斎君はどうも上京は六ケ敷か、夫なら大阪に居る知己の新聞記者でも拙斎君の宅に遣って、出来得る丈多くの材料を集めて貰うことに仕様、私も此の次ぎ大阪に行ったら皆さんに御目に懸かり、拙斎君にも遇ったなら、もう一つ充分なものが出来るだろうと思って居ります、併し貴所も折角御上京に成って御尋ね下さったのだから、序でに洪庵先生の人の為りを御話をして、他日の参考にして貰って置きましょう。

先生は大福餅が御好きで、御馳走は一向召し上がらなかった毎々書室の机の傍らに焼いた大福餅が載せてあるのを見たことがある、酒は少しも上らぬ、従って料理屋に行くとか芸者遊びをなさるとか云うことは、私も長く居ったが一度も聞いたことがない、先生の御楽しみは弟子を教えると云うこと、、気の合った人と談論するのであって、町人は固《もと》より武士でも気の合わぬものと交際するのは至極御嫌いであった、無論表面の交際はあったのだが、夫れは楽しみと云うのではない、或る時近郊に秋の月を観に行かれたことがあった、其の時にも御伴をするのは門下生計り、四五人でたしか何とか云う宗匠が一人加わって行った、或る茶屋の二階で歌を読むと云うことで、名々《ママ》得意の句を作って帰った、夫から宗匠がそれを直した、此の時の歌が余程よく出来たそうで、大層自慢にされて吾々に見せられた、覚えて居らんが兎に角非常によく出来て居って、何でも其の主意は、世の中の俗人と交わってつまらぬ苦労するよりは、斯かる有為の青年と静かに月を賞するのは、畢世の愉快であると言う文句であった様に思う、先生の弟子を愛せられたことは、とても他に比類が無かろうと思う位である、殊に私は数多ある門下生の中で最も先生に寵愛せられ少なからぬ恩恵を受けて居る身分である、私が塾に、はいって間もなく、熱病を煩った、大分熱も高く具合も悪かったので、友人たちも大層心配して呉れたが、先生の御心配は実に一方でなかった、福沢の病気は己れは診ることはようしない、家の者も診てはいかぬ、他の医者に頼んで治療をして貰うと云うて、近所の医者に頼んで来て貰って、先生は間接に病状を毎日見舞って戴いたのみで、無論投薬は其の医者がした、幸いに本復することが出来た、此の時の先生の御心配と云うものは実に一通りではなかった、自分が投薬しては迷いが起こって充分に出来ぬと云われた精神は、全く私を親子の様の思って言われた精神であって、斯く程まで私を御寵愛して下さったと思うと、実に其の思召しの深きことに感じて居る次第である、私のみならず他の弟子たちも先生が御多忙にも拘わらず、色々親切に御愛撫下さったことは、塾に居った者で感服せぬ者はあるまいと思う、無論先生も慈愛の心に富むで居られたが、奥さんが又非常に豪い御方であった、奥さんのことに就いては他日又話す機会もあろうし、先生の伝記にも附加して載せることにしたいと思うて居る、先生が弟子を思うことが斯様に深きのみならず、先師を思うことが又甚だ切なる御方であった、先生の初めに師事しておられた中［天游］氏の命日などには、いつも欠かさず墓参をなさり、又線香を立てゝ追悼なされたりするのを見て、皆々大いに感服して、追って吾々も先生を斯くまで思わなければならぬと言い合わせて居った、夫から江戸に御出になってから宇田川氏［玄真］が死んで、其の遺族が余程生活に困難をして居るのを聞かれて、金百両を恵まれた、其の時先生の御手許にどの位有ったかと云うに、僅か六百両ほどしかなかった（先生は始終至極貧窮の方であって、折角医者の方で儲けたものも公共事業に抛たれる事が多かったので、一向溜まらなかった。種痘の来る時分でも余程金を使われた様子であった）、六百両中で百両出すと云うは、中々並大抵の人の出来る業ではない、今の相場で丁度六千円の身上の人が、千円寄附したと云う様な者で、小供《ママ》も多く御多病でもあり、中々物入の際に、かゝる大金を先師の遺族に恵まれたことは一大美談であると思う。これで先生が師匠に対して、如何に敬愛の心の深かゝった事を想像することが出来るであろう、斯く云う福沢は、先生を慕い深く其の師恩を感じて居る言葉に筆に今まで此の情の一端を常に云い表して居る、福翁自伝は緒方塾の記事又福沢全書の緒言に先生の事を書いて置いた、どうか此の師を思うの情は全く先生の師を思うの情を見聞して、これに薫陶されたものに相違ない、此の福沢も大分多数の弟子を作ったが、どうか私の死後に私を思うこと斯くほどの者は幾人あるであろうか。

先生は温厚篤実の君子で、実に柔順なる人物であったが、学事に関して大胆なるには是れ亦非常に驚くべきことである、殊に翻訳に関して宇句を作らず、平々凡々の文字を以て容易く通読し得る様に記述せるゝのは深く敬服すべき次第であって、此の福沢も維新前より多数の著書を書いて出版し、夫れから新聞事業にも従事したが、極めて平易の文字を以て婦女童幼にまで理解し易き様に書いた、此の平易な文字を連ねて著述することを始めたのは、全く先生の御教訓によったもので、先生はいつも原書のいくら難解の文章でも、すらすら俗文で判る様に翻訳をなされた、それでこうゆう話がある、今の人類学者坪井正五郎氏の親父で信良と云う人が、或る翻訳物をなして余程六ケしき文句を並べたものを先生に校閲を願いに来た、先生は其の原書を少しも読まずに主として、其の難解の文字を平俗に書き改えられて、それを坪井に見せて、此の翻訳は原書の意味を直訳して無理に日本文に直そうとするから、斯かる理解し難き難文章が出来るのだ、翻訳をする時は一先ず原書を熟読して、其の意味を脳中に納め、それから沈思黙考して、其の意味を新しく我が国の文章に組み立つる様にせねばならぬと教えられたと云うことを聞いて、其の卓説に感服したことがあった、先生の翻訳に大胆だと云うことは此の通りであって、病学通論を訳された時も執筆の時には、殆ど其の原書を一枚も見られなかった様子である、それだから文章の体裁文句の排(配)置は丸で原書とは別物である、扶氏経験遺訓の巻末にある医戒を読むものは先生の文字の如何にも優美にして理解し易き名文なることを知ることが出来る、それと他人たしか江戸の宇田川氏［正しくは杉田成卿］が訳せられた医戒と比べると実に霄壌《しょうじょう》［天地］に差がある、先生はいつも江戸の蘭学者が余り原書を其の儘に直訳して、反て学者の困難を感じさせることを、いつも痛歎して居られた、いつも私に江戸の蘭学者は、人を教ゆるのじゃない人を苦しませるのじゃと云われたことがあったが、翻訳家に対しては確かに服膺すべき金言であろうと思う。

翻訳について面白い話がある、或る時オランダの船が大阪の天保山沖に碇泊して、使を町の奉行に遣《おこ》して、何か書面様のものを持して、願いの件があると云う様なことであった、役所では異人から手紙が来たと云うのは始めてゞもあり、無論一字も読むことが出来ぬので狼狽して幸い蘭学者の緒方が居るから、呼んで来いと云うことになって、診察で忙しい最中に、役場に喚び出されになった、其の時の蘭人の手紙は何か食物のことにつきての請求であって、周旋をして呉れいと云う様な願書であったらしい、先生は其の手紙を一度丈すらすらと通読なさった、こゝで役人に筆と紙を持って来いと云うて、極判り易い様に一つ何々の事一つ何々の事と云う様に、其の願いを条目にして僅か十分位で翻訳をして仕舞って、斯く言う先方の願いじゃと役人に云うたので、役人は実際真正の翻訳かと云うて疑うたと云う話を聞いて居る、先生が蘭学に通暁して居られたから、かゝる場合に容易く翻訳なし得られたことは無論であるが、一度通覧したのみで、夫れを役人に判る様に日本風に書かれたと云うことは、極めて大胆な話ではあるまいか、役人共が先生を信じて居ったからこそよけれ、他の者が斯様な処置をなしたらとても承知しなかったであろうと思う。

前言うた通り先生は至極温厚な御方ではあり、容貌も柔和であるのに一種の威光があって尊厳な様子に見えるので、病人は中々怖がって、先生から問わなければ滅多に容体を委《くわ》しく話をしない、北の新地の女郎屋から大分沢山診察をして貰いに来たが、先生は怖いから代診の御方に手を握って貰うのを希望するものが多かった位で、先生を頼みに来る時も、普通ならば先生が御留守なら代診の御方に来て貰いたいと言ってくるのを、緒方の玄関は特別で代診が居らなければ先生にきて貰いたいと云う位であった、其のくせ先生は一向患者に障壁を置かれない、女郎でも芸者でも大名でも金持でも、ちっとも診察に異りはなかった、こう云う話がある、兼ねて先生は能筆で、字は優しい格であった、所で北の新地の女郎屋の亭主が、病人から昵《ちかずき》になって、掛行燈《かけあんどん》に家号を先生に書いて貰いたいと云って来た、塾生共はどうなさるであろうと評判して居たら、先生委細関わず、断りもせずに見事に書いて御遣りになった、そこで一同感服してしまったことがある。

夫から先生は一向世事に頓着がないが、一旦云い出された事は中々これを実行するまでは承知なさらん、此の福沢は生涯中偽《うそ》を就いたことは只一偏しかない、それは或る場合に立ち至って是非なく、御恩のある先生に偽をつかなければならぬ様になったことである、先生の代診中で御世事がよく至極病家の受けのよかった男がある、此の人が病家廻りの時は先生の黒紋付の羽織を拝借して始終往診をして居った、此の人に名塩村から来て奥さんの御用を務めて居った女を、奥さんの周旋で縁付《えんづ》かして別に開業をさせたところが、此の人と新女房との仲がよくない、いつも私の処に来て、細君の苦状（ママ）を言ってこぼして居ったが、折角先生からの御仲人で結婚したものだから、どうしても離縁するわけにはいかん、併しどうしても辛抱して一所に居ることが出来なくなったので、困却の余り浅墓にもどこかに影を隠してしまった、つまり行方が知れなくなったんである、そこで私は詳しい内情を知って居るから、其の後色々と探ってとうとう其の人の在家を突き止めた、先生御夫婦の方では大御立腹で、福沢どうかして探して来い、怪しからん奴じゃ、他の事はかまわんが、彼奴は己れの紋付の羽織を其のまゝ着服して逃げてしまいおった、彼の様な男に緒方の定紋の付いたものを持たせて置くのは心に済まぬから、在家の知れ次第其の羽織を引き剝いで来い、何と言うが是非に取り戻して来いと云うことであって、私も最もの事と思うて使者に立って其の人に談判をして見たところが、矢張り医者を為て居るものだから、どうしても其の羽織が入る、此の羽織を取られては直ぐに飯が喰えなくなる、それに新調するにも金がない、どうか君の御尽力で羽織は勿論御出入りの御詫びをして呉れ、女房共屹度一所に仲善く暮らすからと云うので、頼まれて見ると可愛いそうになって、夫れでも持って帰ると云う事が出来ぬ、余儀なく立ち帰って先生に復命したには、あの男には羽織がないと申すによって、私の羽織を彼に遣りまして、どうか先生の御羽織は私に頂戴をさして頂きたいものであると、所謂偽をついて申上げたところが、先生は大機嫌で、福沢於前なら遣る、彼の男には一日も貸して置くわけにはいかんと云われて、私が貰うたことにして其の場を済ました、此の時の先生の見幕は恐ろしい程であって、只羽織一枚でも思うところは断然決行すると云う御所存には甚だ感服した、これも後世に伝うべき一美譚であろうと思う。

　此の外種々面白い話があるが、余り長く談話すると医師の叱りを受けることになるから、先ず此の位にして置いて他日伝記を書くときには此の外の逸話を集めることが出来ると思う。

洪庵文庫の事は請け合うて成立させることにしましょう、緒方一同の人にも宜しく伝えて下さい、こゝに昨日書初めしたつまらぬものがあるから、是れを御土産に緒方に持って帰って下さい。

（『適塾』四〇号、二〇〇七年、のち福沢諭吉協会編『福沢諭吉年鑑』三五に再録、二〇〇八年）

### ⒁洪庵文庫設立の経緯

前項⒀の福沢諭吉の談話にもあるように、一時中絶していた「洪庵文庫」設立の計画が再び持ち上がり、緒方病院における活動からすっかり身を引いた緒方惟準は、福沢諭吉の賛成であるという内意も確かめたので、明治三十四年早々に設立の行動を開始した。すなわち子息銈次郎を上京させ（一月初めころ）、池田謙斎・長与専斎の諒解をとりつけた。謙斎は鎌倉にいて面会できなかったが、留守宅の夫人に伝言を依頼した。また神奈川県国府津の別荘に滞在中の大鳥圭介には銈次郎から書面を送り、諒解を得た。そこで惟準は弟収二郎とともに同年四月二十五日に上京し、二十八日日本橋亀島町偕楽園に旧適塾門人らを招待した席上で、洪庵文庫の設立の場所、維持の方法、醵金募集の方法など諸般の準備について熟議した。出席した旧門人は大鳥圭介、池田謙斎、中定勝、牧山修卿、足立寛、坪井信良、高松凌雲、本山漸、本野盛亨、八雲井雲八、菊池大麓、原田貞吉、小林謙三らの十三名で、緒方家側からは惟準、収二郎、緒方道平（郁蔵の長女の夫）、緒方三郎（郁蔵の次男）の四名であった。

そこで「洪庵文庫設立ニ関シ左ノ件々ヲ決議ス」の文書が作成された（内容は四二二ページ）。

そして設立趣意書と醵金募集の方法などは目下起草中で近日脱稿するので、でき次第公表することになった。文庫設立委員には、委員長に大鳥圭介、委員に長与専斎・池田謙斎・中定勝・牧山修卿・足立寛の六名が撰定された（『東京医事新誌』一二〇三号、一九〇一年）。ついで設立趣意書（四二三～五ページ）の用意も整い、旧門人はじめ関係者へ送られた。

前述のように設立当初の記録は残されているが、その後の運営経過を示す資料は見あたらないし、銈次郎の自伝『七十年の生涯を顧みて』（一九四一）の中で、この洪庵文庫について一言も記していない。以下、筆者の想像をまじえて述べてみたい。

前述のような洪庵文庫設立の趣意書が各地の関係者に送付され、順調な募金、図書の寄贈が続いたことであろう。

一方、当時緒方病院は盛況を続けており、今までの病院（東区今橋四丁目）が狭く、老朽化したので三菱銀行に売却、分院（西区立売堀南通四丁目）に診療所・病室を増築し、名称を新町緒方病院とした（明治三十年九月）。そしてさらに分院に隣接する新町の土地を購入、明治三十五年四月、近代的な病院の新築および増築工事を起工、三十六年（一九〇三）十一月完工し、同月二十一日盛大な落成式を行った（大阪市西区新町通三丁目四四番地・立売堀南通四丁目三および四番地の土地一二〇〇坪、総建坪数六六三坪）。

洪庵文庫設立の決議書に記されているように、本来ならばこの新病院に隣接して洪庵文庫の建物が造られるべきであったが、実現しなかった。この開院式に参列者に配付されたと考えられる五一ページの冊子『緒方病院一覧』（明治三六年十一月刊）には、詳細な病院各階の平面図（三枚）を添付、院内諸設備などが詳細に記載されているが、洪庵文庫の名はない。病院本館と廊下で連結されている二階建ての別館甲・乙の二棟があり、乙棟の一階に図書室・小説雑誌閲覧室・球戯室・囲碁室があり、ほかに大小二つの産婆看護婦講義室と標本室がある。図書室は小講義室よりやや小さい。甲棟の一階が隔離病室、二階が職員寄宿室（一一室）となっているので、乙棟の図書室は職員用のものと考えられ、ここに洪庵文庫所属の書籍が格納されていたのであろうか。

新病院の建築費は銀行あるいはその他の金融機関（保険会社）からの借り入れであろうから、洪庵文庫用の建物を造る経済的余裕はなかったのであろう。

明治二十八年（一八九六）七月、惟準は院長を弟収二郎にゆずり、二十九年一月、義弟緒方拙斎は院主を退き、そのあと惟準が院主となったが、次第に診療から遠ざかり、有馬の別荘で暮らすようになる。しかし明治四十二年（一九〇九）七月二十日胃癌で死去、享年六七歳であった。また一方、年月を経るにしたがって多くの旧門人はあの世に旅立ち、その子孫らの洪庵文庫への関心も次第にうすくなっていったことであろう。はじめ緒方病院は大阪における唯一の私立総合病院として、また惟準の声望も加わり繁栄していたが、次第に私立病院が増えてゆき、また大阪府病院医学校には東大出身の医学士が来任し、充実した病院となり緒方病院は昔のような隆盛を維持できない状況になる。

このような時期に、銈次郎の義弟白戸隆久（銈次郎妹の寿子の夫）が大阪鉄工所の技師長をやめ、独立してトロール船（遠洋漁業船）の造船事業に転身した。彼の勧めにより銈次郎はじめ多くの親類たちがこの事業に投資した。しかし明治四十五年四月一日、白戸は突然脳出血のため自宅で急死した。享年四八歳の若さであった。このため事業は中絶、借金のみが出資した親族を襲った。銈次郎はその矢面にたたされ、動産はじめ抵当に入っていた緒方病院病院・旧適塾は抵当権者の手に渡ってしまった。病院の土地、建物は緒方家の手を離れたが、そのまま診療は継続されていった。大正十四年（一九二五）三月、緒方収二郎は院長を退き、銈次郎が院長に就任した（五五歳）。しかし間もなく体調をくずし、加うるに婦人科での不祥事件が公になり、責任上辞職し、長男準一が院長に就任した。昭和四年（一九二九）白戸家の債務はほぼ弁償することができたが、この経済的負担と不祥事件によって、病院の信用は傷つき、患者は激減し、ついに病院を閉鎖するにいたった。

この廃院となったとき同病院の図書館の蔵本のうち洪庵の著作と洋書は緒方家に残され、その他はすべて東京帝国大学中央図書館に寄贈された。昭和五十六年（一九八一）九月二六日付で「緒方洪庵文庫和書目録」のコピーが富雄氏から大阪大学の適塾記念会に寄贈された。この寄贈本の一覧表が、その他の洪庵文庫設立関係の文書とともに、適塾記念会の機関誌『適塾』一四号（一九八二）に、梅溪昇「適塾関係史料解説（その四）」と題して掲載されている（著者名・書名・部数・冊数が掲げられているが、刊行年の記載はなし）。これによると、和漢医歯薬書など三二九五種五六八冊である。この寄贈本の中に、洪庵の扶氏経験遺訓・虎狼痢治準・病学通論および惟準の著作、嗒喥嗚㖦《ボードイン》袖珍方叢・西薬新論・衛生新論・勃海母薬物学・山家集がある。

洪庵文庫設立のためにの決議書の中に、「旧適塾の建物の売却」があるが、これは実行されず債権者にわたった。昭和十五年（一九四〇）七月旧適塾は大阪府史蹟となり、翌十六年文部省史蹟に指定され、同十七年九月債権者の日本生命保険相互会社から大阪帝国大学に寄附され今日にいたっている。

（『福沢諭吉年鑑』三五、二〇〇八年、本文と重複部分は一部割愛）

## ⒂大村益次郎殉難報国之碑の竣工式と碑文

式は昭和十六年（一九四一）三月十三日、中山太一建設委員長祭主のもとに、大村卿遺徳顕彰会代表小倉正恒らによって盛大に行われた。主な参列者は大村子爵当主泰敏・井上幾太郎陸軍大将・末次信正海軍大将・伯爵寺内寿一陸軍大将・地元陸軍代表岩村中部軍司令官・地元海軍代表奥阪神海軍部長・三辺大阪府知事・板間大阪市長・片岡大阪商工会議所会頭のほか縁故者代表緒方銈次郎ら官民四百余名であった。参列者には、同会発行の『兵部卿大輔大村益次郎先生』ならびに記念絵はがき（筆者蔵）を贈呈した。

石碑に刻まれている「発起人並発起人兼賛助者」は、右面に四二名、左面に四六名、その一部の著名人を掲げる（右面はイロハ順に記す）。われわれ戦中派には懐かしい軍人が多い。

〔右面〕伊藤忠兵衛・飯島茂・畑俊六・林銑十郎・東條英機・緒方銈次郎・及川古志郎・高橋三吉・建川美

次・小倉正恒（以下略）

〔左面〕南郷次郎・松井石根・松岡洋右・松下幸之助・鴻池善右衛門・小林一三・寺内寿一・荒木貞夫・佐多愛彦・末次信正・杉山元・杉道助・南次郎（以下略）

当日の夕刻、殉難報国碑竣工記念講演会が北区中之島中央公会堂で開催された。講演者ならびに演題は、飯島茂陸軍軍医中将の「大村兵部大輔の事業の一斑と遭難の原因」、井上陸軍大将の「大村卿と国防思想の発展」、末次海軍大将の「大村卿を偲ぶ」であった。余興は旭堂南陵の講談「大村卿」および宮川松安師の新作浪曲「大村益次郎」などであった。

この碑は発起人総代中山太一の名をもって維持金をそえて、大阪市に寄贈された。

またその後、飯島中将と同会の資料提供によって、大阪松竹専属脚本家郷田真が大村劇「国民皆兵」を創作し、大阪中座で上演、好評を博し、京都・神戸などで続演、翌年三月、東京明治座で、市川左団次追善興行としてこの劇を上演し、大入り満員となった。同六日、大谷松次郎社長は同会関係者を招待した。

なお同会主催、中部軍報道部後援による情報局国民映画参加、新興キネマ京都撮影所作品「国民皆兵大村益次郎」の特別試写会が翌十七年一月十七日夕刻、東京九段の軍人会館で行われ、その後、全国各地の映画館で上映された。戦時中であり、戦意高揚必須の時期であったため、このような顕彰の機運がたかまったと考えられる。

本文で述べているが、大村益次郎の手術で切断された右足は、師緒方洪庵（大阪・龍海寺境内）の墓碑の傍らに埋葬されたと伝えられているが、その場所に「大村兵部大輔埋腿骨之地」の石碑が建立されたのは、昭和十四年十一月五日である（五〇五ページ図35-4）。碑銘はやはり飯島茂陸軍軍医中将が書いている（緒方銈次郎「大村益次郎卿の足塚」、『上方』一一七号、一九四〇年）。やはり大村卿没後七十周年を記念して建立されたものであろう。

●殉難報国碑碑文　（句読点と括弧内は筆者注）

明治兵制ノ創始者兵部大輔大村益次郎卿ハ周防ノ人、資性沈毅明敏、少壮ニシテ漢籍ヲ広瀬淡窓ニ、蘭学ヲ梅田幽斎及緒方洪庵等ニ学ビ、専ラ医学及兵学ヲ修メ、夙ニ皇政維新ヲ翼賛シテ、東京以北戡定《かんてい》ノ偉勲ヲ樹テ、親兵ヲ創設シテ兵馬ノ大権確立ニ資シ、徴兵ノ制ヲ布キテ国民皆兵ノ実ヲ挙ゲンコトヲ主張シ、兵学寮及兵器弾薬製造所竝軍艦碇泊場設立等ニ拮据《きっきょ》奔走中、明治二年九月四日京都ニ於テ刺客ノ難ニ遭ヒ、後大阪病院ニ於テ右大腿切断ノ手術ヲ受ケ、病床二ケ月瀕死ノ中ニ在ツテ尚ホ書ヲ要路ニ致シ、陸海兵制ノ整備ト軍事医療ノ急設トヲ説キ、傷処ノ疼痛ニ悩ミツツ一言モ之ニ及ブナク、愬《ウッタ》フル所、皆是レ国家公共ノ大策ニ非ザレバ無カリキ、不幸経過良好ナラズ、遂ニ十一月五日経国ノ雄図ヲ抱イテ空シク此ノ地ニ薨ズ、享年四十有六、本会ハ茲ニ卿ノ高邁ナル識見ト偉大ナル功績トヲ敬慕シ、特ニ終焉ノ地ヲ選ビ記念碑ヲ建テ、此遺跡ト共ニ其洪勲ヲ長ヘニ後昆《こうこん》［後世］ニ伝フト云爾。

紀元二千六百年十一月　大村卿遺徳顕彰会

［資料］
高梨光司『兵部大輔大村益次郎先生』、大村卿遺徳顕彰会、一九四一
吉田靹子『飯島茂』、飯島郁、一九五五

⒃緒方惟準の長男整之介および弟収二郎（在ドイツ）宛書簡

①惟準の長男整之介宛　明治十六年（一八八三）八月三十一日付

一書申入候、未タ残暑甚敷得共、留守宅一同無事御暮し候よし悦敷存候、私事も大坂ニ今日迄滞在、午前十時之汽車ニて神戸参り、東京表より参り候者え面会、皆々無事之よし承り、悦居候、大坂ニては母上［八重］は勿論

北浜一同［拙斎夫妻ら］ニも無事ニて不一方世話ニ相成、殊ニ十重事万端世話被致呉、悦ヒ仕合存候、序之節□之礼申遣可被下候、父事も大ニ悦居候ト御申出可被下候、西京ニ両日滞在、母上ト収二郎同道ニ参り、処々見物して大坂え返り、堺之浜え拙斎さんの御馳走ニ参り、田村〈丸亀屋子供有〉多勢ニて賑敷事候、夫より返りニ田村え一泊、翌日も引止ニて滞留、一昨晩はおたけのむすこの義太夫ニて相楽候、処々より馳走ニ被招困切申候、出入之ものも多く参り候、土産物も下行《（げぎょう）》［くだされもの］分とも遣尽し、又々下行キハ大坂ニテ相求申候、大坂ニ立寄候故、僅カ九日間ニ五十円《エン》も遣切申候、実ニ金ノ入ルニハ驚き申候、此度は北の新地より近々引き出しニ参り候とも三軒の茶屋之女も閉口致し返り申候、大坂ニは多くハ居ラヌ故ナリ、今晩六時ニ当港出帆ニて松山え参り候、明日十二時頃ニは松山ニ着致候、尚彼地着候上は申入候、留守宅火の用心ト子供ニ風引けがさセぬ様頼入候、右申入度早々如此、

以上　父より

八月卅一日午後一時

尚々三沢氏ハ明日頃帰京のよし、又収二郎□七日頃帰京之事ニ付、同人より万事御聞取可被下候、三沢姉エ田村当作とのぎ御兄よおし申候間、御安心可被下候、以上

（梅溪昇「緒方惟準・収二郎・銈次郎関係書翰等の紹介」、『適塾』二九号、一九九六年、のち『続洪庵・適塾の研究』、思文閣出版、二〇〇八年）

（1）封筒のスタンプで明治十六年と分かる、整之介の住所は、神田区猿楽町二丁目五番地となっている。

（2）惟準の履歴書および『一夕話』によれば、この年の七月十三日付で西部検閲監軍部長属員を命ぜられ、七月二十一日東京を出発、広島・熊本両鎮台およびその管下を巡回し、同年十月十八日帰京している。この文面によれば八月三十一日まで大阪に滞在し、自由な時間を母八重や弟妹、義弟拙斎、知人らと過ごし、同日夜六時に大阪港を出航、翌九月一日

に広島鎮台管下の松山に向かう予定とある。松山で検閲監軍部長と落ち合うことにしているのであろう。当時、惟準は四一歳、陸軍軍医監兼陸軍薬剤監で軍医本部次長および陸軍本病院御用掛兼勤の職にあり、最も輝ける時代であった。

②惟準の弟緒方収二郎（在ドイツ）宛　明治二十三年（一八九〇）十月十五日付

尚々為替金今明日中ニさし送候間、左様御承知可被下候

拝啓　尓来御無沙汰平ニ御海恕被下候、扨先便拙斎より申上候通、漸次院勢繁忙野生も一日モ欠勤出来兼候間、処々御聞見被成下と存候得共、病院之維持甚六ケ敷相成候間、本年中ニ其地御出発御帰国有之度候、過日英国中央医学会之節ヒルショー氏［ドイツの病理学者ウイルヒョウ］、コフ氏［ドイツの細菌学者コッホ］之演舌書慥《たしか》ニ着、落手仕候、尚其後之御書状も相達拝見仕候、外ニ願上度義ハ銈次郎義、来ル廿四年徴兵適齢ニ付、猶予願さし出不申ハ罪重ニ被処ニ付、御手数恐入候得共、当年［堀内］謙吉之猶予書之通、在独公使之許へ呈出、来ル廿四年一月中ニ当地ニ到達候様御取斗可被下候、銈次郎迄も右今回申遣度く候得共、尚宜敷御願申上候、御聞及之通、当地「コレラ」猖獗《しょうけつ》ヲ極メ一時ハ二百八十八名ニも相及候得共、昨今ハ大ニ間減致シ三十名内外と相成申候、弊院ニテモ注意致シ居候得共、附添人ニ二名有之、大ニ困難ヲ致候、其後ハ更ニ無之悦居候、外ニ申度如山有之候得共、何分一人一役ニテ寸余無之、閉口罷在候、右申了候、草々不一

十月十五日　　緒方惟準

収二郎殿

几下

［注］惟準は病院が忙しいのでこの年、明治二十三年末までに帰国するよううながしている。しかし収二郎は腰をあげず、その後一年も経ち、次の手紙で惟準がいらいらしている様子が明らかである。

③前同　明治二十四年九月十二日付

岡玄卿君八月廿二日神戸着、直ニ拙宅江尋ネラレ、貴君ノ伝言已ニ九月末ニハ帰朝ト申事ニ付、夫々準備罷在候処、今回之書状ニテハ来年［緒方］正清帰朝之節、同道ニテ帰朝相成候趣、実ニ当院ノ収入上金円ノ不足ヲ生シ、過日モ貴君帰朝ノ入費六百円ノ為替金モ日本銀行ヨリ受取ニ参リ、岡君ノ承認故確タル事ト存シ仕払仕、屈指帰着相待居候処、右ノ次第ニ付、当院ノ困難無此上候間、此書状着次第旅装相整へ好き同行者有之候ハヽ、十月末ニテモ其地出発有之度候、迚も此後滞在スルモ送金ハ出来カタク書籍器械ノ買求モ中止有之度候、貴君ハ未タ御承知も無之ト存候得共、中々過多ノ金円ハ出来可申義無之、当院も拙者一名ニテかつ〳〵此迄維持罷在、君之留学金送附ニ労働罷在次第、貴君且ツ正清と同道ニテ帰朝相成候節ハ、当院収入上ノ都合ニ甚不都合而已ナラス、当大坂ノ病客ニモ信用薄ク候間、此辺篤ト御考ニテグス〳〵（ママ）セスシテ直ニ帰朝有之度候、正清ハ来春帰朝待入候、如斯ク両度ニ帰朝ハ当院ノ利益ナリ、姫路表江月々送金致候、内外ニテ病院ノ収入漸次過少トナリ、殆ント負債ニ陥ルノ場合ナリ、当地モ病院漸次起リ競争ニ困入候、拙斎夫妻ハ如何考候ハん歟ナレトモ拙者ニ於ケル緒方病院ノ維持ヲ望ムヲ以テ斯ク申述候、此一条篤と考候上早々帰朝有之度、呉々も頼入候、正清ノ帰朝旅費ハ拙斎ヨリ来春二月迄ニ送リ可申と存候、貴君分ハ已ニ六百円御請取ニ付、跡不足ハ都合致し今回送金ス、帰朝々々渇望ス

九月十二日　　緒方惟準

収二郎殿

尚々前文ノ次第呉々も賢察之上一日も早ク帰朝待入候也

（以上②③、梅溪昇「緒方収二郎宛書簡他紹介（2）」、『適塾』三三号、二〇〇〇年、のち前掲書所収）

［注］前年の明治二十三年十月に出した惟準の手紙②で、昨年中に帰朝するようにと収二郎に督促しているが一年延長し、

なお、もう少しドイツで滞在し正清と一緒に帰国したいと希望していることに対して、惟準は病院の窮状を訴え、早く帰国するよう再度うながしている。病院は忙しく、留学費用のやりくりに困惑し、弟のわがままに怒るのももっともである。この惟準の帰国督促にもかかわらず、収二郎は正清とともに、明治二十五年（一八九二）一月二十九日、横浜港に帰着、二月一日大阪に帰ってきた。この九月十二日付の手紙が五十日かかって十一月初めにドイツに着いたとすると、同様に船でドイツから日本まで五十日くらいかかるとして、明治二十四年十二月中旬ころドイツを出発したことになる。

## ⒄緒方惟孝の収二郎（在ドイツ）宛書簡五通

①（明治二十二年八月二十日付）

過日ハ海陸無滞御安着奉賀候、当地一同無異健康ニ消光罷在候間、御安心可被下候、扨道中并ニ御着後ノ書状不残相達拝見仕候、銈二（次）郎事不一方御厄介と奉存候、乍此上注意御申聞可被下候、巴里大博覧会ハ我道ニモ公益有之候ハんと奉存候、御見物とハ大ニ宜布（よろしく）、吾ハ一千八百六十六年［慶応二］巴里大博覧会ヲ和蘭行ノ途次一週日滞在ニテ見物致候事ヲ思出し羨敷存候、当夏期ハコフ氏［ベルリン大学教授ローベルト・コッホ、細菌学者］ノ菌学実地演習被成候よし、至極宜敷事と存候、何卒外科ト眼科ヲ専修被下来年ノ秋ニハ必ス帰朝待入候、其実ハ野生モ今一年ハ流行可致哉トモ存候とも、当地ハ新開業ノモノヲ好ムノ僻有之、当年中ハ病院モ外来患者モ多々可有之候とも、太郎［緒方郁蔵の長男、緒方病院副院長、外科・眼科担当］事兎角不勉強、院主［緒方拙斎］ハ院内（ママ）ヲ更ニ関係セス、余壱人ニテ月々弐千円近キ収入到候義ナレハ実ニ心配罷仕候間、何卒一日モ早ク実地傍観之上帰朝願候、御序太郎江帰朝迄勉強頼入ト御申遣可被下候、貴下始メ一同ノ留学費ヲ送ルニモ大ニ関係シ、収入少ケレハ送金モ出来不申候、今般一千二百五十円〈英貨ポンド百九十一ポンド余〉為替取組候間、左様御承知被下、書状着候て御落手可被下候、右金高ノ内二百五十円ハ［緒方］正清、二百五十円ハ［堀内］謙吉、又タ二百五十円ハ鉎次郎、残リ五百円ハ貴下ニアテ送り申候、其五百円ハ若し後来為替延着ノ節ノ予備ニ多分ニ送り置候間、左様御承知可被下候、此后ハ来ル十二月ニ各二百円ツヽ為替致候筈ナリ、此又御承知可被下候、ナルダケ御倹約頼入候、当地ハ先達正清迄申遣候通り、吉田顕三私立病院ヲ設立シ［大阪府立病院長を辞任、この年、東区高麗橋一丁目に吉田病院を開設］、府立病院ハ清野［勇］氏院長ニシテ、処々病院ノ競争ニテ実ニユダンナラサル時勢ニテ勉強ノ外無之候、明石海水浴場モ当月一日出来ニ付開館シ、衛濤館ト名ケ申候、尓来満室ニテ客人ヲ謝絶ス○其他医事新聞紙ノ安直《安値》ニシテ内外科ヲ単一ニ記スルモノアレハ御送り可被下候、尤モ新聞屋より直ニ送附致候様御取斗被下、代価ハ御払置被下候、gesammte medizin［上欄に「此雑誌ハ断リ度、代価高キユヘナリ、其地ニテ直ニ断リ被下候て仕合也」とある］及ヒ伯林《ベルリン》医事週報モ参り候得共、甲ハ代価高ク、乙ハ東京より参り候ゆへ、兎角遅ク、何斗週報ハ中浜［東一郎、東大で収二郎の一年先輩］ヲ断り、直ニ落手致候様中浜江御申遣可被下候○熊本ハ先月大地震ニテ今以テ日々震動有之趣、筑后豊后ハ大洪水、此地ハ一昨日来大風雨、乍併東北風ニテ昨年ノ如ク病院ニハ障り無之候、外ニ申上度事如山候得共、何分為替之義申上度、取急如此候、余ハ尚期後便候、恐々頓首

八月二十日　　　　　　　　　　兄より

収二郎様

尚々時下御身大切ニ御摂生御勉学之程希望候也

［注］　堀内謙吉・緒方太郎・吉田顕三・清野勇の略伝および惟準の義弟堀内利国のについては第37章を参照。

②明治二十二年八月二十二日付

拝啓時下残暑凌兼候処、益御清栄之至ニ付奉賀候、扨道中ハ海陸共無異儀御安着相成り何より大慶此事ニ御座候、

御地ニテモ兼テ御親友之隈川①［宗雄］、加古②［賀古鶴所］始メ諸君ニ《御出てにて》御面会相成り、万事上々御都合宜敷事と奉存候、当地姫路表御一同［留学中、収二郎夫人は姫路の実家山本家に寄留］無事、別して母子とも御丈夫にて時々上坂被致居候間、御安意可被成候、大坂表にても北浜一同今橋一同并ニ当院諸員共、無異罷在候間、此又御休意被下度候、此度御申越之送金早速武井氏へ依頼いたし、即チ別紙之通リ英貨磅《ポンド》ニ直シ金高千五百円為換取組可申候、付テ右銀行振出シ手形ヲ甲乙ノ弐通トナシ（手形第一《甲》第弐《乙》ノ弐枚ト相成ル訳ハ甲ノ分途中ニ於テ難船スルカ若シクハ行衛相分ラズ相成ルトキハ乙ノ分にて右為換金受取ル事出来ル為メのよし）甲ノ壱枚ハ昨廿一日出帆之アメリカ船ニて御送附申上候、然ルに今廿二日独船出帆いたし候ニ付、第弐号即チ乙ノ分封入いたし出し申上候間、御落手被下度候○日本も別ニ変ル事此レナク、政府上ニてハ過日大隈外務大臣ノ行ハレタル条約改正ノ件ニ付、大臣方ノ中ニ激論相起り居り申候、其他ハ先月中九州肥前豊後地方ニ於テ洪水アリ、熊本ニテハ時々大地震アリ候へども、昨今ハ皆々平穏ニ相成申候、当大坂ハ三日前より大風雨アリ、夫レガ為メ川水相増シ、処ニ寄りテハ十八年ノ大水ヨリハ八九寸モ増水のよし、然ルニ昨日より暴風雨トモ相止ミ、今日ハ快晴ニ相成り増水も大ニひき申候、院内モ一時ハ如何ト心配いたし候へとも、大風ハ東方ノミにして南風ニ変ぜず、夫レ［ガ］為メ、損じ所等無之、先ず先ず御安堵いたし候、其余ハ変ル事少シモ無之候間、呉々も御安心可被下候、先ハ御安着之御祝旁別紙第二号手形壱枚送附迄、如此御座候以上

尚々清正［正清］、銈［次郎］、謙［堀内謙吉］ノ三君へハ此分書面相認メ不申候間、御序ノせつ宜敷御伝声奉願上候、当院医員外諸役員よりよろしく申上候

明治二十二年八月廿二日朝　　緒方惟孝

緒方収二郎様

貴下

二白時下折角御保護専一ニ御勉強願上候、乍末筆加古［賀古鶴所］君始メ諸君へよろしく御伝声願上候也

（1） 隈川宗雄（一八五八―一九一八） 福島藩（岩代、板倉氏）の藩医原有隣の次男、長男は工学博士原龍太、明治八年、医師隈川宗悦（旧幕府海軍養生所長、高木兼寛らと東京慈恵会医院の前身有志共立東京病院を設立）の養嗣子となり、十六年東大医学部卒、十七年ドイツに私費留学、ウイルヒョウ、ザルコースキー氏らに医化学を学び、二十二年帰国、二十四年東大の初代医化学教授となる。大正六年医科大学長に就任、翌七年四月七日、肝癌で死去、享年六十一歳、墓碑は東京南品川の海晏寺にある（「東大の将星復た堕つ――医科の学長兎角癌腫に呪はれ、隈川博士亦青山男の跡を逐ふ」、『医事公論』二七四号、一九一八年／中山沃「東大医学部生化学教室創設者隈川宗雄とその一族」、『日本医史学雑誌』四〇巻一号、一九九四年）。

（2） 賀古鶴所（かこつるど／一八五五―一九三一） 浜松藩医賀古公斎の長男、明治十四年東大医学部卒、緒方正規教授に細菌学を学んだのち、陸軍軍医になり、十七年二等軍医、二十一年ドイツ留学、二十二年十月帰国、二十七年の日清戦争に従軍、このとき一等軍医正で第一師団第二野戦病院長、第五師団軍医部長を最後に二十九年予備役、三十七年の日露戦争に応召、戦争中に一等軍医正、戦後は軍医監に昇進する。現役時代から軍務のかたわら神田区小川町で耳鼻咽喉科医院を開業、退役後も継続した。昭和六年一月一日、脳出血で死去、享年七十七歳、墓は駒込吉祥寺にある。森鷗外と終生の友人で、彼の遺言の口述筆記をしたという。

（以上①②、梅溪昇「緒方収二郎宛書簡他紹介(1) 賀古鶴所より緒方収次郎あて書簡」、『適塾』三一号、一九九八年、のち梅溪昇『続洪庵・適塾の研究』所収、思文閣出版、二〇〇八年）

③明治二十二年十一月二十九日付

九月廿八日御認之尊書十一月廿二日相達し［五四日かかって到着］拝読仕候、時下寒サ追々相増候処、益御清祥

被為在候条奉賀候、当地北浜并ニ東緒方始メ当院一同無異儀消光罷在候間、乍憚御放念被下度候、姫路表玉枝どの［収二郎妻］初メ春香どの［収二郎娘］ニも其後変リなく日々壮健ニ入せられ候間、此事御安心可被成候、扨此度第二回送金高壱千弐百五拾円ヲ英貨磅《（ポンド）》に切かへ貨幣高弐百壱磅拾六志《（シリング）》ハ片為換取組み別紙請取証書《甲号》壱枚封入差出申候間、正ニ御落手可被下候、尤も此度ハ英磅相場大ニ安き方ニ有之候間、多分御利益歟存候、乙号ハ何れ後便之米行船ニ差出シ可申候〇隈川［宗雄］氏入港之儀ニ付、兼而神戸熊谷方報知依頼いたし置候処、十一月廿五日午後五時過き仙台丸ニて同氏入港ニ相成リ、早速八千代［拙斎妻］同道ニて参リ久振リニて面会仕候、同氏ハ至而壮健ニて船中の疲労モナク着港、直チニ高橋氏ト中ノ朱盤楼ニて宴会あり、実ニ盛ナル事ニ御座候、同夜熊ケ谷屋ニて一泊、廿六日十一時之気車《（ママ）》ニて同氏同道大坂東拙斎宅へ御案内いたし申也、御地の模様ハ巨細同氏より承り、皆々大ニ安心仕候、厚ク同氏へ御礼夫々より申述候、同夜当地ニ一泊致せし廿七日当院へ相見へ院長［惟準］も面会為致申候、午後大分氏拙者両人ニモ同道ニて南辺見物致申候、夕飯後七時二十分ノ気車《（ママ）》ニて神戸へ大分君付添へ参られ申候、尤も同夕ハ神戸ニて学士連の宴会有之候よし、仙台丸モ尚ホ一両日滞在の趣ナリ、隈川氏へ御依頼ノ件左之四件御承知致申候

第一条（伯林府へ御出掛ケの節、巴里ニて案外過分に入費相加リ候との事）右ハ先般院主［拙斎］へ御書面ニて皆々聚《（ママ）》々承知仕上申候、第二条（は御出立前ノ修業金ニてナカナカ不足との事）右ハ其後壱ケ年、収［二郎］君ハ千五百円、外御三人ハ壱人前年七百五十円と定メ、壱ケ年ニ四月八月十二月ノ三回ニ送ル事ニ取極候旨、院主より申上候との事ニ有之、右まてハ未だ相足リ不申候哉、其辺之事御申越被下度候、尊君の送金ハ年ニ両度位に致度との事ニ有之、右ハ三回ニテハ御不都合ナルヤ相伺申候、第三条堀内［謙吉］氏の送金ヤハリ年々弐百五十円ツヽ、三度ノ送金ニ相移申候ニ付、為換金毎々コノ割合ニて御計算被下度候、第四条尊君洋行年数二ケ年ノ約束之処、何分年数僅カニシテ何学モ一般ニ通しがたくとの事、実ニ御モットモの事ニ御座候、御地へ着之上ハ是非

共二ケ年ニて帰国セネハナランと申訳ニモ無之哉と存候、拙斎君惟準兄モ未タ余リ老年ト申スデモナク壮健ニ日々御勤メ被成居候間、尚ホ一両年位ハ宜敷哉と存候、院長［惟準］ニハ彼の御気質故、今より何《ドウ》コウ申シ出サヌガ宜敷カランと存候、其期ニ至リ候ヘハ、八千代［拙斎妻］ト相談いたし何とか申延ル積ニ御座候間、何卒御丈夫ニて眼科外科の両科御納メ被下度頼上候

○御地食物ハスベテ甚タ粗末ニて胃ヲ害スル物而已トノ事故へ、何分ニモ食物ヲ御撰び被下御壮健ニ被為入候様奉願上候

○明石衛濤館ハ院長ノ所有物ニシテ、ナカナカ盛ト申事ハナク、当初ハ少々（五、六人）位客モ有之候へとも、其後追々大減じ先月来壱人モ無之候、且院長モ毎月両度ノ定休課日ニ時々御出でに相成ル而已、其余ハ御出てナシ故ヘニ、院内ニハ別ニ差支ヘル事無之候間、御安堵被下度候

○平吉［拙斎長男、当時十九歳］事ヤハリ同様ノ事ニて時々八千代并ニ拙者より三郎［緒方郁蔵次男か］君ヘキビシク説諭依頼状多く出候事ニ有之候間、近々ハ改心可致哉ニ御座候

○当院長［惟準］其後至而壮健ニて日々出勤、時間モ午後ハ先ず二時頃より三時迄ニハ出席相成リ居リ、実ニ上々都合宜敷御座候、副院長［緒方太郎、郁蔵の長男］ハ御存じの通リ余程六ケ敷人ニて、先頃ハ時々不参あり大ニ困リ居候処、当時ハ日々出勤勉強被致候、併シ外科手術ハ嫌ヒノ方ニてオモニ浜田氏相勤メ呉レ居候、右之次第故、院長或ハ院主［拙斎］の両人トモ時々立合被下候故、患者ニ取リテハ大ニ喜ビ居申候、医員ハ当時浜田、石黒、吉川、竹田、稲葉及ビ児玉貞介（此人ハ日向の者ニシテ元大学ニ居リシ事アリ、尊君ニモ御存シの人ナリ）過日国元より参り、当府下ニ於テ行々ハ開業致度との事ニて上坂セシヨシ、人物ハ至テオトナシク、年モ三十八九才ニて患者ニハ至テ親切ニアリ、日々大勉強致呉レ大ニ都合よろしく候（ママ）ノ六人相雇居申候、尊兄出立後ハ不相変外来并ニ入院ノ患者モナカナカ盛ナル事ニテ実ニ上々都合よろしく、只タ眼科患者ノミハ

至テ少ナク、漸ク日々三名位の新患ニ有之、掛念之至ニ御座候、入院ハ昨今ニテモ充分相満チ居リ隆盛候間、先ず先ず御安堵被下度候、大坂府病院モ先般清野氏［勇］院長ニナラレ候後、評判よろしき方ニ有之候得共、吉田病院［院長吉田顕三］ハ何分密柑《ママ》ノ色付頃ヨリ開院相成候事故、患者至而少ナク、只官立病院ノ如ク兎角イバル方多シテ、患者時々不平ヲ鳴シ居リ候由ニ承リ居候、高橋病院［院長高橋正純］ハ不変盛ニ御座候、当地西区ニ先般有名ナリシ料理店新生楼此度売リ物ニ相成リニ付、高安［道純］氏買求メラレ来年ヨリ病院相開き可申との事、実に病院ハヤリにて困リ申候

一御申越之国《今年》勢一班《ママ》ハ出来居候得共、年代記并ニ当用日記ハ未タ出来居リ不申候ニ付、後便ニ夫々相揃へ御送リ申上候、玉枝どの［収二郎妻、在姫路］への書面早速相届ケ申候、御同人より別紙参リ候間、封入御届ケ申上候

一広瀬氏へ御托シノ写真壱枚外大分君へ書籍壱冊正ニ落手仕候、写真ハ当院医員当直部屋へ相掛ケ申候

一鉎二郎《ママ》ハナカ〳〵勉強ニテモハヤ語学モ相進ミ、独語相解候様相成候よし、外正清、謙吉ノ両人モ大ニ勉強シ追々進学の趣何より上都合ニ御座候、小生事未タイヱナ［Jena］三人へ書面相認メ不申、大ニ御無沙汰いたし居候間、御序之せつよろしく御鶴聞奉希上候、乍末筆岡［玄卿］君へ此又宜敷御伝聞是願候

○和漢ノ古キ眼科書ノ件ニ付、当府下書林夫々聞合セ候得共、ナカナカ無之、幹氏［澄、緒方医事研究会理事］へ依頼致シ、同人の親友ニて紀州ニ居り候人ハ至而古書ヲ取調居リ候由ニ付、其方へ聞合置候、其外真嶋老人且ツハ松岡真外ニも聞合居リ候ニ付、何れ何哉可有之と存候間、入手次第御送り申上候

○御出立前御話シ有之候帝国生命保険ノ件ニ付、院長院主田村了兵衛殿ニモ掛金相成候ニ付、尊君ト小生モ両人ナガラ尋常終身保険弐千円ノ口ニ入リ置申候間、左様御承知被下置候、掛金ハ半ケ年ニも致シ置候、尤も御帰国までハ小生より差出シ置候間、御安堵被下度候、併シ請取人ハ春香どの［収二郎娘］の名前ニ致置候也、正

清君の分、院主の考へモ有之ニ付、見合置申候、同人へハ話シナシニ願上候

○御地ハ追々寒サ相増居候ハん、当地ハ当月十三日比《ころ》、岡山県下ニ於テ初雪少々アリ、其外諸山モ少々相見へ居リ候処、十日前より大ニ晴気ニナリ、昨今ハ五十五度より五十一、二度位ノ気候ニ有之候

○新聞紙写し

本年十月十八日午後東京表ニ於テ大隈大臣内閣ヲ退キ、外務省表門迄馬車ニテ来ルトキ、モーニングコートヲ着セシ官員体ノ者ノ隠シ持タル爆烈弾ヲ右馬車ニ目ガケ投ゲ付、大砕トモ壱人ノ大隈大臣ノ両足部ニ中《あ》タリ、其夜ヨリ烈痛ヲ起シ、熱度四十度以上ニ至ル、十九日ニ至リ橋本［綱常］、佐藤［進］、高木［兼寛］ノ三大医立合ニテ右ノ足部ヲ膝ヨリ一寸許上ノ処ニテ切断ス、其後余程疲労ニテ一時ハ危篤ノ処、当時ニ至リ大ニ快方、追々全快ノ由ナリ、右行凶者ハ福岡県士族来島恒記《くるしまつねき》［正しくは恒喜、福岡玄洋社社員］ナル者ニシテ即坐ニ持チタル合口《ママ》ニテ咽ヲ貫キ斃レタリ、死体ハ其侭区役所へ引渡サレタリ

△十月廿三日東電

昨夜午後八時過ギ内閣ニ於テ大議論アリ、今朝ニ至リ、内閣諸員全体不残辞表ヲ出ス

△十月廿四日東京電報

昨日午後六時三条［実美《さねとみ》］内大臣ハ本日更ニ総理大臣ニ任ゼラレ、新内閣ヲ組織スベキ旨仰セ附ラレタリ

△十月廿七日東電

一　黒田清隆伯ハ願ニ依リ内閣総理大臣ヲ免ジ更ニ枢密院顧問官ニ任ゼラレ、三条内大臣ハ内閣総理大臣ニ兼任セラレタリ、其他ノ辞表ハ聞届ケガタシ云々

一　十月三十日午後東電

伊藤［博文］枢密院議長ハ願ニ依リ本官并ニ内閣ニ列席スルヲ免ゼラレ、更ニ宮中顧問官ニ任ゼラレタリ

右ノ騒キハ全ク条約改正之中止断行云々ノ件ニ付起リシ事ナリ、当時ノ風説ニテハ弥々《いよいよ》中止ノ形ニて井上伯外務大臣ニナルトカ申事ナリ、何れ当年中ニハ内閣初メ諸官省ニ於テ大変化是レアリ候由ニ御座候

○当月三日天長節ニ有之候処、此度　明宮嘉仁親王殿下ノ立皇太子式ヲ御挙行アラセラレ、東京ハ申スニ及ハス、当大坂表モ昨年ニ賑ハヒ南道頓堀、千日前等多人数出テ申候、然ルニ千日前ヘラ〳〵小家へ見物人多く入リ込ミ、夫レガ為表二階落チ而死人十名余、傷人ハ三十人余モ有之、実ニ大騒きいたし候

○新内閣組織ノ方針（ママ）―近来ハ改進、大同、自治、保守等ノ改党ノ軋轢《あつれき》甚敷タメニ種々ノ弊害ヲ生ジ、世人ヲシテ漸ク之ヲ厭フノ念ヲ生ゼシメタル折カラ、条約改正事件ガ今回ノ始末トナリシヨリ在朝ノ有力者中ニモ之偏ニ政党軋轢ノ結果ナレバ今後の内閣ハ余程六ケ敷ア［ラ］ント申合リ

○当時愛知医学校教諭兼病院薬局長藤本理、同校助教諭山脇健之助外二人共薬舗開業試験収賄ノ嫌疑ニテ拘引サレシ由、尤モ慥《たし》カナル証アル趣ナリ

○大学医学部助教授今田東君ハ此度チフス病ニ罹ハリ、両三日前死去サレタリ

先ハ御返事旁右申述度如此御座候

明治二十二年十一月廿九日夜認ル　日本大阪市今橋四丁目

緒方病院内惟孝拝

緒方収二郎様

尚々追々寒気相加リ候間、折角御身大切ニ御自愛専一ニ奉祈上候

一前文ニモ申上候通リ僅カノ年数ト思ヒ無理勉強ハ決シテ御無用ニ願上候、且ツ御地ハ兎角不順ノ地ニシテ肝心ノ食物一切ハ甚タ粗悪ノよしニ付、呉々も飲食物ニ御用心被成下度、是レノミ日頃御心配申上候なリ、何ナリトモ御入用ノ品々有之候ヘハ御遠慮ナク早々御申越被下成候、余リクダ〳〵敷長文ニ相成リ、且ツ文面前後いたし甚タ読みかたく実に禿筆《とくひつ》御推読可被成下候

只々新聞紙ヲ一読セシニ又々凶行者是レアリ、爆烈弾用ヒシ事左ノ如シ
△東京特発二十九日午前十時二十分今日午前八時過頃三十歳許ノ書生体ノ男壱人折田警視総監ノ官邸の北側ニテ爆烈弾の為メニ即死セリ、委細ハ再探の上知ラス云々

［注］　高安道純については、第37章七一三ページ参照。

④明治二十三年一月二十六日付

謹賀新年

明治二十三年一月

拝啓　時下皓寒之候先以御地益御清栄被遊御超歳奉恐寿候、次ニ当地北浜始メ今橋外堀内様トモ御一統兼御揃被遊御越年候間、乍憚御出念被下間敷奉希上候、野生方同様一同無異加年仕候間、此又御休神可被下候、当地ハ昨年中別ニ変リ候事も無之、只夕院内少々普請致シ別紙之通リ彼の雪隠《せっちん》外恥室場ヲ新築ナシ、是迄之恥室ヲ顕微鏡室兼之薬名試験所ニ相改可申候、其他手術場ヲ少々相広メ候而已ニ御座候、当直医員ハ石黒氏帰国後、児玉氏雇入レ候而已、外ハ是迄通リ浜田始メ皆々日夜被勤居候間、御安意被下度候
一姫路表玉枝どの初メ春香どの外御一同無異儀御越年被遊候間、呉々も御安心可被下候
一昨年十二月ニ至リ英貨磅大ニ下直［下値］ニ相成リ候旨、武井氏より度々申越され候ニ付、当四日送付の金円丈ケ四月までの約足［束］ニテ為換取組み申候ニ付、先ず甲《1》乙《2》丙《3》の受取リ書証ノ内、甲の分壱枚封入差出申候間、正ニ御落手可被下候、過日御申越之当用日記、年代記、眼科書等先便ニ御送リ申上候ニ付、最早御入手と存上候、又々御入用之品有之候へハ御遠慮ナク御申越被下度候、大坂新聞紙御申越シニ相成候ニ付、東電丈ケ過日送付候、右ニテよやく［予約］候へハ追々御届ケ申上候也

一昨年中ノ入院患者ハ六百七十人余ニシテ外来ハ旧新取リ交ゼ弐万五千人余アリ、収入高ハ弐万六千六百三十八円余ニシテ諸入費払高（積立金并ニ洋行費共）弐万弐千円余ニ御座候、右出払多キ訳ハ昨年春来の諸営繕費等有之候故なり、其外資本消却年ニ五百円ノ処、此度ハ右の外弐千円丈ケ成規外ニ消却いたし申候旁以て支出金多ク相成候

一研究会［緒方病院医事研究会］モ追々盛ニ相成リ［候］処、何分会計上不都合ニて御出立のせつ正清君より馬場氏へ引受ルトキ既ニ七十円ノ負債アリシニ、其後昨十二月末迄ニ又々負債六十円余リ丈ケ相増シ、都合借金百四十円位ニ至リ、如何トモ致方無之、不得止右事務ヲ当院ニ引取リ会計一切院よりナス事ニ一同決議ナシ、過日来、生［惟孝］引受ケ夫々取リ扱ひ居申候、尤も多分ノ借金ニ有之候事故、院より毎月五円右寄留金トシテ補助ヲ受ケ、夫ニテ夫々返却方相付ケ候事ニ取極メ申候、右雑誌も当月より御送付申上候間、乍憚後承知可被下候、当年も去ル十六日北ノ静観楼ニ於テ初会相開き候処、存外多人数ニて凡ソ三十人余リも集会相成リ実ニ盛会ニ至リ申候

一副院長［緒方太郎］大分異も其後大ニ謹慎被致居候へとも、何分時トシテハ「スッポカシ」いたし待テトモ来ラズ、呼ビニ小使遣せ候へ共不在ナリ、一時大ニ困却ヲ極メル事等有之、此ノミ困リ申候、併シ時々院長より小言ハ出デトモ只タ其時ノミ、生よりも五回ニハ壱度位申候事ニ御座候、乍去追々開業ノ目的モ付ケネハナラヌ事故、漸々ニ相改メさせ可申上存候、余リ度々小言ヲ聞カせテハ返而当院ニ取リテハ不都合モ出来候故、先ズ追々の事ニ可致ト存候、眼科外来ハ其後大ニ減じ昨今ニてハ毎朝壱両人位、入院ハ只今の処ニテハ壱人ニ有之、同人ニ取リテハ実に閑の至リト云フテ可然位ナリ、右ニ付十日前より毎朝十時迄院内外科患者丈ケ回診ナシ、十時後昼迄外来診察、夜ハ浜田ト隔夜回診之事ニ取極メ申候後、日々勤メラレ居候、此分ニて相続き候へハ、極て上々と喜居候事と有之候、院長ハ其後大勉強ニて毎朝院内回診、午後ハ必ズ二時半までニ出勤相成リ

居リ候間、此段ハ御安意被下度候

一当春一月三日より西京祇園座ニ於テ東京役者団十郎ノ一座なり、例の十八番モノ熊谷物語等致シ居リ、昨今にてハ大入の由ニ而候

一甚夕御面倒ナラ（ママ）ガラ何哉「アルヒーフ」［Archiv：雑誌］ノ如き薬病ニ係ハル新聞紙有之候ヘハ御送リ被下度奉願候

先ハ右宜敷如此御座候、早々謹言

一月廿六日夜　　同　惟孝拝

緒方収二郎様

貴下

尚々時下兎角寒気甚敷、当地ハ四十度乃至四十一、二度位ニ有之候、御地ハ定シ余程寒サモ甚敷と奉恐察候、初冬の事故御用心専一ニ御加養奉祈上候、新聞紙上ニて当時欧州諸国特ニ巴里斯《（パリ）》伯林《（ベルリン）》ニ於テ彼の流行性感冒「インフリュエンザ」蔓延シ諸学校等閉鎖セラレタリトノ事度々記載アリ、旁以て一同心配罷在候間、何卒御自愛専一ニ奉頼上候、乍末筆藤枝外藤田省一等より宜敷申上呉候様申出候、外薬局生一同よりも宜敷申上候由

［注］外科・眼科担当の副院長緒方太郎の怠慢な勤務には、院長はじめ事務長兼薬局長の惟孝らが手をやいている様子がうかがえる。収二郎が帰国後、直ちに太郎にかわり副院長に就任した。

⑤在ドイツ（フライブルグ）の収二郎と正清宛の惟孝書簡　明治二十四年四月二十三日付

収次《（二）》郎様

正　清様　　惟孝より

其後ハ打絶御無音而已重々御海恕可被下候、陳ハ此度ハ洋銀相場何分前々之通リ参リ不申、漸ク表書ノ処迄参リ候故、不取敢為替取組み申候、即チ右証号壱枚封入差出申候間、正ニ御落手可被下候、此度ハ右相場ノ悪敷故、遂ニ遅《（ママ）》リ相成申候、此段御免被下度候、

一収次《（二）》郎殿帰朝之旅費ハ何月頃何地迄送金いたし候て可然哉、至急ニ御申越可被下候、当地今ばし［今橋、拙斎宅］北浜［惟準宅］姫路［収二郎妻の実家山本宅］ノ三家共、皆々無事ニ被為入候間、乍憚御安意可被成候、先ハ取急キ右申述度、早々不備

［換算表二点は略］

［注］この文面の末尾に、千二百五十円の日本円と英国貨との換算表が記されているが略す（封筒に「明治二十四年四月廿三日認、写真壱枚入」とある。）

（以上③④⑤、梅溪昇「緒方収二郎宛書簡他紹介（2）」、『適塾』三三号、二〇〇〇年、のち梅溪昇『続洪庵・適塾の研究』所収、思文閣出版、二〇〇八年）

### ⒅緒方八千代（拙斎夫人）より収二郎宛書簡一〇通

八千代（一八五一—一九一一）は緒方洪庵の四女、嘉永四年三月二十二日の生まれ、吉雄拙斎を養子に迎え、緒方姓を名乗る。長女と次女は夭折、三女の七重（一八四九—一八七四）は大槻玄俊の妻。収二郎（一八五七—一九四二）は六歳下の弟である。以下、各書簡より病院のことを主として抜粋する（［ ］内は筆者注）。

①明治二十二年八月十九日付

収二郎夫人の姫路の実家山本家に暮らす夫人・娘春香が元気なこと、「病院も相かわらず日々せわしく、五月

中頃より一室もあきまなくはんじよふいたし、一同悦くらし申候。太郎［緒方太郎、緒方郁蔵の長男、緒方病院副院長］君もおとなしくよくつとめ申され、万事都合よくまゐり御座候」と、病院の現況を伝えている。

②明治二十二年十月六日付

商売敵の吉田病院（院長は吉田顕三）のこと、および緒方太郎の不評判には病院では困っている様子である。「吉田病院出来よりよほど勉強いたしおり候ゆへ△○しつかりと△院長様副院長○してもらわねバならず、院主［拙斎］もなる丈はたらき申さねバならぬと申おり候事ニ御座候、院内よくそれ〴〵いたし、おやす・おつた［看護婦か］ニもよく申聞、なる丈病人之あつかいよくいたし、まけてハならぬぞよと申聞事ニ御座候、惟孝御兄上様［薬局長兼事務長］がほどよくとりしまり下され、大前も丈夫ニつとめ、藤田もはたらき被成、まかないのほふも一ケ月二百円あまりも利益が御座候、［中略］只々こまりますハ太郎さんのうけあしく、やはり遊びがすぎ毎度院長様［惟準］のおはらだち、院内の人々もだん〳〵したがわぬよふニなり、これニてハこまり申候、折々惟孝御兄上様より御いましめ遊し候事ニ御座候、御あなた様の御帰朝を院内一同がゆびおりかぞへ、御まちくらし申候」。また拙斎夫妻の長男平吉の金遣いの荒いのに困っている様子を伝えている。

③明治二十二年十月二十一日付

外務大臣大隈重信が来島（恒喜、玄洋社社員）に爆弾を投げられ負傷したこと、洪庵夫人八重の実家億川家のある名塩に緒方惟準・惟孝・拙斎の家族が松茸狩りに行ったことを報じている。すなわち、「此ほども北浜姉上［惟準夫人吉重］始子供皆々薬局長内［惟孝夫人たし］皆々私方一同二十一人のつれニて松たけがりニ名塩へまゐり、其るす中ニ院長［惟準］院主［拙斎］副院長薬局長打そろひ朝日座の芝居ニまゐられ、実ニ〳〵此頃ハ都合よくまゐりおり候」と平穏な一族の近況を伝えている。

［注］八重夫人の実家のある名塩（現・西宮市名塩、筆者の現住地）は昔から松茸の産地で有名で、季節になると松茸狩り

の客でにぎわった。十月十九日は名塩村の鎮守社八幡神社の宵宮で二十日が祭日である。これにあわせて億川家が緒方一族の夫人と子供たちを松茸狩りに招待したのであろう。

④明治二十二年十二月一日付

収二郎とともにベルリンで学んでいた隈川宗雄（のち東大医学部生化学教授）が十一月二十五日、神戸港に帰着した。惟孝と八千代が出迎え、大阪へ案内したが、拙斎は腹痛のため臥せており会うことができなかった。しかし緒方惟孝と同太郎が隈川を接待した。隈川は、収二郎から四人（収二郎・正清・銈次郎・堀内謙吉）への送金の増額を依頼されていた。拙斎・八千代・惟孝の三人のはからいで、惟準には内緒にして収二郎らの希望通りに処理する旨返答している。送金の額は、収二郎が一回五百円、年に三度で計千五百円、他の三人は一人各二百五十円ずつ一か年に三度と伝えている。院長に内緒であることについて次のように記している。

それゆへ院長様ニハ隈川様より送金之事、年限之事ハ御はなしなきよふニしていたゞき申候、今それを申まするとやかましく、送金の事ハ拙斎承知いたしおりさへすれバよろ敷、院長様ハだす事大きらいゆへ、よいかげんニハイ〳〵と申置候へバ、つゞまりハわかり不申、またいたしよきところも御座候

惟準は留学金を出すことには口うるさかったようであるが、病院の経費の詳しい実体にはうとかったようで、拙斎と惟孝の二人が実権をにぎっていた様子がうかがえる。

次に、惟準・拙斎・薬局長・副院長の仲が良いこと、しかし緒方太郎に手をやいていることを次のように報じている。

御出立後、院長様院主薬局長副院長皆々しごく中よく（ママ）おやすみ日ハ芝居へいたり、また近江の永源寺［滋賀県神崎郡永源寺町にある古刹、愛知川の上流にあり臨済宗永源寺派の本山］へ院長院主ふたりづれニて紅葉見物ニいたり、折々ごうち［碁うち］ニいたりきたり、つれ〳〵の夜ハおはなしニまゐつたり、御こしニな

つたり、誠ニ〳〵都合よろしく、太郎さんがすこし不勉強すると、すぐやかましく、いつも薬局長さんがいけんやく［意見役］、それも此節ハ大きに勉強致され候ながら、外科がきらいゆへ、いつも浜田ニ斗りさしてじぶんハにげるよふニいたし候ゆへ、それでやかましくこまり申候、それにしわんぼふ［けちん坊］のケチゆへ、医員方のうけハよろしく御座なく、しかしそれハしかたも御座なくしんぼふ［辛抱］せねば相成不申こと、毎度薬局長さんと申おり候事ニ御座候、其外別ニこまる事もなく入院者ハ随分おふく、此せつニても一室も明間御座なく、はんじよふ［繁昌］いたし悦居候、昨年にひすれバ当年之ほふが収入もおふく一同悦申候、どふぞ〳〵御安心被下候、当年の暮れの勘定ニハさつとかいぎよふいらい［開業以来］のつミ立壱万円之金子が出来候と存候、どふぞ御帰国までニハ二三万円も出来、よろ敷ふしん［普請］の出来候よふニ致し度ものと存おり候

いつの時代でも病院経営者にとっては患者が多く来てくれることは喜ばしいことであり、新しい病院建築のための資金が順調であることを報じている。

ついで府下の商売敵の著名病院の現況を伝えている。「吉田病院［院長吉田顕三、元大阪府立病院院長］ハいつこふさみしく、入院患者もすけなく［少なく］と申事、それニ高安道純さんが又々西之しんせゐ楼［新生楼］ヲ七千円斗りニもとめて病院ヲたてる事ニきまり候よし、あちらこちらニ病院だらけおかしき事ニ御座候、緒方病院ハしんせつなとひよふばん［評判］するよふニしてもらわねバならぬと医員方はじめ、やす・つたなどニもわたくしよりたのミ候事ニ御座候」、さらに長男平吉の品行が良くないのに困っている様子も伝えている。

平吉ハどふも不勉強の上吉原行ヲはじめ、さつぱりやくたい［役たたず］、此ほど大立服《(ママ)》之手紙ヲ三郎さん［緒方三郎、故郁蔵の次男］へいだし、これを見せていけんして下され、当人の品行正しくなるまでハ手紙も遣ハさぬ金子おくらぬと申遣し候ところ、其後わびの手紙ヲおこし候へども、なんともかとも申遣し不申、

ざんじこりるまですて置候つもりニ御座候、実ニこまりものニ御座候

⑤明治二十三年一月はじめ

「医員之方よくはたらき候まゝ御安心被下候、あちらこちらに私立病院沢山出来申、すこしひまのよふニ候へ共、又々三四月ニも相成候ハヽ、此よふな事もあるまじくと存居候、よその病院よりこのかたハやくしや［役者］が沢山ゆへ、まづ安心して御帰国ヲたのしみまちくらし申候」と、緒方病院は安泰であると自信を持っている文面である。

⑥明治二十三年二～三月か

「病院の方ハ皆々勉強いたしおり候まゝくれぐ〳〵御安心遊し候、しかしあちこちと沢山病院出来、まけてハならぬときばりおり申候、高安［病院］も当月九日ニかいぎよふ［開業］式ヲいたし申候、吉田［病院］も此節ハ大分病人多く相成候様子、御あなた様御帰国相成候ハヽ、ふしん［普請］もしてあゝしこふしてとたのしみ、ゆびおりかぞへ御まち申上まいらせ候」と、収二郎の帰国後を期待している文面である。

養子正清の性格について、「正清事もどふもしよふぶん［性分］としてゐらがりのむこふ見ず、鳥渡《ちよつと》した文ニも心がわり申候」と記し、後年になっても変わっていないように見受けられる。

⑦明治二十三年五月二十九日付

明治二十三年三月一日より四か月間、東京上野で開かれた内国勧業博覧会見物かたがた伊勢神宮参りをする人が多く、大阪にも立ち寄るので物価が上昇、「ふけいきゆへニ病院の方も昨年ニひすれバかんじやおふきにすけなく［少なく］、収入もおふきにげんじ申候、吉田［病院、院長吉田顕三］・高橋［病院、院長高橋正純］・高安［病院、院長高安道純］も同様、どこともすけなきよふす、私方斗りにても御座なく、其内すこしにんきもなおり候ハヽ、夏向ハ収入も御座候事と存候、只今の様子ニて壱ケ年つゞき候ハヽ、チト病院もこまり申候、なんで

もはやく若手が御帰朝ニなつてさかんニしていたゞかねバならぬと医員方安女も毎々申おり候事ニ御座候」と。また「北浜御兄上様［惟準］之おまちかね実ニやかましき事ニ御座候、拙斎ハあまりやかましくも申さず、折角まいつたからどふぞ両三年ハやかましく申さぬほふよろしくと昨暮までハ申おり候へども、当春となりすこし気分あしく、食事すゝまず、ぶら〳〵致し候ており、収さんの帰りハいつであろふ一日も早くかゑつてほしい、とてもわしハ今年中むつかしいとかいつものしんけい病がおこり、実ニ〳〵こまり申候」と記し、病院の不振を嘆き、惟準・拙斎ともども、収二郎・銈次郎らの早々の帰国を待ち望んでいる。

⑧明治二十三年七月四日付

「なるべくおはやく御帰りヲまち上まいらせ候、院長院主大まちかねやかましき事、また病院のほふも当年ハどふやらこふやら外病院ニまけぬよふまゐられ申べくなれども、追々さみしきかたニ相成候まゝ、どふぞなる丈おそゆきほふ願上まいらせ候、外科眼科の病人ハ誠ニ〳〵すけなくおふかたハ吉田［病院］・高橋［病院］へまゐり申候、よろしく御さつし遣され候」と、惟準・拙斎らが収二郎の帰国を待望していることを伝えている。

⑨明治二十三年十一月付

収二郎の家族の近況を伝えたのち、「病院もおふきにさみしく、外々ニ［病院が］沢山出来それもこたへ、また院長［惟準］院主［拙斎］ハとしヲとり、外科ハ不出来、それゆへと存候、太郎君ハどふもうけあしく不勉強ニて実ニ〳〵こまり申候、毎々院長様ヲおこらし、四郎御兄上様［惟孝、薬局長兼事務長］大よわりニ御座候、それゆへ病院一同が御あなた様の御帰朝ヲ千秋のおもひして御まち申上候」と記し、ついで自分の長男平吉にも手を焼いている様子を伝えている。

「平吉事ハどふも不勉強ニて不品行当夏之しけんニらくだいいたし、じぶんながらめんぼくなくおもひ、其まゝ［億川］三郎様の宅ヲとびいだし静岡のまじま［真島］へまゐり富士山之製紙場［真島襄一郎の経営］ニしよくこふ［職工］いたしおり、どふもいたし方御座なく、さてもさてもなげかわしき次第ニ御座候」と記している。

⑩明治二十四年四月六日付

本文で記述した拙斎の書簡にもあるように（三七九〜八〇ページ参照）、この年全国的にインフルエンザが大流行し、著名人（三条実美・高橋病院院長高橋正純）や近親の緒方都一郎が静岡で、緒方病院では会計掛の坪井老人一人が死亡したことを報じ、またまた緒方太郎の怠慢に言及している。「右之次第ニて病院も誠ニにぎわしく、昨年のくれのよふなれバこまつた事、はやく収さん［収二郎］かゑらねバ立行事むつかしくと案じ、四郎御兄上様［薬局長惟孝］と心配致候へ共、当春ハ流行病と高橋院長死去ニてひじよふニせわしく、それゆへまづ〳〵安心申候、しかし副院長［緒方］太郎君外科がきらい、其上づぼらニて誠ニ〳〵ふづとめ［不勤］ゆへ、外科之病人ハおふく［多く］吉田病院ニ参り、目［眼］科も折々一人か二人より御座無、実ニこまつた人ニ御座候、大坂ニて行々かいぎよふ［開業］のつもりならバ、なる丈〳〵人うけもよくしておかねば何角ニそん［損］がたつゆへなんでも勉強被成と申ても、其時ハさよふ［左様］〳〵と申して置、すぐわすれられ候ゆへ、馬之み丶ニ風、たれもかれもすて置申候、浜田君ハよく勉強いたされ、只今ハ医長ニなられ申候」と嘆いている。

［注］緒方収二郎が帰国するや、緒方太郎はただちに緒方病院を辞職、まもなく開業し、収二郎が副院長に復帰した。

（梅溪昇「緒方収二郎宛書簡他紹介（2）　緒方惟孝・惟準・吉重・拙斎・八千代より緒方収二郎あて書簡——明治中期医学・病院事情」、『適塾』三三号、二〇〇〇年、のち梅溪昇『続洪庵・適塾の研究』所収、思文閣出版、二〇〇八年）

## ⒆緒方惟準の佐藤進宛書簡一通

謹啓　時下日々寒気相募候処、閣下益御清寧御在勤被遊珍重不斜奉賀候、陳者各地御視察之上去る四日御帰広に

相成候趣、嘸々御困り被遊候儀と御諒察申上候、早速にも御帰広御伺書も可差出之処、有渓紅葉之期にて続々来客取込居、乍御無音打過多罪々々高許、当地御滞在中は何等之風情も無之却而失敬のみ仕候、有渓ももはや冬景に相成負傷者も不残朔日帰坂、療養所も閉鎖相成申候、老生も当月限り帰坂之心得に候、先右御帰広御伺迄乍延引呈不毫候、余は奉期後鴻之時候　早々拝復

十一月廿三日　　緒方惟準

佐藤盟兄

再伸　乍末筆御令閨様当節御来広とも奉存候間、宜布御玉声之程奉願候也

（山内英之助『名流華翰』所収、一九一五年）

［注］この書簡は「卯巻　日露事件」の項に記載されている。したがって日露戦争の時期に出されたものである。日露戦争は、明治三十七年（一九〇四）二月十日、日本がロシアに宣戦布告することによって勃発開戦した。予備役となっていた佐藤進は同年五月陸軍軍医監の現役に復し、広島の大本営付で広島予備病院御用掛兼務を命ぜられ東京を出発、六月から同病院で、大陸の戦線から後送されてくる傷兵の治療にあたった。そして十月、大阪・姫路・小倉の予備病院の視察を行った。このとき有渓（有馬）に負傷者のために設置されていた陸軍の療養所を佐藤は視察したと考えられる。ちょうどそのころ緒方惟準が有馬の別荘翠紅庵に滞在しており、ここで佐藤と邂逅したのであろう。

明治三十八年ロシア軍の敗北により、同年九月五日、日露講和条約議定書（ポーツマス条約）が調印された。佐藤は同年十月十八日宇品港を出発、中国の東北地方（旧満州）の各地の病院などを視察、同年十一月十二日宇品に帰着した（森田美比『外科医　佐藤進』一九八一年）。したがってこの書簡は明治三十七年のものである。

⑳緒方収二郎（在ベルリン）から森林太郎（鷗外）宛書簡　明治二十二年七月七日付

◎緒方学士の書翰　緒方学士（収二郎）が独逸の首府より森氏に寄せられたる書の略に云く

拝啓益御清祥奉賀候、生等さる四月三十日神戸出発、航海中はもとより陸行にも彼の御恵投の錦嚢にて失策も無之無事先月八日マルセール《マルセーユ》着、巴里に六日間滞在『博覧会見物』十七日当伯林《ベルリン》着仕候間、慮外ながら御休念可被下候、着後直に御報可申上の処、預りの少年［緒方銈次郎・緒方正清・堀内謙吉］の方向に付に彼是致居り御無音申上候段、御海容願上候、少年ともはJenaに遣申候、当時在伯林の医学士は隈川、北里、谷口、島田、瀬川、村田、大西、佐方、岡の九君及び生ともに十名なり、隈、谷、島、佐の四君は本年中に帰朝ならんか、当府の留学医学士はをひ〳〵に少なく相成り申候、江口襄、田口和美の両君はパリイにて面会、江口は倫敦《ロンドン》に往き、二三ケ月の後に帰朝とのこと、田口は本年中は巴里に滞在の様申居候　○生は先々当府に留居候積りに御座候、折悪しく夏期休課に相際し聴講なすべき学科なく困居候処、幸に本月迄は菌学「クルズナ」有之候間、今月一日より岡君と之に通学致居候、尾沢君は病の為め帰朝、実に気の毒なる事なりし、村田君は肋膜炎にて「アウグスタ」に入院ありしに、先月初旬退院、二週前にハルツ地方に療養の為め旅行被致候、生は当時同氏の留守番致居申候なり、来月は早々転居の積に御座候、何なりとも御用有之候は丶御遠慮なく御申越可被下候、来年中は当地に罷居候心算に御座候、当地にて賀古君にあいたり相かわらずなか〳〵活潑なり、又身体も旧にまし強壮、先月二十八日出発、ベルジック、仏国を経て英国、米国を巡り、九月下旬帰朝の由に御座候、先は着報迄、如此御座候　草々頓首

七月七日発

（『東京医事新誌』五九八号、明治二十二＝一八八九年）

# 緒方惟準および関係年表

［注］※印の項目は惟準本人にかかわるもの

天保 九 年（一八三八）
緒方洪庵、大坂瓦町に蘭学塾適々斎塾（適塾と略称）を開く
天保一二年（一八四一）
一一・八　洪庵の長男整之輔誕生（→翌年六月一〇日没）
天保一四年（一八四三）　**一歳**
八・一※大坂過書町で生誕（幼名平三、のち洪哉・惟準）
嘉永 元 年（一八四八）
八・　佐野栄寿（常民）・渡辺卯三郎、適塾に入門
嘉永 二 年（一八四九）
二・　伊藤慎蔵、適塾に入門
嘉永 六 年（一八五三）
六・　米国ペリー艦隊、浦賀に来航
安政 元 年（一八五四）　**一二歳**
六・　長与専斎、適塾に入門

※この年、弟四郎とともに加賀大聖寺の渡辺卯三郎に入門、漢学・和蘭文典を学ぶ
安政二年（一八五五）
三・九　福沢諭吉（二二歳）、適塾入門
一一・　伊藤慎蔵、越前大野藩に出仕
安政三年（一八五六）　**一四歳**
二・　※平三は四郎とともに大聖寺を脱走、越前大野に赴く
二・　洋学所を蕃書調所と改称
五・　※大野藩洋学館に入学、伊藤慎蔵に師事
一〇・　洪庵、慎蔵の書状により二児の大野への脱走を知り勘当する
一一・　福沢諭吉が上坂、適塾の内塾生となる
この年、平三の外祖父億川百記、大野に赴く
安政四年（一八五七）
八・五　ポンペ、長崎に到着（西暦九・二二）
安政五年（一八五八）　**一六歳**
春　諭吉、適塾の塾頭となる
※この年、勘当を許され大坂に帰り、四郎は大野にとどまる
四・一二　石井信義（久吉）、適塾入門
安政六年（一八五九）　**一七歳**
八・一三　ポンペ、遺体解剖実施、実地に生徒に示説（西暦九・九）

九・　※長崎に赴き松本順（良順）に入門、ポンペに師事

万延元年（一八六〇）　**一八歳**

一・一九　福沢諭吉、遣米使節に随行、出発

春　長与専斎、長崎伝習所に入門

※この年、洪庵より帰国を命ぜられ、大坂に戻る

文久元年（一八六一）　**一九歳**

八・一六　長崎養成所開院式挙行

一〇　※無断で長崎に赴き、長与専斎宅に寄寓（四郎はすでに在長崎）

文久二年（一八六二）　**二〇歳**

一・一　福沢諭吉、遣欧使節に随行、長崎を出発

八　※四郎とともに大坂に戻り、四郎は江戸行きの洪庵に同行、平三は長崎に赴き、この年より幕府伝習生となる

八・　ボードイン、長崎着

九・一〇　ポンペ、長崎出航、帰途の途につく

九・一一　林紀・伊東方成・榎本武揚ら第一次オランダ留学生が長崎出航

九・　ボードイン、養生所で講義開始

一一・　福沢諭吉、欧州より帰朝

この年、緒方郁蔵、『日新医事鈔』出版（六〇一ページ図36-33）

文久三年（一八六三）　**二一歳**

四・　林紀・伊東方成ら一行、ロッテルダム着
六・一〇※洪庵が江戸で急死、約一〇日後、洪哉江戸着、西洋医学所教授職、家督相続、御番医師並に任命
七・　松本良順、洪庵の後任として西洋医学所頭取に就任
元治 元 年(一八六四) **二二歳**
八・　億川百記（緒方八重の父）没、享年七七歳
※この年、医学伝習の命を受け、池田謙斎らとともに再び長崎養生所に赴き、ボードインに師事
この年、松本良順誌・山内豊城校補注『養生法』出版(一二一ページ図3-4)
慶応 元 年(一八六五) **二三歳**
四・　養生所を精得館と改称
四・　オランダ人教師ハラタマ、長崎着
※この年、在長崎
慶応 二 年(一八六六) **二四歳**
七・　マンスフェルト、ボードインの後任として長崎に到着
※この年、在長崎
この年、ボードイン、精得館を辞任
慶応 三 年(一八六七) **二五歳**
五・　古賀謹一郎、洪庵の墓碑（江戸）銘を記す
五・※松本銈太郎とともにボードインに随行、長崎からオランダへ出航
八・※オランダ着、ユトレヒトの陸軍軍医学校に入学

一〇・一四　徳川慶喜、大政奉還

秋　草場珮川、洪庵の墓碑（大坂・龍海寺）銘を記す

この年、緒方郁蔵、『内外新法』出版

この年、伊藤慎蔵、『筆算提要』と『改正磁石霊震気療説』出版

慶応四年（九月四日明治と改元＝一八六八）　二六歳

一・　長与専斎、精得館頭取に就任

三・七※この日、池田謙斎（在長崎）よりの書状（慶応三年一二月一日付）を受け取り、翌八日、謙斎宛の書状を認め、発送する

閏四・二八※蘭・英・仏の幕府留学生（洪哉ほか二二名）はパリに集合、日本へ出発

六・二〇※留学生一行横浜港着

七・一八　江戸を東京と改称

八・　英医ウイリス、越後へ出発

九・　仙台藩降伏、松本良順、横浜に逃れ潜伏

九・二※典薬寮医師、玄蕃少允に任命

九・四※天脈（明治天皇の脈）を拝診

九・一三※明治天皇に供奉、東京行きを命ぜられる

九・二〇※天皇一行が京都を出発し東京に向かう

九・二二　会津藩降伏

一〇・一三※天皇一行が東京着

一〇・二四※大病院取締に任命
一〇・二七※天皇、武蔵国一之宮（氷川神社）に参詣、高階経徳とともに供奉
一二・四※東京在勤を命ぜられる（大病院での治療活動のため、十二月八日東京発の京都還幸に供奉せず）
一二・五　伊藤方成、典薬寮医師に任命
一二・八　明治天皇一行、東京発京都に向かう
一二・　　松本良順逮捕、幽閉される

明治二年（一八六九）二七歳

一・　　ボードインが来阪、二月、大阪府がボードインに治療伝習を命ずる
一・二二　岩佐純・相良知安、医学取調御用掛に任命
二・一七※浪華（大坂）仮病院並びに伝習御用を命ぜられる
五・一　大阪の舎密局の開講式が行われる
五・　※『（善鳴嘆唉《ボードイン》）袖珍方叢』出版（七四六ページ図38-3）
七・八　官制改革により軍務官を廃し、兵部省を設置、兵部卿は嘉彰親王、兵部大輔は大村益次郎、同日、大学校も設置
九・　　典薬寮廃止、大・中・小典医がおかれる
九・四　大村益次郎、京都木屋町で遭難、重傷
九・一八※中典医に任命
　※この年、長男整之助誕生
一一・五　大村益次郎、大阪府病院で没、享年四六歳

**明治三年（一八七〇）　二八歳**

二・　七　政府は大学を設置
二・　七　明治天皇一行、京都発、二十八日東京着
二・一八※軍事病院（大阪城内）兼勤を命ぜられる
二・二七　大阪府医学校病院が大学管轄となる
五・　松本良順、自由の身となる
六・　ボードイン、大阪府病院を辞任、後任のエルメレンスが着任
閏一〇・　ボードイン、帰国の途につく
一二・一〇※東京府貫属士族を仰せ付けられる

**明治四年（一八七一）　二九歳**

三・　※ボードイン口授『撰兵論』出版（一四四ページ図10-3）
五・二五※御用により出京を命ぜられる
七・　九　緒方郁蔵没、享年五八歳
七・二七　大学を廃し、文部省を設置
八・一七※本官（中典医）を免ぜられる
一二・　二※次男銈次郎が誕生
※この年、駿河台甲賀町の自邸に私塾（仮称「東京適塾」）を開く

**明治五年（一八七二）　三〇歳**

二・　兵部省を廃し、陸軍省・海軍省を分立設置

二・二四※陸軍二等軍医正に任命
三・　九※大阪出張を命ぜられる
三・　※『衛生新論』二冊出版（七五三ページ図38-4）
七・　東京に軍医寮・同学舎を設置、軍医寮頭に松本順（良順）、大阪軍医学校を閉鎖
一〇・　大阪府医学校病院廃止
（旧暦の十二月三日が新暦の明治六年一月十日となる。したがってこの日以降は新暦である）

明治　六　年（一八七三）　**三一歳**

二・　大阪府病院を西本願寺津村別院（北御堂）に設立、院長高橋正純、教師エルメレンス、通訳三瀬諸淵、医員は高安道純・芳村杏斎ら数名
三・　軍医寮学舎を軍医学校と改称
三・　長与専斎、文部省医務局長に任命
五・　二※陸軍一等軍医正に昇進
六・二五※正六位
八・　三※陸軍軍医学校の掛専務を命ぜられ、蘭医ブッケマは教師として大阪から招かれる
八・　※オランダ陸軍医官ブッケマ講授・惟準口訳『野営医典』出版（一四八ページ図10-8）
八・　緒方惟孝、『魯語箋』（開拓使蔵版）出版（五二九ページ図36-4）
一〇・　高橋正純、『病院経験方府』出版
一〇・　福沢諭吉、慶応義塾医学所を開設、所長に松山棟庵就任、明治十三年廃校となる

明治　七　年（一八七四）　**三二歳**

三・　森鼻宗次、『独逸《ドロイ》氏外科新説』出版（明治八年までに二〇巻）（六七〇ページ図37-29）
三・　三浦煥訳『肉餌辨要』出版（一四九ページ図10-10）
四・　※「征台の役」あるも、内部の勤務に服す
五・七　学制改革で第一大学区医学校を東京医学校と改称
九・　長与専斎、東京医学校長に任命
一二・　※訳『薬局秤量新古比較表（一枚物）』出版

明治八年（一八七五）　**三三歳**

一・　軍医堀内利国・副島仲謙・明石退蔵共訳『陸軍病院扶卒須知』出版（五六三ページ図36-20）
四・　※松本順・惟準・松山棟庵らの官民著名医師ら有志五〇余名と東京医学会社を設立、討論演説会を開催、定期刊行の『医学雑誌』を出版
五・　東京医学会社、『医学雑誌』一号・二号を発行
五・　林紀訳述『処方学』出版（六七六ページ図37-31）
六・　医務局を文部省より内務省に移管、衛生局と改称、ひきつづき長与専斎が局長となる
九・八※西部（広島・熊本両鎮台管下）検閲使の随行を命ぜられる
　この年、陸軍二等軍医正長瀬時衡らの陸軍軍医らは医事討論のため、東京医事会社を設立、長瀬が会主となる

明治九年（一八七六）　**三四歳**

三・　マンスフェルト、京都療病院医師として着任
四・　※『西薬新編』二冊出版（七六三ページ図38-7）

九・　四※東部（東京・仙台両鎮台管下）検閲使の随行を命ぜられる
一〇・　高橋正純訳『対症方選』出版
一二・　※惟準講述の『眼科闡微』二冊を塾門下生が出版（二二七ページ図16－1）

明治一〇年（一八七七）　三五歳

二・　ブッケマ口授・阪井直常訳『撰兵論』出版（陸軍文庫／一五〇ページ図10－11）
二・一四　西郷隆盛ら鹿児島で挙兵、熊本に進撃（西南戦争勃発）
二・二四※神戸へ出張を命ぜられる
二・二八※征討軍団付を命ぜられる
三・　六※征討軍団病院（久留米）副院長に任命
三・一〇※軍医学校教官を免職、本病院出仕を命ぜられる
四・六　佐野常民・大給恒は博愛社活動の嘆願書を提出、同月二十三日却下されるが、征討総督有栖川宮熾仁親王に再提出（五・一　有栖川宮が博愛社の活動を許可）
四・一二「東京大学」創立
六・　エルメレンス、大阪府病院を辞職
六・　佐野常民、博愛社副総長に就任（総長は東伏見宮）
七・　※有栖川宮・佐野常民と博愛社の活動につき協議
七・　※鹿児島・福山・都城などの軍団支病院を巡視
八・　※肥前国島原の温泉場に仮病室を設置、下旬より長崎市街に流行したコレラの予防に尽力
八・　マンスフェルト、大阪府病院に着任

一〇・一六※長崎臨時病院長に任命
一〇・一九　三瀬諸淵、大阪で没、享年三九歳
一〇・　大阪在住の医師ら医事研究団体の医事会同社を結成
一二・　二※長崎臨時病院閉鎖、患者を引き連れ大阪陸軍臨時病院に収容、同月二十九日帰京

明治一一年（一八七八）　三六歳

一・　陸軍二等軍医正長瀬時衡らは献功医学会社を設立（東京医事会社を発展解消）、軍陣医学の学術講習会などを開く
二・　七※文部省御用掛兼勤、別課生徒への生理学・眼科学教授を拝命
三・七　岸本一郎（旧姓億川、惟準の従弟）没、享年三〇歳
三・一七　田代基徳（適塾門人）東京下谷の自邸内に病体解剖社を設立、開業式を行う
四・四　洪庵の四男惟直、イタリアのベネチアで死去、享年二六歳
五・一一　田代基徳『医事新聞』一号を発行
五・　※『海陸撰兵必携』出版（七六七ページ図38-8）
七・　六※陸軍本病院出仕を免職、大阪鎮台病院長に任命
七・二九※文部省御用掛兼勤を免職
八・　石黒忠悳著『脚気論』出版（三二九ページ図24-2）
九・　九※脚気患者転地療養所見分のため、兵庫県川辺郡中山寺（現・宝塚市）・満願寺へ差遣
九・　林紀訳補『脚気論』上下二巻出版（六七六ページ図37-32）
一一・二五　医事会同社（大阪）、『刀圭雑誌』一号を発行

一二・一四※大津・姫路両営所および伏水（伏見）営病室を巡視

明治一二年（一八七九）　三七歳

三・　※兵庫県美嚢郡三木（現・三木市）の野営演習に参加
三・　五※『刀圭雑誌』八号に惟準の演説（二月の医事会同社第六会）「本邦ニ一定ノ局方ナキハ医道ノ欠典《ママ》タル説」を掲載（資料編八二一～四ページ）
三・　マンスフェルト、大阪府病院の任期満了にともなってオランダに帰国
三・　高松凌雲（適塾門人）貧民施療を志し同愛社を創設、上野桜木町の鶯渓医院で診療
四・六　松本銈太郎（順の長男）没、享年三〇歳
五・二八　億川信哉（緒方八重弟）没、享年五三歳
六・七※惟準・拙斎ら、洪庵の一七回忌追善会を自宅（旧適塾）で営む
六・　※傷項策定御用のため、大津営所に出張（九月には姫路営所に出張）
六・　高橋正純訳『産科要訣』出版（七一〇ページ図37-49）
七・一四　内務省に中央衛生会を設置、会長森有礼、各府県に地方衛生会を置く
七・一五※脚気患者転地養生所見分のため紀伊高野山に出張
八・　東京医学会社、内務省衛生局訳『医学七科問答　産科学』発刊
九・一三※歩兵第九聯隊脚気患者転地養生所巡視のため近江国滋賀郡上坂本村（現・大津市）へ出張
九・　※大阪の開業医藤井秀広ら五人が設立の博済医院の嘱託を受諾
一〇・　陸軍軍医本部を設置、軍医総監林紀を本部長に任命
一一・　東京医学会社、内務省衛生局訳『医学七科問答　生理学』発刊

※この年より毎年一回、懐旧社（惟準の私塾の門下生の同窓会）の会合を開く

明治一三年(一八八〇)　三八歳

一・一三※脚気患者転地療養所選定のため、有馬温泉・神戸港元砲台営舎に出張

二・一一　エルメレンス、イタリア旅行中に死去、享年四〇歳

三・一〇※第一回軍医長会議に出席(議長は軍医総監松本順、議員二八名)

四・二八※陸軍軍医監兼薬剤監、軍医本部次長に任命、本病院兼勤を拝命

五・　七※惟準の送別会を大阪東区石町三橋楼で開く(五〇〇有余人の官民有力者出席)

五・中旬※日本橋区浜町一丁目に住居

六・　六※従五位に叙す

六・一七　伊藤慎蔵没(東京)、享年五五歳

九・二〇※中部（名古屋・大阪両鎮台の管下）検閲監軍部長の属員を拝命、管下の各地を巡視

一〇・二四※金沢軍営検閲の帰途、金沢病院大聖寺分病院の開院式に臨席、「東洋虫ブラタオリエンタリスの効用」と題して講演(恩師の渡辺卯三郎も出席)

一一・　五　高木兼寛、英国留学から帰朝（→一二・一〇　東京海軍病院長に任命）

明治一四年(一八八一)　三九歳

一・　七　高木兼寛、松山棟庵らと成医会を結成、会長となる

一・一〇　吉田顕三、大阪府立病院長兼医学校長に就任

一・二〇※銀盃一個下賜(明治一二年大阪府下コレラ流行のさいの予防薬石炭酸二四〇〇ポンド寄附の賞)

一・二九※中部検閲終了、帰京

一・　　松本順・林紀・戸塚文海ら、日本薬局方編纂委員に任命
一・　　高橋正純、大阪府立病院長を辞任
三・一九※木盃一個下賜（東京府下和田倉門内の失火による罹災者への三〇円寄附の賞）
六・二一　渡辺卯三郎（大聖寺）没、享年五一歳
八・二四※西部検閲監軍部長の属員を拝命、広島・熊本両鎮台管を巡回
八・二四　高橋正純らはエルメレンス記念碑除幕式を大阪中之島で挙行する
一二・　二※検閲終了、帰京
一二・二五※神田区猿楽町二丁目に転宅

明治一五年（一八八二）　**四〇歳**

一・一二　石井信義没、享年四三歳
三・　　後藤新平述『海水功用論―附海浜療法』出版
四・　　吉田顕三訳『挿図　菲《ヒース》氏外科手術』出版（七二四ページ図37―58）
五・一五※軍医総監林紀および橋本綱常・佐藤進・石黒忠悳三軍医監ら四氏とともに主人となり、官民の著名医師および諸医事新聞社長、薬舗、医用器械舗、医書店の首領ら約二〇〇名を江東中村楼に招待、親睦の宴会を開く
五・二六※博愛社の総会開催、商議員二五名を改選、惟準も選出される
七・二六※東部検閲監軍部長の属員を拝命
七・　　朝鮮国の閔氏党の叛乱（壬午の変）により、日本軍派遣の議起こり、八月末まで軍医部も多忙を極める

七・　　壬午の変の事後処理として、弁理公使花房義質（適塾門人）、日朝間で済物浦条約を締結する
八・一〇　高木兼寛らが有志共立東京病院（東京慈恵会医院の前身）を設立
八・三一　軍医総監林紀、パリで客死、享年三八歳
九・一五　松本順、軍医本部長・軍医総監に再任
一一・二九　高木兼寛（医務局副長）、海兵の脚気予防につき明治天皇に拝謁奏上

明治一六年（一八八三）　**四一歳**

一・三一※惟準の三男知三郎、神田猿楽町で生誕
一・　　東京医学会設立
四・　七※懐旧社の第四回会合を上野の鳥八十で開催、以後、春秋二回開くことを決める
五・二七　大日本私立衛生会の発会式挙行、会頭は佐野常民
五・　　※この月より、九段坂の偕行社の求めにより、毎火曜に軍事衛生法を講義
七・一三※日本薬局方編纂委員に任命、同日、西部監軍部長の属員を拝命、同月二十一日出発、二等軍医落合泰蔵とともに、広島・熊本両鎮台およびその管下を巡回（→一〇・一八終了）
一〇・五　高木兼寛、海軍省医務局長に任命（戸塚文海の後任）
一二・　　※この月より、第二回軍医講習生教官として軍陣医学を講義
一二・二〇※岩佐純・池田謙斎ら三〇余名とともに、洋方医学中興の開祖と仰ぐ松本順を柳橋の柳光亭に招待し、旧交を温める
一二・二四※母八重の病気看護のため、三週間の賜暇を得て、大阪に帰省
一二・二六　軍医本部六等出仕阪井直常は肺患の転地療養のため、四週間の賜暇を得て、郷里の山口県豊浦へ

出発（明治二十六年ころ死去）

明治一七年（一八八四）　**四二歳**

一・　軍医監橋本綱常講述『外科手術摘要』出版（六八五ページ図37-35）

三・　八※東京陸軍病院長の兼任を拝命、これは病院長橋本綱常が陸軍卿大山巌の欧州出張に随行し、不在となるため

六・　陸軍軍医らは軍医学会を設立、二十九日、偕行社で運営方法を協議

七・　一※訳書『勃海母《ブッフハイム》薬物学』三冊出版（七六九ページ図38-9）

七・一七※中部検閲監軍部長の属員に任命

明治一八年（一八八五）　**四三歳**

一・二五　大山巌陸軍卿に随行の軍医監橋本綱常、横浜港に帰着

三・八　大阪興医学社が発足（↓五・九　第一回集会を開く）

四・　一※豊前国行事村近傍での大演習に差遣される

五・　軍医総監松本順、軍医本部長を辞任

五・　軍医監橋本綱常、軍医総監軍医本部長に任命

五・　軍医監石黒忠悳、軍医本部次長に任命

六・七　ボードイン、ハーグで没、享年六四歳

七・一一※本職（軍医本部次長）を免ぜられ、近衛軍医長兼東京陸軍病院長に任命

八・　松本順口授・門人筆記『海水浴法概説』出版（三〇二ページ図21-6）

九・三〇※御用あり、総州習志野と信州軽井沢駅に差遣される

一二・二八※日本薬局方編纂委員を免ぜられる（内閣）
一二・　※惟準、二等軍医正中泉正、一等薬剤官岡田謙吉の三名は、病気保養のため熱海温泉に赴く
　この年、松本順、神奈川県大磯町に海水浴場を開く

明治一九年（一八八六）　**四四歳**

二・二七　軍医本部は医務局と改称、橋本綱常は局長、石黒忠悳は次長に任命
二・　七※洪庵夫人八重（惟準の母）大阪今橋の隠居宅で死去、享年六五歳、十三日に葬儀を行う
三・　　長与専斎、内務省医務局長に任命
五・二一※本職および兼職を免ぜられ、陸軍軍医舎舎長兼近衛軍医長に任命
六・二五『日本薬局方』公布
六・　※「近衛歩兵隊麦飯給与試験成績第一回報告」を報告、発表する（資料編八五〇～八ページ）
八・　※軍医学生に『陸軍医務沿革史』を講義（資料編八三一～五〇ページ）
九・　※神奈川県大磯海水浴場賞讃の文章を記す
一一・一六※正五位に叙す

明治二〇年（一八八七）　**四五歳**

一・二二※皇后陛下の特撰により、池田謙斎・橋本綱常ら一〇名とともに、東京慈恵医院商議医員に就任
二・　一※病弱を理由に本職ならびに兼職を依願免官
二・　九※陸軍軍医一〇〇余名、惟準の退官と新任の軍医らの送迎会を富士見軒で開催
二・二三※東京発、二十五日大阪に帰着
四・　二※私立緒方病院の開院式を東区（現・中央区）今橋四丁目の回春病院跡で挙行

五・　大阪医会結成
五・一三※大阪医会会長に当選、副会長は森鼻宗次
五・二〇　博愛社を日本赤十字社、博愛社病院を日本赤十字社病院と改称、佐野常民が初代社長に就任、子爵を授与
六・　一※緒方病院医事研究会第一回通常会を開く
六・　※地方衛生委員に任命
六・二二　橋本綱常、日本赤十字社監督に任命（陸軍省）
九・一三※緒方病院医事研究会総会を開く、惟準を会長に選出（→一〇・五『緒方病院医事研究会申報』第壱号を発行）
九・　日本赤十字社が国際赤十字社連盟に加盟
一〇・初旬※惟準ら大阪在住医師、大阪府病院を貧民病院とする計画を府知事に上申（→一一・一二　却下される）
一〇・二六※惟準の四男章生誕
一〇・　※旧門人佐藤洋治著『人間生涯無病之新法』に序文を寄稿（七九六ページ図38-19）
一一・　緒方正清、『浴療新論』（適々斎蔵版）出版
明治二一年（一八八八）　**四六歳**
一・一二※緒方病院医事研究会第二回総会を開く
二・一二※長男整之助死去、享年二〇歳
二・一五※『緒方病院医事研究会申報』一号（事実上、二号）を発行、以後毎月十五日に一冊刊行

四・二九※大阪医会会長を辞任
六・二一※有志とともに大阪慈恵病院を東区唐物町一丁目円光寺内に開院
一一・三〇　石黒忠悳、軍医学校長兼務となる
一一・　※洪庵夫人八重の墓を東京駒込の高林寺に建立
一一・　松本順口授・高松保郎筆記『民間治療法』出版（二一二ページ図3-5）
一二・一五※大阪慈恵病院開院式（東区久太郎町一丁目の旧浪華尋常小学校跡）挙行、惟準が病院長に就任

明治二二年（一八八九）　**四七歳**

三・二四　高階経徳没、享年五六歳
三・二九　吉田顕三、大阪医学校長兼病院長を辞任、吉田病院を開設
四・二七※日本赤十字社より有功章を授与
四・二九　緒方収二郎・同銈次郎・同正清および堀内謙吉がドイツ留学のため大阪出発、三十日神戸港出航
五・　九※日本赤十字社大阪支部東区委員を嘱託
六・　六　収二郎一行、六月八日フランス、マルセーユ着、パリに六日間滞在、十七日、ベルリン着
七・　※日本生命保険会社の診査医を嘱託
七・二七　大日本私立衛生会第七次総会を大阪府会議事堂で開催（→二十八日まで）
七・二八　同右総会にて大阪鎮台軍医長の堀内利国が脚気病予防について講演（資料編八五八～六一ページ）
七・下旬※歩兵第一〇旅団長陸軍少将品川氏章（愛媛県松山）の病気診察のため松山に赴く（右総会は欠席、祝文を贈る）
一〇・二七　緒方惟直（洪庵五男）の妻マリア（Maria Giovanna Gerotti）ベネチアで死去、享年三五歳

明治二三年（一八九〇）　**四八歳**

四・　一　第一回日本医学会を東京で開催（↓七日まで）

四・二四　来阪の皇后陛下より大阪慈恵病院へ金三〇〇円を下賜

五・一三　東京医学会社、休会を宣言、社屋を売却

五・一六※緒方病院医事研究会の第九五回通常会で「流行性感冒について」講演

五・一八※大阪における流行性感冒の治験を府知事に報告

八・二一※予備役となり、恩給を支給される

一〇・　四　医務局長橋本綱常、予備役となる

一〇・　七　石黒忠悳、軍医総監に昇進、医務局長に任命

明治二四年（一八九一）　**四九歳**

一〜二・　年初より流行性感冒流行、元田永孚（一・二一）・九鬼隆義（同二四）・高橋正純（同二八）・三条実美（二・一八）ら没

五・　八　ドイツのコッホ博士が治結核液の使用認可願書を内務大臣に提出

六・二三※惟準ら、ドイツより帰国の北里柴三郎の歓迎招待宴を東区平野町四丁目の堺卯楼で開く

六・　※桑根申二男著『改正日本薬局方備考』に題字「知其美」を記す（七八二ページ図38-15）

七・二七※医学士匹田復次郎のドイツより帰朝の歓迎会を幹事の一人として、中之島洗心館で開く

一〇・二八※岐阜・愛知両県下の大地震（死者九五〇名）の募金二〇円を寄贈（医員派遣不能のため）

一二・二六※位一級を進め、従四位に叙す

※この年、『衛生新論』再版本を刊行

明治二五年（一八九二）　**五〇歳**

二・　一　緒方収二郎・同正清、ドイツ留学より大阪に帰着、二十一日、二人の帰朝歓迎会を中之島洗心館で開く

二・　五※亡母八重の七回忌を自宅に僧を招き営む、翌六日龍海寺に墓参

三・三〇※北浜三丁目宅より東区北新町一丁目に転宅

六・二二　大阪の医師ら、ドイツより帰朝の北里柴三郎の歓迎会を開く

七・　　佐野常民、農商務大臣に任命

八・一五※『緒方病院医事研究会申報』を『医事会報』と改称し、第四七号として刊行、「緒方惟準先生一夕話」第一回掲載

一〇・　六※ベルリン大学眼科教授ヒルシュブルグの来阪歓迎会に出席

一〇・一五※『医事会報』四八号に「緒方惟準先生一夕話」第二回掲載

一一・　七　北里柴三郎、大阪私立衛生会で講演

一二・一五※『医事会報』四九号に「一夕話」第三回掲載

明治二六年（一八九三）　**五一歳**

二・　七　靖国神社境内で大村益次郎銅像（三九九ページ図30-6）の除幕式挙行

三・一〇　緒方収二郎の長男洪平、誕生

三・一九　正清記述『袖珍産科図解』出版（序文は後藤新平）（五五三ページ図36-16）

五・　一※緒方病院設立六周年記念祝賀会を城南桃山の産湯楼で開催

六・　五※緒方病院医事研究会の第一六〇回通常会で「大阪市水道工事に就て」講演

六・一〇※洪庵没後三〇年の追悼会を東京で開く
六・一五※『医事会報』五二号に「一夕話」第四回掲載
七・五※第一三回緒方病院医事研究会総会と緒方病院設立六周年記念祝賀会を開く
八・五※緒方病院医事研究会の第一六三回通常会で「肺結核療法の方針」講演
八・一五※『医事会報』五三号に「一夕話」第五回掲載
九・三※緒方病院分病院が西区立売堀南通四丁目に落成、祝宴を開く、十日より診療を開始
一〇・一五※『医事会報』五四号に「一夕話」第六回（最終回）掲載
一二・　大阪慈恵病院は北白川宮能久親王妃を総裁に奉戴
この年、緒方正清・高橋辰五郎共訳『婦人科診断学』上巻を出版（適々斎蔵版）、下巻は明治二十七年五月

明治二七年（一八九四）**五二歳**

一・　大阪慈恵病院は東区粉川町の官有地を借用、新築病院の工事を着工
五・二四　大阪私立衛生会、総会を開く
五・二六　堀内謙吉（利国長男）ドイツより帰朝、歓迎会を開く
六・五　石黒忠悳（五〇歳）、大本営野戦衛生長官に任命
八・一　日本、清国に宣戦布告（日清戦争勃発）
九・一三　堀内利国、病いのため予備役編入
一一・二　緒方銈次郎、ドイツ留学を終え横浜港に帰着、五日大阪着、即日、北地裏町の静観楼で帰朝懇親会を開く

この年、緒方正清・高橋辰五郎共著『産科学』巻一～巻六の出版始まる（明治三十年まで）

明治二八年（一八九五）　**五三歳**

二・二　林洞海没、享年八三歳

五・二※大阪ホテルで開催の大阪府内医師懇親会に出席、大日本医会理事長の高木兼寛も出席して演説

六・九※惟準・惟孝は旧適塾門下生とともに、東京高林寺において洪庵の先師祭（三三回忌）を営む、出席者は福沢諭吉・池田謙斎・佐野常民ら三五名、惟準は急用のため十三日帰阪（義弟堀内の危篤の知らせを受けたためか）

六・一五　惟準の義弟、軍医監堀内利国が結核で死去、享年五二歳

七・　※病院長を辞職、院主となり、弟収二郎が病院長に、副院長には正清と銈次郎が就任

八・二〇　石黒忠悳、勲功により男爵を授与

一二・　大阪慈恵病院、東区（現・中央区）粉川町に完工

この年、松本順、大阪の眼科医高橋江春の治療を受ける

この年、緒方正清、『婦人科手術学』（本邦最初）出版

明治二九年（一八九六）　**五四歳**

六・　緒方正清、『助産之栞』第壱号を発刊（四一二ページ図30-7）

七・　正清、緒方産婆教育所内に助産婦学会を設立

一〇・一六　銈次郎の長男準一誕生

一二・六※大阪慈恵病院医学校で内務省前・後期試験合格者三五名に対し、修業証書授与式が行われ、校長惟準が訓辞

明治三〇年（一八九七）　**五五歳**

二・一五※緒方病院医事研究会春期総会を立売堀の西緒方病院で開催（会長は惟準、副会長は収二郎）

四・四　緒方病院創立一〇周年記念祝賀会を北区鮒卯楼で開催

四・　石黒忠悳、新官制の軍医総監（中将相当官）に任命

九・二八　石黒忠悳（五三歳）、依願休職

九・　西緒方病院を増築し新町緒方病院と改名し、今橋の本院を廃止した

明治三一年（一八九八）　**五六歳**

一・一〇　緒方病院助産婦学会第九回例会を開催、出席者五〇余名

二・一〇　同右学会第一〇回例会を開催、出席者六八名

四・四　緒方病院創立満一〇年祝賀会を北区鮒卯楼で開催

四・一一　大阪慈恵病院で施餓鬼《せがき》法会（同病院の死亡者および医学校の解剖遺体者の追善供養）を営む

五・一　銈次郎の次男安雄誕生

五・二　伊東方成没、享年六七歳

七・一八　緒方病院医事研究会夏期総会を開催

九・一五　同右研究会第一七八回通常会を開き、レントゲン氏のX線を供覧

一〇・二一「財団法人大阪慈恵会」が組織され、大阪慈恵病院はその附属機関となる

一一・　※大阪慈恵病院医学校校長を辞任、後任には緒方正清が就任

明治三二年（一八九九）　**五七歳**

一・　緒方病院看護婦養成所が大阪府の認可を得、本科生は二年間の修業後、免許取得が可能となる、

所長に銈次郎が就任
六・一一　洪庵の五女九重（堀内利国の妻、のち離婚）没、享年四八歳
九・　銈次郎、欧米の医学事情視察のため米国に向かう、ついでロンドン、ブリュッセルを経てベルリンに七か月滞在、銈次郎の留守中は惟準が診療に従事

明治三三年（一九〇〇）　**五八歳**

二・　『医海時報』に、松本順翁口話「蘭疇翁昔日譚」の連載開始（五月に一五回で完結）
二・　緒方正清、『臨床婦人科規範』出版
七・九　銈次郎、海外視察を終え、神戸港に帰着
八・　龍海寺の洪庵夫妻の墓碑の傍らに「無縫塔」（緒方一族の共同墓碑）を建立（四八四ページ図34-4）
八・　緒方惟孝の養子六治、歯科修業のため渡米（翌年九月帰国）
八・　高峰譲吉、助手上中啓三（現・西宮市名塩出身、緒方洪庵夫人八重と同郷）とともにアドレナリンの精製、結晶化に成功
一一・二　緒方太郎（郁蔵長男）没、享年四四歳

明治三四年（一九〇一）　**五九歳**

一・　※この年の初めより、全く医業を廃す
二・三　福沢諭吉没、享年六八歳
四・二四※惟準・収二郎の両人上京、二十八日旧適塾門下生を偕楽園に招待、「洪庵文庫」設立を決議
五・二　旧陸軍軍医時代の同僚石黒忠悳が幹事となり、在京の医界元老らが惟準を富士見軒に招待
七・一一　大阪医学会の発会式が中之島大阪倶楽部で開催、翌一二日、会頭に清野勇を選出

九・二七　長瀬時衡、京都で没、享年六七歳
一〇・　※故田中信吾（適塾門人、金沢病院長兼医学校長）の墓碑銘を記す
一一・　三　鉒次郎の三男富雄誕生
この年、緒方正清、日本婦人科学会創立発起人となる
この年、大阪慈恵病院医学校は近くの十二軒町に校舎を新築して移転

明治三五年（一九〇二）　**六〇歳**

四・　一　松本順の古稀の祝宴を長崎伝習時代の門下生らが上野静養軒で開く、惟準は欠席、代理として鉒次郎が出席
四・一五　陸軍軍医部主催で松本順の古稀の賀宴を開催
四・　緒方病院（西区新町）が隣接地を購入、新築・増築工事を起工
七・一一　大阪医学会発会式を開催、会頭清野勇（緒方病院医事研究会・興医会・大阪医事研究会は解散）
七・一七　緒方正清、緒方病院を退職して独立、緒方婦人科病院を東区今橋三丁目に開く
七・二〇　眼の治療で在阪中の松本順の古稀の祝宴を大阪博物場で開く、惟準はじめ医界・官界・実業界から多数参集
七・二〇　大阪医学会第一回常会を大阪医学校で開会
八・一五　『大阪医学会雑誌』一巻一号を発行
九・　八　長与専斎没、享年六五歳
一二・　七　佐野常民没、享年八〇歳
一〇・　七　惟孝の養子六治、米国での歯科修業を終え帰国（九月）、平野町の堺卯楼で帰朝歓迎会を開催

この年、大阪慈恵病院医学校は廃校となる（病院は存続）
この年、石黒忠悳（五八歳）、貴族院議員に勅選、薬局方調査会会長、中央衛生会会長に就任
明治三六年（一九〇三）　**六一歳**
一〇・　田中喜市（のち収二郎の養子）、ドイツ留学より帰国
一一・二一　新町の緒方病院の新築・増築が完工、落成式を挙行、『緒方病院一覧』発行（四三四ページ図30-14）
明治三七年（一九〇四）　**六二歳**
二・一〇　日本、ロシアに宣戦布告、日露戦争勃発
三・二〇　緒方病院薬局長兼事務長緒方惟孝（洪庵三男）没、享年六二歳
五・　石黒忠悳、召集され大本営附となる
六・一　緒方婦人科病院が産科院を隣接して開院、開院式および第一九回助産婦の卒業式を挙行
一〇・　※陸軍軍医監の現役に復した佐藤進（広島大本営在勤）と有馬で旧交を温める
明治三八年（一九〇五）　**六三歳**
六・一〇　芳村杏斎（元大阪府病院医員）、津山で没、享年七〇歳
一〇・二　緒方病院産婆看護婦養成所の第一一回卒業証書授与式および入学式を挙行
明治三九年（一九〇六）　**六四歳**
一・　『緒方病院産婆看護婦同窓会雑誌』一号を発行（主幹は緒方銈次郎）
四・　松本順口授『民間治療通俗薬剤及救急手当摂生法』出版（題字「有効」を揮毫／六一二ページ図37-2）
一一・一一　高安道純没、享年七〇歳

明治四〇年（一九〇七）　**六五歳**

三・一二　松本順、大磯町で没、享年七六歳

四・　一　石黒忠悳（六三歳）、後備役となる

四・一四※緒方病院創立二〇周年記念会が兵庫県住吉村呉田浜（現・神戸市）の緒方家別荘で開催、記念絵はがきを発行

一二・　惟準の三男知三郎、東京帝大医科大学卒業

明治四一年（一九〇八）　**六六歳**

一・　知三郎、東京帝大医科大学の病理学助手となる

四・二六　緒方病院創立二一周年記念会、耳鼻科長山本玄一の帰朝歓迎会、同病院産婆看護婦同窓会春季総会を住吉公園内岸の館で開催

六・一二　ロベルト・コッホ博士夫妻が横浜港着、以後、日本国内を周遊（→八・二十四　横浜港を出航、帰国）

九・二六　緒方病院外科長の緒方喜市（旧姓田中）没、享年三七歳

一〇・　七　ポンペ、ブリュッセルで没、享年八〇歳

秋　※胃部に不快感、食欲不振、腹部に腫瘍を認む

　この年、緒方婦人科病院が婦人泌尿器科と小児科を設置

明治四二年（一九〇九）　**六七歳**

二・一八　橋本綱常没、享年六五歳

三・　※呉田の別荘より鉒次郎宅（東区北新町）に移る

七・一〇　洪庵贈位（従四位）奉告祭と祝賀会を中之島公会堂で開催、惟準は病床にあり欠席
七・二〇※胃癌のため死去、享年六七歳、即日剖検する
七・二三※葬儀は西区土佐堀の青年会館で、キリスト教式で行われる
九・三〇　高橋茂（正純長男）、北野丸（インド洋上）内で没、享年四八歳

明治四三年（一九一〇）

一・一八　銈次郎、大阪府会議員に当選
四・一　大阪で第三回日本医学会を開催（→四日まで）、会頭青山胤通、副会頭佐多愛彦
九・一七　知三郎、ドイツ留学のため神戸港を出航
　この年、緒方婦人科病院が泌尿器科を併設し、医学士飯島貫一を招く

明治四四年（一九一一）

四・五　日本病理学会第一回総会を東京帝国大学病理学教室で開催
四・六　緒方正清、大阪市医師会長に当選
七・八　遺詠和歌集『山家集』を銈次郎が発行（七七四ページ図38―11）
七・八　岩佐純、宮中顧問官に任命
七・一九　緒方拙斎の妻八千代（洪庵の四女）没、享年六一歳
七・　小池正直、貴族院議員に任命
一一・一六　緒方病院医事談話会例会を開く
一二・一五　緒方拙斎没、享年七八歳

明治四五年（七月三十日大正と改元＝一九一二）

一・六　岩佐純没、享年七七歳
四・一　惟準の長女寿の夫、白戸隆久没、享年四八歳
七・一〇　洪庵の五〇回忌を東京駒込の高林寺で営む
七・三〇　明治天皇崩御、享年六一歳
九・一三　明治天皇大葬のこの日、乃木希典夫妻自刃(殉死)、遺書を石黒忠悳に託す
一〇・一五　緒方助産婦学会、創立一五周年を記念し『助産之栞』記念号（一九七号）を発刊
一〇・一七　マンスフェルト、ハーグで没、享年八〇歳
この年、花房義質、第三代日本赤十字社社長に勅任される

大正二年(一九一三)

四・三〇　大阪慈恵会（病院）解散、財団法人弘済会に合併
五・　大阪慈恵病院記念碑が大阪市東区粉河町三番地に建立される、碑文は藤沢南岳の撰
九・二七　大阪私立病院長会の第一回会合を開催
一〇・　知三郎(三一歳)、ドイツから帰朝

大正三年(一九一四)

七・　緒方正清、『日本婦人科学史』二巻出版
九・一四　正清の妻千重（拙斎長女）没、享年四八歳
一二・　知三郎、東京帝国大学医学部助教授に任命

大正四年(一九一五)

四・　正清、緒方英俊との共著『硬性放射線学』出版

大正五年(一九一六)
一〇・一二　高松凌雲没、享年八一歳
大正六年(一九一七)
二・二一　石黒忠悳(七三歳)、第四代日本赤十字社社長に就任
四・一　北里柴三郎(北里研究所所長、大日本医師会会長)、慶応義塾大学医学科長を委嘱される(六六歳)
七・九　第三代日本赤十字社社長の花房義質没、享年七六歳
大正七年(一九一八)
一・二　森鼻宗次没、享年六六歳
四・三〇　池田謙斎没、享年七八歳
この年、緒方正清、大阪府医師会会長に就任
大正八年(一九一九)
八・　正清、『日本産科学史』出版
八・二三　正清、肺動脈血栓で没、享年五六歳
一二・一二　松山棟庵没、享年八一歳
大正九年(一九二〇)
二・一七　石黒忠悳(七六歳)、枢密院顧問官に親任
三・二一　高木兼寛没、享年七二歳
九・四　石黒忠悳、日本赤十字社社長を辞任、子爵を授与
一一・六　慶応義塾大学医学部開校式および病院開院式を挙行

大正一〇年（一九二一）
二・一四　高橋正直（適塾門人）、京都で没、享年七九歳
五・八　山田俊卿没、享年九〇歳
七・二五　佐藤進（順天堂）没、享年七七歳
大正一一年（一九二二）
七・二二　高峰譲吉、ニューヨークで没、享年六九歳
大正一二年（一九二三）
一・五　億川三郎没、享年七二歳
一一・　緒方知三郎、東京帝国大学医学部教授に任命、病理学病理解剖学第一講座を担当
大正一三年（一九二四）
二・五　東京駒込高林寺の洪庵の墓碑が東京府史蹟に指定
三・　緒方収二郎、旧適塾の自宅より芦屋に転居、旧宅は華陽堂医院に貸与
大正一四年（一九二五）
三・　収二郎、病院長を辞し、院主となり、緒方銈次郎が院長に就任
四・一　銈次郎の長男準一の長男惟之が生誕
昭和元年（十二月二十五日昭和と改元＝一九二六）
一・一　清野勇没、享年七五歳
この年、銈次郎、院長を辞任、後任は長男の準一
この年、銈次郎、東区新戎橋に診療所を開き、ついで準一の旧宅（西区新町北通一丁目）に診療

所を移転

昭和 二 年(一九二七)
五・三一　鉒次郎の妻友香没、享年五三歳
六・　鉒次郎、旧適塾(収二郎名義、華陽堂医院に貸与)を担保に、日本生命保険会社から七万円を借金
八・二二　惟準の妻吉重没、享年七七歳
九・　緒方病院、『緒方病院医報』四号を発行
この年、緒方鉒次郎、南区久左衛門町に診療所を開く

昭和 三 年(一九二八)
五・二七　足守(現・岡山市)の洪庵生家跡に「洪庵緒方先生碑」(五〇〇ページ図35-2)を建立、この日除幕式を挙行、収二郎・鉒次郎ら緒方一族が多数列席

昭和 四 年(一九二九)
五・　緒方病院解散、廃院

昭和 五 年(一九三〇)
この年、章(惟準四男)、東京帝国大学医学部薬学科臓器薬品化学講座の初代教授に就任

昭和 六 年(一九三一)
三・一八　堀内謙吉(利国長男)没、享年六二歳

昭和一二年(一九三七)
七・　七　中国蘆溝橋で日中両国軍が衝突、日中戦争勃発

一一・　五　洪庵夫妻の墓碑の傍らに「大村兵部大輔埋腿骨之地碑」（大阪・龍海寺）を建立（五〇五ページ図35-4）、この日、除幕式を挙行

昭和一五年（一九四〇）

七・二九　緒方洪庵適塾趾が大阪府史蹟に指定

昭和一六年（一九四一）

三・一三「兵部大輔大村益次郎卿殉難報国之碑」（五〇七ページ図35-5）の除幕式挙行、銈次郎が列席

四・二六　石黒忠悳没、享年九七歳

一二・一三　洪庵の旧適塾が文部省史蹟に指定

一二・　八　日本は米英などに宣戦布告

昭和一七年（一九四二）

一・　銈次郎、自伝『七十年の生涯を顧みて』出版

九・二五　収二郎（洪庵の六男）、京都の長男洪平宅で死去、享年八六歳

一一・　七　田淵善哉《よしや》（惟準の次女）没、享年六四歳

昭和一八年（一九四三）

三・　知三郎（惟準の三男）、東京帝国大学教授退官、東京医学専門学校（東京医科大学の前身）校長に就任

昭和二〇年（一九四五）

一〇・　二　銈次郎没、享年七五歳

昭和二一年（一九四六）

五・　知三郎（六五歳）、東京医科大学理事長兼学長に就任
昭和二二年（一九四七）
四・　知三郎、自伝『一筋の道――私の研究回顧録』出版
昭和二三年（一九四八）
この年、緒方章（惟準四男）、東京大学薬学部教授を定年退官
昭和二五年（一九五〇）
一・一九　惟孝（洪庵の三男）の養子緒方六治没、享年七九歳
昭和二七年（一九五二）
一一・　五　「適塾記念会」発会式を挙行
一二・二二　惟孝の養子緒方鷺雄没、享年七三歳
この年、大阪市東区粉河町三番地にあった大阪慈恵病院記念碑を、吹田市古江台六丁目の大阪市立弘済院構内に移転（三七一ページ図28-4）
昭和三五年（一九六〇）
五・　緒方章、自伝『一粒の麦――一老薬学者の手記』出版
昭和三六年（一九六一）
一〇・二二　惟直（洪庵の四男）の養子光太郎没、享年八三歳
昭和三七年（一九六二）
七・二一　白戸寿《つね》（惟準次女、隆久の妻）没、享年八七歳
昭和四二年（一九六七）

一二・一九　緒方豊（惟直のイタリアの遺児、光太郎妻）没、享年九一歳
昭和四七年（一九七二）
七・　二　正清の養子緒方祐将没、享年九九歳
この年、緒方準一、奈良県立医科大学を退職
昭和四八年（一九七三）
八・二五　緒方知三郎（惟準三男）没、享年九〇歳
昭和五三年（一九七八）
八・二二　緒方章（惟準四男）没、享年九一歳
一〇・　洪庵記念会が、洪庵らの「尼崎町除痘館（古手町より移転）」の跡地銘板を、産科婦人科緒方病院（東区今橋三丁目）玄関横に設置（五一一ページ図35-8）
昭和六〇年（一九八五）
六・　洪庵夫人八重の生家跡（西宮市名塩）に八重の胸像完工（五一〇ページ図35-7）
昭和六三年（一九八八）
五・一八　準一（銈次郎長男）没、享年九三歳
平成元年（一九八九）
三・三一　富雄（銈次郎三男）没、享年八九歳
平成二年（一九九〇）
七・一五　岡山市足守の洪庵生誕地にブロンズ座像完工、除幕式を挙行（五一二ページ図35-9）
平成八年（一九九六）

一二・一九　洪庵の座像（川合敏久作）が適塾西隣りに完工、除幕式を挙行、題字は緒方惟之（五一二ページ図35‐10）

平成一一年（一九九九）

この年、伊藤慎蔵の顕彰碑、大野藩洋学館跡（福井県大野市）に建立、除幕式行う

平成一二年（二〇〇〇）

この年、大阪舎密局教頭ハラタマの胸像が舎密局跡碑の傍ら（中央区馬場町西）に建立

平成一八年（二〇〇六）

六・　五　洪庵の最初の種痘地（現・中央区道修町四丁目）に「除痘館発祥の地記念碑」完工、除幕式挙行（五一三ページ図35‐11）

平成一九年（二〇〇七）

八・　惟之（準一の長男）、『医の系譜――緒方家五代　洪庵・惟準・銈次郎・準一・準之』出版

平成二一年（二〇〇九）

六・　二〜一四　適塾で「緒方惟準の生涯――没後一〇〇年記念展」を開催

# あとがき

この緒方惟準伝をワープロに最初に入力したのは、平成十八年六月十一日で、約三年半後の平成二十一年にほぼ脱稿したが、なお不完全であった。これを思文閣出版に相談し、この伝記の第一・第二章の初校を受け取ったのは平成二十一年十一月二十一日であった。しかし、入力を開始して二か月後の八月初旬に血尿があり、診察を受けたところ悪性腫瘍との診断で翌日入院、治療を受ける身となった。幸い経過良好で一か月後に退院、執筆活動を続けることができたが、再発し、放射線治療をうけ今日におよび、なんとか出版の日を迎えることができそうで、喜びにたえない。

しかし惟準伝の出版にご理解をいただき、緒方家に関する諸種の写真や惟準の母方の祖父母億川百記と志宇の写真、緒方銈次郎の『七十年の生涯を顧みて』などを貸与してくださった緒方裁吉様が平成二十一年九月に逝去され、本著をお目にかけることができなくなったことは痛恨のきわみであった。拙著を故裁吉様のご霊前に捧げたいと存じます。

平成三年三月、岡山大学を離れ、一民間人となり、今まで身近かであった医学図書館を気易く利用できなくなったことが、執筆にあたり最も大きな弱点であることを知らされた。現役時代に緒方家関係、大阪地方医事、著名医家の略伝、死亡記事を岡山大学医学部図書館でコピーをしたが、いざ執筆してみると不十分なのに気付いた。近くの古い大学といえば、大阪大学と京都府立医科大学だが、拙宅から最も近い大阪大学の生命科学図書館（医学部図書館の後身）には『緒方病院医事研究会申報』や後身の『医事会報』は一冊もなく、また古い医学雑誌も案外少なく不便であった。

大正六年（一九一七）二月十九日、北区常安町にあった大阪府立医科大学（大阪大学医学部の前身）病院本館から出火し、三階建て病院全部（三〇〇〇余坪）および校舎は二、三の教室を残して焼失、標本・書籍類・ラジュウム・X線装置など総て焼失したと報道された（『東京医事新報』一〇一二号、一九一七年）。この火災の原因は、付添看護婦がアルコール灯を転倒し床上に流れたアルコールの発火によると報道されているが（裁判で一〇〇円の罰金、しかし不服として控訴）、医学雑誌以外の大学の貴重な歴史資料が烏有に帰したことは明らかである。この火災がなければ、明治初期の大阪地方医事や惟準に関する多くの医学資料を利用できたのでないかと悔やまれる。また昭和初期に緒方病院が廃院となり、多くの細かい文書類が散逸してしまったことも残念なことである。

そこで京阪神地区で開かれる古本展には寒暑を問わず毎回足を運び、また送られてくる古書店目録には必ず目を通し、惟準伝執筆に関連すると思われるものは、金銭を惜しまず入手した。惟準の直筆の掛軸や短冊を是非入手したいと思ったが果たせず、幸い緒方拙斎の書幅を入手することができ、また惟準の自筆と推量される稿本『陸軍医務沿革史』を掘り出し、資料編に収録することができた。さらに、大阪の洪庵の墓碑銘を撰した草場佩川の画幅を京都の古書店で偶然入手し、その後、佐賀市で開催された日本医史学会総会に出席の途次、佩川の生誕地多久市を訪れ、彼の生家跡碑・墓碑、彼の作品を多数所蔵する多久市郷土資料館を訪問できたのは、懐かしい思い出である。

また、大阪の明治時代の著名な医師、堀内利国・高橋正純・吉田顕三・高安道純・山田俊卿・森鼻宗次の墓碑を探し、碑文を写しとった苦労も思い出として懐かしい。

序で多くの方々に謝意を記したが、とくに梅溪昇先生は古文書解読にさいし、いつも快くお引き受けくださり、ときには浅井允昌先生にも助けていただき、また漢文の専門家である岡田弘先生からは、洪庵墓碑銘などの解読、先人の誤写の指摘など、御教示を頂くことができた。

上中啓三（筆者の現住地西宮市名塩生まれ）の「アドレナリン実験ノート」の発掘でかねてより知り合っていた山下愛子先生は、自発的にたびたび国立国会図書館へ足をはこび、惟準関係の著述を閲覧し、そのコピー送って下さり、時には筆者を同館へ案内していただいた。洪庵記念会川上潤氏からは『緒方婦人科病院総覧』・『助産婦之栞』第壱号・緒方正清『浴療新論』の全文コピー、山下政三先生から大部の脚気問題関係資料、つやま自然のふしぎ館の森本信一館長からは芳村杏斎の全関係古医書および文書の貸与、寺畑喜朔先生から緒方病院の記念絵葉書、赤祖父一知先生からは適塾門人田中信吾の肖像と関係資料、横川弘蔵先生からは現存する唯一の「大阪慈恵病院の職員・生徒の集合写真」、さらに実兄蒲原宏からオランダ・ドイツ人医師の略歴その他の資料の提供および索引の作成に協力を受けたのは有り難かった。そのほか多くの医学史・洋学史および歴史研究者諸氏の著書を利用させていただき、衷心から深く感謝申し上げる次第である。

平成二十三年二月　　著者

〔追記〕本年二月下旬、筆者は膀胱・前立腺の全摘手術のため一か月半入院、五月下旬には頭部に外傷、重ねて八月下旬、老妻が転倒により左大腿骨の骨折、入院などが続いた。そのため校正の作業が停滞し、出版が遅れることになり、関係者に深くお詫び申し上げます。

なお末筆ですが、数年にわたり筆者の病気を治療して下さった宝塚市立病院泌尿器科の医療スタッフ、摘出手術を施行していただいた京都府立医科大学泌尿器科教授三木恒治先生と主治医藤原敦子先生および医療スタッフの方々、手術の仲介の労をとって下さった中橋彌光先生に深謝致します。

（平成二十三年八月三十日記）

◎著者紹介◎

中山《なかやま》　沃《そそぐ》（旧姓　蒲原《かんばら》）

大正14年5月16日，新潟市に出生．
昭和24年3月，新潟医科大学卒業．昭和24年3月，米子医科大学助手．昭和26年4月，鳥取大学医学部助手．昭和28年6月，鳥取大学医学部講師．昭和29年7月，医学博士．昭和29年11月，鳥取大学医学部助教授．昭和32年1月，岡山大学医学部助教授．昭和37年11月，文部省在外研究員（ドイツ，ゲッチンゲン大学）．昭和45年4月，岡山大学医学部教授．昭和61年4月7日，中国吉林省延辺医学院名誉教授（第1号）．平成3年3月31日，岡山大学定年退官．同年4月1日，岡山大学名誉教授．
日本生理学会特別会員，日本平滑筋学会名誉会員，日本医史学会評議員，洋学史学会会員，適塾記念会理事(大阪大学)
〔主な著書〕
『備前の名医難波抱節』（御津町，2000年），『岡山の医学』（日本文教出版，1971年），その他分担執筆・論文多数．

緒方惟準伝《おがたこれよしでん》――緒方家《おがたけ》の人々《ひとびと》とその周辺《しゅうへん》――

2012(平成24)年3月30日発行

定価：本体15,000円(税別)

著　者　中山　沃
発行者　田中　大
発行所　株式会社　思文閣出版
〒605-0089 京都市東山区元町355
電話 075-751-1781(代表)

印　刷
製　本　亜細亜印刷株式会社


ISBN978-4-7842-1563-8　C3023

# 索　引

注：人名のゴシック表記の頁は独立した項目に該当

## 〈人　名〉

### あ



### い

## か



## き

## さ

な

ひ



ふ

み

## 〈事　　項〉

## こ

の



は



ひ



ふ

へ



ほ



ま



み



む



め

れ



ろ



わ

## ◆掲載図版一覧◆

口絵１　緒方惟準（晩年）と筆跡（緒方銈次郎編『山家集』、私家版、1911年）

口絵２　緒方惟準（陸軍一等軍医正のころか／石黒敬章『幕末明治の肖像写真』、角川学芸出版、2009年）

口絵３　緒方惟準（陸軍軍医監時代／北島規矩朗『陸軍軍医学校五十年史』、陸軍軍医学校、1936年）

口絵４　緒方惟準と吉重夫人（明治41年夏／緒方章『一粒の麦——一老薬学者の手記』、広川書店、1960年）

口絵５　緒方一族（明治21年／同上）

口絵６　緒方一族（明治42年／『東京医事新誌』1624号、1907年）

**【氏名一覧】**　前列左から緒方正重、白戸久子、緒方準一、同温光、同富雄、同直光、同拙斎、真島襄一郎、緒方正清

中列左から緒方章、同収二郎、同知三郎、同銈次郎、同洪平、同安雄、真島俊一、田淵一雄、真島平吉、吉野次郎、緒方吉重、白戸嘉子、田淵善哉、緒方十代、同友香、同六治

後列左から緒方惟準、同八千代、真島桂枝、緒方重、真島秀香、緒方三重、同章平、同秋江、植村寿子、肥田静江、緒方敏子、勝盛住江、同清、堀内重子、真島嫩江、緒方千重（右上は緒方八重）

口絵７　ポンペ、松本順、惟準と学生たち（長崎遊学時代／ポンペ著、沼田次郎・荒瀬進共訳『ポンペ日本滞在見聞記』、雄松堂書店、1968年）

口絵８　長崎精得館の学生たちと惟準（宗田一・蒲原宏・長谷川洋治・石田純郎『医学近代化と来日外国人』、世界保健通信社、1988年）

口絵９　大阪舎密局開講式当日（明治２年５月１日）の職員ら（H. Beukers & L. Blussé & R. Eggink, *Leraar onder de Japanners*, 1987）

口絵10　大阪府および舎密局職員（史談会編・刊『国事鞅掌報効志士人名録』、1909年）

口絵11　大福寺の浪華（大坂）仮病院の職員および生徒たち（大阪大学五十年史編集実行委員会写真集小委員会編『写真集大阪大学の五十年』、大阪大学、1981年）

口絵12　大阪軍事病院職員（後藤和雄・松本逸也編『甦る幕末』、朝日新聞社、1987年）

口絵13　東京の適塾同窓生（第２回懐旧会）の記念写真（明治９年６月10日／東京猿楽町／（株）ヤトロン編『けんさ』株式会社ヤトロン創立25周年記念特別号、1987年）

口絵14　大阪慈恵病院医学校職員および生徒（明治29年１月／横川弘蔵氏蔵）

**【氏名一覧】**　最前列左から笹尾真子（島根）、近藤キシヨ（広島）、萩谷清江（大阪）、岩浅ワキ（徳島）、沖本幸（高知）、長岡エツ（大阪）、根本元（宮崎）、奥谷フミ（奈良）、細川澄江（岡山）、駒井タケエ（奈良）、横田三郎（高知）

２列目左から入来院猪野之丞（鹿児島）、森実盛貞（愛媛）、講師・久保郁蔵（奈良）、同・木村得三（大阪）、同・増田正心（石川）、同・緒方銈次郎（大阪）、同・緒方正清

（大阪）、同・緒方収二郎（大阪）、同、鬼束益三（宮崎）、同・堀内謙吉、幹事・山田俊卿（大分）、同・宮内重志（鹿児島）、講師・松山正（福井）、加納譲（大阪）、講師・岩崎勘治（大阪）
3列目左より横山孫二郎（鹿児島）、広瀬幸蔵（山口）、二川鋭男（三重）、安藤繁太郎（岡山）、中村忠三郎（愛媛）、望月順吉（広島）、堀内達夫（兵庫）、粟田千秋（愛媛）、田中粂太郎（岡山）、柳原吉郎（三重）、龍神左馬之丞（和歌山）、馬場浅五郎（鹿児島）、阪田二郎（岡山）、堀健哉（兵庫）、中村貢（京都）、小使
4列目左から江口重雄（佐賀）、東六太郎（岡山）、真部正行（香川）、森田金平（岡山）、原田兵助（山口）、岸本直道（兵庫）、浅海脩蔵（山口）、中尾彰（島根）、松本熙（兵庫）、白浜鳴海（鹿児島）、出口与三郎（石川）、高岡茂次郎（兵庫）、堀尾鋭太郎（福岡）、内田寛助（山口）、島田親志（鹿児島）
5列目左から阪元哲（鹿児島）、牧野健治（佐賀）、金織正男（島根）、渡邊喜一（岐阜）、大庭嶺四郎（佐賀）、荻原賢之助（山口）、鷺岡唯一（香川）、春平時男（兵庫）、江原理作（山口）、奈島有正（京都）、木村秀祐（山口）、大井田正義（高知）、末澤虎三郎（香川）、鈴木幾蔵（兵庫）、上部中央の肖像は校長緒方惟準

**口絵15**　緒方洪庵五十回忌記念写真（明治45年7月10日／東京市本郷区馬込蓬莱町高林寺／『適塾』26号、1993年）

**口絵16**　「洪庵緒方先生碑」除幕式の記念写真（昭和3年5月27日／足守の近水公園／緒方裁吉蔵／『適塾』37号、2004年）


図1－1　戦前の適塾（池田谷久吉「緒方洪庵適塾阯」、『上方』117号、1940年）……… 5
図1－2　戦後の適塾（筆者写）…………………………………………………… 5

図2－1　渡辺卯三郎（『第8回特別展　郷土が生んだ適塾塾頭渡辺卯三郎展』図録、加賀市歴史民俗資料館、1980年）……………………………………………10
図2－2　伊藤慎蔵（口絵13より部分拡大）…………………………………………11
図2－3　大野藩洋学館跡の碑（産経新聞社・中田雅博氏提供）……………………19
図2－4　伊藤慎蔵顕彰碑（同上）……………………………………………………19

図3－1　ポンペ（『ポンペ日本滞在見聞記——日本における五年間——』、雄松堂出版、1968年）…………………………………………………………………21
図3－2　医学伝習所跡碑（土屋勝彦氏提供）…………………………………………21
図3－3　松本良順（前掲『ポンペ日本滞在見聞記』）…………………………………22
図3－4　『養生法』（筆者蔵）……………………………………………………………22
図3－5　『民間治療法』（同上）…………………………………………………………22
図3－6　『外科則條』（津山洋学資料館蔵）……………………………………………24
図3－7　長与専斎（長与専斎『松香遺稿』、長与称吉、1901年）……………………25
図3－8　長崎養生所（前掲『ポンペ日本滞在見聞記』）と養生所・医学所の見取図（『長

崎医学百年史』、長崎大学医学部、1961年)……30
図3－9　養生所跡碑(土屋勝彦氏提供)……30

図4－1　A･F･ボードイン(前掲『甦る幕末』)……43
図4－2　ハラタマとボードイン(同上)……45
図4－3　マンスフェルト(宗田一・蒲原宏・長門谷洋治・石田純郎『医学近代化と来日外国人』、世界保健通信社、1988年)……46
図4－4　『組織学』巻之1と顕微鏡図(高梁市・仲田医院蔵)……47
図4－5　『外科新説』(同上)……53
図4－6　『内科察病三法』(同上)……54

図5－1　第1回幕府オランダ留学生(大久保利謙蔵／同編『幕末和蘭留学関係史料集成』、雄松堂出版、1982年)……59
図5－2　池田謙斎……60
青年時(池田文書研究会編『東大医学部初代綜理池田謙斎　池田文書の研究(上)』、思文閣出版、2006年)
晩年時(『東京帝国大学五十年史』上冊、東京帝国大学、1932年)
図5－3　惟準の池田謙斎宛書簡(池田允彦氏蔵／酒井シヅ氏提供)……63
図5－4　松本銈太郎(村上一郎『蘭医佐藤泰然――その生涯とその一族門流――』、佐藤泰然先生顕彰会、1986年)……64

図6－1　幕府英国留学生一行(『伝記叢書6　外山正一先生小伝』、大空社、1987年復刻)……67

図7－1　明治天皇(前掲『幕末明治の肖像写真』)……72
図7－2　前田信輔(前掲『国事鞅掌報效志士人名録』)……75
図7－3　ウイリス(鮫島近二『明治維新と英医ウイリス』、鮫島達也、1971年)……77

図8－1　緒方惟準の辞令(『写真集大阪大学の五十年史』、大阪大学、1981年)……82
図8－2　ボードインの辞令(同上)……82
図8－3　大福寺山門(筆者写)……82
図8－4　浪華(大坂)仮病院跡碑(同上)……82
図8－5　ボードイン・惟準・エルメレンス(緒方銈次郎「『浪華仮病院初代大阪医学校を語る』に追加して」、『関西医事』466号、1940年)……83
図8－6　「診療記録」(筆者蔵)……85
図8－7・8　「抱氏方剤書　第一」(国際日本文化研究センター宗田文庫蔵)……89
図8－9　芳村杏斎(津山洋学資料館蔵)……92
図8－10　『官版　日講記聞』(同上)……95

図８-11　『抱氏講義記聞　第三』(同上)……100
図８-12　『抱氏眼療手術講義』(同上)……104
図８-13　『抱氏日講記聞』(同上)……108

図９-１　大村益次郎(村田峰次郎『大村益次郎先生事績』、2001年復刊)……112
図９-２　兵部省から大村達吉への呼び出し状(京都大学附属図書館蔵「大村兵部大輔遭難当時之書」)……115
図９-３　佐久間象山・大村益次郎の遭難碑道しるべ(筆者写)……131
図９-４　大村益次郎の遭難碑(同上)……131
図９-５　大村兵部大輔埋腿骨之碑(同上)……132
図９-６　飯島茂軍医中将(吉田鞆子『飯田茂』、飯田茂遺徳刊行会、1955年)……133
図９-７　村田亮庵の書幅(福地書店古書目録)……133
図９-８　三条実美(絵葉書／筆者蔵)……134
図９-９　三条実美宛大村の書簡(『大村卿・三条公書簡』複製、大村卿遺徳顕彰会、1940年)……134
図９-10　前田松閣(利匡)(『京都府立医科大学八十年史』、京都府立医科大学、1955年)……137

図10-１　惟準の軍事病院兼勤辞令(緒方銈次郎「飯島氏の講演に追加する」、『医譚』９号、1941年)……144
図10-２　ボードインの設計による軍事病院(石黒忠悳『懐旧九十年』、博文館、1936年)……144
図10-３　『撰兵論』(筆者蔵)……144
図10-４　岩佐純(『東京医事新誌』1750号、1912年)……145
図10-５　林洞海(同上880号、1895年)……145
図10-６　石井信義(緒方銈次郎「石井信義先生と大阪」、『医譚』14号、1942年)……145
図10-７　ブッケマ(前掲『医学近代化と来日外国人』)……147
図10-８　『野営医典』(岡山大学図書館鹿田分館蔵)……148
図10-９　『軍陣衛生論』(泰成堂書店古書目録)……149
図10-10　『肉餌辨要』(国立国会図書館蔵)……149
図10-11　『撰兵論』(筆者蔵)……150

図11-１　西郷従道……162
図11-２　桑田衡平(瓜生美代氏提供)……163
図11-３　『明治七年　征蠻医誌』(筆者蔵)……163
図11-４　坪井信良(宮地正人編『幕末維新風雲通信』、東京大学出版会、1978年)……170
図11-５　東伏見宮嘉彰親王(『日清戦争実記』２号、博文館、1894年)……175

図12-1　西郷隆盛(絵葉書／筆者蔵)……180
図12-2　林紀(前掲『蘭医佐藤泰然』)……180
図12-3　有栖川宮熾仁親王(『日清戦争実記』１号、博文館、1894年)……186
図12-4　佐野常民(佐野常民記念館蔵／原写真は日本赤十字社蔵)……188
図12-5　石坂惟寛(『日清戦争実記』24号、博文館、1895年)……192
図12-6　橋本綱常(日本赤十字社病院編・刊『橋本綱常先生』、1936年)……196

図14-1　覆覈診断証書(筆者蔵)……204
図14-2　田中信吾(赤祖父一知氏提供／金沢大学医学部記念館蔵)……207

図15-1　『刀圭雑誌』第壱号(筆者蔵)……210

図16-1　『眼科闡微』(国立国会図書館蔵)……227
図16-2　高木友枝(『東京医事新誌』956号、1912年)……229
図16-3　原澄斎修業証書(芝哲夫「適塾門下生に関する調査報告(その12)」、『適塾』25号、1982年)……237
図16-4　門山周智(『酒田地区医師会史・下巻』、1989年)……238
図16-5　『山形県羽後国飽海郡衛生誌』(佐藤允男氏提供)……238
図16-6　惟準題字「存心済生」(同上書)……238
図16-7　億川三郎(浅田信雄『億川三郎郵便局長』、私家版、1992年)……240
図16-8　小林謙三(小林康喜「緒方惟準先生と喘息煙草」、『適塾』13号、1931年)……241

図17-1　花房義質(黒瀬義門『子爵花房義質君事略』、小林武之助発行、1913年)……258
図17-2　林紀(『陸軍軍医学校五十年史』、1936年)……261
図17-3　松本順(『大家論集』２巻２号、博文館、1890年)……262
図17-4　吉田顕三(吉田顕三『回顧録　天僕随筆』、吉田薫、1924年／筆者蔵)……263
図17-5　賀古鶴所(文京区立鷗外記念本郷図書館蔵／梅溪昇「緒方収二郎宛書簡紹介(１)」、『適塾』31号、1998年、のち『続洪庵・適塾の研究』所収、2008年、思文閣出版)……265

図18-1　石黒忠悳(石黒忠悳『懐旧九十年』、博文館、1936年)……266
図18-2　『官版　薬局方』(筆者蔵)……267
図18-3　細川潤次郎(『日本薬局方五十年史』、日本薬局方公布五十年記念祝賀会、1936年)……269
図18-4・5　『新撰和漢洋薬品異名全集』(国立国会図書館蔵)と松本順の題字……271
図18-6　洪庵夫妻の墓と無縫塔(筆者写)……276

図19-1　『生理学』(筆者蔵)……283

図19-2　小池正直(前掲『陸軍軍医学校五十年史』)……284
図19-3　足立寛(同上)……285
図19-4　『脱臼論』(筆者蔵)……285
図19-5　『内科診断法』(同上)……286
図19-6　『耳科診断法』(同上)……286
図19-7　谷口謙(前掲『陸軍軍医学校五十年史』)……287
図19-8　『化学検査法』(筆者蔵)……288
図19-9　『軍陣衛生学』(同上)……288
図19-10　『陸軍医務沿革史』(同上)……290

図21-1　大磯海水浴場の錦絵(『大磯の蘭疇——松本順と大磯海水浴場——』、大磯町郷土資料館、2007年)……299
図21-2　松本順(『民間医療薬』、1889年／筆者蔵)……300
図21-3　松本順の墓碑(筆者写)……300
図21-4　謝恩碑(同上)……301
図21-5　海水浴場発祥地の標柱(同上)……301
図21-6　『海水浴法概説』(国立国会図書館蔵)……302

図22-1　日本赤十字社病院(日本赤十字社編『日本の赤十字』、1955年)……306
図22-2　高木兼寛(前掲『日清戦争実記』24号)……306

図24-1　堀内利国(矢島柳三郎編『麦飯翁』、堀内謙吉発行、刊年不明／大阪府立中之島図書館蔵)……317
図24-2　『脚気論』(筆者蔵)……319

図26-1　『緒方病院医事研究会申報』第壱号(個人蔵)……335
図26-2　『医事会報』(京都府立医科大学附属図書館蔵)……335

図28-1　創立当時の大阪慈恵病院(川端直正編『弘済院六十年の歩み』、大阪市立弘済院、1973年)……360
図28-2　大阪慈恵病院記念碑(筆者写)……368
図28-3　新築の弘済病院(前掲『弘済院六十年の歩み』)……370
図28-4　大阪慈恵病院跡碑(筆者写)……371

図29-1　『第1回日本医学会誌』と『第1回日本聯合医学会誌』(寺畑喜朔編『絵葉書で辿る日本近代医学史』、思文閣出版、2004年)……376
図29-2　乙酉会会員(鈴木要吾『蘭学全盛時代と蘭疇の生涯』、東京医事新誌局、1933年)……376

図30-1　北里柴三郎(宮島幹之助『北里柴三郎』、北里研究所、1932年)……………391
図30-2　高橋江春(赤塚寅之輔「我国最初の義眼作製者・眼科医高橋江春伝」、『医譚』10号、1941年)……………394
図30-3　高橋眼病院(絵葉書／筆者蔵)……………394
図30-4　高橋江春作義眼(奥澤康正氏所蔵・提供)……………394
図30-5　ヒルシュベルグと在京の眼科医たち (Saiiti Mishima, *The History of Ophthalmology in Japan*, 2004)……………396
図30-6　大村益次郎銅像(絵葉書／筆者蔵)……………399
図30-7　『助産之栞』第壱号(洪庵記念会蔵)……………412
図30-8　有馬の別荘翠紅庵(緒方拙斎『南湫詩稿第二集』上巻、1904年／筆者蔵)……421
図30-9　福沢諭吉(福沢諭吉著作編纂会『福沢諭吉選集』第1巻、岩波書店、1893年)……………421
図30-10　『大阪医学会雑誌』1巻1号(大阪大学蔵)……………428
図30-11　大阪医学会会頭清野勇(天野重安ほか『故清野謙次先生記念論文集　第3輯　随筆・遺稿』、1956年)……………428
図30-12　緒方正清(高見健一編『緒方婦人科病院総覧』、1912年、洪庵記念会蔵)……432
図30-13　緒方婦人科病院(同上)……………432
図30-14　『緒方病院一覧』(勝屋槌熊編、1903年／大阪府立中之島図書館蔵・筆者蔵)……………434
図30-15　緒方病院全景模写図(同上書)……………434
図30-16　緒方病院位置図(『大阪市街図』、大阪毎日新聞社、1920年頃)……………434
図30-17　『緒方病院産婆看護婦同窓会雑誌』3号(1905年／筆者蔵)……………439
図30-18　緒方病院看護婦養成所第12回卒業証書授与式記念写真(同上7号、1906年／筆者蔵)……………440
図30-19　緒方病院産婆養成所第13回卒業証書授与式記念写真 (同上20号、1910年／筆者蔵)……………440
図30-20　緒方病院創立第二十年記念絵葉書(前掲『絵葉書で辿る日本近代医学史』)‥443
図30-21　緒方喜市の葬儀(『緒方病院産婆看護婦同窓会雑誌』14号、1908年／筆者蔵)……………443

図31-1　洪庵贈位奉告祭(同上18号、1909年／筆者蔵)……………447

図32-1　ドーデー女史(札幌組合基督教会編『ドーデー女史』、1919年／北海道立図書館蔵)……………468
図32-2　惟準の辞世歌と吉重夫人の添書き(ドーデー女史編『緒方惟準翁小伝』、警醒社書店、1912年／同志社大学神学教室蔵)……………469
図32-3　長田時行(『大阪現代人名辞書』、文明社、1913年／大阪府立中之島図書館蔵)……………471

図36-15　緒方婦人科病院の外観（前掲『緒方婦人科病院総覧』）……551
図36-16　『袖珍産科図解』（筆者蔵）……553
図36-17　緒方祐将（洪庵記念会蔵）……555
図36-18　堀内利国（幹澄「陸軍々医監堀内利国君小伝」、『東京医事新誌』912号、1895年）……557
図36-19　『原病各論』（武田科学振興財団杏雨書屋蔵）……560
図36-20　『陸軍病院扶卒須知』（筆者蔵）……563
図36-21　『袖珍外科消毒説』（国立国会図書館蔵）……565
図36-22　堀内利国墓碑（筆者写）……578
図36-23　堀内謙吉墓碑（同上）……582
図36-24　惟準の三人の男児（前掲『一粒の麦――一老薬学者の手記』）……583
図36-25　緒方銈次郎（緒方惟之『医の系譜――緒方家五代　洪庵・惟準・銈次郎・準一・惟之』、燃焼社、2007年）……585
図36-26　緒方準一（『適塾』22号、1989年）……592
図36-27　緒方安雄（前掲『医の系譜』）……592
図36-28　緒方富雄（緒方富雄先生八十賀記念の会編・刊『緒方富雄先生八十賀記念文集と記録』、1982年）……592
図36-29　緒方知三郎（緒方知三郎『一筋の道――私の研究回顧録』、東京出版、1947年）……594
図36-30　緒方章（前掲『一粒の麦――一老薬学者の手記』）……595
図36-31　緒方鷺雄（『岡山大学医学部百年史』、岡山大学医学部、1972年）……597
図36-32　緒方郁蔵（中山沃『岡山の医学』、日本文教出版、1972年／岡山県・大戸家蔵）……598
図36-33　『日新医事鈔』（筆者蔵）……601
図36-34　緒方太郎一族集合写真（明治32年５月23日写／岡山県・大戸家蔵）……602
図36-35　岸本（億川）一郎（芝哲夫『日本の化学の開拓者たち』、裳華房、2006年）……604
図36-36　岸本一郎の舎密局辞令（億川家蔵）……606

図37-１　松本順（前掲『蘭学全盛時代と蘭疇の生涯』）……608
図37-２　『民間治療通俗薬剤及び救急手当摂生法』（筆者蔵）の題字「有効」……613
図37-３　松本銈太郎墓碑（裏面／筆者写）……615
図37-４　長与専斎（長与専斎『松香私志』、長与称吉、1902年）……617
図37-５　池田謙斎（『入沢家の人々』、入沢家顕彰実行委員会、1993年）……621
図37-６　緒方精哉（太田精一）夫妻墓碑（筆者写）……627
図37-７　三崎嘯輔（前掲『日本の化学の開拓者たち』）……633
図37-８　『化学器械図説』（筆者蔵）……633
図37-９　スペクトロスコープの図（同上書）……633
図37-10　三瀬周三夫妻（特別展『シーボルト最後の門人三瀬諸淵の生涯』図録、津山

洋学資料館、2002年より転載／大洲市立博物館蔵）……637
図37-11　長瀬時衡（長瀬時衡・佐伯理一郎『マッサージ治療法』、吐鳳堂書店、1902年／筆者蔵）……639
図37-12　長瀬時衡の書幅（筆者蔵）……641
図37-13　『薬氏按摩術』（同上）……642
図37-14　『西洋按摩小解』（同上）……642
図37-15　『急性病類集』（同上）……648
図37-16　『窊篤児薬性論』（同上）……651
図37-17　横井信之（蒲原宏『日本整形外科前史』、オリエント出版社、1984年）……653
図37-18　『撒善篤繃帯式』（同上）……653
図37-19　相良元貞（佐賀医学史研究会『佐賀医史跡マップ』、2009年）……654
図37-20　『虞列伊氏解剖訓蒙図』（大野市医師会『大野関係医学資料展目録』1976年）……656
図37-21　『生理新論』（筆者蔵）……656
図37-22　石井信義（築沢慧『郷土の蘭医石井宗謙の足跡をたどる』、落合町教育委員会、1992年）……658
図37-23　石井信義（謙道）顕彰碑（筆者写）……659
図37-24　森鼻宗次（森鼻英征氏蔵）……663
図37-25　種痘免許（田中祐尾氏蔵）……665
図37-26　長与専斎筆「登龍堂」額（森鼻英征氏蔵／筆者写）……665
図37-27　森鼻氏一族の墓碑（筆者写）……665
図37-28　『薬剤新書』（筆者蔵）……667
図37-29　『独菉氏外科新説』（同上）……670
図37-30　林紀の墓碑（パリ／緒方洪章氏提供）……673
図37-31　『処方学』（筆者蔵）……675
図37-32　『脚気論』（同上）……675
図37-33　石黒忠悳（前掲『懐旧九十年』）……677
図37-34　橋本綱常（前掲『橋本綱常先生』）……682
図37-35　『外科手術摘要』（筆者蔵）……684
図37-36　小池正直（前掲『陸軍軍医学校五十年史』）……689
図37-37　『衛生新編』（『鷗外全集』31巻）……689
図37-38　足立寛……691
図37-39　『敏氏薬性論』（筆者蔵）……691
図37-40　佐藤進（順天堂編『順天堂史』上巻、順天堂、1980年）……695
図37-41　佐藤進の書幅「自彊不息」（筆者蔵）……695
図37-42　『外科各論』（同上）……695
図37-43　『病理新説』（同上）……699
図37-44　土岐頼徳（『東京医事新誌』1717号、1911年）……701

図37-45　『啓蒙養生訓』(筆者蔵)……701
図37-46　高木兼寛(『高木兼寛伝』、東京慈恵医科大学創立八十五年記念事業委員会、1965年)……704
図37-47　高橋正純とエルメレンス(前掲『写真集大阪大学の五十年』)……708
図37-48　高橋正純(筆者蔵)……708
図37-49　『産科要訣』(同上)……709
図37-50　高橋正純記功碑(筆者写)……709
図37-51　高橋正直(『岡山大学医学部百年史』、岡山大学医学部、1972年)……712
図37-52　高安道純(『杏陰会誌』 3号、1930年／筆者蔵)……714
図37-53　高安道純墓碑(筆者写)……714
図37-54　明治39年新築の高安病院(前掲『杏陰会誌』 3号)……716
図37-55　山田俊卿(前掲『弘済院六十年の歩み』)……719
図37-56　山田俊卿墓碑(筆者写)……719
図37-57　吉田顕三夫妻墓碑(同上)……721
図37-58　『挿図菲氏外科手術』(筆者蔵)……723
図37-59　足部手術図(同上書)……723
図37-60　日赤病院船弘済丸(『日本の赤十字』、日本赤十字社、1955年)……725
図37-61　『病理総論』(筆者蔵)……729
図37-62　清野勇(清野謙次『随筆遺稿』、京都大学医学部病理学教室、1956年)……731
図37-63　古賀謹一郎(小野寺龍太『古賀謹一郎』、ミネルヴァ書房、2006年)……735
図37-64　草場佩川記念碑(筆者写)……739
図37-65　草場佩川墓碑(同上)……739
図37-66　草場佩川画幅(筆者蔵)……740
図37-67　草場船山(『草場船山日記』、文献出版、1997年)……740

図38-1　『抱氏内科新論』(武田科学振興財団杏雨書屋蔵)……742
図38-2　『抱氏人身究理』(大阪府立中之島図書館蔵)……743
図38-3　『嗒嗚嘜暎袖珍方叢』(筆者蔵)……746
図38-4　『衛生新論』(同上)……753
図38-5　『彪氏窒扶斯新論』(武田科学振興財団杏雨書屋蔵)……759
図38-6　『軍医須知』(筆者蔵)……760
図38-7　『西薬新編』(同上)……763
図38-8　『海陸撰兵必携』(国立国会図書館蔵)……767
図38-9　『渤海母薬物学』(筆者蔵)……769
図38-10　『近衛歩兵隊麦飯給与試験成績第一回報告』(山下政三氏提供)……771
図38-11　『山家集』(筆者蔵)……774
図38-12　有馬翠紅庵(同上書)……774
図38-13　『医家懐中必携』(国立国会図書館蔵)……779

## ◆参考文献一覧◆

※編著者名の五十音順で排列した。編著者が不明の文献、欧文文献は末尾に刊年順で並べた。


青木袈裟美編　『男爵小池正直伝』陸軍軍医団、1940年
青渕漁夫・靄山樵者同録　『航西日記』、耐寒同社、1871年
赤祖父一知　「適塾門下生田中信吾の碑銘文について」(『適塾』27号、1994年)
赤祖父一知・今井美和・堀井美里　「田中信吾先生経歴関連資料」(『北陸医史』27号、2006年)
赤祖父一知・今井美和・堀井美里　「田中信吾記『東遊日記』」(『北陸医史』29号、2008年)
浅田信雄　『億川三郎郵便局長』、私家版、1992年
朝日新聞社編　『朝日日本歴史人物事典』、朝日新聞社、1994年
阿知波五郎　「明治初期の英語医学——英米医学訳書の原著とその性格——」(『近代日本の医学』思文閣出版、1982年)
荒木見悟監修・三好嘉子校注　『草場船山日記』、文献出版、1997年
飯塚修三　「山田俊卿と心学明誠舎」(『医譚』復刊86号、2007年)
飯沼和正・菅野富夫　『高峰譲吉の生涯』朝日新聞社、2000年
医学博士佐藤進口述・社員速記筆記　「閑燈夜話」1～14(『医海時報』328～342号、1900年)
池田謙斎口述　『謙斎回顧録』(入江達吉、1917年)
池田文書研究会編　『東大医学部初代綜理池田謙斎・池田文書の研究(上・下)』、思文閣出版、2006～2007年
石黒忠悳　「石黒衛生長官の旅の記」(『日清戦争実記』第14編、博文館、1895年)
石黒忠悳　「陸軍衛生部旧時談」(『東京医事新誌』1442号～1446号・1454号・1464号・1470号・1474号、1906年)
石黒男爵談　「四十年前の医学生」(『東京医事新誌』1493号、1907年)
石黒忠悳　『石黒忠悳懐旧九十年』、1936年(改題『懐旧九十年』岩波文庫、1983年)
石黒忠悳　「大阪陸軍臨時病院報告摘要」(日本科学技術史学会編、『日本科学技術史大系』24・医学2、第一法規出版、1972年)
石附実　『近代日本の海外留学史』、ミネルヴァ書房、1972年
石田誠太郎　『大阪人物誌　正編・続編』、臨川書店、1974年
石橋長英・小川鼎三　『お雇い外国人9　医学』、鹿島研究所出版会、1969年
石原力　『日本産科学史　解題・年表・索引』、洪庵記念会・科学書院、1980年
維新史料編纂会編　『概観維新史』、文部省維新史料編纂局事務局、1940年
井関九郎　『批判研究博士人物・医科篇』、発展社出版部、1925年
井関九郎篇　『大日本博士録』第一巻、発展社、1921年
伊藤整ほか編　『新潮日本文学小辞典』、新潮社、1968年
絲屋寿雄　『大村益次郎』、中央公論社、1971年
稲坂謙吉　「静脩検養堂日記」「坐右備忘録」(『公立加賀中央病院百年誌』、公立加賀中

央病院、1979年）
亥野彊・小西義麿　「緒方洪庵夫人八重の書状」(有坂隆道編『日本洋学史の研究Ⅲ』、創元社、1974年）
入澤家顕彰実行委員会　『入澤家の人々』(新潟県南蒲原郡中之島町教育委員会、1993年）
岩 治 勇 一　「洪庵の二子と大野藩」(『医譚』復刊27号、1963年）
岩 治 勇 一　「大野洋学館教授伊藤慎蔵の書翰」(『奥越史料』 7 号、1978年）
岩 治 勇 一　『大野藩の洋学』、私家版、1984年
上 田 卓 爾　「緒方惟準の『海水浴ノ説』について」(『医譚』復刊90号、2009年）
梅 溪　 昇　「適塾関係史料(その三)」(『適塾』13号、1981年）
梅 溪　 昇　「緒方洪平先生旧蔵史料の紹介」(『適塾』14号、1982年）
梅 溪　 昇　「『洪庵・適塾の研究』―補題四題―」(『適塾』26号、1993年、のち梅溪昇『続洪庵・適塾の研究』所収、思文閣出版、2008年）
梅 溪　 昇　『洪庵・適塾の研究』、思文閣出版、1993年
梅 溪　 昇　「緒方惟準・収二郎・銈次郎関係書簡等の紹介」(『適塾』29号、1996年）
梅 溪　 昇　「緒方収二郎宛書簡他紹介（１）　賀古鶴所より緒方収二郎宛書簡」(『適塾』31号、1998年／のち『続洪庵・適塾の研究』、思文閣出版、2008年）
梅 溪　 昇　「緒方収二郎宛書簡他紹介（２）」(『適塾』33号、2000年）
梅 溪　 昇　「足守緒方洪庵先生遺跡保存建碑事業資料」(『適塾』35号、2002年）
梅 溪　 昇　『続洪庵・適塾の研究』、思文閣出版、2008年
梅 溪 昇 編　『大阪府の教育史』思文閣出版、1998年
梅溪昇・芝哲夫　『よみがえる適塾――適塾記念会50年のあゆみ――』大阪大学出版会、2002年
エス・ケイ・ケイ編　『国際人事典――幕末・維新――』、毎日コミュニケーションズ、1991年
大磯町郷土資料館編　『大磯の蘭疇――松本順と大磯海水浴場』、大磯町郷土資料館、2007年(松本順没後100周年記念展図録)
大植四郎編　『明治過去帳――物故人名辞典――』新訂版、東京美術、1971年(初版：1935年）
大久保武二　「関寛斎外伝・家日記抄　十八」(『日本医事週報』2090号、1937年）
大阪市史編纂所　「明治時代　大阪(上)」(『大阪市史史料』第７輯、大阪市史料調査会、1982年）
大阪大学医学伝習百年記念会編　『大阪大学医学伝習百年史年表』、大阪大学医学伝習百年記念会、1970年
大阪府史編集室編　『大阪府布令集一』、大阪府、1971年
大阪府医師会編　『大阪府医師会史年表』、大阪府医師会、1967年
藤野恒三郎・梅溪昇編　『適塾門下生調査資料・第二集』、大阪大学、1973年
「大阪の歴史」研究会編　『大阪近代史話』、東方出版、1985年
大 滝 紀 雄　『医学之歴史散歩』、私家版、1981年

大村益次郎先生伝記刊行会編　『大村益次郎』、肇書房、1944年
緒方　　章　『一粒の麦——一老薬学者の手記——』、広川書店、1960年
緒方　　章　『緒方氏系図』、私家版、1972年
緒方銈次郎　「石井信義先生と大阪」(『医譚』14号、1942年)
緒方銈次郎　「東京に在りし適々斎塾」(『医譚』17号、1994年)
緒方銈次郎　『緒方洪庵と足守』、私家版、1927年
緒方銈次郎　「大村益次郎卿の足塚」(『上方』117号、1940年)
緒方銈次郎　「石井信義先生日記から」(『日本医事新報』1039号、1942年)
緒方銈次郎　「東京に在りし適々斎塾」(『日本医史学雑誌』1322号、1943年)
緒方銈次郎述　『七十年の生涯を顧みて』、私家版、1973年(初版：1941年)
緒方銈次郎・緒方知三郎　「余等亡父ノ剖検記録」(『中外医事新報』708号、1909年)
緒方惟之　『医の系譜——緒方家五代　洪庵・惟準・銈次郎・準一・惟之』、燃焼社、2007年
緒方惟準　「大隈外務大臣ノ負傷ニ於ケル手術ニ就テ」(『緒方病院医事研究会申報』23号、1889年12月15日)
緒方裁吉　「適塾跡の土地・建物が阪大に寄贈された経緯」(『適塾』16号、1983年)
緒方拙斎　『南湫詩稿』上下巻、私家版、1894年
緒方拙斎　『南湫詩稿第二集』上下巻、私家版、1904年
緒方拙斎　『南湫詩稿第三集』上下巻、私家版、1912年
緒方富雄　『緒方系譜考』、緒方銈次郎、1926年
緒方富雄　『緒方洪庵伝』、岩波書店、1942年
緒方富雄　『蘭学のころ』、弘文社、1950年
緒方富雄　「緒方洪庵の子、緒方惟直のこと」(『蘭学史料研究会報告』274号、1973年)
緒方富雄　「ベネチアの緒方惟直墓、横顔浮彫刻部の複製」(『蘭学史料研究会報告』278号、1974年)
緒方富雄　「緒方惟直履歴補遺」(『蘭学史料研究会報告』308号、1976年)
緒方富雄編著　『緒方洪庵適々斎塾姓名録』、学校教育研究所、1967年
緒方富雄・適塾記念会編　『緒方洪庵のてがみ・その二』、菜根出版、1980年
緒方富雄・梅溪昇・適塾記念会編　『緒方洪庵のてがみ・その三』、菜根出版、1994年
緒方富雄・梅溪昇・適塾記念会編　『緒方洪庵のてがみ・その五』、菜根出版、1996年
緒方知三郎　『一筋の道——私の研究回顧録——』、東京出版、1947年
緒方秀雄　『緒方惟準直筆の自叙伝原稿について　その紹介と読後覚書』、私家版、1972年
緒方病院編　『緒方病院一覧』、緒方病院、1903年
緒方正美編　『大阪の除痘館』、財団法人洪庵記念会、1983年
緒方正美　「サン・ミケーレ島に緒方惟直の墓をたずねて」(『適塾』22号、1987年)
岡田米夫　『全国著名神社案内記』、東京大神宮、1976年
岡山県医師会編　『岡山県医師会史』、1974年

岡山県歴史人物事典編纂委員会編　『岡山県歴史人物事典』、山陽新聞社、1994年
岡山大学医学部百年史編集委員会編　『岡山大学医学部百年史』、岡山大学医学部、1972年
小川鼎三・酒井シズ校注　『松本順自伝・長与専斎自伝』、平凡社東洋文庫、1980年
億川摂三　「嗚呼緒方収二郎翁」（『医譚』14号、1942年）
小田康徳　「軍医監堀内利国の墓碑から見る明治前期の脚気病対策」（『大坂の歴史』67号、2007年）
小田康徳　「堀内利国墓碑銘の解説」（『真田山』12号、2007年）
落合泰蔵　「大阪陸軍臨時病院　明治10年自３月至12月　入院患者負傷部分一覧表」（『東京医事新報』21号附録、1878年）
落合泰蔵　『明治七年征蕃医誌』（1887年）
落合町教育委員会編　『郷土の蘭医　石井宗謙の足跡をたどる』、落合町教育委員会、1992年
小野寺龍太　『古賀謹一郎』、ミネルヴァ書房、2006年
霞会館華族資料調査委員会編纂　『東久世通禧日記』上巻、霞会館、1992年
河合敏久　「緒方洪庵像製作、設置の経緯」（『適塾』30号、1997年）
川路柳紅　『黒船記——開国史話』、法政大学出版局、1953年
川端直正　「明治時代における大阪慈恵病院の沿革」（『大阪市紀要』23巻、1969年）
川端直正編　『弘済院六十年の歩み』、大阪市立弘済院、1973年
川端康成、井上靖監修　『現代日本文学アルバム　森鷗外』、学習研究社、1979年
神崎正誼編　『官員名鑑』私家版、1877年
管　宗次　「緒方洪庵を和歌をめぐって——緒方家の人々と和歌——」（『適塾』35号、2000年）
蒲原　宏　「入沢達吉——近代文化の名医——」（『越後が生んだ日本的人物』続、新潟日報社、1965年）
蒲原　宏　『新潟県助産婦看護婦保健婦史』、新潟県助産婦看護婦保健婦史刊行委員会、1967年
蒲原　宏　『日本整形外科前史』、オリエント出版社、1984年
蒲原　宏　「イギリスとシドール——明治戊辰戦争の戦傷者治療に動員されたイギリス人医師たち」（宗田一ほか『医学近代化と来日外国人』、世界保健通信社、1988年）
蒲原　宏　「整形外科の歴史39」（『整形外科看護』５巻９号、2000年）
北島規矩郎編　『陸軍軍医学校五十年史』、陸軍軍医学校、1936年
木村銀次郎　「医学士吉益東洞之伝」（木村銀次郎『近畿名士偉行伝』第３編、光世館、1894年）
木村幸比古　「大村益次郎遭難時の診断書」、『霊山歴史館紀要』３号、1990年
京都府医師会編　『京都の医学史・本文篇』、思文閣出版、1980年
京都府立医科大学創立八十周年記念事業委員会編　『京都府立医科大学八十年史』、同大学創立八十周年記念事業委員会、1955年
清野謙次　『随筆遺稿』、京都大学病理学教室、1956年

草 場 珮 川　『津島日記』影印本、西日本文化協会、1978年
工藤鉄男編　『日本東京医事通覧』、日本医事通覧発行所、1901年（樋口輝雄の復刻本所収）
熊田司・橋爪節也編　『森琴石作品集』、東方出版、2010年
黒 瀬 義 門　『子爵花房義質君事略』、1913年
桑 田 権 平　「桑田立斎及衡平について」（『医譚』11号、1941年）
圭 室 諦 成　『西南戦争』、至文堂、1958年
小 池 猪 一　『海軍医務・衛生史』第１巻、柳原書店、1985年
厚生省医務局　『医制百年史　資料編』、ぎょうせい、1976年
古 西 義 麿　「緒方郁蔵と独笑軒塾」（有坂隆道編『日本洋学史の研究Ⅳ』、創元社、1977年）
古 西 義 麿　「幕末における第二回オランダ留学生」（有坂隆道編『日本洋学史の研究』Ⅷ、創元社、1987年）
古 西 義 麿　「緒方洪庵夫人・八重の生涯と大阪除痘館」（『適塾』29号、1996年）
古 西 義 麿　「史料　研堂緒方郁蔵先生［伝］」（『医譚』復刊78号、2002年）
古 西 義 麿　『緒方洪庵と大坂除痘館』、東方出版、2002年
小 林 朝 太　『日本赤十字社発達史』、帝国軍友会、1909年
小 林 康 喜　「緒方先生と喘息煙草」（『適塾』13号、1981年）
小山松勝一郎・水戸部浩子執筆　『酒田地区医師会史』下巻、酒田地区医師会、1989年
斎藤直三郎　「高安道純先生を追想して」（『杏陰会誌』３号、1930年）
酒 井 シ ズ　「池田謙斎宛のドイツ留学生からの手紙（講演要旨）」（『杏雨』11号、武田科学新興財団、2008年）
阪谷素著、阪田丈平編　『朗廬文鈔』、山下政吉、1933年、再版
阪谷芳郎、阪田丈平編　『阪谷朗廬全集』、私家版、1893年
札幌組合基督教会編　『ドーデー女史』、1919年（北海道立図書館蔵）
佐 藤 允 男　「荘内医学史研究の概況」（『医譚』復刊87号、2006年）
佐藤進口述　「日露戦役医談」（『東京医事新誌』1494・95号、1907年）
鮫 島 近 二　『明治維新と英医ウイリス』、私家版、1973年
史 談 会 編　『国事鞅掌報效志士人名録』、史談会、1909年
芝　 哲 夫　「適塾門下生に関する情報収集および調査報告」（『適塾』13号、1981年）
芝　 哲 夫　「適塾門下生に関する調査報告（３）」（『適塾』16号、1983年）
芝　 哲 夫　「適塾門下生に関する調査報告（４）」（『適塾』17号、1984年）
芝　 哲 夫　「適塾門下生に関する調査報告（６）」（『適塾』19号、1986年）
芝　 哲 夫　「適塾門下生に関する調査報告（９）」（『適塾』22号、1989年）
芝　 哲 夫　「適塾門下生に関する調査報告（12）」（『適塾』25号、1992年）
芝　 哲 夫　「適塾門下生に関する調査報告（17）」（『適塾』30号、1997年）
芝　 哲 夫　「適塾門下生に関する調査報告（21）」（『適塾』34号、2001年）
芝　 哲 夫　「長崎におけるＫ・Ｗ・ハラタマの舎密学講義録」（『化学史研究』25巻１号、1998年）
芝　 哲 夫　「億川家資料について」（『適塾』37号、2004年）

芝　哲夫　『日本の化学の開拓者たち』、裳書房、2006年
芝哲夫・加藤四郎　「「除痘館発祥の地」記念碑が建立された」(『適塾』39号、2006年)
渋沢栄一述、高橋重治・小貫修一郎編著　『青淵回顧録』上巻、青淵回顧録刊行會、1927年
渋沢青淵記念財団竜門社編纂　『渋沢栄一伝記資料』第1巻、渋沢栄一伝記資料刊行会、1955年
順天堂編　『順天堂史』上巻、学校法人順天堂、1980年
治郎丸憲三　『箕作秋坪とその周辺』、箕作秋坪伝記刊行会、1970年
神陵史資料研究会編　『史料神陵史——舎密局から三高まで』、神陵史資料研究会、1994年
杉田幸三　『銅像は生きている』、永田書房、1971年
C.W. フーヘランド著／杉田成卿訳　『医戒』、社会思想社、1972年
鈴木要吾　『蘭学全盛時代と蘭疇の生涯』、東京医事新誌局、1933年
宗田一ほか編著　『医学近代化と来日外国人』、世界保健通信社、1988年
大日本人名辞書刊行会編　『大日本人名辞書』、同書刊行会、1937年再版
高橋邦太郎　「蘭方医林紀」(『蘭学資料研究会報告』302号、1976年)
高安吸江　「二つの日記から」(『杏陰会誌』3号、1930年)
武内博編著　『来日西洋人名事典』、日外アソシエーツ、1983年
田尻佐　『贈位諸賢伝』、国友社、1927年
青木周弼先生顕彰会編　『青木周弼』、青木周弼先生顕彰会、1941年
土屋重朗　『静岡県の医史と医家伝』、戸田書店、1973年
瓜谷みよ子　『先人の道を辿る』、文芸社、2008年
適塾記念会編　『適塾門下生調査資料・第一集』、適塾記念会、1968年
適塾記念会編　『緒方洪庵と適塾』、適塾記念会、1980年
寺畑喜朔編　『絵葉書で辿る日本近代医学史』、思文閣出版、2004年
東京慈恵会医科大学編　『高木兼寛伝』、東京慈恵会医科大学創立八十五年記念事業委員会、1965年
東京慈恵会医科大学編　『東京慈恵会医科大学八十五年史』、東京慈恵会医科大学、1965年
東京大学医学部百年史編集委員会編　『東京大学医学部百年史』、東京大学出版会、1967年
東京帝国大学編　『東京帝国大学五十年史』上冊、東京帝国大学、1932年
東北大学医学部同窓会編　『艮陵百十年』、艮陵医学振興会、1983年
ドーデー女史編著　『緒方惟準翁小伝』、警醒社、1912年(大阪市天満教会蔵)
外山幹夫　『医療福祉の祖　長与専斎』、思文閣出版、2002年
内藤遂　『遺魯伝習生始末』、東洋堂、1943年
長崎市立博物館　『長崎の史跡』(北部編)、長崎市立博物館、2002年
長崎大学医学部編　『長崎医学百年史』、長崎大学医学部、1961年
中谷一正　『幕末明治洋学史』、私家版、1978年
中西啓　『長崎のオランダ医たち』、岩波新書、1975年
長濃丈夫　『緒方洪庵・福沢諭吉と名塩の地——緒方八重夫人を通じて——』、西宮市

名塩自治会、1961年
中 野　操　「堺県医学校と校長森鼻宗次」(『日本医史学雑誌』 5巻1号、1954年)
中 野　操　『増補日本医事大年表』、思文閣出版、1972年
中 野　操　『大阪名医伝』、思文閣出版、1983年
中 野　操　『大坂蘭学史話』、思文閣出版、1979年
中 山　沃　『岡山の医学』、日本文教出版、1971年
中 山　沃　「緒方八重の弟、億川信哉の周辺」(『適塾』 13号、1981年)
中 山　沃　「地方医学校の設立廃校——その一、大阪慈恵病院医学校」(『日本医史学雑誌』34巻1号、1988年)
中 山　沃　「西洋マッサージの開祖長瀬時衡」(『洋学資料による日本文化史の研究Ⅳ』、吉備洋学資料研究会、1991年)
中 山　沃　「西洋マッサージの開祖長瀬時衡　補遺」(『洋学資料による日本文化史の研究Ⅴ』、吉備洋学資料研究会、1992年)
中 山　沃　「明治初期の啓蒙医家森鼻宗次」(『日本医史学雑誌』 44巻2号、1998年)
中 山　沃　『備前の名医　難波抱節』、御津町、2000年
中 山　沃　「生誕地における洪庵緒方先生碑の建立について」(『適塾』 37号、2004年)
中 山　沃　「死直前の福沢諭吉の緒方洪庵先生に関する談話」(『適塾』 40号、2007年)
長 与 専 斎　『松香私志』(小川鼎三・酒井シヅ校注『松本順自伝・長与専斎自伝』、平凡社東洋文庫、1980年所収、初版：1902年)
二 川 鋭 男　「医学博士緒方正清君と関西に於ける産婦人科進歩の半面」(『助産之栞』168号、1910年)
西 村 英 男　「祖父西村英蔵の旧蔵書とその経歴」(『適塾』 13号、1981年)
日蘭学会編　『洋学史事典』、雄松堂出版、1984年
日本科学史学会編　『日本科学技術史大系　二四　医学1』、第一法規出版、1965年
日本キリスト教歴史大事典編集委員会編　『日本キリスト教歴史大事典』、教文館、1988年
日本の赤十字刊行委員会編　『日本の赤十字』、日本赤十字社、1955年
日本赤十字社病院編輯　『橋本綱常先生』、日本赤十字社病院、1936年
日本薬局方公布五十年記念祝賀会編　『日本薬局方五十年史』、日本薬局方公布五十年記念祝賀会、1936年
日本薬局方公布百年記念事業実行委員会日本薬局方百年史編集委員会編　『日本薬局方百年史』、日本公定書協会、1987年
日本歴史学会編　『明治維新人名辞典』、吉川弘文館、1981年
沼 田 次 郎　『幕末洋学史』、刀江書院、1950年
梅花学園百十年史編集委員会編　『梅花学園百十年史』、1988年
長谷川つとむ　『東京帝大医学部総理——池田謙斎伝』、新人物往来社、1989年
林　　敬　『林曄礼小伝』、私家版
林森太郎編　『神陵小史』、三高同窓会、1935年
原 口 虎 雄　『鹿児島県の歴史』、山川出版社、1973年

樋口輝雄　『明治八年から十六年までに実施された内務省医術開業試験について』、私家版、1999年
彦根正三編　『改正官員録』、博公書院、1880年
彦根正三編　『改正官員録』明治13年10月
彦根正三編　『改正官員録』明治17年５月
彦根正三編　『改正官員録』明治19年７月
日高次吉　『宮崎県の歴史』、山川出版社、1970年
広瀬旭荘　『日間瑣事備忘』（多治比郁夫編集『広瀬旭荘全集　日記篇』、思文閣出版、1982～1994年）
深瀬泰旦　「史料との出会い――歩兵屯所医師取締手塚良仙とその一族――」（『日本医史学雑誌』36号、1990年）
富士川游　『日本医学史』、日新書院、1941年
富士川游　『日本疾病史』、平凡社東洋文庫、1969年
藤浪和子　『東京掃苔録』、東京名墓顯彰會、1940年
二神寛治　「長瀬時衡君略伝」（『東京医事新誌』1228号、1901年）
文明社編　『大阪現代人名辞書』、文明社、1913年
堀内　冷　『西宮医史』、兵庫県医師会、1997年
堀内利国　「脚気病予防ノ実験」（『大日本私立衛生会雑誌』76号、1889年）
本多元俊　『佐藤尚中先生』、佐藤尚中先生誕生地保存会、1935年
本田六介編　『日本医籍録』、醫事時論社、1925年
ポンペ著／沼田次郎・荒瀬進訳　『日本滞在見聞記』、雄松堂出版、1968年
本間楽寛　『佐野常民伝――海軍の先覚・日本赤十字社の父――』、時代社、1943年
松尾耕三　『近世名医伝』、私家版、1886年
松尾耕三　「高橋清軒（正純）先生行状」（『大阪医学研究会雑誌』３号、1891年）
松田　武　「新出の明治期「適々斎塾門人帳」について――大阪と東京の適々斎塾――」（『適塾』23号、1990年）
松本　順　「蘭疇翁昔日譚　十五」（『医海時報』312号、1900年）
松本順口授・窪田昌筆記　『蘭疇』、私家版、1902年／『明治文化全集24巻科学篇』日本評論社、1930年
松山高等商業学校商事調査会編　『三瀬諸淵先生遺品文献目録』、松山高等商業学校商事調査会、1937年
松山町編　『松山町史』下巻、1989年
幹　澄　「陸軍々医監堀内利国君小伝」（『東京医事雑誌』912号、1895年）
三国政吉　「熊谷直樹先生伝」（『日本眼科と新潟』、新潟大学眼科同窓会、1972年）
三沢貞司　『大阪人物辞典』、清文堂出版、2000年
宮内　孝　『幕末おろしや留学生』、筑摩書房、1991年
宮地正人　『幕末維新風雲通信――蘭医坪井信良家兄宛書翰集』、東京大学出版会、1978年
宮永　孝　『幕府オランダ留学生』、東京書籍、1982年

宮 本 又 次　『佐多愛彦　郷土史にかがやく人びと（２）』、大阪府、1969年
三好不二雄監修・三好嘉子校注　『草場船山日記』、文献出版、1997年
村 上 一 郎　『蘭医佐藤泰然――その生涯とその一族門流――』、佐藤泰然先生顕彰会、1986年（初版：1941年）
村田峰次郎　『大村益次郎先生事蹟』、私家版、1919年
望 月 洋 子　「林洞海・研海――父と子の理念――」（『日本医史学雑誌』49巻４号、2003年）
森　鷗 外　「日本医学会論」（『鷗外全集』29巻、岩波書店、1974年）
森　鷗 外　「還東日乗」（『鷗外全集』35巻、岩波書店、1975年）
森　　納　『因伯医史雑話』、私家版、1985年
森　　納　『続因伯の医師たち』、私家版、1985年
森 田 美 比　『外科医佐藤進』、常陸太田市、1981年
守 屋　正　「石阪惟寛・明治十年西南役「鞍頭日録」」（『日本医事新報』2788～94号、1977年）
矢島柳三郎編　『麦飯翁』、堀内謙吉発行、1927年ころ（大阪府立中之島図書館蔵）
山内英之助編　『名流華翰』、私家版、1915年
山 形 敞 一　「宮城県における明治初期の医学教育と横山謙介」（『日本医史学雑誌』21巻３号、1975年）
山口常助・高須賀康生・三好昌文　『愛媛の先覚者２　科学技術の先駆者――武田成章・三瀬周三・前原巧山――』、愛媛県文化財保護協会、1965年
山 下 政 三　『明治期における脚気の歴史』、東京大学出版会、1988年
山 田 重 正　『典医の歴史』、思文閣出版、1980年
山谷徳治郎　「故恩師清野勇先生」（『医事公論』1181号以下連載、1935年～）
山谷徳治郎著、瀬尾一雄編　『楽堂古希記念集』、日清医学社、1935年
山辺健太郎　『日韓併合小史』、岩波新書、1966年
山本亀次郎　「院主様と杏陰堂との思ひ出」（『杏陰会誌』３号、1930年）
吉 川 龍 子　『日赤の創始者　佐野常民』、吉川弘文館、2001年
吉 田 顕 三　『回想録』私家版、1924年
吉 田 顕 三　「弘済日記」（日本科学史学会編『日本科学技術史大系25　医学１』、第一法規出版、1965年
吉 田 鞆 子　『飯島茂』私家版、1995年
吉野作造編　「舎密局開構之説」（『明治文化全集24巻科学篇』、日本評論社、1930年）
陸軍軍医団編　『陸軍衛生制度史』、陸軍軍医団、1913年
「松本順先生小伝」（『日本大家論集』２巻３号、博文館、1890年）
「石黒衛生長官の旅の記」（『日清戦争実記』第14・15編、博文館、1895年）
「故医学士緒方太郎氏の略歴」（『東京医事新誌』1183号、1900年）
「緒方洪庵文庫設立の趣意書及び募集」（『東京医事新誌』128号、1901年）
「叙爵叙勲　新男爵小池正直氏」（『医海時報』693号、1907年）
「石黒男爵　懐古談」（『東京医事新誌』1544号、1908年）

「緒方病院外科部長ドクトル緒方喜市君逝けり」(『緒方病院産婆看護婦同窓会雑誌』14号、1908年)
「洪庵先生贈位奉告祭」(『緒方病院産婆看護婦同窓会雑誌』19号、1909年)
「高橋軍医正の訃音」(『東京医事新誌』1635号、1909年)
「男爵石黒忠悳談　満韓談」(『日本医事新誌』1677号、1910年)
「緒方拙斎翁逝く」(『東京医事新誌』1748号、1911年)
「土岐軍医監の卒去」(『東京医事新誌』1717号、1911年)
「故岩佐先生伝」(『東京医事新誌』1750号、1912年)
「高木友枝君」(『医海時報』956号、1912年)
「小池正直死亡記事」(『東京医事新誌』1852号、1914年)
「史料　大村益次郎容態書」「大村益次郎病歴写」、『医譚』10号、1941年
「故緒方惟準小伝」(『東京医事新誌』1625号、明治42年7月)
「大聖寺病院沿革」(『公立加賀中央病院百年誌』、公立加賀中央病院、1979年)
「津山洋学者の墓誌・顕彰碑文」(『津山洋学資料第九集』、津山洋学資料館、1985年)
『緒方洪庵生誕180年祭・緒方洪庵ブロンズ像除幕式記念誌』、同実行委員会、1990年
「緒方洪庵贈位奉告祭及び祝賀会について」(『適塾』32号、1999年)
芝哲夫「億川家資料について」(『適塾』37号、2004年)
『浜寺海水浴二十周年史』、大阪毎日新聞社、1926年
「甲州儒医列伝」(『甲斐志料集成』)
A . Hirrier　*Japanisches Bayern, Historishes Kontakte*, 2003(『バイエルンの日本人——歴史的接触——』)
Saiiti Mishima　*The History of Ophpalmoiogy in Japan*, 2004